I0530757

www.ingramcontent.com/pod-product-compliance
Lightning Source LLC
Chambersburg PA
CBHW080749120626
46557CB00005B/1204
* 9 7 9 8 9 9 1 6 5 8 1 3 3 *

الميزان

**Ghamidi Center of Islamic Learning**
www.ghamidi.org    AN INITIATIVE OF AL-MAWRID US.

Publisher: Ghamidi Centre of Islamic Learning - Al-Mawrid US

ISBN: 979-8-9916581-3-3

Address: 3620 N Josey Ln, Suite 230 Carrollton, TX 75007

Website: www.ghamidi.org

Email: info@ghamidi.org

# فاتحة الكتاب

إن الدين عند الله الإسلام فقط، وقد بيّنته في هذا الكتاب كما فهمته خلال دراسة وتحقيق ممتدين إلى ربع قرن من الزمن على أقل حد، وعليك أن تعتقد كل بيانه المحكم نعمةً من ربي الجليل أولًا وثانيًا مما أخذته واستفدته من رشحات فكر أستاذنا الجليل الإمام أمين أحسن الإصلاحي. وإذا بدا لك فيه بيان سقيم فلك أن تحمّله إلى قصور علمي كما قال الشاعر الفارسي ما مفهومه:

كل ما أملك من دولة العشق وخزانة الطرب هو من يُمن عزيمته.

المورد لاهور
١٠ من ابريل ١٩٩٠م
جاويد

5

# المقدمة (١)

## الأصول والمبادي

الدين هو هدى الله الذي ألهمه أولًا في فطرة الإنسان وبعد ذلك أعطاه إياه بكافة تفاصيله الضرورية بواسطة أنبياءه ورُسله ثانيًا، ومحمد ﷺ خاتم رُسله، ولذا فالآن إن شخصية محمد ﷺ الفذة هي المأخذ والمصدر الوحيد للدين على هٰذه الأرض، فإنه هو الوحيد الذي من طريقه يتوفر ويتيسر لبني آدم الهدى من عند ربهم تعالىٰ إلى يوم القيامة. وإن هٰذا شأنه فقط أن الشيئ الذي يقرره دينًا بقوله وفعله وتقريره وتصويبه هو الذي يكون دينًا حقًا إلى يوم القيامة. كما قال تعالىٰ جل وعلا:

﴿هُوَ ٱلَّذِى بَعَثَ فِى ٱلْأُمِّيِّـۧنَ رَسُولًا مِّنْهُمْ يَتْلُوا۟ عَلَيْهِمْ ءَايَـٰتِهِۦ وَيُزَكِّيهِمْ وَيُعَلِّمُهُمُ ٱلْكِتَـٰبَ وَٱلْحِكْمَةَ﴾[1].

فهٰذا القانون والحكمة هو الدين الحق الذي يُعبر به «الإسلام» ونبيّن مصادره ونفصلها أن هٰذا الدين قد بلغنا بإجماع صحابته وتواترهم القولي والعملي وانتقل إلينا عبر طريقين:

١. القرآن

٢. السنة

---

(1) سورة الجمعة، الآية: ٢.

أما القرآن الكريم فكل مسلم مطلع على هٰذه الحقيقة أن هٰذا الكتاب قد أنزله تعالىٰ على رسوله الخاتم محمد ﷺ، وهو متواجد عند المسلمين منذ نزوله بكل صراحة إجماعية منهم أن هٰذا الكتاب هو الذي نزل على محمد ﷺ ونقله إلى العالم صحابته الأبرار بطريق إجماعهم وتواترهم القولي بكل احتفاظ ومن غير أدنى تغير.

وأما السنة فنعني بها رواية الدين الإبراهيمي التي أجراها النبي ﷺ بعد تجديدها وإصلاحها وبعد الإضافات العديدة إليها في متبعيه والمؤمنين به. وبما أن القرآن قد ألزمه باتباع ملة إبراهيم وكانت هٰذه الرواية أيضًا من ضمن اتباع الملة الإبراهيمية. فقد قال تعالىٰ:

﴿ ثُمَّ أَوْحَيْنَآ إِلَيْكَ أَنِ ٱتَّبِعْ مِلَّةَ إِبْرَٰهِيمَ حَنِيفًا وَمَا كَانَ مِنَ ٱلْمُشْرِكِينَ ﴾ (1).

فالدين الذي وصل إلينا خلال هذا الطريق هو مشتمل على مايلي:

- **العبادات:** ١. الصلاة ٢. الزكوة وصدقة الفطر ٣. والصوم والاعتكاف ٤. الحج والعمرة ٥. الأضحية وتكبيرات أيام التشريق.

- **التعاشر:** ١. النكاح والطلاق ومايتصل بهما من أمور ٢.الحيض والنفاس واجتناب إقامة العلاقات الزوجية فيهما.

- **الأكل والشرب:** ١. حرمة الخنزير والدم والميتة وما ذبح لغير الله، ٢. تذكية الحيوان بتسمية إسم الله عليه لإبعاد رجسه وإزالة نجاسة الحيوان.

## التقاليد والآداب

١. الأكل باليد اليُمنىٰ وبإسم الله، ٢. السلام عند اللقاء ورد السلام، ٣. قول الحمد للّه عند العطس وتشميت العاطس بيرحمك الله، ٤. قص الشوارب، ٥. قص شعر العانة، ٦. قص شعر الإبط، ٧. تقليم الأظفار المزادة، ٨. ختنة الأطفال، ٩. تطهير الأنف والفم والأسنان، ١٠. الاستنجاء، ١١. الاغتسال

---

(1) سورة النحل، الآية: ١٢٣.

بعد الحيض والنفاس، ١٢. غسل الجنابة، ١٣. غسل الميت، ١٤. التجهيز والتكفين، ١٥. التدفين، ١٦. عيد الفطر، ١٧. عيد الأضحى.

فهٰذه هي السنة. وقطعي تمامًا أنه لا فرق بينها وبين القرآن الكريم اعتبارًا بالثبوت. فكما أن القرآن وصلنا بإجماع الصحابة وتواترهم القولي فالسنة أيضًا بلغتنا بإجماعهم وتواترهم العملي ولا تزال تثبت بإجماع المسلمين مثل القرآن، فلا مجال فيها لأي بحث ونزاع الآن.

ولا ريب أن الدين منحصر في هاتين الصورتين فقط، فلا شيئ دين علاوة عليهما ولا يُقرر كدين. أما أخبار الأحاديث المشتملة على قول النبي وفعله وتقريره وتصويبه ﷺ، والتي يطلق عليها عمومًا مصطلح «الحديث»، فالحقيقة التي لا تجحد فيها أن النبي ﷺ لم يهتم أبدا بتبليغها وحفظها، بل تركها للسامعين والناظرين أن يبلغوها إلى من بعدهم إذا شاؤا أو لم يبلغوها إن لم يشأووا، فإنها لا تضيف إلى الدين عقيدة وعملًا، فالأشياء التي تتضمنها والمتصلة بالدين إنها في الواقع تفهيم وتبيين للدين المحصور في الكتاب والسنة وبيان للأسوة الحسنة للنبي ﷺ. فدائرة الحديث في هذا الأمر هي هذا. فكل شيئ خارج هذه الدائرة لايسمىٰ حديثًا ولا يُقبل من حيث كونه حديثًا فقط. نعم داخل هٰذه الدائرة تقوم حجته على كل شخص يقبله من حيث كونه قولًا وفعلًا وتقريرًا وتصويبًا للنبي ﷺ بعد الإطمئنان إلى صحته. ولايجوز له الإنحراف منه إذًا، بل يجب عليه أن يستسلم له إذا كان فيه أمرًا وقضاءً للنبي ﷺ:قال تعالى:

﴿ فَلَا وَرَبِّكَ لَا يُؤْمِنُونَ حَتَّىٰ يُحَكِّمُوكَ فِيمَا شَجَرَ بَيْنَهُمْ ثُمَّ لَا يَجِدُوا فِي أَنفُسِهِمْ حَرَجًا مِّمَّا قَضَيْتَ وَيُسَلِّمُوا تَسْلِيمًا ﴾[1].

والقرآن الكريم والسنة والحديث ـ كل واحد منها محل للتدبر فالأشياء اللازمة التي يحب أن تكون أمام أهل العلم والنظر عندنا حتى يكونوا على نظرة صحيحة إزاء كل منها سوف نبينها فيما يأتي بترتيب.

---

(1) سورة النساء، الآية: ٦٥.

# مبادئ تدبر القرآن

وخذ أولًا تلك المبادئ التي يجب أن تُلاحظ للتدبر في القرآن الكريم.

**العربية المعلاة:** وأول شيء من ذلك أن اللسان الذي نزل فيه القرآن هو العربي المعلىٰ لأم القرىٰ، الذي كان ينطق به قبيلة قريش في زمن الجاهلية. ومما لا مرية فيه أن الله تعالىٰ قد جعله معجزة خالدة للفصاحة والبلاغة. وأنه في الحقيقة لغة كان ينطق بها رسول الله وكان ينطق بها أهل مكة في ذلك الزمان. فقال جل وعلا:

﴿فَإِنَّمَا يَسَّرْنَٰهُ بِلِسَانِكَ لِتُبَشِّرَ بِهِ ٱلْمُتَّقِينَ وَتُنذِرَ بِهِۦ قَوْمًا لُّدًّا﴾[1].

ولذا فإن الفهم الصحيح لهٰذا الكتاب متوقف على العلم الصحيح لهٰذه اللغة وذوقها السليم، ولا بد للتدبر في هٰذا الكتاب ولشرحه وتفسيره أن الإنسان يكون عالمًا جيدا بهٰذه اللغة وأن يتذوق أساليبها تذوقًا أن لايحول لسانه في طريقه للوصول إلى فهم مدلول القرآن على أقل حد.

ولا تحتاج هٰذه الحقيقة إلى شرح مزيد على ذلك، ولكن ليفهم كل طالب له فهمًا كاملًا أنها ليست عربية كتبها الحريري والمتنبي والزمخشري والرازي، أو التي تذاع في جرائد مصر وسوريا في هٰذا الزمان ويكتبها أدباءهما وشعراءهما. نعم هٰذه أيضا لغة عربية. ولكن العربية التي نزل بها القرآن والتي ينبغي تسميتها بالعربي المعلىٰ بجدارة. هناك فرق كبير في لهجات وأساليب البيان والألفاظ والمحاورات لتلك اللغة ولهٰذه اللغة. وهو فرق كمثل فرق وقع في لغة أردية لمير[2] وغالب[3] ولفارسية لسعدي[4] وخيام[5] على الأقل وبين لغة أردية وفارسية يكتبها الجرائد والصحف الهندية والإيرانية في زماننا هٰذا المعاصر.

---

(1) سورة مريم، الآية: ٩٧.

(2) ميرتقي ميرهو أكبر شعراء اللغة الاردية الكلاسيك.

(3) غالب، أسد الله خان هو ثاني أكبر شعراء اللغة الاردية الكلاسيك.

(4) سعدي أحد شعراء الأخلاقيين للفارسية.

(5) خيام هو من كبار الشعراء الفارسية عرف بمربّعاته الشعرية.

فمن الحقيقة أن لغة الجرائد هٰذه لاتولد ذوقًا سليمًا للسان القرآن، بل على عكس من ذلك إنها تجعل المرء غافلًا عنه تماما وإذا كانت هي تتغلب عليه فربما تحرم الإنسان من فهم القرآن تمامًا. فأول شيء يجب الرجوع إليه للغة القرآن هو القرآن نفسه. فلا يجحد شخص عن القرآن أنه إذا نزل بأم القرىٰ فمع أن مكانته الإلهامية صارت محلا للنزاع والنقاش لمدة بلا شك، ولكن لم يمكن لشخص أن يتحدى عربيته أبدًا. وقال إنه ليس كلامًا أعجميًا واستدل له لأنه نزل بلسان عربي مبين. إنه قرر نفسه معجزة للغة والأدب والفصاحة والبلاغة وتحدى قريشًا أن ياتوا بسورة من مثله، حتى أعلن أن يدعوا لذلك ممن أرادوا من الأدباء والشعراء والخطباء والكهنة وليس فقط الإنسان بل يدعوا من يشاؤا من الجنات والشياطين والآلهة معهم. فمن الحقيقة التي لاتجحد أنه لم يتمكن أحد من العرب من جحود عربيته كما لم يمكن لشخص أن يستجيب لتحديه أبدًا. كما قال تعالىٰ:

﴿ وَإِن كُنتُمْ فِى رَيْبٍ مِّمَّا نَزَّلْنَا عَلَىٰ عَبْدِنَا فَأْتُوا۟ بِسُورَةٍ مِّن مِّثْلِهِۦ وَٱدْعُوا۟ شُهَدَآءَكُم مِّن دُونِ ٱللَّهِ إِن كُنتُمْ صَـٰدِقِينَ ﴾[1].

وقال في موضع آخر:

﴿ قُل لَّئِنِ ٱجْتَمَعَتِ ٱلْإِنسُ وَٱلْجِنُّ عَلَىٰٓ أَن يَأْتُوا۟ بِمِثْلِ هَـٰذَا ٱلْقُرْءَانِ لَا يَأْتُونَ بِمِثْلِهِۦ وَلَوْ كَانَ بَعْضُهُمْ لِبَعْضٍ ظَهِيرًا ﴾[2].

وليس فقط ذلك بل حينما سمعه نقاد كبير للأدب في أم القرىٰ كمثل وليد بن مغيرة فلم يلبث إلا أن قال:

والله ما منكم رجل أعرف بالأشعار مني، ولا أعلم برجزه ولا بقصيره مني، ولا بأشعار الجن، والله ما يشبه الذي يقول شيئًا من هٰذا، والله ان لقوله الذي يقوله حلاوة، وإن عليه لطلاوة، وإنه لمثمر أعلاه، مغدق أسفله، وإنه ليعلوا ولا يُعلىٰ،

---

(1) سورة البقرة، الآية: ٢٣.

(2) سورة الإسراء، الآية: ٨٨.

11

وإنه ليحطم ما تحته[1]. وكان لبيد من شعراء السبع المعلقات حيًا آنذاك، وقد أسلم. وهو شاعر سجد لشعر له[2] شاعر كبير مثل فرزدق، فقد أصيب بذهول أمام القرآن لدرجة أن قال حينما التمس منه عمر رضي الله عنه بقول الشعر:

«ما كنت لأقول شعرًا بعد أن علمني الله البقرة وآل عمران»[3] وهٰذا ما كان اعتراف رجل واحد فقط بل إنه يعني أن فصاحة العرب وبلاغته سجدت للقرآن وخضعت له. ثم إنه من الحقيقة أن هٰذه المعجزة اللسانية قد انتقلت إلينا لفظا بغير أدنىٰ تغير ودون تبديل في أي حرف. ولذا فهٰذه الحقيقة ثابتة مسلمة اليوم أن القرآن ليس فقط حجة الله للدين في هٰذه الأرض بل إنه قول فصل للغة عصر نزوله وبرهان قاطع له. ويوجد هٰذا اللسان بعد القرآن في الحديث النبوي وذخائر آثار الصحابة. ولا شبهة أن جزءًا قليلًا من هٰذه الذخائر يُقدم كسند وحجة في صدد تحقيق اللغة بسبب الرواية بالمعنى ولكن هٰذه البقية الباقية أيضًا متاع قيم ثمين لأصحاب الذوق، فإنها لغة أفصح العرب والعجم ولسان الصحابة الأفصحين الأقحاح. وهو مثل أعلى اعتبارًا بالألفاظه ومحاوراته ومن حيث أساليب بيانه للسان عربي مبين نزل فيه القرآن.

وفي أدعية النبي ﷺ وأمثاله ومكالماته وحديثه مع الصحابة، بما أن هناك اهتمام للرواية باللفظ في عامة الأحوال ولذا توجد نظائر تلك اللغة أكثر من كل شيئ في روايتهم. فإن شاء طالبوا القرآن أن يغوصوا في بحار ذاخرة للآثار يستجمعون الكثير من اللآلي الثمينة منها وسيجدون نصرةً كبيرة في حل المشكلات اللفظية والمعنوية للقرآن من هٰذه الذخيرة للآثار والأحاديث.

وبعد ذلك إن كلام العرب هو مأخذ كبير لهٰذه اللغة، وهو شعر الشعراء من أمثال إمرء القيس وزهير وعمرو وكلثوم ولبيد ونابغة وطرفة وعنترة والأعشىٰ

---

(1) السيرة النبوية لإبن كثير ١/ ٤٩٩.

(2) والشعر هو هٰذا:

**وجلا السيول عن الطلول كأنها ... زبر تجد متونها أقلامها**

(3) الاستيعاب لابن عبد البر بهامش الإصابة ٣/ ٢٣٧.

والحارث بن حلزة وكلام الخطباء من مثل قيس بن ساعدة الأيادي. ويعرف أهل العلم أن معظم كلام العرب يوجد في دواوين الشعراء وجامعي كلام العرب من أمثال الأصمعيات[1]، المفضليات[2]، الحماسة[3]، السبع المعلقات[4]وكتب الجاحظ والمبرد وأمثالها من أهل الأدب[5]. ولقد نشرت في زماننا هٰذا الكثير من دواوين شعراء الجاهلية لم توجد ولم تظهر قبل اليوم. ومما لامرية فيه أن معظم لغات العرب قد تم نقلها بإجماع أهل اللغة وتواترهم واحتفظت ذخيرتها الكبيرة الثراء في أمهات اللغة من مثل التهذيب[6]، المحكم[7]، الصحاح[8]، الجمهرة[9] والنهاية[10] وغيرها. ولكن إنه أيضًا حقيقة أن كلام العرب هٰذا هو المصدر المتعمد عليه للبحث والتحقيق في ذخيرة لغة العرب التي لم تواترت مثل ذلك. نعم هناك كلام منحول أيضًا. ولكن كما أن العلماء الناقدين للحديث يمكن لهم تمييز صحيحه من سقيمه يتمكن كذلك ناقدوا كلام العرب من تمييز خالصه من منحوله على المعايير الواضحة للرواية والدراية. ولذلك قد أجمع علماء الأدب واللغة دائمًا أن كلام العرب يعتمد عليه بعد كلام الله والذي يقوم كحجة وسند في تحقيق اللغة بناءً على صحة النقل والرواية باللفظ. يقول في ذلك صاحب خزانة الأدب ولب لباب لسان العرب عبد القادر بن عمر البغدادي:

---

(1) الأصمعيات لأبي سعيد عبد الملك بن قريب الأصمعي.

(2) المفضليات للمفضل بن محمد بن يعلىٰ بن عامر بن سالم الضبى.

(3) الحماسة لأبي تمام لبيب بن أوس الطائي.

(4) وهي مجموعة للقصائد السبعة المنتخبة للعربية.

(5) مثلاً البيان والتبيين للجاحظ والكامل في اللغة والأدب للمبرد، وجمهرة أشعار العرب لأبي زيد ومختارات شعراء العرب للابن الشجري، والفحول لأبي تمام وحماسات للبحتري والخالديان ولإبن الشجري ولأبي هلال العسكري وديوان المعاني لأبي هلال من هٰذا النوع.

(6) التهذيب في اللغة لأبي منصور محمد بن أحمد الأزهري.

(7) المحكم والمحيط الأعظم لعلي بن سيده.

(8) تاج اللغة وصحاح العربية لأبي نصر اسماعيل الجوهري.

(9) الجمهرة في اللغة، لأبي بكر محمد بن دريد الازدي.

(10) النهاية في غريب الحديث والأثر لأبي السعادات المبارك ابن محمد الجزري ابن الأثير.

«الكلام الذي يستشهد به نوعان: شعر وغيره فقائل الأول قد قسمه العلماء على طبقات أربع: الطبقة الأولى: الشعراء الجاهليون وهم قبل الإسلام كامرء القيس والأعشىٰ، والثانية: المخضرمون وهم الذين أدركوا الجاهلية والإسلام كلبيد وحسان، والثالثة: المتقدمون ويقال لهم الإسلاميون وهم الذين كانوا في صدر الإسلام كجرير وفرزدق، والرابعة: المؤلدون ويقال لهم المحدثون وهم من بعدهم إلى زماننا كبشار بن برد وأبي نواس، فالطبقان الأوليان يُستشهد بشعرهما إجماعًا[1].

وقد قال هٰذا القول سيدنا عمر بن الخطاب ﷺ وهو يخطب المسلمين من على منبره:

يا أيها الناس، عليكم بديوانكم، شعر الجاهلية فإن فيه تفسير كتابكم ومعاني كلامكم[2].

وقال ابن عباس ﷺ عالم جليل الشان بعلم الدين في الصحابة: إذا خفي عليكم شيئ من القرآن فابتغوه في الشعر، فإنه ديوان العرب»[3]..

وليلاحظ هنا أن كلام أهل الجاهلية هٰذا ليس فقط مأخذ اللغة وأساليب اللغة بل إنه مع ذلك مأخذ أيضًا لثقافة العرب وحضارته التي إذا لم يتواجد تصوره الصحيح في الذهن سيصعب فهم أساليب الإشارة والتلميح والتعريض والكناية التي هي رأس مأل البلاغة في روائع الأدب هٰذه.

فما هي الخصائص الأساسية لمعاشرة واجتماع العرب؟ وما هي الأشياء التي يرونها معروفًا أو منكرًا؟ وما هي معايير الخير والشر في اجتماعيتهم؟ وما هي نوعية ديانتهم وآدابهم وتقاليدهم؟ وما هي الأسس التي قامت عليها ثقافتهم وتشكل بها اجتماعهم؟ وما هي نظراتهم السياسية وشغلهم الشاغل ليلًا ونهارا؟ فهل كانوا قطيعًا للبهائم رفعهم الإسلام وأوصلهم إلى منصب قيادة العالم؟

(1) خزانة الأدب ١/ ٣.

(2) الجامع لأحكام القرآن، القرطبي ١٠/ ١١٠.

(3) المستدرك للحاكم، رقم: ٣٨٤٥.

أوهم مع كل وحشتهم قوم يحمل خصائص وأوصافًا قد مُنِحوا الكتاب مثل القرآن بناءًا عليها، وفازوا بمكانة شهادة الحق للعالم كله من الله سبحانه وتعالى؟ هٰذه تساولات يأتي جوابها الصحيح من هٰذا الكتاب. وهٰذا الجواب في ضوءه تتوضح إشارات القرآن وتلميحاته وتعريضاته وكناياته في جماله الأدبي الرائع وفي كمال معنويته الخالدة على طالبيه ومحققيه.

ولذا ليس فقط في أمر اللغة بل لكل هٰذه الأمور المذكورة فليراجع طالبوا القرآن إلى كلام العرب.

**إبانة اللغة**: والأمر الثاني أن القرآن لم ينزل في اللسان العربي فقط بل في لسان عربي مبين. أي في لغة مبينة واضحة لا غموض فيها ولا تعقيد. كل لفظتها واضحة وكل أسلوبها مأنوس لمخاطبيه، كمال قال تعالىٰ:

﴿ نَزَلَ بِهِ ٱلرُّوحُ ٱلْأَمِينُ * عَلَىٰ قَلْبِكَ لِتَكُونَ مِنَ ٱلْمُنذِرِينَ * بِلِسَانٍ عَرَبِيٍّ مُّبِينٍ ﴾ [1].

وقال: ﴿ قُرْءَانًا عَرَبِيًّا غَيْرَ ذِى عِوَجٍ لَّعَلَّهُمْ يَتَّقُونَ ﴾ [2].

فهٰذه حقيقة واضحة للقرآن. إذا سلمت بها فعليك أن تسلم كنتيجة لازمة لذلك أن أية لفظة للقرآن وأي أسلوب له لم يكن شاذا في مفهومه ومعناه، لأنه نزل في ألفاظ وأساليب معروفة متداولة لمخاطبيه. فليست فيه أية غرابة لغوية من أي نوع كانت. بل كل شيئ فيه واضح معروف. ولذا من اللازم رعاية معاني معروفة ومدلولات غير منكرة في ترجمة معانيه وتفسير مفاهيمه في كل مكان ولايقبل أي تأويل دون ذلك. ولذا فالنجم في ﴿ وَٱلنَّجْمُ وَٱلشَّجَرُ يَسْجُدَانِ ﴾ [3] لم يكن إلا في معنى النجم و«تمنى» في ﴿ إِلَّا إِذَا تَمَنَّىٰ ﴾ [4] تعطي معنى الإرادة والأمنية والإبل في ﴿ أَفَلَا يَنظُرُونَ إِلَى ٱلْإِبِلِ ﴾ [5] قد جاء في معنى الإبل والجِمال

---

(1) سورة الشعراء، الآيات: ١٩٣ ـ ١٩٥.

(2) سورة الزمر، الآية: ٢٨.

(3) سورة الرحمن، الآية: ٦.

(4) سورة الحج، الآية: ٥٢.

(5) سورة الغاشية، الآية: ١٧.

و«البيض» في ﴿بَيْضٌ مَّكْنُونٌ﴾[1] ليس إلا في معنى البيض. وانحر في ﴿فَصَلِّ لِرَبِّكَ وَٱنْحَرْ﴾[2] تعطي معنى الأضحية والقربان فقط. فلا يراد بها «الأعشاب»، و«التلاوة»، و«السحاب» و«الغشاء المكن للبيضة» و«وضع الذراعين على الصدر».

وعلاوة على الألفاظ تُعامل مع وجوه الإعراب وأساليب البلاغة أيضا نفس المعاملة، إن علماء البلاغة والنحو قد جعلوا أشياء كثيرة فيما يتعلق بهٰذه الفنون من الشواذ والمستثنيات. ولكن الحق أن ذلك ناشيئ من قلة التتبع والبحث فقط، ففي عصرنا هٰذا إن العمل الذي تم على أيدي أكابر مدرسة الفراهي: الإمام حميد الدين الفراهي والأستاذ الإمام أمين أحسن الإصلاحي على لغة القرآن اتضحت منه هٰذه الحقيقة أن أسلوب القرآن في هٰذه الأمور هو أسلوب العرب المعروف لاغير. فطالبوا القرآن الذين يتذوقون بهذه المباحث يمكن لهم العثور على كثير من الإرشادات في ذلك في «مفردات القرآن» و«أساليب القرآن» و«جمهرة البلاغة» للإمام الفراهي وفي «مجموعة التفاسير» له وفي «تدبر القرآن» للأستاذ الإمام أمين أحسن الإصلاحى. فإن رعاية هذا الأصل في تفسير القرآن يتقاضاها إبانته. وإبانته كما مر آنفًا ثابتة بنص القرآن. وعليه فلا يصح شرح وتفسير للقرآن بغض النظر منها.

## ندرة الأسلوب

والشيئ الثالث أن أسلوب القرآن هوأسلوب منفرد، فإنه يحمل سزاجة النثر وربطه وسلاسته وتسلسله. ومع ذلك لايقال له نثر، كما أنه يحمل غناء النظم وموسيقاه وحسن تناسبه ولكنه لايقال له نظم أيضًا. ولا هو كتاب كمثل كتابات نحن واقفون عليها، والتي يبحث فيها عن موضوع أو موضوعات تحت أبواب وفصول. وأهل العرب كانوا أحيانًا يقولون إنه شعر وأحيانًا يشبهونه بسجع

(1) سورة الصافات، الآية: ٤٩.

(2) سورة الكوثر، الآية: ٢.

الكهان. ولكن ترددهم هٰذا ينم عن عدم اطمئنانهم هم في مقولتهم هٰذه. والواقع أن القرآن كتاب فذ فريد باعتبار أسلوبه. يحمل سلاسة الأنهار وشدة البحار وندرة حسن الاستدلال، وطراز ربط المعنى. أمثلة وقصص ورجوع الكلام إلى مركزه مرات ومرات، وأساليب متنوعة للتهديد والزجر والعتاب. والأسف والحسرة، شدة اليقين مع صور الإعراض والإنكار. ففيه كيف على مواقع العجب والالتفات، تصوره شاعر فارسي بقوله: «ما هٰذا الذي يقع على صدري كالندىٰ، وفيه مشهد على مواقع الغضب عبر به الشاعر كأنه طوفان تنبض منها وتقشعر قلوب الأنهار».

وفيه تصرفات عجيبة للخطاب أن المرء يفقد نفسه فيه. ولهٰذه الخصائص الأسلوبية يقول عنه:

﴿لَوْ أَنزَلْنَا هَٰذَا ٱلْقُرْءَانَ عَلَىٰ جَبَلٍ لَّرَأَيْتَهُۥ خَٰشِعًا مُّتَصَدِّعًا مِّنْ خَشْيَةِ ٱللَّهِ ۚ وَتِلْكَ ٱلْأَمْثَٰلُ نَضْرِبُهَا لِلنَّاسِ لَعَلَّهُمْ يَتَفَكَّرُونَ﴾[1].

ولكن من أي أصناف الكلام هو؟ كل ما يمكن أن يقال في ذلك أنه يشبه كلام الخطباء. ولاشك أن هٰذه المشابهة هي فقط إلى حد التشابه لا غير. فلا يمكن أن يطلق عليه وصف الكلام الخطابي على الإطلاق، لكنه متقارب له ولذا يطلب من دارسيه وطالبيه أشياء تالية:

- تبذل الجهود في سبيل فهم القرآن لتفهم ما حوله من ملابسات وخلفيات وحالات نزلت فيها سورة من القرآن ولاتحتاج لذلك إلى شيئ خارج من القرآن. بل هٰذه الأشياء سوف تتوضح في ضوء القرآن نفسه. فإذا تدبر أحد في القرآن وعكف على كل لفظ له ويحاول فهم هيكل الجمل والأساس الذي تقوم عليه الكلمات يظهر له مواقع الكلام للسورة بتمامها مظهرًا تاما وتدل على وجودها دلالة لا تحتاج إلى دليل آخر معها. يقول الأستاذ الإمام:

---

(1) سورة الحشر، الآية: ٢١.

«الطريقة الصحيحة إنما هي أن تحاول لفهم خلفية القرآن من اشاراته هو. فإذا عرفت مَن الذين يخطبهم الكلام. ولأي من المخاطبين خطابه مباشرًا ولمن هو غير مباشر. وبأية مرحلة يمر بها المخاطب. وما هي السؤالات التي أثارتها تلك المرحلة، تنتظر جوابها الأصدقاء والأعداء وأية نوعية اختارتها معاداة الأعداء وفي أية حالة الأصدقاء. وما هي الأحزاب في صفوف الأعداء وما هي وسائلها وسلاحها وفي أي طراز تتفكر جماعات مختلفة للموافقين، ينكشف لك نظام الكلام كله تلقائيًا. فإن هٰذا كله يتكلم من داخل فحوى الكلام نفسه. فإذا سعدت جهودك بتعيين هٰذه الأشياء ينكشف لك نظم الكلام بنفسه ويتأثر القلب بقرأة سورة من القرآن تأثره بالإستماع إلى خطبة مناسبة لخطيب مصقع»[1].

وثانيًا أن يُعين وجهة خطابه في كل مكان، ففي القرآن يختلف توجيه الخطاب في الوقفات القليلة بل في الآية الواحدة أحيانًا مرات. فالآن كان المسلمون مخاطبين إذ صار توجيه الخطاب إلى المشركين. والآن كان أهل الكتاب مخاطبين أن فأجأ الخطاب المسلمين. ويكون هٰذا التغير في صيغتي الواحد والجمع. ثم إن هٰذه المسئلة لم تكن في منتهى الخطاب بل في صدره أيضًا. فالآن كان الله عز وجل يتكلم أن بدأ جبرئيل يتكلم. وكان جبرئيل يتكلم إذ جرى الخطاب على لسان رسول الله ﷺ، فكما أن الخطيب لايزال يغير مخاطبيه أثناء الخطاب من طريق تغيير لهجته وأسلوبه ومن دوران العيون والجواجب ومن طريق نبرات الكلام، يتغير الخطاب في القرآن الكريم أيضًا في لحظة وآن. فلا بد من إعطاء أهمية كبيرة لذلك في تفسير القرآن ومن بذل الجهود لتعيين مصدر الخطاب هل هو مثلًا الله سبحانه أو جبريل أو الرسول ﷺ أو الناس، ويُعين منتهى الخطاب كذلك مثلًا هل هو الله سبحانه أو جبريل أو الرسول أو الناس. ثم ليوضح في كون الناس هل هم مسلمون أو منافقون أو اليهود والنصارىٰ أو المشركون من بني إسماعيل أو اثنان منهم أو الثلاثة أو الكل، ثم يكون هناك مواقع

(1) مبادي تدبر القرآن، ص ٢١٠.

الالتباس بأن تخاطب الأمة عن طريق خطاب النبي ﷺ، أو يكون الخطاب بظاهر الحال إلى النبي ﷺ ولكن يراد توجيه الخطاب إلى رؤساء قريش أو إلى اليهود والنصارىٰ. ففي القرآن أمثلة كثيرة لذلك هنا وهناك. ولذا من اللازم أن يكون هناك تمييز بحيطة كاملة في ذلك، ويُعين توجيه الخطاب في واقع الأمر، لأنه بدونه لايتوضح مضمون القرآن بطريقة صحيحة.

الثالث أن يميز بين عامه وخاصه، فإن القرآن ينهج نهجًا في مواضع كثيرة أن يستخدم ألفاظًا عامة بظاهرها ولكن سياقها وسباقها يدلان دلالة قطعية أنه لم يرد بها حكما عامًا، فمثلًا القرآن يستعمل كلمة الناس ولكن لم يرد بها أحيانا العرب كلهم فضلًا عن سائر العالم. وهو يستخدم تعبير على الدين كله ولكنه لم يرد به أديان العالم كلها. ويستعمل لفظة «المشركون» ولم يرد بها المشركين أجمعين. ويأتي بألفاظ «وإن من أهل الكتاب» ولكنه لم يرد بها سائر أهل الكتاب في العالم كله، كما يستخدم كلمة «الإنسان» ولم يرد بها سائر أولاد بني آدم كذلك. فهٰذا هو أسلوب عام للقرآن إذا لم يُراعىٰ يبطل مراد المتكلم في تفسير القرآن من أساسه. ويصل الكلام إلى مالم يقصده المتكلم، ولذا لا بد في ذلك من إبقاء حكومة عرف القرآن وسياقه وسباقه على ألفاظه على كل حال.

## الميزان والفرقان

الرابع أن القرآن نزل في هٰذه الأرض كميزان للحق والباطل وفرقانا بينهما ومُهيمنًا على سلسلة الوحي كلها، كما قال تعالىٰ:

﴿ٱللَّهُ ٱلَّذِىٓ أَنزَلَ ٱلْكِتَٰبَ بِٱلْحَقِّ وَٱلْمِيزَانَ﴾ [1].

و «و» هنا قبل الميزان جاء للتفسير فصار «الميزان» بيانًا «للكتاب» في الحقيقة وعليه فالآية تقول إن الله عزوجل قد أنزل القرآن للتمييز بين الحق والباطل وهو في الواقع ميزان للعدل. فأنزله لينظر كل شخص ما هو الحق وما

---

(1) سورة الشورىٰ، الآية: ١٧.

هو الباطل. فهو وحده الميزان، لا شيئ في هٰذه الدنيا سواه ما يوزن عليه القرآن. وكما قال تعالىٰ: ﴿تَبَارَكَ ٱلَّذِى نَزَّلَ ٱلْفُرْقَانَ عَلَىٰ عَبْدِهِۦ لِيَكُونَ لِلْعَٰلَمِينَ نَذِيرًا﴾[1].

فالفرقان في هٰذه الآية أيضا يعطي المفهوم نفسه، أي كتاب هو حجة قاطعة في الميزة بين الحق والباطل، فهنا أيضا أريد بيان الحقيقة أن هٰذا الكتاب هو القول الفصل في كل شيء. وهو الصحيفة المعيارية، فيكون مرجعًا في النزاعاتِ كلها والخلافات جميعا. لايحكم عليه شيئ بل هو يحكم في كل مكان من دولة العلم والهدىٰ وكل أمرء مسئول ألا يقدم عليه شيئًا.

وقال تعالىٰ: ﴿وَأَنزَلْنَآ إِلَيْكَ ٱلْكِتَٰبَ بِٱلْحَقِّ مُصَدِّقًا لِّمَا بَيْنَ يَدَيْهِ مِنَ ٱلْكِتَٰبِ وَمُهَيْمِنًا عَلَيْهِ فَٱحْكُم بَيْنَهُم بِمَآ أَنزَلَ ٱللَّهُ وَلَا تَتَّبِعْ أَهْوَآءَهُمْ عَمَّا جَآءَكَ مِنَ ٱلْحَقِّ﴾[2].

ففي هٰذه الآية تعطي لفظة المهيمن ذاك المفهوم وهو إسم صفة من «هيمن فلان على كذا» في معنى المحافظ والرقيب. والآية تقرر أن القرآن مهيمن على الصحف السابقة ومعنى ذلك أن النسخة المعتمدة للكتابات الإلهية الآن هو القرآن المجيد فقط. فإذا كانت المتون للصحف السماوية الأخرى قد فقدت أو دخلت التحريفات الكثيرة في تراجمها فبقي القرآن الآن حكما و معيارًا يميز بين الحق والباطل. فكل ما يمكن إثبات صحته على معياره هو صحيح. وما لا يمكن إثبات صحته هو بالتاكيد خطأ ويجب رفضه.

وهٰذه هي منزلة القرآن التي أعلنها بنفسه له فيجب أن نسلم بناءً عليه كمبادي أشياء تالية له:

**أولًا:** لايحدد القرآن وحي خفي أو جلي خارج القرآن ولا تخص حكمه ولا يغير فيه ولا يأتي بأي تعديل حتى والرسول ﷺ الذي نزل عليه لايفعل ذلك. فكل شيئ يُرد أو يُقبل في الدين في ضوء آياته البيات. ويبتدئ كل

(1) سورة الفرقان، الآية: ١.

(2) سورة المائدة، الآية: ٤٨.

بحث للإيمان والعقيدة منه ويختتم عليه، وكل وحي وكل إلهام وكل إلقاء وكل تحقيق أو رأي يتبعه. والحقيقة التي لا تجحد فيه أن حكومته تقوم على كل من أبي حنيفة والشافعي والبخاري ومسلم والأشعري والماتريدي والجنيد والشبلي، على الكل ولا يؤخذ ولا يُقبل شيئ منهم مايخالف القرآن ويعارضه.

**وثانيًا:** أن دلالة ألفاظه على مفاهيمه قاطعة فما يريد قوله يقوله بكل صراحة وصرامة، ولا يقصر عن بيان مدلوله تقصيرًا في أي أمر كان. ومفهومه هو الذي تقبله ألفاظه، لا يختلف منه ولا يتباين. وهناك باب واحد فقط للوصول إلى مدينة معانيه وهو ألفاظه لا غير. والتي تعطي مفاهيمها بقطعية كاملة لا ريب فيها ولا شك.

فهٰذان مما يتقاضاهما كون القرآن ميزانًا وفرقانًا، لا يختلف فيه اثنان. ولكن هناك تساؤلات عديدة مما تخالج بعض الناس وهي كالتالي:

**أولًا:** هناك خلافات للقراءة في بعض المقامات في القرآن. وهي تؤثر ليس في التلفظ بها بل أحيانًا على معاني الألفاظ أيضًا. ففي مثل هذه الحالة لايكون شيئ قاطعًا وحاسمًا إذا كانت هناك خلافات. مثلًا إذا كانت ﴿أَرْجُلِكُمْ﴾ التي جاءت في الآية السادسة من سورة المائدة يُقرأ بالنصب وبالجر أيضًا فكيف تحسم على أساس القرآن أنه لا بد من غسل الأرجل في الوضوء ولا يُمسح عليهما؟

**وثانيًا:** إن ما نفهم من القرآن من معنىً نستطيع فهمه من طريق ألفاظه وتركيب جمله والحال أن فهمنا هٰذا موقوف على علوم وفنون ظنية كلها أي النحو واللغة والبلاغة وغيرها. فكيف يقال ـ والحالة هٰذه ـ إن دلالة ألفاظ القرآن قاطعة تمامًا على مفهومه؟

وقد جاء الإمام الرازي بهٰذا السؤال وبسطه في تفسيره كالتالي:

«دلالة الألفاظ على معانيها ظنية لأنها موقوفة على نقل اللغات ونقل

الإعرابات والتصريفات مع أن أول أحوال تلك الناقلين أنهم كانوا آحادًا ورواية الآحاد لا تفيد إلا الظن. وأيضًا فتلك الدلائل موقوفة على عدم الاشتراك، وعدم المجاز، وعدم النقل وعدم الإجمال وعدم التخصيص وعدم المعارض العقلي فإنه بتقدير حصوله يجب صرف اللفظ إلى المجاز، ولاشك أن اعتقاد هٰذه المقدمات ظن محض، والموقوف على الظن أولى أن يكون ظنًا[1].

**وثالثًا:** لقد بين القرآن في موضع عن نفسه أن من آياته ما هو محكم وبعض منها متشابه. ولا يعلم تأويله ومفهومه إلا الله، فهٰذا أيضًا مما يقدح في كون القرآن قولًا فصلًا. فإننا إن كنا لا نميز المحكم من المتشابه ولا ندري مفاهيم الآيات المتشابهات فكيف إذن نُعين مراد القرآن ومدلوله في تلك الآيات. وكيف نقرر القرآن حَكمًا على كل شيئ آخر غيره بناءً على ذلك.

**ورابعًا:** هناك أحاديث وروايات تغير في مراد القرآن. وعلماءنا يعبرون عن ذلك في بعض المقامات بنسخ وفي بعضها بتحديد وتخصيص وتقييد وما إلى ذلك من الاصطلاحات الأصولية الفقهية. فإن نوقن بهٰذا فكيف نسلم للقرآن تلك المنزلة المذكورة فيما مر آنفا؟

فهٰذه هي السؤالات التي تقدم بهٰذا المجال عمومًا.

## خلافات في القراءة

القرآن هو فقط الذي ثبت في المصحف والذي يتلوه معظم الأمة المسلمة بإستثناء بعض المناطق المغربية. وماعدا هٰذه التلاوة والقرأة التي تتم مطابقًا لها لا تعتبر قرآنًا غيرها ولا تقوم من حيث كونه قرآنًا. فلا يثبت هٰذا السؤال من أساسه عندنا. ونفصل فيما يأتي مذهبنا هٰذا: قال الله تعالىٰ:

﴿سَنُقْرِئُكَ فَلَا تَنسَىٰٓ ۞ إِلَّا مَا شَآءَ ٱللَّهُ ۚ إِنَّهُۥ يَعْلَمُ ٱلْجَهْرَ وَمَا يَخْفَىٰ ۞﴾[2].

(1) التفسير الكبير ١/ ٢٨.

(2) سورة الأعلى، ٦ ــ ٧.

وأيضًا قال:

﴿لَا تُحَرِّكْ بِهِۦ لِسَانَكَ لِتَعْجَلَ بِهِۦٓ * إِنَّ عَلَيْنَا جَمْعَهُۥ وَقُرْءَانَهُۥ * فَإِذَا قَرَأْنَٰهُ فَٱتَّبِعْ قُرْءَانَهُۥ * ثُمَّ إِنَّ عَلَيْنَا بَيَانَهُۥ﴾[1].

فإن المخطط الإلٰهي عن نزول القرآن وترتيبه وتدوينه الذي جاء في الآيات المذكورة يتلخص كما يأتي:

**أولًا،** لقد أخبر الرسول ﷺ أنه بالطريقة التي يعطىٰ بها القرآن لك نجمًا نجمًا وفق الحالات هي الطريقة الصحيحة لمنحه. ولكن ليس لك أن تردد في حفظه وجمعه وترتيبه بسبب تلك الطريقة، الآن هٰذه القرأة الجارية له أثناء نزوله نستبدل بقراءة أخرى له إذا اكتمل نزوله. فعند ذلك إن شاءت حكمة الله سبحانه بإزالة شيئ منه ينسخ ذلك منه ويُقرءكه الله سبحانه بحيث لايمكن فيه سهو ولا نسيان وتُمنحه في أكمل صورته وأتم.

**ثانيًا:** قد أخبر ﷺ أن هٰذه القرأة الأخرى إنما تتم بعد جمعه بصورة كتابية ويلزم لك اتباع تلك القراءة فقط ولا يجوز لك قراءته وفق القرأة الأولىٰ.

**وثالثًا:** وأخبر أيضًا أنه إذا كانت هناك ضرورة إلى شرح وتفسير لإطلاقات القرآن في أي أمر من الأوامر سيتم ذلك أيضًا في هٰذه المناسبة وهكذا سيتم هٰذا ككتاب بعد جمعه وترتيبه وتفهيمه وتبيينه من قِبل من ينزله عليك سبحانه وتعالىٰ.

فهي القراءة الأخيرة للقرآن والتي يصطلح لها «قراءة العرضة الأخيرة». وجاءت في الروايات أن جبريل الأمين يعرض عليه ﷺ كل عام ما قد أنزل عليه من القرآن في شهر رمضان المبارك. وقد عرض عليه مرتين في عامه الأخير من حياته حين تمت العرضة الأخيرة. كما قال أبو هريرة: كان يعرض على النبي ﷺ القرآن كل عام مرة، فعرض عليه مرتين في العام الذي قبض فيه[2].

---

(1) سورة القيامة، ١٦ ــ ١٩.

(2) صحيح البخاري، رقم: ٤٩٩٨.

وحينما ودع النبي ﷺ العالَم كانت هٰذه قراءته. وكان الخلفاء الراشدون بعده وجميع المهاجرين والأنصار يتلون القرآن مطابقًا لهٰذه القرأءة. لا خلاف بينهم في ذلك، وقد سُميت فيما بعد «بقراءة عامة» كما يقول أبو عبد الرحمن السلمي:

«كانت قراءة أبي بكر وعمر وعثمان وزيد بن ثابت والمهاجرين والأنصار واحدة، كانوا يقرءون القرأة العامة وهي القراءة التي قرأها رسول الله ﷺ على جبريل مرتين في العام الذي قبض فيه، وكان زيد[1] قد شهد العرضة الأخيرة وكان يُقرء الناسَ بها حتى مات[2].

فهٰذه القراءة هي التي نالت تواترًا قوليًا للمسلمين منذ الصحابة رضي الله عنهم. والدقائق والخفايا الفنية للهجات العرب تؤخذ فيها من رواية الحفص ولذا يصطلح عليها العلماء بناءً على ذلك «بقراءة الحفص». ولذلك يُتصور أن ذلك اختيار لهم مثل القراءات الأخرىٰ، غير أنها هي القراءة العامة. يتعارفها السلف[3] في عامة الأحوال بألفاظ تؤدي هٰذا المفهوم كما مر من قبل فقد رُوي عن ابن سيرين: القراءة التي عرضت على النبي ﷺ في العام الذي قبض فيه هي القراءة التي يقرؤها الناس اليوم[4].

فإذا تدبرت في القرآن بضوء نظمه فتشهد لذلك الشواهد الداخلية للقرآن بقطعية كاملة. والعمل الذي قد عمله أكابر أهل العلم من المدرسة الفراهية على القرآن الكريم يبرهن برهنة تامة أن متن القرآن لا يقبل قراءةً غير هٰذه القراءة العامة. وإذا شاء شخص أن يرىٰ أمثلة لذلك فعليه الرجوع إلى تفسير «تدبر القرآن» للأستاذ الإمام أمين أحسن الإصلاحي في مواقع كثيرة. إنه بنفسه يصرح:

---

(1) ومن الممكن أن يحضر الموقع صحابة آخرون أيضًا كما جاء ذلك في رواية لابن عباس عن عبد الله بن مسعود انظر المعجم الكبير للطبراني رقم: ١٢٦٠٢.

(2) البرهان للزركشي ١/ ٣٣١.

(3) انظر للاستزادة في ذلك مقال «اختلاف القرأة في كتابنا: مقامات.

(4) الاتقان، السيوطي ١/ ١٨٤.

«إنه قد تم إبعاد اختلاف القراءات أيضًا في هٰذا التفسير، إن القراءة المعروفة والمتواترة هي التي ضُبط عليها المصحف الذي بين أيدينا. ففي هٰذه القراءة يتم تأويل كل آية للقرآن وكل لفظة له في ضوء لغة العرب ونظم الكلام وشواهد القرآن أن لايحتمل شكا وشبهة. ولذا قد قمت بتأويل كل آية بناءً على هٰذا القراءة وأقول بثقة كاملة إنه لايمكن تفسير القرآن على أساس غير هٰذه القِراءة بغير تجريح بلاغة القرآن وحكمته ورقته ومعناه[1].

على أنه قد يمكن أن يخالج في صدور بعض الناس رواية «السبعة الأحرف» التي وردت في مؤطا الإمام مالك كما يلي:

عن عبدالرحمن بن القاري أنه قال: سمعت عمر بن الخطاب يقول: سمعت هشام بن حكيم بن حزام يقرء سورة الفرقان على غير ما أقرؤها وكان رسول الله ﷺ أقرئنيها فكدت أن أعجل عليه، ثم أمهلته حتى انصرف، ثم لبيته برداءه فجئت به رسول الله ﷺ فقلت: يا رسول الله إني سمعت هذا يقرء سورة الفرقان على غير ما أقرئتنيها، فقال رسول الله ﷺ: أرسله ثم قال: إقرأ يا هشام، فقرأ القراءة التي سمعته يقرأ فقال رسول الله ﷺ: هكذا أنزلت. ثم قال لي: إقرأ فقرأتها فقال: هكذا أنزلت، إن هذا القرآن أنزل على سبعة أحرف، فاقرؤوا ما تيسر منه[2].

وهناك بعض الحقائق حول هذه الرواية إذا وضعتها أمامك اتضح لك أنها رواية سخيفة واهية غير قابلة للاحتجاج بها في هذا المبحث الهام.

أولًا: هذه الرواية وإن جاءت في أمهات كتب الحديث ولكن مفهومها لغز لم يحلها بعد أحد في تاريخ الأمة. وقد نقل السيوطي في كتابه «الاتقان» أقوالًا متعددة في تعيين معناها ولكنه قد شعر بضعفها كلها واعترف في

(1) تدبر القرآن ٨/ ٨.

(2) رقم: ٥٦٧.

شرحه للمؤطا «تنوير الحوالك» إن هذه الرواية من جملة المتشابهات التي لا يعلم كنهها إلا الله فيقول:

«وارجحها عندي قول من قال: إن هذا من المتشابه الذي لا يُدرى تأويله[1].

وإن كان هناك أى توجيه معقول لذلك فيكون أن تحمل «سبعة أحرف» على مختلف لغات العرب ولهجاتها. ولكن متن الرواية يرده أيضا لأن المختلفين فيها عمر الفاروق وهشام بن حكيم كلاهما قرشي فكيف يُتصور أي خلاف بينهما.

**الثالث**: إن كان الخلاف يتصور بين أفراد القبائل المختلفة فكيف يوجه لفظة «أنزل» في هذه الرواية لأن القرآن يصرح صراحة تامة أنه نزل بلسان عربي مبين بلغة قريش. وبعد هذه الصراحة لك أن تقول إنه قد رخص وأجيز للقبائل المختلفة أن يقرؤه بلغاتهم ولهجاتهم المختلفة ولكن كيف نسلم أن الله تعالى هو الذي أنزله في لغات مختلفة لقبائل مختلفة؟

**الرابع**: إن هشامًا قد أسلم بعد فتح مكة. فإن قبلت هذه الرواية فعليك أن تعترف أن رسول الله ﷺ كان يعلم القرآن لبعض الناس خفية حتى بعد فتح مكة بطريق لم يعرفه كبار أصحابه مثل عمر على خلاف ما كان يعلم لعشرين سنة على أقل حد. وكانوا يسمعونه منه ويحفظونه في صدورهم وفي صحفهم. يمكن لكل شخص أن يتصور مدى خطورة هذا القول وأين يمكن أن يقع ضربه.

وهذا الذي يقال عن روايات وآثار رويت عن جمع القرآن وتدوينه أولًا في عهد الصديق ﵁ ثم في عهد عثمان ﵁ في كتب الحديث والآثار. إن القرآن كما قدمنا في ابتداء البحث يصرح صراحة تامة أنه قد تم ترتيبه وتدوينه في حياة النبي ﷺ نفسه وبإرشاد من الله سبحانه مباشرًا. على أن هذه الروايات تحكي

---

(1) (١/١٥٩).

حكاية أخرى لا يقبلها القرآن ولا العقل العام. وجاءت في الصحاح أصلًا من طريق محمد ابن شهاب الزهري وأيمة الرجال يتهمونه بالتدليس والإدراج زد إلى ذلك ما وصفه الإمام الليث بن سعد في رسالته إلى الإمام مالك. فإذا أخذنا بالاعتبار ما وصفه فلا تقبل إذن أية رواية له في مثل هذه الأمور المهمة جدًا. فيقول الليث:

«وكان يكون من ابن شهاب اختلاف كثير إذا لقيناه، وإذا كاتبه بعضنا فربما كتب في الشيئ الواحد على فضل رأيه وعلمه بثلاثة أنواع ينقض بعضه بعضًا ولا يشعر بالذي مضى من رأيه في ذلك الأمر. فهو الذي يدعوني إلى ترك ما أنكرت تركي إياه[1].

فهذه هي حقيقة تلك الروايات والآثار، فصار قطعًا أن القرآن له قراءة واحدة فقط، وأما القراءات الأخرى التي تتواجد في كتب التفسير أو تدرس في المدارس أو اختارها بعض الناس في بعض المناطق كانت من باقيات تلك الرُوئ المنحرفة التي لم تخل من أثراتها شعبة من علومنا وبالأسف ولم تصن.

ويمكن أن تكون قد بدأت بسبب إصرار بعض الناس على قراءة ما قبل العرضة الأخيرة وبسبب سهو ونسيان رواتها فيها ولكن بعد ذلك راجت سوقها تحت بواعث الوضع والاختلاف في الحديث لدرجة أن وجدت عشرات القراءات إلى اختتام دور بني أمية.

فيحكى أن أبا عبيد قاسم بن سلام المتوفى في ٢٢٤ هجرية قد التقط منها خمسًا وعشرين قراءة في كتابه. والقراءات السبع المشهورة المتداولة اليوم قد انتقاها أبو بكر بن مجاهد في زمن من أواخر القرن الثالث الهجري. فهذا مما يسلم به عمومًا أن القراءات لا يعين لها عدد بل كل قراءة رويت بسند صحيح وتوافق موافقة محتملة بالمصاحف العثمانية وتنسجم مع اللغة العربية ولو بصورة ما تُعد قرآنًا. وبعض منها يقول لها الناس متواترة على أن النظر العابر

---

(1) تاريخ يحيى بن معين الدوري ٤/ ١٠٩.

في أسانيدها المتواجدة في الكتب يحتم بغير شبهة أنها أخبارًا آحادًا فقط. وأكثر رواتها مجروحون متهمون عند أيمة الرجال. فلايقبلها صاحب نظر من حيث الحديث فضلًا عن كونها قرآنًا متواترًا.

## دلالة الألفاظ

والإجابة على السؤال الثاني أن هذا التقرير عن دلالة الألفاظ كله محل للنظر، فإن المفاهيم التي تدل عليها الألفاظ والأساليب لكل لغة حية من لغات العالم تكون متواترة ومبنية على القطع بكل وجه تام. واللغة والنحو وكذلك العلوم الأخرى كل ذلك يبين ذلك التواتر. فلا يحبث فيها عن صدق الناقلين وكذبهم وعن عددهم كذلك أساسًا. والألفاظ والأساليب التي تعد شاذًا وغريبًا لا تكون شاذا من حيث مفاهيهما بل تكون كذلك بناءً على قلة أو كثرة استعمالها وعلم واطلاع رواتها ودارسيها. فرحلة الكلمة ومعناها لا تنفصل أبدًا. طالما يتم استخدامه مع معناه. وربما نكون قد أخطأنا في معنى الكلمة وتعيين مفهومها ولكن لايتصور أن كلمة ظلت مستخدمة بدون قطعية مفهومها أو كانت كذلك في عصر من العصور. كما أن الشعور بمواقع استعمال المجاز والكناية والإجمال والتخصيص وغيرها أيضا متواتر. وهو رأس المال الإنسان المشترك بين جل لغات العالم. «الأسد ملك الغابة» «أي أسد قادم حتى يرتجف ميدان القتال؟» هاتان جملتان ربما يخطأ شخص في فهم معناهما وفي تمييز الحقيقة من المجاز فيهما. ولكن الشعور الجماعي للإنسان لايتردد في ذلك وفي ضوء هذا الشعور الجماعي نطلع الفرد على خطأئه. فهذه حقيقة عن اللغة، وبناءً عليها نكتب ما نكتب ونتكلم مانتكلم لأننا نوقن بأن الآخرين سيفهمون بما نريد إفهامه إياهم. والوثائق التي تكتب كل يوم في العالم والأقضية التي تصدر والأحكام التي تجري والاطلاعات التي توصل والعلوم التي يتم إبلاغها إن جاءنا خيال في كلمة ولو للمحة، أن دلالة الألفاظ فيها ليست قاطعة في مفهومها فكل شيئ

من ذلك يكون لامعنى له. فهذه النظرية سوفسطائية محضة لايسعها دنيا العلم أبدا[1].

وقال الشاه إسماعيل الشهيد في كتابه «عبقات» معلقا على ذلك مانصه:

لا يخفى على من له أدنى ممارسة بأساليب الكلام أن هذا القول ناشئ عن جهل متراكم إذ وضع الألفاظ لمعانيها من المتواترات، فلا مدخل لعصمة الناقلين فيه. (عبقة خامسة)

ويقول ابن القيم:

«من ادعى أنه للطريق لنا إلى اليقين بمراد المتكلم، لأن العلم بمراده موقوف على العلم بانتفاء عشرة أشياء فهو ملبوس عليه ملبس على الناس، فإن هذا الوضع لم يحصل لأحد العلم بكلام المتكلم قط، وبطلت فائدة التخاطب وانتفت خاصية الإنسان، وصار الناس كالبهائم، بل أسوأ حالًا، ولما علم غرض هذا المصنف من تصنيفه، وهذا باطل بضرورة الحس والعقل، وبطلانه من أكثر من ثلاثين وجها مذكورة في غير هذا الموضع[2].

# المحكم والمتشابه

والجواب على السؤال الثالث أنه لا يصح القول بأنه لا يمكن لنا التمييز بين المحكم والمتشابه بثقة كاملة، أو أننا قاصرون عن فهم معنى المتشابه. فجل آيات القرآن التي يدور عليها هديه وإرشاده محكمة. أما المتشابهات فإنما فهي آيات تذكر نعمة من نعم الآخرة أو نقمة لها في أسلوب التمثيل والتشبيه، أو آيات تصور صفات الله سبحانه وأفعاله أو تتحدث عن عالم من عوالم الله تعالى في أسلوب تمثيلي ما ورائي لنا، لا يحيط به علمنا أو مشاهدتنا، مثلًا نفخ الله تعالى

---

(1) انظر للاستزادة في ذلك مباحث آتية في كتابنا «مقامات» العلم الاضطراري، أساس العلم، قطعي الدلالة، القطعي والظني والعام والخاص.

(2) اعلام الموقعين ٣/ ١٠٩.

في آدم من روحه أو خلقه المسيح ابن مريم من دون أب، أو مقامات وأحوال للجنة والنار. فكل الأشياء التي لم توجد لها الألفاظ حتى الآن، لا يمكن وصفها إلا بأسلوب التمثيل والتشبيه. فإنه يتم وصف حقائق العالم الغير المرئي بنفس الطريقة في آداب جميع لغات العالم.

فمثلًا إذا كان هناك شخص منا قبل قرنين منذ اليوم، ويصف المصابيح الكهربائية استباقًا للمستقبل فكان من المحتمل أن يصف ذلك بطريقة المصابيح المشتعلة في العالم حيث لا يتم سكب الزيت ولا تحتاج إلى إشعال النار. فالآيات المتشابهة أيضًا من هذا النوع. إنها ليست غير معينة ولا إبهام في مفهومها، فألفاظها عربية نفهم معناها من دون تردد، نعم ربما لا نفهم كنهها وحقيقتها في هذا العالم. ولكن معرفتها أو عدم معرفتها لا تمت بصلة إلى فهم القرآن ولذا لا ينبغي لأي شخص مؤمن أن يتعرض له. يقول الأستاذ الإمام في إيضاح ذلك:

«إن هذه الأشياء لها علاقة بالحقيقة التي هي بنفسها واضحة مبرهنة ويعقل العقل جزءًا لها ما يجب عليه إدراكه. ولكن بما أنه يتعلق بعالم غير مشهود ولذا يقدمه القرآن في أسلوب تمثيلي وتشبيهي حتى يستفيد منه طالبو العلم بقدر استعدادهم، ويسلموا كنهه وحقيقته إلى الله تعالى. وهذه الأشياء تتعلق بصفات الله وأفعاله أو بنعم الآخرة وآلامها. فندركها إلى مدى الضرورة. ونزيد علمًا وإيمانًا بذلك. ولكن إذا نتعدى حدودنا ونسعى أن نأخذ كنهها وحقيقتها يكون ذلك لنا فتنة، وينتج منه أن الإنسان في محاولة إخراج شوكة للشك من ذهنه تخترقه أشواك لا حصر لها ولا عد كنتيجة لذلك. حتى أنه يفقد ثروته الحاصلة في طلب الثروة المنشودة، ويقدم على تكذيب حقائق واضحة لأنه لم يبرز له صورتها وأشكالها بعد»[1].

والآية القرآنية التي أخطأوا فهمها وقالوا إنه لا يمكن فهم المتشابهات

---

(1)   تدبر القرآن ٢ / ٢٥ ــ ٢٦.

لم يقل الله فيها إنه لا يعرف معنى المتشابهات أحد سواه، بل قال إنه لا يعرف حقيقته إلا الله. ﴿وَمَا يَعۡلَمُ تَأۡوِيلَهُۥٓ إِلَّا ٱللَّهُۗ﴾ فجاءت لفظة التأويل فيها كما جاء التأويل في الآية من سورة يوسف قال: ﴿يَٰٓأَبَتِ هَٰذَا تَأۡوِيلُ رُءۡيَٰيَ مِن قَبۡلُ قَدۡ جَعَلَهَا رَبِّي حَقّٗاۖ﴾[1]. فرؤيا يوسف جاءت في ألفاظها وعبارة مفهومة لكل الناس، وكل طالب العربية العام يستطيع أن يفهم تلك الآية التي جاءت فيها تلك الرؤيا بدون مشقة. (١٢: ٤) ولكن ماذا كانت مصداقية الشمس والقمر وأحد عشر كوكبًا رأها يوسف تسجد له؟ ما كان لشخص أن يقف عليها وقوفًا قطعيًّا مالم تبدُ له في صورتها الأصلية. فقرر القرآن أشياء من هذا القبيل متشابهة. وليس المتشابه في معنى المشتبه والمبهم كما يفهمها الناس عمومًا، حتى تتجرح منه مكانة القرآن كميزان وفرقان بين الحق والباطل جرحًا ما. والآية هي:

﴿هُوَ ٱلَّذِيٓ أَنزَلَ عَلَيۡكَ ٱلۡكِتَٰبَ مِنۡهُ ءَايَٰتٞ مُّحۡكَمَٰتٌ هُنَّ أُمُّ ٱلۡكِتَٰبِ وَأُخَرُ مُتَشَٰبِهَٰتٞۖ[2] فَأَمَّا ٱلَّذِينَ فِي قُلُوبِهِمۡ زَيۡغٞ فَيَتَّبِعُونَ مَا تَشَٰبَهَ مِنۡهُ ٱبۡتِغَآءَ ٱلۡفِتۡنَةِ وَٱبۡتِغَآءَ تَأۡوِيلِهِۦۖ وَمَا يَعۡلَمُ تَأۡوِيلَهُۥٓ إِلَّا ٱللَّهُۗ وَٱلرَّٰسِخُونَ فِي ٱلۡعِلۡمِ يَقُولُونَ ءَامَنَّا بِهِۦ كُلّٞ مِّنۡ عِندِ رَبِّنَاۗ وَمَا يَذَّكَّرُ إِلَّآ أُوْلُواْ ٱلۡأَلۡبَٰبِ﴾[3].

## الحديث والقرآن

والإجابة على السؤال الرابع أن مقولة نسخ القرآن بالحديث النبوي وتحديده وتخصيصه إنما نشأت عن خطأ الفهم وقلة التدبر. إنه لم يقع نسخ أو تحديد وتخصيص في القرآن الكريم بطريق تشتبه منه حيثية القرآن كميزان وفرقان أيما اشتباه. فإذا لم يفهموا بعض الأساليب القرآنية أخطأوا في بعض

(1) سورة يوسف، الآية: ١٠٠.

(2) جاء ألفاظ المحكم والمتشابه هنا في مفهوم اصطلاحي خاص أوضحناه في المذكور أعلاه. وقد ورد هذان اللفظان في مواضع مختلفة للقرآن في معنى مختلف منه. أي المحكم للآيات الجامعة والموجزة والمتشابه في مفهوم الآيات المتماثلة والمتجانسة. انظر لذلك: هود ١١ والزمر: ٣٩ ـــ ٢٣.

(3) سورة آل عمران، الآية: ٧.

المحامل له، ولم يتضح لهم المحمل الصحيح لأقوال النبي ﷺ أيضًا وأحاديثه. فمعظم الأمثلة التي تُقدم عمومًا بهذا الصدد يتعلق من هذا النوع وحالها هذا. ومع أنها هناك بعض الإشكاليات في بعض أسانيدها ولكن لأنها تعرض مثالًا لها ولذا بغض النظر عن أسانيدها نأتي على كل واحد منها ونقدم رأينا فيها هنا بوضوح تام.

١ - من الحيوانات التي تتواجد في العالم ما هو يؤكل ومنها ما لا يؤكل. فإذا كان أكل هذا النوع الآخر يؤثر على تزكية الإنسان فلذا إن طبيعة الإنسان تأبى منه. وفي عامة الأحوال فإن فطرة الإنسان ترشده ترشيدًا صحيحًا وتفصل وتقضي في ما يأكل وما لا يأكل من غير تردد.

إنه يعلم أن الأسد، والنمور، الفيل، النسر والغراب، والصقر والأفعى والعقرب والإنسان نفسه كل ذلك مما لا يؤكل. كما أنه يعرف معرفة جيدة أن الفرس والحمير للركوب لا للأكل ويعرف جيدًا نجاسة أبوالها وأبرازها كذلك. نعم ربما أخطأت فطرته وتمسخ أيضًا أحيانًا ولكن إن دراسة طبائع الإنسان تقول إن الجم الغفير من الناس لا يخطئ في هذا المضمار في عامة الأحوال.

ولذا فإن شريعة الله سبحانه لم تجعل مسألة حلة الحيوان وحرامها موضوعها، بل تركت الإنسان في ذلك مع فطرته واقتنعت بإرشادها فقط أن كافة الطيبات حلال كمبدأ وكافة الخبائث حرام.

وانطلاقًا منه فإن الشريعة الإسلامية تتحدث في هذا الباب عن البهائم والحيوانات وما يتعلق بها، التي كان يتصعب على العقل بوحده أن يحكم بحلتها أو بحرمتها وبالتالي بكونها طيبًا حلالًا أو بكونها خبيثًا محرمًا. فمثلًا الخنزير الذي هو نوع من البهائم من الأنعام، ولكنها تأكل اللحم أيضًا في جانب آخر، فكيف يمكن الفصل في كونه مما يؤكل أو مما لا يؤكل؟ أو ماذا يكون حكم الأنعام التي نأكلها بعد الذبح، إذا ماتت بدون ذبح؟ وهل يُعد دم البهائم كهذه نجسًا مثل أبوالها وأبرازها أو تكون حلالًا طيبًا؟ وهل تبقى حلالًا إذا ذبحت باسم غير الله؟ وبما أن الإجابة الصحيحة على هذه الأسئلة كانت صعبة عسيرة،

32

ولذا من الممكن أن يخطئ الإنسان في هذه المسألة. كما يفهم ذلك من تعبير القرآن ﴿عَلَىٰ طَاعِمٍ يَطْعَمُهُ﴾[1] ولذا فقد أرشد الله سبحانه بطريق أنبيائه أن الخنزير والدم والميتة ولحم ما ذبح لغير الله ليس طاهرًا حلالًا للإنسان، فليجتنب من كل ذلك، لأن الخنزير كما جاء من قبل يأكل اللحم أيضًا مثل الوحوش الضواري، وليجتنب من الدم لأنه مما يبعث على الشراسة والوحشة، وليجتنب من الميتة لأن الدم يتجمد في الوريد والأمعاء بسبب الموت الطبيعي، ومن الذبيحة لغير الله كذلك، لأنه شرك صريح، يرتكبه الماردون فالحيوان كهذا وإن كان طاهرًا تنجسه نجاسة العلم والعقيدة هذه.

فالشريعة في باب الحلة والحرمة قد تكلمت أصلًا في هذه الأربعة المذكورة ولذلك حصر القرآن بيانه في بعض المواضع بقوله: ﴿قُل لَّآ أَجِدُ فِى مَآ أُوحِىَ إِلَىَّ﴾ وفي بعض المواضع بقوله: ﴿إِنَّمَا حَرَّمَ عَلَيْكُمُ﴾ هذه الأربعة أي حرم مما سوف يأكلها الناس بظنهم أنها طيبات. فجاءت في البقرة: ﴿يَٰٓأَيُّهَا ٱلَّذِينَ ءَامَنُوا۟ كُلُوا۟ مِن طَيِّبَٰتِ مَا رَزَقْنَٰكُمْ وَٱشْكُرُوا۟ لِلَّهِ إِن كُنتُمْ إِيَّاهُ تَعْبُدُونَ ۞ إِنَّمَا حَرَّمَ عَلَيْكُمُ ٱلْمَيْتَةَ وَٱلدَّمَ وَلَحْمَ ٱلْخِنزِيرِ وَمَآ أُهِلَّ بِهِۦ لِغَيْرِ ٱللَّهِ﴾[2] وجاء في الأنعام: ﴿قُل لَّآ أَجِدُ فِى مَآ أُوحِىَ إِلَىَّ مُحَرَّمًا عَلَىٰ طَاعِمٍ يَطْعَمُهُۥ إِلَّآ أَن يَكُونَ مَيْتَةً أَوْ دَمًا مَّسْفُوحًا أَوْ لَحْمَ خِنزِيرٍ فَإِنَّهُۥ رِجْسٌ أَوْ فِسْقًا أُهِلَّ لِغَيْرِ ٱللَّهِ﴾[3] وجاءت في الروايات أن النبي ﷺ قد حرم أيضًا لحوم كل ذي ناب مخلب من الطيور والوحوش[4]. وواضح مما سقناه في ما مر أنه بيان للفطرة التي أودع علمها في الإنسان. وأخطأ الناس إذ جعلوه بيانًا للشريعة (بيانا للفطرة)، على أنها لا تمت بصلة بحرمات الشريعة التي جاءت في القرآن، حتى نقول على أساسها أن الحديث نسخ القرآن أو يخصصه في مدلوله.

---

(1) سورة الأنعام، الآية: ١٤٥.

(2) سورة البقرة، الآيتان: ١٧٢ ــ ١٧٣.

(3) سورة الأنعام، الآية: ١٤٥.

(4) مسلم رقم ٣٤٣٣ و٤٩٩٤).

٢ ـ إن اللغة التي نزل بها القرآن أسلوبها العام أن المفهوم الذي يترشح تلقائيًا بدلالة الألفاظ والقرائن والمقتضيات العقلية للمحكم لا تبينه الألفاظ، ومن أمثلته العامة حذف بعض أجزاء الجملة في أسلوب التقابل والمعطوف عليه للجملة المعللة وفي الجمل التي تأتي كالقسم عليه وكجواب الشرط. وترى ذلك مثلًا في آية الميراث من سورة النساء، الآية: (١١). حذف «اثنين» قبل «فوق اثنين» ولأبيه الثلثان بعد ﴿فَلِأُمِّهِ ٱلثُّلُثُ﴾ وحذف «لأبيه» بعد ﴿فَلِأُمِّهِ ٱلسُّدُسُ﴾ أوما شابهما من الألفاظ. وأيضًا حذف المعطوف عليه في ﴿وَأَن تَقُومُواْ لِلْيَتَـٰمَىٰ بِٱلْقِسْطِ﴾. في الآية ١٢٧ من سورة النساء على هذا الأسلوب. وكذلك جاءت آية في سورة الأنعام. (٦)

﴿وَمَا مِن دَآبَّةٍ فِى ٱلْأَرْضِ وَلَا طَـٰٓئِرٍ يَطِيرُ بِجَنَاحَيْهِ إِلَّآ أُمَمٌ أَمْثَالُكُم﴾[1] فانظر فيهما قد حذف بعض الألفاظ المقابلة فمثلًا ذكرت في الجملة الأولى ﴿فِى ٱلْأَرْضِ﴾ وحذفت مقابلها ﴿فِى ٱلسَّمَآءِ﴾. وجاءت في الجملة الثانية ﴿يَطِيرُ بِجَنَاحَيْهِ﴾ فحذفت ألفاظ «تدب على رجلها أو أرجلها» نعم ليس هذا أسلوبًا مستخدمًا في لغتنا نحن. الأردية. ولكن العربية المعلاة للقرآن مفعمة بأمثلة ذلك في كل مكان. فمثلًا نشهد هذا الأسلوب في سورة النساء حيث ذكرت النساء اللاتي حرم النكاح منها في مقامين أولًا قال تعالى: ﴿وَأُمَّهَـٰتُكُمُ ٱلَّـٰتِىٓ أَرْضَعْنَكُمْ وَأَخَوَٰتُكُم مِّنَ ٱلرَّضَـٰعَةِ﴾[2] وقال جل وعلا:

﴿وَأَن تَجْمَعُواْ بَيْنَ ٱلْأُخْتَيْنِ إِلَّا مَا قَدْ سَلَفَ﴾[3].

ففي الحكم الأول حرمت الأخت من الرضاعة مع الأم المرضع. فإن كان الكلام قد ختم على ذكر الأم فقط. ففيه لا مجال بالتأكيدلأية زيادة ولكن إذا كانت العلاقة الرضاعية تجعل من شربت معه الحليب أختًا له فواضح صريحًا أنها تعطي هذه الحرمة والقداسة للعلاقات الأخرى للأم الرضاعية أيضًا بالتأكيد.

---

(1) سورة الأنعام، الآية: ٣٨.

(2) سورة النساء، الآية: ٢٣.

(3) سورة النساء، الآية: ٢٣.

فإذا كانت الشراكة في الحليب تجعل امرأة أختًا، فلماذا لا تجعل الأم الرضاعية خالة، وزوجها أبًا، وأخت الزوجة عمة، وحفيدته للأب ابنة الأخ وحفيدته للأم ابنة الأم؟ فهذا قطعي أن هذه العلاقات كلها محرمة. قد قصدها القرآن وألفاظه ﴿ وَأَخَوَٰتُكُم مِّنَ ٱلرَّضَٰعَةِ ﴾ تدل على ذلك دلالة لا تخفى على من يتدبر في القرآن.

وكذلك الأمر الثاني فإذا كان الجمع بين الأختين في العلاقات الزوجية تصنع ذلك أمرًا فاحشًا فكذلك الجمع بين العمة وابنة الأخ والجمع بين المرأة وخالتها أيضًا أمر كأنه الجمع بين المرأة وابنتها، فكان مراد القرآن بلا شك أن يقول لا تجمعوا بين الأختين وبين المرأة وعمتها وخالتها. إنه يريد أداء هذا الغرض لكنه لم يأت بهذه الألفاظ بعد الجمع بين الأختين، لأن دلالة المذكور على هذا المفهوم بالاقتضاء العقلي واضح جلي، لدرجة أن شخصًا واقفًا على أساليب القرآن لن يخطئ في فهم ذلك. وقال النبي ﷺ «يحرم من الرضاعة ما يحرم من الولادة»[1]. وقال: «لا يُجمع بين المرأة وعمتها ولا بين المرأة وخالتها»[2].

فإرشادات النبي ﷺ هذه بيان ملفوظ لمدلول القرآن الملحوظ ولم يتعد حدود الشرح والبيان أيما تعدي.

٣ - وآيات ١١ - ١٢ من سورة النساء تبين حكم تقسيم الوراثة، حيث بين الله تعالى أسهم وحصص الوارثين المختلفين مع بيان لطيف للأساس الذي يقوم عليه حق الوراثة، هو القرابة النافعة. فقال تعالى: ﴿ ءَابَآؤُكُمْ وَأَبْنَآؤُكُمْ لَا تَدْرُونَ أَيُّهُمْ أَقْرَبُ لَكُمْ نَفْعًا فَرِيضَةً مِّنَ ٱللَّهِ إِنَّ ٱللَّهَ كَانَ عَلِيمًا حَكِيمًا ﴾[3] فهذه المنفعة متواجدة بالطبع في القرابات للوالدين، والأولاد، والأخ والأخت، والزوج والزوجة، والأقرباء الآخرين. ولكن إذا صار أحد منها

---

[1]   الموطأ رقم: ١٨٨٧.

[2]   الموطأ رقم: ١٦٠.

[3]   سورة النساء، الآية: ١١.

مؤذيًا في صالح المورث فعلة الحكم هذه تتقاضى أن يُحرم من الوراثة.

وهذا الاستثناء، إذا تدبرت علمت، أنه لم يدخل الآية من خارجها، إنه متضمن فيها من البداية فإذا بينه عالم للقرآن لا يُحكم عليه أنه تغير وتبدل في حكم القرآن. بل إنَّه فقط وضع لفظًا لما أضمره القرآن. فمثلًا في ضوء هذا قال النبي ﷺ في مشركي جزيرة العرب واليهود والنصارى فيها أن: لا يرث المسلم الكافر، ولا الكافر المسلم[1] أي إذا كان هؤلاء المنكرون من المشركين وأهل الكتاب ظهروا أعداءً للَّه وللمسلمين يلزم منه أن تنتهي القرابة النافعة بين هؤلاء والمسلمين للأبد ولذا لا يتوارثون الآن.

٤ ـ وقد بيَّن الله سبحانه في الآيتين ٣٣ ـ ٣٤ من سورة المائدة عقوبة مجرمي الفساد في الأرض أنهم يقتلون شرَ قتلة، أو يصلبون أو يُنفون، أو تقطع أيديهم وأرجلهم من خـلاف. وقد أطلق النبي ﷺ هـذه العقوبة على الفاحشات في زمانه فقال: خذوا عني، خذوا عني، فقد جعل الله لهن سبيلًا البكر بالبكر جلد مئة ونفي سنة، والثيب بالثيب[2] جلد مئة والرجم[3].

وكان مراده أن هؤلاء النسوة بما أنهن لسن زانيات فقط، بل ارتكبن مع ذلك الدعارة والخلاعة والفساد في الأرض فتجلد منهن من كانت يمكن إعطاؤها أية رخصة بسبب ملابساتها، مئة جلدة، بحكم الآية الثانية من سورة النور ولغرض حماية المجتمع من شرهن وفسادهن، ويُنفين جزاء لخلاعتهن بحكم الآية ٣٣ من المائدة، وكذلك من كانت منهن لا يمكن إعطاؤها أية رخصة، إنها تُرجم تحت حكم أن يقتلوا» وعليه فإرشاد النبي ﷺ هذا أيضًا لا يحول ولا يغير في مقصد القرآن أي تغيير.

والميتة مما حرمه الله تعالى وكل شخص مطلع على أساليب العربية

---

(1) رواه البخاري رقم: ٦٧٦٤.

(2) رواه مسلم رقم ٤٤١٤.

(3) وجاءت في الرواية جلد مئة والرجم وذلك فقط لتوضيح القانون فإنه إن كان هناك عقاب آخر قد ذكر مع الموت فإنه يذكر فقط في بيان القانون والحكم ولكنه لا ينفذ فعلًا.

يعرف جيدًا أن الميتة لها مفهوم لغوي، وهي تستعمل برعاية العرف والعادة. ففي الصورة الأولى يطلق على كل شيء ورد عليه الموت، وفي الصورة الثانية لا يستعمله شخص واقف على العربية للسمك الميت والجراد الميتة مثلًا. فقد روي أن النبي ﷺ:

«أُحلت لنا ميتتان ودمان: الجراد والحيتان والكبد والطحال[1]. وهذه الرواية موقوفة بهذا الإسناد عند المحدثين. وكذلك الرواية الآتية عن السرقة هي أيضًا مر سلة. ولكن هناك رواية لهذا المعنى وصلت إلى درجة الحسن[2].

ويقول الزمخشري: فإن قلت: في الميتات ما يحل وهو السمك والجراد، قال رسول الله ﷺ: أُحلت لنا ميتتان ودمان قلت: قصد ما يتفاهمه الناس ويتعارفونه في العادة ألا ترى أن القائل إذا قال: أكل فلان ميتة لم يسبق الوهم إلى السمك والجراد كما لو قال: أكل دما لم يسبق إلى الكبد والطحال. ولاعتبار العادة والتعارف قالوا: من حلف لا يأكل لحمًا فأكل سمكًا لم يحنث وإن أكل لحمًا في الحقيقة[3].

٦ ـ وجاءت عقوبة السرقة في سورة المائدة كما يأتي: ﴿وَٱلسَّارِقُ وَٱلسَّارِقَةُ فَٱقۡطَعُوٓاْ أَيۡدِيَهُمَا جَزَآءَۢ بِمَا كَسَبَا نَكَٰلٗا مِّنَ ٱللَّهِۗ وَٱللَّهُ عَزِيزٌ حَكِيمٞ﴾[4].

فوضح من ذلك أن هذه العقوبة لكل رجل سرق ولكل امرأة سرقت، واستخدم القرآن لذلك لفظان. السارق والسارقة. وهما صيغتان للصفة وذلك يدل على الاهتمام في وقوع الفعل، وعليه فلا يطلق على سرقة يسيرة بل يطلق على ما يتعارفه الناس من إطلاق السرقة عليه وعلى مرتكبه السارق. مثلًا طفل سرق روبيات عديدة من جيب أبيه أو امرأة أخذت روبيات من زوجها، أو سرق شخص شيئًا تافهًا أو قطف ثمرات من حديقة أحد أو أخذ خضروات من حقل

---

(1) رواه البيهقي رقم: ١١٢٨.

(2) رواها النسائي أيضًا رقم ٤٩٦.

(3) الكشاف: ١/ ٢٤٠.

(4) سورة المائدة، الآية: ٣٨.

شخص، أو أخذ مالًا ملقىً في مكان من غير إهتمام للاحتفاظ به. أو إن أخذ بقرة شاردة ترعى، أو اضطر أحد إلى ارتكاب هذا الفعل الشنيع. فهذا كله بلا شك يُعد من الأفعال المخلة بالآداب العامة ويجب تأديبهم وتخذيرهم، ولكن ليس كل هذا سرقة جاء بيانها في الآية المذكورة.

والرواية التي جاءت عن النبي ﷺ في صدد ذلك هي بيان لمضمون القرآن في هذا الباب لم ينحرف ولم يتعد من حدوده فقد قال رسول الله ﷺ: لا قطع في ثمر معلق ولا في حريسة جبل، فإذا آواه المراح أو الجرين فالقطع فيما يبلغ ثمن المجن[1].

# كتابًا متشابهًا

الخامس أن القرآن يبين ما يدعوه إليه في مختلف الصور والأساليب المتنوعة حتى أنه صار بنفسه تفصيلًا لإجماله وشرحًا وتفسيرًا لكلامه المعجز، لدرجة أنه لا نظير له في كتابات العالم للأخرى، وبناء عليه يعرف القرآن نفسه بألفاظ «كتابًا متشابهًا». فقد قال تعالى: ﴿اللَّهُ نَزَّلَ أَحْسَنَ الْحَدِيثِ كِتَابًا مُتَشَابِهًا مَثَانِيَ﴾[2].

وفي قوله تعالى: ﴿وَلَقَدْ صَرَّفْنَا فِي هَٰذَا الْقُرْآنِ لِيَذَّكَّرُوا﴾[3]. وفي الآيات الأخرى الكثيرة لهذا المضمون فقد أوضح القرآن هذه الحقيقة نفسها بلفظ «التصريف» أي تقديم القول بطريق الطرائق المتقدمة والأساليب المنوعة كما قال أيضًا: ﴿كِتَابٌ أُحْكِمَتْ آيَاتُهُ ثُمَّ فُصِّلَتْ مِن لَّدُنْ حَكِيمٍ خَبِيرٍ﴾[4] أي جاءت الآيات أولًا في طريق موجز جامع مركز، ثم فصلت تلك الآيات الموجزة الجامعة

---

(1) الموطأ: رقم ٢٥٩٤.

(2) سورة الزمر، الآية: ٢٣.

(3) سورة الإسراء، الآية: ٤١.

(4) سورة هود، الآية: ١.

كأنها جمل موجزة يقول الأستاذ الإمام أمين أحسن الإصلاحي في هذا الوصف للقرآن:

«إذا تلوت القرآن أحسست أن مضمونًا واحدًا يتكرر في سور مختلفة. وربما يخيل إلى المبتدي أن ذلك تكرير لمضمون واحد فقط. ولكن المتدبرين فيه يعلمون أن القرآن مطهر من التكرار المحض. فإن القول المتكرر في القرآن لا يأتي بخلفية وحدة ومقدمة مماثلة، ومع لواحق وتضمنات مماثلة، بل تكون أطرافها وجوانبها متبدلة في كل مكان، وروابطها وعلاقاتها متغيرة في كل مقام. وتجيء بتعديلات مناسبة بكل مكان. فما خفي في مكان يتوضح في مكان آخر. وجهة تأتي قي سياق مخفية وتأتي في سياق آخر معينة. بل تجربتي الطويلة تفيد أن لفظة تبدو مبهمة في آية تنكشف انكشافًا بيّنًا في آية أخرى، وهكذا لم يتضح دليل لقول ولكنه يتلمع لمعان الشمس في موضع آخر. وهذا الأسلوب القرآني كما يظهر إلي لأن ترسخ كل مقولة في عقول الطالبين. ولذا أقول تحديثًا للنعمة أن مشكلات القرآن تتوضح علي بالقرآن نفسه لدرجة لم تحل من أي شيء آخر كما يقول شاعر أردي مير أنيس ما مفهومه.

مـــضـــمـــون واحـــــد لـــوردة      ســأؤديـه مـن مئــة ألـــوان

من الممكن أن يكون ذلك مبالغة شعرية في كلامه ولكنه حق ثابت في باب القرآن، ففيه يأتي الكلام بأساليب منوعة متعددة أنه إذا حاز الإنسان بذوق سليم فإنه يأخذ فحواه حتمًا[1].

فهذا بيان لأكبر عارف بالقرآن في العصر الحاضر بعد الإمام حميد الدين الفراهي وتجربته الممتدة إلى حياته. فطالب القرآن إن تدبر فيه ودرسه درسًا دقيقًا وجد هذه الحقيقة ثابتة في كل أوراقه. ففي ضوء ذلك ينبغي أن نسلم مبدئيًا أن قاعدة القرآن «يفسر بعضه بعضا» لا يصح ذلك فقط في تعليمات القرآن وإشاراته

_____

(1)  تدبر القرآن. ١/ ٢٨.

التاريخية وتلميحاته، بل إن معجزة القرآن العجيبة أنه يحتوي على ذخيرة غالية للنظائر والشواهد لحل مشكلات الألفاظ والأساليب فيه. يقول الأستاذ الإمام:

«إنه لا يسعنا هنا التفصيل وإلَّا سوف نريك أن القرآن يرفع لفظة غير هامة من الكلام العام ثم يستعمله في معنى أرفع بكثير من معناه المعروف، ويوجد له بطريق تنوع الاستعمال له بيئة خاصة، أن طالبًا للقرآن يفهم كل ما له وما عليه لدرجة لا يكذبه شيء في يقينه، وذلك بدون إرشاد من «لسان العرب» و«صحاح الجوهري». وهذا حال القرآن في أساليب الكلام وفي باب التأليف النحوي أيضًا وبالإضافة إلى ألفاظه المفردة. فإن تراكيب القرآن التي يتعقد فيها أرباب النحو ولم يجدوا طريقًا لحل تلك المعضلات إذا فحصت عن أمثالها في القرآن نفسه، سوف تجدها في أكثر من مقام وتجدها مع دلائل مقترنة مع الذهاب والإياب أن لا يجرح شيء يقيننا فيها[1].

## كتاب أخير للدين

السادس أن القرآن ليس كتابًا أولًا بل أخيرًا للدين الذي جاء به. وتاريخ هذا الدين يرجع إلى زمن أبدع فيه الإنسان. واستودع من الحقائق الأساسية لهذا الدين في فطرة الإنسان وخلقته. ثم أخبر أولًا بطريق أبي الآباء آدم عليه السلام أن الله تعالى هو خالقه وربه ومالكه وحده، فهو وحده الجدير بأن يُعبد، وثانيًا إنه بعث به في هذا العالم للابتلاء والامتحان، فهدي إلى النجدين: الخير والشر بشعور كامل. ومنح الإرادة والاختيار والمكنة في الأرض، وامتحانه هذا سوف يجري إلى آخر لمحة من حياته في هذا العالم. فإن فاز فيها ونجح حصل على ملك أبدي خالد للّه تعالى، لا خوف فيها ولا هم. وثالثًا إن الخالق تعالى سوف يرسل إليه هدايته حينًا بعد حين نظرًا لاحتياجاته، فإن اهتدى عصم من كل ضلال، وإن عصى يشقى شقاوة أبدية إلى يوم القيامة.

---

(1) مبادئ القرآن ٦٠.

فصدق الله وعده وانتقى بعض عباده الصالحين لإرشاد بني آدم عن طريقهم. وكان هديه وترشيده مشتملًا على الحكمة والشريعة، والحكمة مما لا تتغير ولكن الشريعة لا تزال تتغير وتتنزل نظرًا لاحتياجات كل قوم. حتى أنها صارت كسنة واضحة لكافة البشرية في نبوة إبراهيم عليه السلام إلى حد كبير. ثم إذا جاءت مرحلة قيام دولة منظمة لبني إسرئيل في زمان سيدنا موسى عليه السلام أنزلت التوراة، ونزلت فيها أحكام وشرائع اجتماعية. وفي تلك البرهة من الزمن لما غابت بعض الجوانب عن الأنظار، أبرزت ثانيًا بنزول الإنجيل والزبور. ثم إذا لم تبق متون هذه الكتب الإلهية في لسانها الأصلية، بعث الله محمدًا خاتمًا لرسله وأنزل عليه هذا الكتاب القرآن فقال تعالى: ﴿وَأَنزَلْنَآ إِلَيْكَ ٱلْكِتَٰبَ بِٱلْحَقِّ مُصَدِّقًا لِّمَا بَيْنَ يَدَيْهِ مِنَ ٱلْكِتَٰبِ وَمُهَيْمِنًا عَلَيْهِ ۖ فَٱحْكُم بَيْنَهُم بِمَآ أَنزَلَ ٱللَّهُ ۖ وَلَا تَتَّبِعْ أَهْوَآءَهُمْ عَمَّا جَآءَكَ مِنَ ٱلْحَقِّ ۚ لِكُلٍّ جَعَلْنَا مِنكُمْ شِرْعَةً وَمِنْهَاجًا ۚ وَلَوْ شَآءَ ٱللَّهُ لَجَعَلَكُمْ أُمَّةً وَٰحِدَةً وَلَٰكِن لِّيَبْلُوَكُمْ فِى مَآ ءَاتَىٰكُمْ ۖ فَٱسْتَبِقُوا۟ ٱلْخَيْرَٰتِ ۚ إِلَى ٱللَّهِ مَرْجِعُكُمْ جَمِيعًا فَيُنَبِّئُكُم بِمَا كُنتُمْ فِيهِ تَخْتَلِفُونَ﴾[1].

وهذا هو تاريخ الدين ونظرًا إلى ذلك، فإن المقدمات التي تنطلق منها دعوة القرآن هي كالتالي:

١ ـ حقائق الفطرة

٢ ـ رواية الدين البراهيمي

٣ ـ صحف الأنبياء

ويتعلق الأول منها بأساسات الإيمان والأخلاق. ويعبر بالجزء الكبير لها من المعروف والمنكر في مصطلح خاص له. أي الأخلاقيات التي تعرفها الفطرة الإنسانية كالخير والمنكر هي العادات التي تأباها الفطرة وتسوؤها. والقرآن لا يقدم فهرسًا جامعًا ومانعًا لها. لكنه انطلاقًا من تسليم أن مخاطبيه وكان المعروف والمنكر كلاهما معروفان عندهم مع بعض الانحرافات ويميزون بينهما يطلب

(1) سورة المائدة، الآية: ٤٨.

منهم أن يعرفوا المعروف وينكروا المنكر فيقول: ﴿ وَٱلْمُؤْمِنُونَ وَٱلْمُؤْمِنَٰتُ بَعْضُهُمْ أَوْلِيَآءُ بَعْضٍ ۚ يَأْمُرُونَ بِٱلْمَعْرُوفِ وَيَنْهَوْنَ عَنِ ٱلْمُنكَرِ ﴾[1].

وقد اختار القرآن تعبير «ملة إبراهيم» فكل من الصلاة والزكوة والصوم والحج من متبقيات ملة إبراهيم التي كان مخاطبو القرآن واقفون عليها، بل عاملون عليها إلى حد كبير كما تفيد به رواية رواها مسلم عن إيمان سيدنا أبي ذر، يصرح فيها أنه كان يواظب على الصلاة قبل مبعث النبي ﷺ[2]. وكما هو معلوم عن إقامة الجمعة أنها لم تكن شيئًا أجنبيًا غريبًا لمخاطبي القرآن[3]. وكانوا يصلون صلاة الجنازة[4]. ويصومون كما نصوم اليوم[5]. وكانت الزكوة حقًّا متعينًا عندهم كما هي متعين اليوم[6]. وكل من له إلمام بالعلم يعلم أن الحج والعمرة مناسكهما في الجملة باقية على طريقة إبراهيمية، مع إدخال قريش بعض البدع فيها، ولكن الروايات أيضًا تفيد أن الناس كانوا يعرفون هذه البدعات فيها، فقد روى البخاري ومسلم أن حجة النبي ﷺ التي قد قام بها قبل بعثته، كانت حجة خالصة من بدع قريش على ملة إبراهيم والتي لم تزل جارية عليها[7].

وهذا أيضًا يطلق على القربان، والاعتكاف والختنة وبعض الرسوم والآداب الأخرى. فهذه الأشياء لم تزل جارية معلومة ومتعينة ومتعارفة جيلًا بعد جيل. فما كانت حاجة أن يفصلها القرآن. فالألفاظ التي كانت مستعملة لها في اللغة العربية مصداقيتها متواجدة أمامهم. فلما جاء القرآن بإقامة الصلاة وإيتاء الزكوة وصوم رمضان والإتيان بالحج والعمرة كانوا يعرفون من قبل ما هي الصلاة والزكوة والحج والعمرة. أي القرآن لم يبدأها أصلًا إنه قام بالإصلاح

---

(1) سورة التوبة، الآية: ٧١.

(2) مسلم رقم ٦٣٥٩.

(3) لسان العرب ٢/ ٣٥.

(4) المفصل في تاريخ العرب قبل الإسلام جواد علي ٦/ ٣٣٨.

(5) انظر: البخاري رقم ٢٠٠٢ ومسلم رقم ٢٦٤١.

(6) المعارج: ٧٠ ــ ٢٤.

(7) البخاري رقم ١٦٦٤ ومسلم رقم ٢٩٥٦.

والتجديد فيها، وإنه يوضح منها ما يطلبه مقصد الإصلاح والتجديد، من توضيح وتفسير. وهذا الجزء من الدين الإبراهيمي الذي يصطلح عليه بـ«السنة» هو «الدين» عند القرآن، فإذا ما يأمر النبي ﷺ باتباع ملة إبراهيم عليه السلام فكأنه يأمر بأخذ هذه السنة تمامًا. ﴿ثُمَّ أَوْحَيْنَآ إِلَيْكَ أَنِ ٱتَّبِعْ مِلَّةَ إِبْرَٰهِيمَ حَنِيفًا ۖ وَمَا كَانَ مِنَ ٱلْمُشْرِكِينَ﴾[1].

والشيء الثالث الصحف السماوية المتواجدة اليوم في صورة مجموعة صحائف الكتاب المقدس العهدين: الجديد والقديم (التوراة والزبور والإنجيل) نعم قد ضيع الجزءَ الكبير منها حاملو هذه الكتب المقدسة السيئو الحظ وأدخلوا تحريفات كثيرة فيها، ومع ذلك فقد يمكن رؤية خزانة ثراء للحكمة والشريعة المنزلة من السماء في أساليب البيان الخاصة بها. ويعرف طالبو القرآن أنه قد أشار إليها هنا وهناك. وخاصة أشار إليها ببيان للمجمل في قصص الأنبياء التي جاءت فيه وقد رد عليها على تحريفات اليهود والنصارى كما رفض التاريخ الذي يقدمه اليهود والنصارى. وإتمام الحجة كله الذي قام به القرآن على أهل الكتاب هو مبني على هذه الصحف السماوية، فمصدره ومنبعه أيضًا تلك الصحف

فقال تعالى: ﴿نَزَّلَ عَلَيْكَ ٱلْكِتَٰبَ بِٱلْحَقِّ مُصَدِّقًا لِّمَا بَيْنَ يَدَيْهِ وَأَنزَلَ ٱلتَّوْرَىٰةَ وَٱلْإِنجِيلَ ۞ مِن قَبْلُ هُدًى لِّلنَّاسِ وَأَنزَلَ ٱلْفُرْقَانَ ۗ إِنَّ ٱلَّذِينَ كَفَرُوا۟ بِـَٔايَٰتِ ٱللَّهِ لَهُمْ عَذَابٌ شَدِيدٌ ۗ وَٱللَّهُ عَزِيزٌ ذُو ٱنتِقَامٍ﴾[2].

وقال: ﴿إِنَّآ أَوْحَيْنَآ إِلَيْكَ كَمَآ أَوْحَيْنَآ إِلَىٰ نُوحٍ وَٱلنَّبِيِّـۧنَ مِنۢ بَعْدِهِۦ ۚ وَأَوْحَيْنَآ إِلَىٰٓ إِبْرَٰهِيمَ وَإِسْمَٰعِيلَ وَإِسْحَٰقَ وَيَعْقُوبَ وَٱلْأَسْبَاطِ وَعِيسَىٰ وَأَيُّوبَ وَيُونُسَ وَهَٰرُونَ وَسُلَيْمَٰنَ ۚ وَءَاتَيْنَا دَاوُۥدَ زَبُورًا﴾[3].

---

(1) سورة النحل، الآية: ١٢٣.

(2) سورة آل عمران، الآيتان: ٣ و٤.

(3) سورة النساء، الآية: ١٦٣.

فهذه هي الخلفية التي برعايتها علينا أن نسلم بعض الأشياء كمبادئ لشرحه وتفسيره:

**أولًا**: إن هذا الدين كله يكتمل من حقائق مبتنية على شعور الحسن والقبح المستودع في الفطرة الإنسانية منذ الأزل، والذي يعبربه القرآن بالمعروف والمنكر. وأوامر الشريعة ونواهيها التي بينها القرآن بالتعيين تبتني على تلك المعروفات والمنكرات وتقوم على أساسها هي: فإن أقيم تصور للشرع بتركها يكون ذاك التصور ناقصًا وخلافًا لمراد القرآن خلافًا كليًّا.

**وثانيًا**: إن السنة لا تتخلف القرآن بل تتقدمه. ولذا تؤخذ باللزوم بإجماع وتواتر الحاملين له. والأحكام التي يذكر ها القرآن من هذه السنة تتعين تفاصيلها برواية مبتنية على ذاك الإجماع والتواتر ولا يؤخذ من القرآن مباشرًا كما فعله بعض مفكري القرآن بزعمهم في هذا الزمان، وغيروا بذلك في مراد القرآن ومدلوله تغيرًا معاكسًا.

**الثالث**: إنه لفهم أساليب القرآن وإشاراته ولتفصيل إجماله عما يتعلق بأساليب خاصة للصحف السماوية، وتاريخ اليهود والنصارى وقصص أنبياء بني إسرائيل والموضوعات المختلفة المتصلة، تكون الصحف العتيقة المأخذ الأصلي. وعليها يتأسس سائر البحث والنقد في الدراسة. والروايات المنقولة في هذا الباب في كتب التفسير جلّها أو أغلبها يبتني على الأقاويل السماعية فلا تستحق أي التفات إذن.

فإن الضوء الذي يحصل على هذه الموضوعات من الصحف العتيقة وبطريق تقبل ألفاظ القرآن تفاصيلها، أو توضح الحقائق الأصلية عن شيء جاء في تلك الصحف، لا تكون هذه الروايات التفسيرية بدلًا له بأي طريق كان. والتي لا تؤرث إطمئنانًا في طالب للقرآن وليست هي تصير حجةً على أهل الكتاب بأي طريق.

# حكاية إنذار الرسول

وسابعًا: إن القرآن هو حكاية إنذار الرسول ﷺ باعتبار مضمونه. تقرؤه من البداية إلى النهاية ترى هذه الحقيقة ثابتة بكل صفحة منه، ووجه ذلك أن الله تعالى لم يجعله فقط مجموعة التشريعات والحكم فقط بل أنزله كوسيلة لإنذار قومه. فقال: ﴿وَأُوحِيَ إِلَيَّ هَذَا ٱلْقُرْءَانُ لِأُنذِرَكُم بِهِۦ وَمَنۢ بَلَغَ﴾[1].

ومعلوم عن الرسول ﷺ أنه كان فائزًا على منصب الرسالة مع النبوة. فمن يبعثه الله تعالى لهداية الخلق ويرشدهم بطريق الوحي والإلهام يطلق عليه اسم «النبي» ولكنه ليس ضروريًّا لكل نبي أن يكون رسولًا أيضًا. فإن الرسالة هي منصب خاص، ناله العديد من الأنبياء فقط. ويبدو مما فصله القرآن في ذلك أن الرسول يأتي كعدالة إلهية ويودع الدنيا بعد الفصل فيهم. ويفيد القرآن أن هذا القضاء الحاسم في دعوة الرسل يصدر مرورًا بمراحل الإنذار، الإنذار العام، إتمام الحجة والهجرة والبراءة، ويصدر بحيث تقوم محكمة السماء على وجه الأرض وتظهر دينونة الله سبحانه وتقوم القيامة الصغرى لمخاطبي الرسول. وتاريخ الدعوة الذي بيّنه القرآن يُعلم منه أنه تكون هناك صورتان في عامة الأحوال بهذه المناسبة. إحداهما أن يقل أصحاب الرسول ولم يتهيأ له دار الهجرة أيضًا. والثانية أنه يخرج مع عدد مناسب لأصحابه وأنصاره، وقد هيأ الله سبحانه له قبل خروجه المعاش الحر، والتمكن في أرض. وفي كلتا الصورتين تصدق سنة الله على الأرض فيما يتعلق برسله مصداقية لازمة. والتي جاءت في القرآن على النحو التالي:

﴿وَلِكُلِّ أُمَّةٍ رَّسُولٌۖ فَإِذَا جَآءَ رَسُولُهُمْ قُضِيَ بَيْنَهُم بِٱلْقِسْطِ وَهُمْ لَا يُظْلَمُونَ﴾[2].

ففي الصورة الأولى ينفذ على القوم هذا القضاء بعد أن هجرهم الرسول

---

(1) سورة الأنعام، الآية: ١٩.

(2) سورة يونس، الآية: ٤٧.

سواء بوفاته أو بهجرته إلى دار آخرة، بطريق أن تنزل عليهم جنود من السماء وأرسل عليهم طوفان من الساف والحاصب، وجنود السحب والرياح تهاجمهم بطريق لا يبقي ولا يذر أي معادي للرسول. ولكن يتم ذلك مع المشركين في مصطلح القرآن. أما الناس الذين يعتقدون أصلًا بتوحيد الله سبحانه لا يكون ذلك معهم. بل الضابطة فيهم أن يسلط عليهم عذاب الذلة والمحكومية والهوان. ومعلوم أن بني إسرائيل كان معها هذا الأمر. وعلى خلاف ذلك قد دثرت الأقوام الكثيرة من وجه الأرض، بما فيها قوم نوح وقوم هود وقوم صالح، وقوم لوط وقوم شعيب والأمم الأخرى غيرها كذلك. وهذه الضابطة نفسها تُختار وتُتخذ يوم القيامة أيضًا كما قال في سورة النساء في الآية ٤٨ أن الله تعالى لن يغفر الشرك هناك أيضًا ويغفر دون ذلك لمن يشاء.

ويصدق هذ القانون نفسه في الصورة الثانية ولكن ينفذ قضاء العذاب فيها بطريق سيوف الرسول وأصحابه. ويمهل القوم إمهالًا مزيدًا في هذه الصورة. والرسول يقوم بإتمام الحجة على مخاطبيه في دار هجرته. ويقوم بتربية المؤمنين به وتطهيرهم وتزكيتهم وبإعدادهم لهذه المحاربة بين الحق والباطل. ويحكم اقتداره وسلطته في دار هجرته استحكامًا أن يناضل المنكرين ويستأصلهم ويُنجح الحق وأهله.

قد حدث مع النبي ﷺ هذه الصورة الثانية. ولذا فإن القرآن هو كله حكاية عن إنذار النبي ﷺ، الإنذار العام، وإتمام الحجة والهجرة والبراءة والعقاب للمعاندين والجزاء الحسن للمؤمنين الموافقين. وكل سورة نزلت في هذه الخلفية وكل أبوابه ترتبت من هذه الناحية. فرعاية تلك الأشياء التي يجب أن يكون أمام كل طالب للقرآن في تفسير القرآن وتوضيحه لازمة وهي كالتالي:

**أولًا**: يجب أن يتعين زمان نزول كل سورة بطريق التدبر فيها حسب مراحل الدعوة النبوية هذه بطريق يطمئن عنه القول مثلًا إنها نزلت في زمن الإنذار أو في زمن الهجرة والبراءة وزمن الجزاء والعقوبة. ويفهم مدلول كل آية بهذه الخلفية.

**وثانيًا:** يجب في كل سورة تحديد مخاطبيها الأصليين هل هم مشركو عهد الرسالة، أهل الكتاب المنافقون، أو الرسول وأصحابه المؤمنون أو جماعة خاصة للمخاطبين. كما يجب تحديد الالتفات إلى أي شيء يتوجه وإلى أين، ثم يجب أن يوضح مرجع كل ضمير ومعهود كل لام التعريف ومصداقية كل تعبير في ضوء ذلك.

**ثالثًا:** يجب أن يتعين بكل تحقيق وبخاصة عـن آيـات غلبة الحق والاستخلاف في الأرض وآيات الجهاد والقتال أنه أي شيء فيها حكم ثابت للشريعة وقضاء أبدي إلهي وأي شيء قانون خاص لمخاطبي الإنذار والرسالة لم يبق بعد للناس الآن.

# نظم الكلام

**وثامنًا** أن القرآن لكل سورة منه نظم متعين للكلام. وليس هو مجموعة للإرشادات المتفرقة والهدايات المتباينة. بل له موضوع خاص ومعظم آياته تتعلق به، بترتيب حكيم ومناسبة مترابطة. فإذا درست كل سورة له من خلال وضع هذا الموضوع في المقدمة عند الدراسة، واتضح نظامها اتضاحًا تامًّا برعاية الموضوع، رأيتَ أنها تتكون بذلك وحدة جميلة جدًّا. وما هي قيمة وقدر ذاك النظم؟ يقول عنه الأستاذ الإمام أمين أحسن:

«إن هذا الخيال عن النظم أنه من قسم اللطائف العلمية فقط ولا قيمة له اعتبارًا بمقصد أصلي للقرآن خطأ محض. وعندنا القيمة الأصلية للنظم تقع في الوصول إلى معارف القرآن وحكمته إذا أمكن، يمكن أن يكون من خلال نظمه فقط، فمن يقرأ القرآن بدون إرشاد للنظم جل ما يحصل عليه هو الأحكام المفردة والهدايات الشتى المفترقة.

نعم قد تكون قيمة كبيرة للأحكام المفردة والهدايات الجزئية لكتاب أعلى وأرفع ولكن شتان ما بين أن تعلم تأثيرات وخواص للحشائش من أي كتاب المفردات الطبي وبين أن يقوم طبيب حاذق بترتيب نسخة ذات تأثير بالغ قوي.

ويمكن أن تكون التوابل المستخدمة في بناء «التاج محل»[1] قد استخدمت في العديد من المباني المتفرقة حول العالم، ولكن «التاج» هو التاج وحده. فأقول بلا شبهة أن الألفاظ والتراكيب التي تركب منها القرآن الكريم هي تتصل على كل حال باللغة العربية، باللسان العربي ولكن الترتيب اللاهوتي للقرآن قد أضفر عليها جمالًا وكمالًا لا يقارنه شيء على وجه الأرض.

وكما تكون شجرات عائلية تكون كذلك شجرات للحسنات وللمساوئ. وربما نخال حسنة أنها تافهة ولكنها تتصل بعائلة من الخيرات التي تتفرع عليها كافة الحسنات الكبيرة، وأحيانًا نعتقد سيئة حقيرة غير أنها تتعلق بأسرة من المساوئ، تتفرع منها الأمراض والمهالك كافة. ومن يريد أن يتفقه حكمة الدين لا بد له من معرفة المراحل والمراتب للخير والشر معرفة جيدة، ولا يخاف أن يضع في اعتباره المرض الذي يشعر إلى عسر الهضم مقدمةً للبرد ويعتقد علاج حدوث البرد كحالة من عسر الهضم. وهذه الحكمة القرآنية لا تتوضح من أجزاء كلامه بل من نظم كلامه كليًّا. فالذي يعرف آيات لسورة من القرآن ولكن لا يعرف النظم الحكيم لتلك الآيات، لا يقف على تلك الحكمة المشار إليها آنفًا. وكذلك قد أوضح القرآن الكريم دلائل الأنفس والآفاق أو دلائل تاريخية على المبادئ الأصولية في سور مختلفة. وهذه الدلائل قد بينت بترتيب حكيم تام. فمن وفق على ذاك الترتيب المتناسق إذا تلا تلك السورة تلاوةَ تدبر أحس وشعر كأنه قد قرأ خطبة جامعة مستدلة تشرح الصدر، وعلى عكس منه الذي لا يعرف ذاك الترتيب فهو يحرم تمامًا من حكمة السورة مع أنه يعرف الأجزاء[2].

ثم إنه قد أوضح أهمية النظم من ناحيتي الاجتماعية والسياسية كما يأتي:

«وكل شخص يعلم أن هذه الأمة اجتمعت شرازمها وجمعت كلمتها بطريق القرآن الكريم، وبحبل الله المتين وأمر المسلمون كلهم أن يجتمعوا

---

(1) يشير إلى أجمل البنايات وأمتعها في العالم، والذي بناه الملك المغولي المسلم شاه جهان في بلدة آغرة بالهند مقبرةً تذكاريةً لزوجته الحبيبة «ممتاز محل»بعد موتها.

(2) تدبر القرآن: ٢٠/١ ـ ٢١.

48

ويتشبثوا بهذا الحبل تشبثًا محكمًا، وأن لا يتفرقوا. والمقتضى الفطري لهذه الهداية أن الخلافات المتولدة بيننا مهما كانت، نرجع إلى القرآن للحسم فيها ولكن من سوء حظنا أن آراءنا لم تتفق في القرآن أيضًا، فهناك أقوال كثيرة في تأويل آية واحدة يناقض بعضها بعضًا، ولا يوجد عندنا شيء يفصل فيها أيها قول حق. وإن كان هناك خلاف في تأويل كلام فأكبر شيء يطمئن إليه القلب في رفع ذاك الخلاف سياق ذاك الكلام وسياقه لا غير. ولكن المصيبة الأعظم في القرآن أن الناس لا يعتقدون فيه نظمًا. فكانت النتيجة أن أي خلاف ثار بيننا قد أرسخ عَلمه وغرّز رأيته. والكثير من اختلافات الفقه الإسلامي قد ثارت بعدم النظر في الكلام برعاية النظم وسياق الكلام، وإلا إذا لاحظنا السياق ونظم الكلام لوجدنا أن المقامات الكثيرة بحيث لا يوجد فيها متسع لإطلاقات أخرى ما عدا قول واحد.

والأخطر من الاختلافات الفقهية هو ضلالات الفرق الضالة. فمعظم الفرق الضالة التي ولدت فينا قد استدلوا بآيات القرآن نفسها. قد قطعوا آية من سياقها وسباقها ثم وضعوا لها معنىً جاء لهم. والظاهر أنه يسع لك أن طبقت معاني كثيرة إذا أردت بعد بت الكلام عن سياقه وسباقه، وربما تكون بعض تلك المعاني مما لا يتصورها القائل أبدًا. وإن لم أخف طول الكلام يمكن لي أن أحيل إلى آيات كثيرة، تستخدم في الخطابات والكتابات ليس فقط في المعنى الخاطئ بل في المعاني المضللة جدًّا. ولا يوفق أحد أن يتجشم النظر في أية مناسبة قد جاءت الآية، وما هو سياقها وسباقها. فإن عندهم كما قلت، ليس هناك سؤال لنظم الكلام وتناسب الآيات في القرآن من أساسه»[1].

فوضح من ذلك أن الشيء الذي يجعل القرآن برهانًا قاطعًا ويثبت له أحقية ما قاله الإمام الفراهي:

---

(1) تدبر القرآن ١/ ٢١ ــ ٢٢.

«القرآن لا يتحمل إلا تأويلًا واحدًا[1] هو نظم القرآن وحده. ويقول الأستاذ الإمام في تفسيره في ذلك:

وبما أني أعرت لنظم الكلام أهمية كبيرة في تفسيري هذا ولذا إني أخطرت قولًا واحدًا في كل مكان، بل إن أردت بيان الحقيقة في تعبير أصح لقلت إني اضطررت لأختار قولًا واحدًا، لأنه بعد رعاية نظم الكلام لم يكن هناك إمكان لشخص أن يتيه في أودية مختلفة، والقول الصحيح الثابت يظهر منقحًا بطريقة أنه إذا لم يكن المرء أصم وأعمى متعصبًا يمكنه أن يضحي بحياته ولكن لا يحتمل الانحراف عنها[2].

وهذا النظم للقرآن هو الذي من سببه، حين تحدى القرآن مخاطبيه فقد تحداهم للإتيان بسورة أو أكثر وليس لإتيان آيات متفرقة كما قال تعالى: ﴿وَإِن كُنتُمْ فِى رَيْبٍ مِّمَّا نَزَّلْنَا عَلَىٰ عَبْدِنَا فَأْتُوا بِسُورَةٍ مِّن مِّثْلِهِ وَادْعُوا شُهَدَاءَكُم مِّن دُونِ اللَّهِ إِن كُنتُمْ صَادِقِينَ﴾[3] وقد قال في موضع آخر:

﴿أَمْ يَقُولُونَ افْتَرَاهُ قُلْ فَأْتُوا بِعَشْرِ سُوَرٍ مِّثْلِهِ مُفْتَرَيَاتٍ وَادْعُوا مَنِ اسْتَطَعْتُم مِّن دُونِ اللَّهِ إِن كُنتُمْ صَادِقِينَ﴾[4].

وقد قام أئمة المدرسة الفراهي في تفاسيرهم ببرهنة هذا النظم بطريقة لم تترك مجالًا للبحث والنقاش في وجود أو عدم وجوده، ولكن ما هو نوعية هذا النظم؟ نفصلها فيما يأتي بصورة نكات متعددة.

١- لكل سورة موضوع يؤلف بين أجزائها ويوحدها. والذي يؤلف مضمون السورة ويسري في وجود كل سورة مثل الروح.

٢- وتحوز كل سورة عامة بتمهيد وخاتمة. ويمكن لنا توسيع مضمون السورة

---

(١) رسائل الإمام الفراهي: ٢٣.
(٢) تدبر القرآن ٢٢/١.
(٣) سورة البقرة، الآية: ٢٣.
(٤) سورة هود، الآية: ١٣.

في بعض السور إلى فصول وجمل، وإلى جمل فقط في بعضها. والجمل تبرز وقفات المضمون والفصول تبرز تغيراته، كما أن آيات التمهيد والخاتمة أيضًا تقسم إلى جمل باعتبار المضمون في بعض المقامات.

٣ ـ  وهذه الجمل لا تشكل كلامًا مربوطًا بطريقة ربط الآيات بل يتعلق بعضها من بعض بأساليب التمثيل، التعليل، التأصيل، التكميل، السؤال والجواب، التفريع، النتيجة والإيراد، التنبيه والتقابل والتشابه، العود على البدء الاستدراك والجوانب الأخرى مثلها، وتجعل السورة كلامًا مربوطًا.

٤ ـ  ويبلغ مضمون السورة في هذه الجمل والفصول إلى تمامه بارتقاء تدريجي. فتحصل السورة بنتيجة ذلك صورة مفردة ومتعينة وتصير في وجودها وحدة كاملة تامة من كل جانب.

## السبع المثاني

والتاسع أن سورة القرآن لم ترتب ولم تجمع بطريقة غير منظمة، بل رتبها الله تعالى بنظام خاص، وعلى مثل نظم الكلام في السور فإن هذا الترتيب أيضًا ترتيب مناسب حكيم جدًّا برعاية الموضوع. ويمكن أن نوجز ذلك إجمالًا بأن جميع سور القرآن الكريم رتبت على سبعة أبواب،  وكل سورة لها توأم ومثنّى بلحاظ مضمونها، وبينهما مناسبة كمناسبة تكون بين زوجين. والعديد من السور مستثنى من ذلك. فمثلًا سورة الفاتحة منها جاءت كفاتحة الكتاب كله. والبقية جاءت تتمة وتكملة للقرآن مثل خاتمة الباب. ثم رتبت هذه السور كلها في صورة مجموعات سبعة عبرناها بالأبواب. وهذه الحقيقة قد جاءت في القرآن في سورة الحجر كنحو تال: ﴿وَلَقَدْ ءَاتَيْنَٰكَ سَبْعًا مِّنَ ٱلْمَثَانِي وَٱلْقُرْءَانَ ٱلْعَظِيمَ﴾[1].

فكل باب من أبواب القرآن يبتدأ من سورة مكية أو أكثر ويختم على سورة مدنية.

_____

(1)  سورة الحجر، الآية: ٨٧.

**والباب الأول** يبتدأ من الفاتحة ويختم على المائدة، وفيه الفاتحة مكية والبقية الأربعة مدنية.

**والباب الثاني** يبتدأ من سورتين مكيتين هما الأنعام والأعراف، ويختم على الأنفال والتوبة سورتين مدنيتين.

**وفي الباب الثالث** السور الأربعة عشر الأولى من يونس إلى المؤمنين مكية وفي آخره سورة واحدة، التوبة هي مدنية.

**الباب الرابع** يبتدأ من الفرقان ويختتم على الأحزاب وفيه السور الثمانية الأولى مكية ومدنية وسورة واحدة فيه مدنية أي الأحزاب.

**الباب الخامس** يبتدأ من السبأ ويختتم على الحجرات ففيه ثلاث عشرة سورة مكية وثلاث سور مدنية في آخره.

**الباب السادس** يبتدأ من ق ويختتم على التحريم وفيه سبع سور مكية وبعدها عشر مدنية.

**والباب السابع** يبتدأ من الملك وينتهي على الناس. وفيه معظم السور مكية ما عدا السورتين الآخرتين أي المعوذتين وهما مدنيتان.

ولكل باب من هذه الأبواب موضوع خاص به ورتبت فيه جميع السور برعاية ذاك الموضوع، فمثلًا موضوع الباب الأول هو إتمام الحجة على اليهود والنصارى وتأسيس أمة جديدة من بني إسماعيل مكانهم، وتزكية تلك الأمة وتطهيرها والعهد الأخير للّٰه تعالى معها.

والباب الثاني يبين إتمام الحجة عليهم ووعيد العذاب لهم كنتيجة له وبشارة غلبة الحق في أرض العرب ويمكن لنا أن نلخص كل ذلك في لفظتين الإنذار والتبشير. وإذا استثنينا الباب الأول منها رأينا أن ترتيب هذه الأبواب في القرآن يسير من الختام إلى البدء.فيكتمل الباب السابع على الإنذار والتبشير، وبعد ذلك يشتمل مضمون الإنذار والتبشير مع مضمون التزكية والتطهير أيضًا في الأبواب السادسة والخامسة والرابعة والثالثة. أما الباب الثاني الذي هو الباب

الأخير من هذه السلسلة فيبلغ فيه إنذار النبي منتهاه. ولذا يبدو فيه قضاء المحكمة السماوية للمخاطبين مع إتمام الحجة عليهم ومع التزكية والتطهير، والذي نعبر عنه بالدينونة الأخيرة لله سبحانه قيل يوم القيامة.

فالباب الأول منفرد لأنه يختص باليهود والنصارى بدلًا من المشركين ولكن إذا نظرت في القرآن من منظار فاتحته، فهذا الباب أيضًا مرتبط بمضمون الدينونة التي جاءت في سورة التوبة، بعد إتمام الحجة والتزكية والتطهير، كما أن الأبواب المذكورة أعلاه ارتبطت واتسقت بترتيب صعودي إن جئتها من النهاية إلى البداية. ولذا فالباب الثاني كأنه ذروة سنام حيث يبلغ مضمون واحد مع فارق تغير المخاطبين إلى نقطة كماله وينتهي. فاتضح منه أن أسلوب الترتيب النزولي بعد الباب الأول قد اختير برعاية هذه الضرورة للربط بالباب الأول، ومضمون الإنذار والبشارة وإتمام الحجة قد جاء في السور المكية عمومًا ومضمون التطهير والتزكية في المدنيات. ولكنَّ هذين أيضًا متناسقان ومنسجمان مع كل باب، كأن الجزع يتفرع من الأصل، وتتفرع الأغصان من الجزع. فهذا ترتيب القرآن إذا رأيته نظرة تدبر فإن الترشيد الذي يحصل منه لطالب القرآن في فهم خلفية السور وزمان النزول، وفي تعيين مخاطبي القرآن وتعيين مضمون السورة من حيث المجموع لا يحصل من وسيلة أخرى خارج القرآن.

# خلفية التاريخ

العاشر أن القرآن له تاريخ يقول إنه أنزل على محمدﷺ في القرن السابع الميلادي وكان نزوله في أرض نعرفها بجزيرة العرب. وهذا التاريخ يقول إن النبيﷺ أيضًا قد أوضح مفاهيمه على الناس إذا احتاج إليه، ولم يزل وعلماء الصحابة كما أن علماء الأمة ومحققوها أيضًا يقومون بخدمة الفهم والتفهيم للقرآن ولا يزالون. هذا التاريخ مسلم ويقتضي بعض الأشياء من طلابه وهي كالتالي:

الأول يجب أن يطلع المرء على تاريخ جزيرة العرب وتاريخ زمان نزوله.

فإن كل طالب للقرآن واقف على أنه يذكر اندثار الأقوام البائدة من العرب مثلًا قوم عاد وثمود وقوم مدين. ويبحث عن معتقداتها، ويتحدث عن دعوة أنبيائها وما كان من رد فعل لها على دعوة الأنبياء. ويحكي عن مقدم سيدنا إبراهيم عليه السلام وتقديم ابنه إسماعيل للذبح وتعمير بيت الله بمكة، ويشير إلى تأثير هذه الأحداث على الحالات الحضارية والأخلاقية والاجتماعية والمعيشية لجزيرة العرب.

كما أنه قد أشار إلى ما جاءت به قريش من تحريفات في دين إبراهيم وكيف استبدلت مركز التوحيد بيت الله الحرام في بيت الأصنام، وما جاءت ببدعات ورسوم نتيجة لذلك. وكذلك يبحث عن ملابسات زمن النزول والأحداث والوجهات السياسية والعقائد الدينية والتصورات، فلفهم هذا كله لا بد من الاستفادة بتاريخ معاصر لنزوله إلى حد ما أمكن التعثر عليه، مع إبقاء حكومة ألفاظ القرآن ونظمه إبقاءً كليًّا. فمن الحقيقة أنه يساعد مساعدة كبيرة في فهم بعض إشارات القرآن وفي كشف غوامضه.

الثاني يجب إعطاء أهمية كبيرة لما جاءت من أخبار وروايات عن النبي صلى الله عليه وسلم ومن آثار مروية متصلة عن الصحابة في كتب الأحاديث والآثار. ولا شبهة أنها اشتملت كل رطب ويابس ثم إن الرواية بالمعنى أيضًا قد غيرت الكلام تغيرًا كثيرًا ولكن أهل النظر يعرفون أنه لا تقل الجواهر الكريمة حيث توجد الحجارة والخزف. وما هو التعامل الصحيح في ذلك؟ فقد قال الأستاذ الإمام في مقدمة تفسيره بما يأتي:

«إن أشرف شيء وأزكاها في المصادر الظنية للتفسير هو ذخيرة الأحاديث والآثار. ولو حصل لنا الاطمئنان الكامل في صحتها لكانت لنا في الأهمية والعظمة مثل السنة المتواترة. ولكن بما أننا لا نطمئن في صحتها اطمئنانًا تامًّا اضطررنا على الاستفادة بها ما دامت تتوافق المبادئ القطعية التي ذكرناها فيما مضى أعلاه، والذين يعطون الأحاديث والآثار أهمية بالغة أن يجعلونها حاكمة على القرآن بذاته، لا يعرفون قدر الحديث ولا قدر القرآن. وعلى عكس من

ذلك الذين لا يحتجون بالأحاديث احتجاجًا ما إنهم يحرمون أنفسهم من ضوء أثمن وأغلى بعد القرآن. وأعتقد أن الأحاديث كلها مأخوذة ومستنبطة من القرآن بالذات، ولذا لم أتقيد بالاستفادة بأحاديث وروايات وردت صريحة عن آية من آي القرآن بل استفدت من ذخيرة الأحاديث كلها ما أمكن لي، وبخاصة وجدت مساعدة في حل مسائل حكمة القرآن من الأحاديث مالم أجدها من أي شيء آخر. وإذا وجدت حديثًا مصادمًا مع القرآن توقفت فيه برهة ولم أتركها إلا في صورة وضحت لي أن تسلم هذا الحديث إما أن يؤدي إلى مخالفة القرآن، وإما أن يصادم أصلًا من أصول الدين. أما الأحاديث الصحيحة فقل أن لم تتوافق مع القرآن بأي وجه كان. لكن إذا واجهتني حالة كهذه رجحت القرآن على كل حال وقمت ببيان وجوه الترجيح بتفصيل»[1].

الثالث أن ننظر دائمًا فيما رآه وقاله العلماء والمحققون في شرح وتفسير القرآن. لأن العلم والفن يتقدمان دومًا بالاستفادة من تحقيقات المتقدمين وأفكارهم وآرائهم ولا يمضيان قدمًا بغض النظر عنها. فالعلم الصحيح إنما يحصل بالتواضع وحب الحق الصادق لا بالتمرد والعتو. ولذا يجب على طالبي القرآن أن ينظروا نظرة في أمهات كتب التفسير في سبيل فهم وتفهيم القرآن وبناء رأي في آية من آياته.

وقبل العمل التفسيري الذي قام به أئمة المدرسة الفراهية في هذا الزمان كانت قد حصلت تلك المكانة الكبرى لتفاسير ثلاثة: جامع البيان لابن جرير الطبري، التفسير الكبير للرازي، والكشاف للزمخشري. فتجد أقوال السلف مجموعة في جامع البيان لابن جرير الطبري، ويوجد القيل والقال لعلم الكلام في التفسير الكبير للرازي، ويمكن الاطلاع على مسائل وقواعد النحو والأعراب في الكشاف. فهي التفاسير التي من أمهات هذا الفن. وعلى طالبي القرآن أن يقبلوا فقط قولًا تقبله الألفاظ القرآنية ونظمه، ولكن لا ينبغي صرف النظر والأعراض عن عمل هؤلاء المتقدمين في أي حال.

---

(1) تدبر القرآن: ١/ ٣٠.

# مبادي تدبر السنة

ما هي السنن؟ قد ذكرناها في بداية هذا المقال بطريقة معينة. ولتعيين هذه السنة هناك أصول وقواعد عدة نفصلها فيما يأتي:

## الأصل الأول

السنة تكون فقط ما هو دين باعتبار نوعيته. أي ما يتعلق إما بالعبادات أو بتطهير البدن أو بتطهير الأكل والشرب أو بتزكية الأخلاق. لأنه إن اُستقصي جميع أحكام الدين اتضح أنه منحصر في هذه الأشياء الأربعة. والقرآن واضح كل الوضوح أن أنبياء الله كانوا قد بعثوا لإبلاغ الدين. وهذا كان دائرتهم في العلم والعمل. فكانوا لا يتعلقون أصلًا بشيء آخر. ولا شك أنه كان منهم إبراهيم بن آزر، وموسى بن عمران وعيسى ابن مريم ومحمد بن عبدالله مع مكانتهم النبوية، ولكنهم لم يقوموا بأية مطالبة من الناس في حيثيتهم هذه، فكانت مطالباتهم كلها من الناس من حيث إنهم أنبياء الله، وما أوتوا من حيث الأنبياء هو الدين لا غير، وإبلاغ هذا الدين إلى الناس هو مسؤوليتهم الحقيقية. كما قال تعالى:

﴿شَرَعَ لَكُم مِّنَ ٱلدِّينِ مَا وَصَّىٰ بِهِۦ نُوحًا وَٱلَّذِىٓ أَوْحَيْنَآ إِلَيْكَ وَمَا وَصَّيْنَا بِهِۦٓ إِبْرَٰهِيمَ وَمُوسَىٰ وَعِيسَىٰٓ أَنْ أَقِيمُوا۟ ٱلدِّينَ وَلَا تَتَفَرَّقُوا۟ فِيهِ﴾ [1].

فهذا معلوم أن رسول الله ﷺ قد استخدم السيف فالنبل والأسلحة الأخرى في الحرب. وقد سافر على الجمال وبنى المسجد وسقّفه بجذوع النخيل، وأكل بعض الأطعمة باعتبار الثقافة العربية العاصرة، أحب بعضها وكره بعضها، ولبس لباسًا من وضع خاص كان يُلبس في العرب آنذاك. وفي اختياره كان هناك تدخل لذوقه الشخصي. على أنه ليس شيء من ذلك يعتبر سنة. ولا أحد من أهل العلم يقوله سنة. والنبي ﷺ بنفسه قد أوضح ذلك في مناسبة. فقال:

_____

(1)   سورة الشورى، الآية: ١٣.

56

«إنما أنا بشر، إذا أمرتكم بشيء من دينكم فخذوا به وإذا أمرتكم بشيء من رأيي فإنما أنا بشر، فإني إنما ظننت ظنًّا فلا تأخذونّي بالظن. ولكن إذا حدثتكم عن الله شيئًا فخذوا به فإني لن أكذب على الله، أنتم أعلم بأمر دنياكم[1]و[2].

## الأصل الثاني:

والأصل الثاني أن السنة تتعلق كليًّا بالحياة العملية أي بالأفعال والأعمال فلا تتعلق إذًا بالعلم والعقيدة وشأن النزول وما إلى ذلك من أشياء. والسنة تطلق في العربية على الطريق الموطأ، وما فعله الله تعالى مع الأقوام من الجزاء والعقاب أطلق عليه سنة الله. فلفظ السنة تأبى أن تطلق على الإيمانيات والأشياء النظرية وكذا العلمية فدائرتها الأفعال والأعمال فلا تشمل الأشياء الخارجة من هذه الدائرة فيها.

## الأصل الثالث

والأصل الثالث أنه لا تطلق السنة على أعمال وأفعال ابتدأت من القرآن نفسه لا من الرسول. فمثلًا عرف أن النبي ﷺ قطع أيدي السارقين وجلد الزانين ورجم الماجنين ورفع السيف على المنكرين ولكن لا يقال سنة لأي واحد من هذه العمليات، إنما هي أحكام قرآنية وردت فيه أصلًا وأن النبي ﷺ قد أمتثل بها. وكذا جاءت أحكام الصلاة والزكاة والحج والصوم والقربان في القرآن على مواقع كثيرة، وجاء القرآن بإصلاحات وتعديلات عديدة فيها، وقد أوضح القرآن بالذات أنه كانت بدايتها من الرسول بعد تحديد الرواية البراهيمية وبتصويبها ولذا هذه سنن لازمة مؤكدة بالقرآن، وأي شيء بدأه القرآن أصالة وأوضحه النبي ﷺ أو عمل به طابق النعل بالنعل فلا نقول لعلمية الرسول هذه سنة، بل نقول إنه تفهيم وتبيين للقرآن والأسوة الحسنة. وتطلق السنة فقط على الأشياء التي تجيء

(1) رواه مسلم رقم الحديث ٦١٢٨ ــ ٦١٢٦.

(2) هذه إشارة إلى رأيه الذي قد أعطاه لأهل المدينة في قضية تأبير النخل على مناسبة.

أصالةً في قول وفعل وتقرير وتصويب نبوي ولا يمكن القول أنه عمل بالقرآن أو تفهيم وتبيين له:

## الأصل الرابع

الأصل الرابع أنه إذا عمل بسنة متطوعًا لم تكن سنة أخرى جديدة. ونحن نعلم أن رسول الله ﷺ قد صلى صلاة نافلة علاوة على الصلوات الخمسة المفروضة في اليوم والليلة بموجب قوله تعالى: ﴿وَمَن تَطَوَّعَ خَيْرًا فَإِنَّ ٱللَّهَ شَاكِرٌ عَلِيمٌ﴾[1] كما أنه قد تطوع في الصوم مع صوم رمضان وقام بقربان نافل، ولكن ليس أي شيء من ذلك سنة في حيثيته هذه. فلنا أن نقول أن طريقة النبي ﷺ في القيام بهذه النوافل هي أسوة حسنة له في العبادات. ولكنها إذا صارت سنة في حيثتها الأولى لا تصير سنة مرة بعد مرة ولا تشمل في فهرس السنن.

وذلك يطلق أيضًا على إنجاز عمل لحد كماله. ووضوء النبي ﷺ واغتساله خير مثال لذلك. فليس هناك في طريقة قام بخلالها بهذين العملين شيء زايد على الأصل، بل إنه اكتمال تام من كل جهة للأصل تظاهر بنموذجه في وضوئه واغتساله. فهذه الأشياء كلها تندرج في ذيل الأسوة الحسنة ولا تُجعل سنة.

## الأصل الخامس

الأصل الخامس أن الأشياء التي جاءت لبيان الفطرة محضًا ليست سنة، سوى إذا كان الأنبياء عليهم السلام قد رفعوا شيئًا منها وقرروه جزءًا مستقلًا للدين، فمثلًا ما روي عن النبي ﷺ من تحريم لحوم السباع ذات الأنياب والطيور ذات المخلب هو أيضًا من هذا القبيل[2]. كما أوضحنا من قبل في بيان مبادي تدبر القرآن في مبحث العلاقة بين القرآن والحديث تحت عنوان الميزان والفرقان

(1) سورة البقرة، الآية: ١٥٨.

(2) رواه مسلم رقم الحديث: ٣٤٣٣ و٤٩٩٤.

بدلائل واضحة إنها بعد تحديد ﴿ قُل لَّآ أَجِدُ فِى مَآ أُوحِىَ إِلَىَّ ﴾(1) و﴿ إِنَّمَا حَرَّمَ عَلَيۡكُمُ ﴾(2) بيان لتلك الفطرة ويعلم الإنسان من طبيعته منذ الأبد أن الأسد والنمور والفيل من الأشياء الغير المأكولة ولم تولد الفرس والحمير للذة المائدة، وكما جاءت بعض الأشياء الأخرى أيضًا في الروايات، فيجب اعتبارها أيضًا من هذا القبيل ويجب تقديمها في فطرة الإنسان خارج السنة.

## الأصل السادس

الأصل السادس أنه لا تعد من السنة تلك الأشياء التي جاءت عن النبي ﷺ لترشيد الناس ولكن نوعية ذلك الترشيد بنفسها تقطع أنها لم يرد بها النبي ﷺ إجراءها من حيث السنة. ومثل ذلك الأذكار الواردة في القعدة في الصلاة. فتفيد الروايات أن النبي ﷺ قد علّم الناس التشهد والصلاة عليه كما علم الأدعية المختلفة لهذا الموقع. ولكن هذه الروايات هي الأخرى توضح أنه لم يقرر ولم يعين منها شيئًا، ولم يلزم على الناس وردها وذكرها. نعم هذه أذكار محببة له فلا يتصور شيء أحب وأطيب منها. ولكن أسوته تفيد أنه لم يرد إلزام الناس بشيء بل يريد تركهم في خيار، إما أن يختاروا الأذكار المأثورة أو اختاروا ما شاؤوا من الأوراد والأدعية، فإن السنة إذًا هو جلوس المصلي في الركعة الثالثة والركعة الأخيرة على الركبتين في القعدة، وليس شيء علاوة على ذلك سنة مقررة لهذا الموقع.

## الأصل السابع

الأصل السابع أنه كما أن القرآن لا يثبت بالخبر الواحد كذلك لا تثبت السنة أيضًا بخبر الواحد. لأن السنة لها مكانة مستقلة بالذات في الدين، وكان رسول ﷺ مكلفًا لإبلاغ السنة إلى الناس بكل اهتمام واحتفاظ وبقطعية كاملة. وكانت مما لا تترك على مشيئة الناس كأخبار الأحاد إن شاؤوا نقلوه، إلى ما

(1) سورة الأنعام، الآية: ٤٥.

(2) سورة البقرة، الآية: ١٧٣.

بعدهم وإن شاؤوا لم ينقلوا. ولذا فمصدر السنة هو إجماع الأمة كمثل القرآن، فكما أنه وصل إلى أيدي الأمة بإجماع الصحابة وتواترهم القولي فكذلك بلغت السنة الأمةَ بإجماعهم وبتواترهم العلمي. ولا شك أن رواية كتفهم النبي ﷺ وتبيينه ولأسوته الحسنة يمكن أن تقبل إذا جاءت بطريق أقل درجة من ذلك ولكن لا يثبت القرآن ولا السنة به أبدًا.

فهذه أصول ترشيدية سبعة لتعيين السنة. إذا تدبرت في ضوئها في رواية الدين التي انتقلت إلى الأمة بطريق النبي ﷺ علاوة على القرآن، لتعينت السنة أيضًا بقطعية تامة مثل القرآن.

## مبادي تدبر الحديث

إن الروايات لقول النبي ﷺ وفعله وتقريره وتصويبه، التي انتقلت إلينا في أكثر الأحايين على طريقة الأخبار الأحادية، والتي اصطلح عليها بالحديث، فشيء واحد عنها واضح جدًا أنها لا تضيف إلى الدين عقيدة وعملًا. كما أننا صرحنا في بداية كلامنا صراحة كاملة أن ذلك لا يأتي في دائرة الحديث أن يصير مأخذ الحكم الجديد في الدين. ومع ذلك فهذه أيضًا حقيقة أن الحديث هو المصدر المهم والأكبر لمعرفة سيرة النبي وأسوته الحسنة وتفهيمه للدين وتبيينه له. فللحديث إذًا مكانة كبيرة لا يستغني عنه طالب للدين ولهذه المكانة الكبرى للحديث لا بد لنا من بيان قواعد وأصول للتدبر فيه أيضًا بعد القرآن والسنة. فأولًا لنأخذ أصولًا وقواعد يجب مراعاتها في رد وقبول أي حديث:

## سند الحديث

إن الذي يوصل شيئًا إلى درجة الحديث بالنسبة إلى النبي ﷺ هو سند ذلك الشيء، فعدالة الرواة وضبطهم واتصال سلسلة الرواية ثلاثة أشياء يجب أن ينظر فيها بدقة نظر في ضوء تلك المواد التي، قد وفرها أيمة الرجال بجهد كبير في هذا الباب مع مراعاة علل الإسناد. نعم عدالة الصحابة مستثناة في ذلك لا الله

تعالى بنفسه قد شهد لهم ووثقهم في كتابه[1]: هذا المعيار لتحقيق إسناد الحديث قد أقامه المحدثون[2] وهو قطعي لدرجة أنه لا يمكن الاختزال ولا الزيادة فيه.

ولأن الرواية لكلام مشتبه منسوب إلى النبي ﷺ يبعث على النتائج الخطرة في الدنيا والآخرة، ولذا أصبح من الضروري اللازم أن يطلق هذا المعيار على كل رواية متصلة بالنبي ﷺ وأن يتم ذلك بطريقة محتمة للغاية دون أي تنازلات، وتقبل فقط تلك الروايات التي يصدقها ذلك المعيار من كل جهة. ولا يقبل دون ذلك شيء منسوب إلى النبي ﷺ وإن خرجه كبار الأئمة في أمهات كتب الحديث البخاري ومسلم والموطأ للإمام مالك وغيرها.

## متن الحديث

وبعد تحقيق سند الحديث الشيء الثاني هو متن الحديث. والأئمة المحدثون وإن لم يألوا جهدًا في التوصل إلى معلومات صحيحة عن حالات الرواة وسيرتهم، ونفقوا أعمارهم في هذه العملية ولكن مع ذلك قد بقي بعض الخلل الفطري في رواية الحديث كما هو الحال في كل عملية إنسانية[3]، فنظرًا إلى ذلك الخلل لا بد من أن ينظر إلى هذه الأشياء الآتية في متن الحديث أيضًا.

**أولًا**: أن لا يكون في متن الحديث ما يخالف القرآن ولا السنة.

**وثانيًا**: أن لا يكون فيه ما يعارض مسلمات العقل.

وعما يتعلق بالقرآن فقد قلنا من قبل أنه بمثابة الميزان والفرقان في الدين. وهو مهيمن على كل شيء وأنزل حَكمًا للتمييز بين الحق والباطل، ولذا لا نحتاج إلى استدلال زائد على ذلك أنه إذا كان هناك شيء يخالف القرآن يرد لازمًا.

وهذا هو أمر السنة أيضًا فإن هداية الدين التي وصلتنا بطريق السنة قد ثبت عنها بقطعية كاملة أن النبي قد أجراها باهتمام كامل مثل القرآن، فلا فرق فيها

(1) انظر الآية رقم ١١ من سورة آل عمران.

(2) يمكن الرجوع لتفاصيله إلى ما كتبه الأئمة المحدثون في كتاباتهم في أصول الحديث.

(3) انظر للاستزادة في ذلك مؤلَف الأستاذ الإمام أمين أحسن الإصلاحي «مبادئ تدبر حديث».

بين القرآن والسنة من حيث اعتبار الثبوت. فكما أن القرآن ثابت بإجماع الأمة فكذلك السنة أيضًا تؤخذ من إجماع السنة. وبما أن هذه الحقائق المتصلة بالسنة قاطعة تامة، فإذا كان خير الواحد ينافي السنة ولا وجه بينهما للتوافق فيرد خبر الواحد لازمًا.

ومسلمات العلم والعقل أيضًا تحرز هذه الحيثية في هذا الباب. والقرآن صريح في ذلك، فإن دعوته تقوم تمامًا على هذه المسلمات، ويقوم استدلاله في مباحث التوحيد والمعاد الجزرية أيضًا عليها أصالةً. وإنه يبرز للناس بطريق تعليماته مما تتقاضاه مسلمات العلم والعقل وتطالبه. فكل طالب للقرآن وافق على أنه يقدمها كحكم لدعوته فقد قدمها أمام مشركي العرب وأمام اليهود والنصارى أيضًا كقول فصل. وهو يقول إنه من يخالف مسلمات العقل والنقل فإنه يتبع هواه. فحقائق الوجدان ومصدقات التاريخ، وثمرات ونتائج التجربة والمشاهدة قد جاءت في القرآن كمسلمات للعقل والعلم. ولذا فالأشياء التي جعلها القرآن بذاته معيارًا للتمييز بين الحق والباطل، إذا جاء هناك خبر الواحد ينافيها فكيف تقبله؟ والظاهر أننا سنرده على كل حال.

فإن الأئمة المحدثين قد ذهبوا هذا المذهب في هذا الباب. الكفاية في علم الرواية هو أم الكتاب في فن أصول الحديث ومصنفه الإمام الخطيب البغدادي يقول:

«ولا يقبل خبر الواحد في منافاة حكم العقل وحكم القرآن الثابت المحكم والسنة المعلومة والفعل الجاري مجرى السنة وكل دليل مقطوع به»[1].

ولنأخذ بعد ذلك مبادئ فهم الحديث

## ذوق العربية

الأول أن لغة الحديث أيضًا كمثل القرآن عربية معلاة. ولا شك أنه قد

---

(1) (٤٣٢)

روي الحديث في أكثر الأحاديث روايةً بالمعنى، ولكن مع ذلك فقد احتفظت لغة النبي ﷺ ولغة الصحابة لحد أنه يمكن لصاحب ذوق أن يميز بينها وبين الأشياء الأخرى إلى حد كبير. فعلى نحو القرآن للحديث أيضًا معيار لغوي لا يرتضى بشيء آخر أقل معه. ولذا من الضروري أن يحصل لطالبي الحديث براعة أن لا يترددوا في رد أشياء مثل «الشيخ والشيخة إذا زنيا فارجموهما البتة»[1]، بمحض أساس لغوي. وأن لا يواجهوا صعوبة في فهم أساليب مشكلة لغوية ونحوية. ولا بد من نظر عميق على ما قد كتبه العارفون البارعون لهذه الفنون في هذا الباب. فإنه لا يمكن لشخص أن يحل مشكلات الحديث دون وقوف على دقائق اللغة وأساليب العربية.

# ضوءالقرآن

والثاني أن يفهم الحديث في ضوء القرآن وقد بينا من قبل ما للقرآن من مقام رفيع في الدين. وما قاله النبي ﷺ في مكانته الرسالية والنبوية قد انبثق من القرآن بذاته، فهو مصدره ومأخذه القطعي. فعلاقة القرآن بالحديث علاقة تكون لأصل بفرعه ولمتن بشرحه، وذلك في معظم مضامين الحديث. فلا يمكن فهم الفرع والشرح إلا بالرجوع إلى متنه وأصله أيما فهم. وإذا استعرضنا أخطاء أو سوء فهم الحديث بدقة النظر حتى اليوم لوجدنا هذه الحقيقة واضحة جلية. فالكثير من الأحكام التي صارت مصدر ارتباك من مثل أحداث الرجم في العهد الرسالي وقتل كعب بن أشرف، وروايات عذاب القبر والشفاعة وحكم «أمرت أن أقاتل الناس»[2] وحكم «من بدل دينه فاقتلوه»[3] فقد حصل ذلك لأنه لم تتم محاولة لفهم هذه الأمور بربطها بأصلها في القرآن. فإذا لاحظنا هذه القاعدة في فهم الحديث لتتم تصفية معظم الارتباكات في فهم الحديث.

---

(1)    رواها الموطأ رقم ٢٥٦٨ وابن ماجه رقم ١٥٣.

(2)    رواه البخاري رقم ٢٥ ومسلم ١٢٩.

(3)    رواه البخاري رقم ٣٠١٧.

## الموقع والمكان

الثالث أن يعين مدلول الحديث برعاية مضمونه ورعاية محل وروده. أي أن ينظر في أي وقت اتجه الكلام وفي أي صدد ولمَن؟ فإنه إذا لم تُلحظ هذه الأمور فأحيانًا يصير الكلام الواضح أيضًا عقدة لا تحل. وعليه فهذا الأصل له أهمية كبيرة في فهم الحديث. فهناك رواية مشهورة «الأئمة من قريش[1]». وأخطأ علماؤنا بظاهر ألفاظه أن أئمة المسلمين في السياسة يجب أن يكونوا من قريش فقط. مع أنه إذا سلمنا هذا المبدأ فما هو الفرق بين الإسلام والبرهمية في النظام السياسي على أقل حد؟ والباعث على هذا الخطأ في الفهم أن هذا الكلام الذي قد روي في خلفية وفاة النبي ﷺ والحالة السياسية ما بعده فورًا، وقد تم حمله على أنه حكم ديني مستقل. وفي ذخيرة الحديث هناك روايات كثيرة مثل ذلك وردت في مواضيع هامة. وفي فهم مرادها لا بد من رعاية هذا المبدأ.

## النظر في أحاديث الباب

الرابع أنه يجب وضع روايات الباب جميعها امام النظر في وقت تعين مدلول الحديث ومراده. فربما يفهم إنسان مفهومًا خاصًّا من الحديث ولكن إذا درست روايات ذلك الباب كلها يبرز ذلك المفهوم في صورة أخرى تمامًا. ومثل ذلك روايات واردة في ما يتعلق بالتصوير. فيبدو لمن قرأ بعضها أن التصاوير كلها محرمة وممنوعة. ولكن إذا جمعت تلك الروايات كلها اتضح لك أن الحرمة إنما جاءت فقط في صور اتخذت للعبادة، ويمكن لنا تقديم عشرات أمثلة من هذا النوع من ذخيرة الحديث، ولذا أصبح من اللازم أنه في حالة تردد في دلالة وفهم حديث ما أن لا يُبنى رأي قاطع فيه دون جمع أحاديث الباب تامة.

(1) رواه أحمد رقم ١١٨٩٨.

# العقل والنقل

الخامس أنه يجب أن يراعى في فهم الحديث أنه لا تعارض بين العقل السليم والنقل الصحيح. وقد أوضحنا في المذكورة أعلاه أن الدين متأسس على مسلمات العقل والنقل، ولذا فاذا بدا لنا شيء يعارضها ويخالفها يجب أن يُنظر فيه مرارًا وتكرارًا. فليست هذه طريقة علمية أن يتعجل المرء في الحالة كهذه إلى رد الحديث فورًا ويتفرغ منه أو أن يقبل له معنى مرجوحًا أو خطأ، مغمضًا عينيه عن العقل وتشهد التجربة أنه إذا صح النظر في دراسة أي حديث لم يبق هناك اختلاف في الأكثر وتوضح الأمر من كل ناحية. والظاهر أن ذلك إنما يحصل عندما يعتقد المرء وبثقة كاملة أنه لا يمكن هناك أي تعارض بين العقل والنقل ولا منافاة.

ومن لا حظ هذا المبدأ من محققي السلف والخلف يمكن أن ترى ثمرات ونتائج ذلك في تحقيقاتهم في أمكنة كثيرة. ولذا فلا ينبغي أن يغض النظر عن ذلك في فهم الحديث في أي حال.

اللهم أرنا الحق حقًّا وارزقنا اتباعه وأرنا الباطل باطلًا وارزقنا اجتنابه.

# المقدمة -- (٢)

## الدين الحق

إذا أردنا بيان حقيقة الدين في لفظة واحدة فهو عبادة الله تعالى في مصطلح القرآن فما يشاء خالق العالم أصلًا من عباده هو عبادته فقال تعالى:

﴿وَمَا خَلَقْتُ ٱلْجِنَّ وَٱلْإِنسَ إِلَّا لِيَعْبُدُونِ﴾[1] وقد أبان القرآن في أكثر من مقام أن الله تعالى قد أرسل رُسله إلى الناس لإعلامهم بهذه الحقيقة فقد قال: ﴿وَلَقَدْ بَعَثْنَا فِي كُلِّ أُمَّةٍ رَّسُولًا أَنِ ٱعْبُدُواْ ٱللَّهَ وَٱجْتَنِبُواْ ٱلطَّٰغُوتَ﴾[2].

فما هو معنى العبادة هذه؟ يتضح ذلك إذا تدبر من هذه الآية نفسها من سورة النحل فإنها تأمر باجتناب الطاغوت في مقابلة عبادة الله وحده، وقد استعمل «الطاغوت» و«الشيطان» في القرآن في المعنى المترادف، فالطاغوت هو من يستكبر ويتمرد على الله سبحانه، وضد ذلك هو العبودية والذل كما هو ظاهر. فمعني العبادة عند أيمة اللغة هو: أصل العبودية الخضوع والتذلل. وهذا الشيء إذا حصل مع الشعور الصحيح لرحمة الله وقدرته وربوبيته وحكمته اختار صورة التذلل الشديد أمام الله مع حبه الشديد وخوفه الكبير. وجاءت ألفاظ كثيرة من القرآن للتعبير عن هذا الكيفية الداخلية التي تتولد في داخل الإنسان وتحيط بوجوده كلمه من أمثال: الخشوع والخضوع والإنابة والخشية والتضرع والقنوت

(1) سورة الذاريات، الآية: ٥٦.

(2) سورة النحل، الآية: ٣٦.

وغيرها. كما أن التعبيرات الذكر والشكر والتقوي والإخلاص والتوكل والتسليم والتفويض والرضا كلها مظاهر باطنية للعلاقة بين العبد ومعبوده.

ومعنى ذلك أن العبد في هذه العلاقة مع الله تعالى يطمئن قلب بذكره ويشهد في نفسه أن مشاعر الشكر والامتنان له تتصاعد كالسيل الطامي، ويخاف من سخطه ويكون له كله ويعيش توكلًا عليه، ويسلم إليه كل أموره وكل وجوده، ويرتضى بقضائه فيه. وجاء القرآن بتصوير هذه المظاهر لظهور علاقة العبد للَّه سبحانه بقوله: ﴿إِنَّمَا يُؤۡمِنُ بِـَٔايَٰتِنَا ٱلَّذِينَ إِذَا ذُكِّرُواْ بِهَا خَرُّواْۤ سُجَّدٗا وَسَبَّحُواْ بِحَمۡدِ رَبِّهِمۡ وَهُمۡ لَا يَسۡتَكۡبِرُونَ ۩ تَتَجَافَىٰ جُنُوبُهُمۡ عَنِ ٱلۡمَضَاجِعِ يَدۡعُونَ رَبَّهُمۡ خَوۡفٗا وَطَمَعٗا وَمِمَّا رَزَقۡنَٰهُمۡ يُنفِقُونَ﴾[1].

فهذا الركوع والسجود والتسبيح والتحميد والدعاء والمناجاة والتضحية في سبيل الله رضاءً للرب تعالى هذا هو أصل العبادة. ولكن بما أن الإنسان له وجود فعلي تطبيقي أيضًا في هذا العالم وانطلاقًا منه. فإن هذه العبادة تتعلق بالوجود العملي له وهكذا تشتمل مع مظهر العبودية مظاهرَ الطاعة له. فحينئذ تتطلب من الإنسان أنه يجب أن يخضع ظاهره كما قد خضع له باطنه، ويجري ذلك على ظاهر الإنسان كما قد جرى في باطنه حتى لايستثنى منه جانب من جوانب حياة الإنسان، وفي تعبير آخر يكون العبد للَّه في كل معنى الكلمة كما قال تعالى:

﴿يَٰٓأَيُّهَا ٱلَّذِينَ ءَامَنُواْ ٱرۡكَعُواْ وَٱسۡجُدُواْۤ وَٱعۡبُدُواْ رَبَّكُمۡ وَٱفۡعَلُواْ ٱلۡخَيۡرَ لَعَلَّكُمۡ تُفۡلِحُونَ﴾[2].

وهذه العبادة إذا تقوم بتعيين الأساسات ما بعد الطبيعية والأخلاقية وتعيين المراسم وتقرر الحدود والقيود لإحسان العلاقة بين العبد وربه، ولتكميل مقتضيات هذه العلاقة في الدنيا فيعبر ذلك بتعبير القرآن بالدين. وصورة هذا

---

(1) سورة السجدة، الآيتان: ١٥ و١٦.

(2) سورة الحج، الآية: ٧٧.

68

الدين التي قد أوضحها الله بطريق أنبيائه يسميها القرآن «الدين» ويهدي العباد أن يقيموه وأن لا يتفرقوا فيه كما جاء في سورة الشورى:

﴿ شَرَعَ لَكُم مِّنَ ٱلدِّينِ مَا وَصَّىٰ بِهِۦ نُوحًا وَٱلَّذِىٓ أَوْحَيْنَآ إِلَيْكَ وَمَا وَصَّيْنَا بِهِۦٓ إِبْرَٰهِيمَ وَمُوسَىٰ وَعِيسَىٰٓ أَنْ أَقِيمُوا۟ ٱلدِّينَ وَلَا تَتَفَرَّقُوا۟ فِيهِ ﴾[1].

والأساسات ما بعد الطبيعية والأخلاقية التي جاءت لدين الله هذا، لهذه «العبادة» يعبرها القرآن بـ«الحكمة» ومراسمها وحدودها وقيودها بـ«الكتاب» أي القانون والتشريع كما جاء: ﴿ وَأَنزَلَ ٱللَّهُ عَلَيْكَ ٱلْكِتَٰبَ وَٱلْحِكْمَةَ وَعَلَّمَكَ مَا لَمْ تَكُن تَعْلَمُ ۚ وَكَانَ فَضْلُ ٱللَّهِ عَلَيْكَ عَظِيمًا ﴾[2]. ﴿ وَٱذْكُرُوا۟ نِعْمَتَ ٱللَّهِ عَلَيْكُمْ وَمَآ أَنزَلَ عَلَيْكُم مِّنَ ٱلْكِتَٰبِ وَٱلْحِكْمَةِ يَعِظُكُم بِهِۦ ۚ وَٱتَّقُوا۟ ٱللَّهَ وَٱعْلَمُوٓا۟ أَنَّ ٱللَّهَ بِكُلِّ شَىْءٍ عَلِيمٌ ﴾[3]. ويعبر هذا الكتاب «بالشريعة»: ﴿ ثُمَّ جَعَلْنَٰكَ عَلَىٰ شَرِيعَةٍ مِّنَ ٱلْأَمْرِ فَٱتَّبِعْهَا وَلَا تَتَّبِعْ أَهْوَآءَ ٱلَّذِينَ لَا يَعْلَمُونَ ﴾[4].

ولا زالت الحكمة واحدة ولكن الشريعة ما زالت تتغير بتغير التمدن الإنساني والرقي فيه. كما قال: ﴿ لِكُلٍّ جَعَلْنَا مِنكُمْ شِرْعَةً وَمِنْهَاجًا ۚ وَلَوْ شَآءَ ٱللَّهُ لَجَعَلَكُمْ أُمَّةً وَٰحِدَةً ﴾[5].

ويُعلم من دراسة الكتب الإلهامية أن التوراة تذكر الشريعة في الأكثر والإنجيل تذكر الحكمة. والزبور هو مزمور لتمجيد الرب تعالى في تمهيد تلك الحكمة، والقرآن نزل ببيان رائع أدبي جامع لكليهما، وكصحيفة الإنذار والبشارة، كما جاء ذلك بصورة واضحة في الآيات من البقرة والنساء التي مرت آنفًا، أما التوراة والإنجيل فقد قال الله تعالى فيهما في موضع متحدثًا عن

---

(1)    سورة الشورى، الآية: ١٣.
(2)    سورة النساء، الآية: ١١٣.
(3)    سورة النساء، الآية: ١١٣.
(4)    سورة الجاثية، الآية: ١٦.
(5)    سورة المائدة، الآية: ٤٨.

كلامه لسيدنا المسيح عليه السلام القيامة: ﴿وَإِذْ عَلَّمْتُكَ ٱلْكِتَٰبَ وَٱلْحِكْمَةَ وَٱلتَّوْرَىٰةَ وَٱلْإِنجِيلَ﴾[1]. والحكمة أساسيًا تبحث عن مباحث تالية:

**أولًا**: الإيمانيات

**وثانيًا**: الأخلاقيات

والمباحث التي جاءت تحت عنوان الكتاب هي كالتالي:

١ ـ قانون العبادات ٢ ـ قانون الاجتماع والعشرة ٣ ـ قانون السياسة. ٤ ـ قانون المعيشة. ٥ ـ قانون الدعوة. ٦ ـ قانون الجهاد. ٧ ـ الحدود والتعذيرات. ٨ ـ أحكام الأكل والشرب. ٩ ـ التقاليد والآداب. ١٠ ـ أحكام القسم وكفارته.

فهذا هو الدين في مجموعه. ورسل الله الذين جاؤوا بهذا الدين هم أنبياء الله ويفيد القرآن أن بعضهم فازوا بمرتبة الرسالة أيضًا مع منصب «النبوة».

والنبوة عبارة عن وصول شخص منتخب من بني آدم للوحي من السماء. ولبشارة الناس بالعاقبة الحسنى للذين يؤمنون به وتحذيره الناس وإنذارهم بالعاقبة السيئة لمن يكفرون به. ويعبر القرآن ذلك بالإنذار والتبشير. كما قال: ﴿كَانَ ٱلنَّاسُ أُمَّةً وَٰحِدَةً فَبَعَثَ ٱللَّهُ ٱلنَّبِيِّـۧنَ مُبَشِّرِينَ وَمُنذِرِينَ﴾[2].

والرسالة أن يأتي نبي إلى قومه كمحكمة إلهية أن إذا كذّبه قومه نفذ عليه قضاء الله المبرم في هذه الدنيا، وتقوم غلبة الحق على قومه كما قال تعالى: ﴿وَلِكُلِّ أُمَّةٍ رَّسُولٌ فَإِذَا جَآءَ رَسُولُهُمْ قُضِيَ بَيْنَهُم بِٱلْقِسْطِ وَهُمْ لَا يُظْلَمُونَ﴾[3]. وقال في موضع آخر:

﴿إِنَّ ٱلَّذِينَ يُحَآدُّونَ ٱللَّهَ وَرَسُولَهُۥٓ أُوْلَٰٓئِكَ فِى ٱلْأَذَلِّينَ * كَتَبَ ٱللَّهُ لَأَغْلِبَنَّ أَنَا۠ وَرُسُلِىٓ إِنَّ ٱللَّهَ قَوِىٌّ عَزِيزٌ﴾[4].

(1) سورة المائدة، الآية: ١١٠.
(2) سورة البقرة، الآية: ٢١٣.
(3) سورة يونس، الآية: ٤٧.
(4) سورة المجادلة، الآيتان: ٢٠ و٢١.

فهذا هو قانون الرسالة الذي قال عنه القرآن بالإشارة إلى النبي ﷺ خاصةً فقال: ﴿هُوَ ٱلَّذِىٓ أَرۡسَلَ رَسُولَهُۥ بِٱلۡهُدَىٰ وَدِينِ ٱلۡحَقِّ لِيُظۡهِرَهُۥ عَلَى ٱلدِّينِ كُلِّهِۦ وَلَوۡ كَرِهَ ٱلۡمُشۡرِكُونَ﴾[1].

وتكون صورته أن ينتخب الله رُسله لإظهار دينونته وتقوم القيامة الصغرى قبل القيامة الكبرى على الأرض. وينبه مخاطبوهم أنهم إذا قاموا بميثاقهم مع الله سبحانه يُجزون عليه جزاءً خيرًا وإن انحرفوا منه عوقبوا عليه في هذه الحياة الدنيا. وكنتيجةٍ لذلك القضاء الإلهي يكون وجود رُسل الله آيةً إلهيةً حيةً في الناس فالناس كأنهم يرون الله تعالى معهم، يمشي معهم ويقوم بالحكم. ويؤمر رُسل الله أنهم بما رأوا من آيات الله برأس أعينهم فعليهم أن يبلغوا على أساسها رسالات الله إلى قومهم تامةً قاطعةً. فهذه هي «الشهادة» في تعبير القرآن. إذا قامت تكون سببًا لقضاء الله في الدنيا والآخرة. فيغلب الله رُسله هولاء على قومهم وينزل عذابه على منكري دعوتهم، وانطلاقًا من ذلك فقد قال القرآن عن النبي ﷺ إنه شاهد وشهيد: ﴿إِنَّآ أَرۡسَلۡنَآ إِلَيۡكُمۡ رَسُولٗا شَٰهِدًا عَلَيۡكُمۡ كَمَآ أَرۡسَلۡنَآ إِلَىٰ فِرۡعَوۡنَ رَسُولٗا﴾[2].

ومنصب الشهادة هذا قد تم إعطاؤه لذرية سيدنا إبراهيم عليه السلام أيضًا علاوةً على الرُّسل. ومن هنا سماهم القرآن ﴿أُمَّةٗ وَسَطٗا﴾[3] بين رسل الله وعباده، وتحدث عنهم أنهم قد انتخبوا لهذا المنصب الجليل كما قد تم انتخاب بعض الشخصيات الجليلة من بني آدم للنبوة والرسالة فقال:

﴿وَجَٰهِدُواْ فِي ٱللَّهِ حَقَّ جِهَادِهِۦۚ هُوَ ٱجۡتَبَىٰكُمۡ وَمَا جَعَلَ عَلَيۡكُمۡ فِي ٱلدِّينِ مِنۡ حَرَجٖۚ مِّلَّةَ أَبِيكُمۡ إِبۡرَٰهِيمَۚ هُوَ سَمَّىٰكُمُ ٱلۡمُسۡلِمِينَ مِن قَبۡلُ وَفِي هَٰذَا لِيَكُونَ ٱلرَّسُولُ شَهِيدًا عَلَيۡكُمۡ وَتَكُونُواْ شُهَدَآءَ عَلَى ٱلنَّاسِۚ﴾[4].

وقد أنزل الله تعالى كتبه مع أنبيائه ورسله عامةً. وبين القرآن أن إنزال

---

(1) سورة الصف، الآية: ٩.

(2) سورة المزمل، الآية: ١٥.

(3) سورة البقرة، الآية: ١٤٣.

(4) سورة الحج، الآية: ٧٨.

الكتب يهدف إلى أن تكون ميزانًا للحق والباطل حتى يحكم الناس في خلافاتهم بهذه الكتب ويكونون قائمين بالقسط فقال تعالى: ﴿وَأَنزَلَ مَعَهُمُ ٱلْكِتَـٰبَ بِٱلْحَقِّ لِيَحْكُمَ بَيْنَ ٱلنَّاسِ فِيمَا ٱخْتَلَفُوا۟ فِيهِ﴾[1]. وقال:

﴿وَأَنزَلْنَا مَعَهُمُ ٱلْكِتَـٰبَ وَٱلْمِيزَانَ لِيَقُومَ ٱلنَّاسُ بِٱلْقِسْطِ﴾[2].

وابتدأت سلسلة النبوة هذه من آدم عليه السلام واختتمت على النبي ﷺ، فبرحيله من الدنيا قد انسد باب الوحي والإلهام إلى الأبد واختتمت النبوة عليه كما جاء في سورة الأحزاب: (٤٠)

فالعلماء بعد النبي ﷺ هم المسؤولون إلى يوم القيامة بإقامة الناس على الدين، ويقومون بفريضة «الإنذار» كما جاء في سورة التوبة: ﴿وَمَا كَانَ ٱلْمُؤْمِنُونَ لِيَنفِرُوا۟ كَآفَّةً ۚ فَلَوْلَا نَفَرَ مِن كُلِّ فِرْقَةٍ مِّنْهُمْ طَآئِفَةٌ لِّيَتَفَقَّهُوا۟ فِى ٱلدِّينِ وَلِيُنذِرُوا۟ قَوْمَهُمْ إِذَا رَجَعُوٓا۟ إِلَيْهِمْ لَعَلَّهُمْ يَحْذَرُونَ﴾[3].

وقد فرض الله تعالى أن هذا الإنذار يكون بوسيلة القرآن فقال: ﴿فَذَكِّرْ بِٱلْقُرْءَانِ مَن يَخَافُ وَعِيدِ﴾[4] وقال: ﴿وَجَـٰهِدْهُم بِهِۦ جِهَادًا كَبِيرًا﴾[5] وبناءً عليه فإن رسول الله ﷺ هو الآن نذير للعالمين جميعًا والعلماء بدورهم ليسوا إلا نائبين له، في عملية الإنذار قال تعالى: ﴿وَأُوحِىَ إِلَىَّ هَـٰذَا ٱلْقُرْءَانُ لِأُنذِرَكُم بِهِۦ وَمَنۢ بَلَغَ﴾[6] وقال: ﴿تَبَارَكَ ٱلَّذِى نَزَّلَ ٱلْفُرْقَانَ عَلَىٰ عَبْدِهِۦ لِيَكُونَ لِلْعَـٰلَمِينَ نَذِيرًا﴾[7] فهذا الدين هو الإسلام والذي قد قال الله عنه في كتابه إنه لا يقبل من بني آدم دينا غيره

---

(1) سورة البقرة، الآية: ٢١٣.
(2) سورة الحديد، الآية: ٢٥.
(3) سورة ا لتوبة، الآية: ١٢٢.
(4) سورة ق، الآية: ٤٥.
(5) سورة الفرقان، الآية: ٥٢.
(6) سورة الأنعام، الآية: ١٩.
(7) سورة الفرقان، الآية: ٧.

قال: ﴿ إِنَّ ٱلدِّينَ عِندَ ٱللَّهِ ٱلْإِسْلَمُ ۞ ..... ۞ وَمَن يَبْتَغِ غَيْرَ ٱلْإِسْلَمِ دِينًا فَلَن يُقْبَلَ مِنْهُ وَهُوَ فِي ٱلْآخِرَةِ مِنَ ٱلْخَسِرِينَ ﴾[1].

ولفظ الإسلام كما هو مستعمل لدين الله كاملًا يستعمل كذلك لظواهر الدين. وهو بظاهره هذا عبارة عن أشياء خمسة آتية:

١ ـ شهادة أن لا إله إلا الله وأن محمدًا عبده ورسوله.

٢ ـ أن تقام الصلاة

٣ ـ وتؤتى الزكوة

٤ ـ وأن يُصام صوم رمضان

٥ ـ وأن يُحج بيت الله الحرام

والقرآن يؤكد لها في أكثر من مقام كما ذكرت كلها مجموعة في حديث لرسول الله ﷺ بلفظ آتٍ:

الإسلام أن تشهد أن لا إله إلا الله وأن محمدًا رسول الله، وتقيم الصلاة وتؤتي الزكوة وتصوم رمضان وتحج البيت[2].

وباطن الدين «الإيمان» وهو بدوره أيضًا عبارة عن أشياء خمسة فصلها القرآن وهي:

١ ـ الإيمان بالله

٢ ـ الإيمان بالملائكة

٣ ـ الإيمان بالأنبياء

٤ ـ الإيمان بالكتب

٥ ـ الإيمان بيوم الجزاء

فجاء في سورة البقرة: ﴿ ءَامَنَ ٱلرَّسُولُ بِمَا أُنزِلَ إِلَيْهِ مِن رَّبِّهِ وَٱلْمُؤْمِنُونَ كُلٌّ ءَامَنَ بِٱللَّهِ وَمَلَٰئِكَتِهِ وَكُتُبِهِ وَرُسُلِهِ لَا نُفَرِّقُ بَيْنَ أَحَدٍ مِّن رُّسُلِهِ وَقَالُوا۟ سَمِعْنَا وَأَطَعْنَا غُفْرَانَكَ رَبَّنَا وَإِلَيْكَ ٱلْمَصِيرُ ﴾[3].

---

(1) سورة آل عمران، الآيتان: ١٩ و٨٥.

(2) رواه مسلم رقم ٩٣.

(3) سورة البقرة، الآية: ٢٨٥.

وقد أشمل فيها النبي ﷺ الإيمانَ بالقدر، خيره وشره، وهو أصلًا فرع للإيمان بالله، ثم بين الإيمانيات كالتالي: الإيمان أن تؤمن بالله وملائكته وكتبه ورسله واليوم الآخر وتؤمن بالقدر خيره وشره[1].

وهذا الإيمان إذا ثبت في القلب حقيقةً والقلب يصدقه فوجوده يقتضي شيئين:

# الأول العمل الصالح

والثاني التواصي بالحق والتواصي بالصبر كما قال: ﴿وَٱلْعَصْرِ * إِنَّ ٱلْإِنسَٰنَ لَفِى خُسْرٍ * إِلَّا ٱلَّذِينَ ءَامَنُوا۟ وَعَمِلُوا۟ ٱلصَّٰلِحَٰتِ وَتَوَاصَوْا۟ بِٱلْحَقِّ وَتَوَاصَوْا۟ بِٱلصَّبْرِ﴾[2]..

والعمل الصالح كل عمل يتولد كنتيجة لتزكية الأخلاق. وأسسه كلها ثابتة بالعقل والفطرة، وقد نزلت شريعة الله لتهدي الإنسان للعمل الصالح هذا.

أما التواصي بالحق والتواصي بالصبر فأريد به أن يأمر الإنسان بعضه بعضا بالثبات على الحق والتناصح له. وهذا مما يقتضيه التسليم للحق اقتضاءً بديهيا وقد عبر القرآن بمصطلح «الأمر بالمعروف والنهي عن المنكر» أيضًا. أي تلقين الناس في البيئة القريبة بمعروفات يدل عليها العقل والفطرة ونهي الناس عن منكرات عقلية وفطرية. فقال تعالى: ﴿وَٱلْمُؤْمِنُونَ وَٱلْمُؤْمِنَٰتُ بَعْضُهُمْ أَوْلِيَآءُ بَعْضٍ يَأْمُرُونَ بِٱلْمَعْرُوفِ وَيَنْهَوْنَ عَنِ ٱلْمُنكَرِ﴾[3].

﴿وَلْتَكُن مِّنكُمْ أُمَّةٌ يَدْعُونَ إِلَى ٱلْخَيْرِ وَيَأْمُرُونَ بِٱلْمَعْرُوفِ وَيَنْهَوْنَ عَنِ ٱلْمُنكَرِ وَأُو۟لَٰٓئِكَ هُمُ ٱلْمُفْلِحُونَ﴾[4].

إلا أن يؤدي ذلك إلى إتلاف حق أو اعتداء على النفس والشرف والمال.

وواضح من كلمات الآية أن المسلمين مخاطبون به ليس بصفتهم الفردية، بل

---

(1) رواه مسلم رقم: ٩٣.

(2) سورة العصر، الآيات: ١ ـ ٣.

(3) سورة التوبة، الآية: ٧١.

(4) سورة آل عمران، الآية: ١٠٤.

بصفتهم الجماعية، فيتعلق هذا الأمر بأصحاب السلطة. قال الله تعالى إنه عندما حصل المسلمون على الاستقلال السياسي في هذه الأرض، فمن مسؤوليتهم الآن تعيين بعض الناس من بينهم لهذه المهمة لدعوة الناس إلى الخير، ومنعهم من الشر، والحث على الخير.

ومن الواضح أن هذه المسؤولية ستتحقق في بعض الأحيان بالوعظ والإرشاد، وفي بعض الأحيان بقوة القانون. ففي الحالة الأولى هناك منبر جمعة، وهو مخصص للقيام بهذا الغرض الدعوي والنصح والترشيد. ومن ناحية أخرى، هناك قسم للشرطة تم إنشاؤه للقيام بهذه المسؤولية في الحكومة الإسلامية، وهو ينشط دائمًا في القيام بهذا العمل ضمن الحدود المقررة له. أما الأحكام التي تتحقق فيها هذه المسؤلية بالقوة فهي الأحكام التي أعطيت لاجتماع مسلم لا لآحاد المسلمين. والأحكام التي تخاطب الأفراد المسلمين لها علاقة فيما بين العبد وربه، وليسوا فيها مسؤلين أمام الحكومة والقانون، بل مسؤلون أمام ربهم. فلا سلطة فيها لحكومة إلا للإصلاح بوسائل التربية والتعليم وكل مسلم مسؤول عن الإتيان بهذا الاقتضاء بباعث النصح والخير. فإنه لا تتم هذه المسؤولية بدون هذا الشعور وبغير روح صحيح للدين. فقد قال النبي ﷺ:

الدين النصيحة للّٰه ولكتابه ولرسوله، ولأئمة المسلمين وعامتهم[1].

فهذه هي مطالبات الإيمان من المسلمين في الحالات العامة. ولكن ربما تطرأ على الإنسان حالات خاصة نظرًا إلى الأوضاع الخارجية في هذا العالم. فبرعايتها تتولد مطالبات ثلاثة أخرى غيرها للإيمان وهي كما يأتي:

الأول الهجرة

والثاني النصرة

والثالث القيام بالقسط

فإن كان المؤمن يواجه صعوبات خطرة في القيام بعبادة الرب تعالى.

(1) رواه مسلم رقم: ١٩٦.

إنه يُعذب لأجل دينه ولا يمكن له حتى إظهار إسلامه فحينئذ يقتضي منه إيمانه أن يهاجر من مكانه إلى مقام آخر، يمكن له أن يعمل بدينه علانيةً. ويسميه القرآن الهجرة. وحينما دعي الناس إلى الهجرة مباشرةً من الله ورسوله في الزمان الرسالي فوعد القرآن بجهنم الذين يُعرضون عن الهجرة: كما جاء في سورة النساء:

﴿ إِنَّ ٱلَّذِينَ تَوَفَّىٰهُمُ ٱلۡمَلَٰٓئِكَةُ ظَالِمِىٓ أَنفُسِهِمۡ قَالُوا۟ فِيمَ كُنتُمۡ قَالُوا۟ كُنَّا مُسۡتَضۡعَفِينَ فِى ٱلۡأَرۡضِ قَالُوٓا۟ أَلَمۡ تَكُنۡ أَرۡضُ ٱللَّهِ وَٰسِعَةً فَتُهَاجِرُوا۟ فِيهَا فَأُو۟لَٰٓئِكَ مَأۡوَىٰهُمۡ جَهَنَّمُ وَسَآءَتۡ مَصِيرًا ﴾ [1].

وبهذه الطريقة إذا كان الدين يحتاج إلى إقدام لنشر دعوته أو حفظ كيانه فيطلب الإيمان أن يُنصر الدين بالمال والنفس. ويعبر القرآن هذه العملية بنصرة الدين. فلما احتاج الرسول ﷺ إلى نصرة الدين بعد أن قامت سلطته في المدينة المنورة وطلب من الناس أن يقوموا بالجهاد والقتال، فدعا هم القرآن إلى ذلك على موقعة بأسلوب آتي وقال:

﴿ يَٰٓأَيُّهَا ٱلَّذِينَ ءَامَنُوا۟ هَلۡ أَدُلُّكُمۡ عَلَىٰ تِجَٰرَةٍ تُنجِيكُم مِّنۡ عَذَابٍ أَلِيمٍ ۝ تُؤۡمِنُونَ بِٱللَّهِ وَرَسُولِهِۦ وَتُجَٰهِدُونَ فِى سَبِيلِ ٱللَّهِ بِأَمۡوَٰلِكُمۡ وَأَنفُسِكُمۡ ذَٰلِكُمۡ خَيۡرٌ لَّكُمۡ إِن كُنتُمۡ تَعۡلَمُونَ ۝ يَغۡفِرۡ لَكُمۡ ذُنُوبَكُمۡ وَيُدۡخِلۡكُمۡ جَنَّٰتٍ تَجۡرِى مِن تَحۡتِهَا ٱلۡأَنۡهَٰرُ وَمَسَٰكِنَ طَيِّبَةً فِى جَنَّٰتِ عَدۡنٍ ذَٰلِكَ ٱلۡفَوۡزُ ٱلۡعَظِيمُ ۝ وَأُخۡرَىٰ تُحِبُّونَهَا نَصۡرٌ مِّنَ ٱللَّهِ وَفَتۡحٌ قَرِيبٌ وَبَشِّرِ ٱلۡمُؤۡمِنِينَ ۝ يَٰٓأَيُّهَا ٱلَّذِينَ ءَامَنُوا۟ كُونُوٓا۟ أَنصَارَ ٱللَّهِ كَمَا قَالَ عِيسَى ٱبۡنُ مَرۡيَمَ لِلۡحَوَارِيِّـۧنَ مَنۡ أَنصَارِىٓ إِلَى ٱللَّهِ قَالَ ٱلۡحَوَارِيُّونَ نَحۡنُ أَنصَارُ ٱللَّهِ ﴾ [2].

ومهما حصلت من جهود تجديدية وحركات إصلاحية لحفظ الدين وبقائه في السلف والخلف، قامت كل ذلك وفاءً بهذا المقتضى الديني. فهذه النصرة هي المأخذ لكل الجهود الإصلاحية لسانًا وقلمًا، سيفًا وسنانًا ودرهمًا ودينارًا في تاريخ الأمة كلها. ويطلب القرآن إنه إذا حان وبدا هذا المقتضى للإيمان فلا

---

(1)  سورة النساء، الآية: ٩٧.

(2)  سورة الصف، الآيات: ١٠ ــ ١٤.

يعز على عبد مؤمن أي شيء دنيوي مقابلًا له. ولذا قال القرآن عندما بدت هذه المرحلة في الدعوة المحمدية فقال:

﴿قُلْ إِن كَانَ ءَابَآؤُكُمْ وَأَبْنَآؤُكُمْ وَإِخْوَٰنُكُمْ وَأَزْوَٰجُكُمْ وَعَشِيرَتُكُمْ وَأَمْوَٰلٌ ٱقْتَرَفْتُمُوهَا وَتِجَٰرَةٌ تَخْشَوْنَ كَسَادَهَا وَمَسَٰكِنُ تَرْضَوْنَهَآ أَحَبَّ إِلَيْكُم مِّنَ ٱللَّهِ وَرَسُولِهِۦ وَجِهَادٍ فِى سَبِيلِهِۦ فَتَرَبَّصُوا۟ حَتَّىٰ يَأْتِىَ ٱللَّهُ بِأَمْرِهِۦ ۗ وَٱللَّهُ لَا يَهْدِى ٱلْقَوْمَ ٱلْفَٰسِقِينَ﴾[1].

ثم إذا جاءت العواطف البشرية والتعصبات والمصالح والأهواء تحرفه من جادة العدل والإنصاف في أية معاملة للدنيا والآخرة، فهذا الإيمان نفسه يتقاضاه أن العبد المؤمن وليس فقط ما يزال يقوم على الحق والعدل، بل إذا طلبا منه الشهادة أنجز طلبهما بتضحية النفس والنفيس في سبيل ذلك. يقول بالحق ما دام حيًا ويسلم للحق وينصف، ويشهد له ولا يختار أي شيء سوى الحق والإنصاف عقيدةً وعملًا. وهذا هو القيام بالقسط في مصطلح القرآن قال تعالى في ذلك:

﴿يَٰٓأَيُّهَا ٱلَّذِينَ ءَامَنُوا۟ كُونُوا۟ قَوَّٰمِينَ بِٱلْقِسْطِ شُهَدَآءَ لِلَّهِ وَلَوْ عَلَىٰٓ أَنفُسِكُمْ أَوِ ٱلْوَٰلِدَيْنِ وَٱلْأَقْرَبِينَ ۚ إِن يَكُنْ غَنِيًّا أَوْ فَقِيرًا فَٱللَّهُ أَوْلَىٰ بِهِمَا ۖ فَلَا تَتَّبِعُوا۟ ٱلْهَوَىٰٓ أَن تَعْدِلُوا۟ ۚ وَإِن تَلْوُۥٓا۟ أَوْ تُعْرِضُوا۟ فَإِنَّ ٱللَّهَ كَانَ بِمَا تَعْمَلُونَ خَبِيرًا﴾[2]. وقال في موضع آخر:

﴿يَٰٓأَيُّهَا ٱلَّذِينَ ءَامَنُوا۟ كُونُوا۟ قَوَّٰمِينَ لِلَّهِ شُهَدَآءَ بِٱلْقِسْطِ ۖ وَلَا يَجْرِمَنَّكُمْ شَنَـَٔانُ قَوْمٍ عَلَىٰٓ أَلَّا تَعْدِلُوا۟ ۚ ٱعْدِلُوا۟ هُوَ أَقْرَبُ لِلتَّقْوَىٰ ۖ وَٱتَّقُوا۟ ٱللَّهَ ۚ إِنَّ ٱللَّهَ خَبِيرٌۢ بِمَا تَعْمَلُونَ﴾[3].

إن المقصد الذي يهدفه هذا الدين هو «التزكية» في مصطلح القرآن. والتزكية يعني تربية فكر الإنسان وإنماء عمله إنماءً صحيحًا بطريق تزكية حياته

---

(1) سورة التوبة، الآية: ٢٤.

(2) سورة النساء، الآية: ١٣٥.

(3) سورة المائدة، الآية: ٨.

الفردية والاجتماعية. والقرآن يؤكد في أكثر من موضع أن الجنة المعلاة والمُلك الخالد الذي وصفه القرآن بحالة ﴿رَاضِيَةً مَرْضِيَّةً﴾ هما نصب عينه. ويضمن القرآن للصول إلى ذلك الفوز العظيم لمن يزكى نفسه في هذه الحياة الدنيا فقال:

﴿قَدْ أَفْلَحَ مَن تَزَكَّىٰ ۞ وَذَكَرَ ٱسْمَ رَبِّهِۦ فَصَلَّىٰ ۞ بَلْ تُؤْثِرُونَ ٱلْحَيَوٰةَ ٱلدُّنْيَا ۞ وَٱلْءَاخِرَةُ خَيْرٌ وَأَبْقَىٰٓ﴾ [1].

وعليه فالتزكية هي الغاية التي يرمي إليها الإنسان والمقصد الذي تم لحصوله بعث الأنبياء والرسل، وقد نزل الدين كله لكي يرشد الإنسان لبلوغ ذلك المقصود ولوصول تلك الغاية كما قال تعالى:

﴿هُوَ ٱلَّذِى بَعَثَ فِى ٱلْأُمِّيِّنَ رَسُولًا مِّنْهُمْ يَتْلُواْ عَلَيْهِمْ ءَايَٰتِهِۦ وَيُزَكِّيهِمْ وَيُعَلِّمُهُمُ ٱلْكِتَٰبَ وَٱلْحِكْمَةَ﴾ [2].

والطريقة التي يجب على متبعي هذا الدين للعمل به هي طريقة الإحسان. والإحسان أن تأتي بعمل على أحسن وجه. فإذا حصل عمل ما مقرون فيه الإحسان روحًا وقالبًا باتزان كامل. وبرعاية كل أجزائه رعايةً تامةً ويعتبر الإنسان أثناء ذاك العمل كأنه في الحضرة الإلهية فهناك يتم الإحسان. كما قال تعالى:

﴿وَمَنْ أَحْسَنُ دِينًا مِّمَّنْ أَسْلَمَ وَجْهَهُۥ لِلَّهِ وَهُوَ مُحْسِنٌ وَٱتَّبَعَ مِلَّةَ إِبْرَٰهِيمَ حَنِيفًا﴾ [3].

وقد أوضح الإحسان النبي ﷺ في أسلوبه البليغ كما يلي:

الإحسان أن تعبد الله كأنك تراه، فإن لم تكن تراه فإنه يراك [4].

---

(1)   سورة الأعلى، الآيات: ١٤ ـ ١٦.

(2)   سورة الجمعة، الآية: ٢.

(3)   سورة النساء، الآية: ١٢٥.

(4)   رواه مسلم رقم الحديث: ٢٣.

الجزء الأول: الحكمة

# الباب الأول:

## الإيمانيات

الإيمان مصطلح قديم ومادة «آمن» متواجدة في اللغة العبرانية أيضًا ويستعمل في معنى الصدق والاعتماد، واشتق منه كلمة «آمين» التي تصدق بها كلامًا. فجاء هذ التعبير لإعطاء هذا المفهوم في القرآن. ومن هنا إذا تسلم بشيء بإيقان قلبي كامل يقال له الإيمان. وأصله الإيمان بالله فإذا أسلم العبد للّه بأن يسلم له عقله وقلبه حتى آخر درجة من التسليم والرضا فهو مؤمن بالمصطلح القرآني. فقد قال الإمام حميد الدين الفراهي في تفسيره:

«إن اليقين المقرون بكافة لوازم وشرائط الخشية والتوكل والاعتقاد هو الإيمان. والذي يؤمن بالله وبآياته وأحكامه ويسلم كله له ويرتضى بما يقضي له فهو مؤمن[1].

فهذه هذه حقيقة الإيمان التي على بنائها يقتضى القرآن أن يصدق عليه قول الإنسان وفعله مع تصدبق القلب لها. ومن هنا يقرر كل حسنة خاصةً للإيمان وصفة لازمةً للمؤمنين تشير إلى ذلك الروايات التي تقول مثلًا: المسلم من سلم

(1) نظام القرآن:٣٩٣.

المسلمون من لسانه ويده[1]. وأن الإيمان بضع وسبعون فرعًا ومنها الحياء[2]: وأن من آمن بالله واليوم الآخر فليصل جاره وليكرم ضيفه وليقل خيرًا أو ليصمت[3]. وواضح من ذلك أن القرآن يذكر العمل الصالح بعد الإيمان كتفسير له كما هو نوعية عطف الخاص على العام عمومًا. ويقول الإمام الفراهي في ذلك:

«إن محل الإيمان هو العقل والقلب، وفي الأمور العقلية والقلبية ربما وليس يخدع الإنسان غيره فقط بل ينخدع بنفسه أيضًا. فتعتقد نفسه مؤمنًا وهو غير مؤمن، ولذا جُعل للإيمان شاهدان القول والعمل. وبما أن القول قد يكون كذبًا فلم يعتبر المقر باللسان فقط مؤمنًا بل لزم أن يصدق عمل الإنسان قولَه بالإيمان»[4].

وقال الله تعالى:

﴿ إِنَّمَا ٱلْمُؤْمِنُونَ ٱلَّذِينَ إِذَا ذُكِرَ ٱللَّهُ وَجِلَتْ قُلُوبُهُمْ وَإِذَا تُلِيَتْ عَلَيْهِمْ ءَايَٰتُهُۥ زَادَتْهُمْ إِيمَٰنًا وَعَلَىٰ رَبِّهِمْ يَتَوَكَّلُونَ * ٱلَّذِينَ يُقِيمُونَ ٱلصَّلَوٰةَ وَمِمَّا رَزَقْنَٰهُمْ يُنفِقُونَ * أُوْلَٰئِكَ هُمُ ٱلْمُؤْمِنُونَ حَقًّا لَّهُمْ دَرَجَٰتٌ عِندَ رَبِّهِمْ وَمَغْفِرَةٌ وَرِزْقٌ كَرِيمٌ ﴾[5].

وقال أيضًا:

﴿ إِنَّمَا ٱلْمُؤْمِنُونَ ٱلَّذِينَ ءَامَنُوا۟ بِٱللَّهِ وَرَسُولِهِۦ ثُمَّ لَمْ يَرْتَابُوا۟ وَجَٰهَدُوا۟ بِأَمْوَٰلِهِمْ وَأَنفُسِهِمْ فِى سَبِيلِ ٱللَّهِ أُوْلَٰئِكَ هُمُ ٱلصَّٰدِقُونَ ﴾[6].

ولا شك أن كل شخص يقر بالإسلام بلسانه يُعتبر مؤمنًا في نظر القانون. ولا يزداد إيمانه هذا ولا ينتقص. وأما ما يتعلق بالإيمان الحقيقي فليس شيئًا

---

(1) رواه البخاري رقم: ١ ومسلم رقم ١٦٢.

(2) رواه البخاري رقم ٩ ومسلم رقم ١٥٣.

(3) رواه البخاري رقم ٦٠١٩ ومسلم رقم ١٧٦.

(4) نظام القرآن: ٣٩٦.

(5) سورة الأنفال، الآيات: ٢ ــ ٤.

(6) سورة الحجرات، الآية: ١٥.

جامدًا. فالآيات التي نقلناها في المذكور أعلاه من سورة الأنفال تفيد أن الإيمان يزداد من ذكر الله وتلاوة آياته ومن ظهورها في الآفاق والأنفس. قد شبهه القرآن بشجرة أصولها ثابتة في أعماق الأرض وفروعها منتشرة في آفاق السماء فقال:

﴿أَلَمۡ تَرَ كَيۡفَ ضَرَبَ ٱللَّهُ مَثَلٗا كَلِمَةٗ طَيِّبَةٗ كَشَجَرَةٖ طَيِّبَةٍ أَصۡلُهَا ثَابِتٌ وَفَرۡعُهَا فِي ٱلسَّمَآءِ ۝ تُؤۡتِيٓ أُكُلَهَا كُلَّ حِينِۭ بِإِذۡنِ رَبِّهَاۗ وَيَضۡرِبُ ٱللَّهُ ٱلۡأَمۡثَالَ لِلنَّاسِ لَعَلَّهُمۡ يَتَذَكَّرُونَ﴾(1).

وقد فسر الأستاذ الإمام أمين أحسن الإصلاحي هذه الآية الكريمة بما يأتي:

«الظاهر أن الكلمة الواردة في الآيات يراد بها كلمة الإيمان. وقد شبهها الله تعالى بمثل شجرة مثمرة أصولها متعمقة في أعماق الأرض، وفروعها ممتدة في الفضاء امتدادًا وهي لا تزال تؤتي ثمارها بإذن الله في كل فصل، وقصد من تعمقها في أعماق الأرض رسوخه واستحكامه في الفطرة الإنسانية فأنه ليست كشجرة نبتت على القمامة ليست لها أصل ثابت تجتثها موجة خفيفة من الأحداث كما جاء في كلمة الكفر» ﴿ٱجۡتُثَّتۡ مِن فَوۡقِ ٱلۡأَرۡضِ مَا لَهَا مِن قَرَارٖ﴾(2). بل إنها تحور بأصول عميقة مثل شجرة مظلة وقائمة، إنها لا تزعزعها الزلازل. ثم قال مشيرًا إلى استثمارها وإفادتها أنها ليست شجرة نكدة قاحلةً لا تظل ولا تثمر، بل يقف في ظلال فروعها الوارفة القوافل وتكتسب من أثمارها الغذاء والراحة في كل موسم وكل فصل. والظاهر أن ذلك يشير إلى الفيوض والبركات التي تترتب على حياة صاحب إيمان من إيمانه هو، وعلى نفوس الأقربين قرابة بواسطة منه. فهذه الفيوض والبركات تكون لازمة من النوعين علميًا وعمليًا وتشهد لإيمانه ويحصل له منها رفعة من الله والقبول(3).

---

(1) سورة إبراهيم، الآيتان: ٢٤ و٢٥.

(2) سورة إبراهيم، الآية: ٢٦.

(3) تزكية النفس: ٣٢٥.

وهذا ثابت في نقص الإيمان أيضًا. فإن ذهب الإنسان خلاف المقضيات الإيمانية ولم يزد إيمانه بطريق العلم النافع والعمل الصالح ففي هذه الصورة فإن إيمانه لم ينتقص فقط بل ينتهي برأسه في بعض الحالات كما يفيد بذلك الآية: ﴿هُمْ لِلْكُفْرِ يَوْمَئِذٍ أَقْرَبُ مِنْهُمْ لِلْإِيمَانِ﴾[1] وما شابهها من الآيات وقد صرح القرآن أنه من يتلبس بالذنوب والآثام تحيط بحياته كلها، ومن يستعصي إلى حد أن يتعد حدوده على علم منه أو يقتل مسلمًا متعمدًا فإنه لا يُعتبر إيمانه ويدخل في جهنم خالدًا فيها (البقرة: ٧١ النساء: ١٤، ٩٣) إلى أن يشاء الله ويعفو عنه وفقًا لحكمته تعالى. ولذا قال في موضع أنه لا يقبل عند الله دعوى للإيمان بعد الانحراف من إطاعة الرسول كما قال تعالى:

﴿فَلَا وَرَبِّكَ لَا يُؤْمِنُونَ حَتَّىٰ يُحَكِّمُوكَ فِيمَا شَجَرَ بَيْنَهُمْ ثُمَّ لَا يَجِدُوا فِي أَنفُسِهِمْ حَرَجًا مِّمَّا قَضَيْتَ وَيُسَلِّمُوا تَسْلِيمًا﴾[2].

وقد وردت بعض الأحاديث التي توضح هذه الحقيقة إيضاحًا تامًا فقال رسول الله ﷺ:

«لا يزني الزاني حين يزني وهو مؤمن ولا يسرق السارق حين يسرق وهو مؤمن، ولا يشرب الخمر حين يشرب وهو مؤمن»[3]. وقال ﷺ:

«لا يكون أحدكم مؤمنًا حتى أكون أحب إليه من ولده ووالده والناس أجمعين»[4] وقال: «أقسم بالله بيده نفسي لا يكون العبد مؤمنًا حتى أحب لأخيه ما يحب لنفسه»[5] وقال أيضًا: «إذا رأى أحدكم منكرًا فليغيره بيده فإن لم يستطع فبلسانه فإن لم يستطع فبقلبه وذلك أضعف الإيمان»[6] فتوضح من ذلك أن

(1) سورة آل عمران، الآية: ١٦٧.

(2) سورة النساء، الآية: ٦٥.

(3) رواه البخاري رقم ٥٥٧٨ ومسلم رقم ٢٠٢.

(4) رواه البخاري رقم ١٥ ومسلم رقم ١٦٨ ـ ١٦٩.

(5) رواه البخاري رقم ١٣ ومسلم رقم ١٧٠.

(6) رواه مسلم رقم ١٧٧ ـ ١٧٩.

الإيمان والعمل متلازمان، فكما أن العمل لازم للإيمان فكذا الإيمان أيضًا ضروري للعمل. فإن القرآن اشترط ذلك منه كشرط أول للإيمان ووجه ذلك أن الإنسان إذا جحد بربه وبآياته عن علم وشعور منه أو افترى عليه أو أشرك له شريكًا فذلك استكبار والقرآن واضح كل الوضوح أن المستكبرين لا يدخل الجنة حتى يلج الجمل في سم الخياط، كما قال تعالى:

﴿ إِنَّ ٱلَّذِينَ كَذَّبُوا۟ بِـَٔايَـٰتِنَا وَٱسْتَكْبَرُوا۟ عَنْهَا لَا تُفَتَّحُ لَهُمْ أَبْوَٰبُ ٱلسَّمَآءِ وَلَا يَدْخُلُونَ ٱلْجَنَّةَ حَتَّىٰ يَلِجَ ٱلْجَمَلُ فِى سَمِّ ٱلْخِيَاطِ ۚ وَكَذَٰلِكَ نَجْزِى ٱلْمُجْرِمِينَ * لَهُم مِّن جَهَنَّمَ مِهَادٌ وَمِن فَوْقِهِمْ غَوَاشٍ ۚ وَكَذَٰلِكَ نَجْزِى ٱلظَّـٰلِمِينَ ﴾[1].

ولذا قال إن كل عمل محروم من الإيمان ضائع ومثله كرماد اشتدت به الريح في يوم عاصف فلا تبقى ذرة منه أن تقدم يوم القيامة في حضرة الرب تعالى فكل كسبهم ثمة يذهب سدىً ويبقى وباله عليهم. فقال:

﴿ مَّثَلُ ٱلَّذِينَ كَفَرُوا۟ بِرَبِّهِمْ ۖ أَعْمَـٰلُهُمْ كَرَمَادٍ ٱشْتَدَّتْ بِهِ ٱلرِّيحُ فِى يَوْمٍ عَاصِفٍ ۖ لَّا يَقْدِرُونَ مِمَّا كَسَبُوا۟ عَلَىٰ شَىْءٍ ۚ ذَٰلِكَ هُوَ ٱلضَّلَـٰلُ ٱلْبَعِيدُ ﴾[2].

وقد مثل الله تعالى في سورة النور مثَل أعمال الذين كفروا كسراب بقيعة خادعة يحسبه الظمأن ماءً حتى إذا جاءه انكشف سره أن الشيء الدي كان يراه ماءً مائجًا إنما هو سراب لمعان. فقال:

﴿ وَٱلَّذِينَ كَفَرُوٓا۟ أَعْمَـٰلُهُمْ كَسَرَابٍۭ بِقِيعَةٍ يَحْسَبُهُ ٱلظَّمْـَٔانُ مَآءً حَتَّىٰٓ إِذَا جَآءَهُۥ لَمْ يَجِدْهُ شَيْـًٔا وَوَجَدَ ٱللَّهَ عِندَهُۥ فَوَفَّىٰهُ حِسَابَهُۥ ۗ وَٱللَّهُ سَرِيعُ ٱلْحِسَابِ ﴾[3].

فهذا هو الإيمان الذي يطلبه القرآن من متبعيه. وهو عبارة عن خمسة أشياء:

---

(1) سورة الأعراف، الآيتان: ٤٠ و٤١.

(2) سورة إبراهيم، الآية: ١٨.

(3) سورة النور، الآية: ٣٩.

١ ـ الإيمان بالله. ٢ ـ الإيمان بالملائكة. ٣ ـ الإيمان بالأنبياء. ٤ ـ الإيمان بالكتب. ٥ ـ الإيمان بالآخرة. فقد قال عز وجل:

﴿ ءَامَنَ ٱلرَّسُولُ بِمَآ أُنزِلَ إِلَيْهِ مِن رَّبِّهِۦ وَٱلْمُؤْمِنُونَ كُلٌّ ءَامَنَ بِٱللَّهِ وَمَلَـٰٓئِكَتِهِۦ وَكُتُبِهِۦ وَرُسُلِهِۦ لَا نُفَرِّقُ بَيْنَ أَحَدٍ مِّن رُّسُلِهِۦ وَقَالُوا سَمِعْنَا وَأَطَعْنَا غُفْرَانَكَ رَبَّنَا وَإِلَيْكَ ٱلْمَصِيرُ ﴾[1].

## الإيمان بالله

﴿ هُوَ ٱللَّهُ ٱلَّذِي لَا إِلَـٰهَ إِلَّا هُوَ عَـٰلِمُ ٱلْغَيْبِ وَٱلشَّهَـٰدَةِ هُوَ ٱلرَّحْمَـٰنُ ٱلرَّحِيمُ جَزَٰٓؤُا۟ هُوَ ٱللَّهُ ٱلَّذِي لَا إِلَـٰهَ إِلَّا هُوَ ٱلْمَلِكُ ٱلْقُدُّوسُ ٱلسَّلَـٰمُ ٱلْمُؤْمِنُ ٱلْمُهَيْمِنُ ٱلْعَزِيزُ ٱلْجَبَّارُ ٱلْمُتَكَبِّرُ سُبْحَـٰنَ ٱللَّهِ عَمَّا يُشْرِكُونَ جَزَٰٓؤُا۟ هُوَ ٱللَّهُ ٱلْخَـٰلِقُ ٱلْبَارِئُ ٱلْمُصَوِّرُ لَهُ ٱلْأَسْمَآءُ ٱلْحُسْنَىٰ يُسَبِّحُ لَهُۥ مَا فِي ٱلسَّمَـٰوَٰتِ وَٱلْأَرْضِ وَهُوَ ٱلْعَزِيزُ ٱلْحَكِيمُ ﴾[2].

والله اسم لمن هو خالق الأرض والسماء وخالق كل شيء. والألف واللام فيه للتعريف، وهو اسم ما زال مختصًا للخالق سبحانه، وقد كان يُستخدم في العرب في زمن الجاهلية في هذا المفهوم نفسه، قبل مبعث النبي ﷺ وهو من بقية الدين الإبراهيمي الذي ورثه العرب. ومن ثم قال تعالى:

﴿ وَلَئِن سَأَلْتَهُم مَّنْ خَلَقَ ٱلسَّمَـٰوَٰتِ وَٱلْأَرْضَ وَسَخَّرَ ٱلشَّمْسَ وَٱلْقَمَرَ لَيَقُولُنَّ ٱللَّهُ فَأَنَّىٰ يُؤْفَكُونَ ۞ ٱللَّهُ يَبْسُطُ ٱلرِّزْقَ لِمَن يَشَآءُ مِنْ عِبَادِهِۦ وَيَقْدِرُ لَهُۥٓ إِنَّ ٱللَّهَ بِكُلِّ شَىْءٍ عَلِيمٌ ۞ وَلَئِن سَأَلْتَهُم مَّن نَّزَّلَ مِنَ ٱلسَّمَآءِ مَآءً فَأَحْيَا بِهِ ٱلْأَرْضَ مِنۢ بَعْدِ مَوْتِهَا لَيَقُولُنَّ ٱللَّهُ قُلِ ٱلْحَمْدُ لِلَّهِ بَلْ أَكْثَرُهُمْ لَا يَعْقِلُونَ ﴾[3].

والقرآن يقول إن إقرار ربوبية الله تعالى وديع في فطرة الإنسان منذ الأزل،

---

(1) سورة البقرة، الآية: ١٨٥.

(2) سورة الحشر، الآيات: ٢٢ ـ ٢٤.

(3) سورة العنكبوت، الآيات: ٦١ ـ ٦٣.

كما يبين أن ذلك الإقرار ويقول القرآن إن اول ظهوره كان قد تم في شكل عهد وميثاق. ذكره القرآن كأمر واقع، ولكن بما أن الإنسان قد بعث في هذا العالم لغرض الامتحان، ولذا قد تم محو ذاك الواقع من ذاكرته، ولكن قد بقيت حقيقة ثابتة في صفحة قلبه ومنقوش في داخل دماغه أن لا يمحوه شيء. ولذا إذا لم يكن هناك مانع في الخارج وذكره الإنسان تذكيرًا اندفع إليه من فوره كما يندفع الطفل إلى أمه. وهو لم يشهد نفسه يخرج من بطن أمه. ويندفع بيقين كأنه كان يعرفها من قبل. فالإنسان يشعر أن إقرار الإله استجابة لحاجة فطرية يتواجد اقتضاؤه فيه، فإذا وجد ذاك الاقتضاء نالت مع ذلك كل اقتضاءات النفس مكانها. ويقول القرآن إن شهادة باطن الإنسان هذه قطعية إلى حد، أن كل إنسان يكون مسؤولًا عند الله تعالى بمجرد هذه الشهادة كما قال تعالى:

﴿وَإِذْ أَخَذَ رَبُّكَ مِنْ بَنِي ءَادَمَ مِنْ ظُهُورِهِمْ ذُرِّيَّتَهُمْ وَأَشْهَدَهُمْ عَلَىٰ أَنْفُسِهِمْ أَلَسْتُ بِرَبِّكُمْ قَالُوا بَلَىٰ شَهِدْنَا أَن تَقُولُوا يَوْمَ الْقِيَامَةِ إِنَّا كُنَّا عَنْ هَٰذَا غَافِلِينَ * أَوْ تَقُولُوا إِنَّمَا أَشْرَكَ ءَابَاؤُنَا مِن قَبْلُ وَكُنَّا ذُرِّيَّةً مِّنْ بَعْدِهِمْ أَفَتُهْلِكُنَا بِمَا فَعَلَ الْمُبْطِلُونَ * وَكَذَٰلِكَ نُفَصِّلُ الْآيَاتِ وَلَعَلَّهُمْ يَرْجِعُونَ﴾[1].

ومع هذا الإرشاد الباطني البشري فإن الإنسان قد أعطي أيضًا صلاحية استنباط الحقائق التي هي ما وراء حواسه إضافةً إلى مؤهلات السمع والبصر والإحساس بحواسها الظاهرة. ومثالها العام هو قانون التجاذب (Law of Gravitaiton).

التفاحة حينما تنقطع من الشجرة تقع على الأرض. وإذا أردت التقاط حجرة من الأرض تفرغ لذلك الطاقة. والصعود يكون دائمًا صعبًا بإزاء الهبوط إلى الأرض. والأقمار والنجوم تسبح في الأفلاك. لا يزال الإنسان يشهد كل ذلك لقرون حتى اكتشف العالم نيوتن ذات يوم أن ذلك كله من جراء قانون التجاذب. وهذا القانون غير مشاهد بذاته. ولكن العالم المعاصر يسلمه كقانون علمي مسلّم

_____

(1) سورة الأعراف، الآيات: ١٧٢ ــ ١٧٤.

به، ووجه ذلك لأن هذا القانون يتوافق مع كل الحقائق المعلومة، ويُوجه كافة مشاهدات الإنسان توجيهًا موفقًا. ولم يأت بعد نظرية أخرى مثلها تتطابق مع الواقع لهذه الدرجة.

وظاهر أن هذا استنباط غير المحسوس من المحسوس. فإذا درس الإنسان الكون الممتد في ما حوله بإعمال صلاحيته هذه، فمطالعته تلك أيضًا تشهد لهذه الحقيقة المكنونة في باطنه. فيرى أن كل شيء لهذه الدنيا هو إظهار بارع ومؤشر عظيم على الخلق المبدع، وفي كل شيء له آية، ومعنوية عميقة، واهتمام كبير، وحكمة بالغة، ومنفعة كبيرة، ونظم عجيب، وترتيب تام، ورياضة لا نظير لها. لا توجيه لكل ذلك إلا أن هناك خالقًا كبيرًا وذاك الخالق ليس طاقة أصم وأبكم بل إنه ذهن كبير لا نهاية له ولا حد. فإن الطاقة إذ لم تصدر ولم تنفجر إلا من ذات عليم وحكيم وجب أن تكون جبرًا محضًا. إلا أن الحقيقة أنه ليس كذلك، بل هناك توافق حكيم وانسجام عظيم في الخلق والإبداع، تحصل منه فوائد عجيبة كبيرة وتحدث تغيرات محيّرة. لا تحصل من طاقة أبكم وأصم. فالحقيقة التي لا تجحد أن لا يطمئن العقل البشري إلا بالإيمان بها. ولذا قال إن الإيمان بالله هو نور السماوات والأرض. ويكون من ذلك الصدر البشري مطلعًا للأنوار. وإن لم يكن هذا فيسظلم العالم وتسوّد الدنيا. فقال:

﴿ٱللَّهُ نُورُ ٱلسَّمَٰوَٰتِ وَٱلْأَرْضِ ۚ مَثَلُ نُورِهِۦ كَمِشْكَوٰةٍ فِيهَا مِصْبَاحٌ ۖ ٱلْمِصْبَاحُ فِى زُجَاجَةٍ ۖ ٱلزُّجَاجَةُ كَأَنَّهَا كَوْكَبٌ دُرِّىٌّ يُوقَدُ مِن شَجَرَةٍ مُّبَٰرَكَةٍ زَيْتُونَةٍ لَّا شَرْقِيَّةٍ وَلَا غَرْبِيَّةٍ يَكَادُ زَيْتُهَا يُضِىٓءُ وَلَوْ لَمْ تَمْسَسْهُ نَارٌ ۚ نُّورٌ عَلَىٰ نُورٍ ۗ يَهْدِى ٱللَّهُ لِنُورِهِۦ مَن يَشَآءُ ۚ وَيَضْرِبُ ٱللَّهُ ٱلْأَمْثَٰلَ لِلنَّاسِ ۗ وَٱللَّهُ بِكُلِّ شَىْءٍ عَلِيمٌ﴾(1).

وهذه الشواهد وإن كانت كافيةً ولكن الله تعالى لم يكتف بها بل قام باهتمام مزيد عليها كي يتم الحجة، فقد بدأ بخلق البشرية بإيجاد وتكوين إنسان، سمع كلامه ورأى ملائكته وشهد الحقيقةَ الكبرى مباشرةً وارتحل من الدنيا

(1) سورة النور، الآية: ٣٥.

شاهدًا عليها. حتى ينتقل علمه هذا إلى أجياله القادمة جيلًا بعد جيل يتوارثه ذريته، ولا يكون التصور الإلهي تصورًا غريبًا أجنبيًا لأي عهد، لأي منطقة أرضية ولأي إقليم، لأي قرية ولأي صلب ولأي جيل أبدًا. وأفاد القرآن أن بعض المخلوقات الأرضية المتفوقة عليه قد أُمرت بعد ولادة آدم وحواء أن تسجد لهما.

وكان الهدف من ذلك إخبارهم بأن النجاح الحقيقي ليس في التولد من النور أو النار، بل هو في طاعة الله سبحانه والتسليم له. وقد ذكر القرآن أن تلك المخلوقات كلها قد سجدت لآدم انقيادًا لأمره تعالى ولكن إبليس أبى واستكبر وجحد من السجود. ثم قيل لآدم وحواء أن اسكنا في جنة جهزت لهم فيها كافة التسهيلات والضروريات، إلا أن شجرة منعت لهما، وكانت شجرة التناسل، ثمرتها وسيلة للبقاء في هذه الحياة الدنيا. فقد حرمها الله عليهما مع الانتباه أن إبليس هو عدو لهما مبين وأنه سوف يحاول لإغوائهما وتحريضهما على المعصية والعدوان. فكان كذلك، وجاءهما إبليس في لباس ناصح شفيق وقال لهما إن الحياة الخالدة والمُلك الأبد كامن في هذه الشجرة التي محرمة عليكما. ومن جراء هذا الترغيب والتحريض فإنهما قد رغبا إلى الإذعان له، وأكلا تلك الشجرة مغلوبين بالهيجان الشديد الذي يطرأ على الإنسان طمعًا في تلك الشجرة. فوضح من ذلك أن الامتحان الأكبر والابتلاء الأشد الذي يواجهه الإنسان في حياته، يتأتى من طريق الأنانية والجبلة الجنسية. ولذا أمرهما الله أن أخرجا من هذه الجنة واهبطا إلى الأرض. فندم آدم وحواء على ذلك وتوجها إلى الله سبحانه ووفق لهما التوبة وألقى إليهما كلمات مناسبة للتوبة وتاب الله عليهما. وقال تعالى:

﴿وَإِذْ قُلْنَا لِلْمَلَائِكَةِ اسْجُدُوا لِآدَمَ فَسَجَدُوا إِلَّا إِبْلِيسَ أَبَىٰ وَاسْتَكْبَرَ وَكَانَ مِنَ الْكَافِرِينَ ۞ وَقُلْنَا يَا آدَمُ اسْكُنْ أَنتَ وَزَوْجُكَ الْجَنَّةَ وَكُلَا مِنْهَا رَغَدًا حَيْثُ شِئْتُمَا وَلَا تَقْرَبَا هَٰذِهِ الشَّجَرَةَ فَتَكُونَا مِنَ الظَّالِمِينَ ۞ فَأَزَلَّهُمَا الشَّيْطَانُ عَنْهَا فَأَخْرَجَهُمَا مِمَّا كَانَا فِيهِ ۖ

﴿وَقُلْنَا ٱهْبِطُوا۟ بَعْضُكُمْ لِبَعْضٍ عَدُوٌّ ۖ وَلَكُمْ فِى ٱلْأَرْضِ مُسْتَقَرٌّ وَمَتَٰعٌ إِلَىٰ حِينٍ ۝ فَتَلَقَّىٰٓ ءَادَمُ مِن رَّبِّهِۦ كَلِمَٰتٍ فَتَابَ عَلَيْهِ ۚ إِنَّهُۥ هُوَ ٱلتَّوَّابُ ٱلرَّحِيمُ﴾[1].

ثم لم يكتف بذلك بل كان هناك اهتمام إلى برهة طويلة أن بني آدم إذا شاؤوا معرفة قبول إيمانهم وعملهم أو عدم قبولهما علموا ذلك، كأنه كان إيصال الحقيقة إلى درجة التجربة والمشاهدة لكل شخص في ذلك الزمان، كي يشتمل هو أيضًا في شهود الأبوين. وتكون صورته أن الناس قربوا قربانًا في حضرة الله تعالى، ونزلت نار من السماء وتأكل القربان إعلامًا لقبول ذلك كما تذكر الآية رقم ١٨٣ من سورة آل عمران، وكان قتل ابن آدم هابيل كنتيجة لواقع من هذا النوع. فذكرت الأناجيل أن هابيل كان راعيًا للغنم وقابيل كان فلاحًا. فذات يوم جاء قابيل بثمرة من حقله كقربان عند الله، وجاء هابيل بقربان مشتمل على الخروف المولود الأول وبعض من شحمه، فتقبل القربان من هابيل ولم يتقبل من قابيل، فغضب عليه غضبًا شديدًا فقتله. وجاء ذلك في القرآن كما يلي:

﴿وَٱتْلُ عَلَيْهِمْ نَبَأَ ٱبْنَىْ ءَادَمَ بِٱلْحَقِّ إِذْ قَرَّبَا قُرْبَانًا فَتُقُبِّلَ مِنْ أَحَدِهِمَا وَلَمْ يُتَقَبَّلْ مِنَ ٱلْءَاخَرِ قَالَ لَأَقْتُلَنَّكَ ۖ قَالَ إِنَّمَا يَتَقَبَّلُ ٱللَّهُ مِنَ ٱلْمُتَّقِينَ ۝ لَئِنۢ بَسَطتَ إِلَىَّ يَدَكَ لِتَقْتُلَنِى مَآ أَنَا۠ بِبَاسِطٍ يَدِىَ إِلَيْكَ لِأَقْتُلَكَ ۖ إِنِّىٓ أَخَافُ ٱللَّهَ رَبَّ ٱلْعَٰلَمِينَ ۝ إِنِّىٓ أُرِيدُ أَن تَبُوٓأَ بِإِثْمِى وَإِثْمِكَ فَتَكُونَ مِنْ أَصْحَٰبِ ٱلنَّارِ ۚ وَذَٰلِكَ جَزَٰٓؤُا۟ ٱلظَّٰلِمِينَ ۝ فَطَوَّعَتْ لَهُۥ نَفْسُهُۥ قَتْلَ أَخِيهِ فَقَتَلَهُۥ فَأَصْبَحَ مِنَ ٱلْخَٰسِرِينَ﴾[2].

فاتضح من ذلك أن وجود الذات الإلهي هو حقيقة بديهية، ورث تصورها الإنسان من آبائه، والتي تشهد لها النفس والمادة كلاهما من وجودهما. ولكن ما هو الذات الإلهي؟ وما هي صفاتها؟ وما هي السنن التي عيّنها لذاته؟ فهذه التساؤلات تثور في ذهن الإنسان باللزوم إذا شاء معرفة ربه. وهذه المعرفة لا بد

---

(1) سورة البقرة، الآيات: ٣٤ ــ ٣٧.

(2) سورة المائدة، الآيات: ٢٧ ــ ٣٠.

منها للإيمان. والقرآن إذ طلب الإيمان بالله فقد أجاب على تلك التساؤلات. فما هي إجابة القرآن؟ نذكرها فيما يلي:

# الذات

فقد صرح القرآن صراحة تامة في ذات الله سبحانه تعالى أنه لا يدركه الإنسان، إذ إن وسائل الإدراك وذرايعه يحيط بها الذات الخالق ويدركها، ولكن هذه الآلات والوسائل لاتحيط بها ولا تدركها أيما إدراك. ثم ليتوضح أن إدراكنا هو انفعال محض. فمثلًا البصارة من أهم الحواس التي أعطاها الله الإنسان ومنح لذلك العينان. ولكن العينان أيضًا تقصران من رؤية شيء إذا لم ينعكس النور منه. ولذا قال تعالى:

﴿ لَّا تُدْرِكُهُ ٱلْأَبْصَٰرُ وَهُوَ يُدْرِكُ ٱلْأَبْصَٰرَۖ وَهُوَ ٱللَّطِيفُ ٱلْخَبِيرُ ﴾[1].

وقد تحدث القرآن قصة موسى إذ التمس من ربه: رب أرني أنظر إليك، كي لا يتعد الإنسان حدوده ويستحضر دائمًا أنه إذا لم يمكن إدراك الذات الإلهي ورؤيته لموسى كليم الله، فأنّى هذا للآخرين فقال:

﴿ وَلَمَّا جَآءَ مُوسَىٰ لِمِيقَٰتِنَا وَكَلَّمَهُۥ رَبُّهُۥ قَالَ رَبِّ أَرِنِىٓ أَنظُرْ إِلَيْكَۚ قَالَ لَن تَرَىٰنِى وَلَٰكِنِ ٱنظُرْ إِلَى ٱلْجَبَلِ فَإِنِ ٱسْتَقَرَّ مَكَانَهُۥ فَسَوْفَ تَرَىٰنِىۚ فَلَمَّا تَجَلَّىٰ رَبُّهُۥ لِلْجَبَلِ جَعَلَهُۥ دَكًّا وَخَرَّ مُوسَىٰ صَعِقًاۚ فَلَمَّآ أَفَاقَ قَالَ سُبْحَٰنَكَ تُبْتُ إِلَيْكَ وَأَنَا۠ أَوَّلُ ٱلْمُؤْمِنِينَ ﴾[2].

وقال الأستاذ الإمام أمين أحسن الإصلاحي في تفسير الآية ما نصه:

«هذه المشاهده قد تمت لطمأنينة موسى ﷺ كي يعلم أن لا تستطيع الجبال الرواسي تحملَ التجلي الإلهي مع جمودها وصلابتها، فكيف بك كإنسان ضعيف البنيان، الإنسان يحرز قوة التحمل المحدودة، أبصارها تستطيع رؤية

---

(1) سورة الأنعام، الآية: ١٠٣.

(2) سورة الأعراف، الآية: ١٤٣.

النور ولكن إذا تعد النور حدًا خاصًا وتجاوزه تشوهت العيون، بل ربما سلبت منها البصر. وآذان تسمع الأصوات ولكن تتحمل فقط سماع الأصوات إلى حد مقرر، فإن تجاورت رعدة البرق تجاوزًا فسدت وتمزقت طبلة الآذان، والإنسان في حاجة ماسة إلى حرارة الشمس لبقاء حياته، ولكن نورها وحرارتها تكون له مقوية ما دامت تتوصل إلى الإنسان عبرَ مسافات طويلة وعبرَ العديد من الستائر الهوائية، وما دامت توصل نورها إلى الإنسان إمرارا ًلها أولًا بكثير من المناخل، ثم من خلالها تتوصل إليه. فإن قربت الشمس منه ذات يوم، وألقت نظرتها إليه لأحرقت الحيوانات كلها وصارت رمادًا. فإذا كانت الطاقة البشرية ضعيفة مثل هذا الضعف بإزاء مخلوقات هذا الكون، فكيف تتحمل تجلي الذات البحت، التي هي نور مطلق، وما وراء كل الكيف والكم، سبحانه وتعالى[1].

ولا شبهة أن أهل الإيمان يرون ربهم كما تفيد بذلك الآية: ﴿كَلَّآ إِنَّهُمْ عَن رَّبِّهِمْ يَوْمَئِذٍ لَّمَحْجُوبُونَ﴾[2].

وذلك لمنكري الحق فعلم منه أن أهل الإيمان لا يكونون محرومين منه، ورفعت لهم كافة الستائر والحجابات. ولكن للرؤية أيضًا درجات. فهذه الرؤية لا تكون إدراكه بالأبصار والأغلب أن تكون صورته أن ترفع الحجابات ويرى الناس ربهم كما يرون الشمس والقمر ويرون النجوم والكواكب. ورؤيتهم لها لا تزيد على أن يروا نورًا يبلغهم منعكسًا من هذه الأجرام الفلكية. وعلى سؤال الناس له قد أخبرهم النبي ﷺ بمثل كهذا[3]، وقال: ترون ربكم لا يحول بينه وبينكم إلا رداء الكبرياء[4]. ولم يبق بعد ذلك إلا طريق التشبيه والتمثيل وقد اختاره القرآن في بيان الجنة والنار. والنفس الإنساني تختار هذا الطريق في بيان مشاهداتها الروحية في عالم اليقظة وفي الرؤيا أيضًا. ولكن لا إمكان له هناك في

---

(1) تدبر القرآن:٣/ ٣٦٠.

(2) سورة المطففين، الآية: ١٥.

(3) البخاري رقم:٤٥٨١ ومسلم رقم: ٤٥١.

(4) رواه البخاري رقم ٤٨٧٨ ومسلم رقم ٤٤٨.

ما يتعلق بالله تعالى. فإن الإنسان إنما يقيم تصور الأشياء بتواجد شيء مماثل لها في داخله أو في خارجه، وليس عنده شيء مماثل له فيما يتعلق بذات الباري تعالى. فبابه أيضًا مغلق للأبد فقال:

﴿فَلَا تَضْرِبُوا لِلَّهِ الْأَمْثَالَ إِنَّ اللَّهَ يَعْلَمُ وَأَنتُمْ لَا تَعْلَمُونَ﴾[1].

## الصفات

أما صفات الله تبارك وتعالى فإن الإنسان يستطيع إدراكها في درجة ما. ووجه ذلك أن الإنسان يحوز ببعض الأشياء المتصلة بالصفات ولو بدرجة تافهة جدًّا. فإن الله قد أعطانا جزءًا من علمه وخبره وقدرته وربوبيته ورحمته وحكمته تعالى. فلنا أن نقيم تصورًا لصفات الله تعالى قياسًا على تلك الصفات. ونفهم ذلك بطريق آخر وهو أن الإنسان هو انفعال محض. وهو عبارة عن الإرادة والقول والمشيئة والكلمة والأمر الذي يصدر عن الفاعل الحقيقي، ودلت الآية رقم ٨٢ من سورة يونس على ذلك تقول: إنما أمره إذا أراد شيئًا أن يقول له كن فيكون. فحقيقة الشيء هي الإرادة الإلهية التي تظهر في الشيء هي صفات هذه الكلمة. وهو حقيقة وجود الإنسان. ثم إن الإنسان يشعر بوجوده ولذا يفهم صفات فاعله لحد ما. ولكن لازم لذلك أن يدوم الإنسان على إيقاظ عقله وعلى التفكر في آيات الله في الآفاق والأنفس، في ضوء وحي الله سبحانه. ومن هنا يحرض القرآن في أكثر من مرة مخاطبيه على التعقل والتفكر والتذكر.

وقد أوضح الأستاذ الإمام أمين أحسن هذه التعبيرات فقال:

«والهدف من التعقل أن الإنسان لا يتبع أهواءه وشهواته وعواطفه فقط في أمور حياته، ولا يتبع أوهامه وأخيلته بل يسترشد العقل الذي أعطاه الله ويعتمد على ترشيده، والتفكير يعني أن يتفكر الإنسان في قوانين نظام العالم، ومطالبات الفطرة الإنسانية ومقتضياتها، وأن ينقاد للقواعد والأصول التي تتولد منها، لحياة

(1) سورة النحل، الآية: ٧٤.

الإنسان بصدق كامل وديانة تامة، ويعني التذكر أن يتذكر الإنسان تلك البدهيات التي يعتقدها في خضمّ شهواته ومشاعره وأن ينقاد بدون تردد ما للنتائج اللازمة من البدهيات»[1].

فإذا تفكرت بهذا الطريق علمتَ أن كل شيء في الأنفس والآفاق يشهد أن الله ليس هو علة العلل محضًا وواجب الوجود صرفًا، ابتدأت منه سلسلة العلة والمعلول، والذي كان ويكون على كل حال، بل هو صاحب الإدراك والإرادة الذي يحمل سائر الصفات العالية.

وفيما يأتي نوضح ذلك إيضاحًا مفيدًا.

١ ـ المادة خالية من الإرادة كما هي خالية من العلم والعقل أيضًا. وكذلك معرفة النفس وإرادتها وقواتها الأخرى ليست ذاتية لها بسبب ضعفها ونسيانها وقلة العزيمة لها. ومع ذلك فقد تحدث منها فوائد جمة وتغيرات كثيرة عجيبة لا تحدثها طاقة صماء ولا بكماء وعمياء. ولذا فكلاهما مخلوقان. وكل مخلوق يطلب لنفسه خالقًا. كما قال تعالى:

﴿ أَمْ خُلِقُوا۟ مِنْ غَيْرِ شَىْءٍ أَمْ هُمُ ٱلْخَٰلِقُونَ ۞ أَمْ خَلَقُوا۟ ٱلسَّمَٰوَٰتِ وَٱلْأَرْضَ ۚ بَل لَّا يُوقِنُونَ ﴾[2] وقال أيضًا:

﴿ ذَٰلِكُمُ ٱللَّهُ رَبُّكُمْ خَٰلِقُ كُلِّ شَىْءٍ لَّآ إِلَٰهَ إِلَّا هُوَ ۖ فَأَنَّىٰ تُؤْفَكُونَ ﴾[3].

٢ ـ وهذا الخالق للأرض والسماء لا يحتاج إلى شيء. لأن الخلق إنما نشأ عن علة واحدة وهي إرادة الرحمة، فإذا أراد أن ينعم خلقَ الخلق وأعطى مخلوقه من النعم والآلاء مما لا يُعد ولا يحصى. ولذا سمي نفسه الرحمن مع اسمه الله. فقال:

﴿ ٱلرَّحْمَٰنُ ۞ عَلَّمَ ٱلْقُرْءَانَ ۞ خَلَقَ ٱلْإِنسَٰنَ ۞ عَلَّمَهُ ٱلْبَيَانَ ۞ ٱلشَّمْسُ وَٱلْقَمَرُ

---

(1) تزكية النفس: ٩٢.
(2) سورة الطور، الآيتان: ٣٥ و٣٦.
(3) سورة غافر، الآية: ٦٢.

بِحُسۡبَانٖ * وَٱلنَّجۡمُ وَٱلشَّجَرُ يَسۡجُدَانِ * وَٱلسَّمَآءَ رَفَعَهَا وَوَضَعَ ٱلۡمِيزَانَ * أَلَّا تَطۡغَوۡاْ فِي ٱلۡمِيزَانِ * وَأَقِيمُواْ ٱلۡوَزۡنَ بِٱلۡقِسۡطِ وَلَا تُخۡسِرُواْ ٱلۡمِيزَانَ * وَٱلۡأَرۡضَ وَضَعَهَا لِلۡأَنَامِ * فِيهَا فَٰكِهَةٞ وَٱلنَّخۡلُ ذَاتُ ٱلۡأَكۡمَامِ * وَٱلۡحَبُّ ذُو ٱلۡعَصۡفِ وَٱلرَّيۡحَانُ * فَبِأَيِّ ءَالَآءِ رَبِّكُمَا تُكَذِّبَانِ ﴾[1].

٣ ـ والعلم هو العلم للقوة محضًا، ولذا كل علم هو شهادة للقوة. وهذه القوة إذا لم تكن من صاحب الإرادة والإدراك لزم أن تكون جبرًا محضًا. ولكن نظم العالم وترتيبه الخاص ومعنويته العميقة ينفي ويرد الجبر المحض. لأن كل شيء من ذلك لا يكون بدون تصرفات العلم والعقل، ولذا ليس الخالق فقط قديرًا بذاته بل هو مع ذلك عليم وحكيم. كما قال تعالى:

﴿قُلۡ أَئِنَّكُمۡ لَتَكۡفُرُونَ بِٱلَّذِي خَلَقَ ٱلۡأَرۡضَ فِي يَوۡمَيۡنِ وَتَجۡعَلُونَ لَهُۥٓ أَندَادٗاۚ ذَٰلِكَ رَبُّ ٱلۡعَٰلَمِينَ * وَجَعَلَ فِيهَا رَوَٰسِيَ مِن فَوۡقِهَا وَبَٰرَكَ فِيهَا وَقَدَّرَ فِيهَآ أَقۡوَٰتَهَا فِيٓ أَرۡبَعَةِ أَيَّامٖ سَوَآءٗ لِّلسَّآئِلِينَ * ثُمَّ ٱسۡتَوَىٰٓ إِلَى ٱلسَّمَآءِ وَهِيَ دُخَانٞ فَقَالَ لَهَا وَلِلۡأَرۡضِ ٱئۡتِيَا طَوۡعًا أَوۡ كَرۡهٗا قَالَتَآ أَتَيۡنَا طَآئِعِينَ * فَقَضَىٰهُنَّ سَبۡعَ سَمَٰوَاتٖ فِي يَوۡمَيۡنِ وَأَوۡحَىٰ فِي كُلِّ سَمَآءٍ أَمۡرَهَاۚ وَزَيَّنَّا ٱلسَّمَآءَ ٱلدُّنۡيَا بِمَصَٰبِيحَ وَحِفۡظٗاۚ ذَٰلِكَ تَقۡدِيرُ ٱلۡعَزِيزِ ٱلۡعَلِيمِ ﴾[2].

٤ ـ إن قيام الأنفس والآفاق حقيقة لا تجحد، ولا يتصور بغير وجود حيّ قائم. ولذا فإن الخالق ليس حيًا قائمًا بل قيومًا كما قال:

﴿ ٱللَّهُ لَآ إِلَٰهَ إِلَّا هُوَ ٱلۡحَيُّ ٱلۡقَيُّومُۚ لَا تَأۡخُذُهُۥ سِنَةٞ وَلَا نَوۡمٞۚ لَّهُۥ مَا فِي ٱلسَّمَٰوَٰتِ وَمَا فِي ٱلۡأَرۡضِۗ مَن ذَا ٱلَّذِي يَشۡفَعُ عِندَهُۥٓ إِلَّا بِإِذۡنِهِۦۚ يَعۡلَمُ مَا بَيۡنَ أَيۡدِيهِمۡ وَمَا خَلۡفَهُمۡۖ وَلَا يُحِيطُونَ بِشَيۡءٖ مِّنۡ عِلۡمِهِۦٓ إِلَّا بِمَا شَآءَۚ وَسِعَ كُرۡسِيُّهُ ٱلسَّمَٰوَٰتِ وَٱلۡأَرۡضَۖ وَلَا يَـُٔودُهُۥ حِفۡظُهُمَاۚ وَهُوَ ٱلۡعَلِيُّ ٱلۡعَظِيمُ ﴾[3].

٥ ـ وما هو الزمان؟ هو تصور منتزع من صفة البقاء لصفات ذلك الخالق الحي

---

(1) سورة الرحمن، الآيات: ١ ــ ١٣.

(2) سورة فصلت، الآيات: ٩ ــ ١٢.

(3) سورة البقرة، الآية: ٢٥٥.

القيوم. فهو الأول ليس قبله شيء، وهو الآخر ليس بعده شيء. وهو الظاهر ليس فوقه شيء، وهو الباطن ليس تحته شيء، إنه لا يحدّه زمان ولا مكان وعلمه البتة يحيط بالزمان والمكان كليهما كما قال عز من قائل: ﴿هُوَ ٱلْأَوَّلُ وَٱلْآخِرُ وَٱلظَّٰهِرُ وَٱلْبَاطِنُ ۖ وَهُوَ بِكُلِّ شَيْءٍ عَلِيمٌ﴾[1].

٦ - وتصور الذات بدون صفات إنما هو مفروض. وسائر النزاعات والنقاشات في ذلك لفظية ومرفوضة ولذا كافة المحاسن الذاتية والصفات الحسنة من خلق وعدل، ورحمة ورأفة وعلم وحكمة، ثابتة للّه سبحانه ومقدمة على آثارها، لأن علة الشيء تتقدمه دائمًا. ومن هنا قال إنه يبقى جلال الله وإكرامه في شأنه العظيم بعد الفناء العام للدنيا، فقال:

﴿كُلُّ مَنْ عَلَيْهَا فَانٍ * وَيَبْقَىٰ وَجْهُ رَبِّكَ ذُو ٱلْجَلَٰلِ وَٱلْإِكْرَامِ﴾[2].

٧ - ولكن يجب مراعاة جهة الحسن في فهم صفات الله عز وجل فإن القدرة تمدح عند ما تكون مع الرحمة والكرام والعدالة. ويختص ظهور صفات الغضب من الانتقام والقهر والغضب، إذا وجد ضد الظلم والعدوان. كما أن صفات الرحمة والمغفرة والجود والكرم تستحق المدح والثناء في محلها، ويرشدنا إلى ذلك النكة اللطيفة. جهة الحسن. بما جاء القرآن بازدواجية الغني مع الحميد والعليم مع الحكيم وربط العزيز بالغفور وما إلى ذلك من صفات فقال:

﴿وَلِلَّهِ ٱلْأَسْمَآءُ ٱلْحُسْنَىٰ فَٱدْعُوهُ بِهَا ۖ وَذَرُوا۟ ٱلَّذِينَ يُلْحِدُونَ فِىٓ أَسْمَٰٓئِهِۦ ۚ سَيُجْزَوْنَ مَا كَانُوا۟ يَعْمَلُونَ﴾[3].

٨ - وأيما تصور أقمته الله تعالى لا يخلو من صفات الجلال والجمال والكمال، فإذا كان الواحد الأحد الصمد مثلًا صفات كمالية، والقدوس السلام

---

(1) سورة الحديد، الآية: ٣.

(2) سورة الرحمن، الآيتان: ٢٦ و٢٧.

(3) سورة الأعراف، الآية: ١٨٠.

المؤمن صفات الجمال، فا الملك العزيز الجبار كلها صفات الجلال. وصفات الجلال تحدث في قلب الإنسان عواطف الخوف والمدح والتعظيم، وصفات الجمال تحدث مشاعر الحمد والرجاء. ثم إن صفات الجلال تقترب من الحواس الظاهرة وصفات الجمال تكون أقرب من العقل والقلب. فإذا وضعت أمامك ربك تغلب صفات الجمال وإذا رأيت النفس الإنساني قدامك، يبرز جانب الجلال، والإنسان يهلع إلى ربه بخشية ويلتجئ إلى صفات الجمال لربه كما يشهد عليه دعاء النبي ﷺ: «اللهم إني أعوذ بك منك»(1) فهذا دعاء عبد مستغرق في حب الخالق تعالى ويخشى من استغنائه وكبريائه، ويشتاق للُقياه ويستسلم لقضائه، بأدب جم وخلوص تام، فعندما يقول القرآن إن له الأسماء الحسنى كلها، فيعني به أن كل اسم ينبئ عن جلال الله وكما له وجماله هو حسن، وهو له ويمكن أن يُدعى منه، فقال:

﴿ قُلِ ٱدۡعُواْ ٱللَّهَ أَوِ ٱدۡعُواْ ٱلرَّحۡمَٰنَۖ أَيّٗا مَّا تَدۡعُواْ فَلَهُ ٱلۡأَسۡمَآءُ ٱلۡحُسۡنَىٰ ﴾(2).

وقد أسهب في هذه المباحث الإمام حميد الدين الفراهي في كتابه «القائد إلى عيون العقائد» ما نصه: «وبالجملة فليكن الرب تعالى في قلبك كريمًا. رحيمًا. عفوًّا. غفورًا. ضاحكًا مبتسمًا. ملاطفًا في كمال الجمال والرأفة، أكرم الكرماء وأرحم الراحمين، ناصرًا لك. منتقمًا من أعدائك. لتسكن إليه وترغب في قربه وتشتاق للقائه. ثم تعلم إنه قدوس وهو الحق المبين فمحال في العقل أن يفرق بين المحسن والمسيء. أو يتقرب إليه الخبيث المتدنس الظالم العنيد، مناع للخير معتد مريب، الملح المصر على مخالفة الحق والخير، ولكنه تواب لمن تاب، وبدل حسنًا بعد سوء. ثم بعد ذلك لا يزال مذكرًا لكمال عظمته وكبريائه، ليحافظ على الأدب والخشوع، ويعلم أنه لاحاجة له إلى أحد من الخلق، غني عن العالمين، رفيع الدرجات في تدبيره، فمع أنه لا يحكم إلا بالحق والرحمة لا

---

(1) رواه مسلم رقم ١٠٩٠.
(2) سورة الإسراء، الآية: ١١٠.

يعلمون منه إلا بقدر ما يليق بهم فيجب التسليم لما قضى والرضا بما أمر ونهى. فهذا العبد المتصف بالمحبة للرب والشوق للقائه وبالخشية لاستغنائه وكبريائه وبالأدب والتسليم لقضائه، يتعبد له ويفر إليه ويتوكل عليه»[1].

٩ ـ وعظمة الله تعالى تبرز من صفات كماله، فإذا أقام الإنسان تصورًا صحيحًا لها ينتج من ذلك أن تؤمن بالله الواحد الأحد الفرد الصمد، الذي هو ملجأ الكل ومالك ما في السماوات والأرض لا غير، لا شريك له في ملكه، ولا سهيم له في قدرته، لا يخفى عليه شيء من الدنيا. ولا يغيب عنه شيء منه. وكل شيء محتاج إليه ولا يحتاج إلى شيء. وتسبح له السماوات وكل شيء من الجماد والنبات والحيوان وتهلله. قدرته لا نهاية. وسعه غير محدود ومشيته جارية في كل ذرة من الكون. يفني ما يشاء ويحيه إذا شاء. بيده العزة والذلة. والكل فان، وهو وحده الباقي. وهو وراء الوراء لكنه أقرب من حبل الوريد، يحيط علمه واقتداره بكل شيء. وهو خبير بذات الصدور. إرادته نافذة في كل إرادة. وحكمه عالٍ على كل حكم. إنه طاهر من كل عيب ومنزه من كل سوء، وبريء من كل اتهام. فقال تعالى:

﴿سَبَّحَ لِلَّهِ مَا فِي ٱلسَّمَوَٰتِ وَٱلۡأَرۡضِ وَهُوَ ٱلۡعَزِيزُ ٱلۡحَكِيمُ ۝ لَهُۥ مُلۡكُ ٱلسَّمَوَٰتِ وَٱلۡأَرۡضِ يُحۡيِ وَيُمِيتُ وَهُوَ عَلَىٰ كُلِّ شَيۡءٍ قَدِيرٌ ۝ هُوَ ٱلۡأَوَّلُ وَٱلۡأٓخِرُ وَٱلظَّاهِرُ وَٱلۡبَاطِنُ وَهُوَ بِكُلِّ شَيۡءٍ عَلِيمٌ ۝ هُوَ ٱلَّذِي خَلَقَ ٱلسَّمَوَٰتِ وَٱلۡأَرۡضَ فِي سِتَّةِ أَيَّامٍ ثُمَّ ٱسۡتَوَىٰ عَلَى ٱلۡعَرۡشِ يَعۡلَمُ مَا يَلِجُ فِي ٱلۡأَرۡضِ وَمَا يَخۡرُجُ مِنۡهَا وَمَا يَنزِلُ مِنَ ٱلسَّمَآءِ وَمَا يَعۡرُجُ فِيهَا وَهُوَ مَعَكُمۡ أَيۡنَ مَا كُنتُمۡ وَٱللَّهُ بِمَا تَعۡمَلُونَ بَصِيرٌ ۝ لَهُۥ مُلۡكُ ٱلسَّمَوَٰتِ وَٱلۡأَرۡضِ وَإِلَى ٱللَّهِ تُرۡجَعُ ٱلۡأُمُورُ ۝ يُولِجُ ٱلَّيۡلَ فِي ٱلنَّهَارِ وَيُولِجُ ٱلنَّهَارَ فِي ٱلَّيۡلِ وَهُوَ عَلِيمٌ بِذَاتِ ٱلصُّدُورِ﴾[2].

١٠ ـ وأهم الصفات الكمالية لله تعالى هو توحيده. وقد أكد عليه القرآن أكثر من كل ذلك وأوضحه إيضاحًا تامًا. حتى أن الباب الأخير لهذه الصحيفة

ــــــــــــــــــــ
(١) ص٤٣.
(٢) سورة الحديد، الآيات: ١ ـ ٦.

السماوية قد اكتمل بلحاظ مضمونه على سورة أرشد الله عز وجل فيها رسوله أن يعلن التوحيد ويصرحه أمام الناس فقال:

﴿قُلْ هُوَ ٱللَّهُ أَحَدٌ * ٱللَّهُ ٱلصَّمَدُ * لَمْ يَلِدْ وَلَمْ يُولَدْ * وَلَمْ يَكُن لَّهُۥ كُفُوًا أَحَدٌۢ﴾[1].

وهدف كل جهود الأنبياء عليهم السلام هو إقامة هذا التوحيد، فإن كل لفظ لتاريخه الذي بيّنه القرآن يشهد لذلك. يقول الأستاذ الإمام في ذلك:

«إنهم يأتون إلى العالم أن يخرجوا عباد الله من عبادة الآخرين إلى عبادة الله وحده. حتى يؤمنوا به خالقاً وملكًا يعبدونه فقط، ويطيعونه ويتوكلون عليه ويستغيثون منه. يشكرون على نعمته ويستغيثون منه إذا داهمتهم مصيبة. ويلتجئون إليه في الطمع والخوف والرجاء وفي كل حال. يسلمون نفوسهم له بالكلية. فتكون محبتهم تابعةً لحبه ورضاهم تابع لرضاه، ويعترفون أحديته تعالى في كل صفاته، في حقوقه وفي ذاته ولا يشركونه أحدًا في هذه الأشياء، لا مَلكًا ولا جنًا ولا نبيًا ولا ولياً ولا أحدًا ولا أنفسهم»[2].

ولهذه الأهمية للتوحيد قد صرح القرآن أنه لا يقبل عمل بدونه ويمكن أن يغتفر كل ذنب وخطأ مع تواجده فقال:

﴿إِنَّ ٱللَّهَ لَا يَغْفِرُ أَن يُشْرَكَ بِهِۦ وَيَغْفِرُ مَا دُونَ ذَٰلِكَ لِمَن يَشَآءُ ۚ وَمَن يُشْرِكْ بِٱللَّهِ فَقَدِ ٱفْتَرَىٰٓ إِثْمًا عَظِيمًا﴾[3].

ووجه ذلك أن العبد لا يكون متمردًا وملحًا على الذنب مع التوحيد ولا يحرم من التوبة والاستغفار بعد ارتكاب ذنب أو خطأ. إنه يرجع إلى ربه ويتوب باللزوم ويستحق العفو والصفح عنه قبل مثوله في يوم القيامة، وبناءً على ذلك قال النبي صلى الله عليه وسلم: إن إقرار التوحيد ضامن لدخول الجنة فإن الله تعالى لا يلقي العبد

---

(1) سورة الإخلاص، الآيات: ١ ــ ٤.
(2) حقيقة التوحيد والشرك ص ٣١٠.
(3) سورة النساء، الآية: ٤٨.

الموحد في النار[1] ويكفي للاستدلال عليه أنه ليس لأحد دليل على اشتراك أحد في ألوهيته تعالى، فقد تحدى القرآن مخاطبيه في أكثر من مقام أن يأتوا بدليل من العقل والنقل على شركهم إن كان ذلك بوسعهم. إن لله تعالى شريك أم لا، الشهادة الحقيقية على ذلك يمكن أن تكون من الله نفسه، ولا يتم ذلك إلا بكتب نازلة وروايات وآثار، توارثتها البشرية جيلًا بعد جيل من أنبيائه ورسله. فليس فيها شهادة مؤيدة على الشرك، قال تعالى:

﴿ قُلْ أَرَءَيْتُم مَّا تَدْعُونَ مِن دُونِ اللَّهِ أَرُونِي مَاذَا خَلَقُوا مِنَ الْأَرْضِ أَمْ لَهُمْ شِرْكٌ فِي السَّمَوَاتِ ائْتُونِي بِكِتَابٍ مِّن قَبْلِ هَذَا أَوْ أَثَرَةٍ مِّنْ عِلْمٍ إِن كُنتُمْ صَادِقِينَ ﴾[2].

وعلاوة على ذلك فإن دلائل التوحيد التي جاءت في القرآن هي مبنية على مسلمات العلم والعقل وعلى دلائل باهرة، وقد جاء الأستاذ أمين أحسن الإصلاحي في تفسيره «تدبر القرآن» بتفسيرها وتوضيحها في مقامات كثيرة. نأتي هنا بآيات عديدة فجاءت في سورة البقرة:

﴿ وَإِلَهُكُمْ إِلَهٌ وَاحِدٌ لَّا إِلَهَ إِلَّا هُوَ الرَّحْمَنُ الرَّحِيمُ * إِنَّ فِي خَلْقِ السَّمَوَاتِ وَالْأَرْضِ وَاخْتِلَافِ الَّيْلِ وَالنَّهَارِ وَالْفُلْكِ الَّتِي تَجْرِي فِي الْبَحْرِ بِمَا يَنفَعُ النَّاسَ وَمَا أَنزَلَ اللَّهُ مِنَ السَّمَاءِ مِن مَّاءٍ فَأَحْيَا بِهِ الْأَرْضَ بَعْدَ مَوْتِهَا وَبَثَّ فِيهَا مِن كُلِّ دَابَّةٍ وَتَصْرِيفِ الرِّيَاحِ وَالسَّحَابِ الْمُسَخَّرِ بَيْنَ السَّمَاءِ وَالْأَرْضِ لَآيَاتٍ لِّقَوْمٍ يَعْقِلُونَ ﴾[3].

«فإذا تدبرت في هذه الآية رأيت أنها تذكرت من أولها إلى آخرها عناصر الكون المتقابلة بل المتضادة مع الإشارة إلى توافقها العجيب ووحدتها المحيّرة، وإلى ملاءمتها التي لا نظير لها التي توجد فيها لخدمة هذا الكون مجموعيًا. فإذا رأيت بذلك أن السماء مع الأرض والليل مع النهار، والنهر مع الفُلك تتواجد فيها بينها نسبة الضدين بظاهرها. ولكن إذا أمعنت النظر رأيتَ أن هناك نسبة

---

(1)  رواه البخاري في حديث رقم ٥٩٦٧ ومسلم رقم ١٣٦، ١٣٨ و١٣٩.
(2)  سورة الأحقاف، الآية: ٤.
(3)  سورة البقرة، الآيتان: ١٦٣ و١٦٤.

أخرى أيضًا فيما بينها مع نسبة الضدين، وهي نسبة الزوجين للمعاشرة والحياة الاجتماعية لهذا الكون ربطًا واتصالًا. فإن لم يتواجد هذا السماء وشمعتها الوهاج وقمرها اللامع لذهب كل روعة وكل ربيع للكون، بل يتلاشى وجود من أساسه كما أنه إذا لم يوجد هذه الأرض فمن يعلم أيًّا من الكواكب النجمية التي لا تعد ولا تحصى في هذا الفضاء اللامتناهي ستكون مقفرة؟ وعلى هذا القياس فكما أن حياتنا وحياة كافة الأحياء لهذا الكون مثلنا تحتاج إلى حرارة النهار وشدته وضيائه وطربه، فإنها أيضًا تحتاج إلى برودة الليل ولطافتها وتسكينها ونومها. فكلاهما يُسكنان معًا هذا المنزل. وترى البحر كذلك. فكم من امتداده يبعث على الاستعجاب وهو يُرى إلى مدى لامتناهٍ. وكم هو أمواجه مهيبة مرهبة ومع كل ذلك فإنه يخرج لنا من فوق عين صدره الشوارع المصفاة والممهدة، حتى تسير عليها سفن وباخرات لنا ليلًا ونهارًا وتربط الشرق بالغرب في التجارة والأعمال المعيشية والحضارية والعلوم والفنون وفي كل شيء.

ثم ذكر نزول المطر من السماء وإحياء الأرض من ذلك المطر واخضرارها وعمارتها من جديد. فانظر أين السماء وأين الأرض منه. ولكن مع ذلك التباعد بينهما ارتباط واتصال عميق جدًّا. والأرض تتضمن خزائن الحياة والتطور، ولكنها تبقى كامنة في بطن الأرض حتى تنزل المطر من السماء وتكون سببًا لبروزها. وهناك ارتباط كهذا بين الهواء والغيوم. وكأن سفن السحاب والغيوم الحافلة قائمة فاتحة أشرعتها ولا تبرح من مكانها لإنشٍ واحد حتى تزحزحها الرياح وتدفعها لتصل إلى جهات مقررة لها. فهي التي تدفعها تارة إلى الشمال والجنوب وتارةً إلى الشرق والغرب، وتغييها إذا شاءت وتبرزها من جديد على الآفاق إذا شاءت.

وهناك سؤال ماذا تقضي نظرة تأّن وتدبر في هذه الدنيا؟ هل هي معترك الأضداد والمناقضات؟ والتي تتصادم فيها قوات وإرادات في صراع دائم؟ أو يحكمها حكيم مدبر يستخدم هذه العناصر المختلفة تحت نظام خاص له، بحكمة ولمقصد جماعي؟ والظاهر أن مشاهدة هذا الكون تفضي بك إلى نتيجة

ثانية. ثم إذا تدبرت تدبرا مزيدًا لوجدت حقيقة أخرى وهي أن هذا العالم لم يولد تلقائيًّا ولم يتقدم تقدمًا تلقائيًا، لأنه إن كان ذلك كذلك فمن أين جاء توافق وانسجام نجده في كل ناحية من هذا الكون؟[1]:

وقال تعالى: ﴿قُل لَّوْ كَانَ مَعَهُۥٓ ءَالِهَةٌ كَمَا يَقُولُونَ إِذًا لَّٱبْتَغَوْا۟ إِلَىٰ ذِى ٱلْعَرْشِ سَبِيلًا﴾[2].

«وكان مشركو العرب قياسًا على ملوك العالم وملوكيتهم يعتقدون أن الله تعالى هو المعبود الأعظم وهو صاحب التاج والملك الأكبر. ولكن كانت هناك آلهة كثيرة يشركونها في الوهية الله تعالى. باعتقادهم منهم أنها تقربهم إلى الله زلفى، وتفي لعُبادها بحاجاتهم وضرورياتهم منه. فالآية رد على توهمهم ذلك فقال إن كان معه آلهة شركاء معه كما تزعمون لساروا يومًا يخاصمون رب العرش العظيم ويتنازعون، وذلك ليفضي إلى فساد نظام العالم كله. يعني إذ تخيلتهم آلهة كثيرة قياسًا على سلاطين وملوك الأرض فانتم ترون في الأرض حكومات تجيء ودول تذهب على مر الأيام. فإن كان هناك شركاء مع الله فلماذا يقعدون ساكنين ولا يبذلون جهودهم حتى يكونوا صاحب عرش وكرسي. ولكن ترون هنا أن الشمس لم تنزلق انزلاقًا من محورها يومًا، ولم تنحرف الأرض من مدارها. وعبر القرآن بهذه الحقيقة في مقام آخر بقوله: ﴿لَوْ كَانَ فِيهِمَآ ءَالِهَةٌ إِلَّا ٱللَّهُ لَفَسَدَتَا﴾[3]و[4].

وجاء في سورة الحج:

﴿أَلَمْ تَرَ أَنَّ ٱللَّهَ يَسْجُدُ لَهُۥ مَن فِى ٱلسَّمَٰوَٰتِ وَمَن فِى ٱلْأَرْضِ وَٱلشَّمْسُ وَٱلْقَمَرُ

(1) تدبر القرآن: ١/ ٤٠١.

(2) سورة الإسراء، الآية: ٤٢.

(3) سورة الأنبياء، الآية: ٢٢.

(4) تدبر القرآن: ٤/ ٥٠٨.

وَٱلنُّجُومُ وَٱلۡجِبَالُ وَٱلشَّجَرُ وَٱلدَّوَآبُّ وَكَثِيرٞ مِّنَ ٱلنَّاسِۖ وَكَثِيرٌ حَقَّ عَلَيۡهِ ٱلۡعَذَابُۗ وَمَن يُهِنِ ٱللَّهُ فَمَا لَهُۥ مِن مُّكۡرِمٍۚ إِنَّ ٱللَّهَ يَفۡعَلُ مَا يَشَآءُ ۩﴾[1].

«وهذا دليل التوحيد الذي يشهد له كل شيء من هذا الكون بوجوده. وقد أشرنا من قبل أن كل شيء للكون له مزاج إبراهيمي في حيثيته التكوينية. فإن كلًّا من الشمس والقمر، والنجوم والجبال والدواب كلها مسخر للّٰه سبحانه فهي تحت أمره ونهيه. لا يستطيع أي شيء منها أن ينحرف انحرافًا ما من القوانين الإلهية. خذ الشمس، التي عبدتها الملل الكثيرة أكثر من كل شيء، تشهد بوجودها أنها لا تبرح تعبد ربه قيامًا وقعودًا وسجودًا في كل يوم. إنها ترفع رأسها من السجود وقت طلوعها ولا تزال على هذه الحالة إلى الظهيرة، ثم تركع بعد زوالها وتخر للّٰه ساجدًا عند غروبها، وما تبرح على حالة السجدة طوال الليل. وهذه الحقيقة يُبديها القمر من عروجه ومحاقه كما أن النجوم تقوم بها بطلوعها وغروبها. وهو حال الجبال والأشجار والبهائم أيضًا، فظلال هذه الأشياء ما تزال في حالة القيام والركوع والسجود وفي كل وقت. ثم إذا تعمقت النظر رأيت أن فطرة هذه الظلال إبراهيمية كذلك لأنها تخالف الشمس دائمًا. فإن كانت الشمس في جهة الشمس تمتد الظلال إلى جانب الغرب، وإن كانت في جهة الغرب تمتد الظلال إلى جهة الشرق، فكان ظلال كل شيء تشهد بوجودها وتقول لنا إن الله تعالى هو يستحق السجود فقط ولا تجدر له الشمس. نعم هذا الدليل التوحيدي نوعيته كالإشارة. فلا يأخذه المنطق ولكن المتدبرين في نظام الكون يعطون لهذه الإشارات مكانة كبيرة. آن كس است اهل بشارت كه اشارت داند[2]و[3].

## السنن

السلوك الذي يسلك الله تعالى مع عباده وبطريق يسلكه اصطلح عليه

---

(1) سورة الحج، الآية: ١٨.

(2) مقولة فارسية تقول: من الذي يفهم الإشارة هو من أهل البشارة).

(3) تدبر القرآن ٥/ ٢٢٩.

القرآن الكريم بالسنة الإلهية، وقد قال الله تعالى في ذلك أن هذه السنن لا تتغير ﴿وَلَن تَجِدَ لِسُنَّةِ ٱللَّهِ تَبۡدِيلٗا﴾. فكما أن معرفة صفات الله تعالى ضرورية لمعرفة الله فكذلك لا بد لنا من معرفة السنن الإلهية أيضًا. ونأتي فيما يأتي بتفصيل سنن الله، ولكن قبل ذلك يليق بنا أن نذكر مقدمات تمهيدية للمبحث.

فيقول الأستاذ الإمام:

١ ـ إن الله عز وجل قد خلق كل إنسان على فطرة سليمة طيبة من مبدأ الفطرة. وأعطى له التمييز بين الخير والشر، وله الخيار الكامل أن يختار أيًّا منهما. وبعد ذلك يتوقف صلاحه أو شره على عمله هوأولًا، وعلى التوفيق الإلهي ثانيًا. فإن حاول أن يهتدي وفقه الله تعالى، وإن أراد مذهب الشر تركه الله ـ إن شاء ـ أن يذهب مذهب الشر أيضًا.

٢ ـ الأشياء التي يؤجره الله فيها أو سيأخذه عليها قد جعل له حرية الاختيار والإرادة. ومن حُرم ذلك الخيار والإرادة فقد برأهم الله من المؤاخذة أيضًا. وهذا الخيار والإرادة ليست له إرادة ذاتية بل منيحة من الله تعالى: ويتم استخدامها أيضًا تحت مشيئة الله تعالى. فيمكن إن شاءت حكمة الله تعالى ومشيئته أن لا تتم إرادة للإنسان. لكن إذا كانت تلك الإرادة مبنيةً على الخير ولم تتم لا يحرمه الله تعالى من أجر ذلك الخير، وكذلك إذا لم تتم أية إرادة للشر لأي إنسان فلايعني ذلك بالمرة أن ذلك الإنسان سيكون بريئًا من المواخذة الأخروية أيضًا بالتأكيد.

٣ ـ وحيثما ذكرت مشيئة الله على جهة الإطلاق إنما يعني ذلك أنه ليس هناك آخر سواه يغيرها أو يمنعها. ولا يعني أن مشيئته لا تتقيد بعدل وحكمة من أساسها. فإن الله عادل وحكيم ولا يخلو عمل له من العدل والحكمة. ولذا حيثما قد ذكر مشيئة قد ذكر مشيئة فلنفهمها تابعةً لقانون العدل والحكمة. الذي قد ارتضى به أن يسير نظم العالم متوافقًا به. فلا يصح إذن أن السنة التي هو بنفسه أجراها وقانون العدل الذي هو ارتضى به، يهدمه هو بنفسه بمحض مشيئته. ومثلًا قال إنه: ﴿يُضِلُّ مَن يَشَآءُ وَيَهۡدِي مَن يَشَآءُ﴾. فلا

يعني أنه ليس هناك مبدأ مقرر مبني على العدل والحكمة للهداية والضلالة. وإنما يعني أن هذه الهداية والضلالة تتم وفقًا لسنة الله التي قد أجراها في باب الهداية والإضلال، وليس لأحد أن يهدمها أو يغيرها.

٤ ـ وقد نسب الله تعالى في القرآن الكريم بعض الأفعال إلى نفسه والمقصود من ذلك ليس نسبتها بذاتها كما أشرنا من قبل، بل يرادبها نسبة تلك الضوابط والقوانين التي تقع تحتها تلك الأفعال. وبما أن الضوابط والقواعد مما قررها الله سبحانه بالذات، ولذا فأحيانًا نسب الله تعالى الأفعال الواقعة تحتها إليه، فمثلًا قال في موضع: ﴿فَلَمَّا زَاغُوٓاْ أَزَاغَ ٱللَّهُ قُلُوبَهُمْۚ﴾ (1). أو قال في موضع آخر: ﴿وَنُقَلِّبُ أَفْـِٔدَتَهُمْ وَأَبْصَٰرَهُمْ﴾ (2). ففي المواقع كهذه، يذكر القرآن الكريم الأصول التي تقع تلك الأفعال تحتها في عامة الأحوال. مثلًا يقال إن الله لا يضل إلا القوم الفاسقين، وتعني هذه الإشارة أن القارئ والدارس يتوجه إلى الحقيقة الأصلية ولا يقع في خطأ مغلوط منخدعًا بظاهر الألفاظ.

٥ ـ إن علم الله تعالى الأزلي الأبدي والمحيط للكل لا ينفي سنةً من سنن الله المقررة، فلا شك أن الله تعالى يعلم عن كل شخص بعينه منذ الأزل أن يذهب مذهب الضلال أو يختار الرشد، ومع ذلك فإنه يعرف جيدًا أن العبد يختار الهدى أو الضلال مطابقًا لسنة الله التي قد قررها الله للهداية والضلالة»(3).

وليتضح مع ذلك شيئان وضوحًا مزيدًا:

أولًا تنسب بعض الأشياء إلى الله تعالى لكونه هو علة العلل، فلا يتواجد شيء ما بغير إذنه وبدون مشيته. كما تنسب إلينا بعض الأشياء أن نستحق بعضها في بعض الأحيان. كما قال تعالى:

---

(1) سورة الصف، الآية: ٥.
(2) سورة الأنعام، الآية: ١١٠.
(3) تدبر القرآن ١ / ١١٤.

﴿ وَإِن تُصِبْهُمْ حَسَنَةٌ يَقُولُوا هَٰذِهِ مِنْ عِندِ ٱللَّهِ وَإِن تُصِبْهُمْ سَيِّئَةٌ يَقُولُوا هَٰذِهِ مِنْ عِندِكَ قُل كُلٌّ مِّنْ عِندِ ٱللَّهِ فَمَالِ هَٰؤُلَاءِ ٱلْقَوْمِ لَا يَكَادُونَ يَفْقَهُونَ حَدِيثًا ✶ مَّا أَصَابَكَ مِنْ حَسَنَةٍ فَمِنَ ٱللَّهِ وَمَا أَصَابَكَ مِن سَيِّئَةٍ فَمِن نَّفْسِكَ وَأَرْسَلْنَاكَ لِلنَّاسِ رَسُولًا وَكَفَىٰ بِٱللَّهِ شَهِيدًا ﴾(1). ويقول الأستاذ الإمام في تفسير ذلك:

«فخاطب أولًا أناسًا ينسبون النجاح إلى الله تعالى وينسبون الفشل إلى رسول الله ﷺ، فقال نعم الأصل أن ظهور الخير كمقتضى لرحمة الله سبحانه، والشر يترتب على أعمال الإنسان وأفعاله، ومن هنا يتعلق الشر بنفس الإنسان بذاته. ولا يخفى هنا أن الله سبحانه هو خير مطلق وقد خلق العالم لإظهار رحمته ولذا نسبة الشر إليه منافية لصفاته الطيبة الحسنة. فإنما يظهر الشر كله من سوء اختيار الإنسان. وقد شرف الله الإنسان بالحرية في دائرة خاصة، وهي نعمة كبيرة للإنسان وعليها يتوقف كل شرف الإنسان، ومن ذلك يستحق الإنسان العقاب أو الجزاء الحسن في الآخرة. ولولا هذه الحرية لذهب كل فرق بين الإنسان والحيوان. ولكن ليست هذه الحرية حريةً مطلقة. بل إنها محددة في دائرة خاصة كما أشرنا إلى ذلك من قبل.

ثم إنها واقعة تحت مشيئته وتابعة لحكمته في تلك الدائرة أيضًا. فلا يستطيع الإنسان إتمام أي إرادة له بغير إذن الله وبدون مشيئته. فالإرادة الصالحة تتم بتوفيق من الله وإرادة السوء تتم بإمهال من الله. وبما أن الله قد أمهل إرادة الشر لأحد أن تكون، فنسبت من هذه الجهة إلى الله سبحانه، ويمكن من جانب آخر أن يكون هو فعل الإنسان لأنه هو أرادها بنفسه وهو مختار في إرادته.

وانظر ذلك من ناحية أخرى، عندما أمهل الله تعالى لأحد أو لمجموعة أن ترفع شرها رأسها فقد يكون هناك مصالح للخلق من الحيثية المجموعية. فأحيانًا يكون فيه ابتلاء لأهل الحق، فتبعد منهم أسقامهم وتربو محاسن الأخلاق فيهم. وأحيانًا يقصد منه إتمام الحجة على أهل الباطل، وفي بعض الأحيان تخلق

---

(1) سورة النساء، الآيتان: ٧٨ ـ ٧٩.

106

الطبيعة نفسها ظروفًا تهدي إلى إبراز ما قدتم قمعه في داخل الطبائع، وبه تظهر الفضائل وتظهر شرور من يختبئ فيهم الشر أيضًا»[1].

والثاني أن ما يقوم عليه حكم القبح والحسن والخير والشر هو مطابقة شيء لصفات الله تعالى أو مخالفته لها. فنقول العدل حسن لأنه من صفات الله عز وجل واستحسانه مودع في طبيعتنا بناءً على ذلك. فكان لهذا بلا شك حكمًا إضافيًّا ومع ذلك فإنه حكم أبدي، لأن صفات الله أزلية وأخلاقه أبدية. ثم إنها ليست متناقضة متصادمة فلا يمكن أن يريد الله مرة حكمًا متوافقًا مع صفاته، ويريد مرة أخرى حكمًا معاكسًا تمامًا. لا، لأنه قائم بالقسط على كل حال. كما قال:

﴿ شَهِدَ ٱللَّهُ أَنَّهُۥ لَآ إِلَٰهَ إِلَّا هُوَ وَٱلْمَلَٰٓئِكَةُ وَأُو۟لُوا۟ ٱلْعِلْمِ قَآئِمًۢا بِٱلْقِسْطِ ۚ لَآ إِلَٰهَ إِلَّا هُوَ ٱلْعَزِيزُ ٱلْحَكِيمُ ﴾[2].

ويقول الأستاذ الإمام:

«إن ما أشار إليه الله تعالى من صفة كونه قائمًا بالقسط هو من أهم أجزاء الإيمان به، وله دخل في حقيقة الإيمان لدرجة كأن الإسلام عبارة عنه فقط. وتقتضي أهميته أن نذكر هنا بعض النكات للأستاذ الإمام حميد الدين الفراهي المتعلقة عنه. كي يستفيد من ذلك الذين يتدبرون في حكمة الدين. فعنده حكمة وأهمية هذه الصفة تبدو من جوانب تالية:

أولًا: الإيمان من الأمن ويعني أنه يتضمن الاعتقاد والاعتماد فطريًا، ولزم منه أنه لا بد من الإيمان به أن يكون لدى المرء إيقان راسخ بوجود الله تعالى. ولا يحصل ذلك ما لم يعتمد على أن العقل جُبل أصلًا للإرشاد لا للإضلال. يعني أن العقل مجبول كميزان قسط في داخل الإنسان، ثم استلزم ذلك نتيجة أخرى أن الفطرة قد أقامها فاطرها على مبادئ الحق

---

(1) تدبر القرآن ٢/ ٣٤٤.

(2) سورة آل عمران، الآية: ١٨.

والعدل، وكلها نتائج لازمة عقلية بل من البديهيات. فعُلم من ذلك أنه لا يثبت شيء حقًّا ما لا يؤمن بفاطره حقًا وعدلًا. ويثبت من ذلك كون أفعاله تماما ًحقًا وعدلًا. وكما أنه لازم عقلًا يتوفر ثبوته بطريق المسلمات الأخلاقية كذلك.

وتفصيل هذا الإجمال أن الله تعالى قد أدخل الصلاح في الفطرة وأودع في القلوب رغبةً لقبول الصلاح وإكرامه، فلا يمكن لنا إذن أن نحب الصلاح ولا نؤمن أن الله يحب الصلاح أيضًا. فكيف بنا نطمئن بإصابة وصحة حبنا للخير والصلاح إذا لم يطمئن قلبنا أولًا على حب الفاطر تعالى للخير والصلاح. ونرغب إرضاء الرب تعالى بفعل الخير والصلاح لطمأنينتنا أنه يحب الخير. كما أننا نصفه بصفات حسنة طيبة بناءً على اعتمادنا على صحة فطرتنا في حب هذه الصفات اعتمادًا كليًا.

وثانيًا: أن أصل الإيمان هو محبة الله تعالى. إننا نؤمن بمعبود، نحبه ونرجو منه ونبتغي رضاءه. وهذا لايمكن حتى نوقن أن ربنا تعالى طاهر من كل شائبة الظلم وعدم العدل. وأنه ينعم على مطيعيه ويعذب فقط من يستحق التعذيب. فإنه أمر مخالف تمامًا للطبيعة البشرية أن تحب سيدًا ظالمًا غير عادل:

وثالثًا: الطلب الذي يظهر في فطرة الإنسان بعد التفكير في أنعم الله عز وجل وآلائه للإيمان به، بناؤه الشكر. وذلك يلزم عندما نتسلم أن ذلك مما يقتضيه إنعام الباري تعالى وهو حق المنعم الكريم. ومن هذا المنطلق يصطلح القرآن للشرك بظلم وللإيمان بشكر. وانطلاقًا منه فإن وجوب العدل هو البناء لاستحقاق كل الحقوق. وهذه حقيقة بديهية للشريعة والقانون يعني القسط والعدل هما الأساس والبناء لكل شريعة.

ورابعًا: الطاعة الإلهية هي ثمرة الإيمان وثمرة الطاعة هو رضاء الله تعالى. والله قد أقام هذه العلاقة بين الأفعال وبين ثمراتها وأثراتها، بطريق خلقه وتدبيره وبحكمه وأمره في كل ناحية وكل جانب. وقد تم إرشادنا من قِبله

إلى ذلك بطريق مختلفة، وبما أننا نعتمد اعتمادًا كليًا على نتائج الأعمال هذه، ولذا فاعتمادًا على وعده تعالى نطيعه ونأتي بأمره. فإن لم نعتمد على أن الله تعالى لا يخلف وعده لتهدمت قائمة الأعمال من أساسها، ويكون كل الاعتماد عل أي أمرين. إما على شفاعة كاذبة كالنصارى الذين يعتمدون اعتمادًا كليًّا على المسيح عليه السلام فقط، يعبدونه ويحبونه حبًا أكثر من الله. أو على حيرة اليهود وضلالهم الذين تركوا سفينتهم على الجانب المواجه للريح ولم يرتضوا بقضاء الله تعالى بسبب استكبارهم وحسدهم. كأنهم ليس عندهم ما يميزون به بين ما هو صالح وما هو طالح. فلأجل الاجتناب من هذا الضلال لزم أن نؤقن كل الإيقان أن الله هو قائم بالقسط، وكل وعده صادق وكل أمره عدل كما قد قال: ﴿وَتَمَّتْ كَلِمَتُ رَبِّكَ صِدْقًا وَعَدْلًا﴾[1] و[2].

تعال ندرس الآن في ضوء ما قدمناه آنفًا السنن الإلهية:

١ ـ **الابتلاء:** إن الله خلق هذا العالم للابتلاء والامتحان. وقانون الابتلاء هذا من حيث القانون الكوني العام محيط بعالم الإنسانية كلها. فما هو وديع في طبيعة الإنسان يبرز بذلك الاختيار وتفتح كوامن النفس البشري بهذا كما تتعين درجات العلم والعمل به. وقد أخبرنا القرآن أن معمل الحياة والموت هذا قدتم وجوده ليميز الخالق الصالحَ المنقاد من المتستكبر المعاند. ولاشك أنه خبير وعليم بكل شيء، ولكن سنة الله الجارية في الخلق أنه لايعامل معهم معاملة العقاب والجزاء بناءً على مجرد علمه بل يتم ذلك بناءً على عمل الناس أنفسهم، وقد تم إقامة الابتلاء هذا فقط لهذا الغرض. كما قال: ﴿خَلَقَ ٱلْمَوْتَ وَٱلْحَيَوٰةَ لِيَبْلُوَكُمْ أَيُّكُمْ أَحْسَنُ عَمَلًا ۚ وَهُوَ ٱلْعَزِيزُ ٱلْغَفُورُ﴾[3].

فالحالات المختلفة التي يتعرض لها الإنسان في هذه الدنيا من الغم والراحة، والفقر والثروة والسراء والضراء، تطرأ وفقَ هذا القانون، يبلو بها الله

---

(1) سورة الأنعام، الآية: ١١٥.
(2) تدبر القرآن ٢/ ٥٥.
(3) سورة الملك، الآية: ٢.

تبارك وتعالى عباده ويميز الصحيح من السقيم بها. فمن شرّفه بإعطاء كنز أو ثروة أو بعز وجاه يبلوه هل يشكره عليه أم لا. ومن يبتليه بالفقر والمسكنة يبلوه بالصبر والبلاء، كما قال تعالى: ﴿وَنَبْلُوكُم بِٱلشَّرِّ وَٱلْخَيْرِ فِتْنَةً وَإِلَيْنَا تُرْجَعُونَ﴾[1].

يقول الأستاذ الإمام أمين أحسن الإصلاحي في موضع لتفسيره ما يلي:

«فمن يعطيه مالًا وجاهًا يعطيه أن ينظر هل يكونون بعد الحيازة بنعمة الله تعالى عبادًا شاكرين متواضعين ومطيعين له، أو يصبحوا مستكبرين مرحين يَدعّون المساكين ويحتكرون نعم الله تعالى. كما إذا أعطي الفقر لأحد يؤتيه أن يعلم الصابر القانع بأنعم الله الحاصلة والراضي بقدره مكتفيًا بذاته في فقره، من القانط اليائس المتكسر الهمة، الفاتر العزيمة الشاكي من قدره والغاضب من الله والذليل البئيس الذي أصابه الخور»[2].

فزخارف الأرض كلها التي يشغف بها الإنسان مهيأة له لغرض الامتحان فقط. إنها ليست متعة العيش بل وسيلة للامتحان. قد وضع الله الإنسان فيها لكي يرى هل يحصل الإنسان عن طريقها على معرفة الله فيفوز هكذا بفلاح الآخرة ونجاحها أو يفتقد سبيله ضائعًا مغيبًا في متاع الأرض وزخرفها. كما قال تعالى:

﴿إِنَّا جَعَلْنَا مَا عَلَى ٱلْأَرْضِ زِينَةً لَّهَا لِنَبْلُوَهُمْ أَيُّهُمْ أَحْسَنُ عَمَلًا﴾[3].

يقول الأستاذ الإمام:

«إن هذه الدنيا دار للابتلاء ننظر فيها أيهم يطلب الآخرة إعمالًا لعقله وصلاحية تمييزه. وأيهم يصبح لها عابدًا متبعًا أهواءه. ولقصد هذا الامتحان إننا لمعّنا وجهها ببودرة من الحسن والرواء والبهجة الخلابة. فهناك جذب كبير وخلب كثير في المال والأولاد، وفي الحرث والبيدر لها، وفي حدائقها ومنزهاتها وفي سياراتها وقصورها، وفي منازلها الرفيعة وقلاعها الشامخة وفي

(1) سورة الأنبياء، الآية: ٢٥.

(2) تدبر القرآن ٣/ ٦٠.

(3) سورة الكهف، الآية: ٧.

رئاساتها ووزاراتها. ولذاتها نقد عاجل ومراراتها مختفية. ومقابل ذلك إن كافة نجاحات الآخرة مخبوءة وطالبوها تصيبهم مصائب كبيرة لا تحصى لأجلها في هذه الدنيا نقدًا. وهذا الابتلاء ابتلاء شديد، إنجازه ليس بالمهمة السهلة سينجزه فقط أولئك الذين لهم حيازة على بصيرة تامة، أن لا يهمهم كم يقع هذا العالم في التظاهر بالتباهي، لكنهم يعرفون هذه العجوزة ذات ألف ختن، في كل طرازها وكل لباسها، ولمن لا يضحّون أبدًا نعماء الآخرة الأبدية بالوقوع في حبها الكاذب»[1].

وهذا قانون عام للابتلاء. وله جانب خاص أيضًا بيّنه القرآن الدينونة التي تقوم من جانب الله القاهر كنتيجة لبعث الرسل. يفتن فيها أهل الإيمان والإسلام ببعض المحسن والشدائد التي لا تصيب عامة الناس في عامة الأحوال كما قال في مقام: ﴿أَحَسِبَ ٱلنَّاسُ أَن يُتْرَكُوٓاْ أَن يَقُولُوٓاْ ءَامَنَّا وَهُمْ لَا يُفْتَنُونَ ۞ وَلَقَدْ فَتَنَّا ٱلَّذِينَ مِن قَبْلِهِمْ ۖ فَلَيَعْلَمَنَّ ٱللَّهُ ٱلَّذِينَ صَدَقُواْ وَلَيَعْلَمَنَّ ٱلْكَٰذِبِينَ﴾[2].

وتظهر هذه الابتلاءات بعد إتمام الحجة من الرسل، وقبل العذاب العام لغرض التطهير والتمييز كما يظهر من ألفاظ الآتية: فليعلمن الله الذين صدقوا وليعلمن الكاذبين. ومدلول الآية هو التمييز عن موقف مخاطبي الرسل قبل القضاء المحتوم الأخير، وقد جاء ذلك في بعض المقامات الأخرى للقرآن أيضًا فقال في موضع آخر:

﴿وَلَنَبْلُوَنَّكُم بِشَىْءٍ مِّنَ ٱلْخَوْفِ وَٱلْجُوعِ وَنَقْصٍ مِّنَ ٱلْأَمْوَٰلِ وَٱلْأَنفُسِ وَٱلثَّمَرَٰتِ ۗ وَبَشِّرِ ٱلصَّٰبِرِينَ ۞ ٱلَّذِينَ إِذَآ أَصَٰبَتْهُم مُّصِيبَةٌ قَالُوٓاْ إِنَّا لِلَّهِ وَإِنَّآ إِلَيْهِ رَٰجِعُونَ﴾[3].

## 2 -- الهداية والضلالة

وقد مر من قبل أنه قد طُلب من الإنسان في هذا الابتلاء أن ينتخب الضلال

---

(1) تدبر القرآن ٤/ ٥٥٨.

(2) سورة العنكبوت، الآيتان: ٢ و٣.

(3) سورة البقرة، الآيتان: ١٥٥ و١٥٦.

ويختار لنفسه الهدى، وأخبرنا القرآن أن هذه الهداية قد تم توديعها في فطرة الإنسان. ثم إذا بلغ أشده يوجه إليه الكثير من علامات وآيات في الأرض وفي السماء. وسنة الله أنه إذا قدر الإنسان هذه الهداية ويستفيد بها ويشكر نعمته الله هذه المبذولة عليه، فإن الله تعالى يزيده إضاءةً ويؤلد فيه طلبًا مزيدًا للهداية، ويوفقه للإستماع بهدي الله الذي جاء به الأنبياء ﷺ. فقال تعالى:

﴿نُّورٌ عَلَىٰ نُورٍ يَهْدِى ٱللَّهُ لِنُورِهِۦ مَن يَشَآءُ وَيَضْرِبُ ٱللَّهُ ٱلْأَمْثَٰلَ لِلنَّاسِ وَٱللَّهُ بِكُلِّ شَىْءٍ عَلِيمٌ﴾[1]. وقال في موضع آخر:

﴿وَٱلَّذِينَ ٱهْتَدَوْا زَادَهُمْ هُدًى وَءَاتَىٰهُمْ تَقْوَىٰهُمْ﴾[2].

وهذا إتمام الهداية وقد صرح القرآن صراحةً تامةً أنه بغير مشيئة الله لا يأتي حتى طلبه في قلب أحد. ومشيئته متعلقة بالقانون الإلهي المذكور أعلاه، فإن الله عليم وحكيم إنه يؤتي هذه النعمة فقط للذين يقبلون هدايته الوديعة في فطرته كما قال:

﴿إِنَّ هَٰذِهِۦ تَذْكِرَةٌ فَمَن شَآءَ ٱتَّخَذَ إِلَىٰ رَبِّهِۦ سَبِيلًا ۞ وَمَا تَشَآءُونَ إِلَّآ أَن يَشَآءَ ٱللَّهُ إِنَّ ٱللَّهَ كَانَ عَلِيمًا حَكِيمًا ۞ يُدْخِلُ مَن يَشَآءُ فِى رَحْمَتِهِۦ وَٱلظَّٰلِمِينَ أَعَدَّ لَهُمْ عَذَابًا أَلِيمًا﴾[3].

وإذا أعرض الإنسان عن هذه الهداية الفطرية ولم يستخدم عقله وينحرف عن الحق فهذا ظلم وفسق في اصطلاح القرآن، وإنه لا يهدي ظالمًا ولا فاسقا بل يتركه يتيه في متاه الظلام والضلال. ﴿وَمَا كَانَ لِنَفْسٍ أَن تُؤْمِنَ إِلَّا بِإِذْنِ ٱللَّهِ وَيَجْعَلُ ٱلرِّجْسَ عَلَى ٱلَّذِينَ لَا يَعْقِلُونَ﴾[4].

وينتج منه أن المجرمين كهؤلاء ازدادوا عنادًا ونفسانيًا وتماديًا ويحرمون

---

(1) سورة النور، الآية: ٣٥.

(2) سورة محمد، الآية: ١٧.

(3) سورة الإنسان، الآيات: ٢٩ ـ ٣١.

(4) سورة يونس، الآية: ١٠٠.

عن صلاحية التفكر والتعقل على طريق سوى بالمرة، حتى أن يختم الله على قلوبهم عقابًا لهذه الجريمة كما جاء في القرآن:

﴿ إِنَّ ٱلَّذِينَ كَفَرُوا سَوَآءٌ عَلَيْهِمْ ءَأَنذَرْتَهُمْ أَمْ لَمْ تُنذِرْهُمْ لَا يُؤْمِنُونَ ۞ خَتَمَ ٱللَّهُ عَلَىٰ قُلُوبِهِمْ وَعَلَىٰ سَمْعِهِمْ وَعَلَىٰٓ أَبْصَٰرِهِمْ غِشَٰوَةٌ وَلَهُمْ عَذَابٌ عَظِيمٌ ﴾[1].

وقال في موضع آخر:

﴿ وَأَقْسَمُوا بِٱللَّهِ جَهْدَ أَيْمَٰنِهِمْ لَئِن جَآءَتْهُمْ ءَايَةٌ لَّيُؤْمِنُنَّ بِهَا قُلْ إِنَّمَا ٱلْءَايَٰتُ عِندَ ٱللَّهِ وَمَا يُشْعِرُكُمْ أَنَّهَآ إِذَا جَآءَتْ لَا يُؤْمِنُونَ ۞ وَنُقَلِّبُ أَفْـِٔدَتَهُمْ وَأَبْصَٰرَهُمْ كَمَا لَمْ يُؤْمِنُوا بِهِۦٓ أَوَّلَ مَرَّةٍ وَنَذَرُهُمْ فِي طُغْيَٰنِهِمْ يَعْمَهُونَ ﴾[2].

ويقول الأستاذ الإمام أمين أحسن الإصلاحي في تفسير هذه الآية:

«وهذا بيان لسنة الله التي يحظى شخص بالإيمان تحتها ويحرم شخص منه. فمن تدبر في آيات الله المنتشرة في الكون والتي لا تحصى، وفي وجود الإنسان نفسه ويتشبث بنتائج بديهية حاصلة من ذاك التفكر والتدبر حظي بالإيمان. وعلى عكس من ذلك الذين يصرون في غيهم وتماديهم وضلالهم مع رؤيتهم كل آيات الكون وكل آيات الأنفس ولا يفتحون أعينهم مع التذكير القرآني والرسالي المتكرر يقلب الله أبصارهم وأفئدتهم ويحرمون من صلاحية النظر والفكر بالمرة. فلا يؤثر عليهم معجزة كبرى ولا آية عظيمة. وسنة الله في الناس الذين لا يرون نظرة سوية بل يعكسون نظرتهم، ولا يختارون صراطًا مستقيمًا بل يتبعون السبل المنحرفة أن تزاغ قلوبهم و تزاغ فكرتهم كذلك، فأخذوا يرون الأشياء من الزاوية المخصوصة المعوجة فقط. وقد أشار الله تعالى إلى هذه السنة بقوله: ﴿ فَلَمَّا زَاغُوٓا أَزَاغَ ٱللَّهُ قُلُوبَهُمْ ﴾[3].

فأشار هنا إلى تلك السنة المعلومة وقال: وما يشعركم أن الآيات التي

(1) سورة البقرة، الآيتان: ٦ و٧.
(2) سورة الأنعام، الآيتان: ١٠٩ و١١٠.
(3) سورة الصف، الآية: ٥.

يطلبونها إذا جاءت يؤمنون. فإن الآيات متواجدة في الكون وفي الأنفس وأرشدهم القرآن إليها برفع الأصابع إليها، وأوضح دلائلها ومراميها ولكن لم يؤمنوا بها. فإذا لم ينتج شيء من ذلك في تقويم قلوبهم وأنظارهم أول مرة فكيف تقلبهم آية جديدة رأسًا على عقب؟ حجاب اليوم كيف ينكشف غدًا وعمي اليوم أين يذهب عند ظهور آية جديدة؟ فبطريق كانوا يجحدون آيات كثيرة باهرة حتى اليوم لئن جاءتهم آية جديدة ليجحدونها. وقلب الماهية الذي تجدهم عليه اليوم في قلوبهم وأبصارهم يعمل ذلك عند مجيئ آية أخرى أيضًا»[1].

## 3 -- التكليف بما لا يطاق.

إنه لا يوجد حكم في شريعة الله التي أنزلها للناس بطريق أنبيائه ورسله خارج عن تحمل الإنسان. فإنه في كل أعماله لا يزال هذا المبدأ قائمًا أن لا يثقل الناس مما لا يتحملون، ومهما يجئ من حكم لهم يجئ متوافقًا مع الفطرة البشرية ومنسجمًا متناسقًا مع صلاحيات الإنسان. ولذا فلا مؤاخذة في هذه الشريعة على نسيان وسوء الفهم وعلى خطأ غير إرادي، وإنما تطلب من الناس العمل بأحكامها بكل صداقة ظاهرًا وباطنًا وبكل أمانة وديانة. فالآية: ﴿لَا يُكَلِّفُ ٱللَّهُ نَفْسًا إِلَّا وُسْعَهَا﴾[2] وما شابهها من الآيات تبين سنة الله هذه، إلا أنه لا يعني ذلك أنه إن تمادت العباد لا يكلفهم الله بها عند ذلك أيضًا. لا، فإنه يعلم من القرآن أن العباد يكلفون تكليف ما لا يطاق تأديبًا وتربيتًا أحيانًا[3] وتعذيبًا[4]

---

(1) تدبر القرآن ٣/ ١٤٠.

(2) سورة البقرة، الآية: ٢٨٦.

(3) اقرأ آية البقرة رقم ٢٨٦ التي جاء فيها: ﴿وَلَا تَحْمِلْ عَلَيْنَآ إِصْرًا كَمَا حَمَلْتَهُۥ عَلَى ٱلَّذِينَ مِن قَبْلِنَا﴾.

(4) هذا المضمون عام في القرآن ورد في مقامات كثيرة فليراجع إليها.

في وقت آخر أو لإراءة الناس سوءَ عاقبة أعمالهم السيئة[1] أو إظهاراً لعجزهم في مقابلة الله تعالى[2].

# 4 -- العزل والنصب

وتحت قانون الابتلاء الذي ذكر من قبل كما ينتخب الله أفرادًا مخصوصين لامتحان الصبر والشكر. ينتخب كذلك أقوامًا وشعوبًا. وإذا فاز قوم بالعلا نتيجةً لذلك الانتخاب لا يغير الله معاملة معه حتى يغير ذلك القوم وينحطوا في الدرجة السافلة علمًا وأخلاقًا. وهذه سنة الله التي لا تبديل لها. فإذا أراد الله بقوم سوءًا مطابقًا لسنته تلك، ومع تنبيهاته المتكررة فلا يرد إرادته أحد. وحتى قوة عالمية لايمكنها أن تساعد تلك الأمة مجابهةً للّه تعالى. والتاريخ الإنسان الطويل يشهد لظهور هذه السنة في عزل ونصب الأمم والأقوام. فقال تعالى:

﴿إِنَّ ٱللَّهَ لَا يُغَيِّرُ مَا بِقَوۡمٍ حَتَّىٰ يُغَيِّرُواْ مَا بِأَنفُسِهِمۡ وَإِذَآ أَرَادَ ٱللَّهُ بِقَوۡمٍ سُوٓءٗا فَلَا مَرَدَّ لَهُۥ وَمَا لَهُم مِّن دُونِهِۦ مِن وَالٍ﴾[3].

فقد قال إن هذه المعاملة سوف تتم مع كل أمة وانطلاقًا منه سيسود قوم ويواجه العقابَ الشديدَ قوم آخر. ويشهد التاريخ أن أولاد حام وسام قد انتخبوا لذلك أولًا ومنذ نصف مليون سنة إن أولاد يافث قد تم انتخابهم لذلك، فهي أقوام وأمم أخيرة وعليها ستكون خاتمة التاريخ وبعد ذلك سوف تقوم القيامة: فقال:

﴿وَإِن مِّن قَرۡيَةٍ إِلَّا نَحۡنُ مُهۡلِكُوهَا قَبۡلَ يَوۡمِ ٱلۡقِيَٰمَةِ أَوۡ مُعَذِّبُوهَا عَذَابٗا شَدِيدٗاۚ كَانَ ذَٰلِكَ فِي ٱلۡكِتَٰبِ مَسۡطُورٗا﴾[4].

---

(1) انظر القلم رقم الآية ٤٢ ــ وسورة النساء، الآية: ١٥٥.
(2) سورة البقرة، الآيتان: ٢٣ و٢٤.
(3) سورة الرعد، الآية: ١١.
(4) سورة الإسراء، الآية: ٥٨.

# 5 -- النصرة الإلهية

وإذا فوض الله مهمته الخاصة لشخص أو جماعة ويكلفها للقيام بها، ينصره نصرًا من عند الله. وقد تكون هذه المهمة مهمة الدعوة أو مهمة الجهاد والقتال. ومثلاً تبين الآية: ﴿وَكَانَ حَقًّا عَلَيْنَا نَصْرُ ٱلْمُؤْمِنِينَ﴾(1). وما شابهها من الآيات هذا المضمون أكثر من مرة أن الله أوجب عليه نصر المؤمنين في الآيتين مهمة كهذه فقال:

﴿يَٰٓأَيُّهَا ٱلَّذِينَ ءَامَنُوٓاْ إِن تَنصُرُواْ ٱللَّهَ يَنصُرْكُمْ وَيُثَبِّتْ أَقْدَامَكُمْ﴾(2).

ولا تكون هذه النصرة بالصدفة بل لها ضابطة تأتي متوافقة معها. ونريد أن نلقي بعض الأضواء على ذلك في هذا الكتاب نفسه فيما يأتي من المباحث تحت عنوان «قانون الجهاد» ولكن ليكن متضحًا هنا أن الصبر والتقوى هما أهم شيء لهذه النصرة. فعند وقعة أحد عندما شجع النبي ﷺ المسلمين بأن الله سينصرهم نصرًا مؤزرًا بثلاثة آلاف من الملائكة مردفين فقد أيد الله قوله وأضاف عليه ألفين من الملائكة لكن بشريطة أن يصبر المسلمون ويثبتوا ويتقوا الله فقال:

﴿بَلَىٰٓ إِن تَصْبِرُواْ وَتَتَّقُواْ وَيَأْتُوكُم مِّن فَوْرِهِمْ هَٰذَا يُمْدِدْكُمْ رَبُّكُم بِخَمْسَةِ ءَالَٰفٍ مِّنَ ٱلْمَلَٰٓئِكَةِ مُسَوِّمِينَ﴾(3).

# 6 -- التوبة والاستغفار

الإنسان إذا أتى بذنب فله سعة التوبة والاستغفار. وقد قال:﴿كَتَبَ رَبُّكُمْ عَلَىٰ نَفْسِهِ ٱلرَّحْمَةَ أَنَّهُۥ مَنْ عَمِلَ مِنكُمْ سُوٓءًۢا بِجَهَٰلَةٍ ثُمَّ تَابَ مِنۢ بَعْدِهِۦ وَأَصْلَحَ فَأَنَّهُۥ غَفُورٌ رَّحِيمٌ﴾(4)، والقاعدة في ذلك أن العباد إذا استغفروا الذنوب

---

(1) سورة الروم، الآية: ٤٧.
(2) سورة محمد، الآية: ٧.
(3) سورة آل عمران، الآية: ١٢٥.
(4) سورة الأنعام، الآية: ٥٤.

من فورهم غفر الله تعالى بالتأكيد. ولكن لمن يغفر للذين عاشوا طوال حياتهم غارقين في الذنوب، وإذا رأوا أن جاءهم الموت على عتبة بابهم أخذوا يتوبون، كما أنه لا يقبل توبة الجاحدين للحق جحودًا شعوريًا وداموا عليه إلى حين الموت. ويبين القرآن هذه السنة الإلهية للتوبة والاستغفار فيما يأتي: ﴿ٱلتَّوۡبَةُ عَلَى ٱللَّهِ لِلَّذِينَ يَعۡمَلُونَ ٱلسُّوٓءَ بِجَهَٰلَةٖ ثُمَّ يَتُوبُونَ مِن قَرِيبٖ فَأُوْلَٰٓئِكَ يَتُوبُ ٱللَّهُ عَلَيۡهِمۡۗ وَكَانَ ٱللَّهُ عَلِيمًا حَكِيمٗا ۞ وَلَيۡسَتِ ٱلتَّوۡبَةُ لِلَّذِينَ يَعۡمَلُونَ ٱلسَّيِّـَٔاتِ حَتَّىٰٓ إِذَا حَضَرَ أَحَدَهُمُ ٱلۡمَوۡتُ قَالَ إِنِّي تُبۡتُ ٱلۡـَٰٔنَ وَلَا ٱلَّذِينَ يَمُوتُونَ وَهُمۡ كُفَّارٌۚ أُوْلَٰٓئِكَ أَعۡتَدۡنَا لَهُمۡ عَذَابًا أَلِيمٗا﴾[1].

## 7 -- الجزاء والعقاب

إن إعطاء الجزاء والعقاب بعد الموت حقيقة ثابتة، ولكن القرآن يخبرنا أن هذا العقاب ربما قد يتم في هذه الدنيا أيضًا. وذلك تمهيدًا للعدالة الإلهية التي سوف تظهر أتم ظهور يوم القيامة. وصوره التي قد جاءت في أساليب متعينة هي كالتالي:

أولًا ـ إن طالبي الدنيا الذين يحيون ويموتون لها فقط، ويعيشون بدون مبالاة للآخرة يوفيهم الله حسابهم في الدنيا بإيتائهم مهما يريدون من متاع الدنيا وزخرفها وثمرة أعمالهم كلها من توهّم. كما قال:

﴿مَن كَانَ يُرِيدُ ٱلۡحَيَوٰةَ ٱلدُّنۡيَا وَزِينَتَهَا نُوَفِّ إِلَيۡهِمۡ أَعۡمَٰلَهُمۡ فِيهَا وَهُمۡ فِيهَا لَا يُبۡخَسُونَ﴾[2]. وثانيًا يأتي العذاب على منكري الرسول في هذه الدنيا بعد إتمام الحجة عليهم وينزل على متبعيهم بركات السماء والأرض. كما قال تعالى:

﴿وَلِكُلِّ أُمَّةٖ رَّسُولٞۖ فَإِذَا جَآءَ رَسُولُهُمۡ قُضِيَ بَيۡنَهُم بِٱلۡقِسۡطِ وَهُمۡ لَا يُظۡلَمُونَ﴾[3].

---

(1) سورة النساء، الآيتان: ١٧ و١٨.

(2) سورة هود، الآية: ١٥.

(3) سورة يونس، الآية: ٤٧.

وهذه سنة الله التي لا تبديل لها فما يقص علينا القرآن من أحداث قوم لوط وقوم شعيب ومن إبادة جماعية لعاد وثمود هي قصة تلك الدينونة وحكاية ذاك العذاب الإلهي الذي نزل بهم، وهذه الدينونة أقيمت أخيرًا لقوم محمد ﷺ ثم قضي عليها بالنهاية للأبد. وقال تعالى:

﴿ وَمَا أَرْسَلْنَا فِى قَرْيَةٍ مِّن نَّبِىٍّ إِلَّا أَخَذْنَا أَهْلَهَا بِٱلْبَأْسَاءِ وَٱلضَّرَّاءِ لَعَلَّهُمْ يَضَّرَّعُونَ ۞ ثُمَّ بَدَّلْنَا مَكَانَ ٱلسَّيِّئَةِ ٱلْحَسَنَةَ حَتَّىٰ عَفَوا وَقَالُوا قَدْ مَسَّ ءَابَآءَنَا ٱلضَّرَّاءُ وَٱلسَّرَّاءُ فَأَخَذْنَٰهُم بَغْتَةً وَهُمْ لَا يَشْعُرُونَ ﴾[1].

وثالثًا قد وعد الله لذرية سيدنا إبراهيم ﵇ أنها إذا قامت على الحق حصل لها إمامة الأقوام وقيادة الشعوب وإذا انحرفت منه عزلت من منصب السيادة وابتليت بعذاب الذل والهوان. وقد أشار القرآن الكريم إلى ذاك العهد بقوله: ﴿ وَأَوْفُوا بِعَهْدِى أُوفِ بِعَهْدِكُمْ ﴾[2] وكما جاءت الإشارة إلى ذلك في تهديد ﴿ وَإِنْ عُدتُّمْ عُدْنَا ﴾[3] وقد قال تعالى:

﴿ وَإِذِ ٱبْتَلَىٰ إِبْرَٰهِۦمَ رَبُّهُ بِكَلِمَٰتٍ فَأَتَمَّهُنَّ قَالَ إِنِّى جَاعِلُكَ لِلنَّاسِ إِمَامًا قَالَ وَمِن ذُرِّيَّتِى قَالَ لَا يَنَالُ عَهْدِى ٱلظَّٰلِمِينَ ﴾[4].

ولهذا الوعد الإلهي الخاص قد جاء قوله تعالى لبني إسرائيل خاصة كالتالي:

﴿ وَلَوْ أَنَّهُمْ أَقَامُوا ٱلتَّوْرَىٰةَ وَٱلْإِنجِيلَ وَمَا أُنزِلَ إِلَيْهِم مِّن رَّبِّهِمْ لَأَكَلُوا مِن فَوْقِهِمْ وَمِن تَحْتِ أَرْجُلِهِمْ مِّنْهُمْ أُمَّةٌ مُّقْتَصِدَةٌ وَكَثِيرٌ مِّنْهُمْ سَآءَ مَا يَعْمَلُونَ ﴾[5]. وكذلك تقص علينا صحف كافة الصحف المقدسة للأناجيل بتفاصيل ذلك.

---

(1) سورة الأعراف، الآيتان: ٩٤ و٩٥.

(2) سورة البقرة، الآية: ٤٠.

(3) سورة الإسراء، الآية: ٨.

(4) سورة البقرة، الآية: ١٢٤.

(5) سورة المائدة، الآية: ٦٦.

**فجاء في كتاب التثنية:**

«وَإِنْ سَمِعْتَ سَمْعًا لِصَوْتِ الرَّبِّ إِلهِكَ لِتَحْرِصَ أَنْ تَعْمَلَ بِجَمِيعِ وَصَايَاهُ الَّتِي أَنَا أُوصِيكَ بِهَا الْيَوْمَ، يَجْعَلُكَ الرَّبُّ إِلهُكَ مُسْتَعْلِيًا عَلَى جَمِيعِ قَبَائِلِ الأَرْضِ، وَتَأْتِي عَلَيْكَ جَمِيعُ هذِهِ الْبَرَكَاتِ وَتُدْرِكُكَ، إِذَا سَمِعْتَ لِصَوْتِ الرَّبِّ إِلهِكَ.

مُبَارَكًا تَكُونُ فِي الْمَدِينَةِ، وَمُبَارَكًا تَكُونُ فِي الْحَقْلِ

وَمُبَارَكَةً تَكُونُ ثَمَرَةُ بَطْنِكَ وَثَمَرَةُ أَرْضِكَ وَثَمَرَةُ بَهَائِمِكَ، نِتَاجُ بَقَرِكَ وَإِنَاثُ غَنَمِكَ.

مُبَارَكَةً تَكُونُ سَلَّتُكَ وَمِعْجَنُكَ

مُبَارَكًا تَكُونُ فِي دُخُولِكَ، وَمُبَارَكًا تَكُونُ فِي خُرُوجِكَ.

يَجْعَلُ الرَّبُّ أَعْدَاءَكَ الْقَائِمِينَ عَلَيْكَ مُنْهَزِمِينَ أَمَامَكَ. فِي طَرِيقٍ وَاحِدَةٍ يَخْرُجُونَ عَلَيْكَ، وَفِي سَبْعِ طُرُقٍ يَهْرُبُونَ أَمَامَكَ.

يَأْمُرُ لَكَ الرَّبُّ بِالْبَرَكَةِ فِي خَزَائِنِكَ وَفِي كُلِّ مَا تَمْتَدُّ إِلَيْهِ يَدُكَ، وَيُبَارِكُكَ فِي الأَرْضِ الَّتِي يُعْطِيكَ الرَّبُّ إِلهُكَ.

يُقِيمُكَ الرَّبُّ لِنَفْسِهِ شَعْبًا مُقَدَّسًا كَمَا حَلَفَ لَكَ، إِذَا حَفِظْتَ وَصَايَا الرَّبِّ إِلهِكَ وَسَلَكْتَ فِي طُرُقِهِ.

فَيَرَى جَمِيعُ شُعُوبِ الأَرْضِ أَنَّ اسْمَ الرَّبِّ قَدْ سُمِّيَ عَلَيْكَ وَيَخَافُونَ مِنْكَ.

وَيَزِيدُكَ الرَّبُّ خَيْرًا فِي ثَمَرَةِ بَطْنِكَ وَثَمَرَةِ بَهَائِمِكَ وَثَمَرَةِ أَرْضِكَ عَلَى الأَرْضِ الَّتِي حَلَفَ الرَّبُّ لآبَائِكَ أَنْ يُعْطِيَكَ.

يَفْتَحُ لَكَ الرَّبُّ كَنْزَهُ الصَّالِحَ، السَّمَاءَ، لِيُعْطِيَ مَطَرَ أَرْضِكَ فِي حِينِهِ، وَلِيُبَارِكَ كُلَّ عَمَلِ يَدِكَ، فَتُقْرِضُ أُمَمًا كَثِيرَةً وَأَنْتَ لاَ تَقْتَرِضُ.

وَيَجْعَلُكَ الرَّبُّ رَأْسًا لاَ ذَنَبًا، وَتَكُونُ فِي الاِرْتِفَاعِ فَقَطْ وَلاَ تَكُونُ فِي

الانْحِطَاطِ، إِذَا سَمِعْتَ لِوَصَايَا الرَّبِّ إِلِهكَ الَّتِي أَنَا أُوصِيكَ بِهَا الْيَوْمَ، لِتَحْفَظَ وَتَعْمَلَ.

وَلاَ تَزِيغَ عَنْ جَمِيعِ الْكَلِمَاتِ الَّتِي أَنَا أُوصِيكَ بِهَا الْيَوْمَ يَمِينًا أَوْ شِمَالًا، لِكَيْ تَذْهَبَ وَرَاءَ آلِهَةٍ أُخْرَى لِتَعْبُدَهَا.

«وَلكِنْ إِنْ لَمْ تَسْمَعْ لِصَوْتِ الرَّبِّ إِلِهكَ لِتَحْرِصَ أَنْ تَعْمَلَ بِجَمِيعِ وَصَايَاهُ وَفَرَائِضِهِ الَّتِي أَنَا أُوصِيكَ بِهَا الْيَوْمَ، تَأْتِي عَلَيْكَ جَمِيعُ هذِهِ اللَّعَنَاتِ وَتُدْرِكُكَ:

مَلْعُونًا تَكُونُ فِي الْمَدِينَةِ وَمَلْعُونًا تَكُونُ فِي الْحَقْلِ

مَلْعُونَةً تَكُونُ سَلَّتُكَ وَمِعْجَنُكَ

مَلْعُونَةً تَكُونُ ثَمَرَةُ بَطْنِكَ وَثَمَرَةُ أَرْضِكَ، نِتَاجُ بَقَرِكَ وَإِنَاثُ غَنَمِكَ

مَلْعُونًا تَكُونُ فِي دُخُولِكَ، وَمَلْعُونًا تَكُونُ فِي خُرُوجِكَ

يُرْسِلُ الرَّبُّ عَلَيْكَ اللَّعْنَ وَالاضْطِرَابَ وَالزَّجْرَ فِي كُلِّ مَا تَمْتَدُّ إِلَيْهِ يَدُكَ لِتَعْمَلَهُ، حَتَّى تَهْلِكَ وَتَفْنَى سَرِيعًا مِنْ أَجْلِ سُوْءِ أَفْعَالِكَ إِذْ تَرَكْتَنِي.

يُلْصِقُ بِكَ الرَّبُّ الْوَبَأَ حَتَّى يُبِيدَكَ عَنِ الأَرْضِ الَّتِي أَنْتَ دَاخِلٌ إِلَيْهَا لِكَيْ تَمْتَلِكَهَا.

يَضْرِبُكَ الرَّبُّ بِالسِّلِّ وَالْحُمَّى وَالْبُرَدَاءِ وَالالْتِهَابِ وَالْجَفَافِ وَاللَّفْحِ وَالذُّبُولِ، فَتَتَبَّعُكَ حَتَّى تُفْنِيَكَ.

وَتَكُونُ سَمَاؤُكَ الَّتِي فَوْقَ رَأْسِكَ نُحَاسًا، وَالأَرْضُ الَّتِي تَحْتَكَ حَدِيدًا.

وَيَجْعَلُ الرَّبُّ مَطَرَ أَرْضِكَ غُبَارًا، وَتُرَابًا يُنَزِّلُ عَلَيْكَ مِنَ السَّمَاءِ حَتَّى تَهْلِكَ.

يَجْعَلُكَ الرَّبُّ مُنْهَزِمًا أَمَامَ أَعْدَائِكَ. فِي طَرِيقٍ وَاحِدَةٍ تَخْرُجُ عَلَيْهِمْ، وَفِي سَبْعِ طُرُقٍ تَهْرُبُ أَمَامَهُمْ، وَتَكُونُ قَلِقًا فِي جَمِيعِ مَمَالِكِ الأَرْضِ[1].

---

(1) (الإصحاح الثامن والعشرون) الآية رقم ١ إلى ٢٥).

# الإيمان بالملائكة

قال تعالى:

﴿ٱلْحَمْدُ لِلَّهِ فَاطِرِ ٱلسَّمَٰوَٰتِ وَٱلْأَرْضِ جَاعِلِ ٱلْمَلَٰئِكَةِ رُسُلًا أُوْلِيٓ أَجْنِحَةٍ مَّثْنَىٰ وَثُلَٰثَ وَرُبَٰعَ يَزِيدُ فِي ٱلْخَلْقِ مَا يَشَآءُ إِنَّ ٱللَّهَ عَلَىٰ كُلِّ شَيْءٍ قَدِيرٌ﴾[1].

الذوات التي ينزل الله أحكامه بطريقها للخلق يقال لهم الملائكة في القرآن. وهذا جمع مَلَك أصله مِلاك يستعمل في مفهوم الرسول. والآية من سورة الفاطر التي ذكرت هنا يشير إلى أن القرآن اصطلح عليهم هذا الاسم نظرًا إلى مفهومه الرسالي. فعُلم من القرآن نفسه أن عالم اللاهوت يرتبط بهذه الواسطة بعالم الناسوت، ويدير الله تعالى كافة أعمال الناسوت بطرائقهم. ويتم ذلك أن يلقي الله إليهم قضاءه وهم في نوبتهم يقومون بإجراء وتنفيذ ذاك القضاء المبرم في الخلق، كمحكوم محض وآلية تحته لا خيار لها ولا إرادة ذاتية. وإنهم الطاعة كلها يشتغلون كل وقت في حمد الرب تعالى وثنائه، ولا ينحرفون من حكمه أي انحراف. كما قال جل وعلا: ﴿وَهُمْ لَا يَسْتَكْبِرُونَ * يَخَافُونَ رَبَّهُم مِّن فَوْقِهِمْ وَيَفْعَلُونَ مَا يُؤْمَرُونَ﴾[2].

والوجوه التي من أجلها يُطلب من الخلق الإيمان بالملائكة قد أوضحها الأستاد الإمام أمين أحسن في تفسيره كالتالي:

«إن الإيمان بالملائكة جزء لا ينفك بالإيمان بالكتب والإيمان بالرسل. فبغير الإيمان بالملائكة تكون الوساطة بين الله تعالى وبين أنبيائه غير واضحة وغير متعينة. وهي إذا كانت غير واضحة تنتج وليس فقط في فقدان رابط هام جدًّا في سلسلة العلم والهداية، بل في انفتاح طرائق كثيرة للضلال للعقل الإنساني في باب الهدى الرباني السماوي. فإن الدنيا لا زالت تؤمن بوجود الله تعالى، وأنه إذا كان موجودًا فلا بد من إعلام العباد بمرضياته. ولكن بما أنه لا يأتي إليهم مقابلًا

---

(1) سورة فاطر، الآية: ١.
(2) سورة النحل، الآيتان: ٤٩ و٥٠.

121

لهم بلا نقاب ولا حجاب. إذن يثور سؤال ما هو الواسطة والذريعة التي بها ينزل أحكامه وشرائعه لعباده؟ وجواب هذا السئوال أن ذريعة العلم بين الله وبين أنبيائه ورسله هو الوحي والإلهام. والذي يرسله إليهم بطريق ملائكة وبالأخص بواسطة مَلك مقرب اسمه جبرئيل عليه السلام. وهذه الملائكة هم أطهر وأزكى وأفضل مخلوقاته. عندهم صلاحية لأخذ الوحي مباشرة من الله تعالى. فبسبب هذه العلاقة الوطيدة بين الملائكة وبين الوحي والرسالة لزم الإيمان بهم بالتأكيد، كجزء لازم للإيمان بالأنبياء والكتب. فإنهم يقومون بفريضة الرسالة بين الله وبين أنبيائه ورسله. فلابد من وجودهم كمخلوق مربوط معًا بعالمين: عالم اللاهوت وعالم الناسوت. ويستطيعون بسبب نورانيتهم تحمّلَ الأنوار الإلهية والتجليات الربانية، كما يستطيعون الترابط والاتصال بالناس لكونهم مخلوقًا كذلك. ولا خلق سواهم بحيازة هذا الاتصال بالرب تعالى فلزم الإيمان برُسل الله يودون رسالات الله إلى أنبيائه ورسله مع الإيمان بالأنبياء والرسل»[1].

ومسؤوليات وتبعات الملائكة التي جاءت في القرآن هي كما يأتي:

١ ـ إجراء حكم الله وقضائه في المخلوقات. قال تعالى: ﴿تَنَزَّلُ ٱلْمَلَـٰٓئِكَةُ وَٱلرُّوحُ فِيهَا بِإِذْنِ رَبِّهِم مِّن كُلِّ أَمْرٍ﴾[2].

٢ ـ وكما ينزل الملائكة بكل أمر يعرجون كذلك إلى ربهم لتقديم الأمور في حضرته. قال جل وعلا:

﴿تَعْرُجُ ٱلْمَلَـٰٓئِكَةُ وَٱلرُّوحُ إِلَيْهِ فِى يَوْمٍ كَانَ مِقْدَارُهُۥ خَمْسِينَ أَلْفَ سَنَةٍ﴾[3].

٣ ـ إنزال الوحي إلى الأنبياء والرسل. قال تعالى:

﴿يُنَزِّلُ ٱلْمَلَـٰٓئِكَةَ بِٱلرُّوحِ مِنْ أَمْرِهِۦ عَلَىٰ مَن يَشَآءُ مِنْ عِبَادِهِۦٓ أَنْ أَنذِرُوٓا۟ أَنَّهُۥ لَآ إِلَـٰهَ إِلَّآ أَنَا۠ فَٱتَّقُونِ﴾[4].

---

(1) تدبر القرآن: ١/ ٤٢٣.

(2) سورة القدر، الآية: ٤.

(3) سورة المعارج، الآية: ٤.

(4) سورة النحل، الآية: ٢.

وعلم من القرآن الكريم أن هذا الوحي يأتي به جبرئيل عليه السلام في عامة الأحوال. إنه أفضل الملائكة وأقربهم. له توصل مباشر إلى الله سبحانه لا يحول بينه وبين صاحب العرش أحد. وقد قيل في حقه في القرآن أنه ذو قوة ومطاع أمين ويعني ذلك أنه يحمل كافة الصلاحيات والطاقات التي لا بد منها في تحمل مسؤوليته وأداء واجبه. إذن فلا إمكان أن تؤثر عليه طاقة أو روح خبيثة ترعبه أو تبعثه على الخيانة لدرجة ما، أو يصيبه الخلط أو الخطأ في ذاك الوحي. فإن الله قد عصمه من كل نقاط ضعف كهذه فقال جل وعلا:

﴿عَلَّمَهُۥ شَدِيدُ ٱلْقُوَىٰ * ذُو مِرَّةٍ فَٱسْتَوَىٰ * وَهُوَ بِٱلْأُفُقِ ٱلْأَعْلَىٰ * ثُمَّ دَنَا فَتَدَلَّىٰ * فَكَانَ قَابَ قَوْسَيْنِ أَوْ أَدْنَىٰ * فَأَوْحَىٰٓ إِلَىٰ عَبْدِهِۦ مَآ أَوْحَىٰ﴾[1].

٤ ـ الإشراف لعلم الإنسان وعمله والحفظ بتسجيلات الأعمال البشرية. قال تعالى:

﴿وَإِنَّ عَلَيْكُمْ لَحَٰفِظِينَ * كِرَامًا كَٰتِبِينَ * يَعْلَمُونَ مَا تَفْعَلُونَ﴾[2].

٥ ـ يجيؤون بالبشارة أو العذاب. كما قال تعالى:

﴿وَلَقَدْ جَآءَتْ رُسُلُنَآ إِبْرَٰهِيمَ بِٱلْبُشْرَىٰ قَالُوا۟ سَلَٰمًا ۖ قَالَ سَلَٰمٌ ۖ فَمَا لَبِثَ أَن جَآءَ بِعِجْلٍ حَنِيذٍ * فَلَمَّا رَءَآ أَيْدِيَهُمْ لَا تَصِلُ إِلَيْهِ نَكِرَهُمْ وَأَوْجَسَ مِنْهُمْ خِيفَةً ۚ قَالُوا۟ لَا تَخَفْ إِنَّآ أُرْسِلْنَآ إِلَىٰ قَوْمِ لُوطٍ﴾[3].

وهذه الآية من سورة هود تتضمن أيضًا إمكانية اختيار وجه البشر مع بقائهم منزهين مع ذلك عن حاجات الأكل والشرب وما إليه.

٦ ـ الانهماك في تسبيح الرب تعالى وتهليله وتكبيره والاستغفار لمن في الأرض. قال:

---

(1) سورة النحل، الآية: ٢.

(2) سورة الإنفطار، الآيات: ١٠ ـ ١٢.

(3) سورة هود، الآيتان: ٦٩ و٧٠.

﴿وَالْمَلَٰٓئِكَةُ يُسَبِّحُونَ بِحَمْدِ رَبِّهِمْ وَيَسْتَغْفِرُونَ لِمَن فِى ٱلْأَرْضِ أَلَآ إِنَّ ٱللَّهَ هُوَ ٱلْغَفُورُ ٱلرَّحِيمُ ﴾[(1)].

٧ ـ قبض أرواح الناس. قال تعالى:

﴿قُلْ يَتَوَفَّىٰكُم مَّلَكُ ٱلْمَوْتِ ٱلَّذِى وُكِّلَ بِكُمْ ثُمَّ إِلَىٰ رَبِّكُمْ تُرْجَعُونَ ﴾[(2)].

٨ ـ إنهم رفقاء لأهل الإيمان في الدنيا والآخرة ويبشرونهم بالجنة وقت الموت كما قال: ﴿إِنَّ ٱلَّذِينَ قَالُوا۟ رَبُّنَا ٱللَّهُ ثُمَّ ٱسْتَقَٰمُوا۟ تَتَنَزَّلُ عَلَيْهِمُ ٱلْمَلَٰٓئِكَةُ أَلَّا تَخَافُوا۟ وَلَا تَحْزَنُوا۟ وَأَبْشِرُوا۟ بِٱلْجَنَّةِ ٱلَّتِى كُنتُمْ تُوعَدُونَ * نَحْنُ أَوْلِيَآؤُكُمْ فِى ٱلْحَيَوٰةِ ٱلدُّنْيَا وَفِى ٱلْءَاخِرَةِ وَلَكُمْ فِيهَا مَا تَشْتَهِىٓ أَنفُسُكُمْ وَلَكُمْ فِيهَا مَا تَدَّعُونَ ﴾[(3)].

٩ ـ يكونون شهودًا للحضرة الإلهية في القيامة ويحملون عرشه العظيم:

﴿وَتَرَى ٱلْمَلَٰٓئِكَةَ حَآفِّينَ مِنْ حَوْلِ ٱلْعَرْشِ يُسَبِّحُونَ بِحَمْدِ رَبِّهِمْ ﴾[(4)]. ﴿وَٱلْمَلَكُ عَلَىٰٓ أَرْجَآئِهَا وَيَحْمِلُ عَرْشَ رَبِّكَ فَوْقَهُمْ يَوْمَئِذٍ ثَمَٰنِيَةٌ ﴾[(5)].

١٠ ـ وإدارة ونسق جهنم أيضًا سوف يفوض إليهم كما جاء:

﴿عَلَيْهَا مَلَٰٓئِكَةٌ غِلَاظٌ شِدَادٌ لَّا يَعْصُونَ ٱللَّهَ مَآ أَمَرَهُمْ وَيَفْعَلُونَ مَا يُؤْمَرُونَ ﴾[(6)].

ويُستنبط من إشارات القرآن أن الصورة مثلها تكون في الجنة أيضًا. ثم إن القرآن قد رد على تصورات خاطئة متواجدة عند الناس عن الملائكة ردًا بليغًا وأكثر من مرة. مثلًا قال في موضع إن الملائكة ليسوا بنات الله كما يدعون هؤلاء الحمقاء بل إنهم عباد الله مقربون له، ولكن هذا الإكرام والتقرب ما حصلا لهم

(1) سورة الشورى، الآية: ٥.

(2) سورة السجدة، الآية: ١١.

(3) سورة فصلت، الآيتان: ٣٠ و٣١.

(4) سورة الزمر، الآية: ٧٥.

(5) سورة الحاقة، الآية: ١٧.

(6) سورة التحريم، الآية: ٦.

لأنهم يحملون عليه من تأثير وفعل أو تدلل وميلان فيستطيعون أن يتصرفوا أو يتدخلوا في أمر من أموره تعالى. حاشاه وكلا، بل إنهم حصلوا ذاك التقرب فقط لأنهم نجحوا في معيارات العبودية للّه والحب والوفاء له خالصًا. وفضلًا عن التدخل في أمر من أموره إنهم لا يسبقونه بالقول. بل يتجرأون على مقولة عندما إذن لهم في ذلك. ويجيبون عما يُسألون واقفين عند حدود الأدب للّه جل وعلا، ولا يقولون إلا الحق ولا يشفعون إلى لمن ارتضى، ولا يقدمون أي إقدام من عند أنفسهم، بل ينتظرون كل وقت ما سيصدر عن الحضرة الإلهية وهم من خشيته مشفقون. كما قال تعالى في ذلك:﴿ وَقَالُوا۟ ٱتَّخَذَ ٱلرَّحْمَٰنُ وَلَدًا ۗ سُبْحَٰنَهُۥ ۚ بَلْ عِبَادٌ مُّكْرَمُونَ ۝ لَا يَسْبِقُونَهُۥ بِٱلْقَوْلِ وَهُم بِأَمْرِهِۦ يَعْمَلُونَ ۝ يَعْلَمُ مَا بَيْنَ أَيْدِيهِمْ وَمَا خَلْفَهُمْ وَلَا يَشْفَعُونَ إِلَّا لِمَنِ ٱرْتَضَىٰ وَهُم مِّنْ خَشْيَتِهِۦ مُشْفِقُونَ ۝ وَمَن يَقُلْ مِنْهُمْ إِنِّىٓ إِلَٰهٌ مِّن دُونِهِۦ فَذَٰلِكَ نَجْزِيهِ جَهَنَّمَ ۚ كَذَٰلِكَ نَجْزِى ٱلظَّٰلِمِينَ ﴾[1].

وقف عند ذلك الأستاذ الإمام فقال:

«ما زال العقل الإنساني ـ ولا يزال ـ يتجسس عن الأرواح المتعلقة بعالم غير عالمه أي عالم اللاهوت لدرجة من الحرارة والغليان، أنه إذا لم يحصل في بحثه عن ذلك على شيء صحيح معقول، اندفع إلى أتفه شيء وأخطئه تعثر عليه في بحثه هذا. فإنه كان كاهنوا العرب وساحروها يعتقدون الجن والشياطين وهاتف الغيب ذريعةً إلى علاقة بعالم اللاهوت. وكان كهنة الهندوس وبراهمتها والمنجمون عندها يبحثون عن الأسرار الغيبية في حركات الأفلاك. وكان رهبان الصين وعباد منادرها يتوسلون إلى عالم الغيب بواسطة أرواح آبائهم وأجدادهم. وقد نفى القرآن كل ذلك ورده ردًّا مفحمًا وأغلظ القول في هذه الوسائل والوساطات والعلوم الحاصلة منها بأنها كلها إفك وزور وبهتان عند الله، وقد أوضح أيضًا الحقيقة أن هناك فقط ذريعة واحدة لأخذ العلم الإلهي منه،

(1) سورة الأنبياء، الآيات: ٢٦ ــ ٢٩.

وهم الملائكة الذين ينزلون على الأنبياء ويوصلون إليهم كل ما قد أخذوه عن الله تعالى سبحانه[1].

## الإيمان بالأنبياء.

قال الله تعالى: ﴿إِنَّآ أَوْحَيْنَآ إِلَيْكَ كَمَآ أَوْحَيْنَآ إِلَىٰ نُوحٍ وَٱلنَّبِيِّـۧنَ مِنۢ بَعْدِهِۦ وَأَوْحَيْنَآ إِلَىٰٓ إِبْرَٰهِيمَ وَإِسْمَٰعِيلَ وَإِسْحَٰقَ وَيَعْقُوبَ وَٱلْأَسْبَاطِ وَعِيسَىٰ وَأَيُّوبَ وَيُونُسَ وَهَٰرُونَ وَسُلَيْمَٰنَ وَءَاتَيْنَا دَاوُۥدَ زَبُورًا ۞ وَرُسُلًا قَدْ قَصَصْنَٰهُمْ عَلَيْكَ مِن قَبْلُ وَرُسُلًا لَّمْ نَقْصُصْهُمْ عَلَيْكَ وَكَلَّمَ ٱللَّهُ مُوسَىٰ تَكْلِيمًا ۞ رُّسُلًا مُّبَشِّرِينَ وَمُنذِرِينَ لِئَلَّا يَكُونَ لِلنَّاسِ عَلَى ٱللَّهِ حُجَّةٌۢ بَعْدَ ٱلرُّسُلِ وَكَانَ ٱللَّهُ عَزِيزًا حَكِيمًا﴾[2].

العباد المصطفون الذين انتخبهم الله لهداية بني آدم يقال لهم الأنبياء. وكانوا أُناسًا ولكن نخبهم الله على أساس علمه وحكمته لهذا المنصب الجليل، ولذا نبوتهم هي الموهبة الربانية أصالةً، لاعلاقة لها بمناهج التعليم والتربية وطرائق الأخذ والاكتساب كما تدل عليه الآية من سورة الأنعام (رقم ١٢٤) وقد قص القرآن قصة نيل موسى النبوة. فكان يرجع من مدين بأهله فلما بلغ الوادي الأيمن من سيناء ليلًا. وكان لا يستطيع تقدير الوقت ومعرفة الطريق ويبدو أن القر أيضًا كان شديدًا حتى تفجأه شعلة من النور من التجلية الربانية، ولعله لم يشاهدها غيره فقال لأهله: أنكم تبقون هنا لقد رأيت لهبًا. سأذهب إلى هناك، وأحصل على بعض النار للتدفئة بها، أو إذا كان هناك بعض الأشخاص هناك فسأجد طريقة أمامهم. بعد أن قال لهم هذا توجه نحو ذاك، وعندما وصل إلى هذا المكان، إذ جاءه صوت، «يا موسى، إنني أنا ربك فاخلع نعليك أنت بالوادي المقدس طوى. وأنا اخترتك فاستمع لما يوحى «ويقول القرآن إنه بعد ذلك تم تعليمه الذي قد أعطيه كل الأنبياء.

﴿إِنَّنِىٓ أَنَا ٱللَّهُ لَآ إِلَٰهَ إِلَّآ أَنَا۠ فَٱعْبُدْنِى وَأَقِمِ ٱلصَّلَوٰةَ لِذِكْرِىٓ ۞ إِنَّ ٱلسَّاعَةَ

---

(1) تدبر القرآن: ١/ ٤٢٤.
(2) سورة النساء، الآيات: ١٦٣ ــ ١٦٥.

ءَاتِيَةٌ أَكَادُ أُخْفِيهَا لِتُجْزَىٰ كُلُّ نَفْسٍ بِمَا تَسْعَىٰ * فَلَا يَصُدَّنَّكَ عَنْهَا مَن لَّا يُؤْمِنُ بِهَا وَٱتَّبَعَ هَوَىٰهُ فَتَرْدَىٰ ﴾[1].

ومما شرف به موسى عليه السلام أن الله تعالى قد كلمه مباشرةً. وجاء ذكر الوحي الأول إلى رسول الله ﷺ في سورة النجم للقرآن الكريم وعُلم منه أنه قد أوحي إليه عن طريق ملك مقرب هو جبرئيل الأمين، فقال القرآن أنه قد ظهر في الأفق الأعلى في صورته الأصلية على حينه، ورآه النبي ﷺ بأم عينيه ثم دنا إليه وعطف عليه عطفةَ أستاذ شفيق على طالبه الحبيب، واقترب منه اقترابًا بينًا حتى كان قاب قوسين أو أدنى، فأوحى إلى رسول الله ما أوحى إليه بإذن الله. فقال تعالى: ﴿ عَلَّمَهُۥ شَدِيدُ ٱلْقُوَىٰ * ذُو مِرَّةٍ فَٱسْتَوَىٰ * وَهُوَ بِٱلْأُفُقِ ٱلْأَعْلَىٰ * ثُمَّ دَنَا فَتَدَلَّىٰ * فَكَانَ قَابَ قَوْسَيْنِ أَوْ أَدْنَىٰ * فَأَوْحَىٰٓ إِلَىٰ عَبْدِهِۦ مَآ أَوْحَىٰ ﴾[2].

وقد تم بعث هؤلاء الأنبياء إلى كل قوم قد وعد الله آدم عليه السلام أنه سوف ينزل هداه من لدنه لترشد ذريته. فهذا الهدى قد أوتيهم من قبل الأنبياء عليهم السلام. الذين يتلقون وحي السماء ويهدون الناس إلى الحق، ويبشرون المؤمنين وينذرون العاصين سوء مغبة عصيانهم. ولذا قال الله في القرآن مخاطبًا نبيه في مقام بما يأتي: إنا أرسلناك بالحق بشيرًا ونذيرًا، وإن منه أمة إلا خلا فيها نذير. الحقائق التي جاءت في القرآن الكريم عن هؤلاء الأنبياء والتي يجب أن تكون نصب عين للكل، نذكرها في السطور الآتية.

## حقيقة النبوة

وما هي النبوة؟ إنها انتخاب شخص للخطاب الإلهي. وذلك يعني أنه إذا ما تم انتخاب شخص ما من بين عباده لتشرفه بهذا المنصب الجليل يكلمه الله. وأخبر القرآن أن الإنسان قد تشرف به دائمًا بأي طريقتين:

---

(1) سورة طه، الآيات: ١٤ ــ ١٦.

(2) سورة النجم، الآيات: ٥ ــ ١٠.

عبر المخاطبة العامة التي تتم خلف الستار يسمع فيها العبد صوتًا متكلمًا بدون رؤيته كما قد وقع لموسى عليه السلام إذ دخل الوادي الأيمن من طور فوجئ بصوت بدون رؤيته للمتكلم[1].

وثانيًا عبرَ الوحي - والوحي يستعمل لإلقاء قول أو كلام في القلب - وهذا الإيحاء يتم بدوره بصورتين أولًا أن يلقي الله مباشرةً كلامه في قلب نبيه، وثانيًا بإرسال ملك رسول إليه وهو يُوحي إليه، وذلك يتم في المنام وفي اليقظة كليهما. وقد تمثل الوحي في بعض الأوقات في الرؤية. وجاءت أشكال وصور الوحي في روايات كيفية نزول الوحي إليه. يُعلم منها أن أشد صورتها هي كدقة الجرس حتى كان النبي صلى الله عليه وسلم يتعرق في البرد الشديد[2] وماهي ماهيته وكنهه بعد هذا، إن فهمه خارج من الحدود العلمية للإنسان، كما قد قال تعالى بنفسه: ﴿ وَيَسْـَٔلُونَكَ عَنِ ٱلرُّوحِ قُلِ ٱلرُّوحُ مِنْ أَمْـرِ رَبِّى وَمَآ أُوتِيتُم مِّنَ ٱلْعِلْمِ إِلَّا قَلِيـلًا ﴾[3].

وبما أن هذا الوحي يأتي إلى الأنبياء من غير أي تمنى ورغبة منهم، وينبعث من الجانب الالوهي للنفس، ولذا فإنهم لا يلحقهم أي تردد في صحة الوحي. ولكن لأجل اطمئنان قلوبهم إن الله عز وجل يقوم بإراءتهم مشاهد خاصةً. فما جاء من تذكرة إسرائه عليه السلام من المسجد الحرام إلى المسجد الأقصى[4] هو مثل كبير لذلك. وربما تقع المشاهد كهذه من رؤية عين مفتوحة كما جاء ذلك في القرآن: ﴿ وَلَقَدْ رَءَاهُ نَزْلَةً أُخْرَىٰ ۞ عِندَ سِدْرَةِ ٱلْمُنتَهَىٰ ۞ عِندَهَا جَنَّةُ ٱلْمَأْوَىٰٓ ۞ إِذْ يَغْشَى ٱلسِّدْرَةَ مَا يَغْشَىٰ ۞ مَا زَاغَ ٱلْبَصَرُ وَمَا طَغَىٰ ۞ لَقَدْ رَأَىٰ مِنْ ءَايَٰتِ رَبِّهِ ٱلْكُبْرَىٰٓ ﴾[5].

ولقد جاء ذكر الخطاب الإلهي للأنبياء عليهم السلام وصوره المختلفة جماعيًا في

---

(1) القصص: ٢٩ ـ ٣٠.
(2) كما جاء في البخاري رقم ٢ وفي مسلم رقم ٦٠٥٩.
(3) سورة الإسراء، الآية: ٨٥.
(4) (بني إسرائيل: ١).
(5) سورة النجم، الآيات: ١٣ ـ ١٨.

موضع واحد فقال: ﴿وَمَا كَانَ لِبَشَرٍ أَن يُكَلِّمَهُ ٱللَّهُ إِلَّا وَحْيًا أَوْ مِن وَرَآئِ حِجَابٍ أَوْ يُرْسِلَ رَسُولًا فَيُوحِيَ بِإِذْنِهِ مَا يَشَآءُ إِنَّهُ عَلِيٌّ حَكِيمٌ﴾[1].

فالآية واضحة صريحة في أن هذا الإلقاء في قلب نبي لا يتم في إلقاء فكرة وإيحاء خيال فقط، بل يكون في صورة إلقاء كلام يسمعه ويعيه ويحفظه. وفي عامة الأحوال ينتخب له العبارات والأساليب المتواجدة في خزانة علم النبي من قبل، حتى لا يكون له شيئًا أجنبيًا عسيرًا للفهم، ونتيجةً لرعاية ملابسات الأنبياء وأحوالهم ووقائعهم ولرعاية استعدادهم وصلاحيتهم كذلك، فقد يقع فرق كبير وبون بعيد في وحيهم لفظًا ومعنىً.

## ضرورة نبي

إن الإنسان قد أعطي صلاحية الاستنباط بطريق التمثيل والاستقراء، يستخرج الكليات من الجزئيات ثم يحكم عليها. ويتوصل من البديهيات إلى النظريات ويقيس الغير المحسوس على المحسوس. فكذلك أعطي أيضًا صلاحية تمييز الخير من الشر والصلاح من الفساد، وأكبر من ذلك فإنه ليس خاليًا من شعور بالخالق جل مجده ومعرفة الرب وعدله. كما قد سُقنا هذه الحقائق عن الإنسان من قبل. إذن فلا حاجة إلى نبي ورسول حتى يوقف الإنسان على هذه الأشياء، لأنها وديعة في فطرة الإنسان من أول يوم من خلقته كجزء لا ينفك منها. ويتوضح من آية القرآن التي ذكرناها أن ضرورة النبوة تكون بوجهين: أحدهما لإتمام الهداية أي لتذكير الإنسان بما يستوعبه منذ الأزل وبما أودع في فطرته من جديد، وتعيين التفصيلات اللازمة لها للإنسان كما قال تعالى: ﴿وَجَعَلْنَٰهُمْ أَئِمَّةً يَهْدُونَ بِأَمْرِنَا وَأَوْحَيْنَآ إِلَيْهِمْ فِعْلَ ٱلْخَيْرَٰتِ وَإِقَامَ ٱلصَّلَوٰةِ وَإِيتَآءَ ٱلزَّكَوٰةِ وَكَانُوا۟ لَنَا عَٰبِدِينَ﴾[2].

وثانيًا لإتمام الحجة. ويعني إيقاظ الإنسان من الغفلة وتقديم شهادة أخرى

---

(1) سورة الشورى، الآية: ٥١.
(2) سورة الأنبياء، الآية: ٧٣.

من الأنبياء وبالأخص من الرُّسل بعد شهادة العلم والعقل. توضح الحق لدرجة لا يبقى معها عذر لأحد. كما قال تعالى: ﴿يَٰمَعْشَرَ ٱلْجِنِّ وَٱلْإِنسِ أَلَمْ يَأْتِكُمْ رُسُلٌ مِّنكُمْ يَقُصُّونَ عَلَيْكُمْ ءَايَٰتِى وَيُنذِرُونَكُمْ لِقَآءَ يَوْمِكُمْ هَٰذَا قَالُوا شَهِدْنَا عَلَىٰ أَنفُسِنَا وَغَرَّتْهُمُ ٱلْحَيَوٰةُ ٱلدُّنْيَا وَشَهِدُوا عَلَىٰ أَنفُسِهِمْ أَنَّهُمْ كَانُوا كَٰفِرِينَ * ذَٰلِكَ أَن لَّمْ يَكُن رَّبُّكَ مُهْلِكَ ٱلْقُرَىٰ بِظُلْمٍ وَأَهْلُهَا غَٰفِلُونَ﴾[1].

## معرفة النبي

وشخصية النبي تكون مظهرًا أتم للإنسانية ودعوته تقوم على فطرة الإنسان. الحيوان كلها تنبع من شيئين: ذكر الله ومؤانسة الفقراء والمساكين. والنبي بنفسه يقوم بهذين ويدعو الآخرين إلى القيام بهما. وماذا يقول للناس يقوله قائمًا على درجة نهائية للعقل والبصيرة، ويقوله في أشياء أصبح الإنسان غافلًا عنها أو قد نسيها عمومًا. ثم إن نبوة النبي والرسول لا تكون لها خلفية من الأخذ والاكتساب فلا يعرض للإنسان سليم العقل أي أشكالية في معرفته. فإن كان الإنسان متيقظًا يكون لها وجه النبي وصورته كمثل معجزة. وقال تعالى: ﴿قُل لَّوْ شَآءَ ٱللَّهُ مَا تَلَوْتُهُ عَلَيْكُمْ وَلَآ أَدْرَىٰكُم بِهِۦ فَقَدْ لَبِثْتُ فِيكُمْ عُمُرًا مِّن قَبْلِهِۦٓ أَفَلَا تَعْقِلُونَ﴾[2].

ولكن مع ذلك يعطي الله النبي آيات بينات لم تُبق للمعاندين الخصوم إلا أن يصدقوها وإن لم يقرّوها باللسان. وانطلاقًا من هذا فقد قال تعالى في مقام عن أهل الكتاب في الزمن الرسالي: ﴿وَإِن مِّنْ أَهْلِ ٱلْكِتَٰبِ إِلَّا لَيُؤْمِنَنَّ بِهِۦ﴾[3]. وهذه الآيات الباهرات البينات يعطاها كل نبي ورسول متلائمة لزمانه وحالاته. ونذكر بعضها فيما يأتي.

١ - يأتي نبي في عامة الأحوال مطابقًا لتنبؤات نبي قبله ومصداقيةً لها. فلا يكون

(1) سورة الأنعام، الآيتان: ١٣٠ و١٣١.

(2) سورة يونس، الآية: ١٦.

(3) سورة النساء، الآية: ١٥٩.

شخصًا أجنبيًا غريبًا. الناس يتعارفونه وينتظرونه أيضًا. كما قد صرح عن المسيح عليه السلام أنه كان قد نادى له سيدنا يحيى عليه السلام في البيت المقدس قبل بعثته (آل عمران: ٣٩) وقد جاءت بشارات عن النبي ﷺ في التوراة والإنجيل كليهما (الأعراف: ١٥٧) وقد جاء أن من مقاصد بعثته المسيح عليه السلام الهامة البارزة هو التبشير بمبعث النبي ﷺ (الصف: ٦) وقد قدم القرآن كبرهان قاطع على صداقته أن علماء بني إسرائيل يعرفونه كما يعرف الأب المهجور ابنه الموعود المنتظر. (الأنعام: ٢٠) ومعنى ذلك أنهم كانوا يعرفون الرسول ﷺ معرفة تامةً كما قال: ﴿وَإِنَّهُۥ لَتَنزِيلُ رَبِّ ٱلْعَٰلَمِينَ * نَزَلَ بِهِ ٱلرُّوحُ ٱلْأَمِينُ * عَلَىٰ قَلْبِكَ لِتَكُونَ مِنَ ٱلْمُنذِرِينَ * بِلِسَانٍ عَرَبِيٍّ مُّبِينٍ * وَإِنَّهُۥ لَفِى زُبُرِ ٱلْأَوَّلِينَ * أَوَلَمْ يَكُن لَّهُمْ ءَايَةً أَن يَعْلَمَهُۥ عُلَمَٰٓؤُاْ بَنِىٓ إِسْرَٰٓءِيلَ﴾[1].

٢ ـ ولا تضاد ولا تخالف فيما يقدمه النبي ﷺ من الله من حيث الكلام الإلهي. ولا يأتي بهذا الدعوى الكبير عبقري من العباقرة إلى درجة نهائية أيًا كان، من أمثال سقراط وفلاطون أو كانت أو آئن ستاين أو غالب أو إقبال أو الرازي والزمخشري في إبداع من إبداعاته. ولكن القرآن قال هذا القول في نفسه، وقاله بكل تأكيد إنه لا يوجد فيه تناقض تافه للفكر والخيال. فهل يكون هناك إنسان في الدنيا كان يتكلم ويخطب لسنوات عديدة على مواضع مختلفة متنوعة، في حالات متباينة وعلى مواقع مختلفة، ثم إذا ما تم تدوين وترتيب تلك الخطب انصاغت في مجموعة كلام متوافق تمام التوفق منسجم تمام الانسجام. لا ترى فيه صدامًا للأفكار والأخيلة ولا لمحة من الكيفيات الحادثة في ذهن المتكلم، ولا أثرًا من آثار تبديل الرأي وتغيير وجهة النظر؟ هذه خصيصة القرآن وحده. فقال تعالى: ﴿أَفَلَا يَتَدَبَّرُونَ ٱلْقُرْءَانَ ۚ وَلَوْ كَانَ مِنْ عِندِ غَيْرِ ٱللَّهِ لَوَجَدُواْ فِيهِ ٱخْتِلَٰفًا كَثِيرًا﴾[2].

---

(1) سورة الشعراء، الآية: ١٩٣ ـ ١٩٧.

(2) سورة النساء، الآية: ٨٢.

يقول الأستاذ الإمام:

«وكل مقولة للقرآن مستحكمة ومترابطة في أصولها وفروعها إلى درجة لم تكن صيغ الرياضة وقوانين الأقليدس مستحكمة كاستحكامها. فإن العقائد التي جاء بها هي متناسقة ومترابطة بعضها من بعض، أن نفرق واحدة منها فتنتشر السلسلة الكاملة لها. والعبادات والطاعات التي يأمر بها هي تنبثق من تلك العقائد كما تتفرع الأغصان من الجذع. والأعمال والأخلاق التي يلقنها القرآن تظهر من أصولها كما يظهر اللوازم الطبيعية الفطرية من الشيء. ونظام الحياة الذي يحدث من تعليمه الجماعي يبرز في صورة بنيان مرصوص. كل لبنة من لبناتها ترتبط وتلتصق بعضها من بعض، أن لا يمكن تجزئتها من الأخرى إلا بإحداث خلاء في البنيان كله»[1].

٣ - ويعطي الله تعالى النبي معجزات وخوارق. والمعجزات والخوارق التي مُنحت لسيدنا مسيح عليه السلام قد صرح القرآن نفسه فيها أنها أعطيت للدلالة على أشياء، ومنها كانت رسالة هؤلاء الأنبياء. فقد قال بعد ذكر العصا واليد البيضاء لموسى عليه السلام: ﴿فَذَٰنِكَ بُرْهَٰنَانِ مِن رَّبِّكَ إِلَىٰ فِرْعَوْنَ وَمَلَإِيْهِۦٓ إِنَّهُمْ كَانُوا۟ قَوْمًا فَٰسِقِينَ﴾[2].

ولا يمكن لشخص أن يرد هذه المعجزات القاهرة بأنها نوع من السحر والساحرية، أو نقطة كمال للفن والعلم. لأنه لا يعرف كنه وماهية العلوم والفنون كهذه أكثر من البارعين فيها، والذين هم بدورهم اعترفوا عجزهم أمام المعجزات الربانية. وما ذكرنا آنفًا من معجزات موسى عليه السلام فقد أراد فرعون إزالة تأثيرها من الجماهير فقد أرسل إلى سحرة مملكته وقدم بهم أمام موسى لميقات يوم معلوم يوم عيدهم، وكان قد توقع الفتح ولكن إذا ما رأى السحرة أن عصى موسى قد

---

(1) تدبر القرآن: ٢/ ٣٤٧.

(2) سورة القصص، الآية: ٣٢.

التقم بما جاؤوا من سحر عظيم فألقي السحرة ساجدين وقالوا آمنا برب العالمين رب موسى وهارون.

وبما أن إيمانهم قد انبعث بعد رؤية الحقيقة عيانًا فكان راسخًا لدرجة أن لما تهددهم فرعون بقوله: ﴿فَلَأُقَطِّعَنَّ أَيْدِيَكُمْ وَأَرْجُلَكُم مِّنْ خِلَٰفٍ وَلَأُصَلِّبَنَّكُمْ فِى جُذُوعِ ٱلنَّخْلِ﴾[1]، فهولاء السحرة الذين كانوا قبل ثوان عديدة يلتمسون فرعون الأجر بإلحاح ولجاج (الأعراف: ١١٣) فاجؤوا فرعون بقولهم: لا نبالي بما تفعل بنا بعد رؤية هذه الآية لربنا: ﴿قَالُوا۟ لَن نُّؤْثِرَكَ عَلَىٰ مَا جَآءَنَا مِنَ ٱلْبَيِّنَٰتِ وَٱلَّذِى فَطَرَنَا فَٱقْضِ مَآ أَنتَ قَاضٍ إِنَّمَا تَقْضِى هَٰذِهِ ٱلْحَيَوٰةَ ٱلدُّنْيَآ ۞ إِنَّآ ءَامَنَّا بِرَبِّنَا لِيَغْفِرَ لَنَا خَطَٰيَٰنَا وَمَآ أَكْرَهْتَنَا عَلَيْهِ مِنَ ٱلسِّحْرِ وَٱللَّهُ خَيْرٌ وَأَبْقَىٰ﴾[2].

والمعجزة التي أعطيها محمد ﷺ من هذه الحيثية هو القرآن الكريم. فإذا قرأه الواقفون على أساليب بلاغة العربية والعالمون لرواية العلم والأدب لهذه اللغة، الحاملون للذوق الأدبي السليم أحسوا إحساسًا قويًا بأنه ليس من كلام البشر. فإنه في آونة وأخرى قد تحدى مخاطبيه ومعانديه أن يأتوا بسورة مثله إن كانوا صادقين في زعمهم أن محمدًا يختلقه. فإن كان بإمكان فرد من قومهم أن يأتي بهذا العمل دون خلفية علمية وأدبية سابقة كما يزعمون، إذن لا يتحرجون في القيام بعمل كهذا. وكان دعوى القرآن هذا دعوى محيرًا جدًا فكان يعني أنه لا يمكن لذهن إنساني أن يبدع كلامًا مثله. فكان تحديًا من حيث فذاذة القرآن فصاحةً وبلاغةً ومن حيث براعة بيانه. وكان تحديًا أن يأتوا بكلام يتكلم فيه الإله مثل القرآن، ويوضح حقائق للبشرية إيضاحها، من أمس الحاجة لها والتي لم يفسرها كلام آخر ويرشد في معاملات وأمور لا توجد لها ذريعة أخرى برأسها للترشيد فيها، كلام يشهد له الوجدان وتصدقه مسلمات العلم والعقل. الذي يروي ويسقي القلوب الميتة رواء المطر الأرض الميتة. والذي له شأن وتأثير بالغ يشعر به قارئه إذا كان مطلعًا على لغته في كل لفظ من ألفاظه. ويشهد التاريخ أنه

_____

(1) سورة طه، الآية: ٧١.

(2) سورة طه، الآيتان: ٧٢ و٧٣.

لم يجترئ أحد من مخاطبي القرآن أن يقبل ذاك التحدي كما قال: ﴿وَإِن كُنتُمْ فِى رَيْبٍ مِّمَّا نَزَّلْنَا عَلَىٰ عَبْدِنَا فَأْتُواْ بِسُورَةٍ مِّن مِّثْلِهِۦ وَادْعُواْ شُهَدَآءَكُم مِّن دُونِ ٱللَّهِ إِن كُنتُمْ صَٰدِقِينَ ۞ فَإِن لَّمْ تَفْعَلُواْ وَلَن تَفْعَلُواْ فَٱتَّقُواْ ٱلنَّارَ ٱلَّتِى وَقُودُهَا ٱلنَّاسُ وَٱلْحِجَارَةُ أُعِدَّتْ لِلْكَٰفِرِينَ﴾(1).

وكتاب الله هذا متواجد عندنا في يومنا هذا، مر عليه أربعة عشر قرنًا على أقل حد. والدنيا في أثناء هذه البرهة الطويلة قد تغيرت رأسًا على عقب، ووضع بنو آدم أصنامًا كثيرة للفكر والخيال ثم كسروها بأنفسهم، وجاءت تغيرات كبيرة في نظريات الإنسان للأنفس والآفاق، ومر الإنسان بمراحل كثيرة للترك والاختيار. فبأي الطريق مر وأخيرًا إلى أين وصل. ولكن هذا الكتاب بين كتب العالم لم يزل وما يزال كتابًا محكمًا ثابتًا كما كان قبل أربعة عشر قرنًا من اليوم. الذي يبحث عن أكثر مما كان موضوعًا خاصًا للبحث والتحقيق أثناء قرنين ماضيين. وكما كان العلم والعقل مضطرين إلى اعتراف العجز أمامه حينها يعترفان اليوم عجزهما كذلك. فكل بيانه بيان مبرح بكل شأنه ولم تستطع الدنيا مع كل اكتشافاتها العلمية أن تدخل فيه أي تعديل وتغيير. كما قال: ﴿وَبِٱلْحَقِّ أَنزَلْنَٰهُ وَبِٱلْحَقِّ نَزَلَ وَمَآ أَرْسَلْنَٰكَ إِلَّا مُبَشِّرًا وَنَذِيرًا﴾(2).

٤ ـ ومنها أن الله تعالى يطلع نبيه على بعض الأمور الغيبية التي لا يمكن أن يعلمها إنسان عادي. ومثال ذلك التنبؤات التي صدرت من الوحي الإلهي وصدقت كلها على طريقة محيرة وجاءت بعضها في القرآن وذكرت بعضها في الأحاديث والآثار، فمثلًا كل طالب للقرآن يقف على تنبؤات من غلبة رسول الله ﷺ في أرض العرب، وفتح مكة ودخول الناس أفواجًا في دين الله. وكان تنبؤ غلبة الروم على الفرس ثانيةً من بعد غلبهم كان تنبؤًا عجيبًا وعظيمًا. فقال: ﴿غُلِبَتِ ٱلرُّومُ ۞ فِىٓ أَدْنَى ٱلْأَرْضِ وَهُم مِّنۢ بَعْدِ غَلَبِهِمْ سَيَغْلِبُونَ ۞ فِى بِضْعِ سِنِينَ ۗ لِلَّهِ ٱلْأَمْرُ مِن قَبْلُ وَمِنۢ

_____

(1) سورة البقرة، الآيتان: ٢٣ و٢٤.
(2) سورة الإسراء، الآية: ١٠٥.

﴿بَعْدُ وَيَوْمَئِذٍ يَفْرَحُ الْمُؤْمِنُونَ * بِنَصْرِ اللَّهِ يَنصُرُ مَن يَشَاءُ وَهُوَ الْعَزِيزُ الرَّحِيمُ * وَعْدَ اللَّهِ لَا يُخْلِفُ اللَّهُ وَعْدَهُ وَلَٰكِنَّ أَكْثَرَ النَّاسِ لَا يَعْلَمُونَ﴾[1].

ولما جاء هذا التنبؤ ففي لفظ غِبن كاتب «انحطاط رومة» لم يكن تنبؤًا بعيد الوقوع مثل هذا التنبؤ لأن الاثني عشر عامًا السابقة لهرقل كانت تعلن وتنبئ عن القضاء المحتوم لسلطنة رومة[2] ولكن قد صدق صدقًا تامًا، ورجع إمبراطور الروم إلى عاصمة قسطنطنية في مارس ٦٢٨ للميلاد بشأن فخم تجر عربته الملكية أربعة أفيال والكثير من الناس في خارج العاصمة ينتظرون قدومه حاملين السُّرج وأغصان شجرة الزيت تهنئةً وترحيبًا ببطلهم.

٥ـ ومن الأنبياء من يفوز بدرجة الرسالة فيأتون كمحكمة الإلهية وودعوا الدنيا وقد قضي على قومهم. ويتم ذلك أن يأتي الرسول فإن كان قومه يقوم على ميثاق ربهم يُجزون جزاءه في هذه الدنيا وإن انحرفوا عنه عوقبوا عليه فيها، فيصير وجودهم آيةً إلهيةً كأن الناس ينظرون الله معهم يمشي على الأرض، يحكم ويقضي فيها. ويوفر ذلك أساسًا للقضاء الإلهي في الدنيا والآخرة، فيعطي الله الغلبة لرُسله عليهم، وينزل العذاب على المنكرين لدعوتهم كما قال: ﴿وَلِكُلِّ أُمَّةٍ رَّسُولٌ فَإِذَا جَاءَ رَسُولُهُمْ قُضِيَ بَيْنَهُم بِالْقِسْطِ وَهُمْ لَا يُظْلَمُونَ﴾[3].

## بشرية النبي

يكون النبي بشرًا. فهو يعيش كإنسان عادي ويمشي في الأرض يهب وينام، يتزوج ويلد ويودع الأرض بسبب الموت كما يطرأ كل على الناس أجمعين. ولم يكن أحد من الأنبياء إلهًا أو رمزًا للإله أو شبه إله أو ملكًا. فصرح القرآن في كثير

---

(1) سورة الروم، الآيات: ٢ ــ ٦.

(2) انظر انحطاط روما لإيدورد غبن ٢/ ٧٨٨.

(3) سورة يونس، الآية: ٤٧.

من المواضع بأنه لا فرق بينهم وبين الأناس العاديين. وقد نقل القرآن مطالبات عديدة لمخاطبي رسول الله ﷺ أنه إن كنت نبيًّا ففجر لنا من الأرض ينبوعًا. أو يكون لك بيت من زخرف وذهب أو تفجر الأنهار، أو تجيء بقوافل الربيع في صحارى لنا قاحلة أو تنبت لنا جنات من أعناب ونخيل وغيرها. أو تسقط علينا السماء كسفًا، أو تأتي بالله والملائكة قبيلًا، أو ترقى في السماء وتنزل علينا كتابًا نقرؤه. وما كان شيء من ذلك محالًا على الله تعالى.

فإن شاء الله لفعل ذلك كله لرسوله. ولكنه صرح أن قُل لهم إنك بشر رسول ولست فوق بشر فهذه المطالبات كلها جاءت في غير موضعها. قال: ﴿قُلْ سُبْحَانَ رَبِّي هَلْ كُنتُ إِلَّا بَشَرًا رَّسُولًا ۞ وَمَا مَنَعَ ٱلنَّاسَ أَن يُؤْمِنُوٓا۟ إِذْ جَآءَهُمُ ٱلْهُدَىٰٓ إِلَّآ أَن قَالُوٓا۟ أَبَعَثَ ٱللَّهُ بَشَرًا رَّسُولًا ۞ قُل لَّوْ كَانَ فِى ٱلْأَرْضِ مَلَٰٓئِكَةٌ يَمْشُونَ مُطْمَئِنِّينَ لَنَزَّلْنَا عَلَيْهِم مِّنَ ٱلسَّمَآءِ مَلَكًا رَّسُولًا﴾[1].

ولكن لا يعني ذلك أنهم يكونون كعامة البشر من حيث العلم والأخلاق والعمل والذهن وباعتبار روحانيتهم. كلا، لا إن دراسة أحوالهم وسوانحهم تدل على أنهم يكونون أبرعهم خَلقًا وأروعهم خُلقًا وخيرهم ثمرة وأكملهم إنسانًا. وقد قال القرآن إنهم إذا شاء ربهم أوتوا العلم والحكم من لدنه كما جاء في سيدنا يحيى: ﴿يَٰيَحْيَىٰ خُذِ ٱلْكِتَٰبَ بِقُوَّةٍ ۖ وَءَاتَيْنَٰهُ ٱلْحُكْمَ صَبِيًّا ۞ وَحَنَانًا مِّن لَّدُنَّا وَزَكَوٰةً ۖ وَكَانَ تَقِيًّا ۞ وَبَرًّۢا بِوَٰلِدَيْهِ وَلَمْ يَكُن جَبَّارًا عَصِيًّا﴾[2].

كما قال تعالى في موسى عليه السلام: ﴿وَلَمَّا بَلَغَ أَشُدَّهُۥ وَٱسْتَوَىٰٓ ءَاتَيْنَٰهُ حُكْمًا وَعِلْمًا ۚ وَكَذَٰلِكَ نَجْزِى ٱلْمُحْسِنِينَ﴾[3].

ثم لم يتوقف الأمر على ذلك بل إنهم يكونون على درجة أتم وأكمل للبصيرة البشرية المفطور عليها الإنسان. فهم يُبقون حدتها ويحمونها من كل

---

(1) سورة الإسراء، الآيات: ٩٣ ــ ٩٥.
(2) سورة مريم، الآيات: ١٢ ــ ١٤.
(3) سورة القصص، الآية: ١٤.

طوفان يثيره النفس البشري. وكانوا قبل التشرف بالوحي على أزكى قلب وأسلم فطرة والحق يبرهن عليهم إلى حد أكبر، وهذه الصفة الخاصة اتسمت في القرآن بوصف «بينة» وتشهد وقائع وأحداث الأنبياء أنهم كانوا يشهدون الوحي الإلهي كشاهد على ضيائهم الباطني هذا وبصيرتهم الفذة، فقد جاء في نوح (عليه السلام) أنه قال: ﴿ قَالَ يَٰقَوْمِ أَرَءَيْتُمْ إِن كُنتُ عَلَىٰ بَيِّنَةٖ مِّن رَّبِّي وَءَاتَىٰنِي رَحْمَةٗ مِّنْ عِندِهِۦ فَعُمِّيَتْ عَلَيْكُمْ أَنُلْزِمُكُمُوهَا وَأَنتُمْ لَهَا كَٰرِهُونَ ﴾[1].

وجاء في سيدنا صالح: ﴿ قَالَ يَٰقَوْمِ أَرَءَيْتُمْ إِن كُنتُ عَلَىٰ بَيِّنَةٖ مِّن رَّبِّي وَءَاتَىٰنِي مِنْهُ رَحْمَةٗ فَمَن يَنصُرُنِي مِنَ ٱللَّهِ إِنْ عَصَيْتُهُۥ فَمَا تَزِيدُونَنِي غَيْرَ تَخْسِيرٖ ﴾[2].

وفي شعيب (عليه السلام): ﴿ قَالَ يَٰقَوْمِ أَرَءَيْتُمْ إِن كُنتُ عَلَىٰ بَيِّنَةٖ مِّن رَّبِّي وَرَزَقَنِي مِنْهُ رِزْقًا حَسَنٗا وَمَآ أُرِيدُ أَنْ أُخَالِفَكُمْ إِلَىٰ مَآ أَنْهَىٰكُمْ عَنْهُ ﴾[3].

## فطرة النبي

والنبي مفطور على الفطرة الكاملة لإنسان كامل. وتُشعر الإشارات التي جاءت في الصحف السماوية الملهمة المتصلة بسيرة الأنبياء (عليهم السلام) وسوانح ووقائعهم أنه تكون بحيازتهم الرحمة والغضب، كما أنهم يحسون إحساسات القلق والألم والاضطراب والتحسر والتأسف والحزن والندم أيضًا إذا صدرت منهم خطأ. فتارة يتوبون ويستغفرون كالعباد الخاضعين الخاشعين ومرة يختارون طريقة الإلحاح والمجادلة لربهم. وهذا يكون لكي يتم التوافق معهم ومع مخاطبيهم الذين تمت إليهم بعثتهم لإتمام الحجة عليهم وأن يتأثربهم قومهم. فإن كانوا خالين من كل العواطف والمشاعر كهذه لا يفعل كلامهم أي تأثير في قومهم.

ثم إنهم يكونون فردًا كاملًا لقومهم مع كونهم مظهرًا أتم وأكبر للإنسانية.

---

(1)   سورة هود، الآية: ٢٨.

(2)   سورة هود، الآية: ٦٣.

(3)   سورة هود، الآية: ٨٨.

ومعرفة حالات الأنبياء ودراسة سيرتهم تطلعنا على أن كل نبي كان عطرًا لقومه وخلاصته، وأمينًا لتقاليده الحضارية وجامعًا لمحاسن الأخلاق التي بقيت فيه. ولا شك أنه يكون مطهّرًا من كل مساوئهم ولكنه يماثلهم في العادات والتقاليد تماثلًا يتراءى القوم ونبيه في تلك المِرأة ولذا قال القرآن لو أرسل الله ملكًا رسولًا لجعله أيضًا بشرًا حتى تتم العلاقة المؤثرة للإبلاغ بينه وبين مخاطبيه. فقال: ﴿وَلَوْ جَعَلْنَٰهُ مَلَكًا لَّجَعَلْنَٰهُ رَجُلًا وَلَلَبَسْنَا عَلَيْهِم مَّا يَلْبِسُونَ﴾[1].

نعم قد اختلف الأمر بعض الاختلاف في الرُّسل الذين جاؤوا فقط لغرض إتمام الحجة من أمثال سيدنا يحيى عليه السلام وسيدنا السيح عليه السلام. فإنهم أقرب من الملائكة بطبيعتهم ولذا قلت إفادتهم للناس.

## عصمة النبي

لقد يتم انتخاب أشخاص من حيث الأنبياء من يتقون أنفسهم من ترغيبات النفس والشيطان، ويتجنبون الذنوب والمعاصي، ويكونون من الخيار الصالحين في قومهم من كل اعتبار. فقد عدّد الكثير من الأنبياء في الأنعام الآية (٨٥) وقال: كل من الصالحين. كما جاء في موضع آخر: ﴿وَاذْكُرْ عِبَٰدَنَآ إِبْرَٰهِيمَ وَإِسْحَٰقَ وَيَعْقُوبَ أُوْلِي ٱلْأَيْدِي وَٱلْأَبْصَٰرِ * إِنَّآ أَخْلَصْنَٰهُم بِخَالِصَةٍ ذِكْرَى ٱلدَّارِ * وَإِنَّهُمْ عِندَنَا لَمِنَ ٱلْمُصْطَفَيْنَ ٱلْأَخْيَارِ * وَٱذْكُرْ إِسْمَٰعِيلَ وَٱلْيَسَعَ وَذَا ٱلْكِفْلِ وَكُلٌّ مِّنَ ٱلْأَخْيَارِ﴾[2].

فبسبب هذه التقوى والحذر يصونهم الله تعالى، فماذا حدث ليوسف عليه السلام من امرأة العزيز في مصر يتوضح منه وضوحًا تامًا أنه إذا حدثت طارئة مثل ذلك قبل النبوة لم يعد سهلًا عصمة نفسه، فيرشده الله تعالى في مثل هذه الحالات ببرهان خاص له. وهذا البرهان يجيء من النور الإلهي الذي قد أعطيه الكل عمومًا. ولكن من سنة الله أن من يقبله ويقدره حق قدره ويستخدمه في حياته يقوي فيه لدرجة أن يتبرق في باطنهم في الحالات الحرجة العصيبة ويخرق ستور

---

(1) سورة الأنعام، الآية: ٩.

(2) سورة ص، الآيات: ٤٥ ـ ٤٨.

الظلمات من الأبصار ويقيمه عل جادة الهداية والرشد، كما قال تعالى: ﴿ وَلَقَدْ هَمَّتْ بِهِۦ وَهَمَّ بِهَا لَوْلَآ أَن رَّءَا بُرْهَٰنَ رَبِّهِۦ كَذَٰلِكَ لِنَصْرِفَ عَنْهُ ٱلسُّوٓءَ وَٱلْفَحْشَآءَ إِنَّهُۥ مِنْ عِبَادِنَا ٱلْمُخْلَصِينَ ﴾[1].

ولا بد أن لا يقع شخص في الخطأ مما ذكره القرآن من خطأ آدم عليه السلام. فلا شك أن القرآن قد استخدم «عصيان» للتفسير عن خطئه. ولكن القرآن نفسه قد صرح أن ذلك العصيان إنما نشأ من النسيان لا من جانب النفس ولم يرتكبه بالإرادة. ويخبرنا القرآن أن الشيطان لما وسوس إليه وأقسم له مرارًا وتكرارًا أنه من ناصحيه وأن هناك شجرة الخلود ولا يحصل لهما الخلود والملك الذي لا يبلى إلا بطريق الأكل من الشجرة الممنوعة. غلبته العواطف البشرية وعصى ربه ولكنه لم يتمادَ به ولم يلح عليه بل تاب إلى ربه وندم منه ندمًا شديدًا واستغفر لذنبه، فتاب الله عليه وهدى ومنحه منصب النبوة. فقال: ﴿ وَلَقَدْ عَهِدْنَآ إِلَىٰٓ ءَادَمَ مِن قَبْلُ فَنَسِيَ وَلَمْ نَجِدْ لَهُۥ عَزْمًا ۞ وَإِذْ قُلْنَا لِلْمَلَٰٓئِكَةِ ٱسْجُدُواْ لِءَادَمَ فَسَجَدُوٓاْ إِلَّآ إِبْلِيسَ أَبَىٰ ۞ فَقُلْنَا يَٰٓـَٔادَمُ إِنَّ هَٰذَا عَدُوٌّ لَّكَ وَلِزَوْجِكَ فَلَا يُخْرِجَنَّكُمَا مِنَ ٱلْجَنَّةِ فَتَشْقَىٰٓ ۞ إِنَّ لَكَ أَلَّا تَجُوعَ فِيهَا وَلَا تَعْرَىٰ ۞ وَأَنَّكَ لَا تَظْمَؤُاْ فِيهَا وَلَا تَضْحَىٰ ۞ فَوَسْوَسَ إِلَيْهِ ٱلشَّيْطَٰنُ قَالَ يَٰٓـَٔادَمُ هَلْ أَدُلُّكَ عَلَىٰ شَجَرَةِ ٱلْخُلْدِ وَمُلْكٍ لَّا يَبْلَىٰ ۞ فَأَكَلَا مِنْهَا فَبَدَتْ لَهُمَا سَوْءَٰتُهُمَا وَطَفِقَا يَخْصِفَانِ عَلَيْهِمَا مِن وَرَقِ ٱلْجَنَّةِ وَعَصَىٰٓ ءَادَمُ رَبَّهُۥ فَغَوَىٰ ۞ ثُمَّ ٱجْتَبَٰهُ رَبُّهُۥ فَتَابَ عَلَيْهِ وَهَدَىٰ ﴾[2].

ولم يختلف ما وقع لموسى عليه السلام من قتل قبطي ظالم من ذلك. فإنه لم يقتله عمدًا بل كان صدفةً، إنه أعان مظلومًا من قومه والقبطي الظالم تصادم معه بسبب رعونته فوكزه موسى ومن سوء الحظ أن القبطي قضي عليه من فوره: قال تعالى: ﴿ وَدَخَلَ ٱلْمَدِينَةَ عَلَىٰ حِينِ غَفْلَةٍ مِّنْ أَهْلِهَا فَوَجَدَ فِيهَا رَجُلَيْنِ يَقْتَتِلَانِ هَٰذَا مِن شِيعَتِهِۦ وَهَٰذَا مِنْ عَدُوِّهِۦ فَٱسْتَغَٰثَهُ ٱلَّذِي مِن شِيعَتِهِۦ عَلَى ٱلَّذِي مِنْ عَدُوِّهِۦ فَوَكَزَهُۥ مُوسَىٰ فَقَضَىٰ عَلَيْهِ قَالَ

---

(1)  سورة يوسف، الآية: ٢٤.
(2)  سورة ص، الآيات: ٤٥ ــ ٤٨.

هَذَا مِنْ عَمَلِ ٱلشَّيْطَٰنِ إِنَّهُۥ عَدُوٌّ مُّضِلٌّ مُّبِينٌ ۞ قَالَ رَبِّ إِنِّي ظَلَمْتُ نَفْسِي فَٱغْفِرْ لِي فَغَفَرَ لَهُۥٓ إِنَّهُۥ هُوَ ٱلْغَفُورُ ٱلرَّحِيمُ ﴾ [1].

يقول الأستاذ الإمام:

«إن سيدنا موسى لم يكن يريد أن يقتل القبطي ولم يكن يتوقع مصادفة هذا الحدث. فإذا وقع ذلك صدفةً ندم عليه ندمًا شديدًا واستغفر لخطئه. ربي إني ظلمت نفسي فاغفر لي. وبما أن الخطأ قد وقع بلا إرادة ثم لم يتأخر عن الاستغفار ولذا غفر له ربه من فوره وبشر بالغفران فإن الله هو الغفور الرحيم» [2]:

والحدثان قد وقعا قبل النبوة. ويفيد القرآن أن الأنبياء بعد التشرف بالنبوة يكونون في رصد وإشراف من الملائكة يحرسونهم، ويحصون كل شيء يتعرض له الأنبياء ويرصدون أن قد أبلغوا رسالات ربهم أم لا؟.

فلم يكن بعد كل هذا هناك إمكان أن يقعوا في خطأ وزلة، مهما كانت قليلة وضئيلة. قال تعالى: ﴿ إِلَّا مَنِ ٱرْتَضَىٰ مِن رَّسُولٍ فَإِنَّهُۥ يَسْلُكُ مِنۢ بَيْنِ يَدَيْهِ وَمِنْ خَلْفِهِۦ رَصَدًا ۞ لِّيَعْلَمَ أَن قَدْ أَبْلَغُوا۟ رِسَٰلَٰتِ رَبِّهِمْ وَأَحَاطَ بِمَا لَدَيْهِمْ وَأَحْصَىٰ كُلَّ شَىْءٍ عَدَدًۢا ﴾ [3].

# رياضة النبي

وبما أن مسؤولية الأنبياء مسؤولية كبرى فإنهم يُتقاضى منهم اهتمام كبير متناسب مع هذا المسؤولية للعبادة والرياضة. قصدًا إلى طمأنينة الصدر وتطهير القلب والنظر، بذريعة التبتل إلى الله وإيتائهم الاستقامة في العلم والعمل. كما يفيد القرآن بأن موسى قيل له أن يعتكف في جبل الطور أربعين يومًا هدفًا إلى إعدادات ذهنية وقلبية لتحمل ألواح التوراة (الأعراف: ١٤٢ ـ ١٤٥) وكان السيد يحيى والسيد المسيح عليهما السلام زاهدين متجردين إلى حد الرهبانية لأنهما كانا يُشغلان

---

(1) سورة القصص، الآيتان: ١٥ و١٦.

(2) تدبر القرآن: ٥/ ٦٦٣.

(3) سورة الجن، الآيتان: ٢٧ و٢٨.

كل لمحة من حياتهما مستغلًا في إتمام حجة على قوم سوف يُقضى عليه. ورميًا إلى ذلك كان النبي ﷺ يعتكف كل سنة وكان يصوم بين الآونة والأخرى، ولما أمر القيام بالإنذار العام فُرض عليه صلاة التهجد مع صلوات المفروضة الخمسة، وأن يقرأ القرآن ثلثًا من الليل أو زائدًا عليه فيها قراءة ترتيل كما جاء في سورة بني إسرائيل: ﴿وَمِنَ ٱلَّيۡلِ فَتَهَجَّدۡ بِهِۦ نَافِلَةً لَّكَ﴾[1]. وجاء في المزمل أيضًا: ﴿يَٰٓأَيُّهَا ٱلۡمُزَّمِّلُ * قُمِ ٱلَّيۡلَ إِلَّا قَلِيلٗا * نِّصۡفَهُۥٓ أَوِ ٱنقُصۡ مِنۡهُ قَلِيلًا * أَوۡ زِدۡ عَلَيۡهِ وَرَتِّلِ ٱلۡقُرۡءَانَ تَرۡتِيلًا * إِنَّا سَنُلۡقِي عَلَيۡكَ قَوۡلٗا ثَقِيلًا * إِنَّ نَاشِئَةَ ٱلَّيۡلِ هِيَ أَشَدُّ وَطۡـٔٗا وَأَقۡوَمُ قِيلًا * إِنَّ لَكَ فِي ٱلنَّهَارِ سَبۡحٗا طَوِيلٗا * وَٱذۡكُرِ ٱسۡمَ رَبِّكَ وَتَبَتَّلۡ إِلَيۡهِ تَبۡتِيلٗا﴾[2].

## فضيلة النبي

ويكون النبي أفضل البشر عامةً كما قال بعد ذكر بعض الأنبياء عليهم السلام: ﴿وَكُلّٗا فَضَّلۡنَا عَلَى ٱلۡعَٰلَمِينَ﴾[3] ومع ذلك فقد حصلت هناك فضيلة لهم خاصة بعضهم على بعض، وبخاصة للرُّسل منهم، ويكونون ممتازين على الآخرين من بعض الجوانب كما جاء: ﴿تِلۡكَ ٱلرُّسُلُ فَضَّلۡنَا بَعۡضَهُمۡ عَلَىٰ بَعۡضٖۘ مِّنۡهُم مَّن كَلَّمَ ٱللَّهُۖ وَرَفَعَ بَعۡضَهُمۡ دَرَجَٰتٖۚ وَءَاتَيۡنَا عِيسَى ٱبۡنَ مَرۡيَمَ ٱلۡبَيِّنَٰتِ وَأَيَّدۡنَٰهُ بِرُوحِ ٱلۡقُدُسِ﴾[4].

ووضح من ذلك أن موسى عليه السلام قد كلمه الله تكليمًا هذا جانب خاص لفضيلة كما أعطى المسيح عليه السلام معجزات بينةً وأيده بروح القدس وهذا من امتيازاته المخصوصة. وقس على ذلك درجات الرسل الآخرين ومراتبهم. وقد قال النبي ﷺ عن نفسه: «فُضّلت على الأنبياء بست: أعطيت جوامع الكلم،

(1) سورة الإسراء، الآية: ٧٩.

(2) سورة المزمل، الآيات: ١ ـ ٨.

(3) سورة الأنعام، الآية: ٨٦.

(4) سورة البقرة، الآية: ٢٥٣.

ونصرت بالرُّعب، وأحلت لي المغانم، وجعلت لي الأرض طهورًا ومسجدًا، وأرسلت إلى الخلق كافة، وختم بي النبيون»[1].

وعني بقوله: «جعلت لي الأرض طهورًا ومسجدًا» أن الصلاة في شريعتي ليست بخاصة للمساجد والمعابد بل تتم في كل مكان على وجه الأرض، وإذا لم يوجد الماء تُقضى حاجتا الغسل والوضوء بالتيمم بالأرض. وينبغي أن تنظر فضيلة الأنبياء والرسل من هذا المنظار، حتى أن النبي ﷺ قد نبه الناس على ذلك على مواقع عديدة فمثلًا خاطبه صحابي مرة بقوله: «يا خير البرية» فقال: كان إبراهيم خير البرية[2]. وسأله بعض الناس: من هو أفضل الناس فقال: يوسف ابن نبي ابن نبي ابن إبراهيم خليل الله أو كما قال عليه السلام[3]. ووقع ذات يوم أن ذكر مسلم النبي ﷺ في قسمه مما فضل الله به على العالمين فقال يهودي ردًّا عليه: وبالله الذي فضل موسى على العالمين: ولما سمعه المسلم غضب ولطم اليهودي لطمةً فشكا اليهودي إلى النبي ﷺ فقال: لا تفضلوني على موسى فإني إذا استيقظت يوم القيامة رأيته ممسكًا بالعرش الإلهي ولعله لم يُغشَ عليه أو يهب من قبلي[4].

ومع وضوح هذا التعليم وضوحًا تامًا ولكن أمم الأنبياء عليهم السلام لم تقبله عمومًا بل اختاروا مسلكًا خاطئًا تمامًا في هذا المجال وقامت تعصبات كثيرة فيما بينهم فوقعوا في الاقتتالات والمحاربات في ذلك.

يقول الأستاذ الإمام:

«أما ما سلكته كل أمة في نبيها أن خصته بسائر الكمالات والفضائل ونفت كل فضيلة عن نبي آخر باعتبارٍ منافٍ للإيمان، فكانت النتيجة لهذا التعصب والتحجر أن انزوت كل أمة من الأمم السابقة إلى زاويتها وانكمشت في قوقعتها.

---

(1) مسلم رقم: ١١٦٧.

(2) رواه مسلم رقم الحديث: ٦١٣٨.

(3) رواه البخاري رقم ٣٣٥٣ ورواه مسلم رقم ٦١٦١.

(4) مفهوم ما رواه البخاري رقم: ٢٤١٢.

وصارت طرائق الاستفادة من بركات الأنبياء والمرسلين الآخرين عليها مسدودة عليها، فلو انتهجت منهجًا صحيحًا لكان كل رسول رسولهم وكل دعوة دعوتهم، ولحظيت أيضًا من دعوة القرآن الكريم التي جاءت اليوم كهداية أخيرة في الدنيا، وقد أشار إلى هذه الحقيقة حين قال في بني إسرائيل: ﴿وَلَقَدْ فَضَّلْنَا بَعْضَ ٱلنَّبِيِّنَ عَلَىٰ بَعْضٍ وَءَاتَيْنَا دَاوُدَ زَبُورًا﴾ (1) و (2).

# إطاعة النبي

الإيمان بالنبي يقتضي باللزوم أن يطاع النبي ﷺ بإذن الله. فقد أوضح ذلك الله تعالى في كتابه على مواقع كثيرة أن النبي ليس فقط مرجعيةً للعقيدة بل يجب أن يكون مركزًا للطاعة أيضًا. ولم يأتِ النبي أن يؤمن به الناس وبس وفرغوا من كل شيء. فإنه ليس بمثابة واعظ ناصح بل بدرجة هادٍ واجب إطاعته. ولم يبعث إلا ليطاع في كل أمور الحياة وكافة المجالات بدون أي تردد ولا تحرج فقال: ﴿وَمَآ أَرْسَلْنَا مِن رَّسُولٍ إِلَّا لِيُطَاعَ بِإِذْنِ ٱللَّهِ﴾ (3).

فإن الله تعالى لا يعامل مع العباد معاملة مباشرةً بل يعطي هديه وإرشاده بوساطة الأنبياء والرسل. نعم المقصود الأصلي هو طاعة الله تعالى ولكن لا تحصل ذلك إلا بطاعة رسله وأنبيائه. كما جاء: ﴿مَّن يُطِعِ ٱلرَّسُولَ فَقَدْ أَطَاعَ ٱللَّهَ﴾ (4). وجاءت تلك الحقيقة في الآيات الأخرى التي تبحث عن المضمون. وقد أوضح أيضًا أنه يجب التسليم إلى ما قضى به النبي ﷺ في ما يشتجر بينهم من الخصومات والنزاعات والقضايا، بطمأنينة قلب كاملة وبلا أي تحرج منه، فقال تعالى: ﴿فَلَا وَرَبِّكَ لَا يُؤْمِنُونَ حَتَّىٰ يُحَكِّمُوكَ فِيمَا شَجَرَ بَيْنَهُمْ ثُمَّ لَا يَجِدُواْ فِىٓ أَنفُسِهِمْ حَرَجًا مِّمَّا قَضَيْتَ وَيُسَلِّمُواْ تَسْلِيمًا﴾ (5).

---

(1) سورة الإسراء، الآية: ٥٥.

(2) تدبر القرآن ١/ ٥٨٣.

(3) سورة النساء، الآية: ٦٤.

(4) سورة النساء، الآية: ٨٠.

(5) سورة النساء، الآية: ٦٥.

يقول الأستاذ الإمام:

«إن الله قد أقسم بنفسه قائلًا إنهم لا يكونون مؤمنين حتى يحكموك فيما اشتجر بينهم ثم ما لم يتغير تغيرًا ذهنيًا وفكريًا أن يسلموا ما تقضى به بطمأنينة قلب وانشراح صدر وبدون تردد، وأن يسلموا أنفسهم إليك من غير استثناء وتحفظ. فتعني إطاعة الرسول طاعة الله عز وجل بنفسه. فلا يؤدي حقه من الإطاعة الظاهرة فقط، بل يجب أن تصحبها طاعة القلب أيضًا»[1].

ولذا فطاعة الرسول ليست شيئًا رسميًا فقط فإن القرآن يطلب أن تكون بإخلاص كامل وحب صادق واعتقاد بالغ وبكل احترام وتقدير، فإنه لم يحصل لإنسان محبة الله تعالى إلا بهذا الاتباع الصادق للرسول كما جاء: ﴿قُلْ إِن كُنتُمْ تُحِبُّونَ ٱللَّهَ فَٱتَّبِعُونِي يُحْبِبْكُمُ ٱللَّهُ وَيَغْفِرْ لَكُمْ ذُنُوبَكُمْ وَٱللَّهُ غَفُورٌ رَّحِيمٌ﴾[2].

وقد أوضح ذلك النبي ﷺ ذلك بنفسه بطرائق مختلفة فمثلًا روي البخاري أنه ﷺ قال: لا يكون أحدكم مؤمنًا حتى أكون إليه أحب من والده وولده والناس أجمعين[3].

وفي سورة الحجرات قد ألقي الخطاب خاصةً إلى ناس منتمين إلى القبائل البدوية المتجاورة للمدينة، لإرشادهم إلى آداب يلحظونها في الحضرة المحمدية، والتي تلقي ضوءًا كاملًا على مرتبة النبي ومنزلته الرفيعة. فقد قال: ﴿يَٰٓأَيُّهَا ٱلَّذِينَ ءَامَنُوا۟ لَا تُقَدِّمُوا۟ بَيْنَ يَدَىِ ٱللَّهِ وَرَسُولِهِۦ وَٱتَّقُوا۟ ٱللَّهَ إِنَّ ٱللَّهَ سَمِيعٌ عَلِيمٌ * يَٰٓأَيُّهَا ٱلَّذِينَ ءَامَنُوا۟ لَا تَرْفَعُوٓا۟ أَصْوَٰتَكُمْ فَوْقَ صَوْتِ ٱلنَّبِىِّ وَلَا تَجْهَرُوا۟ لَهُۥ بِٱلْقَوْلِ كَجَهْرِ بَعْضِكُمْ لِبَعْضٍ أَن تَحْبَطَ أَعْمَٰلُكُمْ وَأَنتُمْ لَا تَشْعُرُونَ * إِنَّ ٱلَّذِينَ يَغُضُّونَ أَصْوَٰتَهُمْ عِندَ رَسُولِ ٱللَّهِ أُو۟لَٰٓئِكَ ٱلَّذِينَ ٱمْتَحَنَ ٱللَّهُ قُلُوبَهُمْ لِلتَّقْوَىٰ لَهُم مَّغْفِرَةٌ وَأَجْرٌ عَظِيمٌ﴾[4].

---

(1) تدبر القرآن ٢/ ٣٢٩.
(2) سورة آل عمران، الآية: ٣١.
(3) رواه البخاري رقم ١٥ ورواه مسلم برقم ١٦٨ ــ ١٦٩.
(4) سورة الحجرات، الآيات: ١ ــ ٣.

يقول الأستاذ الإمام:

فهذا تعليم للأدب الصحيح الذي يجب أن يراعيه كل مؤمن في ذات الرسول ﷺ. فقال إن الذين يغضون أصواتهم عند رسول الله هم الذين قد اصطفاهم الله تعالى ليزكو تقواهم. ولفظ امتحن في الآية المباركة هنا يتضمن معنى اصطفى وما شابهه من التعابير. ومن هنا نعلم أن كل قلب لا يكون خليقًا لتزكية التقوى وإنباته فيه. بل ينتخب الله لذلك قلوبًا ينظر في انتخابها هل هناك شعور صادق للانقياد والطاعة لله ولرسوله وعاطفة قوية للخضوع الكامل لهما أم لا. وكلما زاد هذا الشيء في داخل شخص يتنعم بالتقوى بقدر ذلك، وبقدر ما يتعرى الإنسان من هذا الشعور يبعد من التقوى بقدر ذلك. وقد ذكر هنا رفع الصوت كما أشرنا إليه كمؤشر على الباطن لأن الذي يرفع صوته على صوت أحد ينبئ عمله هذا عن أنه يترفع منه، وهذا ما يسد عليه الباب من كسب الفيض منه سدًا. فإن كان هذا تعامل طالب مع أستاذه يحرم من فيضه، وإن تعامل أحد ذلك مع رسول الله فلا يحرم من فيضه فقط بل من توفيق الله أيضًا. لأن الرسول هو ممثل لله سبحانه وتعالى [1].

## شفاعة النبي

إن فريضة النبي الأصلية هي الإنذار والتبشير. ولكنه مع ذلك يشفع للعباد في حضرة الله تعالى. ولكن ما هي الشفاعة؟ إذا استغفر عبد وتاب فهو طلب من الله الاستغفار له ودعاء النبي من الله أيضًا هو شفاعة له. وهو مفهوم حقيقي للشفاعة فلا تتصور شفاعة بدون استغفار وتوبة من العبد نفسه. والشافع يكون كفرد ثانٍ وكلسان للمستغفر ويكون عونًا له في الدعاء والمناجاة والخضوع والتذلل. كما قال تعالى:

---

(1)  تدبر القرآن ٧/ ٤٨٩.

﴿ وَإِذَا قِيلَ لَهُمْ تَعَالَوْا يَسْتَغْفِرْ لَكُمْ رَسُولُ ٱللَّهِ لَوَّوْا رُءُوسَهُمْ وَرَأَيْتَهُمْ يَصُدُّونَ وَهُم مُّسْتَكْبِرُونَ ﴾[1].

وأول موقعة للشفاعة تأتي إذا جاء عبد في حيز الإيمان ويستغفر له النبي.

وثانيًا إذا ذنب عبد واستغفر وتاب إلى الله فقد نصح الله عز وجل لمنافقي عهد الرسالة في موضع أنهم إذا شاؤوا أن يغفر لهم يجب عليهم أن يستغفروا بأنفسهم ويأتوا الرسول يلتمسون منه الاستغفار لهم، فرجوعهم هذا يكون سببًا لأن يتوجه إليهم رحمة الله تعالى فقال:

﴿ وَلَوْ أَنَّهُمْ إِذ ظَّلَمُوٓا أَنفُسَهُمْ جَآءُوكَ فَٱسْتَغْفَرُوا ٱللَّهَ وَٱسْتَغْفَرَ لَهُمُ ٱلرَّسُولُ لَوَجَدُوا ٱللَّهَ تَوَّابًا رَّحِيمًا ﴾[2].

وقد دعا الله سبحانه عباده المذنبين الخاطئين إلى التوبة والاستغفار في أكثر من موضع في القرآن الكريم فمرة قال: ﴿ قُلْ يَٰعِبَادِىَ ٱلَّذِينَ أَسْرَفُوا عَلَىٰٓ أَنفُسِهِمْ لَا تَقْنَطُوا مِن رَّحْمَةِ ٱللَّهِ إِنَّ ٱللَّهَ يَغْفِرُ ٱلذُّنُوبَ جَمِيعًا إِنَّهُ هُوَ ٱلْغَفُورُ ٱلرَّحِيمُ ﴾[3]. (الزمر: ٥٣ وأيضًا يوسف: ٨٧) ثم أوضح أيضًا سنته في باب التوبة والاستغفار وهي أن يتوب العبد على أسرع وقت ممكن بعد أن أذنب لأنه: ﴿ إِنَّمَا ٱلتَّوْبَةُ عَلَى ٱللَّهِ لِلَّذِينَ يَعْمَلُونَ ٱلسُّوٓءَ بِجَهَٰلَةٍ ثُمَّ يَتُوبُونَ مِن قَرِيبٍ فَأُوْلَٰٓئِكَ يَتُوبُ ٱللَّهُ عَلَيْهِمْ وَكَانَ ٱللَّهُ عَلِيمًا حَكِيمًا * وَلَيْسَتِ ٱلتَّوْبَةُ لِلَّذِينَ يَعْمَلُونَ ٱلسَّيِّئَاتِ حَتَّىٰٓ إِذَا حَضَرَ أَحَدَهُمُ ٱلْمَوْتُ قَالَ إِنِّي تُبْتُ ٱلْـَٰٔنَ وَلَا ٱلَّذِينَ يَمُوتُونَ وَهُمْ كُفَّارٌ أُوْلَٰٓئِكَ أَعْتَدْنَا لَهُمْ عَذَابًا أَلِيمًا ﴾[4]. وهناك قد سكت الله عز وجل عن الذين لم يسعدوا بالتوبة من قريب ولكن لم يتأخروا أيضًا أن يأتيهم الموت. فهم الذين تتوقع فيهم الشفاعة فقد أثبتها القرآن، ولكنه رد أيضًا صريحًا ردًّا على تصورات

(1) سورة المنافقون، الآية: ٥.
(2) سورة النساء، الآية: ٦٤.
(3) سورة الزمر، الآية: ٥٣.
(4) سورة النساء، الآيتان: ١٧ و١٨.

خاطئة للشفاعة اختلقها الناس من عند أنفسهم، وتنفي عدل الله ووجوب الجزاء والعقاب أيضًا.

أولًا الشفاعة هي للّه عز وجل فقط فلا يشفع أحد بغير إذنه حتى وملائكته المقربون أيضًا، فلا بد إذن من إرضاء الرب تعالى حتى يأذن للشفاعة ويتقبلها كما جاء: ﴿أَمِ ٱتَّخَذُواْ مِن دُونِ ٱللَّهِ شُفَعَآءَۚ قُلۡ أَوَلَوۡ كَانُواْ لَا يَمۡلِكُونَ شَيۡـٔٗا وَلَا يَعۡقِلُونَ ۞ قُل لِّلَّهِ ٱلشَّفَٰعَةُ جَمِيعٗاۖ لَّهُۥ مُلۡكُ ٱلسَّمَٰوَٰتِ وَٱلۡأَرۡضِۖ ثُمَّ إِلَيۡهِ تُرۡجَعُونَ﴾[1]. ﴿وَقَالُواْ ٱتَّخَذَ ٱلرَّحۡمَٰنُ وَلَدٗاۗ سُبۡحَٰنَهُۥۚ بَلۡ عِبَادٞ مُّكۡرَمُونَ ۞ لَا يَسۡبِقُونَهُۥ بِٱلۡقَوۡلِ وَهُم بِأَمۡرِهِۦ يَعۡمَلُونَ﴾[2].

وثانيًا تؤذن للشفاعة من الله تعالى فبغير إذنه لا يمكن لشخص أن يتكلم في شخص فقال: ﴿يَعۡلَمُ مَا بَيۡنَ أَيۡدِيهِمۡ وَمَا خَلۡفَهُمۡ وَلَا يَشۡفَعُونَ إِلَّا لِمَنِ ٱرۡتَضَىٰ وَهُم مِّنۡ خَشۡيَتِهِۦ مُشۡفِقُونَ﴾[3]. ﴿يَوۡمَئِذٖ لَّا تَنفَعُ ٱلشَّفَٰعَةُ إِلَّا مَنۡ أَذِنَ لَهُ ٱلرَّحۡمَٰنُ وَرَضِيَ لَهُۥ قَوۡلٗا ۞ يَعۡلَمُ مَا بَيۡنَ أَيۡدِيهِمۡ وَمَا خَلۡفَهُمۡ وَلَا يُحِيطُونَ بِهِۦ عِلۡمٗا﴾[4].

وثالثًا التكلم يتم فقط فيمن أذن له الله وأن يكون صوابًا صحيحًا فقال: ﴿لَّا يَتَكَلَّمُونَ إِلَّا مَنۡ أَذِنَ لَهُ ٱلرَّحۡمَٰنُ وَقَالَ صَوَابٗا﴾[5].

فهذه هي وجهة نظر القرآن في باب الشفاعة. يجب أن تحكم في ضوئها على روايات وآثار جاءت في باب الشفاعة فإذا تجاوز شيء فيها عن ذلك يجب أن ترد اعتبارًا بها من قبيل تصرفات الرواة فيما يروونه.

## ختم النبوة

فكان الأنبياء قد جاؤوا إلى كل قوم وإلى قرون كثيرة. وكان بعثهم يهدف

(1) سورة الزمر، الآيتان: ٤٣ و٤٤.
(2) سورة الأنبياء، الآيتان: ٢٦ و٢٧.
(3) سورة الأنبياء، الآية: ٢٨.
(4) سورة الأنبياء، الآيتان: ٢٦ و٢٧.
(5) سورة طه، الآيتان: ١٠٩ و١١٠.

إلى هداية الناس وترشيدهم وإتمام الحجة عليهم فلما تكمل هذا الهدف بطريق حفظ القرآن وبظهور دينونة إلهية على الصعيد العالمي انتهت سلسلة النبوة وأكمل قصر النبوة وخُتم عليها. وكانت قد ابتدأت من آدم عليه السلام وظل الأنبياء يأتون حتى جاء محمد الرسول صلى الله عليه وسلم في فرع لذرية إبراهيم، ببني إسماعيل وأعلن القرآن بأنه ختم الرسل ولا نبيي بعده. وهذا كان واضحًا صريحًا في تنبؤات الأنبياء عليهم السلام في بعثته ولكن جاء ذكر ذلك صريحًا صارمًا حين أمره الله تعالى أن يتزوج طليقة زيد رضي الله عنه وجاء ذاك الحكم في إصلاح تقاليد جاهلية في الأبناء الأدعياء لكونه ختم الرسل كان ضروريًا أن يتم ذلك الإصلاح بطريقه. فإذا كان هناك نبي يأتي بعده لتأخر ذلك الأمر ولكن بما أنه لا نبي بعده فكانت التبعة والمسؤولية على عاتقه فقال: ﴿مَّا كَانَ مُحَمَّدٌ أَبَآ أَحَدٍ مِّن رِّجَالِكُمْ وَلَـٰكِن رَّسُولَ ٱللَّهِ وَخَاتَمَ ٱلنَّبِيِّـۧنَ ۗ وَكَانَ ٱللَّهُ بِكُلِّ شَىْءٍ عَلِيمًا﴾[1].

قد استعمل في هذه الآية لفظة «خاتم النبيين» وليس بخاتم بكسر التاء بل خاتم بفتح التاء. ويستخدم في اللغة العربية للخاتم والمهر ويعني بختام شيء إغلاقه للأبد وهنا أيضًا استعمل لإعطاء معنى أن سلسلة النبوة الآن قد ختم عليها، وأغلق بابها للأبد فلا نبي ولا رسول بعده. وهذا هو المفهوم الذي تؤديه في الإنجليزية بـseal of the prophet.

ولا شبهة أن المهر والخاتم قد يستعمل لتصديق شيء. ولكن هذا المفهوم لا يصح في هذه الآية بأي طريق. نعم إذا أصر عليه أحد ونسلم له على سبيل التنزل فلا يتغير المفهوم في هذه الصورة أيضًا. ويكون المعنى إذن أنه لا نسلم بنبوة أحد بغير تصديق منه. ولاشك أننا نسلم ونؤمن بنبوة الأنبياء الآخرين بتصديق منه، ولكن الحقيقة التي لا تجحد أنه صلى الله عليه وسلم لم يبشر بنبي قادم بعده ولم يصدقه، بل أعلن مرارًا وتكرارًا وفي ألفاظ صريحة صارمة أنه آخر الأنبياء ولا نبي بعده. ثم لم يتوقف الأمر على ذلك بل قد أوضح أنه ليس فقط انتهى منصب النبوة بل حقيقة النبوة أيضًا قد انقضت فليس لأحد إمكان للوحي والإلهام ولا

(1) سورة الأحزاب، الآية: ٤٠.

للمخاطبة الإلهية والمكاشفة الربانية. فكل هذه الأشياء قد ختم عليها للأبد. كما يتوضح من أحاديثه التالية:

١ـ كان بنو إسرائيل تسوسهم الأنبياء كلما هلك نبي خلفه نبي. وإنه لا نبي بعدي. وسيكون خلفاء[1].

٢ـ إن مثلي ومثل الأنبياء من قبلي كمثل رجل بنى بيتًا فأحسنه وأجمله إلا موضع لبنة من زاوية، فتجعل الناس يطوفون به ويعجبون له ويقولون: هلا وضعت هذه اللبنة؟ قال: فأنا اللبنة وأنا خاتم النبيين[2].

٣ـ لم يبق من النبوة إلا المبشرات، قالوا: وما المبشرات؟ قال الرؤيا الصالحة[3].

## الإيمان بالكتب

﴿يَٰٓأَيُّهَا ٱلَّذِينَ ءَامَنُوٓاْ ءَامِنُواْ بِٱللَّهِ وَرَسُولِهِۦ وَٱلْكِتَٰبِ ٱلَّذِى نَزَّلَ عَلَىٰ رَسُولِهِۦ وَٱلْكِتَٰبِ ٱلَّذِىٓ أَنزَلَ مِن قَبْلُ ۚ وَمَن يَكْفُرْ بِٱللَّهِ وَمَلَٰٓئِكَتِهِۦ وَكُتُبِهِۦ وَرُسُلِهِۦ وَٱلْيَوْمِ فَقَدْ ضَلَّ ضَلَٰلًۢا بَعِيدًا﴾[4]. أرسل الله رسله وأنبياءه لترشيد الإنسان فكذلك أنزل الله عليهم كتبه. وإنزال الكتب يرمي إلى أن يتواجد في الناس هدى الله المكتوب وفي الملفوظ الرباني حتى يكون ميزانًا للحق والباطل ولكي يحكم الناس به فيما اختلفوا فيه وأن يقوموا على القسط والعدل في دين الله. قال تعالى: ﴿وَأَنزَلَ مَعَهُمُ ٱلْكِتَٰبَ بِٱلْحَقِّ لِيَحْكُمَ بَيْنَ ٱلنَّاسِ فِيمَا ٱخْتَلَفُواْ فِيهِ﴾[5] ﴿وَأَنزَلْنَا مَعَهُمُ ٱلْكِتَٰبَ وَٱلْمِيزَانَ لِيَقُومَ ٱلنَّاسُ بِٱلْقِسْطِ﴾[6].

(1) رواه البخاري رقم: ٣٤٥٥.
(2) رواه البخاري رقم ٣٥٣٥.
(3) رواه البخاري رقم الحديث. ٦٩٩.
(4) سورة النساء، الآية: ١٣٦.
(5) سورة البقرة، الآية ٢١٣.
(6) سورة الحديد، الآية: ٢٥.

وتفيد مجموعة صحائف تسمى بالأناجيل بأن هذه الكتب قد تم إيتاؤها في صورة من الصور لكل الأنبياء فالقرآن يذكر صحف إبراهيم كما يذكر التوراة والإنجيل. ويؤيده في الجملة الآيات المذكورة آنفًا من البقرة والحديد. فكل هذه الكتب هي كتب إلهية. والقرآن يتطلب الإيمان بها بدون تفريق. على أن الأربعة منها تحمل مكانة هامة وهي: التوراة والإنجيل والزبور والقرآن. وإليكم التعريف بهذه الأربعة فيما يلي:

## التوراة

التوراة أنزلت على موسى عليه السلام وهي تشتمل على صحائف خمسة، والتي أدرجت في بداية الكتاب المقدس (الأناجيل) والتي يصطلح عليها الخمسة الموسوية (Pentateuch) أي كتابات: الخلق، الخروج، الأحبار، العدد، التثنية. وإذا درست هذه الصحف دراسة تدبر علمت أن التوراة في صحفها الأربعة الأولى قد تم نقلها بترتب نزولها قبل صحف التثنية. ثم تم تدوينها في كتاب التثنية على حدة من البيانات التاريخية والإرشادات المؤقتة مثل ترتيب القرآن. والتوراة في صورتها المتواجدة قد تم تدوينها في القرن الخامس قبل الميلاد على الأغلب في وقت غير محدد. ويمكن أن يقال أنه قد حصل لها تصويب من سيدنا المسيح عليه السلام إلى درجة ما، بناءً على ذكره لها في أسلوب خاص. ويوجد متنها العبرية طبعًا ومخطوطًا يقال له المتن الماسوري (Massoretic Text) على أن هناك روايات عتيقة أخرى غير هذا المتن. وهناك اختلافات كثيرة في بعض المقامات كما تفيد بها الرواية التوراتية السامرية وبالأخص السبعين اليونانية (Septuagint) وهي أقدم رواياتها وهي أيضًا تذكر بعض الخلافات الهامة.

وهداية الله التي توصلت إلى بني آدم بواسطة الأنبياء عليهم السلام لها جزآن. القانون والحكمة. والتوراة هي عبارة عن القانون الإلهي في غالبها ومراعاةً لذلك قد سميت بالتوراة. ووصفها القرآن بهدى لبني إسرائيل. (بني إسرائيل: ٢) وتفصيلًا لكل شيء (الأنعام: ١٥٤) وأنه فيها حكم الله (المائدة: ٤٣) وفيها هدي ونور

(المائدة: ٤٤) وهي رحمة للناس (الأعراف: ١٥٤) نعم يذكر القرآن أن اليهود قد حرفوها بتحريفات كثيرة (المائدة: ١٣) ولكن مع كل ذلك فإن القرآن يصدق في الجملة رواية التوراة. (version) التي كانت متواجدة عند يهود عهد الرسالة ونصاراه.

## الزبور

هذا اسم لكتاب نزل على داود عليه السلام. وباعتبار مضمونه هو مجموعة للنغمات الإلهية أي المزامير. وفي الكتاب يشتمل الآن في مجموعة صحائف الإنجيل باسم الزبور فيه خمسة دواوين و١٥٠ مزمورًا. وقد اختلط فيه مزامير الناس الآخرين ولكن المزامير التي تصرح بأنها لداود عليه السلام كل من له ذوق سليم يشعر المسحة الألوهية الإلهامية فيها. وهو صحيفة الحكمة مثل الإنجيل، والقرآن يصدق من حيث كتاب نزله الله تبارك وتعالى.

## الإنجيل

نزل هذا على المسيح عليه السلام. وكان من مقاصد بعثة المسيح الكبرى التبشير بالنبوة الآخرة والخاتمة. ومعنى الإنجيل هو البشارة فسمي الإنجيل لهذه المناسبة. والإنجيل أيضًا كان ينزل نجمًا نجمًا وفي الأوقات المختلفة مراعاة لضرورات الدعوة والإنذار على نحو عام للكتب الإلهامية. وقد رفع المسيح عليه السلام من الدنيا من جراء تمرد قومه وطغيانه قبل أن يُدون ولذا ليس الإنجيل كتابًا مربوطًا مرتبًا. وإنما كانت خطبات منتشرة وصلت إلى الناس عبر الروايات اللسانية والمذكرات التحريرية. ولما أخذ الناس يكتبون رسائل في سيرة المسيح عليه السلام. أُدخلت فيها تلك الخطب أيضًا حسب الموقع والضرورة. وهذه الرسائل تسمى اليوم الأناجيل. وكانت متواجدة في عدد كثير في بداية المسيحية. إلا أنه في زمن البابا دماسيس (Damacis) إن أساقف الكنيسة قد نخبوا في مجلس لهم تم عقده في ٣٨٢ للميلاد الأربعةَ منها وتركوا البقية وقرروها غير

موثقة (Apocryphal) وممنوعة. وهذه الأناجيل هي صحائف لـمتى، مرقس، ولوقا ويوحنا. يحتوي عليها الكتاب المقدس اليوم. وهذه الصحائف قد كتبت منذ البداية في اللغة اليونانية، على أن لغة المسيح عليه السلام كانت آرامية (Aramaic) وقد ألقى مواعظه وخطبه في تلك اللسان. وكاتبو هذه الصحف أيضًا قد دخلوا في ديانة المسيح بعد رفعه، ولذا لم تتم كتابة أي صحيفة من الأناجيل من قبل٧٠ عامًا للميلاد. بل إنجيل يوحنا قد تم تدوينه في مدينة أفسيس لآسيا الصغرى في وقت لم يحدد، بعد أن مضى على المسيح قرن من الزمن. ومع ذلك فإن الشأن الملهم قد برز في خطبات وإرشادات وأمثال المسيح عليه السلام لدرجة في هذه الصحائف أن لا يستطيع إنكارها شخص مطلع على أساليب وطرائق الكتب الملهمة. ولذا بوسعنا أن نقول إن القرآن يطلب الإيمان على الإنجيل الذي قد احتفظ معظم أجزائه في هذه الكتابات لسيرة المسيح عليه السلام.

## القرآن

قد نزل القرآن على خاتم النبيين ﷺ. وقد جعله الله ميزانًا وفرقانًا (الشورى: ١٧ والفرقان:١) وهو المهيمن للكتب المنزلة من قبله، وهو اسم صفة لهيمنَ على كذا، يعطي معنى الرقابة والإشراف. والمفهوم أن القرآن هو الآن النسخة الأصلية المعتمدة للكتب الإلهية ولذا الإبرام الحتمي هو فقط له في كل أمر للدين ويكون هو الفصل في الأخذ والرد لكل شيء. كما قال: ﴿وَأَنزَلْنَآ إِلَيْكَ ٱلْكِتَٰبَ بِٱلْحَقِّ مُصَدِّقًا لِّمَا بَيْنَ يَدَيْهِ مِنَ ٱلْكِتَٰبِ وَمُهَيْمِنًا عَلَيْهِ فَٱحْكُم بَيْنَهُم بِمَآ أَنزَلَ ٱللَّهُ وَلَا تَتَّبِعْ أَهْوَآءَهُمْ عَمَّا جَآءَكَ مِنَ ٱلْحَقِّ﴾[1].

له أربع عشرة مئة سورة أكثرها توأمة برعاية مضمونها. وقد رتب في أبواب سبعة حسب ترتيب مراحل الدعوة المحمدية. لسانه عربي مبين نزَّله جبرئيل الأمين على قلب محمد ﷺ الذي قدمه أولًا على قومه ثم انتقل إلينا بإجماع المسلمين وتواترهم القولي والتحريري. فهو الآن كتاب واحد بين جميع

(1) سورة المائدة، الآية: ٤٨.

الكتب الإلهامية للعالم، الذي يمكن أن يقال بثقة كاملة إنه موجود فينا في نفس اللغة ونفس الأسلوب ونفس الترتيب الذي نزل فيه بدون أدنى تغير ولا تبدل. وتواتره هذا معجزة في مكانه فإنه كتاب واحد في العالم الذي يمكن للملايين من المسلمين أن يسمعونه من «الحمد» حتى «والناس» من حفظهم محضًا. والتاريخ يشهد أن هذا التسلسل لرواية هذا الكتاب وصيانته هو من جانب رب العالمين بنفسه كما قال: ﴿ إِنَّا نَحْنُ نَزَّلْنَا ٱلذِّكْرَ وَإِنَّا لَهُۥ لَحَٰفِظُونَ ﴾[1] في موضع آخر ﴿وَإِنَّهُۥ لَكِتَٰبٌ عَزِيزٌ * لَّا يَأْتِيهِ ٱلْبَٰطِلُ مِنۢ بَيْنِ يَدَيْهِ وَلَا مِنْ خَلْفِهِۦ تَنزِيلٌ مِّنْ حَكِيمٍ حَمِيدٍ﴾[2].

وجوانب صيانة القرآن التي قد أشارت الآية إليها قد ذكرها الأستاذ أمين أحسن الإصلاحي في العبارة التالية:

**أولًا:** أن الله تعالى قد اهتم اهتمامًا خاصًا لكي لا تتدخل الشياطين في الوحي القرآني. وإن كان هذا اهتمامًا عامًا في الكون أن لا تستمع الشياطين ما يذكر بالملأ الأعلى ولا تختلط ولكن كان هناك اهتمام خاص لكي لا تخطف الشياطين خطفة في الوحي القرآني، ولا يأتيه الباطل من بين يديه ولا من خلفه.

**وثانيًا:** الملك الذي تم انتخابه لهذا العمل الخطير وصفه القرآن «بذي قوة مطاع ثم أمين قوي عند ذي العرش مكين». فهو قوي لدرجة أن لا تغلبه الأرواح الخبيثة وهو أمير الملائكة لا ينسى شيئًا فماذا يُسلم إلقاءه إليه يلقيه بأمانة كبيرة، ولا يسعه أن يكون هناك فرق كبير أو صغير فيها. وهو ملك مقرب عند الله تعالى وقربته تدل على أنه خير الملائكة وأفضلهم في صلاحياته. وظاهر أن هذا أيضًا حتى لا يكون هناك إمكان ما لتدخل الباطل فيه من جانب منبعه.

**وثالثًا:** البشر الذي تم انتخابه لتحمل هذه الأمانة الكريمة هو خير الخلائق

---

(1) سورة الحجر، الآية: ٩.
(2) سورة فصلت، الآيتان: ٤١ و٤٢.

كلهم من كل الاعتبارات. ولم يحمله أن يحفظه ويصونه ويرتبه واحدًا بنفسه بل فرض الله ذلك على نفسه ولذا قال له في سورة القيامة: ﴿لَا تُحَرِّكْ بِهِۦ لِسَانَكَ لِتَعْجَلَ بِهِۦٓ * إِنَّ عَلَيْنَا جَمْعَهُۥ وَقُرْءَانَهُۥ * فَإِذَا قَرَأْنَٰهُ فَٱتَّبِعْ قُرْءَانَهُۥ * ثُمَّ إِنَّ عَلَيْنَا بَيَانَهُۥ﴾[1] فتقول الروايات أن النبي ﷺ وصحابته الأبرار كانوا يحفظون القرآن وكان النبي ﷺ يذاكره كل عام في شهر رمضان كي لا يكون هناك سهو ونسيان. وتكون المذاكرة بترتيب رضي ربه الله أن يدون عليه القرآن. وكما تقول الروايات أن النبي ﷺ قد قام بهذه المذاكرة القرآنية مع جبرئيل الأمين مرتين في رمضان في حياته الأخيرة ثم ضبط وكتابة وتدوين القرآن كله مطابقًا لقراءة العرضة الأخيرة هذه، وقام الخلفاء الراشدون ببعث نقوله إلى مدن وبلدان المملكة الإسلامية في طولها وعرضها. ولم يحظ أي صحيفة من الصحف العتيقة بهذا الاهتمام الخاص حتى وأن صحف التوراة لا أحد يلم عليها بإلمام بأي زمن رتبت صحفها المختلفة وفي أي زمان وبواسطة مَن.

**ورابعًا**: أن القرآن كلام معجز بسبب فصاحة ألفاظه وبلاغة معانيه، فلا يُرقع؟ بكلام الغير حتى أن كلام النبي ﷺ وهو الذي نزل عليه وهو أفصح العرب والعجم، لا يدانيه ولا يقابله، فلا إمكان أن يختلط به كلام الغير. فإن التاريخ قد احتفظ في كتب التاريخ والأدب نماذج من مزخرفات مدعي النبوة الكاذبين الذين تجاسروا على القول بكلام مصطنع بجواب القرآن. فقارن بينه وبينها وجدت فرقًا كفرق الجوهر الخالص والزخرفة.

**وخامسًا**: أن الله قد وعد بحفظ اللغة القرآنية مع صيانة القرآن إلى يوم القيامة. فإنه قد دخلت التحريفات الكثيرة التي لا تحصى في الصحف السماوية الأخرى بسبب اندراس لغاتها الأصلية بطريق الترجمات. ولا يمكن التطرق إليها اليوم، ولكن لغة القرآن الأصلية محفوظة مصونة وتظل مصونة إلى يوم القيامة فلا يتطرق إليه أي باطل بطريق الترجمات والتفاسير.

---

(1) سورة القيامة، الآيات: ١٦ ــ ١٩.

وإذا كانت هناك محاولة خبيثة لإدخال أي باطل فيه فبوسع أهل العلم أن يفرقوا ويميزوا بين الحق والباطل على المعيار الأصيل[1].

## الإيمان بيوم الجزاء

﴿إِذَا زُلْزِلَتِ ٱلْأَرْضُ زِلْزَالَهَا * وَأَخْرَجَتِ ٱلْأَرْضُ أَثْقَالَهَا * وَقَالَ ٱلْإِنسَـٰنُ مَا لَهَا * يَوْمَئِذٍ تُحَدِّثُ أَخْبَارَهَا * بِأَنَّ رَبَّكَ أَوْحَىٰ لَهَا * يَوْمَئِذٍ يَصْدُرُ ٱلنَّاسُ أَشْتَاتًا لِّيُرَوْا أَعْمَـٰلَهُمْ * فَمَن يَعْمَلْ مِثْقَالَ ذَرَّةٍ خَيْرًا يَرَهُۥ * وَمَن يَعْمَلْ مِثْقَالَ ذَرَّةٍ شَرًّا يَرَهُۥ﴾[2].

إن الحقائق التي يطلب الدين التسليم لها يوم البعث والجزاء منها يحمل مكانة مرموقة وله أهمية أساسية في كافة دعوات الأنبياء عليهم السلام. وهذه العقيدة هي أساس كل شريعة وكل خير وصلاح. وهي بنيوية لكل نبوة ورسالة. فالنبي نبي لأنه يتنبأ بهذا النبأ العظيم والرسول رسول لأنه يأتي برسالة هذا اليوم. وقد قام كل من يوحنا والمسيح وإبراهيم وموسى بنداء له. وله إشارات في التوراة وتصريحات في الزبور، والسيد المسيح قد نبه الناس في الإنجيل أن في ذلك اليوم لا يدخل في مُلك الله إلا الذين يطيعون أبي السماوي في هذه الدنيا. والقرآن كأنه صحيفة إنذار وبشارة لهذا اليوم الآخر فإنه يخبر الناس أنه كما أنتم تهبون من منامكم (الزمر: ٤٠ ـ ٣٩) وكما ينزل المطر على الأرض الميتة فتحيا به بعد مماتها (الأعراف: ٥٧، فاطر: ٩) وكما أنتم لستم شيئًا وتكونون إنسانًا يحيى من مني يمنى (القيامة: ٣٦ ـ ٤٠) فكذلك تُبعثون يومًا من قبوركم وتُحشرون، وربكم لن يجد صعوبة في هذا، ومخاطبوه يستبعدونه ويقولون من يحي العظام وهي رميم فيقول: قل يحييها الذي خلقها أول مرة وهو بكل خلق عليم (ياسين:

---

(1) تدبر قرآن ٧/ ١١٢.

(2) سورة الزلزلة، الآيات: ١ ـ ٨.

٣٦ = ٧٨) أي ذلك سهل ميسور له كما هو السهل النطق بكلمة لكم، فقال: ﴿فَوَرَبِّ ٱلسَّمَآءِ وَٱلْأَرْضِ إِنَّهُۥ لَحَقٌّ مِّثْلَ مَآ أَنَّكُمْ تَنطِقُونَ﴾[1].

والقرآن يقول إن يوم الجزاء هو مقتضى فطرتكم، ومقتضى شعور الخير والشر المفطور فيكم ومقتضى العدل والإنصاف الذي تطلبونه، وهو مقتضى عدل الله إن أنتم تؤمنون بالله، ومقتضى ربوبيته ومقتضى صفاته الحسنة من الرحمة والقدرة والحكمة، ومقتضى سننه وقوانينه كلها. فالدين بغير الإيمان ليوم البعث ليس إلا اشتهاء نفس. وليست تصورات الصلاح والتقوى والعدل والقسط والجزاء والعقاب بدونه إلا ألفاظ بلا معنى. وإذا لم يكن هذا اليوم فالكون كله يكون عبث العابثين وميدان اللعب. وشواهد وعلائم هذا اليوم وأحواله ومقاماته كلها مذكورة في القرآن والحديث كليهما. وهنا نفصلها ببعض التفصيل:

# الشواهد

الشاهد الأول هو شعور الخير والشر الكامن في الإنسان. ومن ثمرات هذا الشعور بأن هناك مشرفًا رقيبًا وينبه الإنسان دائمًا في ضميره وكل وقت على مساوئه. فهي بمثابة محكمة صغيرة قائمة في داخل الإنسان تصدر قضاءها على كل حين بدون تردد ولا حياد. والإنسان يستمع إلى قضائها سلمه أو لم يسلمه بعد كل خطأ صدر منه في عالم الفكر والخيال، أو في مجال العلم والعمل حتى يزداد شقاؤه النفسي لدرجة أن أحاط قلبه سواد أعماله إحاطة، وجعله صمًّا بكمًّا بالكلية. فهذه هي شهادة باطن الإنسان على نفسه والذي عُبر بالنفس اللوامة. وقد قدمه القرآن أيضًا قائلًا للإنسان إنك لست جملًا غير مخطوم أن لا تُسأل عما تفعل. وعليك أن تعلم أنه كما قامت قيامة صغرى في داخلك فستقوم يومًا قيامة للكون كله، وتحشر فيها إلى ربك حشرًا، وتسأل عما كنت تفعله في الدنيا. ويكون هناك جزاء أو عقاب حسب أعمالك. فإذا أنت تنكر ذاك اليوم تكذب نفسك وتسيء إلى ضميرك. قال تعالى: ﴿لَآ أُقْسِمُ بِيَوْمِ ٱلْقِيَٰمَةِ ۝ وَلَآ أُقْسِمُ بِٱلنَّفْسِ

---

(1) سورة الذاريات، الآية: ٢٣.

ٱللَّوَّامَةِ * أَيَحۡسَبُ ٱلۡإِنسَٰنُ أَلَّن نَّجۡمَعَ عِظَامَهُۥ * بَلَىٰ قَٰدِرِينَ عَلَىٰٓ أَن نُّسَوِّيَ بَنَانَهُۥ * بَلۡ يُرِيدُ ٱلۡإِنسَٰنُ لِيَفۡجُرَ أَمَامَهُۥ * يَسۡـَٔلُ أَيَّانَ يَوۡمُ ٱلۡقِيَٰمَةِ * فَإِذَا بَرِقَ ٱلۡبَصَرُ * وَخَسَفَ ٱلۡقَمَرُ * وَجُمِعَ ٱلشَّمۡسُ وَٱلۡقَمَرُ * يَقُولُ ٱلۡإِنسَٰنُ يَوۡمَئِذٍ أَيۡنَ ٱلۡمَفَرُّ * كَلَّا لَا وَزَرَ * إِلَىٰ رَبِّكَ يَوۡمَئِذٍ ٱلۡمُسۡتَقَرُّ * يُنَبَّؤُاْ ٱلۡإِنسَٰنُ يَوۡمَئِذِۭ بِمَا قَدَّمَ وَأَخَّرَ * بَلِ ٱلۡإِنسَٰنُ عَلَىٰ نَفۡسِهِۦ بَصِيرَةٞ * وَلَوۡ أَلۡقَىٰ مَعَاذِيرَهُۥ ﴾[1].

وجاء الأستاذ أمين أحسن الإصلاحي في تفسيره بتوضيح لهذا الاستدلال القرآني فقال:

«يكون هناك سُؤال أنه إذا كان الإنسان يحوز برقيب مشرف في ضميره هو، ينبهه على ما يصدر منه من أخطاء وذنوب. فكيف يُعقل أنه جمل غير مختوم حر طليق يعيش حياته كيف يشاء؟ ويخالف رقيبه كيفما شاء. فليس هناك من يسأله عن أعماله؟ فإذا كان الإنسان جملًا غير مختوم فمن أين جاءت هذه النفس اللوامة؟ فإذا كان الرب تعالى لا يتعلق لا بالخير ولا بالشر الصادرين من الإنسان فلماذا أدخل في داخل الإنسان لائمة تبعثه على إشادة الحسنة وتنديد الشر؟ ومن هنا يكون سؤال آخر أنه إذا كان الله قد أقام محكمة صغرى في داخل كل إنسان فلماذا لا يقيم محكمة كبرى لكل العالم تحتسب كل أعمال الخير والشر التي تتم في العالم وتجزي كل شخص حسب أعماله وتعاقبه؟ فمن يتفكر في هذا السؤال حرًّا طليقًا يجيب أن الإنسان بلا شك ولو كصاحب شعور لما هو الخير وما هو الشر. إنه ليس حرًا طليقًا بل سوف يأتي يوم يحاسب فيه الإنسان، فيجزى خيرًا على خيراته وشرًّا على مساوئه. ولتذكر ذاك اليوم قد أودع الخالق الباري تعالى نموذجًا صغيرًا لذاك اليوم في نفس الإنسان نفسه. لكي لا يكون غافلًا عنه ويطلع على نفسه ويراه إذا صدرت منه غفلة. وهذه الحقيقة قد عبر بها العرفاء والحكماء. بأن هناك عالمًا صغير في نفس الإنسان ينعكس فيه ذلك العالم الكبير، فإذا عرض الإنسان نفسه حق معرفته عرف ربه وعرف الآخرة فمن عرف نفسه فقد عرف ربه»[2].

---

(1) سورة القيامة، الآيات: ١ ـــ ١٥.

(2) تدبر قرآن ٩/ ٨٠.

والشيء الثاني هو فطرة الإنسان أنه يحب العدل ويتنفر من الظلم. ولا شك أنه مع ذلك يظلم ولكن ليس سببه أنه قد تقاصر عن التمييز بين العدل والظلم، أو أخذ يحب الظلم. كلا، لا بل إنه غلبه النفس فيفقد اتزانه. وكل منا يعلم أن الإنسان الذي ينقب في بيت الغير وينهب ويسلب ولكنه لا يحب لنفسه أن يُنتهب هو أيضًا ويُسلب، ويقتل الآخر ولا يحب أبدًا أن يقتله أحد ولا واحدًا من أقربائه ويخسر الميزان للآخرين ولا يرتضى بأن يطفف له أيضًا. سلِ السارقين القاتلين والمطففين يعترف كل منهم أن كل ذلك من هذه الأعمال ظلم وتعسف ولازم أن يقضى عليه. فإن الإنسان في حالة الوعي والشعور لن يستعد أبدًا أن يساوي بين الصالح والطالح وأن يعامل معهما معاملة واحدة. فالقرآن يقدم هذه الحقائق ويسأل منكري البعث والنشور: ﴿أَفَنَجْعَلُ ٱلْمُسْلِمِينَ كَٱلْمُجْرِمِينَ ۝ مَا لَكُمْ كَيْفَ تَحْكُمُونَ﴾[1].

والثالث هو نقص الإنسان والكون كله. تراها من أي ناحية يتضح لك أنه كل جزء من الكون يدل في جانب على عظيم قدرة الخالق الباري وكبير حكمته. ففي كل شيء هناك معنى لا نهاية له ونظم وترتيب لا مثيل لهما، ورياضة لا نظير لها، واهتمام كبير خطير والإبداع البارع الذي يحيّر العلم والعقل. وفي جانب آخر تحاول فهمها من حيث المجموع يتراءى لك نقص يبعث على القنوط واليأس لدرجة نهائية واللامقصدية المبكية. فالإنسان يرى أن كل شيء ينادى له من وجوه أنه خلق للإنسان ولكنه هو خلق لمَن؟ لا يخبره أحد.

ثم إنه ليس هناك إدارة تفحص عمن قام من أبناء نوع الإنسان بإتمام مقصد خلقه إذا كان هناك مقصد، وعمن لم يقم به وغفل عنه.

والإنسان مجبول على الشعور بالمسؤولية مع كل نعمة، ولكنه فعلًا تُرك حرًّا طليقًا غير مسؤول. فإنه يدع الدنيا بطمأنينة بدون حساب على ما أنعم الله عليه من آلاء ونعم، وحظي بها في حياته ولا يسأله أحد. وإقامة الناس على الحق

---

(1) سورة القلم، الآيتان: ٣٥ و٣٦.

والصدق حاجة ماسة للإنسانية ولكن الإنسان لا يجد باعثًا حقيقيًا لذلك في نفسه وفيما حوله من الدنيا. وماذا يريد ضميره تكذبه الأحوال الواقعية للدنيا. فإنه يحس إحساسًا فطريًا طبيعيًا أن يكون هناك تمييز بين الخير والشر، وفارق بين الظلم والعدل. ولكن هذا الإحساس يقمعه الكل في دنياه هو. فالكثير من الناس قد ودعوا الدنيا ولم يجدوا ثوابًا على إحسانهم. وكم من معاند متكبر تركوا الدنيا ولم ينالوا عقابًا على تمردهم وفسادهم، وعلى عكس من المخلوقات الأخرى أن الإنسان عنده شعور بالمستقبل وليس أحد من النبات والجماد والحيوان من يتمتع بهذا الشعور ولكن هذا المستقبل يبعد عنه دائمًا.

وهناك إرادات واشتهاءات كامنة في داخل وجوده عميقة فيه قلما يفي بها حتى إن أمنية الإنسان الشديدة لرؤيته ظهور ألوهية الرب تعالى الذي يؤمن به بأم عينيه لم تتم بها أبدًا.

ومهما يصل وجوده إلى مدى بعيد يكون أدنى من حيث يصل فكره. إنه يريد أن ينزل إلى أعماق وجوده وأن يسبح في آفاق السماء وأطراف الأرض. وللوفاء بهذه الأمنية قد حاول حثيثًا أن يحتضن الشمس وأن يخترق قلب الذرات، ولكن جهده هذا قد كشف له أنه لا يستطيع الوفاء بكل أمنية وإتمام كل إرادة. وما زال الإنسان في بحث عن دنيا يعيش فيها حرًا طليقًا من آفات وأزمات ومصائب هذه الدنيا ومحدوديتها حياة مرضية راغدة فرحة. وما زال يطلب هذا الطلب منذ أزمان عتيقة وقرون سالفة ولكنه لا يجد أبدًا هذه الطلبة بل يأتيه الموت، ويقضي على كل تمنياته الممتعة الخلابة.

وكل لفظ يتلفظ به الإنسان وكل عمل صادر من أعضائه وجوارحه ينقش كل ذلك على شاشة الكون بحيث يمكن إعادته بصحة كاملة في أي وقت. فماذا يفكر وماذا يخطر في قلبه من خيال حسن أو سيئ يثبت في صفحة الكون، بحيث لا ينمحي أبدًا ولا يؤثر عليه شيء من سرعة الوقت وتغير الحالات. ولكن لماذا كل هذا الاهتمام؟ لا يوضحه شيء في الدنيا.

الشخصية الإنسانية لها وجود مستقل في ذاتها منفصل عن جسمه. فإن

الخلايا التي تكون منها جسمه والتي لا تحصى ولا تزال تنكسر باستمرار، والجسم يتجدد بعد البِلى ولكن تبقى شخصيته الأصلية دائمًا. وكل شيء من علمه وحفظه وتمنياته وعاداته وخيالاته تبقى على حالتها الأولى ولا تتغير، فمن أين تجيء هذه الشخصية وأين تذهب؟ لا إجابة على هذا السؤال.

والأرض التي يسكنها الإنسان تسبح في السماء ملايين من الأراضي الكبرى بملايين المرات منها ولكن ليس فيها علائم للحياة فلماذا أقام وجودها لا يعلم ذلك الإنسان.

فهذه حقائق لا تجحد فبقي الآن صورتان فقط. إما أن تقرر أن هذا العالم هو العبث الذي يعبث به لاعب، وهو مسرح نيرو وأسطورة راما فقط. وإما أن تفهم الكون كجزء حقير من ملكوت الله الآبدة واليوم الأخير الذي نادى به الأنبياء ﷺ. وما هو قضاء العلم والعقل؟ يعلمه كل شخص. وقال تعالى: ﴿أَفَحَسِبْتُمْ أَنَّمَا خَلَقْنَاكُمْ عَبَثًا وَأَنَّكُمْ إِلَيْنَا لَا تُرْجَعُونَ ۞ فَتَعَالَى اللَّهُ الْمَلِكُ الْحَقُّ لَا إِلَٰهَ إِلَّا هُوَ رَبُّ الْعَرْشِ الْكَرِيمِ﴾[1]. ﴿وَمَا خَلَقْنَا السَّمَاءَ وَالْأَرْضَ وَمَا بَيْنَهُمَا لَاعِبِينَ ۞ لَوْ أَرَدْنَا أَن نَّتَّخِذَ لَهْوًا لَّاتَّخَذْنَاهُ مِن لَّدُنَّا إِن كُنَّا فَاعِلِينَ﴾[2].

ويقول الأستاذ الإمام:

وهذا دليل على أنه إن كان هذه الدنيا لا يعقبها يوم للجزاء والعقاب وهي لا تزال تسير منذ الأزل هكذا وسوف تدوم على هذا الوضع. لأن خالقها لا يعنيه خيرها وشرها، ولا يهمه إن صلح الناس أم فسدوا عدلوا أو ظلموا. فمعنى ذلك أنه خلقهما لاعبًا وعابثًا. فحتى ما يشاء يلعب بها وإذا اكتأب منها طوى بساطها. وسوف يوجد له لعبة أخرى لقضاء وقته وفرحة قلبه. ولكنه نفى ذلك وقال إننا لم نخلق ما بين السماء والأرض لاعبين. إن مصنع الكون هذا يدل بوجوده على أنه خلق من العادل الحكيم والرحمن الرحيم، وليس لعبة لاعب ولا معترَكًا

---

(1)  سورة المؤمنون، الآيتان: ١١٥ و١١٦.

(2)  سورة الأنبياء، الآيتان: ١٦ و١٧.

للآلهة ولا ملعب إله بل هذا المصنع هو مفعم ومليء بالحكمة، ويشهد كل شيء له على أن خالقه خلقه مع مقصد عظيم وغاية عليا، وأن من مقتضيات عدله وحكمته البديهة أن يأتي يوم يظهر فيه مقصديته للكل»[1].

وهذا هو قضاء العلم والعقل. فإذا ما انكشف له أن هناك آخرة أيضًا مع هذه الدنيا علم أن كل الخلاء قد ملأ الآن. ونال الإجابة المسكة على كل سؤال، وحصل له توجيه لكل الشواهد المعلومة. ووضع كل شيء في موضعه. والدنيا التي كانت تظهر من قبلُ في صورة عدم الإيمان بالآخرة ناقصة، ظهرت الآن كاملة. وانكشف عليه الآن كل روعة للكون وكل جمال له. فإن الإنسان الآن سيعيش في هذا العالم وهو مؤمن أن طلبته التي لم تحصل له قبل الموت سوف ينالها باللزوم بعد الموت. وكما أن هناك يقينًا وسكونًا في بقية الكون كله سيحصل ذلك له أيضًا يومًا ما. حيث يكون جنة أبدية خالدة ملآنة باللذات والنعم والنفاسة والمعنوية في جانب. وتكون هناك جهنم أيضًا يُعاقب فيها الظالمون على ظلمهم وفسادهم في جانب آخر.

وهكذا تقوم علاقة بين الدنيا والآخرة. مثل علاقة الزوجين أحدهما مع الآخر. فإن كانت العلل قد زوجت مع معلولاتها والقوى مع آلاتها والطبائع مع إرادتها والأجسام مع أرواحها وتقوم بإظهار معنويتها لذلك، فإن الآخرة أيضًا بمثابة زوج للدنيا. ولذا حصل لكل واحد منهما معنى بليغ فقال: ﴿وَمِن كُلِّ شَىْءٍ خَلَقْنَا زَوْجَيْنِ لَعَلَّكُمْ تَذَكَّرُونَ﴾[2].

وهناك كل إنسان ذي إحساس يقشعر من تصورات الجزاء والعقاب وكأنه يشهد القيامة ماثلة أمامه. ويشعر أن الساعة تصير مثقلة مثل الحامل التي لا تعلم في أي وقت وضعه. قال تعالى: ﴿يَسْـَٔلُونَكَ عَنِ ٱلسَّاعَةِ أَيَّانَ مُرْسَىٰهَا قُلْ إِنَّمَا عِلْمُهَا عِندَ رَبِّى لَا يُجَلِّيهَا لِوَقْتِهَا إِلَّا هُوَ ثَقُلَتْ فِى ٱلسَّمَٰوَٰتِ وَٱلْأَرْضِ لَا تَأْتِيكُمْ إِلَّا بَغْتَةً﴾[3].

---

(1) تدبر قرآن ٥/ ١٣٢.

(2) سورة الذاريات، الآية: ٤٩.

(3) سورة الأعراف، الآية: ١٨٧.

إنه يقول ربنا لم تخلق هذه الدنيا عبثًا. ربنا ما خلقت هذا باطلًا. فإنه ليس من شأنك أن تجعل شيئًا عابثًا. فأنا أعرف أن الدنيا ليست إلا لعبة لاعب. فأعوذ بك من عاقبة هؤلاء: ﴿إِنَّ فِى خَلْقِ ٱلسَّمَـٰوَٰتِ وَٱلْأَرْضِ وَٱخْتِلَـٰفِ ٱلَّيْلِ وَٱلنَّهَارِ لَـَٔايَـٰتٍ لِّأُوْلِى ٱلْأَلْبَـٰبِ * ٱلَّذِينَ يَذْكُرُونَ ٱللَّهَ قِيَـٰمًا وَقُعُودًا وَعَلَىٰ جُنُوبِهِمْ وَيَتَفَكَّرُونَ فِى خَلْقِ ٱلسَّمَـٰوَٰتِ وَٱلْأَرْضِ رَبَّنَا مَا خَلَقْتَ هَـٰذَا بَـٰطِلًا سُبْحَـٰنَكَ فَقِنَا عَذَابَ ٱلنَّارِ﴾[1].

الرابع الصفات الإلهية التي آثارها وعلائمها بارزة في كل ذرة للكون. ومن أهمها صفتا الرحمة والربوبية. فإن الرب تعالى قد اهتم اهتمامًا كبيرًا لربوبية الإنسان فكيف يتصور عاقل أن خالقه يتركه غير مسؤول في ذلك، وكيف يتوقع من الرب الرحمن الرحيم أنه لا يعاقب الذين غيروا هذه الدنيا من دار أمن إلى دار ظلم وعدوان، وتعسف واضطهاد؟ ولذا يلح القرآن مرارًا وتكرارًا أن القيامة هي عين مقتضى صفاته من الرحمة والربوبية والقدرة والحكمة. فمن آمن بالله لا يسعه إنكارها. قال تعالى في سورة الأنعام: ﴿كَتَبَ عَلَىٰ نَفْسِهِ ٱلرَّحْمَةَ لَيَجْمَعَنَّكُمْ إِلَىٰ يَوْمِ ٱلْقِيَـٰمَةِ﴾[2] وجاء في سورة النبأ: ﴿أَلَمْ نَجْعَلِ ٱلْأَرْضَ مِهَـٰدًا * وَٱلْجِبَالَ أَوْتَادًا * وَخَلَقْنَـٰكُمْ أَزْوَٰجًا * وَجَعَلْنَا نَوْمَكُمْ سُبَاتًا * وَجَعَلْنَا ٱلَّيْلَ لِبَاسًا * وَجَعَلْنَا ٱلنَّهَارَ مَعَاشًا * وَبَنَيْنَا فَوْقَكُمْ سَبْعًا شِدَادًا * وَجَعَلْنَا سِرَاجًا وَهَّاجًا * وَأَنزَلْنَا مِنَ ٱلْمُعْصِرَٰتِ مَاءً ثَجَّاجًا * لِّنُخْرِجَ بِهِۦ حَبًّا وَنَبَاتًا * وَجَنَّـٰتٍ أَلْفَافًا * إِنَّ يَوْمَ ٱلْفَصْلِ كَانَ مِيقَـٰتًا﴾[3].

وقال في ق: ﴿أَفَلَمْ يَنظُرُوٓا۟ إِلَى ٱلسَّمَآءِ فَوْقَهُمْ كَيْفَ بَنَيْنَـٰهَا وَزَيَّنَّـٰهَا وَمَا لَهَا مِن فُرُوجٍ * وَٱلْأَرْضَ مَدَدْنَـٰهَا وَأَلْقَيْنَا فِيهَا رَوَٰسِىَ وَأَنۢبَتْنَا فِيهَا مِن كُلِّ زَوْجٍۭ بَهِيجٍ * تَبْصِرَةً وَذِكْرَىٰ لِكُلِّ عَبْدٍ مُّنِيبٍ * وَنَزَّلْنَا مِنَ ٱلسَّمَآءِ مَآءً مُّبَـٰرَكًا فَأَنۢبَتْنَا بِهِۦ جَنَّـٰتٍ وَحَبَّ ٱلْحَصِيدِ * وَٱلنَّخْلَ بَاسِقَـٰتٍ لَّهَا طَلْعٌ نَّضِيدٌ * رِّزْقًا لِّلْعِبَادِ وَأَحْيَيْنَا بِهِۦ بَلْدَةً مَّيْتًا كَذَٰلِكَ ٱلْخُرُوجُ﴾[4].

---

(1) سورة آل عمران، الآيتان: ١٩٠ و ١٩١.

(2) سورة الأنعام، الآية: ١٢.

(3) سورة الأنعام، الآيات: ٦ ــ ١٧.

(4) سورة ق، الآيات: ٦ ــ ١١.

يقول الأستاذ الإمام: في هذه الآية إن الله تعالى قد نبّه مكذبي القيامة على علامات بديهية لقدرة الله وربوبيته وحكمته تراها في العلو والسفل، وفي كل مكان وتكفي أن يتذكر بها كل شخص ويبصر من كان بحيازته قلب سليم منتبه. فأشار قبل كل شيء إلى عظيم قدرته وبالغ حكمته: أفلم ينظروا إلى السماء فوقهم كيف بنيناها ورفعناها وزيناها ومن إعجاز قدرتنا أنه لا يرون في السماء المسقف اللانهائي فرجة. فإذا كان كذلك فوقهم فكيف يكون صعبًا ومشكلًا لقدير مطلق أن يولدهم من جديد؟

ثم وجههم إلى اهتمام ربوبيته مع القدرة والحكمة فقال: والأرض مددناها وألقينا فيها رواسي للإبقاء على التوازن وأنبتنا فيها من كل زوج بهيج يتغذون ويبتهجون منه أيضًا وذلك يعني أن الخالق الذي هذا شأنه كيف يصعب عليه أن يحييهم بعد مماتهم من جديد؟ والرب تعالى الذي قد قام لهم بتوفير كل أسباب العيش الرغيد وباهتمام كبير هل يتركهم سدى أن يعيشوا في طرب ويأكلوا ويشربوا ولا يسألون أبدًا في هذا الباب»[1].

والخامس هو ظهور دينونة الله في الدنيا. والذي كان عن طريق الرسل من الأنبياء. فقد أعطوا معجزات قاهرة باهرة وأيدهم بروح القدس ثم أقام قيامة صغرى في هذه الدنيا قبل قيام القيامة الكبرى. وكان القصد به أن يكون هناك إثبات وتوثيق للآخرة على معيار تثبت به التجارب العلمية في المعمل العلمي (laboratory) حتى لا يكون بعده كما هو ظاهر عذر لهم يأتون به عند الله تعالى. وقد كان ذلك من خلال دعوة الرسل لقومهم الذين أعلنوا أنهم قد جاؤوا كمحكمة إلهية لقومهم وأنهم سيلقون ما دعوا إليه وأخبروا به من قضية الجزاء والعقاب بناءً على الإيمان والعمل. وأنه كما أن القوانين الطبيعية محتومة وتعطي نتائجها على كل حال، سوف يكون القانون الإلهي الأخلاقي أيضًا مثل ذلك منتجًا بعد إتمام الحجة عليهم، فمن يقبل دعوتهم من قومهم نجوا في الدنيا

---

(1) تدبر القرآن: ٧/ ٥٣٨.

163

والآخرة ونُصروا على منكريهم ومعانديهم ومن لم يقبلوها ذلوا وأتى عليهم عذاب الله.

وهذا التنبؤ قد جاء في قوم وفي وقت لم يكن هناك شيء غير محتمل وغير مصدق أكثر منه، ولكن التاريخ يشهد أنه قد تم في كل مرة وتم بطريقة أن الناس رأوا الله يفصل ويحسم القضية وغمر جلاله تعالى السماء والأرض وقد بيّن القرآن هذه الحقيقة في الآية: ﴿لِئَلَّا يَكُونَ لِلنَّاسِ عَلَى ٱللَّهِ حُجَّةُۢ بَعۡدَ ٱلرُّسُلِ﴾[1] ثم جاء بقاعدة كلية:

﴿وَلِكُلِّ أُمَّةٖ رَّسُولٞۖ فَإِذَا جَآءَ رَسُولُهُمۡ قُضِيَ بَيۡنَهُم بِٱلۡقِسۡطِ وَهُمۡ لَا يُظۡلَمُونَ﴾[2].

ويخبرنا القرآن أن ذلك وقع لأول مرة مع قوم نوح. فقد قال لهم نوح عليه السلام أنه سوف يأتي عليهم عذاب يبيدهم من صفحة الأرض، إذا لم يتوبوا من الإشراك بالله ولم يعبدوا الله خالصًا له الدين. فأجابه ملأ القوم بمثل هذا الهراء: إنا لنراك في ضلال وسفه مبين أنك قد حقرت آباءنا وآلهتنا وجئنا الآن بتهديد العذاب وما اتبعوك إلا الأرزلون الحمقاء. فقال لهم نوح إنه من سوء حظكم أن ترونني في ضلال مبين، إن أنا إلا نذير مبين وما أبلغكم إلا رسالات ربي وأنا لكم ناصح أمين، فلم يبعثني على أن أبلغكم رسالة ربي مع كل التمادي وكل العناد والسخط وكل التفجيع الذي ألقي منكم إلا أني أخشى وأحزن عليكم أن تأخذكم الله أخذ عزيز مقتدر. وأخبر القرآن أن نوحًا عليه السلام قد لبث في قومه ألف سنة إلا خمسين عامًا يلح عليهم هذا الإلحاح والنصح والخير لهم ولكن قومه مع هذا الجهد الطويل من قِبَله كذبوه ولم يرضوا بإصلاح أحوالهم فأمر الله نوحًا بصناعة سفينة كأنه كان إنذارًا أخيرًا أنه باكتمال السفينة سوف يجيء أمر الله وعذابه، فلما اكتملت السفينة وركبها من آمن من قومه فجاءهم طوفان عظيم، وفار التنور وقيل للأرض أن أخرجي كل مائك وأمر السماء أن أمطري كل مائك، ثم استوى

---

(1) سورة النساء، الآية: ١٦٥.

(2) سورة يونس، الآية: ٤٧.

الماء على علامة مقررة، وغرق القوم كله وقيل بعدًا للقوم الظالمين حتى إن ابن نوح عليه السلام أيضًا كان من المغرقين لعناده وتمرده.

وكان ذلك منظرًا يبعث على العبرة. كانت العواصف تتمرد وكانت الأمطار تمطر مطرًا غزيرًا وكانت الأمواج تكون كالجبال، وسفينة نوح عليه السلام كانت تسير وتصادم هجماتها إذ نظر نوح إلى ابنه وهو قائم حيران متفكرًا. وبرؤية الابن استيقظت في نوح العطوفة الأبوية فناداه يابني هلم وتعال اركب معنا، ولكنه لم يزعزعه هذا المنظر المرهب المدهش فقال: سآوي إلى جبل يعصمني من الماء فقال له نوح ليس هذا ماء محضًا إنما هو قهر إلهي لا عاصم اليوم من أمر الله إلا من رحم. وكانت المحادثة بين الأب والابن جارية إذ جاء موج وابتلعه، وحال بينهما الموج فكان من المغرقين. وكافة منكري قومه قد غرقوا في الطوفان حسبما كان قضاء إلهيًا صارمًا حياديًا ونجا منه فقط من آمن بنوح عليه السلام[1].

وهذه كانت قيامة صغرى أولى قامت لبرهنة تصور الآخرة إلى درجة إتمام الحجة. ثم كانت هذه المعاملة مع كل قوم جاحد في الدنيا من مثل عاد وثمود وقوم لوط وقوم شعيب وقوم يونس وما إليها من أمم سابقة، فماذا حدث مع هذه الأقوام والذي ذكره القرآن هو مثال على ما قلنا من قبل كما قال تعالى: ﴿ أَلَمْ يَأْتِكُمْ نَبَؤُاْ ٱلَّذِينَ مِن قَبْلِكُمْ قَوْمِ نُوحٍ وَعَادٍ وَثَمُودَ وَٱلَّذِينَ مِنۢ بَعْدِهِمْ لَا يَعْلَمُهُمْ إِلَّا ٱللَّهُ ۚ جَآءَتْهُمْ رُسُلُهُم بِٱلْبَيِّنَٰتِ فَرَدُّوٓاْ أَيْدِيَهُمْ فِىٓ أَفْوَٰهِهِمْ وَقَالُوٓاْ إِنَّا كَفَرْنَا بِمَآ أُرْسِلْتُم بِهِۦ وَإِنَّا لَفِى شَكٍّ مِّمَّا تَدْعُونَنَآ إِلَيْهِ مُرِيبٍ * قَالَتْ رُسُلُهُمْ أَفِى ٱللَّهِ شَكٌّ فَاطِرِ ٱلسَّمَٰوَٰتِ وَٱلْأَرْضِ ۖ يَدْعُوكُمْ لِيَغْفِرَ لَكُم مِّن ذُنُوبِكُمْ وَيُؤَخِّرَكُمْ إِلَىٰٓ أَجَلٍ مُّسَمًّى ۚ قَالُوٓاْ إِنْ أَنتُمْ إِلَّا بَشَرٌ مِّثْلُنَا تُرِيدُونَ أَن تَصُدُّونَا عَمَّا كَانَ يَعْبُدُ ءَابَآؤُنَا فَأْتُونَا بِسُلْطَٰنٍ مُّبِينٍ * قَالَتْ لَهُمْ رُسُلُهُمْ إِن نَّحْنُ إِلَّا بَشَرٌ مِّثْلُكُمْ وَلَٰكِنَّ ٱللَّهَ يَمُنُّ عَلَىٰ مَن يَشَآءُ مِنْ عِبَادِهِۦ ۖ وَمَا كَانَ لَنَآ أَن نَّأْتِيَكُم بِسُلْطَٰنٍ إِلَّا بِإِذْنِ

(1) للاستزادة، انظر في القرآن الكريم الآيات التالية: الأعراف: ٥٩ ــ ٦٤، يونس ٧١ ــ ٧٣، هود: ٢٥ ــ ٤٩، المؤمنون ٣٠ ــ ٣٣، الشعراء ١٠٥ ــ ١٢٢، العنكبوت ١٤ ــ ١٥، الصافات ٧٥ ــ ٨٢، القمر ٩ ــ ١٦.

ٱللَّهِۚ وَعَلَى ٱللَّهِ فَلْيَتَوَكَّلِ ٱلْمُؤْمِنُونَ ۞ وَمَا لَنَآ أَلَّا نَتَوَكَّلَ عَلَى ٱللَّهِ وَقَدْ هَدَىٰنَا سُبُلَنَاۚ وَلَنَصْبِرَنَّ عَلَىٰ مَآ ءَاذَيْتُمُونَاۚ وَعَلَى ٱللَّهِ فَلْيَتَوَكَّلِ ٱلْمُتَوَكِّلُونَ ۞ وَقَالَ ٱلَّذِينَ كَفَرُواْ لِرُسُلِهِمْ لَنُخْرِجَنَّكُم مِّنْ أَرْضِنَآ أَوْ لَتَعُودُنَّ فِي مِلَّتِنَاۖ فَأَوْحَىٰٓ إِلَيْهِمْ رَبُّهُمْ لَنُهْلِكَنَّ ٱلظَّٰلِمِينَ ۞ وَلَنُسْكِنَنَّكُمُ ٱلْأَرْضَ مِنۢ بَعْدِهِمْۚ ذَٰلِكَ لِمَنْ خَافَ مَقَامِي وَخَافَ وَعِيدِ﴾[1].

وكانت قصة موسى عليه السلام أيضًا حكاية لهذه الدينونة. فإنه لما عرض دعوته على فرعون وملئه وأكابر قومه وأنكروه وأعرضوا عن دعوته، طلب منهم أن يتركوا بني إسرائيل يهاجرون من هذه الأرض معه، فجحد فرعون أن يستجيب لطلبه هذا كما قد كفر بدعوته، فأنزل الله عليهم آياته من الجراد والقمل والضفادع والدم تنبيهًا لهم مرة تلو المرة. فاستعد فرعون أن يؤذن لهم لعدة أيام فقط، فخرج موسى مع قومه، وبعد خروجه تغيرت نية فرعون فتعاقب موسى مع جنوده المجندة. وكان يخال أن يرجع بني إسرائيل إجبارًا ولكن الآن قد حان وقت القضاء المبرم من القاهر الجبار، فكان الله تعالى قد احتضن بني إسرئيل وعبر بهم اليَم وأغرق فرعون وجنوده في ذلك أليم[2].

وقد ظهرت الآية الكبرى الثانية داخل الآية الكبرى لغرق فرعون أن لم يقبل البحر جثته، وألقى به إلى الساحل لكي يصير انتباهًا حيًّا لفراعين كل عصر ومصر بلسان حالها. وقال تعالى: ﴿وَجَٰوَزْنَا بِبَنِيٓ إِسْرَٰٓءِيلَ ٱلْبَحْرَ فَأَتْبَعَهُمْ فِرْعَوْنُ وَجُنُودُهُۥ بَغْيًا وَعَدْوًاۖ حَتَّىٰٓ إِذَآ أَدْرَكَهُ ٱلْغَرَقُ قَالَ ءَامَنتُ أَنَّهُۥ لَآ إِلَٰهَ إِلَّا ٱلَّذِيٓ ءَامَنَتْ بِهِۦ بَنُوٓاْ إِسْرَٰٓءِيلَ وَأَنَا۠ مِنَ ٱلْمُسْلِمِينَ ۞ ءَآلْـَٰٔنَ وَقَدْ عَصَيْتَ قَبْلُ وَكُنتَ مِنَ ٱلْمُفْسِدِينَ ۞ فَٱلْيَوْمَ نُنَجِّيكَ بِبَدَنِكَ لِتَكُونَ لِمَنْ خَلْفَكَ ءَايَةًۚ وَإِنَّ كَثِيرًا مِّنَ ٱلنَّاسِ عَنْ ءَايَٰتِنَا لَغَٰفِلُونَ﴾[3].

وبعد بعثة إبراهيم عليه السلام قد زاد على ذلك أنه قد صير الله سبحانه ذرية

---

(1) سورة إبراهيم، الآيات: ٩ ــ ١٤.

(2) انظر لتفاصيل قصة غرق فرعون وجنوده في: الأعراف: ١٠٣ يونس: ٧٥ ــ ٩٢ بني إسرائيل: ١٠١ ــ ١٠٣ طه: ٤٠ ــ ٧٩

(3) سورة يونس، الآيتان: ٩٠ و٩١.

إبراهيم معه مثلًا إلى يوم القيامة لتلك الدينونة التي مر ذكرها. فتم الإعلان أن ذرية إبراهيم تغلب على أمم العالم إن قامت على الحق وتقوم بتبليغ رسالات الله إلى أقوام العالم بدون أي تبديل ولا تحريف، وإن انحرفت سلط عليها الذل والمحكومية على أيدي تلك الأقوام.

والتين والزيتون وطور سنين والبلد الأمين مكة كلها مقامات ظهور لتلك الدينونة. فالزيتون هو الجبل الذي عليه قضي بالعذاب على منكري وجاحدي المسيح (عليه السلام) بعد أن رفعه الله كما جاء: ﴿وَجَاعِلُ ٱلَّذِينَ ٱتَّبَعُوكَ فَوْقَ ٱلَّذِينَ كَفَرُوٓاْ إِلَىٰ يَوْمِ ٱلْقِيَٰمَةِ﴾[1] وقال: ﴿وَإِذْ تَأَذَّنَ رَبُّكَ لَيَبْعَثَنَّ عَلَيْهِمْ إِلَىٰ يَوْمِ ٱلْقِيَٰمَةِ مَن يَسُومُهُمْ سُوٓءَ ٱلْعَذَابِ﴾[2] والتين هو قرية على جبل الزيتون وتفيدنا كتاب لوقا أن المسيح (عليه السلام) حينما جاء إلى يروشلم فقبل دخوله البلد قد أقام بهذا المكان[3].

وجبل طور يعلمه الكل أن نهضة بني إسرئيل كأمة مختارة كانت بدأت من هذا الجبل، وأما أم القرى مكة فقد بدأ منه فرع آخر لذرية إبراهيم وهو بنو إسماعيل نهضته، فقد أُعطوا تولية أول بيت وضع للناس لعبادة الله وحده وهو الكعبة المشرفة بيت الله الحرام. فقد قدم القرآن هذه المقامات كشاهد على ما لقيت ذرية إبراهيم من جزاء أو عقاب، وأثار سؤالًا أن ما هو الذي يبعث على إنكار جزاء الله وعقابه يوم القيامة بعد هذه المشاهد فقال: ﴿وَٱلتِّينِ وَٱلزَّيْتُونِ * وَطُورِ سِينِينَ * وَهَٰذَا ٱلْبَلَدِ ٱلْأَمِينِ * لَقَدْ خَلَقْنَا ٱلْإِنسَٰنَ فِىٓ أَحْسَنِ تَقْوِيمٍ * ثُمَّ رَدَدْنَٰهُ أَسْفَلَ سَٰفِلِينَ * إِلَّا ٱلَّذِينَ ءَامَنُواْ وَعَمِلُواْ ٱلصَّٰلِحَٰتِ فَلَهُمْ أَجْرٌ غَيْرُ مَمْنُونٍ * فَمَا يُكَذِّبُكَ بَعْدُ بِٱلدِّينِ * أَلَيْسَ ٱللَّهُ بِأَحْكَمِ ٱلْحَٰكِمِينَ﴾[4].

ثم قامت هذه الدينونة لآخر مرة في القرن السابع الميلادي. وهذا الحدث الضخم للتاريخ الإنساني له خصيصة كبيرة، لأنه قد وقع في ضوء التاريخ

_____

(1) سورة آل عمران، الآية: ٥٢.

(2) سورة الأعراف، الآية: ١٦٧.

(3) (١٩ ـ ٢٩).

(4) سورة التين، الآيات: ١ ـ ٨.

الكامل. فالتاريخ قد احتفظ بكل جزئياته وفروعه ومراحله، كأنها في مرأى منا ومسمع يراها كل شخص إذا شاء بتصفح التاريخ وبقلب أوراقه.

وتم لهذا انتخاب نبي ورسول اسمه محمد ﷺ أفضل البشر كلهم سيرةً وخيرهم لدرجة نهائية لم ير مثله السماء. تشرف بمنصب الرسالة وعمره الشريف أربعون سنة. فكانت حياته طيبة قبل المبعث وممتازة أخلاقيًّا لدرجة أن لقبه قومه بصادق وأمين. وكل شخص كان مستعدًّا يشهد له أن أمانته فوق كل شبهة وأنه لن يكذب أبدًا وقومه شهد له بذلك على كل فرصة متاحة بعد مبعثه أيضًا، وقد كانوا له عدوًّا لدودًا في ذلك الزمان.

فلما مر لأول مرة بتجربة الوحي الإلهي قد أعرب عن قلقه واضطرابه إلى زوجته السيدة خديجة فقالت له مسليةً: «كلا والله لا يخزيك الله أبدًا لأنك تصل الرحم وتصدق القول وتحمل الكل وتكسب المعدوم وتقري الضيف وتنصر المظلوم»[1]. ولم ينتقم لذاته حتى أنه قال لأعدائه الألداء بعد الانتصار عليهم، اذهبوا وأنتم الطلقاء لا تثريب عليكم اليوم[2] وكانت حياته مثالاً فذًّا للإخلاص فقد عرضت عليه القريش كل شيء من المال والثروة والجاه والملك فلم ير إلى أي شيء من ذلك بل قال ما مفهومه لو وضع هؤلاء الشمس في يدي والقمر في اليد الأخرى لما تأخرت عن موقفي هذا»[3].

وخلاصة القول أن رسول الله ﷺ كان إنسانًا لم ير مثله قط في كل دور من مراحل حياته وفي كل معاملة. فقد قامت في المدينة دولته ولكنه بقي على وضعه السابق الساذج، ولم يقع أي تغيير في أساليب حياته وطراز معيشته ومع التغيير الكبير في حالاته. فلا يستطيع أحد أن يقدم اسمًا عرض على الدنيا مكارم الأخلاق التي ظهرت في حياته هو ظهورًا كاملاً لدرجة أن كاتبًا كبيرًا للعهد

---

(1) رواه البخاري رقم الحديث: ٤٩٥٣ ومسلم رقم ٤٠٣.

(2) السيرة النبوية لابن هشام: ٤/ ٤٣.

(3) السيرة النبوية لابن إسحاق: ١١٧، السيرة النبوية لابن كثير: ١/ ٤٧٤.

الحاضر وصفه: «وقد كانت إنسانيته عالية لدرجة أنه إذا لم يلد لكتب التاريخ أن إنسانًا هذه إنسانيته لم يلد ولن يولد أبدًا»(1).

ففي مثل هذه العظمة الشخصية والسيرة المثلى قد عرض دعوته على قومه لكنهم أنكروها وجحدوا بها. فنبههم على أنه نبي ورسول وقد جاءهم بمثابة محكمة إلاهية في حقهم، ولذا القيامة الصغرى التي قامت على قوم نوح وقوم لوط وقوم شعيب وعلى عاد وثمود ستقوم على قومه أيضًا بعد إتمام الحجة عليهم.

وهذا كان إعلامًا ضخمًا. يعني أن العذاب سيأتي على منكريه وأعدائه وأن المؤمنين به سيغلبون بالتأكيد في هذه الأرض. وقد أعلن ذاك حينما لم يؤمن به إلا النفر القليل من أقربائه. وجاءت مراحل خطيرة في جهاده بالدعوى بعد ذلك.

واضطر المؤمنون على الهجرة إلى الحبشة فرارًا بدينهم وبحياتهم، ثم أجبروا على مغادرة مكة بعد للأبد. ولم يطمئن بعد الهجرة إلى المدينة ومن آمن معه أن اجتمع العرب كله ضده، وبذلت كل ما في وسعها من القوة الحربية والمال الكثير وبث الأكاذيب والمؤامرات الداخلية. وبسبب هذه الفعاليات المعاندة كل لمحة تشعر بأن أعداءه المهاجمين من كل الأطراف عساهم يسلبونه. ففي تلك الحالات كان مالًا يُقاس قطعًا أنه سيغلبهم. ولكن القرآن قال في تلك المناسبة الحرجة بكل اعتماد وبكل ثقة إنه رسول الله وأنه ليظهره على رغم تلك المخالفات الكثيرة على الدين كله. وتلمس هذا الإعلان في الآيات التالية: الأنعام: ٤ ـ ٥، ٦٦ ـ ٦٧، ١٥٧ يونس: ١٣ ـ ١٠٢ ـ ١٠٣ هود: ٨ الرعد: ٤٠ ـ ٤١ بني إسرائيل: ٧٧ الكهف: ٥٨ ـ ٥٩ النمل: ٧١ ـ ٧٢ الصافات: ١٧١ ـ ١٧٣ المؤمن: ٥١ ـ ٧٧ ـ ٧٨ الزخرف: ٤١ ـ ٤٢ الأحقاف: ٣٥ الفتح: ٢٢ ـ ٢٥ ـ ٢٨ القمر: ٤٣ ـ ٤٥ الليل: ٢١ الضحى: ٥ ألم نشرح: ٥ ـ ٦.

وقال تعالى أيضًا: ﴿ يُرِيدُونَ لِيُطْفِـُٔواْ نُورَ ٱللَّهِ بِأَفْوَٰهِهِمْ وَٱللَّهُ مُتِمُّ نُورِهِۦ وَلَوْ كَرِهَ

---

(1) انظر: الإسلام يتحدى، وحيد الدين خان: ١٤٣.

ٱلۡكَٰفِرُونَ ۞ هُوَ ٱلَّذِىٓ أَرۡسَلَ رَسُولَهُۥ بِٱلۡهُدَىٰ وَدِينِ ٱلۡحَقِّ لِيُظۡهِرَهُۥ عَلَى ٱلدِّينِ كُلِّهِۦ وَلَوۡ كَرِهَ ٱلۡمُشۡرِكُونَ ﴾[1].

وقال تعالى: ﴿إِنَّ ٱلَّذِينَ يُحَآدُّونَ ٱللَّهَ وَرَسُولَهُۥٓ أُوْلَٰٓئِكَ فِى ٱلۡأَذَلِّينَ ۞ كَتَبَ ٱللَّهُ لَأَغۡلِبَنَّ أَنَا۠ وَرُسُلِىٓۚ إِنَّ ٱللَّهَ قَوِىٌّ عَزِيزٌ ﴾[2].

وكان بيت الله الكعبة علامة لسيادة أهل مكة الذين قد بعث فيهم فكانوا متولين له. ولأجل ذلك كان لهم تأثير راسخ كبير في أم القرى مكة وما جاورها من البلدان والقرى، فكان لا يتصور أحد بناء على ذلك أنه ﷺ سوف يعزلهم من تولية الكعبة يومًا ما وتهلك قيادات قريش كلهم ولكن حينما كانوا يتعرضون له لإخراجه من مكة فقد أعلن القرآن: ﴿إِنَّآ أَعۡطَيۡنَٰكَ ٱلۡكَوۡثَرَ ۞ فَصَلِّ لِرَبِّكَ وَٱنۡحَرۡ ۞ إِنَّ شَانِئَكَ هُوَ ٱلۡأَبۡتَرُ ﴾[3].

ثم فصل هذا الإجمال وسمى عدوه اللدود أبا لهب وهدده بأسلوب مرعب فقال: ﴿تَبَّتۡ يَدَآ أَبِى لَهَبٍ وَتَبَّ ۞ مَآ أَغۡنَىٰ عَنۡهُ مَالُهُۥ وَمَا كَسَبَ ۞ سَيَصۡلَىٰ نَارًا ذَاتَ لَهَبٍ ۞ وَٱمۡرَأَتُهُۥ حَمَّالَةَ ٱلۡحَطَبِ ۞ فِى جِيدِهَا حَبۡلٌ مِّن مَّسَدِۭ ﴾[4].

ثم ماذا سيكون؟ فقد صرح القرآن عن كل مراحل من هذا السفر الدعوي الناجح أن سيأتيه نصر الله وتفتح مكة وسترى من عينيك أن الناس يدخلون في دين الله أفواجًا: ﴿إِذَا جَآءَ نَصۡرُ ٱللَّهِ وَٱلۡفَتۡحُ ۞ وَرَأَيۡتَ ٱلنَّاسَ يَدۡخُلُونَ فِى دِينِ ٱللَّهِ أَفۡوَاجًا ۞ فَسَبِّحۡ بِحَمۡدِ رَبِّكَ وَٱسۡتَغۡفِرۡهُۚ إِنَّهُۥ كَانَ تَوَّابَۢا ﴾[5].

وفي مناسبة أخرى قد جاء بصراحة أكثر وأوضح فقال: ﴿وَعَدَ ٱللَّهُ ٱلَّذِينَ ءَامَنُواْ مِنكُمۡ وَعَمِلُواْ ٱلصَّٰلِحَٰتِ لَيَسۡتَخۡلِفَنَّهُمۡ فِى ٱلۡأَرۡضِ كَمَا ٱسۡتَخۡلَفَ ٱلَّذِينَ مِن

---

[1] سورة الصف، الآيتان: ٨ و٩.
[2] سورة المجادلة، الآيتان: ٢٠ و٢١.
[3] سورة الكوثر، الآيات: ١ ـ ٣.
[4] سورة المسد، الآيات: ١ ـ ٥.
[5] سورة النصر، الآيات: ١ ـ ٣.

قَبْلِهِمْ وَلَيُمَكِّنَنَّ لَهُمْ دِينَهُمُ ٱلَّذِى ٱرْتَضَىٰ لَهُمْ وَلَيُبَدِّلَنَّهُم مِّنۢ بَعْدِ خَوْفِهِمْ أَمْنًا يَعْبُدُونَنِى لَا يُشْرِكُونَ بِى شَيْـًٔا وَمَن كَفَرَ بَعْدَ ذَٰلِكَ فَأُو۟لَٰٓئِكَ هُمُ ٱلْفَٰسِقُونَ ﴾[1].

لم تكن هذه كلمات لأي إنسان أن تذوب في الهواء بحسرات أبدية. وإنما كانت هذه كلمات الله التي صدرت بلسان نبيه، فأصبحت في وقت قصير تاريخًا، تاريخًا لا يمكن تقديم مثال له من تاريخ العالم. لذلك جاء عون الله ونصرته، وأقيم حكم النبي ﷺ وسلطته في المدينة المنورة، ووقعت معركة بدر وقتل فيها جميع المعاندين لدعوته بقيادة قريش[2]. وحاول أبو لهب الهروب من هذه العقوبة ولم ينضم إلى الحرب ولكن بعد سبعة أيام فقط من هزيمة بدر تحققت نبوءة القرآن وأصيب رئيس بني هاشم هذا بمرض العدسة، بحيث لم يأت إليه أحد لمدة ثلاثة أيام بعد وفاته، حتى تعفن جسده وبدأت الرائحة الكريهة تنتشر. وأخيرًا تم وضع جسده مع الحائط وكان جسده مغطى بالحجارة[3]. ثم فتحت مكة، وتم نقل تولية بيت الله إلى المسلمين، وتم تطهير بيت الله هذا من الأصنام، وأصبحت الصلاة والتضحية خاصة للّه، وأصبحت الجزيرة العربية كلها مسلمة. ورأى الجميع بأعينهم أنه وفقًا لتعبير القرآن، أخذ الناس يدخلون في دين الله أفواجًا. لذلك اكتسب الدين القوة، ودخل قانون الله وشرعه في حيز التنفيذ، ولم يبق أي دين آخر في أرض الجزيرة العربية في مركز السلطة. وتم الإعلان عن أولئك الذين أصروا على الإنكار والكفر بمناسبة الحج الأكبر في عام ٩هـ أنهم بعد مضي الأشهر الحرم سيكونون عَرضة لعذاب الله وسيتم عليهم حكم القرآن: ﴿فَٱقْتُلُوا۟ ٱلْمُشْرِكِينَ حَيْثُ وَجَدتُّمُوهُمْ وَخُذُوهُمْ وَٱحْصُرُوهُمْ وَٱقْعُدُوا۟ لَهُمْ كُلَّ مَرْصَدٍ ﴾[4]. «وأن يأخذوا الجزية من أهل الكتاب ﴿ عَن يَدٍ وَهُمْ صَٰغِرُونَ ﴾[5]».

(1) سورة النور، الآية: ٥٥.

(2) السيرة النبوية لابن هشام ١٩٧/٢.

(3) السيرة النبوية لابن كثير ٤٧٩/٢.

(4) سورة التوبة، الآية: ٥.

(5) سورة التوبة، الآية: ٢٩.

حتى أن متبعي رسالته وخلفاءه قد قاموا بعد أن غادر النبي ﷺ العالم بإطاحة عروش جميع الممالك التي كان قد كتب إلى حكامها رسالة قبل وفاته، يدعوهم فيها إلى الإسلام، في غضون سنوات قليلة. والذين كان قد أخبرهم بوضوح أنهم إذا أرادوا السلام، فعليهم قبول دعوته لا محالة، لأنهم يجب أن يظلوا محكومين صاغرين بعد إتمام الحجة من رسول الله، وأن لم تعد إمبراطوريتهم قادرة على البقاء. كان من بينها إمبراطوريتين الرومة وإيران العظيمتين، والتي كان قد تنبأ القرآن في وقت صراعهما أنه على الرغم من أن الفرس قد طغوا في هذا الوقت وغلبوا على الروم، إلا أن الروم سيسيطرون قريبًا على الإيرانيين، وكانت هذه النبوءة المستغربة للقرآن قد تمت وصدقت صدقًا تامًا مثل جميع تنبؤاته الأخرى له أيضًا. (الروم:١ ــ ٦).

## علامات القيامة:

ومتى يأتي هذا اليوم؟ فقد أوضح القرآن أنه: لا يعلمه إلا الله ﴿عِلْمُهَا عِندَ رَبِّى لَا يُجَلِّيهَا لِوَقْتِهَا إِلَّا هُوَ ثَقُلَتْ فِى ٱلسَّمَوَتِ وَٱلْأَرْضِ لَا تَأْتِيكُمْ إِلَّا بَغْتَةً﴾ [1].

نعم قد جاء ذكر بعض آثارها وعلاماتها في القرآن والحديث وفي الصحف العتيقة. بعضها عامة وبعضها من نوع الأحداث والواقعات المتعينة. ولم يأت شيء من النوع الأول في القرآن وإنما جاء ذكرها في الأحاديث والروايات. وأما النوع الثاني فهناك شيء واحد ذكره القرآن وهو خروج يأجوج ومأجوج فهو إذن علامة يقينية. وعلاوة على ذلك هناك علامات وردت في الروايات والأحاديث الصحيحة على معيار المحدثين. وبعضها قد ظهر والبقية سوف تظهر بالتأكيد إذا كانت نسبتها إلى النبي ﷺ صحيحة.

والعلامات من النوع الأول قد تذكر الانحطاط الأخلاقي والتراجع الذي يحدث في العالم كله قبل القيامة. من رفع العلم وازدياد الجهل وتعمم الزنا

---

(١)   سورة الأعراف، الآية: ١٨٧. وطه: ١٥ وحم السجدة: ٤٧.

172

وشرب الخمر وفشو القتل والغارة حتى أن يقتل الناس بغير أي جريمة لهم. وقل الرجال وكثرت النساء بكثرة كاثرة أن يملك رجل واحد خمسين من النساء. وبقي الأشرار في العالم وتخلو الدنيا ممن يذكر الله[1].

ومن أهم العلامات من النوع الثاني هو خروج يأجوج ومأجوج فقال القرآن: ﴿ حَتَّىٰٓ إِذَا فُتِحَتْ يَأْجُوجُ وَمَأْجُوجُ وَهُم مِّن كُلِّ حَدَبٍ يَنسِلُونَ ۞ وَاقْتَرَبَ الْوَعْدُ الْحَقُّ فَإِذَا هِيَ شَاخِصَةٌ أَبْصَارُ الَّذِينَ كَفَرُوا يَا وَيْلَنَا قَدْ كُنَّا فِي غَفْلَةٍ مِّنْ هَٰذَا بَلْ كُنَّا ظَالِمِينَ ﴾[2].

ويأجوج ومأجوج هما من أولاد يافث بن نوح عليه السلام الذين سكنوا في شمال آسيا. وبعض القبائل التي لها انتماء إليهم قد وصلت إلى أوروبا أولًا ولأميركا ولأستراليا ثانيًا. وتعرف بهم صحيفة حزقي إيل بتسمية ملك الروس وتوبالسك فيقول:

وَكَانَ إِلَيَّ كَلاَمُ الرَّبِّ قَائِلًا:

«يَا ابْنَ آدَمَ، اجْعَلْ وَجْهَكَ عَلَى جُوجٍ، أَرْضِ مَاجُوجَ رَئِيسِ رُوشٍ مَاشِكَ وَتُوبَالَ، وَتَنَبَّأْ عَلَيْهِ

وَقُلْ: هكَذَا قَالَ السَّيِّدُ الرَّبُّ: هأَنَذَا عَلَيْكَ يَا جُوجُ رَئِيسُ رُوشٍ مَاشِكَ وَتُوبَالَ[3].

ويعلم من مكاشفة يوحنا العارف أن بداية خروج اليأجوج والمأجوج ستكون بعد ألف سنة من بعثة النبي صلى الله عليه وسلم. وفي ذلك الوقت سوف يحيطون بالأرض من أطرافها الأربعة. فإذا بلغ شرهم ذروته نزلت نار من السماء وزلزلت زلزلة القيامة. يقول العارف في رؤياه:

---

(1) جاءت نصوص تذكر كل ذلك في كل من البخاري رقم: ٨٠ ـ ٨١ ومسلم رقم: ٣٧٥ ـ ٦٧٨٥ ـ ٧٢٤.

(2) سورة الأنبياء، الآيتان: ٩٦ ـ ٩٧.

(3) سفر حزقي إيل باب ٣٨: ـ ٢ ـ ٣.

«ومتى تمت الألف سنة، يطلق الشيطان من السجن، ويخرج ليضل الأمم الذين في الأرض بأطرافها الأربعة، أي يأجوج ومأجوج، فيضلهم ويجمعهم ويخرج للحرب. فيكون عددهم كرمل البحر، فينتشرون على كل الأرض ويحيطون بجند القديسين وبالمدينة الحبيبة[1]، فتنزل نار من السماء وتأكلهم[2].

وقد تعين هذا الزمان نفسه من علامات وردت في حديث جبرئيل أتاه في صورة إنسان يعلمهم دينهم فقد قال النبي ﷺ إجابة على تساؤله:

«أن تلد الأمة ربتها وأن ترى الحفاة العراة العالة رعاء الشاء يتطاولون في البنيان[3].

والعلامة الثانية منها واضحة كل الوضوح ويراها بأم عينيه كل شخص، ظهرت على أرض العرب. نعم قد أشكل على الناس تعيين مصداقية العلامة الأولى. وعندنا تصدق لهذه العلامة القضاء على العبودية كإدارة مستقلة، وقد وقعت الوقعتان في زماننا هذا في وقت متقارب جدًّا ولذا هذا التنبؤ أيضًا يعين زمان قرب يوم القيامة.

والعلامات التي سوف تظهر بعد ذلك قد بينهما النبي ﷺ جميعًا في موضع واحد بشمول خروج اليأجوج والمأجوج فقال:

«إن الساعة لا تكون حتى تكون عشر آيات: خسف بالمشرق وخسف بالمغرب، وخسف في جزيرة العرب والدخان والدجال ودابة الأرض ويأجوج ومأجوج، وطلوع الشمس من مغربها. ونار يخرج من قعر العدن ترحل الناس. وريح تلقي الناس في البحر[4].

---

(1) «جيش الأولياء» يشير إلى المدينة المنورة، و«عزيز شهر» يشير إلى البلد الأمين مكة المكرمة. هذه التفسيرات واضحة جدًّا لدرجة أن الشخص المطلع على أسلوب الكتب المقدسة الموحى بها وتاريخ هذه المدن لا يجد صعوبة في فهمها.

(2) الرؤيا ٢٠: ٧ ــ ٩.

(3) رواه مسلم رقم ٩٣.

(4) مسلم رقم الحديث: ٧٢٨٦.

ومدلول الحديث أن هناك عشر آيات للقيامة لم تقم القيامة مالم تظهر كل هذه الأشراط وهي كالتالي:

١ ـ خسف الأرض في الشرق.

٢ ـ خسف الأرض في المغرب.

٣ ـ وخسف الأرض في جزيرة العرب.

٤ ـ الدخان ويمكن أن يراد به انفجار ذري كبير.

٥ ـ الدجال وهو اسم صفة من الدجل وهو الدلس والمكر. ذكر أيضًا باسم المسيح الدجال. ويعنى أنه يجيء ماكر كبير عند قرب يوم القيامة بدعوى كونه المسيح. واستخدامًا لتصورات رائجة للقدوم الجديد للمسيح عند أهل الإسلام واليهود والنصارى يلبس الكذاب الماكر على الناس من خلال بعض أفاعيله الساحرة الخلابة. وقد جاء في بعض الروايات أنه يكون أعمى العين اليمنى ويتوضح كفره ودجله لأهل الإيمان لدرجة كأنه يرونه قد كتب على جبينه» الكافر »(1).

٦ ـ ودابة الأرض والتي تتولد من الأرض مباشرة كما تولدت سائر المخلوقات في بداية الكون.

٧ ـ خروج يأجوج ومأجوج وهذا قد بدأ فعلًا ويتقدم تدريجًا إلى نقطة عروجه.

٨ ـ وطلوع الشمس من المغرب.

٩ ـ نار تخرج من قعر عدن وتعود الناس.

١٠ ـ وريح تلقي الناس في البحر.

وعلاوة على ذلك ظهور المهدي ونزول المسيح عليه السلام من السماء من بين أشراط الساعة. ولم نذكرها. ووجه ذلك أن روايات ظهور المهدي لم تثبت

---

(1) كما رواه البخاري رقم ١٨٨٢، ٣٤٣٩ و٧١٣١.

على معيار النقد الحديثي فبعضها ضعيف وبعضها موضوع. ولا شك أنه قد أخبر بمجيء خليفة جواد راشد في بعض الروايات التي إسنادها مقبول[1] ولكن إذا تأملتها بدقة نظر يتضح منها بوضوح كامل أن مصداقيها قد ثبت في حق معاوية رضي الله عنه الذي كان خليفةً راشدًا في آخر خير القرون ثبوتًا تامًّا، فلا حاجة إذن لإنتظار مهدي موعود. أما نزول المسيح عليه السلام فإن روايات نزوله والتي قبلها المحدثون في عامة الأحوال ولكنها كلها تصير محل نظر إذا رأيتها ودرستها بنظرة قرآنية.

أولًا لأن القرآن الكريم قد تحدث عن شخصية المسيح عليه السلام من جوانب مختلفة وعلق على شخصيته ودعوته في أماكن متعددة، وزلزلة يوم القيامة أيضًا موضوع خاص للقرآن. ورفع رسول جليل القدر كعيسى حيًّا إلى السماء ثم نزوله إلى الأرض هو حدث ضخم ولكن مع تواجد مناسبة بيان تلك الواقعة لم يشر إليها القرآن في مكان ما، كيف يطمئن العلم والعقل على سكوت القرآن عن ذلك؟ وليس سهلًا والله الإيمان به.

وثانيًا لأن القرآن في سورة المائدة قد فعل محادثة لعيسى عليه السلام مع الله تعالى. ففي تلك المقابلة سوف يسأله الله عن منطلق ضلال المسيحيين: يا عيسى ابن مريم أأنت قلت للناس اتخذوني وأمي إلهين من دون الله» فيجيبه: سبحانك ما قلت لهم إلا بما أمرتني به، وكنت عليها شهيدًا ما دمت فيهم فلما توفيتني كنت أنت الرقيب عليهم. فإن كان المسيح قد ينزل مرة ثانية في هذه الدنيا فهذه الجملة الآخيرة من الآية الكريمة غير مطابقة للحال تمامًا. فإنه كان عليه أن يقول نعم وأنا أعلم جيدًا ما أحدثوا من ضلال كبير وقد أنذرتهم آنفًا منذ فترة وجيزة. وقال تعالى: ﴿ مَا قُلْتُ لَهُمْ إِلَّا مَآ أَمَرْتَنِى بِهِۦٓ أَنِ ٱعْبُدُوا۟ ٱللَّهَ رَبِّى وَرَبَّكُمْ ۚ وَكُنتُ عَلَيْهِمْ شَهِيدًا مَّا دُمْتُ فِيهِمْ ۖ فَلَمَّا تَوَفَّيْتَنِى كُنتَ أَنتَ ٱلرَّقِيبَ عَلَيْهِمْ ۚ وَأَنتَ عَلَىٰ كُلِّ شَىْءٍ شَهِيدٌ ﴾[2].

---

(1) رواه مسلم رقم ٧٣١٨.

(2) سورة المائدة، الآية: ١١٧.

وثالثًا جاءت تلك المناسبة مرة أخرى في سورة آل عمران حيث يتحدث الله سبحانه عن مشروعه وخطته في المسيح ﷺ ودعوته ومتبعيه إلى يوم القيامة، إذن كانت المناسبة ملائمة لأن يصرح الله له إني مرسله مرة أخرى إلى الدنيا. ولكن الله لم يصرح ذلك ولم يشر إلى ذلك. فإذا كان المسيح آتيًا من جديد فلماذا هذا السكوت؟ لا وجه له والله وإليكم الآية بكاملها: وإذ قال الله ﴿ إِنَّمَا وَلِيُّكُمُ ٱللَّهُ وَرَسُولُهُ وَٱلَّذِينَ ءَامَنُواْ ٱلَّذِينَ يُقِيمُونَ ٱلصَّلَوٰةَ وَيُؤۡتُونَ ٱلزَّكَوٰةَ وَهُمۡ رَٰكِعُونَ ﴾[1].

## أحوال القيامة

وكيف تقوم القيامة؟ قد فصلها القرآن في أماكن عديدة. فهناك صور كثيرة جاءت في مقامات كثيرة في القرآن لما يحدث للأرض والسماء، ولما يقع للشمس والقمر والنجوم والكواكب من حالة، ولما يواجه مخلوقات الأرض من أوضاع وكيف يجتمع الناس في حضرة ربهم بعد البعث من مراقدهم. ودراسة الأدب الجاهلي تفيد أن العرب كانوا يميلون إلى التصوير أكثر منه إلى التشبيه. والقرآن قد صور للقاري مراعاةً لذوقهم صورة لزلزلة القيامة كأنه يشهد بأم عينه هذه الوقعة الكبيرة. وأحداث القيامة تتبع بترتيب آتي:

1ـ يكون الناس مشتغلين بأعمالهم وتجاراتهم، بعضهم في الطريق وبعضهم في السوق، وبعضهم في المجلس وبعضهم في البيوت. لا يدور بخلدهم أن نظام العالم متزلزل على عجل إذ فاجأهم النفخ في الصور وزلزلت الأرض زلزالها. قال تعالى: ﴿ وَيَوۡمَ يُنفَخُ فِي ٱلصُّورِ فَفَزِعَ مَن فِي ٱلسَّمَٰوَٰتِ وَمَن فِي ٱلۡأَرۡضِ إِلَّا مَن شَآءَ ٱللَّهُ ﴾[2].

وما هو هذا الصور؟ يقال له في لغتنا «نرسنغا» أو البوق. ولا يمكن التوصل إلى كنهه لأحد لأنه عندنا مما يتعلق بالأمور المتشابهة ولكن اللفظ الذي

---

(1) سورة المائدة، الآية: ٥٥.

(2) سورة النمل، الآية: ٨٧.

اختير له يقام له قليل من التصور منه. لأن الله سبحانه لتفهيم نظام كونه يستخدم ألفاظًا واصطلاحات يتداولها الجنس البشري لنظام متشابه له. والمقصود تقريب تصوراتنا للشيء الأصلي لا أن نفهم ذلك الشيء بعينه،كما نفهمه ونشهده في الدنيا. وفي الماضي القديم كان ينفخ في البوق أو في نرسنغا في مناسبات الموكب الملكي أو عند إعلان الحرب علي الأعداء، فيفيد القرآن أنه سوف ينفخ في شيء كهذا لإقامة القيامة. فيذهل سائر المخلوقات ويطرأ عليهم الهول والقلق والهلع كأنهم قد صاروا سكران وفي غفلة وذهول عن أحب الأشياء إليهم، والوحوش تحشر وتتجمع حتى تصعق المخلوقات كلها من جراء صوتها الهائل والمرعب.كما قال: ﴿وَنُفِخَ فِي ٱلصُّورِ فَصَعِقَ مَن فِي ٱلسَّمَٰوَٰتِ وَمَن فِي ٱلْأَرْضِ إِلَّا مَن شَآءَ ٱللَّهُ﴾[1].

وماذا يمر به عمران الأرض نتيجة ذلك قد صور القرآن ذلك في مقامات متعددة. وتعلم بها أن الأرض تصير كسفينة متزعزعة بضرب الأمواج اللاطمة إذا ما هزتها زلزلة بعد أخرى فتقشعر من هذه الحالة القلوب، وتذعر بها الأبصار ويكون الناس سكارى لدرجة كأن هول العذاب قد جعلهم منبهرين. فقال: ﴿يَٰٓأَيُّهَا ٱلنَّاسُ ٱتَّقُواْ رَبَّكُمْۚ إِنَّ زَلْزَلَةَ ٱلسَّاعَةِ شَيْءٌ عَظِيمٌ * يَوْمَ تَرَوْنَهَا تَذْهَلُ كُلُّ مُرْضِعَةٍ عَمَّآ أَرْضَعَتْ وَتَضَعُ كُلُّ ذَاتِ حَمْلٍ حَمْلَهَا وَتَرَى ٱلنَّاسَ سُكَٰرَىٰ وَمَا هُم بِسُكَٰرَىٰ وَلَٰكِنَّ عَذَابَ ٱللَّهِ شَدِيدٌ﴾[2].

وهذا الوقت هو الذي فيه يبتدئ انهدام نظام العالم، وتهز الكون كله زلزلة عظيمة تتكسر منها الجبال، وتتفجر الأنهار وسائر الأجرام الفلكية والمجرات تدع مكانها وتحل محل بعضها البعض، ويسود في كل الأطراف اختلال يتقاصر من بيانه الخيال ويتقاصر من تخيله الخيال. وتدوم هذه السلسلة إلى مدة لا يعلمها إلا الله تعالى. قال: ﴿إِذَا ٱلشَّمْسُ كُوِّرَتْ * وَإِذَا ٱلنُّجُومُ ٱنكَدَرَتْ * وَإِذَا ٱلْجِبَالُ سُيِّرَتْ * وَإِذَا ٱلْعِشَارُ عُطِّلَتْ * وَإِذَا ٱلْوُحُوشُ حُشِرَتْ * وَإِذَا ٱلْبِحَارُ سُجِّرَتْ * وَإِذَا

---

(1) سورة الزمر، الآية: ٦٨.

(2) سورة الحج، الآيتان: ١ و٢.

ٱلنُّفُوسُ زُوِّجَتْ ۝ وَإِذَا ٱلْمَوْءُۥدَةُ سُئِلَتْ ۝ بِأَيِّ ذَنۢبٍ قُتِلَتْ ۝ وَإِذَا ٱلصُّحُفُ نُشِرَتْ ۝ وَإِذَا ٱلسَّمَآءُ كُشِطَتْ ۝ وَإِذَا ٱلْجَحِيمُ سُعِّرَتْ ۝ وَإِذَا ٱلْجَنَّةُ أُزْلِفَتْ ۝ عَلِمَتْ نَفْسٌ مَّآ أَحْضَرَتْ﴾[1]. قال: ﴿إِذَا ٱلسَّمَآءُ ٱنشَقَّتْ ۝ وَأَذِنَتْ لِرَبِّهَا وَحُقَّتْ ۝ وَإِذَا ٱلْأَرْضُ مُدَّتْ ۝ وَأَلْقَتْ مَا فِيهَا وَتَخَلَّتْ ۝ وَأَذِنَتْ لِرَبِّهَا وَحُقَّتْ﴾[2].

وبعد ذلك تبتدأ مرحلة عبر بها القرآن بإعادة الخلق فبهذا الاختلال نفسه يتواجد تدريجيًّا نظام طبيعي جديد. كما قال: ﴿يَوْمَ نَطْوِى ٱلسَّمَآءَ كَطَىِّ ٱلسِّجِلِّ لِلْكُتُبِ ۚ كَمَا بَدَأْنَآ أَوَّلَ خَلْقٍ نُّعِيدُهُۥ ۚ وَعْدًا عَلَيْنَآ ۚ إِنَّا كُنَّا فَٰعِلِينَ﴾[3].

وكيف تكون ذلك؟ فقد أخبر الله سبحانه أن الإجرام الفلكية كلها الأرض، السماء، الشمس والقمر والنجوم. والمجرات المتكونة من البلايين من الكواكب والنجوم سوف تتبدل في أرض جديدة وسماء جديد، مع القوانين الجديدة والنواميس الأخرى. كما جاء في إبراهيم: ٤٨ من قوله: ﴿يَوْمَ تُبَدَّلُ ٱلْأَرْضُ غَيْرَ ٱلْأَرْضِ وَٱلسَّمَٰوَٰتُ﴾ وقد بين القرآن أن تكون ثمة نفخة أخرى وإذا الناس قيام، ويخرجون من أحداثهم ويحشرون إلى ربهم قال تعالى: ثُمَّ نُفِخَ فِيهِ اخري فَإِذَا هُمْ قيام ينظرون ﴿وَنُفِخَ فِى ٱلصُّورِ فَإِذَا هُم مِّنَ ٱلْأَجْدَاثِ إِلَىٰ رَبِّهِمْ يَنسِلُونَ﴾[4].

## مشاهد القيامة

والقرآن قد فصل المراحل التي يمر بها الإنسان في طريق شهود ذلك اليوم مع بيان تلك المقامات التي ينزل بها بعد شهود ذلك اليوم. وإنه يسير إليه مسحوبًا. فالمرحلة الأولى لهذا السفر هو الموت. فبعد الأيام القليلة للحياة الدنيا يتعرض كل إنسان لمرحلة الموت. لا مفر له منها كما قال تعالى: ﴿كُلُّ

(1) سورة التكوير، الآية: ٦ ــ ١٤.
(2) سورة الانشقاق، الآية: ١ ــ ٥.
(3) سورة الأنبياء، الآية: ١٠٤.
(4) سورة يس، الآية: ٥١.

نَفْسٍ ذَآئِقَةُ ٱلْمَوْتِ ﴾[1] فيأتي صبحًا أو مساء ويمكن أن يطرأ على الإنسان قبل أن يولد وبعد أن يولد وفي صباه، وفي شبابه، وفي شيخوخته في أي وقت شاء، وكل شخص مضطر إلى التسليم له طوعًا أو كرهًا. وقد بين القرآن أن الموت عبارة عن فصل شخصية الإنسان والتي هي وجود مستقل عن حياته الحيوانية، عن جسم الإنسان. وقد كان أوتي الإنسان هذه الشخصية أول مرة بعد مرور وجوده الحيواني بمراحل متعددة للتسوية. ثم اكتمالها ويؤتاها اليوم أيضًا في حينها بعد أن يمر على استقرار الحمل ١٢٠ يومًا كما يفيد بذلك القرآن والحديث[2]، والموت عبارة عن فصل تلك الشخصية عن الجسم ويقوم بهذه العملية ملك خاص تعمل تحته فرقة بأسرها (النساء: ٩٧، الأنعام: ٩٣، النحل: ٢٨) فهو يأتيه ويتوفاه كما يتوفى الأمين الرسمي شيئًا في قبضته. قال تعالى: ﴿ قُلْ يَتَوَفَّىٰكُم مَّلَكُ ٱلْمَوْتِ ٱلَّذِى وُكِّلَ بِكُمْ ثُمَّ إِلَىٰ رَبِّكُمْ تُرْجَعُونَ ﴾[3].

ويذكر القرآن عند هذه النقطة ما سيحدث مع الإنسان. فتقبض الملائكة أرواح المنكرين للأنبياء بعد إقامة الحجة عليهم منهم بضربهم وإخبارهم متوعدين إياهم بعذاب ذلة رهيب ينتظرهم عند الموت بسبب أعمالهم. قال: ﴿ وَلَوْ تَرَىٰ إِذْ يَتَوَفَّى ٱلَّذِينَ كَفَرُوٓاْ ٱلْمَلَٰٓئِكَةُ يَضْرِبُونَ وُجُوهَهُمْ وَأَدْبَٰرَهُمْ وَذُوقُواْ عَذَابَ ٱلْحَرِيقِ * ذَٰلِكَ بِمَا قَدَّمَتْ أَيْدِيكُمْ وَأَنَّ ٱللَّهَ لَيْسَ بِظَلَّٰمٍ لِّلْعَبِيدِ ﴾[4].

وأما من آمن بالأنبياء وبرئ من شوائب الكفر والشرك والظلم والعدوان في جانب آخر فإن الملائكة ستتقبله بالبشاشة والترحيب وتبشره بالجنة: قال: ﴿ ٱلَّذِينَ تَتَوَفَّىٰهُمُ ٱلْمَلَٰٓئِكَةُ طَيِّبِينَ يَقُولُونَ سَلَٰمٌ عَلَيْكُمُ ٱدْخُلُواْ ٱلْجَنَّةَ بِمَا كُنتُمْ تَعْمَلُونَ ﴾[5].

---

(1) سورة آل عمران، الآية: ١٨٥.

(2) السجدة: ٦ ــ ٩، المؤمنون: ١٢ ــ ١٤، والبخاري: رقم ٧٤٥٤ ومسلم رقم: ٦٧٢٣.

(3) سورة السجدة، الآية: ١١.

(4) سورة الأنفال، الآيتان: ٥٠ و٥١.

(5) سورة النحل، الآية: ٣٢.

وأما المقامات التي بعدها فتسمى على التوالى بالبرزخ والحشر والجحيم والجنة نذكرها فيما يلي بهذا الترتيب:

## البرزخ

وهو معرب للفظة «برده» الفارسية. وأطلقت كلمة البرزخ على حد فاصل حيث سيظل الميت باقيًا إلى يوم القيامة كأن ذلك حد يمنعهم من الرجوع ﴿وَمِن وَرَآئِهِم بَرْزَخٌ إِلَىٰ يَوْمِ يُبْعَثُونَ﴾[1]. ومصطلح عالم البرزخ وجد من ذلك. وقد أطلقت كلمة «القبر» مجازيًّا في الأحاديث والآثار لذلك العالم الذي سيبقى الإنسان فيه حيًّا، ولكن تلك الحياة تكون بلا جسم ويكون فيه كيفية إدراك الروح وإحساسها وتجاربها ومشاهداتها مماثلة تقريبًا للصورة العلمية، ولذا قال أن تلك المنام تنكسر مفاجأة والمجرمون يجدون أنفسهم أحياء بأرواحهم وأجسادهم حاشدين إلى ميدان الحشر فيقولون: من بعثنا من مرقدنا (ياسين: ٥٢) تحديدًا حاسمًا سواء كانوا صالحين أوفوا بحقوق الوفاء لدرجة الكمال أو منكرين جحدوا الحق بدافع الخيلاء والغرور فتبتدئ نوعية عذابهم وثوبهم من هذا العالم لأن أمر هؤلاء واضح محسوم ولا حاجة إلى إخضاعهم للحساب والمساءلة.

ومثال الصورة الأولى صحابة النبي ﷺ الأبرار الذين حاربوا مع الرسول وقاموا بإرواء غليل الحق من دماءهم الزكية، فقد قال القرآن فيهم إنهم أحياء ويرزقون عند ربهم فقال: ﴿وَلَا تَحْسَبَنَّ ٱلَّذِينَ قُتِلُوا۟ فِى سَبِيلِ ٱللَّهِ أَمْوَٰتًۢا ۚ بَلْ أَحْيَآءٌ عِندَ رَبِّهِمْ يُرْزَقُونَ ۝ فَرِحِينَ بِمَآ ءَاتَىٰهُمُ ٱللَّهُ مِن فَضْلِهِۦ وَيَسْتَبْشِرُونَ بِٱلَّذِينَ لَمْ يَلْحَقُوا۟ بِهِم مِّنْ خَلْفِهِمْ أَلَّا خَوْفٌ عَلَيْهِمْ وَلَا هُمْ يَحْزَنُونَ ۝ يَسْتَبْشِرُونَ بِنِعْمَةٍ مِّنَ ٱللَّهِ وَفَضْلٍ وَأَنَّ ٱللَّهَ لَا يُضِيعُ أَجْرَ ٱلْمُؤْمِنِينَ﴾[2].

ومثال الصورة الثانية هو فرعون وأتباعه. الذين لم يؤمنوا بموسى بعد قيام الحجة عليهم من قبله. ومن جراء ذلك بأنهم أهلكوا من عذاب الله في هذه الدنيا

(1) سورة المؤمنون، الآية: ١٠٠.

(2) سورة آل عمران، الآيات: ١٦٩ ــ ١٧١.

ويعرض عليهم العذاب صبح مساء في الحياة البرزخية أيضًا كما قال: ﴿وَحَاقَ بِـَٔالِ فِرْعَوْنَ سُوٓءُ ٱلْعَذَابِ ۞ ٱلنَّارُ يُعْرَضُونَ عَلَيْهَا غُدُوًّا وَعَشِيًّا ۖ وَيَوْمَ تَقُومُ ٱلسَّاعَةُ أَدْخِلُوٓا۟ ءَالَ فِرْعَوْنَ أَشَدَّ ٱلْعَذَابِ﴾[1]

فهذا هو العذاب والثواب الذي جاء ذكرها في الأحاديث والروايات[2].

وأضاف إليه النبي ﷺ أن الابتداء لمن بعث إليهم سيكون من سؤال «ما تقول في هذا الرجل»[3].

ووجهه ظاهر لأن الرسول بعد بعثته هو الذي يكون وسيلة واحدة لقومه للتمييز بين الحق والباطل ولـذا لا حاجـة إلى سـؤال مزيد بعد التساؤل عن الإيمان بـه.

## المحشر

ويليه مقام الحشر والنشر. والحشر يطلق في لسان القرآن على إحياء جديد لكافة الجنس البشري منذ خلق آدم إلى قيامة الساعة بعد النفخة الثانية للصور، وقد بيّنا من قبل أنه سيوجد كيان الأرض الأخرى بعد زلزلة القيامة. فيقام الحشر على تلك الأرض. وماذا ستحدث من المعاملات والأمور فيها نذكرها فيما يلي:

١- يبعث الناس أجمعون أحياء من قبورهم. وحياتهم تلك تكون مع الروح والجسد وقد أطلق عليه في القرآن الحياة الثانية. (المؤمن: ١١) ويبدل فيه جسم الإنسان الدنيوي في جسد متناسب ومتلائم للحياة في الملك الأبدي للّه سبحانه نعمةً ونقمةً في كل حالة، ولكن مع شخصية يحياها الآن في الدنيا ﴿وَنُفِخَ فِى ٱلصُّورِ فَإِذَا هُم مِّنَ ٱلْأَجْدَاثِ إِلَىٰ رَبِّهِمْ يَنسِلُونَ﴾[4]. ﴿وَقَالُوا۟

(1) سورة غافر، الآيتان: ٤٥ و٤٦.
(2) البخاري رقم: ١٣٧٩ ومسلم رقم ٧٢١١.
(3) رواه البخاري رقم: ١٣٧٤ ومسلم رقم: ٧٢١٦.
(4) سورة يس، الآية: ٥١.

أَءِذَا كُنَّا عِظَامًا وَرُفَاتًا أَءِنَّا لَمَبْعُوثُونَ خَلْقًا جَدِيدًا ﴾[1] قل: ﴿قُلْ كُونُوا حِجَارَةً أَوْ حَدِيدًا * أَوْ خَلْقًا مِمَّا يَكْبُرُ فِي صُدُورِكُمْ فَسَيَقُولُونَ مَن يُعِيدُنَا قُلِ الَّذِي فَطَرَكُمْ أَوَّلَ مَرَّةٍ فَسَيُنْغِضُونَ إِلَيْكَ رُءُوسَهُمْ وَيَقُولُونَ مَتَىٰ هُوَ قُلْ عَسَىٰ أَن يَكُونَ قَرِيبًا ﴾[2].

٢ـ وصلاحيات الإنسان وطاقاته تصير متقدمة جدًّا نتيجة إعادة الخلق هذه بحيث يتمكن من رؤية من يشاء أن يراه جالسًا في مكانه ويتمكن من التحدث إليه مهما كان بعيدًا عنه. فقد روي أن شخصًا من أصحاب الجنة إذا ما ذكر قرينة في العالم اطلع عليه بدون مشفة ورآه في سواء الجحيم قال: هل أنتم مطلعون؟ فاطلع فرآه في سواء الجحيم، قال: تالله إن كدت لتردين. ﴿وَلَوْلَا نِعْمَةُ رَبِّي لَكُنتُ مِنَ الْمُحْضَرِينَ ﴾[3].

٣ـ ويكون هنالك عالم جديد تمامًا تضيء أرضه بنور الله وتغشاه تجليته وجلاله تعالى ويكون الملائكة حافين من حول عرش الرب. وكل شيء يحمد ربه تعالى حتى أن المجرمين أيضًا يصلون هناك حامدين ربهم ومثنين عليه:

﴿ثُمَّ نُفِخَ فِيهِ أُخْرَىٰ فَإِذَا هُم قِيَامٌ يَنظُرُونَ * وَأَشْرَقَتِ الْأَرْضُ بِنُورِ رَبِّهَا ﴾[4].

﴿يَوْمَ يَدْعُوكُمْ فَتَسْتَجِيبُونَ بِحَمْدِهِ وَتَظُنُّونَ إِن لَّبِثْتُمْ إِلَّا قَلِيلًا ﴾[5].

﴿وَتَرَى الْمَلَائِكَةَ حَافِّينَ مِنْ حَوْلِ الْعَرْشِ يُسَبِّحُونَ بِحَمْدِ رَبِّهِمْ وَقُضِيَ بَيْنَهُم بِالْحَقِّ وَقِيلَ الْحَمْدُ لِلَّهِ رَبِّ الْعَالَمِينَ ﴾[6]. وتكون الأرض والسماوات يومئذ مطوية

---

(1) سورة الإسراء، الآية: ٩٦.
(2) سورة الإسراء، الآيتان: ٥٠ و٥١.
(3) سورة الصافات، الآية: ٥٧.
(4) سورة الزمر، الآيتان: ٦٨ و٦٩.
(5) سورة الإسراء، الآية: ٥٢.
(6) سورة الزمر، الآية: ٧٥.

بيمين الله تعالى ويكون ذلك اليوم بحق منكري القيامة والجاحدين لها بحيث تجعل شدته الولدان شيبًا.

﴿وَٱلْأَرْضُ جَمِيعًا قَبْضَتُهُۥ يَوْمَ ٱلْقِيَـٰمَةِ وَٱلسَّمَـٰوَٰتُ مَطْوِيَّـٰتٌۢ بِيَمِينِهِۦ ۚ سُبْحَـٰنَهُۥ وَتَعَـٰلَىٰ عَمَّا يُشْرِكُونَ﴾[1] ﴿فَكَيْفَ تَتَّقُونَ إِن كَفَرْتُمْ يَوْمًا يَجْعَلُ ٱلْوِلْدَٰنَ شِيبًا * ٱلسَّمَآءُ مُنفَطِرٌۢ بِهِۦ ۚ كَانَ وَعْدُهُۥ مَفْعُولًا﴾[2].

وأعمال الناس تتوضح من وجوههم، ويقول الكل نفسي نفسي فلا يستجيب الأخ لأخيه ولا الابن لأبويه ويفر المرء من صاحبته وبنيه. ﴿فَإِذَا جَآءَتِ ٱلصَّآخَّةُ * يَوْمَ يَفِرُّ ٱلْمَرْءُ مِنْ أَخِيهِ * وَأُمِّهِۦ وَأَبِيهِ * وَصَـٰحِبَتِهِۦ وَبَنِيهِ * لِكُلِّ ٱمْرِئٍ مِّنْهُمْ يَوْمَئِذٍ شَأْنٌ يُغْنِيهِ * وُجُوهٌ يَوْمَئِذٍ مُّسْفِرَةٌ * ضَاحِكَةٌ مُّسْتَبْشِرَةٌ * وَوُجُوهٌ يَوْمَئِذٍ عَلَيْهَا غَبَرَةٌ * تَرْهَقُهَا قَتَرَةٌ * أُو۟لَـٰٓئِكَ هُمُ ٱلْكَفَرَةُ ٱلْفَجَرَةُ﴾[3].

ويؤخذ المجرمون يومئذ بنواصيهم ويُسحبون على جباههم للحضور في حضرة القاهر الجبار ويقودهم قادتهم في الدنيا ويعرفون بسيماء وجوههم ويحشرون من قبورهم، يسوقهم ملك ويصحبهم ملك آخر لإدلاء الشهادة عليهم ويفضحون مزيدًا بأن يُدعون إلى السجود لربهم فلا يستطيعون. ﴿يُعْرَفُ ٱلْمُجْرِمُونَ بِسِيمَـٰهُمْ فَيُؤْخَذُ بِٱلنَّوَٰصِى وَٱلْأَقْدَامِ * فَبِأَىِّ ءَالَآءِ رَبِّكُمَا تُكَذِّبَانِ﴾[4].

وقال: ﴿إِلَىٰ فِرْعَوْنَ وَمَلَإِي۟هِۦ فَٱتَّبَعُوٓا۟ أَمْرَ فِرْعَوْنَ ۖ وَمَآ أَمْرُ فِرْعَوْنَ بِرَشِيدٍ * يَقْدُمُ قَوْمَهُۥ يَوْمَ ٱلْقِيَـٰمَةِ فَأَوْرَدَهُمُ ٱلنَّارَ ۖ وَبِئْسَ ٱلْوِرْدُ ٱلْمَوْرُودُ﴾[5]. ﴿وَنُفِخَ فِى ٱلصُّورِ ۚ ذَٰلِكَ يَوْمُ ٱلْوَعِيدِ * وَجَآءَتْ كُلُّ نَفْسٍ مَّعَهَا سَآئِقٌ وَشَهِيدٌ﴾[6]. ﴿يَوْمَ يُكْشَفُ عَن سَاقٍ

---

(1) سورة الزمر، الآية: ٦٧.

(2) سورة المزمل، الآيتان: ١٧ و١٨.

(3) سورة عبس، الآيات: ٣٣ ــ ٤٢.

(4) سورة الرحمن، الآيتان: ٤١ و٤٢.

(5) سورة هود، الآيتان: ٩٧ و٩٨.

(6) سورة ق، الآيتان: ٢٠ و٢١.

﴿وَيُدْعَوْنَ إِلَى ٱلسُّجُودِ فَلَا يَسْتَطِيعُونَ ۝ خَٰشِعَةً أَبْصَٰرُهُمْ تَرْهَقُهُمْ ذِلَّةٌ ۖ وَقَدْ كَانُوا۟ يُدْعَوْنَ إِلَى ٱلسُّجُودِ وَهُمْ سَٰلِمُونَ﴾[1].

ويقسم الجنس البشري كله إلى ثلاث طوائف. الأولى السابقون إلى الحق الثانية الصالحون العامة. هم الذين يعطون كتاب أعمالهم في اليمين الثالثة هم أصحاب المشئمة الذين تُربط أيديهم من خلفهم ويعطون كتاب أعمالهم في الأيدي المربوطة الشمالية. قال تعالى: ﴿وَكُنتُمْ أَزْوَٰجًا ثَلَٰثَةً ۝ فَأَصْحَٰبُ ٱلْمَيْمَنَةِ مَآ أَصْحَٰبُ ٱلْمَيْمَنَةِ ۝ وَأَصْحَٰبُ ٱلْمَشْـَٔمَةِ مَآ أَصْحَٰبُ ٱلْمَشْـَٔمَةِ ۝ وَٱلسَّٰبِقُونَ ٱلسَّٰبِقُونَ ۝ أُو۟لَٰٓئِكَ ٱلْمُقَرَّبُونَ﴾[2] وقال: ﴿وَأَمَّا مَنْ أُوتِىَ كِتَٰبَهُۥ وَرَآءَ ظَهْرِهِۦ ۝ فَسَوْفَ يَدْعُوا۟ ثُبُورًا ۝ وَيَصْلَىٰ سَعِيرًا﴾[3].

٦ - وتكشف حقيقة خلافات الناس وإذا عرضوا للاحتساب فيأتي كل شيء بكل عدل وقسط ونصفة ومع وزنه الحقيقي الكامل، لا بيع ولا شراء ولا صداقة حميمة ولا تعويض ولا شفاعة ولا ظلم وتعسف بأحد عند هذه النقطة، بل يتوضح كل شيء بدرجة نهائية. ﴿إِلَى ٱللَّهِ مَرْجِعُكُمْ جَمِيعًا فَيُنَبِّئُكُم بِمَا كُنتُمْ فِيهِ تَخْتَلِفُونَ﴾[4]. ﴿وَنَضَعُ ٱلْمَوَٰزِينَ ٱلْقِسْطَ لِيَوْمِ ٱلْقِيَٰمَةِ فَلَا تُظْلَمُ نَفْسٌ شَيْـًٔا ۖ وَإِن كَانَ مِثْقَالَ حَبَّةٍ مِّنْ خَرْدَلٍ أَتَيْنَا بِهَا ۗ وَكَفَىٰ بِنَا حَٰسِبِينَ﴾[5]. ﴿وَٱتَّقُوا۟ يَوْمًا لَّا تَجْزِى نَفْسٌ عَن نَّفْسٍ شَيْـًٔا وَلَا يُقْبَلُ مِنْهَا شَفَٰعَةٌ وَلَا يُؤْخَذُ مِنْهَا عَدْلٌ وَلَا هُمْ يُنصَرُونَ﴾[6].

٧ - وتعرض الشهود لإتمام الحجة. وجيء بالنبيين أيضًا للشهادة وتشهد على الناس ألسنتهم وأيديهم وأرجلهم وآذانهم وأسماعهم وأبصارهم وجلودهم وحتى مسامات الأجسام تشهد ثم يقضى عليهم. ﴿وَأَشْرَقَتِ ٱلْأَرْضُ بِنُورِ

(1) سورة القلم، الآيتان: ٤٢ و٤٣.

(2) سورة الواقعة، الآيات: ٧ - ١١.

(3) سورة الإنشقاق، الآيات: ١٠ ــ ١٢.

(4) سورة المائدة، الآية: ٤٨.

(5) سورة الأنبياء، الآية: ٤٧.

(6) سورة البقرة، الآية: ٤٨.

رَبِّهَا وَوُضِعَ ٱلْكِتَٰبُ وَجِاْىَءَ بِٱلنَّبِيِّـۧنَ وَٱلشُّهَدَآءِ وَقُضِىَ بَيْنَهُم بِٱلْحَقِّ وَهُمْ لَا يُظْلَمُونَ ﴾(1). ﴿يَوْمَ تَشْهَدُ عَلَيْهِمْ أَلْسِنَتُهُمْ وَأَيْدِيهِمْ وَأَرْجُلُهُم بِمَا كَانُوا يَعْمَلُونَ ﴾(2). ﴿حَتَّىٰٓ إِذَا مَا جَآءُوهَا شَهِدَ عَلَيْهِمْ سَمْعُهُمْ وَأَبْصَٰرُهُمْ وَجُلُودُهُم بِمَا كَانُوا يَعْمَلُونَ ۝ وَقَالُوا لِجُلُودِهِمْ لِمَ شَهِدتُّمْ عَلَيْنَا قَالُوٓا أَنطَقَنَا ٱللَّهُ ٱلَّذِىٓ أَنطَقَ كُلَّ شَىْءٍ وَهُوَ خَلَقَكُمْ أَوَّلَ مَرَّةٍ وَإِلَيْهِ تُرْجَعُونَ ﴾(3).

٨ ـ وعند هذه النقطة يكذب المشركين شركاءهم الذين كانوا يعبدونهم من دون الله، ويقطعون بهم الأسباب. فالعدو لله وللإنسان الشيطان يتبرأ منهم براءة كاملة ويلومهم باتباعهم إياه. ﴿وَإِذَا رَءَا ٱلَّذِينَ أَشْرَكُوا شُرَكَآءَهُمْ قَالُوا رَبَّنَا هَٰٓؤُلَآءِ شُرَكَآؤُنَا ٱلَّذِينَ كُنَّا نَدْعُوا۟ مِن دُونِكَ فَأَلْقَوْا إِلَيْهِمُ ٱلْقَوْلَ إِنَّكُمْ لَكَٰذِبُونَ ﴾(4). ﴿إِذْ تَبَرَّأَ ٱلَّذِينَ ٱتُّبِعُوا مِنَ ٱلَّذِينَ ٱتَّبَعُوا وَرَأَوُا ٱلْعَذَابَ وَتَقَطَّعَتْ بِهِمُ ٱلْأَسْبَابُ ﴾(5). ﴿وَقَالَ ٱلشَّيْطَٰنُ لَمَّا قُضِىَ ٱلْأَمْرُ إِنَّ ٱللَّهَ وَعَدَكُمْ وَعْدَ ٱلْحَقِّ وَوَعَدتُّكُمْ فَأَخْلَفْتُكُمْ وَمَا كَانَ لِىَ عَلَيْكُم مِّن سُلْطَٰنٍ إِلَّآ أَن دَعَوْتُكُمْ فَٱسْتَجَبْتُمْ لِى فَلَا تَلُومُونِى وَلُومُوٓا أَنفُسَكُم مَّآ أَنَا۠ بِمُصْرِخِكُمْ وَمَآ أَنتُم بِمُصْرِخِىَّ إِنِّى كَفَرْتُ بِمَآ أَشْرَكْتُمُونِ مِن قَبْلُ إِنَّ ٱلظَّٰلِمِينَ لَهُمْ عَذَابٌ أَلِيمٌ ﴾(6).

# الجهنم

هذا مكان العذاب ودار التطهير والتزكية للمجرمين، وله أسماء متعددة جاءت في القرآن ففي مكان أطلق عليه اسم جهنم وفي مكان آخر السقر والنار الكبرى وما إلى ذلك من الألفاظ والتعبيرات. فإنها ساءت مصيرًا كما جاء في

(1) سورة الزمر، الآية: ٦٩.

(2) سورة النور، الآية: ٢٤.

(3) سورة فصلت، الآيتان: ٢٠ و٢١.

(4) سورة النحل، الآية: ٨٦.

(5) سورة البقرة، الآية: ١٦٦.

(6) سورة إبراهيم، الآية: ٢٢.

الآيات البقرة: ١٢٦ ـ ٢٠٦، آل عمران: ١٥١، إبراهيم: ٢٩) وله سبعة أبواب حسب قوله تعالى: ﴿لَهَا سَبْعَةُ أَبْوَابٍ لِّكُلِّ بَابٍ مِّنْهُمْ جُزْءٌ مَّقْسُومٌ﴾[1]. فإن أسباب التهكلة التي عددها القرآن بتدرج تحت سبعة عناوين (بني إسرائيل: ٢٢ ـ ٣٩).

والشيطان يغوي الناس ويلقيهم إلى طريق النار بابتلائهم في أي منها أو في مجموعتها. وهذا التصنيف والتبويب يكون في الأغلب برعاية تلك المهلكات السبعة. كما عبر به أيضًا لإعلام الناس بسبعة جهنم، أنها تكون وسيعة عريضة لدرجة أن لها سبعة أبواب. يدخل فيها طوائف من قضي عليهم بدخول جهنم منفصلة متفرقة بحساب جريمة خاصة لها. وقد قال أيضًا أي عليها تسعة عشر من الملائكة المشرفين عليها والمراقبين لأعمالها. ﴿وَمَآ أَدْرَىٰكَ مَا سَقَرُ ۞ لَا تُبْقِى وَلَا تَذَرُ ۞ لَوَّاحَةٌ لِّلْبَشَرِ ۞ عَلَيْهَا تِسْعَةَ عَشَرَ﴾[2]

وقد ذكر القرآن في أمكنة كثيرة أن المشركين والكافرين بشعور وبصيرة منهم، لهم العذاب الخالد الدائم. وهكذا قد بين هذا العذاب أيضًا لمن يقتل أحدًا متعمدًا كما جاء الوعيد نفسه في حق من يخالف قانون الوراثة، وكذلك جاء الوعيد نفسه لمرتكبي بعض الكبائر الأخرى. ولا شك أنه يدخل النار من يخرج منها بعد التعذيب والتطهير. ولكن تصريحات القرآن هذه صريحة بظاهرها في خلود وبقاء النار في حق المجرمين كهؤلاء أبدًا. ومع ذلك يتوقع أن يُطوى بساطها يومًا. ووجه ذلك أن عذابهم وعيد لا وعد لله سبحانه ويحق لله تعالى أن يخفف في عذاب هؤلاء المجرمين برحمته أو أن يدفنهم للأبد رمادًا في أرض جهنم نفسها. ﴿فَأَمَّا ٱلَّذِينَ شَقُوا فَفِي ٱلنَّارِ لَهُمْ فِيهَا زَفِيرٌ وَشَهِيقٌ ۞ خَالِدِينَ فِيهَا مَا دَامَتِ ٱلسَّمَٰوَٰتُ وَٱلْأَرْضُ إِلَّا مَا شَآءَ رَبُّكَ إِنَّ رَبَّكَ فَعَّالٌ لِّمَا يُرِيدُ﴾.

وتكون في جهنم عقوبات روحية وجسدية، وقد بينها القرآن فقال:

---

(1) سورة الحجر، الآية: ٤٤.
(2) سورة المدثر، الآيات: ٢٧ ـ ٣٠.

﴿وَنُذِيقُهُ يَوْمَ ٱلْقِيَـٰمَةِ عَذَابَ ٱلْحَرِيقِ﴾ (1). ونار جهنم هي ﴿لَوَّاحَةٌ لِلْبَشَرِ﴾ (2). و ﴿تَلْفَحُ وُجُوهَهُمُ ٱلنَّارُ وَهُمْ فِيهَا كَـٰلِحُونَ﴾ (3). وتكون ﴿نَزَّاعَةً لِلشَّوَىٰ﴾ (4). و ﴿تَطَّلِعُ عَلَى ٱلْأَفْـِٔدَةِ﴾ (5). ﴿إِنَّهَا تَرْمِي ... كَٱلْقَصْرِ﴾ (6). و ﴿لَا يَمُوتُ فِيهَا وَلَا يَحْيَىٰ﴾ (7). ﴿وَسُقُوا مَآءً حَمِيمًا فَقَطَّعَ أَمْعَآءَهُمْ﴾ (8). و ﴿يُصَبُّ مِن فَوْقِ رُءُوسِهِمُ ٱلْحَمِيمُ﴾ (9). ﴿وَلَا طَعَامٌ إِلَّا مِنْ غِسْلِينٍ * لَّا يَأْكُلُهُ إِلَّا ٱلْخَـٰطِـُٔونَ﴾ (10). و ﴿تُسْقَىٰ مِنْ عَيْنٍ ءَانِيَةٍ * لَّيْسَ لَهُمْ طَعَامٌ إِلَّا مِن ضَرِيعٍ * لَّا يُسْمِنُ وَلَا يُغْنِي مِن جُوعٍ﴾ (11). و ﴿قُطِّعَتْ لَهُمْ ثِيَابٌ مِّن نَّارٍ﴾ (12). ﴿إِذِ ٱلْأَغْلَـٰلُ فِىٓ أَعْنَـٰقِهِمْ وَٱلسَّلَـٰسِلُ يُسْحَبُونَ﴾ (13). ﴿وَأَنذِرْهُمْ يَوْمَ ٱلْحَسْرَةِ إِذْ قُضِىَ ٱلْأَمْرُ﴾ (14). ﴿كَلَّآ إِنَّهُمْ عَن رَّبِّهِمْ يَوْمَئِذٍ لَّمَحْجُوبُونَ﴾ (15). ﴿وَلَا يَنظُرُ إِلَيْهِمْ يَوْمَ ٱلْقِيَـٰمَةِ﴾ (16). ﴿إِنَّ جَهَنَّمَ كَانَتْ مِرْصَادًا * لِّلطَّـٰغِينَ مَـَٔابًا * لَّـٰبِثِينَ فِيهَآ أَحْقَابًا * لَّا يَذُوقُونَ فِيهَا بَرْدًا وَلَا شَرَابًا * إِلَّا حَمِيمًا وَغَسَّاقًا * جَزَآءً وِفَاقًا * إِنَّهُمْ كَانُوا لَا يَرْجُونَ حِسَابًا * وَكَذَّبُوا بِـَٔايَـٰتِنَا كِذَّابًا * وَكُلَّ شَىْءٍ أَحْصَيْنَـٰهُ كِتَـٰبًا * فَذُوقُوا فَلَن نَّزِيدَكُمْ إِلَّا عَذَابًا﴾ (17).

---

(1) سورة الحج، الآية: ٩.

(2) سورة المدثر، الآية: ٢٩.

(3) سورة المؤمنون، الآية: ١٠٤.

(4) سورة المعارج، الآية: ١٦.

(5) سورة الهمزة، الآية: ٧.

(6) سورة المرسلات، الآية: ٣٢.

(7) سورة الأعلى: ١٢ ــ ١٣ والفاطر: ٣٦).

(8) سورة محمد، الآية: ١٥.

(9) سورة الحج، الآية: ١٩.

(10) سورة الحاقة، الآيتان: ٣٦ و٣٧. (النبأ: ٢٤ ــ ٢٥).

(11) سورة الغاشية، الآيات: ٥ ــ ٧. (الدخان، الآية: ٤٣ ــ ٤٤) ز

(12) سورة الحج، الآية: ١٩.

(13) سورة غافر، الآية: ٧١.

(14) سورة مريم، الآية: ٣٩.

(15) سورة المطففين، الآية: ١٥.

(16) سورة آل عمران، الآية: ٧٧.

(17) سورة النبأ، الآيات: ٢١ ــ ٣٠.

# الجنة

وهذه هي مأوى الصالحين ودار إقامتهم عبر به سيدنا المسيح (عليه) بمُلك السماء[1] واستعمل القرآن لها ألفاظًا وتعبيرات مختلفة نحو روضة وفردوس وجنة النعيم وجنة الخلد وجنات عدن وما إليها من الأسماء الأخرى ـ وسعتها سعة السماء والأرض (آل عمران: ١٣٣، الحديد: ٢١) وهي مكان دوام العيش. وعلى عكس من الحياة الدنيوية ليس هناك أي تصور للموت مع الحياة، وللألم مع اللذة، والغم مع الفرحة، كما لا يشوب طمأنينتها اضطراب ولا راحتها مشقة ونعمتها نقمة. راحتها دائمة، لذتها بلا نهاية، وأيامها خالدة، وسلامتها آبدة ومسرتها غير فانية، وجمالها غير زائل وكمالها لا نهائي. ﴿وَأَمَّا ٱلَّذِينَ سُعِدُواْ فَفِي ٱلْجَنَّةِ خَٰلِدِينَ فِيهَا مَا دَامَتِ ٱلسَّمَٰوَٰتُ وَٱلْأَرْضُ إِلَّا مَا شَاءَ رَبُّكَ عَطَاءً غَيْرَ مَجْذُوذٍ﴾[2].

ويدخلها المؤمنون بشأن أن يتلقاهم الملائكة من يمينهم وشمالهم ومن خلفهم وقدامهم، فيدخلونهم في الجنة حيث يستقبلهم. ﴿وَسِيقَ ٱلَّذِينَ ٱتَّقَوْاْ رَبَّهُمْ إِلَى ٱلْجَنَّةِ زُمَرًا حَتَّىٰ إِذَا جَاءُوهَا وَفُتِحَتْ أَبْوَٰبُهَا وَقَالَ لَهُمْ خَزَنَتُهَا سَلَٰمٌ عَلَيْكُمْ طِبْتُمْ فَٱدْخُلُوهَا خَٰلِدِينَ﴾[3].

لكي يتصور الإنسان إلى حد ما نفعها وآلاءها قد استعار القرآن الكريم أسباب الملك ولوازمها ولذا ذكر حدائق ناضرة، وأنهار سائلة وروضات باسمة، وقصورًا شاهقة وآنية من فضة وأكواب. وولدان مخلدون وأرائك ذهبية وثياب سندس خضر وإستبرق، وكؤوسها دهاقًا وكواعب أترابًا ومجالس عيش وطرب، فقال: ﴿إِنَّ لِلْمُتَّقِينَ مَفَازًا * حَدَائِقَ وَأَعْنَٰبًا * وَكَوَاعِبَ أَتْرَابًا * وَكَأْسًا دِهَاقًا * لَا يَسْمَعُونَ فِيهَا لَغْوًا وَلَا كِذَّٰبًا * جَزَاءً مِّن رَّبِّكَ عَطَاءً حِسَابًا﴾[4].

---

(١)   صحيفة متى الباب ٥ الآيات: ١٩ ـ ٢٠ ـ ٧٠، والباب ٧ الآية: ٢١.

(٢)   سورة هود، الآية: ١٠٨.

(٣)   سورة الزمر، الآية: ٧٣.

(٤)   سورة النبأ، الآيات: ٣١ ـ ٣٦.

﴿فَوَقَىٰهُمُ ٱللَّهُ شَرَّ ذَٰلِكَ ٱلْيَوْمِ وَلَقَّىٰهُمْ نَضْرَةً وَسُرُورًا ۝ وَجَزَىٰهُم بِمَا صَبَرُوا۟ جَنَّةً وَحَرِيرًا ۝ مُّتَّكِـِٔينَ فِيهَا عَلَى ٱلْأَرَآئِكِ ۖ لَا يَرَوْنَ فِيهَا شَمْسًا وَلَا زَمْهَرِيرًا ۝ وَدَانِيَةً عَلَيْهِمْ ظِلَـٰلُهَا وَذُلِّلَتْ قُطُوفُهَا تَذْلِيلًا ۝ وَيُطَافُ عَلَيْهِم بِـَٔانِيَةٍ مِّن فِضَّةٍ وَأَكْوَابٍ كَانَتْ قَوَارِيرَا۠ ۝ قَوَارِيرَا۟ مِن فِضَّةٍ قَدَّرُوهَا تَقْدِيرًا ۝ وَيُسْقَوْنَ فِيهَا كَأْسًا كَانَ مِزَاجُهَا زَنجَبِيلًا ۝ عَيْنًا فِيهَا تُسَمَّىٰ سَلْسَبِيلًا ۝ وَيَطُوفُ عَلَيْهِمْ وِلْدَٰنٌ مُّخَلَّدُونَ إِذَا رَأَيْتَهُمْ حَسِبْتَهُمْ لُؤْلُؤًا مَّنثُورًا ۝ وَإِذَا رَأَيْتَ ثَمَّ رَأَيْتَ نَعِيمًا وَمُلْكًا كَبِيرًا ۝ عَـٰلِيَهُمْ ثِيَابُ سُندُسٍ خُضْرٌ وَإِسْتَبْرَقٌ ۖ وَحُلُّوٓا۟ أَسَاوِرَ مِن فِضَّةٍ وَسَقَىٰهُمْ رَبُّهُمْ شَرَابًا طَهُورًا ۝ إِنَّ هَـٰذَا كَانَ لَكُمْ جَزَآءً وَكَانَ سَعْيُكُم مَّشْكُورًا﴾[1].

كما قال في الذين دخلوا الجنة أنهم يجدون ما يشتهون (حم السجدة: ٣١) (الزخرف: ٧١، ق: ٣٥). قلوبهم مطهرة من البغض والحسد والشقاء فهم على الأرائك متكئون متحابين (الأعراف: ٤٣). (الحجر: ٤٨) (الكهف: ١٠٨). (فاطر: ٣٤ ـ ٣٥).. ﴿وَبَشِّرِ ٱلَّذِينَ ءَامَنُوا۟ وَعَمِلُوا۟ ٱلصَّـٰلِحَـٰتِ أَنَّ لَهُمْ جَنَّـٰتٍ تَجْرِى مِن تَحْتِهَا ٱلْأَنْهَـٰرُ ۖ كُلَّمَا رُزِقُوا۟ مِنْهَا مِن ثَمَرَةٍ رِّزْقًا ۙ قَالُوا۟ هَـٰذَا ٱلَّذِى رُزِقْنَا مِن قَبْلُ ۖ وَأُتُوا۟ بِهِۦ مُتَشَـٰبِهًا ۖ وَلَهُمْ فِيهَآ أَزْوَٰجٌ مُّطَهَّرَةٌ ۖ وَهُمْ فِيهَا خَـٰلِدُونَ﴾[2]. ﴿لَا يَسْمَعُونَ فِيهَا لَغْوًا وَلَا تَأْثِيمًا﴾[3] ﴿وَلَا خَوْفٌ عَلَيْهِمْ وَلَا هُمْ يَحْزَنُونَ﴾[4]، وفوق كل ذلك ﴿وَرِضْوَٰنٌ مِّنَ ٱللَّهِ أَكْبَرُ﴾[5]. وفي جواب الرضوان الإلهي يكون هناك تسبيح وتهليل من العباد. ﴿دَعْوَىٰهُمْ فِيهَا سُبْحَـٰنَكَ ٱللَّهُمَّ وَتَحِيَّتُهُمْ فِيهَا سَلَـٰمٌ ۚ وَءَاخِرُ دَعْوَىٰهُمْ أَنِ ٱلْحَمْدُ لِلَّهِ رَبِّ ٱلْعَـٰلَمِينَ﴾[6].

وقد أوضح النبي ﷺ ذلك إيضاحًا مزيدًا فقد روي عن أبي هريرة رضي الله عنه قال: قال رسول الله ﷺ: إنّ أول زمرة يدخلون الجنة على صورة القمر ليلة القدر ثم الذين يلونهم على أشد كوكب في السماء إضاءة لا يبولون ولا يتغوطون ولا يتفلون ولا يمتخطون، أمشاطهم الذهب ورشحهم المسك ومجامرهم الألوة

---

(1) سورة الإنسان، الآيات: ١١ ــ ٢٢.

(2) سورة البقرة، الآية: ٢٥.

(3) سورة الواقعة، الآية: ٢٢.

(4) سورة البقرة، الآية: ٦٢، ١١٢، ٢٦٢، ٢٤٤، ٢٧٧.

(5) سورة التوبة، الآية: ٧٢.

(6) سورة يونس، الآية: ١٠. (مريم: ٦٢)... الحج: ٢٤).. الزمر: ٧٣).

الأنجوج عود الطيب وأزواجهم الحور العين على خلق رجل واحد على صورة أبيهم آدم ستون ذراعًا في السماء[1].

فهذه كلها صور متقاربة لأفهامنا وإلا ما هي كنه تلك النعم فقد عبر به النبي ﷺ بنفسه في حديث آخر[2] من لفظ أن الله تعالى وضع في الجنة لعباده ما لا عين رأت ولا سمعت به الآذان ولا خطر على قلب بشر. وقد بينه الله في نفس الأسلوب في القرآن فقال: ﴿فَلَا تَعْلَمُ نَفْسٌ مَّآ أُخْفِيَ لَهُم مِّن قُرَّةِ أَعْيُنٍ جَزَآءً بِمَا كَانُوا۟ يَعْمَلُونَ﴾[3].

---

(1) رواه البخاري رقم: ٣٣٢٧ ومسلم رقم ٧١٤٩ ـ ٧١٥٦ ـ ٧١٥٧.

(2) رواه البخاري (رقم ٣٢٤٤ ـ ٤٧٧٩ ومسلم رقم ٧١٣٢.

(3) سورة السجدة، الآية: ١٧.

# الباب الثاني:

# الأخلاقيات

ومن أهم المطالبات الدينية بعد الإيمان هو تزكية الأخلاق. ويعني أن يقوم الإنسان بتزكية أعماله ما يمت بصلة إلى الخلق وإلى الخالق جل وعلا كليهما. وهو الذي يعبر عنه بالعمل الصالح، والشريعة كلها فرع له. نعم قد جاء التغيير في الشرائع مع تغير المدنية والحضارة ولكن الإيمان والعمل الصالح بصفتهما أصلين للدين لم يحدث هناك أي تغير وتبدل فيهما أبدًا. والقرآن صريح في من جاء بكليهما في حضرة الله سبحانه فله الجنة يخلد فيها فقال: ﴿وَمَن يَأْتِهِۦ مُؤْمِنًا قَدْ عَمِلَ ٱلصَّـٰلِحَـٰتِ فَأُوْلَـٰٓئِكَ لَهُمُ ٱلدَّرَجَـٰتُ ٱلْعُلَىٰ * جَنَّـٰتُ عَدْنٍ تَجْرِى مِن تَحْتِهَا ٱلْأَنْهَـٰرُ خَـٰلِدِينَ فِيهَاۚ وَذَٰلِكَ جَزَآءُ مَن تَزَكَّىٰ﴾[1].

وهذا العمل الصالح الذي يعبر به بفضائل الأخلاق أو مكارم الأخلاق ويقابلها رذائل الأعمال والأخلاق وقال النبي ﷺ: بعثت لأتمم صالح الأخلاق[2] وقال: أحاسنكم أحاسنكم أخلاقًا[3] وهؤلاء أحب الناس إلي[4]

---

(1) سورة طه، الآيتان: ٧٥ و٧٦.

(2) رواه أحمد: ٨٧٢٩.

(3) رواه البخاري رقم ٣٥٥٩ ومسلم رقم ٦٠٣٣.

(4) رواه البخاري رقم ٣٧٥٩.

وأثقل شيء في ميزان الإنسان الخلق الحسن[1] والرجل المؤمن يحصل بأحسن خلق درجة يحصلها الآخر بصوم اليوم وصلاة الليل[2].

## المباحث البنيوية

﴿وَنَفْسٍ وَمَا سَوَّىٰهَا ۞ فَأَلْهَمَهَا فُجُورَهَا وَتَقْوَىٰهَا ۞ قَدْ أَفْلَحَ مَن زَكَّىٰهَا ۞ وَقَدْ خَابَ مَن دَسَّىٰهَا﴾[3].

بأي طريق يعرف ما هو الخير وما هو الشر؟ هذا سؤال بنيوي لفلسفة الأخلاق. والقرآن قد أوضح إيضاحًا تامًّا في الآيات المذكورة أعلاه أن الله تعالى كما أنه قد منح الإنسان الأبصار للبصر، والأسماع والآذان للسمع فقد أعطاه أيضًا حسًا أخلاقيًّا يميز به بين الخير والشر. أنه ليس فقط وجودًا حيوانيًّا وعقليًّا بل إنه وجود أخلاقي أيضًا. وذلك يعني أن امتياز الخير من الشر، وكون الخير خيرًا والشر شرًّا قد أُلهم في نفسه وقلبه مع أول خلقه، وقد وضحت هذه الحقيقة في عبارات: ﴿إِنَّا هَدَيْنَٰهُ ٱلسَّبِيلَ إِمَّا شَاكِرًا وَإِمَّا كَفُورًا﴾[4]. ﴿وَهَدَيْنَٰهُ ٱلنَّجْدَيْنِ﴾[5].

وهذه الميزة هي حقيقة كونية وإحساس عام شامل. ولذا إذا أذنب أفسد الناس وأشرسهم حاول إخفاءه في المرحلة الأولى. فإذا ما قتل أحد

ابني آدم قابيل أخاه هابيل سعى ليواري سوءة أخيه فالظاهر أن الباعث على ذلك كان هو إحساس الذنب لا غير.

والخير كذلك فإن الإنسان يحبه ويكرمه وإذا ما يقوم بإقامة نظام اجتماعي

(1) أبو داود رقم ٤٧٩٩ والترمذي رقم ٢٠٠٢.
(2) أو كما قال ﷺ روى مفهومه أبو داود رقم ٤٧٩٨ والترمذي رقم ٢٠٠٣.
(3) سورة الشمس، الآيات: ٧ ــ ١٠.
(4) سورة الإنسان، الآية: ٣.
(5) سورة البلد، الآية: ١٠.

له فإنه يسعى سعيًا لازمًا أن يقيم هناك نظامًا للحق والعدل أيضًا فيه. وذاك ثبوت قاطع في كون امتياز الخير والشر عاطفة فطرية طبيعية.

ولا شك أن الإنسان يختلق أعذارًا ومبررات في حق الشر ولكنه يعرف تمامًا حين يختلقها أن تلك المبررات تخالف طبيعته وتعارض فطرته، لأنه إذا أصابه ذاك السوء نفسه من قبل الآخر لاحتج عليه واعترض له بدون أي تردد. وقد قال النبي ﷺ: الخير هو حسن الخلق والشر ما يريبك ولا ترضَ أن يعرفه الآخرون[1]. وهذا الجانب للنفس الإنساني هو الذي عبر به القرآن ﴿بِٱلنَّفْسِ ٱللَّوَّامَةِ﴾[2] وصرح. ﴿بَلِ ٱلْإِنسَٰنُ عَلَىٰ نَفْسِهِۦ بَصِيرَةٌ ۞ وَلَوْ أَلْقَىٰ مَعَاذِيرَهُۥ﴾[3].

ولكن قد تكون ثمة خلافات كثيرة في التعبير بهذا الإلهام وفق الأشخاص والحالات والظروف. ومن عناية الله الكبرى أنه لم يترك للخلاف مكانًا فقد أوضح الخير من الشر إيضاحًا تامًا من خلال الأنبياء والرسل، حيث كان مظنة الخلاف الكبير. وهدى الأنبياء ذلك قد احتفظ به القرآن الكريم إلى يوم القيامة. فما يجده الإنسان في داخله يصدقه الهدي الإلهي، كما يصفه ويشهد له كل من الوجدان البشري وعقله، وقوانين الحياة ونواميس الفطرة وعلمه المستنبط من أحوال الوجود والعقل البشري، فتعين فضائل الأخلاق ورذائله بنتيجة ذلك بقطعية كاملة.

وقد جاء ذلك في الأحاديث كمثل فقد قال النبي ﷺ: إن الله ضرب مثلًا صراطًا مستقيمًا على كنفي الصراط زوران لهما أبواب مفتحة، على الأبواب ستور، وداع يدعوا على رأس الصراط وداع يدعو فوقه إلى دار السلام ويهدي والله من يشاء إلى صراط مستقيم، والأبواب التي على كنفي الصراط حدود الله فلا يقع أحد في حدود الله، حتى يكشف الستر والذي يدعو من فوقه واعظ ربه

---

(1) روي معناه مسلم رقم ٦٥١٦.
(2) سورة القيامة، الآية: ٢.
(3) سورة القيامة، الآيتان: ١٤ و١٥.

وداعي على رأس الصراط هو القرآن(1). ﴿ إِنَّ هَٰذَا ٱلْقُرْءَانَ يَهْدِى لِلَّتِى هِىَ أَقْوَمُ وَيُبَشِّرُ ٱلْمُؤْمِنِينَ ٱلَّذِينَ يَعْمَلُونَ ٱلصَّٰلِحَٰتِ أَنَّ لَهُمْ أَجْرًا كَبِيرًا ﴾(2).

السؤال الثاني ما هو الباعث الأصلي للإنسان والحافز على تزكية خلقه؟ فقد أجاب القرآن على هذا التساؤل في الآية المذكورة أن ذلك الباعث والحافز هو إحساس الإنسان بناءً على كونه ملهمًا بالخير والشر، إن نتائج الخير والشر لن تكون متساوية في حقه. فهو يشعر أن خيرية الخير وشرية الشر تتقاضى لنفس وجودها أن تأتي ثمارها اعتبارًا بها، وتتضح له تلك الحقيقة بذلك أنه ليس حرًّا طليقًا وأنه سوف يُجزى جزاءه بالتأكيد حسب أعماله، فذلك الذي عبر به القرآن بقوله: ﴿ قَدْ أَفْلَحَ مَن زَكَّىٰهَا * وَقَدْ خَابَ مَن دَسَّىٰهَا ﴾ ويبدو منه أنه يتولد في الإنسان شعور من هنا بخوف وطمع. ويبقئه على أن يزكي أخلاقه على الرغم من أهوائه وميوله الطبيعية. ثم إذا هو آمن بالله تعلق ذاك الشعور بالله ويتطلب منه القرآن أن يكون الآن حبه لله، وابتغاء مرضاته وتقواه من الله عالم الغيب والشهادة المطلع على سره وعلنه، والعالم بما في الصدور من تحرك أيما تحرك وأية نبضة للقلب، هو الباعث الحقيقي على التخلق بأخلاقه وعلى الاجتناب من رذائل الأخلاق. وجاء ذلك في القرآن أكثر من مرة فقد قال عند نقطة التأكيد على أداء الحقوق: ﴿ فَـَٔاتِ ذَا ٱلْقُرْبَىٰ حَقَّهُۥ وَٱلْمِسْكِينَ وَٱبْنَ ٱلسَّبِيلِ ذَٰلِكَ خَيْرٌ لِّلَّذِينَ يُرِيدُونَ وَجْهَ ٱللَّهِ وَأُوْلَٰٓئِكَ هُمُ ٱلْمُفْلِحُونَ ﴾(3). والمثل الأعلى لمكارم الأخلاق هم الأنبياء فقد قال القرآن عن النبي ﷺ: ﴿ فَـَٔاتِ ذَا ٱلْقُرْبَىٰ حَقَّهُۥ وَٱلْمِسْكِينَ وَٱبْنَ ٱلسَّبِيلِ ذَٰلِكَ خَيْرٌ لِّلَّذِينَ يُرِيدُونَ وَجْهَ ٱللَّهِ وَأُوْلَٰٓئِكَ هُمُ ٱلْمُفْلِحُونَ ﴾(4) ومن المسلمات أن الإرادة الحسنى هي بناء العمل الصالح وقد قال ذلك النبي ﷺ في أسلوبه البليغ حين قال: إنما الأعمال بالنيات(5).

---

(1) رواه الترمذي رقم الحديث ٢٨٥٩ وأحمد رقم ١٧١٨٢.

(2) سورة الإسراء، الآية: ٩.

(3) سورة الروم، الآية: ٣٨.

(4) سورة الروم، الآية: ٣٨ (الليل ١٨ ـ ٢٠).

(5) رواه البخاري رقم الحديث: ١)

فباعث النية يضع عمل الإنسان صالحًا زكيًّا لدرجة نهائية. فبعد النية الصحيحة الخالصة لن يأتي بعمل فخرًا ورياء وسمعة وإن كان في درجة ما فإنه يسعى جاهدًا لتطهيره من تلك الشوائب عاجلًا وآجلًا.

ويشرح بيان القرآن هذا ما روي عن أبي هريرة رضي الله عنه أن رسول الله صلى الله عليه وسلم قال: إن أول الناس يقضى يوم القيامة رجل الشهيد فأتي به فعرفه نعمة فعرفها قال فما عملك فيها؟ قال: قاتلت فيك حتى استشهدت قال كذبت. ولكنك قاتلت لأن يقال جريئي فقد قيل ثم أمر به فسحب على وجهه حتى ألقي في النار. ورجل تعلم القرآن وعلَّمه وقرأ القرآن فأتى به فعرفه نعمه فعرفها قال فما عملك فيها؟ قال: تعلمت العلم وعلمته وقرأت فيك القرآن قال كذبت ولكنك تعلمت العلم ليقال عالم وقرأت القرآن ليقال هو قارئ فقد قيل، وأمر به فسحب على وجهه حتى ألقي في النار ورجل وسع الله عليه وأعطاه المال من أصناف المال كله. فأتي به فعرفه نعمه فعرفها، قال فما عملك فيها؟ قال ما تركت من سبيل تحب أن ينفق فيما إلا أنفقت فيها لك. قال كذبت ولكنك فعلت ليقال هو جواد فقد قيل ثم أمر به فسحب على وجهه ثم ألقي في النار»[1].

والسؤال الثالث لفلسفة الأخلاق أن ما هو الهدف الذي يرمي إليه هذا السعي والعمل وما هي غايته المقصودة؟ وطبقًا هناك تتوفر إجابات مختلفة فقالت طائفة هو الفرحة والسرور، وقالت ثانية هو الكمال وقالت أخرى هو أداء الفرض للفرض فقط. والآيات من سورة الشمس توضح ذلك أيضًا، فإن المقصود الذي يرمي إليه القرآن هو التزكية والتي تنتج منها حصول المُلك الخالد للإنسان من الله سبحانه. وهي تشتمل تلقائيًّا كافة الإجابات التي جاء بها علماء الأخلاق اذا تدبرتها بنظرة ثاقبة. فإن تزكية العلم والعمل هو التي توصل الإنسان إلى الكمال والبلوغ وبما يحصل له الفرحة الواقعية وبها يتم أداء الفرض فقط، إن صح هذا التعبير، ويحصل للإنسان ثمرته إذا تاب ورجع إلى ربه ويبشر به أي يكون راضيًا مرضيًّا. ﴿يَٰٓأَيَّتُهَا ٱلنَّفۡسُ ٱلۡمُطۡمَئِنَّةُ ۞ ٱرۡجِعِيٓ إِلَىٰ رَبِّكِ رَاضِيَةٗ مَّرۡضِيَّةٗ ۞

(1) رواه مسلم رقم الحديث: ٤٢٢٣.

فَٱدْخُلِي فِي عِبَـٰدِي ۞ وَٱدْخُلِي جَنَّتِي ﴾[1]. الأستاذ الإمام أمين أحسن الإصلاحي في تفسير ذلك:

«إنها كلمة تحسين وتبريك وتهنئة من الله تعالى. فإنه سوف يخاطبهم قائلًا ومهنّئًا لهم. مبارك لكم إنكم نجحتم في الامتحان الذي ابتلاكم فيه ربكم فارجعوا إلى ربكم ناجحين راضين بربكم في كافة الحالات من السراء والضراء ومطمئنين وسعدتم بكونكم مرضين عند الله، فكما أنتم لم تشكُّوا بربكم في أية مرحلة كذلكم لم يجدكم ربكم أيضًا أقل من معياره فأنتم راضون به وهو راض بكم»[2].

# أصل الأصول

﴿ إِنَّ ٱللَّهَ يَأْمُرُ بِٱلْعَدْلِ وَٱلْإِحْسَـٰنِ وَإِيتَآئِ ذِى ٱلْقُرْبَىٰ وَيَنْهَىٰ عَنِ ٱلْفَحْشَآءِ وَٱلْمُنكَرِ وَٱلْبَغْىِ يَعِظُكُمْ لَعَلَّكُمْ تَذَكَّرُونَ ۞ ﴾[3]. فهذا هو أصل الأصول لهذا الباب من الهدي القرآني. فقد تم فيه إيضاح أساسات مكارم الأخلاق التي تتطلب الفطرة البشرية التخلق بها مع تفسير رذائل الأخلاق التي تقضي الفطرة التجنب منها. فقواعد الخير والشر هذه فطرية تمامًا، ولذا ما زالت معروفة مسلمة في دين الله. والأحكام العشرة للتوراة أيضًا مبنية عليها وقد فصلها القرآن أيضًا في كل أوامره الأخلاقية. وإليكم تفسيرها فيما يأتي:

فأول شيء تأمر به الآية هو العدل. ويعني أن نؤدي الحق الواجب علينا لأي شخص كما هو حقه بدون أي زيادة ونقصان ومماطلة. سواء كان صاحب الحق قويًّا أو ضعيفًا وسواء نرضى له أم لم نرض. فقال: ﴿ إِن يَكُنْ غَنِيًّا أَوْ فَقِيرًا فَٱللَّهُ أَوْلَىٰ بِهِمَا فَلَا تَتَّبِعُوا۟ ٱلْهَوَىٰٓ أَن تَعْدِلُوا۟ وَإِن تَلْوُۥٓا۟ أَوْ تُعْرِضُوا۟ فَإِنَّ ٱللَّهَ كَانَ

---

(1) سورة الفجر، الآيات: ٢٧ ــ ٣٠.

(2) تدبر القرآن ٩/ ٣٦٢.

(3) سورة النحل، الآية: ٩٠.

بِمَا تَعْمَلُونَ خَبِيرًا ﴾[1]. ﴿ يَـٰٓأَيُّهَا ٱلَّذِينَ ءَامَنُوا۟ كُونُوا۟ قَوَّٰمِينَ لِلَّهِ شُهَدَآءَ بِٱلْقِسْطِ ۖ وَلَا يَجْرِمَنَّكُمْ شَنَـَٔانُ قَوْمٍ عَلَىٰٓ أَلَّا تَعْدِلُوا۟ ۚ ٱعْدِلُوا۟ هُوَ أَقْرَبُ لِلتَّقْوَىٰ ۖ وَٱتَّقُوا۟ ٱللَّهَ ۚ إِنَّ ٱللَّهَ خَبِيرٌۢ بِمَا تَعْمَلُونَ ﴾[2].

والثاني هو الإحسان وهو شيء زائد على العدل وجمال الأخلاق وكمالها بأسرها. ولا يراد به فقط تأدية الحق بل أن نسلك مع الآخرين علاوةً على أداء الحق الواجب مسلك الجود والبحر. نعطيهم أكثر من الواجب ونكتفي على الأقل في حقنا نحن، الشيء الذي يقوم بإنماء قيم الإيثار والإخلاص والشكر ورحابة الصدر والناصح في المجتمع ويورث الحياة فرحًا وحلاوة.

والشيء الثالث هو الإنفاق على الأقرباء وهو فرع هام للإحسان يبين له صورة خاصة. ويعني أن يعتقد الإنسان في أقربائه أنهم ليسوا جديرين فقط بمعاملات العدل والإحسان بل جديرون أن يعترف الناس بأن لهم حقًّا معلومًا في أموالهم ولا يتركونهم بائسين محتاجين، بل يحاولون لتلبية حاجاتهم مع أولادهم هم، كما أمكن بكل سخاء وإيثار. ويقابل الإحسان أشياء ثلاثة تنهى عنها الآية وهي كالتالي:

الفحشاء ويراد بها الزنا واللواط ومتعلقاتهما. والثاني المنكر وهو ضد المعروف ويعني المفاسد والمساوئ التي ينكرها عامة الناس منذ الأبد وفسادها ظاهر باهر لدرجة لا تحتاج إلى استدلال وتعليل. فكل التقاليد الصالحة من المدنية والحضارة والديانة والملة تراها سيئةً. واستخدم القرآن في مقام آخر لفظة الإثم مكان المنكر، وذلك ينبئ عن أنه يراد به هنا العمليات التي تتسبب في إتلاف حقوق الآخرين. والثالث البغي ويعني التمرد والتعدي، أي يتعدى الإنسان ويتجاوز حدوده ويتعدى على حقوق الخالق أو المخلوق ويستغل قوته

(1) سورة النساء، الآية: ١٣٥.

(2) سورة المائدة، الآية: ٨.

وطاقته بشكل غير عادل. وقال تعالى: ﴿ قُلْ إِنَّمَا حَرَّمَ رَبِّيَ ٱلْفَوَٰحِشَ مَا ظَهَرَ مِنْهَا وَمَا بَطَنَ وَٱلْإِثْمَ وَٱلْبَغْيَ بِغَيْرِ ٱلْحَقِّ ﴾(1).

## الفضائل والرذائل

﴿ لَّا تَجْعَلْ مَعَ ٱللَّهِ إِلَٰهًا ءَاخَرَ فَتَقْعُدَ مَذْمُومًا مَّخْذُولًا * وَقَضَىٰ رَبُّكَ أَلَّا تَعْبُدُوٓا إِلَّآ إِيَّاهُ وَبِٱلْوَٰلِدَيْنِ إِحْسَٰنًا إِمَّا يَبْلُغَنَّ عِندَكَ ٱلْكِبَرَ أَحَدُهُمَآ أَوْ كِلَاهُمَا فَلَا تَقُل لَّهُمَآ أُفٍّ وَلَا تَنْهَرْهُمَا وَقُل لَّهُمَا قَوْلًا كَرِيمًا * وَٱخْفِضْ لَهُمَا جَنَاحَ ٱلذُّلِّ مِنَ ٱلرَّحْمَةِ وَقُل رَّبِّ ٱرْحَمْهُمَا كَمَا رَبَّيَانِي صَغِيرًا * رَّبُّكُمْ أَعْلَمُ بِمَا فِي نُفُوسِكُمْ إِن تَكُونُوا صَٰلِحِينَ فَإِنَّهُ كَانَ لِلْأَوَّٰبِينَ غَفُورًا * وَءَاتِ ذَا ٱلْقُرْبَىٰ حَقَّهُ وَٱلْمِسْكِينَ وَٱبْنَ ٱلسَّبِيلِ وَلَا تُبَذِّرْ تَبْذِيرًا * إِنَّ ٱلْمُبَذِّرِينَ كَانُوٓا إِخْوَٰنَ ٱلشَّيَٰطِينِ وَكَانَ ٱلشَّيْطَٰنُ لِرَبِّهِ كَفُورًا * وَإِمَّا تُعْرِضَنَّ عَنْهُمُ ٱبْتِغَآءَ رَحْمَةٍ مِّن رَّبِّكَ تَرْجُوهَا فَقُل لَّهُمْ قَوْلًا مَّيْسُورًا * وَلَا تَجْعَلْ يَدَكَ مَغْلُولَةً إِلَىٰ عُنُقِكَ وَلَا تَبْسُطْهَا كُلَّ ٱلْبَسْطِ فَتَقْعُدَ مَلُومًا مَّحْسُورًا * إِنَّ رَبَّكَ يَبْسُطُ ٱلرِّزْقَ لِمَن يَشَآءُ وَيَقْدِرُ إِنَّهُ كَانَ بِعِبَادِهِ خَبِيرًا بَصِيرًا * وَلَا تَقْتُلُوٓا أَوْلَٰدَكُمْ خَشْيَةَ إِمْلَٰقٍ نَّحْنُ نَرْزُقُهُمْ وَإِيَّاكُمْ إِنَّ قَتْلَهُمْ كَانَ خِطْئًا كَبِيرًا * وَلَا تَقْرَبُوا ٱلزِّنَىٰ إِنَّهُ كَانَ فَٰحِشَةً وَسَآءَ سَبِيلًا * وَلَا تَقْتُلُوا ٱلنَّفْسَ ٱلَّتِي حَرَّمَ ٱللَّهُ إِلَّا بِٱلْحَقِّ وَمَن قُتِلَ مَظْلُومًا فَقَدْ جَعَلْنَا لِوَلِيِّهِ سُلْطَٰنًا فَلَا يُسْرِف فِّي ٱلْقَتْلِ إِنَّهُ كَانَ مَنصُورًا * وَلَا تَقْرَبُوا مَالَ ٱلْيَتِيمِ إِلَّا بِٱلَّتِي هِيَ أَحْسَنُ حَتَّىٰ يَبْلُغَ أَشُدَّهُ وَأَوْفُوا بِٱلْعَهْدِ إِنَّ ٱلْعَهْدَ كَانَ مَسْئُولًا * وَأَوْفُوا ٱلْكَيْلَ إِذَا كِلْتُمْ وَزِنُوا بِٱلْقِسْطَاسِ ٱلْمُسْتَقِيمِ ذَٰلِكَ خَيْرٌ وَأَحْسَنُ تَأْوِيلًا * وَلَا تَقْفُ مَا لَيْسَ لَكَ بِهِ عِلْمٌ إِنَّ ٱلسَّمْعَ وَٱلْبَصَرَ وَٱلْفُؤَادَ كُلُّ أُوْلَٰٓئِكَ كَانَ عَنْهُ مَسْئُولًا * وَلَا تَمْشِ فِي ٱلْأَرْضِ مَرَحًا إِنَّكَ لَن تَخْرِقَ ٱلْأَرْضَ وَلَن تَبْلُغَ ٱلْجِبَالَ طُولًا * كُلُّ ذَٰلِكَ كَانَ سَيِّئُهُ عِندَ رَبِّكَ مَكْرُوهًا * ذَٰلِكَ مِمَّآ أَوْحَىٰٓ إِلَيْكَ رَبُّكَ مِنَ ٱلْحِكْمَةِ وَلَا تَجْعَلْ مَعَ ٱللَّهِ إِلَٰهًا ءَاخَرَ فَتُلْقَىٰ فِي جَهَنَّمَ مَلُومًا مَّدْحُورًا ﴾(2).

والمبدأ البنيوي الذي جاء ذكره قبل ذلك فهذه الآيات التي سردناها آنفًا

---

(1) سورة الأعراف، الآية: ٣٣.
(2) سورة الإسراء، الآيات: ٢٢ ــ ٣٩.

تشرح ذاك الإجمال، ففيها قد تم توضيح وتفسير فضائل الأخلاق من رذائلها على طريقة متعينة. وإذا تدبرت رأيت أن سلسلة البيان قد شرعت من ممانعة الشرك وقد انتهت على توكيده أيضًا. ويختار القرآن هذا الأسلوب لإبانة وإبراز أهمية كبيرة لشيء ما. والمقصود هنا هو تذكير القارئ أن عقيدة التوحيد هي كأنها سور للأشياء التي ذكرت بين التوحيد والشرك. والمدينة تقوم بوجود التوحيد وإذا تخلله خلل تعرضت المدينة بأسرها للخطر، ولا شبهة أن التوحيد يحمل هذه المكانة لحكمة الله التي جاءت في هذه الآيات برمتها. والتوحيد هو من أكبر المقتضيات التي يتقاضاه العدل الذي أمر به القرآن. ولذا قد اصطلح القرآن للشرك بظلم عظيم (لقمان: ١٣) وقد صرح أيضًا ما ينتجه الشرك أن الله لن يغفر الشرك ومن يشرك بالله يلقى في جهنم ملومًا مدحورًا. فقال: ﴿إِنَّ ٱللَّهَ لَا يَغْفِرُ أَن يُشْرَكَ بِهِۦ وَيَغْفِرُ مَا دُونَ ذَٰلِكَ لِمَن يَشَآءُ ۚ وَمَن يُشْرِكْ بِٱللَّهِ فَقَدِ ٱفْتَرَىٰٓ إِثْمًا عَظِيمًا﴾[1].

فما هو هذا الشرك؟ هو أن يجعل مع الله إلهًا آخر ويعني الاعتقاد بأن فلانًا له صلة قرابة بالله، وأن الله هو مرتبط به، أو يجعل لأحد حصة في الخلق مع الله، أو في تدبير الأمور ويجعل هكذا ندًّا للّه بدرجة ما. ومثال الصورة الأولى عقيدة المسيحيين ومشركي العرب في سيدنا المسيح عليه السلام وفي سيدتنا مريم عليها السلام وعقيدتهم في الملائكة ويدخل فيه عقيدة وحدة الوجود الذي تمثله الأديان والمذاهب الصوفية. ومثال الصورة الثانية تصورات عن برهما ووشنو وشيفا عند الهندوس وتصورات غوث وأقطاب وأبدال وداتا (معطي) ومعطي الفقير (غريب نواز) وما إليها من العقائد الباطلة المحرفة عند المسلمين. وينبغي أن يفهم من هذا القبيل الاعتقاد في الأرواح الخبيثة وتصرفات الشياطين وتصرفات النجوم والكواكب. قال تعالى: ﴿قُلْ هُوَ ٱللَّهُ أَحَدٌ ۝ ٱللَّهُ ٱلصَّمَدُ ۝ لَمْ يَلِدْ وَلَمْ يُولَدْ ۝ وَلَمْ يَكُن لَّهُۥ كُفُوًا أَحَدٌۢ﴾[2]. ﴿إِنَّ رَبَّكُمُ ٱللَّهُ ٱلَّذِى

(1) سورة النساء، الآية: ٤٨.

(2) سورة الإخلاص، الآيات: ١ ــ ٤.

خَلَقَ ٱلسَّمَوَٰتِ وَٱلْأَرْضَ فِى سِتَّةِ أَيَّامٍ ثُمَّ ٱسْتَوَىٰ عَلَى ٱلْعَرْشِ يُغْشِى ٱلَّيْلَ ٱلنَّهَارَ يَطْلُبُهُۥ حَثِيثًا وَٱلشَّمْسَ وَٱلْقَمَرَ وَٱلنُّجُومَ مُسَخَّرَٰتٍ بِأَمْرِهِۦ أَلَا لَهُ ٱلْخَلْقُ وَٱلْأَمْرُ تَبَارَكَ ٱللَّهُ رَبُّ ٱلْعَٰلَمِينَ ﴾[1].

فالذين يعتقدون بهذه العقائد يعتقدون أيضًا أن هذه الشخصيات قد أعطاهم الله مقامًا، بحيث تطلع على الغيب إذا شاءت وتمكن من تحويل وتغيير ما أبرمه الله من قضاء في الدنيا والآخرة بشفاعتهم. وقد رد القرآن ردًّا عنيفًا هذين كليهما فقال متمثلاً للأول: ﴿وَلِلَّهِ غَيْبُ ٱلسَّمَوَٰتِ وَٱلْأَرْضِ وَمَآ أَمْرُ ٱلسَّاعَةِ إِلَّا كَلَمْحِ ٱلْبَصَرِ أَوْ هُوَ أَقْرَبُ إِنَّ ٱللَّهَ عَلَىٰ كُلِّ شَىْءٍ قَدِيرٌ ﴾[2].

وقال عن العقيدة الأخرى:

﴿قُل لِّلَّهِ ٱلشَّفَٰعَةُ جَمِيعًا لَّهُۥ مُلْكُ ٱلسَّمَوَٰتِ وَٱلْأَرْضِ ثُمَّ إِلَيْهِ تُرْجَعُونَ ﴾[3].

وهؤلاء يقومون بصياغة أوهامهم إلى تصاوير وتماثيل، وقرر القرآن أنها نجاسة يجب التجنب منها. فقال: ﴿فَٱجْتَنِبُوا۟ ٱلرِّجْسَ مِنَ ٱلْأَوْثَٰنِ وَٱجْتَنِبُوا۟ قَوْلَ ٱلزُّورِ ﴾[4] ومن هنا قال النبي ﷺ: إن الذين يصنعون هذه الصور يُعذبون يوم القيامة. يقال لهم: أحيوا ما خلقتم وهذه التصاوير هي التي حظرها النبي ﷺ وهذا الحظر لا يمت بصلة إلى صور عامة[5].

وهذه النجاسة كامنة في التعاويذ والتولات المبينة على الاستمداد من تلك الشخصيات فقال: إن الرُّقى والتمائم والتولة شرك. رواه أحمد وأبو داود.

ولم يكتف بهذا بل وضع الحلف بغير الله أيضًا تحت هذا الممنوع

(1) سورة الأعراف، الآية: ٥٤.
(2) سورة النحل، الآية: ٧٧.
(3) سورة الزمر، الآية: ٤٤.
(4) سورة الحج، الآية: ٣٠.
(5) رواه البخاري: رقم ٥٩٥١.

المخطور، لأن من حلف بغير الله إنه يشهده على واقعة فكأنه هكذا يشركه بالله بكونه عالم الغيب ولذا قال: من حلف بغير الله فقد أشرك[1].

وفي هذا المضمار بعض التوجيهات الأخرى للمشركين تجدر بالذكر:

فقد ضرب الله مثلًا لامرئ جعل له جنتين من أعناب، وحففهما بنخل وجعل له بينهما زرعًا وفجر خلالهما نهرًا، فقال لصاحبه أنا أكثر منك مالًا وأعز نفرًا. ودخل جنته وقال ما أظن أن تبيد هذه أبدًا وما أظن الساعة قائمة. ولئن قامت بفرض المحال لأجدن عند ربي خيرًا من كل ذلك. فأتت آفة من السماء على ما كان له من حدائق وأثمار وأنهار فخرّت على عروشها، فرجع إلى نفسه يلومه يا ويلي لِمَ أشركت بربي أحدًا. وقال الله مصورًا تلك الواقعة: ﴿وَأُحِيطَ بِثَمَرِهِ فَأَصْبَحَ يُقَلِّبُ كَفَّيْهِ عَلَى مَا أَنفَقَ فِيهَا وَهِيَ خَاوِيَةٌ عَلَى عُرُوشِهَا وَيَقُولُ يَا لَيْتَنِي لَمْ أُشْرِكْ بِرَبِّي أَحَدًا﴾[2].

والرياء أيضًا من هذا القبيل فإن الأمور المختصة بالله سبحانه أن تكون للآخرين فذلك يعني أنهم حلوا محل الله تعالى، وهذا هو الشرك وقد قال النبي فيما يرويه عن ربه تعالى. إن الله يقول: أنا أغنى الشركاء عن الشرك، من عمل عملًا أشرك فيه معي غيري تركته وشركه[3]. فهذه هي حقيقة توهمات الإنسان، ولذا منع النبي ﷺ الناس عنها، كما أنه قد نهى عن أشياء ليست في حد ذاتها شركًا، ولكنها توصل إلى الشرك، سدًا للذريعة فقد روى ابن عباس أنه سقط نوء ذات ليلة فسألهم النبي ﷺ ماذا كنتم تقولون فيه في الجاهلية فقالوا إذا مات رجل كبير أو ولد سقط نوء فقال: لا تسقط أنواء بولادة أو موت أحد[4].

فعن زيد بن خالد الجهني قال: صلى لنا رسول الله ﷺ صلاة الصبح بالحديبية على إثر سماء كانت فقال: تعرفون ماذا قال ربكم قالوا الله ورسوله

---

(1) رواه أبو داود رقم ٣٢٥١.

(2) سورة الكهف، الآية: ٤٢.

(3) رواه مسلم رقم: ٧٤٧٥.

(4) رواه مسلم: ٥٨١٩.

أعلم قال: قال الله أصبح من عبادي مؤمن وكافر بي فأما من قال: مطرنا بفضل الله ورحمته فذلك مؤمن بي وكافر بالكواكب وأما من قال بنوء كذا وكذا فذلك كافر بي ومؤمن بالكوكب[1].

ويقول ابن عمر: قال رسول الله ﷺ: من أتى عرافًا أو كاهنًا وصدقه لم تُقبل له صلاة أربعين يومًا[2].

قالت عائشة رضي الله عنها: سأل أناس النبي ﷺ عن الكهانة فقال: تلك الكلمة من الحق يخطفها الجني فيقرقرها في أذن وليه كقرقرة الدجاجة فيخلطون فيها أكثر من مائة كذبة[3].

وعن أبي هريرة أن رسول الله ﷺ قال: لا عدوى ولا طيرة ولا هامة ولا صفر[4] وروي عن جابر رضي الله عنه أنه زاد ولا غول[5].

وقال عمر رضي الله عنه سمعت النبي ﷺ يقول: لا تطروني كما أطرت النصارى المسيح عليه السلام إنما أنا عبد الله ورسوله فقولوا عبد الله ورسوله[6]. وروي ابن عباس أن رجلًا قال في كلامه مع النبي ﷺ: وما شاء الله وما شئت فرد عليه أن جعلتني ندًّا الله؟ لا، بل قل وما شاء الله وحده[7].

والأحكام التي جاءت في الآيات المذكورة أعلاه علاوة على الشرك وما يتصل به من التقاليد نفصلها في ما يلي:

---

(1) رواه البخاري رقم الحديث: ٨٤٦ ومسلم رقم ٢٣١.

(2) رواه مسلم رقم ٥٨٢١ وأحمد رقم ١٦٢٠٢. (والعراف من يدعي الاطلاع على السارق).

(3) رواه البخاري رقم الحديث ٧٥٦١ ومسلم رقم: ٥٨١٧.

(4) رواه البخاري رقم الحديث ٥٧٥٧ ومسلم ٥٧٨٨ وهذا من أوهام الجاهلية التي كان الناس يعتقدونها.

(5) رواه مسلم رقم الحديث: ٥٧٩٥.

(6) رواه البخاري: ٣٤٤٥.

(7) رواه أحمد رقم: ١٩٦٥.

## عبادة الله تعالى

والحكم الأول أن العبادة تكون للّه وحده بما أنه لا إله إلّا الله وحده. وقد بينا من قبل في هذا الكتاب نفسه عن العبادة تحت عنوان «الدين الحق» أن حقيقتها هي الخضوع والتذلل يظهر أولًا في مراسم التعبد وتشمله الطاعة ثانيًا مراعاةً لوجود الإنسان الفعلي. ومظاهر الصورة الأولى هي التسبيح والتحميد والدعاء والمناجاة والركوع والسجود والنذر والقربان والاعتكاف. ويشتمل في الصورة الثانية أن الإنسان يؤمن لأحد بالسلطات الألوهية ويمتثل له في كل أمره ونهيه من حيث إنه حاكم مستقل بالذات وشارع مطلق له.

وقد قضى الله سبحانه أنه لا يكون شيء منهما لأحد غيره فقد قال وقضى ربك أن لا تعبدوا إلا إياه. فإن كان هناك شخص يأتي بتسبيح وتحميد لأحد غير الله أو يدعوه ويناجيه أو يركع ويسجد له أو يقرب له القربان أو ينذر له أو يعتكف عليه أو يطيع أحدًا مسلّمًا له جميع السلطات الألوهية، فذلك يعني أنه يجحد أن يطيع الله وحده، وكان في مخاطبي القرآن من كانوا يجنون هذه الجناية الكبرى فقال مبينًا لهم جريمتهم بصراحة تامة: فقال للساجدي الشمس والقمر: ﴿لَا تَسْجُدُوا۟ لِلشَّمْسِ وَلَا لِلْقَمَرِ وَٱسْجُدُوا۟ لِلَّهِ ٱلَّذِى خَلَقَهُنَّ إِن كُنتُمْ إِيَّاهُ تَعْبُدُونَ﴾(1).

وقال الذين يدعون أكابر السلف: ﴿وَٱلَّذِينَ يَدْعُونَ مِن دُونِ ٱللَّهِ لَا يَخْلُقُونَ شَيْـًٔا وَهُمْ يُخْلَقُونَ ۞ أَمْوَٰتٌ غَيْرُ أَحْيَآءٍ ۖ وَمَا يَشْعُرُونَ أَيَّانَ يُبْعَثُونَ﴾(2).

وقال للذين يطيعون لرجال الدين مسلمين لهم السلطات الألوهية: ﴿ٱتَّخَذُوٓا۟ أَحْبَارَهُمْ وَرُهْبَـٰنَهُمْ أَرْبَابًا مِّن دُونِ ٱللَّهِ وَٱلْمَسِيحَ ٱبْنَ

---

(1) سورة فصلت، الآية: ٣٧.

(2) سورة النحل، الآيتان: ٢٠ و٢١.

مَرْيَمَ وَمَا أُمِرُوا إِلَّا لِيَعْبُدُوا إِلَٰهًا وَٰحِدًا لَّا إِلَٰهَ إِلَّا هُوَ سُبْحَٰنَهُ عَمَّا يُشْرِكُونَ ﴾[1].

كما أنه نبه الذين يخصمون الحرث والأنعام لتقدم النذر والقربان لشركائهم من دون الله. فقال: ﴿وَجَعَلُوا لِلَّهِ مِمَّا ذَرَأَ مِنَ ٱلْحَرْثِ وَٱلْأَنْعَٰمِ نَصِيبًا فَقَالُوا هَٰذَا لِلَّهِ بِزَعْمِهِمْ وَهَٰذَا لِشُرَكَآئِنَا فَمَا كَانَ لِشُرَكَآئِهِمْ فَلَا يَصِلُ إِلَى ٱللَّهِ وَمَا كَانَ لِلَّهِ فَهُوَ يَصِلُ إِلَىٰ شُرَكَآئِهِمْ[2] سَآءَ مَا يَحْكُمُونَ ﴾[3]. وقد أبطل الله التحليل والتحريم كهذا كما أبطل أيضًا مما حرمه أهل العرب من الأنعام ما يسمونه حامًا والبحيرة والسائبة والوصيلة، وقال بصراحة إنها لا شيء. والبحيرة ناقة ذات أطفال خمسة ويكون خامسها ذكر تخترق آذانها وتُترك حرة، والسائبة يقال لناقة تكون حرة بعد الوفاء بنذر.

أما الوصيلة فبعضهم ينذر أنه إذا ولدت شاة ذكرًا تذبح للآلهة، وإذا ولدت أنثى تبقى عندهم فإذا ولدت ذكرًا أو أنثى معًا يقولون لها وصيلة ولا يُنذر الذكر كهذا للآلهة. وحام هو الجمل الحفيد الذي يكون له أولاد وأولاد الأولاد. يكون أيضًا حرًّا طليقًا. فقال الله تعالى في ذلك:

﴿مَا جَعَلَ ٱللَّهُ مِنۢ بَحِيرَةٍ وَلَا سَآئِبَةٍ وَلَا وَصِيلَةٍ وَلَا حَامٍ وَلَٰكِنَّ ٱلَّذِينَ كَفَرُوا يَفْتَرُونَ عَلَى ٱللَّهِ ٱلْكَذِبَ وَأَكْثَرُهُمْ لَا يَعْقِلُونَ ﴾[4].

وهذه الحساسية الزائدة التي تعبرها «ألا تعبدوا إلا إياه» في عبادة الله وحده، هي التي بعثت النبي ﷺ على أن يقول: لا تجعلوا القبور مساجد لعن الله اليهود والنصارى لأنهم اتخذوا قبور أنبيائهم مساجد[5].

---

(1)  سورة التوبة، الآية: ٣١.

(2)  وهذا تذكير بحماقة وجهالة جهلاء أنه إذا ماتت عنزة منذورة باسم الأصنام تُعوض من نصيب الله أما إذا أصابت آفة النصيبَ الذي أخرج باسم الله فلا يعوض من نصيب الأصنام.

(3)  سورة الأنعام، الآية: ١٣٦.

(4)  سورة المائدة، الآية: ١٠٣.

(5)  رواه البخاري رقم ٤٣٦ ومسلم رقم ١١٨٤ و٢٢٥١.

وهذا كان من آخر ما أوصاه لأمته قبل اللحوق بالرفيق الأعلى ويمكن تقدير أهمية التوحيد من خلال هذه الوصية النبوية.

## البر بالوالدين

والأمر الثاني هو معاملة الوالدين بالحسنى والبر بهما وهذا التوجيه نجده موجودًا في كافة الصحف السماوية. والقرآن الكريم قد أعطى توجيهات كثيرة في صدد ذلك تراها في لقمان (١٤ ـ ١٥) والعنكبوت (٨) والأحقاف (١٥) ولاشك في أن الإنسان يجب عليه تقديم واجبه والتزامه نحو أبيه على أي التزام آخر ويجب أن يوفى به بعد عبادة الله. لأن الأم والأب هما سبب مقدمه إلى الدنيا وهما اللذان قاما برعايته وتنشئته. والأم يجب تقديم حقها كما جاء في سورة لقمان حين قال: ﴿ وَوَصَّيْنَا ٱلْإِنسَٰنَ بِوَٰلِدَيْهِ حَمَلَتْهُ أُمُّهُۥ وَهْنًا عَلَىٰ وَهْنٍ وَفِصَٰلُهُۥ فِي عَامَيْنِ أَنِ ٱشْكُرْ لِي وَلِوَٰلِدَيْكَ إِلَيَّ ٱلْمَصِيرُ ﴾[1].

نعم. لا تقل مشقة الأب أيضًا في تنشئة وتربية الأولاد، ولكن المشقة التي تحملها الأم في مختلف مراحل الحمل والولادة والرضاعة ليس لها شريك ولا سهيم، وبناءً على ذلك قد جعل رسول الله ﷺ حق الأم زائدًا لدرجات ثلاث مقارنًا بالأب[2]. على أنه بغض النظر عن هذا الفارق قد نصح الله سبحانه لكليهما أنه يجب على الإنسان أن يشكر لهما فوق كل شيء بعد الله تعالى. والشكر لا يؤدى فقط لسانًا بل يتم أولًا من خلال بعض المقتضيات اللازمة، التي بيَّنها الله في الآيات من بني إسرائيل وهي كما يأتي: أولًا يجب أن يقدم المرء لوالديه آيات الاحترام في المظهر والمخبر وأن لا يحمل في قلبه لهما أية شبهة بغض وكراهية، وأن لا يتأفف في وجههما بل يعاملهما بحب وحنان، وإكرام ولين وسعادة وطاعة، وأن يوفر لهما أسباب الراحة في حالات الضعف والشيخوخة وأن يكون لهما موضع تسلية وطمأنينة وتلطف.

---

(١) سورة لقمان، الآية: ١٤.

(٢) رواه البخاري رقم الحديث ٥٩٧١ ومسلم رقم: ٦٥٠١.

ويقول الأستاذ الإمام أمين أحسن الإصلاحي في تفسير هدف أشارت إليه الآيات بطريق ذكر الشيخوخة والهرم:

«فهذا هو الزمان الذي أخذ الناس يضعون الوالدين موضع الثقل وينسون قرابينهم وتضحياتهم التي كانا قد قاما بها في زمن طفولتهم وأيام صباهم. والولد السعيد يتذكر أنه كما كان قد ألقي في حضانة أبويه كمثل مضغة لحم، فقد تسلما إليه اليوم في صورة هيكل من عظام، فيجب علي أن أحسن إليهما مثل إحسانهما إليه. ولكن لا يذكر ذلك كل شخص فهذا تذكير لذلك. وإلا فالوالدان يحق لهما بذل كل محبة وكل إكرام وتبجيل وإحسان في كل دور من أدوار الحياة[1].

والأمر الثاني الذي جاءت به الآيات أن على المرء أن يمثل لوالديه ويطيعهما طاعة نابعة من عواطف المحبة والشفقة عليهما والتي قد استخدم القرآن لها تعبيرًا واخفض لهما جناح الذل من الرحمة «تلميحًا» على أنه كما يبسط الطائر جناحيه ليضم فراخه، فكان الوالدان أيضًا يحميان أطفالهما من صروف الزمان فعلى الأولاد أيضًا أن يحموهما مثل ذلك، لأنه يمكن أداء حق الوالدين وجواب شفقتهما به إن أمكن. فبدون ذلك لا يكون قادرًا على أداء حق والديه أداءً كاملًا.

وثلّث الله تعالى بإيجاب الدعاء المتواصل للوالدين إقرارًا منه بفضلهما حين كان يتلقى منهما صنوف الحب والعطف والرعاية فعليه الآن أن يدعو الله ويبتهل إليه، لكي يغمرهما بلطائف بركاته التي تعينهما على ضعف الهرم والشيخوخة وهشاشة الكبر. فهذا الدعاء هو حق الآباء على الأبناء. وتذكير لهما بتأدية ذلك الحق. كما هو محرض على مشاعر الحب والحنان التي طلبها الله تعالى في صدد التعامل الحسن مع الوالدين. وقد حدد الله سبحانه حدود ذلك التعامل الحسن في سورة لقمان. ولكن ذلك موضوع للتشريعات ولذا سوف ننبه عليه فيما يأتي من الأبواب تحت عنوان «قانون العشرة».

---

(1) تدبر القرآن: ٤/ ٤٩٦.

وأحاديث الرسول ﷺ في هذا الباب كالآتي:

فقد روى ابن مسعود قال: سألت رسول الله ﷺ: أي الأعمال أحب إلى الله تعالى فقال: الصلاة لوقتها فقلت ثم ماذا؟ فقال: السلوك الحسن مع الوالدين[1].

عن أبي هريرة عن النبي ﷺ قال: رغم أنف ثم رغم أنف ثم رغم أنف قيل. من؟ يا رسول الله؟ قال من أدرك أبويه عند الكبر أحدهما أو كليهما فلم يدخل الجنة[2].

عن عبدالله بن عمرو رضي الله عنهما يقول: جاء رجل إلى النبي ﷺ فاستأذنه في الجهاد، فقال أحي والداك؟ قال: نعم قال: ففيهما فجاهد[3].

عن أبي سعيد الخدري، أن رجلًا هاجر إلى رسول الله ﷺ من اليمن فقال: هل لك أحد باليمن؟ قال أبواي قال: أذنا لك؟ قال لا، قال: ارجع إليهما فاستأذنهما فإن أذنا لك فجاهد وإلا فبرهما[4].

وعن معاوية عن أبيه جاهمة أنه أتى النبي ﷺ وقال يا رسول الله أردت أن أغزو وقد جئت أستشيرك فقال هل لك من أم؟ قال: فالزمها فإن الجنة تحت رجليها[5].

وعن عبدالله بن عمرو أن رسول الله ﷺ قال: أن مرضاة الرب في رضا الوالد وسخطه في سخط الوالد[6].

---

(1) رواه البخاري رقم ٥٢٧ ومسلم رقم: ٢٥٢.
(2) رواه مسلم رقم الحديث: ٦٥١٠.
(3) رواه البخاري رقم الحديث: ٣٠٠٤.
(4) رواه أبو داود رقم الحديث: ٢٥٣٠.
(5) رواه النسائي: ٣١٠٦.
(6) رواه الترمذي رقم الحديث: ١٨٩٩.

ويقول أبو الدرداء: سمعت النبي ﷺ يقول: إن الأب أوسط أبواب الجنة فإن شئت فأضع ذلك الباب أو احفظه[1].

عن عمرو بن شعيب عن أبيه عن جده أن رجلًا أتى النبي ﷺ فقال: يا رسول الله إن لي مالًا وولدًا وأبي يريد أن يحتاج مالي فقال: أنت ومالك لوالدك. إن أولادكم من أطيب كسبكم فكلوا من كسب أولادكم[2].

أما علاقة المرء بالناس الآخرين فيجب أن يتخذ منهم موقفًا مشابهًا متناسبًا بدرجة لدرجة فقد صرح القرآن ذلك في موضع آخر بصراحة كاملة فقال: ﴿وَٱعْبُدُوا۟ ٱللَّهَ وَلَا تُشْرِكُوا۟ بِهِۦ شَيْـًٔا ۖ وَبِٱلْوَٰلِدَيْنِ إِحْسَٰنًا وَبِذِى ٱلْقُرْبَىٰ وَٱلْيَتَٰمَىٰ وَٱلْمَسَٰكِينِ وَٱلْجَارِ ذِى ٱلْقُرْبَىٰ وَٱلْجَارِ ٱلْجُنُبِ وَٱلصَّاحِبِ بِٱلْجَنۢبِ وَٱبْنِ ٱلسَّبِيلِ وَمَا مَلَكَتْ أَيْمَٰنُكُمْ ۗ إِنَّ ٱللَّهَ لَا يُحِبُّ مَن كَانَ مُخْتَالًا فَخُورًا﴾[3].

# الأعزاء والأقرباء

ويتضح من الآية الكريمة أن حق الأعزاء والأقرباء في هذه العلاقات القريبة يلي حق الوالدين. ويطلق على الإحسان إليهم صلة الرحم. وقد يكون وجه العلاقات بين الناس أحدًا من أسباب المعاصرة، الزمالة في الدرس، الجوار والصحابة بالجنب والاشتراك في المهنة والمزاج أو المواطنة. والإخاء فوق كل لأن علاقة الإخاء تأتي باشتراك رحم الأم. فهذه العقدة قد ربطتها الطبيعة نفسها ولا يليق ببشر أن يكسرها. فالمحافظة على حقوق الأرحام تتقدم على الكل وقال تعالى: ﴿وَٱتَّقُوا۟ ٱللَّهَ ٱلَّذِى تَسَآءَلُونَ بِهِۦ وَٱلْأَرْحَامَ ۚ إِنَّ ٱللَّهَ كَانَ عَلَيْكُمْ رَقِيبًا﴾[4].

وتتضح أهمية الرحم من أقوال الرسول ﷺ أيضًا. فما رواه أبو هريرة أنه قال ﷺ: الرحم من الرحمن فقد قال الله له: من وصلك وصلته معي ومن قطعك

---

(1) رواه الترمذي رقم الحديث: ١٨٩٩.
(2) رواه أبو داود رقم الحديث: ٣٥٣٠.
(3) سورة النساء، الآية: ٣٦.
(4) سورة النساء، الآية: ١.

قطعته مني[1]. وفي مقام آخر قد اختار الله سبحانه تعبيرًا أدق وألطف لبيان مكانة الرحم فقد روي عن أبي هريرة نفسه عن النبي ﷺ قال: إن الله خلق الخلق، حتى إذا فرغ من خلقه قالت الرحم: هذا مقام العائذ بك من القطيعة قال: نعم أما ترضين أن أصل من وصلك وأقطع من قطعك؟ قالت بلى يارب. قال فهو لك[2].

وعن أبي أيوب الأنصاري رضي الله عنه أن رجلًا قال: يا رسول الله أخبرني بعمل يدخلني الجنة، فقال القوم ماله ماله؟ فقال رسول الله ﷺ أرب ماله؟ فقال النبي ﷺ: تعبد الله لا تشرك به شيئًا وتقيم الصلاة وتوتي الزكاة وتصل الرحم[3].

وقال جبير بن مطعم إن رسول الله ﷺ قال لا يدخل الجنة قاطع رحم[4].

وعن أنس قال سمعت رسول الله ﷺ يقول: من سره أن يوسع في رزقه ويبارك في عمره فليصل الرحم[5].

## اليتامى والمساكين

وأدخل اليتامى والمساكين بعد الأعزاء في زمرة من يجب صلة الرحم بهم، كأنهم وضعوا موضع الأقرباء. ويجب أن ينظر كل مسلم إليهم بهذه النظرة ويخدمهم ويراعيهم بهذه العاطفة السخية. والخطوة الأولى للوصول إلى نصب العين والخيرة والرشد والصلاح عند القرآن هو فك الرقبة وتلبية حاجات البائسين واليتامى والمساكين كما قال: ﴿فَلَا ٱقْتَحَمَ ٱلْعَقَبَةَ * وَمَآ أَدْرَىٰكَ مَا ٱلْعَقَبَةُ * فَكُّ رَقَبَةٍ * أَوْ إِطْعَٰمٌ فِى يَوْمٍ ذِى مَسْغَبَةٍ * يَتِيمًا ذَا مَقْرَبَةٍ * أَوْ مِسْكِينًا ذَا مَتْرَبَةٍ﴾[6].

والأسلوب الذي اختارته سورة الفجر في بيان هذا الحكم ينبئ عن أنه

---

(1) رواه البخاري رقم الحديث: ٥٩٨٨.

(2) رواه البخاري: رقم ٥٩٨٧ ومسلم: رقم ٦٥١٨.

(3) رواه البخاري رقم الحديث: ٥٩٨٣ ومسلم رقم: ١٠٤.

(4) رواه البخاري رقم: ٥٩٨٤ ومسلم ٦٥٢٠ و٦٥٢١.

(5) رواه البخاري رقم الحديث: ٥٩٩١.

(6) سورة البلد، الآيات: ١١ ــ ١٦.

ليس الهدف هو مد يد العون والمساعدة إلى اليتامى والمساكين بدرجة ما، بل الهدف الأصلي الذي يرمي إليه القرآن هو إكرام اليتامى وتشريفهم في المجتمع فقال: ﴿كَلَّا بَل لَّا تُكْرِمُونَ ٱلْيَتِيمَ ۞ وَلَا تَحَٰٓضُّونَ عَلَىٰ طَعَامِ ٱلْمِسْكِينِ ۞﴾[1].

وقد أشار النبي ﷺ إلى قرب منزلة كافل اليتيم يوم القيامة فقال:

«أنا وكافل اليتيم يكونان كهاتين في الجنة وشبك بين أصابعه[2].

## حقوق الجار والمسافر والعبد

ثم ذكر حقوق الجار والمسافر والعبد وقد أمر لهم بحسن التعامل والسلوك الحسن معهم. أما العبودية فقد انتهت اليوم بسبب تغيير الحضارة والتمدن، ولكن بقي حكم المسافر لأنه ربما يحتاج مع ما حصل من رقي التمدن وتقدم الحضارة في أية صورة إلى مساعدة وعون. وقد بيَّنا في الكتاب نفسه في باب «قانون المعاشرة» الخطوات التي اختارها الإسلام لإنهاء العبودية تدريجيًّا. ولكن القرآن جاء بتصور جديد للجار والجوار في تاريخ الدين والأخلاق، فالجار عند العامة هو الذي من يسكن بجنب دارك وما جاوره ولكن القرآن قد توسع في تعريف الجار فعنده له ثلاثة أقسام:

١ ـ الجار ذو القربى الذي له علاقة قرابة بك وهو جارك أيضًا فهو أحق بحسن السلوك من الآخرين.

٢ ـ الجار الجنب: وهو الجار الذي غريب أجنبي لك وهذه الغربة ربما تكون من جهة الديانة ومن جهة القرابة. ودرجته بعد الجار ذي القربى.

٣ ـ الجار الصاحب بالجنب. الذي صاحبك في السفر والرحلة فالقرآن قد أرشدنا إلى حسن التعامل والسلوك الحسن معه أيضًا مثل الجيران الآخرين.

---

(1) سورة الفجر، الآيتان: ١٧ و١٨.

(2) رواه البخاري رقم: ٦٠٠٥ ومسلم رقم الحديث: ٧٧٦٩.

وقد جاء الكثير من الأحاديث في حقوق الجار وهي كما يأتي:

عن أبي شريح قال: قال رسول الله ﷺ: بالله لا يكون مؤمنًا بالله لا يكون مؤمنًا فقالوا: من يا رسول الله؟ فقال: من لا يسلم جاره بوائقة[1].

وعنه قال: قال رسول الله ﷺ: من يؤمن بالله واليوم الآخر فليكرم جاره[2].

وعن عائشة قال: قال رسول الله ﷺ ما زال جبرئيل يوصيني بالجار حتى ظننت أنه ليورثه[3].

عن أبي ذر الغفاري قال قال لي رسول الله ﷺ يا أبا ذر إذا طبخت مرقة فأكثر ماءها وتعاهد جيرانك[4].

وعن أبي هريرة قال: كان النبي ﷺ يقول: يا نساء المسلمات لا تحقرن جارة تحفةً لجارتها ولو قرش شاة[5].

## الإنفاق في سبيل الله

والثالث أن ينفق في سبيل الله وذلك يعني أنه إذا أنفق الإنسان على نفسه مما أنعم عليه الله به فينبغي له أن ينفق على أبناء نوعه أيضًا بعد تلبية حاجاته الضرورية الشخصية والتي تتصل بعمله. ويُعلم من القرآن أن من أراد أن يكون عبدًا صالحًا في هذه الدنيا فلا بد له من التزام بشيئين: هما بناء علاقة قائمة على أسس صحيحة مع الله أولًا ومع الناس ثانيًا. ويحصل الأمر الأول بالصلاة التي هي عبارة أسمى عن حب الله ويحصل الثاني بطريق الإنفاق في سبيله، وهو عبارة عن حب المرء لعبادة الله ومخلوقاته. وينال المرء عوضًا عن الإنفاق محبة الله له. لأن ما ينفق الإنسان على الأرض في الحقيقة يجمعه ويدخره في السماء، ونتيجة

(1) رواه البخاري رقم: ٦٠٠٥ ومسلم ٧٤٦٩.

(2) رواه البخاري رقم ٦٠١٩.

(3) رواه مسلم: ٦٦٨٥ والبخاري رقم الحديث ٦٠١٤.

(4) رواه مسلم رقم الحديث: ٦٦٨٣.

(5) رواه البخاري رقم ٦٠١٧.

لذلك «فإن قلبه أيضًا يكون عالقًا في السماء» كما قال المسيح عليه السلام[1] والقرآن يرغب في ذلك في أمكنة كثيرة وفي أساليب بالغة الأثر فمثلًا قال في موضع آخر: ﴿وَأَنفِقُوا مِن مَّا رَزَقْنَاكُم مِّن قَبْلِ أَن يَأْتِيَ أَحَدَكُمُ الْمَوْتُ فَيَقُولَ رَبِّ لَوْلَا أَخَّرْتَنِي إِلَىٰ أَجَلٍ قَرِيبٍ فَأَصَّدَّقَ وَأَكُن مِّنَ الصَّالِحِينَ﴾[2].

وهذا الإنفاق هو حق للأقرباء والأيتام والمساكين واجب أداؤه. وهذا التعبير قد أختير له في الآيات التي أشرنا اليها من قبل. وهي توضح أن أي تراخ في أدائه يمكن أن يجعل الإنسان مجرمًا آثمًا في نظر الله سبحانه. فقد أوضح القرآن في موضع آخر أنه إذا أخذ المرء يكدس المال والثروة غير مبال لحقوق الآخرين فيه، فذلك من الكنز، وجزاءه جهنم التي يجب أن يعوذ كل مؤمن بالله منه: ﴿وَالَّذِينَ يَكْنِزُونَ الذَّهَبَ وَالْفِضَّةَ وَلَا يُنفِقُونَهَا فِي سَبِيلِ اللَّهِ فَبَشِّرْهُم بِعَذَابٍ أَلِيمٍ * يَوْمَ يُحْمَىٰ عَلَيْهَا فِي نَارِ جَهَنَّمَ فَتُكْوَىٰ بِهَا جِبَاهُهُمْ وَجُنُوبُهُمْ وَظُهُورُهُمْ ۖ هَٰذَا مَا كَنَزْتُمْ لِأَنفُسِكُمْ فَذُوقُوا مَا كُنتُمْ تَكْنِزُونَ﴾[3].

ونظرًا إلى هذه الأهمية للإنفاق فقد وجه القرآن أن من يعود عليهم حق الإنفاق ولكن أصبحوا في حالات حرجة بسبب من الأسباب، أن لم يمكن لهم الإنفاق من فورهم، ولكنهم يتوقعون أن تصلح الأحوال مستقبلًا فقد أرشدهم القرآن أن يقولوا لهم قولًا ميسورًا. وأن يوعدهم بوعد صالح مستقبلًا فقال: ﴿وَإِمَّا تُعْرِضَنَّ عَنْهُمُ ابْتِغَاءَ رَحْمَةٍ مِّن رَّبِّكَ تَرْجُوهَا فَقُل لَّهُمْ قَوْلًا مَّيْسُورًا﴾.

وهذا الإنفاق يتم سرًّا أو علانية يعلمه الله كل ذرة منه، وذلك يعني أنه يجزل لهم المثوبة حسب وعده تعالى. ﴿وَمَا أَنفَقْتُم مِّن نَّفَقَةٍ أَوْ نَذَرْتُم مِّن نَّذْرٍ فَإِنَّ اللَّهَ يَعْلَمُهُ ۗ وَمَا لِلظَّالِمِينَ مِنْ أَنصَارٍ * إِن تُبْدُوا الصَّدَقَاتِ

---

(1) متى: ١٩ ــ ٢١.

(2) سورة المنافقون، الآية: ١٠.

(3) سورة التوبة، الآيتان: ٣٤ و٣٥.

فَنِعِمَّا هِيَّ وَإِن تُخْفُوهَا وَتُؤْتُوهَا ٱلْفُقَرَآءَ فَهُوَ خَيْرٌ لَّكُمْ وَيُكَفِّرُ عَنكُم مِّن سَيِّئَاتِكُمْ وَٱللَّهُ بِمَا تَعْمَلُونَ خَبِيرٌ ﴾ [1].

إنه يبارك في هذا الإنفاق ويجعل الذرة جبلًا بيمنه وبركته فقال: ﴿مَّثَلُ ٱلَّذِينَ يُنفِقُونَ أَمْوَٰلَهُمْ فِي سَبِيلِ ٱللَّهِ كَمَثَلِ حَبَّةٍ أَنبَتَتْ سَبْعَ سَنَابِلَ فِي كُلِّ سُنبُلَةٍ مِّائَةُ حَبَّةٍ وَٱللَّهُ يُضَٰعِفُ لِمَن يَشَآءُ وَٱللَّهُ وَٰسِعٌ عَلِيمٌ ﴾ [2].

يقول الأستاذ الإمام:

«هذا تمثيل للازدياد الذي سيكون في أجر ومثوبة المال الذي تم بذله في سبيل الله. فقال كما أنه يكون هناك سبع سنابل وفي كل سنبلة منها مئة حبة، فكذلك يُعطى العبد الصالح مثوبة حسنة على أضعاف مئة حبة، تكون من عشرة أضعاف على سبع مئة ضعف (أو كما قال ﷺ) والظاهر أن هذا الفرق يكون مبنيًّا على فوارق نوعية العمل وزمان العمل والأحوال الظاهرة والباطنة للعامل. وذلك يعني أن حسنة قام بها المرء في الحالات الحرجة والوسائل الضيقة يضاعف أجرها. وحسنة جاءت في الحالات السارة والوسائل المتوسعة يخفف أجرها. كما أن عواطف ومشاعر العامل لها أيضًا أثر بالغ. فإن كانت هناك حسنة جيئي بها بكل وفور شوق وحماسة زائدة، ويقابلها حسنة جيئي بفتور شوق وعدم حرارة قلبية، فالظاهر أن هذا الفارق العاطفي سوف تؤثر على قدر أجرهما أيضًا. والآية تنال مقدار المثوبة الأعلى ولذا قال: «والله يضاعف لمن يشاء» إشارةً إلى ضابط الأجر الذي أشرنا إليه آنفًا. وأية مشيئة لله لا تعارض العدل والحكمة، ولذا إنه يريد ويشاء هذه الإضافة والزيادة لمن يستحقها وفق ضوابطه وأصوله».

ويمكن أن يزاد وضوحًا أن الإنفاق إذا كان رضًا للَّه وتربيةً لنفسه فمثله كمثل شخص له جنة بربوة أرض مسطحة عالية غير صلدة، إذا أصابها مطر وابل آتت أكلها ضعفين وإذا لم يصبها وابل يكفيها طل. فقال: ﴿وَمَثَلُ ٱلَّذِينَ

(1)  سورة البقرة، الآيتان: ٢٧٠ و٢٧١.

(2)  سورة البقرة، الآية: ٢٦١.

يُنفِقُونَ أَمْوَٰلَهُمُ ٱبْتِغَآءَ مَرْضَاتِ ٱللَّهِ وَتَثْبِيتًا مِّنْ أَنفُسِهِمْ كَمَثَلِ جَنَّةٍ بِرَبْوَةٍ أَصَابَهَا وَابِلٌ فَـَٔاتَتْ أُكُلَهَا ضِعْفَيْنِ فَإِن لَّمْ يُصِبْهَا وَابِلٌ فَطَلٌّ ۗ وَٱللَّهُ بِمَا تَعْمَلُونَ بَصِيرٌ ﴾[1].

ولكن هذا الأجر يكون لإنفاق قام الإنسان من ماله الطيب الزكي، الذي لا يكون معه منّ ولا أذى. فما لا يرضاه المرء لنفسه تقديمه في سبيل الله مما ينبئ عن دناءة الطبع. فما عندنا من مال أو متاع هو من عطاء الله ورزقه، فإذا تختار الدنيئة في إعطائه في سبيل الله يحصل هناك خطر أن نزيد في البعد عن الله والمهجورية منه فضلًا عن حصول رضائه وتربية النفس. وهكذا إذا أعطاه مالًا ويمن به عليه ويؤذيه فذلك يعني أنه شخص أعطي مالًا ولكنه حُرم من الشهامة والسماحة.

فإن هذه المعاملة لا تجيء إلا من رجل وإن وفق للحسنة والبذل في سبيل الله، ولكنه رجل لئيم دنيء الطبع وخسيس الفطرة، يعتقد غالبًا أنه إذا أنفق شيئًا على رجل آخر، يجب عليه الآن أن يمتن له طيلة حياته، وإذالم يكتمل له أمنية هذه حاول إذلاله بكل مكان بهدف طعناته اللسانية. قال الله تعالى: ﴿يَـٰٓأَيُّهَا ٱلَّذِينَ ءَامَنُوٓاْ أَنفِقُواْ مِن طَيِّبَـٰتِ مَا كَسَبْتُمْ وَمِمَّآ أَخْرَجْنَا لَكُم مِّنَ ٱلْأَرْضِ ۖ وَلَا تَيَمَّمُواْ ٱلْخَبِيثَ مِنْهُ تُنفِقُونَ وَلَسْتُم بِـَٔاخِذِيهِ إِلَّآ أَن تُغْمِضُواْ فِيهِ ۚ وَٱعْلَمُوٓاْ أَنَّ ٱللَّهَ غَنِىٌّ حَمِيدٌ ﴾[2]. وقال أيضًا في موضع آخر: ﴿ٱلَّذِينَ يُنفِقُونَ أَمْوَٰلَهُمْ فِى سَبِيلِ ٱللَّهِ ثُمَّ لَا يُتْبِعُونَ مَآ أَنفَقُواْ مَنًّا وَلَآ أَذًى ۙ لَّهُمْ أَجْرُهُمْ عِندَ رَبِّهِمْ وَلَا خَوْفٌ عَلَيْهِمْ وَلَا هُمْ يَحْزَنُونَ ۞ قَوْلٌ مَّعْرُوفٌ وَمَغْفِرَةٌ خَيْرٌ مِّن صَدَقَةٍ يَتْبَعُهَآ أَذًى ۗ وَٱللَّهُ غَنِىٌّ حَلِيمٌ ۞ يَـٰٓأَيُّهَا ٱلَّذِينَ ءَامَنُواْ لَا تُبْطِلُواْ صَدَقَـٰتِكُم بِٱلْمَنِّ وَٱلْأَذَىٰ كَٱلَّذِى يُنفِقُ مَالَهُۥ رِئَآءَ ٱلنَّاسِ وَلَا يُؤْمِنُ بِٱللَّهِ وَٱلْيَوْمِ ٱلْـَٔاخِرِ ۖ فَمَثَلُهُۥ كَمَثَلِ صَفْوَانٍ عَلَيْهِ تُرَابٌ فَأَصَابَهُۥ وَابِلٌ فَتَرَكَهُۥ صَلْدًا ۖ لَّا يَقْدِرُونَ عَلَىٰ شَىْءٍ مِّمَّا كَسَبُواْ ۗ وَٱللَّهُ لَا يَهْدِى ٱلْقَوْمَ ٱلْكَـٰفِرِينَ ﴾[3].

---

(1) سورة البقرة، الآية: ٢٦٥.

(2) سورة البقرة، الآية: ٢٦٧.

(3) سورة البقرة، الآيات: ٢٦٢ ـــ ٢٦٤.

﴿أَيَوَدُّ أَحَدُكُمْ أَن تَكُونَ لَهُۥ جَنَّةٌ مِّن نَّخِيلٍ وَأَعْنَابٍ تَجْرِي مِن تَحْتِهَا ٱلْأَنْهَٰرُ لَهُۥ فِيهَا مِن كُلِّ ٱلثَّمَرَٰتِ وَأَصَابَهُ ٱلْكِبَرُ وَلَهُۥ ذُرِّيَّةٌ ضُعَفَآءُ فَأَصَابَهَآ إِعْصَارٌ فِيهِ نَارٌ فَٱحْتَرَقَتْ ۗ كَذَٰلِكَ يُبَيِّنُ ٱللَّهُ لَكُمُ ٱلْآيَٰتِ لَعَلَّكُمْ تَتَفَكَّرُونَ﴾[1].

وفي تفسير الآية يقول الأستاذ الإمام أمين أحسن الإصلاحي:

«هذا التمثيل لرجل زرع جنة من نخيل وأعناب يجري من تحتها النهر الذي يضمن لها النضارة والخصب. وكان هناك أثمارٌ أخرى متباينة وكانت تحصل منها أجناس مختلفة للأكل، وقد شاخ مالكها وله أولاد صغار فأصابها إعصار ذات يوم فيه نار من سموم، فاحترقت كلها. وهذا سيكون حال المنفقين الذين لا يحمون إنفاقهم من الآفات المهلكة. فالإعصار المدمر يكمن في أنفسهم. يظهر عليهم حين لا مناص لهم منه ولا مكان لهم أن يجدوه بعد الفقدان[2].

وقد بيَّن القرآن في آيات بني إسرائيل المذكور أعلاه أنه يوفق لذلك الإنفاق من كان يعتدل ويقصد في نفقاتهم، ويعتقدون أرزاقهم مما أنعم الله عليهم، وليست نتيجة لتدابير وحكمة اتخذوها فقد أرشد إلى أمرين آخرين:

**أولهما:** لا يجوز الإسراف والتبذير في المال فإنه مما أنعم الله، والموقف الصحيح إزاءه أن ينفق الإنسان ماله على احتياجاته الأساسية باقتصاد، وما يدخره يعتبره أمانةً لأصحاب الحق، ويؤدي تلك الأمانة اليهم بمنتهى الأمانة والدقة. فإن الشخص الذي لا يسلك مثل هذا المسك المتوازن في تبديد ماله لن يجد الفرصة في حياته التي ينغمس فيها بتلبية أشواقه للوفاء بهذه الواجبات نحو الآخرين. ولذا قال إن المبذرين كانوا إخوان الشياطين وكان الشيطان لربه كفورا» فلا هم له إلا إغراء الناس وإغواؤهم بإنفاق المال في سبيل يرجعون بغضب ربهم بدلًا من مرضاته. وفي صدد ذلك

---

(1) سورة البقرة، الآية: ٢٦٦.

(2) تدبر القرآن: ١/ ٦١٩.

يشرح القرآن موقفًا متوازنًا أن لا يكون قد جعل يده مغلولة وأن لا يبسطها كل البسط فيقعد عند الحاجة ملومًا محسورًا، بل عليه على العكس من ذلك أن يدخر دائمًا مما يتمكن له من أداء حقوق ومساعدة الآخرين عند الحاجة.

ومن هنا قال: ولا تجعل يدك مغلولة إلى عنقك ولاتبسطها كل البسط فتقعد ملوما محسورًا.

**والثاني**: إن حكمة الله ومشيئته هما تحكمان الظروف المعيشية لرجل. وتنحصر مسؤولية الإنسان وواجبه فقط في العمل الدؤوب لحصول الرزق. ومن فاتته هذه الحقيقة ربما يتحجر قلبه إلى الحد الذي يندفع معه إلى قتل أطفاله خوفًا من الفقر. والآية القرآنية التي تتناول هذا المبحث تلمح في موضع إلى عادة بعض عرب الجاهلية عن وأد البنات وهن على قيد الحياة، لأنهم كانوا يتذرعون بأن المرأة عضو غير منتج فتكون عالة على الأسرة وعبئًا ثقيلًا على أهلها. فقد حرم الله في كتابه تلك العادة المشينة، وأكد أن الله هو وحده مصدر الرزق وأنه عليه وهو بصير بعباده ليس بغافل منهم. فقد قال في موضع آخر: ﴿ٱلشَّيۡطَٰنُ يَعِدُكُمُ ٱلۡفَقۡرَ وَيَأۡمُرُكُم بِٱلۡفَحۡشَآءِۖ وَٱللَّهُ يَعِدُكُم مَّغۡفِرَةً مِّنۡهُ وَفَضۡلٗاۗ وَٱللَّهُ وَٰسِعٌ عَلِيمٞ * يُؤۡتِي ٱلۡحِكۡمَةَ مَن يَشَآءُۚ وَمَن يُؤۡتَ ٱلۡحِكۡمَةَ فَقَدۡ أُوتِيَ خَيۡرٗا كَثِيرٗاۗ وَمَا يَذَّكَّرُ إِلَّآ أُوْلُواْ ٱلۡأَلۡبَٰبِ﴾(1).

## العفة والحشمة

الأمر الرابع هو أن لا يقترب رجل الزنا. ووجه ذلك أن الزنا فاحشة صريحة وممارسة فظيعة تعد من المنكرات الفاحشة التي لا تحتاج إلى دليل على بشاعتها وفجورها. وكانت الطبيعة البشرية لم تزل وما تزال تعتبره دائمًا إثمًا كبيرًا وجريمة فظيعة ولا ترضيها إلا أن تمسخ مسخًا قاطعًا. والحقيقة التي لا تجد أن مؤسسة الزواج هي حاجة ماسة للإنسان مثل احتياجه إلى الماء والهواء. ولا

(1) سورة البقرة، الآيتان: ٢٦٨ و٢٦٩.

تثبت ولا ترسخ هذه الإدارة مع المشاعر الصحيحة الطبيعية إلا أن تدوم العلاقة الزوجية بين الزوجين علاقة دائمة مستمرة. فإذا زال هذا الجانب المهم تولد منه قطيع حيوانات سائبة خال من العواطف الطبيعية والروحية ولا يتواجد مجتمع صالح وحضارة طيبة منها.

ويقول في ذلك أبو الأعلى المودودي صاحب «تفهيم القرآن»

«إن كون الزنا سيئًا أخلاقيًا أو كونه إثمًا ديانة أو كونه ممارسة فضيعة مما أجمع عليه المجتمعات البشرية كلها حتى اليوم. ولم يختلف منه إلا القلة القليلة الذين أصيبوا بتعبيد النفس أو الذين يعتقدون خطأهم فلسفة. ووجه هذا الإجماع الدولي أن الطبيعة البشرية بنفسها تتقاضي حرمة الزنا. فإن بقاء الجنس البشري وقيام التمدن الإنساني يتوقفان على أن لا يكون المرء حرًّا والمرأة حرة في اللقاء الجنسي ثم التفرق. بل يجب أن تكون العلاقة الجنسية بين كل زوجين قائمة على العهد المستمر المستقل بينهما الذي يستلزم الوفاء به ويكون معروفًا مشهودًا في المجتمع، ويضمن المجتمع لبقائه. فإنه لا يدوم النسل البشري بدونه ليوم واحد.

لأن طفل الإنسان لحياته ولنشوئه ونمائه البشري يحتاج إلى ربوبية مشفقة وتربية طويلة إلى مدة أعوام. والمرأة الوحيدة لا تسطيع بمفردها أن تتحمل هذا العبء إلى أن يصاحبها المرء الذي كان سببًا لتوليد ذاك الطفل. وهكذا لا يوجد تمدن ولا حضارة بدون معاهدة كهذه، لأن التمدن الإنساني إنما يجيء في حيز الوجود بهذه الاتفاقية التي بموجبها يجتمع امرؤ مع امرأة، ويشكلان معًا بيتًا ينتج علاقات ودية، ورابطات أخوية حميمة فيما بين الأسر. فإذا كان المرء والمرأة يباشران فقط للاستلذاذ مع الحرية الكاملة بصرف النظر عن خلق بيت وأسرة لأفضى ذلك إلى أن يتفرق الناس كلهم وتتمزق الحياة الاجتماعية، ولا يبقى أساس تبتنى عليه هذه البناية الشامخة للحضارة والتمدن. فسبب هذه الوجوه فإن علاقة المرء بالمرأة الحرة التي لا تبنى على عهد وفاء معلوم ومعروف، تعارض

الفطرة البشرية. ومن هنا فلم يزل الإنسان يعتقدها عيبًا كبيرًا وسبة مشينة ودعارة وإثمًا كبيرًا في المصطلح الديني[1].

ولأجل هذه الشناعة لهذه العملية لم يقل الله فقط أن «لا تزنوا» بل قال: «لا تقربوا الزنا» وذلك يعني إيجاب التجنب من كل ما يبعث على الزنا ويرغب فيه ويوصل إليه. وآداب اختلاط المرء والمرأة التي جاءت في سورة النور تسهدف إلى تجنيب الإنسان من أشياء كهذه. وهي تتمخض في وجوب غض المرء والمرأة كليهما مما يتقاضاه الجسد والنفس غضًّا زائدًا، وستر عوراتها وستر مظان الريبة لهما سترًا وافيًا، وأن لا يأتيا بأمر باعث على الاهتزاز الجنسي والإغراء الجسدي لهما. لأن الشيطان إذا أراد أن تعم الفاحشة في مجتمع ابتدأ هجومه عليه بهذه الأشياء عامة، فقد حمل على آدم وحواء خلال هذا الطريق نفسه: فقال تعالى: ﴿ يَٰبَنِيٓ ءَادَمَ لَا يَفۡتِنَنَّكُمُ ٱلشَّيۡطَٰنُ كَمَآ أَخۡرَجَ أَبَوَيۡكُم مِّنَ ٱلۡجَنَّةِ يَنزِعُ عَنۡهُمَا لِبَاسَهُمَا لِيُرِيَهُمَا سَوۡءَٰتِهِمَآۚ إِنَّهُۥ يَرَىٰكُمۡ هُوَ وَقَبِيلُهُۥ مِنۡ حَيۡثُ لَا تَرَوۡنَهُمۡۗ إِنَّا جَعَلۡنَا ٱلشَّيَٰطِينَ أَوۡلِيَآءَ لِلَّذِينَ لَا يُؤۡمِنُونَ ﴾[2].

وكيف تكون هذه الحملة الشيطانية؟ يوضحه الأستاذ الإمام ذلك فيما يأتي:

«إنه أولًا يحرم الناس من خلال وسوسة من لباس التقوى الذي أنزله من حيث التكريم والتشريف الباطني له مع اللباس الظاهري. فإذا ما يختلع من هذا اللباس الباطني، عندئذ ينتهي الحياء الذي هو الباعث والحافز الأصلي على اللباس الظاهري. ثم أخذ يثقل هذا اللباس الظاهري وتندفع الدعارة في الأعضاء الجنسية إلى التعري مع أن الفطرة تقتضي سترها. ثم يأتي دور الموضة. فتقوم بتوليد أساليب وأنماط جديدة من اختراعات متفننة في نحت طراز الثوب أن أبناء آدم وبنات حواء تلبس الأثواب، ولكنهم من حيث الغرض الرئيسي من الملابس

(1) تفهيم القرآن: ٣/ ٣١٩.

(2) سورة الأعراف، الآية: ٢٧.

أي الستر، فانهم يظلون كما لو كانوا عريانًا. ويلاحظون فقط جانب الزينة والبذخ في ملابسهم . ويغلب على الزينة أيضًا المجون الذي يستهدف أن يبرز ويتميز من الزاوية الأكثر جاذبية. ثم يخدر العقل تدريجًا بحيث يحصل العري على اسم الحضارة واللباس الساتر اسم الوحشية والتخلف. ثم يثور شياطين مثقفون ثقافة عليا ويقومون بإحداث وإيجاد فلسفة في ضوء التاريخ وتقول إن العري هو الأصل المفطور عليه الإنسان، وإنما اختار الملبس تحت ضطوط اجتماعية وتقاليد سائدة. وهذه هي المرحلة التي إذا جاءت يموت ماء العين وتصبح الحضارة كلها مسمومة بسموم الشهوانية الجارفة»[1].

وانطلاقًا منه فقد جعل الله سبحانه وتعالى نشر الزنا وترغيباتها جريمة كبيرة. فإنه إذا حاول المنافقون والأشرار للإرجاف وإشاعة الفاحشة في المدينة فقال الله تعالى عنهم: ﴿إِنَّ ٱلَّذِينَ يُحِبُّونَ أَن تَشِيعَ ٱلْفَٰحِشَةُ فِى ٱلَّذِينَ ءَامَنُوا۟ لَهُمْ عَذَابٌ أَلِيمٌ فِى ٱلدُّنْيَا وَٱلْءَاخِرَةِ ۚ وَٱللَّهُ يَعْلَمُ وَأَنتُمْ لَا تَعْلَمُونَ﴾[2].

ولهذا الغرض نفسه قد نهى النبي ﷺ عن الخروج معطرات عطرًا كثيفًا وعن اختلاط الرجال وحدها والسفر معهم منفردة، وسألوه عن الحمو فقال: الحمو الموت، ولهذا الغرض نفسه قد نهى النساء عن الخروج إلى أسفار طويلة بدون ذي محرم. ولهذا قد أمر تحويل النظرة الثانية بعد الأولى. ونبه وحذر عن بعض أشكال الغناء وصور الموسيقى بصفتها محرضة على الزنا: فقد قال أبوهريرة عن النبي ﷺ: إن الله كتب على ابن آدم حظه من الزنا أدرك ذلك لا محالة، فزنا العين النظرة وزنا اللسان المنطق والنفس تتمنى وتشتهي والفرج يصدق ذلك كله ويكذبه[3].

فهذه تعليمات قد أعطيت سدًا للذريعة وجاءت لمنع الزنا من مظانه.

---

(1) تدبر القرآن: ٣/ ٢٤٦.

(2) سورة النور، الآية: ١٩.

(3) رواه البخاري رقم الحديث: ٦٢٤٣ ومسلم رقم: ٦٧٥٤.

## قدسية النفس البشرية واحترامها

الأمر الخامس هو ألا يقتل أحد أحدًا. وهذا هو بيان لقدسية الحياة الإنسانية وحرمة النفس التي قد جاءت بتأكيدها النواميس الأخلاقية والمدنية. وقد ذكر القرآن أن الله قد كتب على بني إسرائيل أن قتل نفس واحد تعادل قتل الناس جميعًا. وهذا الحكم الإلهي بعينه يوجد حتى اليوم في التلمود[1].

وقد فصله في سورة المائدة فقال:

﴿مِنۡ أَجۡلِ ذَٰلِكَ كَتَبۡنَا عَلَىٰ بَنِيٓ إِسۡرَٰٓءِيلَ أَنَّهُۥ مَن قَتَلَ نَفۡسَۢا بِغَيۡرِ نَفۡسٍ أَوۡ فَسَادٖ فِي ٱلۡأَرۡضِ فَكَأَنَّمَا قَتَلَ ٱلنَّاسَ جَمِيعٗا وَمَنۡ أَحۡيَاهَا فَكَأَنَّمَآ أَحۡيَا ٱلنَّاسَ جَمِيعٗا﴾[2].

ويتضح من هذا الحكم أنه يجوز إزهاق نفس إنساني فقط في صورتين لا ثالث لهما: أولًا أن تقتل نفس نفسًا وثانيتهما أن يقوم بفساد في الأرض الذي عبر عنه أن يبغي ويخرج على الحكم الاجتماعي، ويتعرض لأغراض وأموال وأرواح الآخرين. وكل قتل علاوة على ذلك قتل بغير حق وجزاؤه جهنم خالدًا فيها (الفرقان: ٦٨ ـ ٦٩). فالذين يرتكبون هذه الجريمة من المسلمين ضد إخوانهم المسلمين قد نبههم القرآن بقوله: ﴿وَمَن يَقۡتُلۡ مُؤۡمِنٗا مُّتَعَمِّدٗا فَجَزَآؤُهُۥ جَهَنَّمُ خَٰلِدٗا فِيهَا وَغَضِبَ ٱللَّهُ عَلَيۡهِ وَلَعَنَهُۥ وَأَعَدَّ لَهُۥ عَذَابًا عَظِيمٗا﴾[3].

كما أوضح القرآن أيضًا أن مرتكبي هذه الجريمة لا تعود معاملتهم فقط إلى الله بل إنهم سوف يواجهون أولياء المقتول أيضًا. وقد منحهم الله سلطة القصاص الكاملة. ولا يحق لأي محكمة للعالم أن تعطي للقتلة أية مراعاة بدون موافقة الأولياء. وتنحصر مسؤوليتها فقط في تنفيذ القصاص العادل إذا أصروا عليه وتزعن لشروطهم ومطالبهم كاملة.

---

(1) شرح التلمود البابلي ٢٣/ ١٨٣.

(2) سورة المائدة، الآية: ٣٢.

(3) سورة النساء، الآية: ٩٣.

ولكن لا يعني ذلك أنه إذا لم تقم دولة إسلامية مستقلة منتظمة ويرجع أمر القصاص إلى أولياء القتيل أن يتجاوزوا حدودهم بصفتهم كأولياء، ويحاولوا مثلًا حماسًا للثأر قتلَ من يتصل بالقاتل من الأقرباء علاوة عليه، ويطالبوا في زعمهم للنجابة وعلو النسب أن يقتلوا حرًّا بعبدهم وامرأً بامرأتهم أو أن يعذبوا القاتل أو يمثلوا جثته بعد قتله، أو يختاروا أساليب القتل مما منعها الله فعبارة «فلا يسرف في القتل» تصدق على كل ذلك. ويُستنبط من ذلك أن يحصل هذا الخيار والسلطة للقتيل يومَ القيامة ولا يعطي القاتل هناك مراعاة ولا امتياز بدون إذن القتيل.

## الخيانة في مال اليتيم

والحكم السادس يتصل بوجوب صيانة مال اليتيم. وأسلوب هذا الحكم يذكر بنظيره المتصل بالزنا. إذ قال تعالى: ﴿وَلَا تَقْرَبُوا۟ مَالَ ٱلْيَتِيمِ إِلَّا بِٱلَّتِى هِىَ أَحْسَنُ﴾ فمعنى الآية إذن أن ذلك المال يجب أن لا يستخدم إلا لمنفعة اليتيم، وحمايته واستثماره الذي يتولاها الوصي عليه إلى أن يبلغ سن الرشد وسن النضج القانونية، ليتحمل مسؤولية ماله بنفسه. وقد أعطى الله سبحانه خاصة لذلك تعليمات وإرشادات في سورة النساء: ولكن بما أنها تتصل بمباحث الشريعة ولذا سوف نذكرها في هذا الكتاب تحت موضوع شريعة الاجتماع والمعاشرة. وليتضح هنا أن الخيانة في مال اليتيم التي تبحث عنه الآية (١٠٤) من سورة النساء هي جريمة كبرى عند القرآن لا يستهان بها فقد قال تعالى: ﴿إِنَّ ٱلَّذِينَ يَأْكُلُونَ أَمْوَٰلَ ٱلْيَتَٰمَىٰ ظُلْمًا إِنَّمَا يَأْكُلُونَ فِى بُطُونِهِمْ نَارًا وَسَيَصْلَوْنَ سَعِيرًا﴾[1].

## الوفاء بالعهد

الأمر السابع هو الوفاء بالعهد مهما كلف الثمن ويرى القرآن أن المرء

---

(1) سورة النساء، الآية: ١٠٤.

مسؤول عن عهوده. وقد جاء ذلك في سورة البقرة في أسلوب ينبئ عن الاهتمام والاختصاص والتأكيد والنسبة. ﴿وَٱلْمُوفُونَ بِعَهْدِهِمْ إِذَا عَٰهَدُوا۟﴾[1]. وهذا العهد يشمل كل العهود والمواثيق كما هو ظاهر.

ويقول الأستاذ الإمام: «وإلغاء العهد يشمل كل العهود والمواثيق والفرائض مهما كبرت أو صغرت وسواء تتعلق بالخلق أو بالخالق. وسواء جاءت في حيز الوجود بسبب معاهدة مكتوبة أو وجدت بسبب من أسباب النسبة، العلاقة والقرابة وسواء كانت معلنةً مظهرةً في المجتمع أو تكون مما يعتقد ويُسلم دون قول وإظهار في كل اجتماع صالح. فنحن معقودون تحت أية معاهدة ظاهرةً أو خفيةً بكل من الله ورسوله ومن الأبوين ومن الزوجة والأولاد والأقرباء والعائلة والأسرة والجيران والأستاذ والتلميذ والسيد والمؤظف والوطن والملة ومع الكل. والبر والتقوى يستلزمان أن نكون موافين لهذه العهود والمواثيق كلها، كأن الروح الحقيقية لإيفاء العهود هو الإيفاء بالحقوق. والإيفاء بالحقوق شامل لكل فرائض الإنسان وواجباته مهما كبرت أو صغرت[2].

وقد جاء هذا الحكم بوفاء العهد في مواضع متعددة من القرآن بالتأكيد نفسه[3]. كما أنه من أهم الإرشادات التي جاءت في غضون الجهاد هو العهد المتعلق بالجهاد والحرب. وسورة التوبة هي سورة العذاب على منكري الحق وجاحدي الرسالة، وأمر فيها رسول الله ﷺ وأصحابه أن يقوم ضد مشركي العرب بإقدام نهائي بإنهاء جميع الاتفاقيات معهم. لكن وضح فيها أنه إذا كانت المعاهدات قصيرة الأمد ومحددة الأجل يجب الانتظار حتى ينتهي أجلها المحدد. (التوبة: ٤)

كما أمروا أمرًا جازمًا في سورة الأنفال أنه لا يمكن للمسلمين أن ينكثوا

---

(1) سورة البقرة، الآية: ١٧٧.

(2) تدبر القرآن: ١/ ٤٢٩.

(3) انظر المعارج: ٣٢ والمؤمنون: ٨.

عهودهم مع أي أمة تضطهد المسلمين أن يمدوا إليهم يد العون والمساعدة: فقال:

﴿إِنَّ ٱلَّذِينَ ءَامَنُواْ وَهَاجَرُواْ وَجَٰهَدُواْ بِأَمْوَٰلِهِمْ وَأَنفُسِهِمْ فِي سَبِيلِ ٱللَّهِ وَٱلَّذِينَ ءَاوَواْ وَّنَصَرُوٓاْ أُوْلَٰٓئِكَ بَعْضُهُمْ أَوْلِيَآءُ بَعْضٍۚ وَٱلَّذِينَ ءَامَنُواْ وَلَمْ يُهَاجِرُواْ مَا لَكُم مِّن وَلَٰيَتِهِم مِّن شَيْءٍ حَتَّىٰ يُهَاجِرُواْۚ وَإِنِ ٱسْتَنصَرُوكُمْ فِي ٱلدِّينِ فَعَلَيْكُمُ ٱلنَّصْرُ إِلَّا عَلَىٰ قَوْمِۭ بَيْنَكُمْ وَبَيْنَهُم مِّيثَٰقٌۗ وَٱللَّهُ بِمَا تَعْمَلُونَ بَصِيرٌ﴾[1].

## الإيفاء بالكيل والميزان

والأمر الثامن يتعلق فيها يتصل بالكيل والميزان أن الأشياء يجب وزنها وقياسها بالدقة والأمانة فإن الله تعالى قد أقام الأرض والسماء على ميزان. فكان من اللازم أن يظل الإنسان عادلًا في دائرة اختياره وسلطته وأن يقيس أبدًا بالميزان الصحيح ويكيل بالكيل العادل فقد قال تعالى: ﴿وَٱلسَّمَآءَ رَفَعَهَا وَوَضَعَ ٱلْمِيزَانَ ۞ أَلَّا تَطْغَوْاْ فِي ٱلْمِيزَانِ ۞ وَأَقِيمُواْ ٱلْوَزْنَ بِٱلْقِسْطِ وَلَا تُخْسِرُواْ ٱلْمِيزَانَ﴾[2].

وعُلم من ذلك أن هذا أمر عظيم وهو اعتبارًا بحقيقته فرع لميزان العدل الذي عليه تقوم هذه الدنيا، فإذا حاد شخص عن ذلك الميزان العادل حاد معه من الإله الذي خلقه ووقع الاختلال في نظام العدل والقسط، ولم تبق عقيدة كون الإله قائمًا بالقسط. والظاهر أنه ينتج منه اضطراب الأنظمة الاقتصادية والاجتماعية في المجتمع وتدهورت مكونات وأسس الاجتماع برمتها، وكان قوم سيدنا شعيب عليه السلام مبتلىً بهذا المرض. فقد نقلت نصيحته ودعوته لقومه في أكثر من مقام في القرآن: فقال في الشعراء: ﴿أَوْفُواْ ٱلْكَيْلَ وَلَا تَكُونُواْ مِنَ ٱلْمُخْسِرِينَ ۞ وَزِنُواْ بِٱلْقِسْطَاسِ ٱلْمُسْتَقِيمِ ۞ وَلَا تَبْخَسُواْ ٱلنَّاسَ أَشْيَآءَهُمْ وَلَا تَعْثَوْاْ فِي ٱلْأَرْضِ مُفْسِدِينَ﴾[3].

وهذا يطلق أيضًا على التلاعب بمواصفات البضاعة فإن من يقوم مثلًا

---

(1) سورة الأنفال، الآية: ٧٢.

(2) سورة الرحمن، الآيات: ٧ ـ ٩.

(3) سورة الشعراء، الآيات: ١٨١ ـ ١٨٣.

بإضافة الماء إلى الحليب والرمل إلى السكر والشعير إلى القمح فإنه أيضًا يرتكب جريمة التطفيف وإن كان يزن بدقة فإن لا يعطي المشتري بالكامل ما يشتريه منه. وهذا هو في الحقيقة سلب حق الآخر الذي يترتب عليه عواقب وخيمة في الدنيا والآخرة. ولذا قال تعالى: ﴿وَأَوْفُوا۟ ٱلْكَيْلَ إِذَا كِلْتُمْ وَزِنُوا۟ بِٱلْقِسْطَاسِ ٱلْمُسْتَقِيمِ ذَٰلِكَ خَيْرٌ وَأَحْسَنُ تَأْوِيلًا﴾[1].

## اتباع الظنون والأوهام

الأمر التاسع هو أن لا يتبع أحد الظن ولا يقف ما ليس له به علم. وقد حذرنا القرآن أن لا نستهين بهذا التوجيه. لأن البصر والفؤاد والعقل والسمع ستكون مسؤولة أمام الله يومًا. وذلك يعني أن لا يتسلم مسلم للظن والتخمين ولا يلفق مزاعم وافتراءات وبث الأكاذيب ضد أحد بدون تحقيق وتحرّ عن ماهية الأمر. كما يقتضي هذا الأمر أن لا يتبين وجهة نظر وبينة على القتل والقال والإشاعات والظنون والأوهام، والقياسات عن صفات الله سبحانه وتعليماته. فقد جاء بعض هذه الأشياء بصراحة تامة في سورة الحجرات: ﴿يَٰٓأَيُّهَا ٱلَّذِينَ ءَامَنُوٓا۟ إِن جَآءَكُمْ فَاسِقٌۢ بِنَبَإٍ فَتَبَيَّنُوٓا۟ أَن تُصِيبُوا۟ قَوْمًۢا بِجَهَٰلَةٍ فَتُصْبِحُوا۟ عَلَىٰ مَا فَعَلْتُمْ نَٰدِمِينَ﴾[2] وقال: ﴿يَٰٓأَيُّهَا ٱلَّذِينَ ءَامَنُوا۟ ٱجْتَنِبُوا۟ كَثِيرًا مِّنَ ٱلظَّنِّ إِنَّ بَعْضَ ٱلظَّنِّ إِثْمٌ ۖ وَلَا تَجَسَّسُوا۟﴾[3].

## الإقدام دون تحقيق

فقد ذكر في الآية المذكورة أعلاه أولًا إذا جاءكم فاسق بنبأ هام فلا ينبغي الإقدام الفعلي بناءً على خبره بغير تحقيق وتحر لنفس الواقع. لئلا تُتخذ خطوة في نوبة حماس ثم تندم عليها لاحقًا. ويُستنبط منه أنه إذا كان الذي جاء

---

(1) سورة الإسراء، الآية: ٣٥.

(2) سورة الحجرات، الآية: ٦.

(3) سورة الحجرات، الآية: ١٢.

بخبر مجهولًا، لايُعرف نفسه ولا ثقاهته يجب تحقيقه بالتأكيد، وانطلاقًا منه قام محدثونا بتحقيق أحوال الرواة عن النبي ﷺ علمًا وعملًا. وإذا لم يجدوا نجاحًا في الفحص عن راو جعلوه مجهولًا وردوا روايته.

# سوء الظن

وقد ذكر ثانيًا النهي عن إكثار الظن فان بعض الظن إثم وأوضح ذلك الأستاذ الإمام بقوله:

«يضطر الإنسان إلى الاتصال بالكثير من الناس في حياته وبديهي أن يتولد عنده عنهم ظن خير أو سوء الظن. فهذا الظن يصل المرء أو يقطعه عنه فهذا إذن أساس الوصل والفصل في المجتمع الإنساني. فهذه الأهمية للظن تتقاضى أن لا يكون المرء غير مبالٍ في قبول الظن أو رده، بل أن يكون حذرًا متيقظًا. فقد أرشد الإسلام أهل الإيمان في ذلك أن يكون المسلم ظانًا بالخير تجاه المسلم الآخر حتى يثبت أنه لا يصلح لذلك. وحسن الظن هذا مما يتقاضاه الأخوة الإيمانية بالتأكيد والتي بنى الإسلام اجتماعه عليه، وقد بيناه من قبل، وعلى عكس من ذلك إذا كان هناك شخص يتعود على الإكثار من الظن خيرًا أو شرًا ثم يجمعه جمعًا فصاحب هذه الظنون رطبًا أو يابسًا مثله كمثل صائد أعماه شوقه اصطياد ثعبان مع السمكة. وظاهر أن صائدًا كهذا سيضيع حياته يومًا ما. فالقرآن حذر المسلمين من هذا الخطر أن لا يقفوا كثيرًا من الظن لأن بعض الظن إثم ويوصل الإنسان إلى المهلكة. فاستنبط من ذلك تعليم أن لا يتعرض المؤمن لسوء الظن الكثير بل يظن بإخوانه المؤمنين ظنًّا خيرًا. وإذا صدر من أحد شيء مما يبعث على الظن السوء ينبغي له أن يوجهه توجيهًا حسنًا ما أمكن ذلك. وإذا لم يمكن ذلك يجوز ظن السوء. وأن يخطئ أحد في ظن الخير في حق أحد لهو أهون من أن يسيء الظن ممن يستحق الظن الخير»[1].

_____

(1)   تدبر القرآن ٧/ ٥٠٩.

# التجسس

وثلَّثَ القرآن أن لا تجسسوا. يقول الأستاذ الإمام في تفسير ذلك:

«الحظر هنا على الجاسوسية التي تكون لغرض الشر. أي يتجسس المرء لكي يطلع على خفايا الحياة الشخصية لشخص آخر، وأسرار بيته وما يصدر من أخطاء وزلات. يبعثه على ذلك إما حسد لكي يشفي بغلة صدره بنيل منقصة في حياة الخصم. وإما بغض وعناد يحرضانه للاطلاع على جانب الضعف فيه كي يشوه صورته عندما يحتاج إليه. والتشهير قد أصبح حرفة مستقلة في العالم المعاصر والذي ينميها كل يوم وسائل الإعلام المعاصرة الراقية. فلم يزل بعض الصحفيين يمسي ويصبح في البحث عن أية فضيحة لآخر، ويُعد منهم أكثر نجاحًا ودهاء صحفي فاز بوسمة عار ذاتية لشخصية بارزة فيكب القارؤن والدارسون على صحيفته أو جريدته إكبابًا زائدًا.

والظاهر أن التجسس كهذا ينافي الأخوة ويعارض المواساة التي يتأسس عليها المجتمع الإسلامي. ولذا حظر ذلك على المؤمنين. أما التجسس الذي ينبئ عن اطلاع أحوال الأخ المسلم كي يساعد أخاه المسلم الآخر في أحواله الحرجة ومشكلاته، أو الذي تقوم به حكومة إسلامية حتى تكون على بصيرة تامة ووقوف كامل على أحوال رعاياها فهذا ما لا تتعرض له الآية هنا، وليس هو بممنوع. بل هو من عمل الخير لكل جار كريم أن يقف على حالات ومشاكل جيرانه كي يساعدهم في حالاتهم الحرجة. وللحكومة ليس هذا عمل خير بل واجب عليها أن تهتم بالاطلاع على أحوال الرعية السارة والضارة كليهما لكي تفي بمسؤولياتها على درجة مطلوبة»[1].

# الاستكبار والغرور

العاشر هو أن لا يمشي أحد على وجه الأرض مرحًا مختالًا. لأن ذلك

---

(1) تدبر القرآن ٧/ ٥١٠.

مشية المستكبرين والمغرورين. ولذا قال إنه مهما ضربتم الأرض بقدميكم فلن تخرقوها ومهما شمختم برأسكم فلن تبلغوا قمم الجبال:

ويقول الأستاذ الإمام:

«ويعني ذلك أنكم ترون شؤون الرب تعالى هذه أنه قد فرش الأرض الطويلة العريضة مهادًا لكم ولستم إلا نملة أو قنبة عليها، والذي قد أرسى أمامكم هذه الجبال الرواسي ولستم أمامها إلا سنجابة صغيرة. فما معنى الاختلال والمرح في أرضه؟ تعرفون مكانتكم واسجد والعظمة الرب تعالى ولجلاله[1].

وهذه المشية المرحة تشيء بما هو كامن في الباطن من المشاعر والعواطف التي تتكون تحت تأثير الثروة والسلطة والحسن والعلم والمعرفة والقوة وما إلى ذلك، مما يحدث في المرء الغرور والمرح. والاختيال الناشئ من أي هذه الأنواع يبرز في نوع خاص من المشية، ويشهد على إزاحة المشاعر المتصلة بعبادة الله وعظمته من قبله. فإن القلب الشاعر بعبودية الله تعالى وعظمته لا يتقلب إلا في صدور طارئة عليها حالة التواضع والاستكانة للّه تعالى، فإنهم يخففون وطء الأرض ولا يمرحون ولا يختالون.

ولذا فإن مشية المرح خصلة رذيلة جدًّا فصارت عقوبته أشد كما قال رسول الله ﷺ: لا يدخل الجنة من كان في قلبه غرور كحبة خردل[2]. وقال: العز إزاره والكبرياء رداؤه فمن ينازعني عذبته»[3].

ومما يجب ملاحظته هنا أن هذا الخيلاء والغرور لا ينعكسان فقط في هيئة المشيئة، بل ينعكس في أسلوب حديثه ونوع ملابسه ومظهره الجسدي وزيه وقيامه وقعوده وفي كل شيء. ولذا قال: ﴿وَلَا تُصَعِّرْ خَدَّكَ لِلنَّاسِ وَلَا تَمْشِ فِى ٱلْأَرْضِ

---

(1) تدبر القرآن ٤/ ٥٠٢.

(2) رواه مسلم رقم: ٦٦٨٠.

(3) رواه مسلم رقم: ٦٦٨٠.

مَرَحًا إِنَّ ٱللَّهَ لَا يُحِبُّ كُلَّ مُخْتَالٍ فَخُورٍ ۞ وَٱقْصِدْ فِى مَشْيِكَ وَٱغْضُضْ مِن صَوْتِكَ إِنَّ أَنكَرَ ٱلْأَصْوَٰتِ لَصَوْتُ ٱلْحَمِيرِ ﴾(1).

ومن هنا نهى رسول الله ﷺ من استخدام كل ما يتوخى منه المرء استظهار إمارته وغناه، أو يتخذه بابًا من أبواب الأبهة والمنفخة وترغيب الآخرين أو ترهيبهم على طريقة الماجنين الخلعاء، ولذا قد نهى عن لبس الخز وصنع الغلاف من الجلود الثمينة والأكل في أوعية الذهب والفضة(2). حتى إنه منع من مظهر الغرور المبتني على اللحية الصغيرة والشوارب الكبيرة ونصحهم بإعفاء اللحية وقطع الشوارب على كل حال(3). وهذا هو محمل الأمر بإعفاء اللحية وقطع الشوارب، ولكن الناس أخطؤوا فهم هذا الحديث وجعلوه أمرا بإعفاء اللحية مطلقًا، وأدخلوا في دين الله ما ليس منه. فقد قال النبي ﷺ: من لبس ثوب شهرة في الدنيا ألبسه الله ثوب مذلة يوم القيامة ثم ألهب فيه نارًا(4) وقال أيضًا: إن الله لا ينظر يوم القيامة إلى امرئ يجر إزاره خيلاء(5).

ولا يقف الإنسان عند هذا الحد بل هذه الكيفية النفسية له يسبب له اقتراف الذنوب الكبيرة مدفوعًا بغروره وتجبره. وتفضي به إلى جحود الحق مع معرفته كما يفضي به إلى الاستعلاء على الآخرين حسبًا ونسبًا ولونًا وطبقةً وإلى الحط من مكانة الآخرين همزًا ولمزًا والاستهزاء بهم وشتمهم والتنمر عليهم ومناداتهم بألقابهم التي يكرهونها، فقد حرم الله كل هذه تحريمًا جازمًا.

## الإعراض عن الحق

وقد نبه الله تعالى المعرضين عن الحق والمستكبرين الجاحدين له أن

---

(1)  سورة لقمان، الآيتان: ١٨ و١٩.
(2)  البخاري رقم ٥٦٣٣ ـ ٥٦٣٥، ٥٦٣٧ ومسلم رقم ٥٣٨٧ ـ ٥٣٨٨.
(3)  البخاري ٥٨٩٢ ومسلم ٦٠٢.
(4)  رواه ابن ماجه رقم الحديث ٣٦٠٧.
(5)  رواه البخاري رقم ٥٧٨٣ ومسلم رقم الحديث ٥٤٥٥.

لا يصغروا جريمتهم فجزاؤهم جهنم خالدين فيها وسُدت عليهم أبواب الجنة فقال:

﴿إِنَّ ٱلَّذِينَ كَذَّبُواْ بِـَٔايَٰتِنَا وَٱسۡتَكۡبَرُواْ عَنۡهَا لَا تُفَتَّحُ لَهُمۡ أَبۡوَٰبُ ٱلسَّمَآءِ وَلَا يَدۡخُلُونَ ٱلۡجَنَّةَ حَتَّىٰ يَلِجَ ٱلۡجَمَلُ فِي سَمِّ ٱلۡخِيَاطِۚ وَكَذَٰلِكَ نَجۡزِي ٱلۡمُجۡرِمِينَ ۞ لَهُم مِّن جَهَنَّمَ مِهَادٞ وَمِن فَوۡقِهِمۡ غَوَاشٖۚ وَكَذَٰلِكَ نَجۡزِي ٱلظَّٰلِمِينَ﴾[1].

## التفاخر بالأنساب

ونبه أيضًا المتفاخرين بالأنساب أن كلكم لآدم (وحواء) وآدم من تراب. لا فضل لأبيض على أسود ولا لأسود على أبيض ولا لعربي على عجمي ولا لعجمي على عربي. وأساس العز والشرف عند الله تعالى هو على التقوى فقط، لا على الانتماء إلى أسرة وقبيلة أو لون أو عرق. فإنما يعتز عنده من كان متسمًا بالتقوى ومتقيدًا بحدود الله ولو نشأ في عرق حقير وأسرة مجهولة. ومن سلك مسلك الاستكبار والتمرد على الله ذل بالتأكيد ولو كان قريشيًا هاشميًا. وتقسيم الأسرة هذا للتعارف فقط. فكما قد ميز الله بين الناس وجوهًا ولونًا وقامةً ليتعارفوا فيما بينهم فقد فرق بين العائلات والأسر للغرض نفسه، ولا أهمية لكل ذلك أكثر من ذلك قال تعالى: ﴿يَٰٓأَيُّهَا ٱلنَّاسُ إِنَّا خَلَقۡنَٰكُم مِّن ذَكَرٖ وَأُنثَىٰ وَجَعَلۡنَٰكُمۡ شُعُوبٗا وَقَبَآئِلَ لِتَعَارَفُوٓاْۚ إِنَّ أَكۡرَمَكُمۡ عِندَ ٱللَّهِ أَتۡقَىٰكُمۡۚ إِنَّ ٱللَّهَ عَلِيمٌ خَبِيرٞ﴾[2].

## التمسخر

ولقن المستهزئين بالآخرين أن أكرمكم عند الله أتقاكم وأرزلكم عنده من لا إيمان له ولا عمل والوزن الحق سوف يخبر به ميزان العدل للّه تعالى. لا يقال إن الأشراف والأكارم هنا ما سوف يكون مقامهم عند الله يوم القيامة. ومن يُعتقد أذلاء هنا سوف يكونون أعلى مقامًا وأرفع درجة في ملكوت الله. ولذا لينتبه كل

(1) سورة الأعراف، الآيتان: ٤٠ و٤١.

(2) سورة الحجرات، الآية: ١٣.

مسلم أنه له علاقة الإيمان بإخوانه المسلمين تحت حكم «إنما المؤمنون إخوة» فلا يليق به أن يحتقرهم ويسخربهم و يهدفهم مستمرًا وتعريضًا وهمزًا ولمزًا فقد قال: ﴿يَٰٓأَيُّهَا ٱلَّذِينَ ءَامَنُوا۟ لَا يَسْخَرْ قَوْمٌ مِّن قَوْمٍ عَسَىٰٓ أَن يَكُونُوا۟ خَيْرًا مِّنْهُمْ وَلَا نِسَآءٌ مِّن نِّسَآءٍ عَسَىٰٓ أَن يَكُنَّ خَيْرًا مِّنْهُنَّ﴾[1].

# الطعن والتشنيع

ونبه من يطعن في إخوانه ويشنع بهم أن اجتنبوا منه. والتعبير «لا تلمزوا أنفسكم» الذي جاء في سورة الحجرات ينبئ عن أنه إذا طعن مسلم أخاه فكأنه يطعن نفسه هو. ثم في استخدام «اللمز» إشارة إلى أنه شامل لكافة المفاهيم من التعييب والسخرية والهمز واللمز وتوجيه التهمة واستهداف الآخر علانيةً أو بالإشارة والكناية بالاعتراضات. فكل ذلك ينبعث من عواطف أكبار النفس وإذلال وتحقير الآخرين. والتنابز بالألقاب أيضًا جريمة من هذا النوع. وهو كان عامًا في جاهلية العرب فإنهم كانوا يضعونه موضع كمال الفن. وكان أشعر القبيلة وأخطبهم يُعد من يبرز في الإشادة بمفاخر قبيلة وتوجيه الهجو والتحقير للقبائل المخاصمة. فمنع الله التنابز وقال إن كل هذه العادات من التمسخر والطعن والتشنيع والتنابز بالألقاب من أعمال الفسق و«بئس لاسم الفسوق بعد الإيمان» فلا يجوز لمسلم أن يأتي بأي شيء من هذه الرذائل. وقال: ﴿وَلَا تَلْمِزُوٓا۟ أَنفُسَكُمْ وَلَا تَنَابَزُوا۟ بِٱلْأَلْقَٰبِ بِئْسَ ٱلِٱسْمُ ٱلْفُسُوقُ بَعْدَ ٱلْإِيمَٰنِ وَمَن لَّمْ يَتُبْ فَأُو۟لَٰٓئِكَ هُمُ ٱلظَّٰلِمُونَ﴾[2].

# الغيبة والنميمة

وقد حذر الله تعالى من يرتكب النميمة عملية شنيعة جد شنيعة. ومثلها كمثل رجل يأكل لحم أخيه ميتًا. أكل اللحم الميت مما يقبح ويتنفر منه الطبع

---

(1) سورة الحجرات، الآية: ١١.

(2) سورة الحجرات، الآية: ١١.

السليم ثم إن كان من لحم أخيه الميت فكيف يأكله شخص؟ وفي تصويره ميتًا قد أبرز جانبه الضعيف أنه لا يستطيع الذود عن نفسه. فقد سأل القرآن مخاطبيه أنه إذا لم ترغبوا في أكل لحم أخيكم فكيف تمشون بالنميمة وهي كريهة أيما كريهة ونافرة أيما نفرة؟

ويوضح النميمة الأستاذ الإمام:

«والنميمة تعني أن يسيء إلى أحد وتنسب إليه عيبًا في غيابه. ويتضمن غيابه أن مرتكب الغيبة لا يريد أن يعلمه من استهدفه بغيبته وبناءً على ذلك فإنه يأتي بفعل الغيبة في غيابه وأمام الذين يساهمونه في سره وخياله وغرضه، أو على أقل حد ليس له خطر منهم أن يفشوا سره لمن يغتابه هو»(1).

وإذا قمت بتحليل ودراسة هذا الفعل رأيت في خلفيته استكبارًا يبعث صاحبه إلى تحقير وإذلال الآخرين ولذا حرمه الله تعالى وقال ليتق الله كل أحد في هذا الأمر: ﴿ وَلَا يَغْتَب بَّعْضُكُم بَعْضًا أَيُحِبُّ أَحَدُكُمْ أَن يَأْكُلَ لَحْمَ أَخِيهِ مَيْتًا فَكَرِهْتُمُوهُ وَٱتَّقُوا ٱللَّهَ إِنَّ ٱللَّهَ تَوَّابٌ رَّحِيمٌ ﴾(2).

فهذه هي وصايا العشر للقرآن مثل أحكام العشرة والأخلاق هي نتيجة طبيعية لها وفروع منها. فما سماه الله تعالى من الكبائر وأعمال الفجور التي عبره بـ ﴿كَبَـٰٓئِرَ ٱلْإِثْمِ وَٱلْفَوَٰحِشَ﴾(3).

تتولد من مخالفة وعصيان هذه الوصايا العشر. والقرآن واضح جدًّا في هذا الأمر أن الناس سيتعرضون لعقوبة هذا الانتهاك، ولذلك يجب على كل مسلم أن يظل حذرًا في هذا الأمر. وينبغي أن تظل ثلاثة أمور تالية في خاطره واعتباره:

أولًا: لا يحاسب الله الإنسان على المعصية الواقعة من غير قصد وتعمد.

---

(1) تدبر القرآن ٧/ ٥١٠.

(2) سورة الحجرات، الآية: ١٢.

(3) سورة الشورى، الآية: ٣٧ وسورة النجم، الآية: ٣٢.

والأصل الشرعي في ذلك أنه إذا جاء المرء بمعصية ثم إنه صدرت منه عن غفلة أو سهو دون تعمد فإن الله سيعفيه من العقاب. فقال مبينًا تشريعًا عن الأدعياء: ﴿وَلَيْسَ عَلَيْكُمْ جُنَاحٌ فِيمَآ أَخْطَأْتُم بِهِ وَلَٰكِن مَّا تَعَمَّدَتْ قُلُوبُكُمْ وَكَانَ ٱللَّهُ غَفُورًا رَّحِيمًا﴾[1].

وثانيًا: أن الإنسان إذا جنبه عن عصيان تلك الأحكام فإن الله سيغفر له ذنوبه الصغيرة وإن لا، فإن ذنوبه الكبيرة والصغيرة ستسجل معًا في كتاب أعماله وسوف يحاسب عليهما جميعًا. قال تعالى: ﴿إِن تَجْتَنِبُوا۟ كَبَآئِرَ مَا تُنْهَوْنَ عَنْهُ نُكَفِّرْ عَنكُمْ سَيِّئَاتِكُمْ وَنُدْخِلْكُم مُّدْخَلًا كَرِيمًا﴾[2].

وثالثًا: إذا خلف الإنسان مغلوبًا بعواطفه أيًا من هذه الأحكام والوصايا فعليه أن يتوب إلى الله أسرع ما يمكن له. فإن الله قد ذكر أنه سيغفر لمن أذنب في غمرة عواطفه إذا تاب بعد الذنب من فوره. ولا يغفر الذنوب لمن يرتكب الذنوب طوال حياته وحين يشعر بدنو أجله تاب. كما أنه لمن يغفر أيضًا لمنكري الحق وجاحديه إذا ظلوا على إنكارهم حتى اللحظة الأخيرة من حياتهم. فقال:

﴿إِنَّمَا ٱلتَّوْبَةُ عَلَى ٱللَّهِ لِلَّذِينَ يَعْمَلُونَ ٱلسُّوٓءَ بِجَهَٰلَةٍ ثُمَّ يَتُوبُونَ مِن قَرِيبٍ فَأُو۟لَٰٓئِكَ يَتُوبُ ٱللَّهُ عَلَيْهِمْ وَكَانَ ٱللَّهُ عَلِيمًا حَكِيمًا ۞ وَلَيْسَتِ ٱلتَّوْبَةُ لِلَّذِينَ يَعْمَلُونَ ٱلسَّيِّئَاتِ حَتَّىٰٓ إِذَا حَضَرَ أَحَدَهُمُ ٱلْمَوْتُ قَالَ إِنِّي تُبْتُ ٱلْـَٰٔنَ وَلَا ٱلَّذِينَ يَمُوتُونَ وَهُمْ كُفَّارٌ أُو۟لَٰٓئِكَ أَعْتَدْنَا لَهُمْ عَذَابًا أَلِيمًا﴾[3].

وقد حسم القرآن في الحالتين قبول التوبة وعدم قبولها وتبقى حالة وحيدة غير محسومة. وهي أنه إن لم يكن المرء قادرًا على التوبة مباشرةً بعد الذنب لكنه لم يؤخر توبة إلى أن حان الموت. فالقرآن سكت عن هذه الحالة، وسكوته في

---

(1)  سورة الأحزاب، الآية: ٥.
(2)  سورة النساء، الآية: ٣١.
(3)  سورة النساء، الآيتان: ١٧ و١٨.

تعبير الأستاذ الإمام يولد الخوف والرجاء معًا وكأن القرآن يريد بقاء هذه المعاملة بين الخوف والأمل. فإنه يقول: أحيانًا يخطر بالبال بأن أمثال هؤلاء من الأمة الرجاء أن ينالوا النجاة من شفاعة النبي ﷺ. لأنه لا وجه هناك لكون الشفاعة محظورة في حقهم.

## الجمال والكمال

﴿إِنَّ ٱلۡمُسۡلِمِينَ وَٱلۡمُسۡلِمَٰتِ وَٱلۡمُؤۡمِنِينَ وَٱلۡمُؤۡمِنَٰتِ وَٱلۡقَٰنِتِينَ وَٱلۡقَٰنِتَٰتِ وَٱلصَّٰدِقِينَ وَٱلصَّٰدِقَٰتِ وَٱلصَّٰبِرِينَ وَٱلصَّٰبِرَٰتِ وَٱلۡخَٰشِعِينَ وَٱلۡخَٰشِعَٰتِ وَٱلۡمُتَصَدِّقِينَ وَٱلۡمُتَصَدِّقَٰتِ وَٱلصَّٰٓئِمِينَ وَٱلصَّٰٓئِمَٰتِ وَٱلۡحَٰفِظِينَ فُرُوجَهُمۡ وَٱلۡحَٰفِظَٰتِ وَٱلذَّٰكِرِينَ ٱللَّهَ كَثِيرٗا وَٱلذَّٰكِرَٰتِ أَعَدَّ ٱللَّهُ لَهُم مَّغۡفِرَةٗ وَأَجۡرًا عَظِيمٗا﴾[1].

إذا تم جمال التواجد الخلقي للإنسان وبلغ إلى درجة الكمال بالنسبة للخلق والخالق كليهما، تتولد من ذلك أوصاف أو يجب أن تتولد، وفقًا للقرآن هي التي مرت فيما مضى من الآيات ولذا قال: أعد الله لهم مغفرة وأجرًا عظيمًا.

ولا شك أن هناك مذاهب صوفية تعرض على الإنسان أن يسعى سعيًا جادًّا في كونه مظهرًا أتم وأكمل للصفات الإلهية، فإذا كان الله عليمًا خبيرًا فينبغي للإنسان أن يعيش عالمًا للغيب والشهادة. وإذا كان الله متجردًا فعليه أن يوجد في نفسه التجرد. وإذا كان الله غنيًّا صمدًا يجب عليه أن يستغني من الاحتياجات البشرية والمقتضيات الإنسانية، وإذا كان الله متصرفًا في الآفاق والأنفس فعلى الإنسان أيضًا أن يمشي على الماء ويلعب بالنار ويمسح المرضى ويشفعهم ويحي الأموات ويتصرف في الأرواح والقلوب كيفما يشاء. ولكن ليس هذا وجهة نظر القرآن من أساسها. فإن الدرجة العليا للكمال عنده هو التخلق بأخلاق الله وأن يعيش متسمًا بصفات جاءت مجتمعة في الآيات المذكورة هنا. فهذه أشياء عشرة لم يزد عليها القرآن شيئًا. فهذا هو الجمال والكمال للدين عند

(1) سورة الأحزاب، الآية: ٣٥.

القرآن. إنه يدعو أتباعه للبلوغ والوصول إليهما. وتليها درجة النبوة التي لا تؤخذ ولا تكتسب وإنما هي موهبة من الله عز وجل، يهبها لمن يشاء. ونشرح هذه الأوصاف فيما يأتي:

# الإسلام

الشيء الأول هو الإسلام. وإذا ذكر مع الإيمان بالأسلوب الذي ذكر هنا في الآيات المذكورة يراد به ظاهر الدين أي الكيفية الإستسلامية لله تعالى، التي تتمثل من قول الإنسان وفعله وأعضائه وجوارحه. فإذا كان لسان المرء ينطق ويغلق وفقَ أوامر الله تعالى ورسوله، وإذا كان عينه ينظر أو يغض الطرف بإيمائهما وإذا كان إذن المرء يسمع أو لا يسمع حسب هديهما، وإذا كان يده يرفع ويسقط حسب إرشادهما وإذا كان قدم المرء يمشي ويقف عند حد فرمانهما فهذا هو الإسلام، وتتمثل ظاهرة الإسلام بما يجري على لسان الأنبياء ﷺ بـ ﴿أَسْلَمْتُ لِرَبِّ ٱلْعَٰلَمِينَ﴾[1]. و﴿أَسْلَمْتُ وَجْهِيَ لِلَّهِ﴾[2]. ويخبرنا القرآن أن الأنبياء ﷺ هم الذين يمثلون الإسلام خير تمثيل ولذا جاء حكم الاقتداء هم واتباعهم للبلوغ إلى مرتبة التسليم والرضا فقال تعالى: ﴿قُلْ إِن كُنتُمْ تُحِبُّونَ ٱللَّهَ فَٱتَّبِعُونِي يُحْبِبْكُمُ ٱللَّهُ وَيَغْفِرْ لَكُمْ ذُنُوبَكُمْ ۗ وَٱللَّهُ غَفُورٌ رَّحِيمٌ﴾[3].

وقد أوضح الإمام أمين إحسان الإصلاحي الوعي والعاطفة التي ينبغي اتباعها في ذلك

«الرسول مظهر كامل لمعرفة الله، وكل عمل من أعماله هو علامة من علامات معرفة الله، لذلك أولئك الذين يحبون الله يحبون كل عمل من أعمال الرسول. إنهم يرون في الرسول المعرفة التي تأتي من معرفة الله، ويرون الأعمال التي تنشأ عن معرفة الله، ويرون العادات التي يحبها الله، ويرون الصفات العزيزة

---

(1) سورة البقرة، الآية: ١٣١.
(2) سورة آل عمران، الآية: ٢٠.
(3) سورة آل عمران، الآية: ٣١.

على الله تعالى، ويرون الجمال الذي يقوم عليه جمال الله سبحانه. لذلك، يبحثون ويتبعون كل نقش وكل رسم للرسول ولأنهم يفعلون كل هذا في حب الله، فإنهم يحصلون على مكافأة من الله أن يصبحوا أحباء الله تعالى[1].

## الإيمان

والشيء الثاني هو الإيمان. إنه باطن جوهري في الدين وهنا يشير إلى الاعتقاد الذي يمكن العثور عليه من خلال معرفته الحقيقية للّه ووعوده. لذلك، من يؤمن بالله بطريقة تسلم قلبه وعقله له للمرحلة الأخيرة من القبول، فهو مؤمن في مصطلح القرآن. وهذا الإيمان الذي يعطي النقاء للقلب والنور للعقل والطهارة للنوايا والإرادات. هذا الإيمان هو الذي يؤثر على المعرفة والممارسة معًا ويهيمن على وجود الإنسان كله. ثم ذكر الله وتلاوة آياته وظهور هذه الآيات في الآفاق والأنفس يضيف إليه. قال الله تعالى: ﴿إِنَّمَا ٱلۡمُؤۡمِنُونَ ٱلَّذِينَ إِذَا ذُكِرَ ٱللَّهُ وَجِلَتۡ قُلُوبُهُمۡ وَإِذَا تُلِيَتۡ عَلَيۡهِمۡ ءَايَٰتُهُۥ زَادَتۡهُمۡ إِيمَٰنٗا وَعَلَىٰ رَبِّهِمۡ يَتَوَكَّلُونَ﴾[2].

وقال عنه النبي ﷺ ذاق طعم الإيمان من رضي بالله ربًا الله وبالإسلام دينًا وبمحمد رسولًا[3] ويشبهها القرآن بشجرة ذات جذور نزلت إلى الأرض وفروع منتشرة عبر مساحات السماء، فقال: ﴿أَلَمۡ تَرَ كَيۡفَ ضَرَبَ ٱللَّهُ مَثَلٗا كَلِمَةٗ طَيِّبَةٗ كَشَجَرَةٖ طَيِّبَةٍ أَصۡلُهَا ثَابِتٞ وَفَرۡعُهَا فِي ٱلسَّمَآءِ ۞ تُؤۡتِيٓ أُكُلَهَا كُلَّ حِينِۭ بِإِذۡنِ رَبِّهَاۗ وَيَضۡرِبُ ٱللَّهُ ٱلۡأَمۡثَالَ لِلنَّاسِ لَعَلَّهُمۡ يَتَذَكَّرُونَ﴾[4].

وقد فسر الآية الأستاذ الإمام أمين أحسن الإصلاحي بما يلي:

«أريد بالكلمة التي جاءت في الآيات كلمة الإيمان. وقد مثل الله لها بشجرة مثمرة طيبة، أصولها متعمقة في الأرض وفروعها ممتدة امتدادًا واسعًا

---

(1) تزكية النفس ١١٧.

(2) سورة الأنفال، الآية: ٢.

(3) رواه مسلم رقم: ١٥١.

(4) سورة إبراهيم، الآيتان: ٢٤ و٢٥.

في الفضاء، وتظل مثمرةً في كل موسم وفصل بفضل الله ونعمته. وأريد بتعمق الأصول رسوخها واستحكامها في الفطرة البشرية، فإنها ليست كشجرة ثابتة على سباطة وقمامة لا أصل لها تجتثها عاصفة من الهواء كما قال عن كلمة الكفر أنها ﴿ٱجْتُثَّتْ مِن فَوْقِ ٱلْأَرْضِ مَا لَهَا مِن قَرَارٍ﴾[1]. بل إنها كلمة ثابتة ثبات الشجرة الوارفة العميقة التي يمر عليها طوفان ولا يزعزعها زعزعة. ثم أشار إلى أنها ليست كشجرة مستأصلة لا تظل ولا تثمر، بل إنها وفيرة مثمرة تجد القوافل الراحة في ظلالها الوارفة وتتغذى بثمارها وتشبع في كل موسم وفصل. والظاهر أنه إشارة إلى الفيوض والبركات التي تفيض بها وينشرها حياة المؤمن وإيمانه على حياة الذين تشرفوا بقربه وعلى نفسه هو ـ وهذه الفيوض والبركات تكون بالتأكيد على القسمين العلمي والعملي. وهي تشهد له بإيمانه وترفع به عند الله سبحانه فوزًا ورفعةً[2].

وهذا الإيمان الذي يطلب القرآن من صاحبه أن لا يكون شيء من الدنيا أحب إليه من الله ورسوله:

﴿قُلْ إِن كَانَ ءَابَآؤُكُمْ وَأَبْنَآؤُكُمْ وَإِخْوَٰنُكُمْ وَأَزْوَٰجُكُمْ وَعَشِيرَتُكُمْ وَأَمْوَٰلٌ ٱقْتَرَفْتُمُوهَا وَتِجَٰرَةٌ تَخْشَوْنَ كَسَادَهَا وَمَسَٰكِنُ تَرْضَوْنَهَآ أَحَبَّ إِلَيْكُم مِّنَ ٱللَّهِ وَرَسُولِهِۦ وَجِهَادٍ فِى سَبِيلِهِۦ فَتَرَبَّصُوا۟ حَتَّىٰ يَأْتِىَ ٱللَّهُ بِأَمْرِهِۦ ۗ وَٱللَّهُ لَا يَهْدِى ٱلْقَوْمَ ٱلْفَٰسِقِينَ﴾[3].

وقد أوضح ذلك رسول الله ﷺ بأساليب متنوعة فقال:

لا يكون أحدكم مؤمنًا حتى أكون أحب إليه من ولده ووالده والناس أجمعين[4]. وقال ذاق طعم الإيمان من أحب الله ورسوله[5].

---

(1) سورة إبراهيم، الآية: ٢٦.

(2) تزكية النفس: ٣٢٥.

(3) سورة التوبة، الآية: ٢٤.

(4) رواه البخاري رقم الحديث ١٥ ومسلم رقم: ١٦٩.

(5) رواه البخاري رقم ١٦ ـ ٢١ ومسلم رقم ١٦٥.

ولكن ما هو هذا الحب؟ يجب علينا أن نفهمه جيدًا الآن الناس إما مفرطون فيه وإما متورطون من جراء سوء فهم لهذا الحب. فيقول الأستاذ الإمام:

«ولم يقصد به ذلك الحب الذي يكون للمرء طبيعيًا لامرأته وولده وأقربائه الآخرين. بل قصد به الحب الذي يبعث عليه حب للمبدأ والتفاني فيه، ولأجل ذلك فإنه يقدم مذهبه وأصوله على كل شيء آخر في حياته كلها ويضحي في سبيله كل شيء وكل مبدأ وكل مذهب وكل أمنية وكل أمر آخر غيره ولا يعكس، إنه يخفض كل الأشياء لرفع مبدئه ويناضل الآخرين في سبيله إن عارضوه فيه، حتى أنه يضحى بزوجته وأولاده وأقاربه وأسرته وقومه في سبيل مذهبه إذا صادمه أحد من ذلك في أية مرحلة من مراحل الحياة فيذهب مع فكرته وأصوله تاركًا لهم بلا تردد»[1].

وقد تمثلت الحقيقة الإيمانية هذه في دعاء مأثور عن النبي ﷺ حين قال:

«اللهم أسلمت وجهي إليك وفوضت أمري إليك وألجأت ظهري إليك رغبةً ورهبةً إليك لا ملجأ ولا منجا منك إلا إليك. اللهم. آمنت بكتابك الذي أنزلت، وبنبيك الذي أرسلت[2].

## القنوت

الثالث القنوت: وهذه هي الكيفية القلبية التي تقيم الإنسان وتديمه على إطاعة ربه تعالى مخلصًا له الدين. والقنوت ظاهرة بارزة أكثر من كل شيء لعلاقة العبد بمعبوده في كامن وجود المؤمن بالله. فالقانتون هم الذين استقاموا على عبوديتهم، ولا يعصون الرب تعالى في أية حالة من حالات الحرج والمرض واللذة والألم والجيشان والهيجان وغيرها. فإن قوة الشهوات وهجوم العواطف وحشد الرغبات لا ينبغي أن تجعلهم فظين غليظي القلب أمام الله سبحانه.

---

(1) تزكية النفس: ١١٩.

(2) رواه البخاري رقم الحديث: ٢٤٤.

وقلوبهم تكون عرشًا إلهيًا يعتقدون شرعه أمرًا مأمورًا من حضرته تعالى. ولا يمكن لأي شخص يقف في حضرة الإله أن يتخيل القصور والعصيان عنه. فهذه إذا تدبرت علمت، أنها تلك الكيفية التي يعبر عنها هذا العالم كله وجميع مخلوقاته هذا الكون كله بلسان حاله في كل لحظة. قال تعالى:

﴿ أَوَلَمْ يَرَوْا إِلَىٰ مَا خَلَقَ ٱللَّهُ مِن شَيْءٍ يَتَفَيَّؤُا۟ ظِلَٰلُهُۥ عَنِ ٱلْيَمِينِ وَٱلشَّمَآئِلِ سُجَّدًا لِّلَّهِ وَهُمْ دَٰخِرُونَ ۞ وَلِلَّهِ يَسْجُدُ مَا فِى ٱلسَّمَٰوَٰتِ وَمَا فِى ٱلْأَرْضِ مِن دَآبَّةٍ وَٱلْمَلَٰئِكَةُ وَهُمْ لَا يَسْتَكْبِرُونَ ۞ يَخَافُونَ رَبَّهُم مِّن فَوْقِهِمْ وَيَفْعَلُونَ مَا يُؤْمَرُونَ ﴾[1].

# الصدق

الرابع الصدق ـ وهو يصدق على استقامة ومطابقة الفعل والقول والإرادة. يراد أن لا يخرج من لسان المرء حرف مخالف للواقع ولا يوجد تضاد في قوله وفعله، وإنه يأتي بما يقوله فهذا هو صدق المقال والفعال ولا بد أن يشمله صدق النية وإخلاص الإرادة. وقد عبر به القرآن بالإخلاص وعبر بضده بالنفاق. ثم أوضح في أكثر من مكان أن العمل المقبول عند الله هو الذي يصنعه القلب فتحصل إذن درجة الكمال للصدق من تلك المطابقة للقول والفعل والنية. وهو ما عبر به القرآن: ﴿صَدَقُوا۟ مَا عَٰهَدُوا۟ ٱللَّهَ عَلَيْهِ﴾[2] وقال تعالى في موضع آخر: ﴿إِنَّمَا ٱلْمُؤْمِنُونَ ٱلَّذِينَ ءَامَنُوا۟ بِٱللَّهِ وَرَسُولِهِۦ ثُمَّ لَمْ يَرْتَابُوا۟ وَجَٰهَدُوا۟ بِأَمْوَٰلِهِمْ وَأَنفُسِهِمْ فِى سَبِيلِ ٱللَّهِ أُو۟لَٰٓئِكَ هُمُ ٱلصَّٰدِقُونَ﴾[3].

الخامس الصبر. وهو يأتي لمنع النفس عن القلق والاضطراب. وقد استعمل في آية الحجرات «ولو أنهم صبروا حتى تخرج إليهم» في مفهومه هذا البدائي. ثم غلبه معاني الاستقامة والثبات على الموقف والاستقلال على رغم المشكلات والموانع. فالصبر الذي جاء في آية الأحزاب التي نبحث عنها هو

---

(1) سورة النحل، الآيات: ٤٨ ـ ٥٠.

(2) سورة الأحزاب، الآية: ٢٣.

(3) سورة الحجرات، الآية: ١٥.

ليس شيئًا من نوع العجز والتذلل الذي يجبر عليه المرء في حالات الحرج والذلة والاستكانة، بل هو مما ينبع منه العزيمة والهمة والبسالة. وهو جمال للسيرة الإنسانية العليا وروعته. فبه يحصل للإنسان همة أن يستقبل ويرضى على ما يجري له من تجارب الحياة المريرة، ولا يشتكي ولا يستغيث عليها. فاعتبارًا بهذا المفهوم الصابر هو الشخص الذي يثابر على موقفه مقابل كل خوف وكل طمع، وأن يطمئن ويرتضى بقضاء الرب تعالى. وقد بين القرآن ثلاثة مواقع للصبر وهي: الفقر والمرض والحرب، وإذا تدبرت علمت أن هذه الثلاث هي المنابع لكافة الشدائد وجميع الآفات والمصائب: فقال تعالى:

﴿وَالصَّابِرِينَ فِي الْبَأْسَاءِ وَالضَّرَّاءِ وَحِينَ الْبَأْسِ﴾[1].

وقد أبرز القرآن الصبر في هذه الآية على طريقة منصوب على المدح النحوية، وماله من أهمية ومكانة خاصة في سيرة رجل. وقد أوضح القرآن الصبر من مواقع استعمال كلمة الصبر وموارد حكمه أيضًا.

قام النبي ﷺ بدعوته وأمر أن يستمر في أعمال الدعوة صارفًا نظره عن كل ما يجابهه الناس من معاداة وعناد واضطهاد حتى يجيء أمر الله. وعليه أن ينتظر أمر الله على كل حال فليس له أن يقدم على شيء قبله. وقد استخدم الصبر لتأدية هذا المفهوم فقال:

﴿وَاتَّبِعْ مَا يُوحَىٰ إِلَيْكَ وَاصْبِرْ حَتَّىٰ يَحْكُمَ اللَّهُ ۚ وَهُوَ خَيْرُ الْحَاكِمِينَ﴾[2].

إنه أصاب أيوب عليه السلام ما أصابه من مصائب وشدائد قاسية لكنه استسلم بما قضى به الرب تعالى ورضي فمدحه الله تعالى واستخدم لذلك تعبير «الصبر» فقال:

إنا وجدناه صابرًا، نعم العبد إنه أواب[3].

---

(1) سورة البقرة، الآية: ١٧٧.

(2) سورة يونس، الآية: ١٠٩.

(3) ص: ٤٤.

وحكى القرآن من وصايا لقمان لابنه أن يسير في طريق الدعوة صابرًا فقال:

﴿وَأۡمُرۡ بِٱلۡمَعۡرُوفِ وَٱنۡهَ عَنِ ٱلۡمُنكَرِ وَٱصۡبِرۡ عَلَىٰ مَآ أَصَابَكَۖ إِنَّ ذَٰلِكَ مِنۡ عَزۡمِ ٱلۡأُمُورِ﴾[1].

ومن أهم الهدايات التي نصحها القرآن لدعاة الحق أن يعرضوا عن الجاهلين وإذا ظلموهم وآذوهم صبروا عليها ورفعوا عداوتهم بالتي هي أحسن. وذلك شيء لا يستهان بقيمته، ويضطر المرء لذلك أن ينشئ في نفسه صفات العفو والتحمل والأناة. والصبر جامع لهذا كله فاستخدمه القرآن أداءً لهذا المعنى، فقال: ﴿ٱدۡعُ إِلَىٰ سَبِيلِ رَبِّكَ بِٱلۡحِكۡمَةِ وَٱلۡمَوۡعِظَةِ ٱلۡحَسَنَةِۖ وَجَٰدِلۡهُم بِٱلَّتِي هِيَ أَحۡسَنُۚ إِنَّ رَبَّكَ هُوَ أَعۡلَمُ بِمَن ضَلَّ عَن سَبِيلِهِۦۖ وَهُوَ أَعۡلَمُ بِٱلۡمُهۡتَدِينَ * وَإِنۡ عَاقَبۡتُمۡ فَعَاقِبُواْ بِمِثۡلِ مَا عُوقِبۡتُم بِهِۦۖ وَلَئِن صَبَرۡتُمۡ لَهُوَ خَيۡرٞ لِّلصَّٰبِرِينَ﴾[2]. وقال:

﴿وَمَنۡ أَحۡسَنُ قَوۡلٗا مِّمَّن دَعَآ إِلَى ٱللَّهِ وَعَمِلَ صَٰلِحٗا وَقَالَ إِنَّنِي مِنَ ٱلۡمُسۡلِمِينَ * وَلَا تَسۡتَوِي ٱلۡحَسَنَةُ وَلَا ٱلسَّيِّئَةُۚ ٱدۡفَعۡ بِٱلَّتِي هِيَ أَحۡسَنُ فَإِذَا ٱلَّذِي بَيۡنَكَ وَبَيۡنَهُۥ عَدَٰوَةٞ كَأَنَّهُۥ وَلِيٌّ حَمِيمٞ * وَمَا يُلَقَّىٰهَآ إِلَّا ٱلَّذِينَ صَبَرُواْ وَمَا يُلَقَّىٰهَآ إِلَّا ذُو حَظٍّ عَظِيمٖ﴾[3].

وفي ميدان الحرب إذا جابه الموت وواجه الهلاك، تحجرت الأعين وبلغت القلوب الحناجر ففي مثل هذه الحالة العصيبة الرهيبة الذي يناضل الأعداء بالجرأة والبسالة والعزيمة ولا يزعزعهم شيء فقد جاء الصبر وصفًا لهم فقال: ﴿فَإِن يَكُن مِّنكُم مِّاْئَةٞ صَابِرَةٞ يَغۡلِبُواْ مِاْئَتَيۡنِۚ وَإِن يَكُن مِّنكُمۡ أَلۡفٞ يَغۡلِبُوٓاْ أَلۡفَيۡنِ بِإِذۡنِ ٱللَّهِۗ وَٱللَّهُ مَعَ ٱلصَّٰبِرِينَ﴾[4].

---

(1) سورة لقمان، الآية: ١٧.

(2) سورة النحل، الآيتان: ١٢٥ و١٢٦.

(3) سورة فصلت، الآيات: ٣٣ ـ ٣٥.

(4) سورة الأنفال، الآية: ٦٦.

والمسؤوليات التي فرضها الله تعالى على الإنسان وهو مسؤول عن أدائها طيلة حياته بكل استقلال وعزيمة وفي تفسير الأستاذ الإمام كما يحرث الفلاح حقله ويزرعه ويسقيه ويواصل رقابته ورعايته فعلى العبد المؤمن كذلك أن يحافظ على مزرعه المبارك، ويجهد فيه جهدًا طيبًا وقد استخدم القرآن لذلك تعبير الصبر فقال:

﴿رَّبُّ ٱلسَّمَـٰوَٰتِ وَٱلۡأَرۡضِ وَمَا بَيۡنَهُمَا فَٱعۡبُدۡهُ وَٱصۡطَبِرۡ لِعِبَـٰدَتِهِۦ﴾[1].

ويطرأ على كل شخص حالات الحزن والمسرة والراحة والألم. فإذا قام المرء بضبط نفسه فيها ولم يعتز على مواقع الراحة والسراء كما لا يملكه اليأس والحرمان في حالات العسر والحزن فلتعبير عن هذه الكيفية أيضًا قدجاء القرآن بلفظة «الصبر» وقال:

﴿وَلَئِنۡ أَذَقۡنَا ٱلۡإِنسَـٰنَ مِنَّا رَحۡمَةً ثُمَّ نَزَعۡنَـٰهَا مِنۡهُ إِنَّهُۥ لَيَـُٔوسٌ كَفُورٌ ۞ وَلَئِنۡ أَذَقۡنَـٰهُ نَعۡمَآءَ بَعۡدَ ضَرَّآءَ مَسَّتۡهُ لَيَقُولَنَّ ذَهَبَ ٱلسَّيِّـَٔاتُ عَنِّيٓ إِنَّهُۥ لَفَرِحٌ فَخُورٌ ۞ إِلَّا ٱلَّذِينَ صَبَرُواْ وَعَمِلُواْ ٱلصَّـٰلِحَـٰتِ أُوْلَـٰٓئِكَ لَهُم مَّغۡفِرَةٌ وَأَجۡرٌ كَبِيرٌ﴾[2].

واتضح من ذلك أن الصبر ليس هو اسمًا للعفو الذي ينشأ عن الاضطرار ولا للصموت الذي يجيء من البؤس واليأس. بل هو اسم لآن يرتضي به المؤمن على قضاء الرب تعالى في كل حال. لا يتألم حين تتأخر النتيجة من أي عمل ولا يقلقه اضطراب. ولا ينشأ عند عاطفة الانتقام ممن أساؤوا إليه. وإن لزمه الدفاع عن الحق والذود عن الإيمان يثبت أمام الموت، ويضبط نفسه في كل حالات اللذة والألم. وما يراه واجبًا يأتي به طيلة حياته.

وهذا الجانب من سيرة الإنسان يقيم بين العبد وربه تلك العلاقة التي عبر بها بكلمة التوكل على الله. والذي هو اسم للاعتماد عليه في كل حال. فكلمة «إنا لله وإنا إليه راجعون» إذن هي كلمة التفويض والالتجاء إليه. فقد بشر القرآن

---

(1) سورة مريم، الآية: ٦٥.
(2) سورة هود، الآيات: ٩ ـ ١١.

الذي ظلوا قائمين على هذه الكلمة وودعوا الدنيا عليها، بأن تبذل عليهم ألطاف وعنايات خاصة من الرب تعالى. فقد قال فيهم: ﴿ وَبَشِّرِ ٱلصَّـٰبِرِينَ ۞ ٱلَّذِينَ إِذَآ أَصَـٰبَتْهُم مُّصِيبَةٌ قَالُوٓا۟ إِنَّا لِلَّهِ وَإِنَّآ إِلَيْهِ رَٰجِعُونَ ۞ أُو۟لَـٰٓئِكَ عَلَيْهِمْ صَلَوَٰتٌ مِّن رَّبِّهِمْ وَرَحْمَةٌ وَأُو۟لَـٰٓئِكَ هُمُ ٱلْمُهْتَدُونَ ﴾(1).

# الخشوع

الشيء السادس هو الخشوع. فما يتولد في نفس الإنسان من تواضع ومسكنة وعجز بعثه فيه التصور الصحيح لجبروت الرب تعالى وعظمته وجلاله. يعبر به القرآن بالخشوع. وهي كيفية قلبية تخضعه أمام الله كما أنها تولد فيه عواطف الرأفة والرحمة للأناس الآخرين.

وخير إظهار لهذه الكيفية يتم بصورته الأولى في الصلاة وخاصة في صلوات الليل؟ إذا لجأ المؤمن إلى ربه تعالى منقطعًا إليه، ويناجيه وغمر حينه عزلته ذكرًا وشكرًا. وهذا الخشوع قد عبر به القرآن في بعض المقامات الأخرى بأساليب واصفة ﴿ وَٱلْمُسْتَغْفِرِينَ بِٱلْأَسْحَارِ ﴾(2) وبـ ﴿ وَٱلَّذِينَ يَبِيتُونَ لِرَبِّهِمْ سُجَّدًا وَقِيَـٰمًا ﴾(3). وفي آيات الأحزاب المذكورة بطريق وضع الخشوع أولًا في الترتيب متصلًا بذكر الصدقة والصوم قد أشار الله سبحانه إلى ماله من أهمية، وكأنه عبر الصلاة بحقيقتها. وتبرز حقيقة الخشوع في صلاة التهجد في أتم صورتها. وإشارات القرآن وأقوال الرسول ﷺ كل ذلك تدل على أن هذا الوقت هو وقت الحضور ولم يزل ولا يزال وقتًا محبوبًا أثيرًا عند من يحبون الله ورسوله. يقول الأستاذ الإمام:

«لا آمن ولا أسكن من وقت السحر في الساعات الأربع والعشرين ليوم وليلة، فالسكينة تغمر من الأرض إلى السماء والكل ينامون ولعل الشيطان أيضًا

---

(1) سورة البقرة، الآيات: ١٥٥ ـ ١٥٧.

(2) سورة آل عمران، الآية: ١٧.

(3) سورة الفرقان، الآية: ٦٤.

ينام. وإنما يستيقظ فقط الرب تعالى الذي لا ينام أبدًا أو يستيقظ من له حظ يقظ، وهب من النوم وقام في ظلال النجوم وأنت تحس أن نوافذ السماء قد فتحت وتأتي نداءات من السماء الدنيا للتوبة والرحمة. وكيفيات تلك الساعة يعرفها الصالح والطالح والزاهد المرتاض ومدمن الخمر كلاهما. النائمون يرونه خير ساعة للنوم والمستيقظون يرونه أفضل وقت للهَب. والكل مصيب في رأيه. فإن الوقت الذي هو أحب وأفضل للنوم هو أيضًا الوقت الذي أحب فيه الاستيقاظ وأفضل. فإن القربان يقبل لما هو أنفس وأحب. ولذا فإن الله قد خص هذا الوقت لصلاة المقربين. الذين تترك جنوبهم راحة الفراش ولذة النوم في ذلك الوقت والله تعالى بذاته ينزل إلى السماء الدنيا للاستماع إلى دعائهم ومناجاتهم ويقول: هل هناك من تائب أتوب عليه؟ ومن طالب رحمتي أن أحتضنه في وسعة رحمتي؟»[1].

وهذه الكيفية تؤثر على شخصية المؤمن بأسرها في الصورة الثانية أيضًا، فنجعله شفقة كلها وعطفًا كله لأهله وعياله ورحمة كلها لأصدقائه وجيرانه وأحبابه ومصدرًا للهدى والرشد للمجتمع كله. وبسبب هؤلاء الرحماء بينهم والحلماء يوجد مدنية صالحة تكون كجنة الله على الأرض التي يطمح إليه كل إنسان سليم الطبيعة ويتمنى له. وقد ذكر القرآن هذه النفوس القدسية:

﴿ وَعِبَادُ ٱلرَّحۡمَٰنِ ٱلَّذِينَ يَمۡشُونَ عَلَى ٱلۡأَرۡضِ هَوۡنٗا وَإِذَا خَاطَبَهُمُ ٱلۡجَٰهِلُونَ قَالُوا۟ سَلَٰمٗا ۞ وَٱلَّذِينَ يَبِيتُونَ لِرَبِّهِمۡ سُجَّدٗا وَقِيَٰمٗا ۞ وَٱلَّذِينَ يَقُولُونَ رَبَّنَا ٱصۡرِفۡ عَنَّا عَذَابَ جَهَنَّمَ إِنَّ عَذَابَهَا كَانَ غَرَامًا ۞ إِنَّهَا سَآءَتۡ مُسۡتَقَرّٗا وَمُقَامٗا .......۞ وَإِذَا مَرُّوا۟ بِٱللَّغۡوِ مَرُّوا۟ كِرَامٗا ﴾[2].

## الصدقة

الشيء السابع هو الصدقة. ومن درجات الإنفاق في سبيل الله أن يؤدي

---

(1)  تزكية النفس: ٢٤٣.
(2)  سورة الفرقان، الآيات: ٦٣ ــ ٦٦ و٧٢.

الإنسان الزكوة الواجبة من ماله. ودرجة أخرى له أن يعتقد الإنسان ما زاد على احتياجاته الضرورية وضروراته التجارية حقًا لاجتماعه، فإذا جاءت أمامه أية مطالبة بشرية يفي بها بكل رحابة صدر. ودرجة أخرى ثالثة هو الإيثار أن يؤثر الإنسان الآخرين على نفسه ويلبي حاجاتهم برغم أهوائه ورغباته وضروراته. وهذا الذي قد بينه القرآن بتعبير ﴿وَيُؤْثِرُونَ عَلَىٰ أَنفُسِهِمْ وَلَوْ كَانَ بِهِمْ خَصَاصَةٌ﴾[1] والمتصدق وإن كان شاملاً لهذه الدرجات الثلاث للإنفاق إلا أنه إذا ذكر المتصدق في مضمار بيان الأوصاف فالمتصدق حينه يطلق على من يأتي بدرجة الكمال لها. أي المرء السخي الجواد الذي لا يدع فرصةً من الإنفاق في سبيل الله. وهذا أيضًا ظهور للخشوع بالنسبة للجهاد الذي ذكر من قبل. ولذا قد ورد ذكر الصلاة والصدقة معًا في القرآن الكريم.

# الصوم

الشيء الثامن هو الصوم. وهو عبادة خاصة تضبط النفس وتربي الصبر. وتستهدف وفقَ القرآن إلى ابتغاء التقوى. فيراد بالصائمين أناس حريصون إلى التقوى حرصًا كاملًا يفضي بهم إلى أن يظلوا صائمين في أكثر الأيام. فعلم منه تلقائيًا أنهم يتقون الفواحش ويجتنبون المنكرات ويتظاهرون بأخلاق عالية في حياتهم.

# حفظ الفروج

التاسع هو حفظ الفروج. أراد به الحافظين للفروج، وحفظ الفروج هو ثمرة ضبط النفس والتقوى. وقد جاء هذا التعبير للذين يجتنبون الفواحش والعري والخلاعة في مواضع أخرى للقرآن. ويعني ذلك أنهم يحفظون فروجهم إلى آخر درجات العفة والقداسة. فإنهم لا يعرون عوراتهم لا في خلواتهم ولا في اجتماعاتهم أمام أحد إلا فيما إجازه الله تعالى ولا يلبسون لباسًا يبرز

---

(1) سورة الحشر، الآية: ٩.

أعضاءهم التي تجذب إليها جذبًا جنسيًا في أية درجة ما. وهي درجة لاجتناب الفواحش تولد حضارة يسودها الحياة ويضرب المرء والمرأة فيها أن يستروا عوراتهم إلى أقصى حد يمكن لهم بدلًا من تعرية البدن وكشف الستر إلى أكثر حد.

## الذكر الكثير

العاشر هو الذكر الكثير. أي أن يذكر الله ذكرًا كثيرًا. لأنه إذا خالط حب الله قلب المؤمن خلطًا تامًا لم يكفه التعبد للّه في أوقات مقررة بل يرطب لسانه بذكره سبحانه وتعالى كل وقت، فإذا رأى آية من آيات الله وآلائه قال سبحان الله وإذا بدأ عملًا قال: بسم الله وإذا وجد نعمة مبذولة قال «الحمد للّه» وشكر له. ولا يعرب عن إرادته وعزمه إلا بقوله: إن شاء الله وما شاء الله. فيستنصر الله في أمر داهمه ويطلب رحمة الله ويرجوها في كل مشكلة من مشاكله. وإذا نام نام ذاكرًا له ويستيقظ ذاكرًا اسمه. والخلاصة أنه يذكر الله في كل أحواله، ولا يقف الأمر على هذا الحد، بل إنه يصلي فيذكر الله ويصوم فيذكر الله ويتلو القرآن فيذكر الله وينفق في سبيل الله فيذكر الله ويجتنب من المعاصي فيذكر الله، وإذا ارتكب ذنبًا ذكرالله ورجع إليه وتاب.

والتفكير في آلاء الله ونعمه هو أيضًا صورة للذكر، إذا نظرت إلى هذه الدنيا رأيت فيها آلافًا من المخلوقات. وهناك تنوع كثير وتعدد عجيب لها. ثم هناك العقل الإنساني وآلاؤها وهناك البحار وتلاطم أمواجها، والأنهار وسيلانها، واضطرار الأعشاب والمياه الممطرة من السماء. وتصرف الليل والنهار وتقلبات الهواء والغيوم، وخلق السماء والأرض وتركيبها المعجز ونفعهما وفيضانهما ومقصديتهما وحكمتهما. ثم هناك آيات متكررة في كل آن وشأن في الأنفس والآفاق. إذا تدبر المؤمن فيها تملأ قلبه وصدره من ذكر الله وقال: «ربنا ما خلقت هذا باطلًا» سبحانك من أن تعبث عبثًا واعلم علم اليقين أن هذا العالم سيفنى كله يومًا، ويقوم يوم الحساب يتعرض فيه للعذاب والخذي الذين يعبثون في هذه

الدنيا فسادًا ويعتقدونها عبثًا ولعبًا فأعوذ بك مما سوف يلقون من مصير خائب.

قال تعالى:

﴿إِنَّ فِي خَلْقِ ٱلسَّمَـٰوَٰتِ وَٱلْأَرْضِ وَٱخْتِلَـٰفِ ٱلَّيْلِ وَٱلنَّهَارِ لَأَيَـٰتٍ لِّأُولِي ٱلْأَلْبَـٰبِ * ٱلَّذِينَ يَذْكُرُونَ ٱللَّهَ قِيَـٰمًا وَقُعُودًا وَعَلَىٰ جُنُوبِهِمْ وَيَتَفَكَّرُونَ فِي خَلْقِ ٱلسَّمَـٰوَٰتِ وَٱلْأَرْضِ رَبَّنَا مَا خَلَقْتَ هَـٰذَا بَـٰطِلًا سُبْحَـٰنَكَ فَقِنَا عَذَابَ ٱلنَّارِ﴾[1].

وكذلك هناك كثيرة من الأذكار والأدعية التي نقلت عن النبي ﷺ. وإعادة هذه الأذكار والأوراد هو خير صورة لذكر الله بعد الصلوة. ومن حسن حظنا نحن المسلمين أن تلك للأوراد والأذكار تتواجد عندنا في ألفاظه ﷺ على أقل حد. وهي معجزة في روعة بيانها وجمال معناها ولطافة أسلوبها.

ولعله لا يتوفر لنا شيء لتقديم في حضرة الله سبحانه أحسن وأفضل منها. فإن كان عند أحد مذاق سليم للذكر والفكر فعليه أن يحافظ على هذه الدعوات. ونقدم فيما يلي أذكارًا منتخبة عديدة ودعوات نبوية مأثورة:

١ ـ سبحان الله والحمد لله ولا إله إلا الله والله أكبر[2].

وقال النبي ﷺ من قال هذا مئة مرة غفر له ذنوبه وإن كانت مثل غثاء السيل. ويعني بذلك الذنوب التي لا تمت بصلة إلى حقوق العباد والتي لا تحتاج إلى تلافيها وكفارتها وتوبتها.

٣ ـ سبحان الله والحمد لله العظيم[3].

وقال ﷺ في هاتان الكلمتين: كلمتان خفيفتان على اللسان ثقيلتان في الميزان.

_____

(1) سورة آل عمران، الآيتان: ١٩٠ و١٩١.
(2) رواه مسلم رقم ٦٨٤٧.
(3) رواه البخاري رقم الحديث ٦٦٨٢ ورواه مسلم رقم الحديث ٦٨٤٦.

٤ ـ لا إله إلا الله وحده لا شريك له، له الملك وله الحمد وهو على كل شيء قدير[1].

وقال: من قال هذا مئة مرة أجره مثل من أعتق عشرة رقاب وكتبت له مئة حسنات وغفرت له مئة من الذنوب ويكون في مأمن من الشيطان إلى المساء. ( والمراد بها أيضًا ذنوب وآثام ذكرناها في المذكور أعلاه)

٥ ـ لا حول ولا قوة إلا بالله[2].

قال رسول الله ﷺ عن هذا الوِرد إن هذه الكلمة خزينة من خزائن الجنة.

٦ ـ اللهم أنت ربي لا إله إلا أنت، خلقتني وأنا عبدك وأنا على عهدك ووعدك ما استطعت أعوذ بك من شر ما صنعت، أبوء لك بنعمتك علي وأبوء بذنبي فاغفر لي، إنه لا يغفر الذنوب إلا أنت[3].

وقال فيه: إذا دعا أحدكم هذا الدعاء نهارًا مستقينًا له ومات في نهاره ذلك ذلك قبل المساء دخل الجنة وإذا دعا ليلًا ومات قبل الصبح فله الجنة.

٧ ـ الحمد للّٰه الذي أحيانًا بعد ما أماتنا وإليه النشور[4].

٨ ـ أمسينا وأمسى الملك للّٰه والحمد للّٰه، لا إله إلا الله وحده لا شريك له، له الملك وله الحمد وهو على كل شيء قدير ـ اللهم إني أسألك من خير هذه الليلة وخير ما فيها وأعوذ لك من شرها وشرما فيها ـ اللهم إني أعوذ بك من الكسل والهرم وسوء الكبر وفتنة الدنيا وعذاب القبر[5].

وقد كان رسول الله ﷺ يدعو هذا الدعاء وقت الصباح بتغيير مناسب للألفاظ.

(1) رواه البخاري رقم الحديث: ٣٢٩٣ ورواه مسلم ٦٨٤٢.
(2) رواه البخاري رقم الحديث: ٤٢٠٢ ورواه مسلم ٦٨٦٢ .
(3) رواه البخاري رقم: ٦٣٠٦.
(4) رواه البخاري رقم: ٦٣١٢ ورواه مسلم رقم الحديث: ٦٨٨٤.
(5) رواه مسلم رقم: ٦٩٠٩.

٩- اللهم إني أسلمت وجهي إليك وفوضت أمري إليك وألجأت ظهري إليك رغبةً ورهبةً إليك. لا ملجأ ولا منجا منك إلا إليك، آمنت بكتابك الذي أنزلت ونبيك الذي أرسلت[1].

وقال رسول الله ﷺ فيه من دعا هذا الدعاء عندما ينام ليلًا ثم مات في ليلته تلك مات على الإسلام.

١٠- اللهم رب السموات والأرض ورب كل شيء. فالق الحب والنوى. منزل التوراة والإنجيل والقرآن، أعوذ بك من شر كل ذي شر أنت آخذ بناصيته، أنت الأول فليس قبلك شيء وأنت الآخر فليس بعدك شيء، وأنت الظاهر فليس فوقك شيء وأنت الباطن فليس دونك شيء، اقض عني الدينَ وأغنني من الفقر[2].

١١- سبحان الذي سخر لنا هذا وما كنا له مقرنين وإنا إلى ربنا لمنقلبون. اللهم إنا نسألك في سفرنا هذا البر والتقوى، اللهم هون علينا سفرنا هذا واطوِ عنا بُعده، اللهم أنت الصاحب في السفر والخليفة في الأهل، اللهم إني أعوذ بك من وعثاء السفر وكآبة المنظر وسوء المنقلب في المال والأهل[3].

وكان رسول الله ﷺ يبدأ سفره في عامة الأحوال بهذا الدعاء.

١٢- اللهم رحمتك أرجو فلا تكلني إلى نفسي طرفة عين وأصلح لي شأني كله لا إله إلا أنت[4].

١٣- اللهم إني أعوذ بك من الهم والحزن والعجز والكسل والجبن والبخل وضلع الدَين وغلبة الرجال[5].

---

(1) رواه البخاري رقم: ٢٤٧ ومسلم رقم: ٦٨٨٢.

(2) رواه أبو داود رقم: ٥٠٥١.

(3) رواه مسلم في الصحيح رقم الحديث: ٣٢٧٥.

(4) رواه أبو داود رقم: ٥٠٩٠.

(5) رواه البخاري رقم: ٦٣٦٩.

١٤ ـ اللهم إني أعوذ بك من الكسل والهرم والمغرم والمأثم. اللهم إني أعوذ بك من عذاب النار وفتنة القبر وعذاب القبر وشر فتنة الغِنى وشر فتنة الفقر ومن شر فتنة المسيح الدجال، اللهم اغسل خطاياي بماء الثلج والبرد ونق قلبي من الخطايا كما ينقى الثوب الأبيض من الدنس وباعد بيني وبين خطاياي كما باعدت بين المشرق والمغرب[1].

١٥ـ اللّٰهُمَّ، إِنِّي أَعُوْذُ بِكَ مِنْ عِلْمٍ لَّا يَنْفَعُ وَمِنْ قَلْبٍ لَّا يَخْشَعُ وَمِنْ نَفْسٍ لَّا تَشْبَعُ وَمِنْ دَعْوَةٍ لَّا يُسْتَجَابُ لَهَا[2].

١٦ ـ اَللّٰهُمَّ اغْفِرْ لِيْ خَطِيْئَتِيْ وَجَهْلِيْ وَإِسْرَافِيْ فِيْ أَمْرِيْ وَمَا أَنْتَ أَعْلَمُ بِه مِنِّي. اَللّٰهُمَّ اغْفِرْلِيْ جِدِّيْ وَهَزْلِيْ وَخَطَئِيْ وَعَمْدِيْ وَكُلُّ ذٰلِكَ عِنْدِيْ. اَللّٰهُمَّ، اغْفِرْ لِيْ مَا قَدَّمْتُ وَمَا أَخَّرْتُ وَمَا أَسْرَرْتُ وَمَا أَعْلَنْتُ وَمَا أَنْتَ أَعْلَمُ بِه مِنِّي. أَنْتَ الْمُقَدِّمُ وَأَنْتَ الْمُؤَخِّرُ وَأَنْتَ عَلٰى كُلِّ شَيْءٍ قَدِيْرٌ[3].

١٧ ـ اَللّٰهُمَّ، إِنِّيْ أَسْأَلُكَ الْهُدٰى وَالتُّقٰى وَالْعَفَافَ وَالْغِنٰى[4].

١٨ ـ اَللّٰهُمَّ، اغْفِرْ لِيْ وَارْحَمْنِيْ وَاهْدِنِيْ وَعَافِنِيْ وَارْزُقْنِيْ[5].

١٩ ـ اَللّٰهُمَّ، اٰتِنَا فِي الدُّنْيَا حَسَنَةً وَّفِي الْاٰخِرَةِ حَسَنَةً وَّقِنَا عَذَابَ النَّارِ[6].

٢٠ ـ اَللّٰهُمَّ، بِعِلْمِكَ الْغَيْبَ وَقُدْرَتِكَ عَلَى الْخَلْقِ أَحْيِنِيْ مَا عَلِمْتَ الْحَيَاةَ خَيْرًا لِّيْ وَتَوَفَّنِيْ إِذَا عَلِمْتَ الْوَفَاةَ خَيْرًا لِّيْ. اَللّٰهُمَّ، وَأَسْأَلُكَ خَشْيَتَكَ فِي الْغَيْبِ وَالشَّهَادَةِ، وَأَسْأَلُكَ كَلِمَةَ الْحَقِّ فِي الرِّضَاءِ وَالْغَضَبِ، وَأَسْأَلُكَ الْقَصْدَ فِي الْفَقْرِ وَالْغِنٰى، وَأَسْأَلُكَ نَعِيمًا لَّا يَنْفَدُ وَأَسْأَلُكَ قُرَّةَ عَيْنٍ لَّا تَنْقَطِعُ، وَأَسْأَلُكَ الرِّضَاءَ بَعْدَ الْقَضَاءِ وَأَسْأَلُكَ بَرْدَ الْعَيْشِ بَعْدَ الْمَوْتِ، وَأَسْأَلُكَ لَذَّةَ النَّظَرِ إِلٰى وَجْهِكَ

---

(1) رواه البخاري رقم: ٦٣٧٥.

(2) رواه مسلم رقم: ٦٩٠٦.

(3) رواه مسلم رقم: ٦٩٠١.

(4) رواه مسلم رقم: ٦٩٠٤.

(5) رواه مسلم رقم: ٦٨٥٠.

(6) رواه البخاري رقم: ٤٥٢٢ ومسلم رقم ٦٨٤٠.

وَالشَّوْقَ إِلَى لِقَائِكَ، فِيْ غَيْرِ ضَرَّاءَ مُضِرَّةٍ وَّلَا فِتْنَةٍ مُضِلَّةٍ. اَللّٰهُمَّ، زَيِّنَّا بِزِيْنَةِ الْإِيْمَانِ وَاجْعَلْنَا هُدَاةً مُّهْتَدِيْنَ[1].

---

(1) رواه النسائي رقم ١٣٠٦.

الجزء الثاني

الكتاب

# الباب الأول:

## قانون العبادات

إن الإسلام يهدف إلى تطهير النفس وتزكيتها. وبلوغ هذا الهدف إلى منتهى الكمال يعتمد على إقامة علاقة العبودية بين العبد وخالقه علاقةً صحيحة. فكلما كانت هذه العلاقة أقوى كان العبد أقدر على تحقيق التزكية في أفكاره وأفعاله معًا. وعواطف الحب والخوف والصدق والوفاء والامتنان إقرارًا بصنائعه ونعمه غير المحدودة، هي تجليات روحانية لتلك العلاقة التي تظهر في ثلاث صور وأشكال: العبادة والطاعة والحمية والمروءة وهذه الأخيرة هي شاملة لمكارم الأخلاق العليا كالنخوة والأريحية والشهامة وإغاثة الملهوف. وقد تم تقرير العبادات في دين الله لتذكير تلك العلاقة. فالصلاة والزكوة والأضحية والعمرة هي شعائر العبادة. والصوم والاعتكاف إظهار للطاعة. أما الحج فهو تعبير رمزي عن الحمية والحماية لله تعالى. وفي ما يأتي سوف نشرح أحكام وطقوس هذه العبادات كما جاء بها الشرع.

## الصلاة

﴿إِنَّ ٱلصَّلَوٰةَ كَانَتۡ عَلَى ٱلۡمُؤۡمِنِينَ كِتَٰبٗا مَّوۡقُوتٗا﴾[1].

---

(1) سورة النساء، الآية: ١٠٣.

255

الصلاة من أهم العبادات في الإسلام. وإذا تفكرت قليلًا أدركت أن الدين في جوهره هو معرفة الخالق تعالى وإظهار الخضوع والتواضع والعبودية له ممتزجةً بالحب والخوف. وأبرز تعبير عن هذا الجوهر هو العبادة الممثلة في التسبيح والتحميد والدعاء والمناجاة والركوع والسجود له، كمظاهر عملية للعبادة. فهذه هي الصلاة وهي بوتقة تشتمل كل تلك المظاهر شمولًا وامتزاجًا بديعًا.

تحتل الصلاة مكانة استثنائية في الدين ولغرض تفهم الصلاة على الوجه الصحيح علينا أن نضع أمامنا ما يلي من الخصائص.

الأول أن للصلاة المكانة في العبادة المماثلة للأهمية التي يحتلها التوحيد في الإيمانيات. ويبين القرآن أن الصلاة هي الثمرة الأبرز من ثمار معرفة الله التي يذكر بها الوحي الإلهي دومًا، كما أنها نتيجة لعواطف الحب والامتنان من الإنسان إلى الخالق جل مجده فقد قال جل شأنه:

﴿ إِنَّمَا يُؤْمِنُ بِـَٔايَـٰتِنَا ٱلَّذِينَ إِذَا ذُكِّرُواْ بِهَا خَرُّواْ سُجَّدًا وَسَبَّحُواْ بِحَمْدِ رَبِّهِمْ وَهُمْ لَا يَسْتَكْبِرُونَ ۩ تَتَجَافَىٰ جُنُوبُهُمْ عَنِ ٱلْمَضَاجِعِ يَدْعُونَ رَبَّهُمْ خَوْفًا وَطَمَعًا وَمِمَّا رَزَقْنَـٰهُمْ يُنفِقُونَ ﴾[1].

وقد أوضح ذلك إيضاحًا مزيدًا في سورة الروم حيث قال:

﴿ فَأَقِمْ وَجْهَكَ لِلدِّينِ حَنِيفًا فِطْرَتَ ٱللَّهِ ٱلَّتِي فَطَرَ ٱلنَّاسَ عَلَيْهَا لَا تَبْدِيلَ لِخَلْقِ ٱللَّهِ ذَٰلِكَ ٱلدِّينُ ٱلْقَيِّمُ وَلَـٰكِنَّ أَكْثَرَ ٱلنَّاسِ لَا يَعْلَمُونَ ۞ مُنِيبِينَ إِلَيْهِ وَٱتَّقُوهُ وَأَقِيمُواْ ٱلصَّلَوٰةَ وَلَا تَكُونُواْ مِنَ ٱلْمُشْرِكِينَ ﴾[2].

نعم قد جاء في القرآن الكريم ذكر «وعملوا الصالحات» بعد الإيمان حيث روعي الإجمال في البيان، ولكن حيثما أراد تفصيل ذلك الإجمال بدأ بالصلاة قبل كل شيء فمثلًا قال:

---

(1) سورة السجدة، الآيتان: ١٥ و١٦.
(2) سورة الروم، الآيتان: ٣٠ و٣١.

﴿ ٱلَّذِينَ يُؤۡمِنُونَ بِٱلۡغَيۡبِ وَيُقِيمُونَ ٱلصَّلَوٰةَ ﴾ [1]. ﴿ إِنَّ ٱلَّذِينَ ءَامَنُواْ وَعَمِلُواْ ٱلصَّٰلِحَٰتِ وَأَقَامُواْ ٱلصَّلَوٰةَ ﴾.

والتزكية هي المقصود الذي يهدف إليه الدين في القرآن، فقد هدى الله للتوصل إليه لإقام الصلاة قبل كل شيء فقال جل ذكره: ﴿ قَدۡ أَفۡلَحَ مَن تَزَكَّىٰ ۞ وَذَكَرَ ٱسۡمَ رَبِّهِۦ فَصَلَّىٰ ﴾ [2].

ولم يقف عند ذلك بل بدأ بالصلاة في كل مقامات ذكر فيها القرآن الأعمال التي هي لازمة وضرورية للفوز الدائم والفلاح الأخروي، فقال في سورة المؤمنين: ﴿ قَدۡ أَفۡلَحَ ٱلۡمُؤۡمِنُونَ ۞ ٱلَّذِينَ هُمۡ فِي صَلَاتِهِمۡ خَٰشِعُونَ ۞ وَٱلَّذِينَ هُمۡ عَنِ ٱللَّغۡوِ مُعۡرِضُونَ ۞ وَٱلَّذِينَ هُمۡ لِلزَّكَوٰةِ فَٰعِلُونَ ۞ وَٱلَّذِينَ هُمۡ لِفُرُوجِهِمۡ حَٰفِظُونَ ۞ إِلَّا عَلَىٰٓ أَزۡوَٰجِهِمۡ أَوۡ مَا مَلَكَتۡ أَيۡمَٰنُهُمۡ فَإِنَّهُمۡ غَيۡرُ مَلُومِينَ ۞ فَمَنِ ٱبۡتَغَىٰ وَرَآءَ ذَٰلِكَ فَأُوْلَٰٓئِكَ هُمُ ٱلۡعَادُونَ ۞ وَٱلَّذِينَ هُمۡ لِأَمَٰنَٰتِهِمۡ وَعَهۡدِهِمۡ رَٰعُونَ ۞ وَٱلَّذِينَ هُمۡ عَلَىٰ صَلَوَٰتِهِمۡ يُحَافِظُونَ ﴾ [3].

وقال في سورة المعارج:

﴿ إِنَّ ٱلۡإِنسَٰنَ خُلِقَ هَلُوعًا ۞ إِذَا مَسَّهُ ٱلشَّرُّ جَزُوعًا ۞ وَإِذَا مَسَّهُ ٱلۡخَيۡرُ مَنُوعًا ۞ إِلَّا ٱلۡمُصَلِّينَ ۞ ٱلَّذِينَ هُمۡ عَلَىٰ صَلَاتِهِمۡ دَآئِمُونَ ۞ وَٱلَّذِينَ فِيٓ أَمۡوَٰلِهِمۡ حَقٌّ مَّعۡلُومٌ ۞ لِّلسَّآئِلِ وَٱلۡمَحۡرُومِ ۞ وَٱلَّذِينَ يُصَدِّقُونَ بِيَوۡمِ ٱلدِّينِ ۞ وَٱلَّذِينَ هُم مِّنۡ عَذَابِ رَبِّهِم مُّشۡفِقُونَ ۞ إِنَّ عَذَابَ رَبِّهِمۡ غَيۡرُ مَأۡمُونٍ ۞ وَٱلَّذِينَ هُمۡ لِفُرُوجِهِمۡ حَٰفِظُونَ ۞ إِلَّا عَلَىٰٓ أَزۡوَٰجِهِمۡ أَوۡ مَا مَلَكَتۡ أَيۡمَٰنُهُمۡ فَإِنَّهُمۡ غَيۡرُ مَلُومِينَ ۞ فَمَنِ ٱبۡتَغَىٰ وَرَآءَ ذَٰلِكَ فَأُوْلَٰٓئِكَ هُمُ ٱلۡعَادُونَ ۞ وَٱلَّذِينَ هُمۡ لِأَمَٰنَٰتِهِمۡ وَعَهۡدِهِمۡ رَٰعُونَ ۞ وَٱلَّذِينَ هُم بِشَهَٰدَٰتِهِمۡ قَآئِمُونَ ۞ وَٱلَّذِينَ هُمۡ عَلَىٰ صَلَاتِهِمۡ يُحَافِظُونَ ۞ أُوْلَٰٓئِكَ فِي جَنَّٰتٍ مُّكۡرَمُونَ ﴾ [4].

---

(1) سورة البقرة، الآية: ٣.

(2) سورة الأعلى، الآيتان: ١٤ و١٥.

(3) سورة المؤمنون، الآيات: ١ ـ ٩.

(4) سورة المعارج، الآيات: ١٩ ـ ٣٥.

وقال ابن مسعود ﵁: سألت رسول الله ﷺ ما هو أحب الأعمال إلى الله قال: الصلاة لوقتها(1).

وكتب سيدنا عمر بن خطاب ﵁ كتابًا إلى ولاته وعماله وقال:

«إن أهم أعمالكم في الدين عندي الصلاة فمن حفظها حفظ الدين ومن أضاعها فهو لسائر أعمال الدين أضيع(2).

والثاني أن الصلاة هي من شرائط كون الرجل مسلمًا. فقد صرح القرآن صراحة تامة أنه يحق لهم فقط مطالبة حقوقهم وواجباتهم في دولة إسلامية من حيث المسلمون الذين يصلون الصلاة ويؤتون الزكاة كما جاء في سورة التوبة عندما أعلن الإجراءات ضد مشركي العرب قال:

﴿فَإِن تَابُوا۟ وَأَقَامُوا۟ ٱلصَّلَوٰةَ وَءَاتَوُا۟ ٱلزَّكَوٰةَ فَإِخْوَٰنُكُمْ فِى ٱلدِّينِ﴾(3).

ويُستنبط منه أن هذا السلوك يجب أن يكون مع العباد في يوم القيامة أيضًا. فقد صرح في سورة القيامة: ﴿فَلَا صَدَّقَ وَلَا صَلَّىٰ ۞ وَلَٰكِن كَذَّبَ وَتَوَلَّىٰ ۞ ثُمَّ ذَهَبَ إِلَىٰٓ أَهْلِهِۦ يَتَمَطَّىٰٓ ۞ أَوْلَىٰ لَكَ فَأَوْلَىٰ ۞ ثُمَّ أَوْلَىٰ لَكَ فَأَوْلَىٰٓ﴾(4).

ويتضمن هذا البيان القرآني أن عدم أداء الصلاة عند الله تعالى هو مسلك الاستكبار في مقابلة الله تعالى. فإن القرآن قد وضع ﴿صَلَّىٰ﴾ مقابل ﴿وَتَوَلَّىٰ﴾ و﴿ثُمَّ ذَهَبَ إِلَىٰٓ أَهْلِهِۦ يَتَمَطَّىٰٓ﴾ وقد أفاد القرآن في موضع آخر أن الجمل يدخل في ﴿سَمِّ ٱلْخِيَاطِ﴾(5) ولكن لا يدخل المستكبرون الجنة.

وقال رسول الله ﷺ: بين الرجل وبين الشرك والكفر ترك الصلاة(6).

---

(1) رواه البخاري: رقم: ٥٢٧.

(2) الموطأ رقم الحديث: ٦.

(3) سورة التوبة، الآية: ١١.

(4) سورة القيامة، الآيات: ٣١ ــ ٣٥.

(5) سورة الأعراف، الآية: ٤٠.

(6) رواه مسلم رقم: ٢٤٧.

وقال أيضًا: خمس صلوات افترضهن الله تعالى عز وجل: من أحسن وضوئهن وصلاتهن لوقتهن وأتم ركوعهن وخشوعهن كان له على الله عهد أن يغفر له. ومن لم يفعل فليس له على الله عهد. إن شاء غفر له وإن شاء عذبه[1].

والثالث أن الصلاة هي وسيلة للقيام على الدين والقرآن يقول إن من يغفل عن ذكرالله تعالى ويعرض عن ذكره يسلط عليه شيطان يصير له قرينًا صباحَ مساءَ: فقد جاء في القرآن:

﴿وَمَن يَعْشُ عَن ذِكْرِ ٱلرَّحْمَٰنِ نُقَيِّضْ لَهُۥ شَيْطَٰنًا فَهُوَ لَهُۥ قَرِينٌ﴾[2].

فالصلاة تجنبه من تلك الغفلة والأعراض وتحفظه من حملات الشيطان. وأنت ترى أن الآيات من سورة المعارج والمؤمنين التي نقلت في المذكور أعلاه، تذكر الأمور التي بدأت بالصلاة وانتهت أيضًا بذكر الصلاة. وذلك ينبئ عن أن مواظبة الصلاة هي التي تضمن للإنسان أن يقوم على الدين. نعم قد يحمل عليه الشيطان بعد الصلاة أيضًا، ولكن لا يمكن للشيطان أثناء المواظبة عليها أن يتمكن في قلب الإنسان، فإن الصلاة تدفع عنه وتذب عن حملاته مثل الحصار ما دام الإنسان يواظب على الصلاة ويثابر عليها. ولذلك جاء الحكم الأكيد لقيامها في حالة الخطر أيضًا كما أمكن له راجلًا أم راكبًا. فقد قال في سورة البقرة على موقع اختتام بيان القانون والشريعة:

﴿حَٰفِظُوا۟ عَلَى ٱلصَّلَوَٰتِ وَٱلصَّلَوٰةِ ٱلْوُسْطَىٰ وَقُومُوا۟ لِلَّهِ قَٰنِتِينَ * فَإِنْ خِفْتُمْ فَرِجَالًا أَوْ رُكْبَانًا ۖ فَإِذَآ أَمِنتُمْ فَٱذْكُرُوا۟ ٱللَّهَ كَمَا عَلَّمَكُم مَّا لَمْ تَكُونُوا۟ تَعْلَمُونَ﴾[3].

وقد ذكر القرآن في سورة مريم اتباع الشهوات كأنها نتيجة لازمة لإضاعة الصلوات فقال: ﴿فَخَلَفَ مِنۢ بَعْدِهِمْ خَلْفٌ أَضَاعُوا۟ ٱلصَّلَوٰةَ وَٱتَّبَعُوا۟ ٱلشَّهَوَٰتِ﴾. وجاء

(1) رواه أبو داود رقم:٤٢٥.

(2) سورة الزخرف، الآية: ٣٦.

(3) سورة البقرة، الآيتان: ٢٣٨ و٢٣٩.

ذلك في سورة العنكبوت في أتم صورة وأوضحها فقال: ﴿وَأَقِمِ ٱلصَّلَوٰةَۖ إِنَّ ٱلصَّلَوٰةَ تَنْهَىٰ عَنِ ٱلْفَحْشَآءِ وَٱلْمُنكَرِ﴾[1] أي أن الصلاة تنبه المرء كواعظ رادع له أنه سوف يواجه الرب تعالى وأنه يُسأل يومئذ عما كان يفعله في الدنيا، فلا يتغافل عن هذه الحقيقة في خضم غلبة العواطف وحملات الشهوة وهجوم الأهواء. ويقول الأستاذ الإمام في شرح الآية:

«فالذين يأتون الصلاة بآدابها وشرائطها كانت صلاة الخلوة أو صلاة العلن، فصلاتهم بظاهرها وباطنها تذكرهم بحقائق، التذكير بها ضروري لازم لإقامة الحياة على الجادة المستقيمة. وخاصةً صلوات الخلوة لها تأثير عميق في حياة الإنسان. ومثل الذي لا يصلي كمثل سائق سيارة يسير بها بسرعة فائقة ولكنه لا يعرف ويغفل تمامًا عن علامات منبهة وإرشادية منصوبة يمينًا ويسارًا. فمن يعرف أن السائق كهذا في أي حفرة يسقط سيارته»[2].

الرابع أن الصلاة تمحو الذنوب والسيئات لأنه إذا قام العبد للصلاة وله شعور صحيح، فإنه يجدد عهده مع الله تعالى أن يجتنب من معصيته. وناتجًا من ذلك أنه يندم بالتأكيد على أخطائه التي ارتكبها من صلاة إلى صلاة أخرى. ثم يرجع إلى اشتغالات الحياة بعزم قوي وإرادة ثابتة أن سيجتنبها الآن. وإذا تفكرت رأيت أن حقيقة التوبة هي هي. ومعلوم أن التوبة تطهر العبد من المآثم والذنوب. ولذا قال: ﴿وَأَقِمِ ٱلصَّلَوٰةَ طَرَفَيِ ٱلنَّهَارِ وَزُلَفًا مِّنَ ٱلَّيْلِۚ إِنَّ ٱلْحَسَنَٰتِ يُذْهِبْنَ ٱلسَّيِّـَٔاتِۚ ذَٰلِكَ ذِكْرَىٰ لِلذَّٰكِرِينَ﴾[3].

وعن أبي هريرة أنه سمع رسول الله ﷺ يقول: أرأيتم لو أن نهرًا بباب أحدكم يغتسل فيه كل يوم خمسًا ما تقولون في ذلك أيبقى من درنه شيء قالوا: لا

---

(1) سورة العنكبوت، الآية: ٤٥.

(2) تدبر القرآن: ٦:٥٣.

(3) سورة هود، الآية: ١١٤.

يبقى من درنه شيء قال: فذلك مثل الصلوات الخمس يمحو الله بها الخطايا[1]. أي الذنوب التي لا تتعلق بحقوق العباد ولا تحتاج إلى التوبة والكفارة.

الخامس أن الصلاة تخلص من الصعوبات. وإذا دعا القرآن اليهود إلى تجديد عهدهم مع الله فقد أرشدهم أن يستعينوا ﴿بِٱلصَّبۡرِ وَٱلصَّلَوٰةِ﴾[2] حتى يتحملوا مسؤوليات ذلك العهد.

وسلك القرآن هذا المسلك بعينه مع بني إسماعيل إذ قال لهم: ى ﴿يَٰٓأَيُّهَا ٱلَّذِينَ ءَامَنُواْ ٱسۡتَعِينُواْ بِٱلصَّبۡرِ وَٱلصَّلَوٰةِۚ إِنَّ ٱللَّهَ مَعَ ٱلصَّٰبِرِينَ﴾[3].

كما لُقن النبي ﷺ أيضًا أن يستعين بها للصبر والاستقامة في مقابلة إيذاء المعاندين وتعسف الظالمين الأشرار فقال: ﴿فَٱصۡبِرۡ عَلَىٰ مَا يَقُولُونَ وَسَبِّحۡ بِحَمۡدِ رَبِّكَ قَبۡلَ طُلُوعِ ٱلشَّمۡسِ وَقَبۡلَ ٱلۡغُرُوبِ ۞ وَمِنَ ٱلَّيۡلِ فَسَبِّحۡهُ وَأَدۡبَٰرَ ٱلسُّجُودِ﴾[4].

وذلك يعني أن الصلاة هي أكبر وسيلة لتوجيه رحمة الله إليه، كما عُلم من سيرة النبي ﷺ أنه إذا داهمه أمر هام قام يصلي[5] فإذا التمس منه الناس أن يدعو للمطر فصلى الصلاة ودعا لذلك. وإذا عرض خطر لبطش الحق عندما كسف الشمس وخسف القمر قام يصلي. وفي معارك بدر وأحزاب لما اصطف المسلمون ضد المعاندين المهاجمين استعان بالصلاة ودعا الله له.

السادس أن الصلاة هي معرفة دعوة الحق. فقد قال القرآن إن المصلحين يمسكون بالكتاب من حيث إنه ميثاق من الله وميزان للحق والباطل وأقاموا الصلاة، كما قال تعالى: ﴿وَٱلَّذِينَ يُمَسِّكُونَ بِٱلۡكِتَٰبِ وَأَقَامُواْ ٱلصَّلَوٰةَ إِنَّا لَا نُضِيعُ أَجۡرَ ٱلۡمُصۡلِحِينَ﴾[6].

---

(1) رواه البخاري رقم الحديث ٥٢٨.

(2) سورة البقرة، الآية: ٤٥.

(3) سورة البقرة، الآية: ١٥٣.

(4) سورة ق، الآيتان: ٣٩ و٤٠.

(5) تفسير القرآن العظيم لابن كثير ١/ ٨٧.

(6) سورة الأعراف، الآية: ١٧٠.

ويقول الأستاذ الإمام أمين أحسن في تفسير الآية:

«وبيان القرآن لهذا يعطي معيارًا لاختبار حركات ودعوات ظهرت لتجديد الدين وإصلاح الملة جميعًا. وتعلم من ذلك أن حركة دعوية إصلاحية تكون مستقيمة صحيحة تضع الصلاة موضعها الحقيقي، الذي يعطيها القرآن في عهد الله وجهاد إقامة الدين، في مبدئها ومعادها وبدئها ونهايتها وعقيدتها وعملها وهدفها ولائحة أعمالها. وأما الحركة والدعوة التي لا تعطيها تلك الأهمية والأولوية فإنها عمل غير مبروك وعملية لا طائل تحتها، اعتبارًا بتجديد الدين وإصلاح الملة. لأنها محروم من عظام الصلب التي يقوم عليها قالب التجديد الديني، كما يعوزها الروح الذي يجري الحياة في ذلك القالب»[1].

السابع أن الصلاة يُتذرع بها للاستقامة في سبيل الحق. وسالكو هذا الطريق يعرفون أن المعية الإلهية هي التي تفضي بهم إلى الاستقامة. والصلاة متقاربة جدًّا مع الله سبحانه كأنها تقوم مقامه لنا في هذه الدنيا، كما جاء ذلك في آية من سورة العلق ألا وهي ﴿وَٱسْجُدْ وَٱقْتَرِب﴾[2] فالمعية الإلهية في سبيل الله إنما تحصل بكتابه وبصلاة قائمة له. وقيام الليل أي صلاة التهجد له دور كبير في هذا الصدد، ولذا لما أمر رسول الله ﷺ بالإنذار العام أمر بإحياء الليل، إذا أراد أن يتحمل مسؤوليات هذا القول الثقيل وبقراءة القرآن في صلاة الليل. ووجه ذلك أن ذاك الوقت خاص جدًّا لخلو القلب والعقل وأنسب لفهم القرآن وفي ألفاظ الأستاذ الإمام «ما يخرج في هذا الوقت من اللسان يؤثر في القلب تأثيرًا بالغًا والمرء يقبل ذلك بنفسه مثل شهادة القلب له ويأخذ بمجامع قلوب المستمعين الآخرين»[3]. فقال تعالى:

﴿يَٰٓأَيُّهَا ٱلْمُزَّمِّلُ ۞ قُمِ ٱلَّيْلَ إِلَّا قَلِيلًا ۞ نِّصْفَهُۥٓ أَوِ ٱنقُصْ مِنْهُ قَلِيلًا ۞ أَوْ زِدْ عَلَيْهِ وَرَتِّلِ

---

(1) تدبر القرآن: ١/ ٢٠٣.

(2) سورة العلق، الآية: ١٩.

(3) تدبر القرآن ٩/ ٢٥.

﴿ٱلْقُرْءَانَ تَرْتِيلًا * إِنَّا سَنُلْقِي عَلَيْكَ قَوْلًا ثَقِيلًا * إِنَّ نَاشِئَةَ ٱلَّيْلِ هِيَ أَشَدُّ وَطْـًٔا وَأَقْوَمُ قِيلًا * إِنَّ لَكَ فِي ٱلنَّهَارِ سَبْحًا طَوِيلًا * وَٱذْكُرِ ٱسْمَ رَبِّكَ وَتَبَتَّلْ إِلَيْهِ تَبْتِيلًا﴾[1].

ويفيد بعض الروايات أن هذا الوقت هو وقت نزول الرب تعالى إلى هذه الدنيا فعن أبي هريرة رضي الله عنه قال: قال رسول الله صلى الله عليه وسلم إن الله تعالى ينزل كل ليلة إلى السماء الدنيا حتى إذا بقي ثلث الليل يقول: من يدعوني فأستجيب له من يسألني فأعطيه من يستغفرني فأغفره[2].

الثامن أن الصلاة فطرة للكون فإذا كان للإنسان عينان. وينظر بهما فلا يتردد في فهم أن كل ذرة في الأرض وفي السماء تسبح للرب تعالى وتحمده وتسجد له.

والإنسان وإن كان لا يرى ذلك ولا يفهمه ولكن يمكن له أن يرى ويفكر أن كل شيء بظاهره في هذا العالم مسلم للّه خاضع لأمره في كل لحظة. فكذلك لا يحتلف باطن كل شيء عن ظاهره. وكل دابة ماشية في الأرض وكل شجرة مترعرعة في الحدائق، وكل طير متغرد في القضاء، وكل سمك سابح في البحر وكل نجم طالع في السماء، والشمس والقمر وكل ذلك يشهد لذلك بوجوده كما قال: ﴿تُسَبِّحُ لَهُ ٱلسَّمَٰوَٰتُ ٱلسَّبْعُ وَٱلْأَرْضُ وَمَن فِيهِنَّ وَإِن مِّن شَيْءٍ إِلَّا يُسَبِّحُ بِحَمْدِهِۦ وَلَٰكِن لَّا تَفْقَهُونَ تَسْبِيحَهُمْ﴾[3].

والكل منهم واقف على صلاته وتسبيحه ولا يغفل عن ذلك ولو للحظة. فإذا كان الإنسان بصيرًا ليبصر أن الطير إذا يسبح في الفضاء مادًّا أجنحته فكأنه خاضع للّه مع كمال عجزه. وقال تعالى: ﴿أَلَمْ تَرَ أَنَّ ٱللَّهَ يُسَبِّحُ لَهُۥ مَن فِي ٱلسَّمَٰوَٰتِ وَٱلْأَرْضِ وَٱلطَّيْرُ صَٰٓفَّٰتٍ كُلٌّ قَدْ عَلِمَ صَلَاتَهُۥ وَتَسْبِيحَهُۥ وَٱللَّهُ عَلِيمٌۢ بِمَا يَفْعَلُونَ﴾[4].

---

(1) سورة المزمل، الآيات: ١ ــ ٨.

(2) رواه البخاري رقم الحديث: ١١٤٥ ومسلم ٧٥٨.

(3) سورة الإسراء، الآية: ٤٤.

(4) سورة النور، الآية: ٤١.

ويقول الأستاذ الإمام:

«إن لكل شيء لهذا الكون مزاج إبراهيمي. فإن الشمس والقمر، والنجوم والكواكب والجبال والدواب وكل شيء مسخر للإنسان تحت أمر من الله وحكمه. ولا يمكن لشيء منها أن ينحرف عن قوانين طبيعية مقررة لها من الله تعالى أيما انحراف. والشمس التي قد أكثر الجهلاء من عبادتها من كل شيء آخر، إنها بوجودها تشهد أنها تكون كل يوم وليلة في حالات القيام أو الركوع والسجود. فعند طلوعها ترفع رأسها من السجدة وتكون في حالة القيام حتى وقت الظهيرة ثم تركع بعد الزوال وتظل على هذه الحالة إلى غروبها. فتسجد عند الغروب وتبيت في السجود ليلتها كلها. وتظاهر بهذه الحقيقة القمر بغروبها وتضائلها والكواكب بطلوعها وغروبها. وكذا الحال للجبال والأشجار والدواب. فإن ظلال كل شيء منها تكون كل وقت في حالة القيام والركوع والسجود. وإذا تدبرت فيها رأيت أن فطرة الظل أيضًا فطرة إبراهيمية فإنها تكون دائمًا في الجانب المخالف المتعارض للشمس. فإذا كانت الشمس في الجانب الشرقي يكون الظل بالجانب الغربي وعلى عكس منه إذا كانت في الجانب الغربي يمتد الظل إلى الشرق. كان ظلال كل شيء تعلمنا بوجودها أن السجدة لا تجدر بالشمس وإنما تجدر بخالق الشمس»[1].

قال تعالى:

﴿ أَوَلَمْ يَرَوْا إِلَىٰ مَا خَلَقَ ٱللَّهُ مِن شَىْءٍ يَتَفَيَّؤُا۟ ظِلَٰلُهُۥ عَنِ ٱلْيَمِينِ وَٱلشَّمَآئِلِ سُجَّدًا لِّلَّهِ وَهُمْ دَٰخِرُونَ ۞ وَلِلَّهِ يَسْجُدُ مَا فِى ٱلسَّمَٰوَٰتِ وَمَا فِى ٱلْأَرْضِ مِن دَآبَّةٍ وَٱلْمَلَٰٓئِكَةُ وَهُمْ لَا يَسْتَكْبِرُونَ ﴾[2].

فإنه إذا قام الإنسان يصلي فكأنه يلبي دعوة التسبيح والتحميد والركوع والسجود من قِبل العالم كله. إنه ينسق ويوافق أداة طبيعته مع تلك الآلة ويعلن

(1) تدبر القرآن ٥/ ٢٢٩.
(2) سورة النحل، الآيتان: ٤٨ ـ ٤٩.

عن طريق عمله إنه لا يتخلف عن أحد، ويخضع وليس فقط جسمَه بل روحَه أيضًا للخالق تعالى، ولا ينعزل عن الكون برمته في طريق ليس له فيه من يرافقه. وإن هناك زملاء في السفر فهم أولئك الذين صدق عليهم القول ولزم العذاب. قال تعالى: ﴿أَلَمْ تَرَ أَنَّ ٱللَّهَ يَسْجُدُ لَهُۥ مَن فِى ٱلسَّمَٰوَٰتِ وَمَن فِى ٱلْأَرْضِ وَٱلشَّمْسُ وَٱلْقَمَرُ وَٱلنُّجُومُ وَٱلْجِبَالُ وَٱلشَّجَرُ وَٱلدَّوَآبُّ وَكَثِيرٌ مِّنَ ٱلنَّاسِ ۖ وَكَثِيرٌ حَقَّ عَلَيْهِ ٱلْعَذَابُ﴾[1].

التاسع أن الصلاة هي الحياة فإنها دعوة الأنبياء عليهم السلام. فإن القرآن يعبر بها بنفس التعبير فقال: ﴿يَٰٓأَيُّهَا ٱلَّذِينَ ءَامَنُوا۟ ٱسْتَجِيبُوا۟ لِلَّهِ وَلِلرَّسُولِ إِذَا دَعَاكُمْ لِمَا يُحْيِيكُمْ﴾[2]. ووجه ذلك أن الكل يحيون حياتهم ولكن الحياة الحقيقية التي هي نور كله وسكينة كلها وإيمان كله، تحصل فقط بذكر الله. والأنبياء عليهم السلام يدعون إليها وهم يدعون إلى الصلاة قبل كل شيء. وما هي الصلاة؟ إن المشاعر الجميلة بمعرفة الله تعالى وذكره وفكره وإحساس القربة إذا وصلت إلى منتهى الكمال تكون صلاةً.

وقد قطع به كل العارفين أن حياة القلب هي أصل الحياة وحياة القلب هي حياة المعرفة والذكر والفكر والقربة الإلهية. وتحصل هذه الحياة من الصلاة فقط وتبقى منها فقط، والقرآن قد أشار إلى ذلك حينما وضع الحياة في مقام في مقابلة الصلاة والقربان بإزاء الموت فقال: ﴿قُلْ إِنَّ صَلَاتِى وَنُسُكِى وَمَحْيَاىَ وَمَمَاتِى لِلَّهِ رَبِّ ٱلْعَٰلَمِينَ﴾[3].

والإنسان إذا عرف هذه الحقيقة انتظر الصلاة ليل نهار كما ينتظر إلى الشرب والأكل صباح ومساءَ. واشتاق إليها كما يتوق العاطش إلى الماء والجائع إلى الخبز، فالصلاة تكون له زرقًا كريمًا من الله سبحانه أن يشبع منه ويتقوى به.

---

(1) سورة الحج، الآية: ١٨.

(2) سورة الأنفال، الآية: ٢٤.

(3) سورة الأنعام، الآية: ١٦٢.

كما قال سيدنا المسيح ﵇: لا يحيى الإنسان بالخبز فقط بل يحيى بكل كلمة تخرج من فم الله تعالى[1].

فكما أن الناس يستمتعون ويستلذون من أطعمة لذيذة متنوعة فإن المؤمن يلتذ ويستمتع من المقامات المختلفة للقرآن، ومن تسبيحات متنوعة وأدعية كثيرة. فالصلاة في خضم المصائب والآفات تكون له كنسيم عطرة في طوفان الآثام كهواء نسيم طلق، وفي خريف الحزن واليأس مبشرةً للربيع وملجأ مأمون ومأوى صلب في هجوم العداء والعناد. ولا تأخذ هذا كشعر بل إنه تعبير عن كيفيات المقامات التي شرحها النبي ﷺ في أساليب بلاغية رفيعة حين قال: قم يا بلال فأرحنا بالصلاة[2]. وقال: جعلت قرة عيني في الصلاة[3].

## تأريخ الصلاة

والصلاة قديمة قدامة الدين نفسه، وكافة الأديان كان فيهما تصور للصلاة وكانت لها مراسم وأوقات معينة لها. فأغاني الهندوس، وزمزمة البارسيين وأدعية النصارى ومزامير اليهود كلها ذكريات للصلاة على أقل حد، وأخبرنا القرآن أن تعليم الصلاة كان متواجدًا عند كل نبي ورسول. وفي دين رسول الله ﷺ الذي بعث مجددًا للملة الإبراهيمية فإن مكانة الصلاة فيه أيضًا مرموقة رفيعة.

وحينما أسكن سيدنا إبراهيم ﵇ ابنه إسماعيل في واد غير ذي زرع أبان عن هدفه قائلًا: ﴿رَبَّنَا لِيُقِيمُواْ ٱلصَّلَوٰةَ﴾[4] ودعا في هذه المناسبة: ﴿رَبِّ ٱجْعَلْنِي مُقِيمَ ٱلصَّلَوٰةِ وَمِن ذُرِّيَّتِي﴾[5] ويصف إسماعيل ﵇: كان ﴿يَأْمُرُ أَهْلَهُۥ

(1) متى: ٤:٤.

(2) رواه أبو داود رقم الحديث: ٤٩٨٦.

(3) رواه النسائي: رقم: ٣٣٩٢.

(4) سورة إبراهيم، الآية: ٣٧.

(5) سورة إبراهيم، الآية: ٤٠.

بِٱلصَّلَوٰةِ﴾[1] وطعن شعيبًا قومه بقولهم: ﴿أَصَلَوٰتُكَ تَأْمُرُكَ أَن نَّتْرُكَ مَا يَعْبُدُ ءَابَآؤُنَآ﴾[2].

وقد ورد في القرآن في رسل كانوا من نسل إسحاق ويعقوب عليهما السلام: ﴿وَأَوْحَيْنَآ إِلَيْهِمْ فِعْلَ ٱلْخَيْرَٰتِ وَإِقَامَ ٱلصَّلَوٰةِ﴾[3]. ولما أعطي موسى النبوة أمر بـ: ﴿وَأَقِمِ ٱلصَّلَوٰةَ لِذِكْرِىٓ﴾[4] وجاء في زكريا عليه السلام: ﴿وَهُوَ قَآئِمٌ يُصَلِّى فِى ٱلْمِحْرَابِ﴾[5] وقال المسيح في نفسه: ﴿وَأَوْصَٰنِى بِٱلصَّلَوٰةِ﴾[6] وكان لقمان حكيمًا للعرب فقد جاء في القرآن وصاياه لابنه وكان مما قال له: ﴿يَٰبُنَىَّ أَقِمِ ٱلصَّلَوٰةَ﴾[7] وقد وعد الله تعالى بني إسرائيل: ﴿إِنِّى مَعَكُمْ لَئِنْ أَقَمْتُمُ ٱلصَّلَوٰةَ ... لَّأُكَفِّرَنَّ عَنكُمْ سَيِّـَٔاتِكُمْ﴾[8] وشهد القرآن أن رجالاً صالحين من اليهود والنصارى كانوا يهتمون بإقامة الصلاة فقال: و﴿مِّنْ أَهْلِ ٱلْكِتَٰبِ أُمَّةٌ قَآئِمَةٌ يَتْلُونَ ءَايَٰتِ ٱللَّهِ ءَانَآءَ ٱلَّيْلِ وَهُمْ يَسْجُدُونَ﴾[9].

وقد قيل هذا عن مشركي العرب لذلك الزمان: ﴿فَوَيْلٌ لِّلْمُصَلِّينَ ۞ ٱلَّذِينَ هُمْ عَن صَلَاتِهِمْ سَاهُونَ﴾[10].

وشاعر من شعراء الجاهلية جران العود يقول:

**وأدركن أعجازًا من الليل بعدما ... أقام الصلاة العابد المتحنف**

---

(1) سورة مريم، الآية: ٥٥.

(2) سورة هود، الآية: ٨٧.

(3) سورة الأنبياء، الآية: ٧٣.

(4) سورة طه، الآية: ١٤.

(5) سورة آل عمران، الآية: ٣٩.

(6) سورة مريم، الآية: ٣١.

(7) سورة مريم، الآية: ٣١.

(8) سورة المائدة، الآية: ١٢.

(9) سورة آل عمران، الآية: ١١٣.

(10) سورة آل عمران، الآية: ١١٣.

ويقول أعشى وائل:

**وسبح على حين العشيات والضحى ولا تعبد الشيطان والله فاعبدا**

والقرينة تدل على أن التسبيح هنا قد جاء لإعطاء معنى الصلاة. وقد جاء ذلك في هذا المفهوم في مقامات عديدة للقرآن الكريم.

وقد جاء ذكر صلاة اليهود والنصارى والمتحنفين في الأحاديث والآثار فمثلًا عن عبد الله ابن عمر أن رسول الله ﷺ قال: إذا كان لأحدكم ثوبان فليصل فيهما فإن لم يكن إلا ثوب واحد فليتّزر به ولا يشتمل اشتمال اليهود(1).

وقال أبو ذر الغفاري رضي الله عنه: كنت أصلي الصلاة قبل أن لقيت النبي ﷺ بثلاث سنوات. قيل لمن؟ قال للّه(2).

وقد جاء ذكر صلاة اليهود والنصارى في الكتاب المقدس في مقامات كثيرة وكما أن القرآن قد عبر بالصلاة من خلال تسمية الله وتسبيحه والدعاء له، والركوع والسجود له جاءت هذه التعبيرات كأركان للصلاة في الأناجيل أيضًا.

## نصوص من الكتاب المقدس متعلقة بالصلاة

ثُمَّ نَقَلَ مِنْ هُنَاكَ إِلَى الْجَبَلِ شَرْقِيَّ بَيْتِ إِيل وَنَصَبَ خَيْمَتَهُ. وَلَهُ بَيْتُ إِيلَ مِنَ الْمَغْرِبِ وَعَايُ مِنَ الْمَشْرِقِ. فَبَنَى هُنَاكَ مَذْبَحًا لِلرَّبِّ وَدَعَا بِاسْمِ الرَّبِّ(3).

فَسَقَطَ أَبْرَامُ عَلَى وَجْهِهِ. وَتَكَلَّمَ اللَّهُ مَعَهُ قَائِلًا(4).

وَانْصَرَفَ الرِّجَالُ مِنْ هُنَاكَ وَذَهَبُوا نَحْوَ سَدُومَ، وَأَمَّا إِبْرَاهِيمُ فَكَانَ لَمْ يَزَلْ قَائِمًا أَمَامَ الرَّبِّ(5).

---

(1) رواه أبو داود رقم الحديث: ٦٣٥.

(2) رواه مسلم رقم الحديث: ٦٣٥٩.

(3) التكوين ١٢: ٨.

(4) التكوين ١٧: ٣.

(5) التكوين ١٨: ٢٢.

فَقَالَ إِبْرَاهِيمُ لِغُلَامَيْهِ: «اجْلِسَا أَنْتُمَا ههُنَا مَعَ الْحِمَارِ، وَأَمَّا أَنَا وَالْغُلَامُ فَنَذْهَبُ إِلَى هُنَاكَ وَنَسْجُدُ، ثُمَّ نَرْجِعُ إِلَيْكُمَا»[1]

فَبَنَى هُنَاكَ مَذْبَحًا وَدَعَا بِاسْمِ الرَّبِّ. وَنَصَبَ هُنَاكَ خَيْمَتَهُ، وَحَفَرَ هُنَاكَ عَبِيدُ إِسْحَاقَ بِئْرًا[2]

فَآمَنَ الشَّعْبُ. وَلَمَّا سَمِعُوا أَنَّ الرَّبَّ افْتَقَدَ بَنِي إِسْرَائِيلَ وَأَنَّهُ نَظَرَ مَذَلَّتَهُمْ، خَرُّوا وَسَجَدُوا[3].

يَا رَبُّ، بِالْغَدَاةِ تَسْمَعُ صَوْتِي. بِالْغَدَاةِ أُوَجِّهُ صَلَاتِي نَحْوَكَ وَأَنْتَظِرُ[4].

أَمَّا أَنَا فَبِكَثْرَةِ رَحْمَتِكَ أَدْخُلُ بَيْتَكَ. أَسْجُدُ فِي هَيْكَلِ قُدْسِكَ بِخَوْفِكَ[5].

أَمَّا أَنَا فَإِلَى اللهِ أَصْرُخُ، وَالرَّبُّ يُخَلِّصُنِي.

مَسَاءً وَصَبَاحًا وَظُهْرًا أَشْكُو وَأَنُوحُ، فَيَسْمَعُ صَوْتِي[6]

الَّذِي لَهُ الْبَحْرُ وَهُوَ صَنَعَهُ، وَيَدَاهُ سَبَكَتَا الْيَابِسَةَ.

هَلُمَّ نَسْجُدُ وَنَرْكَعُ وَنَجْثُو أَمَامَ الرَّبِّ خَالِقِنَا[7]،

أَسْجُدُ فِي هَيْكَلِ قُدْسِكَ، وَأَحْمَدُ اسْمَكَ عَلَى رَحْمَتِكَ وَحَقِّكَ، لِأَنَّكَ قَدْ عَظَّمْتَ كَلِمَتَكَ عَلَى كُلِّ اسْمِكَ[8]

إِذَا انْكَسَرَ شَعْبُكَ إِسْرَائِيلُ أَمَامَ الْعَدُوِّ لِأَنَّهُمْ أَخْطَأُوا إِلَيْكَ، ثُمَّ رَجَعُوا إِلَيْكَ وَاعْتَرَفُوا بِاسْمِكَ وَصَلَّوْا وَتَضَرَّعُوا إِلَيْكَ نَحْوَ هَذَا الْبَيْتِ،

---

(1) التكوين ٢٢:٥.
(2) التكوين ٢٦:٢٥.
(3) سفر الخروج ٤:٣١.
(4) سفر المزامير ٥:٣.
(5) سفر المزامير ٥:٧.
(6) سفر المزامير ٥٥:١٦ ـ ١٧.
(7) سفر المزامير ٩٥:٥ ـ ٦.
(8) سفر المزامير ١٣٨:٢.

فَاسْمَعْ أَنْتَ مِنَ السَّمَاءِ وَاغْفِرْ خَطِيَّةَ شَعْبِكَ إِسْرَائِيلَ، وَأَرْجِعْهُمْ إِلَى الْأَرْضِ الَّتِي أَعْطَيْتَهَا لِآبَائِهِمْ[1].

«قِفْ فِي بَابِ بَيْتِ الرَّبِّ وَنَادِ هُنَاكَ بِهَذِهِ الْكَلِمَةِ وَقُلْ: اِسْمَعُوا كَلِمَةَ الرَّبِّ يَا جَمِيعَ يَهُوذَا الدَّاخِلِينَ فِي هَذِهِ الْأَبْوَابِ لِتَسْجُدُوا لِلرَّبِّ[2].

فَلَمَّا عَلِمَ دَانِيَالُ بِإِمْضَاءِ الْكِتَابَةِ ذَهَبَ إِلَى بَيْتِهِ، وَكُوَاهُ مَفْتُوحَةٌ فِي عُلِّيَّتِهِ نَحْوَ أُورُشَلِيمَ، فَجَثَا عَلَى رُكْبَتَيْهِ ثَلَاثَ مَرَّاتٍ فِي الْيَوْمِ، وَصَلَّى وَحَمَدَ قُدَّامَ إِلَهِهِ كَمَا كَانَ يَفْعَلُ قَبْلَ ذَلِكَ[3].

فَوَجَّهْتُ وَجْهِي إِلَى اللَّهِ السَّيِّدِ طَالِبًا بِالصَّلَاةِ وَالتَّضَرُّعَاتِ، بِالصَّوْمِ وَالْمَسْحِ وَالرَّمَادِ[4].

وَبَعْدَمَا صَرَفَ الْجُمُوعَ صَعِدَ (المسيح) إِلَى الْجَبَلِ مُنْفَرِدًا لِيُصَلِّيَ. وَلَمَّا صَارَ الْمَسَاءُ كَانَ هُنَاكَ وَحْدَهُ[5].

حِينَئِذٍ جَاءَ مَعَهُمْ يَسُوعُ إِلَى ضَيْعَةٍ يُقَالُ لَهَا جَثْسَيْمَانِي، فَقَالَ لِلتَّلَامِيذِ: «اِجْلِسُوا هَهُنَا حَتَّى أَمْضِيَ وَأُصَلِّيَ هُنَاكَ[6].

ثُمَّ تَقَدَّمَ قَلِيلًا وَخَرَّ عَلَى وَجْهِهِ، وَكَانَ يُصَلِّي قَائِلًا: «يَا أَبَتَاهُ، إِنْ أَمْكَنَ فَلْتَعْبُرْ عَنِّي هَذِهِ الْكَأْسُ، وَلَكِنْ لَيْسَ كَمَا أُرِيدُ أَنَا بَلْ كَمَا تُرِيدُ أَنْتَ[7].

وَفِي الصُّبْحِ بَاكِرًا جِدًّا قَامَ وَخَرَجَ وَمَضَى إِلَى مَوْضِعٍ خَلَاءٍ، وَكَانَ يُصَلِّي هُنَاكَ[8].

(1) سفر الملوك الأول: ٨: ٣٤ ـ ٣٣.

(2) سفر إرميا: ٧: ٢.

(3) سفر دانيال: ٦: ١٠.

(4) سفر دانيال: ٩: ٣.

(5) سفر متى: ١٤: ٢٣.

(6) سفر متى: ٢٦: ٣٦.

(7) سفر متى: ٢٦: ٣٩.

(8) سفر مرقس: ١: ٣٥.

فَقَالَ لَهُمْ: «لِمَاذَا أَنْتُمْ نِيَامٌ؟ قُومُوا وَصَلُّوا لِئَلَّا تَدْخُلُوا فِي تَجْرِبَةٍ»[1].

(وَالمراد به وقت العشية أي وقف صلاة العصر) وَصَعِدَ بُطْرُسُ وَيُوحَنَّا مَعًا إِلَى الْهَيْكَلِ فِي سَاعَةِ الصَّلَاةِ التَّاسِعَةِ[2].

ثُمَّ فِي الْغَدِ فِيمَا هُمْ يُسَافِرُونَ وَيَقْتَرِبُونَ إِلَى الْمَدِينَةِ، صَعِدَ بُطْرُسُ عَلَى السَّطْحِ لِيُصَلِّيَ نَحْوَ السَّاعَةِ السَّادِسَةِ.

والمراد به وقت الظهيرة أي وقت صلاة الظهر [3]

ثُمَّ جَاءَ وَهُوَ مُنْتَبِهٌ إِلَى بَيْتِ مَرْيَمَ أُمِّ يُوحَنَّا الْمُلَقَّبِ مَرْقُسَ، حَيْثُ كَانَ كَثِيرُونَ مُجْتَمِعِينَ وَهُمْ يُصَلُّونَ[4].

وَفِي يَوْمِ السَّبْتِ خَرَجْنَا إِلَى خَارِجِ الْمَدِينَةِ عِنْدَ نَهْرٍ، حَيْثُ جَرَتِ الْعَادَةُ أَنْ تَكُونَ صَلَاةٌ، فَجَلَسْنَا وَكُنَّا نُكَلِّمُ النِّسَاءَ اللَّوَاتِي اجْتَمَعْنَ[5].

وَنَحْوَ نِصْفِ اللَّيْلِ كَانَ بُولُسُ وَسِيلَا يُصَلِّيَانِ وَيُسَبِّحَانِ اللَّهَ، وَالْمَسْجُونُونَ يَسْمَعُونَهُمَا[6].

وَلَمَّا قَالَ هَذَا جَثَا عَلَى رُكْبَتَيْهِ مَعَ جَمِيعِهِمْ وَصَلَّى[7].

وينبغي أن يكون هنا واضحًا أيضًا أن الصلاة كانت دائمًا تؤدى خمس مرات. وقد جاء في حديث أبي داود أن جبريل الأمين نفسه قد أخبر رسول الله ﷺ بذلك مرة. [32] ولا شك أن اليهود لديهم الآن ثلاث صلوات، كما أن الاقتباسات السابقة تذكر أيضًا ثلاث صلوات فقط في مكان، لكن لويس

---

(1) إنجيل لوقا، ٢٢: ٤٦.

(2) سفر أعمال الرسل، ٣: ١.

(3) (سفر أعمال الرسل، ١٠: ٩)

(4) سفر أعمال الرسل، ١٢: ١٢.

(5) سفر أعمال الرسل، ١٦: ١٣.

(6) (سفر أعمال الرسل، ١٦: ٢٥)

(7) سفر أعمال الرسل، ٢٠: ٣٦.

جينسبيرغ، في بحثه عن التلمود القدسي يوضح أن عند اليهود أيضًا قد حدثت هذه الممارسة بنفس الطريقة تمامًا التي اتبعها الشيعة عندنا فحولوا عمليًا الصلوات الخمس إلى ثلاث صلوات، بجمع الظهر والعصر والمغرب والعشاء على طريقة جمع بن الصلاتين. وقال إنه في زمن التلمود، كان اليهود يجتمعون للصلاة خمس مرات في اليوم ثلاث مرات للصلوات التي تقدم في هذا الوقت، ومرتين لقراءة «الشيما». ومع ذلك، في وقت لاحق، بسبب بعض المشاكل العملية، تم الجمع بين صلوات الصباح والمساء صلاتين صلاتين لتشكيل الممارسة السائدة حاليًا. [٣٣]

والآن بعد نزول القرآن قد صارت سورة الفاتحة من ضمن أدعية الصلاة. ويفيد الكتاب المقدس أن هذا النوع من الدعاء للصلاة كان قد نزل في جميع الكتب الموحى بها.

فقد جاء في التوراة هذا الدعاء كما يلي:

فَاجْتَازَ الرَّبُّ قُدَّامَهُ، وَنَادَى الرَّبُّ: «الرَّبُّ إِلهٌ رَحِيمٌ وَرَؤُوفٌ، بَطِيءُ الْغَضَبِ وَكَثِيرُ الإِحْسَانِ وَالْوَفَاءِ

حَافِظُ الإِحْسَانِ إِلَى أُلُوفٍ. غَافِرُ الإِثْمِ وَالْمَعْصِيَةِ وَالْخَطِيَّةِ. وَلكِنَّهُ لَنْ يُبْرِئَ إِبْرَاءً. مُفْتَقِدٌ إِثْمَ الآبَاءِ فِي الأَبْنَاءِ، وَفِي أَبْنَاءِ الأَبْنَاءِ، فِي الْجِيلِ الثَّالِثِ وَالرَّابِعِ (1).

وجاء هذا الدعاء في ابتهالات المزامير فيما يلي:

«أَمِلْ يَا رَبُّ أُذُنَكَ. اسْتَجِبْ لِي، لأَنِّي مِسْكِينٌ وَبَائِسٌ أَنَا

احْفَظْ نَفْسِي لأَنِّي تَقِيٌّ. يَا إِلهِي، خَلِّصْ أَنْتَ عَبْدَكَ الْمُتَّكِلَ عَلَيْكَ

ارْحَمْنِي يَا رَبُّ، لأَنَّنِي إِلَيْكَ أَصْرُخُ الْيَوْمَ كُلَّهُ

فَرِّحْ نَفْسَ عَبْدِكَ، لأَنَّنِي إِلَيْكَ يَا رَبُّ أَرْفَعُ نَفْسِي

---

(1)   سفر الخروج، ٣٤: ٦ ــ ٧.

لِأَنَّكَ أَنْتَ يَا رَبُّ صَالِحٌ وَغَفُورٌ، وَكَثِيرُ الرَّحْمَةِ لِكُلِّ الدَّاعِينَ إِلَيْكَ

اِصْغَ يَا رَبُّ إِلَى صَلَاتِي، وَأَنْصِتْ إِلَى صَوْتِ تَضَرُّعَاتِي

فِي يَوْمِ ضِيقِي أَدْعُوكَ، لِأَنَّكَ تَسْتَجِيبُ لِي

لَا مِثْلَ لَكَ بَيْنَ الْآلِهَةِ يَا رَبُّ، وَلَا مِثْلَ أَعْمَالِكَ

كُلُّ الْأُمَمِ الَّذِينَ صَنَعْتَهُمْ يَأْتُونَ وَيَسْجُدُونَ أَمَامَكَ يَا رَبُّ، وَيُمَجِّدُونَ اسْمَكَ

لِأَنَّكَ عَظِيمٌ أَنْتَ وَصَانِعٌ عَجَائِبَ. أَنْتَ اللهُ وَحْدَكَ

عَلِّمْنِي يَا رَبُّ طَرِيقَكَ. أَسْلُكُ فِي حَقِّكَ. وَحِّدْ قَلْبِي لِخَوْفِ اسْمِكَ.

أَحْمَدُكَ يَا رَبُّ إِلَهِي مِنْ كُلِّ قَلْبِي، وَأُمَجِّدُ اسْمَكَ إِلَى الدَّهْرِ.

لِأَنَّ رَحْمَتَكَ عَظِيمَةٌ نَحْوِي، وَقَدْ نَجَّيْتَ نَفْسِي مِنَ الْهَاوِيَةِ السُّفْلَى.

اَللّهُمَّ، الْمُتَكَبِّرُونَ قَدْ قَامُوا عَلَيَّ، وَجَمَاعَةُ الْعُتَاةِ طَلَبُوا نَفْسِي، وَلَمْ يَجْعَلُوكَ أَمَامَهُمْ.

أَمَّا أَنْتَ يَا رَبُّ فَإِلهٌ رَحِيمٌ وَرَؤُوفٌ، طَوِيلُ الرُّوحِ وَكَثِيرُ الرَّحْمَةِ وَالْحَقِّ.

الْتَفِتْ إِلَيَّ وَارْحَمْنِي. أَعْطِ عَبْدَكَ قُوَّتَكَ، وَخَلِّصِ ابْنَ أَمَتِكَ.

«اصْنَعْ مَعِي آيَةً لِلْخَيْرِ، فَيَرَى ذلِكَ مُبْغِضِيَّ فَيَخْزَوْا، لِأَنَّكَ أَنْتَ يَا رَبُّ أَعَنْتَنِي وَعَزَّيْتَنِي» [1]

وجاء هذا الدعاء في الإنجيل في ألفاظ آتية:

«فَصَلُّوا أَنْتُمْ هكَذَا: أَبَانَا الَّذِي فِي السَّمَاوَاتِ، لِيَتَقَدَّسِ اسْمُكَ

لِيَأْتِ مَلَكُوتُكَ. لِتَكُنْ مَشِيئَتُكَ كَمَا فِي السَّمَاءِ كَذلِكَ عَلَى الْأَرْضِ

خُبْزَنَا كَفَافَنَا أَعْطِنَا الْيَوْمَ

---

(1)   سفر المزامير، ٨٦: ١-٧١.

وَاغْفِرْ لَنَا ذُنُوبَنَا كَمَا نَغْفِرُ نَحْنُ أَيضًا لِلْمُذْنِبِينَ إِلَيْنَا وَلاَ تُدْخِلْنَا فِي تَجْرِبَةٍ، لكِنْ نَجِّنَا مِنَ الشِّرِّيرِ. لأَنَّ لَكَ الْمُلْكَ، وَالْقُوَّةَ، وَالْمَجْدَ، إِلَى الأَبَدِ. آمِينَ[1]

هذا هو تاريخ الصلاة. وواضح من هذا أن القرآن عندما أمر الناس بالصلاة لم يكن شيئًا غريبًا عنهم. وكانوا عالمين بآدابها وأحوالها وأفعالها وأذكارها. ولذلك لم تكن هناك حاجة للقرآن لوصف تفاصيلها. وطريقة أدائها كتقليد للدين الإبراهيمي الذي قد أجراها النبي ﷺ لأتباعه بأمر من القرآن مع بعض التعديلات، ومن جيل إلى جيل كانوا يؤدونها بنفس الطريقة. ولذلك فإن مصدره الآن هو إجماع المسلمين وتواترهم العملي. وسنستمد منه تفاصيلها ونوصفها في المباحث المقبلة.

## مقصد الصلاة

فقد أمرنا الله تعالى أن نظل نذكره دائمًا. فقال: ﴿يَٰٓأَيُّهَا ٱلَّذِينَ ءَامَنُواْ ٱذۡكُرُواْ ٱللَّهَ ذِكۡرٗا كَثِيرٗا * وَسَبِّحُوهُ بُكۡرَةٗ وَأَصِيلًا﴾[2]. والصلاة ذكر في أتم صورته وأكمله. لأن العبد يذكره فيه بكامل وجوده بل يصير تصويرًا فعليًّا لذلك الذكر. ولذا ففرض الصلاة خمسة أوقات في اليوم والليلة. فقال القرآن عن موسى عليه السلام: ﴿إِنِّيٓ أَنَا۠ رَبُّكَ فَٱخۡلَعۡ نَعۡلَيۡكَ إِنَّكَ بِٱلۡوَادِ ٱلۡمُقَدَّسِ طُوٗى * وَأَنَا ٱخۡتَرۡتُكَ فَٱسۡتَمِعۡ لِمَا يُوحَىٰٓ * إِنَّنِيٓ أَنَا ٱللَّهُ لَآ إِلَٰهَ إِلَّآ أَنَا۠ فَٱعۡبُدۡنِي وَأَقِمِ ٱلصَّلَوٰةَ لِذِكۡرِيٓ﴾[3].

## شروط الصلاة:

والأشياء التي علينا الاهتمام بها هي كالتالي:

أن لا يكون المصلي سكرانًا

---

(1) سفر المتي، ٦: ٩ ــ ١٣.

(2) سورة الأحزاب، الآيتان: ٤١ و٤٢.

(3) سورة طه، الآيات: ١٢ ــ ١٤.

وإذا كانت امرأة لا تكون حائضًا ولا نافسًا

أن يكون متوضئًا وأن يكون قد اغتسل بعد الفراغ من حالة الجنابة والحيض والنفاس.

وإن تعذر الوضوء والاغتسال في عدم توفر الماء أو في السفر أو المرض تيمم وأن يقوم يصلي متوجهًا للقبلة.

وكانت هذه الأشياء ضرورية لازمة للصلاة. وبما أن العرب لكونهم محرومين من الوحي الإلهي بعد إسماعيل عليه السلام لقرون عديدة لم يعد واقفين على بعض هذه الشروط اللازمة، فان القرآن الكريم قد فصل أكثر هذه الأشياء لتذكيرهم إياها. فقال عن الأشياء الثلاث الأولى: ﴿ يَٰٓأَيُّهَا ٱلَّذِينَ ءَامَنُواْ لَا تَقۡرَبُواْ ٱلصَّلَوٰةَ وَأَنتُمۡ سُكَٰرَىٰ حَتَّىٰ تَعۡلَمُواْ مَا تَقُولُونَ وَلَا جُنُبًا إِلَّا عَابِرِي سَبِيلٍ حَتَّىٰ تَغۡتَسِلُواْۚ وَإِن كُنتُم مَّرۡضَىٰٓ أَوۡ عَلَىٰ سَفَرٍ أَوۡ جَآءَ أَحَدٞ مِّنكُم مِّنَ ٱلۡغَآئِطِ أَوۡ لَٰمَسۡتُمُ ٱلنِّسَآءَ فَلَمۡ تَجِدُواْ مَآءٗ فَتَيَمَّمُواْ صَعِيدٗا طَيِّبٗا فَٱمۡسَحُواْ بِوُجُوهِكُمۡ وَأَيۡدِيكُمۡۗ إِنَّ ٱللَّهَ كَانَ عَفُوًّا غَفُورًا ﴾[1]. وقال:

﴿ يَٰٓأَيُّهَا ٱلَّذِينَ ءَامَنُوٓاْ إِذَا قُمۡتُمۡ إِلَى ٱلصَّلَوٰةِ فَٱغۡسِلُواْ وُجُوهَكُمۡ وَأَيۡدِيَكُمۡ إِلَى ٱلۡمَرَافِقِ وَٱمۡسَحُواْ بِرُءُوسِكُمۡ وَأَرۡجُلَكُمۡ إِلَى ٱلۡكَعۡبَيۡنِۚ وَإِن كُنتُمۡ جُنُبٗا فَٱطَّهَّرُواْۚ وَإِن كُنتُم مَّرۡضَىٰٓ أَوۡ عَلَىٰ سَفَرٍ أَوۡ جَآءَ أَحَدٞ مِّنكُم مِّنَ ٱلۡغَآئِطِ أَوۡ لَٰمَسۡتُمُ ٱلنِّسَآءَ فَلَمۡ تَجِدُواْ مَآءٗ فَتَيَمَّمُواْ صَعِيدٗا طَيِّبٗا فَٱمۡسَحُواْ بِوُجُوهِكُمۡ وَأَيۡدِيكُم مِّنۡهُۚ مَا يُرِيدُ ٱللَّهُ لِيَجۡعَلَ عَلَيۡكُم مِّنۡ حَرَجٖ وَلَٰكِن يُرِيدُ لِيُطَهِّرَكُمۡ وَلِيُتِمَّ نِعۡمَتَهُۥ عَلَيۡكُمۡ لَعَلَّكُمۡ تَشۡكُرُونَ ﴾[2].

---

(1) سورة النساء، الآية: ٤٣.

(2) سورة المائدة، الآية: ٦.

## وقال في التوجه إلى القبلة:

﴿ قَدْ نَرَىٰ تَقَلُّبَ وَجْهِكَ فِي ٱلسَّمَآءِ ۖ فَلَنُوَلِّيَنَّكَ قِبْلَةً تَرْضَىٰهَا ۚ فَوَلِّ وَجْهَكَ شَطْرَ ٱلْمَسْجِدِ ٱلْحَرَامِ ۚ وَحَيْثُ مَا كُنتُمْ فَوَلُّوا۟ وُجُوهَكُمْ شَطْرَهُۥ ﴾[1].

فأنت ترى أن الله تعالى في هذه الآيات قد سوى بين السكر والجنابة في إفساد الصلاة فقال لا تقربوا الصلاة ومكان الصلاة مع تواجدهما، فعلم أن الحالتين هما حالتا النجاسة. نعم هناك فرق أن نجاسة السكر هو نجاسة عقلية والجنابة هي نجاسة جسدية. والكل يعلم أنه كما أن الخمر يعطل العقل فكذلك الجنابة تورث الانقباض في النفس الذي يذهب بالانشراح وحضور القلب المطلوبين للصلاة. مع رخصة المرور من المسجد في حالة الجنابة إذا كان للجنب ضرورة ماسة.

والاغتسال لازم في حالة الجنابة فلا صلاة إلا به. فألفاظ وتعبيرات «تغتسلوا وفاطهروا» تتقاضى أن يكون هناك اهتمام خاص للطهارة في هذه الحالة. والأسوة الحسنة التي جاءت في الأحاديث والروايات في هذا المضمار إليك تفصيل ذلك بما يأتي:

أولًا غسل اليدين:

ثم إفراغ الماء على الفرج وغسله بشماله غسلًا جيدًا

ثم يتوضأ الوضوء الكامل ويترك الرِجلين لغسلها في الآخر.

ثم إفراغ الماء على الرأس ويدخل الأصابع في أصول الشعر.

ثم إفراغ الماء على الجسد كله

ثم تُغسل الرِّجلان في الأخير

فعن عائشة رضي الله عنها قالت: كان رسول الله صلى الله عليه وسلم إذا اغتسل من الجنابة يبدأ

---

(1) سورة البقرة، الآية: ١٤٤.

فيغسل يديه بيمينه على شماله. فيغسل فرجه ثم يتوضأ وضوءه للصلاة ثم يأخذ الماء فيدخل أصابعه في أصول الشعر حتى إذا رأى أن قد استبرأ حفن على رأسه ثلاث حفنات ثم أفاض على سائر جسده ثم غسل رِجليه[1].

وعن ابن عباس قال حدثني خالتي ميمونة قالت: أدنيت لرسول الله ﷺ غسله من الجنابة فغسل كفيه مرة أو ثلاثًا ثم أدخل يده في الإناء. ثم أفرغ به للصلاة ثم أفرغ على رأسه ثلاث حفنات ملء كفه ثم غسل سائر جسده ثم تنحى عن مقامه ذلك فغسل رِجليه[2].

فطريقة الوضوء التي جاءت في الآيات المذكورة ابتدأت بغسل الوجه ثم غسل اليدين إلى المرفقين ثم مسح الرأس كله وغسل القدمين بعد ذلك. ومسح الرأس كله لا بد منه لأنه قد جاء الحكم باستعمال «ب» على مواقع كهذه ينبئ عن الإحاطة والشمول. وكذا حكم الرِجلين يبدو بظاهره أنه تحت «وامسحوا». ولكن بما أن «أرجلكم» منصوب وجاء بعد «إلى الكعبين» والذي يقطع بأن أرجلكم معطوف على أيديكم لأنه إن كان العطف على «برؤوسكم» لكان القيد «إلى الكعبين» غير ضروري. ولتنظر في التيمم حيث جاء الحكم بالمسح وختم قيد «إلى المرافق» لهذا السبب فلزم غسل الرجلين. وقد ذكر ذلك مؤخرًا في الآية لكي يتوضح على الناس ترتيب الأعضاء في الوضوء.

وكيف كان رسول الله ﷺ يتوضأ؟ فإذا جمعت الروايات الواردة في ذلك تظهر منها صورة وضوئه كما جاء ذلك في حديث عثمان بن عفان أن عثمان بن عفان ﵁، دعا بوضوء فتوضأ فغسل كفيه ثلاث مرات ثم مضمض واستنثر ثم غسل وجهه ثلاث مرات. ثم غسل يده اليمنى إلى المرافق ثلاثًا ثم غسل يده اليسرى مثل ذلك ثم مسح رأسه. ثم غسل رجله اليمنى إلى الكعبين ثلاث

---

(1) رواه مسلم رقم الحديث: ٣١٦.

(2) رواه مسلم رقم الحديث: ٣١٧.

مرات ثم غسل اليسرى مثل ذلك ثم قال رأيت رسول الله ﷺ توضأ نحو وضوئي هذا»[1].

وقد غسل الأعضاء في الوضوء مرة في بعض المواقع ومرتين على بعضها الآخر[2].

وتفيد الروايات أنه بيّن فضيلة أن يقول المرء بعد الوضوء: أشهد أن لا إله إلا الله وحده لا شريك له وأشهد أن محمدًا عبده ورسوله» وأن يصلى ركعتين من الصلاة[3].

ومن المعروف أيضًا أن النبي ﷺ شجع وأحب الوضوء قبل النوم[4]، وخاصة في حالة النوم والأكل والشرب، والوضوء قبل ممارسة الجنس مرة أخرى[5].

ونذكر بعض أقواله ﷺ في فضل الوضوء كما يلي:

عن عبدالله قال رسول الله ﷺ: «إذا توضأ العبد المؤمن، فتمضمض، خرجت الخطايا من فيه. وإذا استنثر، خرجت الخطايا من أنفه. ثم إذا غسل وجهه، خرجت الخطايا من وجهه حتى تخرج من تحت أشفار عينيه. وعندما يغسل يديه، تخرج الخطايا من يديه حتى تخرج من تحت أظفار يديه. وعندما يمسح رأسه، تخرج الخطايا من رأسه حتى تخرج من أذنيه. وأخيرًا، عندما يغسل رجليه، تخرج الخطايا من رجليه حتى تخرج من تحت أظفار رجليه ثم يكون مشيه إلى المسجد وصلاته نافلة له[6].

---

(1) رواه البخاري رقم الحديث: ٢٢٦ ومسلم رقم: ٥٣٨ ــ ٥٥٥.

(2) رواه البخاري رقم: ١٥٧.

(3) رواه مسلم رقم: ٥٥٣ ــ ٥٥٤.

(4) البخاري رقم: ٢٤٧ ومسلم رقم: ٦٨٨٢.

(5) البخاري رقم: ٢٨٨ ومسلم رقم: ٦٩٩ ــ ٧٠٠ ــ ٧٠٧.

(6) رواه المؤطأ رقم: ٦٧.

والظاهر أنه لا يراد به الذنوب التي لا تتعلق بحقوق العباد ولا تحتاج إلى التوبة والكفارة.

عن أبي هريرة ﵁ قال: سمِعتُ رسول الله ﷺ يقول: (إن أمتي يأتون يوم القيامة غُرًّا مُحجَّلين مِن أثر الوضوء، فمَن استطاع منكم أن يُطيل غرَّتَه فليفعَلْ)[1].

وإذا تم الوضوء مرة واحدة، فسيستمر حتى يعاني الشخص من حالة معاكسة ناقضة. لذلك، فإن تعليمات الوضوء هذه هي للحالة التي لم يبق فيها وضوء، إلا إذا قام الشخص بالوضوء الجديد من أجل نشاط الطبيعة. في هذه الحالة، ليس ذلك مطلبًا من القانون بل مجرد مسألة فضيلة.

وفيما يلي نواقض الوضوء:

١. التبول

٢. البراز

٣. خروج الريح سواء بالصوت أو بلا صوت

٤. خروج المني أو المذي

وإذا لم تكن هذه الأشياء بسبب أي مرض، فإنها تنقض الوضوء. النوم وفقدان الوعي ليسا ناقضًا للوضوء في حد ذاتهما، ولكن بما أن الشخص لا يكون حذرًا متنبهًا على وضوئه في مثل هذه الحالات، يجب بحكم الاحتياط من أن يتم الوضوء من جديد بعد ذلك.

وإذا أصبح كل من الوضوء والغسل صعبًا في حالة السفر أو المرض أو بسبب نقص المياه، فقد سمح الله في آيات النساء والمائدة المذكورة أعلاه، أن يتمكن الشخص من التيمم. وطريقة ذلك مذكورة في هذه الآيات أنه بعد العثور على مكان طاهر، يجب مسح الوجه واليدين بترابه. وعن النبي ﷺ أنه ضرب

(1) متفق عليه، واللفظ لمسلم. رقم ٥٧٩.

كلتا يديه على الأرض، ثم نفخ فيهما ومسحهما باليد المعاكسة على اليد اليمنى وباليد اليمنى على اليد اليسرى، ثم ضرب بكلتا يديه ومسح على وجهه(1).

وينص القرآن على أن التيمم يكفي في جميع أنواع النجاسات. إذا حدث أي ناقض من نواقض الوضوء، يمكن القيام به بعد ذلك كما يمكن بعد الجماع أن يتم بدلًا من الغسل. وبنفس الطريقة تمت صراحة أنه في حالة المرض والسفر يمكن للشخص القيام بالتيمم حتى لو كان هناك ماء. ويكتب الأستاذ الإمام:

«هناك احتمال حدوث ضرر من الوضوء أو الاستحمام في المرض، ولهذا السبب تم تقديم هذا التنازل. وبنفس الطريقة قد تكون هناك مواقف مختلفة في الرحلة يتعين على الشخص الاعتماد على التيمم. على سبيل المثال إذا تواجدت المياه ولكنها أقل فهناك خوف من أنه إذا تم استخدامها للاستحمام يقل الماء للشرب وما إلى ذلك، أو هناك خوف من أنه إذا كان يهتم في الاستحمام ربما يفصله عن رفاق القافلة أو هناك رحلة سكة حديدية أوسفينة أو سفر طائرة أن الاستحمام سيسبب صعوبة كبيرة(2).

واتبع رسول الله ﷺ قياسًا على حكم التيمم هذا نفس الأمر حين مسح على الجوارب والعمامة(3) وسمح للناس بمسح الجوارب بدلاً من غسل أقدامهم ثلاثة أيام ولياليها للمسافر وليوم وليلة للمقيم إذا لبسوا الجوارب على الوضوء(4).

وبالمثل في حالة الغسل فقد ذكر أنه إذا كان شعر المرأة معقودًا، يكفي صب الماء من الأعلى دون فتحه(5). وإذا كانت الأشياء التي تجب الاغتسال

---

(1) رواه البخاري رقم ٣٣٨ ـ ٣٤٧ وأبو داود رقم ٣٢١ ـ ٣٢٢).

(2) تدبر القرآن ٢/ ٣٠٣.

(3) رواه البخاري رقم: ١٨٢ ـ ٢٠٣ ـ ٢٠٥ ومسلم رقم: ٦٢٢ ـ ٦٣٢.

(4) رواه مسلم رقم: ٦٣٩ فهناك رعاية ملحوظة لقاعدة اطردت للرخصة والاستثناء وجاءت في القرآن في الفاظ «غير باغ ولا عاد».

(5) رواه مسلم رقم: ٦٣٩.

بسببها تأخذ شكل المرض، فبمجرد الغسل لمرة واحدة، يمكن تقديم بقية الصلوات بدونها[1].

ويبدو أنه لا تحصل طهارة ونقاء من التيمم، ولكن إذا تفكرت فيه وجدت أنه ذو أهمية كبيرة من حيث الحفاظ على ذكرى الطريقة الأصلية للتطهير في الاعتبار. فإنه يوضع في الاعتبار في الشريعة بشكل عام أنه عندما لا يكون من الممكن اتباع حكم في الحالة الأصلية أو يصبح الأمر صعبًا للغاية، فيجب الاحتفاظ بذكره في حالة مشابهة للأصل، وذلك يفيد أنه بمجرد عودة الوضع إلى طبيعته تكون الطبيعة جاهزة للعودة إلى النموذج الأصلي للحكم.

وكان لا بد أيضًا من ضبط القبلة للصلاة. من الواضح أنه بدونها لا يمكن إنشاء أي ترتيب للصلاة الجماعية. هذا هو السبب في أنه كان دائمًا مأمورًا به في الشرائع الإلهية. وجاء في سورة يونس أنه عندما بدأ موسى ﵇ التنظيم الديني لبني إسرائيل في مصر، أمره الله بجعل بعض الأماكن في أجزاء مختلفة من مصر خاصةً للصلاة وأن البيوت التي يجب أن يحجزوها للصلاة يجب أن تعلن كقبلة لها ويجب تنظيم صلاة الجماعة فيها. (يونس: ٨٧)

وحتى بناء بيت المقدس كان التابوت المذكور في سورة البقرة يتمتع بنفس المكانة في بني إسرائيل. وعندما بعث النبي ﷺ كان اليهود يصلون إلى بيت المقدس. وقد أمر النبي أن يفعل الشيء نفسه وأخبرت حكمته أنه كان المقصود اختبار بني إسماعيل هل يتبعون النبي أو يبتعدون عنه بسبب تحيزاتهم وتعصباتهم (البقرة:١٤٣). وعندما تحقق هذا الهدف، نزل الحكم بتحويل القبلة وعين بيت الله الحرام قبلة للمسلمين إلى الأبد.

وهذا هو الحكم المذكور في آية سورة البقرة المقتبسة أعلاه. يشير المسجد الحرام في هذه الآية إلى مكان العبادة، والذي يقع بيت الله في منتصفه.

---

(1) رواه البخاري رقم: ٢٢٨ ــ ٣٠٦ ومسلم رقم ٧٥٣.

و جاءت عبارة ﴿فَوَلِّ وَجْهَكَ شَطْرَ ٱلْمَسْجِدِ ٱلْحَرَامِ﴾[1] بالرجوع إليها. يتضح منها أن الغرض هو مواجهة بيت الله، ولم يطلب الله التوجه نحو بيت الله في محاذاة الأنف. ومع ذلك، فقد تم التأكيد في الآية على أنه أينما كان المسلمون داخل أو خارج المسجد الحرام، يجب عليهم أن يتوجهوا إلى القبلة في الصلاة. وكانت الحاجة ماسة إلى هذا التوكيد لأن اليهود والنصارى.

كانوا يجعلون قبلتهم بيت المقدس في داخل حرمه ولكنهم حين يخرجون منه ويجعلون الشرق أو الغرب قبلة لهم، لذلك أمر المسلمون بالصلاة في الرحلة والحضر داخل وخارج بيت الحرام أينما كانوا أن يكونوا متجهين إلى نفس المسجد.

وسيكون في هذا، بالطبع، استثناء عندما يصعب تعيين القبلة أو في ظروف استثنائية يجبر الشخص على الصلاة مشيًا أو راكبًا. وقد روي عن النبي ﷺ أنه كان يؤدي صلاة النافلة وهو على مركبه وفي اتجاهه، ظنًّا منه أنه سيصعب لها التوقف للقافلة[2].

# أعمال الصلاة

الأفعال المقررة في الشريعة للصلاة هي:

يجب أن تبدأ الصلاة برفع اليدين أي بكلتا يديه مرفوعةً إلى الأعلى.

ثم القيام

ثم الركوع

ثم يقوم الرجل مستويًا للقومة

ثم يسجد سجدتين واحدة تلو الأخرى.

---

(1) سورة البقرة، الآية: ١٤٤.
(2) كما جاء في البخاري رقم: ١٠٠٠ ــ ١٠٩٨ ــ ١٠٩٩ ومسلم رقم: ١٦١٨.

وأن يقعد المصلي في كل ركعة ثانية وفي الركعة الأخيرة ويجلس على ركبتيه.

وإذا أراد أن ينتهي صلاته سلم جلوسًا في القعدة يمينًا وشمالًا.

وتواترت هذه الأعمال من الإجماع والتواتر العلمي. وقد قال رسول الله ﷺ: صلوا كما رأيتموني أصلي[1]. ولذا نفصل فيما يأتي هذه الأعمال كلها كما جاءت عن النبي ﷺ.

# رفع اليدين

فكان رسول الله ﷺ يرفع يديه تارة مع التكبير وأحيانًا قبل التكبير وبعد التكبير مرة أخرى[2].

وتكون يداه مفتوحتين لا تلتقي أصابع يديه بعضها من بعض ولا تنفرج كاملًا[3].

ويرفع يديه أن تحاذيا مرة منكبيه وتارة تحاذيا أذنيه[4].

وتقول الروايات إن النبي ﷺ كان يرفع يديه قبل الركوع وأحيانًا بعد الركوع أيضًا[5] وأحيانًا عند القيام للركعة الثانية[6] وأحيانًا عندما يسجد وعندما يرفع من السجدة[7].

---

(1) رواه البخاري رقم الحديث: ٦٣١.

(2) كما رواه البخاري رقم الحديث: ٧٣٥، ٧٣٧ ومسلم رقم: ٨٦٢، ٨٦٤ و ٨٦٥.

(3) كما رواه أبو داود رقم: ٧٥٣، ابن خزيمة ٤٥٩ والسنن الكبرى للبيهقي رقم: ٢٣١٧ والنسائي: ٨٨٤.

(4) (كما رواه البخاري رقم الحديث: ٧٣٦ ـ ٧٣٨ ومسلم رقم الحديث: ٨٦٥ وأبو داود رقم: ٧٢٦ والنسائي رقم: ٨٨١.

(5) البخاري رقم: ٧٣٧ ومسلم رقم: ٨٦١.

(6) البخاري رقم الحديث ٧٣٩.

(7) النسائي رقم: ١٠٨٦.

## القيام

وكان رسول الله ﷺ يقوم مستقيمًا وضامًا يديه[1] وكان يضع يده اليمنى على ذراعه اليسرى وكان يضع يديه بطريقة يكون جزء من اليمنى وجزء منها على الكف وجزء منها على الرسغ[2] وكان يمنع الناس أن يضعوا اليد اليسرى على اليمنى في القيام[3].

## الركوع

وكان النبي ﷺ يضع كفيه على ركبتيه كأنه قابض على ركبتيه[4]. وكان يفرج بين أصابعه ويضعها تحت ركبتيه[5]. ولا يخفض رأسه ولا يرفع بل يسويه كالقوس[6]. ويقول من لا يقيم ظهره في الركوع وفي السجدة لا صلاة له[7].

## القومة

وكان رسول الله ﷺ إذا قام من الركوع استوى قائمًا حتى يعود كل فقار الصلب في مكانه[8]. وكان قيامه هذا مساويًا للركوع أحيانًا يطول كأنه نسي[9]. وكان يقول إن الله لا يلتفت إلى صلاة رجل لا يسوي ظهره قائمًا ويسجد من فوره[10].

---

(1) أبو داود رقم: ٧٣٠ ابن ماجه رقم: ٨٦٢ ومسلم رقم ٨٩٦ وأبو داود رقم: ٧٥٩.

(2) مسلم رقم ٨٩٦ والنسائي ٨٩٠.

(3) مسلم رقم: ٨٩٦.

(4) البخاري رقم: ٨٢٨.

(5) أحمد رقم الحديث: ١٠٤٢.

(6) مسلم رقم: ١١١٠.

(7) أبو داود رقم ٨٥٥، نسائي رقم: ١٠٢٨ ابن ماجه رقم ٨٧٠ ــ ٨٧١.

(8) البخاري رقم: ٨٢٨.

(9) البخاري رقم: ٨٠٠ ومسلم رقم: ١٠٦٠.

(10) رواه أحمد رقم الحديث: ١٠٤٠٢٠.

# السجود

وكان إذا سجد مد كفيه ويجمع بين أصابعه[1] وتتجه أصابعه إلى القبلة[2] ويمد يديه تارة إلى المنكبين وأحيانًا يحاذي أذنيه ويفسح بينهما بحيث تخرج من تحتهما شاة صغيرة[3]. ويكون مرفقاه منفرجين من جنبيه أن ينظر من خلفه بياض إبطيه[4] ويضع قدميه قائمتين[5] وجاء في موضع وصل الأعقاب ابن خزيمة[6] وكان يوجه أصابع القدمين إلى القبلة[7]. وكان يقول: إني أمرت أن أسجد على الجبهة والأنف واليدين والركبتين وعلى أطراف القدمين[8].

# الجلسة

وكان رسول الله ﷺ يجلس مطمئنًا على قدمه المفروش بين السجدتين[9]. وعادة يساوي في وقت وقوفه في الجلسة والسجود والقومة[10]. إلا أنه كان يجلس في الجلسة أيضًا لوقت طويل يخيّل أنه قد نسي[11]. ثم إنه قد روي أيضًا أنه كان يجلس بعد سجدة ثانية أحيانًا بدلًا من القيام مستويًا ثم يرفع للركعة الثانية[12].

---

(1)   ابن أبي شيبة رقم ٢٧١٦.

(2)   ابن أبي شيبة رقم: ٢٧١٢ ـ ٢٧١٦.

(3)   مسلم رقم: ١١٠٧.

(4)   البخاري رقم: ٨٠٧، مسلم رقم ١١٠٦ ـ ١١٠٨.

(5)   مسلم رقم: ١٠٩٠.

(6)   رقم: ٦٥٤ وابن حبان رقم: ١٩٣٣.

(7)   البخاري رقم: ٨٢٨.

(8)   البخاري رقم: ٨١٢ ومسلم رقم: ١٠٩٨.

(9)   ابن أبي شيبة رقم: ٢٧١٢ ـ ٢٧١٦.

(10)  البخاري رقم: ٧٩٢ ومسلم رقم: ١٠٧٥.

(11)  البخاري رقم الحديث: ٨٢١ ومسلم رقم الحديث: ١٠٦٠.

(12)  البخاري رقم: ٨٢٣، أبو داود رقم: ٨٣٠.

## القعدة

وكان يجلس في القعدة جلوسه في الجلسة أن يجلس على قدمه المعكوس المفروش[1]. وقدمه اليمين يقوم منتصبًا[2]. وكان يضع يده اليمنى ممدودًا على ركبته اليمنى ويده اليسرى على ركبته اليسرى وكان يشير بالأصبع التي تلي الإبهام[3]. وتكون صورته أن يجلس ويضم أصابعه الأخرى ويضع الإبهام على الأصبع الوسطى ويحلق بينهما أحيانًا[4]. ولماذا كانت تلك الإشارة لم يوضحها النبي ﷺ ولكن لنا أن نقيس أن ذلك في الأغلب إظهار تأشيري للرجوع إلى ذات الباري تعالى مثلما يتمثل في رفع اليدين إليه وقت الدعاء.

وفي الركعة الأخيرة من الصلاة كان رسول الله ﷺ أحيانًا يضع خاصرته على الأرض ويخرج الرِّجل المعكوس إلى جانب الرِّجل اليمنى[5]، وكان يسلم عادة إلى الجانبين اليمنى واليسرى لإنهاء الصلاة[6]. وكان يقوم بهذه الأعمال كلها للصلاة بغاية من الطمأنينة والاعتدال وكان يلقن الناس بهذه الاعتدال والسكينة[7].

## أذكار الصلاة

وأذكار الصلاة هي كما يأتي:

يبدأ بالصلاة بـ «الله أكبر.

وفي حالة القيام يقرأ بسورة الفاتحة أولًا ثم ما تيسر من القرآن.

---

(1) البخاري رقم: ٨٢٨ وأبو داود ٧٣١.

(2) البخاري رقم: ٨٢٨ وأبو داود رقم الحديث: ٧٣٠ ــ ٧٣٤.

(3) مسلم رقم: ١٣٠٧ أبو داود رقم: ٧٣٤.

(4) مسلم رقم الحديث: ١٣٠٩ ــ ١٣١١.

(5) البخاري رقم: ٨٢٨ أبو داود رقم: ٧٣٠.

(6) مسلم رقم: ١٣١٥.

(7) البخاري رقم ٧٩٣ ــ ٦٦٦٧ ومسلم رقم: ١١١.

ويقول الله أكبر عند الركوع.

ويقول «سمع الله لمن حمده» حين الرفع من الركوع

ويقول الله أكبر عند السجدة ثم الرفع منها

ويقول الله أكبر في حالة القيام من القعدة.

ويقول السلام عليكم ورحمة الله وبركاته للانتهاء من الصلاة.

والإمام يقول «الله أكبر» و«سمع الله لمن حمده» و«السلام عليكم ورحمة الله وبركاته» جهرًا أبدًا. كما يقرأ في الركعتين الأوليين للمغرب والعشاء وصلوات الفجر والعيدين وصلاة الجمعة جهرًا. وتكون القراءة سرًا في الركعة الثالثة للمغرب وفي الركعتين الآخرتين للعشاء. وتكون القراءة سرًا في كل الركعات الأربعة لصلوات الظهر والعصر.

فهذه الأذكار المقررة من قبل الشرع للصلاة. وهذه بالعربية وثبتت مثل الأعمال في الصلاة من الإجماع والتواتر العملي. وعلاوة على ذلك يقرأ المصلي في أية لغة شاء من التسبيح والتحميد والدعاء والمناجاة وما إليها من الأذكار. وما قاله النبي ﷺ وما روي عنه من مختارات في الأحاديث والآثار نأتي بها بترتيب.

## في القيام

ففي الركعة الأولى كان رسول الله ﷺ يدعو دعاء أو يحمد ويثني على الله تعالى بعد التكبير وقبل القراءة. فعن أبي هريرة قال: كان رسول الله ﷺ يسكت بين التكبير وبين القراءة اسكاتة قال أحسبه قال. هنيئة. فقلت: بأبي وأمي يا رسول الله إسكاتك بين التكبير والقراءة ما تقول؟ قال أقول:

«اللهم باعد بيني وبين خطاياي كما باعدت بين المشرق والمغرب. اللهم

287

نقني من الخطايا كما ينقي الثوب الأبيض من الدنس، اللهم اغسل خطاياي بالماء والثلج والبرد[1].

وقد روي عن علي رضي الله عنه أن النبي صلى الله عليه وسلم إذا بدأ الصلاة كبر وقال: وجهت وجهي للذي فطر السماوات والأرض حنيفًا وما أنا من المشركين، إن صلاتي ونسكي ومحياي ومماتي للّه رب العالمين، لا شريك له وبذلك أمرت وأنا من المسلمين. اللهم أنت الملك لا إله إلا أنت ربي وأنا عبدك ظلمت نفسي واعترفت بذنبي فاغفر لي ذنوبي جميعًا، إنه لا يغفر الذنوب إلا أنت، واهدني لأحسن الأخلاق، لا يهدي بأحسنها إلا أنت. واصرف عني سيئها، لا يصرف عني سيئها إلا أنت، لبيك وسعديك والخير كله في يديك، والشر ليس إليك، أنا بك وإليك تباركت وتعاليت استغفرك وأتوب إليك[2].

وروت أم المؤمنين عائشة رضي الله عنها أن النبي صلى الله عليه وسلم كان يبدأ الصلاة بهذه الكلمات: «سبحانك اللهم وبحمدك وتبارك اسمك وتعالى جدك ولا إله غيرك[3].

وروت أم المؤمنين أيضًا أن النبي صلى الله عليه وسلم كان يبدأ صلاته في الليل بهذا الدعاء: اللهم رب جبرئيل وميكائيل وإسرافيل، فاطر السماوات والأرض، عالم الغيب والشهادة أنت تحكم بين عبادك فيما كانوا فيه يختلفون. اهدني لما اختلف فيه من الحق بإذنك إنك تهدي من تشاء إلى صراط مستقيم[4].

اللهم، لك الحمد أنت قيم السماوات والأرض ومن فيهن ولك الحمد. لك ملك السماوات والأرض ومن فيهن ولك الحمد. أنت نور المساوات والأرض ومن فيهن ولك الحمد. أنت الحق ووعدك الحق. ولقاؤك حق. وقولك حق. والجنة حق والنار حق. والنبيون حق ومحمد صلى الله عليه وسلم حق. والساعة حق. اللهم

(1) البخاري رقم الحديث:٧٤٤.

(2) رواه مسلم رقم الحديث:١٨١٢.

(3) رواه مسلم رقم: ١٨١٢.

(4) رواه مسلم رقم الحديث:١٨١١.

لك أسلمت وبك آمنت وعليك توكلت، وإليك أنبت وبك خاصمت وإليك حاكمت، فاغفر لي ما قدمت وما أخرت وما أسررت وما أعلنت، أنت المقدم وأنت المؤخر لا إله إلا أنت، ولا حول ولا قوة إلا بالله[1].

وقد نقلت أيضًا بعض أدعية وأذكار الاستفتاح الأخرى في الآثار والأحاديث. كما أنه نقل أيضًا أن بعض الكلمات الافتتاحية نطق بها البعض في بداية الأمر وحسنها النبي ﷺ وقال أنه فتحت لها أبواب السماء ورأيت أربعة عشر من الملائكة يتسابقون بها[2].

٢ـ ثم يبدأ قراءة الفاتحة بالحمد للَّه رب العالمين[3]. وقد قال النبي ﷺ لا صلاة إلا بفاتحة الكتاب لا صلاة إلا بفاتحة الكتاب[4].

وقد ثبت عن رسول الله ﷺ أنه قال: يقول الله تعالى: قسمت الصلاة بيني وبين عبدي نصفين فإذا قال العبد الحمد للَّه رب العالمين قال الله سبحانه حمدني عبدي وإذا قال العبد الرحمن الرحيم قال الله جل وعلا أثنى عليّ عبدي إذًا وقال العبد: مالك يوم الدين قال الله سبحانه: مجّدني عبدي: وإذا قال العبد: إياك نعبد وإياك نستعين يقول الله تعالى هذا بيني وبين عبدي ولعبدي ما سأل. وإذا قال العبد: اهدنا الصراط المستقيم صراط الذين أنعمت عليهم غير المغضوب عليهم ولا الضالين يقول الله تعالى هذا لعبدي ولعبدي ما سأل[5].

أما قراءة القرآن بعد الفاتحة فكان يقرأ تارة قراءة طويلة وأحيانًا قراءة موجزة[6]. وكان يقول: إني لأقوم في الصلاة أريد أن أطول فيها، فاسمع بكاء

---

(1) رواه البخاري رقم: ١١٢٠- ٦٣١٧.

(2) رواه مسلم رقم الحديث: ١٣٥٧.

(3) رواه مسلم رقم: ١١١٠.

(4) رواه مسلم رقم: ٨٧٨.

(5) رواه مسلم رقم: ٨٧٨.

(6) رواه أحمد رقم ١٣٢٨٩.

الصبي فأتجوز في صلاتي كراهية أن أشق على أمه[1]. وكان يقرأ القرآن بترتيل أن يتضح كل حرف منها[2]. وكان يلقن الناس أن يتلوا القرآن بغناء وصوت جميل[3].

وتفيد الروايات أنه كان يستجيب بما تؤمر في قراءة القرآن فكان يسبح على حكم التسبيح ويسجد على آيات السجدة[4]. كما كان يستعطف على آيات الرحمة[5]. ويستعيذ بالله حين يمر بآيات العذاب وكان يقول آمين حين يجيء مضمون الدعاء[6]. وقال: إذا قال الإمام غير المغضوب عليهم ولا الضالين فقولوا آمين فإنه من وافق قوله الملائكة غفر له ما تقدم من ذنبه[7]. وأريد بها هنا الذنوب التي لا تتصل بحقوق العباد أو التي لا تحتاج إلى توبة وتلافيًا أو إلى كفارة.

فكان رسول الله ﷺ يدعو عمومًا في صلاة التهجد بعد القراءة في آخر الركعة وهي التي يقال لها دعاء القنوت[8]. وقد علّم سيدنا حسن دعاءً خاصًّا لذلك رويت في ألفاظ تالية:

«اللهم اهدني فيمن هديت وعافني فيمن عافيت وتولني فيمن توليت وبارك لي فيما أعطيت وقني شر ما قضيت، إنك تقضي ولا يقضى عليك، وإنه لا يذل من واليت تباركت ربنا وتعاليت[9].

---

(1) رواه البخاري رقم الحديث: ٧٠٧.

(2) رواه أحمد رقم الحديث: ٢٥٩٣١.

(3) رواه البخاري رقم الحديث: ٧٤٨٢ والنسائي رقم: ١٠١٥.

(4) رواه البخاري رقم: ١٠٦٧ ـ ١٠٧٤.

(5) مسلم: ١٨١٤ ـ أبو داود: ٨٧١.

(6) أبو داود رقم: ٩٣٦.

(7) رواه البخاري رقم الحديث: ٧٨٢ ومسلم رقم الحديث: ٩١٥.

(8) أبو داود رقم الحديث: ١٤٢٧.

(9) رواه أبو داود رقم الحديث: ١٤٢٥.

# في الركوع

وقد منع النبي ﷺ عن القراءة في حالة الركوع[1] وأرشدهم أن يعظموا ربهم تعالى بدلًا من القراءة[2]. فكان نبي الله ﷺ بنفسه يسبح الرب يقوله: سبحان ربي العظيم[3]. وأحيانًا يذكر الرب بذكر من الأذكار التالية. سبوح قدوس رب الملائكة والروح[4]. سبحانك اللهم ربنا وبحمدك اللهم اغفر لي[5].

اللهم لك ركعت وبك آمنت ولك أسلمت وعليك توكلت. وأنت ربي خشع سمعي وبصري ودمي ولحمي وعظمي وعصبي للَّه رب العالمين[6].

سبحان ذي الجبروت والملكوت والكبرياء والعظمة[7].

# في القومة

فإذا قام من الركوع يقول: سمع الله لمن حمده، ربنا لك الحمد وتارة «ربنا ولك الحمد»، وأحيانًا كان يقول «اللهم ربنا ولك الحمد»[8]. وقد جاء في بعض الروايات بعد ربنا لك الحمد زيادة هذه الألفاظ: ملء السماوات وملء الأرض وملء ما كنت من شيء بعد، أهل الثناء والمجد، أحق ما قال العبد، وكلنا لك عبد، اللهم لا مانع لما أعطيت، ولا معطي لما منعت ولا ينفع ذا الجد منك الجد[9]. وقد روي في ذلك أيضًا بعض الزيادة والنقصان[10]. كما أنه روي أيضًا

---

(1) مسلم رقم الحديث: ١٠٧٦.

(2) مسلم رقم: ١٠٧٤.

(3) مسلم رقم: ١٨١٤.

(4) مسلم رقم: ١٠١٩.

(5) البخاري رقم: ٧٩٤.

(6) رواه النسائي رقم: ١٠٥٢.

(7) رواه أبو داود رقم: ٨٧٣.

(8) البخاري رقم: ٧٨٩-٧٩٥.

(9) رواه مسلم رقم: ١٠٧١.

(10) أبو داود رقم: ٧٤.

أنه ﷺ دعا على قوم آخرين. وكان يدعو رافعًا يديه بصوت جهوري والناس خلفه يقولون آمين آمين[1].

وقد قال: إذا قال الإمام سمع الله لمن حمده فقولوا في جوابه «اللهم ربنا لك الحمد» فمن وافق قوله قول الملائكة غفر له ما تقدم من ذنبه[2]. أي الذنوب التي لا تتعلق بحقوق العباد أو التي لا تحتاج إلى توبة وتلافٍ أو كفارة. وقد قال رجل من الصحابة بعد ذلك: حمدًا كثيرًا طيبًا مباركًا فيه فقال: والذي نفسي بيده لقد ابتدرها بضعة وثلاثون ملكًا أيهم يصعدبها[3].

# في السجدة

ونهى رسول الله ﷺ عن تلاوة القرآن في السجدة كالركوع[4]. وقال: إن أقرب ما يكون العبد من ربه في السجدة فأكثروا فيه الدعاء[5]. فنقل عنه قول: سبحان ربي الأعلى في السجدة[6]. وقد رويت بعض الأذكار الأخرى والأدعية أيضًا. وبعض منها كما يلي:

سبوح قدوس رب الملائكة والروح[7].

سبحانك اللهم ربنا وبحمدك اللهم اغفر لي[8].

اللهم لك سجدت وبك آمنت ولك أسلمت، سجد وجهي للذي خلقه وصوره وشق سمعه وبصره تبارك الله أحسن الخالقين[9].

---

(1) البخاري رقم: ١٠٢، ٤٠٨٨ وأبو داود رقم: ١٤٤٤٣ وأحمد رقم: ١١٩٩٤.

(2) البخاري رقم الحديث: ٧٩٦.

(3) رواه البخاري رقم الحديث ٧٩٩.

(4) مسلم رقم:١٠٧٦.

(5) مسلم رقم: ١٠٧٨.

(6) رواه مسلم رقم: ١٨١٤ وأبو داود رقم: ٨٧١.

(7) مسلم رقم: ١٠٩١.

(8) البخاري رقم الحديث: ٧٩٤.

(9) مسلم رقم ١٨١٢.

وقد روي عنه ﷺ هذه الأدعية في صلاة الليل:

سبحانك وبحمدك لا إله إلا أنت[1]. اللهم اغفر لي ما أسررت وما أعلنت[2].

اللهم إني أعوذ برضاك من سخطك، ومعافاتك من عقوبتك، وأعوذ بك منك لا أمضي ثناء عليك. أنت كما أثنيت على نفسك[3].

اللهم اجعل في قلبي نورًا وفي سمعي نورًا، وفي بصري نورًا، وعن يميني نورًا وعن شمالي نورًا وأمامي نورًا وخلفي نورًا، وفوقي نورًا وتحتي نورًا واجعلني نورًا[4].

## في الجلسة

ونقلت بعض الآثار والدعوات في الجلسة أيضًا فقيل أنه كان يعيد ويكرر «رب اغفر لي» في حالة الجلسة[5].

## في القعدة

واختصت قعدة الصلاة للدعاء، فللمصلي أن يدعو فيها ما شاء من الأدعية وما روي في ذلك من عمل النبي ﷺ نفصله فيما يلي:

وقال عبدالله ابن مسعود كنا مع النبي ﷺ في الصلاة نقول: السلام على الله من عباد الله وعلى فلان وفلان فلما سمعه النبي ﷺ قال: لا تقولوا هذا لأن الله هو السلام بل قولوا: التحيات لله والصلاة والطيبات السلام عليك أيها النبي ورحمة الله وبركاته السلام علينا وعلى عباد الله الصالحين». إنك إذا قلتهم أصاب

---

(1) مسلم رقم الحديث: ١٠٨٩.

(2) النسائي رقم الحديث: ١١٢٥.

(3) مسلم رقم الحديث: ١٠٩٠.

(4) مسلم رقم ١٧٩٤.

(5) ابن ماجة رقم: ٨٩٧.

كل عبد في السماء أو أيما كان بين السماء والأرض وقال: أشهد أن لا إله إلا الله وأشهد أن محمدًا عبده ورسوله ثم يخير من الدعاء ما شاء[1].

قال الترمذي: وفي الباب عن ابن عمر وجابر وأبي موسى وعائشة. وقد روي عن ابن عمرو عبد الله بن عمرو وعبد الله بن عباس أيضًا[2]. وتقول الروايات إن النبي ﷺ كان يعلم هذا الدعاء صحابته باهتمام خاص[3].

عن الحكم قال سمعت ابن أبي ليلى قال لقيني كعب بن عجرة فقال: ألا أهدي لك هدية. خرج علينا رسول الله ﷺ فقلنا: قد عرفنا كيف نسلم عليك فكيف نصلي عليك قال: قولوا: اللهم صل على محمد وعلى آل محمد كما صليت على إبراهيم إنك حميد مجيد. اللهم بارك على محمد وعلى آل محمد كما باركت على إبراهيم إنك حميد مجيد[4].

ولهذا الدعاء أيضًا هناك اختلافات لفظية ولكن مضمونه في الجملة هو هذا الذي ذكر، والذي جاء من طريق عديدة. ثم جاء في رواية أن النبي ﷺ قال عن الصلاة عليه: من صلى علي مرة واحدة صلى الله عليه عشر مرات[5].

وقد جاء ذلك الحكم صريحًا في قوله تعالى: ﴿ إِنَّ ٱللَّهَ وَمَلَٰٓئِكَتَهُۥ يُصَلُّونَ عَلَى ٱلنَّبِيِّۚ يَٰٓأَيُّهَا ٱلَّذِينَ ءَامَنُواْ صَلُّواْ عَلَيْهِ وَسَلِّمُواْ تَسْلِيمًا ﴾[6].

٣ - وقد لقن النبي ﷺ بعض الأدعية أو دعاها بنفسه. ومنها:

---

(1) رواه البخاري رقم الحديث: ٦٣٢٨.

(2) الموطأ: ٢٤٦، ٢٤٩ - البخاري رقم الحديث: ٨٣١ ومسلم رقم الحديث: ٨٩٧ وأبو داود رقم رقم ٩٧١ وابن أبي شيبة رقم الحديث: ٢٩٨٢.

(3) مسلم رقم الحديث: ٩٠٣.

(4) رواه مسلم رقم الحديث: ٩٠٨.

(5) رواه النسائي رقم الحديث: ١٢٩٧.

(6) سورة الأحزاب، الآية: ٥٦.

اللهم إني أعوذ بك من عذاب جهنم ومن عذاب القبر، ومن فتنة المحيا والممات ومن شر فتنة المسيح الدجال[1].

اللهم إني ظلمت نفسي ظلمًا كثيرًا ولا يغفر الذنوب إلا أنت، فاغفر لي مغفرة من عندك وارحمني إنك أنت الغفور الرحيم[2].

اللهم إني أعوذ بك من شر ما عملت ومن شر ما لم أعمل[3].

اَللّٰهمَّ، بِعِلْمِكَ الْغَيْبَ وَقُدْرَتِكَ عَلَى الْخَلْقِ، أَحْيِنِيْ مَا عَلِمْتَ الْحَيَاةَ خَيْرًا لِيْ، وَتَوَفَّنِيْ إِذَا عَلِمْتَ الْوَفَاةَ خَيْرًا لِيْ. اَللّٰهمَّ، وَأَسْأَلُكَ خَشْيَتَكَ فِي الْغَيْبِ وَالشَّهادَةِ، وَأَسْأَلُكَ كَلِمَةَ الْحَقِّ فِي الرِّضَاءِ وَالْغَضَبِ، وَأَسْأَلُكَ الْقَصْدَ فِي الْفَقْرِ وَالْغِنٰى، وَأَسْأَلُكَ نَعِيمًا لَا يَنفَدُ، وَأَسْأَلُكَ قُرَّةَ عَيْنٍ لَا تَنْقَطِعُ، وَأَسْأَلُكَ الرِّضَاءَ بَعْدَ الْقَضَاءِ، وَأَسْأَلُكَ بَرْدَ الْعَيْشِ بَعْدَ الْمَوْتِ، وَأَسْأَلُكَ لَذَّةَ النَّظَرِ إِلٰى وَجْهكَ وَالشَّوْقَ إِلٰى لِقَائِكَ، فِيْ غَيْرِ ضَرَّاءَ مُضِرَّةٍ وَلَا فِتْنَة مُضِلَّة، اَللّٰهمَّ زَيِّنَّا بِزِينَة الْإِيمَانِ وَاجْعَلْنَا هُدَاةً مُّهتَدِيْنَ[4] .

اَللّٰهمَّ، إِنِّي أَسْأَلُكَ مِنَ الْخَيْرِ كُلِّه، عَاجِلِه وَآجِلِه، مَا عَلِمْتُ مِنه وَمَا لَمْ أَعْلَمْ. وَأَعُوْذُ بِکَ مِنَ الشَّرِّ كُلِّه، عَاجِلِه وَآجِله، مَا عَلِمْتُ مِنه وَمَا لَمْ أَعْلَمْ. وَأَسْأَلُكَ الْجَنَّة وَمَا قَرَّبَ إِلَيْها مِنْ قَوْلٍ أَوْ عَمَلٍ، وَأَعُوْذُ بِكَ مِنَ النَّارِ وَمَا قَرَّبَ إِلَيْها مِنْ قَوْلٍ أَوْ عَمَلٍ. وَأَسْأَلُكَ مِنَ الْخَيْرِ مَا سَأَلَكَ عَبْدُكَ وَرَسُوْلُكَ مُحَمَّدٌ ﷺ، وَأَسْتَعِيذُكَ مِمَّا اسْتَعَاذَكَ مِنه عَبْدُكَ وَرَسُوْلُكَ مُحَمَّدٌ ﷺ. وَأَسْأَلُكَ مَا قَضَيْتَ لِيْ مِنْ أَمْرٍ أَنْ تَجْعَلَ عَاقِبَتَه رَشَدًا[5].

وروي عن علي رضي الله عنه أنه كان آخرما دعاه النبي ﷺ في القعدة عمومًا:

---

(1) رواه البخاري رقم الحديث: ١٦٧٧.

(2) رواه البخاري رقم الحديث: ٨٣٤، ومسلم رقم الحديث ٦٨٦٩.

(3) رواه مسلم رقم الحديث: ٦٩٩٥.

(4) رواه النسائي رقم:١٣٠٦.

(5) رواه أحمد رقم:٢٤٦١٣.

اَللّٰهُمَّ، اغْفِرْ لِيْ مَا قَدَّمْتُ وَمَا أَخَّرْتُ، وَمَا أَسْرَرْتُ وَمَا أَعْلَنْتُ، وَمَا أَسْرَفْتُ وَمَا أَنْتَ أَعْلَمُ بِهِ مِنِّيْ، أَنْتَ الْمُقَدِّمُ وَأَنْتَ الْمُؤَخِّرُ، لَا إِلٰه إِلَّا أَنْتَ[1].

وقال وائل ﵁ عنه إنه كان يضيف أحيانًا إذا سلم إلى اليمين بعد السلام عليكم ورحمة الله» وبركاته»[2]

## الأذكار بعد الصلاة

وحتى بعد الصلاة عادة كان النبي ﷺ يشارك في الذكر والدعاء.

وهذا يشير إلى الذكر والدعاء كفرد وليس كإمام أن يقول له المقتدي «آمين».

وعن عبد الله بن عباس ﵄ أنه قال كنت أعلم أن النبي ﷺ قد انتهى من صلاته حين يقول «الله أكبر»[3].

وتروي عائشة أن رسول الله ﷺ كان يجلس جلوسًا يقول فيه هذا الذكر:

اَللّٰهُمَّ، أَنْتَ السَّلَامُ وَمِنْكَ السَّلَامُ، تَبَارَكْتَ، يَا ذَا الْجَلَالِ وَالْإِكْرَامِ[4].

ويقول ثوبان ﵁ أنه ﷺ كان يستغفر ثلاثًا قبل هذا الذكر[5].

وروي عن مغيرة بن شعبة أنه ﷺ كان يدعو هذا الدعاء:

لَا إِلٰهَ إِلَّا اللّٰهُ وَحْدَهُ، لَا شَرِيْكَ لَهُ، لَهُ الْمُلْكُ وَلَهُ الْحَمْدُ، وَهُوَ عَلٰى كُلِّ

---

(1) رواه مسلم رقم: ١٨١٢.

(2) كما رواه أبو داود رقم: ٩٩٧ وأبو يعلى رقم: ٥٧٥٦ والطبراني في معجمه الأوسط رقم: ٥٧٦٨.

(3) رواه البخاري، رقم ٨٤٢. ومسلم، رقم ١٣١٦.

(4) رواه مسلم، رقم ١٣٣٥.

(5) رواه مسلم، رقم ١٣٣٤. والترمذي، رقم ٣٠٠.

شَيْءٍ قَدِيرٌ. اَللّٰهُمَّ، لَا مَانِعَ لِمَا أَعْطَيْتَ، وَلَا مُعْطِيَ لِمَا مَنَعْتَ، وَلَا يَنْفَعُ ذَا الْجَدِّ مِنْكَ الْجَدُّ[1].

ويقول عبد الله بن الزبير أن رسول الله حين يسلم من الصلاة كان يقول:

لَا إِلٰهَ إِلَّا اللّٰهُ، وَحْدَهُ لَا شَرِيْكَ لَهُ، لَهُ الْمُلْكُ وَلَهُ الْحَمْدُ، وَهوَ عَلٰى كُلِّ شَيْءٍ قَدِيرٌ. لَا حَوْلَ وَلَا قُوَّةَ إِلَّا بِاللّٰهِ، لَا إِلٰهَ إِلَّا اللّٰهُ، وَلَا نَعْبُدُ إِلَّا إِيَّاهُ. لَهُ النِّعْمَةُ وَلَهُ الْفَضْلُ، وَلَهُ الثَّنَاءُ الْحَسَنُ، لَا إِلٰهَ إِلَّا اللّٰهُ، مُخْلِصِينَ لَهُ الدِّينَ، وَلَوْ كَرِهَ الْكٰفِرُوْنَ[2].

ويروى عن سعد رضي الله عنه أنه كان يعلِّم الصبيان هذه الكلمات ويقول إن النبي صلى الله عليه وسلم كان يستعيذ بها الله دبر كل صلاة:

اَللّٰهُمَّ، إِنِّيْ أَعُوْذُ بِكَ مِنَ الْبُخْلِ، وَأَعُوْذُ بِكَ مِنَ الْجُبْنِ، وَأَعُوْذُ بِكَ أَنْ أُرَدَّ إِلٰى أَرْذَلِ الْعُمُرِ، وَأَعُوْذُ بِكَ مِنْ فِتْنَةِ الدُّنْيَا وَعَذَابِ الْقَبْرِ[3].

يروي أبو هريرة أن النبي صلى الله عليه وسلم علَّم فقراء المهاجرين أن يقولوا «سبحان الله» ٣٣ مرة، والحمد للّٰه ٣٣ مرة، و«الله أكبر» ٣٣ مرة بعد كل صلاة[4].

يقول أبو هريرة إنه إذا تم أكمال ٩٩ هذا إلى ١٠٠ بالكلمات التالية، فإن خطايا الإنسان تغفر، حتى ولو كانت مساوية لزبد البحر.

لَا إِلٰهَ إِلَّا اللّٰهُ، وَحْدَهُ لَا شَرِيْكَ لَهُ، لَهُ الْمُلْكُ وَلَهُ الْحَمْدُ، وَهُوَ عَلٰى كُلِّ شَيْءٍ قَدِيرٌ[5].

---

(1) رواه البخاري، رقم ٦٣٣٠.

(2) رواه مسلم، رقم ١٣٤٣. والنسائي، رقم ١٣٣٩.

(3) رواه البخاري، رقم ٢٨٢٢، ٦٣٩٠.

(4) رواه البخاري، رقم ٨٤٣. ومسلم، رقم ١٣٤٧.

(5) رواه مسلم، رقم ١٣٥٢.

وفي إحدى روايات ابن عجرة جاء ذكر «سبحان الله» ٣٣ مرة و»الحمد للَّه» ٣٣ مرة والله أكبر ٣٤ مرة[1].

ويروي زيد بن ثابت أن أنصاريًا قال للنبي ﷺ إنه لقنه رجل في المنام أن يقول «سبحان الله» ٢٥ مرة بدلًا من ٣٣ مرة، و«الحمد للَّه» ٢٥ مرة و«الله أكبر» ٢٥ مرة، و«لا إله إلَّا الله» ٢٥ مرة معه. قال: «فافعل هذا»[2].

## أوقات الصلاة

الصلاة واجبة على كل مسلم خمس مرات في اليوم. وهذه الأوقات هي كما يلي:

الفجر والظهر والعصر والمغرب والعشاء.

إذا تبين الخيط الأبيض للصباح من الخيط الأسود، فهذا يعني الفجر.

الظهر هو الوقت لزوال الشمس من نصف النهار.

وإذا جاءت الشمس أسفل من مرائي العين، فهو عصر.

ووقت غروب الشمس هو المغرب.

إذا انتهت حمرة الشفق، فهو العشاء.

ووقت صلاة الفجر حتى شروق الشمس، وصلاة الظهر إلى العصر وصلاة العصر إلى المغرب ووقت صلاة المغرب إلى العشاء ووقت العشاء حتى منتصف الليل. وبما أن الشمس كانت تعبد عند شروق الشمس وغروبها، فإن كلًّا من هذين الوقتين محظوران للصلاة. وقد تم إثبات أوقات الصلاة هذه أيضًا بالإجماع والممارسة المستمرة. وقد ذكرنا أعلاه أن هذا كان دائمًا وقت الصلاة في دين الأنبياء عليهم السلام. وأشار إلى ذلك القرآن في مناسبات مختلفة فمثلًا قال:

---

(1) رواه مسلم، رقم ١٣٤٩.

(2) أحمد، رقم ٢١٠٩٠، ٢١١٥٠.

﴿ وَأَقِمِ ٱلصَّلَوٰةَ طَرَفَيِ ٱلنَّهَارِ وَزُلَفًا مِّنَ ٱلَّيْلِ إِنَّ ٱلْحَسَنَٰتِ يُذْهِبْنَ ٱلسَّيِّئَاتِ ذَٰلِكَ ذِكْرَىٰ لِلذَّٰكِرِينَ ﴾[1].

﴿ أَقِمِ ٱلصَّلَوٰةَ لِدُلُوكِ ٱلشَّمْسِ إِلَىٰ غَسَقِ ٱلَّيْلِ وَقُرْءَانَ ٱلْفَجْرِ إِنَّ قُرْءَانَ ٱلْفَجْرِ كَانَ مَشْهُودًا * وَمِنَ ٱلَّيْلِ فَتَهَجَّدْ بِهِۦ نَافِلَةً لَّكَ عَسَىٰ أَن يَبْعَثَكَ رَبُّكَ مَقَامًا مَّحْمُودًا ﴾[2].

﴿ وَسَبِّحْ بِحَمْدِ رَبِّكَ قَبْلَ طُلُوعِ ٱلشَّمْسِ وَقَبْلَ غُرُوبِهَا وَمِنْ ءَانَآئِ ٱلَّيْلِ فَسَبِّحْ وَأَطْرَافَ ٱلنَّهَارِ لَعَلَّكَ تَرْضَىٰ ﴾[3].

﴿ فَسُبْحَٰنَ ٱللَّهِ حِينَ تُمْسُونَ وَحِينَ تُصْبِحُونَ * وَلَهُ ٱلْحَمْدُ فِى ٱلسَّمَٰوَٰتِ وَٱلْأَرْضِ وَعَشِيًّا وَحِينَ تُظْهِرُونَ ﴾[4].

﴿ وَسَبِّحْ بِحَمْدِ رَبِّكَ قَبْلَ طُلُوعِ ٱلشَّمْسِ وَقَبْلَ ٱلْغُرُوبِ * وَمِنَ ٱلَّيْلِ فَسَبِّحْهُ وَأَدْبَٰرَ ٱلسُّجُودِ ﴾[5].

وفيما يلي تفاصيل الهداية المكتسبة من علم النبي ﷺ وممارسته في هذا الباب:

١ ـ عن عَائِشَةَ ﵂ قالت:

لقد كان رسولُ الله ﷺ يُصَلِّي الفجر، فَيَشهدُ معه نِساء مِن المُؤمِنات، مُتَلَفِّعاتٍ بِمُرُوطِهِنَّ، ثم يَرجِعْن إلى بُيُوتِهِنَّ ما يَعرفُهُنَّ أحدٌ من الغَلَسِ[6].

---

(1) سورة هود، الآية: ١١٤.

(2) سورة الإسراء، الآيتان: ٧٨ و٧٩.

(3) سورة طه، الآية: ١٣٠.

(4) سورة الروم، الآيتان: ١٧ و١٨.

(5) سورة ق، الآيتان: ٣٩ و٤٠.

(6) البخاري، رقم ٥٧٨. مسلم، رقم ١٤٥٨.

٢ـ وقد نهى عن صلاة في الظهيرة فعن أبي هريرة، قال: قال نبي الله ﷺ: «أبردوا بالصلاة، فإن حر الظهيرة من فيح جهنم» [1].

٣ـ وكان رسول الله ﷺ يصلي العصر والشمس مرتفعة حية، فيذهب الذاهب إلى العوالي، فيأتيهم والشمس مرتفعة [2].

٤ـ وكان يعجل في المغرب ويحب التأخير في العشاء وكان لا يحب النوم قبل العشاء والسمر بعده [3].

٥ـ وإذا أدرك الركوع قبل انقضاء وقت الصلاة فعليه إتمامه فقال «من أدرك الركوع فقد أدرك الركعة» كما قال أيضًا من أدرك ركعة من الفجر قبل طلوع الشمس وأدرك ركعة من العصر قبل غروبها فقد أدرك صلاته» [4].

وفي صحيح مسلم من حديث أبي قتادة ﵁ ـ أن النبي ـ ﷺ ـ ليس في النوم تفريط، إنما التفريط على من يترك الصلاة حتى يدخل وقت التي تليها. فمن نسي أحدكم الصلاة أو نام عنها فعليه أن يصليها إذا استيقظ [5].

٦ـ وقد نهى عن الصلاة في الأوقات الممنوعة نهيًا كبيرًا فقال: عَنْ أَبِي سَعِيدٍ الْخُدْرِيِّ قَالَ: قَالَ رَسُولُ اللَّهِ ﷺ:

«لَا صَلَاةَ بَعْدَ صَلَاةِ الْعَصْرِ حَتَّى تَغْرُبَ الشَّمْسُ، وَلَا صَلَاةَ بَعْدَ صَلَاةِ الْفَجْرِ حَتَّى تَطْلُعَ الشَّمْسُ [6].

٧ـ وإذا أخر حاكم مسلم في الصلاة فقد أمر النبي ﷺ أن يصلي الناس بأنفسهم ثم يجتمعوا معه في الجماعة [7].

---

(1) البخاري، رقم ٥٣٣. مسلم، رقم ١٣٩٧.

(2) البخاري، رقم ٥٥٠. مسلم، رقم ١٤٠٨.

(3) أبو داود، رقم ٤١٦، ٤١٧، ٤١٨، ٤٢٢. الترمذي، رقم ١٦٧. البخاري، رقم ٧٧١.

(4) البخاري، رقم ٥٧٩. مسلم، رقم ١٣٧٤.

(5) البخاري، رقم ٥٩٧. مسلم، رقم ١٥٦٢، ١٥٦٦. النسائي، رقم ٦١٦.

(6) البخاري، رقم ٥٨٦. مسلم، رقم ١٩٢١.

(7) مسلم، رقم ١٤٦٥.

وأوقات الصلاة هذه، إذا نظرت إليها، مناسبةً جدا للعبادة على حد تعبير الأستاذ الإمام، مواتية لقبول الصلاة، مريحة لعقل المؤمن، متوافقة لأوقات عناصر الكون للتسبيح والتهليل، كما أنها متوافقة مع أوقات الشمس والقمر والشجر والحجر في ركوعها وسجودها. وهو يكتب:

«الفجر هو وقت خاص لراحة البال وسكينة القلب. عندما يستيقظ الرجل بعد الراحة في الليل يكون قلبه راضيًا تمامًا. وتبدأ حركة جديدة للعبادة، وتتطلب الحياة تصميمًا جديدًا، وهذا التصميم الجديد يتطلب مساعدة جديدة وإرشادًا جديدًا من الله، ووقت الظهر يعلن حقيقة أخرى. إذا كان الرجل ذا بصر، فعندئذ تُرى له حقيقة أخرى وتدعو الرجل أيضًا إلى الركوع والسجود. وهذا هو أن الشمس في ذلك الوقت، والتي قد أعطاها الجهلاء مكانة إله يعبد، تركع بنفسها لخالقها وتعلن هكذا بعملها أنها ليست خالقًا بل مخلوق وليست معبودًا بل عابد.

ويبشر وقت العصر بواقع جديد أن هناك الانحطاط لكل نهضة، والشيخوخة لكل شباب، والجزر لكل مد. ولا شيء في الكون مستثنى من هذا القانون، هناك ذات واحدة فقط تدوم إلى الأبد، لا يوجد بقاء لأحد سواه. فكما أشرق النهار وحان ظهره والآن يقف النهار على حافة غروب الشمس، فكذلك ولد هذا العالم أيضًا ووصل إلى الشباب، وفي يوم من الأيام سيقترب من النهاية. ففي وقت العصر هذا التذكير الصامت يستفز العبد ليتذكر الآخرة وأن يسجد لربه للتوبة والاستغفار.

وأما في المغرب فتدخل الحياة بابًا جديدًا حينه. هذه البوابة تشبه باب الموت بعد الحياة والبرزخ بعد الحياة. فيقوم مصرف الكون بإظهار آية الليل بعد آية النهار، وبضوء القمر بعد سطوع الشمس. وتصبح فوضى النهار وهلعه باردًا وتتزين حفلة النجوم في السماء، وتقل الحرارة والحر ومرارة ضجيج النهار ويشعر رجل النهار المتعب بحالة جديدة سارة في الترانيم الباردة في الليل. قد

لا يشعر الأشخاص غير الحساسين والأغبياء بمثل هذا الانعكاس الكبير للكون. ولكن الذي عنده حس وشعور كيف يمر بهذا كله وهو لا يهتز به؟

ثم كيف يمكن لرجل أن يشهد مثل هذه القوة والحكمة العظيمة، وأن يظل غير مهتم تمامًا ويبقى غيرَ مبالٍ للقدير والحكيم اللذي أظهر هذه القوة والحكمة؟ إذا كان هناك أي شعور بالحياة في قلبه، فسوف يتنبه ويتواضع في هذه المناسبة ويخضع رأسه أمام خالقه وسيده، الذي تبلغ قوته لدرجة أنه أخفى العالم كله في دياجير الليل في آن واحد.

ووقت العشاء هو وقت المساءلة والاحتساب. كما أن ظلام الليل يزيل آخر علامات الحركة والعمل. ويتطلب الرجل السلام والراحة من خلال الابتعاد عن كل شيء حتى يتمكن من الانتعاش للرحلة إلى الوجهة القادمة ثانيًا. فهذه الساعة مناسبة جدا للإنسان للمثول أمام ربه مرة واحدة قبل الذهاب إلى الفراش. فربما تكون هذه هي الفرصة الأخيرة وبعد نوم اليوم لن يتمكن من اليقظة»[1].

# ركعات الصلاة

والركعات المقررة في الشريعة للصلاة هي:

الفجر: ركعتان

الظهر: أربع ركعات

العصر: أربع ركعات

المغرب: ثلاث ركعات

العشاء: أربع ركعات

هذه هي ركعات الصلاة المفروضة، والتي ستؤدي إلى الاتهام في يوم القيامة بسبب تركها. لذلك إلا في الحالات التي يسمح فيها القصر، يجب أن

---

(1) تزكية النفس ص ٢٤٢.

تصلى هذه الركعات. وعلاوةً عليها فإن جميع الصلوات الأخرى هي نافلة يُثاب من صلاها، لكن لا توجد إمكانية لأي اتهام من الله تعالى على تركها.

# الرخصة في الصلاة

إذا دخل وقت الصلاة في حالة خطر فقد سمح الله أن تقدم الصلاة قدر الإمكان راجلًا أو راكبًا. وفي هذا بالطبع لا تكون هناك جماعة، ولا يتم الحفاظ على تقييد القبلة، وفي بعض الحالات لا يتم أداء الصلاة بالطريقة المنصوص عليها لذلك. قال تعالى:

﴿ فَإِنْ خِفْتُمْ فَرِجَالًا أَوْ رُكْبَانًا فَإِذَآ أَمِنتُمْ فَٱذْكُرُواْ ٱللَّهَ كَمَا عَلَّمَكُم مَّا لَمْ تَكُونُواْ تَعْلَمُونَ ﴾[1].

وإذا حدث مثل هذا الموقف في رحلة، فينص القرآن أيضًا على أنه يمكن للناس أيضًا قصر الصلاة. وفي المصطلح، يشار إليه باسم «قصر». وقد وضع النبي ﷺ سنة له أن تصلى صلاة ذات أربع ركعات ركعتين فقط. ولا يكون هناك قصر في صلاة ذات ركعتين أو ثلاث ركعات. لذلك، سيتم أيضًا تأدية صلاة الفجر والمغرب في مثل هذه المواقع. والسبب في ذلك هو أن الفجر هو بالفعل ركعتان والمغرب هو وتر اليوم، فلا يمكن تغيير وضعهما.

وقد ذكر الله في سورة النساء ذلك بهذه الكلمات:

﴿ وَإِذَا ضَرَبْتُمْ فِي ٱلْأَرْضِ فَلَيْسَ عَلَيْكُمْ جُنَاحٌ أَن تَقْصُرُواْ مِنَ ٱلصَّلَوٰةِ إِنْ خِفْتُمْ أَن يَفْتِنَكُمُ ٱلَّذِينَ كَفَرُوٓاْ إِنَّ ٱلْكَافِرِينَ كَانُواْ لَكُمْ عَدُوًّا مُّبِينًا ﴾[2].

وهذه الرخصة في قصر الصلاة أو في أداء الصلاة راكبًا أو ماشيًا قد جاءت هنا بلفظ «إن خفتم» ويعلم من الأحاديث والآثار أن النبي ﷺ قد قاس عليه

---

(1) سورة البقرة، الآية: ٢٣٩.

(2) سورة النساء، الآية: ١٠١.

الفزع والهلع وفوضى الأسفار عامة لزمانه فقصر في كل ذلك. كما أنه قد صلى الصلاة النافلة وهو يركب ناقته كي لا تتجشم القافلة من وقف السفر[1].

وَعَنْ يَعْلَى بنِ أُمَيَّةَ قالَ قُلْتُ لِعُمَرَ بنِ الخَطَّابِ لَيْسَ عَلَيْكُمْ جُنَاحٌ أَنْ تَقْصُرُوا مِنَ الصَّلَاةِ إِنْ خِفْتُمْ أَنْ يَفْتِنَكُمُ الَّذِينَ كَفَرُوا، فَقَدْ أَمِنَ النَّاسُ! فقالَ عَجِبْتُ مِمَّا عَجِبْتَ منه، فَسَأَلْتُ رَسُولَ اللَّهِ ﷺ عنه، فقال: ذلك صدقة تصدق الله بها عليْكُمْ، فَاقْبَلُوا صَدَقَتَهُ»[2].

وجوابه يفيد أن الله قد صوب استنباطه ذلك. وأُستنبط من قصر الصلاة تخفيف في أوقات الصلاة أيضًا فجمع في أسفاره عمومًا بين الصلاتين بين الظهر والعصر وبين المغرب والعشاء كما جاء عن معاذ بن جبل عن غزوة تبوك:

فعن معاذ قال: خرجنا مع رسول الله ﷺ في غزوة تبوك، فكان يصلي الظهر والعصر جميعًا، والمغرب والعشاء جميعًا»[3].

وينطبق الشيء نفسه على الحج. ففيه بما أن الحرب ضد الشيطان تمثل بلغة الرموز، لذلك من خلال متطلبات التمثيل، فقد أقام السنة أنه سواء أقام الناس أو سافروا، فسوف يجمعون في مِنًى ويجمعون ويقصرون في المزدلفة والعرفات.

وهناك تلميح لهذا الاستنباط في القرآن نفسه. ففي الآية التي ينتهي بها هذا الحكم في سورة النساء، تتطلب الكلمات «إن الصلاة كانت على المؤمنين كتابا موقوتا»، وفقًا للغة العربية أن تحذف هناك قبل هذه الكلمات جملة من مثل «واتبع الوقت» أو ما شابهها. ويتضح من ذلك تباعًا أنه بعد إذن القصر من الممكن أيضًا أن يخفف الناس في وقت الصلاة مع الركعات. لذلك تم التوجيه

---

(1) رواه البخاري رقم ١١٠٤ ومسلم رقم ١٦١٩.

(2) رواه مسلم رقم ١٥٧٣ ــ ١٥٧٤.

(3) رواه مسلم رقم ١٦٣١ ــ وأبو داود رقم ١٢٢٠.

أنه عندما تكونون في حالة اطمئنان وراحة  فصلوا الصلاة بأكملها ولوقتها لأن الصلاة كانت على المؤمنين كتابًا موقوتًا.

كانت إحدى الصعوبات في حياة النبي ﷺ أنه إذا أقيمت صلاة في ساحة المعركة وفي قيادة النبي الكريم. كانت رغبة كل جندي أن يصلي خلفه. كانت هذه الرغبة رغبة طبيعية،  ولكن كان من الضروري أيضًا تنظيم الدفاع. ومن الحلول لهذه المشكلة أن النبي ﷺ يصلي بنفسه أربع ركعات، ويقسم أهل الجيش إلى صفين ويجتمعون معه في ركعتين ركعتين وقد اتخذ النبي ﷺ هذه الطريقة على بعض المواقف[1].

ومع ذلك، نظرًا للصعوبة التي قد تسببها للنبي ﷺ، اقترح القرآن أن يصلي كل من الإمام والمقتدي صلاة القصر، وأن ينضم إليه صفان من الجيش واحدًا تلو الآخر في نصف الصلاة ويؤديان نصف الصلاة بمفردهما. لذلك يجب على صف واحد،  بعد سجود الركعة الأولى أن يتراجع ويهتم بالحماية والإشراف، والجزء الآخر الذي لم يصلِّ بعدُ يجب أن يتبعه وينضم إلى الركعة الثانية. قال:

﴿وَإِذَا كُنتَ فِيهِمْ فَأَقَمْتَ لَهُمُ ٱلصَّلَوٰةَ فَلْتَقُمْ طَآئِفَةٌ مِّنْهُم مَّعَكَ وَلْيَأْخُذُوٓا۟ أَسْلِحَتَهُمْ فَإِذَا سَجَدُوا۟ فَلْيَكُونُوا۟ مِن وَرَآئِكُمْ وَلْتَأْتِ طَآئِفَةٌ أُخْرَىٰ لَمْ يُصَلُّوا۟ فَلْيُصَلُّوا۟ مَعَكَ وَلْيَأْخُذُوا۟ حِذْرَهُمْ وَأَسْلِحَتَهُمْ وَدَّ ٱلَّذِينَ كَفَرُوا۟ لَوْ تَغْفُلُونَ عَنْ أَسْلِحَتِكُمْ وَأَمْتِعَتِكُمْ فَيَمِيلُونَ عَلَيْكُم مَّيْلَةً وَٰحِدَةً وَلَا جُنَاحَ عَلَيْكُمْ إِن كَانَ بِكُمْ أَذًى مِّن مَّطَرٍ أَوْ كُنتُم مَّرْضَىٰٓ أَن تَضَعُوٓا۟ أَسْلِحَتَكُمْ وَخُذُوا۟ حِذْرَكُمْ إِنَّ ٱللَّهَ أَعَدَّ لِلْكَٰفِرِينَ عَذَابًا مُّهِينًا ۞ فَإِذَا قَضَيْتُمُ ٱلصَّلَوٰةَ فَٱذْكُرُوا۟ ٱللَّهَ قِيَٰمًا وَقُعُودًا وَعَلَىٰ جُنُوبِكُمْ فَإِذَا ٱطْمَأْنَنتُمْ فَأَقِيمُوا۟ ٱلصَّلَوٰةَ إِنَّ ٱلصَّلَوٰةَ كَانَتْ عَلَى ٱلْمُؤْمِنِينَ كِتَٰبًا مَّوْقُوتًا﴾[2].

وتفيد الروايات والآثار أنه وفقًا لهذا الأمر تم اعتماد طرق مختلفة وفقًا

---

(1)  مسلم رقم ١٩٥٠.

(2)  سورة النساء، الآيتان: ١٠٢ و١٠٣.

للظروف في الركعة التي كان على الجيش القيام بها بمفرده. فحدث أن توقف النبي ﷺ وانسحب الناس بعد الانتهاء من الصلاة[1]، ووقع كذلك أن الناس قد أكملوا صلاتهم بعد ذلك[2].

ولم تعد هناك حاجة لتفصيل ذلك. وذلك لأن علاقة هذا التكتيك كما يتضح من فقرة «وإذا كنت فيهم» في الآية، هي علاقة خاصة بتواجد النبي ﷺ بين اظهرهم.

وبعده، لا يمكن أن تكون الرغبة في إمام واحد شديدة كتلك ولا هي مهمة جدًّا. فإذا كانت هناك فرصة لإقامة جماعة، يمكن للناس الآن الصلاة بسهولة كبيرة في اقتداء أئمة مختلفين.

## جماعة الصلاة

على الرغم من أنه يمكن تقديم الصلاة بمفردها، إلا أنه كانت دائمًا سنة في دين الأنبياء عليهم السلام أنه يجب تقديمها مع المصلين وإذا أمكن، في معبد لغرض الجماعة. ولما بلغ النبي ﷺ يثرب فبنى المسجد لهذا الغرض قبل كل شيء، وأنشئ معه تقليد بناء المساجد في كل مدينة مسلمة وكل حي. فيمكن الآن رؤية هذه المساجد في كل مكان في العالم. ولا يوجد شكل محدد منصوص عليه في الدين لبنائها. ومع ذلك قد أبقى المسلمون وضع تعمير المساجد متعينًا على اقل حد مع بعض الاختلافات البنائية الجزئية.

وفي حياة النبي ﷺ عندما كان الأذان للصلاة يقال لكي يصلي المسلمون في إمامته، كان ضروريًّا لجميع أولئك الذين يمكن أن يبلغوا في المسجد أن يبلغوه. ثم عندما اتخذت خطوات مختلفة لفصل المنافقين عن المسلمين بمناسبة تطهيرهم منهم وفقًا لشريعة الله في إتمام الحجة، وقع أن طلب شخص

(1) البخاري رقم ٤١٢٩ ومسلم رقم ١٩٤٧.
(2) البخاري رقم ٩٤٢ ومسلم رقم ١٩٤٢.

أعمى إجازة لعدم حضور المسجد. أجاب بالإيجاب أولًا ثم سأله هل يبغلك الأذان قال: نعم فقال «فعليك أن تأتي المسجد».

فروي أنه أَتى النبيَّ ﷺ رَجُلٌ أعمى فقَالَ: يا رسولَ اللَّهِ، لَيْس لِي قَائِدٌ يقُودُني إِلي المَسْجِدِ، فَسأَلَ رسولَ اللَّهِ ﷺ أَن يُرَخِّصَ لَهُ فَيُصَليِّ فِي بيْتِهِ، فَرَخَّص لَهُ، فَلَمَّا وَلَّى دَعَاهُ فَقَالَ لَهُ:

فَأَجِبْ.: قَالَ: نَعَمْ، قَالَ هلْ تَسْمَعُ النِّدَاءَ بِالصَّلاةِ[1]؟

وقال النبي ﷺ مهددًا بهذه المناسبة: أولئك الذين لا يأتون للصلاة، أريد أن أحرق منازلهم وألقيها عليهم[2]. ذكر ابن مسعود رضي الله عنه أنه حتى المرضى كانوا يحضرون الجماعة بمساعدة رجلين في ذلك الوقت[3]. وبعد النبي ﷺ، لم يكن هذا الشكل من الأمر باقيًا بالطبع ولكن الحضور إلى المسجد وصلاة الجماعة لا يزال من الفضائل العظيمة. لذلك لا ينبغي أن يحرم مسلم منه دون أي عذر.

ننقل هنا بعض ما جاء عن النبي ﷺ في هذا الباب:

عن ابنِ عمَر رضي الله عنهما أَنَّ رسولَ اللَّه ﷺ قَالَ:

صَلاةُ الجَماعَةِ أَفضَلُ مِنْ صَلاةِ الفَذِّ بِسَبْعٍ وَعِشْرِينَ درَجَة»[4].

فقد أخرج البخاري ومسلم عن أبي هريرة رضي الله عنه أن رسول الله ﷺ قال: «لو يعلم الناس ما في النداء والصف الأول ثم لم يجدوا إلا أن يستهموا عليه لاستهموا، ولو يعلمون ما في التهجير، لاستبقوا إليه، ولو يعلمون ما في العتمة والصبح لأتوهما ولو حبوًا»[5].

عن عثمان بن عفان رضي الله عنه قال: سمعت رسول الله ﷺ يقول: «من صلى

---

(1) رواه مُسلِم.رقم ١٤٨٤.
(2) البخاري رقم ٦٤٤ ومسلم رقم ١٤٨١.
(3) مسلم رقم ١٤٨٨.
(4) البخاري رقم ٦٤٥ ومسلم رقم ١٤٧٧.
(5) البخاري رقم ٦٥٣ ـــ ٦٥٤ ومسلم رقم٩٨١.

العشاء في جماعة، فكأنما قام نصف الليل ومن صلى الصبح في جماعة، فكأنما صلى الليل كله»[1]

ومع ذلك فإن النساء معفيات من هذا الحكم. ففي أمرهن السنة هي أنه يمكنهن القدوم إلى المسجد للصلاة ولكن إن لم يأتين فلا حرج في ذلك. قال النبي ﷺ: «لا تمنعوا إماء الله من مساجد الله، ولكن ليخرجن وهن تفلات»[2].

بيوتهن هي أنسب لهذا الغرض. وفهم منه البعض أن إقامة الجماعة الطريقة الشرعية المقررة لإقامة الجماعة هي كما يلي:

١ـ سيتم التأذين بالأذان قبل الصلاة حتى يتمكن الناس من الاستماع إليها والانضمام إلى المصلين. والكلمات التي عينها النبي ﷺ للأذان هي كما يلي:

اَللّٰهُ أَكْبَرُ؛ أَشْهَدُ أَنْ لَا إِلٰهَ إِلَّا اللّٰهُ؛ أَشْهَدُ أَنَّ مُحَمَّدًا رَّسُوْلُ اللّٰهِ؛ حَيَّ عَلَى الصَّلَاةِ؛ حَيَّ عَلَى الْفَلَاحِ؛ اَللّٰهُ أَكْبَرُ؛ لَا إِلٰهَ إِلَّا اللّٰهُ.

٢ـ إذا كان هناك مقتدٍ واحد فقط، فيقف مع الإمام عن يمينه، وإذا كان هناك أكثر، فيكون الإمام في الوسط، ويقفون خلفه على التوالي.

٣ـ تقال كلمات الإقامة للوقوف للصلاة. وفي هذا تتكرر كلمات الأذان. بفرق أن الشخص الذي يقول الإقامة يقول أيضًا «قد قامت الصلاة» بعد حيّ على الفلاح.

ويتم تكرار كلام الأذان أكثر من مرة لهذا الغرض.

ويمكن أيضًا تكرار كلمات الإقامة بنفس الطريقة إذا لزم الأمر.

وقد تم إثبات هذه الطريقة في إقامة الجماعة بالإجماع والتواتر العملي. ونأتي هنا بتفاصيلها التي وردت في الأحاديث والروايات بترتيب:

---

(1) رواه مسلم رقم١٤٩١.
(2) البخاري رقم ٨٦٥ ـ ٨٧٣ ومسلم رقم ٩٩٠ وابن خزيمة رقم ١٦٨٣.

# الأذان

ففي رؤيا الصحابة عن بداية الأذان الذي بمقتضاه قد أمر النبي ﷺ الناس بالتأذين والإقامة، تتكرر فيها كلمات الأذان بهذه الطريقة:

اَللّٰهُ أَكْبَرُ، اَللّٰهُ أَكْبَرُ، اَللّٰهُ أَكْبَرُ، اَللّٰهُ أَكْبَرُ؛ أَشْهَدُ أَنْ لَّا إِلٰهَ إِلَّا اللّٰهُ، أَشْهَدُ اَنْ لَّا إِلٰهَ إِلَّا اللّٰهُ؛ أَشْهَدُ أَنَّ مُحَمَّدًا رَّسُوْلُ اللّٰهِ، أَشْهَدُ أَنَّ مُحَمَّدًا رَّسُوْلُ اللّٰهِ؛ حَيَّ عَلَى الصَّلٰوةِ، حَيَّ عَلَى الصَّلٰوةِ؛ حَيَّ عَلَى الْفَلَاحِ، حَيَّ عَلَى الْفَلَاحِ؛ اَللّٰهُ أَكْبَرُ، اَللّٰهُ أَكْبَرُ؛ لَا إِلٰهَ إِلَّا اللّٰهُ[1].

ولذا روي أن كلمات الأذان كانت تكرر مرتين مرتين في العصر الرسالي في عامة الأحوال[2].

ويقول أبو محذورة إن رسول الله علمه كلمات الأذان فقال: تقول:

اَللّٰهُ أَكْبَرُ، اَللّٰهُ أَكْبَرُ، اَللّٰهُ أَكْبَرُ، اَللّٰهُ أَكْبَرُ؛ أَشْهَدُ أَنْ لَّا إِلٰهَ إِلَّا اللّٰهُ، أَشْهَدُ أَنْ لَّا إِلٰهَ إِلَّا اللّٰهُ؛ أَشْهَدُ أَنَّ مُحَمَّدًا رَّسُوْلُ اللّٰهِ، أَشْهَدُ أَنَّ مُحَمَّدًا رَّسُوْلُ اللّٰهِ. ثم تعيدها،

أَشْهَدُ أَنْ لَّا إِلٰهَ إِلَّا اللّٰهُ؛ أَشْهَدُ أَنْ لَّا إِلٰهَ إِلَّا اللّٰهُ؛ أَشْهَدُ أَنَّ مُحَمَّدًا رَّسُوْلُ اللّٰهِ، أَشْهَدُ أَنَّ مُحَمَّدًا رَّسُوْلُ اللّٰهِ» وتقول بعد ذلك: «حَيَّ عَلَى الصَّلٰوةِ، حَيَّ عَلَى الصَّلٰوةِ؛ حَيَّ عَلَى الْفَلَاحِ، حَيَّ عَلَى الْفَلَاحِ؛ اَللّٰهُ أَكْبَرُ، اَللّٰهُ أَكْبَرُ؛ لَا إِلٰهَ إِلَّا اللّٰهُ[3].

وعنه أن النبي ﷺ علمني أن أقول: أَشْهَدُ أَنْ لَّا إِلٰهَ إِلَّا اللّٰهُ؛ أَشْهَدُ أَنَّ مُحَمَّدًا رَّسُوْلُ اللّٰهِ مرتين منخفضًا صوتي، وأن اكرره مرتين بصوت رفيع وأمرني أيضًا أن أقول بعد

حَيَّ عَلَى الْفَلَاحِ؛ الصلاة خير من النوم مرتين[4].

---

(1) أبو داود رقم: ٤٩٩.
(2) البخاري رقم ٦٠٥ ومسلم رقم ٨٣٨.
(3) أبو داود رقم ٥٠٣.
(4) أبو داود رقم ٥٠٠ وابن ماجه رقم ٧١٦ والنسائي رقم ٦٣٣.

ووفقًا للأحاديث، إذا أمطرت أو كان البرد شديدًا كان النبي ﷺ يقول لمؤذنه أن يعلن لصلاة الليل: «ألا صلوا في الرحال»[1].

كما روي أن بلالًا رضي الله عنه كان يضع أصابعه في أذنيه أثناء الأذان ويدير وجهه يمينًا ويسارًا لرفع الصوت ونشره في كل مكان[2].

قال عثمان بن أبي العاص: سألت النبي ﷺ الإذن بإمامة الصلاة، فقال: «تعين مؤذنًا من لا يتقاضى أجرًا على الأذان»[3].

واستجابةً للأذان قد حث النبي ﷺ على ترديد كلام المؤذن والصلاة والسلام عليه، فروى البخاري عَنْ جَابِرِ بْنِ عَبْدِ اللَّهِ رضي الله عنهما، أَنَّ رَسُولَ اللَّهِ ﷺ قَالَ: «مَنْ قَالَ حِينَ يَسْمَعُ النِّدَاءَ: اللَّهُمَّ رَبَّ هَذِهِ الدَّعْوَةِ التَّامَّةِ، وَالصَّلَاةِ القَائِمَةِ آتِ مُحَمَّدًا الوَسِيلَةَ وَالفَضِيلَةَ، وَابْعَثْهُ مَقَامًا مَحْمُودًا الَّذِي وَعَدْتَهُ، (وأرجو أن أكون صاحب المقام المحمود) حَلَّتْ لَهُ شَفَاعَتِي يَوْمَ القِيَامَةِ[4].

وفي رواية لعمر أن النبي ﷺ أمر بأن يقول المستمع للنداء بعد حَيَّ عَلَى الصلاة؛ وحَيَّ عَلَى الْفَلَاحِ، لا حول ولا قوة إلا بالله» وقال من أجاب النداء وصدق له قلبه بشر له الجنة»[5].

ورويت عنه كلمات مختلفة للدعاء بعد الأذان ومنها:

١ـ اَللّٰهُمَّ، رَبَّ هـٰذِهِ الدَّعْوَةِ التَّامَّةِ والصلاةِ الْقَائِمَةِ، آتِ مُحَمَّدًا الْوَسِيلَةَ وَالْفَضِيلَةَ وَابْعَثْهُ مَقَامًا مَّحْمُوْدًا الَّذِيْ وَعَدْتَّهُ[6].

---

(1) البخاري رقم ٦٣٢ ومسلم رقم ١٦٠٠.
(2) البخاري ٦٤٣ والترمذي رقم ١٩٧.
(3) أبو داود رقم ٥٣١.
(4) البخاري رقم ٦١٤.
(5) مسلم رقم ١٩٦.
(6) البخاري رقم ٦١٤.

٢ـ أَشْهَدُ أَنْ لَا إِلَهَ إِلَّا اللَّهُ وَحْدَهُ لَا شَرِيكَ لَهُ، وَأَنَّ مُحَمَّدًا عَبْدُهُ وَرَسُولُهُ، رَضِيتُ بِاللَّهِ رَبًّا وَبِمُحَمَّدٍ رَسُولًا وَبِالْإِسْلَامِ دِينًا[1].

وعن الدعاء الأول، قال: إن من اهتم به يستحق شفاعتي، [199] وعن الكلمة الثانية قال: إن ذنوبه تغفر له[2].

## الإقامة

وكانت كلمات الإقامة تقال عمومًا مرة واحدة[3]، رويت لها كلماتها كما يلي:

اَللَّهُ أَكْبَرُ اَللَّهُ أَكْبَرُ أَشْهَدُ أَنْ لَا إِلَهَ إِلَّا اللَّهُ؛ أَشْهَدُ أَنَّ مُحَمَّدًا رَّسُولُ اللَّهِ؛ حَيَّ عَلَى الصَّلَاةِ؛ حَيَّ عَلَى الْفَلَاحِ؛ قد قامت الصلاة قد قامت الصلاة، اَللَّهُ أَكْبَرُ اَللَّهُ أَكْبَرُ؛ لَا إِلَهَ إِلَّا اللَّهُ[4].

ويقول أبو محذورة أن رسول الله قد علمه الإقامة بسبع عشرة كلمة:

اَللَّهُ أَكْبَرُ، اَللَّهُ أَكْبَرُ، اَللَّهُ أَكْبَرُ، اَللَّهُ أَكْبَرُ؛ أَشْهَدُ أَنْ لَا إِلَهَ إِلَّا اللَّهُ، أَشْهَدُ أَنْ لَا إِلَهَ إِلَّا اللَّهُ؛ أَشْهَدُ أَنَّ مُحَمَّدًا رَّسُولُ اللَّهِ، أَشْهَدُ أَنَّ مُحَمَّدًا رَّسُولُ اللَّهِ،

حَيَّ عَلَى الصَّلَاةِ، حَيَّ عَلَى الصَّلَاةِ؛ حَيَّ عَلَى الْفَلَاحِ، حَيَّ عَلَى الْفَلَاحِ؛ قد قامت الصلاة قد قامت الصلاة، اَللَّهُ أَكْبَرُ، اَللَّهُ أَكْبَرُ؛ لَا إِلَهَ إِلَّا اللَّهُ[5].

---

(1) مسلم رقم ٨٥١.

(2) مسلم رقم ٨٥١ أي الذنوب التي لا تمت بصلة إلى حقوق العباد ولا تحتاج إلى توبة أو كفارة.

(3) البخاري رقم ٦٠٥ ومسلم رقم ٨٣٨.

(4) أبو داود رقم ٤٩٩.

(5) أبو داود رقم ٥٠٢.

# الإمام

والصلاة تقام خلف كل مسلم بر وفاجر، ولكن يجب أن يتم انتخاب الإمام في ضوء ترشيد النبي ﷺ:

فعن أبي سعيد الخدري مرفوعًا «إذا كانوا ثلاثة فليؤمهم أحدهم، وأحقهم بالإمامة أقرؤهم» والمراد بالأقرأ الأكثر حفظًا للقرآن، لما جاء في حديث عمرو بن سلمة «ليؤمكم أكثركم قرآنًا» وفي رواية أخرى لمسلم وغيره عن ابن مسعود مرفوعًا «يؤم القومَ أقرؤهم لكتاب الله، فإن كانوا في القراءة سواء فأعلمهم بالسُّنَّة، فإن كانوا في السنة سواء فأقدمهم هِجرة، فإن كانوا في الهجرة سواء فأقدمهم سنًّا، ولا يؤمَّن الرجلُ الرجلَ في سلطانه، ولا يقعد في بيته على تكرمته إلا بإذنه» وفي رواية «لا يؤمَّن الرجلُ الرجلَ في أهله ولا سلطانه»[1].

والسنة في حق الإمام أن يخفف في الصلاة اعتمادًا على حديث أبي هريرة رضي الله عنه أن النبي ﷺ قال: (إذا أمَّ أحدكم الناس فليخفف، فإن فيهم الصغير والكبير والضعيف والمريض فإذا صلى وحده فليصل كيف شاء) رواه البخاري ومسلم وأصحاب السنن[2]. وعن أنس بن مالك أنه قال:

ما صليت وراء إمام قط أخف صلاة ولا أتم من صلاة النبي ﷺ، وإن كان ليسمع بكاء الصبي، فيخفف؛ مخافة أن تُفتن أمُّه»[3].

وعلى الإمام الاهتمام بتسوية الصفوف اهتمامًا خاصًا فيقول النعمان بن بشير: إن النبي ﷺ كان يسوي صفوفنا كأنه يسويها بقوس»[4].

---

(1) مسلم رقم: ١٥٣٢.

(2) البخاري رقم ٧٠٣ ومسلم رقم ١٠٤٦.

(3) البخاري رقم ٧٠٩ ومسلم رقم ١٠٥٦.

(4) مسلم رقم ٩٧٩.

# المقتدي

وقد أمر النبي ﷺ أولئك الذين يقفون وراء الإمام ألا يحاولوا تجاوز إمامهم بل أن يقولوا التكبير وراء تكبيره وأن يقولوا بعد قوله «سمع الله لمن حمده» «ربنا ولك الحمد» وأن يتبعوه في كل خفضه ورفعه في الصلاة[1].

وعن أنس قال: صلى بنا رسول الله ﷺ ذات يوم، فلما قضى الصلاة أقبل علينا بوجهه، فقال: «أيها الناس، إني إمامكم، فلا تسبقوني بالركوع ولا بالسجود، ولا بالقيام ولا بالانصراف»[2].

وكذلك تم التأكيد على أن صفوف الصلاة يجب أن تبقى مسوّاة مستقيمة[3]. ويجب أن تكون الأكتاف متساوية، ويجب ألا يكون هناك اضطراب وخلل في الوسط، ويجب أن يقف الناس متراصين مع بعضهم البعض[4]. يتقدم البالغون أولًا ثم الأصغر فالأصغر[5].

كما يجب إكمال الصف الأول أولًا ويليه الثاني ثم الثالث[6]. والحفاظ على تسوية الصفوف ما تتقاضاه إقامة الصلاة[7].

وقال النبي ﷺ ما معناه: أيها الناس، كونوا رحماء بينكم ولا تتركوا أماكن للشيطان في الصفوف، واذكروا أن من وصل وصله الله ومن قطع قطعه الله»[8].

---

(1) البخاري رقم ٧٣٣ ومسلم رقم ٩٢١.

(2) مسلم رقم ٩٦١.

(3) البخاري رقم ٧١٧ ومسلم رقم ٩٧٨.

(4) أبو داود رقم ٦٦٦.

(5) مسلم رقم ٩٧٢.

(6) أحمد رقم ١٣٠٢٧.

(7) البخاري رقم ٧٢٣ ومسلم رقم ٩٧٥.

(8) أبو داود رقم ٦٦٦.

وقال: اصطفوا كما تصطف الملائكة إنهم يقومون أمام الرب مجتمعين ويكملون الصف الأول فالأول[1].

نعم الصف الأول أفضل؛ ولهذا قال عليه الصلاة والسلام: لو يعلم الناس ما في النداء والصف الأول ثم لم يجدوا إلا أن يستهموا عليه لاستهموا يعني: لاقترعوا، فله فضل عظيم[2].

ومع ذلك، إذا تأخرأحد في أي وقت، فيجب على الشخص أن يأتي بسكينة ووقاروكرامة ويصلي بقدر ما أدرك من الصلاة ويكمل الباقي بنفسه[3]. ويجب أن تتم المحاذاة وتسوية الصفوف عند وصول الإمام[4]. وإذا كانت هناك امرأة واحدة فقط في صف النساء، فيمكنها أيضًا الوقوف بمفردها. فعن أنس بن مالك ﵁، قال: «صلى النبي ﷺ في بيت أم سليم، فقمت ويتيم خلفه وأم سليم خلفنا»[5].

## المساجد

بيت الحرم هو أقدم مسجد في العالم. بناه إبراهيم ﵇. وأسس مسجد القدس (المسجد الأقصى) سيدنا داود وأكمله سليمان ﵇ ولذا يقال له المعبد السليماني أيضًا. وبنى مسجد يثرب آخر نبي الله محمد ﷺ. فهذه المساجد الثلاثة لها مكانة خاصة كبيرة. قال النبي ﷺ: «هذه المساجد الثلاثة التي يمكن شد الرحال إليها للزيارة والصلاة»[6]. وللصلاة فيها فضيلة عظيمة.

فعن النبي ﷺ قال: (صلاةٌ في مسجِدِي هذا أفْضَلُ من ألْفِ صلاةٍ فِيما

(1) مسلم رقم ٩٦٨.
(2) البخاري رقم ٦١٥ ومسلم رقم ٩٨١.
(3) البخاري رقم ٦٣٦ ومسلم رقم ١٣٥٩.
(4) البخاري رقم ٦٣٧ ومسلم رقم١٣٦٥.
(5) رواه البخاري، كتاب الأذان باب صلاة النساء خلف الرجال رقم الحديث: ٨٧١ ومسلم رقم ١٤٩٩.
(6) البخاري رقم ١١٩٧ ومسلم رقم ٣٣٨٢.

سِواهُ من المساجِدِ إلا المسْجِدَ الحرامَ، وصلاةٌ في المسْجِدِ الحرامِ أفضلُ من صلاةٍ في مَسْجِدِي هذا بِمِائةِ صلاة[1].

وما عداها من المساجد التي تم بناؤها في العالم أو سيتم بناؤها في المستقبل، فإن مكانتها متساوية تمامًا. ولا يتم بناء المساجد لغرض البيع والشراء والمعارض والترفيه ولكن لعبادة الله وحده. وهي من أحب المباني للَّه على وجه الأرض[2]. والجلوس فيها وانتظار الصلاة هو أيضًا صلاة[3]. وكلما جاء الناس للعبادة فيها من بعد زادت مكافأتهم بقدرذلك[4].

## تحية المسجد

ومن أدب دخول المساجد أنه يجب على المرء أن يصلي ركعتين بعد المجيء في المسجد إذا لم يكن هناك عذر ثم يجلس فيه. وقد جاء ذلك بتوكيد كبير في الأحاديث والآثار[5]. وقد جاء أيضًا أنه ﷺ كان إذا دخل المسجد تعوذ بالله بألفاظ تالية:

أَعُوذُ بِاللَّهِ الْعَظِيْمِ، وَبِوَجْهِهِ الْكَرِيْمِ، وَسُلْطَانِهِ الْقَدِيْمِ، مِنَ الشَّيْطَانِ الرَّجِيْمِ[6].

كما روي أيضًا أنه قال: إذا دخل أحدكم المسجد فليقل: اَللَّهُمَّ، افْتَحْ لِيْ أَبْوَابَ رَحْمَتِكَ. وإذا خرج فليقل: اللَّهُمَّ، إِنِّيْ أَسْأَلُكَ مِنْ فَضْلِكَ»[7].

---

(1) البخاري رقم ١١٩٠ ومسلم رقم ٣٣٧٤ وابن ماجه رقم ١٤٠٦.

(2) مسلم رقم ١٥٢٨.

(3) البخاري رقم ٦٤٧.

(4) البخاري رقم ٦٥١ ومسلم رقم ١٥١٣ ــ ١٥١٨.

(5) البخاري رقم ٤٤٤ ومسلم رقم ١٦٥٤.

(6) أبو داود رقم ٤٦٦.

(7) مسلم رقم: ١٦٥٢.

## السهو في الصلاة

إذا كان هناك خطأ في الأعمال المنصوص عليها في الشريعة للصلاة، أو إذا كان هناك شك في صدور خطأ، فقد ثبت هذه السنة أنه إذا كان من الممكن التعويض عن الخطأ فبعد التعويض وإذا لم يكن ممكنًا فبغيره، يجب القيام بسجدتين في نهاية الصلاة.

وتفاصيل الأحداث للسهو التي وقعت في عهد النبي ﷺ وكيفية أدائه لهذه السجدات هي كما يلي:

عن عبد الرحمن الأعرج عن عبد الله بن بحينة رضي الله عنه أنه قال إن رسول الله ﷺ قام من اثنتين من الظهر لم يجلس بينهما فلما قضى صلاته سجد سجدتين ثم سلم بعد ذلك[1].

وعن عبد الله بن مسعود ـ رضي الله عنه ـ أن النبي ﷺ صلَّى الظهر خمسًا، فقيل له: أزيد في الصلاة؟ فقال: «وما ذاك؟» قالوا: صليت خمسًا، فسجد سجدتين بعدما سلَّم. وفي رواية: فثنى رجليه واستقبل القبلة فسجد سجدتين ثم سلَّم. رواه الجماعة[2].

وفي روايه ثم التفت إلى الناس وقال: لو كان هناك حكم جديد في الصلاة لأخبرتكم ولكني أنا مثلكم أنسى كما تنسون، لذلك إذا نسيت ذكروني إياه. ألا أنه إذا شك أحدكم في الصلاة، فعليه أن يبني على اليقين، ثم يكمل الصلاة وفقًا لذلك، ثم يسلم ثم يسجد مرتين[3].

وعن أبي هريرة: يقولُ: صلى بنا رسولُ الله ﷺ إحدى صلاتي العَشِيِّ إمَّا الظهرِ وإما العصرِ، فسلَّمَ في ركعتين، ثم أتى جِذْعًا في قِبْلَةِ المسجدِ، فاستنَدَ إليها مُغْضبًا، وفي القومِ أبو بكرٍ وعمرُ، فهابَا أن يتكلما، وخرج سَرَعَانُ الناسِ:

---

(1) (البخاري رقم ١٢٢٤ ــ ١٢٢٥ ومسلم رقم ١٢٦٩.

(2) البخاري رقم ٤٠١ ــ ٤٠٤ ومسلم رقم ١٢٧٤ ــ ١٢٨١.

(3) أو كما قال عليه السلام، البخاري رقم ٤٠١-٤٠٤ ومسلم رقم ١٢٧٤-١٢٨١.

قَصُرَتِ الصلاةُ، فقام ذو اليدين فقال: يا رسولَ الله، أقصُرَتِ الصلاة أم نسيتَ؟ فنظرَ النبيُّ ﷺ يمينًا وشمالًا، فقال: ما يقولُ ذو اليَدين؟ قالوا: صدق، لم تصلِّ إلا ركعتين، فصلَّى ركعتين وسلَّمَ، ثم كبَّرَ ثم سَجَدَ، ثم كبَّرَ فرفَع، ثم كبَّرَ وسجَدَ، ثم كبَّرَ ورفعَ. قال: وأُخبِرْتُ عن عِمرانَ بنِ حُصَينٍ أنه قال: وسلَّمَ. وفي رواية: صلى بنا رسولُ الله ﷺ إحدى صلاتي العشيِّ[1].

وعن عمران بن حصين؛ إن رسول الله ﷺ صلى العصر فسلم في ثلاث ركعات ثم دخل منزله فقام إليه رجل يقال له الخرباق وكان في يديه طول فقال: يا رسول الله! فذكر له صنيعه وخرج غضبان يجر رداءه حتى انتهى إلى الناس فقال «أصدق هذا؟ «قالوا: نعم فصلى ركعة ثم سلم ثم سجد سجدتين ثم سلم[2].

وعن أبي سعيد رضي الله عنه[3]: إِذَا شَكَّ أَحَدُكُمْ فِي صَلاَتِهِ، فَلاَ يَدْرِي كَمْ صَلَّى ثَلاَثًا أَمْ أَرْبَعًا فَلْيَطْرَحِ الشَّكَّ وَلْيَبْنِ عَلَى مَا اسْتَيْقَنَ ثُمَّ يَسْجُدُ سَجْدَتَيْنِ قَبْلَ أَنْ يُسَلِّمَ فإن كان صلَّى خمسًا شفعن له صلاته، وإن كان صلَّى تمامًا أو إتمامًا لأربع كانتا ترغيمًا للشيطان[4].

وإذا أخطأ الإمام ولم ينتبه له بنفسه، فيمكن للمقتدي أن ينبّهه. والسنة بالنسبة لذلك هي أنه سيقول «سبحان الله». إذا كانت النساء لا يرغبن في رفع صوتهن، فإن النبي ﷺ قال إنه يجب أن يصفقن بأيديهن على أيديهن[5]. وكذلك قال: إنه إذا كان هناك خطأ في قراءة القرآن، فإن المستمعين سيذكرون الإمام[6].

(1) البخاري رقم ١٢٢٩ ومسلم رقم ١٢٨٨.
(2) أخرجه مسلم رقم ١٢٩٣.
(3) مسلم في الصحيح.
(4) رواه مسلم رقم ١٢٧٢.
(5) البخاري رقم ٦٨٤ ـ ١٢٠٤ ومسلم رقم ٩٤٩ ـ ٩٥٩.
(6) أبو داود رقم ٩٠٧.

# آداب الصلاة

الصلاة هي عبادة الله والدعاء والمناجاة في حضرته. ولذا حيث يأمر القرآن بالحفاظ عليها فإنه يأمر أيضًا: بـ﴿وَقُومُوا۟ لِلَّهِ قَٰنِتِينَ﴾[1].

وتعليمات النبي ﷺ في بيان هذا الحكم هي كما يأتي:

١- لا كلام مع أي شخص في الصلاة. قال: «إِنَّ هذِهِ الصَّلاَةَ لا يَصْلُحُ فِيهَا شَيْءٌ مِنْ كَلامِ النَّاسِ، إِنَّمَا هِيَ التَّسْبِيحُ وَالتَّكْبِيرُ، وَقِرَاءَةُ القُرْآنِ»[2].

وعن زَيْدِ بنِ أَرْقَمَ ﵁ قال: «كُنَّا نتكلم في الصلاة، يُكَلِّمُ الرجلُ صاحبه، وهو إلى جنبه في الصلاة، حتى نزلت ﴿وَقُومُوا۟ لِلَّهِ قَٰنِتِينَ﴾ فَأُمِرْنَا بالسكوت وَنُهِينَا عن الكلام»[3].

وعن ابن مسعود قال: كنا نسلم على رسول الله ﷺ وهو في الصلاة، فيرد علينا، فلما رجعنا من عند النجاشي سلمنا عليه، فلم يرد علينا، فقلنا: يا رسول الله، كنا نسلم عليك في الصلاة فترد علينا، فقال: «إن في الصلاة شغلًا»[4]

٢- لا ينظر حوله في الصلاة. قالت عائشة: سألت رسول الله ﷺ عن ذلك، فقال: «هذا خطف الشيطان من صلاة العبد»[5]. وبالمثل قد حذر النبي ﷺ تحذيرًا صارمًا عندما نظرالمصلي إلى السماء. قال: «ما بال أقوام يرفعون أعينهم إلى السماء في الصلاة؟» يجب أن يكفوا عن ذلك، وإلا فهناك خوف من أن تؤخذ أعينهم»[6] أو كما قال.

---

(1) سورة البقرة، الآية: ٢٣٨.
(2) مسلم رقم ١١٩٩.
(3) البخاري رقم ١٢٠٠ ومسلم رقم ١٢٠٣ ـ ١٢٠٤.
(4) البخاري رقم ٣٨٧٥ ومسلم رقم ١٢٠١.
(5) البخاري رقم ٧٥١.
(6) البخاري رقم ٧٥٠ ومسلم رقم ٩٦٧.

٣ ـ يجب أداء الصلوات بسكون ووقار. قال ﷺ: «ما بالكم ترفعون أيديكم كما ترفع ذيول الخيول المتمردة؟» كونوا هادئين في الصلاة[1].

٤ ـ يجب عدم كف الشعر والملابس أثناء الصلاة. قال ﷺ: «لقد أمرت بالسجود على سبعة أعظم وأن لا أكف شعري وملابسي أثناء الصلاة[2].

٥ ـ ولا ينبغي أن يكون هناك أي شيء أمام المصلي من شأنه أن يحدث فرقًا في شوع القلب. فعن أنس رضي الله عنه أن أم المؤمنين عائشة علقت ستارة في منزلها. فلما رآه النبي ﷺ قال: «انزعي هذا الستر لأن صوره ستأتي أمامي[3] في الصلاة.»

٦ ـ وإذا وضع الطعام أمامه فيجب الانتهاء من الأكل ثم يصلى الصلاة بارتياح حتى لا يكون هناك تفكير للأكل في الصلاة، ولكن يجب أن يكون الشخص في خيال الصلاة أثناء الوجبة. وينطبق الشيء نفسه إذا كان من الضروري الذهاب للبول أو البراز. قال ﷺ: لا يصلى بحضرة الطعام ولا وهو يدافعه الأخبثان[4].

٧ ـ إذا كان عليه القيام بأي عمل آخر أثناء الصلاة، فلا ينبغي أن يكون هناك إفراط فيه. وقد روي أنه قال ﷺ عن الشخص الذي يسوي التربة بدلًا من السجود، قائلًا: «إذا أنت فاعله فافعل مرة واحدة»[5].

٨ ـ في حالة القيام يجب على الشخص ألا يضع يده على جنبه ولا يجلس متكئًاعلى يديه دون أي حاجة. وقد نهى النبي ﷺ عن ذلك[6].

---

(1) أو كما قال رواه مسلم رقم ٩٦٨.

(2) البخاري رقم ٨١٢ ومسلم رقم ١٠٩٦.

(3) البخاري رقم ٣٧٤.

(4) مسلم رقم ١٢٤٦.

(5) البخاري رقم ١٢٠٧ ومسلم رقم ١٢١٩.

(6) البخاري رقم ١٢١٩ ومسلم رقم ١٢١٨ وأبو داود رقم ٩٤٧ ـ ٩٩٢.

٩ـ لا تثاؤب في الصلاة. يقول ﷺ: «إذا كان أحدكم في صلاته فلا يتثاءب ويحاول أن يوقفها قدر الإمكان، وإلا يضع يده على فمه[1].

١٠ـ ويصلي بارتداء الملابس المناسبة والمهذبة. يقول النبي الكريم لا يصلي أحدكم في الثوب الواحد ليس على عاتقه شيء. وبالمثل قال ﷺ: لا صلاة لحائض إلا بخمار»[2]

هذا هو ظاهر الصلاة. ووفقًا لنفس الأمر ﴿وَقُومُواْ لِلَّهِ قَـٰنِتِينَ﴾هناك بعض الآداب الداخلية للصلاة التي يجب على كل مسلم أن يضعها في اعتباره في صلاته. وهذه الآداب هي كما يلي:

١. لا يكون هناك تكاسل ولا تكاهل في الصلاة. وهذا مرض شائع في الصلاة، وإذا كان الشخص يعاني منه فلا يوجد التزام بالمواعيد معه، ولا يبقى عنده اهتمام بالجماعة، ولا يقف ذلك الشخص في الصلاة أمام ربه بحضور القلب. وربما يمكن أن يكون السبب في ذلك هو النوم في الظاهر والمشاركة والاشتغال بالعالم وشؤونه، ولكن إذا أمعنا في الداخل، يتضح لنا أن السبب الحقيقي لذلك هو داخل القلب، فيجب على كل مسلم أن يحاول إزالته قبل كل شيء. والتدابير والتكتيكات التي يمكن اتخاذها في سبيل ذلك فهي في لفظ الأستاذ الإمام كالتالي:

«إن أول شيء هو أن يرسخ المرء في قلبه ما للصلاة من أهمية في الدين. الصلاة هي أول مظهر للإيمان. وأول شيء يخرج من الإيمان هو الصلاة ثم يولد الدين كله فقط من الصلاة. هذه هي الركيزة الأولى بعد الإيمان من الأركان التي يقوم عليها الدين. لذلك إذا هدم أي رجل هذا العمود فقد هدم الدين كله في الواقع. وكان الصحابة يعتقدون أن الصلاة هي الفارق بين الكفر والإيمان. فقد أمر عمر رضي الله عنه ولاته وعُماله أن مسؤوليتهم الكبرى هي إقامة الصلاة. فمن أضاع

---

(1) أو كما قال: مسلم رقم ٧٤٩١ ــ ٧٤٩٣.

(2) أبو داود رقم ٦٤١ وابن حبان رقم ١٧١١.

الصلاة، فسوف يضيع بقية الدين. وبما أن الصلاة هي مصدر الدين ومنبعه، فإن لها أكبر دخل في حماية الدين. هذا ما يحمي دين المرء بأكمله. إذا أبطأ أو أضاعها فإنه يهدم كل حدود الدين ويضع زمام أموره في يد الشهوات. وقد قال في القرآن عن أهل الكتاب أنهم أضاعوا صلاتهم واتبعوا الشهوات.

ومما يلاحظ ويُراعى أن هناك مقامًا لكل شيء في الدين وهو مقام قد وضعه الله بنفسه. فما هو ركن في الدين هو ركن له على كل حال، ما لم تتم إقامته لايقام الدين. وإذا لا يقيم شخص الصلاة وهو في زعمه يظل يخدم الدين ليلَ نهارَ فإن جهوده تذهب سُدىً لأنه يبني بناية بدون أساس، وكما لا يتبدل شيء من أساس بنائه فكذلك لا يقوم شيء ما مقام صلاة، ويدل على هذه الحقيقة حديث جاء فيه: إن الله لا يقبل صلاة نافلة لامرئ ما الفرائض لم يأت.

والشيء الثاني الذي لا بد منه لكبت ذلك الكسل هو أن يعوّد المرء نفسه على السعي إلى ذكر الله، وذلك يعني أن الرجل إذا سمع النداء والأذان ترك كل ما كان خائضًا فيه ويشتغل في الاهتمام بالصلاة والإعدادات للذهاب إلى المسجد، ولا يدخل ذلك الإعداد الكسل بل التيقظ سمته، فكما يستعد العبد المطيع أن يأتي من فوره بما يأمره سيده ويستأذن له تاركًا كل ما يفعله على أمره، فكذلك يجب على المرء أن يلبي النداء ويستجيب للأذان فورًا. وليلحظ دائمًا أن الصلاة لوقتها هي أقدم وأهم الفرائض عند الله، فلا يقدمها شيىء آخر وإن كان عملًا دينيًا بنفسه إلا في حالات الاضطرار.

فإذا تعود المرء نفسه أن يهرع إلى الصلاة تاركًا كل العمل له، فينجو من عادة الكسل والغفلة في باب الصلاة. فلاعجب أن يحبب الله له هذا العمل.

والكسل الناتج من النوم قد بين له النبي ﷺ علاجًا شافيًا. إن النوم لأثقل شيء ما دام المرء مستلقيًا على فراشه لا يهب، ولكن حينما ترك فراشه بالمرة وذكر الله ثم يتوضأ ويصلي فإنه يخرج من مقام الكسل والهوان وحالة الكآبة إلى مرحلة الفرح والنشاط التي لا يتحسر فيها على النوم بل يتحسر على أنه كيف حُرم من هذه اللذة والراحة التابعة لليقظة، وليتوضح جيدًا أن المرء لا يندم أبدًا

على تضحية نومه للصلاة بل بعد المران القليل للاستيقاظ فإن لذته تغلب على الطبع بقدر كبير يوقظه من نومه العميق للصلاة»[1].

٢. وليجنب المرء صلاته من هجوم الوساوس وليس هذا سهلًا فكلما أحب الله الصلاة كرهها الشيطان كرهًا، ولذا إذا بدأ المرء صلاته حمل عليه الشيطان بجيشه ورَجِله على قلبه وعقله، وكيف يستطيع المرء الدفاع عن ذلك يوضح الأستاذ الإمام بقوله:

«وفي عامة الأحوال إذا أحس المرء أن الشيطان قد داهمه استعاذ بالله فورًا واستعد للحفاظ على صلاته واستكماله من عدوه كمثل الذي قد اطلع على اعتداء العدو الذي قد عزم على استكمال صلاته على رغم عدوه ولا يبالي لوساوسه. ولطالما فإن استعداد المرء هذا هو يكفي لإبطال كل طلسم شيطاني. وثانيًا لا يخافت بكلمات الصلاة في نفسه فقط بل يقرأها بحيث يسمع لها بنفسه ويتدبر في معانيها، نعم بحيطة أن لا يخلل في صلاة رجل آخر قائم إلى جنبه، فهذا الشيء ينصره كثيرًا في إبعاد وساوس الشيطان لأنه إذا استغرق الإنسان في المعاني احتفظ إلى حد كبير من المتاهة في وادي الوساوس».

الثالث وهو الأكثر نفعًا وإفادةً أن يحاول المرء لتطهير إحساساته وتزكية مشاعره أكثر فأكثر، يفكر دائمًا في أشياء تنفعه في الدين والدنيا وتنفع الآخرين أيضًا وترقيهم. ويجب أن نلاحظ دائمًا أن رحى ذهن الإنسان وتفكيره يدور دائمًا مستمرًا فإن كان الإنسان يلقي فيه غلات طاهرة وذاك الرحى يطحنها ويخرج منها دقيقًا زكيًا طيبًا. وعلى العكس من ذلك تفعل وساوس شيطانية، فإنه يتربص الإنسان وإذا انتهز الفرصة رمى في ذلك الدقيق حفنة من حصى وساوسه، وبدوره يأخذ الرحى يطحنه ويخلطه فذلك الخلط يضر بنظام وإدارة الرحى ضررًا كبيرًا وإن تكرر ذلك فقد يؤدي به إلى الدمار والخراب مما يفسد صلاحية

---

(1)   تزكية النفس ص ٢٥٠.

الرحى لطحن الدقيق الطيب، ترمي فيه قمحًا ممتازًا يخرج منه طحينة مقرمشة، فالذي خبث لا يخرج إلا نكدًا.

والمرء الذي متعود على إنماء وتربية الأحاسيس والمشاعر الطبية في ذهنه لا تلحقه الوساوس في صلاته إلا قليلًا، لأن مشاعره الطيبة المأنوسة تجد غذاءً روحيًّا في الصلاة، فما تعترضه في صلاته من الخيالات لا تسقط إلى درجة غير متلائمة كليًا بمقصد الصلاة الأسمى. وروي عن عمر رضي الله عنه وهو من هو في عظمته وجلالته أن يتخلل صلاته الأحوال الخارجية فكان في عين الصلاة يرتب صفوف المجاهدين وجبهات عساكر المسلمين الذين كانوا يحاربون العدو في إيران وفارس والشام. ويمكن للمرء أن يقول إن هذا أيضًا نوع من الغيبوبة، نعم هذه هي غيبوبة بلا شك، ولكن هناك فرق كبير وبون شاشع ين غيبوبة حصلت في شارع شخص آخر مختلف وفي غيبوبة طرأ في شارع المحبوب الذي يبحث عنه»[1].

٣. وما يُقرأ في الصلاة يُقرأ مع الفهم والالتفات الكامل له، وما ذكرناه من قبل من أذكار الصلاة وأورادها إذا نظرت فيها وجدت أن هناك حمدًا للّه وثناءً عليه وتكبيرًا له واعترافًا تامًّا بتنزيهه من كل عيب ومن كل نقص ودعاء ومناجاة له. وقراءة الجزء من القرآن بعد قراءة الفاتحة فوق كل ذلك . ففيها علاقة الدعاء وجوابه، والترتيب الذي يقرءان به ينبئ عن تذكير المرء أن أكبر ما يجب عليه أن يسأل المولى الكريم هو سؤال الهداية منه، والهداية تحصل من القرآن فقط إلى القيامة، يقول في ذلك الأستاذ الإمام:

«وهذا (الفاتحة) دعاء ليس فوقه دعاء تحت أديم السماء، وهذا دعاء قد علمه رب العالمين بنفسه، فبطريق يسأل فيه العبد من ربه لا يتصور طريق آخر خير منه غيره، وما يسأله لا يتصور شيء خير مما يسأله هو.

وعلمنا الله بنفسه كيف نسأله وأيضًا ماذا يجب أن نسأله في الواقع. فإذا

(1) تزكية النفس ص ٢٥٣.

كان تمهيد السؤال مناسبًا والشيء الذي يُسأل عنه أحرى أن يُسأل به ويجب أن يطلب من الذات الذي يُطلب منه، والذي يُطلب منه الدعاء هو أكرم الكرماء فكيف يُشك في قبوله(1)؟

وكتب عن تلاوة القرآن ما يلي:

«ويُقرأ جزء من القرآن وهذا من إعجاز القرآن أنه يحمل كل جزء منه في طيه مغزى دعوته وتعليمه وهداه، فأنت تجد التعرف الصحيح بالله وبصفاته الحميدة ومنهاج الحياة الصحيح وبيان الآخرة وذكر العقاب والجزاء في كل جزء من أجزائه، في نمط وأسلوب مختلفين.

فجاءت هنا مقولة قرآنية بصورة تشريعية وهناك في موعظة ومرةً في قصة وحكاية وفي أسلوب تمثيلي آخر. وتارة في تهديد وإنذار وتارةً في حب وتأنيس ولكن لايمكن أن تقرأ وتسمع جزءًا من القرآن ولو كان بقدر ثلاث آيات. ولا يذكرك ذكرًا مؤثرًا بالغًا بحقيقة لا بد منها لإقامة حياته على مسار صحيح»(2).

فلا بد من الاهتمام بقراءة القرآن قراءةَ تدبر وفهم فقد قال النبي ﷺ: إن المصلي يناجي ربه فلينظر بما يناجيه به»(3) ويقول الأستاذ الإمام:

«ولا ينبغي لأحد أن يعتقد أنه إذا ما تتلى نفس الأدعية والسور في كل صلاة وهي معلومة فما الحاجة إلى التأمل فيها في كل مرة وكل وقت ويكفي أن تفهمها مرة واحدة. فالذين يقولونه أو يعتقدونه هم لا يعرفون حقيقة الصلاة، فإن الصلاة لا تؤدى لتضيف إلى معلوماتك شيئًا بل تصلي لتجديد العهد بالله ولطلب الهداية والاستغاثة منه توبةً واستغفارًا. فكيف يحصل المرء على هذا الغرض بإعادة وتكرير الألفاظ الجامدة وذهنه منتشر وطبعه غائب»(4).

---

(1) تزكية النفس ص ٢٤٦.
(2) تزكية النفس ص ٢٤٨.
(3) رواه أحمد في مسنده رقم: ٤٩٠٩.
(4) تزكية النفس ص: ٢٥٦.

٤. حفظ وتجنيب الصلاة من الرياء ومن الحقيقة أن آفة كبيرة عامة للصلاة الرياء، وهي أكبر ضررًا من كل شيء، وفي ألفاظ الأستاذ الإمام عام لأن له أقسامًا مخفية وأنواعًا كثيرة حتى أن شديدي الحذر لا يستطيعون أن يحفظوا منه فضلًا عن عامة الناس، وأكثر ضررًا لأن الإخلاص هو شرط لقبولية الصلاة والرياء منافٍ له. ولعلاجه هناك شيئان ضروريان له فإنه يقول:

«أولًا أن يطلع المرء على أشكال مختلفة متنوعة للرياء اطلاعًا جيدًا، ودراسة إحياء العلوم للغزالي وأيضًا بعض الكتابات الأخرى تفيدك كثيرًا للوقوف على أقسام الرياء. والوقوف الجيد على شيء يفضي بالإنسان إلى أن يأخذ بمظانه ويصلحه إذا شاء، وهذا الوقوف على الرياء ضروري لازم للعوام وهو أشد ضرورة ً للخواص منه للعوام، لأن الرياء قلما يأتي في لباس الدنيا وإنما يأتي في لباس الزهد والتقوى أكثر ويأتي في أشكال رائعة وصور خلابة تربك العلماء الكبار وتخدع المشائخ العظام وربما يخسرون كل متاع زهدهم ورياضتهم بسبب الرياء.

وثاني ما ينفعه هو صلاة التهجد. يتم أداء هذه الصلاة في عزلة الليل وهي صارمة للغاية بالنسبة للذات ويتم التأكيد أيضًا على إخفائها، لذلك أولئك الذين يصلون فقط من أجل الرياء، لا يمكنهم أن يجرؤوا على القيام بذلك. ولا يمكن أن يجرؤ عليها إلا أولئك الذين هم إما غير مرائين أو على دراية بإغراءات الريا فيختبئون في زاوية خلوة التهجد لإنقاذ أنفسهم منها. وهذه الصلاة هي العلاج الأكثر نفعًا للريا، بشريطة أن يتمكن المرء من الحفاظ على خصوصيته وسريته. فأن البعض ربما ابتلوا أيضًا بالرياء في هذا الصدد. فهم إما أن يعلنون عن إحياء ليلتهم وإقامة تهجدهم في ستائر مختلفة أو يؤدي تلاميذهم ومسترشدوهم هذه

الخدمة. في مثل هذه الحالة لا تظل هذه الصلاة مفيدة لهذا الغرض فحسب، بل تصبح أيضًا أكثر فعالية للرياء إلى حد ما[1].؟

فإذا تمت الصلاة بمراعاة هذه الآداب فتكون في تعبير الأستاذ الإمام:

«إذا قام العبد للصلاة قام وهو يصور العجز والاعتراف والعبودية، الأيدي معقودة، البصر غضيض، العنق منحني، الأقدام مستوية وهو منقطع من اليمين والشمال والخلف والقدام انقطاعًا كاملًا، صورة للسكوت والصموت والمتانة، وتمثال للأدب والوقار. مرةً يضع رأسه أمام الرب تعالى ومرةً يضع أنفه وجبهته على الأرض يدعوه مادًا يديه تارةً في الالتجاء والتضرع. وملخص القول أن العبد يختار سائر أشكال العجز والاستكانة والتذلل مع الأدب والوقار. ويتمثل المصلي بهذه الصورة في مثال يشهد له أنه يرى الرب تعالى وإن كان لا يراه فإنه يستيقن أن الرب تعالى يراه لزومًا. فهذه هي الصلاة التي يقال إنها صلاة الإحسان. وهذه الصلاة تجوز بمزاج مغاير تمامًا بصلاة فقهية، وهذه الصلاة هي صلاة معتبرة من وجهة نظر تزكية النفس، وهذه الصلاة هي تعكس باطن المصلي وتعكس خضوع الفؤاد وخشوع القلب للمصلي. وهذه الصلاة لا يركع فيها فقط ظهر العبد بل يركع قلبه أيضًا، ولا تغبر جبهته فقط بل يسجد روحه أيضًا للمولى تعالى[2].

## صلاة الجمعة

ولزم على المسلمين أن يهتموا بصلاة اجتماعية خاصة في يوم الجمعة بدلًا من الظهر، والطريقة التي وضعتها الشريعة لها هي أن تصلى:

تُركع فيها ركعتان

والقراءة في ركعتيها تكون جهورية على عكس من الظهر

---

(1) تزكية النفس ٢٥٨.
(2) تزكية النفس ص ٢٤٤.

ويُكبر التكبير للصلاة

وقبل الصلاة يقوم الإمام بإلقاء خطبتين نصحًا وتذكيرًا للمصلين، ويقوم بإلقائهما قائمًا ويجلس الإمام لثوان عديدة بعد الخطبة الأولى وقبل الثانية.

ويؤذن حينما يخرج الإمام ويصل إلى المنبر وعلى المسلمين جميعًا أن يلبوا نداء المؤذن ويحضروا الصلاة تاركين أعمالهم ونشاطاتهم إن كان ليس لهم عذر شرعي.

ويخطب لصلاة الجمعة ويؤمها أرباب الحل والعقد للمسلمين وتؤدى في مقامات معينة من قِبَلهم لهذه الصلاة، وحيث يتواجد الأئمة المسلمون/ الحكام أو من ينوب عنهم للإمامة.

وقد جاء ذكر صلاة الجمعة في القرآن كما يأتي:

﴿يَٰٓأَيُّهَا ٱلَّذِينَ ءَامَنُوٓاْ إِذَا نُودِيَ لِلصَّلَوٰةِ مِن يَوۡمِ ٱلۡجُمُعَةِ فَٱسۡعَوۡاْ إِلَىٰ ذِكۡرِ ٱللَّهِ وَذَرُواْ ٱلۡبَيۡعَۚ ذَٰلِكُمۡ خَيۡرٞ لَّكُمۡ إِن كُنتُمۡ تَعۡلَمُونَ ۞ فَإِذَا قُضِيَتِ ٱلصَّلَوٰةُ فَٱنتَشِرُواْ فِي ٱلۡأَرۡضِ وَٱبۡتَغُواْ مِن فَضۡلِ ٱللَّهِ وَٱذۡكُرُواْ ٱللَّهَ كَثِيرٗا لَّعَلَّكُمۡ تُفۡلِحُونَ﴾[1].

وقد نصح النبي ﷺ من يقوم بإمامة الجمعة أن يطيل الصلاة ويقصر الخطبة وقال: «إن طول الصلاة وقصر خطبته مئنة من فقهه»[2].

وتفيد الروايات أن هذا اليوم هو الذي تم تعيينه لتذكير الناس ونصحهم وللعبادة الجماعية في دين الأنبياء عليهم السلام[3] وقال المؤرخون إن كعب بن لؤي أو قصي بن كلاب كان يعقد اجتماع قريش في هذا اليوم[4].

وتم انتخاب يوم الجمعة لهذه الصلاة فهو أفضل الأيام بدليل قوله ﷺ:

---

(1) سورة الجمعة، الآيتان: ٩ و١٠.

(2) (رواه مسلم رقم ٢٠٩)

(3) (كما جاء في البخاري رقم ٨٧٦ومسلم رقم ١٩٨٠.

(4) انظر لسان العرب ٢/ ٣٥٩.

خير يوم طلعت عليه الشمس يوم الجمعة فيه خلق آدم وفيه أدخل الجنة وفيه خرج منها ولا تقوم الساعة إلا في يوم الجمعة[1].

وقال النبي ﷺ: إن في الجمعة لساعة لا يوافقها مسلم قائم يصلي يسئل الله خيرًا إلا أعطاه إياه[2]. وقد نبههم وحذرهم على أنهم إن لم يأتوا الجمعة خُتم على قلوبهم وصاروا غافلين[3]. وقال:

«من اغتسل يوم الجمعة واستاك ومسّ من طيب إن كان عنده، ولبس من أحسن ثيابه ثم خرج حتى يأتي المسجد فلم يتخط رقاب الناس حتى ركع ما شاء أن يركع ثم أنصت إذا خرج الإمام فلم يتكلم حتى يفرغ من صلاته كانت كفارة لما بينها وبين الجمعة التي قبلها»[4].وأريد بالذنوب هنا الذنوب التي لا تمت بصلة إلى حقوق العباد أو التي لا تحتاج إلى توبة ولا كفارة.

وقال النبي ﷺ: من اغتسل يوم الجمعة غسل الجنابة ثم راح فكأنما قرّب بدنة، ومن راح في الساعة الثانية فكأنما قرّب بقرةً ومن راح في الساعة الثالثة فكأنما قرب كبشًا أقرن، ومن راح في الساعة الرابعة فكأنما قرب دجاجةً ومن راح في الساعة الخامسة فكأنما قرب بيضةً فإذا خرج الإمام حضرت الملائكة يستمعون الذكر[5].

## صلاة العيدين

ووجب على المسلمين أن يهتموا بصلاة جماعية مثل الجمعة في يومي الفطر والأضحى. وطريقتها كما يأتي:

تُصلى ركعتان في هذه الصلاة.

---

(1) رواه مسلم رقم ١٩٧٧.

(2) رواه البخاري رقم ٩٣٥ ومسلم رقم ١٩٩٦.

(3) كما جاء مفهومه في مسلم رقم ٢٠٠٢.

(4) رواه البخاري رقم ٨٨٣.

(5) رواه البخاري رقم ٨٨١ ومسلم رقم ١٩٦٤.

القراءة تكون جهورية في كلتا الركعتين

ويكبِّر المصلون في حالة القيام بتكبيرات زائدة

لا أذان لهذه الصلاة ولا إقامة

ويقوم الإمام بإلقاء خطبتين بعد الصلاة تذكيرًا للحاضرين ونصحًا لهم قائمًا ويجلس للمحات بين الخطبتين.

ويخطب بخطبة العيدين وكذا يؤمها أرباب الحل والعقد للمسلمين وتؤدى في مقامات معينة من قِبَلهم لهذه الصلاة، وحيث يتواجد الأئمة المسلمون/ الحكام أو من ينوب عنهم للإمامة.

فهذه هي سنة لهذه الصلاة. ولكن ليتوضح في باب التكبيرات لها أن الشريعة لم تقرر بعدد معين لها، فللمسلمين أن يكبروا من التكبيرات ما شاؤوا بسهولة قبل القراءة أو بعدها، ولهم أن يرفعوا الأيدي معها، فتفيد الروايات والآثار أن النبي ﷺ قد كبر بتكبيرات سبعًا في الركعة الأولى وخمسًا في الثانية، على بعض المواقع(1).

وتشارك النساء في الصلاة في العيدين مثل الرجال باهتمام كامل وقالت أم عطية أن رسول الله ﷺ قال عن الحُيّض إنهن لا يصلين الصلاة ولكن يشاركن في جماعة المسلمين ودعائهم(2).

## صلاة الجنازة

وصلاة الجنازة على الميت أيضًا لازمة ضرورية في دين الأنبياء عليهم السلام وذلك في الحالات العامة، ولكن إذا عرضت هناك حالة طارئة من الطوارئ وربما يصعب أداء الصلاة على الميت فيمكن تدفينه بغير صلاة أيضًا. وأفادت الأخبار

(1) رواه أبو داود رقم ١١٤٩ ـ ١١٥١ ـ ١١٥٢.

(2) كما رواه البخاري رقم ٣٥١ ومسلم رقم ٢٠٥٦.

والروايات أن النبي ﷺ قد دفن شهداء أحد بناءً على ذلك، دون غسل وبغير صلاة الجنازة عليهم، ثم صلى عليهم بعد سنوات عديدة حين زارمقابرهم[1].

وتؤدى صلاة الجنازة على الميت بعد غسله وتكفينه وتجهيزه على طريقة آتية:

يقوم المقتدون بالاصطفاف خلف الإمام والجنازة أمامه قِبَل الكعبة.

تبتدئ الصلاة بالتكبير مع رفع اليدين

ويكبَّر فيها أيضًا بتكبيرات زوائد كصلاة العيدين، وحكمها أيضًا كما مر في بيان تكبيرات صلاة العيدين.

وتنتهي الصلاة بعد التكبيرات والأدعية بتسليمتين في حالة القيام.

وهذه الطريقة لصلاة الجنازة قد ثبتت بإجماع المسلمين وتواترهم العملي. والروايات والآثار من عمل النبي ﷺ وتطبيقه في ذلك ننقلها في ما يلي بترتيب متلائم:

فعن أبي هريرة ؓ قال قال رسول الله ﷺ: من تبع جنازة رجل مسلم احتسابًا فصلى عليها ودفنها فله قيراطان ومن صلى عليها ثم رجع قبل أن تدفن فإنه يرجع بقيراط من الأجر وكل قيراط منهما مثل أحد[2].

وعن أبي هريرة ؓ قال إن النبي ﷺ نعى النجاشي في اليوم الذي مات فيه وخرج بهم إلى المصلى فصف بهم وكبر عليه أربع تكبيرات[3].

وعن عبد الرحمن بن أبي ليلى قال: كان زيد بن أرقم ؓ يكبر على

---

(1) كما رواه البخاري رقم ١٣٤٣-١٣٤٤.

(2) رواه البخاري رقم ٤٧ ومسلم رقم ٢١٨٩-٢١٩٦.

(3) رواه البخاري رقم ١٢٤٥ ومسلم رقم ٢٢٠٤

جنائزنا أربعًا وإنه كبر على جنازة خمسًا فسألته فقال: كان رسول الله ﷺ يكبرها خمسًا أحيانًا[1].

وعن طلحة بن عبد الله بن عوف قال صليت مع ابن عباس على جنازة فقرأ بفاتحة الكتاب فقال إنها من السنة»[2]. وعن عائشة ﵂ مرفوعًا لا تسبوا الأموات فإنهم قد أفضوا إلى ما قدموا[3].

ومن الأدعية المأثورة عن النبي ﷺ لصلاة الجنازة هي كما يأتي:

١- اَللّٰهُمَّ، اغْفِرْ لَهُ وَارْحَمْهُ، وَاعْفُ عَنْهُ وَعَافِهِ، وَأَكْرِمْ نُزُلَهُ وَوَسِّعْ مُدْخَلَهُ، وَاغْسِلْهُ بِمَاءٍ وَثَلْجٍ وَبَرَدٍ، وَنَقِّهِ مِنَ الْخَطَايَا كَمَا يُنَقَّى الثَّوْبُ الْأَبْيَضُ مِنَ الدَّنَسِ، وَأَبْدِلْهُ دَارًا خَيْرًا مِنْ دَارِهِ وَأَهْلًا خَيْرًا مِنْ أَهْلِهِ وَزَوْجًا خَيْرًا مِنْ زَوْجِهِ، وَقِهِ فِتْنَةَ الْقَبْرِ وَعَذَابَ النَّارِ[4].

٢- اَللّٰهُمَّ، اغْفِرْ لِحَيِّنَا وَمَيِّتِنَا، وَشَاهِدِنَا وَغَائِبِنَا، وَصَغِيرِنَا وَكَبِيرِنَا، وَذَكَرِنَا وَأُنْثَانَا. اَللّٰهُمَّ، مَنْ أَحْيَيْتَهُ مِنَّا فَأَحْيِهِ عَلَى الْإِسْلَامِ، وَمَنْ تَوَفَّيْتَهُ مِنَّا فَتَوَفَّهُ عَلَى الْإِيمَانِ. اَللّٰهُمَّ، لَا تَحْرِمْنَا أَجْرَهُ وَلَا تُضِلَّنَا بَعْدَهُ[5].

٣- اَللّٰهُمَّ، إِنَّ فُلَانَ بْنَ فُلَانٍ فِيْ ذِمَّتِكَ وَحَبْلِ جِوَارِكَ، فَقِهِ مِنْ فِتْنَةِ الْقَبْرِ وَعَذَابِ النَّارِ، وَأَنْتَ أَهْلُ الْوَفَاءِ وَالْحَقِّ. اَللّٰهُمَّ، فَاغْفِرْ لَهُ وَارْحَمْهُ، إِنَّكَ أَنْتَ الْغَفُورُ الرَّحِيمُ[6].

---

(1) رواه مسلم رقم ٢٢١٦.
(2) رواه البخاري رقم ١٣٣٥.
(3) رواه البخاري رقم ١٣٩٣.
(4) مسلم رقم: ٢٢٣٢.
(5) رواه ابن ماجة: ١٤٩٨.
(6) رواه أبو داود رقم: ٣٢٠٢.

# الصلوات النافلة

فهذا أقل عبادة فرضت على المسلمين وكلفوا بإتيانها ولكن قال القرآن أيضًا:

﴿وَمَن تَطَوَّعَ خَيْرًا فَإِنَّ ٱللَّهَ شَاكِرٌ عَلِيمٌ﴾[1]. وكما قال:

﴿وَٱسْتَعِينُوا۟ بِٱلصَّبْرِ وَٱلصَّلَوٰةِ﴾[2].

وعليه فما زال المسلمون يهتمون بأداء صلوات النوافل ما عدا الصلوات المفروضة، والنوافل التي قد صلى بها النبي ﷺ أو رغب المسلمين إلى أدائها هي كما يأتي:

# قبل الصلاة المكتوبة

وكان رسول الله ﷺ يخرج إلى المسجد عمومًا بعد أن صلى ركعتين خفيفتين قبل الفجر[3] وقالت حفصة ﵂ إنه كان يصلي هاتين الركعتين على دخول وقت الفجر فورًا[4].

وقالت عائشة ﵂: لم يكن النبي ﷺ على شيء من النوافل أشد تعاهدًا منه على ركعتي الفجر[5] وعن عائشة ﵂ أيضًا عن النبي ﷺ قال: ركعتا الفجر خير من الدنيا وما فيها[6] وكان رسول الله ﷺ يركع ركعتين تارةً وأربع ركعات أخرى قبل الظهر[7] ولم يصل قبل المغرب صلاة في أغلب الظن ولكنه قد رغّب

---

(1) سورة البقرة، الآية: ١٥٨.

(2) سورة البقرة، الآية: ٤٥.

(3) كما رواه البخاري رقم ٦١٨ ومسلم رقم ١٦٧٦.

(4) رواه مسلم رقم ١٦٩٠.

(5) رواه البخاري رقم ١١٦٣.

(6) رواه مسلم رقم ١٦٨٨.

(7) كما رواه البخاري رقم ١١٨٠ ــ ١١٨٢ ومسلم رقم ١٦٩٨ ــ ١٦٩٩.

الناس إلى أن يركعوا ركعتين إذا وفقهم الله[1] فقد جاءت في الأحاديث أن الناس على عهد الرسالة كانوا يهتمون بهذه الصلاة عامةً[2].

## وبعد الصلاة المكتوبة

وكان من عادته الشريفة أنه بعد الانصراف من الصلاة إذا دخل البيت صلى ركعتين بعد صلوات الظهر والمغرب والعشاء[3] وكان هذا عادته بعد الجمعة أيضًا كما يثبت مما رواه البخاري[4] وجاء في حديث رواه أبو هريرة رضي الله عنه أنه رغّب الناس إلى أن يركعوا أربعًا بعد الجمعة[5] كما جاء فضل أربع ركعات بعد صلاة الظهر المكتوبة في الأحاديث والآثار[6] وقد قال النبي ﷺ فيمن اهتم بهذه الركعات الأربع عشر قبل الصلاة وبعدها ركعتي الفجر وست ركعات الظهر وركعتين بعد المغرب وبعد العشاء يبني الله له بيتًا في الجنة كما جاء ذلك[7].

## صلاة الضحى

فقد رغّب النبي ﷺ الناس أن يصلوا ركعتين عند الضحى[8]، وجاء في فضل صلاة الضحى ما رواه مسلم في صحيحه عن أبي ذر عن النبي ﷺ أنه قال: يصبح على كل سلامي من أحدكم صدقة فكل تسبيحة صدقة وكل تكبيرة صدقة وكل تحميدة صدقة وكل تهليلة صدقة وكل تكبيرة صدقة وأمر بالمعروف صدقة ونهي عن المنكر صدقة ويجزئ عن ذلك ركعتان يركعهما من الضحى[9]. ولكن

---

(1) رواه البخاري رقم ١١٨٣ وأبو داود رقم ١٢٨١.

(2) (كما رواه البخاري رقم ١١٨٤ ومسلم رقم ١٩٣٨–١٩٣٩.

(3) كما رواه البخاري رقم ١١٨٠ ومسلم رقم ١٦٩٩.

(4) رواه البخاري رقم ٩٣٧ ـ ١١٦٩ ومسلم رقم ٢٠٣٩.

(5) أخرجه مسلم رقم ٢٠٣٦.

(6) كما روى ذلك ابن ماجة رقم ١١٦٠.

(7) رواه مسلم رقم ١٦٩٤ ـ ١٦٩٥.

(8) كما رواه البخاري رقم ١١٧٨ ومسلم رقم ١٧٧٢.

(9) مسلم رقم ١٦٧١.

فيما يتعلق عن أن صلى النبي ﷺ بنفسه هذه الصلاة أم لا فالروايات متضاربة في ذلك فلسنا في موقف أن نقول قولًا حتمًا في ذلك.

## صلاة الكسوف

ولما كسفت الشمس في حياة النبي ﷺ فبهذه المناسبة قد صلى بالناس ركعتين. وقد جاء أنه ﷺ صلى هذه الصلاة ركعتين وجهر بالقراءة فيهما وأطال الركوع والسجود كما أطال الحمد والثناء والتسبيح والتهليل والدعاء والمناجاة في القيام أيضًا. وحتى أكثرمن الركوع والقيام في الركعتين في انتظار انكشاف الكسوف وقال بعد الانصراف من الصلاة: إن الشمس والقمر لا تنكسفان لموت أحد ولا لحياته ولكن الله يكسفهما يخوف بهما عباده فإذا رأيتم ذلك فصلوا وادعوا حتى ينكشفان، وفي رواية: إذا رأيتم ذلك فافزعوا إلى ذكر الله وإلى دعائه واستغفاره»[1].

## صلاة الاستسقاء

وقد جاء في الآثار والروايات أن النبي ﷺ قد صلى ركعتين دعاءً لإنزال المطر ويقال لها صلاة الاستسقاء. وجاء فيها أنه صلى هذه الصلاة بقراءة جهرية وأنه دعا طويلًا رافعًا أيديه ومتجهًا إلى القبلة[2]، وقد جاء في بعض الروايات أنه حوّل رداءه في هذه المناسبة وجعلوه عمومًا جزءًا من العبادة، وهذا عندنا فيه نظر.لأنه لا يجوز لنا جعل شيء دينًا وعبادةً ما لم تثبت لنا صراحة ذلك عن النبي ﷺ. ومن الأدعية المأثورة لصلاة الاستسقاء قد ورد في ألفاظ تالية:

اَللّٰهُمَّ اسْقِنَا غَيْثًا مُغِيثًا، مَرِيئًا مَرِيعًا، نَافِعًا غَيْرَ ضَارٍّ، عَاجِلًا غَيْرَ آجِلٍ[3].

---

(1) رواه البخاري رقم ١٠٤٤ ومسلم ٢٠٩٦.

(2) كما رواه البخاري رقم ١٠٢٣ ــ ١٠٢٥ ومسلم رقم ٢٠٢٧.

(3) رواه أبو داود رقم ١١٦٩.

# قيام الليل

وكان قد فرضت على النبي ﷺ صلاة أخرى ماعدا الصلوات الخمسة يومًا وليلةً، يقال لها عمومًا صلاة الليل أو التهجد، وقد صرحها الله سبحانه في سورة بني إسرائيل بقوله: ﴿نَافِلَةً لَّكَ﴾(1) ولما أُمر بالإنذار العام فقد أُمر بأداء الصلاة بخاصة كما جاء في المزمل:

﴿يَٰٓأَيُّهَا ٱلْمُزَّمِّلُ * قُمِ ٱلَّيْلَ إِلَّا قَلِيلًا * نِّصْفَهُۥ أَوِ ٱنقُصْ مِنْهُ قَلِيلًا * أَوْ زِدْ عَلَيْهِ وَرَتِّلِ ٱلْقُرْءَانَ تَرْتِيلًا * إِنَّا سَنُلْقِى عَلَيْكَ قَوْلًا ثَقِيلًا * إِنَّ نَاشِئَةَ ٱلَّيْلِ هِىَ أَشَدُّ وَطْـًٔا وَأَقْوَمُ قِيلًا * إِنَّ لَكَ فِى ٱلنَّهَارِ سَبْحًا طَوِيلًا * وَٱذْكُرِ ٱسْمَ رَبِّكَ وَتَبَتَّلْ إِلَيْهِ تَبْتِيلًا﴾(2).

وهي صلاة نافلة لعامة المسلمين، ومن يوفقه الله أن يهتم بها اقتداءً بالنبي ﷺ فهو سعيد جدًّا بهذا، وقد جاء عنه أنه ﷺ كان يصلى فيها في الأكثر إحدى عشرة ركعة وكان يطيل فيها القيام والركوع والسجود، نعم ربما صلى ثلاث عشرة ركعة أيضًا كما جاء في بعض الروايات، والأصح عندنا في ذلك أنه كان يصلي إحدى عشرة ركعة وبما أنها كانت فريضة عليه ولذا كان يضيف إليها ركعتين ربما قبل الصلاة وأحيانًا بعدها بمثل ما نحن نضيف ركعتين نافلتين قبل الفجر أو بعد المغرب، وأخطأ البعض حينما عدوهما أيضًا من أصل الصلاة(3).

وعندنا الأصل في الباب ما رواه البخاري عن أبي سلمة بن عبد الرحمن:

عن أبي سلمة بن عبد الرحمٰن أنه أخبره أنه سأل عائشة ﵂: كيف كانت صلاةُ رسول الله ﷺ في رمضان؟ فقالت: ما كان رسول الله ﷺ يزيد في رمضان ولا في غيره على إحدى عشرة ركعة(4).

---

(1) سورة الإسراء، الآية: ٧٩.
(2) سورة المزمل، الآيات: ١ ــ ٨.
(3) كما جاء ذلك في البخاري رقم ١١٣٨ ــ ١١٤٠ ومسلم رقم ١٧٨٨.
(4) رواه البخاري، رقم ١١٤٧.

أما الطرائق التي كان رسول الله ﷺ يصلى بها هذه الصلاة عامة أو كان يأمر بها فهي كما يأتي:

١. أن يسلم المرء بعد اكتمال ركعتين ثم يُوتر بواحدة[1].

٢. أن يسلم بعد الركعتين ثم يركع خمس ركعات بحيث يقعد في آخر ركعة منها فقط[2]،

٣. أن يصلي أربع ركعات يتلوها أربع ركعات وسلم بعد كل أربع ركعات، ثم يصلى ثلاث ركعات بغير قعدة بعد الركعتين بل يقعد في آخر ركعة ويسلم بعدها[3].

٤. أو يصلي ركعتين أو أربعًا أو ثماني ركعات بغير قعدة فيها ويقعد في ركعة أخيرة ولا يسلم بل يقوم ويركع ركعة ويسلم بغير قعدة[4].

وتفيد الروايات أن القراءة كانت أولًا سرًّا وجهرًا بكلا الطريقين في هذه الصلاة ثم جاء باختيار الأمر بين ذلك فقال:

﴿وَلَا تَجْهَرْ بِصَلَاتِكَ وَلَا تُخَافِتْ بِهَا وَٱبْتَغِ بَيْنَ ذَٰلِكَ سَبِيلًا﴾[5].

فقد أمر النبي ﷺ صحابته بامتثال هذا الأمر فقد روي عن أبي قتادة عن النبي ﷺ أنه خرج ليلة فإذا هو بباب أبي بكر رضي الله عنه يصلي يخفض من صوته قال: ومر بعمر بن الخطاب وهو يصلي رافعًا صوته قال: فلما اجتمعا عند النبي ﷺ قال: يا أبا بكر مررت بك وأنت تصلي تخفض صوتك قال: قد أسمعت من ناجيت يارسول الله قال: وقال لعمر: مررت بك وأنت تصلي رافعًا صوتك

(1) كما جاء في البخاري رقم ١١٣٧ ـ ٩٩٢ ومسلم رقم ١٧١٧ ـ ١٧٤٨.
(2) رواه مسلم رقم ١٧٢٠ وأبو داود رقم ١٣٣٨ ـ ١٣٥٨ ـ ١٣٥٩.
(3) رواه البخاري رقم ١١٤٧ ومسلم ١٧٢٣.
(4) مسلم رقم ١٧٣٩.
(5) سورة الإسراء، الآية: ١١٠.

قال: يا رسول الله أوقظ الوسنان واطرد الشيطان زاد الحسن في حديثه: فقال النبي ﷺ: يا أبا بكر ارفع من صوتك شيئًا وقال لعمر: اخفض من صوتك شيئًا[1].

ووقت التهجد كما يدل عليه القرآن هو الوقت الذي يهب المرء من النوم ولأجل هذا السبب يقال له التهجد (بني إسرائيل: ٧٩) وقال القرآن إن هذا الوقت هو وقت التبتل إلى الله (المزمل: ٨) وقال النبي ﷺ: ينزل ربنا تبارك وتعالى كل ليلة إلى سماء الدنيا حين يبقى ثلث الليل الأخير فيقول: من يدعوني فأستجيب له من يسألني فأعطيه من يستغفرني فأغفر له[2].

ولكن إذا لم يسعد شخص بأداء هذه الصلاة في وقتها الأصلي لوجه من الوجوه فله أن يؤديها قبل الذهاب إلى النوم، وهذا يستخرج من آية التخفيف التي جائت في سورة المزمل: ﴿إِنَّ رَبَّكَ يَعْلَمُ أَنَّكَ تَقُومُ أَدْنَىٰ مِن ثُلُثَيِ ٱلَّيْلِ وَنِصْفَهُۥ وَثُلُثَهُۥ وَطَآئِفَةٌ مِّنَ ٱلَّذِينَ مَعَكَ ۚ وَٱللَّهُ يُقَدِّرُ ٱلَّيْلَ وَٱلنَّهَارَ ۚ عَلِمَ أَن لَّن تُحْصُوهُ فَتَابَ عَلَيْكُمْ ۖ فَٱقْرَءُوا۟ مَا تَيَسَّرَ مِنَ ٱلْقُرْءَانِ ۚ عَلِمَ أَن سَيَكُونُ مِنكُم مَّرْضَىٰ ۙ وَءَاخَرُونَ يَضْرِبُونَ فِى ٱلْأَرْضِ يَبْتَغُونَ مِن فَضْلِ ٱللَّهِ ۙ وَءَاخَرُونَ يُقَٰتِلُونَ فِى سَبِيلِ ٱللَّهِ ۖ فَٱقْرَءُوا۟ مَا تَيَسَّرَ مِنْهُ﴾[3].

وبناءً عليه قال النبي ﷺ:

أيكم خاف أن لا يقوم من آخر الليل فليؤتر ثم ليرقد، ومن وثق بقيام من الليل فليؤتر من آخره، فإن قراءة آخر الليل محضورة، وذٰلك أفضل[4].

وكان النبي ﷺ يصلى هذه الصلاة منفردًا دائمًا ولكن وقع مرة أن استيقظ من النوم في رمضان المبارك لأن يصلي هذه الصلاة وخرج من حجرته التي كان يضعها خاصة في رمضان من حش في المسجد وصلى خارجًا منها فأخذ الناس يجتمعون خلفه شوقًا باقتدائه ﷺ، ومضى على ذلك بضعة أيام ثم قطع ذلك

---

(1) رواه أبو داود رقم ١٣٢٩ والترمذي رقم ٤٤٧.

(2) رواه البخاري رقم ١١٤٥ ومسلم رقم ١٧٧٢.

(3) سورة المزمل، الآية: ٢٠.

(4) مسلم، رقم ١٧٦٧.

خشية أن تفرض على المسلمين أيضًا كما فرضت عليه، فقد روي عن عروة ابن الزبير:

أن عائشة ﵂ أخبرته أن رسول الله ﷺ خرج ليلة من جوف الليل فصلى في المسجد وصلى رجال بصلٰوته، فأصبح الناس فتحدثوا فاجتمع أكثر منهم فصلوا معه، فأصبح الناس فتحدثوا فكثر أهل المسجد من الليلة الثالثة، فخرج رسول الله فصلى فصلوا بصلٰوته. فلما كانت الليلة الرابعة عجز المسجد عن أهله حتى خرج لصلاةٰ الصبح، فلما قضى الفجر أقبل على الناس فتشهد، ثم قال: «أما بعد، فإنه لم يخف علي مكانكم، ولكني خشيت أن تفرض عليكم فتعجزوا عنها»[1].

فكان المسلمون إلى زمن عمر ﵁ يصلون هذه الصلاة فرادى في بيوتهم وفي مساجدهم حتى وفي رمضان المبارك أيضًا، ومضى على ذلك زمن حتى أنه دخل ليلة المسجد فرأى الناس يصلون هذه الصلاة، هذا بوحده وذلك بإمام يقتديه ويتلون القرآن في الصلاة فكانت الحالة فوضوية في المسجد، استكرهها عمر ﵁ من ناحية آداب القرآن الكريم، فقرر أبيَّ بن كعب إمامًا لهذه الصلاة وأمر الناس بالاقتداء به، ومرّ عليهم ليلة أخرى ورآهم يصلون فقال: نعمت البدعة هذه والتي ينامون عنها أفضل من التي يقومون[2]. وواضح من هذا الحديث أن عمر ﵁ لم يشتمل مع المصلين في هذه الصلاة بل صرح أن القيام بها في آخ رالليل منفردًا هو أفضل من الجماعة.

ورسول الله ﷺ كما سبق لم يزد في هذه الصلاة على إحدى عشرة ركعة ولكن بما أنه لا يتعين لها عدد معين فلما تقرر الإمام لها أخذ الناس يصلون ثلاثًا وعشرين ركعة بل أكثر منها باسم صلاة التراويح. وتداول الناس عليه من لدن

---

(1) رواه البخاري، رقم ٢٠١٢.

(2) رواه البخاري رقم ٣١٠.

ذلك الوقت فلا يزالون يصلونها هكذا. ومعظمهم ليسوا مطلعين اليوم أن هذه هي صلاة التهجد في الواقع التي يجمعونها مع صلاة العشاء.

وعلاوةً على هذه النوافل قد روي عنه أيضًا فضل ركعتين بعد الوضوء[1].

كما قد ورد في الروايات والآثار أنه ﷺ كان يصلي ركعتين بعد مرجعه من السفر[2]. وكذلك قد أمر النبي ﷺ أن يركع المرء ركعتين للاستغفار من الذنوب وللاستخارة[3].

## صلاة التوبة والاستخارة

ونقل عنه الدعاء الآتي كدعاء للاستخارة:

«اَللّٰهُمَّ، إِنِّيْ أَسْتَخِيْرُكَ بِعِلْمِكَ، وَأَسْتَقْدِرُكَ بِقُدْرَتِكَ، وَأَسْأَلُكَ مِنْ فَضْلِكَ الْعَظِيْمِ، فَإِنَّكَ تَقْدِرُ وَلَا أَقْدِرُ، وَتَعْلَمُ وَلَا أَعْلَمُ، وَأَنْتَ عَلَّامُ الْغُيُوْبِ. اَللّٰهُمَّ، إِنْ كُنْتَ تَعْلَمُ أَنَّ هٰذَا الْأَمْرَ خَيْرٌ لِيْ فِيْ دِيْنِيْ وَمَعَاشِيْ وَعَاقِبَةِ أَمْرِيْ فَاقْدِرْهُ لِيْ وَيَسِّرْهُ لِيْ ثُمَّ بَارِكْ لِيْ فِيْهِ. وَإِنْ كُنْتَ تَعْلَمُ أَنَّ هٰذَا الْأَمْرَ شَرٌّ لِيْ فِيْ دِيْنِيْ وَمَعَاشِيْ وَعَاقِبَةِ أَمْرِيْ فَاصْرِفْهُ عَنِّيْ وَاصْرِفْنِيْ عَنْهُ وَاقْدِرْ لِيَ الْخَيْرَ حَيْثُ كَانَ ثُمَّ اَرْضِنِيْ»[4].

## الزكاة

﴿وَأَقِيمُوا الصَّلَوٰةَ وَءَاتُوا الزَّكَوٰةَ وَأَقْرِضُوا اللَّهَ قَرْضًا حَسَنًا وَمَا تُقَدِّمُوا لِأَنفُسِكُم مِّنْ خَيْرٍ تَجِدُوهُ عِندَ اللَّهِ هُوَ خَيْرًا وَأَعْظَمَ أَجْرًا﴾[5].

ففي هذه الآية وفي المقامات العديدة الأخرى غيرها قد أمر المسلمون أن يؤدوا زكاة أموالهم، فهذه من أهم العبادات بعد الصلاة. فمن الآداب والرسوم

---

(1) البخاري رقم ١٤٩١ ومسلم رقم ٦٣٢٤.

(2) البخاري رقم ٣٠٨٧ ومسلم رقم ١٦٥٩.

(3) رواه أبو داود رقم ١٥٢١ والبخاري رقم ١١٦٢.

(4) رواه البخاري رقم الحديث: ١١٦٢.

(5) سورة المزمل، الآية: ٢٠.

التي اتخذها الإنسان عامة تعبدًا للمعبود كان تقديمَ جزء من أمواله ومواشيه وإنتاجاته نذرًا له، وهو الصدقة أو النذر والتضحية. والزكاة في الأصل هي بمثابة الصدقة والنذر لله ولذلك يتعبد بها. واستخدم القرآن لفظة الصدقة لها وأكد على تأديته بخضوع القلب وعجزه، فقال:

﴿ ٱلَّذِينَ يُقِيمُونَ ٱلصَّلَوٰةَ وَيُؤْتُونَ ٱلزَّكَوٰةَ وَهُمْ رَٰكِعُونَ ﴾ (1) وقال:

﴿ وَٱلَّذِينَ يُؤْتُونَ مَآ ءَاتَوا وَّقُلُوبُهُمْ وَجِلَةٌ أَنَّهُمْ إِلَىٰ رَبِّهِمْ رَٰجِعُونَ ﴾ (2).

فهذا حق المال اختص لله تعالى: فقال تعالى موضحًا ذلك:

﴿ وَءَاتُوا حَقَّهُ يَوْمَ حَصَادِهِ ﴾ (3). فكان تقليدًا سائدًا أن ذلك المال بعد النذر إلى المعبد كان يُقدم لخدام المعبد لكي يخدموا منه الزائرين والعابدين، ولم تبق هذه الطريقة في شريعتنا وقد أمرنا بدلًا من ذلك أن هذا المال لا بد من إعطائه وتسليمه إلى أرباب الحل والعقد لاحتياجات المجتمع، ولكن لم تتغير حقيقته فإنه مخصوص لله ويُقبل ويرد من الله سبحانه حين يؤدونه عباده فقال:

﴿ أَلَمْ يَعْلَمُوٓا أَنَّ ٱللَّهَ هُوَ يَقْبَلُ ٱلتَّوْبَةَ عَنْ عِبَادِهِ وَيَأْخُذُ ٱلصَّدَقَٰتِ ﴾ (4).

ولهذه العبادة مكانة كبيرة في الدين لدرجة أن الله تعالى قد عدها من مستلزمات الإيمان للمرء وشرائطه كالصلاة فقال:

«فَإِن تَابُوا وَأَقَامُوا ٱلصَّلَوٰةَ وَءَاتَوُا ٱلزَّكَوٰةَ فَإِخْوَٰنُكُمْ فِي ٱلدِّينِ» فإنها ثمرة ثانية للإيمان بعد الصلاة عند القرآن، كما يتبين ذلك من خلال الآيات من المؤمنين والمعارج التي قد ذكرناها سالفًا في بيان أهمية الصلاة أن الزكاة تأتي ثانيًا في فهرس الأعمال الصالحة. ومن حيث ذلك فقد ذكرها القرآن في مقام وأصفًا للمشركين أنهم لا يؤدون الزكاة وهم المنكرون ليوم الحساب، فقال:

---

(1)  سورة المائدة، الآية: ٥٥.

(2)  سورة المؤمنون، الآية: ٢٣.

(3)  سورة الأنعام، الآية: ١٤١.

(4)  سورة التوبة، الآية: ١٠٤.

﴿وَوَيْلٌ لِّلْمُشْرِكِينَ * ٱلَّذِينَ لَا يُؤْتُونَ ٱلزَّكَوٰةَ وَهُم بِٱلْـَٔاخِرَةِ هُمْ كَـٰفِرُونَ﴾[1].

وقد أوضح النبي ﷺ مكانة الزكاة هذه في أحاديثه فقال فيما رواه عنه أبو هريرة رضي الله عنه:

«من آتاه الله مالًا فلم يُؤد زكاته مُثل له ماله شَجاعًا أقرع له زبيبتان يطرقه يوم القيامة، يأخذ بلهزمتيه ـ يعني شدقيه ـ ثم يقول: أنا مالك أنا كنزك[2] وعن أبي ذر الغفاري رضي الله عنه أنه قال: قال النبي ﷺ: إن الذين لا يؤدون الزكاة يوم القيامة يعذبون، تحمى عليهم تلك الأموال من الذهب والفضة وما يقوم مقامها فيُعذبون بها في يوم كان مقداره خمسين ألف سنة حتى يقضى بين الناس ثم يرى سبيله إما إلى الجنة وإما إلى النار، وصاحب الإبل والبقر والغنم يبطح لها بقاع قرقر تمر عليه تطؤه بخفافها وأظلافها، الإبل بخفافها والبقر والغنم بأظلافها، وتنطحه البقر والغنم بقرونها وتعظه الإبل بأفواهها كلما مرت عليه أخراها عادت عليه أولاها في يوم كان مقداره خمسين ألف سنة»[3].

وقد بين القرآن أن هذا يتعلق أيضًا بكافة الحقوق والمطالبات ومصارف الخير علاوةً على الزكاة والتي قد أمر الله الناس للإنفاق فيها فقال تعالى:

﴿وَٱلَّذِينَ يَكْنِزُونَ ٱلذَّهَبَ وَٱلْفِضَّةَ وَلَا يُنفِقُونَهَا فِى سَبِيلِ ٱللَّهِ فَبَشِّرْهُم بِعَذَابٍ أَلِيمٍ * يَوْمَ يُحْمَىٰ عَلَيْهَا فِى نَارِ جَهَنَّمَ فَتُكْوَىٰ بِهَا جِبَاهُهُمْ وَجُنُوبُهُمْ وَظُهُورُهُمْ هَـٰذَا مَا كَنَزْتُمْ لِأَنفُسِكُمْ فَذُوقُوا۟ مَا كُنتُمْ تَكْنِزُونَ﴾[4].

## تاريخ الزكاة

أما تاريخ الزكاة فهو نفس تاريخ الصلاة، لأن القرآن يفيد أن حكم الزكاة

---

(1) سورة فصلت، الآيتان: ٦ و٧.

(2) رواه البخاري رقم: ١٤٠٣.

(3) رواه البخاري رقم ١٤٦٠ ومسلم رقم ٢٣٠٠.

(4) سورة التوبة، الآيتان: ٣٤ و٣٥.

كان أيضًا مثل الصلاة في شريعة الأنبياء منذ الأزل. فلما جاء حكمها للمسلمين فما كان لهم شيئًا جديدًا بديعًا لأن أتباع الدين الإبراهيمي كلهم واقفون عليها ومطلعون على أحكامها وقوفًا تامًا. ولذلك قال لها القرآن إنها حق معلوم».

ولذا فكانت الزكاة سنة معلومة من قبل، أجراها النبي ﷺ في المسلمين بعد إدخال إصلاحات وتعديلات ضرورية، وقد وصف القرآن أن إسماعيل عليه السلام:

﴿وَكَانَ يَأْمُرُ أَهْلَهُۥ بِٱلصَّلَوٰةِ وَٱلزَّكَوٰةِ وَكَانَ عِندَ رَبِّهِۦ مَرْضِيًّا﴾[1]. وجاء في بني إسرائيل أن الله قد عهد لهم ووعدهم:

﴿إِنِّي مَعَكُمْ ۖ لَئِنْ أَقَمْتُمُ ٱلصَّلَوٰةَ وَءَاتَيْتُمُ ٱلزَّكَوٰةَ .... لَّأُكَفِّرَنَّ عَنكُمْ سَيِّـَٔاتِكُمْ﴾[2]. كما قد وصى لآباء بني إسرائيل الكرام: ﴿وَأَوْحَيْنَآ إِلَيْهِمْ فِعْلَ ٱلْخَيْرَٰتِ وَإِقَامَ ٱلصَّلَوٰةِ وَإِيتَآءَ ٱلزَّكَوٰةِ﴾[3].

وقد قال المسيح عليه السلام في نفسه:

﴿وَأَوْصَٰنِي بِٱلصَّلَوٰةِ وَٱلزَّكَوٰةِ مَا دُمْتُ حَيًّا﴾[4]. وقال القرآن الكريم في الزكاة:

﴿وَمَا تَفَرَّقَ ٱلَّذِينَ أُوتُوا۟ ٱلْكِتَٰبَ إِلَّا مِنۢ بَعْدِ مَا جَآءَتْهُمُ ٱلْبَيِّنَةُ * وَمَآ أُمِرُوٓا۟ إِلَّا لِيَعْبُدُوا۟ ٱللَّهَ مُخْلِصِينَ لَهُ ٱلدِّينَ حُنَفَآءَ وَيُقِيمُوا۟ ٱلصَّلَوٰةَ وَيُؤْتُوا۟ ٱلزَّكَوٰةَ ۚ وَذَٰلِكَ دِينُ ٱلْقَيِّمَةِ﴾[5].

وقد جاء ذكر الزكاة في الكتاب المقدس بمثل هذا الوصف:

آيات من الكتاب المقدس عن الزكاة

«وكل عشر محصول الأرض، سواء كان من بذور الأرض أو من ثمر الشجر، فهو للَّه وهو مقدس لله. ومن أراد أن يفك من عشره فليزيد عليه خمسه

---

(1) سورة مريم، الآية: ٥٥.

(2) سورة المائدة، الآية: ١٢.

(3) سورة الأنبياء، الآية: ٧٣.

(4) سورة الأنبياء، الآية: ٧٣.

(5) سورة البينة، الآية: ٤ و٥.

ويفكه، والبقرة أو البقر أو الغنم أو المعز أو أية بهيمة تمر تحت عصا الراعي فعشرها، أي عشرة وراء كل دابة ههنا هي حرم للّه»[1].

وجاء في كتاب العدد:

: «وَكَلَّمَ الرَّبُّ مُوسَى قَائِلًا

«وَاللاَّوِيُّونَ تُكَلِّمُهُمْ وَتَقُولُ لَهُمْ: مَتَى أَخَذْتُمْ مِنْ بَنِي إِسْرَائِيلَ الْعُشْرَ الَّذِي أَعْطَيْتُكُمْ إِيَّاهُ مِنْ عِنْدِهِمْ نَصِيبًا لَكُمْ، تَرْفَعُونَ مِنْهُ رَفِيعَةَ الرَّبِّ: عُشْرًا مِنَ الْعُشْرِ[2].

«تَعْشِيرًا تُعَشِّرُ كُلَّ مَحْصُولِ زَرْعِكَ الَّذِي يَخْرُجُ مِنَ الْحَقْلِ سَنَةً بِسَنَةٍ[3].

فِي آخِرِ ثَلاَثِ سِنِينَ تُخْرِجُ كُلَّ عُشْرِ مَحْصُولِكَ فِي تِلْكَ السَّنَةِ وَتَضَعُهُ فِي أَبْوَابِكَ فَيَأْتِي اللاَّوِيُّ، لأَنَّهُ لَيْسَ لَهُ قِسْمٌ وَلاَ نَصِيبٌ مَعَكَ، وَالْغَرِيبُ وَالْيَتِيمُ وَالأَرْمَلَةُ الَّذِينَ فِي أَبْوَابِكَ، وَيَأْكُلُونَ وَيَشْبَعُونَ، لِكَيْ يُبَارِكَكَ الرَّبُّ إِلهُكَ فِي كُلِّ عَمَلِ يَدِكَ الَّذِي تَعْمَلُ[4].

«مَتَى فَرَغْتَ مِنْ تَعْشِيرِ كُلِّ عُشُورِ مَحْصُولِكَ، فِي السَّنَةِ الثَّالِثَةِ، سَنَةِ الْعُشُورِ، وَأَعْطَيْتَ اللاَّوِيَّ وَالْغَرِيبَ وَالْيَتِيمَ وَالأَرْمَلَةَ فَأَكَلُوا فِي أَبْوَابِكَ وَشَبِعُوا[5].

وَيْلٌ لَكُمْ أَيُّهَا الْكَتَبَةُ وَالْفَرِّيسِيُّونَ الْمُرَاؤُونَ! لأَنَّكُمْ تُعَشِّرُونَ النَّعْنَعَ وَالشِّبِثَّ وَالْكَمُّونَ، وَتَرَكْتُمْ أَثْقَلَ النَّامُوسِ: الْحَقَّ وَالرَّحْمَةَ وَالإِيمَانَ. كَانَ يَنْبَغِي أَنْ تَعْمَلُوا هذِهِ وَلاَ تَتْرُكُوا تِلْكَ.

أَيُّهَا الْقَادَةُ الْعُمْيَانُ! الَّذِينَ يُصَفُّونَ عَنِ الْبَعُوضَةِ وَيَبْلَعُونَ الْجَمَلَ[6].

---

(1) سفر الأحبار ٢٧: ٣٠، ٣١.

(2) سفر العدد ١٨: ٢٥ ــ ٢٦.

(3) سفر التثنية ١٤: ٢٢.

(4) سفر التثنية ١٤: ٢٨ ــ ٢٩.

(5) سفر التثنية ٢٦: ١٢.

(6) سفر متّى ٢٣: ٢٤ ــ ٢٣.

## مقاصد وأهداف الزكاة

ويتعين مقصد الزكاة وهدفها من اسمها، فإن أصلها ينبئ عن النمو والطهارة والزكو، فأريد منها مال يعطي لحصول الزكو والطهارة. وواضح عن ذلك أن الزكاة أيضًا تقصد ما يهدف إليه الدين بأسره. فهي تزكي النفس من الأنجاس التي يمكن أن تغلبها بحب المال وأنها تورث المال البركة وتبعث النفس على الطهارة والازدياد فيها، وهو مطلب شرعي على أقل حد للإنفاق في سبيل الله والمرء المسلم مسؤول عن إتمامه على كل حال، ولذا فلم يحصل منها كل ما يمكن حصوله من الإنفاق العام والذي قد بينّاه من قبل في فصل «الأخلاقيات» تحت موضوع الإنفاق في سبيل الله ومع ذلك فإن الإنسان ينقطع إلى الله من الزكاة أيضًا إلى حد كبيروتبعد عنه الغفلة التي طرأت عليه بسبب الانغماس في الدنيا وأسبابها وزخرفتها. وعلى حد قول المسيح عليه السلام إن قلب الإنسان موضوع حيث يكون ماله[1] وهذا أمر لا يحتاج إلى ثبوت. وللمرء أن يجربه من إنفاق ماله في سبيل الله. وقد أوضح القرآن نفسه مقصد الزكاة هذا بنفسه فقال:

﴿خُذْ مِنْ أَمْوَٰلِهِمْ صَدَقَةً تُطَهِّرُهُمْ وَتُزَكِّيهِم بِهَا﴾[2] وقال:

﴿وَمَآ ءَاتَيْتُم مِّن زَكَوٰةٍ تُرِيدُونَ وَجْهَ ٱللَّهِ فَأُو۟لَٰٓئِكَ هُمُ ٱلْمُضْعِفُونَ﴾[3].

## قانون الزكاة

وتشريع الزكاة قد بلغنا بإجماع المسلمين وتواترهم العملي وإذا نظرنا إلى أصله في الشرع وبغض النظر عن اختلافات الفقهاء في فهم الشريعة فلنا أن نبيّنه كما يأتي:

---

(1) (متى ٦: ٢١ ــ ولوقا ١٢: ٣٤.

(2) سورة التوبة، الآية: ١٠٣.

(3) سورة الروم، الآية: ٣٩.

١ ـ لا يستثنى شيء من الزكاة إلا وسائل الإنتاج والتجارة والعمل والأشياء للاستخدام الذاتي والمال الذي لم يبلغ حد النصاب. فتجب الزكاة في كل قسم من الإنتاج والمال والماشية ويُحصّل كل عام من كل فرد مسلم وذلك بشرح آتٍ:

يؤخذ ٢/ ١ ٢ أثنان ونصف في المئة في المال في المائة سنويًّا.

أما في الإنتاج فإذا حصل من العمل والجد أصالة أو من رأس المال أصلًا ففي لك حصاد يؤخذ عشر المال وإذا حصل الإنتاج من تعامل الكسب والمال كليهما فنصف العشر، وإذا حصل فقط بالعطية الإلهية بغير الكد والمال كليهما فعشرون في المئة.

وفي المواشي:

(أ) الإبل: من خمسة إلى ٢٤ شاة واحدة في كل خمسة ذود

من ٢٤ إلى ٣٥ بنت مخاض وإذا لم تتوفر فجمل يبلغ من العمر عامين

من ٣٦ إلى ٤٥، بنت لبون أي ناقة تبلغ من العمر سنتان

من ٤٦ إلى ٦٠، حقة أي ناقة تبلغ من العمر ثلاث سنوات،

من ٦١ إلى ٧٥، جزعة أي جمل يبلغ من العمر أربع سنوات،

ناقتان تبلغان من العمر عامين من ٧٦ إلى ٩٠ رأسًا،

من ٩١ إلى ١٢٠، ناقتان تبلغان من العمر ثلاث سنوات،

بنت لبون أي ناقة تبلغ من العمر عامين لكل ٤٠ عامًا وحقة ناقة تبلغ من العمر ثلاث سنوات لكل ٥٠ رأسًا على أكثر من ١٢٠

(ب) البقرة: ومقدار زكاة الأبقار يكون بحسب أعدادها على النحو التالي:

تبيع عمره عام واحد لكل ٣٠ وعجل عمره سنتان لكل ٤٠ بقرة.

(ج) الغنم:

من ٤٠ إلى ١٢٠ رأس عنزة،

من ١٢١ إلى ٢٠٠، اثنين من الماعز،

من ٢٠١ إلى ٣٠٠، ثلاثة ماعز،

وعنزة واحدة على كل ١٠٠ من أصل أكثر من ٣٠٠ رأس.

٣ـ وما كان هناك أي إبهام أو التباس عن مصارف الزكاة، فإنها لم تزل تصرف في تلبية حاجات الفقراء والمساكين والنظام الجماعي ولكن إذا اعترض المنافقون بعض الاعتراضات عل ذلك في زمن الرسالة فالقرآن جاء ببيان واضح شامل في حدود المصارف أيضًا فقال:

﴿إِنَّمَا ٱلصَّدَقَٰتُ لِلۡفُقَرَآءِ وَٱلۡمَسَٰكِينِ وَٱلۡعَٰمِلِينَ عَلَيۡهَا وَٱلۡمُؤَلَّفَةِ قُلُوبُهُمۡ وَفِي ٱلرِّقَابِ وَٱلۡغَٰرِمِينَ وَفِي سَبِيلِ ٱللَّهِ وَٱبۡنِ ٱلسَّبِيلِۖ فَرِيضَةً مِّنَ ٱللَّهِۗ وَٱللَّهُ عَلِيمٌ حَكِيمٌ﴾[1].

فالمصارف التي بينتها الآية الكريمة نفصلها فيما يأتي:

أولًا: الفقراء

وثانيًا: المساكين

وثالثًا: للعاملين عليها: المراد بها تعويض خدمات معظم المسؤولين والعاملين للدولة لأن كل مسؤولي النظم الجماعي إنما يكونون في الأصل عاملين على أخذ الضرائب وردها إلى المصارف وتعبير «العاملين عليها» تعبير بليغ جدًا واستخدمه القرآن لأداء المفهوم الذي أشرنا إليه، ولا شك أن الناس قد تقاصروا في فهم ذلك عامة ولكن هذا المفهوم واضح جلي إذا أخذ في الاعتبار التأليف لهذه الفقرة التي قد بيّناه آنفًا.

---

(1) سورة التوبة، الآية: ٦٠.

**ورابعًا:** للمؤلفة قلوبهم. وهذا شامل لجميع المصروفات السياسية في صالح الإسلام والمسلمين.

**وخامسًا:** في الرقاب أي لفك كل العاني والرقاب.

**وسادسًا:** للغارمين أي لمساعدة أناس غارمين في نقصان أو دَين أو غرامة وقرض.

**وسابعًا:** في سبيل الله أي في سبيل الخدمات الدينية.

**وثامنًا:** لابن السبيل أي لمساعدة المسافرين وفي جهات عمارة الشوارع والطرق والجسور والنزل.

٤ ـ صدقة الفطر: وهي أيضًا نوع من الزكاة. وذلك عبارة عن طعام يوم لشخص صباحًا ومساءً. يجب أداؤه على كل فرد من العائلة صغيرًا كان أو كبيرًا ويؤدى قبل صلاة العيد وعلى اختتام رمضان المبارك، وروي عن ابن عباس رضي الله عنه قال: فرض رسول الله زكاة الفطر طهرةً للصائم من اللغو والرفث وطعمةً للمساكين من أداها قبل الصلاة فهي زكاة مقبولة ومن أداها بعد الصلاة فهي صدقة من الصدقات[1]. وصدقة الفطر كانت تؤدى في عهد الرسالة عامةً في صورة الحبوب، فقد قدر رسول الله مقداره صاعًا أي ما يساوي اثنين ونصف في المئة كيلوغرامًا من شعير ونحوه، فقد روى البخاري أنه:

فرض رسول الله ﷺ زكاة الفطر صاعًا من تمر أو صاعًا من شعير، على العبد والحر، والذكر والأنثى، والصغير والكبير من المسلمين، وأمر بها أن تؤدى قبل خروج الناس إلى الصلاة[2]. والنظم الجماعي إذا حصّل الزكوة فقد يكون هناك معطون ومحصلون عليها، ونصح رسول الله ﷺ كليهما أن من يعطي الزكاة

---

(1) رواه أبو داود رقم ١٦٠٩ وابن ماجة رقم ١٨٢٧.

(2) البخاري، رقم ١٥٠٣.

ينبغي أن يحاولوا طمأنة وإرضاء المحصلين وإن اعتدوا عليهم اعتداءً[1] وأن لا يخون المحصلون[2] فقال: إياك وكرائم أموالهم واتق دعوة المظلوم فإنه ليس بينه وبين الله حجاب[3].

وهذا هو قانون عام للزكاة ولكن هناك بعض الإيضاحات الضرورية بسبب الأخطاء الفاحشة في ذلك.

**أولًا**: ليس هناك مأخذ لشرط تمليك الزكاة الذي وضعه فقهاؤنا ولذا فلا مانع لإعطاء للجهات المعنية بالخير، ورفاهية الناس كما يجوز إعطاؤها لفرد خاص. وللاستزادة في ذلك يُنظر في «بحث قضية التمليك» كتبه الأستاذ الإمام أمين أحسن الإصلاحي في كتابه «التوضيحات».

**وثانيًا**: لما نهي النبي ﷺ بني هاشم عن أخذ شيء من مال الزكاة، فكان وجه ذلك عندنا أنه كان قد اختص جزء من مال الفيء لرسول الله ﷺ ولأقربائه[4]، وظل ذلك باقيًا فيما بعد إلى مدة. وبما أنه لا يمكن أن يبقى ذلك للأبد ولا حاجة إليه ولذا فلا مشاحة اليوم أن يصرف مال الزكاة في تلبية حاجات فقراء ومساكين بني هاشم أيضًا في زماننا الراهن.

**وثالثًا**: إذا أراد النظم الجماعي رعايةً للظروف والملابسات أن تستثني شيئًا من الزكاة فلها أن تفعل ذلك كما أنها يمكن لها أن تضع نصابًا متوافقًا للتقليد السائد للأشياء التي تحصل عليها الزكاة، ولأجل هذا الغرض قد وضع النبي ﷺ نصابًا للزكاة في المال والماشية والإنتاجات الزراعية. وهذا النصاب كان كما يأتي:

في المال والثروة خمسة أوقية أي ٦٤٢ جرامًا من الفضة.

---

(1) ما كما جاء في مسلم رقم ٢٢٩٨ وأبو داود رقم ١٥٨٩.

(2) رواه مسلم رقم ٤٧٤٣.

(3) رواه البخاري رقم ١٤٩٦ ومسلم رقم ١٢١.

(4) كما جاء في البخاري رقم ١٤٨٥ ومسلم رقم ٢٤٧٣.

وفي الإنتاج خمسة وسق أي ما يعادل ٦٥٣ كجم تمور.

وفي الماشية خمسة جمال و٣٠ بقرة و٤٠ ماعزًا.

فقال ﷺ:

ليس فيما دون خمسة أوسق من التمر صدقة، وليس فيما دون خمس أواقٍ من الورق صدقة، وليس فيما دون خمس ذود من الإبل صدقة[1].

**ورابعًا:** إن ما يحصل من الصناعات في الزمن المعاصر أو ما يحدثه أهل الفن بفنونهم وما يحصل بصورة الخدمات العامة، من اكتراء ورسوم مختلفة وتعويضات الخدمات كل ذلك يدخل في حكم الإنتاج تمشيًا مع رعاية مناط الحكم. ولذا فليُلحق بالمزروعات لا بالأموال التجارية، وينبغي أن نختار فيها ضابطًا وضعه الشرع في حاصل الزرع.

**وخامسًا:** وفقًا لهذه القاعدة، إذا تم استئجار المنازل والممتلكات وغيرها من الأشياء، يجب فرض زكاة المزروعات عليها، وإذا لم تستخدم على الاستئجار فيجب أن تفرض عليها زكاة المال.

# الصوم

﴿يَٰٓأَيُّهَا ٱلَّذِينَ ءَامَنُواْ كُتِبَ عَلَيۡكُمُ ٱلصِّيَامُ كَمَا كُتِبَ عَلَى ٱلَّذِينَ مِن قَبۡلِكُمۡ لَعَلَّكُمۡ تَتَّقُونَ ۝ أَيَّامًا مَّعۡدُودَٰتٖ فَمَن كَانَ مِنكُم مَّرِيضًا أَوۡ عَلَىٰ سَفَرٖ فَعِدَّةٞ مِّنۡ أَيَّامٍ أُخَرَ وَعَلَى ٱلَّذِينَ يُطِيقُونَهُۥ فِدۡيَةٞ طَعَامُ مِسۡكِينٖ فَمَن تَطَوَّعَ خَيۡرٗا فَهُوَ خَيۡرٞ لَّهُۥ وَأَن تَصُومُواْ خَيۡرٞ لَّكُمۡ إِن كُنتُمۡ تَعۡلَمُونَ ۝ شَهۡرُ رَمَضَانَ ٱلَّذِيٓ أُنزِلَ فِيهِ ٱلۡقُرۡءَانُ هُدٗى لِّلنَّاسِ وَبَيِّنَٰتٖ مِّنَ ٱلۡهُدَىٰ وَٱلۡفُرۡقَانِ فَمَن شَهِدَ مِنكُمُ ٱلشَّهۡرَ فَلۡيَصُمۡهُ وَمَن كَانَ مَرِيضًا أَوۡ عَلَىٰ سَفَرٖ فَعِدَّةٞ مِّنۡ أَيَّامٍ أُخَرَ يُرِيدُ ٱللَّهُ بِكُمُ ٱلۡيُسۡرَ وَلَا

---

(1) الموطأ، رقم ٦٨٣.

﴿يُرِيدُ بِكُمُ ٱلْعُسْرَ وَلِتُكْمِلُوا۟ ٱلْعِدَّةَ وَلِتُكَبِّرُوا۟ ٱللَّهَ عَلَىٰ مَا هَدَىٰكُمْ وَلَعَلَّكُمْ تَشْكُرُونَ﴾[1].

ومن أهم العبادات بعد الصلاة والزكاة الصوم. وتأتي لفظة «صوم» في اللغة العربية لذلك. ويطلق الصوم على الإحجام عن الشيء والامتناع عنه. وإذا يُجاع الخيل ويمنع من شرب الماء يقال له خيل صائم، ويطلق الصوم في الشرع على الامتناع عن الأكل والشرب تحت قيود وشروط خاصة وعن العلاقات الزواجية، ويقال في الأردية «روزة» لذلك.

وبما أن الإنسان يحوز في هذه الدنيا بوجود فعلي له فإذا تعلق شعوره بالعبادة بوجوده الفعلي يشمل فيه الطاعة بالعبادة. والصوم إعراب رمزي عن الإطاعة، والصوم يتمثل في العبد المطيع أن يمتنع عن بعض المباحات ابتغاءً لرضا الرب تعالى وطلبًا له على حكم من الله عز وجل. فكأنه يعلن عن لسان حاله أنه ليس عنده شيء أكبر من الله سبحانه وأمره ونهيه. فإذا يحرم الله تعالى في حقه بعض المباحات له وفقَ قانون الفطرة فإنه يليق بشأنه كعبد أن ينقاد لأمر الله ويذعن له إذعانًا تامًا.

وهذا الاعتراف لعظمة الله وجلالته وكبريائه هو اعتراف حقيقي وشكر العبد له. فالصوم عند القرآن هو تكبير الرب تعالى وشكرله، وخص الله سبحانه لهذا الغرض شهرًا خاصًا أنزل فيه القرآن هدىً للناس وبينات من الهدى والفرقان، فقال:

﴿وَلِتُكَبِّرُوا۟ ٱللَّهَ عَلَىٰ مَا هَدَىٰكُمْ وَلَعَلَّكُمْ تَشْكُرُونَ﴾[2].

ولذلك قال: إن الصوم لي وأنا أجزي به «ومعنى ذلك أن العبد إذا امتنع عن بعض الأشياء المباحة أيضًا فقط لامتثال أمر الله فالآن يؤتيه أجره من عند نفسه بدون حساب ولا كيل كرامةً له وتشريفًا، فقد جاء في ما رواه أبو هريرة رضي الله عنه:

(1) سورة البقرة، الآيات: ١٨٣ ــ ١٨٥.
(2) سورة البقرة، الآية: ١٨٥.

قال قال النبي ﷺ كل عمل ابن آدم يُضاعف، الحسنة بعشرة أمثالها إلى سبعة مئة ضعف، قال الله تعالى، إلا الصوم، فإنه لي وأنا أجزي به يدع شهوته وطعامه من أجلي، وللصائم فرحتان فرحة عند فطره وفرحة عند لقاء ربه، ولَخلوف فم الصائم أطيب عند الله من ريح المسك(1). وهذا ينبئ عن ما للصوم من أهمية كبرى عند الله سبحانه، ولذا قال:

لخلوف فم الصائم أطيب عند الله من ريح المسك(2). وأيضًا قال:

إن في الجنة بابًا، يقال له الريّان، يدخل منه الصائمون يوم القِيٰمة، لا يدخل منه أحد غيرهم، يقال: أين الصائمون؟ فيقومون لا يدخل منه أحد غيرهم، فإذا دخلوا أغلق فلم يدخل منه أحد(3).

ومنتهى الكمال لهذه العبادة عند الشرع هو أن يفرض المرء على نفسه بعض القيود مزيدًا أثناء الصوم وأن يعزل نفسه من الناس في زاوية لمسجد ويكثر من عبادة الله تعالى ويقال لهذا في الشرع الاعتكاف. وهو أيضًا عبادة قديمة لا تزال موجودة في دين الأنبياء ﷺ. والاعتكاف ليس واجبًا وجوبَ صوم رمضان ولكن له مكانة كبيرة من وجهة نظر تزكية النفس. فبسبب الكيفية الحاصلة من امتزاج الصوم والصلاة والتلاوة كمثل الكيف الحاصل من «امتزاج ماء الورد بالخمرالمصفى» وحالة التجرد والانقطاع والتبتل إلى الله يحصل منه المقصود الأصلي من الصوم. ولأجل ذلك فقد كان النبي ﷺ يعتكف كل عام في مسجده، وكان يقف لياليه ونهاره للدعاء والتضرع والمناجاة والركوع والسجود وتلاوة القرآن. فقد روت عائشة أم المؤمنين وقالت:

«كان النبي ﷺ إذا دخل العشر، شدَّ مئزرة وأحيا ليله وأيقظ أهله»(4).

---

(1) رواه البخاري رقم: ١٩٠٤ ومسلم رقم ٢٧٦٧.

(2) بخاري، رقم ١٨٩٤.

(3) رواه البخاري، رقم ١٨٩٦.

(4) رواه البخاري، رقم ٢٠٢٤.

وفرضت هذه العبادة ـ عبادة الصوم ـ على المسلمين في شهر رمضان المبارك، ولاشك أن ميول النفس وأهواءها لا تنتهي وتبقى ترغيبات النفس دائمًا وتفعل فعلها ولكن قد تكرم الله تعالى خاصةً في شهر رمضان المبارك أن يسد جميع أبواب التضليل والإغواء على شياطين الجن فقال: إذا دخل رمضان فتحت أبواب السماء وأغلقت أبواب جهنم وقيدت الشياطين بالأغلال»[1].

ويتيسر لكل امرئ أن يجاهد في سبيل حصول الخير والفلاح له إذا شاء بدون عوارض وموانع خارجية في هذا الشهر وجاءت صلته في الروايات أن تغفر له ذنوبه. فهذا هو قانون عام للقرآن عن التوبة والإصلاح ولكن قد بشر رسول الله ﷺ الناس خصوصًا عن رمضان المبارك فقال:

«من صام رمضان إيمانًا واحتسابًا، غفر له ما تقدم من ذنبه»[2]. وقال:

«من قام رمضان إيمانًا واحتسابًا، غفر له ما تقدم من ذنبه»[3].

وقد جاء ذلك في قيام ليلة القدر أيضًا[4] فهذه ليلة نزول القرآن وقد قال الله تعالى: تنزل الملائكة والروح فيها بإذن ربهم من كل أمر سلام. وتحصل في هذه الليلة الواحدة من إمكانات القرب الإلهي ومظان الرحمة والبركة ما لا تحصل في ألف ليلة ولذلك قال: ﴿لَيْلَةُ ٱلْقَدْرِ خَيْرٌ مِّنْ أَلْفِ شَهْرٍ﴾[5].

وقال النبي ﷺ: تحروا ليلة القدر في العشر الأواخر من رمضان[6].

وماذا يحمل هذا التعيين للأيام والأوقات للعبادة من أهمية كبرى؟ قد فسر ذلك الأستاذ الإمام أمين أحسن الإصلاحي في تفسيره تدبر القرآن فقال:

---

(1) رواه البخاري رقم ٢٠٢٥ ومسلم رقم ٢٧٨٢.

(2) البخاري، رقم ٢٠٠٩.

(3) البخاري، رقم ٣٧.

(4) كما رواه البخاري رقم ١٩٠١ ومسلم رقم ١٧٨١.

(5) سورة القدر، الآية: ٣.

(6) رواه البخاري رقم ٢٠١٦ ـ ٢٠١٧ ومسلم رقم ٦٣ ـ ٢٧ ـ ٦٤ ـ ٦٩.

«كما أن هناك اعتبارًا خاصًا للفصول والمواسم في هذه الحياة الدنيوية فكذلك يؤخذ ذلك بالاعتبار في العالم الروحي أيضًا، فكما أن هناك مواسم معينة وشهورًا خاصة لزراعة أشياء خاصة. تبذرها فيها فتثمر وتنبت فيها وإذا أعرضت عن تلك المواسم والفصول الخاصة لا تستبدل بأطول مدة من الشهور الأخرى. فكذلك تعين هناك مواسم وفصول خاصة وأوقات وأيام خاصة لأعمال خاصة في العالم الروحي. فإذا جئت بتلك الأعمال في تلك الأيام والمواقيت تعطي مطالب وثمرات مطلوبة ونتائج مرادة، وإذا أغمضت النظرعن تلك الأيام والأوقات لا تقوم مقامها مقادير كبيرة من الأيام والأوقات الأخرى. خذ مثلًا أن هناك يومًا خاصًّا للجمعة وشهرًا خاصًّا للصوم وشهرًا خاصًّا للحج وأيامًا خاصة له ويومًا معينًا لوقوف عرفة. وقد خص الله سبحانه عبادات كبيرة لهذه الأيام والمواقيت لا حد لها ولا نهاية لأجرها وثوابها. ولكن سائر بركاتها تظهر في صورتها الأصلية إذا تمت بضبط وتقييد بتلك الأيام والمواقيت الخاصة وإن لم يكن ذلك تفوت البركة برمتها التي تحتويها وتشملها تلك الأيام والأوقات»[1].

## تاريخ الصوم

إن الصوم له أيضًا تاريخ قديم جدًا كالصلاة وشهد لذلك القرآن حين قال: ﴿كُتِبَ عَلَيْكُمُ الصِّيَامُ كَمَا كُتِبَ عَلَى الَّذِينَ مِن قَبْلِكُمْ﴾[2] فهذه حقيقة أن تصورالصوم كان يتواجد عند جميع الأديان والمذاهب من حيث عبادة هامة لتربية النفس وكبح جماحها.

وحضارة بابل والنينوى تاريخها متوغل في القدم ففي زمان كان الآشوريون مستوطنين هناك وكان يونس عليه السلام قد بعث إليهم، إنهم كذبوه في أول مرحلة ولكنهم أمنوا به في المرحلة الثانية وقد جاء ذكر توبتهم ورجوعهم في صحيفة يوناه كما يأتي:

(1) تدبر القرآن ٩/ ٤٦٨.

(2) سورة البقرة، الآية: ١٨٣.

فَآمَنَ أَهْلُ نِينَوَى بِاللَّهِ وَنَادَوْا بِصَوْمٍ وَلَبِسُوا مُسُوحًا مِنْ كَبِيرِهِمْ إِلَى صَغِيرِهِمْ.

وَبَلَغَ الأَمْرُ مَلِكَ نِينَوَى، فَقَامَ عَنْ كُرْسِيِّهِ وَخَلَعَ رِدَاءَهُ عَنْهُ، وَتَغَطَّى بِمِسْحٍ وَجَلَسَ عَلَى الرَّمَادِ.

وَنُودِيَ وَقِيلَ فِي نِينَوَى عَنْ أَمْرِ الْمَلِكِ وَعُظَمَائِهِ قَائِلًا: «لاَ تَذُقِ النَّاسُ وَلاَ الْبَهَائِمُ وَلاَ الْبَقَرُ وَلاَ الْغَنَمُ شَيْئًا. لاَ تَرْعَ وَلاَ تَشْرَبْ مَاءً.

وَلْيَتَغَطَّ بِمُسُوحٍ النَّاسُ وَالْبَهَائِمُ، وَيَصْرُخُوا إِلَى اللَّهِ بِشِدَّةٍ، وَيَرْجِعُوا كُلُّ وَاحِدٍ عَنْ طَرِيقِهِ الرَّدِيئَةِ وَعَنِ الظُّلْمِ الَّذِي فِي أَيْدِيهِمْ[1]،

وكان الصوم ليس شيئًا غريبًا أجنبيًّا عند العرب الجاهليين، فأن وجود لفظ «الصوم» في لغتهم دليل كافٍ على أنهم كانوا مطلعين على هذه العبادة.

وقال الأستاذ جواد علي:

«ويذكر أهل الأخبار أن قريشا كانت تصوم يوم عاشوراء، وفي هذا اليوم كانوا يحفلون، ويعبدون، ويكسون الكعبة، وعللوا ذلك بأن قريشًا أذنبت ذنبًا في الجاهلية، فعظم في صدورهم، وأرادوا التكفير عن ذنبهم

فقرروا صيام يوم عاشوراء، فصاموه شكرًا للّه على رفعه الذنب عنهم. وذكر أن رسول الله كان يصوم عاشوراء في الجاهلية، ولما قدم المدينة واظب عليه وأمر الناس بصيامه حتى نزل

الأمر بصيام رمضان...... وعللوا سبب صيام (قريش) هذا اليوم أنه كان أصابهم قحط ثم رفع عنهم فصاموا شكرًا»[2].

وكان الصوم أيضًا عبادة مشتركة في الشريعتين اليهودية والمسيحية. وقد ورد ذكر صيامهم في الكتاب المقدس في مواضع عديدة، وبالإضافة إلى هذه

---

(1) سفر يوناه: ٣: ٥ ـ ٨.

(2) الجزء السادس من التاريخ المفصل للعرب قبل الإسلام / ٣٣٩ ـ ٣٤٠.

الكلمة الخاصة، (الصوم) تم أيضًا اعتماد تفسيرات «إعطاء الحياة» و»التضحية بالنفس» للصوم في بعض المواضع. فجاء في سفر الخروج ما يلي:

وَقَالَ الرَّبُّ لِمُوسَى: «اكْتُبْ لِنَفْسِكَ هذِهِ الْكَلِمَاتِ، لأَنَّنِي بِحَسَبِ هذِهِ الْكَلِمَاتِ قَطَعْتُ عَهْدًا مَعَكَ وَمَعَ إِسْرَائِيلَ

وَكَانَ هُنَاكَ عِنْدَ الرَّبِّ أَرْبَعِينَ نَهَارًا وَأَرْبَعِينَ لَيْلَةً، لَمْ يَأْكُلْ خُبْزًا وَلَمْ يَشْرَبْ مَاءً. فَكَتَبَ عَلَى اللَّوْحَيْنِ كَلِمَاتِ الْعَهْدِ، الْكَلِمَاتِ الْعَشَرَ(1).

وَيَكُونُ لَكُمْ فَرِيضَةً دَهْرِيَّةً، أَنَّكُمْ فِي الشَّهْرِ السَّابِعِ فِي عَاشِرِ الشَّهْرِ تُذَلِّلُونَ نُفُوسَكُمْ، وَكُلَّ عَمَلٍ لاَ تَعْمَلُونَ: الْوَطَنِيُّ وَالْغَرِيبُ النَّازِلُ فِي وَسَطِكُمْ لأَنَّهُ فِي هذَا الْيَوْمِ يُكَفِّرُ عَنْكُمْ لِتَطْهِيرِكُمْ. مِنْ جَمِيعِ خَطَايَاكُمْ أَمَامَ الرَّبِّ تَطْهُرُونَ.

سَبْتُ عُطْلَةٍ هُوَ لَكُمْ، وَتُذَلِّلُونَ نُفُوسَكُمْ فَرِيضَةً دَهْرِيَّةً(2)

فصعد جميع بني إسرائيل وكل الشعب وجاؤوا إلى بيت ايل وبكوا وجلسوا هناك أمام الرب وصاموا ذلك اليوم إلى المساء واصعدوا محرقات وذبائح سلامة أمام الرب(3).

وَنَدَبُوا وَبَكَوْا وَصَامُوا إِلَى الْمَسَاءِ عَلَى شَاوُلَ وَعَلَى يُونَاثَانَ ابْنِهِ، وَعَلَى شَعْبِ الرَّبِّ وَعَلَى بَيْتِ إِسْرَائِيلَ لأَنَّهُمْ سَقَطُوا بِالسَّيْفِ(4).

فَسَأَلَ دَاوُدُ اللَّهَ مِنْ أَجْلِ الصَّبِيِّ، وَصَامَ دَاوُدُ صَوْمًا، وَدَخَلَ وَبَاتَ مُضْطَجِعًا عَلَى الأَرْضِ(5).

وَفِي الْيَوْمِ الرَّابِعِ وَالْعِشْرِينَ مِنْ هذَا الشَّهْرِ اجْتَمَعَ بَنُو إِسْرَائِيلَ بِالصَّوْمِ، وَعَلَيْهِمْ مُسُوحٌ وَتُرَابٌ. وَانْفَصَلَ نَسْلُ إِسْرَائِيلَ مِنْ جَمِيعِ بَنِي الْغُرَبَاءِ، وَوَقَفُوا

---

(1)  سفر الخروج، ٣٤: ٢٧ ــ ٢٨.

(2)  سفر الأحبار، ١٦: ٢٩ ــ ٣١.

(3)  سفر القضاة، ٢٠: ٢٦.

(4)  سفر صموئيل ثاني، ١: ١٢.

(5)  سفر صموئيل ثاني، ١٢: ١٦.

وَاعْتَرَفُوا بِخَطَايَاهُمْ وَذُنُوبِ آبَائِهِمْ[1]. أَمَّا أَنَا فَفِي مَرَضِهِمْ كَانَ لِبَاسِي مِسْحًا. أَذْلَلْتُ بِالصَّوْمِ نَفْسِي، وَصَلَاتِي إِلَى حِضْنِي تَرْجِعُ[2] فَادْخُلْ أَنْتَ وَاقْرَأْ فِي الدَّرْجِ الَّذِي كَتَبْتَ عَنْ فَمِي كُلَّ كَلَامِ الرَّبِّ فِي آذَانِ الشَّعْبِ، فِي بَيْتِ الرَّبِّ فِي يَوْمِ الصَّوْمِ، وَاقْرَأْهُ أَيْضًا فِي آذَانِ كُلِّ يَهُوذَا الْقَادِمِينَ مِنْ مُدُنِهِمْ[3].

وَالرَّبُّ يُعْطِي صَوْتَهُ أَمَامَ جَيْشِهِ. إِنَّ عَسْكَرَهُ كَثِيرٌ جِدًّا. فَإِنَّ صَانِعَ قَوْلِهِ قَوِيٌّ، لِأَنَّ يَوْمَ الرَّبِّ عَظِيمٌ وَمَخُوفٌ جِدًّا، فَمَنْ يُطِيقُهُ؟

«وَلكِنِ الآنَ، يَقُولُ الرَّبُّ، ارْجِعُوا إِلَيَّ بِكُلِّ قُلُوبِكُمْ، وَبِالصَّوْمِ وَالْبُكَاءِ وَالنَّوْحِ[4].

وَكَانَ إِلَيَّ كَلَامُ رَبِّ الْجُنُودِ قَائِلًا:

«هكَذَا قَالَ رَبُّ الْجُنُودِ: إِنَّ صَوْمَ الشَّهْرِ الرَّابِعِ وَصَوْمَ الْخَامِسِ وَصَوْمَ السَّابِعِ وَصَوْمَ الْعَاشِرِ يَكُونُ لِبَيْتِ يَهُوذَا ابْتِهَاجًا وَفَرَحًا وَأَعْيَادًا طَيِّبَةً. فَأَحِبُّوا الْحَقَّ وَالسَّلَامَ[5]

«وَمَتَى صُمْتُمْ فَلَا تَكُونُوا عَابِسِينَ كَالْمُرَائِينَ، فَإِنَّهُمْ يُغَيِّرُونَ وُجُوهَهُمْ لِكَيْ يَظْهَرُوا لِلنَّاسِ صَائِمِينَ. اَلْحَقَّ أَقُولُ لَكُمْ: إِنَّهُمْ قَدِ اسْتَوْفَوْا أَجْرَهُمْ

وَأَمَّا أَنْتَ فَمَتَى صُمْتَ فَادْهُنْ رَأْسَكَ وَاغْسِلْ وَجْهَكَ،

لِكَيْ لَا تَظْهَرَ لِلنَّاسِ صَائِمًا، بَلْ لِأَبِيكَ الَّذِي فِي الْخَفَاءِ. فَأَبُوكَ الَّذِي يَرَى فِي الْخَفَاءِ يُجَازِيكَ عَلَانِيَةً[6]

---

(1) نحميا، ٩:١ ــ ٢.
(2) سفر المزامير، ٣٥: ١٣.
(3) سفر إرميا، ٣٦:٦.
(4) سفر يوئيل، ١١: ١٢.
(5) سفر زكريا، ٨:١٨ ــ ١٩.
(6) سفر متى، ٦:١٦ ــ ١٨.

وَبَيْنَمَا هُمْ يَخْدِمُونَ الرَّبَّ وَيَصُومُونَ، قَالَ الرُّوحُ الْقُدُسُ: «أَفْرِزُوا لِي بَرْنَابَا وَشَاوُلَ لِلْعَمَلِ الَّذِي دَعَوْتُهُمَا إِلَيْهِ.

فَصَامُوا حِينَئِذٍ وَصَلُّوا وَوَضَعُوا عَلَيْهِمَا الأَيَادِيَ، ثُمَّ أَطْلَقُوهُمَا[1].

فهذا هو تاريخ الصوم، وواضح منه أن الصوم أيضًا ما كان أجنبيًا غريبًا مثل الصلاة والزكاة على مخاطبي القرآن، إنهم كانوا واقفين على حيثيته الدينية ومطلعين على حدوده وشرائطه. ولذا فإن القرآن لما جاء بأمر الصوم فإنه لم يبين أي شيء من حدوده وشرائطه بل هداهم أن يهتموا بالصوم من حيث أنَّه حكم ألهي قديم ومن حيث أنَّه سنة قديمة يعرفونها فيأتون به كعبادة محتومة لازمة. وامتثالًا لهذا الأمر الإلهي فقد صام النبي ﷺ وقد صام صحابته الأبرار قبل ذلك صيامَ رمضان وفقاً لذلك وتواتر عليه المسلمون جيلًا بعد جيل. فنظرًا إلى ذلك فإن مصدر ومأخذ الصوم هو أيضًا إجماع المسلمين وتواترهم العملي. وما زاد القرآن على أن فرضه عليهم وبيّن قانون الرخصة من الصوم للمريض والمسافر، وجاء ببعض التفسيرات فيما بعد فيما يخص من سؤالات متصلة بذلك.

## مقصد الصوم

وقد أوضح القرآن المقصد من الصوم أن يتقي الناس ربهم ﴿لَعَلَّكُمْ تَتَّقُونَ﴾ أي يتواجد التقوى فيكم والتقوى في المصطلح القرآني يطلق على أن يعيش الإنسان حياته متقيدًا بحدود وقيود معينة من الله تعالى ويتقي الله في أعماق قلبه أنه إذا تجاوز عن تلك الحدود فلا عاصم له من عقوبته إلا الله.

وكيف يحصل هذا التقوى من الصوم؟ لأجل التفهم في ذلك علينا أن نضع أمامنا أمورًا ثلاثة:

أولًا إن الصوم يُحدث في الإنسان شعورًا قويًا بأنه عبد الله، وهذا الشعور بالعبدية يأخذ في الحدوث إذا حُرم الإنسان من مطالبات النفس الإنساني

---

(1) سفر أعمال الرسل، ١٣: ٢ ــ ٣.

الأساسية من أكل وشرب وغيرها، ثم ينمو تدريجيًا حتى أنه يغمر كل وجوده في حين إفطاره. فإنه لا يتناول لقمة طعام وشربة ماء من الفجر حتى المغرب، وإن الصائم لا يستجيب إلى رغبة نفس إلى هذه الأشياء لمحض امتثال لأمر الله سبحانه وإذا تكرر عمل الصائم هذا فتنزل هذه الحقيقة إلى أعماق وجوده.

بل تسري في جبلته أنه عبد للرب تعالى، وأنه يليق له أن يستسلم للرب تعالى في كافة أمور الحياة أيضًا وأن يتناول عن حريته واختياره في الخيال والعمل كليهما. فيكون إيمان المرء بالله تعالى إيمانًا حيًا متمثلًا في كل لحظاته. ومعنى ذلك أنه لا يؤمن بإله محض بل يؤمن بذات الله السميع البصير العليم الحكيم والقائم بالقسط المطلع على كل خفائه وعلنه والذي لا مناص له من إطاعته على كل حال، فهذا هو المقدم في إحداث التقوى في نفس الأمر.

وثانيًا إن الصوم يعمّق في الإنسان هذا الشعور أن المرء ذاهب إلى ربه تعالى في يوم، أما الإيمان به فذاك حاصل لكل مسلم مؤمن. ولكن في حالة الصوم إذا اضطره العطش ويضيقه الجوع والشهوات الجنسية تتقاضى منه وبكل قوة تسكينها، فالكل يعلم أن هذا الشعور وحده هو الذي يصده عن قضاء هذه الداعيات للبطن والفرج، ففي كل يوم لشهر رمضان المبارك إنه يقضي يومه حارسًا لنفسه مانعًا له من قضاء هذه الاقتضاءات البنيوية النفسانية بسبب شعوره محضًا أنه ذاهب إلى ربه يومًا ويقف أمامه فيه. لدرجة أنه في حر النهار الشديدة يلدغ حلقه من العطش ويكون أمامه ثلج يستطيع أن يشرب منه بسهولة ولكنه لا يشرب كما أنه يكاد يموت من الجوع والطعام متوفر ولكنه لا يأكل، الزوجان شابان وهما منفردتان ويمكن لهما قضاء الحاجة الجنسية إذا شاءا ولكنهما لا يفعلانها، فهذه رياضة كبيرة جدًا، وشعور المسؤولية عند الله تعالى ترسخ منها رسوخًا تامًا فهذا هو الثاني البالغ التأثير لإيجاد التقوى في المرء.

وثالثًا الصبر لازم ضروري لحصول التقوى والصيام يربى الإنسان على

الصبر وليس فقط ذلك بل ليس هناك طريقة أكثر تأثيرًا منه لإنماء وتربية الصبر. إن الامتحان الذي ابتلينا به في هذه الحياة الدنيا لا حقيقة له إلا أن هناك رغبات جامحة لوجودنا الحيواني في جانب ومن جانب آخر يطلب الله منا أن نعيش في حدوده ولا نتعداها. الأمر الذي يطلب منا الصبر في كل خطوة، ولا يحصل التقوى إلا بأن نتخلق بصفات الصدق والأمانة والتحمل والحلم والوفاء بالعهد والعدل والإنصاف والعفو والصفح الجميل والتجنب من المنكرات والفواحش والاستقامة على الحق. ولا توجد هذه الأخلاق الفاضلة إلا بالصبر.

وإنما الصوم يهدف إلى حصول هذا التقوى وقرر الله سبحانه لذلك الغرض شهر رمضان المبارك وكما أوضحنا ذلك فيما مر أن وجه ذلك أن هذا الشهر هو شهر نزل فيه القرآن. وقد كتب الأستاذ أمين أحسن الإصلاحي موضحًا ذلك:

«لا يمكن للمتأمل أن يختلط عليه الأمر في فهم حقيقة أن أعظم نعمة من جميع نعم الله هي العقل، وأعظم نعمة من العقل هي القرآن، لأن العقل يتلقى أيضًا الهداية الحقيقية من القرآن.. فبدون القرآن يتخبط الإنسان وعقله لا يزال يهيم في الظلام حتى بعد تركيب جميع التلسكوبات ومجاهر العلم، ولذلك كان الشهر الذي نال فيه العالم هذه النعمة، جديرًا وقمينًا بأن يُخصص له شهر خاص بتكبير الله وشكره وتسبيحه حتى يدوم الاعتراف الجميل بمنح هذه النعمة الكبرى للعالم. ولهذا الشكر والامتنان قد شرع الله تعالى عبادة الصيام، وهي عبادة خاصة للتربية على التقوى، التي يتوقف عليها قيام الدين والشريعة كلها وبقاؤها، والذي نزل القرآن في الأصل هاديًا ومرشدًا لحامليه.

ويعني أن هذه الحكمة القرآنية قد جاءت بترتيب بحيث تكون النعمة الحقيقية للقرآن الكريم فقط لأولئك الذين لديهم روح التقوى في داخلهم، والوسيلة الخاصة لتدريب هذه التقوى هي عبادة الصيام، وجُعل هذا الشهر خاصًا بالصيام الذي أنزل فيه القرآن، بمعنى آخر، إن هذا القرآن ربيع لهذا

العالم، وشهر رمضان هو موسم الربيع، وما يؤتي هذا الربيع وهذا الموسم من المحصول هو محصول التقوى»[1].

وهذا المقصود من الصوم يحصل باللزوم ولكن لا بد لذلك من أن يجتنب الصائمون من مساوئ إذا لحقت بالصوم تذهب بسائر بركاته. وهذه الأخطاء والمساوئ وإن كانت كثيرة ولكن بعضها مما لا بد من تجنبها لكل صائم. منها أن الناس يكونون من رمضان شهرَ اللذات والاستمتاعات، إنهم يعتقدون خطأً أنه لا حساب عند الله مما يستهلكونه في رمضان،

لذلك، إذا كان هؤلاء الناس من الأثرياء والأغنياء، فهذا هو شهر الاستمتاع والعودة إلى ربيع اللذات لهم، فبدلًا من تربية الذات يجعلونه شهرًا لتنمية النفس والاستعداد للإفطار كل صباح ومساء. وطالما أنهم صائمون، فيفكرون في أن المساحة التي خلقت في بطونهم بسبب الجوع والعطش طوال اليوم، بأية نعمة سوف يملؤونها الآن. والنتيجة أنهم في البداية لا يحصلون على شيء من الصيام، وإذا حصلوا على شيء فقدوه هناك.

وطريقة تجنب هذا الاضطراب والفساد هي أن يأكل الإنسان ويشرب ليحتفظ بقوة العمل في نفسه، ولكن لا ينبغي أن يجعل الأكل هدفًا للحياة. فما وجد بغير ترتيب على المائدة وأيًّا كان ما تضعه العائلة على الطاولة يأكله شاكرًا الله. حتى لو لم يملأ قلبه، فلا ينزعج منه. وإذا رزقه الله مالًا فعليه بدلًا من إطعام نفسه وإشباع بطنه أن ينفقه على مساعدة الفقراء والمساكين وإطعامهم. وهذا بالتأكيد سيزيد من بركات صومه. وكان هذا أسوة النبي ﷺ في شهر رمضان خاصة، كما قال ابن عباس: كان الرسول ﷺ أجود الناس وكان أجود ما يكون في رمضان»[2].

---

(1)   تدبر القرآن ١ / ٤٥١.
(2)   رواه البخاري رقم ٦ ومسلم رقم ٦٠٠٩.

والفساد الثاني أنه بما أن الصوم يحدث في النفس شيئًا من الاشتعال والشدة بسبب الجوع والعطش

ولهذا السبب يتخذ البعض من الصوم ذريعةً لتأجيجه، بدلًا من جعله وسيلةُ للإصلاح والتربية. إنهم ينتقمون من زوجاتهم وأبنائهم ومن يعملون تحتهم لأدنى شيء، ويقولون كل ما يخطر على بالهم، بل يغلظون لهم القول إذا تصاعد الأمر ويلجأون إلى الألفاظ البذيئة، بل وفي بعض الأحيان يضربون مرؤوسيهم من غير تردد. وبعد ذلك يرضون أنفسهم بالقول أن مثل هذا يحدث أثناء الصيام.

وعلاج ذلك أن رسول الله ﷺ قال: ينبغي للإنسان أن يتخذ الصيام في مثل هذه المناسبات درعا وجُنة له، بدلًا من أن يتخذه ذريعةً للغيظ. فعلى المرء إذا صادفه أمر كهذا أن يتذكر أنه صائم، فقد قال النبي ﷺ «الصيام جُنة وإذا كان يوم صوم أحدكم فلا يرفث ولا يصخب فإن سابّه أحد أو قاتله فليقل إني امرو صائم»[1].

فمن الحقيقة أن الصائم إذا اتبع طريقة التذكر هذه في كل مناسبة غضب واستفزاز، فإنه سيجد تدريجيًا أنه قد تغلب على شيطان نفسه وألجمه لدرجة أنه أصبح أقل قدرة على الإطاحة به الآن. وهذا الشعور بالانتصار على الشيطان سيخلق شعورًا بالرضا والعلو في قلبه، ويصبح هذا التذكر بالصوم وسيلة للإصلاح. عندها سوف يغضب في محله حيث يجب الغضب. ولن يكون من الممكن لأحد أن يستفزه بين الحين والآخر.

وثالثًا أن الكثيرين إذا تركوا انغماسهم في ملذات الطعام وغيره، أخذوا يبحثون عن اشتغالات أخرى، غير مضرة عندهم للصوم، فهم يتسلون بألعاب النرد وقراءة الروايات والقصص والاستماع إلى الأغاني والغزلات ورؤية الأفلام، أو يمضون أوقاتهم في مجالسة الإخوان يغتابون الآخرين ويهجونهم،

---

(1)  رواه البخاري رقم ١٨٩٤ ومسلم رقم ٢٧٠٣.

لأن المرء في حالة الجوع في الصوم يلتذ في أكل لحم أخيه، وتكون النتيجة أنهم أحيانًا يدخلون هذه الهواية صباحًا ولا ينصرفون عنها إلا بأذان المؤذن.

ومن علاجه الناجع أولًا أن يختار المرء السكوت أدبًا للصوم،

ويحاول أن يبقي قفلًا على لسانه على الأقل في مسألة الكلام الفارغ وقول الحقائق الكاذبة ويلجمه عن نشر الشائعات. فقد قال النبي ﷺ: من لم يترك الكذب والعمل به فليس لله حاجة أن يدع المرء له طعامه وشرابه»[1].

والعلاج الثاني لذلك هو أنه في الوقت الذي يبقى عنده بعد المهام الأساسية، يجب على المرء دراسة القرآن والحديث وفهم الدين. عليه أن ينتهز الفرصة ويذكر القرآن وجزءًا من صلوات وأدعية النبي ﷺ فيه. وبهذه الطريقة سوف يتجنب من هذه الهوايات المذكورة في الصيام وبعد ذلك ستكون هذه الذخيرة مفيدة له للحفاظ على ذكر الله في قلبه والمداومة عليه.

والفساد الرابع أن المرء لا يصوم لله في بعض الأحيان بل يصوم إما رياءً وسمعةً وإما لأن يتجنب من ملامة أهله وذويه وإخوانه وأحيانًا يجهد نفسه بالصوم حفاظًا على وهم دينه بين الناس، فهذا أيضًا لا يبقي الصوم صومًا.

وعلاج ذلك أن المرء يُذكّر دائمًا بما للصوم من مكانة دينية كبيرة، وأن يلقنها وينصحها أنها إن تترك الطعام والشراب وسائر المتع فلماذا لا تتركها لله تعالى خالقها، وعلاوةً على ذلك أن يهتم بصوم نافلة أحيانًا علاوةً على رمضان وأن يخفيها على أكثرما يكون. فيرجى أن تصبح صيامه المفروضة هذه خالصةً لوجه الله في وقت ما.

والصيام النافلة التي كان رسول الله ﷺ يتطوع بها وكان يرغّب الناس فيها أيضًا هي كالتالي:

---

[1] رواه البخاري رقم: ١٩٠٣.

## صوم يوم عاشور

فقد وردت فضيلته في الأحاديث والآثار[1] وكان رسول الله يصومه عامةً[2] وإذا دخل قبل صوم رمضان فكان يصومه لازمًا وكان يأمر الناس بصومه ويحثهم ويراقبهم عل ذلك[3]. وقد جاء أن قريشًا كانوا يصومونه[4] وجاء أن اليهود كانوا يصومونه فسألهم ما سبب الصيام؟ قالوا يوم أنجى الله فيه موسى ومن معه، وأغرق فرعون ومن معه فصامه شكرًا للّه فنحن نصومه فقال لهم النبي ﷺ: نحن أحق بموسى منكم فصامه وأمر الناس بصيامه[5].

## صيام يوم عرفة

وفضله معلوم لكل مسلم وقد قال رسول الله ﷺ: أحتسب أن صومه يكفر سنة قبله وسنة بعده[6]. وأريد بكفارة الذنوب هنا الذنوب التي لا تتصل بحقوق العباد أو التي لا تحتاج إلى توبة وتلافي ما فات من كفارة وغيرها. ولكنه لم يصمه في موسم الحج[7] ووجه ذلك على الأغلب أنه لم يرض بأن يجمع بين الصوم وبين مشاق الحج.

## صوم شوال

وقد جاء أيضًا فضله في الأحاديث وقال رسول الله ﷺ: من صام رمضان وأتبعه ستًا من شوال فكأنه صام طيلة عمره[8].

---

(1) انظر البخاري رقم ٢٠٠٤ ومسلم رقم ٢٧٤٦.
(2) البخاري رقم ٢٠٠٦ ومسلم ٢٦٣٧.
(3) البخاري رقم ٢٠٠٢ ـ ٤٦٨٠ ومسلم رقم ٢٦٥٢.
(4) البخاري رقم ٢٠٠٢ ومسلم رقم ٢٦٣٧.
(5) رواه البخاري رقم ٢٠٠٤ ومسلم رقم ٢٦٥٨.
(6) رواه مسلم رقم ٢٧٤٦.
(7) كما رواه البخاري رقم ١٦٥٨ و١٩٨٨ ومسلم ٢٦٣٢.
(8) رواه مسلم رقم٢٧٥٨ وأبو داود رقم ٢٤٣٣.

# صيام ثلاثة أيام في كل شهر

وقد رغّب رسول الله ﷺ في صوم ثلاثة أيام من كل شهر وقال فيه قولًا ذكر فيما مر في صوم الست من شوال[1] وقد روت عائشة ﵂ أن رسول الله ﷺ كان بنفسه يصوم هذه الصيام ولكن لم يعين لها يومًا بل صام متى شاء في الشهر كله[2]. نعم قد أرشد بعض الصحابة إلى أن يصوموا الثالث عشر والرابع عشر والخامس عشر من كل شهر قمري[3].

# صيام يوم الاثنين و يوم الخميس

وقد صام النبي ﷺ في يوم الاثنين ويوم الخميس، وإذا سأله الناس عن ذلك قال: تُعرض الأعمال في يوم الاثنين والخميس[4] وأيضًا قال: يوم الاثنين ولدت فيه ونزل عليّ القرآن في هذا اليوم[5].

# صيام شعبان

وهو شهر كان يصوم فيه في أكثر أيامه فيما عدا رمضان المبارك كما روت عائشة ﵂ قالت: ما رأيت النبي ﷺ في شهر أكثر صيامًا منه في شعبان[6]. وعلاوةً على ذلك فللناس خيار أن يصوموا متى شاؤوا صيامًا نافلة، ولكن النبي ﷺ قد أوصى الذين يريدون من إكثار الصوم أن يتبعوا داود ﵇ في أمر الصوم فقال: إن أفضل الصيام صيام داود كان يصوم يومًا ويفطر يومًا[7].

---

(1) كما رواه البخاري رقم ١٩٧٦ ـ ١٩٧٩ ومسلم رقم ٢٧٤٦.

(2) كما رواه مسلم رقم ٢٤٤٤)

(3) كما جاء ذلك في النسائي رقم ٢٤٢٢.

(4) رواه النسائي رقم ٢٣٦٠ وأحمد رقم ٢١٢٤٦.

(5) رواه مسلم رقم ٢٧٤٧.

(6) رواه البخاري رقم ١٩٦٩ ـ ١٩٧٠ ومسلم رقم ٢٧٢١ ـ ٢٧٢٢.

(7) رواه البخاري رقم ١٩٧٩ ومسلم رقم ٢٧٢٧.

غير أن رسول الله ﷺ لم يرتض بتخصيص يوم الجمعة بالصوم(1). أو بصوم العام كله(2) أو بصوم أيام العيد(3) ووجه ذلك أنه لم يلبث الأول إلا أن يكون بدعةً والثاني يفسد التوازن في الحياة العامة والثالث يكون في غير محله والذي لا يسعه هذا الدين.

# قانون الصوم

وقد أمر الله سبحانه المؤمنين أن يصوموا وفقَ التشريع الذي كان سائدًا في دين الأنبياء ﷺ، فقال: ﴿يَٰٓأَيُّهَا ٱلَّذِينَ ءَامَنُوا۟ كُتِبَ عَلَيْكُمُ ٱلصِّيَامُ كَمَا كُتِبَ عَلَى ٱلَّذِينَ مِن قَبْلِكُمْ لَعَلَّكُمْ تَتَّقُونَ ۞ أَيَّامًا مَّعْدُودَٰتٍ﴾(4). وجاء ذلك تأليفًا للقلب وكأنما أراد بذلك أن ثلاثين يومًا أو تسعًا وعشرين يومًا من كل أيام السنة ليست مدة طويلة نظرًا إلى بركات الصيام بل هي أيام معدودة، فلا ينبغي أن يضطرب بها المؤمنون بل يجب أن يستفيدوا بهذه المدة استفادة تامةً. وبعد هذا التمهيد جاءت الرخصة فقال: فمن كان منكم مريضًا أو على سفر فعدة من ايام اخر أو فدية طعام مسكين بدلًا من صوم يوم. وحكم الرخصة قد انتهى بهذه الألفاظ:

﴿فَمَن تَطَوَّعَ خَيْرًا فَهُوَ خَيْرٌ لَّهُۥ وَأَن تَصُومُوا۟ خَيْرٌ لَّكُمْ إِن كُنتُمْ تَعْلَمُونَ﴾(5).

وأريد به أن هذه الفدية من أقل ما يطلب به والذي يجب أن يأتي به من يستطيع على ذلك. ولكن إذا تطوع شخص وأطعم أكثر من مسكين أو عمل لهم خيرًا آخر فهو خير له وأن يصوم المرء بدلًا من الفدية في أيام أخرى قضاءً لما فاته فهذا هو خير عند الله تعالى.

---

(1) البخاري رقم ١٩٧٩ ومسلم رقم ٦٢٨١ ــ ٦٢٨٣.

(2) البخاري رقم ١٩٧٦ ومسلم رقم ٤٧٤٧.

(3) البخاري رقم ١٩٩٠ ــ ١٩٩١ ومسلم رقم ٢٦٧١ ــ ٢٦٧٢.

(4) سورة البقرة، الآيتان: ١٨٣ و١٨٤.

(5) سورة البقرة، الآية: ١٨٤.

نعم جاءت الآية التي بدأت بلفظة ﴿شَهْرُ رَمَضَانَ ٱلَّذِىٓ أُنزِلَ فِيهِ ٱلْقُرْءَانُ﴾ قد اختتمت فيها تلك الرخصة. فأعيد الحكم وحذفت منه الألفاظ من ﴿وَعَلَى ٱلَّذِينَ يُطِيقُونَهُ﴾ (1) إلى ﴿إِن كُنتُمْ تَعْلَمُونَ﴾.

والصوم في الأيام العادية يكون صعبًا ثقيلًا على الطبائع فلم يفرض بالمرة، حتى إذا استعدت الطبائع أُلزمت وانتهت رخصة الفدية وقيل لهم أن أتموا مدة الصيام كلها كي لا تحرموا من خيراتها المكنونة وبركاتها المضمونة في الصوم. فهذا هو حكم الصوم الأصلي ثم بعد ذلك ربما قد جاءت في الأذهان بعض الإشكاليات ومنها هل المقاربة الجنسية في ليالي رمضان حلالة جائزة أم لا؟ والأغلب أنه بما أن اليهود لا يجوز عندهم العلاقة الجنسية في ليالي رمضان وكان الصوم يبتدئ عندهم بعد الإفطار معًا فظن المسلمون أيضًا أن هذا أيضًا حكم لهم، ولكن البعض منهم قد أتوا النساء مع أنهم كانوا يظنون الفعل غير جائز، وفعلهم هذا ما كان أمرًا مستحسنًا. لأن المرء إذا اعتقد بشيء في ظنه أو في اجتهاده أنه مما يقتضيه الشرع فلا يجوز له خلافه بغض النظر عن أنه مما أمر به الشرع في واقع الأمر أم لا. وهذا الذي مما عبره بخيانة النفس فقال:

﴿أُحِلَّ لَكُمْ لَيْلَةَ ٱلصِّيَامِ ٱلرَّفَثُ إِلَىٰ نِسَآئِكُمْ هُنَّ لِبَاسٌ لَّكُمْ وَأَنتُمْ لِبَاسٌ لَّهُنَّ عَلِمَ ٱللَّهُ أَنَّكُمْ كُنتُمْ تَخْتَانُونَ أَنفُسَكُمْ فَتَابَ عَلَيْكُمْ وَعَفَا عَنكُمْ فَٱلْـَٰٔنَ بَٰشِرُوهُنَّ وَٱبْتَغُوا۟ مَا كَتَبَ ٱللَّهُ لَكُمْ وَكُلُوا۟ وَٱشْرَبُوا۟ حَتَّىٰ يَتَبَيَّنَ لَكُمُ ٱلْخَيْطُ ٱلْأَبْيَضُ مِنَ ٱلْخَيْطِ ٱلْأَسْوَدِ مِنَ ٱلْفَجْرِ ثُمَّ أَتِمُّوا۟ ٱلصِّيَامَ إِلَى ٱلَّيْلِ وَلَا تُبَٰشِرُوهُنَّ وَأَنتُمْ عَٰكِفُونَ فِى ٱلْمَسَٰجِدِ تِلْكَ حُدُودُ ٱللَّهِ فَلَا تَقْرَبُوهَا كَذَٰلِكَ يُبَيِّنُ ٱللَّهُ ءَايَٰتِهِ لِلنَّاسِ لَعَلَّهُمْ يَتَّقُونَ﴾ (2).

فبحكم هذه الآيات يتمخض التشريع في الصوم والاعتكاف فيما يأتي:

الصوم في اصطلاح الشرع هو الاجتناب عن الأكل والشرب وعن العلاقة الجنسية بنية الصوم واحتسابًا لله، وهذا القيد يكون منذ الفجر إلى بداية الليل

---

(1) سورة البقرة، الآيتان: ١٨٤ ــ ١٨٥.

(2) سورة البقرة، الآية: ١٨٧.

ولذا فيجوز الأكل والشرب إتيان الزوجة في ليالي رمضان جوازًا قاطعًا. وبما أن شهر رمضان اختص بالصيام فمن وجده وحضر هذا الشهر يفرض عليه صوم رمضان، وإذا لم يمكن لمرء بسبب مرض أو سفر فعليه قضاء ما فاته من الصوم وإتمام العدة بصوم أيام أخرى. ويُمنع الصوم في حالتي الحيض والنفاس لكن لا بد من إتمام الصيام الفائتة في الحيض والنفاس أيضًا. والاعتكاف هو منتهى كمال الصوم فإذا وفق الله شخصًا للاعتكاف فعليه أن يعتزل الناس مهما أمكن له من أيام في شهر رمضان ويعتكف في مسجد ولا يخرج منه إلا لحاجة بشرية ماسة لازمة. ويجوز للمعتكف الأكل والشرب في ليالي الصوم ولكن لا يجوز له مقاربة الزوجة لأنه مما حرمه الله على المعتكف. وقد ثبت تشريع الصوم هذا بإجماع المسلمين وتواترهم كما فصله القرآن أيضًا. ولكن نبين هنا بترتيب ما شرحه النبي ﷺ من علم وتطبيق.

١ ـ يبتدئ شهررمضان باستهلال الهلال فقد قال النبي ﷺ: الشهر قد يكون تسعًا وعشرين فصوموا لرؤيته وأفطروا لرؤيته فإن غم عليكم فأكملوا ثلاثين» (من شعبان)[1]

ومراد الحديث أن المطلب هو علم ببداية الشهر أو ختامه من أي طريق حصل، فصوموا وفقَ ذلك وأفطروا، فرؤية الصوم ليست هي الأصل.

٢ ـ ولا ينبغي أن يصوم قبل بداية شهر رمضان بيوم أو يومين لأنه لم يستحسنه النبي ﷺ إلا لمن تعود على صوم ذلك اليوم[2].

٣ ـ ويستحب للصائم السحور فقال النبي ﷺ: تسحروا فإن في السحور لبركة»[3]

٤ ـ ويجوزإظهارالود للزوجة بكل طريق كان سِوى المجامعة، فعن عائشةرضي الله عنها

(1) رواه مسلم رقم ٢٥٠٣ ـ ٢٥١٤.

(2) رواه البخاري رقم ١٩١٤ ومسلم رقم ٢٥١٨.

(3) رواه البخاري رقم ١٩٢٣ ومسلم رقم ٢٥٤٩.

قالت: كان رسول الله ﷺ يقبّل وهو صائم ويباشر وهو صائم ولكنه أملككم لإربه(1).

٥ ـ ويجوز أن يصوم في حالة الجنابة فقد روي عن عائشة ﵂ أن النبي ﷺ ربما يصوم وهو جنب ولا يغتسل إلا بعد الفجر(2).

٦ ـ وإذا أكل الصائم ناسيًا فصومه صحيح يكمله ولا شيء عليه لأنه ﷺ قال: من نسي وهو صائم وأكل أو شرب فليتم صومه فإنما أطعمه الله وسقاه(3).

٧ ـ وليعتكف الصائم في العشرة الثانية أو الثالثة وأن يكون الاعتكاف لعشرة أيام كاملة إلا أن يكون الشهر تسعًا وعشرين وتفيد الروايات أن النبي ﷺ كان يعمل عليه في عامة الأحوال(4).

٨ ـ وإفطار الصوم عامدًا إثم كبير وإذا جاء رجل بشيء من ذلك فخير له أن يكفره وقد أشار النبي ﷺ لشخص أن يكفر له كفارة الظهار ولكن الرواية أيضًا تقول إنه لما قدم الرجل بعذر شرعي قَبِله ولم يصر على الكفارة(5)...

## الحج والعمرة

﴿ وَأَذِّن فِي ٱلنَّاسِ بِٱلْحَجِّ يَأْتُوكَ رِجَالًا وَعَلَىٰ كُلِّ ضَامِرٍ يَأْتِينَ مِن كُلِّ فَجٍّ عَمِيقٍ * لِّيَشْهَدُوا۟ مَنَافِعَ لَهُمْ وَيَذْكُرُوا۟ ٱسْمَ ٱللَّهِ فِي أَيَّامٍ مَّعْلُومَٰتٍ عَلَىٰ مَا رَزَقَهُم مِّنۢ بَهِيمَةِ ٱلْأَنْعَٰمِ فَكُلُوا۟ مِنْهَا وَأَطْعِمُوا۟ ٱلْبَآئِسَ ٱلْفَقِيرَ * ثُمَّ لْيَقْضُوا۟ تَفَثَهُمْ وَلْيُوفُوا۟ نُذُورَهُمْ وَلْيَطَّوَّفُوا۟ بِٱلْبَيْتِ ٱلْعَتِيقِ ﴾(6).

---

(1) رواه البخاري رقم ١٩٢٧ ومسلم رقم ١١٠٦.

(2) رواه البخاري رقم ١٩٣١ ومسلم رقم ٢٥٨٩.

(3) رواه البخاري رقم ١٩٣٣ ومسلم رقم ٢٧١٦.

(4) رواه البخاري رقم ٢٠٢٥ ـ ٢٠٢٧ ومسلم رقم ٢٧٧٢ ـ ٢٧٨٠.

(5) كما جاء في البخاري رقم ١٩٣٦ ومسلم رقم ٢٥٩٥. ووجه ذلك لأن الكفارة إنما تجب حين تأتي ضرورة مماثلة بماجاء في «يعودون لماقالوا».

(6) سورة الحج، الآيات: ٢٧ ـ ٢٩.

هذا هو الصوت الذي ارتفع منذ قرون مضت، وإجابةً له نقول «لبيك لبيك» ونحن في أم القرى نحج إلى المسجد الذي بناه سيدنا إبراهيم ﷺ في مكة، والذي يسمى بيت الله. وهذا هو نفس البيت العتيق، على حد تعبير الإمام الفراهي، كان أول بيت من بيوت الله في وادي بطحاء، والذي قد قضي في حقه منذ الأزل أن يتخلص من الذين انحرفوا عن التوحيد. لذلك، عندما اعتنق سكانها عبادة الأوثان وتفرقوا من جواره أخذوا معهم أيضًا حجارة هذا المعبد بغرض العبادة. ولما وصل سيدنا إبراهيم ﷺ إلى هنا بعد هجرته من بابل بحثًا عنه، لم يبق إلا حجر ناصع من بنائه القديم.

وبعد تضحية إسماعيل أمرهما الله بإعادة بناء هذا المعبد. فبدأ الأب والابن معًا بحفر الأرض تحت هذا الحجر التذكاري. وخرجت الأساسات القديمة بعد فترة من الزمن، فرفعوها وقاموا بتثبيت هذا الحجر في زاوية المبنى. وبما أن إسماعيل كان قد نذر لهذا البيت، فعين خادمًا له، وبأمر الله أذن للناس بالحج أن يأتوا هنا وليوفوا بنذرورهم ويجددوا عهد الإيمان بالتوحيد الذي عليهم تحديثًا للنعمة.

وفي الاصطلاح تسمى هذه العملية «الحج والعمرة». وهاتان العبادتان هما غاية كمال العبادة في الدين الإبراهيمي. وهذا هو آخر مستوى للعبادة للّه سبحانه، وهو أن يأتي العبد عند دعوته ليقدم نفسه وماله في حضرته. والحج والعمرة تمثيل لهذه الحقيقة. وكلاهما يمثل نفس الواقع. والفرق الوحيد هو أن العمرة إجمال والحج يفصله بمعنى أن الغرض الذي من أجله يُطلب التضحية بالأرواح والمال، يبرز فيه بكامل درجته.

لقد أخبر الله تعالى أنه منذ خلق آدم فأن إبليس قد أعلن الحرب على مخططه سبحانه الذي كان قائمًا في العالم منذ اليوم الأول: ’

﴿ قَالَ فَبِمَآ أَغْوَيْتَنِى لَأَقْعُدَنَّ لَهُمْ صِرَطَكَ ٱلْمُسْتَقِيمَ ۞ ثُمَّ لَأَتِيَنَّهُم مِّنۢ بَيْنِ أَيْدِيهِمْ وَمِنْ خَلْفِهِمْ وَعَنْ أَيْمَنِهِمْ وَعَن شَمَآئِلِهِمْ وَلَا تَجِدُ أَكْثَرَهُمْ شَكِرِينَ ﴾ (1).

ويذكر القرآن أن تحدي إبليس قد تم قبوله، وعباد الله تعالى الآن يقاتلون عدوهم الأبدي وذريته إلى يوم القيامة.. (الأعراف: ١٣ ـ ١٤) هذا هو اختبار هذا العالم الذي يعتمد فيه مستقبلنا الأبدي على النجاح والفشل. فنحن نقدم حياتنا وثرواتنا لله من أجل هذه الحرب. وقد أثار الأنبياء الهتاف بـ ﴿ يَٰٓأَيُّهَا ٱلَّذِينَ ءَامَنُوا۟ كُونُوٓا۟ أَنصَارَ ٱللَّهِ ﴾ (2) مرارًا وتكرارًا في التاريخ لهذا المقصد. وقد جاءت هذه الحرب ضد إبليس ممثلةً في الحج: وهو كما يلي:

إن عباد الله بدعوة ربهم، ينصرفون عن أموال الدنيا وملذاتها وشواغلها.

ثم يصلون إلى أرض المعركة وهم يقولون «لبيك لبيك» ويعسكرون في واد مثل المجاهدين تمامًا.

وفي اليوم التالي، بالغين إلى ميدان مفتوح، يطلبون المغفرة لذنوبهم، ويدعون من أجل النجاح في هذه الحرب ويستمعون إلى خطبة إمامهم.

وبحسب مقتضيات التمثيل، فإنهم يصلون الصلوات بطريقة القصر والجمع ويصلون إلى خيامهم مرة أخرى بينما يتوقفون لفترة قصيرة في الطريق.

ثم برمي شيطان بالحجارة وبذبح حيواناتهم وبنذر نفوسهم للرب تعالى يحلقون رؤوسهم ويحضرون المعبد الأصلي والمذبح لأشواط النذر والطواف.

ثم يعودون من هناك ويستمرون خلال اليومين أو الثلاثة في الأيام التالية في رمي الشيطان بالحجارة.

وبهذا المعنى فإن الإحرام بالحج والعمرة علامة على أن المؤمن قد تخلى عن ملذات الدنيا وشواغلها وملذاتها، وبتغطية جسده بثوبين غير مخيطين،

_____

(1) سورة الأعراف، الآيتان: ١٦ و١٧.

(2) سورة الصف، الآية: ١٤.

370

يصبح حاسر الرأس وإلى حد ما حافي القدمين كالراهب. وخرج من البيت ليصل إلى حضرة ربه.

وأما التلبية فهي جواب لنداء نادى به سيدنا إبراهيم عليه السلام بالوقوف على حجر بأمر الله عند ما كان يرفع بناء البيت الحرام[1]. والآن قد بلغ هذا النداء إلى كل أقطار العالم، ويأتون عباد الله استجابةً لهذا النشيد المفرح ملبين بـ لبيك اللهم لبيك اعترافًا بنعمته، واعترافًا بتوحيده.

والطواف هو أشواط للنذر. وفي الديانة الإبراهيمية، كان هذا التقليد مستمرًّا منذ القدم، وهو أن الشخص الذي سيتم التضحية به أو تقديمه لخدمة المعبد، يجب أن يُحمل أمام المعبد أو المذبح ويطاف به. ولذلك قد ترجم مفسرو التوراة هذا في أمكنة كثيرة بتعبيرات مختلفة مثل «أضحية التردد للرب والطواف بها أمام الرب» كما جاء على سبيل المثال في كتاب العدد:

. «وَتُقَدِّمُ اللاَّوِيِّينَ أَمَامَ الرَّبِّ، فَيَضَعُ بَنُو إِسْرَائِيلَ أَيْدِيَهُمْ عَلَى اللاَّوِيِّينَ

. وَيُرَدِّدُ هَارُونُ اللاَّوِيِّينَ تَرْدِيدًا أَمَامَ الرَّبِّ مِنْ عِنْدِ بَنِي إِسْرَائِيلَ فَيَكُونُونَ لِيَخْدِمُوا خِدْمَةَ الرَّبِّ

ثُمَّ يَضَعُ اللاَّوِيُّونَ أَيْدِيَهُمْ عَلَى رَأْسَيِ الثَّوْرَيْنِ، فَتُقَرِّبُ الْوَاحِدَ ذَبِيحَةَ خَطِيَّةٍ، وَالآخَرَ مُحْرَقَةً لِلرَّبِّ، لِلتَّكْفِيرِ عَنِ اللاَّوِيِّينَ.

. فَتُوقِفُ اللاَّوِيِّينَ أَمَامَ هَارُونَ وَبَنِيهِ وَتُرَدِّدُهُمْ تَرْدِيدًا لِلرَّبِّ

. وَتُفْرِزُ اللاَّوِيِّينَ مِنْ بَيْنِ بَنِي إِسْرَائِيلَ فَيَكُونُ اللاَّوِيُّونَ لِي

وَبَعْدَ ذلِكَ يَأْتِي اللاَّوِيُّونَ لِيَخْدِمُوا خَيْمَةَ الاجْتِمَاعِ فَتُطَهِّرُهُمْ وَتُرَدِّدُهُمْ تَرْدِيدًا،

---

(1) قاله ابن كثير، تفسير القرآن العظيم لابن كثير ٣/ ٢١٦.

لأَنَّهُمْ مَوْهُوبُونَ لِي هِبَةً مِنْ بَيْنِ بَنِي إِسْرَائِيلَ. بَدَلَ كُلِّ فَاتِحِ رَحِمٍ، بِكْرِ كُلِّ مِنْ بَنِي إِسْرَائِيلَ قَدِ اتَّخَذْتُهُمْ لِي[1].

واستلام الحجرالأسود أيضًا علامة لتجديد العهد، ففيه يضع العبد الحاج يده في يد الحجر الأسود الذي يمثل يد الله تعالى، ويستلم الحجر فكأنه يجدد التقليد القديم للوفاء بالعهد فيتعهد هكذا أنه قد سلم للّه سبحانه نفسه وماله وكله بأن له الجنة. والسعي في الحقيقة طواف لمكان ذبح إسماعيل عليه السلام، فأن إبراهيم عليه السلام كان قد قام على جبل الصفا ولأنه رأى من هناك مقام الذبح ثم أسرع إلى المروة لكي يمتثل بأمر الله وجاء ذلك في الكتاب المقدس في العبارة الآتية:

«وَفِي الْيَوْمِ الثَّالِثِ رَفَعَ إِبْرَاهِيمُ عَيْنَيْهِ وَأَبْصَرَ الْمَوْضِعَ مِنْ بَعِيدٍ،

فَقَالَ إِبْرَاهِيمُ لِغُلاَمَيْهِ: «اجْلِسَا أَنْتُمَا ههُنَا مَعَ الْحِمَارِ، وَأَمَّا أَنَا وَالْغُلاَمُ فَنَذْهَبُ إِلَى هُنَاكَ وَنَسْجُدُ، ثُمَّ نَرْجعُ إِلَيْكُمَا[2].

وهكذا فأن طواف الصفا والمروة أيضًا أشواط للنذر والتي تتم أولًا أمام البيت ثم في مكان الذبح وتفيد التوراة أن هذه الأشواط كانت تكون قبل التضحية ثم تقام بعد التضحية أيضًا بأخذ جزء من الأضحية في اليد كما جاء في كتاب الخروج:

«ثُمَّ تَأْخُذُ الْقَصَّ مِنْ كَبْشِ الْمِلْءِ الَّذِي لِهارُونَ، وَتُرَدِّدُهُ تَرْدِيدًا أَمَامَ الرَّبِّ، فَيَكُونُ لَكَ نَصِيبًا

لَـ أَيَّامِ نَذْرِهِ لاَ يَأْكُلْ مِنْ كُلِّ مَا يُعْمَلُ مِنْ جَفْنَةِ الْخَمْرِ مِنَ الْعَجَمِ حَتَّى الْقِشْرِ[3].

والعرفات تقوم مقام البيت حيث يجتمع المجاهدون في حرب ضد الشيطان يستغفرون لذنوبهم ويدعون ويناجون أن يكلل الرب تعالى حربهم هذه

---

(1) سفر العدد، ٨:١٠ ــ ١٦

(2) سفرالتكوين، ٢٢: ٤ ــ ٥.

(3) سفرالخروج:٢٩ ٢٦.

بالنجاح. والمزدلفة مقر في الطريق حيث يبيتون الليلة ويهبون صباحًا ويدعون ويناجون الرب تعالى مرة أخرى قبل الذهاب إلى الميدان.

ورمي الجمرات هو مؤشر على اللعنة على إبليس وعلى الحرب ضده ويقوم العبد المؤمن بهذه العملية بأنه لا يقبل إلا أن يتقهقر الإبليس اللعين من ميدان النضال. فأن هذا العدو إذا وسوس فلا يسكت بل يواصل وسوسته ولكن إذا قوبل بالمقاومة والمناهضة ضعفت حملاته تدريجيًا والرمي للثلاثة أيام بدءًا من الشيطان الأكبر ثم الشيطان الأصغر ينبئ عن هذا الأمر. والتضحية فداءً للنفس وحلق الرأس مؤشر على أنه قد تم تقديم النذر والآن للعبد أن يرجع إلى بيته مع هذه العلامة لطاعة الرب تعالى والعبودية الدائمة له، وحلق الرأس أيضًا تقليد قديم متبع في الديانة الإبراهيمية فقد جاء في التوراة هذا التشريع أن من ينذر للَّه تعالى لا يحلق رأسه ما لم تتم أيام النذر وقد جاء في كتاب العدد:

«كُلَّ أَيَّامِ نَذرِ افْتِرَازِهِ لاَ يَمُرُّ مُوسَى عَلَى رَأْسِهِ. إِلَى كَمَالِ الأَيَّامِ الَّتِي انْتَذَرَ فِيهَا لِلرَّبِّ يَكُونُ مُقَدَّسًا، وَيُرَبِّي خُصَلَ شَعْرَ رَأْسِه»[1].

. كُلَّ أَيَّامِ انْتِذَارِهِ لِلرَّبِّ لاَ يَأْتِي إِلَى جَسَدِ مَيْتٍ

«وَهذِهِ شَرِيعَةُ النَّذِيرِ: يَوْمَ تَكْمُلُ أَيَّامُ انْتِذَارِهِ يُؤْتَى بِهِ إِلَى بَابِ خَيْمَةِ الاجْتِمَاعِ،

وَيَحْلِقُ النَّذِيرُ لَدَى بَابِ خَيْمَةِ الاجْتِمَاعِ رَأْسَ انْتِذَارِهِ، وَيَأْخُذُ شَعْرَ رَأْسِ انْتِذَارِهِ وَيَجْعَلُهُ عَلَى النَّارِ الَّتِي تَحْتَ ذَبِيحَةِ السَّلاَمَةِ»[2].

ويمكن أن نستنتج من ذلك أن الحج والعمرة عبادة غير عادية، وقد فرضت مرة واحدة على الأقل في حياة كل مسلم قادر. حتى أن النبي ﷺ ذات مرة فضل الحج بعد الإيمان والجهاد[3]. وقال أيضًا: من حج فلم يرفث ولم

---

(1) سفر العدد، ٦: ٥.

(2) سفر العدد، ٦: ١٣ـ١٨.

(3) كما جاء في البخاري رقم ٢٦ ومسلم رقم ٢٤٨.

يفسق رجع كما ولدته أمه»(1) وكذلك قال: العمرة إلى العمرة كفارة لما بينهما (من الذنوب)، والحج المبرور ليس له جزاء إلا الجنة(2).

والمراد بالذنوب هنا تلك التي لا تمت بصلة إلى حقوق العباد أو التي ليس لها توبة ولا قضاء ولا كفارة.

## تاريخ الحج والعمرة

يبدأ تاريخ الحج والعمرة بدعوة سيدنا إبراهيم (عليه السلام) التي ذكرناها أعلاه عدة مرات. بعد ذلك لم تنقطع هذه السلسلة أبدًا. ولذلك، حتى قبل بعثة النبي ﷺ كان أهل الجزيرة العربية يأتون جماعات من كل مكان للحج والعمرة، وحتى بعد البعثة استمرت هذه العملية بنفس الطريقة. وقد أشار القرآن إلى هذه الحقيقة في مكان فقال: ﴿وَلِلَّهِ عَلَى ٱلنَّاسِ حِجُّ ٱلۡبَيۡتِ مَنِ ٱسۡتَطَاعَ إِلَيۡهِ سَبِيلࣰا﴾(3).

ولا شك أن هؤلاء القوم قد أحدثوا بعض البدع في شعائر الحج وعاداتها وآدابها، لكن المعلوم من الروايات أن بعضهم كان على علم تام بهذه البدع وكان يؤدي حجه على الطريقة الإبراهيمية، فروي عن رسول الله ﷺ أن جبير بن مطعم رآه في العرفة قبل بعثته، فتفاجأ بأن أهل قريش لا يتجاوزون المزدلفة، وهذا ابن من بني هاشم حاضرًا واقفًا في عرفة. فهو بنفسه يبين:

«أضللت بعيرًا لي، فذهبت أطلبه يوم عرفة، فرأيت النبي واقفًا بعرفه، فقلت: هٰذا، والله، من الحمس، فما شأنه هاهنا؟(4) وهذا قد حدث قبل البعثة وقد ذكره جبير بن مطعم بعد إسلامه.

فوضح من هذا أن القرآن عندما أمر بالحج فلم يكن شيئًا جديدًا لمخاطبيه. وكانوا يدركون تمامًا أهميتها في الدين وعاداته وآدابه، وكانوا يحضرون ويؤدون

---

(1) رواه البخاري رقم ١٨١٩ ومسلم رقم ٣٢٩١.

(2) رواه البخاري رقم ١٦٥٠ ومسلم رقم ٢٤٠٣.

(3) سورة آل عمران، الآية: ٩٧.

(4) رواه البخاري، رقم: ١٦٦٤.

مناسكها كل عام. ولذلك لم يفعل القرآن شيئًا أكثر من القضاء على بدعهم وانحرافاتهم، ومن إعادة الحج والعمرة إلى أصولهما الإبراهيمية. وهذا هو الفصل الأخير من تاريخ هذه العبادة العظيمة، والذي كتب على يد النبي ﷺ. وبعد ذلك انتقل جميع شعائرها من جيل إلى جيل بإجماع المسلمين وعملهم المتواتر، دون أي نوع من التعديل أو التغيير أو الإضافة.

لكن الإصلاحات التي أجراها القرآن كانت في ذلك الوقت، وهي الآن محفوظة إلى الأبد في آيات القرآن، نحن نصفها هنا.

١. بصفة كونهم أوصياء البيت الحرام، فقد اعتبرت قريش أن من حقهم أن يسمحوا لمن أرادوا أن يأتي الحرم للحج والعمرة، وأن يمنعوا من شاؤوا. وقد رفض القرآن الاعتراف بهذا الامتياز لهم وأوضح أنه ليس حكرًا على الأسرة. ومن زار هذا البيت لعبادة الله والحج والعمرة، سواء كان قرشيًّا أو غير قرشي، عربيًّا أو أجنبيًّا، شرقيًّا أو غربيًّا، فلا يحق لأحد أن يفرض عليه أي قيود.

والمقيمون والأجانب لهم حقوق متساوية فيها. إن مكانة قريش ليست مكانة حكامها ومحتكريها، بل مكانة أوليائها وخدمها. ومن واجبهم أن يجعلوه دار عبادة للعالم أجمع مثل إسماعيل عليه السلام وأن يدعوا جميع البشر للحضور في هذا المسكن الإلهي ليغمرهم بركاته:

﴿إِنَّ ٱلَّذِينَ كَفَرُواْ وَيَصُدُّونَ عَن سَبِيلِ ٱللَّهِ وَٱلْمَسْجِدِ ٱلْحَرَامِ ٱلَّذِى جَعَلْنَٰهُ لِلنَّاسِ سَوَآءً ٱلْعَٰكِفُ فِيهِ وَٱلْبَادِ ۚ وَمَن يُرِدْ فِيهِ بِإِلْحَادٍۭ بِظُلْمٍ نُّذِقْهُ مِنْ عَذَابٍ أَلِيمٍ﴾[1].

٢. وقد تم إدخال رجس الشرك إلى هذا المركز الأكبر والأقدم للتوحيد. وقد حذر القرآن من أنه عندما تم تكليف إبراهيم وإسماعيل بالوصاية على هذا البيت وطُلب منهما أن يستقرا ههنا، فإن أول أمر أمرهما به الله هو أن هذا البيت يجب أن يبقى نظيفًا تمامًا من مثل هذه الشوائب والنجاسات. وكان

---

(1) سورة الحج، الآية: ٢٥.

هذا إشارة إلى أن قريش ينبغي أن تقوم بالشيء نفسه، وإلا سُحبت منهم هذه الأمانة العظيمة وسلمت إلى أصحاب الوصاية الحقيقيين:

﴿وَإِذْ بَوَّأْنَا لِإِبْرَٰهِيمَ مَكَانَ ٱلْبَيْتِ أَن لَّا تُشْرِكْ بِى شَيْـًٔا وَطَهِّرْ بَيْتِىَ لِلطَّآئِفِينَ وَٱلْقَآئِمِينَ وَٱلرُّكَّعِ ٱلسُّجُودِ﴾[1].

٣. ولقد كان شهر رجب محرمًا للعمرة، وأشهر ذو القعدة وذو الحجة والمحرم للحج. وكان مشركو العرب يحلون أيًا من هذه الأشهر ويحرمون غيرها متى شاؤوا، من أجل القتال والنهب والانتقام والثأر للدماء. وكذلك لجعل السنة القمرية على السنة الشمسية كانوا يضيفون فيها شهرًا كبيسًا ليأتي الحج في نفس الموسم. في المصطلح يطلق عليه «النسيء». وقد سمى القرآن هذا زيادة أخرى في الكفر، وأعلن أن هذه الطريقة باطلة تمامًا، ويجب أن ينتهي الآن:

﴿إِنَّمَا ٱلنَّسِىٓءُ زِيَادَةٌ فِى ٱلْكُفْرِ ۖ يُضَلُّ بِهِ ٱلَّذِينَ كَفَرُوا۟ يُحِلُّونَهُۥ عَامًا وَيُحَرِّمُونَهُۥ عَامًا لِّيُوَاطِـُٔوا۟ عِدَّةَ مَا حَرَّمَ ٱللَّهُ فَيُحِلُّوا۟ مَا حَرَّمَ ٱللَّهُ ۚ زُيِّنَ لَهُمْ سُوٓءُ أَعْمَـٰلِهِمْ ۗ وَٱللَّهُ لَا يَهْدِى ٱلْقَوْمَ ٱلْكَـٰفِرِينَ﴾[2].

٤. وقد حرمت قريش بعض الحيوانات بالنسبة لأصنامها[3] فما كانوا يذبحونها. وكذلك كانوا قد غيروا عادات وتقاليد سيدنا إبراهيم عليه السلام المقدسة المتعلقة بهذا البيت إلى حد كبير من أجل مصالحهم الدنيوية. فحذرهم الله تعالى من ذلك وأخبرهم أن الحيوانات هي المحرمات الوحيدة التي تم شرحها في القرآن، لذا يجب عليهم التجنب من هذا «الافتراء على الله» واحترام جميع حرمات الله. فهو خير لهم. وأفضل.

﴿ذَٰلِكَ وَمَن يُعَظِّمْ حُرُمَـٰتِ ٱللَّهِ فَهُوَ خَيْرٌ لَّهُۥ عِندَ رَبِّهِۦ ۗ وَأُحِلَّتْ لَكُمُ ٱلْأَنْعَـٰمُ إِلَّا مَا يُتْلَىٰ عَلَيْكُمْ ۖ فَٱجْتَنِبُوا۟ ٱلرِّجْسَ مِنَ ٱلْأَوْثَـٰنِ وَٱجْتَنِبُوا۟

(1) سورة الحج، الآية: ٢٦.

(2) سورة التوبة، الآية: ٣٧.

(3) الأنعام: ١٣٨، ١٥٠.

قَوْلَ ٱلزُّورِ ۞ حُنَفَآءَ لِلَّهِ غَيْرَ مُشْرِكِينَ بِهِۦ وَمَن يُشْرِكْ بِٱللَّهِ فَكَأَنَّمَا خَرَّ مِنَ ٱلسَّمَآءِ فَتَخْطَفُهُ ٱلطَّيْرُ أَوْ تَهْوِى بِهِ ٱلرِّيحُ فِى مَكَانٍ سَحِيقٍ ۞ ذَٰلِكَ وَمَن يُعَظِّمْ شَعَٰٓئِرَ ٱللَّهِ فَإِنَّهَا مِن تَقْوَى ٱلْقُلُوبِ ﴾[1].

٥. كان تحقيق أي ربح من الأضاحي يعتبر محرمًا بشكل عام. ولذلك بعد أن جعلوها خاصة بهذا الغرض، لم يستخدم الناس ألبانها، ولم يأخذوا منها عملًا. [٣٧٠] وأوضح القرآن أن هذا ليس ضروريًّا لمراعاة هذه الشعائر. فيمكن الافادة من هذه الحيوانات حتى يأتي وقت الأضحية.

﴿ لَكُمْ فِيهَا مَنَٰفِعُ إِلَىٰٓ أَجَلٍ مُّسَمًّى ثُمَّ مَحِلُّهَآ إِلَى ٱلْبَيْتِ ٱلْعَتِيقِ ﴾[2].

٦. وكان هناك أيضًا يهود في الجزيرة العربية، وبسبب رواية ضعيفة، فقد اعتبروا الجمل حرامًا[3]. قال الله تعالى إن هذا مجرد وهم، فيذبح البعير دون تردد. بل بما أن هذا الحيوان عزيز على العرب، فإنهم إذا ضحوا به في سبيل ربهم، كان بالتأكيد قربة عظيمة لهم إلى الله:

﴿ وَٱلْبُدْنَ جَعَلْنَٰهَا لَكُم مِّن شَعَٰٓئِرِ ٱللَّهِ لَكُمْ فِيهَا خَيْرٌ فَٱذْكُرُواْ ٱسْمَ ٱللَّهِ عَلَيْهَا صَوَآفَّ فَإِذَا وَجَبَتْ جُنُوبُهَا فَكُلُواْ مِنْهَا وَأَطْعِمُواْ ٱلْقَانِعَ وَٱلْمُعْتَرَّ كَذَٰلِكَ سَخَّرْنَٰهَا لَكُمْ لَعَلَّكُمْ تَشْكُرُونَ ﴾[4].

٧. وأما الأضحية فكان يُعتقد أن الله يرضى ويحتفظ بلحمها ودمها. وينبه القرآن من أن هذا الاعتقاد مجرد حماقة وسفاهة، فلا يرضى الله بهذه الأشياء، بل بالتقوى الذي يحدث في قلوب أصحاب الأضحية بهذه الأضاحي. فقال:

﴿ لَن يَنَالَ ٱللَّهَ لُحُومُهَا وَلَا دِمَآؤُهَا وَلَٰكِن يَنَالُهُ ٱلتَّقْوَىٰ مِنكُمْ كَذَٰلِكَ سَخَّرَهَا لَكُمْ لِتُكَبِّرُواْ ٱللَّهَ عَلَىٰ مَا هَدَىٰكُمْ وَبَشِّرِ ٱلْمُحْسِنِينَ ﴾[5].

---

(1) سورة الحج، الآيات: ٣٠ ـ ٣٢.

(2) سورة الحج، الآية: ٣٣.

(3) كما رواه البخاري رقم ١٦٩٨ ومسلم رقم ٣٢٠٨ وجامع البيان للطبري ٧/ ١٨٥ وتفسير القرآن العظيم لابن كثير ٣/ ٢٢٠.

(4) سورة الحج، الآية: ٣٦.

(5) سورة الحج، الآية: ٣٧.

٨. والمروة هي مذبح السيد إسماعيل عليه السلام. ولما لم يكن اليهود مستعدين لقبول ذلك، فقد ظلوا يثيرون شبهات مختلفة حول الطواف بالصفا والمروة. ولقد حذرهم القرآن من هذا الكتمان للحق وإخفائه، وبيَّن أن هذين الجبلين من شعائر الله، وأن الطواف بهما عمل صالح. فلا ينبغي أن يتردد فيه مسلم.

﴿إِنَّ ٱلصَّفَا وَٱلْمَرْوَةَ مِن شَعَآئِرِ ٱللَّهِ ۖ فَمَنْ حَجَّ ٱلْبَيْتَ أَوِ ٱعْتَمَرَ فَلَا جُنَاحَ عَلَيْهِ أَن يَطَّوَّفَ بِهِمَا ۚ وَمَن تَطَوَّعَ خَيْرًا فَإِنَّ ٱللَّهَ شَاكِرٌ عَلِيمٌ ۞ إِنَّ ٱلَّذِينَ يَكْتُمُونَ مَآ أَنزَلْنَا مِنَ ٱلْبَيِّنَٰتِ وَٱلْهُدَىٰ مِنۢ بَعْدِ مَا بَيَّنَّٰهُ لِلنَّاسِ فِى ٱلْكِتَٰبِ ۙ أُو۟لَٰٓئِكَ يَلْعَنُهُمُ ٱللَّهُ وَيَلْعَنُهُمُ ٱللَّٰعِنُونَ﴾[1].

٩. وفيما يتعلق بالحج، حدثت بدعة أخرى أيضًا، وهي أنه عند العودة من الحج والعمرة، كان الناس يدخلون بيوتهم ليس من أبوابها، بل من خلفها[2].

ولعل الدافع وراء هذا الفعل الغريب هو الوهم بأنه ضد التقوى أن يدخل البيوت بعد تطهيرالمرء من الذنوب من الأبواب التي خرج منها مثقلًا بالذنوب. وقد أوقف القرآن هذا الفعل الأحمق وقال إنه ليس عملًا صالحًا على الإطلاق، فلا ينبغي أن يتكرر الآن:

﴿وَلَيْسَ ٱلْبِرُّ بِأَن تَأْتُوا۟ ٱلْبُيُوتَ مِن ظُهُورِهَا وَلَٰكِنَّ ٱلْبِرَّ مَنِ ٱتَّقَىٰ ۗ وَأْتُوا۟ ٱلْبُيُوتَ مِنْ أَبْوَٰبِهَا ۚ وَٱتَّقُوا۟ ٱللَّهَ لَعَلَّكُمْ تُفْلِحُونَ﴾[3].

١٠. وفي عصر الجاهلية، أصبح الحج مهرجانًا شبه ديني أكثر منه عبادة. لذلك اعتاد الناس على اتخاذ جميع أنواع الاهتمامات له لكنهم لا يعطون أهمية كبيرة لحقيقة أن الزاد الحقيقي في هذه الرحلة هو زاد التقوى، وقد انطلقوا للحج فيجب ألا يتحدثوا بعد الآن عن أي شهوة أو عصيان أو مشاجرة عادية. فهذا يتعارض مع روح هذه العبادة العظيمة. ولفت الله إلى ذلك

---

(1) سورة البقرة، الآيتان: ١٥٨ و١٥٩.

(2) المفصل في تاريخ العرب قبل الإسلام، جواد علي٦/ ٣٧١.

(3) سورة البقرة، الآية: ١٨٩.

أنظارهم وأرشدهم إلى أنه يجب أن يتزود المرء من خير الزاد في هذه الرحلة وهو طريق التقوى، فقال:

﴿ٱلْحَجُّ أَشْهُرٌ مَّعْلُومَـٰتٌ فَمَن فَرَضَ فِيهِنَّ ٱلْحَجَّ فَلَا رَفَثَ وَلَا فُسُوقَ وَلَا جِدَالَ فِي ٱلْحَجِّ وَمَا تَفْعَلُوا۟ مِنْ خَيْرٍ يَعْلَمْهُ ٱللَّهُ وَتَزَوَّدُوا۟ فَإِنَّ خَيْرَ ٱلزَّادِ ٱلتَّقْوَىٰ وَٱتَّقُونِ يَـٰٓأُو۟لِي ٱلْأَلْبَـٰبِ﴾[1].

١١. نتيجة لهذا الإهمال فيما يتعلق بالحج عندما وصل الناس إلى مزدلفة، اندفعوا ومالوا إلى البيع والشراء والتجارة وغيرها من الأنشطة المماثلة بدلًا من التسبيح والتهليل والذكر والعبادة. وأخبر القرآن أنه لا ضرر في قيام الشخص بأي عمل من طبيعة البيع والشراء مع الحج، لكن أماكن الحج ليست مكانًا لهذه الأشياء، فأماكن العلم والمعرفة هذه يجب أن تكون خاصة فقط لذكر الله. فقال تعالى:

﴿لَيْسَ عَلَيْكُمْ جُنَاحٌ أَن تَبْتَغُوا۟ فَضْلًا مِّن رَّبِّكُمْ فَإِذَآ أَفَضْتُم مِّنْ عَرَفَـٰتٍ فَٱذْكُرُوا۟ ٱللَّهَ عِندَ ٱلْمَشْعَرِ ٱلْحَرَامِ وَٱذْكُرُوهُ كَمَا هَدَىٰكُمْ وَإِن كُنتُم مِّن قَبْلِهِۦ لَمِنَ ٱلضَّآلِّينَ﴾[2].

١٢. وقالوا إنهم كهنة. وكانت قريش قد أقامت الفرق لنفسها بأنها لا تتجاوز المزدلفة. وجيران بيت الله فلا ينبغي لهم أن يخرجوا من حدود الحرم، فلم يقبل الله هذا التفسير وأمرهم أن يكونوا حاضرين في عرفات كسائر الناس. وقال:

﴿ثُمَّ أَفِيضُوا۟ مِنْ حَيْثُ أَفَاضَ ٱلنَّاسُ وَٱسْتَغْفِرُوا۟ ٱللَّهَ إِنَّ ٱللَّهَ غَفُورٌ رَّحِيمٌ﴾[3].

١٣. كما كانوا يمضون أيام منى في الغالب في اجتماعات إلقاء القصيدة وبيان

---

(1) سورة البقرة، الآية: ١٩٧.

(2) سورة البقرة، الآية: ١٩٨.

(3) سورة البقرة، الآية: ١٩٩.

الأساطير والتباهي والمفاخرات[1]. وليس هذا فحسب، بل ينظر بعضهم أيضًا إلى العبادة العظيمة مثل الحج من المنظور المادي ومن حيث اهتماماتهم الدنيوية، فحتى في هذه المناسبة إذا طلبوا شيئًا من الله، فإنهم يطلبونه لهذه الدنيا. فحذر القرآن وقال إن مثل هؤلاء الناس لن يكون لهم نصيب في الآخرة:

﴿فَإِذَا قَضَيْتُم مَّنَسِكَكُمْ فَٱذْكُرُواْ ٱللَّهَ كَذِكْرِكُمْ ءَابَآءَكُمْ أَوْ أَشَدَّ ذِكْرًا فَمِنَ ٱلنَّاسِ مَن يَقُولُ رَبَّنَآ ءَاتِنَا فِى ٱلدُّنْيَا وَمَا لَهُۥ فِى ٱلْأَخِرَةِ مِنْ خَلَٰقٍ ۞ وَمِنْهُم مَّن يَقُولُ رَبَّنَآ ءَاتِنَا فِى ٱلدُّنْيَا حَسَنَةً وَفِى ٱلْأَخِرَةِ حَسَنَةً وَقِنَا عَذَابَ ٱلنَّارِ ۞ أُوْلَٰٓئِكَ لَهُمْ نَصِيبٌ مِّمَّا كَسَبُواْ وَٱللَّهُ سَرِيعُ ٱلْحِسَابِ﴾[2].

١٤. وكان أسوأ شيء من هذه السلسلة هو ابتكار بدعة الطواف العاري. وكان هناك لوح خشبي في بيت الله لهذا الغرض، فقد اعتاد الناس خلع ملابسهم ووضعها عليه. ثم فقط جود قريش وسخاؤها كان يغطيهم. فكان رجالهم يقرضون الملابس للرجال والنساء للنساء، لكن المحرومين كانوا يطوفون عراة ويعتبرونها حسنةً[3]. فحرمها القرآن وأمر بأنه على الشخص أن يذهب إلى كل مكان للعبادة ساترًا عورته وفي ملابس كاملة:

﴿يَٰبَنِىٓ ءَادَمَ خُذُواْ زِينَتَكُمْ عِندَ كُلِّ مَسْجِدٍ﴾[4].

## مقاصد الحج والعمرة

والغرض من الحج والعمرة هو نفس حقيقتهما. أي قبول بركات الله والإقرار بتوحيده والتذكير بأننا بقبولنا الإسلام ضحينا بأنفسنا لربنا تعالى. فهذه هي الأشياء التي وصف القرآن معرفتها وتأثيرها في القلب والعقل بأنها

---

(1) المفصل في تاريخ العرب قبل الإسلام للأستاذ جواد علي ٦/ ٣٨٢.

(2) سورة البقرة، الآية: ١٩٩.

(3) المفصل في تاريخ العرب قبل الإسلام للأستاذ جواد علي ٦/ ٣٥٩.

(4) سورة البقرة، الآيات: ٢٠٠ ـ ٢٠٢.

أرباح ومنافع لمقامات وأماكن الحج. وهكذا، ففي آية سورة الحج المقتبسة في البداية قال فيها إشارةً إلى مناسك الحج: ليشهدوا منافع لهم». ويتضح هذا الغرض جيدًا من كلمات الذكر التي تم تحديدها لهذه العبادة. فمن الواضح أنه تم اختيارها لإبقاء هذا الغرض بارزًا ومترسخًا تمامًا في الأذهان. لذلك بعد الإحرام، تستمر هذه الكلمات على لسان كل شخص وتتكرر:

لَبَّيْكَ، اللَّهُمَّ لَبَّيْكَ؛ لَبَّيْكَ لَاشَرِيْكَ لَكَ، لَبَّيْكَ؛ إِنَّ الْحَمْدَ وَالنِّعْمَةَ لَكَ وَالْمُلْكَ؛ لَاشَرِيْكَ لَكَ لبيك.

## أيام الحج والعمرة

لا يوجد وقت محدد للعمرة. يمكن للناس القيام بذلك وقتما يريدون على مدار العام. أما بالنسبة للحج فهناك أيام من الثامن من ذي الحجة إلى ١٣ ذي الحجة يمكن القيام به فقط في تلك الأيام. وبما أن الناس يضطرون إلى الوصول إلى مكة المكرمة في الجزيرة العربية من أنحاء الأرض لهذه العبادة، فقد منع الله من القتال والحرب لمدة أربعة أشهر من أجل تأمين رحلتهم. وهذه الأشهر هي رجب وذو القعدة وذو الحجة ومحرم. تم جعل شهر رجب خاصًا للعمرة من بينها، والثلاثة المتبقية للحج. وقد تم إثبات حرمة هذه الأشهر دائمًا، ولم يكن هناك أي نزاع في هذا الشأن أبدًا. وقد قال الله تعالى:

﴿ إِنَّ عِدَّةَ الشُّهُورِ عِندَ اللَّهِ اثْنَا عَشَرَ شَهْرًا فِي كِتَابِ اللَّهِ يَوْمَ خَلَقَ السَّمَاوَاتِ وَالْأَرْضَ مِنْهَا أَرْبَعَةٌ حُرُمٌ ذَلِكَ الدِّينُ الْقَيِّمُ فَلَا تَظْلِمُوا فِيهِنَّ أَنفُسَكُمْ ﴾[1].

## مقامات الحج والعمرة

وقد قرر الله سبحانه وتعالى أماكن الحج والعمرة شعائر له. فقال: ﴿إِنَّ

---

(1) سورة التوبة، الآية: ٣٦.

﴿ٱلصَّفَا وَٱلْمَرْوَةَ مِن شَعَآئِرِ ٱللَّهِ﴾ وهذه جمع لشعيرة وهي ما يعني الرمز. وفي المصطلح يشير إلى تلك الظواهر التي تم تعيينها كعلامة من قِبل الله والرسول للحفاظ على الوعي بحقيقة في العقول. يقول الله تعالى: ﴿وَمَن يُعَظِّمْ شَعَٰٓئِرَ ٱللَّهِ فَإِنَّهَا مِن تَقْوَى ٱلْقُلُوبِ﴾[1].

ونقدم تعريفها فيما يلي:

## المواقيت

بالنسبة للقادمين للحج والعمرة، تم تعيين بعض الأماكن على مسافة ما من الحرم، والتي لا يمكنهم تجاوزها بدون الإحرام. ويجب الإحرام بعد الوصول إليهم أو أي مكان قريب منها. وفي المصطلح يطلق عليها الميقاة.

وهذه الأماكن خمسة: ذو الحليفة للقادمين من المدينة المنورة ويلملم للقادمين من اليمن، والحجفة للقادمين من مصر وسوريا، القرن للقادمين من نجد، وذات عرق للقادمين من الشرق.

## بيت الله الحرام

إنه نفس المعبد الذي سمي في القرآن باسم ﴿ٱلْبَيْتِ﴾ و﴿ٱلْبَيْتِ ٱلْعَتِيقِ﴾ و﴿وَٱلْمَسْجِدِ ٱلْحَرَامِ﴾[2]. لأنه بني مكعبًا، ويطلق عليه أيضًا الكعبة. ويقع في مكة المكرمة، أرض الجزيرة العربية. وقد جاء في القرآن لهذه المدينة أيضًا اسم آخر وهو «بكة»، [٣٧٨] (آل عمران: ٩٦) وهو ما يعني المكان المأهول. يبلغ ارتفاعه حوالي ٢٧٧ مترًا فوق مستوى سطح البحر وتحيط به الجبال من جميع الجهات. كانت مكة غير مأهولة قبل بلوغ إبراهيم عليه السلام هناك. وكانت جرهم قبيلة من العرب القدماء تحكم المنطقة وكانت متجاورة لمكة.

---

(1) سورة الحج، الآية: ٣٢.

(2) سورة الحج، الآية: ٢٥.

وتزوج إسماعيل عليه السلام بفتاة من هذه القبيلة السيدة بنت مضاض[1]. وبعد وفاة ابنه ثابت، سقطت حكومة هذه المدينة في أيدي هذه القبيلة وحكموها لعدة مئات من السنين. ثم استولى بنو خزاعة وبنو بكر على المدينة. قبل قرن تقريبًا من بعثة النبي، ولما توفي زعيم الخزاعة خليل بن الحبشة، استعادها قصي بن كلاب وقام حكم بني إسماعيل مرة أخرى على المدينة[2].

وعندما جاء إبراهيم عليه السلام إلى هنا منذ حوالي ٤٠٠٠ عام بأمر من الله، كان بيت الحرم قد سقط بمرور الزمان الطويل ومن جراء الفيضانات ولم يبق له أي أثر. وبإلهام من ربه، اكتشف إبراهيم أسسها القديمة وبمساعدة ابنه إسماعيل، أقام مبنى بلا سقف[3]. كما أن بناء أيديهم المقدسة لم يكن محميًّا من تقلبات الأيام وانهار في النهاية. بعد ذلك، تم بناؤه أولًا من قِبل العمالقة ثم من قِبل قبيلة جرهم[4]. وتهدم بناء جرهم أيضًا بسبب بعض الحوادث، فقامت قريش مكة ببنائه من جديد. ولكن بسبب نقص رأس المال لم يمكن إنشاء هذا المبنى على الأساس الإبراهيمي الأصلي. وحدث هذا قبل مبعث النبي صلى الله عليه وسلم بخمس سنوات. لذلك شارك أيضًا في أعمال البناء هذه، بل المؤرخون يقولون إنه قد قضى بذكائه الخاص في قرار إعادة تثبيت الحجر الأسود في مقامه[5].

وروي أن النبي صلى الله عليه وسلم أعرب في إحدى المناسبات عن رغبته للسيدة عائشة قالت:

سَمِعْتُ رَسُولَ اللَّهِ صلى الله عليه وسلم يَقُولُ: لَوْلاَ أَنَّ قَوْمَكِ حَدِيثُو عَهْدٍ بِجَاهِلِيَّةٍ (أَوْ قَالَ

(1) الروض الأنف للسهيلي ١/ ٤٧١.
(2) السيرة النبوية لابن هشام ١/ ٩٣ ـ ١٠٤.
(3) أخبار مكة للأزرقي ١/ ٥٨ ـ ٦٦.
(4) شرح المواهب اللدنية الزرقاني ١/ ٢٠٦.
(5) السيرة النبوية لابن هشام ١/ ١٦٠.

بِكُفْرٍ) لأَنْفَقْتُ كَنْزَ الْكَعْبَةِ فِي سَبِيلِ اللَّهِ، وَلَجَعَلْتُ بَابَهَا بِالأَرْضِ، وَلأَدْخَلْتُ فِيهَا مِنَ الْحِجْرِ[1] أي كان ينوي إقامته على أسسه الإبراهيمية الأصلية.

وكان عبد الله بن الزبير قد هدم المبنى الذي بنته قريش وأعاد بناءه خلال خلافته نظرًا إلى إرادة النبي ﷺ تلك، ولكن عندما رماه الحجاج بالحجارة في الكعبة في الحرب ضده، انهار هذا المبنى أيضًا، وبعد استشهاد ابن الزبير قدهدمه الحجاج بأمر من عبد الملك بن مروان وبناه مرة أخرى على الأساس الذي أنشأته قريش[2].

وظل كذلك منذ ذلك الحين.

والحجر الأسود منصوب في زاوية هذا المبنى. وتقع أبعد منه قليلًا زاويته الشمالية التي تسمى بالركن العراقي، والزاوية الغربية من المبنى تسمى بالركن الشامي والزاوية الجنوبية تسمى بالركن اليماني. وتقع بوابة بيت الحرم على ارتفاع مترين عن سطح الجدار، وبينه وبين الحجرالأسود جدار يسمى بالملتزم وهذاهو كأنه عتبة الله التي يلتصق بها الناس ويدعون. ويوجد غطاء مغلوف من القماش الأسود ملقىً على المبنى يتم استبداله كل عام. وقد وضع حجر أبيض في فناء المبنى. ويقال إن إبراهيم عليه السلام وقف عليها حين رفع جدران البيت وقواعده[3].

وعلى مسافة قليلة من هذا الحجر يوجد نبع طبيعي يسمى «زمزم». وأولئك الذين يأتون لزيارة بيت الحرم يروون عطشهم منه.

حدودها واسعة لعدة كيلومترات حولها، وهي معروفة وثابتة منذ الأزل. وهذه المنطقة كلها تسمى حرام، حيث يحظر إيذاء أي إنسان أو حيوان وحتى

---

(1) رواه البخاري رقم ١٥٨٣ ـ ١٥٨٤ ومسلم رقم ٣٢٤٠ ـ ٣٢٤٩.

(2) مسلم رقم ٣٢٤٥.

(3) أخبار مكة للأزرقي ١/ ٥٩.

النباتات التي تنبت فيها بنفسها. يصف القرآن ذلك بكلمات ﴿حَرَمًا ءَامِنًا﴾[1] و ﴿مَثَابَةً لِّلنَّاسِ وَأَمْنًا﴾[2] قال النبي ﷺ:

إن هذا بلد حرم الله يوم خلق السمٰوات والأرض وهو حرام بحرمة الله إلى يوم القيٰمة، وإنه لم يحل القتال فيه لأحد قبلي، ولم يحل لي إلا ساعة من نهار، فهو حرام بحرمة الله إلى يوم القيٰمة، لا يعضد شوكه ولا ينفر صيده ولا يلتقط لقطته إلا من عرفها، ولا يختلٰى خلاها[3].

## الصفا والمروة

هذان جبلان يقعان بالقرب من بيت الله. وقد تمت ذبيحة إسماعيل على أحد من هذه الجبال وهي مروة. وقد برهنها الإمام حميد الدين الفراهي في كتابه «الرأي الصحيح في من هو الذبيح» برهنةً كاملةً. لذلك هذا هو المذبح الواقعي الذي تم تمديده إلى مِنىً من أجل راحة الناس. وتتم الأشواط في الطواف حول هذا المذبح من الصفا إلى المروة ومن المروة إلى الصفا. وفي المصطلح يطلق عليه اسم السعي.

## مِنى

إنه حقل شاسع بين الجبال على بعد حوالي خمسة كيلومترات من مكة المكرمة. يبقى الحجاج هنا ويقيمون بعد مجيئهم من مكة المكرمة في الثامن من ذي الحجة وبعد عودتهم من العرفة في العاشرمن ذي الحجة، ويكملون مناسك الحج المتبقية.

(1) سورة القصص، الآية: ٥٧.

(2) سورة البقرة، الآية: ١٢٥.

(3) رواه البخاري، رقم ١٨٣٤.

## العرفات

إنه أيضًا حقل شاسع وميدان واسع على بعد حوالي ١٠ كيلومترات من مِنى، حيث يلقي إمام المسلمين خطبة في التاسع من ذي الحجة، وبعد ذلك يقف فيه الحجاج حتى غروب الشمس.

## المزدلفة

وهذا أيضًا ميدان آخر في الطريق إلى مِنى، حيث يقضي الحجاج الليل بعد عودتهم من العرفة. وهي تقع تقريبًا بين مِنى والعرفة. وتبدأ حدود الحرم من هنا، لذلك يطلق عليه أيضًا ﴿ٱلۡمَشۡعَرِ ٱلۡحَرَامِ﴾[1]. كما وصفه القرآن بهذا الاسم.

## الجمرات

وهي أعمدة ثلاثة في ميدان مِنَّى التي وصفت بأنها رموز للشيطان. أحد هذه الأعمدة هو الأكبر، ويسمى جمرة العقبة أو جمرة الأخرى. وسميت الركيزتان الأخريان باسم جمرة الأولى وجمرة الوسطى. ويرمي الحجاج الحجارة على هذه الأعمدة بعد عودتهم من العرفة.

## طريقة الحج والعمرة

الطريقة المنصوص عليها في الشريعة للحج والعمرة هي كما يلي:

## العمرة

يجب أن يلبس إحرامها بنية هذه العبادة.

ويلبس من يأتي من الخارج هذا الإحرام من ميقاته، ويلبسه المقيمون

_____

(1) سورة البقرة، الآية: ١٩٨.

سواء كانوا مكيين أو يقيمون مؤقتًا في مكة من مكان قريب خارج حدود الحرم، ومن يعيش خارج هذه الحدود ولكن في الميقات، فإن ميقاتهم هي نفس المكان الذي يعيشون فيه، يجب عليهم عقد الإحرام من هناك والبدء في قراءة التلبية.

يجب أن تستمر التلبية حتى تصل إلى بيت الله،

وبعد الوصول إلى هناك، يجب أن يتم طواف بيت الله

ثم يجب السعي بين الصفا والمروة

وإذا كانت هناك هَدي معهم، فيجب التضحية بها.

بعد الذبيحة، يجب على الرجال حلق رؤوسهم أو حجامتها ويجب على النساء قص القليل من الشعر من نهاية ضفائرهن وفتح الإحرام.

وهذا الإحرام مصطلح. ويعني أنهم لن يتحدثوا بعد الآن عن الشهوة، ولن يستخدموا أي شيء من الزينة، مثل العطور وما إلى ذلك، ولن يقوموا بقص الأظافر، ولن يزيلوا شعر أي جزء من الجسم، ولن يزيلوا الأوساخ، ولن يقتلوا حتى قمل أجسادهم؛ ولن يصطادوا؛ ولن يرتدوا ملابس مخيطة؛ وسيبقون رؤوسهم ووجوههم وظهور أقدامهم مكشوفة، ويربطون بملزمةٍ كطية ويخمرون بواحدة أخرى.

ولكن سترتدي النساء ملابس مخيطةً وسيتمكنّ أيضًا من تغطية رؤوسهن وأقدامهن. كل ما عليهن فعله هو إبقاء وجوههن وأيديهن مكشوفة.

والمراد بالتلبية الذكر الجهري بِ «لبيك اللهم لبيك، لبيك لا شريك لك لبيك، إن الحمد والنعمة لك والملك لا شريك لك» والذي يبتدئ من لبس الإحرام ويجري حتى الوصول إلى بيت الله الحرام. وهو وحده ذكر شرعه الله للحج والعمرة.

يشير الطواف إلى الأشواط السبعة التي تتم حول بيت الله طاهرين من جميع الشوائب والنجاسات، ويكتمل كل شوط من هذه الأشواط بدءًا من

الحجر الأسود ونهايةً إليه، وفي بداية كل شوط، يتم استلام الحجرالأسود. إنه مصطلح لتقبيل الحجرالأسود أو لمسه باليد ثم تقبيل اليد. وفي حالة الحشد والزحام الإشارة باليد أو بعصا اليد أو بأي شيء آخر من هذا القبيل يعتبر أيضًا كافيًا للاستلام.

وتشير كلمة «السعي» إلى طواف الصفا والمروة. وهذه أيضًا سبعة أشواط تبدأ من الصفا. ويُعد شوط واحد من الصفا إلى المروة والثاني من مروة إلى الصفا، وآخر هذه الأشواط ينتهي بمروة.

ومثل الذبيحة، يتم هذا السعي من الصفا والمروة أيضًا تطوعًا وهي ليست جزءًا لا يتجزأ من العمرة. فتكتمل العمرة حتى بدونها. كما قال الله تعالى:

﴿إِنَّ ٱلصَّفَا وَٱلْمَرْوَةَ مِن شَعَآئِرِ ٱللَّهِ فَمَنْ حَجَّ ٱلْبَيْتَ أَوِ ٱعْتَمَرَ فَلَا جُنَاحَ عَلَيْهِ أَن يَطَّوَّفَ بِهِمَا وَمَن تَطَوَّعَ خَيْرًا فَإِنَّ ٱللَّهَ شَاكِرٌ عَلِيمٌ﴾[1].

وتستخدم كلمة «هدي» للحيوانات التي خصصت للتضحية بها في الحرم. ولتمييزها عن الأخرى يتم تمييز أجسامها بوضع علامات ووضع الأشرطة حول أعناقها. ولهذا تبنى القرآن تعبير ﴿ٱلْقَلَٰٓئِدَ﴾[2] لذلك».

# الحج

وأول ما يجب فعله في الحج مثل العمرة هو الإحرام بالنية.

وأن يلبس هذا الإحرام القادمون من الخارج من ميقاتهم؛ والمقيمون، سواء كانوا من المكيين أو المقيمين مؤقتًا في مكة أو خارج حدود الحرم، ولكنهم يعيشون داخل الميقات، فإن ميقاتهم هو المكان الذي يقيمون فيه، فعليهم أن يحرموا من هناك ويبتدئوا بالتلبية.

وفي اليوم الثامن من ذي الحجة، يجب التوجه إلى مِنىً والمبيت فيه.

---

(1) سورة البقرة، الآية: ١٥٨.

(2) سورة المائدة، الآية: ٢.

وفي صباح اليوم التاسع من ذي الحجة يكون التوجه منه إلى العرفة.

وبعد الوصول إلى هناك يخطب الإمام خطبة الحج قبل صلاة الظهر، ثم يجمع ويقصر بين صلاتي الظهر والعصر.

وبعد الانتهاء من الصلاة، يقوم الحاج بين يدَي الله تعالى لأطول فترة ممكنة، ويقوم بالتسبيح والتحميد، والتكبير والتهليل، والدعاء في ميدان العرفة .

وبعد غروب الشمس يكون الانطلاق إلى مزدلفة.

وبعد الوصول إلى هناك يجب جمع صلاتي المغرب والعشاء وأداؤهما في صورة القصر.

ويتم البقاء في هذا الميدان ليلًا.

وبعد صلاة الفجر يستغرق الحاج هنا في التسبيح والتحميد والتكبير والتكبير والدعاء لمدة قصيرة كما فعله في العرفة.

ثم ينطلق إلى مِنًى حتى تصل إلى جمرة العقبة وتتوقف عن التلبية وترمي تلك الجمرة بسبع حصيات.

وإذا كان الهدي معه، أو وجبت عليه أضحية وكفارة، فيجب أن تذبح هذه الأضحية.

ثم يجب على الرجال أن يحلقوا رؤوسهم أو يقصوا شعرهم، وعلى النساء أن يقصن شعرًا قليلًا من أطراف ضفائرهن ويخلعن ملابس إحرامهن.

ثم يصل إلى بيت الله فيطوف به.

وكل قيود الإحرام ستنتهي بهذا، وبعد ذلك، إذا أراد الحاج، فعليه أيضًا السعي بين الصفا والمروة طوعًا.

وينبغي بعد العودة إلى منى أن يبقى يومين أو ثلاثة أيام ويرمي سبع

حصيات كل يوم، أولًا في الجمرة الأولى، ثم في الجمرة الوسطى، وبعد ذلك في الجمرة الأخيرة.

وهذه مناسك الحج والعمرة منذ زمن سيدنا إبراهيم عليه السلام. ولم يجئ القرآن الكريم بأي تغيير فيها، بل اكتفى ببيان بعض المسائل الفقهية المتعلقة بها.

وهذه القواعد هي كما يلي:

أولًا: إن الحرمات التي أقامها الله تعالى في الحج والعمرة، فإن احترامها من متطلبات الإيمان، ويجب الحفاظ عليها في جميع الأحوال. ومع ذلك، إذا رفض أي طرف آخر مخالف للمسلمين مراعاتها، فيحق للمسلمين أيضًا أن يتخذوا نفس الإجراء في المقابل، لأن هذه الحرمات لا يمكن الحفاظ عليها إلا بشكل متبادل، ولا يمكن لأي طرف إقامتها باعتبارها خاصة به. وقال تعالى:

﴿ٱلشَّهۡرُ ٱلۡحَرَامُ بِٱلشَّهۡرِ ٱلۡحَرَامِ وَٱلۡحُرُمَٰتُ قِصَاصٞۚ فَمَنِ ٱعۡتَدَىٰ عَلَيۡكُمۡ فَٱعۡتَدُواْ عَلَيۡهِ بِمِثۡلِ مَا ٱعۡتَدَىٰ عَلَيۡكُمۡۚ وَٱتَّقُواْ ٱللَّهَ وَٱعۡلَمُوٓاْ أَنَّ ٱللَّهَ مَعَ ٱلۡمُتَّقِينَ﴾[1].

ويقول الأستاذ الإمام في تفسير الآية:

«يعني أن القتال والحرب في الأشهر الحرم أو في حدود الحرم لهو إثم عظيم في الواقع، ولكن عندما لا يقدس الكفار حرمتها لكم، فإن لكم أيضًا الحق في أن تحرموهم من هذه الحرمة قصاصًا. إن حياة كل إنسان محترمة في الشريعة، ولكن عندما لا يحترم الإنسان حياة شخص آخر ويقتله، فإنه يُقتل أيضًا بحرمانه من حق حرمة الحياة. وكذلك احترام الأشهر الحرم وحدود الحرم هو أيضًا مسلم، بشرط أن يحترمهما الكفار أيضًا ولا يجعلوا الآخرين هدفًا للاضطهاد فيهما، لكن عندما تُسل سيوفهم في هذه الأشهر وفي هذا البلد الأمين فإنهم معاقَبون لذلك ويجب حرمانهم أيضًا من حقوقهم في السلام والاحترام قصاصًا منهم. ولذا قال: ﴿ٱلشَّهۡرُ ٱلۡحَرَامُ بِٱلشَّهۡرِ ٱلۡحَرَامِ وَٱلۡحُرُمَٰتُ قِصَاصٞۚ فَمَنِ ٱعۡتَدَىٰ عَلَيۡكُمۡ

(1) سورة البقرة، الآية: ١٩٤.

فَٱعْتَدُواْ عَلَيْهِ بِمِثْلِ مَا ٱعْتَدَىٰ عَلَيْكُمْ﴾: أي إذا منعوكم حرمة الشيء المحترم فإن من حقكم أن تمنعوهم حرمة ذلك انتقامًا»[1].

الأمر الثاني هو أنه رغم هذا الإذن لا يمكن للمسلمين أن يقوموا بأي تقدم من جانبهم. فهذه حرمات الله، والمبادرة إلى انتهاكها أعظم جريمة. فلا ينبغي أن يتحقق ذلك تحت أي ظرف من الظروف. إن الاعتداء على البيت الحرام هو اعتداء على بيت الله، كما أن التعرض لإيذاء الحيوانات التي قيدت بقلائد التخصيص لله تعالى في رقابها، والتصدي للعباد الذين قد خرجوا ابتغاء رضوان الله وبحثًا عن فضله والطلب لهم هو بمثابة إساءة إلى الله رب العالمين، ولهذا فإن عداوة أي أمة لا ينبغي أن تدفع المسلمين إلى تجاوز الحدود في هذا الأمر. ويجب أن يكون واضحًا لهم أن الرب الذي يتكرم بمَنّه ويمنح النعمة والعلا للأمم بعهده وميثاقه فأن عقوبته أيضًا أشد بنقض هذا العهد والميثاق.

﴿يَٰٓأَيُّهَا ٱلَّذِينَ ءَامَنُواْ لَا تُحِلُّواْ شَعَٰٓئِرَ ٱللَّهِ وَلَا ٱلشَّهْرَ ٱلْحَرَامَ وَلَا ٱلْهَدْىَ وَلَا ٱلْقَلَٰٓئِدَ وَلَآ ءَآمِّينَ ٱلْبَيْتَ ٱلْحَرَامَ يَبْتَغُونَ فَضْلًا مِّن رَّبِّهِمْ وَرِضْوَٰنًا وَإِذَا حَلَلْتُمْ فَٱصْطَادُواْ وَلَا يَجْرِمَنَّكُمْ شَنَئَانُ قَوْمٍ أَن صَدُّوكُمْ عَنِ ٱلْمَسْجِدِ ٱلْحَرَامِ أَن تَعْتَدُواْ وَتَعَاوَنُواْ عَلَى ٱلْبِرِّ وَٱلتَّقْوَىٰ وَلَا تَعَاوَنُواْ عَلَى ٱلْإِثْمِ وَٱلْعُدْوَٰنِ وَٱتَّقُواْ ٱللَّهَ إِنَّ ٱللَّهَ شَدِيدُ ٱلْعِقَابِ﴾[2].

وقال أيضًا:

﴿جَعَلَ ٱللَّهُ ٱلْكَعْبَةَ ٱلْبَيْتَ ٱلْحَرَامَ قِيَٰمًا لِّلنَّاسِ وَٱلشَّهْرَ ٱلْحَرَامَ وَٱلْهَدْىَ وَٱلْقَلَٰٓئِدَ ذَٰلِكَ لِتَعْلَمُوٓاْ أَنَّ ٱللَّهَ يَعْلَمُ مَا فِي ٱلسَّمَٰوَٰتِ وَمَا فِي ٱلْأَرْضِ وَأَنَّ ٱللَّهَ بِكُلِّ شَيْءٍ عَلِيمٌ * ٱعْلَمُوٓاْ أَنَّ ٱللَّهَ شَدِيدُ ٱلْعِقَابِ وَأَنَّ ٱللَّهَ غَفُورٌ رَّحِيمٌ﴾[3].

الحكم الثالث: أن تحريم الصيد في الإحرام خاص بحيوانات البر فقط. وعليه فصيد حيوانات البحر، أو أكل صيد غيرها كلاهما جائز. وتعطى

---

(1)    تدبر القرآن ١/ ٤٧٩.

(2)    سورة المائدة، الآية: ٢.

(3)    سورة المائدة، الآيتان: ٩٧ و٩٨.

هذه الإجازة بحيث إذا قل الزاد للحاج في الرحلة البرية يمكن الحصول عليه بطريقة أو بأخرى، أما في الرحلة البحرية فلا سبيل آخر إلا الصيد في مثل هذه الحالات. ومع ذلك، فهذا لا يعني أن الناس لهم أن يحاولوا تجاوز هذه الإجازة. فإن الصيد البري محظور بأي حال من الأحوال. ولذلك، إذا ارتكب الإنسان هذه الذنب وهو يعلم، فعليه أن يدفع الكفارة.

وله صور ثلاثة:

يرسل حيوان من نفس القبيلة والنوع الذي تم اصطياده إلى بيت الله للتضحية من الماشية المنزلية.

وإذا لم يكن ذلك ممكنًا، فيجب إطعام الفقراء وفقًا لسعر ذاك الحيوان.

وإذا كان ذلك صعبًا أيضًا، فيجب أن يصوم صيامًا بقدر ما يعود عليه من إطعام المساكين.

أما ما هو تبادل الحيوان أو إذا كانت التضحية بالحيوان متعذرة فماذا سيكون سعره أو كم عدد الفقراء الذين سيتم إطعامهم أو عدد الصيام الذي يصوم به في المقابل، سيقضي ذلك اثنان من المسلمين حتى لا تكون هناك إمكانية لمرتكبي الجريمة لتفضيل ومحاباة أنفسهم في ذلك. وقال تعالى:

﴿ يَٰٓأَيُّهَا ٱلَّذِينَ ءَامَنُوا۟ لَا تَقۡتُلُوا۟ ٱلصَّيۡدَ وَأَنتُمۡ حُرُمٌ وَمَن قَتَلَهُۥ مِنكُم مُّتَعَمِّدًا فَجَزَآءٌ مِّثۡلُ مَا قَتَلَ مِنَ ٱلنَّعَمِ يَحۡكُمُ بِهِۦ ذَوَا عَدۡلٍ مِّنكُمۡ هَدۡيَۢا بَٰلِغَ ٱلۡكَعۡبَةِ أَوۡ كَفَّٰرَةٌ طَعَامُ مَسَٰكِينَ أَوۡ عَدۡلُ ذَٰلِكَ صِيَامًا لِّيَذُوقَ وَبَالَ أَمۡرِهِۦ عَفَا ٱللَّهُ عَمَّا سَلَفَ وَمَنۡ عَادَ فَيَنتَقِمُ ٱللَّهُ مِنۡهُ وَٱللَّهُ عَزِيزٌ ذُو ٱنتِقَامٍ ۞ أُحِلَّ لَكُمۡ صَيۡدُ ٱلۡبَحۡرِ وَطَعَامُهُۥ مَتَٰعًا لَّكُمۡ وَلِلسَّيَّارَةِ وَحُرِّمَ عَلَيۡكُمۡ صَيۡدُ ٱلۡبَرِّ مَا دُمۡتُمۡ حُرُمًا وَٱتَّقُوا۟ ٱللَّهَ ٱلَّذِيٓ إِلَيۡهِ تُحۡشَرُونَ ﴾[1].

الحكم الرابع هو أنه إذا أحصر المسافرون للحج والعمرة في مكان، ولم يكن من الممكن لهم المضي قدمًا، يجب عليهم إرسال ما هو متاح من الإبل

_____

(1) سورة المائدة، الآيتان: ٩٥ و٩٦.

أو البقرة أو الماعز للأضحية أو إذا تعذر إرساله، يقومون بالتضحية به في نفس المكان وحلق الرأس وكشف الإحرام، فهذا هو حجهم وعمرتهم. وهذا ما فعله النبي ﷺ على موقعة معاهدة الحديبية. ومع ذلك، في هذه الحالة، يجب أن يكون واضحًا أنه لا يجوز حلق الرأس قبل القيام بالذبيحة في مثل هذا المكان أو في مكة ومِنًى، إلا إذا كان المحصر مريضًا أو كان في رأسه أذى واضطر إلى حلق الرأس قبل الذبح.

وقد سمح القرآن للناس بحلق رؤوسهم إذا كان هناك إكراه واضطرار من هذا القبيل، ولكن يجب عليهم الفدية من خلال الصيام أو الصدقة أو التضحية، ولهم تحديد عدده وكميته كما يرون مناسبًا. وعن النبي ﷺ حين سئل عن ذلك أنه قال: «إذا صمت ثلاثة أيام أو أطعمت ستة مساكين أو ذبحت عنزة، يكفي ذلك. (أو كما قال عليه السلام)[1].

﴿وَأَتِمُّوا۟ ٱلْحَجَّ وَٱلْعُمْرَةَ لِلَّهِ ۚ فَإِنْ أُحْصِرْتُمْ فَمَا ٱسْتَيْسَرَ مِنَ ٱلْهَدْىِ ۖ وَلَا تَحْلِقُوا۟ رُءُوسَكُمْ حَتَّىٰ يَبْلُغَ ٱلْهَدْىُ مَحِلَّهُۥ ۚ فَمَن كَانَ مِنكُم مَّرِيضًا أَوْ بِهِۦٓ أَذًى مِّن رَّأْسِهِۦ فَفِدْيَةٌ مِّن صِيَامٍ أَوْ صَدَقَةٍ أَوْ نُسُكٍ﴾[2].

الحكم الخامس هو أن القادمين من الخارج يمكنهم أداء الحج والعمرة في نفس الرحلة. وطريقة القيام بذلك هي أنه يجب عليهم أولًا كشف الإحرام بعد أداء العمرة، ثم أداء فريضة الحج عن طريق لبس الإحرام مرة أخرى من مكة المكرمة في الثامن من ذي الحجة. وهذه إجازة ورخصة أعطاها الله للحجاج القادمين من الخارج نظرًا لصعوبة السفر مرتين. لذلك يدفعون فديتها. وهناك نوعان لأداء الفدية:

يجب التضحية بأي متاح من الإبل والبقر والماعز.

وإذا لم يكن ذلك ممكنًا، فيجب صوم عشرة صيام، ثلاثة في أيام الحج وسبعة بعد العودة من الحج، ويتضح من ذلك أنه الأفضل عند الله السفر بشكل

---

(1) رواه البخاري رقم: ١٨١٤ ومسلم رقم: ٢٨٧٧.

(2) سورة البقرة، الآية: ١٩٦.

منفصل للحج وبشكل منفصل للعمرة. لذلك، أوضح القرآن أن هذا التنازل ليس لأولئك الذين تقع منازلهم بالقرب من المسجد الحرام. فقال:

﴿فَإِذَآ أَمِنتُمْ فَمَن تَمَتَّعَ بِٱلْعُمْرَةِ إِلَى ٱلْحَجِّ فَمَا ٱسْتَيْسَرَ مِنَ ٱلْهَدْيِ فَمَن لَّمْ يَجِدْ فَصِيَامُ ثَلَـٰثَةِ أَيَّامٍ فِى ٱلْحَجِّ وَسَبْعَةٍ إِذَا رَجَعْتُمْ تِلْكَ عَشَرَةٌ كَامِلَةٌ ذَٰلِكَ لِمَن لَّمْ يَكُنْ أَهْلُهُۥ حَاضِرِى ٱلْمَسْجِدِ ٱلْحَرَامِ وَٱتَّقُوا۟ ٱللَّهَ وَٱعْلَمُوٓا۟ أَنَّ ٱللَّهَ شَدِيدُ ٱلْعِقَابِ﴾.

ويجب أن يكون واضحًا أيضًا بشأن هذا الأمر أنه بالنسبة لأولئك الذين يرغبون في الاستفادة من هذا الامتياز، فإن التسهيل لهم أنه لا ينبغي عليهم إحضار الهدي معهم ولكن لهم شراؤها من هنالك في يوم النحر. والسبب في ذلك هو أن ستتم التضحية بها في يوم النهر، وكما ذكرنا، لن يتمكنوا من حلق رؤوسهم قبل الأضحية فلن يتمكنوا من كشف الإحرام كنتيجة ضرورية. وهذا ما حدث للنبي ﷺ على موقعة حجة الوداع. فقال:

لو استقبلت من أمري ما استدبرت ما أهديت، ولولا أن معي الهدي لأحللت[1].

الحكم السادس هو أنه يمكن للمرء أن يعود من مِنىً في ١٢ من ذي الحجة، وإذا كان الحاج يرغب في ذلك، يمكنه البقاء حتى ١٣ من ذي الحجة. فقد قال الله سبحانه وتعالى أنه لا توجد خطيئة في كلتا الحالتين. لأن الأهمية الحقيقية هي ليست لعدد الأيام التي يمكث فيها الناس، ولكن الأهم هو أن يذكرون الله ويتقونه مهما يمكثون من الأيام. كما قال:

﴿وَٱذْكُرُوا۟ ٱللَّهَ فِىٓ أَيَّامٍ مَّعْدُودَٰتٍ فَمَن تَعَجَّلَ فِى يَوْمَيْنِ فَلَآ إِثْمَ عَلَيْهِ وَمَن تَأَخَّرَ فَلَآ إِثْمَ عَلَيْهِ لِمَنِ ٱتَّقَىٰ وَٱتَّقُوا۟ ٱللَّهَ وَٱعْلَمُوٓا۟ أَنَّكُمْ إِلَيْهِ تُحْشَرُونَ﴾[2].

فهذه هي أحكام الحج والعمرة، ومانقل عنه ﷺ في ذلك من علم وتطبيق نفصله فيما يلي:

---

(1) رواه البخاري، رقم ١٦٥١.
(2) سورة البقرة، الآية: ٢٠٣.

# الإحرام

كان النبي ﷺ يضع العطر في لبس الإحرام. تقول السيدة عائشة: «لقد طبقت عليه عطر المسك قبل الإحرام وحتى بعد خلع ثوب الإحرام في يوم النهر، عندما خرج إلى مكة للطواف. تقول: إنه كان في وهج هذا العطر كأني أرى لمعانه حتى اليوم في رأسه[1].

وفي حالة الإحرام كان النبي ﷺ قد فصم وزرع شعره وغسل رأسه[2].

[٣٩٤] كما سمح للناس إن لم تكن لهم، بعدم ارتداء الأحذية، ففي هذا الاضطرار يمكنهم قطع الجوارب من الكاحلين إلى الأسفل واستخدامها، وإذا لم يكن لديهم قطعة قماش لربطها كسلسلة، فيمكنهم أيضًا ارتداء السروال أو البيجامات[3]..

ولكنه لم يرض في الزواج أو التزويج أو اتخاذ قرار الزواج في حالة الإحرام[4].

وإذا مات شخص في حالة الإحرام فقال إنه يدفن ملابس الإحرام ولا يُعطر وقف التكفين ولا يُغطى رأسه وفمه. قال: «الله يحشره يوم القيامة وهو يلبي»[5]. وبنفس الطريقة قد بيّن أن الصيد محرم في حالة الإحرام بالفعل، لكن إذا صاده شخص بدون إحرام جاز للمحرِم أن يأكله، بشرط ألا تتدخل إيماءته أو أي حركة معه في الصيد[6]. وقال أيضًا: إن هذا الأمر بتحريم الصيد ليس له علاقة

---

(1) روى البخاري نصه رقم ١٥٣ ــ ١٥٣٩ ومسلم رقم ٢٨٣٢ ــ ٢٨٤١.

(2) رواه البخاري رقم ١٨٣٥ ــ ١٨٤٠ ومسلم رقم: ٢٨٨٩ ــ ٢٨٨٥.

(3) روى البخاري نصه رقم ١٨٤٢ ــ ١٨٤١ ومسلم رقم ٢٧٩١ ــ ٢٧٩٤.

(4) رواه مسلم رقم ٣٤٤٦.

(5) روى البخاري نصه رقم ١٢٦٧ ومسلم رقم ٢٨٩١.

(6) رواه البخاري رقم ١٨٢٤ ومسلم رقم ٢٨٥٥.

بالحيوانات الضارية الخطرة. ويمكن قتل مثل هذه الحيوانات دون تردد حتى في حالة الإحرام(1).

## التلبية

وأما التلبية فقد قال رسول الله ﷺ: إذا قال المسلم لبيك لبيك فالأشجار والأحجار عن يمينه وعن شماله إلى أقصى الأرض تقول بمثل ذلك(2). وقال إن جبريل قد أمرني أن أجهر بذلك(3).

وعن ابن عمر أن النبي ﷺ كان إذا خرج حاجًا أو معتمرًا صلى ركعتين إذا بلغ ذا الحليفة، ثم يركب ناقة قريبًا من المسجد فإذا قامت أخذ يلبي(4).

## الطواف

وطواف الحج هو نفسه الذي يسمى «طواف الإفاضة» في الاصطلاح، لكن قد أمر رسول الله ﷺ العائدين إلى بيوتهم بعد الفراغ من الحج والعمرة أن يلتزموا به. وأن يطوفوا ببيت الله قبل الخروج، وعن ابن عباس قال: يكون هذا آخر عمل أحدكم قبل خروجه إلى بيته(5). وأما الحائضات فلم يطلب ذلك منهن لاضطرارهن، بل سمح لهن بالخروج من مكة بدونه(6).

وقبل الطواف قد توضأ النبي ﷺ(7).

وعن السيدة عائشة قالت كنت حائضًا فقال: تستطيع أن تؤدي مناسك

(1)   رواه البخاري رقم ١٨٢٨ ــ ١٨٢٩ ومسلم رقم ٢٨٦٨.
(2)   رواه ابن ماجة رقم ٢٩٢١ والترمذي رقم: ٨٢٨.
(3)   رواه أبو داود رقم ١٨١٤.
(4)   رواه مسلم رقم: ١١٨٤.
(5)   رواه البخاري رقم ١٧٥٥ ومسلم رقم ٣٢١٩.
(6)   رواه البخاري رقم ١٧٦٢ ومسلم رقم ٢٩١٨.
(7)   رواه البخاري رقم ١٦٤١ ومسلم رقم ٣٠٠١.

الحج كلها على هذه الحالة، ولكنِك لا تستطيع الطواف(1). وروى البخاري ومسلم عن النبي أنه قال لعائشة ـ وقد حاضت في الحج: «افعلي ما يفعل الحاجُّ غير أن لا تطوفي بالبيت».

وتقول أم سلمة: كنت مريضًا، فلما ذكرت ذلك لرسول الله ﷺ، أمرني بالطواف راكبًا(2). وقالت عائشة: أن النبي ﷺ أمر أم سلمة ليلة النحر فرمت جمرة العقبة قبل الفجر ثم مضت فأفاضت».

وعن جابر بن عبد الله أنه لما وصل النبي ﷺ مكة طاف البيت الطواف الأول، فطاف منه ثلاثًا وهو يركض ويهز منكبيه، وأربعًا وهو يمشي مشيته العادية. (وقد وجه ابن عباس هذا العمل(3) أن مشركي مكة قد طعنوا في المسلمين أنهم صاروا ضعافًا بالمدينة فأمر الرسول ردًا عنهم المسلمين أن يطوفوا يهرولون ويركضون وقد طاف بنفسه وهو يركض).

ثم توجه إلى مقام إبراهيم فصلى ركعتين خلفه. وبعد ذلك عاد إلى الحجر الأسود واستلمه وخرج من البوابة باتجاه الصفا(4).

وعن ابن عباس: كانت كتفه اليمنى في هذا الطواف مكشوفة، فأخرج رداءه من إبطه الأيمن فوضعه على كتفه اليسرى(5).

وفي الطواف ورد ذكر الركن اليماني أيضًا في بعض الأحاديث(6).

وكذا ورد في فضل الطواف أن من طاف وصلى معه ركعتين كان كمن أعتق رقبة في سبيل الله(7).

---

(1) رواه البخاري رقم ١٦٥٠ ومسلم رقم ٢٩١٨.

(2) رواه البخاري رقم ١٦٢٦ ومسلم رقم ٣٠٧٨.

(3) برواية مسلم رقم ٣٠٥٩.

(4) رواه مسلم رقم: ٢٩٥٠.

(5) رواه ابوداؤد رقم: ١٨٨٤.

(6) رواه البخاري رقم ١٦٠٩ ـ ١٦٠٦ ومسلم رقم: ٣٠٦٢ ـ ٣٠٦٣.

(7) رواه ابن ماجة رقم: ٢٩٥٦.

# السعي

وقد كان سعيَ رسول الله ﷺ على هذا النحو، أنه بعد الانتهاء من الطواف توجه نحو الصفا فصعد عليه ثم استقبل القبلة ووحد الله وكبره. وقال:

لا إله إلا الله وحده لا شريك له، له الملك وله الحمد وهو على كل شيء قدير، لا إله إلا الله وحده، أنجز وعده ونصر عبده وهزم الأحزاب وحده[1].

فأعاد هذه الكلمات ثلاث مرات ودعا بينها. وبعد ذلك انتقل إلى المروة. وعندما وصل إلى الأسفل بدأ بالركض. ثم بمجرد أن بدأ الصعود مشى مشيته. وحتى بعد وصوله إلى المروة فعل ما فعل عند الصفا، وأكمل أشواطه السبعة بنفس الطريقة[2].

# وقوف العرفة

ومن مِنىً خرج رسول الله ﷺ إلى العرفات بعد طلوع شمس صباح اليوم التاسع من ذي الحجة. وقد نصبت له خيمة بوادي النمرة. فأقام فيه حتى غربت الشمس. ثم أتى إلى أسفل الوادي فخطب فيه الناس. وبعد ذلك صلى الظهر والعصر معًا بأذان واحد وتكبيرتين. ولم يصل أية نافلة قبله ولا بعده. ثم وقف عند جبل الرحمة متوجهًا إلى القبلة حتى غروب الشمس وظل يدعو ويناجي ربه[3].

وعن أنس ﷺ أن الناس يومئذ ظلوا يلبون ويكبِّرون، ولم ينكره أحد[4].

وروي انه في يوم عرفة يكون الله أقرب من عباده، يفخر الله ويتباهى بعباده عند الملائكة، ولن يُعتق عباده من النار أكثر منه في يومٍ آخر.

---

(1) رواه مسلم رقم: ٢٩٥٠.

(2) رواه مسلم رقم: ٢٩٥٠.

(3) رواه مسلم رقم: ٢٩٥٠.

(4) رواه البخاري رقم: ١٦٥٩ ومسلم رقم: ٣٠٩٧.

فعن عَائِشَةَ ـ رضي الله عنها ـ أَنَّ رَسُولَ اللَّهِ ﷺ قَالَ: «مَا مِنْ يَوْمٍ أَكْثَرَ مِنْ أَنْ يُعْتِقَ اللَّهُ فِيهِ عَبْدًا مِنَ النَّارِ مِنْ يَوْمِ عَرَفَةَ وَإِنَّهُ لَيَدْنُو ثُمَّ يُبَاهِي بِهِمُ الْمَلَائِكَةَ فَيَقُولُ مَا أَرَادَ هَؤُلَاءِ»[1].

## القيام بالمزدلفة

وفي المزدلفة قد أدى النبي ﷺ صلاة المغرب والعشاء معًا بأذان وتكبيرين تمامًا مثل صلاته في العرفة. ثم استراح حتى الصباح وخلال هذا الوقت لم يصل أي نافلة وما إلى ذلك. ولكن قد صلى صلاة الفجر في الصباح الباكر قليلًا. وبعد ذلك وقف بالقرب من المشعر الحرم واستمر في الدعاء والمناجاة حتى انتشر بياض الصبح ونوره تمامًا. وقد غادر قبل شروق الشمس بقليل من هنا ووصل إلى مِنىً مرورًا سريعًا عبر وادي المحسر[2].

## الرمي

وقد رمى النبي ﷺ يوم الأضحى في وقت الإشراق، وبعد غروب الشمس فيما بعد من الأيام[3]. وكان قد وقف لهذا في مواجهة الجمرة، وكان بيت الله على جانبه الأيسر وكان مِنىً عن يمينه. ثم رمى سبع حصيات وكبَّر مع كل حصاة أثناء الرمي. كما قد وقف عند الجمرتين الأوليين، وبعد الرمي اتجه إلى القبلة، واستمر في التسبيح والتهليل والتكبير والدعاء والمناجاة لفترة طويلة. ولكن لم يقف عند الجمرة العقبة البتة. وعن الفضل ابن عباس: إن النبي ﷺ لم يزل يلبي حتى رمى جمرة العقبة»[4].

---

(1) رواه مسلم رقم: ٣٢٨٨.

(2) رواه مسلم رقم: ٢٩٥٠.

(3) رواه مسلم رقم: ٣١٤٢.

(4) رواه البخاري رقم ١٧٥١ ـ ١٧٥٣ ومسلم رقم ٢٩٥٠ ـ ٣١٣٢.

وعلى هذا الموقع وحتى قبل ذلك عندما جاء إلى مِنى من مكة في الثامن من ذي الحجة قصر الصلاة خلال الأيام التي مكث فيها هناك[1].

وعندما طلب بعض رعاة المنطقة الإذن بالذهاب إلى قطعانهم بدلًا من قضاء الليل في المِنى أعطى لهم الإذن وأمرهم برمي حصيات اليومين الباقيين في اليوم الواحد بعد الرمي في يوم النحر[2].

## الأضحية

وقد تمت التضحية بطريقة طبيعية، ولكن ثار سؤال مهم أيضًا حول ما يجب فعله إذا اقتربت حيوانات الهدي من الموت في الطريق؟ فقال ابن عباس سأل عن ذلك رجل عن النبي ﷺ وقد أرسله بإبل الهدي فقال: اذبحها واغمس نعلها في الدم، وضعها بالقرب من أسنامها.

(وذلك حتى يعرف أولئك الذين يأتون فيما بعد أنه ليس لحم الميتة بل لحم الهدي) ثم لا تأكل لحمها لا أنت ولا أصحابك. (أو كما قال ﷺ) (وكان الغرض منه أن لا يعتبرأضحيةً بل يجب تقديم جميع لحوم مثل هذه الحيوانات صدقةً).

## الحلق

وبمناسبة حجة الوداع قد حلق الرسول الكريم نفسه وفضله بعض أصحابه أيضًا[3]. ويروي ابن عمر رضي الله عنه أنه دعا ثلاث مرات للذين حلقوا رؤوسهم ومرة واحدة للذين قصوا شعرهم[4]. فكان هذا مؤشرًا على أن يفضل الحلق على القصر.

---

(1) رواه البخاري رقم ١٦٥٥ ــ ١٦٥٦.

(2) رواه أبو داود رقم: ١٩٧٥ ــ ١٩٧٦.

(3) رواه البخاري رقم: ١٧٢٩ ومسلم رقم ٣١٤٤.

(4) رواه البخاري رقم١٧٢٨ ومسلم رقم ٣١٤٨.

وقد جاء في الأحاديث بعض القضايا الأخرى عن الحج نذكرها فيما يلي:

ومنها أنه روي عن ابن عباس رضي الله عنه أن النَّبِيَّ ﷺ لَقِيَ رَكْبًا بِالرَّوْحَاءِ فَقَالَ مَنِ الْقَوْمُ؟ قَالُوا: الْمُسْلِمُونَ.

فَقَالُوا: مَنْ أَنْتَ؟ قَالَ رَسُولُ اللَّهِ فَرَفَعَتْ إِلَيْهِ امْرَأَةٌ صَبِيًّا فَقَالَتْ: أَلِهَذَا حَجٌّ؟ قَالَ: نَعَمْ وَلَكِ أَجْرٌ»[1].

وما هو المبدأ الذي تتم الحسنة من طرف الآخرين يُراجع للاستزادة في ذلك إلى مقال «إيصال الثواب» في كتابنا مقامات.

وثانيًا:

روى ابن عباس «أن امرأة من خثعم قالت: يا رسول الله إن أبي أدركته فريضة الله في الحج شيخًا كبيرًا، لا يستطيع أن يستوي على الراحلة، أفأحج عنه؟ قال: «حجي عنه»[2].

وثالثًا:

روى البخاري عن ابن عباس أن امرأة قالت: يا رسول الله إن أمي نذرت أن تحج، فلم تحج حتى ماتت، أفأحج عنها؟ قال «نعم، حجي عنها، أرأيت لو كان على أمك دين، أكنت قاضيته، اقضوا الله، فالله أحق بالوفاء»[3].

ورابعًا:

وعنه رضي الله عنه أن النبي ﷺ سمع رجلًا يقول: لبيك عن شبرمة، قال: من شبرمة؟ قال: أخ لي، أو قريب لي، فقال: حججت عن نفسك؟ قال: لا، قال: حج عن نفسك، ثم حج عن شبرمة[4].

---

(1) رواه مسلم رقم ٣٢٥٣.

(2) رواه البخاري رقم: ١٨٥٥ ومسلم رقم ٣٢٥١.

(3) البخاري رقم: ١٨٥٢.

(4) رواه أبو داود رقم: ١٨١١ وابن ماجه وصححه ابن حبان، والراجح عند أحمد وقفه».

وخامسًا

عَنِ ابْنِ عَبَّاسٍ رضي الله عنهما، قَالَ: كَانَ النَّبِيُّ ﷺ يُسْأَلُ يَوْمَ النَّحْرِ بِمِنًى، فَيَقُولُ: «لَا حَرَجَ» فَسَأَلَهُ رَجُلٌ فَقَالَ: حَلَقْتُ قَبْلَ أَنْ أَذْبَحَ، قَالَ: لَا حَرَجَ»

ارم وَلَا حَرَجَ» وَقَالَ: رَمَيْتُ بَعْدَ مَا أَمْسَيْتُ، فَقَالَ[1]:

وسادسًا قال رسول الله عن المدينة وحرمتها:

إن إبراهيم حرَّم مكة ودعا لأهلها، وإني حرمت المدينة كما حرم إبراهيم مكة، «(أي بناءً على كون معبد للّه في بلد بناه رسوله فيه ويأتيه رجال بشد الرحال للعبادة فلا بد من تكون له حرمة) وإني دعوت في صاعها ومدها بمثلي ما دعا به إبراهيم لأهل مكة».

فالمدينة حرم ما بين حرتيها وحماها كله؛ لا يختلي خلاها، ولا ينفر صيدها، ولا تلتقط لقطتها، ولا يقطع منها شجرة إلا أن يعلف بعيره ولا يحمل فيها سلاح لقتال رجل»[2] وقال:

«المدينة حَرَمٌ ما بين عَيْرٍ إلى ثَوْرٍ، فمن أحدث فيها حَدَثًا، أو آوى مُحْدِثًا؛ فعليه لعنة الله والملائكة والناس أجمعين»[3].

وسابعًا

إن النبيِّ ﷺ، قالَ: ما بيْنَ بَيْتي ومِنْبَرِي رَوْضَةٌ مِن رِيَاضِ الجَنَّةِ، ومِنْبَرِي علَى حَوْضِي[4].

---

(1) رواه البخاري رقم: ١٧٣٦ ـ ١٧٣٧ ومسلم رقم: ٣١٥٧.

(2) رواه البخاري رقم ١٨٦٧ ومسلم رقم ٣٣١٧.

(3) رواه البخاري رقم ١٨٧٠ ومسلم رقم: ٣٣٢٧.

(4) رواه البخاري رقم ١١٩٦ ومسلم رقم ٣٣٧٠.

# الأضحية

﴿ وَلِكُلِّ أُمَّةٍ جَعَلْنَا مَنسَكًا لِّيَذْكُرُوا۟ ٱسْمَ ٱللَّهِ عَلَىٰ مَا رَزَقَهُم مِّنۢ بَهِيمَةِ ٱلْأَنْعَٰمِ ۗ فَإِلَٰهُكُمْ إِلَٰهٌ وَٰحِدٌ فَلَهُۥٓ أَسْلِمُوا۟ ۗ وَبَشِّرِ ٱلْمُخْبِتِينَ ﴾[1].

في جميع الديانات القديمة في العالم، كانت التضحية مصدرًا كبيرًا للقرب من الله. وحقيقةً هذا هو نفس حقيقة الزكاة، لكنها ليست في الواقع تقدمة للثروة بل نذرللحياة، التي يتم استبدالها مقابل الحيوان الذي نضحي به بدلًامنه. ويبدو أنه تقديم النفس للموت، لكن إذا وضعت في اعتبارك لأدركت أن هذا الموت هو باب الحياة الحقيقية.ومن هنا قال الله:

﴿ وَلَا تَقُولُوا۟ لِمَن يُقْتَلُ فِى سَبِيلِ ٱللَّهِ أَمْوَٰتٌۢ ۚ بَلْ أَحْيَآءٌ وَلَٰكِن لَّا تَشْعُرُونَ ﴾[2].

وقد أوضح القرآن هذه الحقيقة بوضع الحياة مقابل الصلاة ووضع الموت بإزاء القربان أنه كما أن الصلاة هي حياتنا مع الله، فإن التضحية هي موتنا في سبيله.فقال تعالى: ﴿ قُلْ إِنَّ صَلَاتِى وَنُسُكِى وَمَحْيَاىَ وَمَمَاتِى لِلَّهِ رَبِّ ٱلْعَٰلَمِينَ ﴾[3].

ولما أمر سيدنا إبراهيم عليه السلام أن يذبح ذبيحة عظيمة بدلًا من ابنه ذكرًا له في الخلود، قال الله تعالى: ﴿ وَفَدَيْنَٰهُ بِذِبْحٍ عَظِيمٍ ﴾[4]. وهذا يعني أن نذر إبراهيم هذا قد تم قبوله، والآن سيتذكر الناس جيلًا بعد جيل هذا الحدث من خلال تضحياتهم.

فإذا نظرت إليه بهذا المعنى، فإن الأضحية هي كمال العبادة ومنتهاه. فنحن نقدم حيواناتنا لربنا من خلال توجيه أنفسنا وحيواناتنا نحو القبلة و بقول

---

(1) سورة الحج، الآية: ٣٤.

(2) سورة البقرة، الآية: ١٥٤.

(3) سورة الأنعام، الآية: ١٦٢.

(4) سورة الصافات، الآية: ١٠٧.

«بسم الله والله أكبر» على ذبحها[1] في حالة قيام للنحرأوفي حالة سجود للذبح باستلقائه في جهة القبلة، مع إدراك أننا في الواقع نقدم أنفسنا للتضحية للّه تعالى.

وهذه النذر والتقدمة هي حقيقة الإسلام، لأن معنى الإسلام هو الاستسلام والطاعة والخضوع، وأن يقدم الإنسان أحب متاعه وحتى حياته للّه تعالى. والتضحية إذا فكرت فيها، هي تصوير لهذا الواقع. ولما قدم له إبراهيم وابنه الجليل القدر، عرّفه القرآن عملهما بالإسلام: ﴿فَلَمَّآ أَسْلَمَا وَتَلَّهُۥ لِلْجَبِينِ﴾[2]. وأنظركذلك في آية سورة الحج المذكورة أعلاه، كيف أشار القرآن إلى هذه الحقيقة في عبارة ﴿فَلَهُۥٓ أَسْلِمُوا۟ۗ وَبَشِّرِ ٱلْمُخْبِتِينَ﴾. أي إذا كانت قلوبكم خاشعة له فله اسلموا أنفسكم فأن الهكم اله واحد. وهذه هي روح الاضحية أيضًا. وقد شرعها الله خالصةً لشكره فلا تشركوا فيه أحدًا.

## تاريخ النسك

ويرجع تاريخ النسك والأضحية إلى سيدنا آدم أبي البشر، فقد جاء في القرآن أن الله قد قَبِلَ من أحد إبنيه (هابيل و قابيل) عندما نذر كل منهما قربانه إلى الله تعالىٰ ولم يُتقبل من الآخر فقال: ﴿إِذْ قَرَّبَا قُرْبَانًا فَتُقُبِّلَ مِنْ أَحَدِهِمَا وَلَمْ يُتَقَبَّلْ مِنَ ٱلْـَٔاخَرِ﴾[3] وقد صرح الكتاب المقدس أن هابيل قد قرّب قربانًا من أول ولا ئد من غنمه فجاء في كتاب» العدد:

وَعَرَفَ آدَمُ حَوَّاءَ امْرَأَتَهُ فَحَبِلَتْ وَوَلَدَتْ قَايِينَ. وَقَالَتِ: «اقْتَنَيْتُ رَجُلًا مِنْ عِنْدِ الرَّبِّ».

ثُمَّ عَادَتْ فَوَلَدَتْ أَخَاهُ هَابِيلَ. وَكَانَ هَابِيلُ رَاعِيًا لِلْغَنَمِ، وَكَانَ قَايِينُ عَامِلًا فِي الأَرْضِ.

---

(1) البخاري: ٥٥٦٥ ومسلم رقم: ٥٠٩٠.

(2) سورة الصافات، الآية: ١٠٣.

(3) سورة المائدة، الآية: ٢٧.

وَحَدَثَ مِنْ بَعْدِ أَيَّامٍ أَنَّ قَايِينَ قَدَّمَ مِنْ أَثْمَارِ الأَرْضِ قُرْبَانًا لِلرَّبِّ،

وَقَدَّمَ هَابِيلُ أَيْضًا مِنْ أَبْكَارِ غَنَمِهِ وَمِنْ سِمَانِهَا. فَنَظَرَ الرَّبُّ إِلَى هَابِيلَ وَقُرْبَانِهِ،

. وَلَكِنْ إِلَى قَايِينَ وَقُرْبَانِهِ لَمْ يَنْظُرْ. فَاغْتَاظَ قَايِينُ جِدًّا وَسَقَطَ وَجْهُهُ[1]

والظاهر أن هذه الطريقة قد تتابعت وظلت فيما بعد ولذا نجد آثارها في كل الأديان القديمة، ولكن ما نالته هذه العبادة من مكانة كبيرة والسعة والشمولية بعد نسك إبراهيم (عليه السلام) لم ترها من قبل، وتفصيل ذلك أن إبراهيم لما هاجر من قومه ويئس من إيمانه دعا ربه أن يرزقه ولدًا صالحًا ونال دعاءه القبول وبُشر من عند الله تعالى أن يولد له ولد صالح وكان هو اسماعيل. وقد بين القرآن أن اسماعيل لما بلغ معه السعي رأى في المنام أنه يؤمر بذبح ولده للّه تعالى. وهذا الأمر قد جاء في المنام، والمنام يحتاج إلى تعبير وتأويله وتأويل رؤياه كان أن يقف وينذر ولده لخدمة معبد الرب تعالىٰ وليس المقصود أن يذبحه بنفسه، ولكن ابراهيم الصديق لم يعبر رؤياه ولم يؤله بل قبله على ظاهره وقضى أن يمتثل بأمر الذبح، فأوّل في طريق ذلك أن أخبر ابنه برؤياه حتى يمتحن عزيمته وأجاب اسماعيل أن يا ابت لاتتردد وافعل ما تؤمروتجدني ان شاء الله من الصابرين. فاطمئن من إجابته وذهب به إلى قرب جبل مروة وتله للجبين ليذبحه وكاد السكين أن يقطع حلقومه أن نودي من الله سبحانه ﴿ أَن يَٰٓإِبْرَٰهِيمُ ۞ قَدْ صَدَّقْتَ ٱلرُّءْيَآ ﴾[2] وإن هذا كان بلاءً عظيمًا صدقته ولا ضرورة أن تمضي قدمًا فيه، وفداه الله تعالىٰ بذبح عظيم وقد أقيم للأبد تقليد عظيم للذبح والقربان كل عام تذكارًا للحدث الضخم. فهذه هي الأضحية التي نهتم بها في موسم الحج والعمرة ويوم الأضحى اهتمامًا كبيرًا كعبادة نافلة كل سنة. وجاء في الكتاب العزيز:

---

(1) الكتاب المقدس، العدد: ٤/ ٥ ــ ١.
(2) سورة الصافات، الآيتان: ١٠٤ و١٠٥.

﴿ قَالُوا ابْنُوا لَهُ بُنْيَانًا فَأَلْقُوهُ فِي الْجَحِيمِ ۞ فَأَرَادُوا بِهِ كَيْدًا فَجَعَلْنَاهُمُ الْأَسْفَلِينَ ۞ وَقَالَ إِنِّي ذَاهِبٌ إِلَىٰ رَبِّي سَيَهْدِينِ ۞ رَبِّ هَبْ لِي مِنَ الصَّالِحِينَ ۞ فَبَشَّرْنَاهُ بِغُلَامٍ حَلِيمٍ ۞ فَلَمَّا بَلَغَ مَعَهُ السَّعْيَ قَالَ يَا بُنَيَّ إِنِّي أَرَىٰ فِي الْمَنَامِ أَنِّي أَذْبَحُكَ فَانْظُرْ مَاذَا تَرَىٰ قَالَ يَا أَبَتِ افْعَلْ مَا تُؤْمَرُ سَتَجِدُنِي إِنْ شَاءَ اللَّهُ مِنَ الصَّابِرِينَ ۞ فَلَمَّا أَسْلَمَا وَتَلَّهُ لِلْجَبِينِ ۞ وَنَادَيْنَاهُ أَنْ يَا إِبْرَاهِيمُ ۞ قَدْ صَدَّقْتَ الرُّؤْيَا إِنَّا كَذَٰلِكَ نَجْزِي الْمُحْسِنِينَ ۞ إِنَّ هَٰذَا لَهُوَ الْبَلَاءُ الْمُبِينُ ۞ وَفَدَيْنَاهُ بِذِبْحٍ عَظِيمٍ ﴾ [1].

# غرض النسك

والغرض من النسك هو الشكر لله تعالى، وكأننا نتقدم بأنفسنا لله سبحانه متمثلًا في حيوانات الذبح، ومن خلال ذلك نشكر لله تعالى على ذلك الإسلام والإخبات الذين تظاهربهما إبراهيم ﷺ بذبح إبنه الوحيد، وهذا الغرض يعرب به بألفاظ التكبير والتهليل، وقد أوضح القرآن هذا الغرض كمايأتي:

﴿ لَنْ يَنَالَ اللَّهَ لُحُومُهَا وَلَا دِمَاؤُهَا وَلَٰكِنْ يَنَالُهُ التَّقْوَىٰ مِنْكُمْ كَذَٰلِكَ سَخَّرَهَا لَكُمْ لِتُكَبِّرُوا اللَّهَ عَلَىٰ مَا هَدَاكُمْ وَبَشِّرِ الْمُحْسِنِينَ ﴾ [2].

# قانون النسك والأضحية

وتشريع النسك الذي انتقل إلينا بإجماع المسلمين وتواترهم هو كما يأتي:
يكون النسك من كل أقسام الأنعام ويجب أن يكون ما يُنوىٰ ذبحه من الحيوان سالمًا من كل عيب وأن يكون له عمر جيد.

وقدسبق لنا فيمامر بيان وقت الأضحية في الحج والعمرة،أما عيد الأضحى فوقته يبتدئ بعد الفراغ من صلاة العيد، وعبر القرآن ذلك بـ﴿ أَيَّامٍ مَعْلُومَاتٍ ﴾ [3] وهي أيام يقيم فيها الحاج بالمنىٰ بعد الرجوع من المزدلفة

---

(1) سورة الصافات، الآيات: ٩٧ ــ ١٠٧.

(2) سورة الحج، الآية: ٣٧.

(3) سورة الحج، الآية: ٢٨.

ويصطلح عليها بأيام التشريق. وعلاوة على الأضحية من سنة هذه الأيام رفع التكبيرات بعد كل صلاة.

وهو حكم مطلق بعد الصلوات ولم يجيئ الشرع بألفاظ مخصوصة متعينة للتكبير.

وللناس أن يأكلوا لحوم الأضاحي دون تردد وأن يطعموها الآخرين أيضًا كما قال: ﴿فَكُلُواْ مِنْهَا وَأَطْعِمُواْ ٱلْقَانِعَ وَٱلْمُعْتَرَّ﴾[1].

وهذا هو تشريع الأضحية، ولكن قد أضيف فيه ما سنه النبيُّ ﷺ من عدم تقليم الأظفار وأن لا يحلق الشعر قبل إتمام النسك في شهر الأضحية للذي يقوم بالأضحية وذلك نذرجاري كسنة ثابتة في الحج والعمرة[2]. وقال النبيُّ ﷺ: من لم يتسير له الأضحية فليقطع ظفره وليأخذ من شعره فهذه هي أضحية عند الله تعالىٰ[3].

**والثاني** يتم الذبح على كل حال بعد صلاة العيد وقال النبي ﷺ: من ذبح قبل الصلاة فإنما يذبح لنفسه ومن ذبح بعد الصلاة والخطبتين فقد أتم نسكه وأصاب السنة[4].

**والثالث** يجب أن تبلغ الأضحية السن المحدد شرعًا فلا يجزئ من الضأن إلا ما تم له ستة أشهر ولا من المعز الإ ماتم له سنة ولا من البقر الإ ماتم له سنتان ولا من الإبل الإ ما تم له خمس. نعم الكبش والضأن يجزئ إذا تم له ستة أشهر فقط[5].

**والرابع** أن يصح الاشتراك في الأضحية في الإبل والبقر ويجوز أن يكونوا

---

(1) سورة الحج، الآية: ٣٦.

(2) كما جاء في مسلم، رقم: ٥١٢١.

(3) كما روى مفهومه أحمد، رقم: ٦٥٧٥.

(4) رواه البخاري، رقم: ٥٥٦٠، ٥٥٦١ ـ ٥٥٦٢، ومسلم، رقم: ٥٠٦٤ ـ ٥٠٦٤ ـ ٥٠٧٩.

(5) كما جاء في مسلم رقم: ٥٠٨٢، ابوداؤد، رقم: ٢٧٩٩ والنسائي: ٤٣٨٣.

سبعة[1]. ولا حرج أن يزيدوا إلى عشرة شركاء. فعن ابن عباس قال كنا مع رسول الله ﷺ في سفر فحضر الأضحىٰ فاشتركنا في الجزور عن عشرة والبقرة عن سبعة[2].

والخامس أن الأضحية تتم كعبادة نافلة علاوة على عيد الاضحىٰ فقد ضحّى النبي ﷺ بنفسه عند مولد الأطفال ورغب الآخرين بذلك[3].

(1) مسلم، رقم: ٣١٨٦.
(2) رواه ابن ماجة والترمذي، رقم: ١٥٠١، والنسائي، رقم: ٤٣٩٧.
(3) رواه البخاري، رقم: ٥٤٧٢، ابوداؤد، رقم: ٢٨٤١.

# الباب الثاني:

## التشريع الاجتماعي

إنه قد أعطى الخالق جل وعلىٰ الإنسان طبيعة حيوان اجتماعي، ووجه ذلك أن الإنسان لم يتم خلقه بحيث يخلقه خالقه في مكان ما في السماء شابًا وينزله مباشرة إلى الأرض في عالم الشباب، ثم يعيده إليه دون مروره بمراحل الهرم والشيبة، بل على عكس من ذلك إنه يولد من حيث طفل رضيع ضعيف في ظلمات بعضها فوق بعض، يفتح عينيه في حضن أمه يضحك ويلعب ويأكل ويشرب على أيدى غيره، ويقضي جميع حاجياته كذلك. ففي البداية يزحف على الأرض ثم يمشي على ركبتيه ويستطيع الوقف على قدميه بصعوبة كبيرة وبعد ذلك أيضا يحتاج إلى الكثير من العماد والمساعدة في كل ميدان من ميادين الحياة، حتى يبلغ شبابه بعد المضي بمراحل عدة من الطفولة والمراهقة وهو ابن الخامس عشر والسادس عشر. ومرحلة الشباب أيضا لا تطول على عشرين أو ثلاثين سنة ثم أخذ يذهب إلى المشيب، وبعد أن وصل إلى أعلى مراتب العلم والمعرفة إنه يضطر مرة أخرى أن يقضي أيامه تحت رحمة الآخرين كالطفل الرضيع الضعيف.

فطبيعة البشر هذه تتقاضىٰ منه أن يتعايش حياة اجتماعية، وهذه العشرة الاجتماعية تكمن فيه من لدن خلقته البدائية ولا يحتاج الإنسان ـ رجلا وامرأة

ـ أن يخرج من وجوده ويذهب بعيدا للبحث عن تلك العشرة الجماعية، إنه يأتي إلى هذا العالم مع كل متاعه وكل ماله و منزله، وسواء كانت الوديان والتلال أو السهول والصحاري فإنه يزين حفله الجماعي في كل مكان بنفسه.

والتاريخ البشري بأجمعه يشهد أن أبا البشر آدم لما بعث إلى وجه هذا الأرض تحت هذا المخطط الكامن في خلقه من حيث أول إنسان، فإنه لم يُبعث وحيدًا شريدا بل خلق الله لرفاقته زوجًا من نفسه ثم بث رجالًا ونساءًا في هذا العالم، وكانت الأسرة فالقبيلة فالنظم الجماعي على الصعيد الإقليمي أوالدولي، وتيسر من كل ذلك للإنسان كل ما كان له ضروريا لازما ليدرك امكاناته الخفية ويعمل عليها. وقد اعرب القرآن عن هذه الحقيقة كما يأتي:

﴿يَٰٓأَيُّهَا ٱلنَّاسُ ٱتَّقُواْ رَبَّكُمُ ٱلَّذِي خَلَقَكُم مِّن نَّفۡسٖ وَٰحِدَةٖ وَخَلَقَ مِنۡهَا زَوۡجَهَا وَبَثَّ مِنۡهُمَا رِجَالٗا كَثِيرٗا وَنِسَآءٗۚ وَٱتَّقُواْ ٱللَّهَ ٱلَّذِي تَسَآءَلُونَ بِهِۦ وَٱلۡأَرۡحَامَۚ إِنَّ ٱللَّهَ كَانَ عَلَيۡكُمۡ رَقِيبٗا﴾[1].

ففي هذه الآية ـ إذا تدبرت علمت ـ قد بُيّنت كافة المبادئ والأصول التي بنى عليها خالق الكون الاجتماع البشري. وفي لفظ الأستاذ الإمام هذه الأصول مندرجة فيما يأتي:

**أولًا**: إن هذا العالم ليس رعية من دون راع لها، بل خلقه الله وهو الخالق الرب ولذا لايجوز لأحد أن يتعدى حدوده ويتجاسر على امتثال أهواءه بل على الكل أن يتقوا ويحذروا من عذاب الله الخالق المالك.

**وثانيًا**: إن الله تعالىٰ قد خلق كل إنسان من نفس واحدة ـ آدم عليه السلام ـ فالكل ولد آدم نسبًا الأب الواحد، فلا فضل لأحد على أحد، لا لعربي على أعجمي ولا لعجمي على عربي ولا لأبيض على أسود، الكل متساوون إلا بالتقوىٰ أي بصفات اكتسابية وكل معيارات الشرف دون ذلك باطل.

**وثالثًا**: لأن التعاون والتناصر في المجتمع البشري يقوم على وحدة الإله

---

(1) سورة النساء، الآية: ١.

ووحدة آدم واشتراك الرحم النسبي فيجب على أن يعرفوا حقوق هذا الاشتراك ويؤدونها وأن لا تغلبهم نعرة تهدم الاشتراك المفطور ومما يبعث على العواطف الجاهلية، وإذا كان هناك شيئ يثور من هذا القبيل في الاجتماع الإنساني فإنه بوقة خطر للاجتماع كله ويتوجب على كل فرد صالح مؤاسي أن يصرف كل ماله من طاقة وامكانية للصد عنه. وجاءت فقرة «واتقوا الله الذي تسائلون به والأرحام تنبيهًا وتحذيرا من ذاك الخطر الشديد، لأن الأرحام هي التي تعتمد عليها بناية الأسرة والاجتماع والدولة في الإسلام، فما دامت هذه الاركان قائمة تدوم البناية أيضًا وإذا داهمها خطر تضعضت البناية وإذا تهدمت انهدمت البناية أيضًا[1].

ونظرًا إلى هذه الأسس قد انتهج الأنبياء عليهم السلام منهاج الرفاقة المستقلة بين الزوجين في دينهم، فقد أحبر الله سبحانه أن جميع داعيات هذا المقصد الكبير الهادف البناء قد أودعت في فطرته منذ الأزل، حتى يقومان مجتمعَين بأداء واجبات هذه الرفاقة المطلوبة، فقال تعالىٰ:

﴿وَمِنْ ءَايَٰتِهِۦٓ أَنْ خَلَقَ لَكُم مِّنْ أَنفُسِكُمْ أَزْوَٰجًا لِّتَسْكُنُوٓا۟ إِلَيْهَا وَجَعَلَ بَيْنَكُم مَّوَدَّةً وَرَحْمَةً ۚ إِنَّ فِى ذَٰلِكَ لَءَايَٰتٍ لِّقَوْمٍ يَتَفَكَّرُونَ﴾[2].

ومن الواضح إذا كان الإنسان كله يُنظر إليه من الطفولة إلى الشيخوخة، أن هذه الطريقة هي الأوفى والأوفق لكيانه وطبيعته اعتبارًا بضروراته الحياتية والنفسية والاجتماعية. لذلك، في بعض الجوانب الهامة للمجتمع الذي يأتي إلى حيزالوجود منه، فإن الله تبارك وتعالىٰ قد أعطى قانونًا مفصلًا وتشريعًا حكيمًا ترشيدًا للعقل البشري فيها لبني آدم ولتزكيته وتطهيره، ففيما يأتي سوف نفصل تلك النصوص القرآنية والحديثية التي جاءت متصلة بها في الشريعة الخالدة الآن.

---

(1) تزكية النفس، ٤٣٨٢.

(2) سورة الروم، الآية: ٢١.

# النكاح

﴿وَأَنكِحُوا۟ ٱلْأَيَٰمَىٰ مِنكُمْ وَٱلصَّٰلِحِينَ مِنْ عِبَادِكُمْ وَإِمَآئِكُمْ ۚ إِن يَكُونُوا۟ فُقَرَآءَ يُغْنِهِمُ ٱللَّهُ مِن فَضْلِهِۦ ۗ وَٱللَّهُ وَٰسِعٌ عَلِيمٌ ۞ وَلْيَسْتَعْفِفِ ٱلَّذِينَ لَا يَجِدُونَ نِكَاحًا حَتَّىٰ يُغْنِيَهُمُ ٱللَّهُ مِن فَضْلِهِۦٓ﴾[1].

فهذه الآيات تقطع كاملة وبصراحة أن الطريق الواحد المباح عند الله لحصول التسكين الجنسي من النساء هو النكاح فقط، وإذا لم يقدر المرء عليه فلا يبرر ذلك السفاح والزنا له، ومن هنا جاء التلقين أن أنكحوا الأيامى منكم. والنكاح هو العهد للرفاقة المتواصلة بين المرء والمرءة مع الإيجاب والقبول العلني، والذي يتعهد أنه أمام شهود وجمع من الناس بكل اهتمام وبكل جدية، وتفيد الصحف الإلهامية أنه قد أجري هذا الطريق في بني آدم منذ أول يوم من مولده، فلما نزل القرآن لم يحتج إلى إصدار حكم جديد في هذا الباب، فأبقى النبي ﷺ ذلك كسنة قديمة متبعة، بل رغّب الناس إليه مع بشارة زايدة إنهم إن كانوا فقراء يغنيهم الله من فضله بفضل النكاح وليجتنبوا من المفاسد الأخلاقية من خلال النكاح، ويقول الأستاذ الإمام في تفسير ذلك:

«فما دام المرء بلا زوجة يظل يعيش وكأنه بدوي وتبقى كفاءاته كامنة وصلاحياته مكبوتة، كما أن المرءة المحرومة من الزوج تبقى مثل النبات الذي لايستطيع النشوء والنمو والانتشار بسبب نقص الدعم، ولكن إذا نالت المرءة الزوج ويحصل المرء على الزوجة الرفيقة تنمو صلاحياتهما وعندما يكافحان معا في ميدان الحياة يبارك الله لهما في نضالهما فتغير أحوالهما كاملة»[2].

## المحرمات:

قال تعالى: ﴿وَلَا تَنكِحُوا۟ مَا نَكَحَ ءَابَآؤُكُم مِّنَ ٱلنِّسَآءِ إِلَّا مَا

---

(1) سورة النور، الآيتان: ٣٢ و٣٣.
(2) تدبر القرآن، ٥/ ٤٠٠.

قَدْ سَلَفَۚ إِنَّهُۥ كَانَ فَٰحِشَةً وَمَقْتًا وَسَآءَ سَبِيلًا * حُرِّمَتْ عَلَيْكُمْ أُمَّهَٰتُكُمْ وَبَنَاتُكُمْ وَأَخَوَٰتُكُمْ وَعَمَّٰتُكُمْ وَخَٰلَٰتُكُمْ وَبَنَاتُ ٱلْأَخِ وَبَنَاتُ ٱلْأُخْتِ وَأُمَّهَٰتُكُمُ ٱلَّٰتِىٓ أَرْضَعْنَكُمْ وَأَخَوَٰتُكُم مِّنَ ٱلرَّضَٰعَةِ وَأُمَّهَٰتُ نِسَآئِكُمْ وَرَبَٰٓئِبُكُمُ ٱلَّٰتِى فِى حُجُورِكُم مِّن نِّسَآئِكُمُ ٱلَّٰتِى دَخَلْتُم بِهِنَّ فَإِن لَّمْ تَكُونُوا۟ دَخَلْتُم بِهِنَّ فَلَا جُنَاحَ عَلَيْكُمْ وَحَلَٰٓئِلُ أَبْنَآئِكُمُ ٱلَّذِينَ مِنْ أَصْلَٰبِكُمْ وَأَن تَجْمَعُوا۟ بَيْنَ ٱلْأُخْتَيْنِ إِلَّا مَا قَدْ سَلَفَۗ إِنَّ ٱللَّهَ كَانَ غَفُورًا رَّحِيمًا * وَٱلْمُحْصَنَٰتُ مِنَ ٱلنِّسَآءِ إِلَّا مَا مَلَكَتْ أَيْمَٰنُكُمْۖ كِتَٰبَ ٱللَّهِ عَلَيْكُمْ﴾.

فهذا هو فهرس النساء التي امتنع النكاح منهن وأوّله القرآن بحرمة النكاح من زوجة الأب وختمه بحرمة النكاح بنساء هن بنكاح الغير ﴿وَحَلَٰٓئِلُ أَبْنَآئِكُمُ﴾. والحرمات التي جاءت بين هذين التمهيد والخاتمة هي مبنية على مبادئ ثلاثة للحرمة وهي النسب، الرضاعة والمصاهرة. وكان هناك تقليد سائد متبع في بعض طبقات وأوساط العرب الجاهلية أن منكوحات الأب يرثها الإبن وكانوا لايستقبحون أن يصرن أزواجًا لهم، وقال القرآن إن هذا فاحشة ومقتا وساء سبيلًا. ولذا حرم للأبد تحريمًا قاطعًا وما سلف منه سلف ولكن لاينبغي الآن أن يرتكبه أي مسلم مستقبلًا،

وكذلك المرأة التي هي في حبالة عقد الغير لايحق لشخص أن ينكحها بدون أن تفترق من زوجها، ووجه ذلك لأنه بدون هذا التحريم فإن مؤسسة الأسرة التي من أجلها شرع النكاح لاتوجد. فحرمه الله، إلا النساء اللاتي جئن اسيرات للحرب، فقد شرع لهن النكاح إذا شئن مع نكاح سابق لهن،لأن الأسر بنفسه كان يكفي لإنهاء الزواج الأول وفق الرواج والتقليد السائد في ذلك العصر، فأبقاه القرآن أيضا كما يؤشرعليه فقرة استثنائية «إلاماملكت أيمانكم» لكي يصبحن جزءًا للمجتمع المسلم من دون عقبة إذا شئن.

خذ بعد ذلك الحرمات المتبقية ومنها:

## النسب

وفي هذا الباب حرم القرآن حرمات نسبية وهي سبع قرابات: الأم، البنت، الأخت، العمة، الخالة، إبنة الأخت وإبنة الأخ، وهذه القرابات تحوز بقدسية لدرجة أن شائبة الرغبة الجنسية فيها تاباها الفطرة الصالحة، ولا شبهة أن هذه القدسية هي التي تنبع منها مشاعر الرأفة والرحمة والحب للأسرة وتتأسس عليها المدنية وروح الحضارة. فقد أراد الله سبحانه أن تطيب نظرات الأم لإبنها والأب لابنته واللأخ لأختها والعمة لإبن أخيها والخالة لابن أختها، ولابنة الأخت نظرة خالها ولابنة الأخ نظرة العم من كل شوائب الجنس والشهوة. ويشهد العقل أن أية شائبة من هذا النوع في هذه العلاقات تهدم الشرف الإنساني وهي تنافي لذاك الإحساس الطاهر والعاطفة الزكية الذي هو الفارق بين الإنسان والحيوان.

وحكم هذه الحرمات المذكورة أعلاه هو متعين وليتضح ثلاثة أمور في ذلك:

أولًا الألفاظ التي استخدمت هنا للغة العربية ليس هناك فرق بين الأصلي وغير الأصلي من العلاقات في ذلك إن العلاقات العلاتية والأخيافية في الأب والأم والأخ والأخت كلها متساوية في الحكم وكذلك تشترك فيها أبناء وبنات الأخ والأخت وأخوات الأم والأب وبناتهما أيضًا تأتي تحت هذا الحكم، وثانيًا لفظة الأم تتناول أم الأب وأم الأم فصاعدا ولفظة الإبنة شاملة للحفيدة ولإبنة البنت فسافلا لا فرق بينهما في الحكم. وثالثا إن أخت الجد للأم وأخت الجدة تعدان عمة وخالة فتشملان في هذا الحكم.

## الرضاعة

وهذه القداسة نفسها للعلاقات الرضاعية أيضًا. يقول الأستاذ الإمام أمين أحسن الإصلاحي في توضيح ذلك:

«إن الناس عندنا لايعيرون أهمية ومعنى عميقا للرضاعة مثل ما تعيرها العرب من معنى كبيروالمكانة الكبيرة، وباعثها هو باعث التقاليد، وإلا فإن العلاقة الرضاعية لها عمق وتاثير كبير مثل عمق وتاثير الأمومة، فإن الطفل الذي يتغذى من لبن إمرأة تحتضنه وتعطيه ثدييها تصير له نصف أم على الأقل إن لم هو أما حقيقية. فكيف يمكن لطفل أن لا تتاثر مشاعره وعواطفه بالمرأة التي تتدفق حليبها في عروقه؟ فإذا لم تتأثر فهذا ليس صنيعًا طبيعيًا بل هو تشويه للطبيعة والإسلام كدين للفطرة قد جاء لإصلاح هذا الفساد»[1].

وكيف تقوم هذه العلاقة برضعة الطفل؟ يفسر ذلك الأستاذ أمين أحسن ويقول:

«ولا تقوم هذه العلاقة الرضاعية بحدث صادف، بل القرآن قد بين ذلك في سياق يتضح منه اتضاحا تامًا أن عملية الرضع لاتتم بحدث صادف بل تتم باهتمام هادف فيعتبر وإلا لا. فقد أوّل القرآن بقوله: ﴿وَأُمَّهَٰتُكُمُ ٱلَّٰتِيٓ أَرۡضَعۡنَكُمۡ﴾ وثنّى باستعمال صيغة الإرضاع ﴿وَأَخَوَٰتُكُم مِّنَ ٱلرَّضَٰعَةِ﴾ «وأرضعنكم والإرضاع هو من باب الإفعال الذي يفيد مفهوم المبالغة والاهتمام، ولفظة الرضاعة تابى أن تتم الرضاعة بمحض الصدفة مثلًا إذا كان هناك طفل جائع يبكي وامرأة تضع ثديها على فمه لتسليته فيكون رضعًا»[2].

وقد رويت عن عائشة رضي الله عنها أن النبي ﷺ قال: إن رضعة أو رضعتان لا تحرم[3] وعن عائشة رضي الله عنها أن النبي ﷺ دخل عليها وعندها رجل فكأنه تغير وجهه كأنه كره ذلك فقالت إنه أخي من الرضاعة فقال: انظرن من اخوانكن فإنما الرضاعة من المجاعة[4].

ولاينبغي أن نقع في الخطأ بما وقع لسالم الذي تتبناه أبو حذيفة من الرضاع في كبره، والأمر الذي يعلم منه على الأكثر من ذلك هو أن أسرة وقعت

---

(1) تدبر القرآن: ٢/ ٢٧٥.

(2) تدبر القرآن ٢/ ٢٧٥.

(3) رواه مسلم، رقم: ٣٥٩٠.

(4) رواه البخاري، رقم: ٥١٠٢، ومسلم، رقم: ٣٦٠٦.

في ضيق مما جاء في القرآن من حكم الأولاد المتبنين. فأعطى الرسول رخصة لهذه الأسرة مخرجًا من ذلك الضيق ولا يتأسس عليها حكم مستقل: وهو كما يأتي:

«فجاءت سهلة بنت سهيل بن عمرو القرشي ثم العامري، وهي إمرأة أبي حذيفة، فقالت: يا رسول الله إنا كنا نرىٰ سالمًا ولدًا وكان يأوي معي ومع أبي حذيفة في بيت واحد ويراني فضلا، وقد أنزل الله فيهم ما قد علمت، فكيف ترى فيه؟ فقال لها النبي ﷺ أرضعيه»[1].

فهذا قطعي أنه لا بد لثبوت الرضاعة من اهتمام لها أولًا وثانيًا أن تتم الرضاعة في عمرها وكذلك تحرم من الرضاعة ما يحرم من النسب، هذا ما يتقاضاه القرآن، لكن الأسلوب العربي الذي استخدمه هنا القرآن أن ما توضحه دلالة الألفاظ والقرائن ومقتضيات الحكم العقلية تلقائيا، لايُعرب به بالألفاظ صراحتًا[2]. فقد قال: ﴿وَأُمَّهَٰتُكُمُ ٱلَّٰتِيٓ أَرۡضَعۡنَكُمۡ وَأَخَوَٰتُكُم مِّنَ ٱلرَّضَٰعَةِ﴾ فذكر الأخوات أيضًا مع الأمهات في حكم التحريم، فإن انتهى الحكم بالحكم على الأمهات فقط ولم يجمع إليها الأخوات لما كان هناك سعة لأية إضافة في الحكم، ولكنه إذا كانت العلاقة الرضاعية تحرم الأخوات مع الأمهات فيقتضي العقل أن تمتد الحرمة إلى العلاقات الأخرى المتصلة بالأم، لأنه إذا كانت المشاركة في اللبن تجعل امرأة اختًا له فلماذا لا تجعل أخت الأم الرضاعة خالة وزوجها أبا واخت الزوج عمة وحفيدتها للأم والأب ابنة الأخ وابنة الأخت؟ فهذه العلاقات كلها حرام، هذا ما أراده القرآن وتدل عليه الفاظ القرآن بحيث لايخفى ذلك على كل من يتدبر في القرآن، وبناءً على ذلك قال النبي ﷺ:

يحرم من الرضاعة ما يحرم من الولادة[3].

---

(1) أبوداؤد: ٢٠٦١.

(2) انظر للاستزادة في ذلك فصل «الأصول والمبادئ» لهذا الكتاب نفسه.

(3) رواه المؤطا، رقم: ١٨٨٧.

# المصاهرة:

وبعد النسب والرضاعة جاءت حرمات المصاهرة، وقداسة هذه العلاقات التي تحصل من المصاهرة واضحة جلية لا تحتاج الفطرة الإنسانية إلى استدلال لها، فزوجة الابن حرام على الأب وأم الزوجة على الزوج وكذلك علاقات الإبنة والأخت والخالة والعمة وإبنة الأخ وابنة الأخت كلها حرام. ولكن بما أن هذه العلاقات تحرم بوساطة الزوج والزوجة جاء فيها ضعف من نوع ولذا اشترط لها القرآن ثلاثة شروط وهي:

أولًا: تحرم الربيبة من الزوجة التي دخل الزوج بها.

ثانيًا: ولا بد لحرمة زوجة الإبن من كون الإبن صلبيا.

وثالثًا: إن حرمة أخت الزوجة وعمتها وخالتها وإبنة أخيها وإبنة أختها تختص فيما إذا كان الزواج بين الزوج والزوجة قائما.

أما الربيبة فقد جاء عنها في القرآن ما يأتي:

«وربائبكم اللاتي في حجوركم من نسائكم اللاتي دخلتم بهن، فإن لم تكونوا دخلتم بهن فلا جناح عليكم «فوصف القرآن الربائب أنهن نشأن في حجوركم وأن يكن من نسائكم اللاتي دخلتم بهن ولكن النشأة في الحضن ليست في محل الشرط هنا، ويوضح ذلك الأستاذ أمين أحسن الإصلاحي يقول:

«إنه ليس كل صفة لشيء شرط له في اللغة العربية بالتاكيد بأنه اذا فات الشرط فات المشروط، بل ينحصر ذلك على القرينة، فالقرينة تبين أي صفة وقيد موضوع بدرجة الشرط وأي صفة جاءت تصويرًا للحالة، وهنا ليس قرينة فقط بل صراحة أن أم الربيبة الغير المدخولة لا تحرم، فوضح من ذلك أن الأصل المؤثر في حرمة الربيبة هو كونها غير مدخولة، فإن كانت مدخولة لم يجز النكاح من إبنتها بصرف النظر عن أنها نشأت في حجره أم لم تنشأ. ويجب أن نلاحظ أن ما يجيئ في روائع البيان العربية وخاصة في القرآن الكريم في أسلوب النفي بعد

الإثبات أو على عكسه لايجيئ فقط ككلام طريف فارغ بل يجيئى لفائدة ويكون المقصود منه في أكثر الصور هو رفع الإبهام، وعلم من ذلك أن القائلين بجواز النكاح بالربيبة إذا لم تكن مربوبة في حجره هم على خطأ»[1].

والأمر الثاني قد استعمل القرآن تعبير: ﴿وَحَلَٰٓئِلُ أَبۡنَآئِكُمُ ٱلَّذِينَ مِنۡ أَصۡلَٰبِكُمۡ﴾ واشترط فيه كون الأبناء من صلب الآباء لأن العرب في الجاهلية كانوا يرون زواج حلائل الأبناء المتبنين أيضا حرامًا وبين لهم هذا الشرط القرآني أن التبني لايجعل الولد إبنا حقيقيا ولا تقوم بها حرمة كما صرح بذلك في الأحزاب:

﴿وَمَا جَعَلَ أَدۡعِيَآءَكُمۡ أَبۡنَآءَكُمۡۚ ذَٰلِكُمۡ قَوۡلُكُم بِأَفۡوَٰهِكُمۡۖ وَٱللَّهُ يَقُولُ ٱلۡحَقَّ وَهُوَ يَهۡدِي ٱلسَّبِيلَ ۞ ٱدۡعُوهُمۡ لِأٓبَآئِهِمۡ هُوَ أَقۡسَطُ عِندَ ٱللَّهِۚ فَإِن لَّمۡ تَعۡلَمُوٓاْ ءَابَآءَهُمۡ فَإِخۡوَٰنُكُمۡ فِي ٱلدِّينِ وَمَوَٰلِيكُمۡ﴾[2].

الثالث، قال القرآن: وأن تجمعوا بين الأختين وهذا هو أيضًا نفس الأسلوب الذي استخدمه القرآن لتحريم العلاقات الرضاعية فيما مر آنفا، ووقف القرآن عند الجمع «بين الأختين» لكن اتضح منه صريحًا أنه إذا كان الجمع بين الأختين في العلاقة الزوجية يجعله فحشًا فكذلك الجمع بين العمة وبين المرأة وبين المرأة وخالتها أيضا كأنه الجمع بين الأم وبين إبنتها، وهذا هو المقصود. ولكنه حذف هذه الألفاظ ولم يجيئ بصراحة «أن تجمعوا بين الأختين وبين المرأة وعمتها وبين المرأة وخالتها» فإن دلالة المذكور مع ضرورته العقلانية واضحة جلية في هذا الحذف، بحيث لايستطيع أي طالب مطلع على أسلوب القرآن أن يخطأ في فهمه، وقد كشف هذا المحذوف النبي ﷺ بقوله: لايجمع بين المرأة وعمتها ولا بين المرأة وخالتها[3].

---

(1) تدبر القرآن ٢/ ٢٧٦.

(2) سورة الأحزابن الآيتان: ٤ و٥.

(3) المؤطا، رقم: ١٦٠٠.

## الحدود والشرائط:

﴿وَأُحِلَّ لَكُم مَّا وَرَآءَ ذَٰلِكُمْ أَن تَبْتَغُواْ بِأَمْوَٰلِكُم مُّحْصِنِينَ غَيْرَ مُسَٰفِحِينَ ۚ فَمَا ٱسْتَمْتَعْتُم بِهِۦ مِنْهُنَّ فَـَٔاتُوهُنَّ أُجُورَهُنَّ فَرِيضَةً ۚ وَلَا جُنَاحَ عَلَيْكُمْ فِيمَا تَرَٰضَيْتُم بِهِۦ مِنۢ بَعْدِ ٱلْفَرِيضَةِ ۚ إِنَّ ٱللَّهَ كَانَ عَلِيمًا حَكِيمًا﴾[1].

الحدود والشرائط التي تناولتها الآية نفصلها فيما يأتي:

أولا اشترط أن ينعقد النكاح بالمال أي مع أداء المهر، وهو شرط لازم للنكاح، فرضه الله ولذا قال إن لم تؤدوا مهر النكاح لإمرأة حتى الآن فآتوهن أجورهن فورًا. نعم إذا كان هناك تراضي بين الطرفين لتقديم أو تأخير أو نقص وإضافة إلى مقدار المهر من بعد أن تفرضوا لهن فريضة فلا حرج فيه وليتضح على الكل أن الذي فرض هذه الفريضة هو عليم حكيم وكل ما جاء من عنده مبتني على علم وحكمة ودون خطأ، فلا يجوز لشخص مخالفة ذاك القانون ولا يتاجسر أحد على تغيير وتعديل فيه.

وما هو هذا المهر؟ إنه علامة مؤشرة على أن المرء هو الذي يتحمل نفقات ومصروفات ما عقده المرء والمرءة من عهدة الزواج، وقد استعمل القرآن لذلك ألفاظ الصدقة والأجر أي الثمن الذي تم أداءه لتسديد حاجات المرءة صلةً لزواجها ورفاقتها، وهو أيضًا سنة قديمة مثل النكاح وكانت رائجة في جزيرة العرب قبل مبعث النبي ﷺ، وجاء ذكرها من هذه الحيثية في الكتاب المقدس أيضًا[2].

ولماذا هذه الأهمية له؟ يقول الأستاذ أمين أحسن الإصلاحي موضحا ذلك:

«يجب أن تُعار أهمية كبيرة خاصة لمسئلة اشترط فيما أداء المال كواجب

---

(1) سورة النساء، الآية: ٢٤.

(2) انظر: سفر الميلاد الآية ١٢ ــ والخروج: ١٧.

شرعي وليس كتبرع أو إحسان حتى إنه لو لم يكن مذكورا في اللفظ يُفهم أنه مضمر فيه بالتأكيد، وذلك يعني أنها مسئلة هامة باعتبار الحيثية العرفية للمرأة شرعًا وعرفًا. ففي مثل هذه المعاملة لا يجترئي كل من له وعي وشعور أن يكون فريقًا فيها حتى يتفكر في مسئوليات وتبعات تلك المشاركة فيها. ويفكر مئة مرة قبل أن يستعد القيام بمستلزمات المشاركة لها، ومن أجل هذه المصالح صار شرط المهر ضروريا، ومن لم يترو في الأمر ولم يأخذ بالاعتبار هذه المصالح أخطأ الفهم حين اعتقد أن اشتراط أداء المهر قد حط من درجة المرأة إلى درجة الشيئ المبيع والمشترى، وهذا من سوء الفهم ـ إن هذا الشرط هو انتباه وتحذير أن من يدخل في حريم المرأة يقدم عليه بعد تفكير جيد طويل فإن باب النكاح والطلاق باب الجد و العزيمة لا مجال فيه للهزل، إن هزله أيضًا جد.

وقال الشاعر الفارسي ما معناه «انتبه إلى أن هناك سيفًا في الطريق فلا تضع قدمك عليه»(1).

ولم يحدد الشرع أي مقدار للمهر وإنما ترك على رأي الناس ودستور المجتمع فلهم ضبط مقدار المهر بقدر ما يريدون نظرًا إلى مكانة المرءة الإجتماعية ورعاية لحالات المرء المعيشية.

والشيئ الثاني الذي تطرقت إليه الآية أنه لا بد للنكاح من العفاف، فلا يحق للزاني أن يتزوج بعفيفة ولا لزانية أن تزوج برجل عفيف إلا أن لا يبلغ الأمر إلى المحكمة فيتوبا إلى الله ويتطهرا من هذا الذنب بالتوبة والاستغفار ـ وهذا هو المراد من ﴿مُحْصِنِينَ غَيْرَ مُسَٰفِحِينَ﴾ وقال تعالى في موضع آخر:

﴿ٱلزَّانِى لَا يَنكِحُ إِلَّا زَانِيَةً أَوْ مُشْرِكَةً وَٱلزَّانِيَةُ لَا يَنكِحُهَآ إِلَّا زَانٍ أَوْ مُشْرِكٌ ۚ وَحُرِّمَ ذَٰلِكَ عَلَى ٱلْمُؤْمِنِينَ﴾(2).

---

(1) تدبر القرآن ٢/ ٢٧٨.

(2) سورة النور، الآية: ٣.

وقد جاء ذلك صراحة في بعض الأحاديث أيضًا[1].

وفي هذه الآية أيضًا إشارة واضحة إلى مماثلة الشرك والزنا كما تفيد بذلك الصحف السماوية الأخرى أيضا. وكما لايجوز لأحد الزوجين أن ينام في فراش الغير لايجوز للمسلم أن يعبد في بيته مع الله غيره، بل ذلك أبغض إليه من النوم في فراش الغير، وهذه المماثلة بين الشرك والزنا مفهومة على أن القرآن قد صرح ذلك فقال:

﴿تَنكِحُوا۟ ٱلْمُشْرِكَـٰتِ حَتَّىٰ يُؤْمِنَّ ۚ وَلَأَمَةٌ مُّؤْمِنَةٌ خَيْرٌ مِّن مُّشْرِكَةٍ وَلَوْ أَعْجَبَتْكُمْ ۗ وَلَا تُنكِحُوا۟ ٱلْمُشْرِكِينَ حَتَّىٰ يُؤْمِنُوا۟ ۚ وَلَعَبْدٌ مُّؤْمِنٌ خَيْرٌ مِّن مُّشْرِكٍ وَلَوْ أَعْجَبَكُمْ مُحْصِنِينَ غَيْرَ مُسَـٰفِحِينَ.

وقد جاء حكم إنهاء النكاح من الكفار في الآية العاشرة من الممتحنة (٦٠) ولكنها أمر آخر تمامًا[2].

أما اليهود والنصارىٰ فإنهم كانوا ملوثين بنجاسة الشرك في العلم والعمل تلوثا فاحشا ولكن مع ذلك، بما أنهم كانوا في الأصل مؤمنين بالتوحيد فقد رخص الله لهم وتنازل للمسلمين في أنهم جاز لهم النكاح من نساء أهل الكتاب المحصنات فقال:

﴿وَٱلْمُحْصَنَـٰتُ مِنَ ٱلَّذِينَ أُوتُوا۟ ٱلْكِتَـٰبَ مِن قَبْلِكُمْ إِذَآ ءَاتَيْتُمُوهُنَّ أُجُورَهُنَّ مُحْصِنِينَ غَيْرَ مُسَـٰفِحِينَ وَلَا مُتَّخِذِىٓ أَخْدَانٍ﴾[3].

وسياق الآية يخبرنا أن هذه الرخصة كانت قد أعطيت حين لم يبق إبهام في أمر التوحيد وتغلب تغلبًا تامًا على الحضارة المشركة، ولفظة «اليوم» التي جاءت في مستهل الآية دليل على أن حالات ذالك الوقت كان لها دخل في تلك

---

(1) انظر: أبوداؤد، رقم: ٢٠٥١، ٢٠٥٢. وانظر للاستزادة في ذلك باب الحدود والتعزيرات في الكتاب نفسه.

(2) أنظر في ذلك الحاشية رقم ٦٠ تحت هذه الآية في تفسيرنا «البيان»

(3) سورة المائدة، الآية: ٥.

الرخصة وكان من المتوقع أن المسلمين اذا تزوجوا من نساء أهل الكتاب فإنهن سوف يتاثرن بهم بالتاكيد ويقبلن الإسلام فلايتصادم التوحيد مع الشرك إذن، ولذلك أثناء الاستفادة من هذا الإذن يجب أن يوضع هذا الشيئ في الاعتبار حتى في هذا العصر.

كما يجب أن يتضح أن الهدف الذي يرمى إليه الزواج من إيجاد مؤسسة الأسرة تقتضي حرمته أن يتم النكاح بإذن الوالدين وأولياء الأمور وبرضاهم، ولاشك أن النكاح يُبرم أصلًا من قِبل رجل وامرأة ويتم بإيجابهما علانيا، ولكن إذا لم يتم بإذن الولي يجب أن يكون هناك سبب لذلك، وإذا لم يتواجد سبب معقول فيحق للنظم الاجتماعي أن يتدخل في النكاح كهذا، ولكن لا يعني أنه إذا تم هناك نكاح كهذا يُبطل ويُعفى أثره وذلك الذي أريد إثباته بروايات جاءت في لفظ «لا نكاح إلا بولي»[1] وبما أنه يصبح تمرد المرأة في هذه الحالة اضطرابًا غير عادي للأسرة فنظرا إلى ذلك قد أوضح النبي ﷺ بقوله وفعله على أولياء الأمور أن لا يقضوا قضاءً في الزواج بغير اذن المرأة وإلا يُردّ قضاءهم إذا شاءت، فعن أبي هريرة قال قال النبي ﷺ لاتنكح الأيم حتى تستأمر ولا تنكح البكر حتى تستأذن، فقالوا وكيف تستأذن، فقال إذذنها صماتها[2]. وعن ابن عباس قال قال النبي ﷺ تنكح الأيم بنفسها وتستأذن البكر[3]. وعن خنساء بنت خذام أن أباها زوجها وهي كارهة وكانت ثيبًا فأجاز لها النبي ﷺ أن ترد نكاحها[4].

## الحقوق والفرائض

(1)

﴿ٱلرِّجَالُ قَوَّٰمُونَ عَلَى ٱلنِّسَآءِ بِمَا فَضَّلَ ٱللَّهُ بَعۡضَهُمۡ عَلَىٰ بَعۡضٖ وَبِمَآ أَنفَقُواْ

(1) رواه ابوداؤد، رقم: ٢٠٨٥.
(2) رواه البخاري، رقم: ٦٩٦٨.
(3) رواه مسلم، رقم: ٣٤٧٦.
(4) أخرجه أحمد في مسنده والبخاري رقم: ٥١٣٨.

مِنۡ أَمۡوَٰلِهِمۡۚ فَٱلصَّٰلِحَٰتُ قَٰنِتَٰتٌ حَٰفِظَٰتٞ لِّلۡغَيۡبِ بِمَا حَفِظَ ٱللَّهُۚ وَٱلَّٰتِي تَخَافُونَ نُشُوزَهُنَّ فَعِظُوهُنَّ وَٱهۡجُرُوهُنَّ فِي ٱلۡمَضَاجِعِ وَٱضۡرِبُوهُنَّۖ فَإِنۡ أَطَعۡنَكُمۡ فَلَا تَبۡغُواْ عَلَيۡهِنَّ سَبِيلًاۗ إِنَّ ٱللَّهَ كَانَ عَلِيّٗا كَبِيرٗا ﴾[1].

وقد مرّ قبل هذه الآية أن مجال التسابق والجد للإنسان هو ليس مجال الصفات الخلقية فإن الله تعالىٰ قد فضل بعضهم على بعض في باب الصفات الخلقية عقلانيا وجسمانيا ومعيشيا واجتماعيًا وبعضهم ضعاف في هذه المجالات.

كما هو الأمر في الزوج والزوجة والرجل والمرءة، فإنه خلق أحدهما فاعلًا والآخر مفعولًا، والفعلية بطبيعة الحال تقتضي الغلبة والشدة والتحكم، والانفعالية بدورها تقتضي الرخوة والرقة والانفعال، وعليه يكون المعنى أن يتمتع كل منهما بميزة يتفوق بهاعلى الآخر. وهذه صفات خلقية والمنافسة والمسابقة فيها تعني الحرب على الطبيعة ولذلك سوف يؤدي بهما إلى أن كليهما يترك للحداد على خسارتهما.

وأخبر الله تعالى أن هناك ميدان آخر للنضال وهو ميدان يُتسابق فيه، ميدان الصفات الاكتسابية، ميدان الخير والتقوىٰ، والعبادة والرياضة والعلم والأخلاق، وهو في الحقيقة ميزان المسابقة والتنافس واصطلح عليه القرآن في مقامات كثيرة بتعبير الإيمان والعمل الصالح. وهو تعبير جامع بلا شبهة ـ فليس هناك قيد ولا ضغط على أي شخص أن يتسابق فيه بل التسابق فيه محمود بقدر ما هو مذموم في باب الصفات الخلقية، فللرجل نصيب مما اكتسب والمرءة نصيب ما اكتسبت، فهذا الميدان حر مفتوح لكل حر وعبد وأمة ولكل شريف ووضيع، ولكل جميل وقبيح، وللاعمٰى والبصير للكل. فليتنافس فيه المتنافسون. إن القيام بعمل في المجال الخطأ لن يحصل على شيء خالي من الصراعات غير المثمرة

(1) سورة النساء، الآية: ٣٤.

والنزاعات غير المجدية، والمجال الصحيح لإخراج الطموح واختبار الشجاعة هو هذا فمن يريده عليه أن ينزل في هذا الميدان.

وقال تعالى: ﴿وَلَا تَتَمَنَّوْاْ مَا فَضَّلَ ٱللَّهُ بِهِۦ بَعْضَكُمْ عَلَىٰ بَعْضٍ لِّلرِّجَالِ نَصِيبٌ مِّمَّا ٱكْتَسَبُواْ وَلِلنِّسَآءِ نَصِيبٌ مِّمَّا ٱكْتَسَبْنَ وَسْـَٔلُواْ ٱللَّهَ مِن فَضْلِهِۦٓ إِنَّ ٱللَّهَ كَانَ بِكُلِّ شَىْءٍ عَلِيمًا﴾[1].

واعتبارًا بهذا المبدأ قد شرع الله تعالى في هذه الآية تشريعه في تنظيم الأسرة، ومؤسسة الأسرة أيضًا دويلة صغيرة فكما أن كل دولة تتقاضى أن يكون لها قائد تقودها إلى الإمام ومدير يدير أمورها فهكذا إن دويلة الأسرة أيضًا تتطلب أيضًا رئيسًا وزعيمًا لها، ومكانة الرئاسة في هذه الدويلة اما أن يكون للمرء وأما أن يُعطى للمرءة، ويفيد القرآن إنها اتيحت للمرء، فإنه استعمل لذلك لفظة «قوامون على النساء» وفي العربية إذا جاءت «على» صلةً لقام، تعطي معاني الحفاظ والاشراف والتولية والكفالة. والرئاسة تتضمن كل هذه المعاني فهي مستلزمات لها، وجاء القرآن بدليلين في قضاءه هذا.

يقول الأستاذ أمين أحسن الإصلاحي في توضيهما:

«أحدهما أن الله فضل الرجال على النساء، فإن الرجل له تفوق بارز في بعض الصفات تجعله جديرًا أن يكون قوامًا، إنه يتمتع مثلًا بكفاءات الحفاظ والدفع ومؤهلات الكسب والعزم والاستعداد للإنجازات ما لا تتمتع بها المرءة فإنها تعوزها، وينبغي أن يُلاحظ أن الفضل الكلي لا يُبحث عنه هنا بل الفضيلة الجزئية التي تتعلق باستحقاق القوامة للرجل، نعم هناك بعض الجوانب لفضيلة المرءة أيضًا ولكن لا علاقة لها بالقوامة، فمثلًا ما تتمتع بها المرءة من قابلية تنظيم الأمور المنزلية وتربية الأطفال لا يتمتع بها الرجل بل ينقصها، ولهذا السبب قد أبهم القرآن بيانه هنا مما يتبين منه أن كلا من الرجل والمرءة متفوقان

---

(1) سورة النساء، الآية: ٣٢.

بطريقة أو بأخرى، وهذا هو السبب في تقديم الأم على الأب فيما يخص بعلاقة الأولاد مع الوالدين، وسوف نلقي الضوء على هذا الجانب بتفصيل في محله.

وثانيًا لأن الرجل قد أنفق ماله على المرءة وتكفل بجميع مسئوليات المصاريف على الزوجة والأولاد،والظاهر أن هذه المسئولية ليست اتفاقية ولا تبرعية بل إنه تحملها لأنها هي عبئه وتبعته وهو الذي يحمل صلاحيات تحملها ويستحق تأديتها[1].

وبعد تنصيب الرجل في موضع القوامة في إدارة الأسرة جعلت الإمرأة مسئولة عن ما يأتي:

١. اطاعة الأزواج وعدم النشوز.

٢. وأن يحفظن للأزواج سرهم وعصمتهم وناموسهم.

والأول لايحتاج إلى الإيضاح لأن أي نظام للدولة كان أو لأية مؤسسة، لايبقى ولا يقوم من دون طاعة وتوافق حتى ليوم واحد، فهذا هو طبيعة النظام إذا لم يكن هناك سمع وطاعة فسيكون اختلال وانتشار لا توجد معه إدارة ولا مؤسسة، وأما الثانية فقد عبر بها القرآن بتعبير «حافظات للغيب» وقد فسر بأن يحفظن لهم في غيبهم وفسرناه بأن يحفظن لهم أسرارهم وهذا هو الصحيح عندنا. أوضحه ذلك الأستاذ أمين أحسن الإصلاحي بقوله:

«ووجه ذلك لأن الغيب يستخدم في معنى السر عامة، ثم إن تركيب الكلام هنا لم يترك سعة لمعنى في غيبتهم، وثالثا إن الأمانة في حفظ السر هي القضية المهمة جدا في العلاقات بين الرجل والمرأة، وكل منهما أمين للآخر بطبيعة الحال. وخاصة إن المرأة لها مرتبة أمين سر الزوج تعرف جيدا محاسنه وعيوبه وتعرف ماله في بيته وأمواله وأملاكه وتحفظ شرفه وعزه وإذا شاءت إفشاء سره يتعرى تعرية كاملة. ولهذا السبب قد خص القرآن هذه الصفة بالذكر وإضافة «حفظه الله» قصد منه تشريف وتكريم هذه الصفة لأنها من أخلاق الله فإن الله

---

(1) تدبر القرآن، ٢٩١/٢.

تعالىٰ قد تكرم بعباده يحفظ أسرارهم وأسرارهن، وإلا إن أراد الله فضح الناس فمن الذي يفر منه ومن الذي يمكنه إظهار وجهه في مكان ما»[1].

وأثنى القرآن على الحافظات للغيب بما حفظ الله وذكرهن بلفظ «الصالحات». فخرج منه تلقائيًا أن من لم يحفظن أسرار البيت واخترن النشوز والتمرد هن غير صالحات في نظر القرآن. ويثور هنا سؤال هل للزوج تأديب امرأة ناشزة؟ أجاب عليه القرآن بنعم، واستخدمت الآية لفظة «نشوز» ومعناها رفع الرأس والبغي والتمرد الذي يحصل من قِبَل المرأة تجاه الزوج، ولا يطلق هذا اللفظ على كل غفلة أو تساهل أو التظاهر الطبيعي برأيها وذوقها وشخصيتها من الزوجة، بل يطلق على حالة تتحدى لقوامة زوجها وتفسد نظام الأسرة، وإذا بلغت الحالة إلى ذلك الحد حينه فللرجل ثلاث خيارات بل يجب عليه أن يختارها ليحفظ أسرته من الانتشار والاندحار.

**أولًا:** أن ينصح المرأة ويعظها ويشملها الزجر والتوضيح لحد صغير،

**وثانيًا:** ترك المضاجعة معها والحديث إليها حتى تعلم أن حياة الأسرة في خطر.

**وثالثًا:** التأديب والضرب القليل مثل ما يضرب الوالدين أولادهما أو يؤدب المعلم تلميذه واستعمل النبي ﷺ لذلك لفظة ضربًا غير مبرح[2]. أي الضرب الذي لا يترك أثرًا وأسلوب الآية يقتضي الترتيب والتدريج أى أولا النصيحة والوعظ ثم الهجر في المضجع ثم التأديب والضرب إذا لم يجد الأول والثاني وصار التأديب لا بد منه، وهو أيضا الحد النهائي لسلطات الرجل التأديبية لايتعداها ولذا قال: ﴿فَإِنْ أَطَعْنَكُمْ فَلَا تَبْغُوا عَلَيْهِنَّ سَبِيلًا﴾. والله العلي القدير إذا كان يتجاوز عن سيئات العباد ويعفو عنهن بعد الإصلاح والتوبة فليس لعباده أن يتعدوا حدودهم إذا حصل لهم

---

(1) تدبر قرآن، ٢/ ٢٩٢.

(2) رواه مسلم، رقم: ٢٩٥٠، وهذا التعيين قد تم برعاية تلك العلاقة التي تكون فيما بين الأب وأولاده أو فيما بين الزوج وزوجته.

سلطات قليلة على الآخرين ونبهم الله إلى هذه الحقيقة يقوله: إن الله كان عليًا كبيرًا.

(2)

﴿يَٰٓأَيُّهَا ٱلَّذِينَ ءَامَنُواْ لَا يَحِلُّ لَكُمۡ أَن تَرِثُواْ ٱلنِّسَآءَ كَرۡهٗاۖ وَلَا تَعۡضُلُوهُنَّ لِتَذۡهَبُواْ بِبَعۡضِ مَآ ءَاتَيۡتُمُوهُنَّ إِلَّآ أَن يَأۡتِينَ بِفَٰحِشَةٖ مُّبَيِّنَةٖۚ وَعَاشِرُوهُنَّ بِٱلۡمَعۡرُوفِۚ فَإِن كَرِهۡتُمُوهُنَّ فَعَسَىٰٓ أَن تَكۡرَهُواْ شَيۡـٔٗا وَيَجۡعَلَ ٱللَّهُ فِيهِ خَيۡرٗا كَثِيرٗا﴾[1].

ففي هذه الآية قال الله تعالىٰ أولًا إن النساء ليست مالا ماشية من يرثها ربطها في مخبأه ووكره، بل هن حرائر يملكن ما أردن ولهن أن يقضهن في أمورهن تابعة للحدود الالهية، وكانت الحاجة ماسة لهذا الإرشاد لأن هناك كان تقليدًا سائدًا في بعض طبقات العرب الجاهلية أن زوجات الميت ينتقلن إلى وارثه كالمال والماشية وكالضيعة له، وإن كان الوارث أبناءه أيضًا فإنهم كانوالايترددون في إقامة العلاقة الزوجية معهن، فقد أنهى القرآن هذا التقليد الخبيث القبيح أولًا وأتاح لهن الحرية الكاملة في أمورهن ولا يجبرن لشيئ بغير رضاهن.

وثنّى بأنه لايجوز إعضال المرأة إن كان يكرهها، كما لايجوز استرداد ما أعطي لها من مال ولا تضييقها لعبد مؤمن، ويتحمل ذلك فقط في صورة أن تجيئ بالفاحشة المبينة. فإن لم يصدر منها شيئ كهذا وهي تعيش طاهرة عفيفة فتتضييقها بسبب الكره منافي للعدل ومنافي للفتوة والمروءة. إن الفساد الأخلاقي من أقبح الأشياء ولكنها لا تُحرم من المعاشرة المعروفة الكريمة بسبب كره الوجه أو لعدم مناسبة ذوقية فقط. وثلث بالأمر بالمعاملة الحسنة والمجاملة العادلة الكريمة التي هي شأن الكرام في المجتمعات البشرية منذ الأزل، وتوافق العقل والفطرة مع النساء. واستعمل لذلك في الآية الفقرة ﴿وَعَاشِرُوهُنَّ بِٱلۡمَعۡرُوفِۚ﴾ ويطلق «المعروف» على عادات الخير والصلاح وتقاليد الكرماء

(1) سورة النساء، الآية: ١٩.

في القرآن الكريم واستعمل هنا أيضا في هذا المفهوم، والمراد به هنا أن الرجل المؤمن مسئول عند ربه ومطالَب أن يعامل مع زوجته معاملة الكرام وإن كانت مكروهة له ولا ينحرف أيما انحراف عن تقاليد الشرف والفتوة المستمرة في المجتمعات الإنسانية. فقال: فإن كرهتموهن فعسىٰ أن تكرهوا شيئًا ويجعل الله فيه خيرًا في الدنيا والآخرة. واستخدم للتعبير عن هذا المؤخر ذكره لفظة عسى، وقد أوضحه الأستاذ أمين أحسن هنا:

«قد استعملت هنا لفظة عسى، والتي تجيئ في العربية لتعطي معنى الرجاء والتوقع ولكن العارفين بأساليب العربية يعرفون جيدًا أنه يضمر في المواقع كهٰذا وعد من الله سبحانه، والحقيقة التي تتطلع من هذه الإشارة هي أن الذين يقومون بتضحية ميولهم وأهواءهم في سبيل القيم الأخلاقية العليا فلهم الوعد من الله سبحانه للخير الكثير. فالذين ضحوا نفسهم ونفيسهم لهٰذا الوعد يشهدون أنه الوعد الحق مئة في المأة، ومن أصدق من الله حديثًا[1].

فظهر منه أنه إذا كانت المطالبة الإلهية من الزوج تجاه زوجتها هذه مع أنه كاره لها فإلى أي حد يكون باعثًا على غضب الله التعامل السيئ لها في الحالات العامة، وقد قال رسول الله ﷺ في خطبة للحجة الوداع:

«إن لكم من نساءكم حقا ولنساءكم عليكم حقا، فأما حقكم على نساءكم فلا يوطئن فرشكم من تكرهون ويأذن في بيوتكم لمن تكرهون، ألا وحقهن عليكم أن تحسنوا إليهن في كسوتهن وطعامهن»[2].

## تعدد الأزواج

قال الله تعالىٰ:

﴿وَإِنْ خِفْتُمْ أَلَّا تُقْسِطُوا۟ فِى ٱلْيَتَٰمَىٰ فَٱنكِحُوا۟ مَا طَابَ لَكُم مِّنَ ٱلنِّسَآءِ مَثْنَىٰ وَثُلَٰثَ

(1) تدبر القرآن، ٢/ ٢٧٠.

(2) رواه ابن ماجة، رقم: ١٨٥١.

﴿وَرُبَٰعَ فَإِنۡ خِفۡتُمۡ أَلَّا تَعۡدِلُواْ فَوَٰحِدَةً أَوۡ مَا مَلَكَتۡ أَيۡمَٰنُكُمۡۚ ذَٰلِكَ أَدۡنَىٰٓ أَلَّا تَعُولُواْ ۞ وَءَاتُواْ ٱلنِّسَآءَ صَدُقَٰتِهِنَّ نِحۡلَةٗۚ فَإِن طِبۡنَ لَكُمۡ عَن شَيۡءٖ مِّنۡهُ نَفۡسٗا فَكُلُوهُ هَنِيٓـٔٗا مَّرِيٓـٔٗا﴾[1].

والآية تخاطب أولياء اليتامىٰ، وترشدهم إلى أنهم إن يخافون أن لا يقوموا بتبعاتهم بإشراف أموال اليتامى وأملاكهم وحقوقهم كما هو حقها، فعليهم أن يتزجوا من أمهات اليتامى إن كن ممن يجوز النكاح بها. فإذا ساهمن معهم في تحمل تلك المسئوليات لكان الأصلح لهم. وذلك لأنه لا يمكن لأي شخص آخر أن يتعامل مع الأيتام بالعلاقة القلبية التي يمكن أن تتمتع به أمهاتهم، وأن يهتم بحقوقهم بالوعي الذي يمكهن القيام به.

وواضح من هذه الآية أنها لم تنزل لتحكم حكمًا فيما يتعلق بتعدد الزوجات. وإنما نزلت ترغيبًا للاستفادة من تقليد سائد لتعدد الزوجات متواجد من قبلُ في جزيرة العرب، نظرًا إلى مصالح اليتامى. وإشارات القرآن في المقامات الأخرى توضح أن الفطرة التي فطر الله الناس عليها، تقتضي أن تقوم مؤسسة الأسرة على علاقة زواجية بين رجل وامرأة فقط، مع خيراتها وحسناتها الأصلية. فمثلًا ذكر القرآن في آونة وأخري أن البشرية قد استهلت من آدم عليه السلام وقد خلق الله له زوجةً واحدة. وفيما بعد من الأزمان لقد احتاج التمدن البشري ومصالح الإنسان النفسية والسياسية والاجتماعية إلى أن راج تعدد الزوجات في كل المدنيات على أقل حد على مر الحضارة الإنسانية، ومراعاة لهذهً المصالح فإن الله لم يحرمه في أية شريعة له. وهنا أيضًا قد أباح الله الاستفادة من رواجه لصالح اليتامى ولكن بشرطين:

**أولًا:** تحديد الزوجات في نكاح أحد إلى أربع على أكثر حد. وإن كان النكاح قد حصل في مراعاة حقوق اليتامىٰ.

**وثانيًا:** شريطة العدل بين الزوجات شرط ضروري لازم بحيث إذا خاف المرء أن لا يعدل بينهن، فلا يجوز له أن ينكح أكثر من واحدة. وما هي

---

(1) سورة النساء، الآيتان: ٣ و٤.

حدود هذا العدل؟ فإن كان المراد به ميلان القلب والمساواة الكاملة في التعامل الظاهري فهذا لا يمكن لأي إنسان، لأنه إن كان عند شخص زوجته الحبيبة ولكنه يتزوج بزوجة أخرى لمحض أن يؤدي حقوق ومصالح أولادها اليتامى في صورتها، فلا يمكن أن يساوي في الحب والمعاملة المجاملة بينهما. وقد ثار هذا السؤال في زمن الرسالة نفسها، وأجاب عليه القرآن في الآيات ١٢٧ - ١٣٠ من النساء. فأوضح أولًا أن العدل والمهر هما من حق الزوجة سواءً تم النكاح بها مراعاةً لمصالح وحقوق اليتامىٰ أو لمقصد آخر. فيجب أن يعطى لها أجرها نحلة وبطيب الخاطر. ثم نصح القرآن المرأة أنها إذا خافت من بعلها نشوزًا أو إعراضًا بنتيجة إصرارها على العدل بين الزوجات، فلا حرج أن يعقدا بينهما اتفاقية، فقال:

﴿وَإِنِ ٱمۡرَأَةٌ خَافَتۡ مِنۢ بَعۡلِهَا نُشُوزًا أَوۡ إِعۡرَاضًا فَلَا جُنَاحَ عَلَيۡهِمَآ أَن يُصۡلِحَا بَيۡنَهُمَا صُلۡحًاۚ وَٱلصُّلۡحُ خَيۡرٌۗ وَأُحۡضِرَتِ ٱلۡأَنفُسُ ٱلشُّحَّۚ وَإِن تُحۡسِنُواْ وَتَتَّقُواْ فَإِنَّ ٱللَّهَ كَانَ بِمَا تَعۡمَلُونَ خَبِيرًا﴾[1].

ويقول الأستاذ أمين أحسن الإصلاحي في تفسير ذلك:

«أي تعطي المرأة لزوجها امتيازات في حقوقها من المهر والعدل والنفقة أن ترفع بها الخطر بقطع العلاقات، ولذا قال: والصلح خير، لأن العلاقة الزوجية إذا قامت فالخير كله للجانبين أن تبقى وتستمر وإن طلبت إيثارًا كبيرًا. ولذا قال: وأحضرت الأنفس الشح. وعلاج هذا المرض الكبير هو إما الإيثار من كلا الفريقين أو الإيثار من الفريق الآخر إن كان مرض الحرص والشح عند الواحد منهما قد أصبح داءً عضالًا. ولذلك، إذا كان على المرأة أن تضحي من أجل الحفاظ على علاقة الزواج، فالأفضل هو الحفاظ عليها. ثم حث المرءَ على أن الإيثار والتضحية والإحسان والتقوىٰ هو في الأصل ميدانه هو، ويليق بشأنه فقال: «إن تحسنوا وتتقوا»، فعليه أن يفي بفتوته ومروءته وأن يكون هو المعطي

(1) سورة النساء، الآية: ١٢٨.

للمرأة لا الآخذ منها، وكان الله بما تعملون خبيرًا، وسوف يجزي الجزاء الكامل على كل عمل صالح»[1].

ثم أوضح حدود العدل في الآيات التالية:

﴿وَلَن تَسْتَطِيعُوٓاْ أَن تَعْدِلُواْ بَيْنَ ٱلنِّسَآءِ وَلَوْ حَرَصْتُمْ ۖ فَلَا تَمِيلُواْ كُلَّ ٱلْمَيْلِ فَتَذَرُوهَا كَٱلْمُعَلَّقَةِ ۚ وَإِن تُصْلِحُواْ وَتَتَّقُواْ فَإِنَّ ٱللَّهَ كَانَ غَفُورًا رَّحِيمًا * وَإِن يَتَفَرَّقَا يُغْنِ ٱللَّهُ كُلًّا مِّن سَعَتِهِۦ ۚ وَكَانَ ٱللَّهُ وَٰسِعًا حَكِيمًا﴾[2].

فعُلم منه أن العدل بين الزوجات الذي يتقاضاه القرآن لا يعني بالضرورة أن لا يكون هناك فرق بينهن في التعامل الظاهر وميلان القلب من كل وجه. لأنه لا يستطيعه رجل ولو حرص عليه. فإن المرء لا يملك قلبه، ولذا طلب منه القرآن فقط أن لا يميل إلى جانب زوجة كل الميل فيذر الأخرى كالمعلقة كأنه لا زواج لها. وعليه فقد طلب القرآن من الرجل أن يحاول لإقامة التوازن في السلوك وأداء الحقوق، وإذا صدر نقص أو هضم للحق تلافى ما فاته وأصلح سلوكه واتقى الله، ومع كل ذلك إن كان هناك خطأ فإن الله غفور رحيم، ورحمته واسعة محيطة بكل شيء.

وفي آخر الآية قد أوضح أنه ينبغي بالتأكيد أن يحاول المرء إنقاذ البيت فهذا ما يريده الله، ولكن إذا ما أجبرت الحالات ويتم التفريق بين الزوجين فينبغي أن يرجوا من الله رجاءً حسنًا لأنه هو الرزاق، وهو الذي يأخذ بأيدي عباده في آلامهم ومشاقهم، إنه يغني الزوجين كليهما بعنايته، يقول الأستاذ الإمام:

«ويعني ذلك أن الجهد والتفاني مطلوب من كل من الزوج والزوجة للحفاظ على هذه العلاقة ولكنه مطلوب مع الغيرة واحترام الذات. فكما لا يجوز لأحد الزوجين أن يكون متصلبًا متعنتًا فلا يجوز أيضًا الخضوع أكثر من حد معين. وإن كانت هناك عمومية في الألفاظ ولكن سياق الكلام يدل على

(1) تدبر القرآن، ٢/ ٣٩٩.

(2) سورة النساء، الآيتان: ١٢٩ و١٣٠.

تشجيع النساء بشكل خاص على أن يحاولن للمصالحة بقدر الإمكان، وأن يقمن بالتضحية من أجل المصالحة، ولكن لتشجعن على أنه إن لم تتم المصالحة على الرغم من محاولتهن فإن الله هو الرزاق المتين، إنه يغنيهن بإعطائهن من خزانة جوده العظيمة»[1].

وليتضح هنا أن الله تعالىٰ قد استثنى رسول الله ﷺ بحيث كونه خاتمَ الرسل من هذين الشرطين لتعدد الزوجات، ليقوم ببعض متطلبات مسئوليات منصبه. فمثلًا إنه صلى الله كان قد قام بتزويج مولاه ومتبناه زيد بابنة عمته زينب. ولم يكن بينهما تصالح فلأجل إنهاء التصور الجاهلي بحرمة زوجة المتبنى من أساسه، وهدفًا إلى التعاطف مع زينب قد أمره الله تعالىٰ أن يتزوج بنفسه بزينب مع أنه كانت تحته آنذاك أربع زوجات. وفي الوضع الذي كان قد حدث بين زيد وزينب كان رسول الله ﷺ نفسه يفكر أنه سوف يقوم بذلك وكان لا يبدي ذاك الخيال فقد أبداه الله، ونبّه أنه ليس له أن يخشى الناس في القيام بمسؤوليات منصبه الرسالي فقد أعلن الله تعالىٰ نكاحه بزينب في القرآن وقال:

﴿ وَإِذْ تَقُولُ لِلَّذِىٓ أَنْعَمَ ٱللَّهُ عَلَيْهِ وَأَنْعَمْتَ عَلَيْهِ أَمْسِكْ عَلَيْكَ زَوْجَكَ وَٱتَّقِ ٱللَّهَ وَتُخْفِى فِى نَفْسِكَ مَا ٱللَّهُ مُبْدِيهِ وَتَخْشَى ٱلنَّاسَ وَٱللَّهُ أَحَقُّ أَن تَخْشَىٰهُ فَلَمَّا قَضَىٰ زَيْدٌ مِّنْهَا وَطَرًا زَوَّجْنَٰكَهَا لِكَىْ لَا يَكُونَ عَلَى ٱلْمُؤْمِنِينَ حَرَجٌ فِىٓ أَزْوَٰجِ أَدْعِيَآئِهِمْ إِذَا قَضَوْا مِنْهُنَّ وَطَرًا وَكَانَ أَمْرُ ٱللَّهِ مَفْعُولًا ﴾[2].

ولما تم هذا الإعلان فقد أعطى الله تعالىٰ معه ضابطًا مفصلًا لرسول الله خاصة للنكاح والطلاق في السورة نفسها، رفع فيه منه شرائط تعدد الزوجات ذكرت آنفا، ولكن قد أضاف وأعاد عليه بعض التحديدات المختصة به، والتي لم تكن لعامة المسلمين، فقال:

﴿ يَٰٓأَيُّهَا ٱلنَّبِىُّ إِنَّآ أَحْلَلْنَا لَكَ أَزْوَٰجَكَ ٱلَّٰتِىٓ ءَاتَيْتَ أُجُورَهُنَّ وَمَا مَلَكَتْ

---

(1) تدبر القرآن ٢/ ٤٠٠.

(2) سورة الأحزاب، الآية: ٣٧.

يَمِينُكَ مِمَّآ أَفَآءَ ٱللَّهُ عَلَيۡكَ وَبَنَاتِ عَمِّكَ وَبَنَاتِ عَمَّٰتِكَ وَبَنَاتِ خَالِكَ وَبَنَاتِ خَٰلَٰتِكَ ٱلَّٰتِي هَاجَرۡنَ مَعَكَ وَٱمۡرَأَةٗ مُّؤۡمِنَةً إِن وَهَبَتۡ نَفۡسَهَا لِلنَّبِيِّ إِنۡ أَرَادَ ٱلنَّبِيُّ أَن يَسۡتَنكِحَهَا خَالِصَةٗ لَّكَ مِن دُونِ ٱلۡمُؤۡمِنِينَۗ قَدۡ عَلِمۡنَا مَا فَرَضۡنَا عَلَيۡهِمۡ فِيٓ أَزۡوَٰجِهِمۡ وَمَا مَلَكَتۡ أَيۡمَٰنُهُمۡ لِكَيۡلَا يَكُونَ عَلَيۡكَ حَرَجٞۗ وَكَانَ ٱللَّهُ غَفُورٗا رَّحِيمٗا ۞ تُرۡجِي مَن تَشَآءُ مِنۡهُنَّ وَتُـٔۡوِيٓ إِلَيۡكَ مَن تَشَآءُۖ وَمَنِ ٱبۡتَغَيۡتَ مِمَّنۡ عَزَلۡتَ فَلَا جُنَاحَ عَلَيۡكَۚ ذَٰلِكَ أَدۡنَىٰٓ أَن تَقَرَّ أَعۡيُنُهُنَّ وَلَا يَحۡزَنَّ وَيَرۡضَيۡنَ بِمَآ ءَاتَيۡتَهُنَّ كُلُّهُنَّۚ وَٱللَّهُ يَعۡلَمُ مَا فِي قُلُوبِكُمۡۚ وَكَانَ ٱللَّهُ عَلِيمًا حَلِيمٗا ۞ لَّا يَحِلُّ لَكَ ٱلنِّسَآءُ مِنۢ بَعۡدُ وَلَآ أَن تَبَدَّلَ بِهِنَّ مِنۡ أَزۡوَٰجٖ وَلَوۡ أَعۡجَبَكَ حُسۡنُهُنَّ إِلَّا مَا مَلَكَتۡ يَمِينُكَۗ وَكَانَ ٱللَّهُ عَلَىٰ كُلِّ شَيۡءٖ رَّقِيبٗا﴾[1].

وهذا الضابط ينبني على نكات تالية:

**أولًا**: بعد الزواج من زينب كان له أن ينكح نكاحًا مزيدًا إن شاء لأهداف ثلاثة وهي كما يأتي:

(١) لتكريم الحرائر والمحصنات مما ملكتهن يمينه بنتيجة إقدامه الحربي.

(٢) لتكريم وتشريف الحرائر اللاتي يردن الزواج به حصولًا للنسبة إليه ويهبن أنفسهن له بأنفسهن.

(٣) تأليفًا للقلب لبنات العم وبنات العمات وبنات الخال وبنات الخالات التي هاجرن معه، وصحبن معه مغادرات بيوتهن وأقربائهن.

**ثانيًا**: وبما أن هذه الأنكحة إنما تتم فقط لإيفاء ذمة دينية فقط ولذا فإن رسول الله غير مسؤول عن العدل بينهن في التعامل.

**ثالثًا**: أما بقية النساء سوى هؤلاء فهن حرام عليه بعد ذلك. ومن أجل هذا التقييد لم يمكن له التزوج بمارية فبقيت عنده على طريقة ملك اليمين، كما لم يجز له بعد ذلك استبدال زوجة من زوجة أخرى مهما أعجبه حسنها.

---

(1) سورة الأحزاب، الآيات: ٥٠ ــ ٥٢.

فقد تزوج رسول الله ﷺ ليفي بالغرض الأول بجويرية وصفية وتزوج بميمونة للمقصد الثاني ونكح بأم حبيبة نظرًا إلى المقصد الثالث. ثم إنه قد أبان الله تعالىٰ أن زوجات النبي ﷺ هن أمهات للمسلمين فحرم على المسلمين النكاح معهن للأبد، ولا ينبغي أن يخطر ذلك يبال أحد من المسلمين. فقال: ﴿ٱلنَّبِيُّ أَوْلَىٰ بِٱلْمُؤْمِنِينَ مِنْ أَنفُسِهِمْ ۖ وَأَزْوَٰجُهُۥٓ أُمَّهَٰتُهُمْ﴾[1]. وقال: ﴿وَلَآ أَن تَنكِحُوٓا۟ أَزْوَٰجَهُۥ مِنۢ بَعْدِهِۦٓ أَبَدًا ۚ إِنَّ ذَٰلِكُمْ كَانَ عِندَ ٱللَّهِ عَظِيمًا﴾[2]. فعلم من ذلك أن ذلك كانت مسؤولية دينية عادت على رسول الله ﷺ بسبب مقتضيات رسالية ونبوية، وقد أتمها في أحسن صورة. وكان ذلك لا يتصل بالرغبات البشرية والنزوات الجنسية أيما اتصال. فكان من الضروري أن يُستثنى من القانون العام.

## حدود المباشرة

﴿وَيَسْـَٔلُونَكَ عَنِ ٱلْمَحِيضِ ۖ قُلْ هُوَ أَذًى فَٱعْتَزِلُوا۟ ٱلنِّسَآءَ فِى ٱلْمَحِيضِ ۖ وَلَا تَقْرَبُوهُنَّ حَتَّىٰ يَطْهُرْنَ ۖ فَإِذَا تَطَهَّرْنَ فَأْتُوهُنَّ مِنْ حَيْثُ أَمَرَكُمُ ٱللَّهُ ۚ إِنَّ ٱللَّهَ يُحِبُّ ٱلتَّوَّٰبِينَ وَيُحِبُّ ٱلْمُتَطَهِّرِينَ ۞ نِسَآؤُكُمْ حَرْثٌ لَّكُمْ فَأْتُوا۟ حَرْثَكُمْ أَنَّىٰ شِئْتُمْ ۖ وَقَدِّمُوا۟ لِأَنفُسِكُمْ ۚ وَٱتَّقُوا۟ ٱللَّهَ وَٱعْلَمُوٓا۟ أَنَّكُم مُّلَٰقُوهُ ۗ وَبَشِّرِ ٱلْمُؤْمِنِينَ﴾[3].

إن العلاقة الجنسية بين الرجل والمرءة هي من جبلة الإنسان وفطرته، ولا يحتاج فيها إلى تعليم وهداية. ولكن هل تجوز هذه العلاقة في أيام الحيض والنفاس أيضًا؟ والدين الذي يقصد من تعاليمه إلى التزكية كيف يقبل ذلك؟ ولذا فإن كل الأديان والمذاهب الإلهامية أجابت على هذا السؤال في النفي وحرمت هذه العلاقة في هذه الأيام. وكانت العرب تبعًا لباقيات الدين الإبراهيمي يرونها ممنوعًا حرامًا كما جاء ذكر ذلك في شعرهم من عدة جوانب فلا اختلاف فيها. ولكن المرأة التي تمر بهذه الأيام فما هو مدى الاجتناب منها كان هناك إفراط

---

(1) سورة الأحزاب، الآية: ٦.

(2) سورة الأحزاب، الآية: ٥٣.

(3) سورة البقرة، الآيتان: ٢٢٢ و٢٢٣.

وتفريط في ذلك. فلما سئل الناس في ذلك جاء القرآن بأحكام شرعية تفصيلية في الآيات المذكورة من البقرة ويقول الأستاذ الإمام في تفسير الآيات.

«والاعتزال من النساء الذي حكمت به الآية قد حددها ألفاظ الآية الآتية: ﴿فَإِذَا تَطَهَّرْنَ فَأْتُوهُنَّ مِنْ حَيْثُ أَمَرَكُمُ اللَّهُ﴾[1] تحديدًا مناسبًا، فإنها تنبئ عن أن الاعتزال هنا يعني الاعتزال الجنسي فقط، ولا يعني أن تجعل المرأة في حالة الحيض منبوذةً محضةً كما كانت الحال في المذاهب والأديان الأخرى»[2].

وجاء توضيح ذلك في الأحاديث والآثار كما يلي: عن عائشة قالت: كان رسول الله ﷺ اذا اعتكف يدني إلي رأسه فأرجله وأنا حائضة[3].

وعنها قالت: كانت إحدانا في فورها أول ما تحيض تشد عليها إزارًا إلى أنصاف فخذيها ثم تضطجع مع رسول الله ﷺ[4]. وعنها قالت: كان رسول الله ﷺ يتكئ في حجري، فيقرأ القرآن وأنا حائض[5]. كما قد ثبت في الحديث الذي رواه مسلم عن عائشة قالت: كنت أشرب وأنا حائض، ثم أناوله النبي ﷺ فيضع فاه على موضع في فيشرب وأتعرق العرق وأنا حائض ثم أناوله النبي ﷺ فيضع فاه على موضع في[6].

يقول الأستاذ الإمام:

«وقد استعمل في هذه الآية لفظتان «طهر وتطهر» ومعنى الطهر أن تنتهي حالة الحيض وتركد الدم ومعنى التطهر أن المرأة تغتسل وتكون طاهرة. وتشترط الآية للاقتراب من النساء أن تطهر المرأة ثم قال: ﴿فَإِذَا تَطَهَّرْنَ فَأْتُوهُنَّ﴾ فعلم منه أن الاقتراب من المرأة يجوز بعد انقطاع الدم لأن علة الممانعة هي الدم،

---

(1) سورة البقرة، الآية: ٢٢٢.

(2) تدبر القرآن ١/٥٢٦.

(3) رواه مالك في الموطأ، رقم: ٦٩٣.

(4) رواه البخاري، رقم: ٣٠٢.

(5) رواه البخاري، رقم: ٢٩٧، ومسلم، رقم: ٦٩٣.

(6) رواه مسلم، رقم: ٦٩٢.

ومع ذلك فإن الطريقة الصحيحة السليمة أن يلاقي المرأة حين تطهر بالاغتسال وتطهر [1].

وقد أوضح القرآن في الآيات نفسها أنه يجب عدم إقامة العلاقات الجنسية بطريق الفم أو الدبر بعد الاغتسال والتطهر، لأن الله (تعالى) قد أمر بأن يحدث الاتصال الجنسي بالطريقة الطبيعية التي وضعها لهذا الغرض، فقال:

﴿فَإِذَا تَطَهَّرْنَ فَأْتُوهُنَّ مِنْ حَيْثُ أَمَرَكُمُ اللَّهُ﴾.

وهذا من مقتضيات الفطرة ومن أوامر الله (سبحانه)، وإن أخلفه أحد فهو يخلف أوضح الأمور، ويستحق عقاب الله الذي أوضح هذا الأمر في إحدى آيات القرآن باستخدام استعارة «الحرث» في قوله «هن حرث لكم». يقول الأستاذ الإمام أمين أحسن الإصلاحي في تفسيره لتلك الآية:

«إن في استخدام استعارة «الحرث» للنساء جانبًا بسيطًا وواضحًا هو أن الطبيعة وضعت للحرث قاعدة أن تبدأ عملية الحرث من البذار في الميقات المناسب له، وفي موسم خاصّ، وأن البذور تُلقى في الحقول لا خارجها، ولا يخلف فلاح هذه القاعدة. وكذلك قدّر الله هذه القاعدة للمرأة ألّا تدخل بها في أيام الحيض، وألا تأتيها من دبرها، لأن فترة الحيض هي فترة برود المرأة، ولا تميل فيها إلى الجماع كما أن قضاء الشهوة من غير محلّها يسبب الأذى لها. ولذا لا يجوز لإنسان سليم الفطرة أن يرتكبه»[2].

ثم أضاف قائلًا في تفسير الآية ﴿فَأْتُوا حَرْثَكُمْ أَنَّى شِئْتُمْ﴾: «إن فيه إشارة إلى أمرين معًا، الأول إلى حرية التصرّف الذي يتمتّع به صاحب الحرث في حرثه، والبستاني في بستانه، والثاني إلى المسؤولية والحذر والتحوّط الذي يجب أن يراعيه الحارث في حرثه والبستاني في بستانه، ففي لفظة «الحرث» دلالة على

_____

(1) تدبر القرآن ١/ ٥٢٦.

(2) تدبر القرآن، ١/ ٥٢٧.

الأمر الأول، وفي جملة ﴿أَنَّىٰ شِئۡتُمۡ﴾ إشارة إلى الأمر الثاني. وسلوكية الزوج مع زوجته تتألف من هذه الحرية وتلك المسؤولية.

ويعلم كل شخص أن سعادة الحياة الزوجية الحقيقية هي حرية الإنسان في علاقته الحميمة. ما عدا القليل من القيود العامة. والشعور بهذه الحرية يوفر قدرًا كبيرًا من النشوة فيها.

وعندما يختلي الرجل بزوجته في لحظات خاصّة، تكون الإرادة الإلهيّة قد اقتضت أن تغمره العواطف إلى الحد الذي يظنّ معه أنه قد دخل حقلًا أو بستانًا، لا أرضًا خلاءً أو غابة. وله أن يدخله بأية هيئة يشاء، وبأية طريقة تحلو له، وعليه ألا ينسى أنه قد دخل بستانه الخاص به، والقرآن لا يعترض على حريته واختياره في الاقتراب من حقله إذا كان يعرف تمام المعرفة أين يتّجه، وهو يدرك لهذه الحقيقة»[1] .

ولمكانة وأهمية كبيرة لهذه الإرشادات قد أعقبها بقوله: ﴿إِنَّ ٱللَّهَ يُحِبُّ ٱلتَّوَّٰبِينَ وَيُحِبُّ ٱلۡمُتَطَهِّرِينَ﴾ وقد فسّر هذا الجزء من الآية الأستاذ أمين أحسن الإصلاحي بما يلي:

«إذا تدبّرت معاني التوبة وحقيقة التطهّر، علمت أن التوبة تُطلق على تطهير النفس الداخلية من الذنوب والآثام، أما حقيقة التطهير فهو تخليص النفس الخارجية من النجاسات والخبائث. فكلاهما متشابه في الجوهر. والخصلتان كلتاهما محبوبتان عند الله (سبحانه وتعالى). وعلى عكس ذلك فالمحرومون منهما هم المبغوضون عند الله. وسياق الآية هنا يدلّ على أن الذين يضاجعون النساء أثناء فترة الحيض. أو يتجاوزون في قضاء الشهوة حدود الفطرة. فإنهم مبغوضون عند الله»[2] .

---

(1)  تدبر القرآن ١ / ٥٢٧.

(2)  تدبّر القرآن ١ / ٥٢٦.

## الإيلاء:

﴿لِّلَّذِينَ يُؤْلُونَ مِن نِّسَآئِهِمْ تَرَبُّصُ أَرْبَعَةِ أَشْهُرٍ فَإِن فَآءُو فَإِنَّ ٱللَّهَ غَفُورٌ رَّحِيمٌ ۞ وَإِنْ عَزَمُوا۟ ٱلطَّلَٰقَ فَإِنَّ ٱللَّهَ سَمِيعٌ عَلِيمٌ﴾[1].

فهذه الآية من البقرة تبين حكم الإيلاء من النساء. وهو مصطلح للعرب الجاهلي يطلق على قَسم الزوج أنه لا يقيم العلاقة الزوجية بزوجته. وبما أن الزوجة تصير معلقة في نتيجة لِقَسم كهذا وذلك ينافي العدل ويناقض البر والتقوى ولذا فقد عين الله سبحانه وتعالى أجلًا محددًا في أربعة شهور للإيلاء. فبعد تربص أربعة أشهر على الزوج إما أن يقيم العلاقة الزوجية من جديد وإما أن يطلقها ويسرح سبيلها. وفي الصورة الأولى قال: إن الله غفور رحيم أي كان هذا القسم إخلافًا لعهد الوفاء وإتلافًا للحق الذي لا يجوز لأحد أن يفعله، ولكن إذا أصلح فإن الله يغفر ذلك الذنب ويعفو عن الخطأ. ولكن الظاهر أن الزوج يُكلف لأداء كفارة القسم لحنثه. وقال في الصورة الثانية إن الله سميع عليم. أي إذا أراد الطلاق فعليه أن يراعي قانون الطلاق وكل حدوده وقيوده، إذا تعدى حدوده واعتدى على أحد الفريقين لا يخفى ذلك على الله فإنه سميع عليم. فعلم منه أن انقطاع العلاقة الزوجية من الزوجة بدون عذر شرعي معقول لا يجوز، حتى إنه إن أقسم لذلك فعليه أن يحنثه. فإنه حق المرأة وإنه يذنب في الدنيا والآخرة إن خانها هذا الحق. وكذلك على الزوجة، فليس لها أن تمتنع من إقامة العلاقة الزوجية مع الزوج من غير عذر شرعي معقول ولذا قال النبي ﷺ:

«إذا دعا الرجل امرأته إلى فراشه فأبت فبات غضبان عليها، لعنتها الملائكة حتى تصبح»[2].

---

(1) سورة البقرة، الآيتان: ٢٢٦ و٢٢٧.

(2) رواه البخاري، رقم الحديث: ٣٢٣٧.

# الظهار:

﴿ٱلَّذِينَ يُظَٰهِرُونَ مِنكُم مِّن نِّسَآئِهِم مَّا هُنَّ أُمَّهَٰتِهِمْ إِنْ أُمَّهَٰتُهُمْ إِلَّا ٱلَّٰٓـِٔي وَلَدْنَهُمْ وَإِنَّهُمْ لَيَقُولُونَ مُنكَرًا مِّنَ ٱلْقَوْلِ وَزُورًا وَإِنَّ ٱللَّهَ لَعَفُوٌّ غَفُورٌ ۞ وَٱلَّذِينَ يُظَٰهِرُونَ مِن نِّسَآئِهِمْ ثُمَّ يَعُودُونَ لِمَا قَالُوا فَتَحْرِيرُ رَقَبَةٍ مِّن قَبْلِ أَن يَتَمَآسَّا ذَٰلِكُمْ تُوعَظُونَ بِهِ ۚ وَٱللَّهُ بِمَا تَعْمَلُونَ خَبِيرٌ ۞ فَمَن لَّمْ يَجِدْ فَصِيَامُ شَهْرَيْنِ مُتَتَابِعَيْنِ مِن قَبْلِ أَن يَتَمَآسَّا ۖ فَمَن لَّمْ يَسْتَطِعْ فَإِطْعَامُ سِتِّينَ مِسْكِينًا ۚ ذَٰلِكَ لِتُؤْمِنُوا بِٱللَّهِ وَرَسُولِهِ ۚ وَتِلْكَ حُدُودُ ٱللَّهِ ۗ وَلِلْكَٰفِرِينَ عَذَابٌ أَلِيمٌ ﴾(1).

وهذا هو حكم الظهار، والظهار أيضًا مصطلح جاهلي مثل الإيلاء. وكان يطلق على ما إذا لفظ الزوج بفقرة «أنتِ عليَّ كظهر أمي» وكان يعد من الطلاق البائن في الجاهلية لأن إطلاق هذا التعبير يعني عندهم أن الزوج يحرم على نفسه زوجته كالأم، وليس فقط يقطع العلاقة الزوجية معها، ولذا كان هناك سعة للرجعة بعد الطلاق ولكن لا إمكان للرجعة بعد الظهار(2).

فجاء القرآن في الآيات المذكور أعلاها بحكم الظهار، فأوضح أولًا أنه إذا بذئ شخصٍ وشبه زوجته أو عضوًا لزوجته بأمه أو بعضو أمه فلا تصير زوجته بذلك أمه، ولا تحرم عليه مثل حرمة الأم عليه، لأن كون الأم أمًّا هو واقع لأنها قد ولدته، وحرمة الأم تتصل بولادتها له. فهذه الحرمة فطرية وأبدية لا تحصل فقط أن يقول شخص عن امرأة أنها أمه. ولذلك لا يفعل التشبيه كهذا فلا ينقطع منه نكاح، ولا تحرم عليه زوجته كأمه. وجاء ذلك في سورة الأحزاب بقوله تعالىٰ:

﴿وَمَا جَعَلَ أَزْوَٰجَكُمُ ٱلَّٰٓـِٔي تُظَٰهِرُونَ مِنْهُنَّ أُمَّهَٰتِكُمْ ﴾(3).

وأوضح ثانيًا أن جملة كهذه إذا لفظه بها شخص فإنه بذئ بذاءةً وكذب

---

(1) سورة المجادلة، الآيات: ٢ ــ ٤.

(2) المفصل في تاريخ العرب قبل الإسلام للأستاذ جواد علي ٥/ ٥٥.

(3) سورة الأحزاب، الآية: ٤.

كذبةً لا يتصور بها كريم فضلًا عن أن يلفظ بها بلسانه، وكان جديرًا أن يحاسب عليها حسابًا شديدًا ولكن الله غفور رحيم ولذا إن اجترأ شخص على القول بلفظ كهذا ثم شعر بخطأ وتاب إلى الله فإنه يستغفره.

وأوضح ثالثًا أنه أن قبول توبة لا يعني أن يترك بغير أي عتاب وأي تنبيه، لأن الكلام كهذا يؤثر على الحياة البشرية الاجتماعية تأثيرًا سيئًا بالغًا فلزم تأديبه، حتى يحتاط في المستقبل وليتعظ به غيره. فقضى الله سبحانه أن يكفر ذنبه قبل أن يمس امرأته. وهذا الكفارة تكون حسب ما يأتي:

تحرير أمة أو عبد[1]

وإذا لم يتيسر ذلك فصيام شهرين متتابعين[2].

فمن لم يجد فإطعام ستين مسكينًا.

وقد أرشد الله تعالىٰ أنه إذا امتثلتم بهذا الأمر الإلهي مع روحه الصحيح يحكم إيمانكم بالله، لأن الإنسان إذا تلافى ما فاته من العمل بمشقة يتلافى خطأه من جانب ويترسخ في إيمانه وعقيدته من جانب آخر.

## الطلاق

﴿يَٰٓأَيُّهَا ٱلنَّبِيُّ إِذَا طَلَّقۡتُمُ ٱلنِّسَآءَ فَطَلِّقُوهُنَّ لِعِدَّتِهِنَّ وَأَحۡصُواْ ٱلۡعِدَّةَۖ وَٱتَّقُواْ ٱللَّهَ رَبَّكُمۡۖ لَا تُخۡرِجُوهُنَّ مِنۢ بُيُوتِهِنَّ وَلَا يَخۡرُجۡنَ إِلَّآ أَن يَأۡتِينَ بِفَٰحِشَةٖ مُّبَيِّنَةٖۚ وَتِلۡكَ حُدُودُ ٱللَّهِۚ وَمَن يَتَعَدَّ حُدُودَ ٱللَّهِ فَقَدۡ ظَلَمَ نَفۡسَهُۥۚ لَا تَدۡرِي لَعَلَّ ٱللَّهَ يُحۡدِثُ بَعۡدَ ذَٰلِكَ أَمۡرٗا ۞ فَإِذَا بَلَغۡنَ أَجَلَهُنَّ فَأَمۡسِكُوهُنَّ بِمَعۡرُوفٍ أَوۡ فَارِقُوهُنَّ بِمَعۡرُوفٖ وَأَشۡهِدُواْ ذَوَيۡ

---

(1) وقد جاء في الأصل لفظة رقبة وتطلق على أمة وعبد سواء، فإذا حرر أي منهما ما تسير له تتم به الكفارة، وهذا أيضًا خطوة من خطوات تحرير الرقبة والعبد قام بها الإسلام. فإن تحرير الرقبة مقدمة على الصورتين الآتيتين وبما أن إدارة العبودية قد انتهت، فالصورتان الباقيتان تقدمان عليها بطبيعة الحال.

(2) جاء في الأصل لفظ «متتابعين» فعلم منه أنه إذا جامع الرجل امرأته قبل إتمام شهرين فعليه استئناف الصوم من جديد.

عَدْلٍ مِّنكُمْ وَأَقِيمُوا۟ ٱلشَّهَٰدَةَ لِلَّهِ ذَٰلِكُمْ يُوعَظُ بِهِۦ مَن كَانَ يُؤْمِنُ بِٱللَّهِ وَٱلْيَوْمِ ٱلْءَاخِرِ وَمَن يَتَّقِ ٱللَّهَ يَجْعَل لَّهُۥ مَخْرَجًا * وَيَرْزُقْهُ مِنْ حَيْثُ لَا يَحْتَسِبُ وَمَن يَتَوَكَّلْ عَلَى ٱللَّهِ فَهُوَ حَسْبُهُۥٓ إِنَّ ٱللَّهَ بَٰلِغُ أَمْرِهِۦ قَدْ جَعَلَ ٱللَّهُ لِكُلِّ شَىْءٍ قَدْرًا * وَٱلَّٰٓـِٔى يَئِسْنَ مِنَ ٱلْمَحِيضِ مِن نِّسَآئِكُمْ إِنِ ٱرْتَبْتُمْ فَعِدَّتُهُنَّ ثَلَٰثَةُ أَشْهُرٍ وَٱلَّٰٓـِٔى لَمْ يَحِضْنَ وَأُو۟لَٰتُ ٱلْأَحْمَالِ أَجَلُهُنَّ أَن يَضَعْنَ حَمْلَهُنَّ وَمَن يَتَّقِ ٱللَّهَ يَجْعَل لَّهُۥ مِنْ أَمْرِهِۦ يُسْرًا * ذَٰلِكَ أَمْرُ ٱللَّهِ أَنزَلَهُۥٓ إِلَيْكُمْ وَمَن يَتَّقِ ٱللَّهَ يُكَفِّرْ عَنْهُ سَيِّـَٔاتِهِۦ وَيُعْظِمْ لَهُۥٓ أَجْرًا * أَسْكِنُوهُنَّ مِنْ حَيْثُ سَكَنتُم مِّن وُجْدِكُمْ وَلَا تُضَآرُّوهُنَّ لِتُضَيِّقُوا۟ عَلَيْهِنَّ وَإِن كُنَّ أُو۟لَٰتِ حَمْلٍ فَأَنفِقُوا۟ عَلَيْهِنَّ حَتَّىٰ يَضَعْنَ حَمْلَهُنَّ فَإِنْ أَرْضَعْنَ لَكُمْ فَـَٔاتُوهُنَّ أُجُورَهُنَّ وَأْتَمِرُوا۟ بَيْنَكُم بِمَعْرُوفٍ وَإِن تَعَاسَرْتُمْ فَسَتُرْضِعُ لَهُۥٓ أُخْرَىٰ * لِيُنفِقْ ذُو سَعَةٍ مِّن سَعَتِهِۦ وَمَن قُدِرَ عَلَيْهِ رِزْقُهُۥ فَلْيُنفِقْ مِمَّآ ءَاتَىٰهُ ٱللَّهُ لَا يُكَلِّفُ ٱللَّهُ نَفْسًا إِلَّا مَآ ءَاتَىٰهَا سَيَجْعَلُ ٱللَّهُ بَعْدَ عُسْرٍ يُسْرًا ﴾[1].

إذا لم تكن العلاقة بين الرجل والمرأة على ما يُرام من المصالحة فهناك رخصة متاحة للتفرق بينهما في دين الأنبياء يصطلح عليها الطلاق، وكانت العرب في الجاهلية يقفون على الطلاق وفقًا لتقاليد الدين الإبراهيمي. نعم كانت قد دخلت فيها بعض الانحرافات والبدعات ولكن تاريخ العرب يفيد أنه كان هناك قانون الطلاق بمثل ما هو في الإسلام[2] وقد أجرى الله تعالىٰ نفس القانون في هذه الآيات من سورة الأحزاب مع بعض الاصطلاحات والتعديلات. وقد جاء بعض تفصيلاتها في البقرة والأحزاب أيضًا ولكن الأصل في باب الطلاق هو هذه الآيات من الطلاق ونفصل ذلك فيما يلي:

## قبل الطلاق:

ويجب على كل شخص أن يحاول كل المحاولة لإبقاء العلاقة التي قامت بين الرجل والمرأة وأن لا تنقطع كما أمكن. وبناءً على ذلك قد أباح الله تعالىٰ للزوج أن يؤدب زوجته ويضربها على نشوزها. ولكن إذا عُلم بعد اتخاذ جميع

---

(1) سورة الطلاق، الآيات: ١ ــ ٧.

(2) كما جاء في المفصل في تاريخ العرب قبل الإسلام لجواد على ٥/٥٤٨.

التدابير اللازمة للإصلاح أن العلاقة الزوجية بينما لا يمكن أن تدوم، فقد أرشد الله لأهلهما وقبيلتهما وأعزائهما وأقربائهما أن يتقدموا وأن يصلحوا بينهما صلحًا بإعمال الاختيار وتفعيل السلطة المتاحة، فأمرهم أن يختاروا حَكَمًا من أهله وحكمًا من أهلها وأن يصلحا بينهما صلحًا فالرجاء أن يوفق الله لهما السداد، وأن الفساد يُدرأ من خلال تدخل عمائد الأسرة وأكابر العائلة والناصحين فقال:

﴿ وَإِنْ خِفْتُمْ شِقَاقَ بَيْنِهِمَا فَٱبْعَثُوا۟ حَكَمًا مِّنْ أَهْلِهِۦ وَحَكَمًا مِّنْ أَهْلِهَآ إِن يُرِيدَآ إِصْلَٰحًا يُوَفِّقِ ٱللَّهُ بَيْنَهُمَآ إِنَّ ٱللَّهَ كَانَ عَلِيمًا خَبِيرًا ﴾(1).

ففي آخر الآية هناك ترغيب بليغ التأثير للزوج والزوجة لأن يستفيدوا من الفرصة فـ ﴿ إِن يُرِيدَآ إِصْلَٰحًا يُوَفِّقِ ٱللَّهُ بَيْنَهُمَآ إِنَّ ٱللَّهَ كَانَ عَلِيمًا خَبِيرًا ﴾.

# حق الطلاق

وقد استهلت السورة بألفاظ ﴿ إِذَا طَلَّقْتُمُ ٱلنِّسَآءَ ﴾ ثم إن في كل مكان هنا وفي مقامات أخرى بحثت فيها عن أحكام الطلاق قد تم نسبة فعل الطلاق إلى المرء. إضافة إلى ما استعمل القرآن في آية البقرة رقم ٢٢٩ تعبير ﴿ فِيمَا ٱفْتَدَتْ بِهِۦ ﴾ (لمرأة تريد الطلاق بإرجاع مال الزوج إليه) فكل ذلك دليل صريح على أن الشريعة قد أعطت حق الطلاق للمرء، ووجه ذلك قوامة الرجل على المرأة فهو محافظ لها ويتكفل كل حاجياتها وهو يصلح لذلك، وبه تقوم قوامته كما قال تعالى: ﴿ وَلِلرِّجَالِ عَلَيْهِنَّ دَرَجَةٌ ﴾(2). فنوعية المسؤولية وحفظ المراتب يتقاضيان كلاهما أن يُفوض حق الطلاق فقط للمرء. وقد قلنا فيما مر إن مؤسسة الأسرة حاجة ملحة لبقاء الإنسانية وكما أن إدارة من إدارات الدنيا الأخرى حيث تتفاوت المسؤوليات وتتساوى خيارات الفصل والوصل لا تقوم، فلا تقوم كذلك إدارة الأسرة أيضًا معه. فإذا كانت المرأة قد سلمت نفسها للرجل عوضًا عن صيانتها وكفالتها وحماية وكفالة أولادها، فلا يُسلم لها خيار إنهاء ذاك العهد من غير

---

(1) سورة النساء، الآية: ٣٥.

(2) سورة النساء، الآية: ٢٢٨.

الرجوع إلى المرء. فهذا هو قرين الإنصاف. وإذا اختيرت صورة أخرى غير ذلك يؤدي ذلك إلى عدم الإنصاف وإلى أن تتفكك إدارة الأسرة أخيرًا.

فمعنى ذلك صريحًا أن امرأة إذا أرادت الافتراق لا تطلق بل تطلب من زوجها الطلاق. فإذا كان كذلك، يُرجى في عامة الأحوال أن كل رجل صالح كريم النفس يستجيب إلى طلبها إذا لم يجد صورة لمصالحة، ولكن إذا يكن ذلك كذلك فللمرأة أن تراجع إلى المحكمة. فإذا وصل الدور إلى هنا فأسوة الرسول ﷺ للمحكمة أنه إذا تحقق لديها أن الزوجة تملت من زوجها لدرجة لا تصالح لرفاقته فتأمر الزوج أن يطلقها بعد أن استرد مالًا أو ضيعة كان قد أعطاها، وأراد الآن إرجاعه. فقد روي عن ابن عباس ﵁: أن امرأة ثابت بن قيس أتت النبي ﷺ فقالت: يا رسول الله! ثابت بن قيس ما أعيب عليه في خلق ولا دين ولكني أكره الكفر في الإسلام. فقال رسول الله ﷺ أتردين عليه حديقته؟ فقالت نعم، فقال رسول الله ﷺ اقبل الحديقة وطلقها تطليقة[1].

ومعنى «أن أكره الكفر في الإسلام» أنها كما تقول روايات أخرى كانت تكره وجهَ ثابت وكان دميمًا، فكانت تشعر أنها إن تصحبه مع ذلك فهناك خوف وخطر من أنها لن تتمكن من الالتزام بقواعد وأحكام الشرع التي أمر الله بها الصيانة عفاف المرأة والوفاء بالزوج.

## طريقة الطلاق

طلق الزوج بنفسه أو يفرقها استجابةً لطلبتها لذلك ففي كلتا الصورتين طريقة الطلاق التي تفيدها هذه الآيات هي كما يأتي:

١.  يتم الطلاق بحساب العدة. ومعنى ذلك أنه لا يجوز الطلاق لتفريقها فورًا بل يُعطى الطلاق بنية أن تفارقها بعد تمام أجل محدود. يطلق على هذه المدة المحدودة مصطلح العدة التي لا تجوز للزوجة أن تنكح فيها زوجًا

---

(1)  رواه البخاري، رقم: ٥٢٧٣ ــ ٥٢٧٧.

غيره بعد أن يطلقها أو يتوفى عنها. وبما أن هذه المدة قد خصت لاستبراء رحمها، ولذا فوجب أن يطلقها بعد أن تفرغ من حيضتها وبدون إقامة العلاقة الجنسية معها. وكل مسلم مسؤول عن أن يتقي الله في هذا الأمر مع غضبه عليها الغضبة التي تقتضيها طبيعة الملابسات التي يتم فيها الطلاق. ولذا لما أخبر رسـول الله ﷺ بعبد الله ابن عمر أنه طلق امرأته في أيام الحيض غضب غضبًا شديدًا وقال: «مره فليراجعها ثم ليمسكها حتى تطهر، ثم تحيض ثم تطهر[1]، ثم إن شاء أمسك بعد وإن شاء طلق قبل أن يمس، فتلك العدة التي أمر الله أن تطلق لها النساء»[2].

فقد أمر الله أن تحصى العدة بحيطة كاملة. وبما أن الطلاق أمر خطير للغاية يتولد منه الكثير من القضايا القانونية للمرء والمرأة ولأولادهما ولأسرتهما، ولذا أصبح من الضروري إذا طلق أن يذكر وقت الطلاق وتاريخه كما يذكر ما ذا عليها المرأة وقت الطلاق، ومتى ابتدأت العدة وحتى متى تبقى ومتى تنتهي. وظل الأمر محدودًا في البيت أو يُرفع إلى المحكمة لا قدر الله، ففي كلتا الصورتين سيُتعين من ذلك أنه إلى متى يحق له الرجعة وإلى متى يُسكن المرأة في البيت، وإلى متى ينفق عليها ومن أي وقت يُقضى للوراثة. ومتى تفترق الزوجة ومتى يجوز لها النكاح الثاني.

٢. وللزوج حق الرجعة حتى انقضاء المدة، وأوضح القرآن ذلك بقوله:

﴿ فَإِذَا بَلَغْنَ أَجَلَهُنَّ فَأَمْسِكُوهُنَّ بِمَعْرُوفٍ أَوْ فَارِقُوهُنَّ بِمَعْرُوفٍ ﴾. ثم أوضح ذلك إيضاحًا مزيدًا في سورة البقرة أن الله تعالىٰ قد أعطى حق الرجعة للزوج كما أعطى له حق الطلاق أيضًا، لأن ﴿ وَلِلرِّجَالِ عَلَيْهِنَّ دَرَجَةٌ ﴾ وذلك لإقامة إدارة الأسرة على أحسن ما يُرام. ولكن لا يعني ذلك أن الحقوق مخصوصة بالأزواج فقط وليس للزوجات حق. لا، ولهن أيضًا حقوق مثل الرجال، وليست هي شيئًا

---

(1) ونهى عن الطلاق إلى أن تطهر بعد الحيضة الثانية لغرض استبراء الرحم، أن تطمئن من الحمل إلى أقصى حد ممكن.

(2) رواه البخاري، رقم: ٥٢٥٠.

أجنبيًا لبني آدم، إنهم واقفون عليها منذ الأزل. ولذا فعلى الأزواج أيضًا احترام لحقوقهن وفقًا للمعروف مع طلب حقوقهم منهن فقال:

﴿وَبُعُولَتُهُنَّ أَحَقُّ بِرَدِّهِنَّ فِي ذَٰلِكَ إِنْ أَرَادُوٓا إِصْلَٰحًا ۚ وَلَهُنَّ مِثْلُ ٱلَّذِى عَلَيْهِنَّ بِٱلْمَعْرُوفِ ۚ وَلِلرِّجَالِ عَلَيْهِنَّ دَرَجَةٌ ۗ وَٱللَّهُ عَزِيزٌ حَكِيمٌ﴾(1).

وبما أن هذه المعاملات ربما تسبب على الخطوات المفتعلة المبنية على الإفراط والتفريط، وربما تفضي بالناس أن يخطئوا أخطاء فاحشة بعد أخطاء، ولذلك أحال الله سبحانه وتعالىٰ في أخير الآية إلى صفتيه ـ العزيز والحكيم ـ يقول الأستاذ الإمام أمين الإصلاحي في تفسير ذلك:

«إن الله عزيز فيحق له أن يحكم، وهو حكيم فكل ما أمر به هو يبتني على الحكمة كلها. والعباد مسؤولون عن امتثال أوامره، وإذا عصوا ما أمروا به فكأنهم يتحدون غيرته وعزته ويدعون به عذابه. وإن تخبطوا في دعواهم أنهم يعرفون الحكمة والمصلحة أكثر من الله سبحانه، فكأنهم يفسدون بأيديهم قانونهم ونظامهم»(2).

وإذا لم يرجع الزوج تنتهي العلاقة الزوجية بينهما بانتهاء العدة. ولذا قال إنه ينبغي للمرء أن ينظر أثناء العدة أيمسكها أو يسرحها ففي كلتا الصورتين يجب أن يلتزم بالمعروف، فإذا فعلوا ذلك متقين اللهَ فليطمئنوا أن الله سيجعل لهم مخرجًا إذا داهمتهم مشكلة في ذلك.

وقد أوضح في البقرة أنه إن أراد إمساكها فلا يكون هذا الإمساك ضرارًا بها ولذا اشترط «إن أرادوا إصلاحًا» ولذا لا يكون الرجوع بقصد إيذاء بالزوجة بل يكون لِأن يتعايشا في سلام ومحبة ومصالحة، وإذا لم يكن ذلك كذلك يكون ظلمًا وهضمًا للحقوق يفضي إلى غضب الله الشديد وسخطه يوم القيامة فقال:

﴿وَإِذَا طَلَّقْتُمُ ٱلنِّسَآءَ فَبَلَغْنَ أَجَلَهُنَّ فَأَمْسِكُوهُنَّ بِمَعْرُوفٍ أَوْ سَرِّحُوهُنَّ بِمَعْرُوفٍ

(1) سورة البقرة، الآية: ٢٢٨.

(2) تدبر القرآن ١/ ٥٣٣.

﴿وَلَا تُمْسِكُوهُنَّ ضِرَارًا لِّتَعْتَدُوا۟ ۚ وَمَن يَفْعَلْ ذَٰلِكَ فَقَدْ ظَلَمَ نَفْسَهُۥ ۚ وَلَا تَتَّخِذُوٓا۟ ءَايَٰتِ ٱللَّهِ هُزُوًا ۚ وَٱذْكُرُوا۟ نِعْمَتَ ٱللَّهِ عَلَيْكُمْ وَمَآ أَنزَلَ عَلَيْكُم مِّنَ ٱلْكِتَٰبِ وَٱلْحِكْمَةِ يَعِظُكُم بِهِۦ ۚ وَٱتَّقُوا۟ ٱللَّهَ وَٱعْلَمُوٓا۟ أَنَّ ٱللَّهَ بِكُلِّ شَىْءٍ عَلِيمٌ﴾[1].

ويقول الأستاذ الإمام في تفسير ذلك:

«جاء أولًا بالجانب الإيجابي ثم أوضحه مزيدًا بطريق الجانب السلبي أيضًا لأنه كان يمكن للظالمين أن يستخدموا الطلاق وحق المراجعة بعد الطلاق المختص بالزوج للإضرار بالزوجة: وإن كان ذلك اعتداءً جارحًا وتعديًا لحدود الله وسخرية بشريعته. فقال إن من يفعل ذلك يقوم بظاهره باعتداء في حق المرأة، ولكن في الواقع إنه يظلم نفسه لأن التعدي لحدود الله والسخرية بشريعته ظلم كبير جزاؤه عذاب أليم. وقال في الأخير أن اذكروا نعمة الله عليكم إذ جعلكم أمة وسطًا وأرسل إليكم رسولا وأنزل عليكم كتابًا جامعًا للقانون والحكمة، يهديكم إلى الخير وللتمييز بين الخير والشر والصالح والطالح. فإن أديتم حق هذه النعم بتعدي حدوده وسخرية شرعه، فاعرفوا مصير المجرمين كهؤلاء، فاتقوا الله واعلموا أن الله بكل شيء عليكم، إنه يمهل الناس مع شرهم وفسادهم إمهالًا ولكن إذا أخذ فلا عاصم من أخذه أخذ عزيز مقتدر[2].

ثم إن أراد الزوج تسريح الزوجة فأمر بتسريح بإحسان كما جاء في البقرة: ﴿فَإِمْسَاكٌۢ بِمَعْرُوفٍ أَوْ تَسْرِيحٌۢ بِإِحْسَٰنٍ﴾[3]. وهناك بعض الترشيدات والتعليمات في باب التسريح أيضًا ومنها:

**أولًا**: لا يجوز استرداد ما قد منحها كتحفة من مال وضيعة وملابس وحلي وما إلى ذلك، أيًا كان ماليته. والنفقة والسكنى والصداق من حقوق المرأة، فلا سؤال للإرجاع والاسترداد فيها والأشياء الأخرى غيرها أيضًا لا تسترد.

---

(1) سورة البقرة، الآية: ٢٣١.

(2) تدبر القرآن، ١/ ٥٣٩.

(3) سورة البقرة، الآية: ٢٢٩.

إلا ما استثني من ذلك وهما صورتان، لم يمكن بينهما مصالحة مطابقًا لحدود الله حتى أن أرباب الحل والعقد للمجتمع أيضًا يشعرون بذلك. ولكن الزوج لا يطلقها بخوف أن الأموال التي قد أعطاها إياها تذهب معها إذا غادرت. ففي مثل هذه الصورة يجوز للمرأة أن تفتدي ببعض أو كل أموالها وتحرز الطلاق بدلًا من المال. فإذا كان الوضع كذلك فلا يمنع الزوج من أخذ ذاك المال. والصورة الثانية أن تأتي الزوجة بفاحشة مبينة، وبما أن ذلك يهدم أساس الأسرة بأسره، فيجوز للزوج أن يسترد ما قد أتاه إياها. وقال تعالىٰ:

﴿وَلَا يَحِلُّ لَكُمْ أَن تَأْخُذُوا۟ مِمَّآ ءَاتَيْتُمُوهُنَّ شَيْـًٔا إِلَّآ أَن يَخَافَآ أَلَّا يُقِيمَا حُدُودَ ٱللَّهِ ۖ فَإِنْ خِفْتُمْ أَلَّا يُقِيمَا حُدُودَ ٱللَّهِ فَلَا جُنَاحَ عَلَيْهِمَا فِيمَا ٱفْتَدَتْ بِهِۦ ۗ تِلْكَ حُدُودُ ٱللَّهِ فَلَا تَعْتَدُوهَا ۚ وَمَن يَتَعَدَّ حُدُودَ ٱللَّهِ فَأُو۟لَـٰٓئِكَ هُمُ ٱلظَّـٰلِمُونَ﴾[1].

وقال أيضًا:

﴿وَلَا تَعْضُلُوهُنَّ لِتَذْهَبُوا۟ بِبَعْضِ مَآ ءَاتَيْتُمُوهُنَّ إِلَّآ أَن يَأْتِينَ بِفَـٰحِشَةٍ مُّبَيِّنَةٍ ۚ وَعَاشِرُوهُنَّ بِٱلْمَعْرُوفِ ۚ فَإِن كَرِهْتُمُوهُنَّ فَعَسَىٰٓ أَن تَكْرَهُوا۟ شَيْـًٔا وَيَجْعَلَ ٱللَّهُ فِيهِ خَيْرًا كَثِيرًا * وَإِنْ أَرَدتُّمُ ٱسْتِبْدَالَ زَوْجٍ مَّكَانَ زَوْجٍ وَءَاتَيْتُمْ إِحْدَىٰهُنَّ قِنطَارًا فَلَا تَأْخُذُوا۟ مِنْهُ شَيْـًٔا ۚ أَتَأْخُذُونَهُۥ بُهْتَـٰنًا وَإِثْمًا مُّبِينًا * وَكَيْفَ تَأْخُذُونَهُۥ وَقَدْ أَفْضَىٰ بَعْضُكُمْ إِلَىٰ بَعْضٍ وَأَخَذْنَ مِنكُم مِّيثَـٰقًا غَلِيظًا﴾[2].

فقد شدد القرآن بقوله ﴿وَلَا تَعْضُلُوهُنَّ لِتَذْهَبُوا۟ بِبَعْضِ مَآ ءَاتَيْتُمُوهُنَّ﴾ على أن يتجاسر شخص على اتهام زوجته بحثًا عن جواز لاسترداد ما قد آتاه إياها من مال ويقول في ذلك الأستاذ الإمام:

«فهذا ينافي فتوة المرء كل المنافاة، أن المرأة التي عهد معها عهد الوفاء لطيلة العمر والتي جاءت في حبالة عقده تحت ميثاق غليظ والتي أعطت له

(1) سورة البقرة، الـ: ٢٢٩.

(2) سورة البقرة، الآيات: ١٩ ــ ٢١.

نفسها وظاهرها وباطنها وقد ظلا يتعايشان لبرهة طويلة وكأنهما نفس واحدة. والآن إذ حان الفراق يحاول أن يستخرج منها ما ابتلعته حتى يتهمها ويستهدفها لنيل هذا الغرض الخسيس الذليل»[1].

**ثانيًا**: وإن طلقها قبل أن يمسّها أو قبل أن يجعل لها صداقًا فلا مسؤولية على الزوج في المهر، وإذا تقرر لها المهر ولكن وقع الطلاق قبل أن يمسها فلها نصف المهر إلا أن تعفو المرأة كل المهر برضاها أو أن يؤدي المرء بنفسه كل المهر فقال تعالىٰ:

﴿ لَّا جُنَاحَ عَلَيْكُمْ إِن طَلَّقْتُمُ ٱلنِّسَآءَ مَا لَمْ تَمَسُّوهُنَّ أَوْ تَفْرِضُوا لَهُنَّ فَرِيضَةً وَمَتِّعُوهُنَّ عَلَى ٱلْمُوسِعِ قَدَرُهُ وَعَلَى ٱلْمُقْتِرِ قَدَرُهُ مَتَـٰعًۢا بِٱلْمَعْرُوفِ حَقًّا عَلَى ٱلْمُحْسِنِينَ ۞ وَإِن طَلَّقْتُمُوهُنَّ مِن قَبْلِ أَن تَمَسُّوهُنَّ وَقَدْ فَرَضْتُمْ لَهُنَّ فَرِيضَةً فَنِصْفُ مَا فَرَضْتُمْ إِلَّآ أَن يَعْفُونَ أَوْ يَعْفُوَا۟ ٱلَّذِي بِيَدِهِۦ عُقْدَةُ ٱلنِّكَاحِ وَأَن تَعْفُوٓا۟ أَقْرَبُ لِلتَّقْوَىٰ وَلَا تَنسَوُا۟ ٱلْفَضْلَ بَيْنَكُمْ إِنَّ ٱللَّهَ بِمَا تَعْمَلُونَ بَصِيرٌ ﴾[2].

وقد فسر الآيات الأستاذ أمين أحسن بقوله:

«وإن كان هناك باعث للمرأة لأن تعفو عن مهرها لأن الزوج قد طلقها قبل اللقاء والمس، ولكن القرآن قد حث المرء وحرضه على أن فتوته ومروءته ودرجته العالية تقتضي أن لا يطلب من المرأة أن تعفو هي عن حقها، بل ينبغي أن يتقدم هو ويؤدي كل مهرها، فحرضه على ذلك بقوله: «أو يعفو الذي بيده عقدة النكاح» والثاني أن الإيثار والتضحية، وهي من أوصاف التقوىٰ العالية يليق بشأن الصنف القوي في مقابلة الصنف الضعيف، والثالث أن الله تعالىٰ قد أعطى المرء درجة الفضيلة على النساء بإيتاء فضيلة القوامة عليها، فليس للمرء أن ينسى

---

(1) تدبر القرآن ٢/ ٢٧١.

(2) سورة البقرة، الآيتان: ٢٣٦ و٢٣٧.

هذه الفضيلة في معاملة المرأة، فإن هذه الفضيلة تقتضي بطبيعتها أن يكون المرء معطيًا وليس آخذًا من المرأة[1].

**ثالثًا:** يجب أن يكون تسريح المرأة بمتعة الحياة وقد جعلها القرآن حقًّا على المحسنين والمتقين فجاء في القرآن فيمن يطلق قبل أن يمس المرأة أيضًا:

﴿وَلِلْمُطَلَّقَٰتِ مَتَٰعٌۢ بِٱلْمَعْرُوفِ ۖ حَقًّا عَلَى ٱلْمُتَّقِينَ﴾[2] وقد جاء ذلك في سورة الأحزاب بتعبير ﴿فَمَتِّعُوهُنَّ وَسَرِّحُوهُنَّ سَرَاحًا جَمِيلًا﴾[3]. وأيضًا أوجبها في البقرة للنساء التي لم يُدخل بهن ولم يُجعل كذلك صداق لهن أن تتاح لهن المتعة وفقًا للتقليد السائد في المجتمع ورعاية لأحوال الزوج المعيشية فقال: ﴿وَمَتِّعُوهُنَّ عَلَى ٱلْمُوسِعِ قَدَرُهُۥ وَعَلَى ٱلْمُقْتِرِ قَدَرُهُۥ مَتَٰعًۢا بِٱلْمَعْرُوفِ ۖ حَقًّا عَلَى ٱلْمُحْسِنِينَ﴾[4].

فعلم من كل ذلك أن متعة الطلاق حق واجب، وإذا لم يؤدها شخص فيمكن أن لا يؤاخذه القانون في هذا العالم لابتناء القانون على صفتي الإحسان والتقوى، ولكنه سوف يؤاخذ عليه حتمًا عند الله ويُوذن له إيمانه وإحسانه برعاية ذلك.

**رابعًا:** وإذا رجع الزوج أثناء العدة تظل المرأة زوجة له. ولكن هل الزوج أن يطلقها ثم يرجع مرارًا وتكرارًا في أثناء العدة. فأجاب القرآن على هذا السؤال أن للزوج حق الطلاق والرجعة فقط مرتين، فقال: ﴿ٱلطَّلَٰقُ مَرَّتَانِ ۖ فَإِمْسَاكٌۢ بِمَعْرُوفٍ أَوْ تَسْرِيحٌۢ بِإِحْسَٰنٍ﴾[5] وعليه إن وقع ذلك لأحد لمرة ثالثة، وطلق المرأة مرة ثالثةً بعد الرجعتين فالآن تبين وتفترق منه للأبد إلا أن تتزوج بآخر، ثم هو الآخر يطلقه ففي هذه الصورة لهما أن يجتمعا بنكاح جديد. فقال تعالىٰ:

---

(1) تدبر القرآن ١/ ٥٤٨.
(2) سورة البقرة، الآية: ٢٤١.
(3) سورة الأحزاب، الآية: ٤٩.
(4) سورة البقرة، الآية: ٢٣٦.
(5) سورة البقرة، الآية: ٢٢٩.

﴿ فَإِن طَلَّقَهَا فَلَا تَحِلُّ لَهُ مِنۢ بَعْدُ حَتَّىٰ تَنكِحَ زَوْجًا غَيْرَهُۥ ۗ فَإِن طَلَّقَهَا فَلَا جُنَاحَ عَلَيْهِمَآ أَن يَتَرَاجَعَآ إِن ظَنَّآ أَن يُقِيمَا حُدُودَ ٱللَّهِ ۗ وَتِلْكَ حُدُودُ ٱللَّهِ يُبَيِّنُهَا لِقَوْمٍ يَعْلَمُونَ ﴾[1].

وقد بيّن القرآن شروطا ثلاثةً للنكاح الجديد مع الزوج الأول.

**أولًا:** أن تتزوج المرأة من شخص آخر.

**ثانيًا:** لم يمكن التعايش معه أيضًا فطلقها هو الآخر.

**ثالثًا:** فإن ظنا أن يقيما حدود الله بعد النكاح الجديد. فأريد بالنكاح في الشرطين الأولين عقد النكاح، وبالطلاق نفس الطلاق الذي يقوم المرء به إذا لم يمكن التعايش وأبرم الافتراق وطلق، ويقول الأستاذ الإمام:

«والأصل أن النكاح مصطلح معروف للشريعة الإسلامية والذي يطلق على عقد بين رجل وامرأة يتم بنية التعايش لطيلة الحياة، ولأن تحيا حياة زوجية، فإن لم توجد هذه الإرادة في نكاح فليس هو نكاحًا بل مؤامرة تآمره رجل وامرأة معًا، وأما الطلاق فهو ليس جزءًا أصليًا للمشروع الشرعي النكاحي. بل هو تداوٍ محدود لما قد يطرأ عليه من آفة مفاجئة. ولذا فإن طبيعة النكاح تستلزم أن يوجد بإرادة التعايش الدائم. وإذا كان النكاح فقط لفترة محددة خاصة فهو متعة وهو حرام قطعًا في الإسلام. وكذلك إذا نكح بشخص بامرأة بنية إحلالها لزوجها الأول بطلقة يقال لها في الشرع حيلة الحلالة وهي أيضًا حرام كالمتعة في الإسلام. والذي يقوم بهذه العملية الدنيئة الخبيثة لإنجاح مقصد الغير فإنه في الواقع ديوث أو فحل مستعار كما جاء في الحديث ولعن الله المحلل والمحلل له»[2].

واشترط ثالثًا أن لا يعتقد الناس النكاح والطلاق ألعوبة. ويعرفون جيدًا أن النكاح جد والطلاق جد فتنكح المرأة بإرادة صادقة بحسن العشرة معها وتطلق

---

(1) سورة البقرة، الآية: ٢٣٠.
(2) رواه ابن ماجه، رقم: ١٩٣٦. تدبر القرآن، ١/ ٥٣٧.

إذا لم يكن بد منها وأن يتقوا الله في كل أمر ولا يجوز بعد مؤمن أن يسلك مسلكًا غيره في هذا الباب.

وقد أضاف فقهاؤنا على هذا كله شرطًا مزيدًا أن يكون الطلاق من الزوج الثاني بعد أن جامعها بالتأكيد، فإنهم لا يحلون المرأة للزوج الأول بدون المباشرة. والدلائل التي يستمسكون بها لتبرير هذا الرأي من أهمها ثلاثة أدلة وهي كالتالي:

**أولًا:** الآية تستعمل لفظة «تنكح» لذلك وأضافت فعل النكاح إلى المرأة وبما أن النكاح يتم من قِبَل المرء لا من المرأة ولذا فتنكح هنا تكون في معنى الدخول بها والمباشرة الجنسية بالتأكيد.

**وثانيًا:** قد جاءت ألفاظ «زوجًا غيره» بعد «تنكح». وزوجًا بنفسه يشير هنا إلى أن النكاح قد تم، ولذا لا بد من أن يكون «تنكح» هنا بمعنى المباشرة الجنسية.

**وثالثًا:** قد روي أن النبي ﷺ بنفسه قد منع امرأة من المراجعة إلى الزوج الأول أن لا تحل له بدون الجماع من الزوج الثاني.

والجواب على الدليلين الأولين الواضح الصريح قد جاء به القرآن نفسه، فقد جاء بعد الآية المبحوث عنها فورًا آية كريمة وهي: ﴿وَإِذَا طَلَّقْتُمُ ٱلنِّسَآءَ فَبَلَغْنَ أَجَلَهُنَّ فَلَا تَعْضُلُوهُنَّ أَن يَنكِحْنَ أَزْوَٰجَهُنَّ﴾[1].

فانظر فيها إنها أيضًا تنسب النكاح إلى النساء. وجاء هنا أيضًا «أزواجهن» على نفس الطريقة التي جاء بها في «زوجًا غيره» ولكن الواضح الصريح أن يكون «أن ينكحن» هنا في معنى عقد النكاح لا بمعنى المباشرة قطعًا. ثم القول بأن فعل النكاح لا ينسب إلى المرأة لمن العجب العجاب. وعليه هل يمكن لنا التجاسر

---

(1) سورة البقرة، الآية: ٢٣٢.

على سؤال إلزامي عليه أنه إذا لم ينسب فعل النكاح إلى المرأة فهل ينسب فعل الجماع إليها؟ لأن الجماع أيضًا لا تفعله المرأة وإنما المرء يفعله.

أما الدليل الثالث فمنشؤه فهم وقراءة رواية على غير ما هي عليه. وبالنظر في طريق رواه البخاري قد يتوضح الأمر أن المرأة قد نكحت بنفسها بنية وإرادة أن تحل لزوجها الأول. ولذا نسبت إلى الزوج تهمة أنه قاصر عن أداء وظيفة الزوجية وإقامة العلاقة الجنسية معها ومن أجل ذلك تريد الطلاق منه، فقد عاتبها النبي ﷺ بعد أن وضحت له الحقيقة الواقعة وقال لها: «لا حتى تذوقي عسيلته» فكان قوله مبنيًا على أسلوب تعليق بالمحال لا بيان شرط. فإن كانت الرواية تثبت شيئًا فإنها تثبت حرمة الحلالة وليس فيها دليل على ما ذهب إليه الفقهاء.

وإليكم الرواية بكاملها:

عن عكرمة أن رفاعة طلق امرأته فتزوجها عبد الرحمن بن الزبير القرظي، قالت عائشة: وعليها خمار أخضر فشكت إليها وأرتها خضرة بجلدها، فلما جاء رسول الله ﷺ، والنساء ينصر بعضهن بعضًا. قالت عائشة: ما رأيت مثل ما يلقى المؤمنات، لجلدها أشد خضرة من ثوبها قال: وسمع أنها قد أتت رسول الله ﷺ فجاء ومعه ابنان له من غيرها. قالت: والله ما لي إليه من ذنب إلا أن ما معه ليس بأغنى عني من هذه، وأخذت هدبة من ثوبها فقال: كذبت والله يا رسول الله، إني لأنفضها نفض الأديم ولكنها ناشز تريد رفاعة، فقال رسول الله ﷺ: «فإن كان كذلك لم تحلي له أو لم تصلحي له حتى يذوق من عسيلتك» قال وأبصر معه ابنين له فقال بنوك هؤلاء؟ قال نعم، قال: هذا الذي تزعمين ما تزعمين فوالله لهم أشبه به من الغراب بالغراب[1].

والزوج يطلق أو يرجع ينبغي له في كلتا الصورتين أن يُشهد على عمله شهيدين مسلمين ثقتين، ويجب عليهما أن يقوما على شهادتهما. والمقصود من ذلك أن أحدًا من الفريقين لا ينكر ذلك فيما بعد وإذا كان هناك نزاع يكون من

---

(1) رواه البخاري، رقم: ٥٨٢٥.

السهل جدًا التعامل معه. ثم أن لا يكون في ذلك شبهة ولا ريبة ويكون كل شيء للناس واضحًا جليًا. فهذا هو الطريقة الصحيحة للطلاق فإذا طلق رجل امرأته مطابقًا لذلك أو يراجعها بعد الطلاق ينفذ قضاءه هذا شرعًا. ولكن إذا خالف الطريق الشرعي بأي جانب وطلق يكون ذلك قضية تنظر فيها المحكمة وتقضي فيها.

وقد رفعت إلى رسول الله ﷺ قضايا عديدة من هذا النوع اثنتان منها مهمتان جدًا وهما كما يأتي:

«طلّق عبد الله بن عمر ﵁ امرأته وهي حائض، فذكر ذلك أبوه للنبي ﷺ، فتغيظ غضبًا، حيث طلقها طلاقًا محرمًا لم يوافق السنة، ثم أمره بمراجعتها وإمساكها حتى تطهر من تلك الحيضة ثم تحيض أخرى ثم تطهر منها ـ وبعد ذلك ـ إن بدا له طلاقها ولم ير في نفسه رغبة في بقائها فليطلقها قبل أن يطأها، فذلك ابتداء العدة التي أمر الله بالطلاق فيها لمن شاء»[1].

والحدث الثاني هو ما وقع لركانة بن عبد يزيد، وهناك روايات عديدة في ذلك ومجموعها يفيد أن ركانة طلق امرأته سهيمة البتةَ، فأخبر النبي ﷺ بذلك فقال رسول الله ﷺ «ما أردت؟ فقال ركانة والله ما أردت إلا واحدة فردها إليه قال إني طلقتها ثلاثًا في مجلس واحد، فقال: انما هي طلقة واحدة ولكن ليس هذا طريقًا صحيحًا فقد قال الله إذا طلقتم النساء فطلقوهن لعدتهن»[2].

فهذه الروايات تفيد أن قضاء النبي ﷺ كان مبنيًا في كلتا القضيتين على أسس تالية:

إذا أخلف شخص قانون الطلاق فإن أمكن التلافي يجب أن يؤمر بتلافي ما فاته.

---

(1) روي هذا الحديث البخاري، رقم: ٥٢٥١، ومسلم رقم: ٣٦٥٧.

(2) رواه أبو داود، رقم: ٢١٩٦، ٢٢٠٦، ابن ماجة: ٢٠٥١ والترمذي، رقم: ١١٧٧، وأحمد رقم: ٢٣٨٣. وهي روايات ضعاف من جهة السند ولكن إذا جمعت الطرق ينجبر الضعف.

وللقائل حق أن يوضح ما أراده بقوله فإن قال: صدر مني ذلك القول من غير قصد مني ولا إرادة ولا اختيار سلبته بأي وجه من الوجوه، يمكن أن يقبل توضيحه ذلك.

وعدد الطلقات الثلاث يطلق لبيان العدد كما أنه يطلق على توكيد القول وإتمامه وقطعيته. وبما أن الاحتمالين متساويان لغةً وأسلوبًا. فما يجيء القائل من تفسير لقوله يمكن أن يقبل في ذلك.

ولكن إذا كانت القرائن تأبىٰ ذلك فللمحكمَة حق أن لا تسلم تفسير القائل إن لم تطمئن عليه. ولذا حين رأى عمر رضي الله عنه أن الناس يتجاوزون الحدود في ذلك أنفذ الثلاث كثلاث طلقات وأعلن ذلك[1].

## عدة الطلاق

وعدة الطلاق التي أمر القرآن أن يطلق المرء زوجته لعدتها قد أوضح مدتها في مقام آخر أنها ثلاث حيضات، فقال:

﴿وَٱلۡمُطَلَّقَٰتُ يَتَرَبَّصۡنَ بِأَنفُسِهِنَّ ثَلَٰثَةَ قُرُوٓءٖ﴾[2].

ولفظة القروء التي جاءت في الآية هي جمع لقرء وهي من لغة الأضداد تطلق على الحيضة والطهر كليهما وقد حققها الأستاذ الإمام أمين أحسن في تفسيره «تدبر القرآن» بما يأتي:

«قد تمخض مما تدبرنا في أصل مادة القرء ومشتقاتها إلى القول بأن معناه الأصلي هو الحيض ولكن بما أن كل حيضة متصلة يطهر بالتأكيد ولذا يستعملها الناس في المحاورة المتداولة بالطهر أيضًا، كما نعبر بالليل النهار لكونها مولجة بالنهار وبالعكس. وأمثلة ذلك متوفرة في كل لغات العالم[3].

---

(1) رواه مسلم، رقم: ٣٦٧٣.

(2) سورة البقرة، الآية: ٢٢٨.

(3) تدبر القرآن ١/ ٥٣٢.

وقد استعملناه هنا في معنى الحيض ووجه ذلك لأن الأصل هنا هو استبراء رحم المرأة والذي يُفصل فيه بالحيضة لا بالطهر. ثم إنه حددت لذلك مدة التوقف وهي أيضًا تتعين بالحيضة فلا يشك في ابتدائها أحد، فهذه هي مدة الحيض في عامة الأحوال. ولكن إذا يئست المرأة من الحيض أو لم تحض بالرغم من كونها بالغة العمر، ففي هذه الحالة تكون العدة ثلاثة أشهر كما جاء في آيات سورة الطلاق. وجاء فيها ﴿وَٱلَّٰٓـِٔي لَمۡ يَحِضۡنَۚ﴾، وبما أن «لم» تأتي بالعربية لنفي الجحد فلا يمكن أن يراد بها الصبيات اللاتي لم تحضن بعدُ، بل يراد بها تلك النسوة اللّتي لم يحضن وإن بلغن عمر الحيضة. وقال أيضًا إن مدة العدة للحامل هي وضع الحمل. وقد اشترط في الآية للآيسات من الحيضة بـ﴿إِنِ ٱرۡتَبۡتُمۡ﴾ ويقول الأستاذ الإمام في توضيح ذلك:

«إنه يدور في خلدي أنه إن كانت شريطة ﴿إِنِ ٱرۡتَبۡتُمۡ﴾ قد جاءت هنا للتمييز بين الآيسة المدخولة والآيسة غير المدخولة. أي إذا كانت الآيسة مدخولة فمع كونها آيسة، هناك إمكان أن تكون حالة اليأس طارئة وترجو بعدها وفي رحمها شيء. وقد تعرض نفس الحالة لمن لم تحض بعدُ ولكنها مدخولة. وقد يمكن أن يثور سؤال لأحد إن كان المنوي القول بهذا فلم لم يقل بصراحة أن عدة الآيسة المدخولة هي ثلاثة أشهر؟ وجوابه إن قيل ذلك كذلك لم تتوضح منه علة العدة أصلًا، مع أنها كان لا بد من إيضاحها. الآن علة العدة الأصلية ليس كون المرأة مدخولة مجردة بل الاشتباه أن يكون هناك شيء في رحمها»[1].

ويتضح منه كذلك أن المرأة إذا كانت غير مدخولة فلعدم احتمال كونها حاملًا فلا بد من أن لا تكون لها عدة وقد صرح الله تعالىٰ ذلك في سورة الاحزاب فقال: ﴿يَٰٓأَيُّهَا ٱلَّذِينَ ءَامَنُوٓاْ إِذَا نَكَحۡتُمُ ٱلۡمُؤۡمِنَٰتِ ثُمَّ طَلَّقۡتُمُوهُنَّ مِن قَبۡلِ أَن تَمَسُّوهُنَّ فَمَا لَكُمۡ عَلَيۡهِنَّ مِنۡ عِدَّةٖ تَعۡتَدُّونَهَاۖ فَمَتِّعُوهُنَّ وَسَرِّحُوهُنَّ سَرَاحٗا جَمِيلٗا﴾[2].

(1) تدبر القرآن، ٨/ ٤٤٢.

(2) سورة الأحزاب، الآية: ٤٩.

وأحكام زمن العدة التي تتمحض من آيات سورة الطلاق كما يأتي:

أولًا: لا ينبغي أن تترك الزوجة بيتها ولا يحق الزوج أن تخرجها من البيت فإنه يرجىٰ من التعايش أن تتغير القلوب وينظر كل من الزوج والزوجة في سلوكياتهما فتعمر البيت الخربان من جديد، تشير إلى ذلك فقرة ﴿لَعَلَّ ٱللَّهَ يُحْدِثُ بَعْدَ ذَٰلِكَ أَمْرًا﴾. ونبه كذلك أن هذه حدود الله فمن يتعداها فقد ظلم نفسه فإن حدود الله هي لمصالح العباد لا لمصلحة الله تبارك وتعالىٰ، فمن يتجاوزها يهدم مصالحه هو. وهناك حالة استثنائية فقط وهي إن كان قد طلقها لفاحشة مبينة. والفاحشة المبينة تستعمل في العربية للزنا ومتعلقاته ومقدماته. ففي هذه الصورة من الظاهر أنه لا ينبغي أن يطالب الزوج، أن يترك زوجته تعيش معه في بيته ولا يحصل منه فائدة مظنونة من هداية ﴿لَا تُخْرِجُوهُنَّ مِنْ بُيُوتِهِنَّ﴾.

وثانيًا: يطلب من الزوج أن توفر لها السكنى والنفقة وفقًا لحيثيته. وبسبب الطلاق يُخشى أن يتعامل الزوج معها معاملة السوء والقتر ولذا فقد اكدت الآيات الكريمة على حثه على التعامل الحسن معها وأن يتخذ معها تدابير بأن تضطر إلى مغادرة البيت.

هذه المسؤولية، بالطبع، ستبقى مع الزوج حتى بعد الطلاق الثالث. والسبب في ذلك هو أن العدة مقبولة من قبل المرأة لتحديد وحماية حملها. ففي آية سورة الأحزاب (٣٣) التي اقتبسناها أعلاه، فإن كلمات ﴿فَمَا لَكُمْ عَلَيْهِنَّ مِنْ عِدَّةٍ تَعْتَدُّونَهَا﴾ واضحة جدًّا أنه إذا كان هناك احتمال للحمل، فإن العدة واجبة على الزوجة نيابة عن الزوج. وليس هناك شك في أنه بعد الطلاق الثالث، لا يحق للزوج العودة وحق الرجعة، ولكن نتيجة لذلك، إذا كان من الممكن إلغاء أي شيء، فهو الحظر عليهما العيش معًا. ولا يمكن إنهاء مسؤولية توفير السكن والنفقة للزوجة تحت أي ظرف من الظروف. لذلك، من المؤكد تمامًا أنه سواء كانت العدة ثلاث فترات حيض أو ثلاثة أشهر أو تمتد إلى فترة الحمل، فإن هذه المسؤولية ستفرض على الزوج على كل حال.

وهنا قد يقدم بعض الناس حديثَ فاطمة بنت قيس ضد رأينا هذا. وتروى قصتها أن زوجها أبا عمرو طلقها مرتين من قبل. ثم عندما أرسل إلى اليمن مع سيدنا علي رضي الله عنه، أرسل له الطلاق الثالث أيضًا من هناك. وخلال العدة، عندما طالبت بالنفقة والإقامة، رفضت عائلة زوجها قبول حقها. فعند ذلك جاءت إلى النبي ﷺ بهذا الادعاء، فقرر النبي ﷺ: «لا نفقة لك ولا سكنى»[1].

وقد جاءت هذه الرواية في بعض كتب الحديث، ولكن يعلم من الروايات الأخرى أيضًا أنه عندما عرضت على عمر رضي الله عنه رفض قبولها، قائلًا إنه لا يمكن «أن نترك كتاب ربنا وسنة نبينا لقول امرأة لا نعلم حفظت أم نسيت». [٣٥] وعندما ثارت القضية مرة أخرى في عهد مروان، أثارت السيدة عائشة اعتراضات قوية على هذا الحديث قال قاسم بن محمد: سألت السيدة: ألا تعلم قصة فاطمة؟ فأجابت فقالت: خير ألا نذكر حديث فاطمة[2]. وقالت في رواية ما لفاطمة؟ ألا تتقي الله[3]؟

وفي رواية أخرى، روي أن أم المؤمنين أعربت عن استيائها من فاطمة، وقالت: «كانت في بيت فارغ لا يوجد فيه مؤنس، فأمرها النبي ﷺ بتغيير منزلها حفاظًا على سلامتها»[4].

هذه هي حقيقة هذا الحديث، لذلك لا يناسب أن يعتني به أحد الآن. بالإضافة إلى هذه التعليمات، قد أعطى الله سبحانه وتعالى تعليمات أخرى في سورة البقرة بأن المرأة يجب ألا تحاول إخفاء حملها خلال زمن العدة. وقد ذكرنا في أكثر من مكان أعلاه أنه قد جاء حكم العدة بحيث تقرر ما إذا كانت المرأة حاملا أم لا. لذلك، هذا مطلب أساسي من متطلبات هذا الأمر، وقد شدد الله عليه بشدة فقال:

---

(1) رواه مسلم رقم ٣٦٩٧ ــ ٣٦٩٨ رواه أبو داود رقم ٢٢٩٠.

(2) رواه البخاري رقم: ٥٣٢١ ــ ٥٣٢٢.

(3) رواه البخاري رقم: ٥٣٢٣ ــ ٥٣٢٤ ومسلم: ٣٧١٩.

(4) رواه البخاري رقم: ٥٣٢٥ ــ ٥٣٢٦.

﴿ وَٱلْمُطَلَّقَٰتُ يَتَرَبَّصْنَ بِأَنفُسِهِنَّ ثَلَٰثَةَ قُرُوٓءٍ وَلَا يَحِلُّ لَهُنَّ أَن يَكْتُمْنَ مَا خَلَقَ ٱللَّهُ فِىٓ أَرْحَامِهِنَّ إِن كُنَّ يُؤْمِنَّ بِٱللَّهِ وَٱلْيَوْمِ ٱلْءَاخِرِ ﴾(1).

# وبعد الطلاق

## الرضاعة:

ومما يمكن أن يكون من بواعث النزاع بعد الطلاق منها رضاعة الأولاد فقد أرشد الله سبحانه في آيات الطلاق المذكورة أعلاه أنه إذا رضيت الوالدة لإرضاع الأولاد، يجب على المرء (الوالد) تعويضها على ذلك، وتتم صفقة هذه الخدمة بالتشاور والتراضي وبالمعروف. وإذا لم يتفق الوالدان على قرار كهذا ترضع امرأة أخرى، ومعيار النفقة في ذلك يكون «على الموسع قدره وعلى المقتر قدره»، ولا يجوز للثري أن يتنازل في تعامله من معياره هو ولا يثقل ولا يكلف الفقير أكثر من وسعه فـ ﴿ لَا يُكَلِّفُ ٱللَّهُ نَفْسًا إِلَّا وُسْعَهَا ﴾ فقال في البقرة:

﴿ وَٱلْوَٰلِدَٰتُ يُرْضِعْنَ أَوْلَٰدَهُنَّ حَوْلَيْنِ كَامِلَيْنِ لِمَنْ أَرَادَ أَن يُتِمَّ ٱلرَّضَاعَةَ وَعَلَى ٱلْمَوْلُودِ لَهُۥ رِزْقُهُنَّ وَكِسْوَتُهُنَّ بِٱلْمَعْرُوفِ لَا تُكَلَّفُ نَفْسٌ إِلَّا وُسْعَهَا لَا تُضَآرَّ وَٰلِدَةٌۢ بِوَلَدِهَا وَلَا مَوْلُودٌ لَّهُۥ بِوَلَدِهِۦ وَعَلَى ٱلْوَارِثِ مِثْلُ ذَٰلِكَ فَإِنْ أَرَادَا فِصَالًا عَن تَرَاضٍ مِّنْهُمَا وَتَشَاوُرٍ فَلَا جُنَاحَ عَلَيْهِمَا وَإِنْ أَرَدتُّمْ أَن تَسْتَرْضِعُوٓا۟ أَوْلَٰدَكُمْ فَلَا جُنَاحَ عَلَيْكُمْ إِذَا سَلَّمْتُم مَّآ ءَاتَيْتُم بِٱلْمَعْرُوفِ وَٱتَّقُوا۟ ٱللَّهَ وَٱعْلَمُوٓا۟ أَنَّ ٱللَّهَ بِمَا تَعْمَلُونَ بَصِيرٌ ﴾(2).

وتتلخص هذه الأحكام في ألفاظ الأستاذ الإمام أمين أحسن الإصلاحي كما يأتي:

١.  يجب على المطلقة إرضاع ولدها حولين كاملين إن أراد المرء المطلق أن تتم المرأة مدة الرضاعة هذه.

---

(1)  سورة البقرة، الآية: ٢٢٨.

(2)  سورة البقرة، الآية: ٢٣٣.

٢. وأثناء هذه المدة على الوالد أن يصرف على المطلقة بتوفير الكسوة لها والرزق بالمعروف، أي يقضي الفريقان باعتبار مكانة الزوج وضرورات المرأة وظروفها ما سوف يُؤدي إليها من المصارف كنفقة عليها.

٣. ولا يضار فريق منهما أكثر من وسعه فلا تضار والدة بولدها ولا الوالد بولده.

٤. وإذا فات والد الولد يقوم مقامه وارثه ويجب عليه مثل ذلك من المسؤوليات والواجبات والحقوق.

٥. فإن أراد الوالد والوالدة فصال الولد أثناء الحولين عن تراضٍ منهما وتشاور فلا جناح عليهما فيه.

٦. وإن أراد الوالد أو من ينوب منابه من الورثة استرضاع الولد من امرأة أخرى يمكن لهم ذلك بشريطة أن تؤدي الوالدة المال وفقَ ما تم بينهما من قرار[1].

## عضل المرأة في النكاح:

والشيء الثاني الذي يمكن أن يكون باعثًا للنزاع هو عضل الزوج للمرأة أن تنكح زوجًا غيره، ويمكن ذلك أن يتم في حظره الصريح لها أو في صورة مؤامرة وتكالب عليها، فقد حذر الله الرجال من هذا الفعل بشدة ونصحهم أنه إذا تم طلاق امرأة فلا يحق الآن للزوج السابق أن يعضلها في أية معاملة لها، فهي حرة ولها أن تتزوج إذا شاءت وبمن شاءت، فإن كان قضاؤها للنكاح متوافقًا للعرف والعادة فلا اعتراض عليها.

وأتت في الأصل لذلك ألفاظ ﴿بِٱلْمَعْرُوفِ﴾ وتقصد منها أن المرء والمرأة كلاهما حران الآن، ولهما أن يقضيا في أمورهما كما شاءا، بشرط أن لا يكون هناك شيء مما يناقض تقاليد الكرماء أو مما يضر بسمعة الزوج السابق أو الزوج المستقبلي أو بسمعة أسرة المرأة وعزها وشرفها، فقال تعالىٰ:

---

(1) تدبر القرآن، ١/ ٥٤٥.

﴿وَإِذَا طَلَّقْتُمُ ٱلنِّسَآءَ فَبَلَغْنَ أَجَلَهُنَّ فَلَا تَعْضُلُوهُنَّ أَن يَنكِحْنَ أَزْوَٰجَهُنَّ إِذَا تَرَٰضَوْا۟ بَيْنَهُم بِٱلْمَعْرُوفِ ذَٰلِكَ يُوعَظُ بِهِۦ مَن كَانَ مِنكُمْ يُؤْمِنُ بِٱللَّهِ وَٱلْيَوْمِ ٱلْـَٔاخِرِ ذَٰلِكُمْ أَزْكَىٰ لَكُمْ وَأَطْهَرُ وَٱللَّهُ يَعْلَمُ وَأَنتُمْ لَا تَعْلَمُونَ﴾[1].

ويقول الأستاذ الإمام مفسرًا الجزء الأخير من الآية الكريمة:

«قال: ذلك يوعظ به من كان منكم يؤمن بالله واليوم الآخر، أي الذين يؤمنون بالله واليوم الآخر فعليهم أن يمتثلوا بهذا الوعظ والنصح كمقتضى لازمي لإيمانهم، ثم قال ذلك أزكى لكم أي إن تعضلوا المرأة في نكاحها حيث تريد فذلك يفضي بها وبأسرتها ثم بالاجتماع كله إلى انتشار المفاسد والخلاعات الكثيرة، فمن هنا تفتح أبواب العلاقات الخفية ثم الزنا ثم الإغواء والفرار بكثرة كاثرة، وفي يوم يجدع أنف كل الذين يحاولون عضل المرأة ويقيمون الحواجز بإزاء المشاعر الطبيعية ويعرقلون باسم العادات والتقاليد المتبذلة فقط لشموخ أنفسهم، وفي أخير الآية قال والله يعلم وأنتم لا تعلمون أي إنكم على علم ناقص ونظر قاصر، يصعب عليكم أن تفهموا كل صعود وهبوط الحياة ولذا يجب أن تأتوا بما تؤمرون به من عند الله تعالى»[2].

## حضانة الأطفال:

وقد يمكن أن يثور بين المطلقة وزوجها نزاع وخلاف في أمر حضانة الأطفال وتربيتهم.

وهذه المسألة تطلب مراعاة مصالح الأطفال ورعاية ظروف الوالدين. وهي تختلف باختلاف الملابسات والظروف، ولذا لم تجئ الشريعة بضابطة خاصة في ذلك ولكن هناك قضاءات النبي ﷺ موجودة في هذه القضية وهي

(1) سورة البقرة، الآية: ٢٣٢.
(2) تدبر القرآن، ١/ ٥٤٤.

تفيد الكثير لأرباب الحل والعقد إلى وصول ترشيد بهم جدًّا فيها، فنقل منها هنا قضاءان له:

روي عن عبد الله بن عمر أن امرأة أتت رسول الله ﷺ فقالت: يا رسول الله إن ابني هذا كان بطني له وعاء وحجري له حواء وثدي له سقاء وزعم أبوه أنه ينزعه مني فقال: أنت أحق به ما لم تنكحي [1].

وروى أهل السنن وأبو داود عن أبي هريرة أن امرأة جاءت فقالت: يا رسول الله إن زوجي يريد أن يذهب بابني وقد سقاني من بئر أبي عقبة وقد نفعني فقال: استهما عليه فقال زوجها من يحاقني في ولدي فقال رسول الله ﷺ (للولد) هذا أبوك وهذه أمك فخذ بيد أيهما شئت فأخذ بيد أمه فانطلقت به [2].

# وفات الزوج:

﴿وَٱلَّذِينَ يُتَوَفَّوْنَ مِنكُمْ وَيَذَرُونَ أَزْوَٰجًا يَتَرَبَّصْنَ بِأَنفُسِهِنَّ أَرْبَعَةَ أَشْهُرٍ وَعَشْرًا فَإِذَا بَلَغْنَ أَجَلَهُنَّ فَلَا جُنَاحَ عَلَيْكُمْ فِيمَا فَعَلْنَ فِىٓ أَنفُسِهِنَّ بِٱلْمَعْرُوفِ وَٱللَّهُ بِمَا تَعْمَلُونَ خَبِيرٌ ۞ وَلَا جُنَاحَ عَلَيْكُمْ فِيمَا عَرَّضْتُم بِهِۦ مِنْ خِطْبَةِ ٱلنِّسَآءِ أَوْ أَكْنَنتُمْ فِىٓ أَنفُسِكُمْ عَلِمَ ٱللَّهُ أَنَّكُمْ سَتَذْكُرُونَهُنَّ وَلَٰكِن لَّا تُوَاعِدُوهُنَّ سِرًّا إِلَّآ أَن تَقُولُوا۟ قَوْلًا مَّعْرُوفًا وَلَا تَعْزِمُوا۟ عُقْدَةَ ٱلنِّكَاحِ حَتَّىٰ يَبْلُغَ ٱلْكِتَٰبُ أَجَلَهُۥ وَٱعْلَمُوٓا۟ أَنَّ ٱللَّهَ يَعْلَمُ مَا فِىٓ أَنفُسِكُمْ فَٱحْذَرُوهُ وَٱعْلَمُوٓا۟ أَنَّ ٱللَّهَ غَفُورٌ حَلِيمٌ﴾ [3].

قد جاء حكم المتوفى عنها زوجها في هذه الآيات من سورة البقرة.

وأول ما جاء فيها هو تحديد مدة العدة في أربعة أشهر، وبما أن علة حكم عدة المطلقة والمتوفى عنها زوجها واحدة، ولذا فإن المستثنيات المذكورة أعلاه في بحث الطلاق يجب رعايتها في عدة المتوفى عنها زوجها أيضًا، فلا

---

(1) رواه أحمد وأبو داود، رقم: ٢٢٧٦ والحاكم، رقم: ٢٨٣٠.

(2) أبو داود، رقم: ٢٢٧٧.

(3) سورة البقرة، الآيتان: ٢٣٤ و٢٣٥.

عدة للأرملة غير المدخولة وتنتهي عدة الأرملة الحامل بعد وضع الحمل، فقد أخرج الشيخان أن سمية رضي الله عنها أرملت وكانت حاملًا أتت النبي ﷺ وسألت عنه ما حكمها فقضى لها النبي ﷺ هذا القضاء[1].

وتمت هذا الإضافة في مدة العدة بالنسبة للمطلقة العامة لأنها أمرت أن يتم طلاقها في طهر لم يُجامعها زوجها، ولكن لا يمكن صنع وتحديد ضابط كهذا للمتوفى عنها زوجها فكان الاقتضاء أن تزاد الأيام في مدة العدة، ففصل القرآن ذلك وزاد شهرًا وعشرة أيام مقارنًا بالمطلقة العامة.

وجاء بحكم ثانٍ أن المتوفى عنها زوجها حرة بعد انقضاء مدة العدة لما أن تعمل ما تشاء في أمرها، نعم ينبغي لها أن تتقيد بصرف المجتمع وأن لا تقترف عملية تضر بشرف الأسرتين ووجاهتهما وشهرتهما وعزهما وبعد ذلك لا يلزمها ولا أولياءها شيء. يقول الأستاذ الإمام:

«وذلك يعني أنه لا ينبغي للناس أن يعطوا الطقوس والتقاليد السائدة غير الشرعية مكانة الشريعة وأن يلوم بعضهم البعض في ذلك. فلا يُطعن في ورثة الزوج وأولياء المرأة الأرملة أن هذه المرأة لم تستحد زوجها بعد حق الاستحداد أن ضاقوا منها، ولا تطعن المرأة نفسها أن لم تمض على وفاة زوجها أيام وهذه قامت تطلب لها زوجًا آخر. ويجب فقط التزام بحدود الله وأن يُذكر دائمًا أن الله عليم وخبير بكل ما يعمل به عباده»[2].

وأرشد ثالثًا أنه إذا أراد شخص أن يتزوج بالأرملة فله أن يعرض لذلك أو يكنه في نفسه ولكن لا يجوز له أن يواعدها سرًّا ويخطب عليها صارفًا نظره عن ما تعانيه أسرتها من المصيبة وتكابد من المعاناة، ويجب أن يتحدد القول على المواقع كهذه في الإعراب عن التعزية والمواساة، فقال إن الله يعلم ما في أنفسكم ولكن لا تخطبوها ولا تواعدوها سرًا ولا تعاهدوها ولكن قولوا قولًا معروفًا.

---

(1) انظر البخاري، رقم الحديث: ٥٣١٨ ـ ٣٧٢٣.

(2) تدبر القرآن، ١/ ٥٤٦.

نعم إذا مضت العدة فلا جناح عليكم أن تعزموا عقدة النكاح من المتوفى عنها زوجها.

ويستنبط منه أنه يجب على المرأة أيضًا أن تعيش في مدة العدة ما يطابق الحالات وهي عيشة الاستحداد وعدم الزينة كما قال النبي ﷺ:

المتوفى عنها زوجها لا تلبس المعصفر من الثياب ولا الممشقة ولا الحُلى ولا تختضب ولا تكتحل[1].

وكيف تحل مشكلة النفقة والسكنى لها أثناء العدة؟ فقد أوضح القرآن في السورة نفسها أنه يجب على الزوج المتوفى أن يوصي لزوجتها للسكنى والنفقة لعام كامل إلا أن تخرج بنفسها من بيته أو تقوم بخطوة أخرى من نوعها، وعامة المفسرين يعتقدون أن هذا الحكم قد نسخ من آيات تقسيم الوراثة من النساء، ولكن عندنا المسألة واضحة جدًّا، فمسؤولية السكنى والنفقة للمرأة على زوجها في الحالات العادية هذا الحكم توسعة فيها. فإن المرأة تقبل تقييدات العدة للزوج فيجب أن يوفر لها وقت مناسب لتقضي فيها لمستقبلها فهذا لا يمت بصلة إلى توزيع الوراثة، وقال تعالىٰ:

﴿وَٱلَّذِينَ يُتَوَفَّوْنَ مِنكُمْ وَيَذَرُونَ أَزْوَٰجًا وَصِيَّةً لِّأَزْوَٰجِهِم مَّتَٰعًا إِلَى ٱلْحَوْلِ غَيْرَ إِخْرَاجٍ ۚ فَإِنْ خَرَجْنَ فَلَا جُنَاحَ عَلَيْكُمْ فِي مَا فَعَلْنَ فِىٓ أَنفُسِهِنَّ مِن مَّعْرُوفٍ ۗ وَٱللَّهُ عَزِيزٌ حَكِيمٌ﴾[2].

## آداب الاختلاط بين الرجل والمرأة:

قال تعالىٰ:

﴿يَٰٓأَيُّهَا ٱلَّذِينَ ءَامَنُوا۟ لَا تَدْخُلُوا۟ بُيُوتًا غَيْرَ بُيُوتِكُمْ حَتَّىٰ تَسْتَأْنِسُوا۟ وَتُسَلِّمُوا۟ عَلَىٰٓ أَهْلِهَا ۚ ذَٰلِكُمْ خَيْرٌ لَّكُمْ لَعَلَّكُمْ تَذَكَّرُونَ ۝ فَإِن لَّمْ تَجِدُوا۟ فِيهَآ أَحَدًا فَلَا تَدْخُلُوهَا حَتَّىٰ

(1) رواه أبو داود، رقم: ٢٣٠٤

(2) سورة البقرة، الآية: ٢٤٠.

يُؤْذَنَ لَكُمْ وَإِن قِيلَ لَكُمُ ٱرْجِعُوا۟ فَٱرْجِعُوا۟ هُوَ أَزْكَىٰ لَكُمْ وَٱللَّهُ بِمَا تَعْمَلُونَ عَلِيمٌ ۞ لَّيْسَ عَلَيْكُمْ جُنَاحٌ أَن تَدْخُلُوا۟ بُيُوتًا غَيْرَ مَسْكُونَةٍ فِيهَا مَتَٰعٌ لَّكُمْ وَٱللَّهُ يَعْلَمُ مَا تُبْدُونَ وَمَا تَكْتُمُونَ ۞ قُل لِّلْمُؤْمِنِينَ يَغُضُّوا۟ مِنْ أَبْصَٰرِهِمْ وَيَحْفَظُوا۟ فُرُوجَهُمْ ذَٰلِكَ أَزْكَىٰ لَهُمْ إِنَّ ٱللَّهَ خَبِيرٌ بِمَا يَصْنَعُونَ ۞ وَقُل لِّلْمُؤْمِنَٰتِ يَغْضُضْنَ مِنْ أَبْصَٰرِهِنَّ وَيَحْفَظْنَ فُرُوجَهُنَّ وَلَا يُبْدِينَ زِينَتَهُنَّ إِلَّا مَا ظَهَرَ مِنْهَا وَلْيَضْرِبْنَ بِخُمُرِهِنَّ عَلَىٰ جُيُوبِهِنَّ وَلَا يُبْدِينَ زِينَتَهُنَّ إِلَّا لِبُعُولَتِهِنَّ أَوْ ءَابَآئِهِنَّ أَوْ ءَابَآءِ بُعُولَتِهِنَّ أَوْ أَبْنَآئِهِنَّ أَوْ أَبْنَآءِ بُعُولَتِهِنَّ أَوْ إِخْوَٰنِهِنَّ أَوْ بَنِىٓ إِخْوَٰنِهِنَّ أَوْ بَنِىٓ أَخَوَٰتِهِنَّ أَوْ نِسَآئِهِنَّ أَوْ مَا مَلَكَتْ أَيْمَٰنُهُنَّ أَوِ ٱلتَّٰبِعِينَ غَيْرِ أُو۟لِى ٱلْإِرْبَةِ مِنَ ٱلرِّجَالِ أَوِ ٱلطِّفْلِ ٱلَّذِينَ لَمْ يَظْهَرُوا۟ عَلَىٰ عَوْرَٰتِ ٱلنِّسَآءِ وَلَا يَضْرِبْنَ بِأَرْجُلِهِنَّ لِيُعْلَمَ مَا يُخْفِينَ مِن زِينَتِهِنَّ وَتُوبُوٓا۟ إِلَى ٱللَّهِ جَمِيعًا أَيُّهَ ٱلْمُؤْمِنُونَ لَعَلَّكُمْ تُفْلِحُونَ ۞ [1].

فهذه آداب الاختلاط بين الرجال والنساء التي قد ذكرها الله تعالىٰ في كتابه لصيانة الاجتماع البشري من المفاسد الأخلاقية ولإبقاء طهارة القلوب وصفائها في العلاقات بينهما، وقد جاءت في سورة النور بتنبيه أن هذه الطريقة لدخول بيوت بعضكم بعضًا وللاختلاط بينكم هي أزكى لكم وأطهر، بشرط أن تكونوا راعين لها على معرفة وبصيرة، وحذر أن الرب تعالىٰ هو خبير بما تعملون وبصير بذات الصدور. وهذه الآداب كما يأتي:

١. إذا كانت هناك ضرورة لدخول بيوت أحدكم فلا يجوز الدخول معلنًا وبدون إذن، بل يجب قبل الدخول الاستئناس أولًا من خلال التسليم على أهل البيت بالباب، وبذلك يستفهمه أهل البيت من هو وما هو قصده وهل يناسب دخوله في البيت أم لا فإذا ردوا السلام وأجازوا دخوله دخل فإن لم يكن هناك في البيت من يجيزه أو يكون موجودًا لكنه لم يقبل لقاءه في ذلك الوقت، رجع دون شعور يحرج في قلبه، وقد أوضحه النبي ﷺ بقوله: إذا استأذن المستأذن ثلاث مرات، فإن أذن له وإلا فليرجع [2].

────────────

(1) سورة النور، الآيات: ٢٧ ــ ٣١.

(2) رواه البخاري، رقم: ٦٢٤٥، ومسلم، رقم: ٥٦٣٣.

وجاء رجل فوقف على باب النبي ﷺ يستأذن فقام على الباب فقال له النبي ﷺ هكذا عنك هكذا، تنح يمينًا أو شمالًا فإنما الاستئذان من النظر[1].

٢. وليس الاستئذان ضروريًا لازمًا في مقامات حيث لا يسكنها الناس وقد استعمل القرآن لذلك تعبير "بيوتًا غير مسكونة" أى النُزل، والفنادق ودور الضيوف والدكاكين والمكاتب ومجالس الرجال وما إليها، فاذا اقتضت الضرورة يدخلها المرء بدون إذن ولا يستلزمها الاستئذان.

٣. وفي كلا المقامين إذا تتواجد فيها النساء فعلى الرجال أن يغضوا من أبصارهم وعلى النساء أن يغضضن من أبصارهن. وجاء في الأصل الفاظ «يغضوا من أبصارهم» فإذا كان هناك حياء في الأنظار وتحرز الرجال والنساء من رؤية وتحديق في جمال بعضهم البعض والتحقق من الخطوط الوجهية من خلال الاستمتاع بحسن وجمال بعضهم البعض يتحقق الهدف من هذا الحكم، فليس المقصود عدم الرؤية أو غض البصر كل وقت بل هو عدم ملء العين وأن لا تترك العين حرة تمامًا للرؤية، وإذا لم يكن هناك حرس شديد على الأبصار فيكون كما قال النبي ﷺ: تزني العين وزناها النظر والأذن تزني وزناها الاستماع والفرج يصدق ذلك أو يكذبه[2].فهذا هو النظر الذي قال فيه النبي ﷺ «اصرف بصرك فإنما لك الأولى وليس لك الثانية» كما جاء في حديث جرير بن عبد الله البجلي حين سأله عن نظر الفجأة[3].

وعن عبد الله ابن عباس قال: كان الفضل بن عباس رديف رسول الله ﷺ فجاءت امرأة من خثعم، فجعل الفضل ينظر إليها وانظر إليه وجعل النبي ﷺ يصرف وجه الفضل إلى الشق الآخرة»[4].

---

(1) رواه البخاري، رقم: ٦٢٤١، ومسلم، رقم: ٥٦٣٨.

(2) رواه البخاري، رقم: ٦٢٤٣، ومسلم، رقم: ٦٧٥٤.

(3) رواه مسلم، رقم: ٥٦٤٤.

(4) رواه البخاري، رقم: ١٨٥٥، ومسلم رقم: ٣٢٥١.

٤. ويجب أن تحفظ العورات على مواقع الاختلاط بين الجنسين، والغرض منه أن لا يكون عندهن من ميلان الآخرين وأن لا تعرى عوراتهن لهم بل يجب صيانة وحفظ العورات باهتمام كبير على مواقع الاختلاط بين الرجال والنساء. وذلك من خلال ملابس محتشمة ساترة تمامًا للأعضاء الجنسية. ويجب الاحتياط الكبير عند اللقاءات أن تكشف العورات لأي من الجنسين، وهو المقصود القرآني هنا من حفظ الفروج، فهو يطلب أن يحسب له كل الحسبان مع غض البصر في الاجتماعية الإسلامية.

٥. ولا بد للنساء بخاصة أن لا يُكشف من زينتهن إلا لمن سماهم القرآن من العلاقات القريبة جدًّا ولا يبدين زينتهن إلا ما ظهر منهما وهي الأيدي والأرجل وزينة الوجه والحلي وغيرها، وقد جاء في الآية لذاك ألفاظ «إلا ما ظهر منها» وقد فسرها الزمخشري بقوله: «إلا ما جرت العادة والجبلة على ظهوره والأصل فيه الظهور»[1]. وتفسيره صحيح برعاية البلاغة العربية، فهذه الأعضاء مكشوفة أصلًا ولا يخفيها الناس عادة وجبلة، فعلاوة عليها يجب على النساء أن لا يبدين زينتهن ولذا فليضربن بخمرهن على جيوبهن وحتى لا يضربن بأرجلهن ليُعلم ما يخفين من زينتهن في حضرة الرجال ولذا قد منع النبيﷺ النساء من الخروج في الطِيب القوي[2].

والأعزاء والأقرباء الذين استثناهم القرآن من هذا الحظر للإظهار الزينة هم كالتالي:

ا. الزوج (البعل)

ب. الوالد

ج. الآباء ويشمل الأجداد والأعمام، ولذا للمرأة أن تكشف زينتها لهؤلاء الكبار

---

(1) الكشاف ٣/ ٢٣٦.

(2) كما رواه أبو داود، رقم الحديث: ٤١٧٣.

من جهة الأب والجد ومن جهة الأم والكبار من العلاقات الجدية ومن جهة الأم لزوجها كما لها ذلك أمام أبيها وأبي زوجها.

د. الأبناء

ه. أبناء الأزواج

و. الإخوان

ز. أبناء الإخوة

ح. أبناء الأخوات

ويدخل في الأبناء الأحفاد وأبناء الأحفاد والأحفاد الأم وأبناؤهم حتى أنه لا فرق في ذلك بين الأشقاء وغير الأشقاء، وهو حكم الإخوان وأولاد الإخوة ولأخوات ويدخل فيها الأشقاء والربيب والإخوان من الرضاعة وأولادهم.

ط. التابعات من الخوادم والصديقات

ويتضح منه أن الأجنبيات هـنَّ أيضًا في حكم الرجال ويجب على المسلمات أن يكن حذرين في إظهار الزينة الخفية عليهن، لأنه ربما تثير المشاعر الجنسية لدى النساء وربما يسبب تأثر هي بجمالهن أن يكون وسيلة بجذب الرجال نحوهن وأن يجذبهن نحو الرجال.

ي. التابعون من الرجال والإماء، وكانوا متواجدين في ذلك الزمان ومن تعبير ﴿ مَا مَلَكَتْ أَيْمَنُهُنَّ ﴾ الذي جاء هنا أراد بعض الفقهاء به الإماء فقط ولكن ليس هناك قرينة لذلك في ألفاظ القرآن، يقول الأستاذ الإمام:

«لو أريدت به الإماء لكان التعبير بـ«إماءهن» أصح وأوضح، ولم يستعمل له لفظة عامة تطلق على الفتيان والفتيات على السواء ثم قد جاء قبل ذلك «نساءهن» والذي كما مر يشمل كل النساء اللاتي لهن انتماء الخدمة والاختلاط☒ ولم يكن هناك حاجة بعد ذلك إلى ذكر الإماء على حدة[1].

---

(1)   تدبر القرآن ٥/ ٣٩٨.

467

ك. والتابعون من الرجال غير أولي الإربة أي التابعون للأهل البيت الذي بسبب محكوميتهم أو بسبب آخر لا يرغبون إلى النساء.

ل. والأطفال الذين لم يبلغوا بعدُ فليسوا واقفين على أسرار ومقتضيات البلوغة.

وقال أولًا إنه ليس الاستئذان لازمًا لما ملكت أيمانكم والذين لم يبلغوا الحلم منكم في كل الأوقات، بل يكفي لهم أن يستأذنوا ثلاث مرات، من قبل صلاة الفجر وبعد الظهيرة وقت القيلولة وبعد صلاة العشاء، فهذه الثلاث هي أوقات الستر، فإن فاجأهم في هذه الأوقات أحد فيمكن أن ينظرهم في حالة غير مرضية، وعلاوة على هذه الأوقات الثلاث يمكن للأطفال غير البالغين والتابعين من الرجال أن يدخلوا على رجال البيت ونساء البيت في أماكن خلائهم وفي غرفاتهم بدون إذن منهم، لا قباحة فيه، ولكن إذا أرادوا الدخول عليهم في أماكن خلوتهم في هذه الأوقات فعليهم الاستئذان. ولكن لا تبقى هذه الرخصة للأطفال إذا بلغوا، فليس لهم الاستثناء للأبد بدليل أنهم طوافون في البيوت منذ طفولتهم، لا بل يجب عليهم أيضًا الاستئذان قبل الدخول وفقًا للقانون العام، فقال تعالىٰ:

﴿ يَٰٓأَيُّهَا ٱلَّذِينَ ءَامَنُوا۟ لِيَسْتَـْٔذِنكُمُ ٱلَّذِينَ مَلَكَتْ أَيْمَٰنُكُمْ وَٱلَّذِينَ لَمْ يَبْلُغُوا۟ ٱلْحُلُمَ مِنكُمْ ثَلَٰثَ مَرَّٰتٍ مِّن قَبْلِ صَلَوٰةِ ٱلْفَجْرِ وَحِينَ تَضَعُونَ ثِيَابَكُم مِّنَ ٱلظَّهِيرَةِ وَمِنۢ بَعْدِ صَلَوٰةِ ٱلْعِشَآءِ ثَلَٰثُ عَوْرَٰتٍ لَّكُمْ لَيْسَ عَلَيْكُمْ وَلَا عَلَيْهِمْ جُنَاحٌۢ بَعْدَهُنَّ طَوَّٰفُونَ عَلَيْكُم بَعْضُكُمْ عَلَىٰ بَعْضٍ كَذَٰلِكَ يُبَيِّنُ ٱللَّهُ لَكُمُ ٱلْءَايَٰتِ وَٱللَّهُ عَلِيمٌ حَكِيمٌ ۞ وَإِذَا بَلَغَ ٱلْأَطْفَٰلُ مِنكُمُ ٱلْحُلُمَ فَلْيَسْتَـْٔذِنُوا۟ كَمَا ٱسْتَـْٔذَنَ ٱلَّذِينَ مِن قَبْلِهِمْ كَذَٰلِكَ يُبَيِّنُ ٱللَّهُ لَكُمْ ءَايَٰتِهِۦ وَٱللَّهُ عَلِيمٌ حَكِيمٌ ﴾[1].

وأرشد ثانيًا أن القواعد من النساء اللاتي لا يرجون نكاحًا ليس عليهن وجوب ضرب الخمر على الجيوب بشرط أن لا يتبرجن بزينتهن، فليس عليهم ستر الجيوب والصدور في عمر تموت فيه رغبات النساء الجنسية ولا تحدث

---

(1) سورة النور، الآيتان: ٥٨ و٥٩.

رؤيتهن النزوة الجنسية عند الرجال أيضًا. فليس لهن جناح أن يضعن ثيابهن أمام الرجال ولكن الأحسن لهن أن لا يفعلوا ذلك عند الرجال، فقال تعالىٰ:

﴿ وَٱلْقَوَٰعِدُ مِنَ ٱلنِّسَآءِ ٱلَّٰتِي لَا يَرْجُونَ نِكَاحًا فَلَيْسَ عَلَيْهِنَّ جُنَاحٌ أَن يَضَعْنَ ثِيَابَهُنَّ غَيْرَ مُتَبَرِّجَٰتِۭ بِزِينَةٍۖ وَأَن يَسْتَعْفِفْنَ خَيْرٌ لَّهُنَّۗ وَٱللَّهُ سَمِيعٌ عَلِيمٌ ﴾(1).

وثانيًا قد أوضح أن الناس أنفسهم أو أعزاءهم المعاقين المحتاجين أو أصدقاءهم الذين يعيشون على بيوتهم فلا حرج عليهم أن يدخلوا بيوتهم ويلقونهم ويخالطونهم ويؤاكلونهم جميعًا أو أشتاتًا، فلا حرج أن يدخلوا بيوتهم، ولا أن يدخلوا بيوت آبائهم وبيوت أمهاتهم، وبيوت إخوانهم وأخواتهم وبيوت أعمامهم وعماتهم، وبيوت أخوالهم وخالاتهم، ولا حرج أن يدخلوا بيوت ما ملكت أيمانهم ولا بيوت أصدقائهم. ولكن إذا دخلوا فعليهم أن يسلموا على أهل بيوتهم تحية من عند الله مباركة طيبة.

فهذه هي آداب الاختلاط والالتقاء بين الناس ولم أريد بها الحظر على حريات الناس الاجتماعية، أو حرمان الناس المتعلقين بما يعتمدون عليه من عماد مادي ومعنوي وأخلاقي في المجتمع، فلهم أن يتعايشوا مع هذه العلاقات برعاية هذه الآداب إذا فقهوا وشعروا. وإن فهموا غير ذلك فقد أخطأوا الفهم فليس المقصود الحظر على شيء مما ذكر من العلاقات. وقال تعالىٰ:

﴿ لَّيْسَ عَلَى ٱلْأَعْمَىٰ حَرَجٌ وَلَا عَلَى ٱلْأَعْرَجِ حَرَجٌ وَلَا عَلَى ٱلْمَرِيضِ حَرَجٌ وَلَا عَلَىٰٓ أَنفُسِكُمْ أَن تَأْكُلُواْ مِنۢ بُيُوتِكُمْ أَوْ بُيُوتِ ءَابَآئِكُمْ أَوْ بُيُوتِ أُمَّهَٰتِكُمْ أَوْ بُيُوتِ إِخْوَٰنِكُمْ أَوْ بُيُوتِ أَخَوَٰتِكُمْ أَوْ بُيُوتِ أَعْمَٰمِكُمْ أَوْ بُيُوتِ عَمَّٰتِكُمْ أَوْ بُيُوتِ أَخْوَٰلِكُمْ أَوْ بُيُوتِ خَٰلَٰتِكُمْ أَوْ مَا مَلَكْتُم مَّفَاتِحَهُۥٓ أَوْ صَدِيقِكُمْۚ لَيْسَ عَلَيْكُمْ جُنَاحٌ أَن تَأْكُلُواْ جَمِيعًا أَوْ أَشْتَاتًاۚ فَإِذَا دَخَلْتُم

(1) سورة النور، الآية: ٦٠.

بُيُوتًا فَسَلِّمُوا عَلَىٰ أَنفُسِكُمْ تَحِيَّةً مِّنْ عِندِ اللَّهِ مُبَـٰرَكَةً طَيِّبَةً ۚ كَذَٰلِكَ يُبَيِّنُ اللَّهُ لَكُمُ الْآيَـٰتِ لَعَلَّكُمْ تَعْقِلُونَ ﴾ (1).

فهذه هي آداب الاختلاط في الحالات العادية، ولكن الأشرار في المدينة المنورة إذا بدأوا حملة اتهام المؤمنات المحصنات ومضايقتهن، فقد نصح الله تعالىٰ أزواج النبي ﷺ وبناته ونساء المؤمنين أن يُدنين عليهن من جلابيبهن حتى يُعرفن من النسوة الأخرى فلا يؤذين من خلال حملة التهم والظنون والشبهات.

وتفيد الروايات أنه إذا خرجت المسلمات المحصنات في ظلمة الليل أو في الصباح المبكر في الظلام السائد لرفع حاجتهن يتعرض لهن أشرار المدينة وأوباشها الخلعاء، فإن أُوخذوا على ذلك قالوا على فورهم إننا رأيناهن أمةً لفلان وفلان وأردنا معرفة ذاك وذاك منهن (2). ولذا قال الله تعالىٰ:

﴿ وَالَّذِينَ يُؤْذُونَ الْمُؤْمِنِينَ وَالْمُؤْمِنَـٰتِ بِغَيْرِ مَا اكْتَسَبُوا فَقَدِ احْتَمَلُوا بُهْتَـٰنًا وَإِثْمًا مُّبِينًا ۝ يَـٰٓأَيُّهَا النَّبِيُّ قُل لِّأَزْوَٰجِكَ وَبَنَاتِكَ وَنِسَاءِ الْمُؤْمِنِينَ يُدْنِينَ عَلَيْهِنَّ مِن جَلَـٰبِيبِهِنَّ ۚ ذَٰلِكَ أَدْنَىٰ أَن يُعْرَفْنَ فَلَا يُؤْذَيْنَ ۗ وَكَانَ اللَّهُ غَفُورًا رَّحِيمًا ۝ لَّئِن لَّمْ يَنتَهِ الْمُنَـٰفِقُونَ وَالَّذِينَ فِي قُلُوبِهِم مَّرَضٌ وَالْمُرْجِفُونَ فِي الْمَدِينَةِ لَنُغْرِيَنَّكَ بِهِمْ ثُمَّ لَا يُجَاوِرُونَكَ فِيهَا إِلَّا قَلِيلًا ۝ مَّلْعُونِينَ ۖ أَيْنَمَا ثُقِفُوا أُخِذُوا وَقُتِّلُوا تَقْتِيلًا ﴾ (3).

فألفاظ "فلا يؤذين" وسياقها وسباقها كل ذلك مما ينبئ عن أنه ليس حكمًا للستر والحجاب. بل كان تدبيرًا موقتًا لتحديد هويات المؤمنات، والذي قد تم اعتماده لحمايتهن من الأوباش والمفترين، كما قد نهى رسول الله ﷺ أيضًا نساء المؤمنين عن الخروج في السفر الطويل وعن زحام الرجال في الطرقات (4). ولذلك، إذا كانت المرأة المسلمة لا تزال تواجه مثل هذه الظروف في مكان ما

---

(1)  سورة النور، الآية: ٦١.
(2)  انظر ابن كثير، تفسير القرآن العظيم ٣/ ٥١٨ والزمخشري الكشاف ٣/ ٥٦٩.
(3)  سورة الأحزاب، الآيات: ٥٨ ــ ٦١.
(4)  (كما رواه البخاري، رقم: ١٠٨٦ ومسلم رقم: ٣٢٦٠ وأبو داود رقم: ٥٢٧٢.

فيجب عليها اتخاذ مثل هذه التدابير لتميزها عن غيرها من النساء وحماية نفسها من خلال ذلك.

وقد جاءت بعض التعليمات بالنسبة لأزواج النبي ﷺ نظرًا إلى مكانته الرفيعة ومنصبه الرسالي العظيم في هذه السورة نفسها (الأحزاب). وتلك التعليمات لا تتصل بصلة إلى نساء المؤمنين ورجال المؤمنين عامة، ولكن بما أن البعض من أهل العلم يعممونها ولذا أصبح من الضروري اللازم أن نوضح هنا نوعيتها الصحيحة.

فإذا تدبرنا مطالب سورة الأحزاب علمنا أن أشرار ومنافقي المدينة المذكورين أعلاه عندما بدأوا يفكرون ليلًا نهارًا أن يخلقوا فضيحة عن أزواج النبي ﷺ حتى يظن عامة المؤمنين في ذلك ظنونًا، ويتم تدمير السمعة الأخلاقية للإسلام والمسلمين بالكامل، فقد قام الله سبحانه وتعالىٰ بسد باب هذه الفتنة أنه قد خيّر أزواج النبي ﷺ أولًا أنهن إن أردن الحياة الدنيا وزينتها ﴿فَتَعَالَيْنَ أُمَتِّعْكُنَّ وَأُسَرِّحْكُنَّ سَرَاحًا جَمِيلًا﴾ وإن أردن الله ورسوله والدار الآخرة فلهن أن يبرمن إبرامًا قاطعًا للتعايش مع النبي ﷺ بشعور منهن، وليعلمن أنهن لسن كأحد من النساء، إنهن أمهات المؤمنين فمسؤولياتهن كبيرة إذن، فإن أطعن الله ورسوله فلهن أجر جزيل كما أن لهن عقوبة مضاعفة إن أتين بسوء. ولا شبهة في ذكاء باطنهن ولكن الله يريد أن يذهب عنكم الرجس يطهركم أهل البيت تطهيرًا، فبرعاية مقامهن الكبير يجب عليهن مراعاة بعض الأمور في عيشهن العادي،

**أولًا:** إن اتقيتن فلا تخضعن بالقول، نعم ينبغي أن يتواضع المرء في الحالات العامة في الحديث مع الناس، ولكن في الحالات التي تمر بهن إن الأشرار والمنافقين يستغلون الفرصة من الخضوع والمتانة بالقول، ويشجعون فيما ينوون من الوسوسة وإلقاء الشبهات والإرجاف ولذا إذا كان من الضروري الحديث مع الناس كهؤلاء فيجب أن يكون بصراحة ووضوح أنهم إذا جاؤوا بأية بنية شريرة في قلوبهم فليعلموا جيدًا أنه لا توجد لهم فرصة للنجاح هنا. فقال الله تعالىٰ:

﴿ يَـٰنِسَاءَ ٱلنَّبِيِّ لَسْتُنَّ كَأَحَدٍ مِّنَ ٱلنِّسَاءِ إِنِ ٱتَّقَيْتُنَّ فَلَا تَخْضَعْنَ بِٱلْقَوْلِ فَيَطْمَعَ ٱلَّذِي فِي قَلْبِهِ مَرَضٌ وَقُلْنَ قَوْلًا مَّعْرُوفًا ﴾[1].

وثانيًا: أن يلبثن في بيوتهن ولا يبرحن منها لصيانة الوقار والحشمة والمكانة الكبرىٰ التي حصلت لهن، وإن خرجن لحاجة فلا يخرجن متبرجات بزينتهن كعوانس الجاهلية، هذا ما تتقاضاه من المسؤولية الدينية ومكانتهن الاجتماعية، وأن يقمن الصلاة ويؤتين الزكوة ويُطعن الله ورسوله في كل أمر، وإذا خرجن لضرورة خرجن متمثلات تمثيلًا حسنًا للحضارة الإسلامية بحيث لا يسع لمنافق ومريب أن يثير شبهةً ولا موجة اعتراض، فقال:

﴿ وَقَرْنَ فِي بُيُوتِكُنَّ وَلَا تَبَرَّجْنَ تَبَرُّجَ ٱلْجَـٰهِلِيَّةِ ٱلْأُولَىٰ وَأَقِمْنَ ٱلصَّلَوٰةَ وَءَاتِينَ ٱلزَّكَوٰةَ وَأَطِعْنَ ٱللَّهَ وَرَسُولَهُۥٓ إِنَّمَا يُرِيدُ ٱللَّهُ لِيُذْهِبَ عَنكُمُ ٱلرِّجْسَ أَهْلَ ٱلْبَيْتِ وَيُطَهِّرَكُمْ تَطْهِيرًا ﴾[2].

وثالثًا: يجب عليهن إبلاغ آيات الله ورسالاته التي تتلى في بيوتهن إلى من يتصل بهن، فإن هذا هو دعوتهن ومهمتهن التي تم انتخابهن من الله تعالىٰ لذاك، فليكن مقصدهن التذكير والتعزيز لهذه الحكمة والمعرفة لا العيش الرغد في الحياة الدنيا، فقال:

﴿ وَٱذْكُرْنَ مَا يُتْلَىٰ فِي بُيُوتِكُنَّ مِنْ ءَايَـٰتِ ٱللَّهِ وَٱلْحِكْمَةِ إِنَّ ٱللَّهَ كَانَ لَطِيفًا خَبِيرًا ﴾[3].

ويعلم أن الأشرار لم ينبهوا بعد ولم ينتهوا من شرهم وبثهم الخبث، ولذا فقد جاء الله تعالىٰ بتعليمات وترشيدات أكيدة في السورة نفسها ومنها:

لا يدخل مؤمن بيوت النبي ﷺ بغير إذن وإذا دعوا إلى مأدبة أكل فيجيئون

---

[1] سورة الأحزاب، الآية: ٣٢.

[2] سورة الأحزاب، الآية: ٣٣.

[3] سورة الأحزاب، الآية: ٣٤.

وقتَ الطعام وينصرفون منها فورًا على الفراغ من الأكل، لا يجلسون هناك يتحدثون فيما بينهم. وتكون الأزواج المطهرات في ستر من الناس وإذا سألهن أحد شيئًا يُسئل من وراء حجاب ـ وأزواج النبي هن أمهات المؤمنين، فليعلم المنافقون الذين يرغبون في الزواج منهن في قلوبهم أنه لا يجوز لأحد أن ينكح أزواج النبي بعده، فهذه حرمة أبدية وقداسة دينية، فليحترمها كل مؤمن ومسلم كما يحترم أمه، فهذا مما يؤذي النبي وإيذاء النبي ﷺ لم يكن أمرًا هينًا بل هو عند الله أمر عظيم.

وهنا في الدنيا من الممكن أن يجد الإنسان عذرًا فيما قاله من قول فاحش قادح ولكن لا يخفى ذلك على الله الخبير بذات الصدور، وقال الله تعالى مرشدًا إلى كل ما ذكرناه من الأمور الثلاثة بتفصيل:

﴿ يَٰٓأَيُّهَا ٱلَّذِينَ ءَامَنُوا۟ لَا تَدْخُلُوا۟ بُيُوتَ ٱلنَّبِيِّ إِلَّآ أَن يُؤْذَنَ لَكُمْ إِلَىٰ طَعَامٍ غَيْرَ نَٰظِرِينَ إِنَىٰهُ وَلَٰكِنْ إِذَا دُعِيتُمْ فَٱدْخُلُوا۟ فَإِذَا طَعِمْتُمْ فَٱنتَشِرُوا۟ وَلَا مُسْتَـْٔنِسِينَ لِحَدِيثٍ إِنَّ ذَٰلِكُمْ كَانَ يُؤْذِى ٱلنَّبِيَّ فَيَسْتَحْىِۦ مِنكُمْ وَٱللَّهُ لَا يَسْتَحْىِۦ مِنَ ٱلْحَقِّ وَإِذَا سَأَلْتُمُوهُنَّ مَتَٰعًا فَسْـَٔلُوهُنَّ مِن وَرَآءِ حِجَابٍ ذَٰلِكُمْ أَطْهَرُ لِقُلُوبِكُمْ وَقُلُوبِهِنَّ وَمَا كَانَ لَكُمْ أَن تُؤْذُوا۟ رَسُولَ ٱللَّهِ وَلَآ أَن تَنكِحُوٓا۟ أَزْوَٰجَهُۥ مِنۢ بَعْدِهِۦٓ أَبَدًا إِنَّ ذَٰلِكُمْ كَانَ عِندَ ٱللَّهِ عَظِيمًا ۞ إِن تُبْدُوا۟ شَيْـًٔا أَوْ تُخْفُوهُ فَإِنَّ ٱللَّهَ كَانَ بِكُلِّ شَىْءٍ عَلِيمًا ۞ لَّا جُنَاحَ عَلَيْهِنَّ فِىٓ ءَابَآئِهِنَّ وَلَآ أَبْنَآئِهِنَّ وَلَآ إِخْوَٰنِهِنَّ وَلَآ أَبْنَآءِ إِخْوَٰنِهِنَّ وَلَآ أَبْنَآءِ أَخَوَٰتِهِنَّ وَلَا نِسَآئِهِنَّ وَلَا مَا مَلَكَتْ أَيْمَٰنُهُنَّ وَٱتَّقِينَ ٱللَّهَ إِنَّ ٱللَّهَ كَانَ عَلَىٰ كُلِّ شَىْءٍ شَهِيدًا ﴾[1].

# البر بالوالدين

قال تعالى:

﴿ وَوَصَّيْنَا ٱلْإِنسَٰنَ بِوَٰلِدَيْهِ حَمَلَتْهُ أُمُّهُۥ وَهْنًا عَلَىٰ وَهْنٍ وَفِصَٰلُهُۥ فِى عَامَيْنِ أَنِ

---

(1) سورة الأحزاب، الآيات: ٥٣ ــ ٥٥.

ٱشۡكُرۡ لِي وَلِوَٰلِدَيۡكَ إِلَيَّ ٱلۡمَصِيرُ ۞ وَإِن جَٰهَدَاكَ عَلَىٰٓ أَن تُشۡرِكَ بِي مَا لَيۡسَ لَكَ بِهِۦ عِلۡمٞ فَلَا تُطِعۡهُمَاۖ وَصَاحِبۡهُمَا فِي ٱلدُّنۡيَا مَعۡرُوفٗاۖ وَٱتَّبِعۡ سَبِيلَ مَنۡ أَنَابَ إِلَيَّۚ ثُمَّ إِلَيَّ مَرۡجِعُكُمۡ فَأُنَبِّئُكُم بِمَا كُنتُمۡ تَعۡمَلُونَ﴾[1].

وقد جاءت تعليمات البر بالوالدين والتعامل الحسن معهم في كل الصحائف الإلهامية والكتب الربانية، كما جاء ذلك في القرآن الكريم في أماكن عديدة مثلًا في سورة بني إسرائيل ٢٣ ـ ٢٤ وفي العنكبوت (١٨) وفي سورة الأحقاف (١٥) في ألفاظ متماثلة جدًّا، ويتلخص ذلك فيما يلي:

١ ـ بما أن الوالدين هما السبب لوجود إنسان والوسيلة لتربية الإنسان وتنشئته، نعم شفقة الأب أيضًا ليست بقليلة في تنميته ولكن ما تقوم به الأم من دور كبير، في حمله وولادته ورضاعه ومشقة كبيرة في هذه المراحل لا يستطيع أحد أن يؤدي حق ذلك، ولذا قد جعل النبي ﷺ حق الأم أكثر من الأب بدرجات ثلاثة[2].

ولذا فقد وصى الله تبارك وتعالى أن يشكر الإنسان لوالديه بعد الرب تعالى أكثر من كل شيء. ولا يأتي الشكر فقط من اللسان بل يتقاضاه ذلك أن يعامل معهما مع الاحترام الكبير، لا ينبس لهما بكلمة سوء ولا يدع أي حقد ينشأ في قلبه ضدهما، بل يستخدم أساليب الوداعة والمحبة والنبل والسعادة معهما ويستمع إليهما ويسليهما في أمراض وأسقام الشيخوخة، فقال تعالى في بني إسرائيل:

﴿وَقَضَىٰ رَبُّكَ أَلَّا تَعۡبُدُوٓاْ إِلَّآ إِيَّاهُ وَبِٱلۡوَٰلِدَيۡنِ إِحۡسَٰنًاۚ إِمَّا يَبۡلُغَنَّ عِندَكَ ٱلۡكِبَرَ أَحَدُهُمَآ أَوۡ كِلَاهُمَا فَلَا تَقُل لَّهُمَآ أُفّٖ وَلَا تَنۡهَرۡهُمَا وَقُل لَّهُمَا قَوۡلٗا كَرِيمٗا ۞ وَٱخۡفِضۡ

(1) سورة لقمان، الآيتان: ١٤ و١٥.

(2) انظر البخاري رقم ٥٩٧١ ومسلم رقم ٦٥٠٠.

لَهُمَا جَنَاحَ الذُّلِّ مِنَ الرَّحْمَةِ وَقُل رَّبِّ ارْحَمْهُمَا كَمَا رَبَّيَانِي صَغِيرًا ۞ رَّبُّكُمْ أَعْلَمُ بِمَا فِي نُفُوسِكُمْ إِن تَكُونُوا صَالِحِينَ فَإِنَّهُ كَانَ لِلْأَوَّابِينَ غَفُورًا ۞﴾[1].

٢ - ومع أن الوالدين لهما هذه المكانة الكبيرة في الإسلام، فليس لهما حق أن يجبرا أولادهما على الإشراك بالله وليس لهما دليل وبرهان على ذلك. نعم قال رسول الله ﷺ أن عقوق الوالدين هو أكبر الكبائر بعد الشرك بالله[2]، ولكن الله تعالى أمر في مثل هذه الحالات أنه يجب على الأولاد أن يأبوهما فيما أمرا من معصية الله ويتبعوا ما أمر الله به ورسوله على كل حال. فالأصل في ذلك هو مبدأ «لا طاعة في معصية الخالق إنما الطاعة في المعروف»[3].

٣ - ومع أن الوالدين يصران على الإثم الكبير كالشرك بالله ولكن يجب تعاملهما بالحسنى حسب العادة والمعروف كما يتقاضاه حكم «وصاحبهما في الدنيا معروفا» فيجب تلبية حاجاتهما والدعاء لهما أن يُوفقا للهداية، فعلاوة على أمور الشريعة والدين لا ينبغي للأولاد أن يتساهلوا في خدمتهما، وقال في آخر الآية: ﴿ ثُمَّ إِلَيَّ مَرْجِعُكُمْ فَأُنَبِّئُكُم بِمَا كُنتُمْ تَعْمَلُونَ ﴾ وهكذا قد نبه الله تعالى الوالدين والأولاد كليهما أن المرجع الأخير للمسؤولية على الأعمال إليه.

يقول الأستاذ الإمام أمين أحسن الإصلاحي في تفسيره:

«فهذا الخطاب متوجه إلى الوالدين والأولاد كليهما، وفيه تنبيه وتحذير وطمأنة أيضًا. ويعني ذلك أن كلًّا منكم سوف يرجع إلي وهنالك سوف أضع أمام كل أحد ما قد عمله في الدنيا. فإذا كان الوالدان قد سعيا لتحريف أولادهما مني باستغلال الحقوق التي كنت قد أعطيتهما فسوف يريان نتيجته، وإذا كان

(1) سورة الإسراء، الآيات: ٢٣ ـ ٢٥.
(2) كما جاء ذلك في البخاري رقم ٥٩٧٦ ومسلم رقم ٢٥٩.
(3) رواه البخاري رقم ٧١٤٥ ومسلم رقم ٤٧٦٦.

الأولاد قد استقاموا على الحق واعترفوا بحقوقي كما اعترفوا بحقوق الوالدين، فسوف يحصلون على المكافأة الكاملة على عزيمتهم هذه»[1].

# اليتامى

﴿ وَءَاتُوا۟ ٱلْيَتَٰمَىٰٓ أَمْوَٰلَهُمْ وَلَا تَتَبَدَّلُوا۟ ٱلْخَبِيثَ بِٱلطَّيِّبِ وَلَا تَأْكُلُوٓا۟ أَمْوَٰلَهُمْ إِلَىٰٓ أَمْوَٰلِكُمْ إِنَّهُۥ كَانَ حُوبًا كَبِيرًا ۞ وَإِنْ خِفْتُمْ أَلَّا تُقْسِطُوا۟ فِى ٱلْيَتَٰمَىٰ فَٱنكِحُوا۟ مَا طَابَ لَكُم مِّنَ ٱلنِّسَآءِ مَثْنَىٰ وَثُلَٰثَ وَرُبَٰعَ فَإِنْ خِفْتُمْ أَلَّا تَعْدِلُوا۟ فَوَٰحِدَةً أَوْ مَا مَلَكَتْ أَيْمَٰنُكُمْ ذَٰلِكَ أَدْنَىٰٓ أَلَّا تَعُولُوا۟ ۞ وَءَاتُوا۟ ٱلنِّسَآءَ صَدُقَٰتِهِنَّ نِحْلَةً فَإِن طِبْنَ لَكُمْ عَن شَىْءٍ مِّنْهُ نَفْسًا فَكُلُوهُ هَنِيٓئًا مَّرِيٓئًا ۞ وَلَا تُؤْتُوا۟ ٱلسُّفَهَآءَ أَمْوَٰلَكُمُ ٱلَّتِى جَعَلَ ٱللَّهُ لَكُمْ قِيَٰمًا وَٱرْزُقُوهُمْ فِيهَا وَٱكْسُوهُمْ وَقُولُوا۟ لَهُمْ قَوْلًا مَّعْرُوفًا ۞ وَٱبْتَلُوا۟ ٱلْيَتَٰمَىٰ حَتَّىٰٓ إِذَا بَلَغُوا۟ ٱلنِّكَاحَ فَإِنْ ءَانَسْتُم مِّنْهُمْ رُشْدًا فَٱدْفَعُوٓا۟ إِلَيْهِمْ أَمْوَٰلَهُمْ وَلَا تَأْكُلُوهَآ إِسْرَافًا وَبِدَارًا أَن يَكْبَرُوا۟ وَمَن كَانَ غَنِيًّا فَلْيَسْتَعْفِفْ وَمَن كَانَ فَقِيرًا فَلْيَأْكُلْ بِٱلْمَعْرُوفِ فَإِذَا دَفَعْتُمْ إِلَيْهِمْ أَمْوَٰلَهُمْ فَأَشْهِدُوا۟ عَلَيْهِمْ وَكَفَىٰ بِٱللَّهِ حَسِيبًا ۞ لِّلرِّجَالِ نَصِيبٌ مِّمَّا تَرَكَ ٱلْوَٰلِدَانِ وَٱلْأَقْرَبُونَ وَلِلنِّسَآءِ نَصِيبٌ مِّمَّا تَرَكَ ٱلْوَٰلِدَانِ وَٱلْأَقْرَبُونَ مِمَّا قَلَّ مِنْهُ أَوْ كَثُرَ نَصِيبًا مَّفْرُوضًا ۞ وَإِذَا حَضَرَ ٱلْقِسْمَةَ أُو۟لُوا۟ ٱلْقُرْبَىٰ وَٱلْيَتَٰمَىٰ وَٱلْمَسَٰكِينُ فَٱرْزُقُوهُم مِّنْهُ وَقُولُوا۟ لَهُمْ قَوْلًا مَّعْرُوفًا ۞ وَلْيَخْشَ ٱلَّذِينَ لَوْ تَرَكُوا۟ مِنْ خَلْفِهِمْ ذُرِّيَّةً ضِعَٰفًا خَافُوا۟ عَلَيْهِمْ فَلْيَتَّقُوا۟ ٱللَّهَ وَلْيَقُولُوا۟ قَوْلًا سَدِيدًا ۞ إِنَّ ٱلَّذِينَ يَأْكُلُونَ أَمْوَٰلَ ٱلْيَتَٰمَىٰ ظُلْمًا إِنَّمَا يَأْكُلُونَ فِى بُطُونِهِمْ نَارًا وَسَيَصْلَوْنَ سَعِيرًا ﴾[2].

وقد جاءت تعليمات للمعاملة الحسنة مع اليتامى بين الفينة والأخرى في القرآن الكريم. وفي هذه الآيات من سورة النساء هناك أحكام معينة بالنسبة لليتامى وهي تتلخص كما يأتي:

1- يجب على أولياء اليتامى أن يسلموا أموالهم إليهم ولا يأكلوها بأنفسهم، فأن أكل مال اليتيم ظلمًا وعدوانًا وكأنه ملء البطن بالنار وكيف يتقون النار

---


(1) تدبر القرآن ٦/ ١٣٠.

(2) سورة النساء، الآيات: ٢ ــ ١٠.

476

السقر مع حيازة هذه النار في بطونهم. فلا يجوز لشخص أن يستبدل أمواله الرديئة بأموال اليتيم الجيدة، ولا يُحدث له مواقع أكل مال اليتيم بتظاهر ضرورة ذلك باسم التسهيلات الإدارية، وإن كان لا بد منها فلتكن لإصلاح أموال اليتيم وتحسينها لا للإسراف والتبذير فيها.

٢ ـ أن حفظ أموال اليتامى وصيانة حقوقهم مسؤولية كبيرة جدًّا، وإن أشكل على الناس وصعب اهتمامها وكانوا يعتقدون أنه بانضمام أمهات اليتامى معهم تكون لهم سهولة كبيرة في تحمل هذه المسؤولية. فلهم أن يتزوجوا مع أمهاتهم إذا جاز ذلك مثنى وثلاث ورباع، إن أمكن لهم العدل والمعاملة السوية بين الأزواج. وإن خافوا أن لا يعدلوا بين النساء فلا يتزوجوا إلا واحدة حتى وإن كان الغرض غرضًا طيبًا وهو إصلاح مال اليتيم. ذلك أوفق طريق للقيام بالعدل والقسط. ثم يجب إيتاء مهورهن نحلةً أي بحسب العادة والعرف الطيب. وتثور هناك بعض التساؤلات بالنسبط لهذه الشرائط وقد أجاب القرآن عليها في الآيات ١٢٧ـ١٣٠ من سورة النساء وقد سبق أن أوضحناه في فصل «تعدد الزوجات» من قبل. ولا يعتذرون أن هذا النكاح بما أنه قد تم لصالح أولادهن فليس علينا مسؤولية أخرى الآن، نعم، لا حرج على الناس إذا تنازلن عن جزء من المهر من تلقاء أنفسهن أو يخفضن شيئًا آخر لهم فيمكن للناس أن يتمتعوا بهذا.

٣ ـ المال وسيلة لقيام المعيشة وبقاء الناس فلا ينبغي أن يُضاع، فإيتاء المال لليتامى ينبغي أن يتم حين يبلغوا رشدهم وقبل ذلك يجب أن يتربوا في حفظ وإشراف الأولياء، الذين يختبرونهم أنهم بلغوا الرشد وتحمل المسؤوليات والبصر في الأمور أم لا؟ فإن آنسوا منهم الرشد يُؤتون أموالهم، وفي أثناء ذلك يجب تلبية حاجاتهم برحابة صدر ويقال لهم قول معروف ولا يُسرف أموالهم على عجل حذرًا من أن يكبروا.

٤ ـ وإذا كان الولي غنيًا فلا ينبغي له أن يأخذ شيئًا من مال اليتيم بتعويض حق

477

الخدمة وإن كان فقيرًا فله أخذه بالمعروف ويقول الأستاذ الإمام في توضيح ذلك:

«المراد بالمعروف هنا الاستمتاع بالمال في حدود المنفعة المعقولة من حيث طبيعة الالتزامات وحالة الممتلكات، والظروف المحلية ومستوى معيشة الولي المستفيد، لئلا يخطر ببال كل عاقل أنه قد جرت محاولة لهضم مال اليتيم بإسراف واستعجال خوفًا من أن يكبر اليتيم»[1].

٥ ـ وإذا حان الوقت لتسليم المال لهم فينبغي إشهاد أُناس ثقات معتبرين حتى لا يكون هناك احتمال لسوء الظن ولأي خلاف ونزاع فيه، ودائمًا يتذكروا أن الله سيحاسب عليه يومًا. وهو السميع العليم لا يخفى عليه شيء.

٦ ـ نعم، سهام الوارثين للميت متعينة ولكن إذا حضر أولو القربى واليتامى والمساكين قسمةَ مال الميراث فبغض النظرعما إذا كان لديهم أي حق قانوني أم لا، يجب إعطاؤهم شيئًا ووداعهم بكلمة طيبة، وليتذكر كل شخص على مواقع كهذه أن يمكن أن يصبح أولاده أيضًا أيتامًا ويمكن أن يودعهم من الدنيا محتاجين إلى اهتمام الآخرين بمثل ذلك.

## فصل في الرق

قال الله تعالى:

﴿وَٱلَّذِينَ يَبۡتَغُونَ ٱلۡكِتَٰبَ مِمَّا مَلَكَتۡ أَيۡمَٰنُكُمۡ فَكَاتِبُوهُمۡ إِنۡ عَلِمۡتُمۡ فِيهِمۡ خَيۡرٗاۖ وَءَاتُوهُم مِّن مَّالِ ٱللَّهِ ٱلَّذِيٓ ءَاتَىٰكُمۡ﴾[2].

وقد ذكرت المكاتبة من الأرقاء في هذه الآية من النور، وحين كان القرآن ينزل كان الرق سائدًا في العالم كله، وكان ضروريًّا لازمًا للمعيشة والاجتماع مثلما لا يتصور الاقتصاد والمعيشة اليوم إلا مع الربا. ففي الأسواق كان هناك

(1) تدبر القرآن ٢/ ٢٥٥.

(2) سورة النور، الآية: ٣٣.

بيع وشراء للعبيد والأرقاء في كل مكان، وكان هناك إماء وأرقاء من كل عمر في بيوت الأثرياء وأهل الرفاهية، في مثل هذه الملابسات إن نزل الحكم بإلغاء الرق من أساسه وتحرير جميع الإماء والأرقاء فورًا لم يبق لهم مجال للعيش إلا بطريق التسول للعبيد وطريق البغاء والدعارة للإماء. فمن أجل هذه المصلحة قد اتخذ القرآن في إلغاء العبودية طريقَ التدريج فأول باتخاذ تدابير مرحلية ثم أنزل هذا الحكم المذكور في الآية.وقد استعمل القرآن لذلك لفظة «المكاتبة» وهو اصطلاح خاص ينبئ عن عقد عبد مع سيده أنه سوف يؤديه المبلغ الفلاني في مدة كذا وكذا أو يقوم له بخدمة معينة ثم يتحرر. فقد أمر الله المؤمنين في سورة النور أنه إذا أراد عبد أن يعقد هذا العقد ويتوخى تحريره بصلاح وخير، فليُقبل منه ما يبتغيه إن علمتم فيه خيرًا، كما أمر المسلمين أيضًا أن يساعدوه في هذا الأمر بالإنفاق عليه من بيت المال الذي سُمي هنا ـ بمال الله ـ وتدل ألفاظ الآية أن حق المكاتبة هذا حاصل للإماء كما هو للعبيد والأرقاء، فلهذا كان إعلانًا أن لوح القدر الآن في أيدي العبيد ويمكنهم أن يكتبوا عليه حريتهم متى شاؤوا.

وكان هذا هو الحكم الأخير فيما يتعلق بالرق. وكان هناك إرشادات وتعليمات جاءت من حين لآخر قبل ذلك، مما أمكن أن يُقضى على ذلك التقليد المشؤوم من المجتمع المسلم تدريجيًّا وهي كالتالي:

١ ـ قد جعل القرآن في بداية الأمر دعوته لتحرير الرقاب عملية صالحة كبيرة، ورغب الناس إليها بأسلوب مؤثربليغ، فقد استخدم لذلك مصطلح «فك رقبة» وكل من له ذوق سليم يقدر تأثيره هذا المصطلح بسهولة كبيرة، فحيثما جاءت هذه الألفاظ في القرآن الكريم ينبئ السياق عن أنه خطوة أولى كبيرة في حصول السعادة والحسنة في نظر القرآن[1]، وقال النبي ﷺ: من فك رقبة فك الله بكل عضو منها عضوًا من النار[2].

(1) انظر البلد: ١٣.

(2) رواه البخاري رقم ٢٥١٧ ومسلم رقم ٣٧٩٥.

٢ـ ولقّن الناس أنهم ما لم يعتقوا رقابهم وعبيدهم فينبغي أن يسلكوا معهم سلوكًا طيبًا حسنًا. وكان لأرباب وأسياد الأرقاء والعبيد سلطات واختيارات لانهائية على الرق فقد ذهب الإسلام بها وأثبت أن الرق والعبيد أيضًا إنسان ولهم حقوق إنسانية لا يجوز إخلافها والاعتداء عليها.

فعن أبي هريرة ﷺ قال قال رسول الله ﷺ: الكسوة والطعام من حق العبيد وأن لا يُكلفوا من العمل ما لا يطيقون[1] وعن أبي ذر الغفاري قال قال النبي ﷺ: هم إخوانكم جعلهم الله تحت أيديكم فأطعموهم مما تأكلون وألبسوهم مما تلبسون ولا تكلفوهم ما يغلبهم فإن كلفتموهم فأعينوهم[2] وعن ابن عمر قال سمعت رسول الله ﷺ: من ضرب عبده أو لطمه فكفارته أن يعتق رقبته»[3] وفي صحيح مسلم عن أبي مسعود البدري الأنصاري قال: كنت أضرب غلامًا لي بسوط فسمعت صوتًا من خلفي اعلم أبا مسعود، فلم أفهم الصوت من الغضب قال: فلما دنا مني إذا هو رسول الله ﷺ يقول: إعلم أبا مسعود اعلم أبا مسعود قال: فألقيت السوط من يدي فقال: اعلم أبا مسعود أن الله أقدرعليك منك على هذا الغلام، قال فقلت لا أضرب مملوكًا بعده أبدًا[4]. وفي رواية قلت يا رسول الله هو حر للّه تعالى: فقال النبي ﷺ إن لم تفعله عذبت بالنار» وعن ابن عمر جاء رجل إلى رسول الله ﷺ وسأله كم مرةً نعفو عن الغلام؟ فسكت فسأله ثانيًا فسكت فسأله ثالثًا فقال: سبعين مرة في يوم[5].

٣ـ كما جعل تحرير الرقبة كفارةً لبعض الذنوب مثلًا قتل الخطأ والظهار وما إلى ذلك كما جعله صدقةً أيضًا[6].

---

(1) روى مفهومه مسلم رقم الحديث:٢٣١٦.

(2) رواه البخاري رقم ٦٠٥٠ ومسلم رقم ٤٣١٥، ٤٣١٣.

(3) رواه مسلم رقم ٤٢٩٨.

(4) رواه مسلم رقم الحديث: ٤٣٠٨.

(5) رواه أبو داود رقم ٥١٦٤ والترمذي رقم ١٩٤٩.

(6)(انظر لذلك: النساء: ٩٢ والمجادلة ٣ والمائدة: ٨٩.

٤ـ  وقد أوصى بإنكاح وتزويج صالحي الإماء والعبيد حتى يتسنى لهم الفرصة
أن يتكافؤوا ويتساووا آخرين أخلاقيًا واجتماعيًا[1].

٥ـ  وفي نكاح الإماء اللاتي يكن في ملك الآخرين، كان هناك خطر للمصادمة
والمقابلة في حقوق الملكية والنكاح، ولذا وجب الحذر في ذلك، ولكن
أجيز للناس أن ينكحوا مما ملكت أيمانهم من الفتيات المؤمنات بإذن
المالكين وأن يؤتى لهن مهورهن بالمعروف حتى يتساوين بالحرات
المحصنات تدريجيًا فقال:

﴿ وَمَن لَّمْ يَسْتَطِعْ مِنكُمْ طَوْلًا أَن يَنكِحَ ٱلْمُحْصَنَٰتِ ٱلْمُؤْمِنَٰتِ فَمِن
مَّا مَلَكَتْ أَيْمَٰنُكُم مِّن فَتَيَٰتِكُمُ ٱلْمُؤْمِنَٰتِ ۚ وَٱللَّهُ أَعْلَمُ بِإِيمَٰنِكُم ۚ بَعْضُكُم مِّنۢ بَعْضٍ ۚ
فَٱنكِحُوهُنَّ بِإِذْنِ أَهْلِهِنَّ وَءَاتُوهُنَّ أُجُورَهُنَّ بِٱلْمَعْرُوفِ مُحْصَنَٰتٍ غَيْرَ مُسَٰفِحَٰتٍ
وَلَا مُتَّخِذَٰتِ أَخْدَانٍ ۚ فَإِذَآ أُحْصِنَّ فَإِنْ أَتَيْنَ بِفَٰحِشَةٍ فَعَلَيْهِنَّ نِصْفُ مَا عَلَى
ٱلْمُحْصَنَٰتِ مِنَ ٱلْعَذَابِ ۚ ذَٰلِكَ لِمَنْ خَشِيَ ٱلْعَنَتَ مِنكُمْ ۚ وَأَن تَصْبِرُوا۟ خَيْرٌ لَّكُمْ ۗ
وَٱللَّهُ غَفُورٌ رَّحِيمٌ ﴾[2].

٦ـ  وقد تم وضع مدّ مستقل في مصارف الزكاة لِ«في الرقاب» لكي تتقوى هذه
المهمة لتحرير الإماء والعبيد من أموال بيت مال المسلمين[3].

٧ـ  وجعل الزنا جريمة كبيرة، وبنتيجة ذلك فإن كافة مراكز البغاء قد أُغلقت
تلقائيًا. ومن حاول لإبقاء واستمرار هذه العملية الخبيثة في خفاء نُكل به
نكالًا عظيمًا صار عبرة[4].

٨ـ  وقد أرشد الناس أن كلهم عباد الله فلا ينبغي استعمال لفظة «الأمة والعبد»

---

(1)  انظر لذلك النور: ٣٢ـ ٣٣.

(2)  سورة النساء، الآية: ٢٥.

(3)  انظر التوبة: ٦٠.

(4)  أُنظر للاستزادة في تفاصيل ذلك باب الحدود من الكتاب نفسه.

للعبيد والإماء، بل يجب أن يخطبوا بلفظ الفتى والفتاة حتى تتغير النفسية فيهم وتتبدل النظريات والتصورات التي قد أقيمت فيهم منذ قرون[1].

٩ ـ وكان المصدر الرئيسي للعبيد في ذلك الزمان هو أسرى الحرب، وعندما سنحت الفرصة للمسلمين للتعبيد بطريق الحرب قد أوضح القرآن أنهم لن يظلوا كعبيد بل كأسرى، وأن يكون للمسلمين بعد ذلك خياران فقط لا ثالث لهما، تحريرهم إما فداءً وإما منًا ولا تجوزللمسلمين صورة سواهما فيهم[2].

(1)  راجع مسلم رقم الحديث ٥٨٧٥ ـ ٥٨٧٧.

(2)  انظر محمد: ٤ وراجع للاستزاد في ذلك باب قانون الجهاد في هذا الكتاب نفسه.

# الباب الثالث:

# قانون السياسة في الإسلام

إن الله تعالى قد فطر الإنسان على فطرة يطلب كنتيجة لازمة لها ثقافة ومدنية، ثم يضطر عاجلًا أم آجلًا إلى أن يخلق له نظمًا جماعيًّا ليحفظ مدنيته وثقافته من تداعيات سوء استعمال إرادته واختياره. فإن السياسة والحكومة في التاريخ الإنساني هي وليدة من هذه الأمنية البشرية والاضطرار الإنساني. والإنسان ما دام إنسانًا لا يسعه أن ينجو منه إن شاء وأراد. ولذا يتقاضاه عقله أن يحاول محاولة حثيثة لتزكية نظمه الجماعي أكثر فأكثر، بدلًا من أن يحلم أن يعيش يومًا بدون مدنية وبغير أي اجتماع.

ويعلم علماء الكتب السماوية أن هناك منطقتين في العالم خصهما الله تعالى لنفسه: إحداهما فلسطين، والأخرى جزيرة العرب. وقد تم تخصيصهما للَّه حتى تقوم الأمم التي اختارها الله لشهادة الدين على مستوى عالمي بإنشاء مراكز التوحيد في هذه المناطق من الأرض. وقد أُنشئت هذه المراكز على شكل مسجدين في مكة وبيت المقدس يُطلق عليهما «البيت الحرام» و«الهيكل السليماني». ومن أجل حماية هذه المراكز وإيصال دعوة الدين من خلالها إلى العالم أجمع، فقد تقرر أن أتباع أية ديانة أخرى لن يستقروا بشكل دائم في هذه

483

المناطق. وكانت النتيجة الحتمية لذلك هي حكومة تلك الأمم والأقوام التي تم اختيارها لهذا الغرض.

لقد ظلت إدارة هذه الحكومة في يد الرب تعالى بنفسه مرات عديدة في التاريخ. وآخر مرة حدثت فيها هذه الحادثة كانت في عهد الرسالة النبوية. لذلك، فهذه هي المناسبة التي نزل فيها قانون السياسة لحكومة الله هذه في القرآن الكريم، وقد شرح خاتم أنبياء الله بعض جوانبه، وهذا قانون إرشادي لتحسين النظام الجماعي. أما بالنسبة للمسلمين فقد أصبحت قواعد الشريعة في هذا الباب مستمدة منه فقط. ونفصلها فيما يأتي:

# الأسس البنيوية

﴿ يَٰٓأَيُّهَا ٱلَّذِينَ ءَامَنُوٓاْ أَطِيعُواْ ٱللَّهَ وَأَطِيعُواْ ٱلرَّسُولَ وَأُوْلِي ٱلْأَمْرِ مِنكُمْۖ فَإِن تَنَٰزَعْتُمْ فِي شَيْءٍ فَرُدُّوهُ إِلَى ٱللَّهِ وَٱلرَّسُولِ إِن كُنتُمْ تُؤْمِنُونَ بِٱللَّهِ وَٱلْيَوْمِ ٱلْأَخِرِۚ ذَٰلِكَ خَيْرٌ وَأَحْسَنُ تَأْوِيلًا ﴾[1].

وقد جاء هذا الأمر لحكومة الله المباشرة التي كان يرأسها رسول الله ﷺ، وكان قادتها وأولو الأمر فيها الموظفين الذين يعينهم رسوله، ولكن من الواضح أن مقام الله تبارك وتعالى ومكانة الرسول ﷺ واللتان وصفتا فيه خالدتان. ولذلك، حتى في الأمور التي أمرا بها إلى الأبد، فإن زعماء المسلمين، سواء كانوا رؤساء دول أو أعضاء في البرلمان، ليس لهم الحق في اتخاذ أي قرار من عند أنفسهم إلى يوم القيامة. ولا يمكن طاعة أوامر أولي الأمر إلا بعد هذه الطاعة وتحتها نيابة عن الله ورسوله، وليس لهم منزلة قبل هذه الطاعة، ولا بعد التحرر منها. ولذلك لا يجوز للمسلمين أن يضعوا في حكومتهم أي قانون يخالف أمر الله والرسول أو يتجاهل فيه عن توجيهات وإرشادات من الله ورسوله.

ولكن تحت هذه الطاعة لله والرسول، هناك بعض أركان ولوازم طاعة أولي الأمر، التي أوضحها رسول الله ﷺ في أحاديثه.

---

(1) سورة النساء، الآية: ٥٩.

**أولًا**: يجب على المسلمين الالتزام الكامل بالنظام القائم تحتهم. وقد عبَّر النبي ﷺ هذه الآية بـ«الجماعة والسلطان»، وأوجب على كل مسلم ألا ينفصل عنها بأي حال من الأحوال، وحتى فإنه جعل الخروج عنه كالخروج عن الإسلام وقال إن مسلمًا إذا مات منفصلًا عنه مات ميتة جاهلية. فقد قال:

من رأى من أميره شيئًا يكرهه فليصبر عليه، فإنه من فارق من الجماعة شبرًا فمات إلا مات ميتة جاهلية[1].

وجاء في رواية أخرى بلفظ:

من كره من أميره شيئًا فليصبر، فإنه من خرج من السلطان شبرًا مات ميتة جاهلية[2].

وحتى في وقت الاضطرابات السياسية وأعمال الشغب، فإن تعليمات الرسول هي أنه لا ينبغي للمسلم أن يشارك في أي عمل ضد النظام الجماعي فحسب، بل يجب أن يظل مخلصًا له. وما رواه عنه الإمام مسلم أمره لحذيفة رضي الله عنه بلفظ «الزم جماعة المسلمين وإمامهم»[3]، يدل على نفس المضمون الديني الذي يتعلق بالدولة.

**ثانيًا**: أن يلتزموا بالقانون بدلًا من تجنب الأمر والهروب منه، فعليهم أن يستمعوا إليه ويطيعوا له بكل الاهتمام. ولا ينبغي أن يؤدي أي خلاف ولا كراهية ولا عصبية ولا أي تردد عقلي إلى الانحراف عن القانون، إلا أن يوضع القانون في معصية الله. فقال النبي ﷺ:

(1) رواه البخاري، رقم ٧٠٥٤.
(2) رواه البخاري، رقم ٧٠٥٣.
(3) البخاري رقم ٣٦٠٦ومسلم رقم ٤٧٨٤.

عليك السمع والطاعة في عسرك ويسرك ومنشطك ومكرهك وأثرة علينا[1].

وقال في روايةأخرى: على المرء المسلم السمع والطاعة فيما أحب وكره إلا أن يؤمر بمعصية، فإن أمر بمعصية فلا سمع ولا طاعة[2]. وجاء عنه أيضًا.

«اسمعوا وأطيعوا وإن استعمل عليكم عبد حبشي كأن رأسه زبيبة[3].

ومن الواضح أن هذا الأمر بالطاعة لأولي الأمر هو لحكام المسلمين فقط. وهذا ما يعلم من سياق الآية التي نحن نبحث عنها من سورة النساء. ولذلك فقد أوضح النبي ﷺ أيضًا أن هذا الأمر بالطاعة لا ينطبق عليهم بعد أن عصوا الله ورسوله. فروي عن عبادة بن الصامت قال:

دعانا النبي ﷺ فبايعناه، فقال: فيما أخذ علينا أن بايعنا على السمع والطاعة في منشطنا ومكرهنا وعسرنا ويسرنا وأثره علينا وأن لا ننازع الأمر أهله، إلا أن تروا كفرًا بواحًا، عندكم من الله فيه برهان»[4].

وقال أيضًا» إنه يستعمل عليكم أمراء فتعرفون وتنكرون، فمن كره فقد برئ ومن أنكر فقد سلم، ولكن من رضي وتابع، قالوا: يا رسول الله، ألا نقاتلهم؟ قال: «لا، ما صلوا»[5].

وقال: شرار أئمتكم الذين تبغضونهم ويبغضونكم، وتلعنونهم ويلعنونكم، قيل: يا رسول الله، أفلا ننابذهم بالسيف؟ فقال: «لا، ما أقاموا فيكم الصلاة»[6].

ولكن حتى بعد الوصول إلى هذا الحد، لا يحق للإنسان أن يخرج على

---

(1) مسلم، رقم ٤٧٥٤.
(2) مسلم، رقم ٤٧٦٣.
(3) رواه البخاري، رقم ٧١٤٢.
(4) رواه البخاري، رقم ٧٠٥٦.
(5) مسلم، رقم ٤٨٠١.
(6) مسلم، رقم ٤٨٠٤.

الحكام حتى تؤيده الأغلبية الواضحة من المسلمين، وذلك لأن هذه الثورة لا تكون ضد الحكومة في تلك الصورة بل سيعتبر خروجًا على المسلمين. وهو الفساد في الأرض في الشريعة الإسلامية وعقوبته الموت في القرآن[1]. قال النبي ﷺ:

«من أتاكم وأمركم جميع على رجل واحد، يريد أن يشق عصاكم أو يفرق جماعتكم فاقتلوه»[2].

ومن ثم يجب أن يكون واضحًا أيضًا أنه إذا كانت هذه الثورة ثورة مسلحة، فإنه ستفرض عليه جميع الشروط التي نصت عليها الشريعة الإسلامية للجهاد والقتال. ولذلك فلا يجوز لمسلم أن يقوم بأي عمل من هذا القبيل ضد حكامه دون الوفاء بهذه الشروط كلها.

## المسؤولية الأصلية

﴿إِنَّ ٱللَّهَ يَأۡمُرُكُمۡ أَن تُؤَدُّواْ ٱلۡأَمَٰنَٰتِ إِلَىٰٓ أَهۡلِهَا وَإِذَا حَكَمۡتُم بَيۡنَ ٱلنَّاسِ أَن تَحۡكُمُواْ بِٱلۡعَدۡلِۚ إِنَّ ٱللَّهَ نِعِمَّا يَعِظُكُم بِهِۦٓۗ إِنَّ ٱللَّهَ كَانَ سَمِيعَۢا بَصِيرٗا﴾[3].

وفي سورة النساء، حيث تم بيان المبدأ الأساسي المتمثل في طاعة الله والرسول وأولي الأمر، والذي شرحناه في المذكور أعلاه، توضح هذه الآية أولًا حقيقة قيام الحكومة على أساس هذا المبدأ. ومسؤوليتها الأساسية هي أن تعهد أمانات الأمة إلى الناس على أساس الجدارة، وأن تسعى جاهدًا إلى إقامة العدل والإنصاف في كل مجال من مجالات الحياة وفي شكله النهائي. يقول الأستاذ الإمام أمين أحسن الإصلاحي في تفسير هذه الآية تحت عنوان: ﴿وَإِذَا حَكَمۡتُم بَيۡنَ ٱلنَّاسِ﴾:

---

(1) المائدة، ٣٣.

(2) مسلم، رقم ٦٧٩٨.

(3) سورة النساء، الآية: ٥٨.

«إنه أيضًا وصف لأهم جوانب الثقة وأيضًا شرح للمسؤولية المرتبطة بالسلطة. لمن سلط الله عليه في أرضه، ولهذا السبب فإن المسؤولية الكبرى تقع على أولياء الأمورعند الله هي أن يقوموا بتسوية الخلافات بين الناس بالعدل والإنصاف، والعدل يعني أنه لا فرق في نظر القانون بين الغني والفقير، والنبيل والبائس، والأسود والأبيض. العدالة لا تباع ولا تشترى. ولا يتطرق إليه أي تحيز ولا عصبية ولا تهاون، ولا ينبغي أن يحصل فيه أحد على فرصة للتأثير عليه ولا لنفوذ ولا خوف ولا جشع.

فكما أن أجر الحاكم العادل عظيم جدًّا، فكذلك عقاب الظالم أيضًا شديد جدًّا.

ولهذا السبب تم التحذير من أن هذه نصيحة عظيمة جدًّا يقدمها لكم الله تعالى، فلا تهملوها. وأشار في النهاية إلى صفاته من السمع والبصيرة، التي تذكركم أن الله يسمع ويرى كل شيء، ولا يخفى عليه ظلم خفي.

وعندما زحف أصحاب النبي إلى مملكتي الروم وإيران، فكانت هذه هي الحقيقة التي أوضحها أحدهم بكلماته: جئنا لنخرج من شاء من عبادة العباد إلى عبادة الله وحده ومن ضيق الدنيا إلى سعتها ومن جورالأديان إلى عدل الإسلام «

ولهذا أصر رسول الله ﷺ على ألا يُولى الولاية من حرص عليها، لأنه لا يتوقع منه القضاء العادل في الأمور. فقال:

إنا، والله، لا نولي على هذا العمل أحدًا سأله ولا أحدًا حرص عليه[1].

كما نصح الصحابة بأن يتقوا الله في هذا الأمر ولا يطلبوا الإمارة. فقال لأحدهم:

لا تسأل الإمارة، فإنك إن أوتيتها عن مسألة وكلت إليها وإن أوتيتها من غير مسألة أعنت عليها[2].

---

(1) مسلم، رقم ٦٧١٧.

(2) رواه البخاري، رقم٦٦٢٢.

ولذلك يشهد التاريخ أنه في سبيل إقامة هذه العدالة، كان الخلفاءالراشدون دائمًا يفتحون أبوابهم أمام المستغيثين والمعترضين، وكانوا يعيشون حياة فقيرة، حتى أنهم كانوا يلبسون الملابس المرقعة، ويجلسون على المسوح عرشًا وهم عاشوا في جماهيرهم مثلهم وعلى معاييرهم إلى أن صرخت الأرض والسماء:

إن سلطنة أصحاب القلوب هي الفقر وليست الملك

## الواجبات الدينية

﴿ ٱلَّذِينَ إِن مَّكَّنَّٰهُمۡ فِي ٱلۡأَرۡضِ أَقَامُواْ ٱلصَّلَوٰةَ وَءَاتَوُاْ ٱلزَّكَوٰةَ وَأَمَرُواْ بِٱلۡمَعۡرُوفِ وَنَهَوۡاْ عَنِ ٱلۡمُنكَرِ ﴾[1].

تصف هذه الآية من سورة الحج الواجبات الدينية المفروضة على أمراء المسلمين بعد وصولهم إلى عرش السلطة في منطقة ما، وهي إقامة الصلاة، وإيتاء الزكاة، والأمر بالخير والشر، وقد فرضت هذه الأمور الأربعة على المسلمين في مكانتهم الجماعية في هذه الآية.

ومن أجل إقامة الصلاة على مستوى الحكومة وامتثالًا لهذا الأمر القرآني الذي ثبت بسنة أقامها رسول الله ﷺ، فبموجبه يجب أولياء أمورالمسلمين:

١. أن يهتموا بإقامة الصلاة بأنفسهم ويجعلون خدمهم من يولون الأمور من العمال أن يقوموا بها.

٢. وسيؤم هؤلاء أرباب الحل والعقد من المسلمين أو المسؤولين المعينين عنهم صلاة الجمعة وصلاة العيدين كما يقومون بإلقاء خطب الجمعة والعيدين أيضًا.

وكذلك قررت السنة بشأن الزكاة أنها الضريبة الوحيدة التي يجوز فرضها

---

(1) سورة الحج، الآية: ٤١.

على المسلمين، ولذلك فإن كل مواطن مسلم في الدولة تفرض عليه الزكاة عليه أن يخرجها من رأس ماله ومواشيه وإنتاجه الحصة المعينة زكاةً وتسليمه للحكومة، وستحاول الحكومة تلبية احتياجات مواطنيها المحتاجين من خلال الوصول إلى أبوابهم، قبل صرخاتهم الإغاثية، إلى جانب النفقات الأخرى.

من أجل الأمر بالمعروف والنهي عن المنكر، أمر الله تعالى بتعيين بعض الأشخاص بانتظام من قبل الحكومة لهذا العمل. كما جاء في آل عمران:

﴿ وَلْتَكُن مِّنكُمْ أُمَّةٌ يَدْعُونَ إِلَى ٱلْخَيْرِ وَيَأْمُرُونَ بِٱلْمَعْرُوفِ وَيَنْهَوْنَ عَنِ ٱلْمُنكَرِ وَأُوْلَٰٓئِكَ هُمُ ٱلْمُفْلِحُونَ ﴾[1].

والعقوبات المقررة شرعًا لجرائم معينة هي فرع من حكم الآية نفسها ﴿ وَيَنْهَوْنَ عَنِ ٱلْمُنكَرِ ﴾[2].

ومن الواضح أن هذه المسؤولية سيتم الوفاء بها في بعض الحالات من خلال الدعاية وفي بعض الحالات من خلال سلطات القانون. وفي الحالة الأولى، هناك منبر الجمعة، وهو مخصص لأهل الحل والعقد لغرض الدعوة والنصح والتلقين، ومن ناحية أخرى، هناك قسم الشرطة الذي تم إنشاؤه للقيام بهذه المسؤولية في ظل الحكومة الإسلامية، وهو ينشط باستمرار في القيام بهذا العمل ضمن الحدود المقررة له.

# حقوق المسلمين

١- ﴿ فَإِن تَابُواْ وَأَقَامُواْ ٱلصَّلَوٰةَ وَءَاتَوُاْ ٱلزَّكَوٰةَ فَإِخْوَٰنُكُمْ فِي ٱلدِّينِ ﴾[3].

٢- ﴿ فَإِن تَابُواْ وَأَقَامُواْ ٱلصَّلَوٰةَ وَءَاتَوُاْ ٱلزَّكَوٰةَ فَخَلُّواْ سَبِيلَهُمْ ﴾[4].

---

(1) سورة آل عمران، الآية: ١٠٤.
(2) انظر باب قانون الدعوة من الكتاب نفسه.
(3) سورة التوبة، الآية: ١١.
(4) سورة التوبة، الآية: ٥.

وقد جاءت هاتان الآيتان في نفس السياق في سورة التوبة. فقد قال القرآن أنه ينبغي أن يُعلن في مناسبة الحج أن من أوفوا بهذه الشروط الثلاثة من مشركي العرب هم إخوانكم في الدين، وأمر الله لكم أن تخلوا سبيلهم بعد ذلك:

**أولًا:** أن يتوبوا من الكفر والشرك ويقبلوا الإسلام.

**ثانيًا:** أن يقوموا بنظم الصلاة شهادةً لإيمانهم وإسلامهم.

**ثالثا:** أن يدفعوا الزكاة لخزينة الحكومة (بيت المال) لتشغيل النظام الحكومي.

وقد قال رسول الله ﷺ في تفسير هذا الحكم للقرآن:

أمرت أن أقاتل الناس[1] حتى يشهدوا أن لا إله إلا الله وأن محمدًا رسول الله ويقيموا الصلٰوة ويؤتوا الزكٰوة. فإذا فعلوه عصموا مني دماء هم وأموالهم إلا بحقها[2] وحسابهم على الله[3].

وهذا الحكم كان لمشركي العرب، ولكن من الظاهر أن الذين أقيمت عليهم الحجة الكاملة مباشرة برسول الله ﷺ، ولم يُطلب منهم أكثر من ذلك في حكم الله والرسول المباشر، فكيف يطلب ذلك من المتأخرين بالدرجة الأولى. ولذلك فإن المبادئ الأساسية المتعلقة بحقوق المسلمين، والتي تحددها هذه الآيات القرآنية، هي كما يأتي:

**أولًا:** أولئك الذين يستوفون هذه الشروط الثلاثة، بغض النظر عن مكانتهم في نظر الله، فسيتم اعتبارهم مسلمين من حيث القانون والسياسة،

---

(1) ولا يجوزلأحد أن يسيء الفهم بذكر «الحرب» في هذا الحديث. وجاء ذلك فقط ببساطة لأن الأمر في ذلك الوقت كان مع مشركي العرب الذين قد بين القرآن أنهم بعد انتهاء الحجة عليهم من قبل رسول الله ﷺ كان عليهم أن يختاروا إما الإسلام وإما السيف فلا بد أنهم فاعلون ذلك.

(2) أي مثلاً يقتلون شخصًا وفي المقابل يُقتلون أو يؤخذ منهم الدية.

(3) مسلم: رقم١٢٩.

وسيحصلون على جميع الحقوق التي يجب أن يتمتع بها المسلم من حيث المواطن لدولة المسلمين في حكومتهم.

ثانيًا: سواء كانوا مسلمين عاديين أو حكام سلطة، بعد استيفاء هذه الشروط، فإن علاقتهم المتبادلة هي بالضرورة علاقة أخوة، فهم إخوة لبعضهم البعض، وبالتالي متساوون تمامًا من حيث الحقوق القانونية. ولا مجال في الإسلام لأي اختلاف بينهما. وقد استخدم القرآن عبارة «فإخوانكم في الدين» لهذا المطلب.

أي أنهم سيصبحون إخوانكم في الدين. وواضح من كلمة «الدين» أن المراد هنا هو الإسلام، ومن خلال لفظ «فإخوانكم» قد خوطب أصحاب رسول الله ﷺ وأمروا أنه بعد الوفاء بهذه الشروط الثلاثة سوف تكونون أنتم وهؤلاء المهتدون الجدد على وضع متساوٍ ولن يكون هناك فرق بين حقوقهم القانونية وحقوقكم.

ثالثًا: بعد قيام علاقة الأخوة هذه، فإن جميع المسؤوليات التي تقع على عاتق الأخ تجاه أخيه بحكم العقل والطبيعة، تقع تلقائيًا على عاتق جميع المسلمين، سواء كانوا من الشعب أو من النخب الحاكمة له.

رابعًا: مهما كانت مطالب الإسلام من أتباعه من حيث المسؤولية في الآخرة، فإن المطالب التي يمكن أن يطلبها منهم حكام المسلمين ما هي إلا هذه المطالب الثلاثة التي حققها الله تعالى في هذه الآيات. ولا مجال فيها للنقص ولا للإفراط. وقد وضع عليها رب العالمين خاتمه. ولهذا السبب، لا يمكن لأي قانون، ولا لنظام، ولا لحكومة، ولا لمجلس، ولا لبرلمان أن يقوم بأي نوع من الاعتداء على حياة المسلمين وأموالهم وسمعتهم وعقولهم بعد استيفاء هذه الشروط إلى يوم القيامة.

ومن هنا فإن سيدنا أبا بكر الصديق ﵁ أول خليفة للمسلمين بعد النبي ﷺ

492

عندما أمر باتخاذ إجراءات ضد مانعي الزكاة أوضح هذه الحقيقة على النحو التالي:

قال الله تعالى:﴿فَإِن تَابُوا۟ وَأَقَامُوا۟ ٱلصَّلَوٰةَ وَءَاتَوُا۟ ٱلزَّكَوٰةَ فَخَلُّوا۟ سَبِيلَهُمْ﴾. والله، لا أسئل فوقهن ولا أقصر دونهن[1].

ويتضح من ذلك أن أولياء أمور المسلمين يمكنهم منعهم من ارتكاب الجريمة ومعاقبتهم، وأما الواجبات ومقتضيات الدين الإيجابية، فإن أي شيء آخر غير الصلاة والزكاة لا يمكن تنفيذه بالقانون. فلا يجوز لهم مثلًا أن يأمروهم بالصيام. وحتى لو علم عن شخص منهم أنه قادر ومستطيع للحج فلا يجوز إجباره على الحج مع ذلك. ولا يمكنهم تطبيق أي قانون للتجنيد الإجباري للجهاد والقتال. وباختصار فإن دائرة إختيارهم وسلطتهم في ما يتعلق بالجرائم واسعة للغاية، ولكن في كل الأمور غير الصلاة والزكاة من أوامر الشريعة، فليس لهم هناك سوى التشجيع والوعظ والوعظ والتعليم الذي يمكنهم من خلاله النضال من أجل إصلاح المسلمين. وفي جميع هذه الأمور ليس في اختيارهم إلا ذلك.

وقد قال رسول الله ﷺ في خطبة حج الوداع على هذا الأساس:

إن دماء كم وأموالكم وأعراضكم بينكم حرام كحرمة يومكم هذا في شهركم هذا في بلدكم هذا[2].

ومن الواضح أن هذه الحرمة والقداسة هي لعامة الناس أيضًا كما هي للحكام. ولذلك، باستثناء الزكاة التي حددها الله تعالى في مختلف الممتلكات بوساطة رُسله، لا يمكنهم أن يفرضوا أي نوع من الضرائب على المسلمين دون رضاهم، وليس لهم أن يأخذوا حتى حفنة من القمح أو فلسًا أو حبة واحدة من ممتلكاتهم في أي مد إجباريًا:

---

(1) أحكام القرآن، الجصاص ٣/ ٨٢.

(2) رواه البخاري، رقم ٤٧.

# نظام الحكومة في الإسلام

﴿وَأَمْرُهُمْ شُورَىٰ بَيْنَهُمْ﴾ [1].

إن نظام الحكم في الدولة الإسلامية الذي سبق ذكره في ما مر من التشريع الإلهي مبني على مبدأ «وأمرهم شورى بينهم» وقد نزل أمره قبل أن قامت الحكومة الإلهية في جزيرة العرب، والمعنى الشامل الذي تتضمنه هذه الآية القصيرة، والإرشاد الذي نحصُل عليه منها حول المشروع السياسي الذي يتصوَّره الإسلام مُفصّل فيما يلي:

الكلمة الأولى التي جاءت في الآية السابقة (أمر) تشتمل على معانٍ مختلفة في اللغة العربية، ومَنْ يملك إدراكًا لغويًا يعلمْ أنّ معنى هذه الكلمات يحدّده السياق الذي استُخدمت فيه، وقد استخدمها القرآن استخدامًا يشمل كلّ تلك المعاني، وكان السياق يحدّد معناها الضمني في كل مثال، ويتّضح من سياق آية الشورى وموضعها أنها تعني النّظام هنا. وقد كان هذا المعنى جزءًا من المعنى العميق لكلمة (أمر). وعندما أصبحت كلمة (أمر) متعلّقة بالناس، حدّدت مجموعة من القوانين والحدود لنفسها، وتعني في هذه الحالة الأوامر التي تصدرها السلطة السياسية إضافة إلى الشؤون الاجتماعية:

وإذا فكّرنا قليلًا نجد أن كلمة (system) الإنكليزية تُستخدم في المعنى نفسه، وبما أن القرآن لم يحدّدها بأيّ صفة أخرى باستثناء إضافتها إلى ضمير، فإنّ هذه الدلالة تنطبق على جميع الأنظمة الفرعيّة التي هي جزء من النظام السياسي. والواقع أن كلّ شؤون الدولة المحليّة الإداريّة والوطنية والإقليمية والتوجهات الاجتماعية والسياسية وقواعد التشريع والتفويض، وإلغاء السلطات، وعزل وتعيين الموظفين. وتفسير الدين الإسلامي المتعلق بشؤون الحياة الاجتماعية جميعها تندرج تحت هذا المبدأ الذي تحدِّده تلك الآية،

---

(1) سورة الشورى، الآية: ٣٨.

وبمعنى آخر لا يمكن لأي بقعة جغرافية تحت الحكم الإسلامي أن تنحرف عن السلطة القضائية لذلك المبدأ.

وتأتي كلمة (شورى) بعد ذلك، وهي صيغة مصدريّة تعني (الاستشارة). ولأنها جاءت في صيغة خبرية في الآية المذكورة، فإن معناها يختلف عن معنى الآية التي تقول ﴿وَشَاوِرْهُمْ فِي ٱلْأَمْرِ فَإِذَا عَزَمْتَ فَتَوَكَّلْ عَلَى ٱللَّهِ﴾[1]: التي يُستشهد بها أحيانًا كنظير لها، ويجب أن تكون الألفاظ على غرار الألفاظ التالية: (وفي الأمر هم يشاورون) لتحمل معنى الآية ذاته، وسيكون من الضروري في هذه الحالة التمييز بين الحاكم والمحكوم في المجتمع بأسره، وهنا يقوم الإمام بتعيين الحاكم أو ترشيحه بتفويض إلهي، أو يكون الحاكم قد وصل إلى السلطة بالقوّة، ومهما كانت الوسيلة التي وصل بها الحاكم إلى السلطة فسيكون مُلزمًا أن يشاور شعبه في أمور المصلحة الوطنية قبل أن يكوّن رأيًا خاصًا به لن يكون مُلزمًا بقبول رأي الأغلبية لأن القبول أو الرفض عائد إليه، وله الحقّ كلّه في قبول رأي الأقليّة، ورفض رأي الأغلبيّة. وإن أسلوب الآية: ﴿وَأَمْرُهُمْ شُورَىٰ بَيْنَهُمْ﴾ يقتضي أن يُعيّن رئيس الدولة بالتشاور، وما أُبرم بالتشاور يُلغى أيضًا بالتشاور، ولكل مواطن رأي في شؤون الدولة والنظام، وعندما لا يقع الإجماع على أمر ما يُؤخذ برأي الأغلبية.

يمكن إدراك الاختلاف في معنى الآيتين، إذا ذكرنا المثال الآتي: (تحدّد ملكية هذا المنزل بعد مشاورة الأخوة العشر) الذي يعني أن الأخوة العشر وحدهم هم مَنْ يملكون سلطة اتخاذ القرار، ولا يطغى رأي واحد منهم على البقية، وإذا لم يتفقوا جميعًا على هذه المسألة فإنّ رأي الأغلبيّة هو الحاسم، ولكن إذا عُدِّلت الجملة السابقة إلى: (ينبغي مشاورة الأخوة العشر في تحديد ملكية المنزل)، فهذا يعني أن الكلام النهائي يعود إلى شخص آخر، ورأيه هو الذي سينفّذ في نهاية المطاف، والشيء الذي ينبغي عليه فعله هو استشارة الأخوة

(1) سورة آل عمران، الآية: ١٥٩.

العشر قبل أن يكوّن رأيه الخاص، ولا يمكن إجباره على قبول رأي الأغلبيّة من الأخوة.

أما أن النظام الجماعي للمسلمين مبنيّ على مبدأ «أمرهم شورى بينهم» في رأينا نحن، فإن انتخاب الحاكم، وانتخاب ممثليهم ينبغي أن يقع بالتشاور، ولا يحقّ لهم بعد تولّي منصب السلطة مخالفة الإجماع أو رأي أغلبية المسلمين في سائر الشؤون الاجتماعية، وقد قال الشيخ أبو الأعلى المودودي في هذه الآية ما يلي:

إن ألفاظ ﴿وَأَمْرُهُمْ شُورَىٰ بَيْنَهُمْ﴾ والأسلوب الذي انتظمت فيه تقتضي بطبيعتها ونطاقها خمسة أشياء هي:

١- منح الناس الذين ترتبط مصالحهم وحقوقهم بالشؤون الاجتماعية الحريّة في التعبير عن رأيهم، ويجب أن يكونوا مدركين إدراكًا تامًّا للطريقة العمليّة التي تُدار بها شؤونهم، ولهم حقّ الاعتراض والنقد عند ارتكاب خطأ في إدارة شؤونهم، أو عزل أصحاب السلطة إذا لم تُصحّح هذه الأخطاء، وليس من الصدق والأمانة كم أفواههم بالقوّة، أو إدارة شؤونهم دون منحهم الثقة، لأن هذا لا يتّفق مع مضمون الآية ويمكن للجميع أن يلاحظ ذلك.

٢- نبغي اختيار الشخص المُؤتمن على إدارة شؤون الناس الاجتماعية بقبول حرٍّ مُطلق، لأن القبول الذي يقع بواسطة الإجبار أو التخويف أو الجشع أو إشباع الرغبات أو الخداع أو الاحتيال لا يُعدّ قبولًا بالمطلق، فالحاكم ليس هو مَنْ ينتزع المنصب بغض النظر عن الوسيلة، بل هو من يختاره الناس بحريّة ودون أي إكراه.

٣- ينبغي أن يتمتّع الأفراد الذين اختيروا للشورى بثقة الأغلبيّة، وبذلك فإن أولئك الجديرين بالشورى لا يمكنهم نيل ثقة الناس إذا حصلوا على هذا المنصب بالقوة، أو الابتزاز، أو الاحتيال، أو تضليل الناس.

٤- يجب أن يعبّر الناس الذين يُستشارون عن رأيهم بما يتّفق مع علمهم

وإيمانهم وضميرهم، ولهم الحرية المطلقة في ذلك. فإذا أُجبروا على التعبير عن رأيهم بالقوة. والتطميع، والخويف والانحياز بما يخالف إيمانهم وضميرهم، فإن ذلك خيانه وإنكار لمبدأ الشورى.

٥ـ يجب التسليم بالقرار الـذي اتُخذ بالإجماع، أو بـرأي أغلبية مجلس الشورى، أو الذي يفوّضه الناس، فإذا أصرّ واحدٌ، أو مجموعة على رأيّ ما، فإن الشورى تفقد معناها، لأنّ الله لم يقل: يُستشارون في شؤونهم، بل قال: أمرهم شورى بينهم.

فاستشارة الناس فقط لا تفي بهذا التوجيه، لذلك من الضروري النظر إلى رأي الأغلبيّة على أنه حاسم في إدارة شؤونهم[1].

وكان النبي ﷺ قد أعلن قبل وفاته أن خلفاءه هم من قريش حصرًا وليس من الأنصار: «إنّ هذا الأمرَ في قُريش لا يعاديهم أحدٌ إلّا كَبّهُ اللَّهُ في النّارِ على وجهِهِ ما أقاموا الدّينَ»[2].

ولذلك قال للأنصار[3] «قدموا قريشًا ولا تَقدّموها». وقد أوضح النبي ﷺ سبب اتخاذ هذا القرار، فقال: «النّاس تبعٌ لقُريشٍ في هذا الشّأنِ، مسلمُهم لمسلمِهم، وكافرُهم لكافرِهم»[4] وبما أن معظم المسلمين العرب قد أظهروا ثقتهم في قريش حسب رؤية النبي ﷺ، فقد كان القرشيون وحدهم مخوّلين بتولّي قيادة جزيرة العرب في ضوء الحكم القرآني: ﴿وَأَمْرُهُمْ شُورَىٰ بَيْنَهُمْ﴾، وهم لم يتسلّموا السلطة بعد النبي بسبب تفوّقهم العرقي، بل بسبب جدارتهم بهذا الموقف.

---

(1) أبو الأعلى المودودي، تفهيم القرآن، الطبعة الثالثة، المجلّد ٤، لاهور: إدارة ترجمان القرآن، ١٩٨٤.

(2) البخاري، الجامع الصحيح، المجلد السادس، ٢٦١١، (رقم ٦٧٢٠).

(3) ابن جحر العسقلاني، التلخيص الكبير في تخريج أحاديث الرافعي الكبير، المجلد الثاني (بيروت: دار الكتب العلميّة ١٩٨٩) ٩٦.

(4) مسلم الجامع الصحيح، المجلد الثالث، ١٤٥١، (رقم ١٨١٨).

# الباب الرابع:

## قانون الاقتصاد

إن قانون تزكية الاقتصاد الذي أعطاه الله تعالى للبشرية من خلال وساطة خاتم الأنبياء يقوم على مبدأ أن الله تعالى خلق هذا العالم للاختبار. ولهذا السبب، أسس نظامه بحيث يولد جميع الناس هنا محتاجين إلى بعضهم البعض. في هذا العالم، حتى الشخصيات العليا يحتاجون إلى اللجوء إلى الآخرين لتلبية احتياجاتهم، كما أنه قد يُلجأ لذلك إلى الأشخاص من أدنى المستويات لإكمال هذه الاحتياجات. فكل شخص له دور هنا ولا يمكن لأحد أن يعيش دون الحاجة إلى الآخرين.

لقد وضع رب العالم فرقًا كبيرًا في الذكاء والقدرة والذوق والميل والوسائل والموارد لكل شخص هنا. فالمجتمع الذي يأتي إلى حيز الوجود نتيجة هذا الاختلاف، إذا ولد فيه أولئك العلماء والحكماء الذين تنور الدنيا بعلمهم؛ ويولد الكُتّاب الذين يمنح قلمهم حياة أبدية للعلاقات بين الكلمات والمعاني، ويولد الباحثون الذين يشيد العصر بأبحاثهم المبتكرة، ويولد القادة الذين تخلق استراتيجياتهم وسياساتهم مفاهيم الحياة الجماعية؛ ويولد أولئك المصلحون الذين تكتسب البشرية بجهدهم وعيها، ويولد الحكام الذين يغير تصميمهم واستقلالهم مجرى التاريخ في جانب، فيولد أيضًا من ناحية أخرى،

أولئك الأجراء والعمال والدهاقين والفلاحون والخدام والحراث الذين يصنع عملهم المعجزات، والطين ينتج الذهب، والمواقد تنتج عملًا لطيفًا ممتعًا للبطن، وتتلألأ المنازل كالفضة، وتبدو الطرق متشوقة للوقوف على أقدام الماشين، والمباني تحمل أخبار السماء: والقذارات تلف الذيل صباحًا. يقول الله في القرآن الكريم:

﴿نَحۡنُ قَسَمۡنَا بَيۡنَهُم مَّعِيشَتَهُمۡ فِي ٱلۡحَيَوٰةِ ٱلدُّنۡيَاۚ وَرَفَعۡنَا بَعۡضَهُمۡ فَوۡقَ بَعۡضٍ دَرَجَٰتٍ لِّيَتَّخِذَ بَعۡضُهُم بَعۡضٗا سُخۡرِيّٗاۗ وَرَحۡمَتُ رَبِّكَ خَيۡرٞ مِّمَّا يَجۡمَعُونَ﴾ (1).

ومن خلال خلق العالم بهذا الاختلاف والتباين في المراتب يرى رب العالمين أن هؤلاء الناس من الطبقات العليا والسفلى، هل يصنعون مجتمعًا صالحًا وحضارة جيدة، بالاحترام المتبادل والتعاون المشترك، أو يعيثون في الأرض فسادًا عن طريق الأذى والشر والحماقات ضد بعضهم البعض. وينشغلون بمحاولة جعل الدنيا فوضى كاملة، فيكونون عارًا على الدنيا ويستحقون عقابه وعذابه في الآخرة أيضًا. فقال تعالى:

﴿وَنَبۡلُوكُم بِٱلشَّرِّ وَٱلۡخَيۡرِ فِتۡنَةٗۖ وَإِلَيۡنَا تُرۡجَعُونَ﴾ (2).

وهذا هو امتحان الإنسان الذي هداه الله تعالى من خلال أنبيائه وشرع له قانونًا تطهيريًّا في العملية الاقتصادية حتى ينجح في اختباره.

وملخص هذا القانون هو كما يلي:

١.   إن أكل أموال الناس بالباطل حرام قطعًا. والربا والقمار من الجرائم المرتبطة بالأكل بالباطل. وعلاوة على ذلك ينبغي أن يوضع نفس المبدأ في الاعتبار عند تقرير الجواز أو عدم الجواز في جميع المسائل الاقتصادية الأخرى.

---

(1)   سورة الزخرف، الآية: ٣٢.

(2)   سورة الأنبياء، الآية: ٣٥.

٢. وجميع الممتلكات التي لا يملكها فرد أو لا يمكن له أن تبقى في ملكيته، يجب أن تكون في ملكية الدولة حتى لا تنتقل ثروات الأمة هذه بين الأغنياء فقط، ولكي يستفيد منها من يحتاج إلى مساعدة الآخرين لتلبية احتياجاته وكذلك يمكن أيضًا الوفاء ببعض المسؤوليات الأخرى المتعلقة بالنظام الجماعي باستخدام هذه الثروات.

٣. ولا بد من اهتمام الكتابة والشهادة في المعاملات والقروض والوصايا وغيرها من الأمور المالية. لأن اللامبالاة بهذا تؤدي أحيانًا إلى فساد أخلاقي كبير.

٤. ويجب توزيع مال كل مسلم على ورثته بعد وفاته على النحو التالي:

إذا كان على الميت دين فيجب سداده أولًا من إرثه. ثم إذا أوصى يجب تنفيذ وصيته. وبعد ذلك سيتم تقسيم الميراث.

لا يجوز أن تكون الوصية للوارث إلا إذا كانت ظروفه أو أي من خدماته أو احتياجاته تتطلب ذلك في حالة معينة. وكذلك لا يجوز أن يكون الإنسان وارثًا لمتوفى لم يترك معه أصلًا للقرابة بشيء من أقواله وأفعاله.

وبعد نصيب الوالدين والزوجة أو الزوج، فإن ورثة التركة هم أبناء المتوفى. وإذا لم يترك المتوفى ابنًا وكان في أولاده بنتان أو أكثر، فيعطى لهن ثلثا الميراث من التركة المتبقية. وإذا لم يكن لها إلا فتاة واحدة فلها النصف. وإذا لم يكن بين أولاد المتوفى سوى الأبناء، فسيتم توزيع جميع هذه الممتلكات بينهم. وإذا كان له أبناء وبنات، فيكون حظ الذكر مثل حظ الأنثيين، وفي هذه الحالة أيضًا يقسم المال كله بينهم.

وإذا لم يكن للميت أولاد، وكان هناك إخوة وأخوات له فهم ينوبون أولاده. ويرثونه بعد إخراج حصص الوالدين والزوج والزوجة إذا كانوا موجودين، أما بالنسبة للإناث والذكور ونصيبهم وتوزيعهم فيما بينهم، فطريقة الميراث هي نفسها كما هو موضح أعلاه بالنسبة للأبناء.

وإذا كان للميت أولاد أو لم يكن له أولاد، و كان له إخوة وأخوات، فلكل من الأبوين السدس من التركة. وإن لم يكن له إخوة وأخوات وكان الورثة هم الأبوين فقط، فإن ثلث الميراث للأم والثلثين للأب.

وإذا كان الميت ذكرًا وله أولاد، فلزوجته ثمن التركة. (فإن لم يكن لها ولد) فلها ربع التركة. وإذا كانت المتوفاة امرأة وليس لها أولاد، فإن نصف الميراث لزوجها، وإذا كان لها أولاد، فيحصل الزوج على ربع الميراث.

وفي حالة عدم وجود هؤلاء الورثة، يمكن للمتوفى، إذا رغب في ذلك، أن يجعل شخصًا ما وريثًا له في التركة. فإذا كان هذا المورَث قريبًا وله أخ أو أخت فله السدس، وإذا كان الأخ أو الأخت أكثر من واحد فيعطى لهم الثلث وبعد إعطائهم ذلن يعطى له ٥/٦ الباقي أو الثلثين من التركة. وسنشرح هذا القانون هنا.

## أكل المال بالباطل

﴿ يَٰٓأَيُّهَا ٱلَّذِينَ ءَامَنُوا۟ لَا تَأْكُلُوٓا۟ أَمْوَٰلَكُم بَيْنَكُم بِٱلْبَٰطِلِ إِلَّآ أَن تَكُونَ تِجَٰرَةً عَن تَرَاضٍ مِّنكُمْ ﴾[1].

وفي هذه الآية النهي عن أكل أموال الناس بما يخالف العدل والإنصاف والمعروف والأمانة والحق. وأساس جميع المحظورات المتعلقة بالمسائل الاقتصادية في الإسلام هو هذا الحكم لله تعالى، ويندرج تحته الرزائل بما فيها الرشوة والسرقة والاغتصاب والتضليل والتعاون على الإثم والاختلاس والخيانة وأخذ ممتلكات الآخرين عن طريق تجنب الدعاية المناسبة للقُطة وما إليها. ولا داعي للحديث التفصيلي في هذه الأمور، فإن كونها معصية معروفة في كل معروفات الدنيا وفي كل دين وشريعة. أما الأمور التي تسبب ضررًا للغير، أي الخسارة أو الخداع فهي فرع منها أيضًا. والأشكال التي نهى عنها النبي ﷺ في عصره هي:

---

(1)   سورة النساء، الآية: ٢٩.

بيع الأشياء قبل قبضها<sup>(1)</sup>.

شراء الحبوب عن طريق الأكوام، وبيعها قبل قبضتها وإحضارها إلى مسكنه<sup>(2)</sup>.

بيع وشراء الحضري للقروي<sup>(3)</sup>.

المزايدة هي أن يزايد شخص على شخص لمجرد الغش<sup>(4)</sup>.

محاولة عقد صفقته الخاصة على صفقة شخص آخر<sup>(5)</sup>.

المحاقلة تعني أن يبيع الإنسان مزرعته في السنابل<sup>(6)</sup>.

المزابنة: أي بيع ثمر النخلة وهو على النخلة بتمر ساقط من الشجرة<sup>(7)</sup>.

المعاومة: وهي تعني بيع ثمار الأشجار لعدة سنوات<sup>(8)</sup>.

الثنيا: وهي أن يكون هناك استثناء مجهول في البيع، كأن يقول بائع الحبوب مثلًا: لقد بعت لك هذه الحبوب، ولكنني سآخذ منها قليلًا<sup>(9)</sup>.

«الملامسة» أي أن كل واحد يمس ثوب الآخر دون تفكير فيثبت بيعه<sup>(10)</sup>.

والمنابزة هي أن يرمي كل واحد من الطرفين شيئًا مما له تجاه الآخر، وبهذه الطريقة يثبت بيعهما<sup>(11)</sup>.

---

(1) البخاري، الرقم ٢١٣٢. مسلم الرقم ٣٨٣٩.

(2) البخاري، الرقم ٢١٢٤. مسلم الرقم ٣٨٤١.

(3) البخاري، الرقم ٢١٦١. مسلم، الرقم ٣٤٥٩.

(4) البخاري، الرقم ٢١٤٢. مسلم الرقم ٣٨١٨.

(5) البخاري، الرقم ٢١٦١. مسلم، الرقم ٣٤٥٩.

(6) البخاري، الأرقام: ٢١٧٢، ٢١٧٣، ٢١٨٤، ٢١٨٦.

(7) البخاري، الأرقام: ٢١٧٢، ٢١٧٣، ٢١٨٤، ٢١٨٦.

(8) مسلم، الرقم: ٣٩١٣.

(9) مسلم، الرقم: ٣٩١٣.

(10) البخاري، رقم الحديث: ٥٨٤. مسلم الرقم ٣٨٠١.

(11) البخاري، الرقم ٢١٤٤. مسلم الرقم ٣٨٠٦.

وبيع الحبل إلى الحبلة، أي يتم بيع الإبل بحيث يكون ما ولدته الإبل ثم إذا حملت تلك الوليدة وولدت يتم بيعه(1).

وبيع الْحِصَاة أي بيع الحصى، وكان يُمارس فيه عادة على صورتين: إحداهما: أن أهل الجاهلية يفصلون أولًا في صفقة الأرض، ثم يرمونها بالحصى، وبقدر ما يذهب إليه الحصى من مساحة الأرض ويسلمونها للبائع كمبيع، والثانية: أنهم كانوا يرمون الجمار ويقولون: ما وقع عليه الجمرة فهو المبيع(2).

بيع ثمار الأشجار، قبل أن تتضح إمكاناتها(3).

بيع السنابل قبل أن تبيض وتأمن من البلاء(4).

ومن باع لأخيه شيئًا فيه عيب إلا أن يبين له(5).

حفظ حليب الإبل أو الماعز في ضروعها قبل بيعها. وهي بيع المصراة(6).

التعرف على التجار ومحاولة شراء بضائعهم قبل وصولها إلى السوق(7).

بيع شيء بثمن مقدم بحيث يؤخذ الشيء عندما يصبح جاهزًا، إلا إذا تم التعامل بكيل معلوم ووزن معلوم وإلى أجل معلوم(8).

والمخابرة، أي: اتخاذ تلك الأشكال من الزرع التي يتحدد فيها ربح صاحب الزرع على كل حال(9).

---

(1) البخاري، الرقم ٢١٤٣. مسلم الرقم ٣٨١٠.
(2) مسلم الرقم ٣٨٠٨.
(3) البخاري، الرقم ١٤٨٦. مسلم الرقم ٣٨٦٥.
(4) البخاري، الرقم ١٤٨٦. مسلم الرقم ٣٨٦٤.
(5) ابن ماجة، الرقم: ٢٢٤٦.
(6) البخاري، الرقم ٢١٤٨. مسلم الرقم ٣٨١٥.
(7) البخاري، الرقم ٢١٦٥. مسلم الرقم ٣٨١٩.
(8) البخاري، الرقم ٢٢٤٠. مسلم، الرقم: ٤١١٨.
(9) البخاري، الرقم ٢٣٨١. مسلم الرقم ٣٩١١.

إعطاء الأرض للزراعة بطريقة تجعل إنتاج جزء معين من الأرض من حق مالك الأرض[1].

بيع العقارات التي لم يتم تقسيمها بعد، دون إتاحة الفرصة للشركاء في شرائها، إلا إذا ثبتت الحدود وفصلت الطرق[2].

فهذه صور البيع والشراء والمزارعة وغيرها مما نهى عنها النبي ﷺ. وينبغي أن يتبين هنا أنه إذا كان سبب النهي الضرر والغرر اللذان تقوم عليهما هذه الصور، إذا زالا في وقت ما بسبب تغير الشرائط والأحوال، فإن تحريمها قد ينتهي، وبنفس الطريقة فإذا ثبت هذا السبب في قضية اقتصادية طارئة لتطور الحضارة، فلن تبقى إباحتها أيضًا.

كما يدخل الربا والمقامرة في نفس أكل الأموال بالباطل. وسنبين وجهة نظر القرآن فيهما بشيء من التفصيل فيما يأتي:

# القمار

يعلم الجميع أن المقامرة هي اختبار خالص للحظ. لقد عبّر به القرآن الكريم بـ«رجس من عملِ الشَّيطانِ» وهذا التفسير بالنسبة له واضح أنه اعتمد على أساس الفساد الأخلاقي الذي يخلق القمار في شخصية الرجل المقامر وتدريجيًّا يغطي كيانه كله، والسبب في ذلك أنه إذا كانت العملية الاقتصادية تقوم على التجارة والخدمة والمعونة، فكما تقوى داعيات الأخلاق الرفيعة في الإنسان وبواعث الخير فيه، كذلك إذا كانت على أساس الصدفة والحظ دون كل هذه الأشياء فبنتيجة ذلك ينشأ في الإنسان موقف تجنب العمل الجاد والجهد والكد والخدمة والتضحية بالنفس.

وإن ظلال الجبن وقلة الشجاعة وغيرها من الرذائل الأخلاقية تغشى

---

(1) البخاري، الرقم ٢٣٢٧.
(2) البخاري، الرقم ٢٢٥٧. مسلم، الرقم: ٤١٢٧.

على شجرة الشخصية الإنسانية الطيبة وتدمر تدريجيًا كل شعور بالعفة والشرف والعزة والولاء والحياء والوفاء والغيرة والشهامة، حتى أن الإنسان يغفل عن ذكر الله وعن الصلاة، ويخلق في نفسه مشاعر الكراهية والعداوة وبدلا من الأخوة والمحبة مع الآخرين. فقد قال الله تعالى في سورة المائدة:

﴿يَٰٓأَيُّهَا ٱلَّذِينَ ءَامَنُوٓاْ إِنَّمَا ٱلْخَمْرُ وَٱلْمَيْسِرُ وَٱلْأَنصَابُ وَٱلْأَزْلَٰمُ رِجْسٌ مِّنْ عَمَلِ ٱلشَّيْطَٰنِ فَٱجْتَنِبُوهُ لَعَلَّكُمْ تُفْلِحُونَ * إِنَّمَا يُرِيدُ ٱلشَّيْطَٰنُ أَن يُوقِعَ بَيْنَكُمُ ٱلْعَدَٰوَةَ وَٱلْبَغْضَآءَ فِى ٱلْخَمْرِ وَٱلْمَيْسِرِ وَيَصُدَّكُمْ عَن ذِكْرِ ٱللَّهِ وَعَنِ ٱلصَّلَوٰةِ فَهَلْ أَنتُم مُّنتَهُونَ﴾[1].

ومن الحقائق المثيرة للاهتمام حول هذه المقامرة أنها كانت في المجتمع العربي قبل الإسلام وسيلة لإظهار الكرم من جانب الأغنياء ووسيلة لمساعدة الفقراء. وكان من التقاليد السائدة بين رؤسائهم الشجعان أنه عندما يأتي فصل الشتاء، تهب رياح باردة من الشمال وتحدث حالة تشبه المجاعة في البلاد، وكانوا يجتمعون في أماكن مختلفة، ويسكبون كؤوس النبيذ والخمور ويستمتعون ويمسكون في عالم الكيف والسرور إبل شخص ما أو ناقته فيذبحونها. فيعطون صاحبه ما سأل، ثم يقامرون بلحمها.

وفي مثل هذه المناسبات كان الفقراء والمساكين يجتمعون مقدمًا، وكان كل واحد من هؤلاء المقامرين يرمي قدر ما يربح من اللحم إلى الفقراء، ومن كانوا يعقدون مثل هذه من مجالس اللهو يعتبرون كرماء وأجواد في العرب الجاهلي، وكان الشعراء يسردون قصص كرمهم وجودهم وسخائهم في أشعارهم. وعلى العكس من ذلك، فإن الذين ظلوا بعيدين عن هذه الأحداث كانوا يطلق عليهم اسم «برم» أي البخيل باللغة العربية.

وكانت هذه الفائدة من القمار والخمر هي التي جعلت الناس يترددون عندما حرمت، ولكن القرآن أوضح أنها مهما تكن الفائدة منها فإنها ليست في محلها، بل الفساد الأخلاقي الذي ينشأ عنها في شخصية الإنسان هو أكبرمنها

(1) سورة المائدة، الآيتان: ٩٠ و٩١.

بكثير فنظرًا إلى هذا لا يمكن اعتبار هذه الأمور أمورًا مبررة جائزة تحت أي ظرف من الظروف. فقد قال:

﴿يَسْـَٔلُونَكَ عَنِ ٱلْخَمْرِ وَٱلْمَيْسِرِ قُلْ فِيهِمَآ إِثْمٌ كَبِيرٌ وَمَنَٰفِعُ لِلنَّاسِ وَإِثْمُهُمَآ أَكْبَرُ مِن نَّفْعِهِمَا﴾[1].

# الربا

والربا أيضًا نجاسة أخلاقية يطلب فيها الربح على القرض مع أن القرض هو عمل خير وعملية تبرع لا يُتصور فيها كسب الربح كبيع وشراء. وفي اللغة العربية، تستخدم لها كلمة «الربو». وقد استخدم القرآن لها نفس الكلمة. ومن يعرف اللغة العربية يعرف أنها الزيادة التي يأخذها الدائن من مدينه لمجرد أنه سمح له باستخدام ماله لمدة معينة. لقد حرّم القرآن الكريم ذلك منعًا باتًا. ولذلك جاء في سورة البقرة:

﴿ٱلَّذِينَ يَأْكُلُونَ ٱلرِّبَوٰا۟ لَا يَقُومُونَ إِلَّا كَمَا يَقُومُ ٱلَّذِى يَتَخَبَّطُهُ ٱلشَّيْطَٰنُ مِنَ ٱلْمَسِّ ذَٰلِكَ بِأَنَّهُمْ قَالُوٓا۟ إِنَّمَا ٱلْبَيْعُ مِثْلُ ٱلرِّبَوٰا۟ وَأَحَلَّ ٱللَّهُ ٱلْبَيْعَ وَحَرَّمَ ٱلرِّبَوٰا۟ فَمَن جَآءَهُۥ مَوْعِظَةٌ مِّن رَّبِّهِۦ فَٱنتَهَىٰ فَلَهُۥ مَا سَلَفَ وَأَمْرُهُۥٓ إِلَى ٱللَّهِ وَمَنْ عَادَ فَأُو۟لَٰٓئِكَ أَصْحَٰبُ ٱلنَّارِ هُمْ فِيهَا خَٰلِدُونَ﴾[2]. وأضاف الله سبحانه قائلاً في السورة نفسها:

﴿يَٰٓأَيُّهَا ٱلَّذِينَ ءَامَنُوا۟ ٱتَّقُوا۟ ٱللَّهَ وَذَرُوا۟ مَا بَقِىَ مِنَ ٱلرِّبَوٰٓا۟ إِن كُنتُم مُّؤْمِنِينَ ۞ فَإِن لَّمْ تَفْعَلُوا۟ فَأْذَنُوا۟ بِحَرْبٍ مِّنَ ٱللَّهِ وَرَسُولِهِۦ وَإِن تُبْتُمْ فَلَكُمْ رُءُوسُ أَمْوَٰلِكُمْ لَا تَظْلِمُونَ وَلَا تُظْلَمُونَ﴾[3].

في هذه الآيات يوضح القرآن سبب قيام المرابين كالمجانين يوم القيامة، حيث يتعجبون من أن الله أحل البيع والشراء وحرم الربا، وليس هناك فرق بينهما.

---

(1) سورة البقرة، الآية: ٢١٩.
(2) سورة البقرة، الآية: ٢٧٥.
(3) سورة البقرة، الآيتان: ٢٧٨ و٢٧٩.

507

عندما يجوز للرجل التاجر من تحقيق ربح في رأسماله، فإذا كان الرأسمالي يطالب بربح من رأسماله، فكيف يمكن اعتباره مجرمًا؟ إن هذا الكلام في القرآن هراء ومن الجنون بحيث إن القائلين به ينبغي أن يُبعثوا يوم القيامة كالمجانين تحت قانون التشابه في العقوبة والعمل.

فيقول الإمام أمين أحسن الإصلاحي، وهو يعلق على هذا التعبير عن استغراب المرابين، في تفسير هذه الآيات:

«ومن هذا الاعتراض تبين بكل وضوح أن جيل المجانين الذين يقاسون البيع بالربا ليس جديدًا في العالم، بل قديم جدًا. ولم يعط القرآن هذا التخمين أي وزن ولا جدارة بالاهتمام. والسبب في ذلك أنه دليل على الكذب والاضطراب النفسي للمنافق.

فإن الرجل التاجر يستثمر رأس ماله في تجارة سلعة يطلبها الناس. ومن خلال الكد والكدح والمخاطرة، فهو يجعل هذه الثروة في متناول أولئك الذين لم يكن من السهل عليهم الحصول عليها بجهودهم الخاصة في البداية، وإذا كان بإمكانهم الحصول عليها بتكلفة أعلى بكثير مما كانوا سيحصلون عليه لولا ذلك التاجر الذي قدم لهم بثمن قليل. ثم يعرض الرجل التاجر رأس ماله وبضائعه للمنافسة في السوق المفتوحة ويحدد معدل الربح لها تقلب السوق،

وقد يتعرض للإفلاس التام بسبب هذه التقلبات وقد يحقق بعض الأرباح. وكذلك يداه مقيدتان في هذا الأمر، فإنه إذا باع سلعة قيمتها روبية واحدة بروبيتين أو بفلس أو أربع فلوس، فإنه لا يستطيع أن يربح ولو بفلس واحد من تلك الروبية، إلى وقت حتى لا تدخل الروبية في الميدان بعد أن مرت بكل المخاطر والصعود والهبوط وحتى لا تخلق امتيازات واستحقاقات لنفسها من خلال خدمة المجتمع.

فاذكروا ما هي المقارنة بين رأس المال الغيور والمتحمس والخادم للرجل التاجر ورأس المال القاسي والجبان والمخزي والمعادي للإنسانية

للمرابي الذي ليس مستعدًا لتحمل حتى مخاطرة واحدة، بل يطالب لتوزيع الأرباح له[1].

ورغم أن القرآن الكريم قد حرّم تناول الربا فقط، إلا أن النتيجة الضرورية لهذا النهي هي أن من أطعمه بدون عذر يجب إدانته أيضًا على مبدأ التعاون على الإثم فقد روي عن وهب بن عبد الله

«أن النبي ﷺ لعن آكل الربا ومؤكله.

والكلام في لفظ «المؤكل». إنه يصدق لغويًا على مؤدي الربا وعلى عمالة إدارة الربا سواءً، الذين يبحثون عن المشترين المستقرضين ويجرونهم إلى الإدارة. ثم تعمل هذه العمالة على أخذ الربا من المستقرضين على أجل مسمىً ثم تؤدي أموال الربا الحاصلة إلى إدارة الربا. ووجود هٰذه العمالة لازمة إذا صارت أمور الإقراض الربوي إلى شكل عملية تجارية كبيرة مؤسسية فلا تسير مؤسسة الإقراض الربوي بدونهم. فإن كان المراد في الحديث هؤلاء فلا إشكال عليه لأن عملهم هو تعاون صريح على الإثم والعدوان.

وهٰذا هو حكم العملاء والوكلاء الذين يعدون المواثيق والمستندات الربوية وتشهد لها. كما أن العمالة والموظفين في النظام البنكي الحاضر يقومون بهذه الخدمات، ولكن لا يقال أن مؤدي الربا هم مرتكبون للتعاون على الإثم بأي وجه من الوجوه. فإن هذا التعبير ينبغي للعمل الذي يأتيه مرتكب الإثم والمساهم في ثمرات الإثم. لأن المستقرض بالربا لا يستقرض آكلي الربا لتعاونه على الإثم. إنه يستقرضه من أجل حاجياته التجارية أو لضروراته الشخصية. فإن كان هٰذا هو التعاون على الإثم فما يزداد إلا أن يكون على نحو ما يقوم به العلماء والصلحاء بادخار مبالغ إداراتهم ومعاهدهم في البنوك المصرفية. نعم إذا كان الربوٰ ممنوعًا عنه على الصعيد الحكومي ويغلق كل نوع من الأعمال الربوية، إذن يكونون هٰؤلاء مرتكبين لإخلاف التشريعات الحكومية. فإن أراد الحديث هؤلاء

---

(1)  تدبر القرآن ١ / ٦٣٢.

فيكون حكمه متعلقًا بمناسبة بحيث أصبح كل الأعمال الربوية مغلقة في العهد الرسالي بهٰذا الطريق نفسه.

وكما أمر النبي ﷺ باجتناب جميع مظان الربا والشبهات بها في حالة الاقتراض في صورة تبادل السلع. فقال:

الذهب بالذهب وزنًا بوزن مثلًا بمثل، والفضة بالفضة وزنًا بوزن مثلًا بمثل، فمن زاد واستزاد فهو ربًا[1]. وقال أيضًا:

الورق بالذهب ربًا إلا هاء وهاء[2] والبر بالبر ربًا إلا هاء وهاء، والشعير بالشعير ربًا إلا هاء وهاء[3] والتمر بالتمر ربًا إلا هاء وهاء[4].

والمعنى الصحيح لهذه الأحاديث هو ما أوضحناه في ترجمتنا أعلاه. وهذا ما قاله رسول الله ﷺ. ولو كانت الروايات قد بقيت على صيغة واحدة لم يخطئ الناس في فهم مدلولها ذلك، لكن في بعض طرقها الأخرى قد أدى سوء فهم الرواة إلى أن أدخلوا معنى «هاء وهاء « من الرواية الثانية في الرواية الأولى، وإلى إدراج كلمة «الذهب بالذهب» من الرواية الأولى مكان «الورق بالذهب» في الحديث الثاني، وهكذا فقد خلطوا بينهما خلطًا أن أصبح حكمه الآن لغزًا غير قابل للحل بالنسبة للناس.

وفي فقهنا قد نشأت مشكلة «ربا الفضل» من جراء هذا الخلط، وإلا فالواقع كما بينه رسول الله ﷺ في قوله. «إنما الربوا في النسيئة»[5] و[6].

---

(1) رواه مسلم، رقم ٤٠٦٨.

(2) وهذا هو حكم طبيعته طبيعة سد للذريعة، وقد نهي الناس عن ذلك خوفًا بما أنه قرض فلا بد من نقصانه أو زيادته أكيدًا لاختلاف الجنس.

(3) وبما أن هذه الجملة قد عطفت إلى «الورق بالذهب» الذي اختلاف الجنس فيه واضح جدًا، ولهذا السبب فإن معنى «البر» الأول في «البر بالبر» يجب أن يكون الآن نوعًا آخر من القمح حسب قاعدة العربية.

(4) رواه مسلم، رقم ٤٠٥٩.

(5) رواه مسلم رقم الحديث: ٤٠٩١ ـ ٤٠٨٩.

(6) أي الربا فقط في حالات الاقتراض.

كما ينبغي أن يكون واضحًا هنا أن الربا لا يتعلق إلا بتلك الأشياء التي كان استعمالها بصفتها يؤدي إلى إتلافها، وبالتالي يتحمل المدين مشقة إنتاجها ثانيًا وإعادتها إلى صاحبها. ولا شك أنه إذا طلب عليها أي إضافة فهو ظلم من وجهتي العقل والنقل كليهما، ولكن على عكس من ذلك فإن تلك الأشياء التي يتم الحفاظ على وجودها الأصلي في استخدامها، وبعد استخدامها يتم إعادتها إلى مالكها في حالتها الأصلية على أي حال كانت هي. ويكون التعويض مقابل استخدامها إيجارًا، ومن الواضح أنه لا يمكن إثارة أي اعتراض على ذلك.

وكذلك ينبغي أن يكون واضحًا أنه سواء تم منح القرض لشخص فقير ومعوز أو لمشروع تجاري أو خيري، فإن ذلك ليس له أي تأثير في تحديد حقيقة الربا. ومن المؤكد قطعًا أن الربا في اللغة العربية يُطلق على مجرد الزيادة في مبلغ القرض، بغض النظر عن غرض المُقرض وطبيعة المدين ووضعه. ولذلك فقد أوضح القرآن الكريم نفسه أن هذه القروض الربوية كانت في زمن نزوله تُعطى في الغالب للتجار ورجال الأعمال لتزيد وتربو إذا أضيفت إلى ثرواتهم فقد قال:

﴿ وَمَآ ءَاتَيْتُم مِّن رِّبًا لِّيَرْبُوَا۟ فِىٓ أَمْوَٰلِ ٱلنَّاسِ فَلَا يَرْبُوا۟ عِندَ ٱللَّهِ وَمَآ ءَاتَيْتُم مِّن زَكَوٰةٍ تُرِيدُونَ وَجْهَ ٱللَّهِ فَأُو۟لَـٰٓئِكَ هُمُ ٱلْمُضْعِفُونَ ﴾[1].

فانظر فيه إن تعبير «ليربوا في أموال الناس» ليس فقط لا يصلح للقروض الممنوحة الصرفية لمرة واحدة للفقراء بأي حال من الأحوال بل ينص بوضوح على أن القروض الربوية في تلك الأيام كانت تُمنح عمومًا لأغراض تجارية، وبالتالي، وفقًا لتعبير القرآن الكريم، كأنها كانت تزدهر في أموال الآخرين. وهذا واضح أيضًا من هذه الآية من سورة البقرة: ﴿ وَإِن كَانَ ذُو عُسْرَةٍ فَنَظِرَةٌ إِلَىٰ مَيْسَرَةٍ وَأَن تَصَدَّقُوا۟ خَيْرٌ لَّكُمْ إِن كُنتُمْ تَعْلَمُونَ ﴾[2].

---

(1)  سورة الروم، الآية: ٣٩.

(2)  سورة البقرة، الآية: ٢٨٠.

يقول الإمام أمين أحسن الإصلاحي في تفسيره:

«في هذا الزمان يدعي بعض الأقل علمًا ونظرًا أن الربا الذي كان سائدًا في شبه الجزيرة العربية قبل نزول القرآن كان مجرد صرفي شخصي، فكان الفقراء والمعوزون يضطرون إلى الاقتراض من المحترفين بالربا للحصول على حاجاتهم وضرورات الحياة التي لا غنى عنها، وكان هؤلاء المحترفون بالربا يحصلون ربا غليظًا ثقيلًا من المظلومين، وقد قرر القرآن ذلك ربا وحرمه تحريمًا شديدًا، أما القروض الربوية التجارية التي تسود اليوم فما كانت سائدة في ذلك الزمان ولم يذكر القرآن شيئًا عن حرمتها وكراهتها.

والجواب الواضح جدًا لهؤلاء موجود في هذه الآية نفسها، فإذا كان القرآن يذكر أنه إذا كان المدين ذا عسرة فأمهله حتى ينال الميسرة، فهذه الآية كأنها تنادي وتخبر أنه كان هناك أيضًا أناس أثرياء وأغنياء يأخذون القروض في تلك الأيام. بل على العكس من ذلك، إذا أولينا الاهتمام المناسب للبيان الأسلوبي هنا، يتبين لنا أن معظم معاملات القروض كانت تتم بين الأثرياء في أكثر الأوقات، نعم كان هناك احتمال أيضًا أن يكون البعض من المدينين في وضع صعب عسير لدرجة أن يكون له من المستحيل أن يعيد المبلغ الأصلي إلى الدائن، ولذا صدرت تعليمات للدائن بأن يمهله مهلة حتى يستعيد حالته المالية وإذا عفا عن الأصل فهو أفضل. وتؤشر عليه كلمات الآية فقد قال: ﴿وَإِن كَانَ ذُو عُسْرَةٍ فَنَظِرَةٌ إِلَىٰ مَيْسَرَةٍ﴾ وفي اللغة العربية لا تستخدم كلمة «إن» للحالات الشائعة والمعتادة، بل تستخدم بشكل عام لوصف الحالات النادرة والشاذة. ففي اللغة العربية، هناك لفظة «إذا» لوصف الوضع العام. فإذا فكرت في الأمر في ضوء ذلك، يتضح من كلمات الآية أن المدينين في تلك الأيام كانوا عادة «ذو ميسرة» (صاحب الحالة الجيدة) ولكن في بعض الأحيان كان هناك أيضًا وضع كان فيه المدين فقيرًا أو أصبح فقيرًا بعد أخذ القرض، فطلب له إعطاء هذه الرخصة والإمهال[1].

---

(1) تدبر القرآن ١/ ٦٣٨.

وبعد ذلك تمخض بنتيجة مناقشته بما يلي:

«من الواضح أن الأثرياء لم يكونوا يلجأون إلى الدائنين بالربا للحصول على ضروريات حياتهم التي لا غنى عنها، بل كانوا يقترضون لأغراضهم التجارية حتمًا. فما هو الفرق بين قروضهم والقروض لزماننا هذا التي تؤخذ لأغراض تجارية وعملية[1]؟

# الممتلكات الوطنية

﴿ مَّآ أَفَآءَ ٱللَّهُ عَلَىٰ رَسُولِهِۦ مِنْ أَهْلِ ٱلْقُرَىٰ فَلِلَّهِ وَلِلرَّسُولِ وَلِذِى ٱلْقُرْبَىٰ وَٱلْيَتَـٰمَىٰ وَٱلْمَسَـٰكِينِ وَٱبْنِ ٱلسَّبِيلِ كَىْ لَا يَكُونَ دُولَةًۢ بَيْنَ ٱلْأَغْنِيَآءِ مِنكُمْ ﴾[2].

وإذا نظرت إلى سياق هذه الآية في سورة الحشر، علمت أنه في عهد النبوة عندما طالب الناس بإعطاء الأموال والأراضي والعقارات التي اكتسبوها من العدو دون أي حرب أن يتم تقسيمهم بينهم، رفض القرآن قبول ذلك وقال إنه بدلًا من منحهم ملكيتها الخاصة، يجب أن تكون مكرسة للاحتياجات الجماعية للدين والأمة، ولدعم فقراء ومساكين الأمة وكفالتهم، بحيث لا تكون دولة بين الأغنياء فقط ولا تدور في حلقاتهم مفرغة.

ولما كانت هذه الممتلكات قد تم الحصول عليها بقدرة الله القاهرة فقط ودون أي مساعدة من المسلمين، فقد خصصت جميعها لهذا الغرض خصيصًا، ونظرًا إلى نوعية خاصة لجهاد رسول الله في الجزيرة العربية وبما أن الغنائم العامة في ذلك الوقت كانت أيضًا ملكًا للَّه والرسول[3]، ولكن لأن الناس قد ساعدوه في الحصول عليها وكانوا مضطرين إلى استخدام الأسلحة الشخصية والخيول والإبل وما إلى ذلك في الحرب في تلك الأيام، حتى أنه كان عليهم

---

(1)  تدبر القرآن ١/ ٦٣٩.

(2)  سورة الحشر، الآية: ٧.

(3)  الأنفال ٨: ١.

توفير الزاد لهم لذلك كان من الضروري توزيعها على المجاهدين. ولكن القرآن أمر بإخراج خمسها لهذا الغرض فقال:

﴿وَٱعۡلَمُوٓاْ أَنَّمَا غَنِمۡتُم مِّن شَيۡءٖ فَأَنَّ لِلَّهِ خُمُسَهُۥ وَلِلرَّسُولِ وَلِذِي ٱلۡقُرۡبَىٰ وَٱلۡيَتَٰمَىٰ وَٱلۡمَسَٰكِينِ وَٱبۡنِ ٱلسَّبِيلِ﴾[1].

ويحصل منه هذا التوجيه لكل نظام جماعي للمسلمين أن جميع الممتلكات التي لا يملكها أو لا يمكن لأي فرد أن يملكها، مثل الأرض وكنوزها، يجب أن تظل ملكًا للأمة ويجب أيضًا من خلالها تلبية احتياجات الأشخاص الذين يحتاجون إلى مساعدة الآخرين بسبب ضعفهم الجسدي أو افتقارهم إلى الوسائل والموارد مع الوفاء ببعض المسؤوليات الأخرى التي تتعلق بالنظام الجماعي.

وأما إدارة ونسق هذه الممتلكات فقد تركه الشرع للأحوال والمصالح، فيمكن لقادة المسلمين وأولي أمرهم أن يتخذوا لها أي طريقة يرونها مناسبة بمشورة أرباب الحل والعقد. فقد علم أن النبي ﷺ كان قد أعطى أراضي خيبر على المزارعة لهذا الغرض[2]، وسمح بتخصيص بعض المناطق لبعض الأفراد ومنحهم حق التصرف فيها[3]، وجعل بعضها حِمىً [4] وفي بعض الأشياء تقاسم جميع المسلمين بالتساوي[5]، وأقام حكم الأقرب فالأقرب في الانتفاع ببعض العيون والأنهار[6] وقد ترك عمرالفاروق رضي الله عنه الأراضي المفتوحة في العراق والسوريا تحت سيطرة أصحابها القدامى أثناء خلافته وضرب عليهم مبلغًا معينًا بحسب إنتاجهم كضريبة خراجية[7].

(1) سورة الأنفال، الآية: ٤١.

(2) مسلم، رقم ٣٩٧٤.

(3) أبو داؤد، رقم ٣٠٥٨.

(4) البخاري، رقم ٢٣٧٠. أحمد، رقم ١٦٢٢٧.

(5) ابن ماجة، رقم ٢٤٧٣. ابو داؤد ٣٦٧٧. ابن أبي شيبة، رقم ٢٣١٩٤.

(6) البخاري، رقم ٢٣٤١.

(7) كتاب الخراج، أبو يوسف ٢٩٠٢٤.

# الكتابة والشهادة

﴿ يَٰٓأَيُّهَا ٱلَّذِينَ ءَامَنُوٓاْ إِذَا تَدَايَنتُم بِدَيْنٍ إِلَىٰٓ أَجَلٍ مُّسَمًّى فَٱكْتُبُوهُۚ وَلْيَكْتُب بَّيْنَكُمْ كَاتِبٌۢ بِٱلْعَدْلِۚ وَلَا يَأْبَ كَاتِبٌ أَن يَكْتُبَ كَمَا عَلَّمَهُ ٱللَّهُۚ فَلْيَكْتُبْ وَلْيُمْلِلِ ٱلَّذِي عَلَيْهِ ٱلْحَقُّ وَلْيَتَّقِ ٱللَّهَ رَبَّهُۥ وَلَا يَبْخَسْ مِنْهُ شَيْـًٔاۚ فَإِن كَانَ ٱلَّذِي عَلَيْهِ ٱلْحَقُّ سَفِيهًا أَوْ ضَعِيفًا أَوْ لَا يَسْتَطِيعُ أَن يُمِلَّ هُوَ فَلْيُمْلِلْ وَلِيُّهُۥ بِٱلْعَدْلِۚ وَٱسْتَشْهِدُواْ شَهِيدَيْنِ مِن رِّجَالِكُمْۖ فَإِن لَّمْ يَكُونَا رَجُلَيْنِ فَرَجُلٌ وَٱمْرَأَتَانِ مِمَّن تَرْضَوْنَ مِنَ ٱلشُّهَدَآءِ أَن تَضِلَّ إِحْدَىٰهُمَا فَتُذَكِّرَ إِحْدَىٰهُمَا ٱلْأُخْرَىٰۚ وَلَا يَأْبَ ٱلشُّهَدَآءُ إِذَا مَا دُعُواْۚ وَلَا تَسْـَٔمُوٓاْ أَن تَكْتُبُوهُ صَغِيرًا أَوْ كَبِيرًا إِلَىٰٓ أَجَلِهِۦۚ ذَٰلِكُمْ أَقْسَطُ عِندَ ٱللَّهِ وَأَقْوَمُ لِلشَّهَٰدَةِ وَأَدْنَىٰٓ أَلَّا تَرْتَابُوٓاْ إِلَّآ أَن تَكُونَ تِجَٰرَةً حَاضِرَةً تُدِيرُونَهَا بَيْنَكُمْ فَلَيْسَ عَلَيْكُمْ جُنَاحٌ أَلَّا تَكْتُبُوهَاۗ وَأَشْهِدُوٓاْ إِذَا تَبَايَعْتُمْۚ وَلَا يُضَآرَّ كَاتِبٌ وَلَا شَهِيدٌۚ وَإِن تَفْعَلُواْ فَإِنَّهُۥ فُسُوقٌۢ بِكُمْۗ وَٱتَّقُواْ ٱللَّهَۖ وَيُعَلِّمُكُمُ ٱللَّهُۗ وَٱللَّهُ بِكُلِّ شَيْءٍ عَلِيمٌ ۞ وَإِن كُنتُمْ عَلَىٰ سَفَرٍ وَلَمْ تَجِدُواْ كَاتِبًا فَرِهَٰنٌ مَّقْبُوضَةٌۖ فَإِنْ أَمِنَ بَعْضُكُم بَعْضًا فَلْيُؤَدِّ ٱلَّذِي ٱؤْتُمِنَ أَمَٰنَتَهُۥ وَلْيَتَّقِ ٱللَّهَ رَبَّهُۥۗ وَلَا تَكْتُمُواْ ٱلشَّهَٰدَةَۚ وَمَن يَكْتُمْهَا فَإِنَّهُۥٓ ءَاثِمٌ قَلْبُهُۥۗ وَٱللَّهُ بِمَا تَعْمَلُونَ عَلِيمٌ ﴾(1).

وقد أمرت هذه الآيات المسلمين بالاهتمام بالكتابة والشهادة في معاملات الأخذ والعطاء والقروض وغيرها من الأمور المالية لتجنب النزاعات. وقد بيّن الاستاذ الإمام أمين أحسن الإصلاحي خلاصة تلك الأحكام في تفسيره «تدبر القرآن»، وننقلها هنا لفهم الغرض القصود ما لخصه الاستاذ الإمام:

أوّلًا: عندما تكون معاملة القرض لفترة محددة، يجب كتابة وثيقتها.

ثانيًا: يجب أن تتم كتابة هذه الوثيقة بشكل عادل من قبل كاتب وبحضور الطرفين. ولا ينبغي لأحد أن يغش ويخدع فيها ومن لديه مهارة الكتابة فلا يرفض هذه الخدمة. فإن مهارة الكتابة نعمة من الله ومن واجب الشكر للَّه أن لا يرفض إذا مست الحاجة إليه، ونشأت الحاجة إلى هذه النصيحة بسبب

_____

(1) سورة البقرة، الآيتان: ٢٨٢ و٢٨٣.

515

قلة المتعلمين والمثقفين في ذلك العصر. ولم يكن التنظيم الرسمي لكتابة المستندات وتسجيلها مطبقًا حتى ذلك الحين، كما لم يكن تنفيذه سهلًا.

**ثالثًا:** وستكون مسؤولية كتابة الوثيقة على عاتق المقترض، وسيعترف في الوثيقة بأنني مدين بكذا وكذا لفلان بن فلان، وعليه مثل الكاتب مسؤولية مراعاة التقوى في هذا الإقرار وأن لن يحاول أي نوع من النقص في حق صاحب الحق.

**رابعًا:** فإذا كان هذا الشخص متخلفًا عقليًا أو ضعيفًا أو لا يملك القدرة على كتابة تحرير الوثيقة ونحوه، فعلى من وليه أو محاميه أن ينوب عنه ويكتب الوثيقة بالعدل والحق.

**خامسًا:** وتكتب عليها وتثبت شهادة رجلين، ومن الإرشادات فيهما أنهما «من رجالكم»، فيخرج منها أمران في وقت واحد: أحدهما: أنهما يكونان مسلمين. والثاني: أن يكونا من أهل ارتباطهم وعلاقتهم، حتى يعرفهم الطرفان والإرشاد الثاني: أن يكونوا «مِمَّن تَرْضَوْنَ» أي يكونون مفضلين في السلوك والعمل، موثوقين، أمينين، صادقين.

**سادسًا:** وإذا لم يتوفر رجلان من الصفات المذكورة أعلاه فيمكن اختيار رجل وامرأتين لذلك. وشرط المرأتين لأنه إذا ارتكبت إحداهما خطأ يمكن منعه بتذكير الأخرى وتحذيرها. وهذا الاختلاف ليس بسبب احتقار المرأة، ولكن من حيث طباعها وظروفها وهواياتها فإن هذه المسؤولية مسؤولية ثقيلة عليها. ولهذا السبب قد قامت الشريعة أيضًا بدعمها في حمل مسؤوليتها هذه[1].

**سابعًا:** ولا يجوز لمن انضم إلى شهود وثيقة أن يمتنع عن الشهادة عند الطلب، لأن شهادة الحق هي أيضًا خدمة اجتماعية عظيمة وجزء من واجبات هذه الأمة من حيث كونها شهداء الله.

_____

(1) وهذا الحكم سد الذريعة. ولذلك، إذا لم يكن هناك حاجة إليه بسبب تغير أحوال المرأة، فلا يجب اتباعه أيضًا.

**ثامنًا:** وسواء كان أمر تعاطي الدين صغيرًا أو كبيرًا، إذا كان لمدة محددة من الزمن، وليس من طبيعة التسليم الفوري فلا ينبغي الشعور بالعبء الثقيل بكتابته، فمن يتعطل فيه بسبب تساهلهم يتورطون أحيانًا في نزاعات لها عواقب بعيدة المدى.

**تاسعًا:** والتعليمات المذكورة أعلاه هي عند الله تعالى هادية إلى الحق والعدل، وتحفظ للشهادة، وتعصمها من الشكوك والخلافات. ولذلك فإن تنظيمها ضروري للصلاح والخير الاجتماعي.

**عاشرًا:** لا يوجد وجوب على الكتابة للمعاملات اليدوية

**الحادي عشر:** نعم، إذا حدث أي بيع أو شراء مهم، فيجب الإشهاد عليه حتى يتم حل أي نزاع إذا حصل.

**الثاني عشر:** وفي حالة النزاع، لا يجوز لأي طرف أن يحاول الإضرار بالكاتب أو الشاهد. فإنه يؤدي الكتبة والشهود خدمة اجتماعية وثقافية مهمة. لهذا السبب، فإن نتيجة محاولة إيذائهم دون داع ستكون أن الأشخاص الجديرين بالثقة والمحتاطين سيبدأون في تجنب مسؤوليات الشهادة والكتابة وما إلى ذلك، وسيكون من الصعب على الناس العثور على أي شهود معقولين غير الشهود المحترفين. وفي هذا العصر يهرب الموثوقون والجادون من مسؤوليات الشهادة ونحوها، والسبب في ذلك أن الأمر عندما يتخذ شكلًا جدليًا، يتجشم شهوده الكثير. ويصبح هؤلاء المساكين ضحايا للمضايقات والاختطافات وفقدان الممتلكات وحتى القتل. وقد نهى القرآن عن هذا النوع من الأذى، ليتذكر من يرتكب مثل هذه الأفعال أن هذه ليست معصية صغيرة يسهل مغفرتها، بل هي خطيئة ستلتصق بهم، وسيكون من الصعب النجاة من سيئات عواقبها»[1].

وفي نهاية الآيات، بين الله تعالى حكم الرهن، أنه إذا كان الإنسان في سفر

---

[1] تدبر القرآن ١/ ٦٤٠.

ولم يجد من يكتب الرهن، فإن مسألة الدين يمكن أن تكون أيضًا على شكل الرهن. ومع ذلك، فقد تم توضيح أن الرهن العقاري مسموح به فقط ما لم تكون صورة يرضي بها المقرض. وأمر الله أنه إذا حدث الوضع كهذا يجب رد الرهن بعد الإشهاد على الدين. يقول الأستاذ الإمام في شرح هذا الأمر:

«فإذا كانت ظروف توفرت فيها الأشياء اللازمة للثقة ببعضهم البعض، مثلًا جاؤوا إلى حضر بعد الانتهاء من السفر، وتم العثور على الكتبة والشهود لكتابة الوثيقة، وثبتت معاملة القرض في حضورالأقرباء وشهودهم ولم يبق سبب معقول لعدم قدرة الدائن على الثقة بدون الرهن، فيجب عليه إذن أن يرد الشيء المرهون إليه وينبغي أن يتخذ الشكل الذي وجه إليه أعلاه ويرضي نفسه. وهنا تم تعبير العقار المرهون بأنه أمانة، مما يوضح أن الدائن لديه الرهن باعتباره أمانة يجب حمايتها، ويعتبر أي نوع من حق الانتفاع بها غير شرعي[1].

وإذا لم يكن هناك رجلان فإن حكم شهادة رجل واحد وامرأتين، الذي ورد حكمه في هذه الآيات، وإن كانت مناسبتها ثابتة، لكن بناءًعلى النحو الذي فهمه فقهاؤنا، لا بد من توضيح أمرين في ذلك أيضًا:

الأول هو أن هذه الضابطة لا علاقة لها بالشهادة الظرفية. وهذا الأمر يتعلق فقط بالشهادة الوثائقية. ويعلم الجميع أننا نختار الشاهد للأدلة المستندية وفي الشهادة الظرفية يكون حضور الشاهد في المكان مسألة صدفة. إذا كتبنا وثيقة أو اعترفنا بمسألة ما، فلدينا الخيار على أن نجعل من نريد أن يشهد عليها. وأما في حالات الزنا والسرقة والقتل والسطو وغيرها من الجرائم فمن كان حاضرًا في ذلك الوقت يعتبر شاهدًا. ولذلك فإن الفرق بين هذين الشكلين من الاستشهاد واضح لدرجة أنه لا يمكن استغلال أحدهما كمبنىً للقياس على الآخر.

والثاني: أنه لا يسع مكان الآية ومكانها وأسلوبها أن يرتبط بالقانون والمحكمة. فلم يتم توجيهه إلى المحكمة، ولم يؤمر أنه إذا تم رفع مثل هذه

---

[1] (تدبر القرآن ١/ ٦٤٣.

القضية، فاطلبوا من المدعي أن يشهد وفقًا لهذا المنهج والنصاب. والمخاطبون بها هم الذين يتعاملون في القروض، وفيها قد تم إرشادهم إلى أنه إذا قاموا بأية معاملة من هذا القبيل لمدة معينة، فعليهم أن يكتبوا الوثيقة لها، وأن يختاروا الشهود عليها ممن يتمتعون بالأخلاق الحميدة وبالثقة والاعتبار والديانة تجنبًا للخلافات والخسائر، وممن يمكنهم القيام بهذه المسؤولية بطريقة أفضل حسب ظروفهم وهواياتهم.

ولهذا السبب جاءت تعليمات بإحضار الشهود من الرجال فقط، وإذا لم يكن هناك رجلان، فيجب أن تشهد امرأتان ورجل واحد، حتى إذا كانت هذه السيدة التي تعيش في المنزل متوترة في بيئة المحكمة تكون الأخرى عمادة وسندًا لها لإنقاذها من الغموض والقلق، يجب أن تكون أخرى سندًا له. ومن الواضح أن هذا لا يعني ولا يمكن أن يعني أنه سيتم إثبات القضية في المحكمة في الوقت فقط عندما يأتي رجلان على الأقل أو رجل وامرأتان للشهادة بشأنها.

وهي تعليم اجتماعي إذا اتبعه الناس أدى إلى سلامتهم من الصراعات. ويجب على الناس أن يهتموا به من أجل مصلحتهم الخاصة، لكنه ليس مدونة شهادة يجب أن تتبعها المحكمة للبت في القضايا. ولذلك فقد قيل عن جميع التعليمات الواردة في هذه السلسلة أن هذه الطريقة تقوم على العدل عند الله، وتجعل الشهادة أكثر دقة، وتقلل من احتمالية الوقوع في الشكوك والشبهات.

## (2)

## الوصية

﴿ يَٰٓأَيُّهَا ٱلَّذِينَ ءَامَنُوا۟ شَهَٰدَةُ بَيْنِكُمْ إِذَا حَضَرَ أَحَدَكُمُ ٱلْمَوْتُ حِينَ ٱلْوَصِيَّةِ ٱثْنَانِ ذَوَا عَدْلٍ مِّنكُمْ أَوْ ءَاخَرَانِ مِنْ غَيْرِكُمْ إِنْ أَنتُمْ ضَرَبْتُمْ فِى ٱلْأَرْضِ فَأَصَٰبَتْكُم مُّصِيبَةُ ٱلْمَوْتِ تَحْبِسُونَهُمَا مِنۢ بَعْدِ ٱلصَّلَوٰةِ فَيُقْسِمَانِ بِٱللَّهِ إِنِ ٱرْتَبْتُمْ لَا نَشْتَرِى بِهِۦ ثَمَنًا وَلَوْ كَانَ ذَا قُرْبَىٰ وَلَا نَكْتُمُ شَهَٰدَةَ ٱللَّهِ إِنَّآ إِذًا لَّمِنَ ٱلْءَاثِمِينَ * فَإِنْ عُثِرَ عَلَىٰٓ أَنَّهُمَا ٱسْتَحَقَّآ إِثْمًا فَءَاخَرَانِ يَقُومَانِ مَقَامَهُمَا مِنَ ٱلَّذِينَ ٱسْتَحَقَّ عَلَيْهِمُ ٱلْأَوْلَيَٰنِ فَيُقْسِمَانِ بِٱللَّهِ لَشَهَٰدَتُنَآ أَحَقُّ مِنْ

519

شَهَٰدَتِهِمَا وَمَا ٱعۡتَدَيۡنَآ إِنَّآ إِذَا لَّمِنَ ٱلظَّٰلِمِينَ ۞ ذَٰلِكَ أَدۡنَىٰٓ أَن يَأۡتُوا۟ بِٱلشَّهَٰدَةِ عَلَىٰ وَجۡهِهَآ أَوۡ يَخَافُوٓا۟ أَن تُرَدَّ أَيۡمَٰنُۢ بَعۡدَ أَيۡمَٰنِهِمۡ ۗ وَٱتَّقُوا۟ ٱللَّهَ وَٱسۡمَعُوا۟ ۗ وَٱللَّهُ لَا يَهۡدِي ٱلۡقَوۡمَ ٱلۡفَٰسِقِينَ ﴾[1].

وفي هذه الآيات تم توجيه نفس الترتيب فيما يتعلق بالوصية كما سبق بيانه فيما يتعلق بالمعاملة والديون. وتتلخص على النحو التالي:

١. إذا مات الإنسان وأراد أن يوصي في ماله فليشهد رجلين ثقة من إخوانه المسلمين.

٢. وإذا حصل هذا الموت لشخص في سفر ولم يوجد مسلمان ليشهدا عليه، فإنه يجوز له أيضًا أن يشهد غير المسلمين في حالة الضرورة.

٣. وإذا كان هناك خوف على الرجلين المختارين من المسلمين للشهادة، من أن يغيروا شهادتهم لشخص ما، فإنه يؤخذ هذا التدبير لسد باب ذاك الخطأ المتوقع أن يتم إيقافهم بعد الصلاة في المسجد ويُحلفان بالله على ذلك أنهم لن يغيروا الشهادة لمنفعة دنياهم أو لصالح شخص ما وانحيازًا له، حتى لو كان شخصًا قريبًا منهم، وإذا فعلوا ذلك فسيكونون مذنبين.

٤. وينبغي أن يعلم الشهود أن هذه الشهادة هي شهادة الله، فإذا صدرت منهم أية خيانة قليلة، فسيتم اعتبارهم خونة ليس فقط للعباد، بل لله أيضًا.

٥. ومع ذلك، فإذا علم أن هؤلاء الشهود قد انحازوا إلى أحد على خلاف الموصي، أو أبطلوا حق أحد، قام رجلان من الذين سقط حقهم، فيحلفان أننا أصدق من هؤلاء الشاهدان الأوليان بالشهادة نحن لم نتجاوز الحقيقة في هذا الأمر ونقول بكل مسؤولية أننا لو فعلنا ذلك لكنا ظالمين أمام الله.

٦. ويعتقد أن فائدة هذه المساءلة المتزايدة على الشهود تظهر في التوقع منهم الإدلاء بشهادتهم بدقة. وإلا فسيخافون إذا ارتكبوا أي فساد أن تبطل أيمانهم بأيمان غيرهم، وترد شهادتهم مع أنهم أول من شهد.

---

(1) سورة المائدة، الآيات: ١٠٦ ـ ١٠٨.

# توزيع الوراثة (1)

﴿كُتِبَ عَلَيْكُمْ إِذَا حَضَرَ أَحَدَكُمُ ٱلْمَوْتُ إِن تَرَكَ خَيْرًا ٱلْوَصِيَّةُ لِلْوَٰلِدَيْنِ وَٱلْأَقْرَبِينَ بِٱلْمَعْرُوفِ حَقًّا عَلَى ٱلْمُتَّقِينَ * فَمَنۢ بَدَّلَهُۥ بَعْدَ مَا سَمِعَهُۥ فَإِنَّمَآ إِثْمُهُۥ عَلَى ٱلَّذِينَ يُبَدِّلُونَهُۥٓ إِنَّ ٱللَّهَ سَمِيعٌ عَلِيمٌ * فَمَنْ خَافَ مِن مُّوصٍ جَنَفًا أَوْ إِثْمًا فَأَصْلَحَ بَيْنَهُمْ فَلَآ إِثْمَ عَلَيْهِ إِنَّ ٱللَّهَ غَفُورٌ رَّحِيمٌ﴾(1).

وفي هذه الآيات أمر بالوصية للوالدين والأقربين وفق الدستور والمعروف. وهذا كان عرف العرب. وقد حل محله فيما بعد القانون الذي ورد وصفه في آيات سورة النساء. وقد حدد الله تعالى حصص وأسهم الوالدين والأقربين في هذه الآيات وأعلنها بمشيئته. والسبب في ذلك أن الإنسان لا يدري أي هؤلاء الأقارب أقرب إليه من حيث المنفعة. هذه الحصص محددة بدقة ولا يوجد مجال للتخفيض. فقد قال:

﴿لِّلرِّجَالِ نَصِيبٌ مِّمَّا تَرَكَ ٱلْوَٰلِدَانِ وَٱلْأَقْرَبُونَ وَلِلنِّسَآءِ نَصِيبٌ مِّمَّا تَرَكَ ٱلْوَٰلِدَانِ وَٱلْأَقْرَبُونَ مِمَّا قَلَّ مِنْهُ أَوْ كَثُرَ نَصِيبًا مَّفْرُوضًا﴾(2).

ولذلك فمن الواضح جدًا أن كل مسلم الآن ملزم بالوصية بموجب هذا القانون، وبحسب الدستور فإن حكم الوصية لم يبق، ولكن عندما أعطي هذا الحكم ماذا كان المقصود منه؟ يقول الاستاذ الإمام أمين أحسن الإصلاحي ردًّا على هذا السؤال:

«لقد كان ذلك خلال الفترة الانتقالية التي لم يصل فيها المجتمع الإسلامي بعد إلى الاستقرار والإحكام، حيث تم إعطاء الحكم النهائي للميراث الذي جاء في سورة النساء. لقد صدر هذا الأمر المؤقت قبل أن تكون الظروف مواتية لإصدار هذا الأمر، وكان له ميزتان: الأولى، حماية فورية إلى حد ما لحقوق أصحاب الحصص الذين تم تدمير حقوقهم على أيدي العصبات،

---

(1) سورة البقرة، الآيات: ١٨٠ ـ ١٨٢. مائدة، الآيات: ١٠٦ ـ ١٠٨.

(2) سورة النساء، الآية: ٧.

والأخرى كان الهدف منه تجديد المعروف  الذي كان ساريًا في بلاد العرب بين الشرفاء والكرماء منذ القدم، ولكنه دُفن شيئًا فشيئًا تحت غبار الجهل، حتى يتسنى لهذا العرف أن يهيئ العقول للتشريع الأخير الذي سوف ينزل في بابه» [1].

## (2)

﴿يُوصِيكُمُ ٱللَّهُ فِىٓ أَوْلَٰدِكُمْ لِلذَّكَرِ مِثْلُ حَظِّ ٱلْأُنثَيَيْنِ فَإِن كُنَّ نِسَآءً فَوْقَ ٱثْنَتَيْنِ فَلَهُنَّ ثُلُثَا مَا تَرَكَ وَإِن كَانَتْ وَٰحِدَةً فَلَهَا ٱلنِّصْفُ﴾ [2].

فهذا هو أمر تقسيم الميراث في سورة النساء الذي به قد تغير حكم الآية المذكورة أعلاه. وصف فيه قبل كل شيء  حصص الأولاد.

إن جملة ﴿يُوصِيكُمُ ٱللَّهُ فِىٓ أَوْلَٰدِكُمْ﴾ قد جاءت كتمهيد لفقرة ﴿لِلذَّكَرِ مِثْلُ حَظِّ ٱلْأُنثَيَيْنِ﴾ ولفظة الأولاد عامة كما هي  ظاهر لكلا الجنسين الرجال والنساء. ومن يجب أن يكون تأليف الكلام : «للذكر منهم مثل حظ الأنثيين. وإن كان قد ختم الحكم بـ ﴿لِلذَّكَرِ مِثْلُ حَظِّ ٱلْأُنثَيَيْنِ﴾ فقط ليكون المراد:

١.   إذا كان بين أبناء المتوفى ولد واحد وفتاة واحدة فقط، فإن الولد يحصل على ضعف البنت.

٢.   وإذا كان الأولاد والبنات أكثر من هذا، فإن ميراث المتوفى يقسم على أن يكون نصيب كل ذكر مثل حَظِّ ٱلْأُنثَيَيْنِ.

٣.   وإذا لم يكن بين الأولاد سوى الأبناء أو البنات، فإن الميراث كله يذهب لمن كان حاضرًا.

وهذا الأمر الثالث واضح أيضًا أن ذلك مطلب أساسي لهذا الأسلوب. فإذا قلنا بلغتنا أن هذا المال للفقراء ونصيب الرجل الفقير سيكون مثل حظ امرأتين فقيرتين، فمعنى ذلك أن المال قد دفع فعلًا للفقراء، فإذا كان الفقراء

---

(1)   تدبر القرآن ١/ ٤٣٩.
(2)   سورة النساء، الآية: ١١.

رجالًا، فيقسم عليهم المال كله، وإذا كان الفقراء من النساء فيفعل مثل ذلك أيضًا. لكن الأمر لم ينته هنا، بل من خلال استثناء متعلق به قد أوضح القرآن أن غرضه ليس هذا. وجملة ﴿فَإِن كُنَّ نِسَاءً فَوْقَ ٱثْنَتَيْنِ فَلَهُنَّ ثُلُثَا مَا تَرَكَ﴾ هي مستثناة من فقرة ﴿لِلذَّكَرِ مِثْلُ حَظِّ ٱلْأُنثَيَيْنِ﴾ أي أنه إذا كان بين أولاد المتوفى بنات، سواء كانوا اثنتين أو أكثر، فإن نصيبهن يكون الثلثين في كل الأحوال. وعطفت عليه فقرة».

﴿وَإِن كَانَتْ وَٰحِدَةً فَلَهَا ٱلنِّصْفُ﴾ أي إذا كان هناك بنت واحدة فقط، فلها النصف.

وقد بيّنا فيما مر أن مفهوم «فوق اثنتين» هو أكثر من اثنين أو أكثر من ذلك، ووجه ذلك أنه قد حذفت عندنا قبل ذلك لفظة اثنين وفقًا للأسلوب العربي، ففي لغة القرآن إن أردنا تفصيل سهم بنت واحدة أو سهام بنتين أو أكثر على حدة لفارق بين سهامهن، فلنا أن نبينه على طريقتين: فمثلًا على الترتيب الصعودي نبين أولًا سهم بنت واحدة ثم نذكر سهام بنتين ولا حاجة لنا إلى بيان لفظي لسهم أكثر من اثنين إذا كان متساويًا بالاثنين، وإذا جاء بيان سهام اثنين بعد بيان سهم واحد أن يكون أكثر من سهم واحد يعني ذلك حكم سهام الاثنين هو نفس الحكم الذي لسهم البنتين.

والطريق الثاني إذا سردناه على الترتيب النزولي، وبما أنه لم يصلح لذلك ألفاظ فوق اثنين أو اثنتين في الأسلوب العربي، فنبينه ببيان سهم واحد بعد بيان سهمين أو أكثر. وبداية الكلام في هذا الأسلوب من «فوق اثنتين» بنفسه دليل على أن هناك حذف « اثنتين» قبل ذلك، وإذا تدبرت علمت أن قرينته واضحة جدًّا. فحسن هذا الترتيب يقتضي أن لا يستعمل لفظة «اثنتين» قبل «فوق اثنتين»، والصحة اللغوية تقتضي أن لم تذكر «اثنتين» فيما بعد إن بُدِئ الكلام من «فوق اثنتين». والقرآن قد جاء بيان هذه السهام على الترتيب النزولي فقد راعى أسلوب الحذف هنا، ولكن قد ذكر هذه السهام نفسها في آخر آية النساء على الترتيب الصعودي فحذف هناك «فوق اثنتين» بعد «اثنتين» فقال:

١ - ﴿ إِن اْمْرُؤٌا هَلَكَ لَيْسَ لَهُ وَلَدٌ وَلَهُ أُخْتٌ فَلَهَا نِصْفُ مَا تَرَكَ وَهُوَ يَرِثُهَا إِن لَّمْ يَكُن لَّهَا وَلَدٌ فَإِن كَانَتَا اثْنَتَيْنِ فَلَهُمَا الثُّلُثَانِ مِمَّا تَرَكَ ﴾[1].

ثم قال:

٢ - ﴿ وَلِأَبَوَيْهِ لِكُلِّ وَاحِدٍ مِنْهُمَا السُّدُسُ مِمَّا تَرَكَ إِن كَانَ لَهُ وَلَدٌ فَإِن لَّمْ يَكُن لَّهُ وَلَدٌ وَوَرِثَهُ أَبَوَاهُ فَلِأُمِّهِ الثُّلُثُ فَإِن كَانَ لَهُ إِخْوَةٌ فَلِأُمِّهِ السُّدُسُ مِنْ بَعْدِ وَصِيَّةٍ يُوصِي بِهَا أَوْ دَيْنٍ ﴾[2]. وبعد الأولاد تم الآن وصف حصص الوالدين.

﴿ وَلِأَبَوَيْهِ لِكُلِّ وَاحِدٍ مِنْهُمَا السُّدُسُ مِمَّا تَرَكَ ﴾، هذه العبارة لم تعطف على ﴿ فَإِن كُنَّ نِسَاءً ﴾ و﴿ وَإِن كَانَتْ وَاحِدَةً ﴾، ولكن على كامل الحكم الذي تم وصفه أعلاه للأولاد. لذلك، في هذه الحالة، لن يكون العطف الآن للجمع، بل يكون للاستدراك، والسبب في ذلك أنه جاء في ﴿ لِلذَّكَرِ مِثْلُ حَظِّ الأُنثَيَيْنِ ﴾ أن نصيب الولد (الذكر) سيكون مثل حَظِّ البنتين، ولكن كم سيكون لم يحدد. هذا هو نفس النمط فمثلًا نقول بلغتنا «هذه الروبيات للأطفال، أعطوا الأولاد ضعفين للبنات، ونصفه لأبيك».

انظروا إلى هذه الفقرات، فإن طلب القائل منها واضح جدًا لمن كان على دراية باللغة، فسوف يفهم منها نفس المعنى أن الروبيات في الواقع قد أعطيت للأطفال.

ولذا لو كان الكلام قد انتهى على فقرتين أوليتين لكان قد توزع المبلغ كله بين الأولاد والفتيات على تناسب تم بيانه في هذه الفقرات، ولكن بما أن القائل قد خصص نصفه للوالد فكان لا بد من إخراج سهم الأب أولًا ثم توزيع المتبقي بين الأطفال.

وقد قلنا أعلاه في شرح سهام الأولاد أن فقرة «فإن كن نساء «استثناء من «للذكرمثل حظ الأنثيين» وشرح جانب واحد من نفس الشيء، فإن كان

(1)  سورة النساء، الآية: ١٧٦.

(2)  سورة النساء، الآية: ١١.

ما قلنا صحيحًا فلا يكون هذا إذن مستقلًا تامًّا في مكانه مثل «ولأبويه» فوجب أن يكون حكمه أيضًا حكم «للذكرمثل حظ الأنثيين». فهو كما نقول مثلًا «هذا المبلغ كله لزيد وعثمان وعلي، لهم فيه حصص متساوية، إلا أنه إن كان هناك عثمان وعلي حاضرين فقط فلعثمان الثلثين ولعلي الثلث وأعطوا منه عشرة روبية لأختنا «فكرفي هذه الجملة مرة أخرى إن كان هناك حكم إعطاء الثلثين لعثمان والثلث لعلي على الترتيب ولكن الاستدراك في ختامها يستلزم إخراج عشرة روبيات منها للأخت قبل كل شيء ثم يقسم المتبقي فيما بين عثمان وعلي مطابقًا لحصصهما.

وهذا الأسلوب موجود أيضًا في الآية التي قيد البحث. فإذا أخذنا ذلك في الاعتبار فلا صعوبة في فهم أن حصص الوالدين والأزواج التي عطفت إلى أسهم الأبناء بحرف الواو بعد بقوله ﴿وَإِن كَانَتْ وَٰحِدَةً فَلَهَا ٱلنِّصْفُ﴾ تخرج وتُعطى أولًا باللزوم، وما يبقى بعد ذلك يُقسم صرفًا بين الأولاد.

وإذا كان الأولاد عازبين فلهم مثل ذلك، وإذا كان هناك ولدان وبنات معًا، فإن لهم أيضًا نفس الحكم، وكذلك إذا كان بين أولاد المتوفى بنات فقط، فسيتم إعطاء ثلثي التركة المتبقية أو نصفها لهن، ولن يتم دفع حصتهن من التركة بأكملها تحت أي ظرف من الظروف.

هذا هو المدلول الصحيح للآية. ومن قرأ هذه الآية وهو يفهم معنى حرف الواو في ﴿وَلِأَبَوَيْهِ﴾ وحرف الفاء في ﴿فَإِن كُنَّ نِسَآءً﴾ يتبين له معنى الكلمة دون أي صعوبة ولا تكلف.

انظر الآن ما بقي من الآية: أن لفظة الولد في فَـ﴿إِن لَّمْ يَكُن لَّهَا وَلَدٌ﴾ و﴿إِن كَانَ لَهُۥ وَلَدٌ﴾ عام للذكور والإناث كليهما، وهو معروف في اللغة العربية لهذا المعنى. وقد تم استعمالها هنا وفي مقامات أخرى في معنى الأزواج أيضًا. وعندنا لها هذا المفهوم في كل المقامات، فتقول أهل اللغة صراحةً إنه: هو يقع على الواحد و الجمع والذكر والأنثى» ـ وليست هنا قرينة لتخصيصها للأولاد الذكور ـ وسواء كان هناك ولد واحد أو اثنان وكذا البنت واحدة أو بنتان، وكان

الأبناء أولادًا فقط أو بنات فقط، يطبق هذا الشرط بالإيجاب أو السلب على كل حال. وبعد «فلأمه الثلث» قد حذفت هناك «ولأبيه الثلثان» أو ما شابهها من الألفاظ تحت قواعد العربية، وقرينة هذا الحذف أن القرآن قد اشترط لذلك التقسيم شرطًا لِـ» وورثه أبواه» فهذا صار دليلًا بنفسه على الحذف المذكورفإذا قلنا: «إن كان ورثة هذا المال زيد وعلي، فلزيد الثلث» فلا داعي بعد ذلك أن نقول «والثلثان الباقيان لعلي».

كما قد تم حذف لفظة «ولأبيه» أو ما شابهها بعد ﴿فَإِن كَانَ لَهُۥٓ إِخۡوَةٞ فَلِأُمِّهِ ٱلسُّدُسُۚ﴾ والأساس المنطقي لها هو أيضًا واضح جدًا. ففي حالة وجود الإخوة والأخوات، يكون نصيب الأم هو نفس ما ذكر أعلاه في حضور الأبناء. وهذا المذكور حجة في حد ذاته على أن يكون نصيب الأب نفسه. ولم تكن هناك حاجة لوصف ذلك بالكلمات. فإذا كان القارئ ذا ذوق في لغة القرآن سيفهم دون أي صعوبة أنه إذا كان سهم الأم قد عاد إلى الأصل، فيعود سهم الأب أيضًا تلقائيًّا.

وعليه فيكون تأليف الكلام هنا كما يلي:

«إن كان هناك أولاد فلكل من الأبوين السدس، وإذا لم يكن هناك أولاد وكان الوالدان هما الورثة فللأم ٣/ ١، وإذا كان هناك إخوة وأخوات أيضًا فللأم. ٦/ ١ نفسه.»

انظروا، الكلمة نفسها تنادي بذلك ـ «ونفس السهم للأب أي ٦/ ١».

ويتضح من هذا الحكم أن الله تعالى قد عين إخوة وأخوات في غياب الأولاد أن ينوب منابهم، ورأينا تؤيده الآية الأخيرة من هذه السورة، ولكننا سنبين ذلك في محلها.

وكلمة «الإخوة» في هذه الآية عندنا تشير ببساطة إلى الوجود فقط. والمقصود منه ببساطة هو الإشارة إلى أنه في حالة وجود أشقاء، واحدًا كانوا أو اثنين أو أكثر، فإن حصة الوالدين ستعود إلى أصلها. وفي مثل هذا الأسلوب

لا يكون الجمع لبيان العدد، بل لبيان الوجود فقط. هناك بيت شعري لشاعر حماسي:

**وإيـاك والأمـر الـذي إن توسعت     مـوارده ضـاقـت عليك المصـادر**

وقد استخدم الشاعر هنا كلمتي «موارد» و«مصادر» جمعًا. ومن فسر معناها بأنه طلب في هذا الشعر اجتناب الأمر الذي تكون موارده ومصادره ثلاثة أو أكثر فقد أظلم ظلمًا عظيمًا. نعم هذه القصيدة تثبت قطعًا وجود مورد ومصدر في الأمر، ولكن من الواضح أن الشاعر لم يقصد تحديد العدد برمته.لا يمكن أن تكون هناك سوى طريقة واحدة للانخراط في الأمر والانفصال عنه، وهذه الطرق يمكن أن تكون عشرة أو عشرين. وكذلك يجوز للمتوفى أن يترك أخًا واحدًا أو أختًا واحدة، وقد يكون إخوته خمسة أو عشرة. وكلمة «إخوة» تحيط بجميع هذه الحالات. وهذا الأسلوب الجمعي لهذا المعنى شائع وذايع في كل لغة.

إذا قلنا ـ «إذا كان لديك أطفال، فستعطيهم هذه الحلوى» ـ فلن يفهمها أحد على أنه إذا كان للمخاطب ولد واحد فقط، فبحيث إن المتحدث استخدم كلمة «أطفال» جمعًا له، فلا يحق له الحصول على الحلويات تحت أي ظرف من الظروف. وهذا المعنى لهذه الجملة لا يمكن أن يأخذه إلا من يفهم اللغة بمبادئ المنطق والرياضيات بدلًا من أساليب البيان والتعبير. ثم قال:

﴿مِنۢ بَعْدِ وَصِيَّةٖ يُوصِى بِهَآ أَوْ دَيْنٖ﴾ في أخير الآية والهدف منه أنه إذا كان هناك قرض بذمة الميت يجب تأديته قبل كل شيء، ثم إذا كان هناك وصية للميت يُوفي بها ثم يتم توزيع الميراث، وإن كان القرض مؤخر ذكره في الآية ولكن حكمه سيقدم ويعتبر له أولوية،

والسبب في ذلك أن حق الدائن يثبت في حياة المتوفى، ومن أوصي له لا يثبت حقه قبل وفاة المؤرث. أما تقديم الوصية في الآية فهو فقط من أجل الجمال وحسن التعبير. وقال تعالى:

٣ ـ ﴿ءَابَآؤُكُمۡ وَأَبۡنَآؤُكُمۡ لَا تَدۡرُونَ أَيُّهُمۡ أَقۡرَبُ لَكُمۡ نَفۡعٗاۚ فَرِيضَةٗ مِّنَ ٱللَّهِۗ إِنَّ ٱللَّهَ كَانَ عَلِيمًا حَكِيمٗا﴾[1].

والغرض الذي جاءت من أجله هذه الآية في وسط سلسلة الآيات هو التوضيح للناس أنه لم يكن من الممكن لإنسان أن يتخذ قرارًا على أساس العدل في مسألة قسمة الميراث. ولا يدري أي الوالدين والأبناء أقرب إليه نفعًا. ولا أساس لهذا في العلم والعقل أيضًا، فلا يمكن أن يصدر هذا القرار إلا من ربه تعالى.

ولذلك فإن الأقارب الذين أعلنهم ورثة لشخص ميت، فإن القانون القائم على العدالة فيهم هو نفسه الذي أوضحه الله تعالى بنفسه. وبعد أن أنزل الله هذا القانون، لا يحق لأي ميت أن يوصي للورثة الذين عينهم الله ورثة له على أساس القرابة. وهذا التقسيم مبني على علم الله وحكمته. وإن في كل أمر من أمره حكمة عميقة، وعلمه يغطي كل شيء. وعلى الرغم من طموحاته، لا يستطيع الإنسان أن يجد مدى معرفته وعلمه سبحانه، ولا يستطيع أن يفهم حكمته بشكل كامل. وإذا كان مؤمنًا فجميل له أن يسمع أمره ويخضع له رأسه خضوعًا تامًّا.

ولكن لا يعني ذلك أنه إذا اقتضى باعث من البواعث من حاجة لوارث أو خدمة قام بها أو شيء آخر فلا تصح وصية في حق وارث كهذا في هذه الصورة أيضًا. فإن المنفعة التي تخص الآية معرفتها بالله هي منفعة القرابة، ولا تتعلق بصلة ما إلى منافع وضرورات معلومة متعينة لنا عادة، فيمكن هذه الوصية بمثل هذه الملابسات. ولكن لا يتجاسر مسلم على تقديم وصيته بناءً على القرابة في مقابلة وصية الله سبحانه، وأريد بتعبيرمتكرر في هذه الآيات أي «من بعد وصية» وصية تكون في صالح آخرغير الوارث أو تكون في حق وارث لضرورة أو صلة لخدمة قام بها، فمراد الآية هي هي، ولكنها تنبئ أيضًا بطريق لطيف عن بناء حق

(1) سورة النساء، الآية: ١١.

الوراثة أنها القرابة النافعة، والفارق بين السهام أيضًا يرجع إلى فائدة المتعلقين للإرث أيهم أكثر إفادة للمتوفى وأيهم أقل نفعًا.

ويعلم كل شخص أن منفعة البنات تنتقل بزواجهن في أكثر الأوقات إلى أزواجهن فكما أن الزوجة تصاحب زوجها فكذلك زوجها مع الرفاقة يتحمل كافة مسؤوليات النفقة والسكنى لها أيضًا، وبهذا السبب قد جُعل سهم الأولاد وسهم الزوج ضعفين لسهم البنات والزوجة، وهذه المنفعة متواجدة بطبيعتها في العلاقات الأبوة والبنوة وعلاقة الزوج والزوجة وما إلى ذلك من العلاقات، فهم يُجعلون وارثًا بناءً على تلك القرابة في الحالات العامة دون تردد. ولكن إذا صارت علاقة منها باعثًا على إيذاء المؤرث بدلًا من كونها منفعة فيقتضي بيان العلة من الله تعالى أن تحرم من الإرث، وعليه فقد قال النبي ﷺ في مشركي جزيرة العرب ويهوديها ونصاراها: لا يرث المسلم الكافر ولا الكافر المسلم[1].

أي بعد إتمام الحجة والبرهان عليهم، عندما ظهر هؤلاء المنكرون كأعداء مبنين لله وللمسلمين، ونتيجة لذلك، انقطعت مصلحة القرابة بينهم وبين المسلمين إلى الأبد. لذلك، لا يمكنهم أن يرثوا من بعضهم البعض بعد الآن.

وبنفس الطريقة، فإن هذا التوجيه مستمد أيضًا من هذه الآية أنه إذا ترك جزء من التركة ولم يورثه الميت أحدًا، فإنه يجب أيضًا أن يُعطى إلى «أقرب نفعًا من ذوي القربى». وفي حديث البخاري أن رسول الله ﷺ قال:

ألحقوا الفرائض بأهلها، فما تركت الفرائض فلأولى رجل ذكر[2].

٤ - ﴿وَلَكُمْ نِصْفُ مَا تَرَكَ أَزْوَٰجُكُمْ إِن لَّمْ يَكُن لَّهُنَّ وَلَدٌ فَإِن كَانَ لَهُنَّ وَلَدٌ فَلَكُمُ ٱلرُّبُعُ مِمَّا تَرَكْنَ مِنۢ بَعْدِ وَصِيَّةٍ يُوصِينَ بِهَآ أَوْ دَيْنٍ وَلَهُنَّ ٱلرُّبُعُ مِمَّا تَرَكْتُمْ إِن لَّمْ يَكُن لَّكُمْ وَلَدٌ فَإِن كَانَ

---

(1) رواه البخاري رقم: ٦٧٦٤.

(2) رقم ٦٧٤٦.

لَكُمْ وَلَدٌ فَلَهُنَّ ٱلثُّمُنُ مِمَّا تَرَكْتُم مِّنۢ بَعْدِ وَصِيَّةٍ تُوصُونَ بِهَآ أَوْ دَيْنٍ ﴾[1].

وهذه هي حصص الزوجين وهي واضحة من جميع النواحي. ولا توجد صعوبة من حيث اللفظ والمعنى فيها. ومن أجل العطف على «ولأبويه» وتنفيذًا لوصية الميت وبعد سداد ديونه، فإن هذه الحصص تُخرج أيضًا من كامل التركة، مثل سهام الوالدين.

٥ ـ ﴿وَإِن كَانَ رَجُلٌ يُورَثُ كَلَٰلَةً أَوِ ٱمْرَأَةٌ وَلَهُۥٓ أَخٌ أَوْ أُخْتٌ فَلِكُلِّ وَٰحِدٍ مِّنْهُمَا ٱلسُّدُسُ فَإِن كَانُوٓاْ أَكْثَرَ مِن ذَٰلِكَ فَهُمْ شُرَكَآءُ فِي ٱلثُّلُثِ مِنۢ بَعْدِ وَصِيَّةٍ يُوصَىٰ بِهَآ أَوْ دَيْنٍ غَيْرَ مُضَآرٍّ وَصِيَّةً مِّنَ ٱللَّهِ وَٱللَّهُ عَلِيمٌ حَلِيمٌ﴾.

وبعد الأولاد والآباء والأزواج، يتم توجيهه الآن إلى أقارب آخرين و﴿كَلَٰلَةً﴾ هي الكلمة الأكثر أهمية في هذه الآية. ومن حيث أصله فهو مصدر بمعنى الكلال أي الضعف. ويقول الأعشى:

فـآلـيـت لا أرثـي لـهـا مـن كلالة

ويقول متمم بن نويرة

فكأنها بعد الكلالة والسرى     علج تغاليه قذور ملمع

وعند أئمة اللغة المعتبرين للكلالة ثلاثة معانٍ على سبيل المجاز:

من لم يبق له أب ولا ولد؛

الثاني: القرابة التي ليست من جهة الولد والوالد؛

ثالثًا: أقارب الشخص الذين ليس لهم صلة قرابة بالبنوة والأبوة.

ويقول الإمام الزمخشري في الكشاف:

«يطلق على ثلاثة: على من لم يخلف ولدًا ولا والدًا، وعلى من ليس بولد

---

(1)   سورة النساء، الآية: ١٢.

ولا والد من المخلفين، وعلى القرابة من غير جهة الولد والوالد. ومنه قولهم: ما ورث المجد عن كلالة كما تقول: ما صمت عن عيّ، وما كف عن جبن. والكلالة في الأصل مصدر بمعنى الكلال وهو ذهاب القوة من الإعياء. قال الأعشى:

فآليت لا أرثي لها من كلالة، فاستعيرت للقرابة من غير جهة الولد والوالد لأنها بالإضافة إلى قرابتهما كآلة ضعيفة، وإذا جعل صفة للموروث أو الوارث فبمعنى ذي كلالة كما تقول: فلان من قرابتي، تريد من ذوي قرابتي، ويجوز أن تكون صفة كالهجاجة والفقاقة للأحمق[1].

المعنى الأول: أي لمن ليس له ولد ولا أب، وإن كان استعماله موافقًا لأصول العربية، إلا أننا لم نجد له نظيرًا في كلام العربية.

والمعنى الثاني، أي للقرابة التي ليست من الولد والأب، ونظائر استعماله شائعة في كلام العربية.

يقول الطرماح:

يهـز سـلاحًـا لـم يـرثـه كـلالة      يشـك بـه منها غموض المغابـن

ويقول عامر الطفيل

ومـا سـودتـني عـامـر عـن كـلالة

وجاء في لسان العرب:

والعرب تقول: لم يرثه كلالة أي لم يرثه عن عرض، بل عن قرب[2] واستحقاق.

والمعنى الثالث، أي بالنسبة لأقارب الشخص الذين لا تربطه بهم أولاد وأب، واستعماله في هذا المعنى ثابت بأدلة قطعية.

(1) ١/٥١٤.

(2) ١١/ 592.

يقول الشاعر الحماسي يزيد بن الحاكم الثقفي وهو يعظ ابنه:

والـمـرء يـبـخـل بـالـحـقـو       ق وللكـلالـة مـا يسـيـم

كما ينقل الأزهري شعر الشاعر

فـإن أبـا الـمـرء أحـمـى لـه       ومـولـى الكـلالـة لايغضـب

وقال أعرابي

مالي كثير ويرثني كلالة متراخ نسبهم[1].

وروى الإمام مسلم عن جابر لفظه في رواية:

يا رسول الله، إنما يرثني كلالة[2].

وقد جاء هذا المعنى في روايات كثيرة فقد قال الإمام الجصاص في أحكام القرآن:

وروي عن أبي بكر الصديق، وعلي، وابن عباس في إحدى الروايتين أن الكلالة ما عدا الوالد والولد، وروى محمد بن سالم عن الشعبي عن ابن مسعود أنه قال: الكلالة ما خلا الوالد والولد، وعن زيد بن ثابت مثله[3].

وانظر الآن إلى الآية التي تحت النقاش، أما المعنى الأول، فمع أن الفقهاء أخذوا نفس المعنى هنا، لكن هناك حجة ودليل في الآية نفسها على أنه لا يمكن أخذ هذا المعنى هنا

فتدبر إن الله تعالى قد أوصى في سلسلة البيان التي تبتدئ من ﴿ يُوصِيكُمُ اللَّهُ فِي أَوْلَٰدِكُمْ ﴾ بعد بيان سهام الأولاد والوالدين أن يُعمل بالوصية وأمر به بتعبير ﴿ مِنۢ بَعْدِ وَصِيَّةٍ يُوصَىٰ بِهَآ أَوْ دَيْنٍ ﴾. وقد جاءت في حصص الزوجين للغرض نفسه ألفاظ ﴿ مِنۢ بَعْدِ وَصِيَّةٍ يُوصِينَ بِهَآ أَوْ دَيْنٍ ﴾ و﴿ مِنۢ بَعْدِ

(1) لسان العرب ١١/ ٥٩٢.

(2) رقم: ٤١٤٨.

(3) ٢/ ٨٧.

﴿وَصِيَّةٍ تُوصُونَ بِهَآ أَوۡ دَيۡنٍ﴾ فإذا تدبرت علمت أنه تم استعمال الفعل المعروف (المبني للفاعل) ومرجع الضميرفي كل من «يُوصي» و«يُوصين» و«توصون» مذكورصراحة في كل جملة.ولا يصرف النظر طالب للقرآن أن نفس اللفظ قد جاء مبنيًّا للمفعول (أي المجهول) فهذا التغير يقول بصراحة أنه لم يذكر فاعل «يوصي»أي المؤرث في ﴿وَإِن كَانَ رَجُلٌ يُورَثُ كَلَٰلَةً أَوِ ٱمۡرَأَةٌ﴾. ولهذا لا يمكن في هذه الآية وصف ﴿كَلَٰلَةً﴾ على أنها اسم صفة للميت، وهذا الاختلاف دليل قاطع على أن القرآن الكريم لم يستخدم هذه الكلمة هنا بالمعنى الأول، أي للشخص الذي لم يخلفه الأولاد ولا الأب.

وأما المعنيان الثاني والثالث، فبما أن معنى الآية يبقى كما هو إذا أريد أيهما، فالأولوية تكون فقط من حيث حسن التأليف.

ولذلك فإن «يورث» في الآية عندنا مفعول به مبني للمفعول من باب إفعال. و«الكلالة» يقع مفعولًا منه. و«كان» هنا ناقصة، و«رجل» و«أمرأة » اسمان لـ «كان» و«يورث» وقع خبرًا لها. ووفقًا لهذا التأليف ستكون ترجمته:

«وإن يُورث رجل أو امرأة على أساس نسبته الكلالة».

ومن الواضح أن سلطة التوريث ستعود إلى المتوفى، ومعنى «التوريث» في هذا السياق هو أنه يتم توريثه في حالة عدم وجود أولئك الورثة، للتركة التي تم وصف سهامها أعلاه.

﴿وَلَهُۥٓ أَخٌ أَوۡ أُخۡتٌ فَلِكُلِّ وَٰحِدٍ مِّنۡهُمَا ٱلسُّدُسُۚ فَإِن كَانُوٓاْ أَكۡثَرَ مِن ذَٰلِكَ فَهُمۡ شُرَكَآءُ فِي ٱلثُّلُثِۚ مِنۢ بَعۡدِ وَصِيَّةٍ يُوصَىٰ بِهَآ أَوۡ دَيۡنٍ﴾.

أي إذا وُرث رجل أو امرأة من أقارب ذوي القرابة، وكان لذاك الوارث أخ أو أخت، فسدس المال الذي ُورثه يُعطى لأخيه أو أخته، فإن كان له أكثر من أخ أو أخت يتساهمون جميعًا في الثلث بالتساوي. وبعد ذلك لا يُحتاج أن نقول إنه يعطى ما تبقى من ٥/٦ أو الثلثين للذكر أو الأنثى التي وُرثته فإذا قلنا: «إن زيدًا قد ورث ابنك هذا المال، ولكن إذا كان له أخ فله الثلث»، فمن البديهي أن يفهم

الجميع معنى هذه الجملة أنه بعد دفع الحصة للأخ سيتم إعطاء الروبية المتبقية للابن الذي أصبح وريثًا للمال.

إن تعليم القرآن الكريم هذا مبني على حكمة عظيمة. ويمكن للشخص المحتضر أن يجعل أخاه أو أخته أو عمه أو عمته أو عمه من ذويه الكلالة وارثًا له، لكن من الواضح أن الأخ أو الخال الذي يُورث، يمكن أن يكون للمحتضر غيره من الإخوة والأخوال. وهكذا الأمر بالنسبة للعم والعمة والخالة وغيرها، فقد يفضل الإنسان خالًا واحدًا أو عمة واحدة بسبب هواه الشخصي، ولكن الله تعالى لم يرض عن حرمان سائر الأقارب من نفس العلاقة تمامًا فارشد إلى أنه إذا جعل شخص مثلًا عمه زيدًا وارثًا لباقي التركة وله أعمام آخرون أيضًا: عثمان وأحمد، فإن جزء التركة الذي يُورثه زيد، بعد تقسيم ثلثه بين عثمان وأحمد يعطى الباقي لزيد.

﴿غَيْرَ مُضَآرٍّ وَصِيَّةً مِّنَ ٱللَّهِ وَٱللَّهُ عَلِيمٌ حَلِيمٌ﴾.

وفي نهاية الآية جاءت هذه الكلمات للتحذير من أن هذا التوريث لا ينبغي أن يكون سببًا في ضرر لصاحب الحق. وقد حدد الله تعالى أنصبة الورثة الأصليين منعًا للضرر في الوصية، ولكن بحسب آية الكلالة، بما أن المتوفى يمكنه أن يجعل أحد أقاربه وارثًا بهواه، فبعد أن بين الله هذا الحكم قال إنه لا يجوز إهدار حق أحد باستغلال هذا الحق. وهذه ليست نصيحة العامة بل هي وصاة من رب العالمين.

وإذا حرم عبده صاحبَ حق عن علم وشعور فليعلم أن الله خبير بكل عمله، وإذا قصر في ذلك بغير قصد، فإن خالقه غفور حليم، يغفر لذنوب عباده، رفيق لا يكلف نفسًا إلا وسعها. وفي وصاياه عليهم يسر، لا عسر ولا حرج.

٦ - ﴿يَسْتَفْتُونَكَ قُلِ ٱللَّهُ يُفْتِيكُمْ فِي ٱلْكَلَٰلَةِ إِنِ ٱمْرُؤٌا۟ هَلَكَ لَيْسَ لَهُۥ وَلَدٌ وَلَهُۥٓ أُخْتٌ فَلَهَا نِصْفُ مَا تَرَكَ وَهُوَ يَرِثُهَآ إِن لَّمْ يَكُن لَّهَا وَلَدٌ فَإِن كَانَتَا ٱثْنَتَيْنِ فَلَهُمَا﴾

534

﴿ٱلثُّلُثَانِ مِمَّا تَرَكَۚ وَإِن كَانُوٓاْ إِخۡوَةٗ رِّجَالٗا وَنِسَآءٗ فَلِلذَّكَرِ مِثۡلُ حَظِّ ٱلۡأُنثَيَيۡنِۗ يُبَيِّنُ ٱللَّهُ لَكُمۡ أَن تَضِلُّواْۗ وَٱللَّهُ بِكُلِّ شَيۡءٍ عَلِيمُۢ﴾[1].

وبموجب التأويل لِـ«إن كان رجل يُورث كلالة» الذي مر أعلاه فإن الأخ والأخت والعم والخال والعمة وغيرهم كلهم كلالة.وللمؤرث أن يجعل من شاء منهم وارثًا لتركته، وكان من الممكن أن يرجح أحدًا من أعمامه، وأخواله أو خالاته وعماته ويعطي له أولوية على إخوته وأخواته، الأمر الذي لا يليق،لأن الإخوة والأخوات هم أقرب قرابة من المؤرث بعد الأولاد، فيتقاضى العقل أن يرثوا أكبر جزء من الإرث. وقد سبق أن قلنا إنه في تواجد الأخ والأخت لكل من الوالدين السدس، وهذه الحصة نفسها لهما إن كان له ولد، فيثور سؤال هنا أنه هل للمتوفى في مثل هذه الحالة أيضًا أن يؤرث الإخوة والأخوات إن شاء أو أن يحرمهم إن شاء؟ وقد قلنا أعلاه في شرح الآيات إنه يترشح من أسلوب البيان أن الميت يرثه أخوه أو أخته إن كان ليس له ولد، ولكن دلالة الأسلوب هذه ـ مثل دلالة الألفاظ ـ لا تخلو من احتمالات أخرى حتى تقضي على كل نقاش عليها، لذا يمكن أن يثور هذا السؤال اليوم في الأخوة والأخوات إن لم يكن له ولد، وقد ثار ذلك في الزمن الرسالي كما روي عن جابر رضي الله عنه:

يقول: جاء رسول الله ﷺ وسلم يعودني، وأنا مريض لا أعقل فتوضأ وصب عليّ من وضوءهُ فعقلت، فقلت: يا رسول الله، لمن الميراث، إنما يرثني كلالة؟ فنزلت آية الفرائض[2]و[3].

ويتضح من لفظ هذا الحديث: «إنما يرثني كلالة فنزلت آية الفرائض» أن

---

(1) سورة النساء، الآية: ١٧٦.

(2) رواه مسلم برقم ٤١٤٨ وذلك يوضح أن آية الميراث هنا هي المقصودة من الآية الأخيرة من سورة النساء التي وصف فيها أنصبة الإخوة والأخوات. وكذلك حديث في البخاري برقم ٦٧٤٣ صريح في أنه لم يكن من ورثة جابر إلا الأخوات.

(3) رواه البخاري، رقم١٩.

السؤال كان عن ميراث أقارب الكلالة وخاصة الإخوة والأخوات، وهذه الآية الأخيرة من سورة النساء نزلت ردًّا على هذا الاستفتاء.

وأسلوب خاص للقرآن هو أنه يروي الأسئلة بإيجاز شديد. ولذلك فإن طبيعة السؤال ومناسبته ومحله وجوانبه تتضح عمومًا من الجواب الذي يقدمه القرآن بعده. وقد عرضت للناس إشكالات معقدة في فهم تأويل الآية: ﴿قُلِ ٱللَّهُ يُفۡتِيكُمۡ فِي ٱلۡكَلَٰلَةِ﴾ بسبب غض النظر عن هذا الأسلوب، على أنه إذا نُظر إلى السؤال من حيث الإجابة، اتضح قصد المتكلم دون أي غموض، فإن هناك أيضًا نفس الأسلوب الذي جاء في الآية: ﴿يُوصِيكُمُ ٱللَّهُ فِيٓ أَوۡلَٰدِكُمۡ﴾ فهناك الوصية كانت للأولاد ورثة المتوفى وهنا الفتوى لأقرباء المتوفى الكلالة.

والألف واللام على الكلالة يدل على أن السؤال يتعلق بأقارب معينين من الورثة الكلالة، والجواب يظهر أن هؤلاء الأقارب هم إخوة وأخوات المتوفى. وقد ورد في آيات المواريث جواز جعل أي أحد من ذوي القرابات الكلالة كالأعمام والأخوال والإخوة والأخوات والخالات والعمات وريثًا، وهنا ذكر العموم بعد الخاص، فمعنى الآية أذن يكون: قل الله يفتيكم في الإخوة والأخوات من ذوي القربى الكلالة. ونظير هذا الأسلوب ما في الآية سورة البقرة: يَسۡـَٔلُونَكَ عَنِ ٱلۡأَهِلَّةِ[1].

﴿إِنِ ٱمۡرُؤٌاْ هَلَكَ لَيۡسَ لَهُۥ وَلَدٌ﴾.

وهذا شرط في ميراث الإخوة والأخوات بنفس الطريقة، كما هو في الآية: فَإِنۡ لَمۡ يَكُنۡ لَّهُۥ وَلَدٌ وَّوَرِثَهُۥ أَبَوَاهُ». والمعنى هناك أنه إذا كان المتوفى ليس له أولاد وكان الوالدان هما الورثة، فإن نصيبهم يكون ذلك، وهنا المعنى أنه إذا لم يكن للمتوفى أولاد وإذا كان له إخوة وأخوات، فإن نصيبهم هكذا... ويتضح من هذا الشرط أن الإخوة والأخوات لا يرثون إلا في حالة عدم وجود الأولاد. وإذا كان هناك أولاد فلا نصيب ثابت لهم في ميراث المتوفى، إلا أن المتوفى يجعل

---

(1) البقرة: ١٨٩. وانظر: تدبر القرآن، أمين أحسن الإصلاحي ١/ ٤٧١.

أحدهم وارثًا لما تبقى من الميراث وفقًا للقاعدة العامة للكلالة في الآية ١٢ من سورة النساء.

وأنصبة الأخوة والأخوات المذكورة هنا لا تختلف عن سهام الأولاد. إن أسلوب ﴿وَإِن كَانُوٓا۟ إِخْوَةً رِّجَالًا وَنِسَآءً فَلِلذَّكَرِ مِثْلُ حَظِّ ٱلْأُنثَيَيْنِ﴾ دليل على أن هذه الأنصبة ستعطى أيضًا من بقية التركة بعد إعطاء نصيب الوالدين وأحد الزوجين. وقد بيّنا أسباب ذلك مع شرح سهام الأولاد. ولذلك فإن الجزء من الميراث الذي سيتم تقسيمه بين الإخوة والأخوات، إذا كان هناك أخوات للمتوفى فقط، فوفقًا لتوجيهات القرآن يدفع لهن أيضًا ثلثاه ونصفه.

وهذا الأمر، كما ذكرنا أعلاه، كان واضحًا أيضًا من الآيات ١١ ـ ١٢ أنه في حالة عدم وجود الأبناء، فإن الإخوة والأخوات هم خلفاؤهم، لكن هذه الآية التفسيرية من سورة النساء قد أوضحت ذلك وصرحت. فهناك كان من الممكن أن يقع الناس في الخطأ لعدم فهمهم لمعنى البيان الأسلوبي. وبعد هذا التوضيح القرآني لم يبق هذا الاحتمال. فقال: ﴿يُبَيِّنُ ٱللَّهُ لَكُمْ أَن تَضِلُّوا۟ۗ وَٱللَّهُ بِكُلِّ شَىْءٍ عَلِيمٌۢ﴾.

# الباب الخامس:

# التشر يع الدعوي

ومن مطالب الدين المهمة أن يستمر من يتبنى الحق في الدنيا، بعد تبنيه، في الدعوة والنصح للآخرين على الاستمرار. ويصطلح عليه مصطلح الدعوة والإرشاد والتبليغ عامة، وما زلنا نحن المسلمين واقفين دائمًا على أن نور الإيمان والعمل الصالح الذي أعطانا الله إياه، يحق لنا ألا نحرم الآخرين منه، وهذه هي المكانة لعملية الدعوة التي نظرًا إلى أهميتها من جانب كما أعطى الله تعالى شريعته للإنسان في السياسة والاقتصاد والعبادة وغيرها من الأمور فقد بيَّن الله تعالى شريعة مفصلة للدعوة أيضًا أيضًا في جانب آخر.

ومن خلال دراسة هذا القانون يتبين أن مسؤولية الدعوة قد فرضت فيه على المؤمنين في حالات مختلفة تمامًا حسب اختلاف أحوالهم. ولفهم المغزى يمكننا أن نوضح هذا القانون تحت العناوين التالية:

دعوة النبي

دعوة ذرية إبراهيم

دعوة العلماء

دعوة النظام الجماعي

دعوة الفرد

استراتيجية الدعوة

# دعوة النبي

﴿ يَٰٓأَيُّهَا ٱلنَّبِيُّ إِنَّآ أَرۡسَلۡنَٰكَ شَٰهِدٗا وَمُبَشِّرٗا وَنَذِيرٗا ۞ وَدَاعِيًا إِلَى ٱللَّهِ بِإِذۡنِهِۦ وَسِرَاجٗا مُّنِيرٗا ﴾[1].

وهذا هو منصب ورسالة النبيﷺ التي فصلها الله في هذه الآيات. ومهما جاء من رسل الله إلى الدنيا، فمعلوم من القرآن أنهم جاؤوا للدعوة إلى الله والتحذير والبشارة. كما أن الآية من البقرة: ﴿ كَانَ ٱلنَّاسُ أُمَّةٗ وَٰحِدَةٗ فَبَعَثَ ٱللَّهُ ٱلنَّبِيِّۧنَ مُبَشِّرِينَ وَمُنذِرِينَ ﴾[2] و[3] أيضًا تتحدث عن ذلك. وكان البعض من بين هؤلاء الأنبياء ممن قيضهم الله تعالى في منصب الرسول، فيقول القرآن إنهم تم تكليفهم أيضًا بإيصال هذا الإنذار إلى أممهم إلى حد الشهادة وإتمام الحجة. وذلك يعني في اصطلاح القرآن أن يظهر الحق للناس بحيث لا يكون لأحد أن يحيد عنه بعد ذلك فقال: ﴿ لِئَلَّا يَكُونَ لِلنَّاسِ عَلَى ٱللَّهِ حُجَّةُۢ بَعۡدَ ٱلرُّسُلِ ﴾[4] و[5]،

ويتم ذلك من خلال طريق أن الله تعالى سيختار هؤلاء الرُسل لإظهار حقه وكلمته، ثم يقيم على المخاطبين قبل يوم القيامة يوم القيامة الأصغر في هذه الدنيا. فيُنصح لهم أنهم إذا التزموا بعهدهم مع الله فلهم ثوابه، وإذا حادوا عنه سينالون عقابه في الدنيا. والنتيجة أن وجود الرُسل يصبح آية إلهية للشعب ويرون الله يمشي معهم على الأرض ويجري العدل.

ومع هذا يؤمرون أن يبشروا بالحق الذي رأوه بأعينهم، وأن يبلغوا الناس

---

(1) سورة الأحزاب، الآيتان: ٤٥ و٤٦.

(2) سورة البقرة، الآية: ٢١٣.

(3) هود ١١، ٧٤، ٧٤.

(4) سورة النساء، الآية: ١٦٥.

(5) الصافات ٣٧: ١٣٩، ١٤٨.

هدى الله تعالى على يقين مطلق، فهذه هي الشهادة. فإذا ثبتت صارت أساسًا للحكم الإلهي في الدنيا والآخرة. ولذلك فإن الله تعالى سيسلط على هؤلاء الرسل، وينزل عقوبته على من كذب بدعوتهم. وقد وردت في هذه الآيات من سورة الأحزاب كلمة «شهيد» لوصف مقام رسول الله ﷺ هذا. إن إنذارات الأنبياء ومبشراتهم لا تحتاج إلى أي تفسير، لكن حالة الرسل مختلفة. وبالإنذار والبشارة التي كلفوا بها بواجب الدعوة والشهادة.

وبما أن هناك مراحل معينة لدعوتهم، ونتائج معينة لتلك المراحل خاصة بهم، ولا تتعلق بأي شكل آخر من أشكال الدعوة. وسنصف هذه المراحل من دعوة الرسل بالتفصيل هنا.

# الإنذار:

وهذه هي المرحلة الأولى من هذه الدعوة. ومعنى «الإنذار» هو تحذير الناس من سوء عاقبة على أمر. ويُعلم من القرآن أن رسول الله ﷺ كان دائمًا يحذر قومه من عذابين: أحدهما يصيب كفارهم يوم القيامة، والآخر يصيب من عصى دعوة الأنبياء في الدنيا وينزل بهم. يخبرون قومهم أنهم أُرسلوا لإقامة قيامة صغرى على الأرض. وعندما تتحقق حجة الله عليهم بدعوتهم، سيتعين على قومهم أن يروا نتيجة عصيانهم في الدنيا، وسورة القمر من الباب السادس للقرآن خير مثال على هذا التحذير والإنذار:

وفيه إشارة إلى سنته في الرسل قد خاطب الله تعالى أهل قريش فقال في تهديد شديد:

﴿ أَكُفَّارُكُمْ خَيْرٌ مِّنْ أُوْلَٰئِكُمْ أَمْ لَكُم بَرَآءَةٌ فِى ٱلزُّبُرِ ﴾[1].

ويقطع نظم القرآن في ست سور في الباب الأخير من القرآن أي من الملك (٦٧) إلى الجن (٧٢) أنها نزلت في نفس المرحلة، فمن خلال دراسة هذه

---

[1] سورة القمر، الآية: ٤٣.

السور يستطيع كل دارس للقرآن أن يقدر اللهجة والأسلوب والطراز الاستدلالي الذي يعتمده رسل الله في هذه المرحلة، وقد لخص القرآن هذا الأسلوب مبينًا مثَل أصحاب الجنة في سورة القلم: ﴿كَذَٰلِكَ ٱلۡعَذَابُۖ وَلَعَذَابُ ٱلۡأٓخِرَةِ أَكۡبَرُۚ لَوۡ كَانُواْ يَعۡلَمُونَ﴾[1].

وبما أن هذا التحذير يجب أن يصل إلى نتيجة نهائية في هذا العالم، فهو موجه إلى الأشخاص الذين لهم تأثير في أمتهم بشكل أو بآخر، والذين يتبعهم عامة الناس علمًا وعملًا وسيرةً وأخلاقًا، والذين يؤدي مرضهم إلى مرض الآخرين وتبعث صحتهم على صحة الآخرين؛ والذين انفتاح قلوبهم وعقولهم هو وسيلة لقهر وانفتاح الجميع؛ أولئك الذين لديهم الوسائل والموارد المادية التي تمكنهم من زيادة قوة الحق؛ وأولئك الذين لديهم القدرة بتطورهم العقلي على القيام بالدعوة وتغييرها إلى طوفان من القوى الهائلة للمعرفة والعمل.

والقوم الذين لا يمكن لجماهيرهم الخروج من دائرة المعتقدات القديمة، ولا يستطيعون التخلص من شكوكهم، ولا يشعرون بالارتفاع العقلي المؤيد لأي دعوة، مما يشجعهم على الذهاب إلى الأرواح السعيدة مثل مجاهدي «بدر وحنين» ما لم ينظروا بأم أعينهم أن تبعثرت أسس حجج زعماء الكفر والشرك، واقتلعت جذور الفكر والفلسفة لهم، واهتزت أسس ناطحات السحاب للأخلاق والسياسة عندهم. حتى يقوموا متشجعين بالمجاهدين بكسر طلاسم قوة وعظمة هؤلاء، صناديد الظلم والجبر والكفر.

وفي بيان كيفية استقاء هذه الخاصية من إنذار الأنبياء من القرآن الكريم، يقول الأستاذ الإمام أمين أحسن الإصلاحي في كتابه «دعوة الدين ومنهجها»:

«لقد دعا إبراهيم عليه السلام أولًا عائلته، التي كانت متمكنة على السيادة الدينية للأمة. ثم دعا الملك الذي بيده زمام السلطة السياسية والذي كان يظن أنه صاحب قدرة على حياة الناس وموتهم، فقد أمر الله موسى عليه السلام أن يسأل فرعون

(1) سورة القلم، الآية: ٣٣.

أولًا وكان المسيح عليه السلام أول من دعا علماء اليهود، وكذلك دعوات نوح عليه السلام وهود عليه السلام وشعيب عليه السلام كلها مذكورة في القرآن الكريم. كان كل من هؤلاء الأنبياء أول من تحدى الحكام والمستكبرين في عصره وهاجم أفكارهم وضرب نظرياتهم.

وفي النهاية بعث رسول الله ﷺ وأمر بإنذار أقربائه الذين كانوا أرباب حكومة العرب الدينية والبطريركية وكهنة ورؤساء قبائل وكانوا يوجهون كل العرب أخلاقيًا وسياسيًا من خلال هذه السلطة الدينية. (٤٩).

يقول الله تعالى:

﴿وَكَذَٰلِكَ أَوْحَيْنَآ إِلَيْكَ قُرْءَانًا عَرَبِيًّا لِّتُنذِرَ أُمَّ ٱلْقُرَىٰ وَمَنْ حَوْلَهَا وَتُنذِرَ يَوْمَ ٱلْجَمْعِ لَا رَيْبَ فِيهِ ۚ فَرِيقٌ فِى ٱلْجَنَّةِ وَفَرِيقٌ فِى ٱلسَّعِيرِ﴾[1].

## الإنذار العام

هذه هي المرحلة الثانية. ولا فرق بين هذا وبين مرحلة الإنذار إلا أن الدعوة فيها تكون منفردة أو في بعض المجالس، ولكن في هذه المرحلة يؤمر النبي أن يدعو قومه علنًا، ويضع رسالته بكل ما أمكن له من وسائل وطرائق أمامهم، وهذه المرحلة صعبة للغاية في دعوة الأنبياء، وقد ذكر القرآن أنه عندما جاءت هذه المرحلة في دعوة رسول الله ﷺ فقد أمر بالقيام في الليل للاستعداد لها. ونزلت بهذه المناسبة سورة المزمل من القرآن. والتي أمره الله تعالى أن يقوم إلى صلاة الليل ليقرأ فيه القرآن ويرتله ترتيلًا ويذكر ربه بقلبه ويرطب لسانه بذكره تسبيحًا وتحميدًا ويتبتل إليه تبتيلًا في وحدة الليل وينقطع إليه وقال ذلك لأنا: ﴿إِنَّا سَنُلْقِى عَلَيْكَ قَوْلًا ثَقِيلًا﴾. وألقي عليه ذلك الثقل في السورة التي بعدها

(1) سورة الشورى، الآية: ٧.

فقال: ﴿يَٰٓأَيُّهَا ٱلْمُدَّثِّرُ * قُمْ فَأَنذِرْ * وَرَبَّكَ فَكَبِّرْ * وَثِيَابَكَ فَطَهِّرْ * وَٱلرُّجْزَ فَٱهْجُرْ * وَلَا تَمْنُن تَسْتَكْثِرُ * وَلِرَبِّكَ فَٱصْبِرْ﴾[1].

ويبقى تسلسل الدعوة على حاله في هذه المرحلة أيضًا، وشيوخ الأمة وأرباب الحل والعقد فيهم هم الذين يخاطبهم النبي أصالة، لكن شدة التحذير العلني أيضًا تبرز رد الفعل بكل قوة، والذي لم يظهر بعد في مرحلة التحذير ظهوره ذلك، وبما أن أول من آمن بالنبي ﷺ كان معظمهم من الشباب، فإن رد الفعل هذا ظهر أيضًا أولًا من أحبائهم وأصدقائهم وأقاربهم. ونزل زعماء الأمة إلى الميدان عندما رأوا أن دعوة النبي أصبحت فعالة في المجتمع، فماذا فعلوا من القمع والاضطهاد والموقف الذي أمر النبي ﷺ أن يتخذه في تلك المناسبة، تم وصفه في السور لتلك المراحل في أماكن مختلفة. ولك أن تقدر بعض ذلك من مقامين لسورة يونس فقال:

﴿وَإِذَا تُتْلَىٰ عَلَيْهِمْ ءَايَاتُنَا بَيِّنَٰتٍ قَالَ ٱلَّذِينَ لَا يَرْجُونَ لِقَآءَنَا ٱئْتِ بِقُرْءَانٍ غَيْرِ هَٰذَآ أَوْ بَدِّلْهُ قُلْ مَا يَكُونُ لِيٓ أَنْ أُبَدِّلَهُ مِن تِلْقَآئِ نَفْسِيٓ إِنْ أَتَّبِعُ إِلَّا مَا يُوحَىٰٓ إِلَيَّ إِنِّيٓ أَخَافُ إِنْ عَصَيْتُ رَبِّي عَذَابَ يَوْمٍ عَظِيمٍ﴾[2].

وقال أيضًا:

﴿قُلْ يَٰٓأَيُّهَا ٱلنَّاسُ إِن كُنتُمْ فِي شَكٍّ مِّن دِينِي فَلَآ أَعْبُدُ ٱلَّذِينَ تَعْبُدُونَ مِن دُونِ ٱللَّهِ وَلَٰكِنْ أَعْبُدُ ٱللَّهَ ٱلَّذِي يَتَوَفَّىٰكُمْ وَأُمِرْتُ أَنْ أَكُونَ مِنَ ٱلْمُؤْمِنِينَ * وَأَنْ أَقِمْ وَجْهَكَ لِلدِّينِ حَنِيفًا وَلَا تَكُونَنَّ مِنَ ٱلْمُشْرِكِينَ﴾[3].

هذه هي النقطة التي بعد الوصول إلى هذه المرحلة، يأتي الوقت الذي يُمنع فيه النبي من أن يكون جشعًا جدًا لهداية هؤلاء المتكبرين ويأمر بالتركيز على تربية وإصلاح أصحابه. وجاء ذلك في القرآن:

---

(1)   سورة المدثر، الآيات: ١ ـ ٧.

(2)   سورة يونس، الآية: ١٥.

(3)   سورة يونس، الآيتان: ١٠٤ و١٠٥.

﴿ فَتَوَلَّ عَنْهُمْ فَمَا أَنتَ بِمَلُومٍ * وَذَكِّرْ فَإِنَّ ٱلذِّكْرَىٰ تَنفَعُ ٱلْمُؤْمِنِينَ ﴾(1) وقال:

﴿ عَبَسَ وَتَوَلَّىٰ * أَن جَآءَهُ ٱلْأَعْمَىٰ * وَمَا يُدْرِيكَ لَعَلَّهُ يَزَّكَّىٰ * أَوْ يَذَّكَّرُ فَتَنفَعَهُ ٱلذِّكْرَىٰ * أَمَّا مَنِ ٱسْتَغْنَىٰ * فَأَنتَ لَهُ تَصَدَّىٰ * وَمَا عَلَيْكَ أَلَّا يَزَّكَّىٰ * وَأَمَّا مَن جَآءَكَ يَسْعَىٰ * وَهُوَ يَخْشَىٰ * فَأَنتَ عَنْهُ تَلَهَّىٰ * كَلَّا إِنَّهَا تَذْكِرَةٌ * فَمَن شَآءَ ذَكَرَهُ * فِى صُحُفٍ مُّكَرَّمَةٍ * مَّرْفُوعَةٍ مُّطَهَّرَةٍ * بِأَيْدِى سَفَرَةٍ * كِرَامٍ بَرَرَةٍ ﴾(2).

# إتمام الحجة

وهذه هي المرحلة الثالثة، وفي الوصول إلى ذلك تتضح الحقائق وضحًا بحيث لا يبقى للمخاطبين عذر يعذرونه، وهو الذي يُطلق عليه في الاصطلاح إتمام الحجة، أي يجب أن ينكشف ما يدعو إليه الداعي ويبرهن بحيث لا يقنع الإنسان بإنكاره إلا التمادي والعناد والمكابرة. وظاهر أن كل شيء فيه يؤثر من شخصية النبي وصفاته وعلمه وأفعاله مع الدينونة الألوهية، حتى يصير الأمر مشرقًا كالشمس تشرق في السماء. لذلك، في هذه المناسبة، يوضح النبي مصير مخاطبيه إلى حد كبير، ويتخذ لهجة الإنذار الأخير في الدعوة.

وفي سورة الفيل وسورة قريش من القرآن الكريم، اللتين نزلتا في نهاية هذه المرحلة من استكمال إثبات دعوة النبي ﷺ، فإن هذين الأمرين بارزان جدًا. قال الله تعالى:

﴿ أَلَمْ تَرَ كَيْفَ فَعَلَ رَبُّكَ بِأَصْحَٰبِ ٱلْفِيلِ * أَلَمْ يَجْعَلْ كَيْدَهُمْ فِى تَضْلِيلٍ * وَأَرْسَلَ عَلَيْهِمْ طَيْرًا أَبَابِيلَ * تَرْمِيهِم بِحِجَارَةٍ مِّن سِجِّيلٍ * فَجَعَلَهُمْ كَعَصْفٍ مَّأْكُولٍ ﴾(3). وقال:

---

(1) سورة الذاريات، الآيتان: ٥٤ و٥٥.

(2) سورة عبس، الآيات: ١ ـ ١٦.

(3) سورة الفيل، الآيات: ١ ـ ٥.

﴿لِإِيلَـٰفِ قُرَيْشٍ * إِۦلَـٰفِهِمْ رِحْلَةَ ٱلشِّتَآءِ وَٱلصَّيْفِ * فَلْيَعْبُدُواْ رَبَّ هَـٰذَا ٱلْبَيْتِ * ٱلَّذِىٓ أَطْعَمَهُم مِّن جُوعٍ وَءَامَنَهُم مِّنْ خَوْفٍۭ﴾[1].

فالسورة الأولى، إذا تأملتها رأيت، أنها تحذر قريشًا من أن الرب القاهر الذي سحق أعداءه أمامكم بهذه الطريقة، فإن قمتم لتعادوه فلن تختلف نهايتكم عنهم. والسورة الثانية تنبههم إلى أن البيت الذي في حوزتهم وتحت أمرهم فإن صاحبه هو الذي رزقهم، ورزقهم السلام، فعليهم على الأقل أن يعترفوا بهذا الحق أن يظلوا عبادًا له في الدنيا.

وهذا هو أسلوب النبي في هذه المرحلة من الدعوة.

## الهجرة والبراءة

وهذه هي المرحلة الرابعة، عندما يؤدي رسول الله حق الدعوة في آخر مرحلة وتنتهي الأدلة، فتأتي هذه المرحلة، وفيها يعلن لهم لائحة الاتهام ويبلغ إلى زعماء القوم كاملًا ويُخبرون أيضًا أن الحد الأقصى لعمرهم قد وصل، فالآن ستقطع جذورهم من هذه الأرض. إلى جانب هذا، يُبشر النبي أيضًا بأن الوقت قد حان لظهور عون الله ونصره، وسينجو النبي هو وأصحابه الآن، وسيُستخلفون في أرض الله حيث كانوا ضعفاء وعاجزين حتى الآن. فقال تعالى:

﴿وَقَالَ ٱلَّذِينَ كَفَرُواْ لِرُسُلِهِمْ لَنُخْرِجَنَّكُم مِّنْ أَرْضِنَآ أَوْ لَتَعُودُنَّ فِى مِلَّتِنَا فَأَوْحَىٰٓ إِلَيْهِمْ رَبُّهُمْ لَنُهْلِكَنَّ ٱلظَّـٰلِمِينَ * وَلَنُسْكِنَنَّكُمُ ٱلْأَرْضَ مِنۢ بَعْدِهِمْ ذَٰلِكَ لِمَنْ خَافَ مَقَامِى وَخَافَ وَعِيدِ﴾[2].

ويوضح القرآن أن هذا المشهد من مشاهد عون الله ونصرته يمكن أن يقع ويحدث أمام عيني النبي ويمكن أن يتأخر إلى ما بعد مغادرته هذا العالم. ولذلك قال عن رسول الله ﷺ:

---

(1) سورة قريش، الآيات: ١ ــ ٤.

(2) سورة إبراهيم، الآيتان: ١٣ ــ ١٤.

﴿فَإِمَّا نَذْهَبَنَّ بِكَ فَإِنَّا مِنْهُم مُّنتَقِمُونَ * أَوْ نُرِيَنَّكَ ٱلَّذِى وَعَدْنَٰهُمْ فَإِنَّا عَلَيْهِم مُّقْتَدِرُونَ﴾(1).

وعلى هذا الموقع يعلن فيها النبي تكفير أمته واشمئزازه من عقيدتها وديانتها. وطريقة حدوث ذلك كله في دعوة النبي ﷺ واضحة من مواضع تالية من القرآن:

﴿قُلْ يَٰٓأَيُّهَا ٱلْكَٰفِرُونَ * لَآ أَعْبُدُ مَا تَعْبُدُونَ * وَلَآ أَنتُمْ عَٰبِدُونَ مَآ أَعْبُدُ * وَلَآ أَنَا۠ عَابِدٌ مَّا عَبَدتُّمْ * وَلَآ أَنتُمْ عَٰبِدُونَ مَآ أَعْبُدُ * لَكُمْ دِينُكُمْ وَلِىَ دِينِ﴾(2). وقال في موضع آخر:

﴿وَإِن كَادُواْ لَيَسْتَفِزُّونَكَ مِنَ ٱلْأَرْضِ لِيُخْرِجُوكَ مِنْهَا وَإِذًا لَّا يَلْبَثُونَ خِلَٰفَكَ إِلَّا قَلِيلًا * سُنَّةَ مَن قَدْ أَرْسَلْنَا قَبْلَكَ مِن رُّسُلِنَا وَلَا تَجِدُ لِسُنَّتِنَا تَحْوِيلًا * أَقِمِ ٱلصَّلَوٰةَ لِدُلُوكِ ٱلشَّمْسِ إِلَىٰ غَسَقِ ٱلَّيْلِ وَقُرْءَانَ ٱلْفَجْرِ إِنَّ قُرْءَانَ ٱلْفَجْرِ كَانَ مَشْهُودًا * وَمِنَ ٱلَّيْلِ فَتَهَجَّدْ بِهِۦ نَافِلَةً لَّكَ عَسَىٰٓ أَن يَبْعَثَكَ رَبُّكَ مَقَامًا مَّحْمُودًا * وَقُل رَّبِّ أَدْخِلْنِى مُدْخَلَ صِدْقٍ وَأَخْرِجْنِى مُخْرَجَ صِدْقٍ وَٱجْعَل لِّى مِن لَّدُنكَ سُلْطَٰنًا نَّصِيرًا * وَقُلْ جَآءَ ٱلْحَقُّ وَزَهَقَ ٱلْبَٰطِلُ إِنَّ ٱلْبَٰطِلَ كَانَ زَهُوقًا﴾(3). وقال في موضع:

﴿إِنَّآ أَعْطَيْنَٰكَ ٱلْكَوْثَرَ * فَصَلِّ لِرَبِّكَ وَٱنْحَرْ * إِنَّ شَانِئَكَ هُوَ ٱلْأَبْتَرُ﴾(4). وقال:

﴿إِذَا جَآءَ نَصْرُ ٱللَّهِ وَٱلْفَتْحُ * وَرَأَيْتَ ٱلنَّاسَ يَدْخُلُونَ فِى دِينِ ٱللَّهِ أَفْوَاجًا * فَسَبِّحْ بِحَمْدِ رَبِّكَ وَٱسْتَغْفِرْهُ إِنَّهُۥ كَانَ تَوَّابًۢا﴾(5).

وبعد ذلك إذا كان هناك قرار بالهجرة يؤمر النبي له ومعلوم من القرآن أن

---

(1) سورة الزخرف، الآيتان: ٤١ و٤٢.

(2) سورة الكافرون، الآيات: ١ ــ ٦.

(3) سورة الإسراء، الآيات: ٧٦ ــ ٨١.

(4) سورة الكوثر، الآيات: ١ ــ ٣.

(5) سورة النصر، الآيات: ١ ــ ٣.

هذا الأمر يجيء من الله تعالى، ولا يمكن لنبي أن يقضي ذلك باجتهاده. والسبب في ذلك هو أنه لا يمكن للإنسان أن يفصل بعقله وتقديره أن حجته قد تحققت، وأنه لا يمكن توقع رد إيجابي من الأمة على دعوة الحق الآن، فلما جاءت ملائكة الله إلى نبي جليل القدر كإبراهيم بهذا القرار في قوم لوط، فاعتبره قبل الوقت وجادل الله فيه[1] وقد قضى يونس عليه السلام برأيه في ذلك فوبخه الله بشدة[2]. وثبت من إيمان قومه بعد مرجعه إليهم أن الهداية والتوفيق كله إنما هو في علم الله وبيد الله، وقد ضرب القرآن الكريم مثال قوم يونس ويوضح أنه يجب على رسل الله الثبات على هذا الأمر وأن ينتظر قرار الله وقضاءه فيه. ولا يستطيع أن يترك أمته وهو يظن أن واجب الدعوة قد تم الوفاء به إلى حد كاف. بل لا بد له من أن يكون مشتغلًا في المسؤولية التي كلف بها، حتى يقضي ربه بأن الحجة قد تمت، وانقضيت مهلة الناس، والآن يمكن للنبي أن يتركهم.

## العقاب والجزاء

هذه هي الخطوة الأخيرة. وبهذا يقوم حكم السماء على الأرض، وتظهر دينونة الله وتقوم القيامة الصغيرة لقوم النبي. ويبين تاريخ إنذارات الأنبياء الذي جاء في القرآن أنه في هذه المناسبة تحدث حالتان في عامة الأحوال: إحداهما أن أصحاب النبي يكونون قليلًا جدًّا أيضًا، ولم توفر له دار للهجرة. والثانية: أن يخرج مع عدد لا بأس به من أصحابه، وقبل أن يخرج يوفقه الله تعالى للعيش في أرض مع الحرية والرخاء. وفي كلتا الحالتين لا بد من تحقيق سنة الله في الرسل التي وصفها القرآن بما يلي:

﴿وَلِكُلِّ أُمَّةٍ رَّسُولٌ فَإِذَا جَآءَ رَسُولُهُمْ قُضِيَ بَيْنَهُم بِٱلْقِسْطِ وَهُمْ لَا يُظْلَمُونَ﴾[3].

---

(1) هود: ٧٤ ــ ٧٦.

(2) الصافات: ١٣٩ ــ ١٤٨.

(3) سورة يونس، الآية: ٤٧.

ففي الحالة الأولى، بعد خروج النبي من قومه، عادة في صورة وفاته أو في شكل هجرته، يصدر هذا القرار بحيث تنزل جيوش السماء، وتقوم عاصفة الساف والحاصب، وتنزل جيوش السماء. وجنود الهواء والسحب تهاجم الأمة بحيث لا يبقى في الأرض أحد من مخالفي الرسول، ولكن هذا يكون فقط بالنسبة لأولئك الذين يستخدم القرآن في حقهم كلمة «المشركين». وأما الذين ارتبطوا أصلًا بالتوحيد فليسوا يعاملون بهذا، بل القاعدة فيهم أنه بدل استئصالهم يفرض عليهم عقوبة الذل والقهر. فكان ذلك مع بني إسرائيل وعلى عكس منهم قد أُبيد قوم نوح وقوم هود وقوم صالح وقوم لوط وقوم شعيب وما إلى ذلك من الأقوام والأمم البائدة.

وبالنسبة للحالة الأخرى فإن القانون نفسه يطبق عليها أيضًا، ولكن في هذه الحالة يتم تنفيذ قرار العقوبة هذا من خلال سيوف الرسول وأصحابه، ومن الواضح أن القوم يحصل على بعض المهلة في هذه الفترة كما أن الرسول يستكمل الحجة على مخاطبي دار الهجرة، بعد تربية وتطهير وتزكية المؤمنين به، وينظمهم أيضًا لمعركة الحق والباطل هذه، ويعزز أيضًا سلطته في دار الهجرة إلى درجة أنه يستطيع أن يخوض معركة استئصال الكفار وإعلاء كلمة الحق وأهله، وتكون نتيجة هذه العملية برمتها أن يتميَّز مخالفوا الرسول ومؤيدوه تمامًا ويتقدمون إلى الأمام على هذا النحو أن يمكن الاطلاع على كل مجموعة على حدة بكل خصائصها قبل اتخاذ القرار عنها وفقًا للسنة الإلهية.

ومعلوم من القرآن أنه يكونون بين الفريقين من الناس عمومًا ثلاثة أصناف فقط: ففي المخالفين المعارضين يكون هناك المعاندون المتربصون والمغفلون، وفي الموافقين الأنصار، السابقون الأولون، والتابعون الأخيار، والضعفاء المنافقون.

ويشير مصطلح «المعاندون» إلى الأشخاص الذين، بمجرد أن تصبح الدعوة فعالة، يعارضونها علنًا وبكل شدة. والدافع وراء هذه المعارضة هو

الجهل والحسد والغطرسة والمصلحة الذاتية أيضًا. وهذه الدوافع الثلاثة متشابهة في طبيعة التعارض، ولكنها مختلفة تمامًا من حيث حقيقتها.

الدافع الأول عادة ما يؤدي إلى الصراع مع أولئك الذين يكرسون أنفسهم تمامًا لجاهلية عصرهم والخدم الحقيقيين لنظامها، فيتقدمون إلى مقابلة دعوة الرسول ورسالته معتبرين ذلك تحديًا لهم في خلفية روايات وتقاليد الآباء، حيث إنَّ معارضتهم تكون مبنية على الكبرياء الوطني، فلا يوجد فيها رزالة ودناءة ولذلك، إذا كانوا معارضين، فكانوا بكل حماسة قومية مثل أبي جهل وإذا آمنوا، فأمنوا بكل قلوبهم وأرواحهم مثل عمر وحمزة ﵃.

أما الدافع الثاني فهو عادة ما يثير عداوة هؤلاء الأشخاص الذين هم أصحاب الدولة الدينية أو الدنيوية من جيل إلى جيل في النظام الديني أو الدنيوي، وبسبب تعودهم السيادة والرئاسة لا يمكن لهم أن يقبلوا رسولًا قائدًا لهم وإمامًا ويريدون أيضًا أن الحق يظل لهم متبعًا، وكان هؤلاء على عهد رسول الله ﷺ هم الذين يقولون: وقالوا لولا نزل هذا القرآن على رجل من القريتين عظيم (1).

كما عارض اليهود الرسول الكريم بنفس الدافع (2). وفي زمن المسيح ﵊ حُرم زعماء بني إسرائيل والفقهاء والفريسيون من نعمة الإيمان بسبب ذلك، وكان قول المسيح صدق عليهم تمامًا. إن مرور الجمل من ثقب الإبرة أسهل للأغنياء من أن يدخلوا في ملكوت الله (3). [٩] ففي البداية، الناس كهؤلاء يحتقرون النبي ودعوته، وينظرون إليه نظرًا شزرًا تمامًا، ولكن عندما يرون نفوذه يتزايد بين الناس، يحترقون بنار الحسد وجاؤوا بكل ما يقوم به الحاقدون ضد خصومهم في هذا العالم.

---

(1) الزخرف: ٣١.

(2) البقرة: ١٠٩.

(3) متى: ٢٤.

أما الدافع الثالث فهو يثير عادة على المعارضة أولئك الذين لا يرغبون أبدًا في النظر إلى ما وراء مصالحهم الذاتية. إنهم أسيرون لأنفسهم في كل أمر، ويبحثون عن الامتياز في كل خطوة، وقد اعتادوا على تحديد وفصل الصواب والخطأ في كل شيء فيما يتعلق بأنفسهم. ولذلك فإنهم بسبب وضاعتهم الأخلاقية ودناءتهم لا يستطيعون إلا أن يركزوا على مصالحهم الخاصة، فلا يمكن لهم أن يقبلوا دعوة النبي ويتجاوزوا عقباته. وموقف أبي لهب من دعوة النبي ﷺ مثال على ذلك.

و«المتربصون» يشير إلى أولئك الذين يتوضح عليهم كون دعوة النبي حقًّا إلى حد ما، ولكن بدلًا من قبول الحق على أساس مجرد الحق، ينتظرون لمعرفة مستقبل هذه الدعوة، لذلك لا يظهرون الكثير من النشاط في معارضة النبي ومخالفته، ولكنهم مع ذلك دائمًا يدعمون المعارضين ويشاركونهم ويبذلون جهودهم ليلًا ونهارًا في خلق نوع من التوفيق بين الحق والباطل، لكي لا يكلفوا أنفسهم عناء اتخاذ أي قرار حسم في هذا الشأن.

وفي أوقات الفتنة والصراع، يمكنهم أن يقولوا كلمة طيبة في حق النبي وصالحه، وأحيانًا يمكن أن يظهروا إعجابهم به، ويمكنهم أن يتمنوا نجاحه في قلوبهم، وأحيانًا يمكن أن يجترئوا على دعمه ماديًّا أو معنويًّا لكن في الوقت ذاته، لا يمكن لهم قبول الدعوة النبوية والاستعداد لتحمل العبء من أجلها.

ويشير مصطلح «المغفلون» إلى عامة الناس الذين يخضعون عقليًّا واقتصاديًّا لنظام عصرهم ويتبعون في كل الأمور الزعماء الدينيين والقادة السياسيين في عصرهم. لذلك، حتى في حالة دعوة النبي، فإنهم يتبعون إشارات قادتهم وينتظرون أي إجراء منهم. وعادة ما يكون سلوكهم في المرحلة الأولى بإزاء الدعوة النبوية هو نفسه، ولكن بعد ذلك، عندما قام قادتهم على الساق ودخلوا الميدان معارضين للنبي، ظهر الفرق الذي بين قادتهم وبين النبي من حيث العلم والعقل والشخصية والأخلاق يبدأ في الظهور بشكل مثالي.

وفي ذلك الوقت، يشككون في قادتهم وينفصلون عنهم ويتوجهون إلى

النبي، وهذا التغيير في داخلهم يدفع بعض الجسورين وأصحاب السيرة العالية إلى التحرك، ونتيجة لذلك، أخذوا يرتبطون بالنبي واحدًا تلو الآخر.

إن مصطلح «السابقون الأولون» يستخدم في القرآن الكريم لأولئك الذين يتمسكون بمجرد سماع دعوة الحق بها، ويكونون على استعداد للتضحية بكل شيء من أجلها، بغض النظر عن كل العواقب. وهم الذين طبيعتهم صالحة، وعقلهم مستيقظ، وقلبهم حي، وعينهم ترى وتسمع، وعقلهم مستعد تمامًا لفهم وقبول كل شيء صحيح، فهم يرون الأشياء بنور العقل والطبيعة، وعندما يكونون راضين مطمئنين عن صحتها، يعترفونها متحررين من كل أنواع المشاعر والتعصبات ولا يخافون من كل المخاطر.

فهم يبرزون مثل الزهرة الدائمة الخضرة في أمتهم وكأمثال جبال هملايا وألواند الرواسية في أرضهم من حيث الخلق والشخصية. ليست الدعوة شيئًا غريبًا عنهم، بل هي صوت قلبهم، وصوت ضميرهم، وأغنية روحهم، وهم فقط ينتظرون من يقوم من رائد فيساندونهم ويكونون حاضرين في خدمته بكل القلوب والأرواح، ولذلك فإنهم عندما يرفع النبي صوت دعوته لا يعتذرون، ولا ينظرون إلى نسبه وحسبه، ولا يحللون ماضيه وحاضره.

إنهم لا يتحاملون على شخصيته، ولا يطلبون منه معجزات، ولا يثيرون حججًا ومباحث لا طائل من ورائها، بل يقولون على الفور: أعلم أن هذه الرسالة وهذه الدعوة في قلبنا أيضًا ـ فيستجيبون لدعوته ويقفون جنبًا إلى جنب معه بعزم صميم وثبات قلب بأنهم لن يتراجعوا أبدًا:

**ولـو قطعوا رأسي لـديـك وأوصـالـي**

أما «المتبعون بالإحسان» فهم الذين يتوجهون إلى الحق بعد خطوات وأعمال السابقين الأولين للدعوة. إنهم ليسوا من الدرجة الأولى من حيث العقلانية والأخلاق، لكنهم الأفضل في الصف الثاني بالتأكيد. فإنهم إذا لم يتقدموا بأنفسهم مثل السابقين الأولين فلا يمكن لهم أن يتخلفوا عن دعوة الحق الرشيد بعد أن رأوا شجاعة السابقين لهم وطموحهم، وتفوقهم في سبيل الحق

وثباتهم في عقبات هذا الطريق، وربما لا تؤثر عليهم القوة العقلية والمنطقية لدعوة الحق بالطبع كثيرًا، ولكن شوق وطموح أصحاب العزيمة وشجاعتهم ينتصر عليهم بالتأكيد عاجلًا أم آجلًا.

ومع ذلك، يكون على النبي أن يجاهد في قضيتهم جهادًا. لذلك، إذا زالت الشكوك التي تطرأ في قلوبهم عن الحق، وتلك التي ربما قد نشأت من قِبَل الآخرين، وظهرت أمامهم بعض نماذج العزم والشجاعة، فإن طبيعتهم ستتغير. وبعد ذلك، إن شاء الله، يصبحون أصحاب النبي ويؤيدونه في كل فتنة بكل إخلاص وشجاعة.

«الضعفاء والمنافقون: المشابهة فيهما ظاهرية فقط وإلا فهم أشخاص مختلفون تمامًا من حيث نواياهم وإراداتهم. ولذلك، وبنفس الطريقة ينبغي فهم سماتها وخصائصها بشكل منفصل.

«فالضعفاء» هنا تعني أولئك الذين يقبلون دعوة النبي في مرحلة أو أخرى، وأحيانًا في البداية، ويكون في نيتهم تلبية متطلباته في حياتهم، ولكن بسبب ضعف قوة الإرادة يسقطون ويقومون مرارًا وتكرارًا. لكن ميزتهم أنهم في كل مرة يسقطون ويصححون أخطاءهم بالتوبة والاستغفار ويواصلون رحلتهم على الطريق الصحيح على كل حال.

و«المنافقون» على العكس من ذلك هم الأشخاص الذين يأتون مع النبي أحيانًا بسبب انطباع مؤقت وأحيانًا بقصد الإضرار بالنبي ورسالته بكل شعور منهم. ففي الحالة الأولى، يظلون دائمًا على صورة ﴿مُّذَبۡذَبِينَ بَيۡنَ ذَٰلِكَ لَآ إِلَىٰ هَٰٓؤُلَآءِ وَلَآ إِلَىٰ هَٰٓؤُلَآءِ﴾[1]، وفي الحالة الثانية، فإن مكانتهم هي مكانة عميل العدو في صفوف المؤمنين. لذا فإن دورهم هو ما يمكن توقعه من مثل هذا الوكيل[2].

---

(1) سورة النساء، الآية: ١٤٣.

(2) خصائص النبي ﷺ هذه مستقاة من كتاب الأستاذ الإمام أمين أحسن الإصلاحي دعوة الدين ومنهجها.

وعندما يتم التمييز التام بين هذين الجانبين من المؤيدين والمعارضين من مخاطبي النبي، ويكون النبي أيضًا مستعدًا للحرب برفقة أصحابه، عندها تصدر محكمة الله قرارها. وتفصيل كيفية صدور هذا القرار في دعوة النبي ﷺ كالتالي:

١. قُتل جميع المعاندين من قيادات قريش في يوم بدر، إلا أبو لهب الذي حاول الهروب من هذه العقوبة ولم ينضم إلى المعركة. وقد أعلن عنه القرآن أنه لا بد أن يهلك هو وأعوانه وأنصاره[1]. فبعد سبعة أيام من هزيمة قريش في بدر، تحققت هذه النبوءة حرفًا حرفًا ومات سيد بني هاشم هذا بمرض العدسة، بحيث لم يتمكن أحد من المجيء إليه لمدة ثلاثة أيام حتى بعد وفاته. حتى أن تعفن جسده وبدأت الرائحة الكريهة تنتشر منه. وأخيرًا، وفي آخر الأمر تم وضع جسده مع حائط وتمت تغطيته بالحجارة.

٢. وبعد تطهير وتزكية المسلمين في أحد والأحزاب، تم إنذار جميع المتربصين والمغفلين من مشركي العرب بأن لهم الآن مهلة أربعة أشهر فقط. وبعد ذلك سيقع عليهم عقوبة العار والخزي الذي لن يجدوا منه مخرجًا في هذه الدنيا[2].

٣. وقد أُعلن في السنة التاسعة للهجرة، بمناسبة الحج الأكبر، أن المسلمين بعد انتهاء الشهر الحرام سيقتلون هؤلاء المشركين حيث وجدوهم، إلا أن يؤمنوا ويقيموا الصلاة ويؤتوا الزكاة. ولا يستثنى من ذلك إلا أولئك الذين قد عهد معهم النبي مسبقًا. وفيما يتعلق بهذه الاتفاقيات، فقد صدر توجيه بضرورة الوفاء بها طوال مدتها. والمعنى الواضح لذلك هو أنه بعد انقضاء هذه المدة ستصل هذه المواثيق أيضًا إلى نفس النهاية التي قُدرت للمشركين[3].

---

(١)  اللهب ١ ــ ٣.
(٢)  التوبة ١ ــ ٢.
(٣)  التوبة ٣ ــ ٥.

٤. كما قُتل المعاندين والأعداء من أهل الكتاب بنفس الطريقة. وبعد ذلك جاء الأمر في جميع طوائفهم أن يعيشوا الآن تابعين للمسلمين وصاغرين بإعطائهم الجزية ويكونوا محكومين لهم. وقد أخبروا أنهم إذا لم يقبلوا قرار الله تعالى هذا فسوف تعمل فيهم سيوف النبي وأصحابه وتقتلهم وتدخلهم النار[1].

٥. وتم تحذير المنافقين أنه سيكون من الأفضل لهم إذا تابوا، وإلا فإنهم أيضًا سيعانون قريبًا من نفس المصير الذي سوف يلقونه الكفار[2].

٦. وقد عفي وغفر للمخطئين من بين المؤمنين بعد أن ذاقوا بعض العقوبة[3]، وبشر ضعفاء المسلمين بأنهم إذا استمروا في موقف التوبة والإصلاح، فمن المتوقع أن يغفر الله تعالى لهم أيضًا[4].

٧. وقد أوكلت ولاية بلاد العرب وولاية الحرم إلى المسلمين بقيادة السابقين الأولين، وبذلك تحقق وعد الله الذي جاء لهم في سورة النور:

﴿ وَعَدَ ٱللَّهُ ٱلَّذِينَ ءَامَنُوا۟ مِنكُمْ وَعَمِلُوا۟ ٱلصَّٰلِحَٰتِ لَيَسْتَخْلِفَنَّهُمْ فِى ٱلْأَرْضِ كَمَا ٱسْتَخْلَفَ ٱلَّذِينَ مِن قَبْلِهِمْ وَلَيُمَكِّنَنَّ لَهُمْ دِينَهُمُ ٱلَّذِى ٱرْتَضَىٰ لَهُمْ وَلَيُبَدِّلَنَّهُم مِّنۢ بَعْدِ خَوْفِهِمْ أَمْنًا يَعْبُدُونَنِى لَا يُشْرِكُونَ بِى شَيْـًٔا وَمَن كَفَرَ بَعْدَ ذَٰلِكَ فَأُو۟لَٰٓئِكَ هُمُ ٱلْفَٰسِقُونَ ﴾[5].

## دعوة سلالة إبراهيم

﴿ وَجَٰهِدُوا۟ فِى ٱللَّهِ حَقَّ جِهَادِهِ هُوَ ٱجْتَبَىٰكُمْ وَمَا جَعَلَ عَلَيْكُمْ فِى ٱلدِّينِ مِنْ

---

(1) التوبة، ٢٩.

(2) التوبة، ٧٤ ــ ١٠١.

(3) التوبة، ١١٨.

(4) التوبة، ١٠٢.

(5) سورة النور، الآية: ٥٥.

﴿... حَرَجٖۚ مِّلَّةَ أَبِيكُمۡ إِبۡرَٰهِيمَۚ هُوَ سَمَّىٰكُمُ ٱلۡمُسۡلِمِينَ مِن قَبۡلُ وَفِي هَٰذَا لِيَكُونَ ٱلرَّسُولُ شَهِيدًا عَلَيۡكُمۡ وَتَكُونُواْ شُهَدَآءَ عَلَى ٱلنَّاسِ﴾[1].

وهذه الدعوة هي نفس الشهادة التي سبق ذكرها في دعوة النبي. ويخبرنا القرآن في هذه الآية من سورة الحج أن الله اختار ذرية إبراهيم أيضًا لهذه الشهادة بنفس الطريقة، وأمرهم ببذل الجهود لتحقيق متطلباتها، تمامًا كما يجتبي سبحانه وتعالى بعض الأشخاص الجليلي القدر من أبناء آدم ويختارهم للنبوة والرسالة. فقال:

﴿إِنَّ ٱللَّهَ ٱصۡطَفَىٰٓ ءَادَمَ وَنُوحٗا وَءَالَ إِبۡرَٰهِيمَ وَءَالَ عِمۡرَٰنَ عَلَى ٱلۡعَٰلَمِينَ﴾[2].

وتحت عنوان «الدعوة النبوية»، قد أوضحنا أن هذه الشهادة ليست لمجرد دعوة ووعظ، بل هي أيضًا إظهار دينونة الله القاهر. وخلاصة تاريخها الذي وصفه القرآن الكريم وغيره من الكتب السماوية أن أول ظهور لها كان في دعوة سيدنا نوح عليه السلام. وبعد ذلك كان الله تعالى يرسل رسله من وقت لآخر إلى جميع أمم العالم لظهور هذه الدينونة.

حتى أنه قد تم بعث سيدنا إبراهيم عليه السلام وقرر الله تعالى أن هذا المنصب الرسالي سيُعطى الآن لنسله كمجتمع، ومن خلالهم ستقوم سلطة الدين وحجته على العالم كله. وقد جاء في كل من القرآن والكتاب المقدس وصف تاريخ هذه الدينونة العالمية بقدر كبير من التفصيل. وقد ذكر القرآن ذلك حين قسم لكل من التين والزيتون وطور سينين والبلد الأمين أي مكة. والزيتون هو الجبل الذي صدر فيه حكم العذاب على كفار ومنكري السيد المسيح عليه السلام بعد رفعه إلى يوم القيامة، وحين ولدت من بين بني إسرائيل أمة جديدة من المؤمنين بالمسيح وهم النصارى. والتين هي قرية تقع على الزيتون[3].

---

(1) سورة الحج، الآية: ٧٨.

(2) سورة آل عمران، الآية: ٣٣.

(3) ورد ذكرها في الإنجيل باسم بيته فاجي.

و الفاجي فيه هو نفس فِج الشيء الذي يسمى بالتين في اللغة العربية. وقد جاء في لوقا ١٩: ٢٩ أنه عندما جاء يسوع إلى أورشليم، استقر هناك قليلًا قبل دخول المدينة.

ومن المعروف عن الطور أن بني إسرائيل كأمة بدأوا حياتهم من هذا الجبل. كما بدأ بنو إسماعيل من أم القرى مكة حياتهم الوطنية وأعطوا ولاية البيت الحرام، أول مركز لعبادة الله على وجه الأرض. يتضح من هذا أن هذه الأماكن الثلاثة هم أماكن دينونة الله لذرية إبراهيم.

وقد قدم القرآن شهادتها وقال إنه بعد رؤية هذا الثواب والعقاب في الدنيا، ما الذي يمكن أن ينكر ثواب الله وعقابه يوم القيامة؟ فقال:

﴿وَٱلتِّينِ وَٱلزَّيْتُونِ ۞ وَطُورِ سِينِينَ ۞ وَهَـٰذَا ٱلْبَلَدِ ٱلْأَمِينِ ۞ لَقَدْ خَلَقْنَا ٱلْإِنسَـٰنَ فِى أَحْسَنِ تَقْوِيمٍ ۞ ثُمَّ رَدَدْنَـٰهُ أَسْفَلَ سَـٰفِلِينَ ۞ إِلَّا ٱلَّذِينَ ءَامَنُوا۟ وَعَمِلُوا۟ ٱلصَّـٰلِحَـٰتِ فَلَهُمْ أَجْرٌ غَيْرُ مَمْنُونٍ ۞ فَمَا يُكَذِّبُكَ بَعْدُ بِٱلدِّينِ ۞ أَلَيْسَ ٱللَّهُ بِأَحْكَمِ ٱلْحَـٰكِمِينَ﴾[1]؟

وقد سمى الله تعالى في سورة البقرة بني إسماعيل بأنهم «أمة وسطًا»، التي في جهة منها يكون الله ورسوله، ومن جهة أخرى يكون الناس أي جميع أمم العالم، ثم قال إنه في جواب الشهادة التي قام بها الرسول عليكم، الآن سيجب عليكم تقديم نفس الشهادة على بقية العالم: فقال:

﴿وَكَذَٰلِكَ جَعَلْنَـٰكُمْ أُمَّةً وَسَطًا لِّتَكُونُوا۟ شُهَدَآءَ عَلَى ٱلنَّاسِ وَيَكُونَ ٱلرَّسُولُ عَلَيْكُمْ شَهِيدًا﴾[2]. وجاء ذلك في آل عمران بما يأتي:

﴿كُنتُمْ خَيْرَ أُمَّةٍ أُخْرِجَتْ لِلنَّاسِ تَأْمُرُونَ بِٱلْمَعْرُوفِ وَتَنْهَوْنَ عَنِ ٱلْمُنكَرِ وَتُؤْمِنُونَ بِٱللَّهِ﴾[3].

وهذا هو منصب آل إبراهيم، الذي بموجبه إذا قاموا على الحق واستمروا في نقله وتبليغه إلى جميع أمم العالم بدون أدنى تغير وبكل قطعية، فإنهم يسلطهم الله ويغلبهم على تلك الأمم في حالة عصيان الأمم عليهم، وإذا انحرف

(1) سورة التين، الآيات: ١ ـ ٨.
(2) سورة البقرة، الآية: ١٤٣.
(3) سورة آل عمران، الآية: ١١٠.

عنها آل إبراهيم أصابهم الله بعقوبة الذل والقهر من خلال تلك الأمم. ويعاني اليوم بنو إسرائيل وبنو إسماعيل كلاهما من نفس العقوبة في الزمن المعاصر.

والذي جاء في سورة الزمر من ذكر دعوة «الشهداء» بمناسبة الحساب والعقاب يوم القيامة، أريد به عندنا ذرية إبراهيم عليه السلام فإنهم بسبب مكانتهم «كشهداء» في الدنيا يُدعون للشهادة في القيامة أيضًا كما يدعى الأنبياء، ويسألون أولًا عن ما كان موقفهم في أمر الحق وهل قاموا فعلًا بالمسؤولية التي ألقيت على عاتقهم لإيصاله إلى الناس؟ فقال:

﴿وَنُفِخَ فِي ٱلصُّورِ فَصَعِقَ مَن فِي ٱلسَّمَٰوَٰتِ وَمَن فِي ٱلۡأَرۡضِ إِلَّا مَن شَآءَ ٱللَّهُۖ ثُمَّ نُفِخَ فِيهِ أُخۡرَىٰ فَإِذَا هُمۡ قِيَامٞ يَنظُرُونَ ۞ وَأَشۡرَقَتِ ٱلۡأَرۡضُ بِنُورِ رَبِّهَا وَوُضِعَ ٱلۡكِتَٰبُ وَجِاْيٓءَ بِٱلنَّبِيِّـۧنَ وَٱلشُّهَدَآءِ وَقُضِيَ بَيۡنَهُم بِٱلۡحَقِّ وَهُمۡ لَا يُظۡلَمُونَ﴾[1].

## دعوة علماء الدين

﴿وَمَا كَانَ ٱلۡمُؤۡمِنُونَ لِيَنفِرُواْ كَآفَّةٗۚ فَلَوۡلَا نَفَرَ مِن كُلِّ فِرۡقَةٖ مِّنۡهُمۡ طَآئِفَةٞ لِّيَتَفَقَّهُواْ فِي ٱلدِّينِ وَلِيُنذِرُواْ قَوۡمَهُمۡ إِذَا رَجَعُوٓاْ إِلَيۡهِمۡ لَعَلَّهُمۡ يَحۡذَرُونَ﴾[2].

وهذا الحكم للدعوة خاص بالعلماء. وقد قال الله تعالى أن النفير والخروج للدعوة غير ممكن لجميع المسلمين، ولكن يجب على بعض الناس من كل مجموعة أن يخرجوا بغرض اكتساب المعرفة في الدين ويصبحوا منذرين لأمتهم يقودونها إلى الآخرة للنجاة من العقاب.

وإذا تأملت هذه الآية من سورة التوبة، فيتبين منها أولًا أن حكم الدعوة الذي ورد فيها، لم يجعل الله تعالى فريضة على كل مسلم. فإن الآية تبدأ بجملة تفيد أنه لم يكن من الممكن لجميع المسلمين أن يخرجوا لهذا العمل. من الواضح أن هذه حقيقة بديهية. فلا يولد جميع الناس حاملين نفس القدرة ولا

(1) سورة الزمر، الآيتان: ٦٨ و٦٩.

(2) سورة التوبة، الآية: ١٢٢.

يحصلون على نفس الفرص في هذا العالم. فهذا لا يمكن أن يتوقع من كل مسلم طبعًا أن يكون عالمًا في الدين وينذر قومه. ولذلك فقد أوضح الله تعالى في هذه الآية أنه لا ينبغي هذا لجميع المسلمين، ولكن يجب على عدد قليل من الناس من كل مجموعة أن يخرجوا لهذا العمل.

الأمر الثاني: هو أن أولئك الذين يجرؤون على الخروج لهذا العمل، لا بد لهم من الحصول على معرفة عميقة بالدين أولًا. ولهذا السبب وردت في الآية كلمة «ليتفقهوا في الدين». أي أن عليهم أن يكونوا بصيرين بالدين، عارفين وفاهمين لحقائقه. ولا يهبوا للناس كدليل أعمى، ولكن ليعرفوا بالدين قبل أن يهبوا داعين له معرفة جيدة كما هو حقه. وهذا الأمر لا يتحقق إلا بإقامة علاقة مباشرة بالكتاب والسنة اليوم بعد رسول الله ﷺ. ولذلك فمن المهم أن يكون القائمون على هذا العمل على بصيرة عميقة في علوم الكتاب والسنة حتى يتمكنوا من شرح الدين وتفسيره للناس بثقة تامة.

الأمر الثالث: أن واجب الدعوة اعتبارًا بنوعيته بعد المعرفة بالدين هو «الإنذار» والإنذار فقط. أي إيقاظ الناس حتى يستعدوا للآخرة، فإذا فكرت في الأمر، فهذا هو بالضبط نفس العمل الذي يفعله الأنبياء والرسل في أمتهم. ومن هذا عرف أن مهمة «الإنذار» قد انتقلت من النبي ﷺ إلى علماء هذه الأمة من بعده، وبعد انتهاء النبوة يجب أن يتم إنجاز هذه المسؤولية على أيديهم إلى يوم القيامة.

الأمر الرابع: من المعلوم أن كل داع لهذه الدعوة يجب أن يكون مخاطبه الأصلي هو أمته. فقال: ﴿وَلِيُنذِرُواْ قَوۡمَهُمۡ إِذَا رَجَعُوٓاْ إِلَيۡهِمۡ﴾ وهذا هو الجزء من الآية الذي يحدد نطاق هذه الدعوة، فلا مجال لأصحابها أن يوزعوا هذه الأموال على غيرهم، مع ترك أصحاب الحقوق الأصليين.

والأمر الخامس: أن يكون المقصود من هذه الدعوة تنبيه الناس في أمر الله رب العالمين. وقد ورد في الآية هذا الغرض في قوله تعالى: ﴿لَعَلَّهُمۡ يَحۡذَرُونَ﴾. وبمعنى آخر ينبغي للناس أن يحذروا من أنه مهما تكن متطلبات

الدين المتعلقة بهم في حياتهم الفردية والجماعية، فلا ينبغي أن يكون إهمالهم لها أو تساهلهم فيها أو تمردهم وتماديهم سببًا لهلاكهم في الدنيا والآخرة. وأما أن تنتقل قيادة العالم إلى الصالحين، وأن تقوم سيادة الدين، وأن تكون كلمة الله هي العليا، في الواقع يمكن ويجب أن تكون هذه رغبة كل داعية، ولكن الغرض الحقيقي من الدعوة وفقًا لهذه الآية هو أن يتجنب الناس من عذاب الآخرة وأن لا يواجهوا أي خزي يوم القيامة.

ومن هذا يتبين أن هذه الآية من سورة التوبة تلزم ذوي البصيرة في الدين أن يُحيوا هذه الدعوة بحكم «وجاهدوا في الله حق جهاده»[1] بحسب قدراتهم واستعداداتهم في كل قرية وكل طائفة وكل قوم من الأمة ويبقوها حية دائمًا. وأن يستمروا في تحذير أمتهم وفي إخبار حكامها من واجباتهم ومسؤولياتهم بكل تعاطف وحرقة قلب. ويشرحوا لهم الدين ويفسروه على كل مستوى، ويدعوهم إلى الحق من كل جانب ومن كل اتجاه. ولا يزالون في القيام بفريضة الإنذار والتحذير لهم من عواقب الذنب والإعراض عن الحق ما داموا أحياء، حتى أن ظلم الحكام الطغاة لا يمنعهم من ذلك. وهذا أعظم جهاد يمكن لعلماء الدين القيام به في الدنيا.

وفي تاريخ الأمة إن الأعمال التي استمرت دائمًا، ولا تزال، تحت عنوان الدعوة والعزيمة، مصدرها في الواقع هذه الآية. ومن فضل الله تعالى أنه لم تخل فترة من تاريخنا من هؤلاء الذين يشحذون سراجهم في ظلمات البدع والضلال، ويقفون على رأس الطريق ينيرونه، ويرشدون الناس إلى الطريق الصحيح متحررين من كل ما في الدنيا ولا يهتمون بما يريده الناس وما يطلبونه. كل شغفهم هو الحق فقط فيبذلون كل طاقات قلوبهم وعقولهم لإخبار العالم بمطالبه. ولا يطلبون من الناس شيئًا، ولكن كل ما ينالونه من ربهم يمنحونه لهم

---

(1) الحج، ٧٨.

بكرم وسخاء عظيمين. ولذلك يطلق عليهم في كل عصر ومصر اسم ضمير الكيان وجوهر الوجود وملح الأرض.

وهذه هي طبيعة هذه الدعوة، والتي ينبغي في ضوئها مراعاة هذه الأمور القليلة:

**أولًا**: وبادئ ذي بدء، يجب على الذين ينهضون بهذه الدعوة ويدافعون عنها أن يكون لديهم إيمان راسخ بها. فكل ما يقدمونه للناس ينبغي أن ترضى به قلوبهم وعقولهم أيضًا بحيث يشعرون هم أنفسهم أنه نداء قلوبهم وصداء أرواحهم نطقت بها ألسنتهم. فليسلموا شخصيتهم كلها لربهم، وينزلوا في هذه الساحة، وعن الشيء الذي يدعون الناس إليه، ليعلنوا أولًا أنهم آمنوا به من كل قلوبهم ومن كل أرواحهم، قال تعالى:

﴿قُلْ إِنَّ صَلَاتِي وَنُسُكِي وَمَحْيَايَ وَمَمَاتِي لِلَّهِ رَبِّ الْعَالَمِينَ * لَا شَرِيكَ لَهُ وَبِذَٰلِكَ أُمِرْتُ وَأَنَا أَوَّلُ الْمُسْلِمِينَ﴾[1].

**ثانيًا**: أن لا يكون هناك تناقض في أقوالهم وأفعالهم. والشيء الذي حملوا لواءهم فعليهم أولًا أن يتبنوه بأنفسهم، والحق الذي يدعون إليه الناس فلتشهد عليه أعمالهم. والقرآن واضح جدًّا في هذا الأمر أن الدعوة ليس من عمل الدعاة العاطلين، بل هو من عمل أرباب العزيمة الذين يجعلون أنفسهم أول مخاطب لنصيحتهم قبل غيرهم ويجبرونها على قبول هذا الحق في المستوى النهائي والذي جاءهم من ربهم.

ولذا فإنه عاتب علماء اليهود وقال إنكم علماء دين وشريعة وتعلمون جيدًا أن مسؤولية الدعوة بسبب عقلكم وعلمكم تقع عليكم أكثر بكثير من غيركم، ولكن من المؤسف لكم أنتم تحثون الآخرين بشدة على القيام بحقوقهم وواجباتهم، لكنكم تنسون أنفسكم تمامًا، فقال:

(1) سورة الأنعام، الآيتان: ١٦٢ و١٦٣.

﴿ أَتَأْمُرُونَ ٱلنَّاسَ بِٱلْبِرِّ وَتَنسَوْنَ أَنفُسَكُمْ وَأَنتُمْ تَتْلُونَ ٱلْكِتَٰبَ أَفَلَا تَعْقِلُونَ ﴾ [1].

**ثالثًا:** ألا يتداهنوا أبدًا في أمر الحق. حتى أن أصغر حقيقة من حقائق الدين التي تتضح لهم، يقبلونها بقلوبهم، ويشهدون عليها بألسنتهم ويقدمونها للعالم بدون أي تغيير وأدنى تبديل وبغير الاكتراث للومة اللائمين والمنتقدين. ويجب ألا يكونوا مستعدين لإجراء أي تغييرات أو إضافات عليه تحت أي ظرف من الظروف. وأن يخبروا الناس بالحقيقة الكاملة التي أثبتها الكتاب والسنة، بما في ذلك جميع توجيهاته وجميع الوصايا، ورفض كل ما يخالفه في أي جانب من جوانبه دون أي تردد. ومهما سئلوا عن الدين، فإنه يجب إظهاره وأن لا يخفوه مطلقًا، وقدموه على حقيقته وكما يعتقدون.

لكن هذا لا يعني أنهم يجب أن يقولوا كل شيء في كل الأحيان. لا شك أن الحقيقة يجب أن تظهر دائمًا بالطريقة الصحيحة، وفي الوقت المناسب، وأمام المخاطب الصحيح والمدعو المناسب، ولكن إخفاء ذلك من أجل مصلحة شخصية وبسبب خطر. أو من أجل عصبية أو بعض النفعية والامتناع عن شهادته، هذا أمر لا يمكن قبوله في الدين على الأقل بالنسبة لدعاته وحاملي لوائه.

ولذلك قد شرع الله تعالى لأنبيائه الذين بعثوا لهذا العمل، أن الحالات والمراحل التي قسمها الله لهم في سبيل الدعوة ليست لإلقائهم في مشقة وحرج، ولذا جميل بهم أن يقوموا بهذه المسؤولية دون التفات إلى لوم من يلومهم وعدم الخوف من أحد إلا الله في هذا الأمر فقال:

﴿ مَّا كَانَ عَلَى ٱلنَّبِيِّ مِنْ حَرَجٍ فِيمَا فَرَضَ ٱللَّهُ لَهُۥ سُنَّةَ ٱللَّهِ فِي ٱلَّذِينَ خَلَوْا۟ مِن قَبْلُ وَكَانَ أَمْرُ ٱللَّهِ قَدَرًا مَّقْدُورًا ۞ ٱلَّذِينَ يُبَلِّغُونَ رِسَٰلَٰتِ ٱللَّهِ وَيَخْشَوْنَهُۥ وَلَا يَخْشَوْنَ أَحَدًا إِلَّا ٱللَّهَ وَكَفَىٰ بِٱللَّهِ حَسِيبًا ﴾ [2].

---

(1) سورة البقرة، الآية: ٤٤.
(2) سورة الأحزاب، الآيتان: ٣٨ و٣٩.

وقال في المائدة مخاطبًا للرسول بخاصة:

﴿يَٰٓأَيُّهَا ٱلرَّسُولُ بَلِّغۡ مَآ أُنزِلَ إِلَيۡكَ مِن رَّبِّكَۖ وَإِن لَّمۡ تَفۡعَلۡ فَمَا بَلَّغۡتَ رِسَالَتَهُۥۚ وَٱللَّهُ يَعۡصِمُكَ مِنَ ٱلنَّاسِۗ إِنَّ ٱللَّهَ لَا يَهۡدِي ٱلۡقَوۡمَ ٱلۡكَٰفِرِينَ﴾[1].

**ورابعًا**: أن يجعلوا وسيلة الإنذار القرآنَ الكريم فقال تعالى: ﴿فَذَكِّرۡ بِٱلۡقُرۡءَانِ مَن يَخَافُ وَعِيدِ﴾[2] وقال:

﴿وَجَٰهِدۡهُم بِهِۦ جِهَادٗا كَبِيرٗا﴾[3].

والرسول ﷺ نذير للعالمين بناء على ذلك والعلماء هم في الواقع ورثة إنذاره كما قال:

﴿تَبَارَكَ ٱلَّذِي نَزَّلَ ٱلۡفُرۡقَانَ عَلَىٰ عَبۡدِهِۦ لِيَكُونَ لِلۡعَٰلَمِينَ نَذِيرًا﴾[4] وقال أيضًا:

﴿وَأُوحِيَ إِلَيَّ هَٰذَا ٱلۡقُرۡءَانُ لِأُنذِرَكُم بِهِۦ وَمَنۢ بَلَغَ﴾[5].

## دعوة النظام الجماعي

﴿وَلۡتَكُن مِّنكُمۡ أُمَّةٞ يَدۡعُونَ إِلَى ٱلۡخَيۡرِ وَيَأۡمُرُونَ بِٱلۡمَعۡرُوفِ وَيَنۡهَوۡنَ عَنِ ٱلۡمُنكَرِۚ وَأُوْلَٰٓئِكَ هُمُ ٱلۡمُفۡلِحُونَ﴾[6].

وواضح من كلمات الآية أن المسلمين مخاطبون به ليس بصفتهم الفردية، بل بصفتهم الجماعية، فيتعلق هذا الأمر بأصحاب السلطة. قال الله تعالى إنه عندما حصل المسلمون على الاستقلال السياسي في هذه الأرض، فمن مسؤوليتهم الآن تعيين بعض الناس من بينهم لهذه المهمة لدعوة الناس إلى الخير، ومنعهم من الشر، والحث على الخير.

---

(1) سورة المائدة، الآية: ٦٧.
(2) سورة ق، الآية: ٤٥.
(3) سورة الفرقان، الآية: ٥٢.
(4) سورة الفرقان، الآية: ١.
(5) سورة الأنعام، الآية: ١٩.
(6) سورة آل عمران، الآية: ١٠٤.

ومن الواضح أن هذه المسؤولية ستتحقق في بعض الأحيان بالوعظ والإرشاد، وفي بعض الأحيان بقوة القانون. ففي الحالة الأولى هناك منبر جمعة، وهو مخصص للقيام بهذا الغرض الدعوي والنصح والترشيد. ومن ناحية أخرى، هناك قسم للشرطة تم إنشاؤه للقيام بهذه المسؤولية في الحكومة الإسلامية، وهو ينشط دائمًا في القيام بهذا العمل ضمن الحدود المقررة له.

ويتضح من هذا الأمر أنه بعد قيام الحكومة الإسلامية بين المسلمين بحسب القرآن، فإن من واجب حكامهم أن يستمروا في دعوة الناس إلى الخير، وأمرهم بالمعروف ونهيهم عن المنكر. ومن الضروري الواجب عليهم أنه مع الإتيان بجميع المسؤوليات الطبيعية الأخرى المتعلقة بحالة النظام، أن يقوموا بهذه المسؤولية أيضًا أيضًا في جميع الأحوال. كما قال تعالى:

﴿ٱلَّذِينَ إِن مَّكَّنَّٰهُمۡ فِي ٱلۡأَرۡضِ أَقَامُواْ ٱلصَّلَوٰةَ وَءَاتَوُاْ ٱلزَّكَوٰةَ وَأَمَرُواْ بِٱلۡمَعۡرُوفِ وَنَهَوۡاْ عَنِ ٱلۡمُنكَرِ﴾[1].

## دعوة المفرد

﴿وَٱلۡمُؤۡمِنُونَ وَٱلۡمُؤۡمِنَٰتُ بَعۡضُهُمۡ أَوۡلِيَآءُ بَعۡضٖۚ يَأۡمُرُونَ بِٱلۡمَعۡرُوفِ وَيَنۡهَوۡنَ عَنِ ٱلۡمُنكَرِ﴾[2].

وفي هذه الآية جاء لفظ الأمر للحث على الخير. وفي اللغة العربية كما يأتي الأمر للوجوب يأتي أيضًا بمعنى الوعظ والنصح والتلقين والترغيب. وبداية الآية بتعبير ﴿وَٱلۡمُؤۡمِنُونَ وَٱلۡمُؤۡمِنَٰتُ بَعۡضُهُمۡ أَوۡلِيَآءُ بَعۡضٖ﴾ دليل على أن المعنى هنا هو نفسه ويعني أن الله تعالى يقول إنه ينبغي تشجيع تلك الأشياء التي تعتبر حسنة وخيرًا في الطبيعة البشرية ويجب منع الناس من تلك الأشياء التي لا

(1) سورة الحج، الآية: ٤١.

(2) سورة التوبة، الآية: ٧١.

تحبها الطبيعة. وفي سورة العصر جاء نفس المضمون من جانب آخر في كلمتي ﴿وَتَوَاصَوْا۟ بِٱلْحَقِّ وَتَوَاصَوْا۟ بِٱلصَّبْرِ﴾. فقال:

﴿وَٱلْعَصْرِ * إِنَّ ٱلْإِنسَـٰنَ لَفِى خُسْرٍ * إِلَّا ٱلَّذِينَ ءَامَنُوا۟ وَعَمِلُوا۟ ٱلصَّـٰلِحَـٰتِ وَتَوَاصَوْا۟ بِٱلْحَقِّ وَتَوَاصَوْا۟ بِٱلصَّبْرِ﴾[1].

ويتضح من ذلك أنها من المتطلبات الأساسية لإيمان كل إنسان ومن مسؤولياته. سواء كنا علماء أو أشخاصًا عاديين، وسواء كنا نعيش في قرية أو في غابة، سواء كنا نعيش في بلاد غير المسلمين أو نعيش كمواطنين في دولة منظمة للمسلمين، فإننا ملزمون بذلك في كل حالة. فإذا عمل المؤمن عملًا صالحًا وحقق هذا المطلب من الإيمان، فقد ضمن القرآن له أن ينجو من عذاب الله في الدنيا والآخرة، وينال ملكوت الجنة الأبدي.

وبحكم طبيعة هذا العمل الذي تناولتها هذه الآيات، يتبين منها أيضًا أنه في هذا النوع من الدعوة، لا ينفصل الداعي والمدعو، بل يكون كل إنسان دائمًا مدعوًّا كما هو الداعي. وقد أشار إليه القرآن بألفاظ»والمؤمنون بعضهم أولياء بعض».

وهذا الواجب ينبغي أن يؤديه الأب للابن، والابن للأب، والزوجة للزوج، والزوج للزوجة، والأخ للأخت، والأخت للأخ، والصديق للصديق، والجار للجار. وهذا يعني أن كل شخص مسؤول أن يدفع واجب الدعوة عن كل شخص له علاقة قريبة به.

فإذا رأى أن أحد أقاربه قد سلك طريقًا خاطئًا، فعليه أن ينصحه بحسب علمه وقدرته وصلاحيته على سلوك طريق الصلاح. وربما في الصباح نشجع ونرغب الإنسان إلى فعل الخير وفي المساء يؤدي هو لنا هذه الخدمة. اليوم نبلغ إلى أحد حقًّا وغدًا ينصحنا به. والغرض من ذلك هو أنه عندما تأتي الفرصة، يجب على كل مسلم أن يستمر في أداء هذه المهمة في مجال عمله الخاص.

---

(1) سورة العصر، الآيات: ١ ــ ٣.

ثم إنه في هذا المجال أيضًا من المهم الحفاظ على أولوية الأقارب، ويجب على الرجل أن يحاول إنقاذ عائلته من الجحيم قبل كل شيء. وينبغي أن يكون حذرًا من أنه إذا استمر في طرق أبواب الآخرين واستمرت عائلته هو في توفير وقود الجحيم ليلًا ونهارًا، فربما على الرغم من كل هذا النضال والجهد، فإن هذا القصور في إرادته سيكون له وبالًا وخسارةً في الدنيا والآخرة. كما قال الله تعالى:

﴿يَٰٓأَيُّهَا ٱلَّذِينَ ءَامَنُواْ قُوٓاْ أَنفُسَكُمۡ وَأَهۡلِيكُمۡ نَارٗا وَقُودُهَا ٱلنَّاسُ وَٱلۡحِجَارَةُ عَلَيۡهَا مَلَٰٓئِكَةٌ غِلَاظٞ شِدَادٞ لَّا يَعۡصُونَ ٱللَّهَ مَآ أَمَرَهُمۡ وَيَفۡعَلُونَ مَا يُؤۡمَرُونَ﴾[1].

ويجب أن يكون واضحًا هنا أيضًا أن كل شخص له دائرة الاختيار والولاية في هذا المجال العملي. فأن قانون الله في الدنيا هو أن الرجل بعد بلوغه سن الرشد يصبح زوجًا لمرأة، وبالتالي يكون أبًا للأولاد. وهاتان الحالتان لبني آدم تنشآن لهم دائرة اختيار وولاية بطبيعة الدين والفطرة. يتمتع المرء من حيث إنه زوج بالسلطة على الزوجة ومن حيث الأب على الأولاد بنفس الولاية، التي على أساسها يلتزم كل شخص بالمسؤولية عن جميع شؤون من يعيشون في نطاق ولايته. قال النبي ﷺ:

ألا، كلكم راع وكلكم مسؤول عن رعيته[2].

وهذه هي دائرة ولاية الإنسان واختياره التي قد أمر المسلمون أنه إذا رأوا فيها ظلمًا ومنكرًا يجب عليهم إزالته. فقد قال النبي ﷺ:

من رأى منكم منكرًا فليغيره بيده، فإن لم يستطع فبلسانه، فإن لم يستطع فبقلبه، وذلك أضعف الإيمان[3].

ولم يستخدم هنا تعبير «فإن لم يستطع» لقدرة واستطاعة تكلف الإنسان

(1) سورة التحريم، الآية: ٦.

(2) رواه البخاري، رقم ٢٥٥٤.

(3) رواه مسلم، رقم ١٧٧.

لشيء أن يأتي به، إنه تم استعماله هنا في معاني العزم والإرادة والتي تزداد وتنتقص بقدرقوة الإمان وضعفه.

ولذلك فإن أول مهمة لكل شخص في دائرة ولايته هي إبادة المنكر بالقوة إذا لم تكن هناك مصلحة للدين نفسه مانعة. ودرجة الردع باالسان هي الثانية في هذه الدائرة، وكراهية القلب هي الدرجة الأخيرة التي إذا لم يتمسك بها الإنسان، فإن معنى ذلك أنه لا يبقى في قلبه ذرة من الإيمان.

وإذا نظرنا في الحديث في ضوء القرآن، فإن التفسير الصحيح له يمكن أن يكون هو ما أتينا به. ووفقًا لهذا الحديث فإن الأزواج والآباء والحكام، كل في حدود ولايته، ملزمون بإبادة المنكر بالقوة. وأيًا كان الشكل الأقل الذي سيتخذونه، فهو بحقٍّ علامة ضعف الإيمان. لكن اتخاذ أية خطوة لمثل هذا العمل خارج هذا المجال ليس جهادًا بل هو أسوأ الفساد الذي لا مجال لإثباته من الدين. والقرآن واضح جدًا في هذا، أنه لم يكن يجوز لأي نبي من أنبياء الله أن يتجاوز حدود التذكير والبلاغ المبين من حيث هو داع للدين، فقال:

﴿إِنَّمَآ أَنتَ مُذَكِّرٌ ۝ لَّسْتَ عَلَيْهِم بِمُصَيْطِرٍ﴾(1).

## استراتيجية الدعوة

﴿ٱدْعُ إِلَىٰ سَبِيلِ رَبِّكَ بِٱلْحِكْمَةِ وَٱلْمَوْعِظَةِ ٱلْحَسَنَةِ ۖ وَجَٰدِلْهُم بِٱلَّتِى هِىَ أَحْسَنُ ۚ إِنَّ رَبَّكَ هُوَ أَعْلَمُ بِمَن ضَلَّ عَن سَبِيلِهِۦ ۖ وَهُوَ أَعْلَمُ بِٱلْمُهْتَدِينَ ﴿١٢٥﴾ وَإِنْ عَاقَبْتُمْ فَعَاقِبُوا۟ بِمِثْلِ مَا عُوقِبْتُم بِهِۦ ۖ وَلَئِن صَبَرْتُمْ لَهُوَ خَيْرٌ لِّلصَّٰبِرِينَ﴾(2).

ومع أن المخاطب بهذه الآيات من سورة النحل هو النبي وأصحابه وبهذا المعنى فهي تتصل أصلًا بتحذير النبي وإنذاره، لكن من الواضح أن أمرها عام من جميع النواحي. ولذلك فإن هذه الآيات هي المبدأ الأساسي للمنهج

(1) سورة الغاشية، الآيتان: ٢١ و٢٢.

(2) سورة النحل، الآيتان: ١٢٥ و١٢٦.

والاستراتيجية لكل شكل من أشكال الدعوة. وحكم الله تعالى المبين فيها يتلخص في النقاط التالية:

**إحداها:** أن الدعوة يجب أن تقدم دائمًا بأسلوب الحكمة والموعظة، وبأسلوب الجدال الحسن. وفي هذه الآيات الحكمة تعني الدلائل والبراهين، والموعظة تعني التذكير المخلص والنصح والخير. والهدف أنه مهما يقوله الداعي ينبغي أن يقوله في ضوء العقل والدليل والبرهان والعلم والنظر، ولا ينبغي أن يكون أسلوبه أسلوب الاستعجال والتنمر، بل لفت الانتباه بالخير والرحمة والمحبة. وحتى إذا جاء دور النقاش والجدال فيجب أن تعتمد له الأساليب المفضلة، وفي الرد على ذلك إن لجأ الخصم إلى الاستفزاز، فبدلًا من أن يرد عليه حجرًا بحجر يجب أن يظل الداعي إلى الحق دائمًا مهذبًا كريمًا.

**والثاني:** أن مسؤولية الداعي تقتصر على الدعوة وإبلاغ الحق فقط، أي يجب تبليغ الرسالة، وإظهار الحق من كل وجه، وعدم ادخار أي جهد في الإقناع والوعظ. فإن قام بواجبه على الوجه الصحيح، فقد برئ من ذمته ومسؤوليته. وقد أخذ الله تعالى اهتداء الناس وضلالهم في يديه. إنه يعلم يقينًا من ضل عن سبيله كما يعلم الذين هم على وشك أن يهتدوا. ولذلك فإنه سيتعامل مع الجميع كما يستحق.

ولا ينبغي للداعي أن يصبح مفتشًا، ولا أن يصدر أحكامًا بالجنة والنار على مخاطبيه. كل هذه الأمور متعلقة بالله تعالى. ومسؤولية الداعي إلى الحق هي الإبلاغ فقط. ولا ينبغي له أبدًا أن يتجاوز مسؤوليته.

وقد بيَّن القرآن الكريم هذه الحقيقة في دعوة النبي ﷺ في مواضع أخرى للقرآن فقال:

﴿ إِنَّكَ لَا تَهْدِى مَنْ أَحْبَبْتَ وَلَٰكِنَّ ٱللَّهَ يَهْدِى مَن يَشَآءُ ۚ وَهُوَ أَعْلَمُ بِٱلْمُهْتَدِينَ ﴾[1].

وقال في موضع:

---

(1) سورة القصص، الآية: ٥٦.

﴿ إِن تَحْرِصْ عَلَىٰ هُدَىٰهُمْ فَإِنَّ ٱللَّهَ لَا يَهْدِى مَن يُضِلُّ وَمَا لَهُم مِّن نَّٰصِرِينَ ﴾[1].

وقال أيضًا:

﴿ ٱتَّبِعْ مَآ أُوحِىَ إِلَيْكَ مِن رَّبِّكَ لَآ إِلَٰهَ إِلَّا هُوَ وَأَعْرِضْ عَنِ ٱلْمُشْرِكِينَ ۞ وَلَوْ شَآءَ ٱللَّهُ مَآ أَشْرَكُوا۟ وَمَا جَعَلْنَٰكَ عَلَيْهِمْ حَفِيظًا وَمَآ أَنتَ عَلَيْهِم بِوَكِيلٍ ﴾[2]. وقال في مقام آخر:

﴿ فَذَكِّرْ إِنَّمَآ أَنتَ مُذَكِّرٌ ۞ لَّسْتَ عَلَيْهِم بِمُصَيْطِرٍ ﴾[3] وقال في سورة الرعد:

﴿ فَإِنَّمَا عَلَيْكَ ٱلْبَلَٰغُ وَعَلَيْنَا ٱلْحِسَابُ ﴾[4].

**والثالث:** إذا لجأ مخاطبو الدعوة إلى الظلم والاعتداء والتحرش، فمن حق الداعي أن ينتقم في الحدود الأخلاقية بقدر الألم الذي لحق به، ولكن الذي يحبه الله تعالى هو أن يعمل الداعي بالصبر، ومعنى هذا الصبر هو أن يتحمل الداعي إلى الحق كل تعذيب وكل أذى، دون أن يتخذ أي إجراء للانتقام، ثم لا يكون أيضًا مستعدًّا لإجراء أي تعديل أو تغيير في موقفه الدعوي بسبب الآلام والمعاناة. فهناك وعد بنعمة عظيمة للصابرين. وستظهر نتيجة ذلك في أحسن صورة لهم في الدنيا، وأيضًا يوم القيامة إن شاء الله يرون أفضل نتائجه.

وفي مكان آخر، أعطى القرآن تعليم الصبر في نضال الدعوة وأن لا يجزي الداعي جزاء سوء لمن يسيء إليه وأن يتخذ موقفًا حسنًا تجاهه على النحو التالي:

﴿ وَلَا تَسْتَوِى ٱلْحَسَنَةُ وَلَا ٱلسَّيِّئَةُ ادْفَعْ بِٱلَّتِى هِىَ أَحْسَنُ فَإِذَا ٱلَّذِى بَيْنَكَ وَبَيْنَهُ

---

(1) سورة النحل، الآية: ٣٧.

(2) سورة الأنعام، الآية: ١٠٦ و١٠٧.

(3) سورة الغاشية، الآيتان: ٢١ و٢٢.

(4) سورة الرعد، الآية: ٤٠.

عَدَٰوَةٞ كَأَنَّهُۥ وَلِيٌّ حَمِيمٞ * وَمَا يُلَقَّىٰهَآ إِلَّا ٱلَّذِينَ صَبَرُواْ وَمَا يُلَقَّىٰهَآ إِلَّا ذُو حَظٍّ عَظِيمٖ * وَإِمَّا يَنزَغَنَّكَ مِنَ ٱلشَّيۡطَٰنِ نَزۡغٞ فَٱسۡتَعِذۡ بِٱللَّهِۖ إِنَّهُۥ هُوَ ٱلسَّمِيعُ ٱلۡعَلِيمُ ﴾[1].

ومن الواضح أن هذا لا يمكن أن يتحقق إلا عندما يأتي الداعون إلى الحق إلى الميدان في الخطوة الأولى، من خلال فهم حقيقة أن تأتي هناك مراحل اختبار في هذا الطريق، حيث تهدر الثروات، وتدمر البساتين، وتكسر الأيدي والأذرع وتدهم المصائب وتقطع الرؤوس، والأرواح يجب أن تُسلَّم إلى باريها؛ وعندما توجهت كل أساليب الإقناع والترهيب نحو حضن الداعي إلى الحق وحده، وخصصت كل أساليب الخوف والطمع لحرفه عن هذا الطريق، عندما يُلقى في السجن، وهطلت عليه اللعنات والطعنات وتم تقطيع أوصاله وتعليقه في بركة موحلة ورجمه بين قدس الأقداس والمذبح، وقطع رأسه وتقديمه للراقصات. فينزلوا إلى ساحة الدعوة وتبليغ الرسالة بثقة أن الرب تعالى الذي أرشدهم وكلفهم بمسؤولية هذه الدعوة، سيساعدهم بالتأكيد في جميع عقبات هذا الطريق:

﴿ وَمَا لَنَآ أَلَّا نَتَوَكَّلَ عَلَى ٱللَّهِ وَقَدۡ هَدَىٰنَا سُبُلَنَاۚ وَلَنَصۡبِرَنَّ عَلَىٰ مَآ ءَاذَيۡتُمُونَاۚ وَعَلَى ٱللَّهِ فَلۡيَتَوَكَّلِ ٱلۡمُتَوَكِّلُونَ ﴾[2].

وهذه الأمور الثلاثة هي أساس خطة عمل الدعوة الدينية. ولا يحتاج الأمران الأخيران إلى تفصيل أكثر من هذا، ولكن هناك بعض المستلزمات العديدة لتقديم الدعوة با لحكمة والموعظة، ومصدرها هو أسوة النبي ﷺ. وقد شرحها الأستاذ الإمام أمين أحسن الإصلاحي في كتابه «دعوة الدين ومنهجها». وسوف نلخصها هنا.

---

(1) سورة فصلت، الآيات: ٣٤ ــ ٣٦.

(2) سورة إبراهيم، الآية: ١٢.

# مراعاة القدرة العقلية

أولًا: أن تقدم الدعوة حسب القدرات العقلية للمخاطبين. ولا يمكن أن يعطى للجاهلين بمبادئ الدين أيضًا التعاليم الأصولية التي تنشأ من تلك المبادئ والذين ما زالوا في طريق فهم التعاليم الأصولية، فلا ينبغي تقديم التفاصيل والأساسيات والتفصيلات والفروع لهم بأي طريق. وإذا لم يكن من الممكن عرض مباحث الفلسفة والحكمة في الدين أمام الناس، فإن تفاصيل القانون والشريعة لا يمكن أن تدخل قلوب المثقفين دون التعرض لها. الأستاذ الإمام يكتب:

«إن الذين لا يفهمون هذا النظام الديني وفضائل دعوة الأنبياء بهذه الطريقة، يريدون أن يجعلوا الناس متعودين وليس فقط على الصلاة المفروضة، ولكن أيضًا على التهجد والإشراق، قبل تطوير المعرفة الإلهية» فيهم. ويجولون يقاسون لُحى الناس وشفاههم وسراويلهم قبل إحداث الاعتقاد بحاجة النبي وطاعته واتباعه. إنهم يريدون أن يروا جمال الخوف والخشية والتقوى والتواضع في الناس قبل تنمية الإيمان الحقيقي والراسخ بالآخرة فيهم. وبهذه الجهود العكسية تطول اللُحى إلى حد ما، وتصبح الإزارات في حدودها؛ والفقر المصطنع يصبح ملحوظًا في المشي والجلوس والضحك والتحدث وفي كل شيء، ويظهرالالتزام والاهتمام بحفظ السنة في كل شيء من الأكل والشرب والسعال والعطس ظاهريًا، ولكن بما أن هذه الأشياء كلها تُحدث بطريقة غير عقلانية وغير طبيعية، فمن أجل ذلك لا تحصل حقيقة كل هذه الادعاءات الكثيرة للتقوى إلا أن «تغربل البعوض وتبتلع الإبل»[1].

وينبغي ملاحظة الشيء نفسه في تربية أولئك الذين قد قبلوا الدعوة. ودراسة سيرة النبي ﷺ تبين أن الأشياء التي كان النبي ﷺ يقولها مثلًا لأصحابه الكبار من أمثال الصديق وفاروق وعثمان وعلي ومعاذ بن جبل وسعد بن معاذ

---

(1) دعوة الدين ومنهجها، ص: ٨٠.

وزيد بن ثابت وجابر بن عبد الله وعبد الله بن مسعود ﵃ وغيرهم وما كان يلفت انتباه هؤلاء الأشراف من الصحابة وما يحاسبهم عليها، لم يقلها لعامة الصحابة.

وكانت الطريقة التي من خلالها شرح الدين للبدوي مختلفة تمامًا عن الطريقة التي كان يتعامل بها مع هؤلاء الأكابر. ودراسة تعامله ﷺ مع معاذ بن جبل وأبي ذر الغفاري فقط توضح بشكل واضح ما هي الاستثناءات والرعايات التي كان يلاحظ بها في هذا الشأن.

ومن جوانب ذلك أن كل ما يتم تعليمه للناس يجب أن يتم تعليمه تدريجيًّا وتسهيليًّا حتى يصل إلى قلوبهم وعقولهم ويصبح جزءًا من أعمالهم. وعلى قدر ما يجدون فإن أنضجوه في أنفسهم، ينبغي أن يعطوا أكثرمن ذلك، ويُعطوا بحيث لا يكونون عبئًا على الضعفاء، ولا يكون أيضًا سببًا في تبريد رغبة وشوق الطلب عند الأقدر صلاحية. وقال الأستاذ الإمام أمين أحسن الإصلاحي في شرح ذلك:

«ويمكن إعطاء مثال صادق لعمل الداعي من خلال عمل المزارع. كما أن هدفه لا يمكن أن يتحقق بمجرد وضع بعض البذور في الأرض، كذلك لا يمكن أن يتم عمل الشخص الداعي بمجرد أن يُنهض الشعب ثم ينام، بل من الضروري أن يتم ذلك أن يكون لديه نفس الارتباط بالدعوة التي ينشرها مثل المزارع الخبير للبذور التي يزرعها، وكما يرقب الفلاح أن البذر ينبت في الأرض ويحصل له الماء في الوقت المناسب، ويكون محميًّا من تقلبات الطقس، وينمو بشكل صحيح، ولا تقاوم الحشائش نموها.

وأن يكون في مأمن من هجمة طيور السماء ووحوش الأرض، وعندما يكون لفترة من الوقت في هذا التفاني يضحي له بطمأنينة النهار وسلام الليل، ويدأب على العمل المتواصل والرعاية المستمرة، ثم يحصل له ثمرة جهده الشاق. وبنفس الطريقة، يكون الداعي محظوظًا حينما يرى دعوته تزدهر عندما يكون لديه القدرة والشجاعة على تحمل سلسلة طويلة من المصاعب جنبًا إلى جنب مع الدعوة. وإلا فكما يقع البذر الذي زرعه فلاح غافل فريسة لتقلبات الأرض والطقس واعتداءات الطيور والبهائم، كذلك تظل دعوة الداعى نداء

بصحراء قاحلة»[1]. وقد قال الله تعالى إن أسلوب التدرج الذي اتبعه في نزول كتابه قد اتخذ لهذا الغرض. فجاء في سورة الإسراء:

﴿وَقُرْءَانًا فَرَقْنَٰهُ لِتَقْرَأَهُۥ عَلَى ٱلنَّاسِ عَلَىٰ مُكْثٍ وَنَزَّلْنَٰهُ تَنزِيلًا﴾[2]. وكما جاء في الفرقان:

﴿وَقَالَ ٱلَّذِينَ كَفَرُوا۟ لَوْلَا نُزِّلَ عَلَيْهِ ٱلْقُرْءَانُ جُمْلَةً وَٰحِدَةً ۚ كَذَٰلِكَ لِنُثَبِّتَ بِهِۦ فُؤَادَكَ ۖ وَرَتَّلْنَٰهُ تَرْتِيلًا﴾[3].

وتقول أم المومنين عائشة رضي الله عنها في تفسير ذلك:

إنما نزل أول ما نزل منه سورة من المفصل فيها ذكر الجنة والنار، حتى إذا ثاب الناس إلى الإسلام نزل الحلال والحرام، ولو نزل أول شيء لا تشربوا الخمر لقالوا: لا ندع الخمر أبدًا ولو نزل لا تزنوا لقالوا: لا ندع الزنا أبدًا[4].

## رعاية نفسية المخاطب

**وثانيًا:** ينبغي أيضًا إلى جانب القدرات العقلية، أخذ نفسية المخاطب الجمهور في الاعتبار. فكما أن المطر في غير موسمه يظل غير فعال للأرض، بل أحيانًا يسبب الضرر على العكس من ذلك، بنفس الطريقة إذا تم تقديم أية دعوة دون مراعاة حالات القلب والعقل المختلفة، فإنها أيضًا لا تحدث مكانًا في القلوب والعقول. لذلك في هذا العمل الدعوي، لا ينبغي للمرء أن يثق فقط في أن الحقيقة ستصل إلى القلوب بسبب قوتها الداخلية، بل ينبغي أيضًا أن يرى ما هو استعداد الأشخاص المخاطبين لهذا الحق من وجهة نظر نفسياتهم أن يستمعوا لها ويفهمونها.

---

(1) دعوة الدين ومنهجها ص: ١٥٢.

(2) سورة الإسراء، الآية: ١٠٦.

(3) سورة الفرقان، الآية: ٣٢.

(4) رواه البخاري رقم ٤٩٩٢.

وفي هذا الصدد، فإن جميع الأمور التي يمكن أن تتعرض للداعي لا يمكن بيانها هنا جميعًا، إلا أن الأصول المتعلقة بها التي تعرف من القرآن والحديث نوضحها هنا:

١. وأيما شيء يمت بصلة إلى الدين والذي يُنوى تقديمه للناس، فيجب دائمًا تقديمه بطريقة تجعل المخاطب يشعر بالإنسانية والراحة بدلًا من الكراهية والغربة. ونفس الأمر قد يكون سهلًا في بعض النواحي، وصعبًا في بعض النواحي الأخرى، فإذا تم تسليط الضوء على جوانبه التي فيها الكثير من المواد التي تثلج الصدر حتى للغرباء الأجانب، فمن المتوقع أن يقبلوا تدريجيًا حتى الأشياء التي تبدو غير متوافقة مع طبيعتهم إذاتم تسليط الضوء عليها لاحقًا. وقال النبي ﷺ: (بشروا ولا تنفرو)[١] ولذلك قال كقاعدة:

فإنما بعثتم ميسرين ولم تبعثوا معسرين(1).

٢. وفي إنكار معتقدات محاورالمخاطب وانتقاد شخصياته المحبوبة، لا ينبغي للمرء أن يتبنى مثل الأسلوب الذي يؤدي إلى اشتعال الجهل داخله. وفي محادثاته يجب أن يضع الداعي في اعتباره أنه يجب تجنب مناقشة جوانب التفضيل والترجيح بين أكابره وبين أعاظم الجمهور قدر الإمكان، والتركيز على توضيح وجهة نظره وتحقيق هدفه. ولا ينبغي للمرء إذا غلبته غيرة الحق وإنكار الباطل، أن يقول شيئًا يجعل المخاطب أعمى وأصم، وأن لا يلتقط ما وقع في يده من لبنة وحجر ويرميه. فقال في سورة الأنعام:

﴿ وَلَا تَسُبُّوا۟ ٱلَّذِينَ يَدۡعُونَ مِن دُونِ ٱللَّهِ فَيَسُبُّوا۟ ٱللَّهَ عَدۡوَۢا بِغَيۡرِ عِلۡمࣲ ﴾(2).

٣. ومن لهم القيادة والسيادة من بين المخاطبين بالدعوة تجدر الإشارة بشكل خاص عنهم إلى أنه بما أن هؤلاء الأشخاص يكونون عاديين أن ينالوا احترامًا وتكريمًا من الآخرين، ولذا فإن لهجات ونبرات الداعي لا

---

(1) رواه البخاري، رقم ٦٢١٨.
(2) سورة الأنعام، الآية: ١٠٨.

تجرح عزتهم بأسلوبه الخطابي، فيكون هذا الشيء عائقًا عن قبول الحق.

ولما أرسل الله تعالى نبييه جليلي القدر: موسى وهارون نصحهما من هذه الناحية فقال:

﴿ اذْهَبَا إِلَىٰ فِرْعَوْنَ إِنَّهُۥ طَغَىٰ ۞ فَقُولَا لَهُۥ قَوْلًا لَّيِّنًا لَّعَلَّهُۥ يَتَذَكَّرُ أَوْ يَخْشَىٰ ﴾[1].

حتى لو أصبح انتقاد تدني أخلاق هؤلاء وتدهور شخصيتهم في مرحلة ما حاجة الدعوة نفسها، فيجب اعتماد أسلوب غير مباشر في ذلك أيضًا. وخير مثال على ذلك في القرآن الكريم ما علقه الله على قيادة قريش في سورة القلم:

﴿ وَلَا تُطِعْ كُلَّ حَلَّافٍ مَّهِينٍ ۞ هَمَّازٍ مَّشَّاءٍ بِنَمِيمٍ ۞ مَّنَّاعٍ لِّلْخَيْرِ مُعْتَدٍ أَثِيمٍ ۞ عُتُلٍّ بَعْدَ ذَٰلِكَ زَنِيمٍ أَنْ كَانَ ذَا مَالٍ وَبَنِينَ ۞ إِذَا تُتْلَىٰ عَلَيْهِ ءَايَٰتُنَا قَالَ أَسَٰطِيرُ الْأَوَّلِينَ ﴾[2].

٤.  وعندما يكون المخاطبون مائلين إلى الاعتراض والسخرية والتمسخر، فلا يقتصر الأمر على عدم تقديم الدعوة إليهم في هذه الحالة، بل حتى بعد تقديم الدعوة عليه إذا طرأ على المخاطب نوبة الاعتراض والسخرية وقام بمثل هذا الأمر، فينبغي للداعي أن ينهي الحديث ويبتعد عن ذلك المكان، ويعرض وجهة نظره أمام الناس في مناسبة أخرى، قال الله تعالى:

﴿ وَإِذَا رَأَيْتَ الَّذِينَ يَخُوضُونَ فِي ءَايَٰتِنَا فَأَعْرِضْ عَنْهُمْ حَتَّىٰ يَخُوضُوا فِي حَدِيثٍ غَيْرِهِ وَإِمَّا يُنسِيَنَّكَ الشَّيْطَٰنُ فَلَا تَقْعُدْ بَعْدَ الذِّكْرَىٰ مَعَ الْقَوْمِ الظَّٰلِمِينَ ﴾[3].

٥.  ومن المهم للداعي أن يحمي نفسه من الجفاف في الدعوة، والانغماس في الإطالة، والرغبة في قول الأشياء في غير مناسبة، والتكرار غير الضروري، ورتابة الكلام. كما ينبغي الامتناع عن تقديم الدعوة إلى مخاطبه إذا كان

---

(1)  سورة طه، الآيتان: ٤٣ و٤٤.

(2)  سورة القلم، الآيات: ١٠ ــ ١٥.

(3)  سورة الأنعام، الآية: ٦٨.

منهمكًا في عملية وشغف أن يكون ذلك صعبًا عليه للانصراف منه والتوجه إلى الدعوة.

عن أبي وائل، قال: كان عبدالله يذكر الناس في كل خميس. فقال له رجل: يا أبا عبدالرحمن، لوددت أنك ذكرتنا كل يوم. قال: أما أنه يمنعني من ذلك أني أكره أن أملكم وإني أتخولكم بالموعظة كما كان النبي ﷺ يتخولنا بها مخافة السامة علينا[1].

وقد أشاد النبي ﷺ بقصر خطبة الرجل بأنه مؤشر على عقله وفقهه:

إن طول صلاة الرجل وقصر خطبته مئنة من فقهه فأطيلوا الصلاة واقصروا الخطبة، وإن من البيان سحرًا[2].

وكما قال عبد الله بن عباس ﵁:

حدث الناس كل جمعة مرة، فإن أبيت فمرتين، فإن أكثرت فثلاث مرار، ولا تمل الناس هذا القرآن، ولا ألفينك تأتي القوم وهم في حديث من حديثهم فتقص عليهم فتقطع عليهم حديثهم فتملهم ولكن انصت، فإذا أمروك فحدثهم وهم يشتهونه[3].

٦. كما يجب على داعي الحق أن يمتنع عن القول بدون فرصة، بنفس الطريقة يجب عليه دائمًا أن يتطلع إلى الفرص المهيَّأة، فعندما يشعر أن صدر مخاطبه بسبب موقف خاص رحبة لدعوته، وأن نوافذ الروح عند مدعوه الآن مفتوحة بالكامل لما يأتي الداعي من النسيم البارد العليل، يجب عليه أن يأخذ الفرصة المتاحة من الله في حضنه. وأُنظر كيف أخذ يوسف الصديق ﵇ الفرصة في زنزانته وقدم دعوته لزملائه بكل شغف وحب. وصور ذلك القرآن في آيات:

---

(1) رواه البخاري، رقم ٧٠.

(2) مسلم، رقم ٢٠٠٩.

(3) بخاري، رقم ٦٣٣٧.

﴿وَدَخَلَ مَعَهُ ٱلسِّجْنَ فَتَيَانِۖ قَالَ أَحَدُهُمَآ إِنِّيٓ أَرَىٰنِيٓ أَعْصِرُ خَمْرًاۖ وَقَالَ ٱلْأٓخَرُ إِنِّيٓ أَرَىٰنِيٓ أَحْمِلُ فَوْقَ رَأْسِي خُبْزًا تَأْكُلُ ٱلطَّيْرُ مِنْهُۖ نَبِّئْنَا بِتَأْوِيلِهِۦٓۖ إِنَّا نَرَىٰكَ مِنَ ٱلْمُحْسِنِينَ ۞ قَالَ لَا يَأْتِيكُمَا طَعَامٌ تُرْزَقَانِهِۦٓ إِلَّا نَبَّأْتُكُمَا بِتَأْوِيلِهِۦ قَبْلَ أَن يَأْتِيَكُمَاۚ ذَٰلِكُمَا مِمَّا عَلَّمَنِي رَبِّيٓۚ إِنِّي تَرَكْتُ مِلَّةَ قَوْمٍ لَّا يُؤْمِنُونَ بِٱللَّهِ وَهُم بِٱلْأٓخِرَةِ هُمْ كَٰفِرُونَ ۞ وَٱتَّبَعْتُ مِلَّةَ ءَابَآءِيٓ إِبْرَٰهِيمَ وَإِسْحَٰقَ وَيَعْقُوبَۚ مَا كَانَ لَنَآ أَن نُّشْرِكَ بِٱللَّهِ مِن شَيْءٍۚ ذَٰلِكَ مِن فَضْلِ ٱللَّهِ عَلَيْنَا وَعَلَى ٱلنَّاسِ وَلَٰكِنَّ أَكْثَرَ ٱلنَّاسِ لَا يَشْكُرُونَ ۞ يَٰصَٰحِبَيِ ٱلسِّجْنِ ءَأَرْبَابٌ مُّتَفَرِّقُونَ خَيْرٌ أَمِ ٱللَّهُ ٱلْوَٰحِدُ ٱلْقَهَّارُ ۞ مَا تَعْبُدُونَ مِن دُونِهِۦٓ إِلَّآ أَسْمَآءً سَمَّيْتُمُوهَآ أَنتُمْ وَءَابَآؤُكُم مَّآ أَنزَلَ ٱللَّهُ بِهَا مِن سُلْطَٰنٍۚ إِنِ ٱلْحُكْمُ إِلَّا لِلَّهِۚ أَمَرَ أَلَّا تَعْبُدُوٓاْ إِلَّآ إِيَّاهُۚ ذَٰلِكَ ٱلدِّينُ ٱلْقَيِّمُ وَلَٰكِنَّ أَكْثَرَ ٱلنَّاسِ لَا يَعْلَمُونَ ۞ يَٰصَٰحِبَيِ ٱلسِّجْنِ أَمَّآ أَحَدُكُمَا فَيَسْقِي رَبَّهُۥ خَمْرًاۖ وَأَمَّا ٱلْأٓخَرُ فَيُصْلَبُ فَتَأْكُلُ ٱلطَّيْرُ مِن رَّأْسِهِۦۚ قُضِيَ ٱلْأَمْرُ ٱلَّذِي فِيهِ تَسْتَفْتِيَانِ﴾[1].

ويقول الأستاذ الإمام أمين أحسن الإصلاحي في تعليقه على دعوة يوسف الصديق:

«ألقِ نظرة على ما وقع وأحضر الصورة الكاملة للحادثة أمام عينيك ومخيلتك. رجلان يدخلان السجن مع يوسف عليه السلام. ويحلم كلاهما، ويحبان معرفة تفسير ما رآها من حلم. وكان يبدو لهما من بين الرجال في السجن، أن يوسف عليه السلام هو الشخص الوحيد الذي يمكنهما اللجوء إليه لهذا الغرض. ولذلك يأتيانه ويقدمان له أحلامهما بروح المحبة والاحترام. ولا يفعل يوسف عليه السلام في هذه المناسبة أن يخبرهما بتفسير الحلم على عجل ويودعهما، أو ليستغل إخلاصهما ويحاول أن يبهرهما برهبة شخصيته وعظمتها ويريد بذلك الحصول على بعض المنفعة الشخصية له. بل على العكس من ذلك فإنه يعتبر التفاتهما غنيمة، ينتهز الفرصة ويقدم لهما قبل تعبير رؤياهما دعوته التي كانت تأخذ لبه وقلبه وتحرق ضميره:

---

(1) سورة يوسف، الآيات: ٣٦ ـ ٤١.

كما عبر بذلك شاعر أردي:

يا أمير! إن الأصدقاء مجتمعون، تعال وقل لهم ما يهم ويحرق قلبك

إنهم مستمعون إليك الآن، انتهز الفرصة، فعساهم لا يلتفتون بعد ذلك

ويتبنى أسلوب العرض بحيث يبدو كما لو أن الحديث قد خلق تلقائيًا في سلسلة الكلام، وليس أنه قد أوجد فرصة لقول قوله لهما عن قصد. وقد برزت حقيقة مهمة من هذا، فكما ينتظر المزارع المطر ليزرع البذور، بنفس الطريقة يجب على داعي الحق أيضًا أن يراقب محيطه ليرى وينتظر متى ينشأ في قلب شخص ما التفاتة له، ما يمكن أن توفر الحصاد والموسم لبذر دعوته، والأمر الثاني: أنه من المعلوم أن مثل هذه الفرصة متى توفرت بفضل الله لا يجوز إضاعتها، ولا يجوز استخدامه لأي غرض آخر غير ذلك الغرض الأسمى والأعلى.

وعندما تأتي مثل هذه الفرص لأناس مغرضين، فبدلًا من استغلالها لصالح دعوة الحق، يحاولون جعلها وسيلة لتحقيق أهدافهم الشخصية. وفي هذا العصر يعاني علماؤنا ومشائخنا بشكل عام من هذا المرض. فإذا وجدوا قلبًا متوجهًا إليهم فرحوا كثيرًا برؤيته، ولكن فرحتهم ليست مثل نوع الفرحة التي شعر بها يوسف عليه السلام عندما توجه صاحباه في السجن إليه، ولكن سعادتهم هي مثل فرحة العنكبوت الذي ينتظر الذباب بنسج شبكة حول نفسه وعندما يرى ذبابة تقترب يرقص فرحًا بقدوم فريسة سمينة»[1].

٧. وينبغي دائمًا أن تسير الدعوة من الأمور المتفق عليها إلى ما فيه خلاف وتباين آراء، ومن المسلم إلى ما فيه نزاع، فيبتدئ الداعي حديثه عن المسلمات التي يعتقدها المدعو والتي ليست غريبة له، بدءًا من إقراره واعترافه لها، ثم يتدرج تدريجيًا إلى الأمور التي تقتضيها هذه المسلمات، وينبغي أن يتطور كلامه بحيث ينتقل المدعو من المألوف إلى غير المألوف.

---

(1) دعوة الدين ومنهجها ص١٤٥.

على الرغم من كونه غير محسوس تمامًا، وأن يميل المدعو بنفسه نحو الحقائق التي يريد الداعي إقناعه بها. وقد أرشد الله سبحانه نبيه في ذلك فقال:

﴿قُلْ يَٰٓأَهْلَ ٱلْكِتَٰبِ تَعَالَوْا۟ إِلَىٰ كَلِمَةٍ سَوَآءٍۭ بَيْنَنَا وَبَيْنَكُمْ أَلَّا نَعْبُدَ إِلَّا ٱللَّهَ وَلَا نُشْرِكَ بِهِۦ شَيْـًٔا وَلَا يَتَّخِذَ بَعْضُنَا بَعْضًا أَرْبَابًا مِّن دُونِ ٱللَّهِ ۚ فَإِن تَوَلَّوْا۟ فَقُولُوا۟ ٱشْهَدُوا۟ بِأَنَّا مُسْلِمُونَ ۞ يَٰٓأَهْلَ ٱلْكِتَٰبِ لِمَ تُحَآجُّونَ فِىٓ إِبْرَٰهِيمَ وَمَآ أُنزِلَتِ ٱلتَّوْرَىٰةُ وَٱلْإِنجِيلُ إِلَّا مِنۢ بَعْدِهِۦٓ ۚ أَفَلَا تَعْقِلُونَ ۞ هَٰٓأَنتُمْ هَٰٓؤُلَآءِ حَٰجَجْتُمْ فِيمَا لَكُم بِهِۦ عِلْمٌ فَلِمَ تُحَآجُّونَ فِيمَا لَيْسَ لَكُم بِهِۦ عِلْمٌ ۚ وَٱللَّهُ يَعْلَمُ وَأَنتُمْ لَا تَعْلَمُونَ ۞ مَا كَانَ إِبْرَٰهِيمُ يَهُودِيًّا وَلَا نَصْرَانِيًّا وَلَٰكِن كَانَ حَنِيفًا مُّسْلِمًا وَمَا كَانَ مِنَ ٱلْمُشْرِكِينَ﴾[1].

٨. فإذا تحدر المدعو والمخاطب بسبب العناد والتعنت إلى التزوير والتحكم بدلًا من الدليل والاستدلال، فبدلًا من أن يتتبعه الداعي بذاك الدليل، عليه أن يعرض وجهة نظره من زاوية أخرى بطريقة تجعله حتى لو لم يوافق فعلى الأقل لم يجد سبيلًا للجدل والنقاش في ذلك. وخير مثال على ذلك مناظرة إبراهيم عليه السلام مع الملك النمرود:

﴿أَلَمْ تَرَ إِلَى ٱلَّذِى حَآجَّ إِبْرَٰهِـۧمَ فِى رَبِّهِۦٓ أَنْ ءَاتَىٰهُ ٱللَّهُ ٱلْمُلْكَ إِذْ قَالَ إِبْرَٰهِـۧمُ رَبِّىَ ٱلَّذِى يُحْىِۦ وَيُمِيتُ قَالَ أَنَا۠ أُحْىِۦ وَأُمِيتُ ۖ قَالَ إِبْرَٰهِـۧمُ فَإِنَّ ٱللَّهَ يَأْتِى بِٱلشَّمْسِ مِنَ ٱلْمَشْرِقِ فَأْتِ بِهَا مِنَ ٱلْمَغْرِبِ فَبُهِتَ ٱلَّذِى كَفَرَ ۗ وَٱللَّهُ لَا يَهْدِى ٱلْقَوْمَ ٱلظَّٰلِمِينَ﴾[2].

**التعليق(3):**

## طراز الكلام

وثالثًا هو أن غرض دعوة الحق ليس مجرد توضيح الحقيقة، بل أن تتوضح

(1) سورة آل عمران، الآيات: ٦٤ ــ ٦٧.

(2) سورة البقرة، الآية: ٢٥٨.

(3) رواه البخاري، رقم ٦٩ ــ ١.

تلك الحقيقة بطريقة لا يتصعب فهمها على أحد من العوام أو الخواص، لذلك يجب على الداعي أن يحاول أن يقدم دعوته وحديثه بطريقة مؤثرة وفعالة ولطيفة وطبيعية بحيث تتجذر بذورها فيمن لديهم أي إمكانات في تربتهم، ويتوضح عن أولئك الذين يدبرون ظهورهم أنه لا يمكن توقع أي نمو وتطور من هذه الصحاري. وهذه هي ضرورة هذه الدعوة، من أجل ذلك دعا موسى عليه السلام عندما بعث لذلك إلى الله وقال:

﴿رَبِّ ٱشْرَحْ لِى صَدْرِى * وَيَسِّرْ لِىٓ أَمْرِى * وَٱحْلُلْ عُقْدَةً مِّن لِّسَانِى * يَفْقَهُوا۟ قَوْلِى * وَٱجْعَل لِّى وَزِيرًا مِّنْ أَهْلِى * هَـٰرُونَ أَخِى * ٱشْدُدْ بِهِۦٓ أَزْرِى * وَأَشْرِكْهُ فِىٓ أَمْرِى * كَىْ نُسَبِّحَكَ كَثِيرًا * وَنَذْكُرَكَ كَثِيرًا * إِنَّكَ كُنتَ بِنَا بَصِيرًا﴾[1].

وعلى ضوء ذلك فإن الخصائص التي ينبغي للداعي أن ينميها في أسلوب كلامه هي:

١ ـ يجب أن يكون خطابه دائمًا واضحًا لا لبس فيه. وأروع مثال للدعوة إلى الحق وأعلاها على هذه الأرض هو القرآن الكريم، قال الله تعالى عنه:

﴿وَإِنَّهُۥ لَتَنزِيلُ رَبِّ ٱلْعَـٰلَمِينَ * نَزَلَ بِهِ ٱلرُّوحُ ٱلْأَمِينُ * عَلَىٰ قَلْبِكَ لِتَكُونَ مِنَ ٱلْمُنذِرِينَ * بِلِسَانٍ عَرَبِىٍّ مُّبِينٍ﴾[2].

وقد كتب الأستاذ الإمام أمين أحسن الإصلاحي يصف خصائص كلام الأنبياء وغيرهم من دعاة الدين الجليلي القدر:

«إنهم يتحدثون بلهجة عصرهم التي يمكنها نقل المدلول إلى كل قسم من أقسام أمتهم بأقصى قدر من الجودة والنظافة. ليس فيها غموض ولا إجمال، ولا إطالة غير ضرورية، ولا كثرة استعارات وتشبيهات، ولا إفراط في التلميحات الذكية، ولا كثرة كلام ثقيل وغير مألوف، ولا شبهة ابتذال ولا ركاكة. لغة مغسولة واستعارات طبيعية صريحة وتشبيهات وتمثيلات تظهر الحقيقة في ستار المجاز.

---

(1) سورة طه، الآيات: ٢٥ ــ ٣٥.

(2) سورة الشعراء، الآيات: ١٩٢ ــ ١٩٥.

بالإضافة إلى ذلك، حرقة بدلًا من الغضب، وحنان بدلًا من القسوة، وبساطة وسذاجة بدلًا من الكلام المرصع المترف، ومن بين أساليب عصرهم المختلفة، فإنهم يتبنون الأسلوب الأكثر ملائمة والأسمى هدفًا والأكثر لياقة بالكرامة والفعالية والوضوح.

ثم، بارتفاع روحهم، ودفء دعوتهم، والاقتناع بعلمهم وإيمانهم، والأهم من ذلك كله، برغبتهم العميقة في الشرح لغرضهم يطورون كلامهم تطويرًا كثيرًا حتى أصبح لديهم أسلوب جديد من تلقاء أنفسهم يعمل بنفسه كنموذج ومثال. السمة الرئيسية لهذا الأسلوب هي سحره وقدرته على التواصل والإبلاغ، ولكن في الوقت نفسه، بسبب سيولته وبساطته، يتم فيه إنشاء الجودة الأدبية أن كلمات الكُتاب العظماء والأدباء الكبار تصبح هامدة تمامًا أمامه.

فيقطر العصير من كل كلمته، وتتغذى النفس من كل فقرته وعبارته. تأثيره لا يغير حياة الأفراد فحسب، بل يغير مجرى حياة الأمم أيضًا. وهذه قوة في يد داعي للحق، لا تستطيع حتى القوات المسلحة مقاومتها»[1].

٢ـ  ولا ينبغي للداع أن ينتقص من واجبه بأن يقول كلامه بطريقة واحدة وبنفس الأسلوب، بل ينبغي أن يقدم إلى دعوته بأساليب كثيرة ومختلفة وأساليب متنوعة، بحيث سيصرخ جميع مؤيديه ومعارضيه سواءً أنه قد أدى الأمانة وحقق إبلاغ الدعوة كما هو حقه.

﴿ وَكَذَٰلِكَ نُصَرِّفُ ٱلۡأٓيَٰتِ وَلِيَقُولُواْ دَرَسۡتَ وَلِنُبَيِّنَهُۥ لِقَوۡمٖ يَعۡلَمُونَ ﴾[2].

٣ـ  ويجب أن يكون كلام الداعي وليس فقط نموذجًا عاليًا للاستدلال والحجة بل يجب أن يكون مملوءًا حماسًا وحرارة العاطفة بحيث إذا خاطب الناس رأوه أن قلبه يتكلم على لسانه، والسورالمكية من البابين الأخيرين للقرآن خير مثال على هذا الأسلوب لطراز الكلام.

---

(1)  دعوة الدين ومنهجها ص ١٠٨.
(2)  سورة الأنعام، الآية: ١٠٥.

اقرأها، فإذا بها تتشرر النيران في ألفاظ المتكلم، ويفرقع البرق في نداءاته والأنهار تتدفق من قمم الجبال إلى الوديان في لهجته. والظاهر أن تتجلى هذه الميزة في كلام المتحدث من إيمانه الراسخ واقتناعه ويقينه المحكم، وتعاطفه ووجعه في أعماق قلبه للمخاطبين، الذي يجعله واعظًا مناديًا بيوم القيامة في العالم. وقد جاء في صفة النبي ﷺ:

كان رسول الله ﷺ إذا خطب احمرت عيناه وعلا صوته واشتد غضبه حتى كأنه منذر جيش يقول: صبحكم ومساكم(1).

٤ـ على الرغم من هذا الحماسة وحرارة الجدال والمجادلات، ينبغي للداعي والمبلغ أن يتجنب الكلام الجدلي دائمًا، حتى لو نزل عليه المخاطب، فعليه أن يسلك طريق الأعـراض ولا يعير أي اهتمام أن يعزى ذاك إلى انتصاره أو هزيمته. وينبغي أن يعلم جيدًا أن بين الدعوة والجدال تناقضًا لا يمكن أن يجتمعا أبدًا. كما قال تعالى:

﴿ فَلَا يُنَٰزِعُنَّكَ فِي ٱلۡأَمۡرِ وَٱدۡعُ إِلَىٰ رَبِّكَ إِنَّكَ لَعَلَىٰ هُدٗى مُّسۡتَقِيمٖ * وَإِن جَٰدَلُوكَ فَقُلِ ٱللَّهُ أَعۡلَمُ بِمَا تَعۡمَلُونَ * ٱللَّهُ يَحۡكُمُ بَيۡنَكُمۡ يَوۡمَ ٱلۡقِيَٰمَةِ فِيمَا كُنتُمۡ فِيهِ تَخۡتَلِفُونَ ﴾(2).

٥ـ وينبغي أن يكون كلام الداعي الحق متصلًا دائمًا بهدفه، وملتصقًا بغرضه، ويجب أن يكون وحدة وتناسق وتوافق في كلامه أن حيثما سمعته يُرى وينبئ عن صوت ينبثق من وجوده في كل موضوع وكل مضمون، وأن هناك مكانًا وحيدًا يبدو صوته حريصًا على الوصول إليه. والقرآن الكريم من أوله إلى آخره خير مثال على هذا الأسلوب في الكلام. فعلى العاملين في حقل الدعوة أن ينظروا في القرآن من هذا المنطلق.

---

(1) رواه مسلم، رقم: ٢٠٠٥.
(2) سورة الحج، الآيات: ٦٧ ـ ٦٩.

582

# أسلوب الاستدلال

ورابعًا: ينبغي لواعظ الحق كما في أسلوب الكلام أن يخلق في أسلوبه عندما يستدل قدر الإمكان، الخصائصَ التي نراها في كلام الأنبياء. وقد أنزل الله تعالى كتابه القرآن الكريم رائعة من العلم والأدب حاملة لهذه الخصائص. فإذا قرأت هذا الكتاب بعناية وتدبر، ستجدها بارزةً جدًّا في استدلاله من أوله إلى آخره. هذه هي خصائص أسلوب الاستدلال التي سنصفها هنا بترتيب.

السمة الأولى: أن الأنبياء ﷺ لا يتخذون قط تلك الأساليب المصطنعة في الجدل والاستدلال التي تنشأ من كون حقائق العلم المجردة فنًّا في أمة، والتي لا يرغب فيه إلا بعض المثقفين المولعين بالتلعب بالعلم. وعلى العكس من ذلك، فإن الأنبياء يختارون لحجتهم واستدلالهم مادة بسيطة جدًّا وطبيعية وخالصة نقية، ويقدمونها من منطلق الواقع المسَلم به للحس السليم كفكر حي وديناميكي، على النحو الذي يوقظ العقل، وتستيقظ الأذهان وتندفع الحياة من خلالها في القلوب الميتة.

ولذلك فإن هذا هو الأسلوب الطبيعي في تفكيرهم، الذي بسببه يضطر كل من لم يصدأ قلبه وعقله إلى أن يقول عندما سمعه:

**عرفت أن ذلك كان أيضًا يدور في خلدي**

السمة الثانية: أنهم يقيمون تمهيدًا لاستدلالهم ويقدمونه إلى مخاطبهم بحيث لا يجد في كلامه الحجة فحسب، بل أيضًا القدرة على الاستدلال في نفسه من خلالها، فبدلًا من إقامة استدلالهم مثل احتجاج أهل المنطق من خلال الصغرى والكبرى، يوجه الأنبياء مخاطبهم إلى مصدر ومأخذ الاستدلال نفسه، ويشرحون بأنفسهم بعض لوازمه وأساسياته، على حين أنهم يكتفون على الإشارة إلى بعضها الآخر، ويوضحون بعضها إيضاحًا تامًّا ويتركون نتائجها البديهية على فهم المخاطب، حتى أنه سيخلق تلك النتائج بنفسه بالتفكير

والتدبر، وبعد ذلك سيرى في وضح النهار الحقائق التي يريدون نقلها وإبلاغها إليه.

وبهذه الطريقة يدربونه على الوصول إلى التفصيل من الإجمال، ومن الأصل إلى الفرع، ومن الكلية إلى الجزئية، ومن البديهي إلى النظري، ومن المشهود الواضح إلى اللازم الضروري، حتى لا يقرأ فقط كلماتهم على لوح قلبه، ولكن يحصل أيضًا من خلال التفكيروأسلوب الاستدلال على نور الحكمة والمعرفة، الذي يطلع به كل شيء من الأنفس والآفاق بخرق حجب الظلام ويظهر في منصة ذهنه ويصبح مرئيًّا لعقله بطريقة لا تجد على الأقل في قلبه شكًّا وريبة في ذلك.

السمة الثالثة: هي أنهم لا يقيمون حجة أبدًا بناءً على أي اعتقاد خاطئ للمخاطب، ولا يبنون حجتهم الخاصة بناءً على أفكار الآخرين وأوهامهم. وهم يبنون حججهم دائمًا على حجج قوية محكمة لا تتأثر بتغير الزمن والظروف، ولا يضعفها ولا يجرحها تغير الأفكار والآراء. إنهم يبنون حجتهم على تلك الأشياء التي هم على يقين تام من صحتها وحقيتها، وبسبب صفتها ذاتها فإنها تصبح وسيلة لإثبات وتأكيد حق.

ولذلك فإن هذه هي خاصية أسلوبهم الاستدلالي، حيث يصل كلامهم إلى القلوب بنفس التأثير ولو بعد آلاف الدورات الزمنية، وينجح في إخضاع العقول.

السمة الرابعة: هي أنهم لا يعتمدون أبدًا أسلوب الاستدلال الإلزامي، أي أنهم لا يخطئون أبدًا في البحث والجدال، حيث إنهم عندما يُعترض عليهم بشيء ما، فإنهم يقدمون على الفور أمثلة مماثلة من عقيدة ودين مخاطبهم الخصم. ولما كان هذا الأسلوب في الاستدلال خاطئًا من جميع النواحي، وناهيك عن إثبات الحق من خلاله فإن وجوده يصبح موضع شك، ولهذا السبب كان الأنبياء عليهم السلام يتجنبونه دائمًا ويستندون في حججهم إلى دلائل مقنعة للمخاطب،

ورغم الآلاف من الاعتراضات من المخاطب، فأنهم يتمسكون بطريقتهم الخاصة هذه.

السمة الخامسة: أن استدلالهم ينطلق دائمًا من القيمة المشتركة بينهم وبين مخاطبهم ثم يصل تدريجيًا إلى الخلافيات، فهم يقنعون مخاطبيهم أولًا على الاعتراف بتلك الأشياء المقبولة في هذا العالم كحقائق الذات والكون، وحقائق التاريخ، ومسلمات العقل والطبيعة، ويقينيات العلم والمعرفة.

والتي لا يجد عنها عاقل فاهم طريقة للاختلاف فيها، وبهذه الطريقة، فإنهم يبدأون كلامهم من تلك الأساسيات ثم يأتون بغرضهم كلازمة لها وهكذا يجعلون حتى الأشياء التي تبدو غريبة تدريجيًا مألوفة للمدعو والمخاطب، بحيث يقبلها بطريقة غير محسوسة ثم يقبل مستلزمات ما قد قبله.

## طرائق الدعوة

وخامسًا ينبغي للداعي أن لا يلح ويصر على طريقة واحدة للدعوة والتبليغ. بل ينبغي له أن يتخذ كافة السبل والطرائق بالحكمة والموعظة الحسنة، التي من خلالها يستطيع إبلاغ رسالته إلى الآخرين إبلاغًا مؤثرًا بليغًا في العصر الحاضر. وإذا درست تاريخ الأنبياء والرسل وجدت أنه تمت عندهم دائمًا رعاية الحالات والظروف المعاصرة. فلما كان الناس جاهلين بفنون القراءة والكتابة اتخذوا منهج الدعوة الشفهية وتواترت أقوالهم جيلًا بعد جيل شفويًا.

وكانت الدعوة في تلك الأيام تعتمد فقط على الاتصالات الشخصية والتعبير الشفهي وقابلية حفظها في أذهان السامعين، ولكن عندما تم اختراع فنون القراءة والكتابة قدم الأنبياء أيضًا دعوتهم بالقلم والكتاب، فإن التوراة والزبور والإنجيل والقرآن، كل هذه الكتب نزلت في هذه الفترة، ثم الأساليب للاختلاط الاجتماعي وتبادل الأفكار وحسم الأمور الجماعية السائدة في مجتمعهم، إن كانت صحيحة من وجهة الدين والأخلاق، فاستغلوا كل تلك الطرق استغلالًا تامًا. وقد بسط النبي ﷺ دعوته بدعوة كبار أهل بيته إلى الطعام.

وصعد جبل الصفا ورفع نعرة «واصباحاه» على عادة قومه ثم نصحهم إذا اجتمعوا. وذهب بنفسه والتقى بشيوخ أم القرى والطائف أثناء الحج، ونقل رسائل الدعوة إلى زعماء القبائل المختلفة، وأرسل ممثليه إلى بعض الأشخاص المهمين. وكان يقصد الأسواق الموسمية في الجزيرة العربية ويخلق فرصًا للدعوات، كما كان يكتب رسائل لبعض الناس، ولهذا اعتمد كل أساليب إيصال رسالته وإبلاغ دعوته إلى الناس التي كانت شائعة في الجزيرة العربية في ذلك الوقت. ويكتب الأستاذ الإمام:

«والله أعلم من حيث انتشرت هذه الفكرة في بعض الأوساط الدينية بأن الطريقة المعيارية والنبوية للوعظ هي أن يأخذ الرجل عصا في يده وعدد قليل من الحِمَّص في حقيبته ويخرج للتبشير والتبليغ. ليس لديه حذاء في القدمين، ولا قبعة على الرأس، وينتقل من قرية إلى قرية وحيثما وجد شخصًا، سواء كان يستمع أم لا، بدأ في إلقاء وعظه عليه، فإذا مر ببلدة وصادفه عدد من الرجال، وقف هناك للخطاب. وفي القطار، في المحطة، في السوق، على الطريق، أينما وجد حشدًا من الناس، بدأ خطبته هناك. يدخل كل لقاء، ويصنع مكانه في كل مؤتمر، ويداهم على كل منصة، يتعب المستمعون، ولكنه لا يمل و لا يكتئب من الحكاية.

والناس يختبئون خوفًا من متابعته لهم ومن أسئلته وأجوبته كمسيطر إلهي عليهم، وحتى إنهم في بعض الأحيان ينزعجون منه ويسبونه، لكنه يواصل عمله بنفس الحماس والانهماك. أينما يُطلب منه الوعظ فليخطب، وحيثما يراد منه الميلاد فليقرأ الميلاد[1] وحيثما يصادف بالمخالفين والمعارضين، يشمرعن ساقه الجد ويدخل في ميدان المناظرة، هذه هي الصورة الصحيحة للواعظ الحقيقي الموجود في أذهان الكثير من المتدينين لدينا. وقد لا ينكر هؤلاء أن الأساليب العلمية المتقدمة والراقية الحالية في الوعظ والتعليم هي أيضًا

---

[1] يشيرإلى عادات الجماهيرفي القارة الهندية من قراءة حكايات مولد الرسول في احتفالات مولده ﷺ هنا.

مفيدة وإن كانت قليلًا، ولكن الطريقة المباركة هي التي يعتقدون أن الأنبياء قد اعتمدوها.

وفي نظرنا، فإن اعتبار هذا المنهج منهج الأنبياء هو في جزء منه نتيجة الجهل بطريق الأنبياء، وفي جزء آخر رغبة هؤلاء السادة في اتباع منهجهم المعتمد ـ والذي يفتقرون إلى القدرة على اتباع أي منهج آخر ـ يرجون أن تكون طريقتهم هذه طريقة محترمة ومقدسة. وبقدر ما درسنا طريقة تبليغ الأنبياء، توصلنا إلى أن طرق الدعوة التي اعتمدها الأنبياء ﷺ كانت من أحدث الأساليب وأكثرها تطورًا من حيث عصرهم، وقد تغيرت الأساليب عندهم أيضًا مع تغير الأحوال والتطورات الثقافية، وهذا دليل على أن الإصرار على منهج واحد في هذا الأمر ليس صحيحًا.

بل ينبغي لدعاة الحق أن يتخذوا في كل زمان أساليب الوعظ والتعليم التي خلقت في عصرهم، والتي بواسطتها سوف يجعلون جهودهم وقدراتهم أنفع وأثمر(1).

لكن لا بد من الإشارة إلى بعض الأمور في هذا الصدد:

**أحدها:** أنه لا ينبغي اتباع أسلوب في الدعوة في أي حال يكون فيه قبح للدين والأخلاق. وإذا كان هناك شيء موجود بالفعل مثل هذا في طريقة سائدة، فيجب اعتماده فقط بعد إزالة عنصر القبح منه. ولذلك لما دعا النبي ﷺ قومه من الصفا حسب تقاليد العرب، فمع اتخاذه نفس الطريقة أي طريقة النذير العريان، لكنه لم يهتم ولم يرض على الإطلاق بطريقة النذير الذي كان يخلع ملابسه ويصبح عريانًا تمامًا.

**والثاني:** ألا يتخذ أبدًا تلك الأساليب التي تسيء إلى شرف الدعوة، أو تنتقص من كرامة الداعي ووقاره. فلما خيف ذلك في دعوة النبي ﷺ على موقف منه قال الله تعالى له:

---

(1) دعوة الدين ومنهجها: ٨٥.

﴿أَمَّا مَنِ ٱسْتَغْنَىٰ ۞ فَأَنتَ لَهُۥ تَصَدَّىٰ ۞ وَمَا عَلَيْكَ أَلَّا يَزَّكَّىٰ ۞ وَأَمَّا مَن جَآءَكَ يَسْعَىٰ ۞ وَهُوَ يَخْشَىٰ ۞ فَأَنتَ عَنْهُ تَلَهَّىٰ ۞ كَلَّآ إِنَّهَا تَذْكِرَةٌ ۞ فَمَن شَآءَ ذَكَرَهُۥ ۞ فِى صُحُفٍ مُّكَرَّمَةٍ ۞ مَّرْفُوعَةٍ مُّطَهَّرَةٍ ۞ بِأَيْدِى سَفَرَةٍ ۞ كِرَامٍ بَرَرَةٍ ﴾[1].

**والثالث:** أن لا يُتخذ مطلقًا تلك الأساليب التي تضر بهدف الدعوة، وبدلًا من أن تلين تربة القلوب وتجعلها قابلةً للنمو فإنها تجعلها أكثر صخريةً ومن أبرز الأمثلة على ذلك المناظرات التي ما زالت تنظم في حلقاتنا الدينية بنفس الطريقة التي ينظم بها «ميدان المصارعة» للمصارعين، وقد أمرنا الله تعالى بهذا الأمر في كتابه، فقال:

﴿وَلَا تُجَٰدِلُوٓا۟ أَهْلَ ٱلْكِتَٰبِ إِلَّا بِٱلَّتِى هِىَ أَحْسَنُ إِلَّا ٱلَّذِينَ ظَلَمُوا۟ مِنْهُمْ ۖ وَقُولُوٓا۟ ءَامَنَّا بِٱلَّذِىٓ أُنزِلَ إِلَيْنَا وَأُنزِلَ إِلَيْكُمْ وَإِلَٰهُنَا وَإِلَٰهُكُمْ وَٰحِدٌ وَنَحْنُ لَهُۥ مُسْلِمُونَ ﴾[2].

---

(1)   سورة عبس، الآيات: ٥ ــ ١٦.

(2)   سورة العنكبوت، الآية: ٤٦.

# الباب السادس:

## قانون الجهاد

إن السلام والحرية هما من الاحتياجات التي لا غنى عنها للحضارة الإنسانية. وهناك تأديبات وعقوبات لحماية الفرد من تمرده هو، ولكن إذا أصبحت الأمم عنيفة متمادية ومتعنّة، يعلم الجميع أنه لا خيار سوى رفع السيف ضدهم. وما دامت النصيحة والموعظة مؤثرة، فلن يبرر أحد حمل السيف عليهم، ولكن عندما يصل تمرد شعب وغطرسته إلى الحد الذي لا يمكن معه إمكانية إعادته إلى الطريق الصحيح بالنصيحة والموعظة، فمن حق الإنسان إذن أن يرفع السيف في وجههم ولا يزال يسلته عليهم حتى يحين الوقت الذي تعود فيه أجواء السلام والحرية إلى العالم. ويبرر القرآن أنه إذا لم يُمنح هذا الإذن بحمل السيف، لكان تمرد الأمم قد وصل إلى هذا الحد أن يصبح حتى المعابد مهجورة وسيتطاير الغبار في تلك الأماكن، حيث يُذكر ويُعبد اسم الله رب العالمين الآن ليلًا ونهارًا ناهيك عن تدمير الحضارة. فقال:

﴿وَلَوۡلَا دَفۡعُ ٱللَّهِ ٱلنَّاسَ بَعۡضَهُم بِبَعۡضٖ لَّهُدِّمَتۡ صَوَٰمِعُ وَبِيَعٞ وَصَلَوَٰتٞ وَمَسَٰجِدُ يُذۡكَرُ فِيهَا ٱسۡمُ ٱللَّهِ كَثِيرٗا﴾[1].

---

(1) سورة الحج، الآية: ٤٠.

وهذا هو الجهاد والقتال[1]، لكنه أمر به القرآن في حالتين فقط:

الأول: ضد الظلم والعدوان.

الثاني: على منكري الحق وجاحديه بعد اكتمال الأدلة وإتمام الحجة.

الشكل الأول هو الحكم الأبدي للشريعة وبموجبه يتم الجهاد من أجل نفس الغرض الذي تم وصفه أعلاه. والحالة الثانية لا تتعلق بالشريعة، بل بقانون إتمام الحجة في شرع الله تعالى، الذي يتم تنفيذه دائمًا في هذا العالم بأمره المباشر ومن خلال الأشخاص الذين يعينهم في منصب الرسول. وقد حصل في التاريخ البشري هذا المنصب للمرة الأخيرة لمحمد ﷺ. كما جاء في القرآن:

﴿ وَلِكُلِّ أُمَّةٍ رَّسُولٌ فَإِذَا جَآءَ رَسُولُهُمْ قُضِيَ بَيْنَهُم بِالْقِسْطِ وَهُمْ لَا يُظْلَمُونَ ﴾[2].

وبموجب هذا القانون، عندما تقوم شهادة الله على أمة من خلال هؤلاء الرُّسل، فإن منكريهم يُعاقبون في هذه الدنيا. وهذا العذاب يأتي أيضًا من السماء، وفي بعض الأحيان أيضًا يتم هنا بسيوف أهل الحق. ونتيجة لذلك يُهزم المنكرون حتمًا ويُغلبون، ويقام حكم الحق وغلبته في أرضهم بكل قوة[3]. وهذه هي الصورة الثانية التي حدثت بعد اكتمال الأدلة وإتمام الحجة على يد رسول الله ﷺ عليهم. فكما أمرهو وأصحابه بقتال الظلم والعدوان، كذلك أمروا بحمل السيف لهذا الغرض الآخر أيضًا. ولقد كان هذا عمل الله الذي قامت به أيدي البشر. وينبغي أن ينظر إليه على أنه سنة إلهية. ولا علاقة له بالأخلاقيات الإنسانية. والآية «يعذبهم الله بأيديكم»[4] تبين هذه الحقيقة.

---

(1) معنى الجهاد هو بذل كل الطاقات في أي جهد. وقد استخدم هذا التعبير في القرآن للجهاد العام في سبيل الله، كما استخدم للقتال في سبيل الله أيضًا. وهنا نستعمله في هذا المعنى الأخير.

(2) سورة يونس، الآية: ٤٧.

(3) إبراهيم ١٤: ١٣ ــ ١٤. المجادلة ٥٨: ٢٠، ٢١.

(4) التوبة ٩:١٤.

# إذن الجهاد

﴿ أُذِنَ لِلَّذِينَ يُقَاتَلُونَ بِأَنَّهُمْ ظُلِمُوا ۚ وَإِنَّ اللَّهَ عَلَىٰ نَصْرِهِمْ لَقَدِيرٌ ۝ الَّذِينَ أُخْرِجُوا مِن دِيَارِهِم بِغَيْرِ حَقٍّ إِلَّا أَن يَقُولُوا رَبُّنَا اللَّهُ ﴾[1].

هذه هي الآيات الأولى من القرآن التي سمح فيها للصحابة المهاجرين باتخاذ إجراءات حربية للرد على العدوان إذا رغبوا في ذلك. لقد ذكر القرآن أن هؤلاء هم الذين كانوا أبرياء تمامًا وأجبروا على ترك منازلهم لارتكاب «جريمة» أن يقولون ربنا الله. إذا فكرت في الأمر علمت أنه قد تم تلخيص لائحة اتهام قريش من الفظائع والاضطهادات بأكملها في هذه الجملة الواحدة. والسبب في ذلك هو أن الإنسان لا يكون مستعدًا لترك بيته ومغادرة أهله حتى لا تضيق عليه أرض الوطن. والفقرة «بأنهم ظلموا» تشير إلى هذه الفظائع والمظالم وقد أعطى القرآن للمسلمين الحق على أساسها في أن يتمكنوا الآن من حمل السيف ضد العدوان.

وقد تم منحهم هذا الحق كمجتمع. وكل من يعرف أسلوب اللغة يعلم أنه مهما وردت آيات القتال في القرآن فإنها لا تخاطب المسلمين بصفتهم الشخصية، وهم المخاطبون بهذه الآيات كالحدود والتعزيرات، كمجتمع. ولذلك، فإن الحق في اتخاذ أي إجراء في هذا الشأن متاح فقط لمنظومتهم الجماعية. ولا يحق لأي فرد أو مجموعة داخلها أن تقرر أي إجراء من هذا القبيل نيابة عنهم. وكلمة «أذن» في الآيات التي نحن ندرسها من سورة الحج تشير إلى هذه الحقيقة. وهذا يعني أن المسألة الأولى المتعلقة بالقتال هي قضية التبرير وعدم الشرعية.

ورغم قسوة وعدوان قريش إلا أن الله سمح للمسلمين بالقتال فقط بعد

---

(1) سورة الحج، الآيتان: ٣٩ و٤٠.

تحقق شرط قيام النظام الجماعي في زمن الرسالة<sup>(1)</sup>. وقد قال النبي ﷺ على هذا الأساس:

إنما الإمام جنة، يقاتل من ورائه ويتقى به<sup>(2)</sup>.

# حكم الجهاد

﴿ وَقَٰتِلُوا۟ فِى سَبِيلِ ٱللَّهِ ٱلَّذِينَ يُقَٰتِلُونَكُمْ وَلَا تَعْتَدُوٓا۟ إِنَّ ٱللَّهَ لَا يُحِبُّ ٱلْمُعْتَدِينَ ۞ وَٱقْتُلُوهُمْ حَيْثُ ثَقِفْتُمُوهُمْ وَأَخْرِجُوهُم مِّنْ حَيْثُ أَخْرَجُوكُمْ وَٱلْفِتْنَةُ أَشَدُّ مِنَ ٱلْقَتْلِ وَلَا تُقَٰتِلُوهُمْ عِندَ ٱلْمَسْجِدِ ٱلْحَرَامِ حَتَّىٰ يُقَٰتِلُوكُمْ فِيهِ فَإِن قَٰتَلُوكُمْ فَٱقْتُلُوهُمْ كَذَٰلِكَ جَزَآءُ ٱلْكَٰفِرِينَ ۞ فَإِنِ ٱنتَهَوْا۟ فَإِنَّ ٱللَّهَ غَفُورٌ رَّحِيمٌ ۞ وَقَٰتِلُوهُمْ حَتَّىٰ لَا تَكُونَ فِتْنَةٌ وَيَكُونَ ٱلدِّينُ لِلَّهِ فَإِنِ ٱنتَهَوْا۟ فَلَا عُدْوَٰنَ إِلَّا عَلَى ٱلظَّٰلِمِينَ ۞ ٱلشَّهْرُ ٱلْحَرَامُ بِٱلشَّهْرِ ٱلْحَرَامِ وَٱلْحُرُمَٰتُ قِصَاصٌ فَمَنِ ٱعْتَدَىٰ عَلَيْكُمْ فَٱعْتَدُوا۟ عَلَيْهِ بِمِثْلِ مَا ٱعْتَدَىٰ عَلَيْكُمْ وَٱتَّقُوا۟ ٱللَّهَ وَٱعْلَمُوٓا۟ أَنَّ ٱللَّهَ مَعَ ٱلْمُتَّقِينَ ۞ ﴾.

وبعد إذن القتال في سورة الحج، فإن حكمه قد جاء مبينًا أصلًا في هذه الآيات من القرآن. وما عدا ذلك فكلما ذكر القتال في القرآن كان على سبيل التفصيل والتوكيد ولتوضيح بعض المشاكل التي نشأت كنتيجة للعمل بهذه الآيات<sup>(3)</sup>. وموقعها من سورة البقرة أنه بعد إعلان بيت الله هو القبلة، حرص الناس على الحج، فظنوا أن قريشًا تقف في طريق الحج الآن. فإذا قامت قريش بصد عن الحج، قد تكون هناك حرب وتحول في ذلك حرمة الأشهر الحرم.

---

(1) وفي زمننا المعاصر يريد البعض أن يحتجوا بخلاف ما ذكرناه بدليل نهب أبي بصير على قريش بعد صلح الحديبية. وهذا إنما هو إفلاس العلم والنظر، وقد صرح القرآن الكريم في الآية ٧٢ من الأنفال (٨) بأن من لم يتمكن من الهجرة إلى المدينة بعد الهجرة فليس على رسول الله ﷺ شيء من مسؤولية تجاههم، ولم يفرض الله ذلك على مسلمي دولة المدينة المنورة أيضًا. وليس هذا فحسب، بل قد علق النبي ﷺ نفسه على أحد تصرفات أبي بصير قائلًا: «ويل أمه مسعر حرب لو كان له أحد» (أي ويل أمه لو وجد أصحابًا لأشعل نار الحرب). ومن هذا يمكن تقدير ما هو رأيه ﷺ في هذا الأمر. انظر: البخاري، أرقام: ٢٧٣١-٢٧٣٢.

(2) رواه البخاري، رقم ٢٩٥٧.

(3) كما في الآية ٢٤٤ من نفس السورة مثلًا.

ولكن عندما ألقي السؤال أوضح القرآن أن الحرمة باقية، ولكن إذا كانت المبادرة من قريش فإنه يجب على المسلمين أن يضعوا حدًّا لهذه المقاومة بالسيف. هذا هو سياق الآيات، لكن القرآن لم ينه الحديث هنا، بل أوضح مع ذلك مسؤولية الحرب المستقبلية ودوافعها وحدودها الأخلاقية أيضًا، بل، إذا فكرت فيها علمت أنه قد وصف أيضًا الغرض منها. بحيث يظهر فيه شكلان للقتال اللذان ذكرناهما في المقدمة محددان بوضوح.

ونحن نذكر هذه المباحث بتفصيل يسير.

## طبيعة المسؤولية

وأول ما يتبين من هذه الآيات أنه ليس فقط ما ورد فيها من أن المسلمين يمكنهم حمل السيف لإنهاء مقاومة قريش في طريق حج بيت الله، بل هو أبعد من ذلك فيأمرهم بذلك أن يرفعوا السيف لهذا الغرض ويستمروا في رفعه حتى لا تكون فتنة ويكون الدين في أرض الحرم لله وحده. ومن الواضح أن هذه مسؤولية ثقيلة ولا يمكن تحميلها على أي مجتمع مسلم دون النظر إلى قوته التكتيكية والحربية والأخلاقية والمعنوية. ولذلك فقد أوضح القرآن في سورة الأنفال أن ذلك أخذ في الاعتبار وفي مراحل مختلفة تم تخفيض المسؤولية أو زيادتها تبعًا لذلك.

ففي المرحلة الأولى، عندما كان مجتمع المسلمين يتكون في معظمه من السابقين الأولين من المهاجرين والأنصار، ولم يكن فيهم ضعف في الإيمان والأخلاق، تمكنوا من القيام بهذه المسؤولية بقوة واحد مقابل عشرة كما قال:

﴿ يَٰٓأَيُّهَا ٱلنَّبِيُّ حَرِّضِ ٱلۡمُؤۡمِنِينَ عَلَى ٱلۡقِتَالِۚ إِن يَكُن مِّنكُمۡ عِشۡرُونَ صَٰبِرُونَ يَغۡلِبُواْ مِاْئَتَيۡنِۚ وَإِن يَكُن مِّنكُم مِّاْئَةٞ يَغۡلِبُوٓاْ أَلۡفٗا مِّنَ ٱلَّذِينَ كَفَرُواْ بِأَنَّهُمۡ قَوۡمٞ لَّا يَفۡقَهُونَ ﴾[1].

_____

(1) سورة الأنفال، الآية: ٦٥.

يقول الأستاذ الإمام أمين أحسن الإصلاحي في شرح هذا الفقه و البصيرة:

«هذه البصيرة هي الجوهر الحقيقي للإنسان. بهذه البصيرة عندما يذهب المؤمن إلى ساحة المعركة، يشعر بقوة جيش في وجوده المنفرد، ويرى عون الله عن يمينه وشماله، ويصبح الموت له أغلى وأحب من الحياة. لأن بصيرته تنير أمامه الوجهة المخصصة لمن استشهد في سبيل الله. وهذه البصيرة هي التي تخلق فيه ذلك الصبر والثبات الذي وحده يجعله أقوى من عشرة رجال محرومين من هذه البصيرة»[1].

وكانت هذه هي المرحلة الأولى، وبعد ذلك دخل أناس جدد في الإسلام، ورغم أن عدد المسلمين زاد كثيرًا في هذه المرحلة، إلا أنهم من حيث البصيرة الدينية لم يكونوا على قدم المساواة مع السابقين الأولين، فخفف الله تعالى عنهم عبء هذه المسؤولية فقال:

﴿ٱلْـَٰٔنَ خَفَّفَ ٱللَّهُ عَنكُمْ وَعَلِمَ أَنَّ فِيكُمْ ضَعْفًا فَإِن يَكُن مِّنكُم مِّائَةٌ صَابِرَةٌ يَغْلِبُواْ مِائَتَيْنِ وَإِن يَكُن مِّنكُمْ أَلْفٌ يَغْلِبُوٓاْ أَلْفَيْنِ بِإِذْنِ ٱللَّهِ وَٱللَّهُ مَعَ ٱلصَّٰبِرِينَ﴾[2].

وحدث نفس الشيء فيما يتعلق بالحاجة إلى المهمات العسكرية في مواقع بدر وأحد وتبوك وغيرها، فقد تم تحميل كل مسلم هذه المسؤولية، ومن أظهر الضعف في الخروج لهذا الغرض، قد عاقبه الله تعالى بشدة. حتى أنهم في وقتٍ ما وُعدوا بأنهم إذا كانوا يحبون أهلهم وأموالهم أكثر من الجهاد في سبيل الله، فعليهم أن ينتظروا حتى يأتي الله بأمره ويكتب لهم مثل العاقبة التي قد قدرت للذين كذبوا الرسول[3]. وأما الغزوات التي لم يكن من الضروري أن يخرج إليها جميع المسلمين، فقد بيَّن الله عنها أن المشاركة فيها تعطي لهم درجة الفضيلة

---

(1) تدبر القرآن ٣/ ٥٠٦.

(2) سورة الأنفال، الآية: ٦٦.

(3) التوبة: ٢٤ ـ ٦.

وهي ليست بشيء أقل درجة ولكن لم يعد الآن الخروج للجهاد مفروضًا على كل المسلمين قاطبة.

﴿لَّا يَسْتَوِى ٱلْقَـٰعِدُونَ مِنَ ٱلْمُؤْمِنِينَ غَيْرُ أُوْلِى ٱلضَّرَرِ وَٱلْمُجَـٰهِدُونَ فِى سَبِيلِ ٱللَّهِ بِأَمْوَٰلِهِمْ وَأَنفُسِهِمْ فَضَّلَ ٱللَّهُ ٱلْمُجَـٰهِدِينَ بِأَمْوَٰلِهِمْ وَأَنفُسِهِمْ عَلَى ٱلْقَـٰعِدِينَ دَرَجَةً وَكُلًّا وَعَدَ ٱللَّهُ ٱلْحُسْنَىٰ وَفَضَّلَ ٱللَّهُ ٱلْمُجَـٰهِدِينَ عَلَى ٱلْقَـٰعِدِينَ أَجْرًا عَظِيمًا ✵ دَرَجَـٰتٍ مِّنْهُ وَمَغْفِرَةً وَرَحْمَةً وَكَانَ ٱللَّهُ غَفُورًا رَّحِيمًا﴾[1].

إلا أن القرآن قد صرح بذلك بوضوح في مكان آخر، أن إظهار الجبن والفرار من الزحف بعد دخول الميدان بأمر الله لا يمكن أن يكون من سلوكيات أي مسلم. لقد جعله الله تعالى خطيئة كبيرة لدرجة أنه وعد بالنار عليها. فجاء في سورة الأنفال:

﴿يَـٰٓأَيُّهَا ٱلَّذِينَ ءَامَنُوٓا۟ إِذَا لَقِيتُمُ ٱلَّذِينَ كَفَرُوا۟ زَحْفًا فَلَا تُوَلُّوهُمُ ٱلْأَدْبَارَ ✵ وَمَن يُوَلِّهِمْ يَوْمَئِذٍ دُبُرَهُۥٓ إِلَّا مُتَحَرِّفًا لِّقِتَالٍ أَوْ مُتَحَيِّزًا إِلَىٰ فِئَةٍ فَقَدْ بَآءَ بِغَضَبٍ مِّنَ ٱللَّهِ وَمَأْوَىٰهُ جَهَنَّمُ وَبِئْسَ ٱلْمَصِيرُ﴾[2].

يقول الأستاذ الإمام في تفسير هذه الآيات:

«الآن يتم توجيه التعليمات للمسلمين فيما يتعلق بالحروب المستقبلية، وهي أنه عندما تواجهون العدو في شكل عمليات هجوم عسكرية منظمة فلا تولوا ظهوركم. وهذه التعليمات مبنية على تأييد الله تعالى الذي ذكرناه أعلاه أن الذين يقوم الله وملائكته على ظهورهم نصرًا وتأييدًا يحرم عليهم أن يولوا على أدبارهم أمام العدو.

﴿وَمَن يُوَلِّهِمْ يَوْمَئِذٍ دُبُرَهُۥ﴾: أي الذين يولون دبرهم في مثل هذه الصورة يبوؤن بغضب من الله، ومأواهم جهنم، فعلم من ذلك أن الفرار من العدو هو يساوي الكفر والردة في شدته لأن خطورة الجريمة ترجع إلى حقيقة أن الشخص

---

(1)  سورة النساء، الآيتان: ٩٥ و٩٦.

(2)  سورة الأنفال، الآيتان: ١٥ و ١٦.

الذي يهرب من ساحة المعركة، يشكل بجبنه أحيانًا خطرًا جسيمًا على الجيش بأكمله، بل أيضًا على الأمة بأكملها.

يستثني مما ذكر الأشكال: مثلًا هناك جندي ويتبنى خطة حربية اِلَّا مُتَحَرِّفًا لِّقِتَالٍ اَوۡ مُتَحَيِّزًا اِلَى فِئَةٍ أو موقف ما قد عرض له أن ينسحب من إحدى جبهاته إلى جبهة أخرى تابعة له، يعني أن الممنوع من الهروب هو ما هو بطبيعته إدبار الظهر. فيستثنى من الانسحاب ما كان من قبيل التخطيط الحربي»[1].

ومن هذه التصريحات القرآنية تتحدد هذه الأمور الثلاثة بوضوح:

**أولًا:** حتى لو وجد الظلم والعدوان، فإن الجهاد لا يفرض حتى تصل قوة المسلمين القتالية إلى مستوى معين مقارنة بالعدو. وقد جعل الله تعالى هذا الحد بعد انضمام الآخرين إلى السابقين الأولين واحدًا مقابل اثنين في عهد النبي ﷺ نفسه. ففي العصور اللاحقة لا يمكن تصور أن الحد يمكن أن يكون أكثر من ذلك، لذلك أصبح من الضروري لأن يقوم المسلمون بواجب الجهاد والقتال، أن يكون وليس فقط الحفاظ على وجودهم الأخلاقي قويًا محكمًا، ولكن أيضًا أن يزيدوا في قواتهم العسكرية إلى مستوى أعلى لدرجة كان القرآن قد أمر المسلمين في زمن الرسالة من حيث الوضع في ذلك الوقت وقال:

﴿ وَأَعِدُّواْ لَهُم مَّا ٱسۡتَطَعۡتُم مِّن قُوَّةٍ وَمِن رِّبَاطِ ٱلۡخَيۡلِ تُرۡهِبُونَ بِهِۦ عَدُوَّ ٱللَّهِ وَعَدُوَّكُمۡ وَءَاخَرِينَ مِن دُونِهِمۡ لَا تَعۡلَمُونَهُمُ ٱللَّهُ يَعۡلَمُهُمۡۚ وَمَا تُنفِقُواْ مِن شَيۡءٍ فِي سَبِيلِ ٱللَّهِ يُوَفَّ إِلَيۡكُمۡ وَأَنتُمۡ لَا تُظۡلَمُونَ ﴾[2].

**ثانيًا:** عدم المشاركة الفعلية في الجهاد لا يعد جريمة إلا إذا كان المسلم يبقى جالسًا في بيته رغم النفير العام[3]. وإذا لم يكن الأمر كذلك، فإن

---

(1) تدبر القرآن ٣/ ٤٥٠.

(2) سورة الأنفال، الآية: ٦٠.

(3) وهذا يعني أن تنشأ مثل هذه الحالة بحيث يضطر أرباب الحكم إلى أن تدعو كل مسلم إلى

الجهاد فضيلة يجب أن يكون لدى كل إنسان الرغبة في تحقيقها، لكن منزلته ليست إلا درجة من الفضيلة، وليست من تلك الواجبات التي إذا لم يتم الوفاء بها سيتم إدانته كمجرم.

**ثالثًا:** يحرم إدبار الظهر والفرار بعد دخول الميدان للقتال في سبيل الله جبنًا وهروبًا، ولن يرتكبه مؤمن أبدًا، فإنه من الإثم أن تعطى الأولوية للحياة على الآخرة وجعل الموت والحياة مرهونة بالتدبير الإنساني، خطة لا يمكن قبولها مع الإيمان.

## الباعث المحفز

والأمر الثاني الذي يتبين من هذه الآيات أن القتال الذي أمر فيها لا يكون لهوى النفس، ولا من أجل المال والثروة، ولا من أجل فتح البلاد وحكومة الأرض، ولا من أجل من أجل الشهرة والسمعة وليس إشباعًا لأي شعور بالحمية والتأييد أو الكراهية والعصبية والعداوة. فهي للّٰه وحده كما يظهر من تقييد «في سبيل الله» بعد «قاتلوا». وقد ذكر القرآن هذا بوضوح في بداية الحكم في ذلك بأن أنانية الإنسان وهوى النفس لا علاقة لها بهذه المعركة. فهذه حرب الله التي يخوضها عباده بأمره تنفيذًا لأوامره ووفق توجيهه وفي سبيله لا غير.

فمكانتهم في هذه الحرب هي مجرد أدوات وأسلحة. ولا يحققون بها هدفًا خاصًّا بهم بل يجب عليهم تحقيق مقاصد الله فقط. لذلك لا يمكنهم أن ينحرفوا عن مكانتهم هذه أيما انحراف.

وكما جاء في النساء:

﴿ٱلَّذِينَ ءَامَنُواْ يُقَٰتِلُونَ فِي سَبِيلِ ٱللَّهِۖ وَٱلَّذِينَ كَفَرُواْ يُقَٰتِلُونَ فِي سَبِيلِ ٱلطَّٰغُوتِ فَقَٰتِلُوٓاْ أَوۡلِيَآءَ ٱلشَّيۡطَٰنِۖ إِنَّ كَيۡدَ ٱلشَّيۡطَٰنِ كَانَ ضَعِيفًا﴾[1].

---

الجهاد. يعبر به النفير العام في الاصطلاح.

(1) سورة النساء، الآية: ٧٦.

وقد بين النبي ﷺ هذا المنشأ القرآني بشكل جيد على بعض المواقع.

فعن أبي موسى عبد الله بن قيس الأشعري ـ رضي الله عنه ـ قال: سُئل رسول الله ﷺ ـ عن الرجل يقاتل شجاعةً ويقاتل حميَّةً، ويقاتل رياءً؛ أيُّ ذلك في سبيل الله؟ فقال رسول الله ـ مَن قاتل لتكونَ كلمة الله هي العليا؛ فهو في سبيل الله[1].

وعن أبي أمامة الباهلي قال جاء رجل إلى النبي ﷺ فقال أرأيت رجلًا غزا يلتمس الأجر والذكر ماله فقال رسول الله ﷺ لا شيء له فأعادها ثلاث مرات يقول له رسول الله ﷺ لا شيء له ثم قال إن الله لا يقبل من العمل إلا ما كان له خالصًا وابتغى به وجهه[2].

عن أبي هريرة رضي الله عنه قال: سمعت رسول الله ﷺ يقول رجُل اسْتُشْهِدَ، فأُتي به، قال فعرَّفه نِعمته، فعرَفَها، قال:فما عملت فيها؟ قال: قاتلت فيك حتى استشهدت قال: كذبت ولكنك قَاتَلْتَ لأن يقال جَرِيء! فقد قيل، ثم أُمِرَ به فَسُحِب على وجهه حتى أُلقي في النار. ورجل تعلم العلم وعلمه، وقرأ القرآن فأقرئه، فأُتي به قال: فعرَّفه نِعَمه فعرَفَها قيل له فما عملت فيها؟ قال تعلمت العلم وعلمته، وقرأت فيك القرآن وأقرأته، قال كذبت ولكنك تعلمت ليقال عالم وقرأت القرآن ليقال هو قارئ فقد قيل ثم أُمِر به فَسُحِب على وجهه حتى ألقي في النار.

ورجل وَسَّعَ الله عليه، وأعطاه من أصناف المال، فأُتي به فعرَّفه نِعَمه، فعرَفَها فقيل فما عملت فيها؟ قال ما تركت من سبيل تُحِبُّ أن يُنْفَقَ فيها إلا أنفقت فيها لك: قال: كذبت ولكنك فعلت ليقال جواد فقد قيل:

ثم أُمِر به فَسُحِب على وجهه حتى ألقي في النار[3].

(1) رواه البخاري رقم: ٢٨١٠. ورواه مسلم رقم: ٤٩١٩.

(2) رواه النسائي رقم: ٣١٤٢.

(3) رواه مسلم رقم ٤٩٢٣.

وعن عبادة ابن الصامت قال: قال رسول الله ﷺ من خرج مقاتلًا في سبيل الله ونوى عقالًا فليس له إلا ذلك العقال[1]:

وعن معاذ بن جبل قال: قال رسول الله ﷺ: الحرب حربان: فمن قاتل خالصة لوجه الله وأطاع أميره ونفق خير ماله فيه، وأحسن إلى رفاقه، وتجنب الفساد فنومته ويقظته كله في سبيل الله، ومن خرج رياء وسمعة وعصى أميره وأفسد في الأرض فلا يخلص سجالًا»[2].

وقال الله تعالى:

﴿ وَلَا تَحۡسَبَنَّ ٱلَّذِينَ قُتِلُواْ فِي سَبِيلِ ٱللَّهِ أَمۡوَٰتَۢا بَلۡ أَحۡيَآءٌ عِندَ رَبِّهِمۡ يُرۡزَقُونَ ۝ فَرِحِينَ بِمَآ ءَاتَىٰهُمُ ٱللَّهُ مِن فَضۡلِهِۦ وَيَسۡتَبۡشِرُونَ بِٱلَّذِينَ لَمۡ يَلۡحَقُواْ بِهِم مِّنۡ خَلۡفِهِمۡ أَلَّا خَوۡفٌ عَلَيۡهِمۡ وَلَا هُمۡ يَحۡزَنُونَ ۝ يَسۡتَبۡشِرُونَ بِنِعۡمَةٖ مِّنَ ٱللَّهِ وَفَضۡلٖ وَأَنَّ ٱللَّهَ لَا يُضِيعُ أَجۡرَ ٱلۡمُؤۡمِنِينَ ﴾[3].

عن أبي هريرة أن رسول الله ﷺ قال: مثل الذي يقاتل في سبيل الله ـ والله أعلم بمن يقاتل في سبيله ـ كمثل من صام يومًا، حافظ عليه وقام الليل، وقد كفل الله للمجاهدين في سبيله أنه إن ماتوا أدخلهم الجنة، وإلا أعطاهم أجرًا وغنيمة وسيعودون إلى منازلهم بسلام[4].

وروي عنه أيضًا أن رجلًا أتى إلى النبي ﷺ فقال: أخبرني بعمل مثل الجهاد في الأجر، قال: ليس مثله عمل. ثم سأل: هل أنتم فاعلون أن إذا خرج المجاهدون من ديارهم، تذهبوا إلى المسجد وتقوموا للصلاة، ولا تتنفسون، وتصومون ولا تفطرون أبدًا؟ قال: ومن يستطيع هذا[5]؟

---

(1) روى مفهومه النسائي رقم ٣١٤٠.

(2) روي مفهومه النسائي رقم ٤٢٠٠.

(3) سورة آل عمران، الآيات: ١٦٩ ـ ١٧١.

(4) البخاري، الرقم ٢٧٨٧.

(5) البخاري، الرقم ٢٧٨٥.

وروى أبو هريرة نفسه أن رسول الله ﷺ قال: إن في الجنة مائة درجة أعدها الله للمجاهدين في سبيله، ما بين كل درجتين مثل ما بين الأرض والسماء[1].

وروي عنه أن النبي ﷺ قال: والذي نفسي بيده، من أصيب في سبيل الله - والله أعلم بمن أصيب في سبيله - يأتي يوم القيامة ويكون لونه لون الدم وريحه المسك[2].

وعن ابن جبر قال رسول الله ﷺ: لا تمس النار عبدًا أغبرت قدماه في سبيل الله[3].

وعن سهل بن سعد قال: الرباط (أي البقاء على الحدود دفاعًا عن العدو) يومًا واحدًا خير من الدنيا وما فيها[4].

## الحدود الأخلاقية

ثالثًا: يتضح من هذه الآيات أن هذا الجهاد في سبيل الله لا يمكن أن يتم دون مراعاة الحدود الأخلاقية. الأخلاق أولى في كل حال وفوق كل شيء، ولم يسمح الله تعالى لأحد أن يخرج عنها حتى في حالة الحرب والصراع. ولذلك قال: من خرج منهم للقتال فلتقاتلوهم، وأخرجوهم من حيث أخرجوكم واقتلوهم حيث ثقفتموهم فهذا كله جائز لكم بعد ظلمهم وعدوانهم وإتمام الحجة عليهم بالنبي ﷺ، ولكن يجب مراعاة أمرين في ذلك أحدهما: أن لا تكون مبادرة من قِبَلكم إلى انتهاك أي حرمة، فالقتال بالقرب من المسجد الحرام وفي الأشهر الحرم، إذا كان لا بد منه فلا يكون إلا بمبادرة منهم أولًا، ولا يمكنكم أبدًا بدء هذا الأمر من جانبكم.

---

(1) البخاري الرقم ٢٧٩٠.

(2) البخاري، الرقم ٢٨٠٣. مسلم الرقم ٤٨٥٩.

(3) البخاري، الرقم ٢٨١١.

(4) البخاري،الرقم ٢٨٩٢.

ثانيًا، يمكنكم أن تعطونهم الجواب على أي إساءة، مساوية لتلك الإساءة، ولكن ليس من حقكم أن تقوموا بأي إساءة من جانبكم، حاربوهم ولكن لا تبدأ الحرب من جانبكم ولا تعتدوا فإن الله لا يحب المعتدين ولا تصل نصرته إلا إلى الذين لا يتعدون حدوده بأي حال من الأحوال. وقد بيَّن القرآن في الآيات المذكورة هذين الأمرين بأسلوبه الفريد كما يلي:

﴿الشَّهْرُ الْحَرَامُ بِالشَّهْرِ الْحَرَامِ وَالْحُرُمَاتُ قِصَاصٌ فَمَنِ اعْتَدَىٰ عَلَيْكُمْ فَاعْتَدُوا عَلَيْهِ بِمِثْلِ مَا اعْتَدَىٰ عَلَيْكُمْ وَاتَّقُوا اللَّهَ وَاعْلَمُوا أَنَّ اللَّهَ مَعَ الْمُتَّقِينَ﴾ [1].

يقول الأستاذ الإمام في تفسير هذه الآية:

«يعني أن القتال في أشهر الحرم أو حدود الحرم ذنب عظيم، ولكن عندما لا يراعي الكفار حرمتها بالنسبة لكم، فمن حقكم أيضًا أن تقوموا بالقصاص، وتحرمونهم من حرمتهم. إن حياة كل إنسان محترمة في الشريعة، لكن عندما لا يحترم الإنسان حياة شخص آخر ويقتله، فإنه يُقتل في قصاصه أيضًا لأنه قد صار بجرمه هذا محروم الحق في الحياة. وكذلك إن احترام أشهر الحرم وحدود الحرم أيضًا مسلم به، بشريطة أن الكفار أيضًا يلاحظوه ولا يعتدوا على الآخرين في أشهر الحرم، ولكن إذا سُلت سيوفهم في الأشهر الحرم وفي هذا البلد الأمين استحقوا أن يُحرموا من أمن وسلام البلد الحرام قصاصًا.

وقال أيضًا إنه كما أن قصاص الأشهر الحرم هذا ضروري كذلك قصاص سائر الحرمات. بمعنى آخر، إذا حرموكم من حق حرمة الشيء المحترم، فمن حقكم أيضًا أن تحرموهم من حق حرمته قصاصًا، لذا مهما كانت الإجراءات التي يتخذونها ضدكم من خلال تدمير وانتهاك حرمات الحرم والأشهر الحرم، يجب أن تردوا عليهم مثلًا بمثل وسواء بسواء.

ولكن ضعوا في اعتباركم حدود التقوى، ولا تقدموا لكسر أي حد، ولا

---

(1) سورة البقرة، الآية: ١٩٤.

تتخذوا أي إجراء يتجاوز مما هو ضروري، فإن دعم الله وعونه لأولئك الذين يتقونه في جميع أنواع المواقف والحالات ويظلون خائفين منه»[1].

وبموجب هذا الحكم، فإن أهم التعليمات المذكورة في القرآن هي مراعاة العهد. وقد جعل الله الخيانة ونقض العهد من أعظم الذنوب، وفي الحالتين سواء كان القتال بعد إتمام الحجة على الظلم والعدوان أو على المكذبين بالحق، فقد تم بيان للمسلمين أنهم لا يمكن لهم انتهاك العقد الذي عقدوه مع قوم وأمة. وسورة التوبة هي سورة عذاب لمن كفر بالحق، وفيها قد أمر رسول الله ﷺ وأصحابه أن يُقدمواعلى إقدام نهائي ضد مشركي العرب منهيًا كافة المعاهدات معهم، إلا أنه قد أوضح لهم في هذا أيضًا أنه إذا تم اتفاق مع تحديد الوقت فإن أجله سوف يُكمل[2]. وبالمثل، فقد ورد بوضوح في الأنفال أنه حتى لو كانت إحدى الدول المعاهدة تضطهد المسلمين، فلا يمكن مساعدتهم بانتهاك المعاهدة مع تلك الدولة فقال:

وَ﴿ٱلَّذِينَ ءَامَنُواْ وَهَاجَرُواْ وَجَٰهَدُواْ بِأَمْوَٰلِهِمْ وَأَنفُسِهِمْ فِي سَبِيلِ ٱللَّهِ وَٱلَّذِينَ ءَاوَواْ وَّنَصَرُوٓاْ أُوْلَٰٓئِكَ بَعْضُهُمْ أَوْلِيَآءُ بَعْضٍۚ وَٱلَّذِينَ ءَامَنُواْ وَلَمْ يُهَاجِرُواْ مَا لَكُم مِّن وَلَٰيَتِهِم مِّن شَيْءٍ حَتَّىٰ يُهَاجِرُواْۚ وَإِنِ ٱسْتَنصَرُوكُمْ فِي ٱلدِّينِ فَعَلَيْكُمُ ٱلنَّصْرُ إِلَّا عَلَىٰ قَوْمِۭ بَيْنَكُمْ وَبَيْنَهُم مِّيثَٰقٌۗ وَٱللَّهُ بِمَا تَعْمَلُونَ بَصِيرٌ﴾[3].

وقد ذكر النبي ﷺ شناعة نقض العهد على عدة مواقع:

فعن أبي سعيد ما مفهومه: يرفع يوم القيامة لواء لغادر لإعلان خيانته بقدر خيانته، إلا أن سيد الناس الغادر والناقض للعهد، ليس هناك أعظم خائنًا منه[4].

---

(1) تدبر القرآن ١/ ٤٧٩ .

(2) ٩ : ٤.

(3) سورة الأنفال، الآية: ٧٢.

(4) مسلم الرقم ٤٥٣٨.

وعن عبد الله بن عمرو قال: قال رسول الله ﷺ: من قتل معاهدًا لم يجد رائحة الجنة، وإن ريحها ليوجد من مسيرة أربعين عامًا[1].

أما إذا كان هناك خوف من الخيانة والغدر من الجانب الآخر، فمن حق المسلمين أن يرموا هذا الاتفاق في وجوههم «على سواء» يقول الله تعالى:

﴿ وَإِمَّا تَخَافَنَّ مِن قَوۡمٍ خِيَانَةً فَٱنۢبِذۡ إِلَيۡهِمۡ عَلَىٰ سَوَآءٍ إِنَّ ٱللَّهَ لَا يُحِبُّ ٱلۡخَآئِنِينَ ﴾[2].

وقد كتب الأستاذ الإمام في شرحه:

إن معنى «على سواء» هو أنك مرخص لكم أيضًا باتخاذ إجراء مساوٍ لهم. ويترتب على ذلك أن الجواب والرد لا ينبغي أن يكون أشد وأصعب، بل يجب أن يكون متساويًا. ولا أرى أي حجة في هذه الكلمات لما قال بعضهم أنه يجب إعلام واطلاع الفريق الثاني بنهاية المعاهدة، إلا أنه يستنبط منه أن مجرد التخوف الوهمي لا يكفي لإبطال عقد، بل إن الإخلال به قد ظهر بالفعل. وذلك أولًا لأن الفعل «تخافن» المستخدم هنا هو فعل تأكيد بنفسه. وثانيًا أن قيد «على السواء» الآخر يجعلها بارزة[3].

وقد أوضح النبي ﷺ ذلك بقوله:

«من كان بينه وبين قوم عهد فلا يحلن عهدًا ولا يشدنه حتى يمضي أمده أو ينبذ إليهم على سواء»[4].

وعلاوة على ذلك، فإن التعليمات المذكورة في القرآن والحديث المتعلقة بذلك فهي كما يأتي:

١.  لا ينبغي للمرء أن يتخذ موقف الغطرسة والكبرياء عند الخروج للحرب،

(1)  البخاري، الرقم ٣١٦٦.
(2)  سورة الأنفال، الآية: ٥٨.
(3)  تدبر القرآن ٣/ ٤٩٩.
(4)  رواه الترمذي برقم ١٥٨٠.

ففي سورة الأنفال، حيثما حث القرآن المسلمين على ذكر الله كثيرًا في مثل هذه المناسبات، نصحهم كذلك ألا يتخذوا موقف الذين يخرجون للحرب يظهرون الافتخار بكثرة أعدادهم وكثرة ما عندهم من الوسائل والموارد، فقال إن هذه البهاء واالتبجح لا يليق بشأن المؤمن، وينبغي أن يكون التواضع والتذلل بارزين في جميع الأحوال السارة أو الضارة له، فحربهم ليست حرب فحسب بل هي عبادة الله، فمن الضروري أن يستمر شأنه هذا في كل مكان:

﴿وَلَا تَكُونُوا۟ كَٱلَّذِينَ خَرَجُوا۟ مِن دِيَـٰرِهِم بَطَرًا وَرِئَآءَ ٱلنَّاسِ وَيَصُدُّونَ عَن سَبِيلِ ٱللَّهِ ۚ وَٱللَّهُ بِمَا يَعْمَلُونَ مُحِيطٌ﴾[1].

٢. ولا ينبغي اتخاذ أي إجراء ضد أولئك الذين يريدون لأي سبب من الأسباب، البقاء على الحياد في الحرب. ففي سورة النساء قد أمر عن المسلمين الذين بسبب ضعفهم وقلة شجاعتهم لم يكونوا مستعدين للانضمام إلى قومهم في قتال المسلمين، كما لم يكونوا مستعدين أن يقاتلوا قومهم منضمين إلى الصف الإسلامي، فقال الله تعالى لا ينبغي اتخاذ أي إجراء ضدهم:

﴿أَوْ جَآءُوكُمْ حَصِرَتْ صُدُورُهُمْ أَن يُقَـٰتِلُوكُمْ أَوْ يُقَـٰتِلُوا۟ قَوْمَهُمْ ۚ وَلَوْ شَآءَ ٱللَّهُ لَسَلَّطَهُمْ عَلَيْكُمْ فَلَقَـٰتَلُوكُمْ ۚ فَإِنِ ٱعْتَزَلُوكُمْ فَلَمْ يُقَـٰتِلُوكُمْ وَأَلْقَوْا۟ إِلَيْكُمُ ٱلسَّلَمَ فَمَا جَعَلَ ٱللَّهُ لَكُمْ عَلَيْهِمْ سَبِيلًا﴾[2].

٣. ولا يُقتل من لا يستطيع أن يشارك في الحرب أو لا يريدها عقلًا وعرفًا. فقد روى عبد الله بن عمر أنه كان في الحرب حين علم أن امرأة قتلت، فنهى النبي ﷺ الناس بشدة عن قتل النساء والأطفال[3].

---

(1) سورة الأنفال، الآية: ٤٧.

(2) سورة النساء، الآية: ٩٠.

(3) البخاري، الرقم ٣٠١٥. مسلم الرقم ٤٥٤٧.

٤.   ولا ينبغي أن يُقتل العدو بالحرق بالنار، فعن أبي هريرة أن النبي ﷺ أمرنا أن نغزو، وأمرنا إذا لقينا الرجلين فلانًا وفلانًا. أحرقوهم، فلما انطلقنا دعانا فقال: أمرتكم أن تحرقوا فلانًا وفلانًا بالنار، ولكن الحق أن الله وحده هو الذي يعذب بالنار، فإذا وجدتم هؤلاء فاقتلوهم[1].

٥.   ولا انتهاب ولا إغارة فعن عبد الله بن يزيد أن رسول الله ﷺ نهى أن يؤخذ من عامة الناس شيء في الزحف إلى بلاد العدو[2]. وروي عن أنصاري أن أهل الجيش في رحلة الجهاد نهبوا ذات يوم في حاجة شديدة بعضَ الغنم وأرادوا أن يطبخوا لحمها ويأكلوها، فقلب القدور وقال: ليست غنيمة النهب خير من جثة ميتة[3].

٦.   ولا ينبغي المثلة فعن بريدة أن رسول الله ﷺ كان يأمر إذا بعث الجنود وينهى في التأكيد الشديد عن المثلة وتدنيس الجثث وتقطيع أعضائها[4].

٧.   ولا ينبغي أن تضيق الطرق. فعن معاذ بن أنس أنه خرج للجهاد مع النبي ﷺ فرأى الناس قد ضاقت عليهم المهبط وهم في طريقهم. ويسرقون المارة، وعندما وصلت إليه شكواه، أعلن على الفور أن من يزعج المارة ويضيق بهم المرور أو يسرق المارة فلا جهاد له[5].

## غاية خطوة الجهاد

والأمر الرابع هو غرض وغاية خطوة الجهاد.

وفي هذه الآيات من سورة البقرة قد نص الله بوضاحة تامة على أن الحرب ستستمر حتى يتحقق هذان الهدفان لها لدرجة نهائية:

---

(1)   البخاري، الرقم ٣٠١٦.
(2)   البخاري، الرقم ٢٤٧٤.
(3)   أبو داوود، الرقم ٢٧٠٥.
(4)   مسلم، الرقم ٤٥٢٢.
(5)   أبو داوود، الرقم: ٢٦٢٩. أبو يعلى الرقم ١٤٨٤.

أحدهما: أن لا تبقى الفتنة.

**والثاني:** أن يكون الدين في أرض العرب للَّه وحده.

وقد وردت في القرآن للهدف الأول فقرة «حتى لا تكون فتنة». وقد تم وصف هذا الغرض من الحرب بشكل أو بآخر بهذه الكلمات في الآية ٣٩ من سورة الأنفال أيضًا. وهذه «الفتنة» التي وصفها القرآن هنا بأنها «أشد من القتل» تعني محاولة جعل الإنسان يرتد عن دينه بالقسوة والإكراه. وهذا ما يُعرف بكلمة «الاضطهاد» في اللغة الإنجليزية.

وقد وردت هذه الكلمة في القرآن بهذا المعنى في أمكنة أخرى كثيرة، ولا شك أن هذه جريمة أخطر من القتل. لقد خلق الله تعالى هذا العالم للاختبار والابتلاء، وأعطى الإنسان الحق في اعتناق ما يريده من دين ووجهة نظر بقراره الحر، فإذا أجبر شخص أو جماعة آخرين على ترك دينهم بالقوة، فهو بفعله ذلك يعلن في الواقع إعلان حرب ضد مخطط الله تعالى لهذا العالم بأكمله.

ولذلك عندما قامت دولة المسلمين المنظمة في يثرب أُمروا برفع السيف لإنهاء حالة الفتن التي أثيرت لمن يؤمن بمحمد رسول الله على هذه الأرض، وأن لا يزالون يرفعون السيف طالما بقيت هذه الحالة. وقد وصف القرآن هذا الأمر في سورة النساء بطريقة مؤثرة للغاية على النحو التالي:

﴿وَمَا لَكُمْ لَا تُقَٰتِلُونَ فِى سَبِيلِ ٱللَّهِ وَٱلْمُسْتَضْعَفِينَ مِنَ ٱلرِّجَالِ وَٱلنِّسَآءِ وَٱلْوِلْدَٰنِ ٱلَّذِينَ يَقُولُونَ رَبَّنَآ أَخْرِجْنَا مِنْ هَٰذِهِ ٱلْقَرْيَةِ ٱلظَّالِمِ أَهْلُهَا وَٱجْعَل لَّنَا مِن لَّدُنكَ وَلِيًّا وَٱجْعَل لَّنَا مِن لَّدُنكَ نَصِيرًا * ٱلَّذِينَ ءَامَنُواْ يُقَٰتِلُونَ فِى سَبِيلِ ٱللَّهِ وَٱلَّذِينَ كَفَرُواْ يُقَٰتِلُونَ فِى سَبِيلِ ٱلطَّٰغُوتِ فَقَٰتِلُوٓاْ أَوْلِيَآءَ ٱلشَّيْطَٰنِ إِنَّ كَيْدَ ٱلشَّيْطَٰنِ كَانَ ضَعِيفًا﴾[1].

وقد ورد هذا الحكم للحرب ضد الفتنة في مواضع أخرى من القرآن أيضًا. وليس هناك شك في أن تقليد تحويل الآخرين قسرًا عن دينهم قد اختفى وانتهى

---

(1) سورة النساء، الآيتان: ٧٥ و٧٦.

إلى حد كبير من العالم المعاصر، ولكن طالما أن الإنسان إنسان، فلا يمكن القول متى وبأي شكل سوف ينتعش. ولذلك يبقى هذا الحكم القرآني إلى يوم القيامة. فعندما تنشأ مثل هذه الفتنة في أرض الله، وإذا كانت الحكومة الإسلامية قوية بما يكفي لاستئصالها، فمن الضروري أن تهب لمساعدة المظلومين وتعلن الحرب في سبيل الله، وبالنسبة للمسلمين فإن هذا التوجيه القرآني أبدي، ولا يمكن لأي قانون في العالم أن يدمره وينهيه.

نعم، السؤال الذي يطرح هنا أنه إلى جانب الظلم والاعتداء الديني، يمكن أن يكون هناك أشكال أخرى من الظلم والعدوان، أليس هذا هو الحكم فيها؟ والجواب على ذلك أنه ينبغي أن يفهم تحت هذا الأصل جميع أشكال الظلم والاعتداء على أرواح المسلمين وأموالهم وعلى عقولهم وآرائهم. ولذلك أمر القرآن في سورة الحجرات أنه إذا اعتدى فريق من المؤمنين على إخوانهم ولم ينتهوا رغم محاولات الإصلاح فيجب قتالهم:

﴿وَإِن طَآئِفَتَانِ مِنَ ٱلْمُؤْمِنِينَ ٱقْتَتَلُوا۟ فَأَصْلِحُوا۟ بَيْنَهُمَا ۖ فَإِنۢ بَغَتْ إِحْدَىٰهُمَا عَلَى ٱلْأُخْرَىٰ فَقَٰتِلُوا۟ ٱلَّتِى تَبْغِى حَتَّىٰ تَفِىٓءَ إِلَىٰٓ أَمْرِ ٱللَّهِ ۚ فَإِن فَآءَتْ فَأَصْلِحُوا۟ بَيْنَهُمَا بِٱلْعَدْلِ وَأَقْسِطُوٓا۟ ۖ إِنَّ ٱللَّهَ يُحِبُّ ٱلْمُقْسِطِينَ * إِنَّمَا ٱلْمُؤْمِنُونَ إِخْوَةٌ فَأَصْلِحُوا۟ بَيْنَ أَخَوَيْكُمْ ۚ وَٱتَّقُوا۟ ٱللَّهَ لَعَلَّكُمْ تُرْحَمُونَ﴾[1].

ويتلخص الحكم الوارد في هذه الآيات فيما يلي:

١. إذا تقاتلت مجموعتان وطائفتان من المسلمين مع بعضهما البعض، فلا ينبغي للمسلمين الآخرين أن يعتبروا ذلك نزاعًا لغيرهم وأن ينعزلوا عنه. وكذلك لا يجوز لهم أن يكونوا مؤيدين لأحد أو معارضين لأحد بروح العصبية العائلية والعشائرية والجماعية دون البحث في أيهما على الصواب وأيهما على الخطأ. بل الموقف الصحيح بالنسبة لهم هو فهم القضية بشكل كامل ومحاولة إصلاح ذات البين والتوفيق بين الطرفين.

---

(1) سورة الحجرات، الآيتان: ٩ و١٠.

٢. فإذا لم يتفق أحد الطرفين على الصلح، أو اتخذ موقف الظلم والعدوان بعد الاتفاق، وجب على المسلمين قتاله، إذا كانوا قادرين، في ظل حكومتهم المنظمة، حتى قبلت الطائفة الباغية ذلك القرار. وأحنت رأسها أمام ما طرحه الوسطاء أمام الفئتين. وقد عبر القرآن هذا القرار بأنه «أمر الله». ومعنى هذا أنه إذا تجنبه حزب فكأنما تجنب الخضوع لأمر الله تعالى.

٣. وإذا كان الطرفان راغبين في الإصلاح، فقد أمر الله تعالى أن لا يُظلم أحد منهم ولا يُحابى ولا يُخضع أحد من خلال جهاز العدل، بل يجب أن يتم المصالحة بالعدل الصحيح، ويجب الوفاء لمن تضرر وبمقدار ما تضرر به.

من الواضح أن هذا الحكم لا يكون ذا صلة إلا إذا كانت هناك حكومة إسلامية نظامية يمكن خوض الحرب في ظلها على الباغين. وإذا لم يكن الأمر كذلك، فقد أمر رسول الله ﷺ، في رده لسؤال حذيفة رضي الله عنه أن يبرِّئ كل مسلم نفسه تمامًا من هذه الفتنة:

قلت : فإن لم يكن لهم جماعة ولا إمام؟ قال: «فاعتزل تلك الفرق كلها ولو أن تعض بأصل شجرة حتى يدركك الموت وأنت على ذلك»[1].

وللمقصد الثاني قد تم اعتماد تعبير «يكون الدين لله» ويكون الدين كله لله» في البقرة والأنفال كليهما، وقد سبقه حكم الحرب بلفظ «قاتلوهم».

وواضح من سياق الكلام أن مرجع الضمير المنصوب فيه هو العرب المشركون، فمن المؤكد قطعًا أن معنى هذه الكلمات هنا لا يمكن أن يكون إلا أن يكون الدين في أرض العرب كاملًا للّه. وكان يمكن تحقيق هذا الهدف بطريقتين لا ثالث لهما: الأولى: قتل أتباع جميع الأديان إلا الدين الحق. والثانية: أن يظلوا تابعين صاغرين من كل وجه. ولذلك، فبعد المرور بمراحل عديدة من السلم والحرب، وهزيمة المنكرين تمامًا، تم اعتماد هذين الأسلوبين أخيرًا.

---

(1) رواه البخاري، رقم ٧٠٨٤.

فإذا لم يؤمن العرب المشركون أمر بإبادتهم، وأعطيت تعليمات بشأن اليهود والنصارى بعدم السماح لهم بالعيش في هذه الأرض إلا بأخذ الجزية منهم وإخضاعهم وقهرهم بالكامل. ولكن كان من بينهم الأعداء المعاندون المتعنتون، فقُتلوا أو نُفيوا كلما أمكن ذلك.

وقد كتبنا في المقدمة أن الخطوات التي اتخذها النبي وأصحابه لهذا الغرض والأوامر التي صدرت لهم بالقتال لا تتعلق بالشرع، وإنما هي حصلت تحت قانون إتمام الحجة من الله تعالى. وقد سبق تفصيل هذا القانون في هذا الكتاب في أمكنة كثيرة. وخلاصة ذلك أنه إذا قامت حجة الله على قوم، جاء عذاب الله في الدنيا على من كذب الحق وجحده. ويخبرنا القرآن أن هذا الحكم بالعذاب وللعقوبة يصدر من الرسل بعد المرور بمراحل الإنذار، والإنذار العام وإتمام الحجة واستكمال الأدلة، ثم بعد المرور بمرحلتي الهجرة والبراءة، ويصدر بحيث يقوم الحكم السماوي على الأرض، وتظهر دينونة الله، وتحدث قيامة صغيرة للأشخاص الذين خاطبهم الرسول مباشرًا.

وتاريخها الذي بينه القرآن يدل على حدوث حالتين عمومًا في مثل هذه الملابسات: إحداهما أن أصحاب النبيﷺ يكونون أقل عددًا ولا تتوفر له وسيلة للهجرة التي يخرج بها عدد محترم من أصحابه، والصورة الثانية هي أن يخرج الرسول بعدد ملموس لأنصاره وقد يوفر الله تعالى له قبل خروجه أن يعيش في مكان آمن وينعم بالحرية والتمكن. وفي كلتا الحالتين لا بد من تحقق سنة الله في الرسل، والتي وصفها القرآن بما يلي:

﴿وَلِكُلِّ أُمَّةٍ رَّسُولٌ فَإِذَا جَآءَ رَسُولُهُمْ قُضِىَ بَيْنَهُم بِٱلْقِسْطِ وَهُمْ لَا يُظْلَمُونَ﴾[1].

أما في الحالة الأولى، فبعد خروج الرسول من الأمة، عادة في صورة وفاته أو على شكل هجرته من ذاك المكان، يصدر القرار الألوهي بحيث تنزل

_____
(1) سورة يونس، الآية: ٤٧.

جيوش السماء، وترتفع عاصفة الساف والحاصب، وتهجم جيوش العواصف والأمطار على الأمة بحيث لا يبقى في الأرض أحد من مخالفي الرسول، ولكن هذا يكون بالنسبة لأولئك الذين يستخدم القرآن في حقهم كلمة «المشركين». وأما الذين كان لهم علاقة أصلًا بالتوحيد فلا يكون هذا حالهم. بل الضابطة فيهم أنه يفرض عليهم عقوبة الذل وعذاب القهر والهوان بدل استئصالهم واجتثاثهم من الأرض.

فمن المعروف أن نفس الشيء حدث مع بني إسرائيل، على حين أن الأقوام والأمم الأخرى من مثل قوم نوح وقوم هود وقوم صالح وقوم لوط وقوم شعيب وأمثالهم من الشعوب قد أبيدت من الأرض تمامًا.

ونفس القانون يتم في الصورة أيضًا، ولكن في هذه الحالة يتم تنفيذ الحكم بالعقوبة بواسطة سيوف الرسول وأصحابه. ففي هذه الحالة، تحصل الأمة المخاطبة على مزيد من الراحة. وفي هذه الفترة يقوم الرسول أيضًا بالحجة الأخيرة على المخاطبين بدار الهجرة. وبعد تربية وتطهير المؤمنين به، يُعدهم الرسول أيضًا لمعركة الحق والباطل هذه، فيقوي سلطته أيضًا أثناء ذلك في دار الهجرة لدرجة أنه بمساعدتها يتمكن من تدمير الكفار واستئصال الجاهدين وإعلاء كلمة الحق ورفع أهلها. وأن يفوز في هذه المعركة نهائيًّا.

وقد حدثت مع رسول الله ﷺ هذه الصورة الأخيرة. ولذلك، بعد إتمام الحجة، أولًا انهزم اليهود. ولقد كانوا محميين بسبب العهود، فمن خالف العهد منهم وقع عليه عقوبة تكذيب رسول الله ﷺ. وقد نفى النبي ﷺ بني قينقاع إلى خيبر، وبني نظير إلى الشام[1]. ثم بمهاجمة خيبر قد تم تحطيم قوتهم هناك أيضًا[2]. وقبل ذلك قتل أبو رافع وكعب بن الأشرف من قومهما في دارهما[3].

---

(1) السيرة النبوية، لابن هشام ٣/ ٤٠، ٤٢. ١٥١، ١٦٠.

(2) السيرة النبوية، لابن هشام ٣/ ٢٥٥،٢٧٧.

(3) السيرة النبوية لابن هشام ٣/ ٤٣، ٤٨. ٢١٥، ٢١٧. الطبقات الكبرى، لابن سعد ٢/ ٢٨.

ولما ارتكب بنو قريظة الغدر والخيانة على موقع غزوة الخندق[1]. فحين انسحبت الأحزاب في وقعة الخندق ولم يكن هناك خوف من أي هجوم من الخارج، حاصرهم النبي ﷺ على الفور.

فإذا عجزوا من الحصار اضطروا إلى طلب أنه مهما كان القرار الذي سيتخذه سعد بن معاذ رضي الله عنه في حقنا فإننا سنقبله. وعلى هذا تقرر سعد حَكما ووافق سعد على إصدار أمره. وبما أنه لم يذكر لهم حد محدد في القرآن حتى ذلك الحين، فقد قرر سعد رضي الله عنه وفقًا للتوراة[2] أن يقتل رجال بني قريظة البالغون، ويؤخذ النساء والأطفال أسارى. وتقسم أموالهم بين المسلمين. فنفذ قرار سعد بن معاذ هذا، وقتل بموجبه جميع رجالهم[3]. ولم يحدث بعد ذلك حادثة ملحوظة عنهم حتى نزل حكم الله الحتمي النهائي في اليهود في سورة التوبة. فقد قال:

﴿ قَٰتِلُواْ ٱلَّذِينَ لَا يُؤْمِنُونَ بِٱللَّهِ وَلَا بِٱلْيَوْمِ ٱلْـَٔاخِرِ وَلَا يُحَرِّمُونَ مَا حَرَّمَ ٱللَّهُ وَرَسُولُهُۥ وَلَا يَدِينُونَ دِينَ ٱلْحَقِّ مِنَ ٱلَّذِينَ أُوتُواْ ٱلْكِتَٰبَ حَتَّىٰ يُعْطُواْ ٱلْجِزْيَةَ عَن يَدٍ وَهُمْ صَٰغِرُونَ ﴾[4].

وكان هذا الحكم خاصًا باليهود والمسيحيين كليهما. وعلى الرغم من أنهم قد استحقوا عقوبة الإبادة والاستئصال بسبب إتمام الحجة من خاتم أنبياء الله، إلا أن ذلك كان بمثابة تنازل كبير لهم، بسبب تعلقهم بالتوحيد الذي كانوا ينتمون بها ولكنهم لم يستفيدوا بها فبعد رحيل النبي ﷺ عادوا مرة أخرى للخيانة ونكث العهود[5]. فقد تم نفي يهود خيبر ونصارى نجران من الجزيرة

---

(1) السيرة النبوية لابن هشام ٣/ ١٨٠. ١٨٢.

(2) سفر التثنية ١٠:٢٠. ١٤.

(3) البخاري، الأرقام ٤١٢١، ٤١٢٢. مسلم، رقم: ٤٥٩٦، ٤٥٩٨.

(4) سورة التوبة، الآية: ٢٨.

(5) البخاري، الرقم ٢٧٣٠. كتاب الخراج، أبو يوسف ٤٢. فتوح البلدان، للبلازري ٧٣. الكامل في التاريخ لابن الأثير ٢/ ١١٢.

العربية على يد عمر الفاروق ﵁ نهائيًّا إلى الأبد، وبذلك تحققت كلمة الله فيهم التي وردت في القرآن على النحو التالي:

﴿وَلَوْلَآ أَن كَتَبَ ٱللَّهُ عَلَيْهِمُ ٱلْجَلَآءَ لَعَذَّبَهُمْ فِى ٱلدُّنْيَا ۖ وَلَهُمْ فِى ٱلْـَٔاخِرَةِ عَذَابُ ٱلنَّارِ﴾[1].

ولما هُزم مشركو العرب أيضًا بهذه الطريقة، أُعلن في سورة التوبة أنه لن يكون معهم صلح في المستقبل، ولهم مهلة أربعة أشهر فقط، ثم يُقام عليهم عذاب الخزي والذل. ولن يتمكنوا من إيجاد مخرج منه في هذا العالم[2]. ففتحت مكة، وكما قد قُتل البعض من المعاندين من أهل مكة من أسرى بدر وأحد، قُتلوا في على وقعة فتح مكة أيضًا. وقد نزل فيهم قبل ذلك هذا الأمر في سورة التوبة أنه ينبغي الإعلان في مناسبة الحج الأكبر أنه بعد انتهاء الشهر الحرام سيقتل المسلمون هؤلاء المشركين حيثما وجدوهم إلا أن آمنوا وأقاموا الصلاة وآتوا الزكاة.

وتم إعفاء الأشخاص الذين كان لديهم عقود محددة المدة فقط من هذا. وتم التوجيه فيهم بأنهم إذا لم يرتكبوا أي مخالفة، فسيتم الوفاء بها طوال مدة هذه الاتفاقيات. وكان المعنى الواضح من ذلك أنه بعد انتهاء المدة ستصل هذه الاتفاقيات أيضًا إلى نفس النتيجة والعاقبة التي قُدرت لجميع المشركين في الجزيرة العربية. وكان ذلك الإعلان في حالة عدم الإيمان عن قتلهم ومذبحتهم التي بينها القرآن على النحو التالي:

﴿وَأَذَٰنٌ مِّنَ ٱللَّهِ وَرَسُولِهِۦٓ إِلَى ٱلنَّاسِ يَوْمَ ٱلْحَجِّ ٱلْأَكْبَرِ أَنَّ ٱللَّهَ بَرِىٓءٌ مِّنَ ٱلْمُشْرِكِينَ ۙ وَرَسُولُهُۥ ۚ فَإِن تُبْتُمْ فَهُوَ خَيْرٌ لَّكُمْ ۖ وَإِن تَوَلَّيْتُمْ فَٱعْلَمُوٓا۟ أَنَّكُمْ غَيْرُ مُعْجِزِى ٱللَّهِ ۗ وَبَشِّرِ ٱلَّذِينَ كَفَرُوا۟ بِعَذَابٍ أَلِيمٍ * إِلَّا ٱلَّذِينَ عَٰهَدتُّم مِّنَ ٱلْمُشْرِكِينَ ثُمَّ لَمْ يَنقُصُوكُمْ شَيْـًٔا وَلَمْ يُظَٰهِرُوا۟ عَلَيْكُمْ أَحَدًا فَأَتِمُّوٓا۟ إِلَيْهِمْ عَهْدَهُمْ إِلَىٰ مُدَّتِهِمْ ۚ إِنَّ ٱللَّهَ يُحِبُّ

(1) سورة الحشر، الآية: ٣.

(2) ٩:٢، ١، ٣٥.

ٱلْمُتَّقِينَ ۞ فَإِذَا ٱنسَلَخَ ٱلْأَشْهُرُ ٱلْحُرُمُ فَٱقْتُلُوا۟ ٱلْمُشْرِكِينَ حَيْثُ وَجَدتُّمُوهُمْ وَخُذُوهُمْ وَٱحْصُرُوهُمْ وَٱقْعُدُوا۟ لَهُمْ كُلَّ مَرْصَدٍ ۚ فَإِن تَابُوا۟ وَأَقَامُوا۟ ٱلصَّلَوٰةَ وَءَاتَوُا۟ ٱلزَّكَوٰةَ فَخَلُّوا۟ سَبِيلَهُمْ ۚ إِنَّ ٱللَّهَ غَفُورٌ رَّحِيمٌ ﴾[1].

وبهذه التدابير تحقق غرض الحرب في الدرجة الأخيرة التي جاء وصفها في «يكون الدين كل للّه»، ولكن في هذه الأثناء امتد رسول الله ﷺ دعوته إلى جميع الأمم المجاورة خارج شبه الجزيرة العربية[2] وكتب رسائل دعوية إلى زعمائهم[3] وأوضح لهم أن الإسلام الآن هو الذي يمكن فقط أن يكون ضمان الأمن لهم[4]. وهذا يعني أن سلطان الله الذي قد تمت إقامته على مشركي العرب واليهود والنصارى من طريق سيدنا محمد ﷺ سيقام أيضًا على هذه الأمم خارج الجزيرة قبل أن يغادر العالم ويلحق بالرفيق الأعلى. وكانت النتيجة الحتمية لذلك أنه بعد اكتمال الدليل وإتمام الحجة من قبل الُرسل، يجب تطبيق قانون العذاب والجزاء في الدنيا على هذه الأمم أيضًا.

فحدث ذلك، فبعد أن فرض الصحابة الأبرار حكمهم في شبه الجزيرة، هاجموا هذه الأمم بإعلان «إما الإسلام وإما الجزية» أي أسلموا أو استعدوا للعيش في التبعية ودفع الجزية. وليس هناك صورة أخرى للحياة والعيش بالنسبة لكم الآن. وبما أنه لم يكن أحد من هذه الأمم حامل لواء الشرك، وإلا لكانوا عاملوهم أيضًا كما عاملوا مع المشركين العرب.

ويتضح من هذا أنها لم تكن مجرد معركة وقتال، بل كان ذلك عذاب

(1) سورة التوبة، الآيات: ٣ ــ ٥.

(2) وقع هذا بعد صلح الحديبية، حيث فتح الصلح مع قريش الفرص أمام النبي ﷺ لتوجيه الدعوات وإرسال الرسالات.

(3) أسماء هؤلاء الملوك والرؤساء هي: ١. النجاشي ملك حبش. ٢. المقوقس ملك مصر. ٣. خسرو برويز إمبراطور فارس. ٤. قيصر إمبراطور روما. ٥. منذر بن ساوي حاكم البحرين. ٦. هوزة بن علي صاحب يمامة. ٧. الحارث بن أبي شمر حاكم دمشق. ٨. جيفر ملك عمان.

(4) البخاري، رقم ٢٩٤١. مسلم الرقم ٤٦٠٧.

وعقوبة من الله تعالى بعد اكتمال الأدلة وإتمام الحجة عملًا بالسنة الإلهية وقضاء من الله، قد تم تنفيذه أولًا على المشركين ويهود العرب ثم نزل على بعض الأقوام والأمم من خارج الجزيرة العربية. ولذلك فمن المؤكد قطعًا أن الحرب ضد منكري الحق بعد ذلك، ونتيجة لذلك، حق فرض الجزية على المفتوحين وإبقاؤهم صاغرين مقهورين قد انتهى الآن إلى الأبد. لا يستطيع أحد أن يهاجم أي أمة من أمم العالم لهذا الغرض إلى يوم القيامة، ولا يجرؤ على إخضاع قوم وقهره وغلبه وفرض الجزية عليه. ولم يبق للمسلمين إلا شكل واحد من أشكال القتال اليوم، وهو قتال الظلم والعدوان. وهذا هو القتال في سبيل الله الآن. ولا يمكن شن الحرب باسم الدين لأي غرض آخر غير هذا.

# النصرة الإلهية

﴿ يَٰٓأَيُّهَا ٱلنَّبِيُّ حَرِّضِ ٱلۡمُؤۡمِنِينَ عَلَى ٱلۡقِتَالِ إِن يَكُن مِّنكُمۡ عِشۡرُونَ صَٰبِرُونَ يَغۡلِبُواْ مِاْئَتَيۡنِ وَإِن يَكُن مِّنكُم مِّاْئَةٌ يَغۡلِبُوٓاْ أَلۡفٗا مِّنَ ٱلَّذِينَ كَفَرُواْ بِأَنَّهُمۡ قَوۡمٞ لَّا يَفۡقَهُونَ ۞ ٱلۡـَٰٔنَ خَفَّفَ ٱللَّهُ عَنكُمۡ وَعَلِمَ أَنَّ فِيكُمۡ ضَعۡفٗاۚ فَإِن يَكُن مِّنكُم مِّاْئَةٞ صَابِرَةٞ يَغۡلِبُواْ مِاْئَتَيۡنِۚ وَإِن يَكُن مِّنكُمۡ أَلۡفٞ يَغۡلِبُوٓاْ أَلۡفَيۡنِ بِإِذۡنِ ٱللَّهِۗ وَٱللَّهُ مَعَ ٱلصَّٰبِرِينَ ﴾[1].

وكما تصف هذه الآيات من الأنفال حدود مسؤولية الجهاد، فإنها تحدد أيضًا قواعد نصرة الله في الجهاد والقتال. لقد تم التوضيح فيها أن مسألة العون الإلهي في الحرب ليست مسألة عابثة وغير مضبوطة وأن نصر الله وعونه يجب أن يأتيا بنفس الطريقة التي يريدها الناس. لا، بل قد وضع الله تعالى قاعدة لنصرة الله وهو يعين عباده وفق تلك الضابطة. وإذا تأملت الآيات، عرفت أن قانون نصرة الله هذا يقوم على النقاط الثلاث التالية:

أولًا: إن الأصل في حصول عون الله هو الصبر والثبات. ولا تنال جماعة من

---

(1) سورة الأنفال، الآيتان: ٦٥ و٦٦.

المسلمين استحقاقها حتى تنمي هذه الصفة في نفسها. فإذا دخل فريق محروم منها ميدان الجهاد فلا ينتظر من الله تعالى عونًا ونصرًا مؤزرًا. وقد بُين نفس الأمر في هذه الآيات من خلال صفات «صابرون» و»صابرة». وقوله «و الله مع الصابرين» في آخر الآيات يدل على هذه الحقيقة أيضًا.

**ثانيًا**: اكتساب القوة المادية أمر لا غنى عنه لخوض الحرب. لا شك أن كل ما يحدث يحدث بأمر الله، ويجب أن يكون توكل الإنسان أصلًا على الله رب العالمين، ولكن مع هذا أيضًا فإن الله خلق هذا العالم كعالم الأسباب. إن هذا المخطط للعالم يتطلب أنه إذا تم تصور أي مبادرة للخير والصلاح، فيجب توفير الموارد اللازمة لها في جميع الأحوال. وماذا ينبغي أن تكون هذه الوسائل والموارد؟ قد أقام الله لها تناسبًا لقوة العدو في هذه الآيات من الأنفال. وإذا لم يتحقق ذلك، فينبغي للمسلمين أن يحاولوا تحقيقه.

فإن قاموا قبل ذلك بأي عمل في هوى الجهاد أو غلبة العواطف فالمسؤولية عليهم. وليس هناك على الإطلاق وعد بأي مساعدة من الله تعالى لهم في هذه الصورة.

**وثالثًا**: الشيء الذي يكمل ما ينقصه من قوة مادية هو قوة الإيمان، يُعلم ذلك من فقرة «علم أن فيكم ضعفا»ومن فقرة «بأنهم قوم لا يفقهون» ولا يطلق ضعف بالعربية فقط على النقص الجسماني والخور المادي بل يطلق على ضعف الإيمان وعدم العزيمة وفتور الهمة والبصيرة أيضًا. كما أن «لا يفقهون» أيضًا ينبئ عن معنى حرمان البصيرة الإيمانية هنا.

فقال بما أن جاحدي الحق محرومون من هذه البصيرة، وقد أنعم الله تعالى عليكم بهذه النعمة، فحتى لو كنتم مائة مقابل ألف فسوف تنتصرون عليهم بعون الله ونصره.

ويتوضح من نظم السورة أن هذه النسبة تعود إلى زمن بدر. وبعد ذلك دخل في الإسلام أناس جدد كثيرون لم يكونوا على قدم المساواة مع السابقين

الأولين في الالتزام بالعزيمة والبصيرة. ونتيجة لذلك، زاد عدد المسلمين كثيرًا، ولكن قوة الإيمان لم تكن بنفس مستوى المسلمين السابقين الأولين. ولذلك أخبر الله تعالى أن النسبة الآن هي واحد واثنان، فإن صبر مائة من المسلمين غلبوا مائتين، وإذا ثبت ألف غلبوا بأمر الله ألفين.

وقد تم شرح قانون التأييد الإلهي هذا لجماعة الأولياء القدسيين الذين خرجوا إلى ميدان الجهاد مع رسول الله ﷺ وبأمر الله مباشرة. ففي العصور اللاحقة يمكن تقدير كم يمكن أن تقل هذه النسبة أو تزيد بالنظر إلى الحالة الإيمانية للمسلمين.

## أسرى الحرب

﴿ فَإِذَا لَقِيتُمُ الَّذِينَ كَفَرُوا فَضَرْبَ الرِّقَابِ حَتَّىٰ إِذَا أَثْخَنتُمُوهُمْ فَشُدُّوا الْوَثَاقَ فَإِمَّا مَنًّا بَعْدُ وَإِمَّا فِدَاءً حَتَّىٰ تَضَعَ الْحَرْبُ أَوْزَارَهَا ﴾[1].

وواضح من كلمات الآية أنها نزلت في ذلك الوقت حيثما لم تكن هناك عرضت حرب للمسلمين بعد، ولكن الظروف كانت تشير إلى إمكانية حدوثها في أي وقت. وفي هذه المناسبة قيل للمسلمين إنه إذا كان هنا اصطدام ومقاتلة مع هؤلاء المنكرين للأرض العربية فإن المطلب الحقيقي هو قتلهم وضرب رقابهم. فأنهم لم يستحقوا أي خصم ورخصة لإصرارهم على كفرهم بعد إظهار البينة وإتمام الحجة عليهم من النبي، فإذا جاؤوا في معارضة ومقابلة يجب الإثخان فيهم وأن يعاقبوا عقابًا كبيرًا، ويجب أن تتم عملية التأسير وإلقاء القبض عليهم عندما يتم الإثخان كما هو حقه. لكنهم إذا سجنوا فإما أن ستطلبون منهم فدية أو تطلقون سراحهم دون تعويض.

وبعد ذلك لا يمكنكم التعامل مع أي شيء آخر غير ذلك. هذا هو الأمر

---

(1) سورة محمد، الآية: ٤.

لكم حتى تضيع روح الحرب بداخلهم[1]. فقال أيضًا بعده«ذلك»: أي هذا ما عليك فعله.

وجاء لذلك ألفاظ «فإما منا بعد وإما فداء» ومنا هو مصدر لفعل محذوف ولم يأتِ في مقابل القتل بل بمقابل الفداء، ويعلم البارعون في اللغة أنه إن كان فداء يعطي معنى التسريح بعد الفداء فإن «منًّا» أيضًا يعطي معنى التسريح إحسانًا لأنه جاء مع إما وجاء مقابلًا لفداء. ولا يمكن أن يراد به صورة أخرى للإحسان.

ورغم أن هذا الأمر في سورة محمد قد جاء في حق المشركين من جزيرة العرب، إلا أنه عام من كل وجه، والسبب في ذلك أنه حيث لا تعامل مع كفار النبي والجاحدين له بعد أسرهم، إلا المن أو الفدية. فذلك يكون مع الآخرين بالدرجة الأولى، ولذا فإن هذا الحكم القرآني الذي أنهى عادة جعل الأسرى عبيدًا إلى الأبد، وبالتالي قطع أصل العبودية واستأصلها.

ولكن تم استثناء ثلاثة أنواع من السجناء من ذلك:

ومن هؤلاء المخالفين أولًا الذين قضى الله تعالى بقتلهم أينما وجدوا، مثل عقبة بن أبي معيط، ونضر بن الحارث[2]، وأبي عزة[3]. وكذلك هؤلاء القلائل من أهل مكة الذين استثنوا من العفو العام على موقعة فتح مكة[4].

وثانيًا بنو قريظة، فرض عليهم حَكمهم الّذي ارتضوه بأنفسهم حُكم التوراة فيهم، فقتل رجالهم، وبيعت نساؤهم وأطفالهم أسرى[5].

---

(1) قيل هذا نظرًا إلى التعامل المستقبلي معهم لأنه بعد انتهاء الحرب لم يعد هناك مكان لأي شكل ثالث سوى الإسلام والسيف.

(2) السيرة النبوية لابن هشام ٢/ ٢١٥.

(3) السيرة النبوية لابن هشام ٣/ ٨٣.

(4) السيرة النبوية لابن هشام ٤/ ٤١.

(5) البخاري، رقم ٤١٢٢. مسلم، رقم ٤٥٩٨. السيرة النبوية لابن هشام ٣/ ١٨٨، ١٨٩، ١٩٢.

ثالثًا: الأسرى الذين كانوا بالفعل إماء محظيات وعبيدًا من قبل وقد تم توزيعهم في بعض المناسبات على الناس بصفتهم هذه[1].

ومن الواضح أن هذه الأنواع الثلاثة لم تكن لها علاقة بما جاء في سورة محمد من الحكم المذكور أعلاه. ولذلك، وبغض النظر عنها، فإذا دُرست أحداث زمن الرسالة في هذا الأمر، يمكن القول بكل ارتياح أن رسول الله ﷺ لم يتعامل مع أسرى الحرب العاديين خارجًا من هذا الحكم. ولكن ما قام به قام بالضبط في تبعته.

وإليكم التفاصيل:

١. وطالما بقي السجناء في سجن وعهدة الحكومة، تمت معاملتهم بشكل جيد للغاية. ومعلوم عن أسرى بدر أنهم تُوزعوا على بيوت الصحابة، وقد أمر رسول الله ﷺ فيهم بقوله: «اسْتأَصوهُمْ بالأسارى خَيْرًا»[2]و[3] وذكر أبو عزيز أحد الأسرى أن الأنصار الذين كنت في بيتهم كانوا يطعمونني الخبز صباحًا ومساءً، ولا يأكلون إلا التمر[4]. وألقي القبض على زعيم اليمامة ثمامة بن أثال، وطالما بقي في السجن كان يزود بالطعام الطيب واللبن بأمر النبي الكريم[5].

٢. تم إطلاق سراح معظم أسرى بدر بفدية. وفرض على القادرين على دفع التعويضات من ألف إلى أربعة آلاف درهم لكل سجين، ومن لم يتمكن من دفع التعويضات أطلق سراحهم بشرط أن يعلموا أطفال الأنصار القراءة والكتابة وكل أسير يعلم عشرة أطفال. وأطلق سراح عمرو بن أبي سفيان

---

(1) البخاري، رقم ٣١٤٤. مسلم، الأرقام: ٤٢٩٤، ٤٦٢١. السيرة النبوية لابن هشام ٤/ ١٠٥.

(2) السيرة النبوية لابن هشام ٢/ ٢١٧.

(3) أي تحسنوا إلى هؤلاء الأسرى.

(4) السيرة النبوية لابن هشام ٢/ ٢١٧.

(5) السيرة النبوية لابن هشام ٤/ ٢١٥.

مقابل سعد بن النعمان الذي كان قد حبسه أبو سفيان[1]. وقد قام أبو السيدة جويرية من بين أسرى غزوة بني المصطلق الحارث بن أبي ضرار بإطلاق سراحها أيضًا عن طريق أداء الفدية بدلها[2]. وتم إرسال سيدنا أبي بكر الصديق في رحلة استكشافية. وهناك أسروا بينهم امرأة جميلة جدًّا. فأرسله النبي ﷺ إلى مكة، وأُطلق بدلًا منها أسرى كثيرين من المسلمين[3].

كما أطلق سراح رجلين من المسلمين من قبيلة ثقيف بإرسال أسير لبني عقيل إلى الطائف بنفس الطريقة[4].

٣.   وقد تم إطلاق سراح بعض السجناء دون أي تعويض. وأطلق سراح أبي العاص ومطل بن حنطب ووهب بن عمير بن وهب وأبي العزى من أسرى بدر بنفس الطريقة[5]. وعلى موقعة صلح الحديبية، قد أغار ثمانون رجلاً من مكة من التنعيم وألقي القبض على الكل وتم أسرهم جميعًا ثم أعطاهم الرسول الكريم الحرية بنفس الطريقة[6]. كما تم إطلاق سراح ثمامة بن أثال المذكور أعلاه بنفس الطريقة[7].

٤.   وعلى بعض المواقع، تم توزيع السجناء على الناس حتى يتمكنوا من التعامل معهم أو مع أقاربهم بأنفسهم على مبدأ «فإما منا بعد وإما فداء». فقد تم توزيع أسرى غزوة بني المصطلق على الناس بنفس الطريقة، ولكن بعد إطلاق السيدة جويرية تزوجها النبي ﷺ، فأطلق المسلمون أجمعون سراح السجناء في حصصهم دون أي تعويض، قائلين إنهم أصبحوا الآن من

---

(1)   الطبقات الكبرى لابن سعد ٢/ ٢٢. السيرة النبوية لابن هشام ٢/ ٢٢١.

(2)   السيرة النبوية لابن هشام ٣/ ٢٣٢.

(3)   مسلم الرقم ٤٥٧٣. أبو داود الرقم ٢٦٩٧.

(4)   مسلم، الرقم ٤٢٤٥. الترمذي، الرقم: ١٥٦٨. أحمد، الرقم ١٩٣٢٦، ١٩٣٧٨.

(5)   السيرة النبوية لابن هشام ٢/ ٢٢٨، ٣/ ٥٠.

(6)   مسلم، الرقم ٤٦٧٩. أبو داود الرقم ٢٦٨٨.

(7)   البخاري، الرقم ٤٣٧٢. مسلم، الرقم ٤٥٨٩.

أقرباء الرسول الكريم وذويه، وبهذه الطريقة تم تحرير رجال مائة عائلة[1]. كما أطلق رسول الله ﷺ أسرى سرية هوازن من الناس كذلك[2]. وحدث الشيء نفسه في غزوة حنين. وعندما جاء وفد قبيلة هوازن للإفراج عن أسراهم، كان الأسرى قد تم توزيعهم بالفعل.

فجمع النبي عليه السلام المسلمين جميعًا استجابة لطلبهم وقال ما مفهومه إنه لقد تاب هؤلاء وجاؤونا، وأنا مع الرأي القائل بضرورة إطلاق سراح السجناء. فمن أراد منكم أن يطلق سراح سجينه بلا عوض فليفعل، ومن أراد أن يأخذ تعويضًا فسوف تعوضه الحكومة. ونتيجة لذلك، تم إطلاق سراح ستة آلاف سجين وتم تعويض المطالبين بالتعويض من قِبل الحكومة[3].

٥. والنساء اللاتي أُعطين للناس على هذا المبدأ، واللاتي قُتل آباؤهن وإخوانهن وأزواجهن وغيرهم في الحروب، حررهن الناس عمومًا وتزوجوهن. وقد دخلت إحدى أسرى خيبر صفية في زواج النبي ﷺ بنفس الطريقة[4].

## غنائم الحرب

﴿يَسْـَٔلُونَكَ عَنِ ٱلْأَنفَالِ ۖ قُلِ ٱلْأَنفَالُ لِلَّهِ وَٱلرَّسُولِ ۖ فَٱتَّقُوا۟ ٱللَّهَ وَأَصْلِحُوا۟ ذَاتَ بَيْنِكُمْ ۖ وَأَطِيعُوا۟ ٱللَّهَ وَرَسُولَهُۥٓ إِن كُنتُم مُّؤْمِنِينَ﴾[5].

ومن خلال دراسة السورة التي توجد فيها هذه الآية، يتبين أنه بعد الحرب الأولى مع المشركين العرب، نشأ الخلاف بين المسلمين حول كيفية توزيع الغنائم التي تم الحصول عليها. وقد حذرهم القرآن على هذا الخلاف وأعطى

(1) السيرة النبوية لابن هشام ٣/ ٢٣١.
(2) السيرة النبوية لابن كثير ٣/ ٤٥٣.
(3) البخاري، الأرقام ٤٣١٨، ٤٣١٩. السيرة النبوية لابن هشام ٤/ ١٠٤ـ ١٠٦.
(4) البخاري، الرقم ٤٢٠١. مسلم، الرقم ٣٤٩٧.
(5) سورة الأنفال، الآية: ١.

قراره بأنه لا حق لأحد في غنيمة هذه الحروب. وهذا كله للّه ولرسوله، يتعاملان فيه بما يشاءان. والسبب في ذلك هو ما أوضحناه سابقًا بالتفصيل من أن حروب العصر النبوي هذه كانت في الغالب قد تمت تحت قانون إتمام الحجة لشرع الله تعالى، وكانت مكانة المقاتلين المجاهدين فيها في الأساس كالأدوات والجوارح.

فقد دخلوا ميدان الحرب بأمر الله وانتصروا مباشرة بعون ملائكته ونصرها. ولذلك لم يعترف الله تعالى لهم بشيء من حقوقهم في غنائم هذه الحروب، إلا أنه ذهب في نفس السورة فيما بعد إلى أبعد من ذلك وأوضح أنه مع هذا لن يبقى كل هذه الأموال خاصة لهما، بل خمسها فقط يكون خصيصًا لأغراض جماعية والباقي سيتم توزيعه على المجاهدين. فقال:

﴿وَٱعۡلَمُوٓاْ أَنَّمَا غَنِمۡتُم مِّن شَيۡءٖ فَأَنَّ لِلَّهِ خُمُسَهُۥ وَلِلرَّسُولِ وَلِذِي ٱلۡقُرۡبَىٰ وَٱلۡيَتَٰمَىٰ وَٱلۡمَسَٰكِينِ وَٱبۡنِ ٱلسَّبِيلِ﴾[1].

ومن الواضح أيضًا أن التقسيم تم فقط لأن الناس خاضوا الحرب على أية حال. كما قاموا أيضًا بإعداد الزاد والعتاد وهيأوا بأنفسهم الأسلحة والخيول والإبل وما إلى ذلك لتلبية احتياجات الحرب. ولذلك، عندما حصل المسلمون على مثل هذه الأموال التي لم يكن عليهم اتخاذ الترتيبات اللازمة لها، أي مال الفيء، أوضح القرآن أن كل ذلك قد تم تخصيصه للحاجات الجماعية للدين والأمة وللفقراء والمحتاجين للقوم. ولا يقسم نصيب منه بين المجاهدين.فقال:

﴿وَمَآ أَفَآءَ ٱللَّهُ عَلَىٰ رَسُولِهِۦ مِنۡهُمۡ فَمَآ أَوۡجَفۡتُمۡ عَلَيۡهِ مِنۡ خَيۡلٖ وَلَا رِكَابٖ وَلَٰكِنَّ ٱللَّهَ يُسَلِّطُ رُسُلَهُۥ عَلَىٰ مَن يَشَآءُۚ وَٱللَّهُ عَلَىٰ كُلِّ شَيۡءٖ قَدِيرٞ ۞ مَّآ أَفَآءَ ٱللَّهُ عَلَىٰ رَسُولِهِۦ مِنۡ أَهۡلِ ٱلۡقُرَىٰ فَلِلَّهِ وَلِلرَّسُولِ وَلِذِي ٱلۡقُرۡبَىٰ وَٱلۡيَتَٰمَىٰ وَٱلۡمَسَٰكِينِ وَٱبۡنِ ٱلسَّبِيلِ﴾[2].

---

(1) سورة الأنفال، الآية: ٤١.

(2) سورة الحشر، الآيتان: ٦ و٧.

هنا وما فوقه في آية من الأنفال قد فصّل الله تعالى الأغراض الجماعية التي من أجلها تم تخصيص هذه الأموال.

وقد تم بيان حق الله أولًا. والظاهر أن الله تعالى غني عن كل شيء. فيعود نصيب لاسمه إلى دينه. ولذلك فإن المصرف الحقيقي سيكون الأعمال التي يقوم بها النظام الإسلامي كمسؤولية دينية جماعية لنصرة الدين وحمايته والدفاع عنه.

والحق الثاني قد أخبر به أنه لرسول الله ﷺ. وفي ذلك الوقت قد اجتمعت أيضًا مسؤولية رئيس حكومة المسلمين في شخصيته ﷺ إلى جانب النبوة والرسالة، وكان يقضي كل لحظة من وقته في أداء واجباته الرسمية المنصبية. ولم يكن من الممكن له أن يقوم بأي عمل من أجل رزقه وكفافه مع هذه المسؤولية. ففي هذه الحالة صار من الضروري أن يكون له نصيب وحق في هذا المال. ولم يكن لهذا المال والعقار طبيعة الممتلكات الشخصية أن يتم توزيعها على ورثته من بعده. ولذلك، بعد رحيل الرسول الكريم ﷺ من الدنيا، انتقل منه تلقائيًا إلى مهام الأمور التي كان لا بد من القيام بها نيابة عنه للنظام الجماعي للمسلمين.

أما الحق الثالث فأخبر أنه لذي القرابة القريبة. ومن الواضح أنه يُراد منه هؤلاء الأقارب الذين كان الرسول ﷺ مسؤولًا عن كفالتهم ودعمهم والذين كان الرسول يعتبر تلبية احتياجاتهم واجبًا أخلاقيًا عليه. وكان رسول الله يقوم مقام أب المسلمين جميعًا. ولذلك انتقلت بعده هذه المسؤولية إلى النظام الجماعي لهم، وبقي حق ذي القربى هذا أيضًا على هذا النحو ما عاشوا في الدنيا.

أما الحق الرابع فهو للأيتام والفقراء والمسافرين. ولم يكرر في بيان حقهم «اللام» والتي جاءت في المذكورأعلاه مع الثلاث: الله والرسول وذي القربى، بل ذكرهم تحت ذي القربى. والمقصود من ذلك إكرام هذه الطبقة كأنهم من أقارب رسول الله ﷺ. وهذا الحق لا يحتاج إلى تفسير. وأي مجتمع لا يراعي احتياجات هذه الطبقات، والذي يُدفع فيه الأيتام ويُدَعون، وينام فيه الفقراء

جائعين، ولا يجد المسافرون فيه راحة لأنفسهم، لا يمكن أن يطلق عليه اسم المجتمع الإسلامي الخالص الزكي.

ويتضح من الحديث عن الغنائم أنها في المقام الأول لأغراض جماعية. ولم يثبت الله تعالى للمجاهدين فيهم أي حق أبدي تلتزم حكومة المسلمين بدفعه في كل الأحوال. ويمكنها أن تتخذ أي نهج تريده في هذا الشأن حسب احتياجاتها الثقافية والمدنية وظروفها السياسية.

# الباب السابع:

## الحدود والتعزيرات

إن الفرصة المتاحة للإنسان لممارسة إرادته هي نعمة من أعظم النعم التي قد أنعم عليه الله تعالى بها. ومع ذلك، فكما أن هذه الحرية هي مصدر إكرام له، فسوء استعمالها قد يكون مصدر عار عليه؛ لأن سوء الاستخدام لكل شيء ينبثق منه الشر والفوضى. وهذا هو بالضبط ما قد خافته الملائكة عندما أخبرهم تعالى عن نيته في خلق الإنسان:

﴿أَتَجۡعَلُ فِيهَا مَن يُفۡسِدُ فِيهَا وَيَسۡفِكُ ٱلدِّمَآءَ﴾[1] وفي تاريخ البشرية، حدث أول ظهور لهذا الشر من خلال يد قابيل بن آدم. ونتيجة لذلك قد أنشأت هذه الحادثة ضرورةَ حماية الإنسان من شر الإنسان نفسه. وقد ظهر لذلك قواعد الجريمة والعقوبة من هذه الضرورة، والمقصود الأصلي فيها هو استئصال الشر والفساد ويجب أن يكون هو، ولكن الذين قبلوا هداية الله تعالى وآمنوا برسله لا يُتعامل معهم كمجرمين عاديين، فقد علم من القرآن أنهم إذا ارتكبوا جريمة كبرى ضد النفس والمال أو النظم الجماعي فقد قضى الله تعالى فيهم أن يُعذبوا في هذه الحياة الدنيا حتى يكونوا عبرة للآخرين، ويتذكروا عذاب الآخرة بالنظر إلى تلك العقوبة الإلهية تطهير للمجرمين إذا تابوا وأصلحوا.

---

(1) سورة البقرة، الآية: ٣٠.

625

وكانت العقوبات التي من خلالها يعطى هذا العذاب دائمًا شديدة،

ووجه ذلك أن المقصود ليس استئصال الجرائم فقط بل تعذيب الذين أسلموا أنفسهم للرب تعالى بوعي وشعوركامل منهم وتعهدوا بطاعة الرُّسل وقبلوا الدين الذي جاؤوا به، ومع ذلك قد ارتكبوا جرائم كبيرة إلى أن فضحهم الله ووصلت قضيتهم إلى المحكمة.

وهذه الجرائم الكبرى هي:

١.   المحاربة أو الفساد في الأرض

٢.   القتل والجراحة

٣.   الزنا

٤.   القذف (الرمي بالزنا)

٥.   السرقة

وينبغي أن يظل في الاعتبار في البداية ما يحتويه التوجيه أن هذه العقوبات موجهةً للمسلمين بصفتهم الجماعية وليس بصفتهم الفردية. هذه حقيقة واضحة. ولهذا السبب بالذات فإنَّ السور التي ذكرت فيها هذه العقوبات نزلت بالمدينة المنورة حيث أنزلت الشريعة الجزائية، وكانت الدولة الإسلامية قد تأسست بالفعل في ظل حكم النبي ﷺ وبالتالي، فإن قام شخص

واحد أو مجموعة من الأشخاص الذين ليسوا على رأس شؤون الدولة فلا يحق لها تطبيق هذه العقوبات. ففي عرف القرآن، إن كلمات ﴿فَٱجۡلِدُوا۟﴾ و﴿فَٱقۡطَعُوٓا۟﴾ وما إليها من الكلمات التي جاءت في هذه الآيات هي موجهة إلى حكام المسلمين؛ لا إلى آحاد المسلمين، فيقول أبو بكر الجصاص في كتابه: أحكام القرآن»ما يأتي:

وقد علم من قرع سمعه هذا الخطاب من أهل العلم أن المخاطبين بذلك

هم الأئمة دون عامة النايس فكان تقديره: فليقطع الأئمة والحكام أيديهما وليجلدهما الأئمة والحكام[1].

هذه هي الجرائم التي فرض الله عقوباتها الشرعية. وتركت العقوبات في الأشكال البسيطة من الجرائم المذكورة أعلاه وغيرها من الجرائم الأخرى كلها على تقدير أصحاب السلطة فلهم التشريع بطريق التشاورما شاؤوا باستثناء حكم واحد: حكم الإعدام، فإنه لا يعطى بحسب القرآن إلا لشخص قتل أو لشخص مذنب بنشر الفساد والفوضى في المجتمع. لقد أوضح الله سبحانه وتعالى بجلاء أنه عندما أُعطيت الشريعة لبني إسرائيل قد كتب وقضى في ذلك الوقت أنه باستثناء هاتين الجريمتين لا يحق لشخص ولا لحكومة أن يتعرض لنفس أحد ويقتله كما قال تعالى في المائدة: ﴿مَن قَتَلَ نَفْسًا بِغَيْرِ نَفْسٍ أَوْ فَسَادٍ فِي ٱلْأَرْضِ فَكَأَنَّمَا قَتَلَ ٱلنَّاسَ جَمِيعًا﴾[2].

وفي السطور الآتية سنوضح بعض النصوص القرآنية التي تمت بصلة إلى هذه الجرائم.

﴿إِنَّمَا جَزَٰٓؤُاْ ٱلَّذِينَ يُحَارِبُونَ ٱللَّهَ وَرَسُولَهُۥ وَيَسْعَوْنَ فِي ٱلْأَرْضِ فَسَادًا أَن يُقَتَّلُوٓاْ أَوْ يُصَلَّبُوٓاْ أَوْ تُقَطَّعَ أَيْدِيهِمْ وَأَرْجُلُهُم مِّنْ خِلَٰفٍ أَوْ يُنفَوْاْ مِنَ ٱلْأَرْضِ ۚ ذَٰلِكَ لَهُمْ خِزْيٌ فِي ٱلدُّنْيَا ۖ وَلَهُمْ فِي ٱلْأَخِرَةِ عَذَابٌ عَظِيمٌ * إِلَّا ٱلَّذِينَ تَابُواْ مِن قَبْلِ أَن تَقْدِرُواْ عَلَيْهِمْ ۖ فَٱعْلَمُوٓاْ أَنَّ ٱللَّهَ غَفُورٌ رَّحِيمٌ﴾[3] فإذا كان رسول الله موجودًا في العالم وتمرد الناس في حكومته على شيء من أوامره أو قراراته، فهذا قتال مع الله والرسول.

وعلم من القرآن أنه عندما يتمرد شخص أو مجموعة على القانون ويبدأ حربًا على حياة الناس وممتلكاتهم وسمعتهم وعقولهم، يصبح ذلك القتل

---

(1) ٣, ٢٨٣.

(2) سورة المائدة، الآيتان: ٣٣ و٣٤.

(3) سورة المائدة، الآيتان: ٣٢.

إرهابًا، والزنا، والزنا بالإكراه، والسرقة لصوصيةً، أو من يحول الزنا إلى مهنة، أو يصبحون خطرًا على شرف وسمعة النبلاء بسبب شرودهم ونذالتهم وعبثهم وفجورهم الجنسي أو الإثارة للتمرد ضد الدولة أو خلق مشكلة القانون والنظام للحكومة عن طريق الاختطاف والتخريب والترهيب وغيرها من الجرائم الخطيرة، فسوف يكونون مذنبين بنفس الجريمة في الأرض. ولقمعها تم وصف هذه العقوبات الأربع في هذه الآية:

التقتيل

التصليب

القطع العشوائي لليدين والقدمين

النفي

وتفاصيل هذه العقوبات هي كما يلي:

التقتيل

وقد جاءت في الآية كلمة «أن يقتلوا» لهذه العقوبة، ومعناها أن هؤلاء المجرمين بحرب الله والرسول أو الفساد في الأرض لا ينبغي أن يُقتلوا فقط، بل يقتلون بالطريق الذي سيكون عبرةً للآخرين. والسبب في ذلك أن «القتل» هنا جاء بصيغة «التفعيل» ويعرف علماء اللغة العربية أن هذه المبالغة إنما تكون للشدة والمبالغة في الفعل. ولهذا السبب فإن «التقتيل» هنا بمعنى «القتل الشر». ولذلك فإن مقتضى الأمر أن يتم قتل هؤلاء المجرمين بطريقة تكون عبرةً وعظةً للآخرين، ولذا ففي عهده قد نفذ النبي ﷺ هذه العقوبة على بعض المجرمين الخالعين الداعرين تنفيذًا لمضمون هذه الآية.

## التصليب

وقد جاءت هذه العقوبة في صيغة «التفعيل» من الصلب، فقيل: «أو يصلّبوا» يعني أن هؤلاء لا يصلبون فقط، بل يصلبون صلبًا بطريقة تكون عبرةً،

والصلب آلة تدق فيها المسامير في أيدي المجرم وأرجله. ثم يتم شنقه حتى يتخلى عن حياته معلقا به. وهذا الشكل من العقوبة أيضًا ليس أقل عبرة، لكن كلمة «التصليب» في الآية تقتضي اتباع الأساليب الأكثر إيلامًا والأكثر عبرةً.

# قطع اليدين والقدمين بشكل عشوائي

«أو تقطع أيديهم وأرجلهم من خلاف» هي كلمات القرآن لهذه العقوبة. ومن الواضح أيضًا أن الأمر بقطع الأعضاء عشوائيًا هو من وجهة نظر العظة، ويبدو أن الغرض منه هو أنه حتى لو كان سيتم الحفاظ على حياة مثل هذا المجرم، فيجب أن يتم ذلك بطريقة تعليمه عبرة، وبجعل كل أسلحة شره عديمة الفائدة تمامًا.

# النفي

ولهذه العقوبة تم اعتماد تعبير «أو ينفوا من الأرض» وهو ما يعني وجوب نفيهم من المنطقة. وهذا هو أدنى عقوبة يتم منحها لهؤلاء المجرمين. فالعقوبتان الأوليان تقضيان على المجرم. ونتيجة للعقوبة الثالثة يعيش مثلًا للعبرة بدون يديه وقدميه، وهذه العقوبة الرابعة والأخيرة تحرمه ببساطة من وطنه وعائلته دون التسبب في أي ضرر لجسده وروحه. وتتطلب كلمات القرآن أنه في الظروف العادية يجب أن تعطى هذه العقوبة بهذه الطريقة، ولكن إذا كان ذلك غير ممكن لسبب ما، فإن غرض الأمر بالتأكيد هو حصر الجاني في منطقة معينة أو تقييده ببيته فيتم به حكم وقصد الشارع.

وفي الآية وصفت هذه العقوبات بحرف «أو» وهذا يعني أن القرآن الكريم قد أعطى الحكومة صلاحية معاقبتهم حسب طبيعة الجريمة وظروف المجرم والآثار القائمة والمتوقعة لها. فيجوز لها أن توقع على هؤلاء المجرمين أي عقوبة تراها مناسبة، وقد وضع فيها عقوبة النفي، إلى جانب العقوبات كالموت والصلب، بحيث تكون العقوبة شديدة للغاية، وإذا اقتضت الظروف ذلك يجب

أن يكون هناك مجال الرخصة للجاني أيضًا. ولذلك فإنه من المعلوم عن رسول الله ﷺ أنه كان في زمانه يحكم على أهل الفاحشة الذين يستحقون قدرًا من الرخصة بحسب أحوالهم وطبيعة الجريمة بالعقوبة. وحكم بعقوبة النفي تحت آية المائدة نفسها، وأولئك المجرمون الذين لم يمكن لهم إعطاء أي امتياز رُجموا تحت هذه الآية.

وكان سؤال النبي ﷺ عن المحصنين وغير المحصنين من بعض مرتكبي الزنا من نفس النوع أيضًا، وهو ما أخطأ الفقهاء في اعتباره أمرًا واجبًا، وعلى أساسه فُسِّرت آية الجلد من سورة النور على أنها منسوخة في حق الزناة، وكأن طبيعة القضية كانت أنه في معاقبة هؤلاء الجناة من أجل تقرير أي تنازل لهم، ينبغي أن يُنظر إلى أشياء أخرى وإلى أنهم متزوجون أم لا، ولكنهم بهذه الطريقة جعلوا «هذا أيضًا» هذا فقط «وبهذه الطريقة أدخلوا شيئًا غير متماسك في قواعد الإسلام، والذي هو دون أساس ويخلو تمامًا من العقل والنقل.

يقول الأستاذ الإمام أمين أحسن الإصلاحي في تفسيره «تدبر القرآن»:

«في مثل هذه المواقف، لا يقتصر الأمر على حقيقة أن المجموعة التي ارتكبت الجريمة هي التي ألحقت الضرر بالممتلكات، بل أكثر من ذلك، يجب أن ينظر في الزمان والمكان ونوايا المجرمين الذين ارتكبوا الجريمة وينظرفي أثراتها، على سبيل المثال إذا كان هناك وقت حرب أو اضطرابات فستكون هناك حاجة إلى اتخاذ تدابير صارمة. وبالمثل، إذا كان المكان حدوديًا أو مركزًا لمؤامرات العدو، فحتى في ذلك الوقت سيكون من الضروري اتخاذ إجراءات فعالة. إذا كان زعيم الأذى والشر شخصًا خطيرًا جدًّا وكان هناك خوف من أنه إذا أفلت من أيديهم فإن حياة وممتلكات وشرف وسمعة الكثير من الناس ستكون في خطر، ففي ذلك الحين، اعتمادًا على الموقف يجب اتخاذ خطوات فعالة،

ويعني ذلك أن الأهمية الأصلية ليست للأحداث الجزئية، بل للتأثير العام للتمرد ومصالح البلاد والأمة»[1].

ولذلك قال النبي ﷺ عن بعض معتادي الزنا: عن عبادة بن الصامت، قال قال رسول الله ﷺ:

«خُذُوا عني، خُذُوا عني، قدجَعَلَ اللَّهُ لَهُنَّ سبيلًا، البِكْرُ بالبِكْر جَلْدُ مِائة ونَفْيُ سَنَةٍ، والثَّيِّبُ بالثيب جلد مائة والرجم[2].

وفي هذا الحديث، قد جَعَلَ اللَّهُ لَهُنَّ إشارة إلى النساء اللاتي جاء أمر مؤقت للتعامل معهن في سورة النساء. فقد قال تعالى:

﴿وَٱلَّٰتِي يَأۡتِينَ ٱلۡفَٰحِشَةَ مِن نِّسَآئِكُمۡ فَٱسۡتَشۡهِدُواْ عَلَيۡهِنَّ أَرۡبَعَةً مِّنكُمۡۖ[3] فَإِن شَهِدُواْ فَأَمۡسِكُوهُنَّ فِي ٱلۡبُيُوتِ حَتَّىٰ يَتَوَفَّىٰهُنَّ ٱلۡمَوۡتُ أَوۡ يَجۡعَلَ ٱللَّهُ لَهُنَّ سَبِيلٗا﴾[4] وأسلوب ﴿وَٱلَّٰتِي يَأۡتِينَ ٱلۡفَٰحِشَةَ﴾ دليل على أن هذا ذكر للنساءالزانيات، وفي هذه الحالة بما أن المشكلة الحقيقية هي مع النساء، فلم يذكر الرجال هنا[5].

وفي الحديث جاءت ألفاظ البكر والمحصنة لبيان هذا الأصل، فإذا ذكر فيه حد الرجم مائة فما هو إلا لمحض بيان الشرع. وقد ثبت من الأحاديث أن النبي ﷺ قد وصفه، لكنه لم يحكم بهذا الرجم على أحد المجرمين قط. والسبب في ذلك هو أن الجمع بين عقوبة الإعدام وأية عقوبة أخرى، مخالف للأخلاق والقانون، فالسجن والجلد والغرامة كل هذه العقوبات تتضمن أمرين: العبرة للمجتمع وثانيًا تأديب المجرم وتحذيره. وفي حالة الموت من الواضح أنه لا داعي للتأديب والتحذير. ولهذا السبب، عندما يقصد معاقبة شخص على جرائم

---

(1) ٢/ ٥٠٦.

(2) رواه مسلم رقم ٤٤١٤.

(3) أي شهودًا على أنهن في الواقع نساء فاحشات متعودات على الزنا.

(4) سورة النساء، الآية: ١٥.

(5) الأمر الذي أدى بتفاسيرنا أن الآية ظلت حتى اليوم معضلة لا تحل.

مختلفة ويعاقب على أي منها بالإعدام، فإن جميع هذه العقوبات تذكر في القانون أو القرار أو الأمر، ولكن في الواقع لم يتم تنفيذ أي عقوبة غير الإعدام بشكل عام. وصيغة الجمع في كلمتي «يسعون» و«يحاربون» ونحوهما في الآية تدل على أن الجريمة إذا وقعت من جماعة فإن العقوبة لا تقع على الفرد، بل على الجماعة ككل. فإذا ارتكبت مجموعة من المجرمين جرائم القتل والخطف والزنا والتدمير والترهيب وغيرها من الجرائم على أساس الفساد، فلا داعي للتحقيق فيها لمعرفة مَن ارتكب الجريمة، وعلى أيدي مَن ولكن كل عضو في المجموعة سيعتبر شريكًا في هذه المسؤولية وسيعامل معه بالضرورة في هذه الحيثية. لقد جاءت عبارة ﴿ذَٰلِكَ لَهُمۡ خِزۡيٞ فِي ٱلدُّنۡيَا﴾ في الآية للتحذير من أنه أثناء معاقبة مثل هؤلاء المجرمين، لا ينبغي أن تنشأ مشاعر التعاطف في قلب الإنسان. إن الرب خالقهم هو الذي يقضي بعد هذه الجرائم أن يخزيهم عارًا كاملًا في الدنيا، وهذا هو الهدف من هذا العقاب ويجب أن يوضع في الاعتبار في كل حال، يقول الأستاذ الإمام:

«إن هذا العار الذي لحق بهم في العالم سيكون مصدرًا للعبرة والبصيرة للآخرين، وتأثيره سيخلق الخوف واحترام القانون حتى بين أولئك الذين ليس لديهم القدرة على فهم فائدة وعظمة القانون المجرد وأن يحترموه لذلك. ومن بركات الأفكار المواسية والرحيمة التي نشأت باسم الفلسفة في حق الجريمة والمجرمين في العصر الحاضر، أنه كلما تقدم البشر بظاهره أصبح العالم أكثر جحيمًا. والإسلام لا يشجع هذا النوع من الأفكار الخيالية، وقانونه لا يرتكز على أفكار هوائية، بل يبتني على طبيعة الإنسان»[1].

وفيما يتعلق بهذه العقوبات، في عبارة «إلا الذين تابوا من قبل أن تقدروا عليهم» هذا الشرط مذكور أيضًا في الآية أنه إذا تقدم هؤلاء المجرمون وسلموا أنفسهم للقانون قبل أي إجراء من جانب الحكومة، فسوف يتم التعامل معهم

---

(1) تدبر القرآن ٥٠٧/٢.

كمجرمين عاديين. وفي هذه الحالة لن تتم إدانتهم بالحرب أو الفساد. لقد كتب الأستاذ الإمام في ذلك:

«لا يجوز ممارسة هذه السلطات الخاصة إلا ضد المتمردين الذين استمروا في تمردهم حتى تمكنت الحكومة من السيطرة على الوضع وتغلبت عليهم بالقوة. وأمَّا الذين تابوا وأصلحوا سلوكهم قبل الإجراء الحكومي، لن يكون هناك تبرير لمثل هذا الإجراء في حقهم على أساس سلوكهم السابق، ولكن سيتم التعامل معهم بموجب القانون العام. فإذا تم تدمير حقوق المواطنين العاديين على أيديهم، فإنه سيتم تعويضه قدر الإمكان من جانبهم.

وإذا أخذنا في الاعتبار تأكيد وشدة كلمة «فاعلموا» في الآية، يتبين أنه لا يجوز للحكومة القصاص من الذين تابوا وأصلحوا قبل السيطرة. إن الله غفور رحيم، عندما يغفر لمن تاب وأصلح قبل أن يقبض، فلماذا تختلف سلوك عباده عنه»[1].

ولكن هنا يجب أن يكون واضحًا أن حالة الذين حضروا للاعتراف بالإثم ولم يجدوا سبيلًا للهرب تختلف عن هذه الحالة. ومن المؤكد أن الحكومة لها الحق في رفض منحهم هذا الامتياز إذا أرادت ذلك.

## القتل والجراحة

وقال الله تعالى: ﴿ يَٰٓأَيُّهَا ٱلَّذِينَ ءَامَنُوا۟ كُتِبَ عَلَيْكُمُ ٱلْقِصَاصُ فِي ٱلْقَتْلَى ٱلْحُرُّ بِٱلْحُرِّ وَٱلْعَبْدُ بِٱلْعَبْدِ وَٱلْأُنثَىٰ بِٱلْأُنثَىٰ فَمَنْ عُفِيَ لَهُۥ مِنْ أَخِيهِ شَىْءٌ فَٱتِّبَاعٌۢ بِٱلْمَعْرُوفِ وَأَدَآءٌ إِلَيْهِ بِإِحْسَٰنٍ ذَٰلِكَ تَخْفِيفٌ مِّن رَّبِّكُمْ وَرَحْمَةٌ فَمَنِ ٱعْتَدَىٰ بَعْدَ ذَٰلِكَ فَلَهُۥ عَذَابٌ أَلِيمٌ ۞ وَلَكُمْ فِي ٱلْقِصَاصِ حَيَوٰةٌ يَٰٓأُو۟لِي ٱلْأَلْبَٰبِ لَعَلَّكُمْ تَتَّقُونَ ۞ ﴾[2].

وبموجب الآيات إذا كان القاتل حرًّا يقتل نفس الحر في قصاصه، وإذا

---

(1) تدبر القرآن ٢/ ٥٠٨.
(2) سورة البقرة، الآيتان: ١٧٨ و١٧٩.

كان عبدًا فنفس العبد يقتل، وإذا كان امرأة فنفس المرأة تقتل. فمن تنازل من أخيه فلكم أن تقبلوه ولكن إن يقبل فإنه يتبع حسب الشرع، وما سفك من دم فإنه يجازى باستحقاق. وهذا فضل من ربكم وفضله عليكم.

وهذا الحكم من القصاص كان للأمم الأولى أيضًا كما هو لنا. وقد قال القرآن في ذلك إشارة إلى التوراة:

﴿وَكَتَبْنَا عَلَيْهِمْ فِيهَآ أَنَّ ٱلنَّفْسَ بِٱلنَّفْسِ وَٱلْعَيْنَ بِٱلْعَيْنِ وَٱلْأَنفَ بِٱلْأَنفِ وَٱلْأُذُنَ بِٱلْأُذُنِ وَٱلسِّنَّ بِٱلسِّنِّ وَٱلْجُرُوحَ قِصَاصٌۚ فَمَن تَصَدَّقَ بِهِۦ فَهُوَ كَفَّارَةٌ لَّهُۥۚ وَمَن لَّمْ يَحْكُم بِمَآ أَنزَلَ ٱللَّهُ فَأُو۟لَٰٓئِكَ هُمُ ٱلظَّٰلِمُونَ﴾[1].

ويتضح من هذه الآية أن قانون القصاص هذا لا يقتصر على القتل فحسب، بل يشمل أيضًا جرح شخص ما وإتلاف أي عضو من أعضائه. ووفقًا للقرآن، فإن هذه كلها جرائم خطيرة، أما فيما يتعلق بالقتل فقد اعتبر قتلًا للإنسانية جمعاء، فيقول:

﴿مَن قَتَلَ نَفْسًۢا بِغَيْرِ نَفْسٍ أَوْ فَسَادٍ فِى ٱلْأَرْضِ فَكَأَنَّمَا قَتَلَ ٱلنَّاسَ جَمِيعًا وَمَنْ أَحْيَاهَا فَكَأَنَّمَآ أَحْيَا ٱلنَّاسَ جَمِيعًا﴾[2].

وفي هذه الحالة فقد أعلن القرآن الكريم أن مرتكبي هذه الجرائم، وخاصة عندما قد قتلوا مسلمًا، يستحقون جهنم يوم القيامة خالدين فيها، فقال بوضوح:

﴿وَمَن يَقْتُلْ مُؤْمِنًا مُّتَعَمِّدًا فَجَزَآؤُهُۥ جَهَنَّمُ خَٰلِدًا فِيهَا وَغَضِبَ ٱللَّهُ عَلَيْهِ وَلَعَنَهُۥ وَأَعَدَّ لَهُۥ عَذَابًا عَظِيمًا﴾[3].

ولذلك فإن الواجبات المتعلقة بهذه الجريمة، والتي فرضت من وجهة نظر القرآن الكريم،على المؤمنين بهذا الكتاب، والمسؤوليات التي يجب عليهم القيام بها، على حد تعبير الاستاذ الإمام أمين أحسن الإصلاحي، هي كما يلي:

---

(1) سورة المائدة، الآية: ٤٥.

(2) سورة المائدة، الآية: ٣٢.

(3) سورة النساء، الآية: ٩٣.

**أولاً:** هو أن كل حادثة قتل يجب أن تثير ضجة في الأمة بأكملها. ويجب على كل إنسان أن يشعر بأنه فقد الحماية التي كان يتمتع بها حتى الآن ما لم يتم الاقتصاص منه . إن القانون هو الحامي للجميع، فإذا تم تدمير القانون، لم تقتل الضحية فقط، بل أصبح الجميع في خطر القتل.

**ثانيًا:** أن العثور على القاتل ليس مسؤولية ورثة المتوفى فقط، بل مسؤولية المجتمع بأكمله، فالقاتل لم يقتل الميت فقط بل قتل الجميع.

**ثالثًا:** إذا رأى الإنسان شخصًا في خطر، فلا يجوز له أن يتجاهل ذلك باعتباره شجارًا قديمًا، بل يجب عليه حمايته ودعمه قدر الإمكان، حتى لو كان هو نفسه في خطر يجب عليه أن يتحمل. لأن الشخص الذي يقف لنصرة شخص مظلوم والدفاع عنه، فهو لا يدافع عن المظلوم فحسب، بل يدافع عن البشرية جمعاء، بما فيها نفسه.

**رابعًا:** إذا أخفى شخص جريمة قتل أو شهد زورًا لقاتل أو كفل قاتلًا أو آوى قاتلًا أو دافع عن القاتل مع علمه أو برّأه من الجريمة على علم، فإنه كأنما يفعل كل ذلك من أجل قاتله هو وقاتل أبيه وأخيه وابنه، لأن قاتل الواحد هو قاتل الجميع.

**خامسًا:** مساعدة ورثة المتوفى أو مساعدة السلطات في الانتقام للمتوفى هي في الحقيقة إحياء للميت. لأنه قد جاء في القرآن أن في القصاص حياة[1].

ويرتكز قانون عقوبة هذه الجريمة، المبين في الآيات القرآنية المذكورة، على الأحكام الأربعة التالية:

**أولًا:** أن القصاص واجب فرضه الله على النظام الجماعي للمسلمين. هذه هي الحياة بالنسبة للمجتمع الإسلامي، وهذا هو شرع الله الذي لا

---

(1) تدبر القرآن ٢/ ٥٠٣.

يخرج عنه إلا الظالمون، وعلى الحكومة أنه إذا قُتل شخص في أراضيها، فإن القتلة سيعاقبون بملاحقتهم والقبض عليهم والاقتصاص منهم وفقًا للقانون.

**ثانيًا:** يجب مراعاة المساواة الكاملة في القصاص، فإذا كان العبد قاتلًا يُقتل ذلك العبد بعينه في المقابل، وإذا كان الحر قاتلًا يقتل الحر القاتل نفسه عوضًا عن المقتول. ولا ينبغي أبدًا أن يكون الوضع الاجتماعي الهام للشخص أولوية في هذا الشأن.

**ثالثًا:** إذا كان أقارب المصاب أو المتوفى لا يطالبون بالحياة بالنفس، والطرف بالطرف والجرح بالجرح، وكانوا على استعداد لإعطاء الرخصة للمجرم، فتنظر المحكمة في طبيعة الجريمة وطبيعة المجرم. ونظرًا للظروف، قد يُحكم عليه بعقوبة أخف[1]. يقول القرآن أن هذا فضل من الرب عز وجل للناس ومن مَنِّه عليهم. ولذلك، إذا قبل ضحايا هذه الجريمة ذلك، فإن عفوهم عند الله تعالى سيكون كفارة لذنوبهم.

**رابعًا:** أن تودى الدية إلى أولياء المصاب أو المتوفى بالقتل من قبل المجرم في هذه الحالة. وقد قال الله تعالى أنه ينبغي أن يتم ذلك وفقًا للدستور وبجمال كبير. يكتب الأستاذ الإمام:

«إن التأكيد على الدفع بحسن الخلق لأن دفع الدية في جزيرة العرب لم يكن بشكل عام نقدًا، بل كان بشكل سلعة ومال، وبالتالي إذا لم تكن نية الدافعين حسنة، فإنه يمكن أن تلعب العديد من الحيل فيه. ومن السهل جدًا تلبية الطلب للدية من حيث الكمية والنوعية من الإبل أو الماعز أو الحبوب والتمور، ولكن بالنظر إلى الواقع والجودة يتم ذلك باسم الرسم فقط. فإذا كان الأمر كذلك،

---

(1) ومعنى ذلك أنه يمكن أن تعطي، وليس من الضروري أن تعطي. لأن وجوب القصاص انتهى بعد أن خفف الورثة وتنازلوا، ولكن لم ينتهِ مبرره. ولذلك فإن للحكومة والمجتمع كل الحق في الإصرار على القصاص ورفض قبول هذا التنازل نظرًا لطبيعة الجريمة وظروف المجرم. وللتفصيل راجع مقال: «عقوبة القتل العمد» في كتابنا «مقامات».

فمعنى ذلك أنه لم تقم قيمة لإحسانهم الذين قد عفوا عن شخص بعد أن أصبح لهم سلطة شرعية على حياة ذلك المرء وسامحوه ووافقوا على قبول المال منه.

وكان ينبغي أن يكون رد إحسانهما بالإحسان، أي أن يكون دفع الدية بحسن وكرم وانفتاح بحيث لا يحتملوا صدمة قبولهم الغنم والماعز مقابل دم أحد أحبائهم وأقربائهم كأنه خطأ وهتك»[1].

وفي هذا القانون فإن الاهتمام برضا أولياء المتوفى عند تقرير أي تنازل للمجرم أمر حكيم للغاية. وهذا الشيء لا يطفئ نار الثأر فيهم فحسب، بل يصبح ترياقًا لهذا السم في المجتمعات التي تسممها جرائم مثل القتل والإصابة. فيكتب الأستاذ الإمام:

«إن السلطة المباشرة على حياة القاتل لورثة المتوفى، من ناحية تخلق شكلًا من أشكال التعويض عن ضرهم الجسيم، ومن ناحية أخرى إذا اتخذوا موقفًا متسامحًا في هذه الحالة، فإنه يكون فضلًا مباشرًا على القاتل وأهله، ويمكن أن نتوقع منها نتائج مفيدة للغاية[2].

لكن هذا لا يعني أنه إذا لم تقم حكومة نظامية للمسلمين في أي مكان وكان أمر القصاص يتعلق بأقارب المتوفى، فإن لهم أن يتعدوا الحدود في حيثيتهم هذه، وفي التحمس على الانتقام مثلًا يحاولون قتل غير القاتل من أناس بالإضافة إلى قتل القاتل أو المطالبة بقتل حر بعبد وبقتل رجل مقابل امرأة باسم نبالتهم وسيادتهم. أو قتل المجرم تعذيبًا أو إخراج غضبهم على جثته بعد قتله، أو استخدام أساليب القتل المحرمة كالحرق بالنار أو الذبح وبالمُثلة، وفي حالة الإصابة كهذه عندما يخشى الجاني أنه إذا تم الانتقام منه، فسوف يصاب بأذى أكبر مما قد فعله هو، فإنه يصر على العضو بالعضو والجرح بالجرح. ولذلك

(1) ١/ ٤٣٦.

(2) ١/ ٤٣٦.

لما كان رسول الله ﷺ بمكة ولم تكن حكومته قد قامت في يثرب بعد، قال الله تعالى:

﴿وَمَن قُتِلَ مَظْلُومًا فَقَدْ جَعَلْنَا لِوَلِيِّهِۦ سُلْطَٰنًا فَلَا يُسْرِف فِّي ٱلْقَتْلِ إِنَّهُۥ كَانَ مَنصُورًا﴾ (1) ولا شك أن القصاص هو الموت ظاهريًا، لكن القرآن يقول إنه في الواقع ضمانة لحياة البشرية جمعاء، ولذلك يجب على الناس أن يظلوا ملتزمين بحدود الله. فكتب الأستاذ الإمام:

«هذه الحياة ليست من حيث الفرد، بل من حيث المجتمع. إذا قُتل شخص بسبب جريمة قتل، فعلى ما يبدو كأنها تتلف حياة ثانية هذه أيضًا بعد حياة قتيل، ولكن في الواقع، إذا نظرت في الأمر بعين الواقع، فإن قتله يخلق ضمانة الحياة للمجتمع بأكمله. وإذا لم يتم الاقتصاص منه، فإن الاضطراب العقلي الذي ارتكب فيه هذا القاتل جريمة قتل شخص بريء سيصبح معديًا في المجتمع بأكمله. فهناك فرق بين المرض والمرض. والأمراض التي تسبب جرائم خطيرة

كالقتل والسطو والسرقة والزنا وغيرها، مثالها تلك الأمراض التي يلزم فيها في بعض الأحيان بتر جزء من الجسم لإنقاذ الجسم كله. على الرغم من أن بتر العضو قد يبدو أمرًا قاسيًا، إلا أنه يجب على الطبيب أن يتحمل هذه القسوة. وإذا لم يقبل هذا الطبيب بإجبار طبيعته هذه القسوة، فسيتعين عليه أن يسلم جسد المريض كله إلى الموت عطفًا على ذلك العضو الواحد.

والمجتمع في حالته العامة يشبه الجسد، وفي بعض أجزاء هذا الجسد يحدث أحيانًا نفس النوع من الاختلال والفساد، الذي لا يمكن علاجه بالمراهم والضمادات، بل يمكن استعادته عن طريق إجراء عملية جراحية على العضو المريض للجسم، ولا بد من فصله عن باقي الجسد، فإذا ظن أن هذا العضو

---

(1) سورة الإسراء، الآية: ٣٣.

مريض فيستحق الرفق والعطف، فربما تكون نتيجة هذا اللطف أن يتسبب هذا العضو يومًا ما في تعفن وخنق الجسد كله»[1].

# كفارة قتل الخطأ

﴿وَمَا كَانَ لِمُؤْمِنٍ أَن يَقْتُلَ مُؤْمِنًا إِلَّا خَطَـًٔا وَمَن قَتَلَ مُؤْمِنًا خَطَـًٔا فَتَحْرِيرُ رَقَبَةٍ مُّؤْمِنَةٍ وَدِيَةٌ مُّسَلَّمَةٌ إِلَىٰٓ أَهْلِهِۦٓ إِلَّآ أَن يَصَّدَّقُوا۟ فَإِن كَانَ مِن قَوْمٍ عَدُوٍّ لَّكُمْ وَهُوَ مُؤْمِنٌ فَتَحْرِيرُ رَقَبَةٍ مُّؤْمِنَةٍ وَإِن كَانَ مِن قَوْمٍ بَيْنَكُمْ وَبَيْنَهُم مِّيثَـٰقٌ فَدِيَةٌ مُّسَلَّمَةٌ إِلَىٰٓ أَهْلِهِۦ وَتَحْرِيرُ رَقَبَةٍ مُّؤْمِنَةٍ فَمَن لَّمْ يَجِدْ فَصِيَامُ شَهْرَيْنِ مُتَتَابِعَيْنِ تَوْبَةً مِّنَ اللَّهِ وَكَانَ اللَّهُ عَلِيمًا حَكِيمًا﴾[2].

يقوم هذا القانون على ثلاثة أجزاء:

**أولًا:** إذا كان القتيل مواطنًا مسلمًا في حكومته أو ليس من مواطني حكومته، ولكنه ينتمي إلى دولة معاهدة، فيجب على القاتل دفع الدية وفقًا للدستور إذا لم يُعف عنه. ويجب عليه عتق رقبة مسلمة كفارة من هذه الجريمة وتوبة إلى ربه.

**ثانيًا:** إذا كان مسلمًا من أمة العدو فلا مسؤولية على القاتل لأداء الدية. ويكفي في هذه الحالة أن يعتق عبدًا مسلمًا ليغسل خطيئته.

**ثالثًا:** إذا لم يوجد العبد في هاتين الحالتين فعليه صيام شهرين متتابعين.

وهذا هو حكم قتل الإنسان خطأ[3]، لكن من الواضح أن حكم الإصابات

---

[1] ١ / ٤٣٦.

[2] سورة النساء، الآية: ٩٢.

[3] لذلك، إذا لم يكن هناك خطأ، فلن يرتبط هذا القانون به. وللبخاري حديث: «العجماء جبار والبئر جبار والمعدن جبار» (أي إذا قتلت البهيمة صاحبها فلا ضمان على صاحبها، وإذا وقع في البئر فلا ضمان على صاحبه وإذا وقع حادث في منجم فلا مسؤولية على صاحبه). أي أنه لا توجد مسؤولية في هذه الحالة، عندما لا يكون هناك خطأ من المالك. انظر: رقم ١٤٩٩.

والجراحات أيضًا يجب أن يكون كذلك. ولذلك تدفع فيها الدية أيضًا، ومعه يُصام صيام الكفارة بحسب مقدار الدية أي، مثلًا، إذا كانت دية الجرح على الثلث، وجب صيام عشرين يومًا ككفارة.

وفي قانون قتلي العمد والخطأ هذا أمر القصاص والكفارة واضح، ولكن ما ستكون الطريقة في هاتين الحالتين من القتل والجرح وما هو مقدار الأموال التي سيتم دفعها في الدية؟ ففي الآية المذكورة أعلاه من سورة النساء استخدم لها كلمة ﴿وَدِيَةٌ مُّسَلَّمَةٌ إِلَىٰ أَهْلِهِ﴾.

فإذا نظرت إلى كلمة «دية» فقد وردت فيها نكرة. ونعلم عن الاسم النكرة أنه في تحديد معناه لا يحتاج إلى أي شيء آخر غير المعنى اللغوي والعرف وسياق الكلام. ولذلك فإن معنى «دية» هو: ذلك الشيء الذي يعرف باسم الدية، ومقصود الأمر الذي يدل عليه قول «ديةٌ مُسَلَّمةٌ إلى أهلهِ»، هو ليس إلا ما هو اسم الدية في عرف المخاطب، فيجب تسليمه إلى ورثة القتيل. وفي سورة البقرة، حيث وصف القرآن الكريم حكم قتل العمد، صرح بنفس الشيء بوضوح باستخدام كلمة «معروف»: فقال: ﴿فَمَنْ عُفِيَ لَهُ مِنْ أَخِيهِ شَيْءٌ فَٱتِّبَاعٌ بِٱلْمَعْرُوفِ وَأَدَآءٌ إِلَيْهِ بِإِحْسَٰنٍ﴾[1].

ويتضح من هاتين الآيتين من سورة النساء والبقرة أن حكم القرآن، سواء في قتل الخطأ أو العمد هو أن تدفع الديات وفقًا لقواعد وعادات المجتمع. ولم يحدد القرآن نفسه أي كمية محددة للدية كما أنه ليس من الواجب علينا مراعاة أي فرق بين نظام الدية للرجال والنساء، والعبيد والأحرار، والمسلمين وغير المسلمين، وقد قضى النبي ﷺ أقضيته في الدية حسب الدستور العربي لزمانه. فإن ما جاء من مقادير الديات المذكورة في كتب الفقه والحديث كان وفق ذاك التقليد السائد.

وكان دستور العرب هذا مبنيًا على الظروف الثقافية والتقاليد الحضارية

---

(1) سورة البقرة، الآية: ١٧٩.

للعرب. والآن لقد قلبت حركة الزمن صفحات أربعة عشر قرنًا في كتاب التاريخ، وتغيرت فيها الأحوال الحضارية والتقاليد الثقافية تغير الأرض والسماء، فلسنا في وضع تأدية الدية في شكل الجمال والإبل وليس تحديد نظام الدية بحساب الإبل أمرًا حكيمًا. لقد تغيرت طبيعة العقيلة تمامًا وظهرت أشكال قتل الخطأ التي لم يكن من الممكن حتى تصورها في ذلك الوقت، ولكن هدي القرآن الكريم لكل عصر ولكل مجتمع. ولذلك أمر باتباع المشهور والعرف في هذا الأمر، وعلى هذا الحكم القرآني فإن كل مجتمع ملزم بمعروفه.

ثم يتبين من القوانين المعروفة أنها قابلة للتغيير بتغير الظروف والأزمنة، ويمكن لحكام المجتمع إذا أرادوا إعادة تنظيمها حسب مصالحهم الجماعية.

## الزنا

﴿ٱلزَّانِيَةُ وَٱلزَّانِي فَٱجْلِدُواْ كُلَّ وَٰحِدٖ مِّنْهُمَا مِاْئَةَ جَلْدَةٖۖ وَلَا تَأْخُذْكُم بِهِمَا رَأْفَةٞ فِي دِينِ ٱللَّهِ إِن كُنتُمْ تُؤْمِنُونَ بِٱللَّهِ وَٱلْيَوْمِ ٱلْأٓخِرِۖ وَلْيَشْهَدْ عَذَابَهُمَا طَآئِفَةٞ مِّنَ ٱلْمُؤْمِنِينَ ۞ ٱلزَّانِي لَا يَنكِحُ إِلَّا زَانِيَةً أَوْ مُشْرِكَةٗ وَٱلزَّانِيَةُ لَا يَنكِحُهَآ إِلَّا زَانٍ أَوْ مُشْرِكٞۚ وَحُرِّمَ ذَٰلِكَ عَلَى ٱلْمُؤْمِنِينَ﴾[1].

إن أول أمر بعقوبة الزنا قد جاء في سورة النساء. ولكن ليس هناك عقوبة محددة مذكورة فيه، نعم قد قيل إن النساء المتعودات على الزنا يجب أن يحبسن في بيوتهن حتى يصدر لهن أمر حتم، وأنه يجب تعذيب مرتكبي هذه الجريمة الشنيعة. إلى أن يستعدوا للتوبة وإصلاح سلوكهم. وتعذيبهم كان يشمل كل شيء من التوبيخ والسب والإهانة والزجر والضرب إلى حد التأديب، فقد قال تعالى:

﴿وَٱلَّٰتِي يَأْتِينَ ٱلْفَٰحِشَةَ مِن نِّسَآئِكُمْ فَٱسْتَشْهِدُواْ عَلَيْهِنَّ أَرْبَعَةٗ مِّنكُمْۖ فَإِن شَهِدُواْ فَأَمْسِكُوهُنَّ فِي ٱلْبُيُوتِ حَتَّىٰ يَتَوَفَّىٰهُنَّ ٱلْمَوْتُ أَوْ يَجْعَلَ ٱللَّهُ لَهُنَّ

(1) سورة النور، الآيتان: ٢ و٣.

سَبِيلًا ۞ وَٱلَّذَانِ يَأۡتِيَـٰنِهَا مِنكُمۡ فَـَٔاذُوهُمَاۖ فَإِن تَابَا وَأَصۡلَحَا فَأَعۡرِضُواْ عَنۡهُمَآۗ إِنَّ ٱللَّهَ كَانَ تَوَّابٗا رَّحِيمًا﴾[1].

وكان هذا هو حكم الشريعة حتى نزلت عقوبة الزنا المحتومة في سورة النور. وقد أنهته آيات النور التي سيتم مناقشتها فيما يأتي وحددت عقوبة محددة إلى الأبد لمرتكبي الزنا. وتفاصيلها كما يأتي:

١. وسواء كان الزاني رجلًا أو امرأة، فإذا ثبتت جريمته يُجلد مائة جلدة عقوبة. ولهذا فإن المنهج الذي سار عليه النبي ﷺ والخلفاء الراشدون، والموضح في كتب الحديث والفقه من خلال بعض تقارير خصومات ذلك العصر، فكان كما يأتي على حد بيانها:

أ. سواء استخدم السوط أو العصا للضرب، ففي كلتا الحالتين يجب ألا يكون سميكًا وقاسيًا جدًّا، ولا رقيقًا وناعمًا جدًّا، بل يجب أن يكون متوسط الدرجة[2].

ب. ولا يجوز ضرب المجرم عاريًا وبربطه بلوحة خشبية[3].

ج. ولا ينبغي أن يكون الضرب بحيث يحدث جرحًا، ولا ينبغي الضرب في مكان واحد، بل يجب أن يشمل الضرب سائر الجسد ما عدا الفم والعانة[4].

د. وإذا كانت المرأة حاملًا، تتاح لها الفرصة حتى انقضاء فترة النفاس بعد وضع الحمل[5].

٢. وتقام هذا العقوبة على المجرم أمام جماعة من المسلمين ليكون عارًا له

---

(1) سورة النساء، الآيتان: ١٥ و١٦.

(2) انظر: أحكام القرآن للجصاص ٢٦٢/ ٣.

(3) انظر: أحكام القرآن للجصاص ٢٦١ ــ ٢٦٢/ ٣.

(4) انظر: أحكام القرآن للجصاص ٢٦٠/ أحكام القرآن لابن العربي ٣/ ١٣٢٧وأبو داؤد رقم٤٤٩٣ وأحمد رقم ٧٢٧٩.

(5) انظر: أحكام القرآن لابن العربي ٤٠٦/ ١.

وعظة لغيره. يقول القرآن إنه لا ينبغي لأي حكومة أو محكمة للمؤمنين أن تتساهل في هذا الأمر. وهذا التشدد مع المجرم ضروري لأن استقرار المجتمع يعتمد على طهارة العلاقات الرحمية وحفظها من كل اضطراب واختلال وفساد، وإن الزنا إذا تدبرت، فهو يهدم ذلك ويبدل المجتمع كله إلى طائفة من البهائم والحيوانات فيحرم الحضارة الصالحة من أساسها. ولذا قال: ﴿ وَلَا تَأْخُذْكُم بِهِمَا رَأْفَةٌ فِي دِينِ ٱللَّهِ ﴾.

يقول الأستاذ الإمام في تفسير الآية:

«أي أنه لا يجوز في ما يتعلق بتنفيذه أي تساهل أو تدخل أو إهمال. ولا ينبغي أن يكون هناك رفق مع امرأة، ولا مع رجل، ولا مع غني ولا مع فقير. وإقامة حدود الله من غير رعاية ولا محاباة شرط ضروري لتحقيق الإيمان بالله والإيمان بالآخرة. ومن تعافى وتساهل في هذا الأمر، فلا يصح إيمانه بالله واليوم الآخر. وهنا تجدر الإشارة أيضًا إلى أن ذكر النساء يسبق ذكر الرجال في بيان العقوبة. والسبب في ذلك هو أنه حيث لا يقع الزنا إلا برضا المرأة. هناك أيضًا حقيقة أنه بسبب ضعف الصنف قد يكون هناك احتمال أكبر لظهور التعاطف في أمرها. ولهذا ذكره القرآن مقدمًا ليتبين من أسلوب البيان نفسه أن الله ليس عنده استثناء في هذا الأمر لأحد من امرأة أو رجل[1].

وهذه هي الروح في إقامة حدود الله التي قال عنها النبي ﷺ:

وأيم الله، لو أن فاطمة بنت محمد سرقت لقطعت يدها[2].

٣. ولا يجوز بعد هذه العقوبة أن يتزوج أي مسلم عفيف أو مسلمة عفيفة من هذا الزاني أو الزانية. يقول القرآن إنه بعد هذا إذا أرادوا الزواج فليجدوا زانيًا أو مشركًا وزانية أو مشركةً لهذا الزواج، وعلى الجماعة أن يوافقوا على ذاك التزويج، ولا يحل لمؤمن أن يكون مستعدًا لإدخال هذه النجاسة إلى

---

(1) تدبر القرآن/٥/ ٣٦٢.
(2) رواه البخاري، رقم ٤٣٠٤.

بيته. وكل زواج من هذا القبيل باطل. ولذلك فإن كلمة «لا ينكح» في الآية بمعنى النهي، وقد قال الله تعالى في تحريمه: ﴿وَحُرِّمَ ذَلِكَ عَلَى ٱلْمُؤْمِنِينَ﴾. ومع ذلك، وكما ذكرنا، فإن هذا الحكم لا ينطبق إلا على الزنا الذي يعاقب عليه بعد إثبات الذنب. وقد جاء في الآية ﴿ٱلزَّانِي لَا يَنكِحُ﴾ و﴿وَٱلزَّانِيَةُ لَا يَنكِحُهَآ﴾. يدل على ذلك الحكم قاعدة إعادة الصفة معرفًا باللام بعد «الزانية والزاني» الأولى، ولا يمكن خلق مجال في هذا الأسلوب لأي رأي آخر.

٤. وكمثل السرقة، حيث إنَّ القرآن قد اعتمد ببيان صيغة الصفات في وصف هذه العقوبة أيضًا ولهذا السبب فإن هذه العقوبة هي أيضًا عقوبة نهائية لهذه الجريمة، ولا تطبق إلا على المجرمين الذين ارتكبوا الجريمة في المرة الأخيرة، فهم لا يستحقون أية رخصة وامتياز حسب ظروفهم. ولذلك فإن المعاقين والمكرهين والمحرومين من البيئة والظروف والأمان اللازمة لتجنب الجريمة يكون لهم استثناء من العقوبة.

لقد قال القرآن الكريم بكل وضوح عن هؤلاء النساء اللاتي كان أصحابهن يجبرنهن على ممارسة مهنة البغاء:

﴿وَمَن يُكْرِههُّنَّ فَإِنَّ ٱللَّهَ مِنۢ بَعْدِ إِكْرَٰهِهِنَّ غَفُورٌ رَّحِيمٌ﴾ (1).

وبنفس الطريقة، قال عن الإماء المحظيات في زمن النبي أنه بسبب عدم حماية الأسرة وسوء التربية الأخلاقية، لا يمكن أن يحكم عليهن بهذه العقوبة، حتى في حالة قام فيها أصحابهن وأزواجهن باتخاذ الترتيبات الكاملة للحفاظ على طهارتهن وعفافهن، سيتم إعطاؤهن نصف العقوبة. بمعنى آخر بدلًا من المائة يُجلدن خمسين جلدة فقط، كما ما جاء في سورة النساء: ﴿فَإِذَآ أُحْصِنَّ فَإِنْ أَتَيْنَ بِفَٰحِشَةٍ فَعَلَيْهِنَّ نِصْفُ مَا عَلَى ٱلْمُحْصَنَٰتِ مِنَ ٱلْعَذَابِ﴾ (2).

---

(1) سورة النور، الآية: ٣٣.
(2) سورة النساء، الآية: ٢٥.

# القذف

﴿ وَٱلَّذِينَ يَرْمُونَ ٱلْمُحْصَنَٰتِ ثُمَّ لَمْ يَأْتُوا بِأَرْبَعَةِ شُهَدَاءَ فَٱجْلِدُوهُمْ ثَمَٰنِينَ جَلْدَةً وَلَا تَقْبَلُوا لَهُمْ شَهَٰدَةً أَبَدًا وَأُوْلَٰٓئِكَ هُمُ ٱلْفَٰسِقُونَ ۞ إِلَّا ٱلَّذِينَ تَابُوا مِنۢ بَعْدِ ذَٰلِكَ وَأَصْلَحُوا فَإِنَّ ٱللَّهَ غَفُورٌ رَّحِيمٌ ۞ وَٱلَّذِينَ يَرْمُونَ أَزْوَٰجَهُمْ وَلَمْ يَكُن لَّهُمْ شُهَدَاءُ إِلَّآ أَنفُسُهُمْ فَشَهَٰدَةُ أَحَدِهِمْ أَرْبَعُ شَهَٰدَٰتٍۭ بِٱللَّهِ إِنَّهُۥ لَمِنَ ٱلصَّٰدِقِينَ ۞ وَٱلْخَٰمِسَةُ أَنَّ لَعْنَتَ ٱللَّهِ عَلَيْهِ إِن كَانَ مِنَ ٱلْكَٰذِبِينَ ۞ وَيَدْرَؤُا عَنْهَا ٱلْعَذَابَ أَن تَشْهَدَ أَرْبَعَ شَهَٰدَٰتٍۭ بِٱللَّهِ إِنَّهُۥ لَمِنَ ٱلْكَٰذِبِينَ ۞ وَٱلْخَٰمِسَةَ أَنَّ غَضَبَ ٱللَّهِ عَلَيْهَآ إِن كَانَ مِنَ ٱلصَّٰدِقِينَ ﴾[1].

هذا هو حكم القذف. ورغم أن هذه الآيات لم تذكر إلا اتهام النساء، إلا أنه هو أسلوب «على سبيل التغليب» في اللغة العربية والذي تم اعتماده لمجرد أن النساء هي الهدف من مثل هذه الاتهامات بشكل عام، والمجتمع يكون أيضًا أكثر حساسية تجاههن في هذه القضية. ولذا على أساس السبب المشترك سيعم حكمه لكل من الرجال والنساء، ولا يمكن جعله خاصًا بالنساء فقط.

وقد وصف فيه شكلان من أشكال القذف:

أحدهما: أن يتهم الإنسان امرأة أو رجلًا شريفًا عفيفًا بالزنا.

والثاني: أن يحدث مثل هذه الحالة بين زوج وزوجته.

في الحالة الأولى، قد أمر القرآن أنه يجب على الشخص المتهِم أن يُحضِر في كل حالة أربعة شهود عيان. وفي أقل من هذا على كل الأحوال لا يثبت اتهامه. والأدلة القرائنية، والظروف، والفحص الطبي، كل هذا لا معنى له على الإطلاق في هذه الحالة، فإذا كان الشخص ماجنًا وخليعًا، فكل من ذلك ذو أهمية كبيرة في إثبات الجريمة، أما إذا كانت سمعته سمعة طيبة، فإن ما يريده القرآن هو أنه حتى لو كانت هناك زلة يجب سترها وعدم فضحها في المجتمع.

---

(1) سورة النور، الآيات: ٤ ـ ٩.

لذلك، في هذه الحالة، سيطلب أربع شهادات شهود عيان، وإذا لم يتمكن المتهِم من ذلك، يجب إدانته بالقذف.

وعقوبته بحسب القرآن الكريم هي:

١.  ينبغي جلده ثمانين جلدة وفقًا لذلك.

٢.  يجب أن يُعلن مردود الشهادة إلى الأبد، أي أنه لا ينبغي أبدًا قبول شهادته بأي حال من الأحوال، وبالتالي يجب إزالة المكانة المعروفة له في المجتمع تمامًا.

وهذا الجلد بثمانين جلدة ورفض الاستشهاد هو العقوبة الدنيوية لهذه الجريمة عند الله تعالى، فسيعتبر هؤلاء كما مر، فاسقين متجاوزين، إلا إذا تابوا من جريمتهم وأصلحوا أنفسهم.

وفي الحالة الأخرى، أي عندما يحدث هذا الاتهام بين الزوج والزوجة، فيقول القرآن إنه إذا لم تكن هناك شهادة يفصل الأمر بطريق القسم. ويتم استخدام مصطلح «اللعان» لهذا الغرض، فيقسم الزوج بالله أربع مرات ويقول إنه فيما يتهمه صادق وفي المرة الخامسة يقول إن كان كاذبًا في هذه التهمة فعليه لعنة الله. وردًّا على ذلك، إذا لم تقدم المرأة أي دفاع لها من هذا النوع، تعاقب بنفس عقوبة الزنا التي شرعها لها القرآن الكريم[1]، أما إذا لم تعترف بهذه التهمة فلا تبرأ من العقوبة إلا إذا أقسمت بالله أربع مرات وقالت إن هذا الشخص كاذب وقالت للمرة الخامسة إن غضب الله عليّ إذا كان هذا الشخص صادقًا فيما، وهذا هو الحال عندما تتهم الزوجة الزوج.

_____

(1) أي عقوبة الجلد مائة جلدة. وقد جاءت في الآية كلمة «يدرؤ عنها العذاب» مفيدة لهذا المعنى، وقد اعتمد تعبير «عَذَابَهُمَا» في الآية الثانية قبل هذه الآيات. ويعلم علماء اللغة العربية أن هذه القاعدة مسلمة فيها أنه إذا أعيدت المعرفة كانت بعينها الأولى إذا لم تمنعه قرينة مانعة، ولذلك لا يقصد به عقوبة أخرى إلا مائة جلدة.

# السرقة

﴿ وَٱلسَّارِقُ وَٱلسَّارِقَةُ فَٱقْطَعُوٓا أَيْدِيَهُمَا جَزَآءَ بِمَا كَسَبَا نَكَٰلًا مِّنَ ٱللَّهِ وَٱللَّهُ عَزِيزٌ حَكِيمٌ * فَمَن تَابَ مِنۢ بَعْدِ ظُلْمِهِۦ وَأَصْلَحَ فَإِنَّ ٱللَّهَ يَتُوبُ عَلَيْهِ إِنَّ ٱللَّهَ غَفُورٌ رَّحِيمٌ ﴾ (1).

ويرتكز قانون حد السرقة الذي جاء في هذه الآيات على النقاط التالية:

١.  عقوبة القطع هذه أي قطع اليد، مخصصة للسارق والسارقة، وقد استخدم القرآن كلمتي «السارق» و«السارقة» لهذا الغرض. ومن يعرف الأساليب البلاغية في اللغة العربية يعلم أن هذه عبارات صفات تدل على الاهتمام في وقوع الأفعال. لذلك، يمكن تطبيقها على نوع مخصوص من فعل السرقة، والذي يمكن أن يسمى ارتكابه سرقة ويمكن أن يسمى مرتكبه لصًّا.

فإذا سرق طفل بضعة روبيات من جيب أبيه، أو سرقت امرأة بضعة روبيات من جيب زوجها، أو سرق شخص شيئًا قليل القيمة من شخص ما، أو قطف بعض الفاكهة من حديقة شخص ما، أو بعض الخضار من حقل شخص ما. أو إذا سرق شيئًا من المال موضوعًا في مكان بلا حماية، أو أخذ بقرة أو جاموسة شاردة مطرودة وهي ترعى، أو ارتكب مثل هذا الفعل الشنيع لشيء من الاضطرار والحاجة الضرورية، فإن هذا كله غير لائق أن يفعله إنسان وينبغي تأديبه وتحذيره منها.

ولكن هذه ليست السرقة المنصوص عليها في هذه الآيات، فهي عقوبة شديدة، ولا تعطى إلا إذا كان الجاني لا يستحق أي تنازل بسبب طبيعة جريمته وظروفه.

٢.  وعقوبة القطع هذه هي ﴿ جَزَآءَ بِمَا كَسَبَا نَكَٰلًا مِّنَ ٱللَّهِ ﴾ ولذلك في جعل المجرم عبرة لغيره يجب أن تكون ملاءمة الفعل والقصاص كما تقتضي

---

(1)  سورة المائدة، الآيتان: ٣٨ و٣٩.

قطع يده يقتضي كذلك أن يقطع يده اليمنى، لأنه، إذا فكرت في الأمر، فإن مكانة أداة الكسب بين البشر تتحقق بالفعل من خلال اليد اليمنى ومن الواضح أيضًا أنه نظرًا للتطبيق الدقيق لكلمة «يد»، فسيتم قطعها دائمًا من وصلته.

﴿ جَزَآءً بِمَا كَسَبَا نَكَٰلًا مِّنَ اللَّهِ ﴾.

هذا هو الهدف من هذه العقوبة. أي أنه أيضًا عمل انتقامي وأيضًا درس للآخرين أن يروا هذا العقاب ويعرفوا ما سيفعله عقاب الله في الدنيا مع عصاته في الآخرة. لذلك فلا تضيع آخرتك في طمع الدنيا.

هذا هو الغرض الرئيسي من العقاب، ولكن الحقيقة أيضًا أنه إذا تم تطبيق مثل هذه العقوبات في المجتمع، فإنها تساعد في منع الجريمة. وهذه فائدة جانبية يجب وضعها في الاعتبار أيضًا.

وقد فسره الأستاذ الإمام أمين أحسن الإصلاحي كما يأتي:

«وقد ذكر هنا في قطع اليد سببين: أحدهما أنه عقوبة على جريمة المجرم، والآخر أنه «نكال». ومعنى «النكال» هو معاقبة شخص ما بحيث يتعلم منه الآخرون، وعدم الجمع بالعطف بين الأمرين دليل على أن هذين الأمرين مطلوبان في هذه العقوبة في نفس الوقت. أي أنه مكافأة على العمل وعبرة للآخرين أيضًا. فالناس الذين لا ينظرون إلى هذين الجانبين في نفس الوقت، يتوهمون أحيانًا أن العقوبة أشد من الجريمة. إلا أن هذه العقوبة ليست مجرد عقوبة على الجريمة التي ارتكبها الجاني، بل تشمل أيضًا منع العديد من الجرائم التي يمكن أن يصبح الجاني هو الدافع عليها لفعله إذا لم يعاقب مما يخفض معنويات الآخرين.

كما هو الحال مع الرغبة الجنسية فكذلك إن الجوع للثروة أيضًا قوي جدًّا لدى الإنسان. وإذا تهاون هذا الجشع قليلًا، فما يمكن أن تكون نتائجه هناك ما يكفي من البصيرة في الوضع الحالي لتقدير ذلك، بشرط أن تكون هناك عيون

ترى. فإذا تم جمع الجرائم المروعة التي ارتكبت في أية دولة متحضرة من دول العالم المتحضر لمدة عام واحد فقط، والتي حدثت بسبب مجرد السرقة، لكانت كافية لفتح العيون، ولكن جبين الإنسان الذي دهشته الحضارة الحديثة يتصبب عرقًا إذا سمع بقطع يد أحدهم بسبب السرقة، لكن قلبه لا يروع من تلك الآلاف من الحوادث التي تهز القلوب والتي تظهر بشكل مباشر أو غير مباشر من خلال طريق السرقة.

فإن السرقة ليست جريمة واحدة، بل هي مجموعة من الجرائم التي تنبثق عنها جرائم بشعة مختلفة. إذا تم حظر السرقة فسوف تختفي هذه الجنايات تمامًا أو سيتم تقليلها بشكل كبير على الأقل. ولذلك فإن التجربة شاهدة على أنه بعقوبة قطع اليد في حالة السرقة لم يتم التخفيف من حوادث السرقة إلى حد كبير فحسب، بل تم أيضًا تقليل الجرائم الأخرى إلى حد كبير. ثم، إذا تم إنقاذ آلاف الرؤوس، وآلاف المنازل، وآلاف الشرف بقطع أيدي قليلة، وتم القضاء على العديد من أسباب القسوة والاعتداء وتدمير الحرث والنسل فإن الفطرة السليمة تقول إن هذا ليس بثمن باهظ لذلك. بل هو صفقة مباركة جدًا، ولكن أصحاب الثقافة الحاضرة لا يفهمون هذا»[1].

٣. وما هذه إلا عقوبة دنيوية للص، أما في الآخرة فلا خلاص له إلا بالتوبة والإصلاح. وهذا العقاب الدنيوي ليس بديلًا عن التوبة، ولا التوبة بديلًا عنها. ولذلك فبالرغم من التوبة والإصلاح من الجاني فإن الحكومة ستفرض بالضرورة هذه العقوبة، ورغم تلقي هذه العقوبة في الدنيا فإن أمر الآخرة لن يصح إلا بالتوبة والإصلاح، والذي معه يرجى أن تصبح العقوبة مصدرًا لتطهير المجرم من خطيئته.

---

(1) تدبر القرآن ٢/ ٥١٢.

# الباب الثامن:

## الأكل والشرب

﴿ قُل لَّآ أَجِدُ فِى مَآ أُوحِىَ إِلَىَّ مُحَرَّمًا عَلَىٰ طَاعِمٖ يَطْعَمُهُۥٓ إِلَّآ أَن يَكُونَ مَيْتَةً أَوْ دَمًا مَّسْفُوحًا أَوْ لَحْمَ خِنزِيرٖ فَإِنَّهُۥ رِجْسٌ أَوْ فِسْقًا أُهِلَّ لِغَيْرِ ٱللَّهِ بِهِۦ فَمَنِ ٱضْطُرَّ غَيْرَ بَاغٖ وَلَا عَادٖ فَإِنَّ رَبَّكَ غَفُورٌ رَّحِيمٌ ﴾(1).

يريد الدين تطهير النفس البشرية من كل جانب، لذلك يصر دائمًا على ضرورة مراعاة الفرق بين الخير والشر في الطعام والشراب إلى جانب التطهير الداخلي على كل حال. وردًّا على سؤال بخصوص صيد الحيوانات الأليفة، قال الله تعالى كقاعدة عامة: ﴿أُحِلَّ لَكُمُ ٱلطَّيِّبَٰتُ﴾(2) وبهذا تبين أن الخبائث محظورة في جميع الأحوال. ونظرًا لغلو والموقف المتطرف الذي تبناه اليهود والنصارى في هذا الأمر فقد بين الله تعالى هذه الحقيقة حين دعاهم الله تعالى إلى الإيمان برسول الله ﷺ وقال:

﴿وَيُحِلُّ لَهُمُ ٱلطَّيِّبَٰتِ وَيُحَرِّمُ عَلَيْهِمُ ٱلْخَبَٰٓئِثَ وَيَضَعُ عَنْهُمْ إِصْرَهُمْ وَٱلْأَغْلَٰلَ ٱلَّتِى كَانَتْ عَلَيْهِمْ﴾(3).

---

(1) سورة الأنعام، الآية: ١٤٥.

(2) سورة المائدة، الآية: ٥.

(3) سورة الأعراف، الآية: ١٥٧.

ولم ترد في الشريعة قائمة شاملة لهذه الطيبات والخبائث والسبب في ذلك أن طبيعة الإنسان عمومًا ترشده في هذا الأمر، فهو يفصل دون تردد ما هو الخير وما هو الشر. لقد كان يعلم دائمًا أن الأسود والفهود والفيلة والعقاب والبازي والغربان وابن آوى والنسور والثعابين والعقارب والإنسان نفسه ليس طعامًا. وهو يعلم أن الخيول والحمير ليست لمتعة المائدة بل مخلوقة للركوب. كما أنه عالم بنجاسة بول وبراز هذه الحيوانات. وحتى في فهم قذارة المواد المسكرة والمخدرة عادة ما يصل عقله إلى النتيجة الصحيحة.

ولذلك ترك شرع الله الإنسان على هدى فطرته في هذا الأمر، وتحريم أكل لحوم البهائم والسباع والطير ذات المخالب[1] والجلالة[2] وغيرها، هو بيان الفطرة لهذا النوع.

وكذلك حكم القرآن في تحريم الخمر. ولما تكرر سؤال الناس عن بعض فوائده في زمن نزول القرآن، قال الله تعالى: إثمه أكبر من نفعه[3]. ثم في سورة المائدة بين بوضوح أنه من رجس الشيطان الذي ينبغي لكل مؤمن أن يتجنبه فقال:

﴿يَٰٓأَيُّهَا ٱلَّذِينَ ءَامَنُوٓاْ إِنَّمَا ٱلۡخَمۡرُ وَٱلۡمَيۡسِرُ وَٱلۡأَنصَابُ وَٱلۡأَزۡلَٰمُ رِجۡسٞ مِّنۡ عَمَلِ ٱلشَّيۡطَٰنِ فَٱجۡتَنِبُوهُ لَعَلَّكُمۡ تُفۡلِحُونَ﴾[4].

كل هذه التصريحات هي بيان للفطرة نفسها. ولا شك أن هذه الطبيعة للإنسان تتشوه أحيانًا، لكن دراسة عادات الرجال في العالم تبين أن عددًا كبيرًا منهم لا يخطئون عمومًا في هذا الأمر. ولذلك لم تجعل الشريعة شيئًا من هذا موضوعًا لها.

---

(1) مسلم، أرقام ٣٤٣٣، ٤٩٩٤.

(2) النسائي رقم ٤٤٥٢. والمراد به هو الحيوان الذي أصبح كريه الرائحة بسبب عادة أكل التراب.

(3) سورة البقرة، الآية: ٢١٩.

(4) سورة المائدة، الآية: ٩٠.

وفي هذا الباب لم يكن موضوع الشريعة إلا تلك الحيوانات وما يتعلق بها، التي لم يكن من الممكن للإنسان بتوجيه من العقل والطبيعة وحدهما أن يفصل في ما إذا كانت طيبة أم خبيثة. فمثلًا الخنزير من الحيوانات التي يقال لها الأنعام والبهائم، ولكنه يأكل اللحوم أيضًا كغيره من البهائم، فهل يعتبر حيوانًا يؤكل أم مما لا يؤكل؟ والحيوانات التي نذبحها ونأكلها إذا ماتت ولم تطهر من خلال التذكية فما حكمها؟ فهل دم هذه الحيوانات نجس مثل بولها وبرازها أم أنه يعتبر حلالًا طيبًا؟ وإذا ذبحوا باسم غير الله فهل تظل حلالًا؟

ولما كان من الصعب على الإنسان أن يعطي إجابة واضحة ومحددة لهذه الأسئلة، فمن الممكن أن يخطئ في هذا الأمر. وجاء في الآية ﴿عَلَىٰ طَاعِمٍ يَطۡعَمُهُۥٓ﴾ ما يدل على هذه الحقيقة، فهذه هي الحاجة التي أخبره الله تعالى على لسان أنبيائه عن الخنزير والدم والميتة ومما ذبح باسم غير الله أنها أيضًا ليست طاهرة للأكل، ويجب على الإنسان أن يتجنبها. فمن الخنزير لأنه كما تقدم، يأكل اللحم أيضًا مثل البهائم ولأنه يميل إلى الشراسة؛ ومن الميتة لأن الدم يبقى في العروق بعد الموت موتًا جسديًا، ومما ذبح لغير الله لأنه شرك مبين لا يفعله إلا من عصى الله، فحتى لو كان الحيوان طاهرًا، لكن النجاسة في العلم والإيمان تجعله نجسًا.

وفي هذه المسألة فإن موضوع الشريعة هو في الأساس هذه الأشياء الأربعة. ولذلك جاء القرآن في بعض المواضع بلفظة ﴿قُل لَّآ أَجِدُ فِي مَآ أُوحِيَ إِلَيَّ﴾ وفي بعض المواضع بتعبير «إنما». وقال حصريًا إن هذه الأشياء الأربعة فقط هي التي حرمها الله تعالى. أي قد حرمها فيما يأكله الناس ظنًا منهم أنها طيبة.

وقد سبق أن ذكرنا آية من سورة الإنعام في هذا الفصل، وقد جاء الأمر مصرحًا أيضًا مع تغيير طفيف في الكلمات، في الآيات ١٧٣ـ ١٧٤ من البقرة (٢) والآية ١١٥ من النحل (١٦). ثم في سورة المائدة أيضًا قد أوضح الله بعض جوانبه.

إن أول شيء فيه هو «الميتة» وقد يطرأ هذا الشك لدى بعض الأذهان هل

سيكون هناك فرق بين الحيوان الذي مات بالموت الطبيعي والحيوان الذي مات بسبب أحداث مفاجئة أم أن كليهما يعتبران ميتين على حد سواء؟ وقد أجاب القرآن بأن حكم الاثنين واحد. وكذلك ما أكله السبع من البهيمة تعتبر ميتة، إلا إذا ذبحت حية؛ لأنه في رأينا لا يمكن القول على وجه اليقين أن موتها كان بسبب الدم المسفوح، وقال القرآن:

﴿ حُرِّمَتْ عَلَيْكُمُ ٱلْمَيْتَةُ وَٱلدَّمُ وَلَحْمُ ٱلْخِنزِيرِ وَمَا أُهِلَّ لِغَيْرِ ٱللَّهِ بِهِ وَٱلْمُنْخَنِقَةُ وَٱلْمَوْقُوذَةُ وَٱلْمُتَرَدِّيَةُ وَٱلنَّطِيحَةُ وَمَا أَكَلَ ٱلسَّبُعُ إِلَّا مَا ذَكَّيْتُمْ ﴾[1].

وقد ورد في هذه الأحكام لفظة «الميتة» برعاية العرف والعادة. ولا شك أن لها معنى حرفيًا أيضًا في اللغة العربية، ولكن عندما يتم النطق بها بهذا الاستثناء، فإنها لا تعني كل شيء ميت مثل الكلمة الأردية «ميت» فهي في هذه الحالة نوع من الاختصاص. وهو ينشأ في معنى الكلمة، فالشخص الملم بأنماط اللغة ودقائقها لا يعتبر مثلًا أن الجراد الميت والسمكة الميتة يدخلان فيها. ولماذا نشأ هذا الاختصاص؟ ربما يرجع ذلك إلى حقيقة أن هذه الحيوانات ليس لديها دم مسفوح من شأنه أن يقتلها إذا لم يسفح.

ويقول الزمخشري:

«قصد ما يتفاهمه الناس ويتعارفونه في العادة، ألا ترى أن القائل إذا قال: أكل فلان ميتة، لم يسبق الوهم إلى السمك والجراد كما لو قال: أكل دمًا، لم يسبق إلى الكبد والطحال، ولاعتبار العادة والتعارف قالوا: من حلف لا يأكل لحمًا فأكل سمكًا لم يحنث، وإن أكل لحمًا في الحقيقه»[2].

وقول النبي ﷺ في البحر: «هو الطهور ماؤه، والحل ميتته»[3] هو أيضًا بهذا التخصيص، وفي هذا أيضًا يراد «بالميتة» الأسماك الميتة وغيرها من الأشياء

---

(1)   سورة المائدة، الآية: ٣.

(2)   الكشاف ١/ ٢٤١.

(3)   «الطهور ماؤه والحل ميتته». النسائي، رقم ٥٩.

التي يمكن أن يطلق عليها كلمة «الميتة» باعتبار اللغة، ولكن لا يمكن تسميتها ﴿ٱلْمَيْتَةُ﴾ مطابقًا للعرف والعادة.

وفي آية المائدة التي ذكرناها أعلاه، يتبين أيضًا من صفة «الميتة» ومن خلال قوله ﴿إِلَّا مَا ذَكَّيْتُمْ﴾ بعد ﴿وَمَآ أَكَلَ ٱلسَّبُعُ﴾ أنها فقط التذكية التي إذا حدث الموت بها لم يكن الحيوان ميتة، والتذكية: قطع الحلقوم، وهي سنة ثبتت عن الأنبياء عليهم السلام، ويطلق اصطلاحًا على معنى جرح الحيوان بأداة حادة ونزف دمه بحيث يكون موته بسبب النزيف. وهذه هي الصورة الوحيدة لقتل الحيوان، الذي يخلص فيه لحمه ويطهر من نجاسة الدم، ولم تبق العلة التي بسببها حرمت الميتة.

وطريقتها الأصلية هي الذبح أو النحر. والذبح خاص بالبقر والمعز ونحوهما من الحيوانات، والنحر خاص بالإبل وأمثالها. الذبح يعني قطع الحلقوم والماري (القناة الهضمية) أو الحلقوم والودجين (أوردة الرقبة) بأداة حادة، والنحر هو أن يُثقب في عنق الحيوان بأداة حادة مثل الرمح، بحيث يتفجر منه ينبوع الدم، وينزف الحيوان، فيسقط ميتًا نهائيًّا.

وإذا لم يمكن اتباع هذه الطريقة فماذا يكون العمل؟ وقد أجاب رسول الله ﷺ عن هذا السؤال بأن إصابة مثل هذا الجرح بشيء تكفي بحيث يخرج منه الدم كله.

عن عدي بن حاتم رضي الله عنه، قال: قلت: يا رسول الله، أرأيت إن أحدنا أصاب صيدًا وليس معه سكين، أيذبح بالمروة وشقه العصا؟ فقال: «أمرر الدم بما شئت واذكر اسم الله»(1).

كما سيتم تحديد مشروعية وعدم قانونية الصيد بالسهام والبنادق وفقًا لهذه القاعدة. وإذا مزق الحيوان المستأنس الفريسة فقد بين الله في القرآن الكريم أن

---

(1) أبو داؤد، رقم ٢٨٢٤.

هذا حكمه أيضًا. وحتى لو لم يتم العثور على مثل هذه الضحية على قيد الحياة فلا ينبغي اعتبارها «ميتة»[1].

وقال تعالى: ﴿يَسْـَٔلُونَكَ مَاذَآ أُحِلَّ لَهُمْ ۖ قُلْ أُحِلَّ لَكُمُ ٱلطَّيِّبَٰتُ ۙ وَمَا عَلَّمْتُم مِّنَ ٱلْجَوَارِحِ مُكَلِّبِينَ تُعَلِّمُونَهُنَّ مِمَّا عَلَّمَكُمُ ٱللَّهُ ۖ فَكُلُوا۟ مِمَّآ أَمْسَكْنَ عَلَيْكُمْ وَٱذْكُرُوا۟ ٱسْمَ ٱللَّهِ عَلَيْهِ ۖ وَٱتَّقُوا۟ ٱللَّهَ ۚ إِنَّ ٱللَّهَ سَرِيعُ ٱلْحِسَابِ﴾[2].

وواضح من السياق الذي جاءت فيه هذه الآية من المائدة، أنه لما كان الحيوان الذي مزقته البهيمة قد أبيح في الآية السابقة فقط إذا ذبح حيًّا، ولذلك ثار السؤال عنه أنه إذا نهش الصيدَ حيوان تم استئناسه ويموت الصيد قبل موعد الذبح، فما حكم ذلك؟ وقد تقدم الجواب على هذا السؤال في هذه الآية أن نهشه هو تذكيته، فيجوز أكله دون ذبحه. ومع ذلك، فمن المهم بالنسبة له أن يحتفظ بها لسيده. فإن أكل منه شيئًا لم يحل صيده، لأنه لم يعد صيد سيده الذي أرسله على الصيد بإسم الله.

وقد جاء في الآية هذا الشرط في قوله تعالى: ﴿مِمَّآ أَمْسَكْنَ عَلَيْكُمْ﴾[3] وفي هذه الحالة لا وجه للتفريق بين صيد الحيوانات والطيور. ومن المعروف أن الصقور والنسور والبزاة والعقبان تقبل التدريب أيضًا بقدر ما تقبله البهائم.

وقد فسر النبي ﷺ هذا الحكم القرآني بما يلي:

إذا أرسلت كلبك فاذكر اسم الله عليه، فإن أدركته لم يقتل فاذبح واذكر اسم الله عليه، وإن أدركته قد قتل ولم يأكل كل فقد أمسكه عليك، وإن وجدته قد

---

(1) لكن إذا لم ينهش، ومات الحيوان من الخوف، فهو أيضًا «ميتّة». وكذلك إذا لم ينهش ووجد حيًّا، يجب ذبحه. وبدونها لا يمكن تحقيق شرط التذكية بأي حال من الأحوال.

(2) سورة المائدة، الآية: ٤.

(3) ولا يكون فيه مرجع الضمير عندنا إلا ﴿وَمَا عَلَّمْتُم مِّنَ ٱلْجَوَارِحِ﴾ والسبب في ذلك أنه إذا كان مرجعها ﴿مِمَّآ أَمْسَكْنَ عَلَيْكُمْ﴾ فإنه يكون مجرد تكرار لما تقدم في ﴿إِلَّا مَا ذَكَّيْتُمْ﴾ وإذا كان متعلقًا بـ«فكلوا» إذن فمحل مسألة متصلة بالآداب العامة للطعام لا تتضح هنا بأي حال.

أكل منه فلا تطعم منه شيئًا فإنما أمسك على نفسه، وإن خالط كلبك كلابًا فقتلن فلم يأكلن فلا تأكل منه شيئًا، فإنك لا تدري أيها قتل[1].

وفي الآية قد جاء بعد الميتة الشيئان الثاني والثالث هما الدم المسفوح ولحم الخنزير. ولحم الخنزير منهما لا يحتاج إلى أي بيان، أما الدم المسفوح فينبغي أن يتبين هذا من حرمته أن كلمة ﴿دَمًا مَّسْفُوحًا﴾ جاءت في الأصل ومعناها هو ما يفهم من هذه الكلمات في الكلام المتداول.

وإن كان يمكن أن يقال عن الطحال والكبد أنهما دم، لكن كما بيّنا عن الزمخشري، فإن الاستعمال العرفي يقتضي عدم إطلاق الدم عليهما. وكما يعلم من قيد «مسفوحًا» أن الدم الراكد في العروق والشرايين يخرج أيضًا من أمر النهي هذا.

وبعد هذا الشيء الرابع والأخير هو الذبح لغير الله وقد أوضح القرآن في الآية التي نحن نبحث عنها من سورة الأنعام أن سبب حرمتها ليس رجس الحيوان نفسه. بل النجاسة الخارجية وهي فسق الذابح. ولما كان الذبح بغير الله من الشرك فقد سمي بالفسق. ومن الظاهر هنا أنه نجاسة العقيدة والعلم. وما لحقه من هذا النجاسة، فإن العقل يتطلب أن يُفهم حكمه على هذا النحو. وقد حرم القرآن أشياء معينة في سورة المائدة وفقًا لهذا المبدأ. فقال:

﴿وَمَا ذُبِحَ عَلَى ٱلنُّصُبِ وَأَن تَسْتَقْسِمُوا۟ بِٱلْأَزْلَٰمِ ذَٰلِكُمْ فِسْقٌ﴾[2].

يقول الأستاذ الإمام أمين أحسن الإصلاحي في تفسيره:

﴿وَمَا ذُبِحَ عَلَى ٱلنُّصُبِ﴾، و«نصب» يطلق على مقامات ودور الأصنام والأوثان. كان هناك عدد لا يحصى من الأماكن والدور في شبه الجزيرة العربية حيث كانت تقدم التضحيات من أجل استرضاء الآلهة والتقرب بها والزلفى إلى الملاك والأشباح والأجنة. فقد حرّم القرآن هذا النوع من الذبائح، ومن

---

(1) رواه النسائي، رقم: ٤٢٦٨.

(2) سورة المائدة، الآية: ٣.

كلام القرآن يتبين أن حرمة هذه الذبائح لا تنشأ إلا من ذبحها في أماكن القرب والتقرب للآلهة، بغض النظر عن أنه قد سُمي عليها الله أم يُسمى عليها غير الله. وإن كان منعهما من أجل التسمي بغير الله فلا داعي لذكرهما منفصلين، وقد تقدم ذكر ﴿وَمَآ أُهِلَّ بِهِۦ لِغَيْرِ ٱللَّهِ﴾. فكان كافيًا.

وعندنا فإن الذبائح التي تقدم في الأضرحة والقبور تدخل أيضًا في هذا الحكم. فإنه يبتغى فيها أيضًا رضا صاحب القبر وصاحب المزار. وفي وقت الذبح سواء سمي عليها اسم الله أو اسم صاحب القبر والمزار، فليس هناك دخل للاسم في الحرمة بل للمكان.

﴿وَأَن تَسْتَقْسِمُوا۟ بِٱلْأَزْلَٰمِ﴾: والاستقسام يكون لتحديد المصير أو التقدير. ويطلق «أزلام» على سهام الفأل أو سهام الكهانة. وفي جزيرة العرب أيضًا كانت هناك عادة سهام العرافة، حيث كانوا يكتشفون حكم الغيب حسب اعتقادهم، وكانت هناك أيضًا عادة سهام القمار، يحصلون من خلالها على لحم أو أجزاء من شيء ما، وسبق لنا بيان في تفسير سورة البقرة تحت الخمر والميسر أن العرب كانوا يجتمعون على شرب الخمر، فيذبحون أي إبل يريدون وهم سكران، ويقنعون صاحبها بالثمن، ثم يقامرون على لحمها وكانون يلعبون وما كانوا يكسبون من أكوام اللحم يشوونها ويأكلونها ويطعمونها ويشربون الخمور عليها وأحيانًا، في هذا الشغل الشاغل الداعر يقومون بخلق مشاجرات بحيث تتشابك عشائر العشيرة مع بعضها البعض لسنوات، ويُضحى من أجلها مئات الأرواح، وأعتقد أن هذه هي الطريقة الأخرى هي المقصودة هنا «باستقسام الأزلام»[1].

وأما الذبيحة التي لم يُذكر عليها اسم غير الله، ولا يُذكر عليها اسم الله أيضًا، تدخل ضمن هذا أيضًا. وقد جاء في القرآن الكريم تسميته بـ«الفسق»

---

(1) تدبر القرآن ٢/ ٤٥٦.

بنفس الطريقة التي عبر بها «وما أهل لغير الله به». وقال الله تعالى في سورة الإنعام داحضًا بعض خرافات العرب بشأن الحيوانات:

﴿وَلَا تَأْكُلُوا مِمَّا لَمْ يُذْكَرِ اسْمُ اللَّهِ عَلَيْهِ وَإِنَّهُ لَفِسْقٌ وَإِنَّ الشَّيَاطِينَ لَيُوحُونَ إِلَىٰ أَوْلِيَائِهِمْ لِيُجَادِلُوكُمْ وَإِنْ أَطَعْتُمُوهُمْ إِنَّكُمْ لَمُشْرِكُونَ﴾[1].

٤ ـ ولماذا يكون عدم ذكر اسم الله عند الذبح والصيد من ظلم وفسق أن ينتج منه دخول الحيوان في حكم ﴿وَمَا أُهِلَّ بِهِ لِغَيْرِ اللَّهِ﴾ يشرح الأستاذ الإمام أسباب ذلك فيقول:

**أولًا**: ما كان من العمل بغير اسم الله وتكبيره، كما بينا في تفسير آية بسم الله، فهو خالٍ من البركة. ولا بد عند الانتفاع بكل نعمة من نعم الله، صغيرة كانت أو كبيرة، أن يذكر اسمه عليها، حتى يعترف العباد بمَنه وفضله عليهم. فإذا تصرف عبد بدون ذاك الاعتراف والفضل في شيء فترصفه ذاك يعتبر غصبًا، ولا يثبت حق بالغصب، بل هو اجتراء وتمادٍ يعاقبه عليه الله.

**ثانيًا**: وحرمة النفس تقتضي أن يذكر اسم الله عند ذبح الحيوان. فإن الحياة في ذاتها شيء محترم لإنسان كان أو لحيوان، ولو لم يأذن الله لنا لما جاز لنا أن نقتل أي حيوان. ولم يُمنح لنا هذا الحق إلا بإذن الله. ولهذا السبب من المهم أننا كلما أخذنا بحياة أي حيوان، ألا نأخذها إلا باسم الله. فإذا لم نذكر اسم الله عليه، أو سمينا أيضًا اسم غير الله مع اسمه، أو نذبحه باسم غير الله، فهذا انتهاك لحرمة حياة الحيوان وتدنيس لخالق الحياة معًا.

**ثالثًا**: إن هذا يغلق بابًا واسعًا جدًا للشرك. ومن له إلمام بتاريخ الأديان، يعلم أن التضحية بالحيوانات ونذورها وأضاحيها كانت لها أهمية كبيرة في العبادة منذ أول التاريخ، ولهذه الأهمية حظيت باهتمام كبير في الديانات الشركية أيضًا. فأي قوم وقع وابتلي بعبادة وتقديس غير الله ضحى بالحيوانات بطرق مختلفة لإرضاء غير الله ذاك. ففي تهديد الشيطان

(1) سورة الأنعام، الآية: ١٢١.

المذكور في القرآن في باب إضلال الناس، كما بينا في موضعه، قد ذكر الشيطان مصدر الضلال هذا على وجه التحديد.

ولإغلاق كل طرق الشرك هذه، قد وضع الإسلام قفل اسم الله على أرواح الحيوانات، والذي حرم فتحه بأي مفتاح آخر غير مفتاح اسم الله. فإذا حاول أحد فتحه أو كسره بمفتاح آخر دون هذا المفتاح، فقد أتى بفعل حرام، والحيوان الذي يتم عليه هذا التصرف غير المشروع ذلك الحيوان يكون أيضًا محرمًا[1].

وكذلك الذبيح والصيد اللذان سُمي عليهما اسم الله، لكن المسمي لا يؤمن بالله، أو يؤمن ولكن يؤمن بمكانة رب واحد في كوكبة الآلهة في العالم. ويجعل الشرك هو الأصل في دينه، ومن الواضح أنه لا يمكن التفريق بين ارتكاب الشرك أثناء الذبح وذبح المشرك. ولهذا السبب أباح القرآن الكريم ذبح أهل الكتاب فقط للمسلمين. لأنهم في الأصل موحدون فقال: ﴿ٱلۡیَوۡمَ أُحِلَّ لَكُمُ ٱلطَّیِّبَـٰتُۖ وَطَعَامُ ٱلَّذِینَ أُوتُوا۟ ٱلۡكِتَـٰبَ حِلّٞ لَّكُمۡ وَطَعَامُكُمۡ حِلّٞ لَّهُمۡۖ﴾[2].

والاستثناء الوحيد من هذه المحظورات هو في حالة الطوارئ وذلك أيضًا محدد بحد ﴿غَیۡرَ بَاغٖ وَلَا عَادٖ﴾ أي بحيث لا يكون الإنسان راغبًا ولا يتجاوز حد الضرورة. وقد تم بيان هذا الأمر في آيتي البقرة والنحل بنفس الكلمات تمامًا، نعم هناك اختلاف يسير في الألفاظ في المائدة فقال: ﴿فَمَنِ ٱضۡطُرَّ فِی مَخۡمَصَةٍ غَیۡرَ مُتَجَانِفٖ لِّإِثۡمٖ فَإِنَّ ٱللَّهَ غَفُورٞ رَّحِیمٞ﴾[3].

ويقول الأستاذ الإمام في توضيح ذلك ما يلي:

«المخمصة» تعني الجوع. ومعنى المجاعة هو أن يقع الإنسان في شدة الجوع بحيث لم يُترك له في الظاهر سبيل إلا أخذ الحرام أو الموت. وفي مثل هذه الحالة يجوز له أن ينقذ حياته بالاستفادة من شيء من المحرمات. وإلى

---

(1)   تدبر القرآن ٣/ ١٥٧.

(2)   سورة المائدة، الآية: ٥.

(3)   سورة المائدة، الآية: ٣.

جانب هذا فإن قيد ﴿غَيْرَ مُتَجَانِفٍ﴾ تظهر نفس المضمون الذي جاء في ﴿غَيْرَ بَاغٍ وَلَا عَادٍ﴾ في مقام آخر. أي لا من حب بالقلب ولا من تجاوز حدود سد الرمق.

ويتضح من قيد «المخمصة» أنه حيثما توجد بدائل غذائية أخرى، لا يكون هناك عذر بسيط، وهو عدم توفر لحوم الذبح الشرعي، كما هو الحال في معظم دول أوروبا وأمريكا، ليحل الحرام، ولا أحد لديه الحق لتبرير ذلك. فإن اللحم ليس عنصرًا لا غنى عنه لبقاء الحياة، وليس فقط الحياة ولكن أيضًا الصحة يمكن الحفاظ عليها بمستوى عالٍ جدًا بطريق الأطعمة الأخرى. وشرط ﴿غَيْرَ مُتَجَانِفٍ لِإِثْمٍ﴾ يدل على أن الإجازة لا تزال إجازة والحرام حرام بأي شكل من الأشكال. لا يمكن أن يصبح شيء محرم كمثل لبن الأم، ولا الإجازة إذن أبدية.

ولهذا لا يجوز لأحد أن يتجاوز حد الفرج. فإذا أنقذ الإنسان حياته من شيء محرم بمراعاة هذه المحظورات فإن الله غفور رحيم. فإن استغل هذا الإذن وفتح المجال لمصلحته، فمسؤوليته عليه. فلا يكون هذا الإذن حجة له يوم القيامة[1].

وكل هذه الأشياء، كما هو واضح من هذه الآيات القرآنية، حرام للأكل فقط. وأما استعمالاتها الأخرى فهي جائزة تمامًا. ولا ينبغي للمؤمن أن يتردد في هذا الأمر أبدًا، وفي حديث ابن عباس أن رسول الله ﷺ صرح بذلك في إحدى المرات:

قال: تصدق على مولاه لميمونة بشاة فماتت، فمر بها رسول الله ﷺ، فقال: «هلا أخذتم إهابها فدبغتموه فانتفعتم به؟ فقالوا إنها ميته فقال: «إنما حرم أكلها»[2].

(1) القرآن ٢: ٤٥٨.
(2) رواه مسلم، رقم٨٠٦.

## الباب التاسع:

# التقاليد والآداب

تتميز الحضارة الإنسانية بأساليب العيش والمظاهر الحضارية التي نسميها «التقاليد والآداب»، ولم تخل فترة من فترات المجتمع البشري من هذه العادات والآداب. ونراها في كل قبيلة وكل أمة وكل حضارة متساويةً منتشرةً ومستمرةً كدستور عام. يتم تحديد هوية الأمم والأقوام في الغالب مقارنةً ببعضهم البعض. كما أن الأنبياء عليهم السلام الذين جاؤوا بالدين يلزمون أتباعهم بإقتفاء عادات وآداب معينة. وغاية الدين هي تزكية النفس، ولذلك شرعت عادات الدين وآدابه أيضًا مع مراعاة هذا المقصد. ولما بعث النبي ﷺ كان أغلبها منتشرًا في جزيرة العرب كتقليد للدين الإبراهيمي.

ولم تضف إليها شيئًا إلا بعض الأشياء. وهي متواجدة قبل القرآن ومكانتها كسنة انتقلت إلى الأمة بإجماع وتعامل الصحابة بعد تقرير رسول الله ﷺ وتصويبه. ومصدرها الآن هو إجماع الأمة، وجميعها معترف به كدين في كل مكان في الأمة كلها على هذا الأساس. وسنذكر هنا هذه العادات والآداب التي شرعها الأنبياء عليهم السلام بالتفصيل.

١. التسمية والأكل والشرب باليمين.

الأمر الأول منها الاعتراف بنعم الله تعالى والاعتراف بها والدعاء لها،

والشيء الثاني التذكير الدائم بأن من ينال نعيم الجنة يوم القيامة فإن كتاب أعمالهم سيُعطى بيمينهم، فالمؤمن إذا راعى الحق في مثل هذه المناسبات يعبر رمزيًّا عن إرادته أنه يريد أن يدخل في أصحاب اليمين في يوم القيامة أيضًا. وقد أكد رسول الله ﷺ على اتباع سنة الأنبياء هذه في أقواله كما يلي:

«سم الله وكل بيمينك[1].

إذا أكل أحدكم فليأكل بيمينه، وإذا شرب فليشرب بيمينه[2].

٢. وبمناسبة اللقاء «السلام عليكم» ورده.

هذا دعاء للسلام في الدنيا والآخرة، يدعوها المسلمون لبعضهم البعض بمناسبة الاجتماع. ومن يبدأ لهذا الغرض يقول: السلام عليكم، ومن يجيب يقول: وعليكم السلام، وقد جاء ذكره في القرآن الكريم وفي الأحاديث النبوية أيضًا. وقد وصف النبي ﷺ أدبه بما يلي:

«يسلم الصغير على الكبير والمار على القاعد والقليل على الكثير[3].

٣. ويقول عند العطاس: الحمد للّه، وفي الرد على العاطس يقال: يرحمك الله.

العطاس وسيلة للتخلص من خلل واقع في الوجود الإنساني، وهذه الطريقة لشكر الله عليه والدعاء له بالرحمة قد شرعت في دين الأنبياء عليهم السلام حتى يتذكر ويستحضر العبد المؤمن دائمًا أن رحمة الله في الدنيا والآخرة خاصة بعباده الشاكرين. ويفيد بعض الروايات أنها بدأت مع يقظة سيدنا آدم عليه السلام الأولى بعد نفخ الروح فيه[4]. وفي اللغة العربية فإن كلمة (تشميت) لهذه الممارسة دليل على أنها سنة قديمة حافظ عليها رسول الله ﷺ وأجراه في أمته على هذا النحو، قال:

---

(1) رواه البخاري، رقم ٥٣٧٦.

(2) رواه مسلم، رقم ٥٢٤٥.

(3) رواه البخاري، رقم ٤٢٣١.

(4) الترمذي: رقم٣٣٦٨.

إذا عطس أحدكم فليقل: الحمد للَّه، وليقل له أخوه أو صاحبه: يرحمك الله، فإذا قال له: يرحمك الله فليقل: يهديكم اللّٰه ويصلح بالكم[1].

٤. إبقاء الشارب منخفضًا. ٥. حلق شعر العانة ٦. تنظيف شعر الإبط . ٧. قص الأظافر الناشبة. ٨. ختان الأولاد.

وهذه الأشياء الخمسة كلها من الأخلاق الكريمة، فالشارب الكبير يخلق نوعًا من الكبرياء في شخصية الإنسان، ثم أثناء وضع الطعام والشراب في الفم فإنه يتلوث بها أيضًا. وبالإضافة إلى تغليف الرخويات فإن الأظافر المتضخمة تعطي انطباعًا بالتشابه مع الحيوانات. ولذلك أمر بأن يكون الشارب منخفضًا، وأن تقلم الأظافر الزائدة. وكل الأشياء الأخرى ضرورية لتطهير الجسد. وكان النبي ﷺ يحبها ويهتم بها خاصة حتى قد حدد لبعضها أجلًا محددًا، فعن أنس:

«وقت لنا في قص الشارب وتقليم الأظفار ونتف الإبط وحلق العانة أن لا نترك أكثر من أربعين ليلة[2].

وكان العرب عمومًا يتبعونها وحتى قبل عهد البعث[3]و[4]. وهي سنن الفطرة التي جعلها الأنبياء عليهم السلام ركنًا أساسيًا من الدين لأهميتها في الطهارة والتطهير. قال رسول الله ﷺ:

«خمس من الفطرة: الختان والاستحداد وقص الشارب وتقليم الأظفار ونتف الأباط.

٩. تنظيف الأنف والفم والأسنان.

وما أراده الأنبياء عليهم السلام من إحداث ذوق النظافة والطهارة في المؤمنين، كان من اقتضائه أن جعلوا هذا التنظيف سنَّة.

---

(1) رواه البخاري، رقم ٤٢٢٤.

(2) مسلم، رقم ٥٩٩.

(3) رواه البخاري، رقم ٥٨٩١.

(4) المفصل في تاريخ العرب قبل الإسلام للأستاذ جواد علي ٣٤٦/٦.

ويذكر ذلك في التاريخ باعتباره الشعار الديني للعرب[1]. ويدل ما نقل عن النبي ﷺ إلى الأمة من سنة الوضوء على أنه كان يقوم بالمضمضة[2] و«الاستنشاق»[3] عند كل وضوء بعناية شديدة. كان لديه نفس الإحساس لتنظيف أسنانه واهتمام كبير حتى أنه قال:

لولا أن أشق على أمتي لأمرتهم بالسواك مع كل صلاة صلٰوة[4].

١٠. الإستنجاء

كما أن تطهير الجسد بعد الفراغ من البول والبراز بكل حذر ودقة من تقاليد الدين الإبراهيمي[5]. واعتمادًا على الظروف، يمكن إجراء هذا التنظيف بالماء وأيضًا بالتربة الرخوة أو شيء مشابه. وتفيد الأحاديث والأخبار أن رسول الله ﷺ كان يستعمل الماء عادة لهذا الغرض.

يقول سيدنا أبو هريرة:

كان النبي ﷺ إذا أتى الخلاء، أتيته بماء في تور أو ركوة فاستنجى ثم مسح يده على الأرض[6].

١١. الغسل بعد الحيض

وهذه أيضًا سنَّة قديمة. وإذا انقطع الدم بعد الحيض والنفاس، وجب على المرأة أن تغتسل هذا الغسل للطهارة. وحتى في القرآن حيث بيَّن الله تعالى حكم العلاقة بين المرأة والرجل في هذه الحالة، ذكر ذلك على النحو التالي:

﴿وَيَسْـَٔلُونَكَ عَنِ ٱلْمَحِيضِۖ قُلْ هُوَ أَذًى فَٱعْتَزِلُوا۟ ٱلنِّسَآءَ فِى ٱلْمَحِيضِۖ وَلَا

---

(1) نفس المصدر.

(2) المضمضة ملء الفم من الماء وتمريره.

(3) الاستنشاق ملء الأنف من الماء واستنثاره لطهارة الأنف.

(4) (رواه البخاري، رقم ٨٨٧.

(5) المفصل في تاريخ العرب قبل الإسلام للأستاذ جواد علي ٣٤٦/٦.

(6) أبو داؤد، رقم٤٥.

نَقۡرَبُوهُنَّ حَتَّىٰ يَطۡهُرۡنَۖ فَإِذَا تَطَهَّرۡنَ فَأۡتُوهُنَّ مِنۡ حَيۡثُ أَمَرَكُمُ ٱللَّهُۚ إِنَّ ٱللَّهَ يُحِبُّ ٱلتَّوَّٰبِينَ وَيُحِبُّ ٱلۡمُتَطَهِّرِينَ﴾[1].

يقول الأستاذ الإمام أمين أحسن الإصلاحي في تفسيره:

«ورد في هذه الآية كلمتان: «طهر» و«تطهر» ومعنى الطهر أن ينقطع الدم وتتطهر المرأة ومعيى التطهر أن تغتسل المرأة وتصل إلى حالة الطهر. وفي الآية جعل الطهر شرطًا لمباشرة المرأة، وقيل في نفس الوقت أنها إذا طهرت فأتوها، ومنه يتبين ذلك بما أن السبب الحقيقي للنهي عن العلاقة الجنسية هو الدم، ولهذا سقط هذا النهي بعد ايقطاعه، ولكن الطريق الصحيح هو لقاؤها إذا اغتسلت وتطهرت»[2].

١٢. غسل الجنابة

وفي دين الأنبياء عليهم السلام كان يؤمر بهذا الغسل دائمًا. وقد أكد الله تعالى على ذلك خاصة قبل الصلاة بقوله:

﴿يَٰٓأَيُّهَا ٱلَّذِينَ ءَامَنُواْ لَا تَقۡرَبُواْ ٱلصَّلَوٰةَ وَأَنتُمۡ سُكَٰرَىٰ حَتَّىٰ تَعۡلَمُواْ مَا تَقُولُونَ وَلَا جُنُبًا إِلَّا عَابِرِي سَبِيلٍ حَتَّىٰ تَغۡتَسِلُواْ﴾[3].

وفي سورة المائدة، ورد نفس الحكم في فقرة ﴿وَإِن كُنتُمۡ جُنُبًا فَٱطَّهَّرُواْ﴾[4].

وتشير الجنابة هنا إلى حالة الجنابة التي تحدث للإنسان عن طريق الجماع أو الإنزال. وبعد ذلك لا بد من الاستحمام للتطهير. ويجب أن يتم هذا الغسل على أكمل وجه، فكلمتا « اِطَّهَّرُوْا وتَغْتَسِلُوْا» في القرآن تدلان على ذلك

---

(1) سورة البقرة، الآية: ٢٢٢.

(2) تدبر القرآن ١/ ٥٢٦.

(3) سورة النساء، الآية: ٤٣.

(4) سورة المائدة، الآية: ٦.

من طريق الأسلوب العربي. وما جاء في هذا الغسل من أسوة النبي ﷺ في الأحاديث هو كما يأتي:

يغسل اليدين أولًا.

ثم يغسل الفرج باليد اليسرى وينظف جيدًا.

ثم يتوضأ تمام الوضوء إلا أن يترك غسل القدمين في آخره.

ثم يدخل الأصابع في الشعر، ثم يصب الماء على الرأس حتى يصل إلى الجذور.

ثم يجب سكب الماء على الجسم كله.

وأخيرًا يجب غسل القدمين.

وفيما يلي نأتي بأحاديث وصلت إلينا عن أمهات المؤمنين عائشة وميمونة في ذلك:

عن عائشة رضي الله عنها قالت: كان رسول الله ﷺ إذا اغتسل من الجنابة يبدأ فيغسل يديه، ثم يفرغ بيمينه على شماله فيغسل فرجه، ثم يتوضأ وضوءه للصلاة، ثم يأخذ الماء فيدخل أصابعه في أصول الشعر حتى إذا رأى أن قد استبرأ حفن على رأسه ثلاث حفنات، ثم أفاض على سائر جسده، ثم غسل رجليه[1].

عن ابن عباس، قال: حدثتني خالتي ميمونة قالت: أدنيت لرسول الله ﷺ غسله من الجنابة، فغسل كفيه مرتين أو ثلاثًا، ثم أدخل يده في الإناء، ثم أفرغ به على فرجه وغسله بشماله، ثم ضرب بشماله الأرض فدلكها دلكًا شديدًا، ثم توضأ وضوءه للصلاة، ثم أفرغ على رأسه ثلاث حفنات ملء كفه، ثم غسل سائر جسده، ثم تنحى عن مقامه ذلك فغسل رجليه[2].

(1) رواه مسلم، رقم٧١٨.

(2) رواه مسلم، رقم٧٢٢.

١٣. غسل الموتى

وهذا الغسل أيضًا من سنن الأنبياء[1].

ومع أن هذا الشرط يتحقق بصب الماء على الجسد جيدًا، إلا أنه نظرًا لأهمية التزكية والتطهير في الدين، ينبغي غسل الميت على أكمل وجه ممكن. ومن الوصايا التي أوصى بها النبي ﷺ في إحدى المرات ما يلي:

«اغسلنها ثلاثًا أو خمسًا أو أكثر من ذلك، إن رأيتن ذلك بماء وسدر، واجعلن في الآخرة كافورًا أو شيئًا من كافور[2].

«اغسلنها وترًا: ثلاثًا أو خمسًا أو سبعًا، ابدأن بميامنها ومواضع الوضوء منها[3].

١٤. التجهيز والتكفين.

ومن سنَّة الديانة الإبراهيمية أيضًا تكفين الميت بعد غسله. ورغم أنه يمكن أن يكون قطعة قماش تلبس عليه، إلا أن إكرام المتوفى يقتضي اعتماد طريقة الترتيب في هذا أيضًا. وفي حديث أم المؤمنين، أن عائشة، كُفِّن رسول الله ﷺ في ثلاثة أثواب يمنية، من دون قميص ولا عمامة[4].

إذا كفن أحدكم أخاه فليحسن كفنه[5]. وقال النبي:

---

(1) في الأحوال العادية يجب إعطاء ذلك الغسل لكل مسلم، ولكن في الحالة غير العادية إذا أصبح غسل الميت وترتيبات دفنه مزعجة، فيمكن دفنه دون غسل ودون تجهيز وتكفين. وعليه قد جاء في البخاري (رقم ١٣٤٧) أن رسول الله ﷺ أمر بدفن شهداء أحد مثل ذلك، وقد قرر فقهاؤنا أنه يتعلق بموت الشهادة في سبيل الله، في حين أن هذا استثناء عام مبني على نفس مبدأ الرخصة في الدين الذي هو متبع في جميع احكامه.

(2) (رواه البخاري، رقم١٢٥٨.

(3) رواه البخاري، رقم١٢٥٤.

(4) رواه البخاري رقم: ١٢٦٤. ومسلم رقم: ٢١٧٩.

(5) مسلم، رقم٢١٨٥.

١٥. التدفين

ومن أجل إيصال الميت إلى وجهته في دين الأنبياء يتم دفنه في الأرض الذي قبر فيه قبره[1].

وليس هناك طريقة معينة لذلك، بل ينبغي حفر حفرة مستقيمة ووضع سقف عليها وشق جانبها ووضع الميت فيها أو دفن الميت في قبر. ويمكن اعتماد أساليب التابوت، إلا أن النبي ﷺ كان يكره أن يجعل القبر صلبًا ويبني عليه أي بناء[2].

١٦. عيد الفطر

١٧. عيد الأضحى

وهذان العيدان قد شرعهما النبي ﷺ للمسلمين تنفيذًا لأمر الله. وقبل الإسلام ورد ذكر يوم السبع ويوم السباسب وغيرها من الأعياد في أيام وأحاديث العرب المشركين. وكانت أيام العيد في شريعة بني إسرائيل، ولكن من المعروف من التوراة وغيرها أنها كانت في الغالب مرتبطة بأحداث مهمة في تاريخهم، ولما أنزل الله شرعه الأخير لبني آدم قد أعطاهم عيدين وربطهما بالمظهرين العظيمين الإسلام والتقوى. يتم الاحتفال بعيد الفطر كل عام في نهاية شهر رمضان في أول يوم من شوال بعد الانتهاء من عبادة الصيام ويكون عيد الأضحى في اليوم العاشر من ذي الحجة تذكارًا لتضحية سيدنا إبراهيم عليه السلام. ومعلوم من الأخبار أن هذين العيدين قد أقيما في المدينة بعد الهجرة. يقول أنس:

«قدم رسول الله ﷺ المدينة ولهم يومان يلعبون فيهما، فقال رسول

---

(1) هذه الطريقة أيضًا للحالات العادية، فإذا حدثت الوفاة في سفينة أو قارب وكان هناك خوف من التأخير في الوصول إلى الشاطئ، فلا خيار آخر سوى رمي الجثة في الماء.

(2) رواه مسلم رقم٢٢٤٥.

الله ﷺ: ما هذان اليومان؟ قالوا: كنا نلعب فيهما في الجاهلية، قال: «إن الله عز وجل قد أبدلكم بهما خيرًا منهما: يوم الفطر ويوم النحر»(1).

والأعمال التي صدرت فيهما من السنن والتي قد بينا تفاصيلها في هذا الكتاب تحت عنوان «شريعة العبادات» وهي:

١. صدقة الفطر

٢. الصلاة والخطبة

٣. الأضحية

٤. التكبيرات الزوائد بعد كل صلاة في أيام التشريق.

وهذان العيدان عيد الفطر وعيد الأضحى خاصان بالذكر والشكر والترفيه. فعن أم المؤمنين السيدة عائشة أن أباها أبا بكر الصديق ﵁ نهى الإماء وهنَّ يغنين في بيته فقال رسول الله ﷺ: يا أبا بكر، إن لكل قوم عيدًا وهذا عيدنا(2).

---

(1) أحمد، رقم ١٣٢١٠.

(2) رواه البخاري، رقم ٩٥٢.

# الباب العاشر:

## القسم وكفارته

قال الله تعالى:

﴿لَا يُؤَاخِذُكُمُ ٱللَّهُ بِٱللَّغْوِ فِىٓ أَيْمَـٰنِكُمْ وَلَـٰكِن يُؤَاخِذُكُم بِمَا عَقَّدتُّمُ ٱلْأَيْمَـٰنَ فَكَفَّـٰرَتُهُۥٓ إِطْعَامُ عَشَرَةِ مَسَـٰكِينَ مِنْ أَوْسَطِ مَا تُطْعِمُونَ أَهْلِيكُمْ أَوْ كِسْوَتُهُمْ أَوْ تَحْرِيرُ رَقَبَةٍ فَمَن لَّمْ يَجِدْ فَصِيَامُ ثَلَـٰثَةِ أَيَّامٍ ذَٰلِكَ كَفَّـٰرَةُ أَيْمَـٰنِكُمْ إِذَا حَلَفْتُمْ وَٱحْفَظُوٓا۟ أَيْمَـٰنَكُمْ كَذَٰلِكَ يُبَيِّنُ ٱللَّهُ لَكُمْ ءَايَـٰتِهِۦ لَعَلَّكُمْ تَشْكُرُونَ﴾[1].

إن أهمية الأيمان في الدين عظيمة للغاية، فالوفاء باليمين من الأخلاق الأساسية في الإسلام. والقسم يعزز هذا العهد في آخر درجته، فإذا أقسم المسلم بالله على شيء من التزاماته أو نواياه أو مواثيقه، فكأنما يشهد ربه وملك الدنيا على كلمته، وقد كانت القسم دائمًا مصدر الاستقرار في الأمور والاتفاقات الاجتماعية والسياسية، وقد أشار الله تعالى إلى قسم بني إسرائيل في القرآن الكريم، مذكرًا إياهم بعهدهم معه، ومحذرًا إياهم من عدم نقضهم. الميثاق الذي عاهدوا به وأشهدوا عليه ربهم.

---

(1) سورة المائدة، الآية: ٨٩.

673

فقال:

﴿ وَأَوْفُواْ بِعَهْدِ ٱللَّهِ إِذَا عَٰهَدتُّمْ وَلَا تَنقُضُواْ ٱلْأَيْمَٰنَ بَعْدَ تَوْكِيدِهَا وَقَدْ جَعَلْتُمُ ٱللَّهَ عَلَيْكُمْ كَفِيلًا إِنَّ ٱللَّهَ يَعْلَمُ مَا تَفْعَلُونَ ﴾[1].

وعلى الرغم من أهمية القسم، إلا أنه في كثير من الأحيان يعجز الإنسان عن الوفاء بيمينه، أو يشعر أنها تهدم حق الله أو نفسه أو غيره. وفي هذه الحالة يمكن الحنث باليمين، ولكن في بعض الحالات يصبح الحنث ضروريًا لضرورة الدين والأخلاق، وقد نصت الشريعة على طريقة الكفارة لذلك. وخلاصة هذا الحكم الشامل للحلف والكفارة هي كما يلي:

١.   القسم في بعض الأحيان يكون لا معنى له على الإطلاق، فيكون عديم الفائدة ويمينًا لغوًا. ولا شك أنه ينبغي للمؤمن أن يتجنب ذلك أيضًا، ولكن من فضل الله تعالى على عباده أنه لا يؤاخذ في مثل هذه الأيمان في الدنيا ولا في الآخرة.

٢.   على العكس من ذلك، إذا كانت اليمين بعزم ثابت ونية قلبية، وقد تم العهد بها، ويكون لها أي تأثير على الحقوق والواجبات، أو يكون تأثيرعلى أي تحليل للَّه وتحريمه. فإن الله تعالى سوف يؤاخذه عليه أكيدًا، لذلك في قضية القسم لا ينبغي للرجل أن يكون متساهلًا وغير مكترث على الإطلاق، بل يجب أن يحفظه بمسؤولية كاملة.

٣.   وإذا وجب الحنث بهذا اليمين لأي سبب من الأسباب، وجب عليه الكفارة. وطريقتها أن يطعم الحانث عشرة مساكين مثل ما يطعم أهله، أو يلبسهم ثيابًا، أو يعتق رقبة، فإن لم يجد ذلك وجب عليه صيام ثلاثة أيام.

وهذا هو حكم القرآن فيما يتعلق بالأقسام. وقد جاء رسول الله ﷺ بهذه الأشياء الثلاثة في بيان حكمه:

---

[1]   سورة النحل، الآية: ٩١.

أولًا: النذر أيضًا نوع من القسم فكفارتهأيضًا ككفارة القسم التي جاءت في القرآن. وقد جاء النبي ﷺ في تفسيرهذا الحكم القرآني بإرشادات ثلاث: فقال أولًا:

«كفارة النذر كفارة اليمين[1].

ثانيًا: لا يجوز أن تكون اليمين عائقًا عن عمل صالح.فقال:

إذا حلفت على يمين فرأيت غيرها خيرًا منها فكفر عن يمينك وأت الذي هو خير[2].

ثالثًا: أن الحلف بغير الله هو أيضًا من الشرك، فلا يكون الحلف إلا باسم الله. وقال النبي ﷺ:

من حلف بغير الله فقد أشرك[3].

---

(1) مسلم، رقم٤٢٥٣.

(2) رواه البخاري، رقم ٦٦٢٢.

(3) رواه أبو داؤد رقم٣٢٥١.

# خاتمة الكتاب (١)

أتقدم بالشكر والحمد للَّه سبحانه وتعالى أني قد أتممت اليوم كتابةَ وتأليف هذا الكتاب الذي قد بدأته في يوم من عام ١٩٩٠ الميلادية المطابقة لِـ ١٤١٠ الهجرية، وبعد سبعة عشرعامًا من الزمن. وهو بيان للدين الكامل الذي قد تم إعطاؤه بواسطة خاتم رُسل الله محمدﷺ للبشرية جمعاء. وقد قدمته في هذا الكتاب خالصًا من كل شوائب الفقه، والكلام والفلسفة والتصوف، في ضوء الكتاب والسنة وبدون زيادة وحذف. وقَبلت فيه مما روي عن النبيﷺ من أخبار وأحاديث من حيث المتابعات، وكان قبولها مبنيًا على ما وضعه المحدثون من معيارات للرد والقبول للأحاديث والأخبار. وعليه فلم تجد رواية أقل درجة منها طريقها في هذا الكتاب.

وللتوصل إلى تعبير الدين للكتاب والسنة، الذي قد تم تقديمه في هذا الكتاب قد حاولت في طريقه البلوغَ إلى كل رأي ووجهة نظر وفهمهما العميق، الذي توارثها الخلف من السلف. ثم قبلت ما قبلت منه بناءً على دلائله وبراهينه، لا على اسم وشخصية كبيرة، ولا بناءً على قلة أو كثرة الحاملين له. وإن هذا الكتاب وإن كان مؤسسًا على رشحات فكر الإمام الفراهي والأستاذ الإمام أمين أحسن الإصلاحي وآرائهما، ولكني لم أقبل ما ذهبا إليه بصفة كونه مذهبهما محضًا، بل فكرت فيه شهورًا ومرات عديدة، ثم قضيت فيه على أساس الدلائل وقوتها وضعفها أن أقبله أو أرده، ولذا فهناك عدة مقامات، حيث قد اختلف موقفي فيها من هذين العالمين الجليلين إلى حد كبير، كما أنه يختلف عن آراء

ومذاهب العلماء والمحققين الآخرين. ولكنه بصفته عملية إنسانية لا يخلو من أخطاء بشرية، ولذا فأنا ما زلت أنظر فيه مرارًا وما زلت أقوم بإدخال تعديلات وتغييرات فيه. وقد صدرت له طبعات وقد خرج بعض أبوابها من حين لآخر، وكل شخص يستطيع أن يرى بالنظر فيها أنني قد قمت بتعديل وإصلاح خطأ ظهر لي ويمت بصلة إلى اللغة والبيان، والعلم والنظر والأخذ والاستنباط في طبعة قادمة من غير تردد ولا ريب. وأنا مستعد بكل وقت أن أقوم بإصلاح وتعديل في أي خطأ إذا تبين لي أو أن يكون موَضحًا بالنسبة لي في المستقبل أيضًا إن شاء الله تعالى. فأعوذ بالله من أن أخطأَ عن شعور مني في ما يتعلق بالدين أو أن أستمر على خطأ فيه.

وأريد، مع كل الاعتراف والتشكر لما بذل عليّ من عنايات وألطاف من ربي الله سبحانه وتعالى، أن أتوجه بالشكر والتقدير خاصةً للأخ الشيخ أفضال أحمد الذي كان قد أغناني من سائر الكد والجهد المعيشي وتكفل لي كل حاجياتي وضروراتي بكل محبة ورحابة وإخلاص أثناء هذه الفترة الكاملة. كما قد فعلته زوجتي أيضًا، فإذا لم يكن هناك إخلاصها وإيثارها لما أمكن لي هذا العمل بسهولة ويسر مع التعقيدات والقضايا المنزلية المزعجة.

كما أني مدين بكل قلبي لما ساعدني في إشراف أموري الذاتية الشخصية كل من إخواني وأحبائي الأخ شكيل الرحمن، والأخ الدكتور منير أحمد والأخ محمد أنيس مفتي والأخ ألطاف محمود فشكرًا لهم على خلوصهم وحبهم وتعاونهم. وفي السنتين الماضيتين قد قام بهذه المهمة نفسها كل من الأخوين: شاهد مولود وعمران كريم، فأتقدم إليهما أيضًا بشكري الجزيل.

وكذلك أتقدم أيضًا بشكري وامتناني لجميع تلامذتي وأحبائي الذين جاؤوا بنقدات ومشورات على محتويات الكتاب ومضامينه وبالتالي ساعدوني من خلال نقداتهم في إزالة أخطاء الكتاب وأخص بالذكر منهم الإخوة من أمثال: الشيخ عمار خان ناصر، ومعز أمجد وطالب محسن ومحمد رفيع مفتي والأخ افتخار تبسم. وقد قام كل من محمد رفيع مفتي وافتخار تبسم بدراسة ناقدة دقيقة

لروايات وأحاديث هذا الكتاب فإعطاء مشورات مفيدة في رد وقبول الروايات. وقبلت أكثر ما جاءا به من توصيات فيها. كما أنه من الضروري تقديم الشكر إلى الأخ العزيز شهزاد سليم الذي ما إن تم الكتاب إلا وقد قام بترجمته الإنجليزية.

وتقوم بعملية إخراج الكتاب ونشره الأخ منظورالحسن وفريقه في قسم التصنيف والتأليف لمؤسسة «المورد» وعملهم الذي يتم بإخلاص ومسؤولية وأمانة يوجب الشكر والإشادة وكل تقدير.

وهذا هو ثمرة أفكار ودراسة وتحقيق لطالب علم ويُقدم إلى القارئ الكريم من هذه الحيثية. وأدعو الله تعالى، إن كان هذا العمل قد قدم خدمةً للدين، أن يقبله ويجعله وسيلةً لمغفرة ذنوبي وأخطائي. والآن هذا هو الرجاء فلم يبق لي أمنية غيرها في قلبي. كما قال شاعر أردي:

أتمنى وأنتظر فقط القبول منه

**جاويد**

**المورد، لاهوريوم الجمعة 27 أبريل عام2007م**
**المتوافق بِـ 9من ربيع الثاني سنة 1428هجرية**

(٢)

وهذا الكتاب قد صدر طبعه الأول في عام ٢٠٠٧م، وخرجت له منذ ذلك عشر طبعات.

وهذه هي طبعته الحادية عشر، والتي قد تمت فيها إعادة النظر في كامل الكتاب. وفي نتيجة ذلك، مع أنه لم يكن هناك تعديل خاص من حيث وجهة الفكر إلا ما حصل في مقامات يسيرة، ولكن كانت هناك إصلاحات وتغييرات في المباحث التمهيدية لبعض الأبواب وفي أسلوب البيان وطراز الأداء لبعضها الآخر. كما أن ترجمة آيات القرآن الكريم قد تم نقلها وتطابقها الآن من تفسيري «البيان». وبمثله قد تم وضع الدليل المؤشر لهذا الكتاب أيضًا (في الطبعة الاردية). ما قد تم إصلاح الأخطاء الإملائية وما يتصل بالكتابة ما أمكن. وقد تعاون معنا في عملية إعادة النظرهذه الأخ شاهد رضا فأشكر له شكرًا جزيلًا كما أشكر معه الأخ جواد أحسن الغامدي وفريقه العملي، الذين يهتمون لإخراج الكتاب ونشره في قسم التصنيف والتأليف لمؤسسة «المورد».

جاويد

كوالالمفور

يوم الجمعة 14 أكتوبر عام 2016م

المتوافق بِ 12من محرم الحرام سنة 1438هجرية

# المصادر والمراجع

١ـ   السيوطي، جلال الدين عبد الرحمن بن أبي بكر (م ٩١١هـ) الإتقان في علوم
     القرآن، الطبعة الأولى دارالكتاب العربي بيروت ١٩١٤هـ/ ١٩٩٩م

٢ـ   أبو حاتم محمد بن حبان البستي، (م ٣٥٤هـ) وضع وترتيب علاء الدين على
     بن بلبان (م ٧٣٩هجرية) الطبعة الأولى دارالمعرفة بيروت١٤٢٥ هـ / ٢٠٠٤م

٣ـ   أبوبكر أحمد بن علي الرازي الجصاص (م ٣٧٠ هجرية) أحكام القرآن، دار
     الكتاب العربي بيروت

٤ـ   ابن العربي أبو بكرمحمد بن عبد الله (م٥٤٣هجرية) أحكام القرآن، دار إحياء
     التراث العربي بيروت

٥ـ   أبو الوليد محمد بن عبد الله بن أحمد الأزرقي أخبار مكة، مكتبة الثقافة مكة
     المكرمة الطبعة العاشرة، ١٤٢٣هجرية/ ٢٠٠٢م

٦ـ   ابن عبد البر أبو عمر يوسف بن عبد الله بن محمد بن عبد البر (م٤٦٣ هجرية)
     الاستيعاب في معرفة الأصحاب، دار الجيل بيروت الطبعة الأولى (١٤١٢هـ
     /١٩٩٢م)

٧ـ   جاويد أحمد الغامدي البرهان، المورد لاهور الطبعة الرابعة ٢٠٠٦م

٨ـ   الزركشي بدر الدين محمد بن عبد الله بن بهادر (م ٧٩٤هـ) البرهان في علوم
     القرآن، دار المعرفة بيروت الطبعة الثانية ١٤١٥هـ/ ١٩٩٤ م

٩- الطبري أبو جعفر محمد بن جرير (م ٣١٠هـ) تاريخ الأمم والملوك، دار الفكر بيروت الطبعة الثانية ١٣٩٩ هـ/ ١٩٧٩ م

١٠- ابن عساكر أبو القاسم علي بن الحسن الدمشقي (م ٥٧١ هـ) تاريخ دمشق الكبير بتحقيق: أبوعبد الله علي عاشور الجنوبي، دار إحياء التراث العربي، بيروت الطبعة الأولى ١٤١٢هـ/ ٢٠٠١م

١١- يحيى بن معين (م ٢٣٣هـ) تاريخه برواية الدوري أبو الفضل العباس بن محمد (م ٢٧١ هـ) تحقيق وتعليق: عبد الله أحمد حسن، دارالقلم بيروت

١٢- أمين أحسن الإصلاحي (م١٤١٨ هـ) تدبرالقرآن مؤسسة فاران لاهور الطبعة الخامسة ١٤١٣هـ/ ١٩٩٣م

١٣- أمين أحسن الإصلاحي (م١٤١٨ هـ) تزكية النفس مؤسسة فاران لاهور الطبعة الخامسة ٢٠٠٦ م

١٤- ابن كثير أبوالفداء إسماعيل بن عمربن كثير (م ٧٧٤هـ) تفسيرالقرآن العظيم اكاديمية أمجد لاهور١٤٠٣ هـ/ ١٩٨٢ م

١٥- الـرازي أبـو عبد الله محمد بن عمربن حسين (م ٦٠٢ هـ) التفسير الكبير دارالكتب العلمية طهران الطبعة الثانية

١٦- أبو الأعلى المودودي، تفهيم القرآن إدارة ترجمان القرآن لاهور الطبعة الثامنة والثلاثون ١٤٢٦هـ/ ٢٠٠٥ م

١٧- السيوطي جلال الدين عبد الرحمن بن أبي بكر (م ٩١١ هـ) تنوير الحوالك على مؤطا مالك شركة مكتبة ومطبعة مصطفى البابي الحلبي وأولاده مصر ١٣٧٠هـ/ ١٩٥١ م

١٨- أمين أحسن الإصـلاحي (م١٤١٨ هـ) توضيحات مطبوعات إسلامية لاهور١٩٨٦م

١٩- الطبري أبو جعفر محمد بن جرير (م ٣١٠هـ) جامع البيان، تحقيق محمود شاكر، دارإحياء التراث العربي بيروت الطبعة الأولى ١٤٢١هـ/ ٢٠٠١ م

٢٠ ـ أبوعبد الله محمد بن إسماعيل البخاري (م ٢٥٦هـ) الجامع الصحيح دارالسلام الرياض الطبعة الثانية ١٤١٩ هـ/ ١٩٩٩ م

٢١ ـ أبوالحسين مسلم بن الحجاج النيسابوري (م ٢٦١هـ) الجامع الصحيح دارالسلام الرياض الطبعة الثانية ١٤٢١ هـ/ ٢٠٠٠ م

٢٢ ـ أبوعيسى محمد بن عيسى الترمذي (م ٢٧٩ هـ) الجامع الكبيرالسنن، دارالغرب الإسلامي بيروت الطبعة الثانية ١٩٩٨ م

٢٣ ـ أبوعبد الله محمد بن أحمد بن أبي بكر بن فرح الأنصاري الخزرجي شمس الدين القرطبي (م ٢٧١هـ) دار الكتب المصرية القاهرة الطبعة الثانية ١٣٨٤هـ/ ١٩٦٤ م

٢٤ ـ أمين أحسن الإصلاحي (م١٤١٨ هـ) حقيقت شرك وتوحيد مؤسسة فاران لاهور١٤٠٩ هـ/ ١٩٨٨ م

٢٥ ـ عبد القاهر بن عمر البغدادي (م ١٠٩٣ هـ) خزانة الأدب ولب لباب لسان العرب دار صادر بيروت الطبعة الأولى

٢٦ ـ أمين أحسن الإصلاحي (م١٤١٨ هـ) دعوة الدين ومنهاجها الصحيح (أردو) مؤسسة فاران لاهور الطبعة الثانية ١٤١٠ هـ/ ١٩٨٩ م

٢٧ ـ عبد الحميد الفراهي (م١٣٤٩ هـ) الرأي الصحيح في من هو الذبيح ترجمة أمين أحسن الإصلاحي (م١٤١٨هـ) مكتبة نادي خدام القرآن المركزية لاهور ١٣٩٥ هـ/ ١٩٧٥ م

٢٨ ـ عبد الحميد الفراهي (م١٣٤٩ هـ) رسائل الإمـام الفراهي في علوم القرآن الدائرة الحميدية بسرائمير أعظم جراه الطبعة الثانية ١٤١١هـ/ ١٩٩١ م

٢٩ ـ أبوالقاسم عبد الرحمن بن عبد الله السهيلي (م ٥٨١ هـ) الـروض الأنف دارإحياء التراث العربي بيروت الطبعة الأولى ١٤٢١هـ/ ٢٠٠٠م

٣٠ ـ أبوالقاسم سليمان بـن أحمد بن أيوب الطبراني (م ٣٦٠ هـ) المعجم

الصغيرمحمد شكورمحمود الحاج امرير المكتب الإسلامي بيروت الطبعة الأولى ١٤٠٥هـ/ ١٩٨٥م

٣١ ـ أبوعبدالله محمد بن يزيد القزويني (م ٢٧٣هـ) سنن ابن ماجه دارالكتب العلمية بيروت الطبعة الأولى ١٤١٩هـ/ ١٩٩٨م

٣٢ ـ أبو داود سليمان بن الأشعث السجستاني (م ٢٧٥هـ) سنن أبي داود دارالجيل بيروت ١٤١٢ هـ/ ١٩١٢م

٣٣ ـ أبو بكر أحمد بن الحسين بن على البيهقي (م ٤٥٨هـ) السنن الكبرى دارالكتب العلمية بيروت الطبعة الثالثة ١٤٢٤ هـ/ ٢٠٠٣م

٣٤ ـ أبوعبد الرحمن أحمد بن شعيب (م ٣٠٣ هـ) سنن النسائي الصغرى دارالسلام الرياض ١٤٢٠ هـ/ ١٩٩٩م

٣٥ ـ أبو الفداء إسماعيل بن عمربن كثير (م ٧٧٤هـ) السيرة النبوية دارإحياء التراث العربي بيروت

٣٦ ـ أبو محمد عبد الملك بن هشام (م ٢١٣ هـ) السيرة النبوية دار الخير بيروت الطبعة الثانية ١٤١٦هـ/ ١٩٩٥ م

٣٧ ـ محمد بن إسحاق بن يسار المطلبي (م ١٥١ هـ) السيرة النبوية دارالكتب العلمية بيروت الطبعة الأولى ١٤٢٤ هـ/ ٢٠٠٤ م

٣٨ ـ محمد بن عبد الباقي (م ١١٢٢هـ) شرح المواهب اللدنية المطبعة الأزهرية مصر الطبعة الأولى ١٣٢٧هـ

٣٩ ـ أبو بكر محمد بن إسحاق بن خزيمة النيسابوري (م ٣١١هـ) صحيح ابن خزيمة تحقيق وتخريج الدكتورمحمد مصطفى الأعظمي المكتب الإسلامي بيروت الطبعة الثانية ١٤١٢هـ/ ١٩٩٢ م

٤٠ ـ محمد بن سعد بن منيع كاتب الواقدي (م ٢٣٠ هـ) الطبقات الكبرى دار الفكر بيروت الطبعة الأولى ١٤١٤هـ/ ١٩٩٤ م

٤١ ـ السشاه إسماعيل الدهلوي (م ١٢٤٦هـ) عبقات النسخة القلمية بمكتبة جامعة بنجاب لاهور

٤٢ ـ أبوالحسن أحمد بن يحيى البلاذري (م ٢٧٣ هـ) فتوح البلدان دارالكتب العلمية بيروت ١٣٩٨ هـ/ ١٩٧٨ م

٤٣ ـ عبد الحميد الفراهي (م١٣٤٩ هـ) القائد إلى عيون العقائد الدائرة الحميدية بسرائمير أعظم جراه الطبعة الأولى ١٣٩٥هـ/ ١٩٧٥م

٤٤ ـ عزالدين أبوالحسن علي بن محمد ابن الأثيرالجزري (م ٦٣٠هـ) الكامل في التاريخ دارالكتاب العربي بيروت، ١٤٢٧هـ/ ٢٠٠٦م

٤٥ ـ أبويوسف يعقوب بن إبراهيم القاضي (م ١٨٢ هـ) كتاب الخراج دار المعرفة بيروت

٤٦ ـ أبو القاسم محمود بن عمر الزمخشري (م ٥٣٨ هـ) الكشاف دارإحياء التراث العربي بيروت الطبعة الأولى ١٤١٧ هـ/ ١٩٩٧ م

٤٧ ـ أبو بكر أحمد بن علي بن ثابت الخطيب البغدادي (م ٤٦٣هـ) الكفاية في علم الرواية، دائرة المعارف العثمانية بحيدرآباد الدكن ١٣٥٧هـ

٤٨ ـ أبو الفضل محمد بن مكرم بن منظور الأفريقي (م ٧١١هـ) لسان العرب دار صادر بيروت

٤٩ أمين أحسن الإصلاحي (م١٤١٨ هـ) مؤسسة فاران لاهور الطبعة الثانية ١٤١٤هـ/ ١٩٩٤م

٥٠ ـ أمين أحسن الإصلاحي (م١٤١٨ هـ) مؤسسة فاران لاهور ١٤٠٨ هـ/ ١٩٨٨م

٥١ ـ وحيد الدين خان، مذهب أورجديد جيلنج (الإسلام يتحدى) المكتبة الأشرفية لاهور

٥٢ ـ أبو عبد الله محمد بن عبد الله الحاكم النيسابوري (م٤٠٥هـ) المستدرك على الصحيحين مكتبة نزار مصطفى الباز، مكة المكرمة الطبعة الأولى ١٤٢٠هـ/ ٢٠٠٠م

٥٣ ـ أبوعبد الله أحمد بن محمد بن حنبل الشيباني (م ٢٤١ هـ) المسند دارإحياء التراث العربي بيروت ١٤١٥هـ/ ١٩٩٤ م

٥٤ ـ أبو يعلى أحمد بن علي بن المثنى التميمي الموصلي (م ٣٠٧هـ) مسند أبي يعلى تحقيق ظهيرالدين عبد الرحمن، دار الفكر بيروت الطبعة الأولى ١٤٢٢ هـ/ ٢٠٠٢م

٥٥ ـ أبوبكرعبد الله بن محمد بن أبي شيبة الكوفي (م ٢٣٥هـ) المصنف في الأحاديث والآثار لابن أبي شيبة دارالكتب العلمية بيروت الطبعة الثانية ١٤٢٦هـ/ ٢٠٠٥م

٥٦ ـ أبوالقاسم سليمان بن أحمد بن أيوب الطبراني (م ٣٦٠ هـ) المعجم الأوسط تحقيق محمد حسن محمد إسماعيل الشافعي دار الكتب العلمية بيروت الطبعة الأولى ١٤٢٠هـ/ ١٩٩٩ م

٥٧ ـ جواد علي الدكتور المفصل في تاريخ العرب قبل الإسلام دار العلم للملايين بيروت الطبعة الثانية ١٩٧٦م

٥٨ أبوالقاسم سليمان بن أحمد بن أيوب الطبراني (م ٣٦٠ هـ) المعجم الكبير، تحقيق حمدي بن عبد المجيد السلفي مكتبة الزهراء الموصل الطبعة الثانية ١٤٠٤هـ/ ١٩٨٣م

٥٩ ـ أبوعبد الله مالك بن أنس المدني (م ١٧٩هـ) برواية يحيى بن يحيى بن كثير المصمودي الأندلسي (م ٢٣٤ هـ) المكتبة الحقانية بشاور

٦٠ ـ عبد الحميد الفراهي (م١٣٤٩ هـ) نظام القرآن الدائرة الحميدية بسرائمير أعظم جراه الطبعة الأولى ٢٠٠٨م

61 - Ebrahim Keats, Judaism In Islam Blach publishing company New York ,First Edition 1954

62 - Edward Gibbon, The Decline and Fall of Roman Empire, The modern Library New York

63 - J Neusner, The Talmud of Babylonia: An Academic Commentary Scholars Press Atlanta 1996.

# محتو يات الكتاب

# الجزء الثاني
# الكتاب

693